Karl Christ
GESCHICHTE DER RÖMISCHEN KAISERZEIT

Karl Christ

GESCHICHTE DER RÖMISCHEN KAISERZEIT

von Augustus bis zu Konstantin

Verlag C. H. Beck München

Mit 61 Abbildungen

CIP-Titelaufnahme der Deutschen Bibliothek
Christ, Karl:
Geschichte der römischen Kaiserzeit : von Augustus bis zu
Konstantin / Karl Christ. - München : Beck, 1988
ISBN 3-406-33327-3

ISBN 3 406 33327 3
© C. H. Beck'sche Verlagsbuchhandlung (Oscar Beck) München 1988
Satz: Fotosatz Otto Gutfreund, Darmstadt
Druck und Bindung: May & Co, Darmstadt
Printed in Germany

«Rom ist an allen Enden die bewußte oder stillschweigende Voraussetzung unseres Anschauens und Denkens; denn wenn wir jetzt in den wesentlichsten geistigen Dingen nicht mehr dem einzelnen Volk und Land, sondern der okzidentalen Kultur angehören, so ist dies eine Folge davon, daß einst die Welt römisch, universal war und daß diese antike Gesamtkultur in die unsrige übergegangen ist. Daß Orient und Okzident zusammengehören, daß sie eine Menschheit bilden, verdankt die Welt Rom und seinem Imperium.»

J. Burckhardt, «Historische Fragmente», ed. E. Dürr, Stuttgart 1957, 13 f.

Inhalt

Einleitung 1

Die Römische Republik und ihr Imperium 14

Der Niedergang der Römischen Republik – Die Epoche der
   Bürgerkriege 27

Octavians Aufstieg zur Alleinherrschaft 47

Der Principat des Augustus 83
Vorbemerkungen 83
Die Verrechtlichung der Macht und der Ausbau des
   politischen Systems 86
     Grundzüge der innenpolitischen Entwicklung und der
     staatsrechtlichen Absicherung des Principats 86
     Die Formierung der Gesellschaft 93
     Die Neuordnung der Administration und des Heeres 104
     Rechtsprechung 115
     Wirtschaftsstruktur 117
Grenz- und Außenpolitik 120
Die Kultur der augusteischen Zeit 133
Religiöse Entwicklungen 158
Ideologie und Verfassungswirklichkeit 168
Persönlichkeit und politisches System – Caesar und Augustus . . . 171

Das Römische Reich im 1. Jahrhundert n. Chr. 178
Die Konsolidierung des Principats unter Tiberius (14–37 n. Chr.) . . . 178
Das Römische Reich unter Caligula, Claudius und Nero
   (37–68 n. Chr.) 207
Die Krise des Vierkaiserjahres und die Epoche der Flavier
   (68–96 n. Chr.) 243

Das Römische Reich im 2. Jahrhundert n. Chr. 285
Das Adoptivkaisertum – Ideologie und Verfassungswirklichkeit . . . 285
Die Regierung Trajans (98–117 n. Chr.) 293

Das Römische Reich unter Hadrian (117–138 n. Chr.) und
  Antoninus Pius (138–161 n. Chr.). 314
Das Römische Reich unter M. Aurel (161–180 n. Chr.) und
  Commodus (180–192 n. Chr.). 332

Die gesellschaftliche Struktur des *Imperium Romanum* 350

Die Sklaven. 350
Die Freigelassenen 367
Die Provinzialen 373
Die römischen Bürger 378
Die Municipalaristokratie 385
Die Ritter 396
Die Senatoren 401
Die Armee 410
princeps und *domus principis* 424
Die Struktur der Gesellschaft des *Imperium Romanum* 431

Ziele und Mittel imperialer Politik 434

Die Problematik imperialer Politik unter dem Principat 434
Die Administration des Imperiums 435
Der Haushalt des Imperiums 439
Die Urbanisierung 445
Die Bürgerrechtspolitik – Die Problematik der Romanisierung 457
Grenzzone und Vorfeld des Imperiums 464

Die wirtschaftliche Entwicklung 481

Rahmenbedingungen und zentrale Faktoren 481
Agrarwirtschaft 486
Gewerbe und Handel 494

Zivilisation und Kultur im *Imperium Romanum* 507

Wissenschaft und Technik 507
Literatur und Kunst 525
Die religiöse Entwicklung 562
Judentum und Christentum im Römischen Reich 577

Die Reichskrise des 3. Jahrhunderts n. Chr. 600

Das Römische Reich unter den Severern (193–235 n. Chr.) 600
Die Umwelt des Römischen Reiches im 3. Jahrhundert n. Chr. 634
  Entstehung und Struktur des Sassanidischen Staates 634

Die Germanen im 3. Jahrhundert n. Chr. 640
Das Römische Reich unter den Soldatenkaisern (235–284 n. Chr.) . . . 650
Von Maximinus Thrax bis Traianus Decius (235–251 n. Chr.) 650
Das Imperium zwischen Trebonianus Gallus und Diokletian
(251–284 n. Chr.) 663
Das Christentum im 3. Jahrhundert n. Chr. – Religion und
geistige Entwicklung der Epoche. 680
Die Epoche der Soldatenkaiser – Strukturen und Problematik. 696
Die Tetrarchie Diokletians. 702

Das Zeitalter Konstantins des Großen 730

Von der zweiten Tetrarchie zur Alleinherrschaft Konstantins
des Großen 730
Das Imperium unter Konstantin dem Großen 747
Konstantin und das Christentum 762

Rückblick und Ausblick. 782

Anhang

Literaturhinweise 803

Foto- und Bildquellennachweis 833

Verzeichnis der Abkürzungen 834

Stammtafeln 835

Register. 839

Einleitung

Die römische Geschichte bildet im Rahmen der Geschichte Europas die größte historische Formation. Sie setzt ein als die Geschichte der Stadt Rom, wird früh von republikanischem Pathos erfüllt; sie gewinnt eine gesamtitalische Dimension, als Rom zur Vormacht eines mittel- und süditalischen Bundesgenossensystems wird, eine weltgeschichtliche, als diese Stadt ihren Herrschaftsbereich, ihr Imperium, zunächst über den Mittelmeerraum ausdehnt und schließlich selbst weite Teile West- und Mitteleuropas, des Nahen Ostens, Ägyptens und Nordafrikas in ihn einbezieht. Römische Geschichte wird so identisch mit der Konsolidierung, der Behauptung und dem Verfall eines mediterranen Weltreiches des Altertums.

Tiefgreifende Veränderungen des politischen, gesellschaftlichen und wirtschaftlichen Systems, der Lebensnormen, der geistigen und kulturellen Werte wie der religiösen Überzeugungen sind die Folge. Aus der Adelsrepublik der Anfänge wird am Ende der Zwangsstaat der Spätantike, aus den wenigen, sozial relevanten Gruppen der alten, sich selbst verwaltenden freien Bürgergemeinde das ganz auf die überhöhte Reichsspitze zugeschnittene, vielfältig abgestufte, künstliche System des zuletzt engmaschig überwachten Imperiums. Die relativ homogene Einheit der auf agrarischer Subsistenzwirtschaft, Handwerk und Kleinhandel fußenden Gemeinde geht auf in der größeren Einheit eines von Rom nur wenig veränderten, im wesentlichen stabilisierten Wirtschaftsraumes, den ein Nebeneinander verschiedenster Produktionsweisen und Wirtschaftsstile kennzeichnet.

Im Zuge des jahrhundertelangen Prozesses nehmen schließlich «barbarische» Söldner den Platz der alten Bürgermilizen ein, christliche Bischöfe, Priester und Mönche die Funktionen der aus Aristokraten zusammengesetzten römischen Priesterschaften, aber auch die der Familienväter, die in der Frühzeit und solange der alte Glaube lebendig war, alle religiösen Akte wahrgenommen hatten. Neben die republikanischen Lebenszellen der Familie und des Stadtstaates treten in der Kaiserzeit jene der permanenten Truppenlager und Kastelle in den Grenzräumen, doch auch die Isolierung der Einsiedler und die neuen Lebensgemeinschaften der Klöster.

Kaum anderswo aber zeigen sich die entscheidenden kulturellen und religiösen Veränderungen so augenfällig wie in der Stadt Rom selbst: Griechische Philosophen strömen ebenso in ihr zusammen wie orientalische Astrologen, Rhetoren aus Kleinasien wie Bildhauer aus Athen, ägyptische Isispriester wie Juden und die Anhänger Jesu Christi. Mitten in der von den

Kaiserforen, Tempeln, Triumphbogen, alten Denkmälern und neuer imperialer Architektur überformten Kapitale erheben sich schließlich der ägyptische Obelisk wie die christliche Basilika.

Angesichts der Spannweite solcher Veränderungen kann es nicht überraschen, daß die Einheit der historischen Formation Rom schon früh in Frage gestellt wurde. Bereits die Gegner der Diktatur Caesars konstatierten das Ende der Republik, Kritiker des neuen politischen Systems des Principats betonten die Diskontinuität und die Preisgabe der alten republikanischen Traditionen, Anhänger des alten Glaubens später den «Verrat» der christlichen Kaiser. Die Apologeten einer idealisierten Republik schieden sich von den Verfechtern der universalen Aufgaben Roms, die auch eine neue Form von Staat und Gesellschaft aus Überzeugung oder Opportunismus akzeptierten.

Durch die Spezialisierung der wissenschaftlichen Arbeit in der Neuzeit wurde die Einheit der römischen Geschichte noch weiter aufgesprengt. Wie sich aus dem Rückblick zeigt, gab es nur wenige Historiker, welche der Geschichte der Römischen Republik in gleichem Maße wie jener des Imperium Romanum gerecht geworden sind. Niebuhr und Mommsen kamen nicht dazu, ihre großen Darstellungen der republikanischen Epoche adäquat zu ergänzen, bei Gibbon und Rostovtzeff lagen die Dinge umgekehrt.

In der Gegenwart ist die alte dualistische Periodisierung schließlich noch weiter verfeinert worden: Von der Einheit der frühen und klassischen Republik (um 500–200 v. Chr.) wird jene der späten Republik (um 200–30 v. Chr.), teilweise auch als «Römisches Revolutionszeitalter» etikettiert (und dann zwischen 133 und 30 v. Chr. eingegrenzt), unterschieden. Es folgt die Geschichte des Principats, der «Kaiserzeit» im engeren Sinne, von Augustus bis zur Ermordung des Commodus (30 v.–192 n. Chr.), die in die große Reichskrise des 3. Jahrhunderts n. Chr. einmündet. Mit der Neuordnung des Römischen Reiches durch Diokletian (seit 284 n. Chr.) pflegt man dann die «Spätantike» als letzte Phase der römischen Geschichte einsetzen zu lassen, eine Epoche, für die kein einheitlich akzeptiertes Enddatum anzugeben ist. Die römische Niederlage von Adrianopel (378 n. Chr.) wird dafür ebenso in Anspruch genommen wie die sogenannte Reichsteilung von 395 n. Chr., die Einnahme Roms durch Alarich im Jahre 410 n. Chr. wie die Absetzung des letzten legalen Herrschers in der weströmischen Kaiserreihe (476 n. Chr.), der Einfall der Langobarden in Italien oder die Ausbreitung des Islam – ganz zu schweigen von den abstrakten, im einzelnen aber oft nur wenig präzisen Setzungen moderner Formationsanalytiker.

So bedarf es wohl der Begründung, wenn im vorliegenden Werk an der traditionellen Formation des Imperium Romanum zwischen Augustus und Konstantin dem Großen festgehalten wird. Angesichts der rundum zu beobachtenden Spezialisierungs- und Isolierungstendenzen, der Auflösung der römischen Geschichte in Monographien und Biographien, kam es dem

Verfasser darauf an, die langfristige Kohärenz der Entwicklung aufzuzeigen und bewußt zu machen. Bei zu enger Sicht läßt sich der Niedergang der Städte, der wichtigsten Zellen des Imperiums, ebensowenig begreifen wie die Veränderungen in Armee und Wirtschaftssystem, die sogenannte Barbarisierung des Heeres oder die Ausbreitung des Kolonats. Die Auseinandersetzungen des Imperiums mit Germanen, Parthern und Sassaniden erfordern ebenso die Berücksichtigung der übergreifenden Zusammenhänge wie jene mit Mysterienreligionen, Synkretismus und Christentum. Die Kontinuität der Gesamtentwicklung verdient doch wohl Priorität gegenüber Einzelphasen und aufgliedernden Zäsuren. Ob frühe oder hohe Kaiserzeit, Reichskrise des 3. Jahrhunderts oder Tetrarchien, die Einheit der imperialen Geschichte Roms ist entscheidend.

Die Geschichte dieses Imperiums wird von Anfang an durch eine vielfältige Dialektik bestimmt. Im römisch-italischen Zentrum ist sie mit Ausbildung, Konsolidierung, Wandlung und Untergang der legalisierten Alleinherrschaft identisch, wie immer diese definiert wird, ob pauschal und irreführend als Kaisertum, oder verfassungsrechtlich exakter als Principat und Dominat, als «verkappte Militärmonarchie» (Rostovtzeff) oder als «konstitutionelle Monokratie» (Löwenstein). Die Abhängigkeit von dem Menschen an der Spitze des Imperiums war das Spezifikum des neuen Systems. Für die Provinzen des Römischen Reiches bedeutet diese Epoche dagegen die konsolidierte Phase der römischen Herrschaft, die in Voraussetzungen, Dauer, Abläufen und Erscheinungsformen oft sehr verschiedenartige Entwicklung von Teilräumen eines größeren Ganzen, wobei sie an ihren eigenständigen Traditionen oft nicht weniger entschieden festhielten als die alten römischen Adelsgeschlechter an ihren Privilegien.

In kaum einer anderen historischen Formation war so lange die «personalisierende» Betrachtung vorherrschend wie hier, die Gleichsetzung einer Reihe von Kaiserbiographien mit der Geschichte einer historischen Epoche. Seien es die materialreichen Viten Suetons, die knappen Miniaturen der Spätantike, die psychologisierenden Biographien der Neuzeit oder die Darstellungen jeder Geschmackslage in der Gegenwart – die biographische Form dominierte allen wissenschaftlichen Einwänden zum Trotz. Die Menschen an der Spitze des Reichs und nicht die Institutionen interessierten das große Publikum. Die Geschichte des Imperium Romanum verengte sich so zu einer Galerie oft nur wenig anziehender Kaiserbilder: Die zwiespältige und doch verklärte Gestalt des Augustus, das so oft verzeichnete Bild des düsteren Tiberius, der pathologische Fall Caligula, Claudius' auf den ersten Blick trottelhafte Gelehrtengestalt in ihrer Abhängigkeit von Frauen und Freigelassenen, die *chronique scandaleuse* des neronischen Hofes, die Rechtschaffenheit der ersten Flavier, die Tyrannis Domitians, die in ihrer Art so verschiedenen Repräsentanten der Glanzzeit des Reiches, der Soldat Trajan und der Intellektuelle Hadrian, die Figur des «Kümmelspalters» Antoninus

Pius und die seltsam überspannte Gestalt des bärtigen Philosophen auf dem Thron, Mark Aurel... – diese traditionelle Reihe der Vorstellungsbilder konstituierte zwar eine Hofgeschichte, nicht aber jene der Zeit.

Den eigentlichen Inhalt der Reichsgeschichte in dieser Epoche aber hat niemand kompetenter und prägnanter beschrieben als Theodor Mommsen: «Das eben ist das Großartige dieser Jahrhunderte, daß das einmal angelegte Werk, die Durchführung der lateinisch-griechischen Civilisirung in der Form der Ausbildung der städtischen Gemeindeverfassung, die allmähliche Einziehung der barbarischen oder doch fremdartigen Elemente in diesen Kreis, eine Arbeit, welche ihrem Wesen nach Jahrhunderte stetiger Thätigkeit und ruhiger Selbstentwicklung erforderte, diese lange Frist und diesen Frieden zu Lande und zur See gefunden hat. Das Greisenalter vermag nicht neue Gedanken und schöpferische Tätigkeit zu entwickeln, und das hat auch das römische Kaiserregiment nicht gethan; aber es hat in seinem Kreise, den die, welche ihm angehörten, nicht mit Unrecht als die Welt empfanden, den Frieden und das Gedeihen der vielen vereinigten Nationen länger und vollständiger gehegt als es irgend einer anderen Vormacht je gelungen ist. In den Ackerstädten Africas, in den Winzerheimstätten an der Mosel, in den blühenden Ortschaften der lykischen Gebirge und des syrischen Wüstenrandes ist die Arbeit der Kaiserzeit zu suchen und auch zu finden. Noch heute giebt es manche Landschaft des Orients wie des Occidents, für welche die Kaiserzeit den an sich sehr bescheidenen, aber doch vorher wie nachher nie erreichten Höhepunkt des guten Regiments bezeichnet; und wenn einmal ein Engel des Herrn die Bilanz aufmachen sollte, ob das von Severus Antoninus beherrschte Gebiet damals oder heute mit größerem Verstande und mit größerer Humanität regiert worden ist, ob Gesittung und Völkerglück im Allgemeinen seitdem vorwärts oder zurückgegangen sind, so ist es sehr zweifelhaft, ob der Spruch zu Gunsten der Gegenwart ausfallen würde» («Römische Geschichte» V, Berlin 1885, 4f.).

Ein Blick auf die großen Darstellungen und die maßgebenden Konzeptionen der Geschichte dieses Zeitraums mag besonders geeignet sein, in ihre Problematik einzuführen. Während die «Römische Kaiserzeit» im Geschichtsbild des Mittelalters und der frühen Neuzeit durch den Anschluß der deutschen Kaiserreihe an die römische und durch die Auffassung des Imperium Romanum als letzte der vier großen Weltmonarchien ein fundamentales Element des universellen christlichen Geschichtsbildes blieb, begann die moderne wissenschaftliche Forschung erst mit dem monumentalen sechsbändigen Werk von S.L. LENAIN DE TILLEMONT, *«Histoire des empereurs et des autres princes qui ont régné durant les six premiers siècles de l'Église»* (1690–1738). Der Titel zeigt bereits an, daß hier die Kirche dem Kaisertum übergeordnet war, und tatsächlich hatte Lenain de Tillemont seine *«Histoire des empereurs»* als Voraussetzung, Grundlage und Rahmen einer großen Kirchengeschichte geplant. Seine bedeutsamste Leistung war, daß er das gesamte Quellenmaterial ausschöpfte und zugänglich machte. Bis weit in das 19. Jahrhundert hinein diente sein Werk als Grundlage neuer Forschungen und Darstellungen.

In literarischer Hinsicht jedoch wie in Breite und Dauer des Einflusses wurde Lenain de Tillemont bald von Montesquieu und Gibbon übertroffen. Auf ganz verschiedene Art haben diese beiden Autoren bewirkt, daß die Epoche im Geschichtsbild des 18. Jahrhunderts primär in der Perspektive von Dekadenz und Niedergang gesehen wurde. In seinen *«Considérations sur les causes de la grandeur des Romains et de leur décadence»* von 1734 hatte MONTESQUIEU eine Verfassungsanalyse im weitesten Sinne mit kulturphilosophischer Wertung verbunden. Sitten, Moral und «Gesetze» waren die wesentlichen Beobachtungsfelder seiner philosophischen und staatspolitischen Durchdringung der römischen Geschichte. Sosehr er die Tugenden des republikanischen Rom und die Entsprechung der Gesetze, des *esprit du peuple* und der Interessen des Staates rühmte, so entschieden konstatierte er die verhängnisvollen Rückwirkungen der Ausdehnung des Römischen Reiches und die Tatsache, «daß die Gesetze Roms unzureichend wurden, um den weltweiten Staatskörper zu regieren». Die Kaiserzeit war so die Epoche der décadence.

In Edward GIBBON's *«History of the Decline and Fall of the Roman Empire»* (6 Bde., 1776–1788) wurde dagegen ein anderer Weg gewählt. Obwohl Gibbon nicht wenige Wertungen Montesquieus wiederaufgriff, wie den tiefen Gegensatz zwischen Republik und Kaiserreich, waren entscheidende Akzente und insbesondere der Gesamtrahmen anders gesetzt. Der Niedergang Roms war zwar auch nach Gibbon «die natürliche und unvermeidliche Folge unmäßiger Größe». Vor allem aber wurde dem Christentum ein wesentlicher Anteil am Verfall des Reichs zugeschrieben. Der lange Zeitraum zwischen M. Aurel und dem Fall Konstantinopels im Jahre 1453 ist als Periode von *«Decline and Fall»* zusammengefaßt, eine Auffassung, die dem Leser nicht nur durch geschickt ausgewählte Argumente, sondern auch durch einen glänzenden Stil suggeriert wurde.

Im Banne jener Verklärung und Idealisierung des Griechentums, die im Deutschland des 18. Jahrhunderts mit dem Namen Johann Joachim Winckelmanns (1717–1768) verbunden ist, wurde die Romkritik am weitesten durch HERDERS «Ideen zur Philosophie der Geschichte der Menschheit» (1784–1791) vorangetrieben. Herder hat in der Geschichte Roms von Anfang an den zerstörenden Charakter der Stadt betont. Nach ihm «machen die Römer, die der Welt Licht bringen wollen, allenthalben zuerst verwüstende Nacht; Schätze von Gold und Kunstwerken werden erpreßt; Weltteile und Äonen alter Gedanken sinken in den Abgrund; die Charaktere der Völker stehen ausgelöscht da, und die Provinzen unter einer Reihe der abscheulichsten Kaiser werden ausgesogen, beraubt, gemißhandelt.» Den Verfall des Römischen Reiches sah Herder ganz unter dem Blickwinkel der

Wiedervergeltung; das Gesetz der Wiedervergeltung war nach ihm «eine ewige Naturordnung». Hatte das traditionelle christliche Geschichtsbild des Mittelalters und der frühen Neuzeit immer wieder die providentielle Funktion des Römischen Reiches für die Ausbreitung des Christentums und der hellenischen Kultur betont, so lehnte Herder alle solche Vorstellungen entschieden ab. Nach ihm wäre es «Gottes unwürdig, sich einzubilden, daß die Vorsehung für ihr schönstes Werk, die Fortpflanzung der Wahrheit und Tugend keine andern Werkzeuge gewußt habe als die tyrannischen, blutigen Hände der Römer».

Es gibt nur wenige Bewertungen der römischen Geschichte, in denen die paralysierenden Auswirkungen des Römischen Reiches so kompromißlos betont wurden wie bei Herder. Das zeigt schon ein Blick auf die nächste geistesgeschichtlich bedeutsame und in ihren Auswirkungen kaum zu überschätzende Position, diejenige Hegels. In den zwischen 1822 und 1831 abgehaltenen «Vorlesungen über die Philosophie der Geschichte» teilte Hegel zwar einige Urteile Herders. So war auch nach ihm «Das römische Prinzip... ganz auf die Herrschaft und Militärgewalt gestellt: es hatte keinen geistigen Mittelpunkt in sich zum Zweck, zur Beschäftigung und zum Genusse des Geistes.» «In dem Individuum des Imperator» war nach ihm «die partikulare Subjektivität zur völlig maßlosen Wirklichkeit gekommen», das ganze Reich aber «unterlag dem Drucke der Abgaben wie der Plünderung, Italien wurde entvölkert, die fruchtbarsten Länder lagen unbebaut. Dieser Zustand lag wie ein Fatum über der römischen Welt.»

Doch neben dieser herderschen Linie steht die umfassendere, universale. Nach Hegel determinierte eine weltgeschichtliche Entelechie den römischen Geschichtsprozeß. Die römische Welt war nach ihm «dazu auserkoren, die sittlichen Individuen in Banden zu schlagen, sowie alle Götter und alle Geister in das Pantheon der Weltherrschaft zu versammeln, um daraus ein abstrakt Allgemeines zu machen». Schon bei Hegel wird dann aber auch jene Verschränkung des Römischen Reiches mit dem Christentum und den Germanen sichtbar, die später die universalhistorischen Konzeptionen Rankes und Burckhardts bestimmen sollte.

Als die «vier großen Produktionen Roms» hob Ranke in seiner «Weltgeschichte» die Ausbildung einer allgemeinen Weltliteratur, die Verbreitung des römischen Rechts, die Errichtung der römischen Monarchie und die Aufnahme und Weitergabe des Christentums hervor. Gerade weil er die römische Geschichte mit jener des Christentums und des Germanentums in Einklang stellte, waren das Römische Reich und die römische Kaiserzeit für ihn «die Mitte der gesamten Geschichte».

Ganz ähnlich lautet die zentrale Wertung Jacob Burckhardts, der in den «Weltgeschichtlichen Betrachtungen» zur Leistung und Funktion des Römischen Imperiums Stellung nahm: Das Kaiserreich ist «jedenfalls allen alten Weltmonarchien enorm überlegen und überhaupt die einzige welche bei allen Mängeln den Namen verdient. Es frägt sich nicht, ob Weltmonarchien überhaupt wünschbar seien, sondern, ob die römische ihren Zweck, die große Ausgleichung der alten Culturen und die Verbreitung des Christenthums (welches allein deren Haupttheile gegenüber den Germanen retten konnte) erfüllt habe oder nicht. Ohne die römische Weltmonarchie hätte es keine Continuität der Bildung gegeben.»

So imponierend und geschlossen das Bild des Imperium Romanum im Rahmen dieser geschichtsphilosophischen und universalhistorischen Konzeption des 19. Jahrhunderts erscheint, so distanziert blieb zunächst das Verhältnis der Geschichtswissenschaft, die weithin durch die Probleme und Erscheinungen der Römischen Republik fasziniert wurde, an denen sich die moderne kritische Erforschung der römischen Geschichte entzündet hatte. Barthold Georg NIEBUHR stand dem Imperium weithin ablehnend gegenüber. In seiner Vorlesung vom Sommersemester 1829 charakterisierte er dessen Geschichte als «die Geschichte einer verdorbenen großen Masse wo die Gewalt allein entscheidet, wo das Geschick von hundert Millionen und mehr Menschen auf einem einzigen Individuum und den Wenigen die seine nächste Umgebung bilden beruht... Es war bloß noch eine Entwicklung mechanischer Kräfte, die lebendigen waren alle gewichen, die Natur bringt keine Krisis mehr hervor, es ist ein allmähliches Absterben, eine indefinite zerstörende Krankheit wirkte, die das Ende unausbleiblich herbeiführen mußte. In der Weltgeschichte ist diese Geschichte merkwürdig, als National- und politische Geschichte aber ist sie traurig und unerfreulich.»

Zum Primat der «National- und politischen» Geschichte und zum Primat der Römischen Republik hat in seinen Anfängen auch noch Theodor MOMMSEN beigetragen, der die eigentliche Geschichte der römischen Kaiserzeit, für die er den 4. Band seiner «Römischen Geschichte» reserviert hatte, nicht schrieb. Der 1856 erschienene 3. Band seines großen Werks schloß mit Caesars Sieg bei Thapsus (46 v. Chr.) ab, der 1885 publizierte 5. Band schilderte in einer Sammlung von glänzenden Skizzen die Geschichte der römischen Provinzen von Caesar bis Diokletian. Dabei war Mommsen durch die Arbeit am *Corpus Inscriptionum Latinarum*, der großen Edition aller lateinischen Inschriften der Antike, durch zahlreiche Texteditionen, insbesondere durch seine Studien zu den *res gestae*, dem Tatenbericht des Augustus, seine Forschungen zum Römischen Staatsrecht und Strafrecht besser als jeder andere für eine Darstellung der Kaiserzeit ausgewiesen; zudem hatte er diese in Vorlesungen wiederholt behandelt.

In seinem zwischen 1883 und 1887 erschienenen zweibändigen Handbuch der «Geschichte der römischen Kaiserzeit» verzichtete Hermann SCHILLER im Gegensatz zu Mommsen auf alle darstellerischen Ambitionen, und so unrecht hatte Mommsen nicht, wenn er im Hinblick auf jenes Werk einmal schrieb, «es gehört der Leichtsinn der Jugend oder auch der Stumpfsinn des Herrn Schiller [dazu], um über Dinge zu reden, die man nicht versteht, und das heißt doch Geschichte schreiben, wenigstens Geschichte der römischen Kaiserzeit.» Auch Mommsens Schüler und Mitarbeiter Hermann DESSAU scheiterte an dieser Aufgabe. Sein zweibändiges Werk (1924–1930) blieb ein Torso; es umspannt lediglich den Zeitraum von Augustus bis 69 n. Chr., literarische Gestaltungskraft fehlte dem bewährten Epigraphiker Dessau völlig.

Das in fast jeder Hinsicht vollkommene Gegenstück zu Dessaus Ansatz ist die zweibändige «Geschichte der römischen Kaiser», die Alfred VON DOMASZEWSKI erstmals 1909 publizierte. Diese Sammlung von Kaiserbiographien war zumeist in apologetischer Form und im Pathos des wilhelminischen Deutschland geschrieben: «Durch das Nachdenken langer Jahre erwuchsen diese Kaiser der Römer in dem Gefängnis des Bücherzimmers zu lebendigen Erscheinungen. Da saßen sie nun auf den Borden, den Stühlen, selbst an meinem Schreibtische, bis mir die gespenstige Umgebung zur Qual wurde. So habe ich denn geschrieben um mich selbst zu befreien.» Es gibt nur wenige Werke, die für die Vorstellungswelt des humanistisch gebildeten deutschen Bürgertums der Zeit um den Ersten Weltkrieg so repräsentativ sind wie diese Biographiensammlung.

Die in Methode, Gehalt und Wertung noch immer modernste ausführlichere Darstellung der Epoche liegt in dem klassischen zweibändigen Werk von Michael ROSTOVTZEFF «Gesellschaft und Wirtschaft im römischen Kaiserreich» vor, das 1931 in deutscher Übersetzung erschien. Unter den Eindrücken der Oktoberrevolution von 1917 hatte Rostovtzeff, selbst ein dezidierter Vertreter des liberalen russischen Großbürgertums, in seinem Werk vornehmlich die Rolle des Großbürgertums als der wichtigsten, Wirtschaft, Staat und Kultur tragenden sozialen Schicht der Kaiserzeit analysiert und gleichzeitig mit einer vorher unbekannten Energie der Synthese und der Problematisierung der verschiedenartigsten archäologischen Quellen eine glänzende Darstellung der Entwicklung der römischen Provinzen in der Kaiserzeit gegeben. Erst durch ihn wurden die Resultate der archäologischen Ausgrabungen, Bodenfunde und Kunstwerke, Inschriften, Papyri und Münzen unter großen historischen und gesellschaftlichen Leitfragen ausgewertet und damit in umfassende Zusammenhänge gestellt.

Die heute am weitesten verbreitete deutschsprachige Darstellung der römischen Kaiserzeit stammt von Ernst KORNEMANN (1977[7]). Sie ist lebendig geschrieben, von oft markigen persönlichen Wertungen durchzogen, dem Forschungsstand der späten dreißiger Jahre verhaftet und nicht frei von einem extremen Systematisierungsstreben, das sich vor allem in Kornemanns Konzeption des sogenannten Doppelprincipats niedergeschlagen hat. Die politischen und militärischen Ereignisse dominieren, in diesen Bereichen vermittelt das Buch noch heute wichtige Informationen und Überlegungen. Daneben steht eine ganze Reihe von meist propädeutischen Werken auf schmalerem Grundriß.

Aus den Darstellungen der zahlreichen neueren Sammelwerke, von denen die *«Cambridge Ancient History»* die gediegenste und wertvollste «Buchbindersynthese» von Beiträgen der führenden Spezialisten bietet, ragt die zuerst in der *«Storia di Roma»*, danach auch in einer ergänzten englischen Übersetzung erschienene Monographie von Albino GARZETTI *«From Tiberius to the Antonines. A history of the Roman Empire AD 14–192»* (1974) auf Grund ihrer hohen Qualitäten und ihres bibliographischen Informationswertes eindeutig hervor. An der Spitze der deutschsprachigen Gesamtdarstellungen steht die ausführliche Behandlung der Kaiserzeit in der «Römischen Geschichte» von Alfred HEUß (1983⁵), obwohl sie sich überwiegend mit den Bereichen Politik und Verfassung befaßt, jenen der Kultur völlig ausklammert, dem Sektor der Wirtschaft wohl kaum gerecht wird. Enttäuschend ist dagegen der von Heuß dirigierte 4. Band der Propyläen-Weltgeschichte ausgefallen. In ihm kehrte gerade der Spezialist der Gesellschafts- und Verwaltungsgeschichte der Kaiserzeit, H.-G. PFLAUM, zur Kaisergeschichte im Stile von Domaszewskis zurück, und obwohl es sich bei dem Unternehmen um eine «Universalgeschichte» handeln soll, sind Reichsgeschichte und Geschichte des Christentums konsequent getrennt. Das italienische Hochschullehrbuch von Santo MAZZARINO *«L'impero Romano»* (3 Bde., 1976²) zeigt demgegenüber, wie fruchtbar eine moderne Verklammerung dieser beiden Bereiche gestaltet werden kann. Aus der parallelen, reichhaltigen internationalen Produktion ist daneben vor allem das Hochschullehrbuch von Paul PETIT, *«Histoire générale de l'Empire Romain»* (1974) hervorzuheben.

Wie die «Römische Geschichte» von A. N. MASCHKIN (deutsche Übersetzung 1953) und der 2. Band der «Weltgeschichte» der Sowjetischen Akademie der Wissenschaften (deutsche Ausgabe 1963²) lehren, standen einer voll befriedigenden marxistischen Synthese geraume Zeit beträchtliche Hindernisse entgegen. In der Ära Stalins wurde das Imperium Romanum mit einer einheitlichen Sklavenhalterformation identifiziert. Ausgehend von beiläufigen Bemerkungen Stalins wurde im Römischen Reich der Kaiserzeit eine «Revolution der Sklaven» konstruiert, die Rolle «feudaler» Elemente in dieser Formation bei weitem überschätzt. Im Banne dieser dogmatischen Konzeption entfernten sich vor allem die theoretischen Diskussionen immer weiter von der historischen Realität, die Problematik des Übergangs von der Sklavenhalter- zur Feudalgesellschaft verstrickte die marxistischen Gelehrten nicht zuletzt deshalb in immer neue Schwierigkeiten, weil die sozioökonomischen Strukturen der Kaiserzeit selbst gar nicht hinlänglich geklärt waren.

Gegen diese Stagnation setzten sich nach Stalins Tod neue Tendenzen durch, die vor allem durch die Namen von S. L. UTTSCHENKO, E. M. SCHTAJERMAN, E. S. GOLUBKOVA und anderen repräsentiert werden. Vielen Forschern ist gemeinsam, daß sie sich nicht allein mit der Erfassung der

Produktionsverhältnisse im engeren Sinne begnügten, sondern unter Rückgriff auf Teile der «Grundrisse der Kritik der politischen Ökonomie» von Karl Marx, insbesondere auf den Abschnitt über die Formen, die der kapitalistischen Produktion vorangehen (1857/1858), nun auch die Rolle der antiken Eigentumsformen als der juristischen Grundlage der Produktionsweise stärker berücksichtigen. Am wichtigsten erscheint jedoch die Tatsache, daß die historische Formation des *Imperium Romanum* in einem Ausmaße differenziert wird, wie dies in der älteren marxistischen Altertumsforschung nie zu beobachten war. So zeichnet zum Beispiel E. M. Schtajerman in ihren jüngsten Arbeiten ein ungewöhnlich nuancenreiches Bild der sozio-ökonomischen Strukturen des Römischen Reiches. Die zweibändige Darstellung «Römische Geschichte. Kaiserzeit» von Wolfgang SEYFARTH (1974) möchte dagegen für ein breiteres Publikum «Belehrung mit interessanter Lektüre» verbinden und erscheint ungeachtet der Betonung marxistischer Kategorien reichlich konventionell. Ähnliches gilt für das neueste Hochschullehrbuch der DDR zu diesem Thema von H. DIETER und R. GÜNTHER (1979), das ganz einer älteren marxistischen Orthodoxie verhaftet ist.

Auch in der nichtmarxistischen Forschung dominieren heute Methoden, Aspekte und Wertungen, die sich von denen der früheren Generationen wesentlich unterscheiden. Während die ältere Forschung weithin durch die Prägekraft eines Tacitus und Sueton beherrscht wurde und damit nicht selten personalistische Züge erhielt, geht die neuere von ganz anderen Grundlagen und Fragestellungen aus. Spätestens seit Rostovtzeff bezieht sie in weitestem Umfang die archäologische, epigraphische, papyrologische und numismatische Überlieferung mit ein. Auf dieser erweiterten Basis hat sie den Wandel der Führungsgeschichten analysiert, die soziale Mobilität erforscht, Preisstatistiken rekonstruiert und ausgewertet, die Verbreitung und die Stagnation des technischen Fortschritts erhellt, die Differenzierung der Berufe erschlossen, aber auch die Entwicklung der Principatsideologie und den religiösen Synkretismus im Imperium präzisiert.

Sie hat die sozialen Spannungen innerhalb des Imperiums freigelegt, wobei etwa der amerikanische Althistoriker R. MACMULLEN keineswegs mit marxistischen Kriterien arbeitete. Diese neuen Methoden und diese neue Thematisierung führten so einerseits zu einer kritischen Gesamteinschätzung der *Pax Romana*, andererseits aber auch zu einer nüchternen Anerkennung der Effizienz jenes politischen, gesellschaftlichen, wirtschaftlichen und kulturellen Systems.

Das moderne Gesamtbild des *Imperium Romanum* ist zwiespältig. Es gibt zwar noch immer Darstellungen und Untersuchungen, die zu sehr positiven Wertungen gelangen, die Integrationskraft des Imperiums, politische Stabilität, wirtschaftlichen, technischen und kulturellen Fortschritt hervorheben und selbst die Verbesserung der Lage der unteren Gesellschaftsschichten, der

Sklaven, Freigelassenen und Peregrinen, betonen. Doch seit 1945 steht dem eine weitaus größere Zahl von Arbeiten gegenüber, die sich auf die negativen Erscheinungen und Auswirkungen des Römischen Reiches konzentrierten. Ob sie die politische und geistige Opposition gegen den Principat untersuchten, den Widerstand der Einheimischen, die Verkümmerung lokaler oder ethnischer Traditionen, den sogenannten Imperialismus Roms, den Niedergang der städtischen Selbstverwaltung, wirtschaftliche Krisen, die Lage in den Grenzzonen – insgesamt führten sie zu einer überwiegend negativen Gesamtbeurteilung.

Zieht man indessen die Summe aus den vielen Spezialuntersuchungen der Krisensymptome in allen Bereichen, der Verfalls- und Dekadenzphänomene, der Studien über Aggression, Ausbeutung, Klassenkämpfe, wirtschaftliche Stagnation und so fort, so kann man sich des Eindrucks kaum erwehren, daß der römische Machtbereich eigentlich schon seit dem 2. Jahrhundert v. Chr. Revolution, Krise und Untergang in Permanenz erlebt haben müßte. Die einseitige Darstellung solcher Aspekte führte sich selbst *ad absurdum*. Denn ein politisches, gesellschaftliches und wirtschaftliches System, dessen Desintegration viele Jahrhunderte dauerte, muß doch wohl über eine ganz ungewöhnliche Kohärenz verfügt haben.

Diese Haltung entspricht einer kritischen, nicht selten jedoch aber auch inkonsequenten Einstellung sowohl gegenüber den Weltmächten unserer Tage als auch gegenüber dem Prozeß der Emanzipation der Dritten Welt und dem Wert zivilisatorischen und technischen Fortschritts überhaupt. Die Wechselbeziehungen zwischen Gegenwartserfahrungen und -interessen einerseits, historischer Wertung andererseits liegen auch hier offen zutage. Gab es im Zeitalter des europäischen Kolonialismus eine enge, rechtfertigende Verklammerung zwischen *Imperium Romanum* und «Empire», *Pax Romana* und *Pax Britannica* oder *Pax Americana* – um von verschwommenen Reichsideologien der faschistischen Ära zu schweigen –, so lassen sich heute andere Abhängigkeiten und Entwicklungen beobachten.

Kritik an militärischen Aktionen der Weltmächte ging Hand in Hand mit der Verurteilung römischer Annexionen, Bewunderung für die Freiheitsbewegungen der Dritten Welt mit Umwertungen der Geschichte der römischen Provinzen, das Erschrecken über die Konsequenzen technischen Fortschritts mit einer reservierten Haltung gegenüber den Leistungen des Römischen Reiches auf den Gebieten der Infrastruktur, Stadtarchitektur, Technik und Zivilisation insgesamt. Als ein Beispiel für viele mag hier die Standortverschiebung in den Konzeptionen der Geschichten der römischen Provinzen Nordafrikas gelten. Wurden diese Geschichten im 19. und zu Beginn des 20. Jahrhunderts von französischen, englischen und italienischen Gelehrten gleichsam vom römischen Standpunkt und in den Perspektiven des Römischen Reiches geschrieben, so begannen in den letzten Jahrzehnten erstmals Arbeiten zu erscheinen, in denen die Geschichte des römischen

Nordafrika gleichsam von innen, vom Standpunkt der Einheimischen, verfaßt wurde.

Doch auch die modernen Inkonsequenzen sollten nicht übersehen werden: der Ruf nach dem Eingreifen der Weltmächte, wann immer regionale Konflikte so verhärtet waren, daß sie sich von den Betroffenen selbst offensichtlich nicht mehr lösen ließen, sei es im Nahen Osten, auf Cypern oder in Afrika; das Bestreben ärmerer und schwächerer Nationen, durch Anschluß an supranationale Einheiten und Pakte vom Schutz, Reichtum oder der technischen Überlegenheit der Starken zu profitieren; die Integrations- und Desintegrationsprobleme der großen Bündnisse; die Anpassungsprozesse und inneren Schwierigkeiten der entkolonialisierten Regionen und schließlich die weltweite Unfähigkeit, gegenüber den Bindungen an Technik und Zivilisation unabhängig zu bleiben. Die Berücksichtigung dieser Erscheinungen sollte vor einer einseitigen negativen Einschätzung der historischen Leistung des *Imperium Romanum* bewahren und zu einer nüchternen und ausgewogenen Analyse führen.

Für die Anlage und Methode dieses Werkes waren folgende Gesichtspunkte maßgebend: Es wendet sich nicht an die Spezialisten der Altertums- und Geschichtswissenschaften, sondern an den nach wie vor großen Kreis derjenigen, die der römischen Geschichte Interesse entgegenbringen, in diesem weiteren Zusammenhang auch an die Lehrenden und Studierenden der geisteswissenschaftlichen Disziplinen – steht Rom und sein Imperium doch »wie ein riesiger Klotz mitten in der Geschichte, und keiner kann an ihm vorbei« (L. Curtius, «Torso», Stuttgart 1957, 289). Angestrebt wurde dabei eine umfassende und lesbare Vermittlung, die Verbindung nicht nur von Ereignis- und Strukturgeschichte, sondern auch der allzuoft isolierten Teilbereiche Politik und Verfassung, Gesellschaft und Wirtschaft, Kultur und Religion.

Im Rahmen dieser komplexen Konzeption liegt ein spezifischer Akzent des Werks auf dem Sektor der Reichs- und Principatsideologie. Die modernen Fragen nach der Legitimation römischer Herrschaft, dem Selbstverständnis der römischen *principes* wie der Kaiser der Spätantike, der Rechtfertigung des neuen politischen Systems, der Formeln und der Stilisierung der Macht wurden besonders berücksichtigt und immer wieder eingehend besprochen. Die neuere Forschung hat diesen Problemen in den vergangenen Jahrzehnten so viele Energien gewidmet, daß die Aufnahme ihrer Ansätze und Resultate in diese allgemeine Darstellung unumgänglich erscheint.

Wurde die wissenschaftliche Bemühung um die Geschichte des *Imperium Romanum* zunächst durch die Antithese von Kaiser- und Reichsgeschichte bestimmt, so ist die Differenzierung inzwischen sehr viel weitergetrieben worden. Vereinfacht gesagt, überwiegen heute drei verschiedene Dimensionen in diesem Bereich: eine imperiale Dimension, welche die Kaiser- und

Reichsgeschichte als Ganzes umfaßt, eine provinziale oder regionale Dimension, in welcher die Geschichte der größeren geographischen und historischen Einheiten oder der römischen Provinzen im Vordergrund steht, endlich – nicht zuletzt dank der starken Impulse der italienischen Forschung – die lokale Dimension. Sie konzentriert sich auf die Entwicklung und die Geschichte der Städte und damit der eigentlichen Zellen des Imperiums, gleichgültig, ob es sich dabei um die Geschichte des römischen Neuss oder um diejenige des antiken Welthafens Ostia handelt. Von der Möglichkeit einer Synthese aller drei Dimensionen ist die Gegenwart weit entfernt. Auch die vorliegende Darstellung wird sich primär mit der Erfassung der imperialen und provinzialen Dimensionen begnügen müssen und die lokale lediglich in exemplarischer Weise berücksichtigen können.

In methodischer Hinsicht wurde besonderer Wert darauf gelegt, die antiken Zeugnisse anhand von Übersetzungen zu vermitteln. Dabei sind nicht nur Texte der verschiedenen literarischen Quellen im weiteren Sinne, der Geschichtsschreibung wie der Dichtung oder der Philosophie, sondern auch juristische, speziell verfassungsrechtliche Fixierungen, Edikte und Gesetze, Inschriften, Papyri, Äußerungen aus dem religiösen Bereich wie aus dem gesellschaftlichen und wirtschaftlichen Alltag, nicht zuletzt Schriften des frühen Christentums in die Darstellung eingegliedert worden. Dasselbe gilt für pointierte Feststellungen und Wertungen der Klassiker der Altertumswissenschaften. Ein bibliographischer Anhang dokumentiert jene größeren Werke, auf denen dieses Buch aufbaut. Er gibt zugleich Hinweise für die ergänzende und vertiefende Lektüre in den speziellen Bereichen, die hier nur gestreift werden konnten.

Europa und alle Randzonen des Mittelmeerraums sind übersät von den Spuren einer gemeinsamen römischen Vergangenheit. Sie tritt uns entgegen in Tempeln und Triumphbogen, Amphitheatern und Palästen, Legionslagern und Kastellen, Thermen und Villen, Aquädukten und Straßen, Grabsteinen, Götterbildern und Statuetten, in den Sigillaten wie in den Fundmünzen, in der Literatur wie in den Kunstwerken der römischen Zeit. Auf seine Weise möchte auch dieses Buch beitragen zur Präsenz des *Imperium Romanum*.

Die Römische Republik
und ihr Imperium

Die historische Formation der Römischen Republik hat Zeitgenossen wie Nachwelt immer wieder, freilich unter sehr verschiedenen Aspekten, fasziniert: Es beeindruckten zunächst die Dynamik und das Ausmaß der Machtbildung, das heißt die Tatsache, daß es dieser wirtschaftlich und kulturell, aber auch durch ihr militärisches Potential anfangs keineswegs überlegenen mittelitalischen Republik während des 3. und 2. Jahrhunderts v. Chr. gelungen war, zur Vormacht des gesamten Mittelmeerraums aufzusteigen. Zweitens imponierten die innere Stabilität dieses «Gemeindestaates», die scheinbar vorbildlichen Lösungen sozialer Konflikte im römischen Ständekampf nicht weniger als das Durchstehen der geradezu katastrophalen militärischen Krisen, sei es nach dem Galliereinfall und der weitgehenden Zerstörung des «alten» Rom im Jahre 387 v. Chr., sei es nach der schweren Niederlage von Cannae im Jahre 216 v. Chr.

Drittens ist Rom geradezu zum Symbol republikanischer Tradition geworden: Es wurde zum Vorbild der zweckmäßigen und effektiven Organisation einer politisch autonomen, sich selbst verwaltenden Bürgergemeinde. Seine Verfassung, die zugleich Garant der sprichwörtlichen «Freiheit» des römischen Bürgers war, galt als ideal. Viertens endlich wurde die Struktur der römischen Bundesgenossenschaft bewundert, jenes abgestufte System eines politischen Verbandes, in dem einerseits ein Maximum lokaler Selbstverwaltung bei den Bundesgenossen anerkannt, Exponenten römischer Macht nicht ständig provozierend präsent waren, andererseits aber dennoch die grundsätzliche politische Suprematie Roms gesichert und vor allem die Mobilisierung des militärischen Potentials der Verbündeten für die Sache Roms gewährleistet war.

Diese offenkundig herausragenden Leistungen und Vorzüge führten in der Antike wie in der Neuzeit zur Erörterung der «Ursachen der Größe Roms», wobei sich die Diskussion bezeichnenderweise beide Male ganz eindeutig auf die Phänomene der Römischen Republik konzentrierte. Der aus Rudiae (in der Nähe von Lecce in Kalabrien) stammende Dichter Quintus Ennius (239–169 v. Chr.) sei hier als Kronzeuge republikanischer Zeit zitiert. Ennius war ein Mann, der von sich selbst sagte, daß er drei Herzen habe, weil er sowohl das Griechische als auch das Oskische und das Lateinische beherrsche. Er war erst spät zum römischen Bürgerrecht gelangt, hatte sich zunächst als Außenstehender mit der römischen Entwicklung befaßt, bis er schließlich zum Sprachrohr römischer Aristokraten wurde. Dieser vielseitige und gewandte Autor hat die römische Vorstellung jener Zeit wohl verbindlich und sicher am prägnantesten formuliert: In einem später von Cicero wie von Augustin aufgegriffenen Hexameter erklärte er kurz und bündig: «*moribus antiquis res stat Romana virisque.*»

Der in seiner Dichte nur schwer zu übersetzende Vers – jüngst übertragen mit den Worten: «Auf Sitten und Männern alter Art beruht der Bestand des römischen Staates» (R. Till) – führt tatsächlich an den Kern des Selbstverständnisses der Römer in der Zeit der klassischen Republik heran. Die sieben Worte vermitteln klar und entschieden die römische Vorstellung von den «Ursachen der Größe Roms». Doch sie erfordern eine wenigstens kurze Erläuterung. Wenn die *mores antiqui* hier an die erste Stelle gesetzt und zugleich mit den Männern verschränkt sind, so dokumentiert dies jene auffallende Rückwärtsorientierung, die für die Römer insgesamt, insbesondere aber für ihre Führungsschicht, richtungweisend war.

Wie in kaum einer anderen antiken Gesellschaft wurden in Rom die Leistungen der Vorfahren für die gemeinsame Sache, für die *res publica* – worunter stets mehr und Konkreteres zu verstehen war als lediglich der «Staat» – immer wieder zur Legitimation der Nachkommen vergegenwärtigt. Sie wurden in zahllosen Reden beschworen, als kanonisierte Beispiele der Tradition *(exempla)* ebenso fixiert wie durch die eigentümlichen Bestattungssitten der Nobilität eingeschärft. Dabei wurden die großen Vorfahren mit ihren magistratischen Ehrenzeichen gleichsam wieder zum Leben gerufen; sie nahmen dann den soeben Verstorbenen in ihre Reihen auf. Gerühmt aber wurden im Nachruf nicht nur die Leistungen dessen, von dem man Abschied nahm, sondern nicht weniger Taten und Qualifikationen der *maiores*. Die *mores maiorum*, die mit all dem und noch auf vielen anderen Wegen gefeiert wurden, aber waren ihrem Wesen nach Tugenden, Sitten und Qualifikationen freier Grundbesitzer der alten Führungsschicht, die sich zugleich als Politiker und als Kommandeure bewährt hatten.

Zum Kanon dieser vorbildlichen Verhaltensweisen zählten das umfassende Streben nach männlicher Tüchtigkeit und nach der Bewährung als Mann, das fortgesetzte, geradezu aktivistische Drängen nach Ruhm ebenso wie das Bezeugen von Disziplin und Härte, Gehorsam und Beharrlichkeit, Unbestechlichkeit und Treue, Offenheit und zugleich Verschwiegenheit, aber eben auch das bereitwillige Eintreten für Abhängige, Freunde und später für die Bundesgenossen. Doch über all dem zeichnete die *maiores* nach römischem Selbstverständnis ihre *pietas* aus, die wiederum umfassende Anerkennung religiöser und moralischer Bindungen. Im Einklang mit dem Willen der Götter zu handeln, war für die Römer nicht nur ein Gebot privater Frömmigkeit, sondern die wichtigste politische Erfahrung ihrer Geschichte, die es stets zu respektieren galt, wenn sie auch in den Tagen Ciceros bereits weithin zur Ideologie erstarrt schien.

Jedenfalls waren die Römer der Republik Jahrhunderte hindurch in einer sehr naiven Weise davon überzeugt, daß ihre Herrschaft dem Willen der Götter entsprach, jenem Willen, den sie in den Vorzeichen aller Art, durch die Beobachtung des Vogelflugs wie durch Eingeweideschau, durch das Achten auf Blitze wie auf Mißgeburten, auf Ernteschäden und auf andere Naturkatastrophen beflissen und gewissenhaft zu erkunden und dann auch bereitwillig und energisch zu erfüllen suchten. Diesem *sequi deos* meinten sie noch nach der Ansicht des Livius in augusteischer Zeit ihre Herrschaft zu verdanken, und gerade darin erschienen ihnen die großen Vorfahren beispielhaft und vorbildlich.

Natürlich gab es daneben schon früh andere Erklärungsversuche, von denen insbesondere derjenige des Polybios (um 200–120 v. Chr.?) große Bedeutung erlangte, weil in ihm neben der Anerkennung der Qualifikationen der römischen Politiker, Militärs und des römischen Volkes insgesamt mit aller Eindringlichkeit die Vorzüge der römischen Verfassung in den Vordergrund gerückt wurden. Polybios ist für Rom einer der großen Vermittler griechischen Verfassungsdenkens geworden, und gemäß dessen Kategorien schien sich ihm die römische Verfassung als äußerst stabile und ausgewogene Mischung monarchischer, aristokratischer und demokratischer Elemente auszuzeichnen, eine ebenso ingeniöse wie primär theoretische Konzeption, die der Verfassungswirklichkeit indessen kaum gerecht wurde.

Auch in der Neuzeit sind viele Versuche unternommen worden, den «Ursachen der Größe Roms» auf die Spur zu kommen. Bossuet führte die republikanischen Römertugenden wie die Verfassungsqualität ins Feld, Montesquieu konstatierte, daß die Römer «durch ihre Maximen» alle Völker überwunden hätten, Niebuhr hob die Mäßigung der römischen *plebs* im Ständekampf hervor, die erst den Ausgleich zwischen den sozialen Gruppen ermöglichte, aber auch ihr Eintreten für das Ganze des römischen Staates, Mommsen die Tatsache, «daß es innerhalb der römischen Bürgerschaft keinen Herrn und keinen Knecht, keinen Millionär und keinen Bettler geben, vor allem aber der gleiche Glaube und die gleiche Bildung alle Römer erfassen sollte». R. Heinze verstand die Römer dann als ausgesprochene «Machtmenschen» im Sinne der Typologie von E. Sprangers «Lebensformen»: «...Machtmenschen, der einzelne wie das Volk als Ganzes, und die Macht, nach der sie verlangen, ist anerkanntes Höherstehen, Herrsch- und Befehlsgewalt». Erst Fr. Altheim hat demgegenüber wieder die Priorität römischer Religion ins Bewußtsein geführt und zu Recht auch daran erinnert, daß die so häufig zitierten Verse Vergils:

> «Du bist ein Römer, dies sei dein Beruf: die Welt regiere, denn du bist ihr Herr,

dem Frieden gib Gesittung und Gesetze, begnad'ge, die sich dir
gehorsam fügen,
und brich in Kriegen der Rebellen Trutz»
(Übertragung von E. Norden)

primär nicht zum Machtstreben aufrufen, sondern dazu, «eine Ordnung aufzurichten», und damit auf Grund von Vergils Gesamtkonzeption auffordern, einen göttlichen Auftrag auszuführen.

Unter dem Eindruck neuer wissenschaftlicher Ansätze und Theorien wie im Banne neuer Gesellschaftsideale und Geschichtsbilder wurden in der Gegenwart neue Perspektiven zur Beurteilung dieses historischen Phänomens gewählt, nicht selten auch lediglich ältere Wertungen unter neuen Begriffen vorgeführt. Unter positivem Vorzeichen ist hierbei insbesondere das Zustandekommen einer voll integrierten Gesellschaft im Rahmen der römischen Geschichte gerühmt worden, die vorbildliche Lösung sozialer Konflikte dank der Kompromißbereitschaft aller großen sozialen Gruppen, aber auch die ebenso zweckmäßige wie effektive Organisation des gesamten gesellschaftlichen und politischen Lebens. Die Integrationsfähigkeit und Integrationsbereitschaft wurden auch am System der römischen Bundesgenossenschaft exemplifiziert, an einem System, dessen differenzierte «Integrationsdichte» zuletzt eindrucksvoll aufgezeigt werden konnte.

Sehr viel kritischer wird in der Gegenwart der Einsatz des relativ beschränkten Herrschaftsinstrumentariums der Römischen Republik bewertet, des Bürgerrechts wie der Kolonisation, des Vertragssystems wie der Mobilisierung des militärischen Potentials der Verbündeten. Daß die Technik der römischen Machtausübung erstaunlich entwickelt war, ist evident – nur wird seit einiger Zeit schärfer als früher gesehen, welche Folgen dies für die italischen Städte und Stämme hatte, Folgen, die Mommsen im Banne seiner Bewunderung eines elementaren und dynamischen Expansionsprozesses teilweise erstaunlich rasch übergangen hatte und die er zumindest gemäß der Teleologie der «Notwendigkeit» zur Einigung der italischen «Nation» hinnahm. Auch die Kritik an der wirtschaftlichen und finanziellen Ausbeutung des römischen Herrschaftsgebietes ist kein Monopol des Historischen Materialismus. Indessen sind gerade auf diesem Gebiet in letzter Zeit genauere und konkrete Analysen vorgelegt worden, die voreilige pauschale Vorstellungen erheblich differenzierten oder berichtigten.

Unter absolut negativem Vorzeichen läßt sich die römische Machtbildung natürlich noch immer, wie schon bei S. Pufendorf und J. G. Herder, als Resultat einer konsequenten, aggressiven und primär destruktiven Politik disqualifizieren, die zudem unter dem Eindruck moderner Erfahrungen scheinbar eindeutig mit den Etiketten «Imperialismus» und «Kolonialismus» angeprangert werden kann. Doch die Existenz einer solchen, durchgehend und radikal verfolgten Politik ist zuletzt entschieden und auch überzeugend bestritten worden. Roms «Größe» lediglich mit imperialistischer Politik gleichzusetzen, ist keine Lösung des Problems. Angesichts dieser Sachlage empfiehlt es sich, zunächst die Grundzüge der römischen Gesellschaft, der römischen Verfassung wie des römischen Staates in republikanischer Zeit näher zu bestimmen.

Versucht man sich die Eigenart der Römischen Republik bewußt zu machen, so ist die relative Homogenität der sie tragenden, primär agrarisch geprägten Gesellschaft fundamental. Das Zusammenwirken der größeren Grundbesitzer mit der Mehrzahl der Kleinbauern, Handwerker und Händler bestimmte den wirtschaftlichen wie den gesellschaftlichen und politischen Alltag. Dazu kam die ebenso grundlegende Anerkennung von Bindungen und Autorität in Familie, Klientel und Staat. Die Unterwerfung des Individuums, und zwar nicht nur des Sklaven unter den Besitzer und Herrn, sondern auch der Frau und des Kindes, selbst der ältesten, möglicherweise bereits selbst verheirateten Söhne, unter die nahezu unbeschränkte «väterliche Gewalt» des Familienoberhauptes, die Unterwerfung auch des in der Regel wirtschaftlich schwächeren oder abhängigen, juristisch unerfahrenen und unsicheren, politisch zunächst nur bedingt selbständigen, freien Kleinbauern und Bürgers unter einen *patronus* in der Institution der Klientel, und nicht zuletzt die Unterwerfung des einzelnen unter das übergeordnete Interesse der *res publica*, der politischen Gemeinschaft, bildeten zugleich die entscheidenden Beziehungen und Strukturelemente in Gesellschaft und Politik der Römischen Republik.

Dieses von so starken Autoritäten bestimmte System hielt sich jedoch nur deshalb so lange Zeit, weil es in aller Regel nicht einseitig mißbraucht oder durch bloße Willkür bestimmt wurde. Obwohl die in mancher Hinsicht absolute Gewalt des Familienoberhauptes auch noch religiös sanktioniert war, wurde sie allein schon durch die Tradition eingeschränkt. Von dem Familienvater wurde zur Zeit der klassischen Republik zumindest erwartet, daß Beschuldigte vor einer Verurteilung gehört und daß der Rat der Familienmitglieder eingeholt wurde. Die Inanspruchnahme eines beratenden Gremiums, eines *consilium*, ist überdies eine der grundlegenden Normen für die juristische wie für die militärische oder die politische Verfahrenspraxis der Republik gewesen. Der Alltag der römischen Familie, der zentralen gesellschaftlichen Zelle schlechthin, wurde jedenfalls nicht durch den blinden Terror eines Familientyrannen, sondern durch ein Zusammenleben charakterisiert, in dem zwar die Autorität des Familienvaters unbestritten, die Stellung der Frau aber gleichfalls geachtet und – zumindest verglichen mit griechischen Verhältnissen – durchaus angesehen war. Das mußte sie schon deshalb sein, weil die Römerin während der häufigen Abwesenheit ihres Mannes in den Feldzügen der Sommerhalbjahre an seiner Stelle als Herrin den Haushalt leitete.

Ähnliches gilt für den Patron, der gesellschaftlich geächtet war, wenn er die Abhängigkeit seines Klienten mißbrauchte, dessen Interessen er zudem immer wieder auf vielfältige Weise, insbesondere vor Gericht, zu vertreten hatte. Sicher nicht altruistisch, denn auf der Gefolgschaft möglichst vieler und möglichst leistungsfähiger Klienten beruhte sein eigenes Sozialprestige, aber jedenfalls ganz gewiß nicht in der Form einseitiger Ausbeutung, sondern unter dem Zwange einer sehr nüchtern zu beurteilenden *do-ut-des*-Beziehung. Die Sklaven endlich spielten in der frühen wie in der klassischen Republik wirtschaftlich und gesellschaftlich und erst recht politisch nur eine völlig untergeordnete Rolle. Sie fielen zahlenmäßig nicht ins Gewicht, da der Arbeitskräftebedarf in der Regel durch Familienmitglieder und Klienten gedeckt werden konnte. Dort, wo Sklaven einzeln oder in sehr kleinen Gruppen vorhanden waren, wurden sie voll in die Familien integriert. Es ist deshalb irreführend und ein unzulässiger Anachronismus, die Vorstellung eines «Klassenkampfes» zwischen Sklaven und Sklavenhaltern auf die Geschichte dieser Epochen zu übertragen.

In der Eigenart der gesellschaftlichen Strukturen dürfte eine Erklärung dafür liegen, daß auch im politischen Bereich die Autorität und die Privilegien der Führungsschicht, sowohl des alten Geburtsadels, des Patriziats, als auch des späteren «Amtsadels», der Nobilität, anerkannt wurden. Dies galt insbesondere so lange, als deren Anspruch durch evidente Leistungen für die Gesamtheit aller Bürger ausgewiesen wurde und als deren Politik den materiellen und wirtschaftlichen Interessen der Plebejer entsprach. Jedenfalls steht fest, daß in Gesellschaft wie in Politik das aristokratische Element vorherrschend war. Die Römische Republik hat niemals das Gleichheitsprinzip einer modernen Demokratie angestrebt.

Im Kollektiv des römischen Senats war die Mehrzahl der römischen Aristokraten zusammengefaßt; die Zugehörigkeit zum Senat blieb stets identisch mit höchstem Sozialprestige. Die *auctoritas patrum*, die Autorität der Senatoren insgesamt, galt als Inbegriff politischer Kompetenz. Was immer durch sie gedeckt war, erschien als legitim und den Interessen der *res publica* gemäß; was sich ihr widersetzte oder sich ihrer nicht versicherte, galt schlechthin als revolutionär. In traditionell geregelten Formen, meist nur durch seine Beschlüsse und Empfehlungen, leitete der Senat die römische Politik.

Exekutive, Jurisdiktion wie Verwaltung und militärisches Kommando aber lagen in den Händen weniger Magistrate, die jeweils durch Volkswahl aus den Reihen der Führungsschicht bestimmt wurden und die während der Dauer ihrer Magistratur eine geradezu schrankenlose Amtsgewalt ausüben konnten. Allein durch die Prinzipien der Annuität und der Kollegialität wurde die Möglichkeit langfristiger persönlicher Machtbildung schon im Ansatz verhindert: Jede Magistratur wurde in der Regel nur für ein Amtsjahr übertragen und in der Regel auch von mindestens zwei gleichberechtigten Inhabern ausgeübt. So imponierend die Geschlossenheit der römischen Magistratur war – sie umfaßte den administrativen wie den militärischen Bereich und hatte zur Folge, daß ein Prätor ebenso als Gerichtsherr wie als militärischer Befehlshaber fungieren konnte –, faktisch war sie in ihrer Kompetenz doch begrenzt, zudem stets eng an den Senat gebunden und seiner Kontrolle unterworfen.

Das konsequent organisierte Regiment der römischen Aristokratie war von Anfang an antimonarchisch konzipiert. Die Vorstellungen eines *rex* oder *tyrannus* konnten zum Trauma werden, das «republikanische» Pathos der römischen Aristokratie wird nur durch ihre politische Erfahrung mit der Monarchie verständlich und durch ihre Entschlossenheit, jede Form von Alleinherrschaft auf Dauer zu verhindern. Das Amt eines Diktators, durch Aufgabe oder Terminierung als unvermeidliche Notlösung sanktioniert, bestätigte nur die Regel. Für die römische Form aristokratischer Herrschaft war die Ausbildung einer zentralen Bürokratie, eines kontinuierlichen «Herrschaftsapparates» undenkbar. Obwohl bereits ringsum die Bürokratien der großen hellenistischen Königreiche ins Kraut schossen, erledigten die römischen Senatoren als Magistrate ihre oft komplexen dienstlichen Funktionen nahezu ausschließlich mit ihrem persönlichen Gefolge und Personal, mit befreundeten Aristokraten oder Familienangehörigen, mit den eigenen Klienten, Freigelassenen und Sklaven.

Lag so das Schwergewicht von Politik und Regiment eindeutig auf Seiten der römischen Aristokratie, so waren andererseits doch auch die freien römischen Bürger daran beteiligt. In straff geregelter Form hatten sie im Rahmen der Volksversammlungen, meist in den von den Konsuln geleiteten Centurienversammlungen, die nach Vermögensklassen untergliedert waren, die Möglichkeit, über Krieg und Frieden sowie über andere zentrale politische Fragen zu entscheiden, Gesetze zu beschließen, politische Verbrecher abzuurteilen, aber auch – zuvor überprüfte – Kandidaten in die Magistraturen zu wählen. Über Initiativrecht verfügte der römische Bürger in diesen Versammlungen nicht, er konnte lediglich vorgelegten Anträgen zustimmen oder sie ablehnen und sich zwischen den verschiedenen, offiziell anerkannten Bewerbern um ein Amt entscheiden.

So begrenzt dieses Mitwirkungsrecht anmutet, es garantierte in wesentlichen Punkten die Öffentlichkeit weitreichender politischer Entscheidungen. Im Rahmen einer überschaubaren politischen Ordnung wurde es in der Praxis durch direkte persönliche Bindungen beeinflußt und zwang die Angehörigen der Führungsschicht gleichwohl, immer wieder von neuem für ihre Person zu werben und die Masse der Bürger von der Angemessenheit und vom Nutzen bestimmter Vorhaben zu überzeugen. War die römische *plebs* aber erst einmal überzeugt, dann war sie auch bereit, für Person und Sache jedes Opfer zu bringen. Die *plebs* wurde auf diese Weise mit anderen Worten für die *res publica* mobilisiert, obwohl die Regierung dieses Staates nach wie vor von der römischen Aristokratie bestimmt wurde.

Dabei darf nicht übersehen werden, daß die Politik der Aristokraten lange Zeit auch konkrete plebejische Interessen befriedigt hat. Da die Mehrzahl der Plebejer anfangs aus Kleinbauern bestand, die auf ihren winzigen Landparzellen nur eine bescheidene Subsistenzwirtschaft betrieben, wurde die Versorgung der zweiten und weiterer Söhne nur durch gemeinsame Eroberung neuen Landes möglich, oder abstrakt formuliert: Die erforderliche Reproduktion der gesellschaftlichen und wirtschaftlichen Strukturen gelang lediglich durch den gewaltsamen römisch-latinischen Kolonisationsprozeß, der für die Römische Republik und deren Führungsschicht zugleich die innere Stabilität und die Herrschaftssicherung gewährleistete. Die dadurch hergestellte Interessenidentität war als Triebkraft für die römische Expansion bedeutsamer als alle moralischen Verpflichtungen.

In gleicher Weise wie bei den meisten antiken Stadtstaaten waren auch in Rom nahezu sämtliche politischen und religiösen Akte von Bedeutung an die Stadt selbst gebunden. Dort wurden die Götter des Staates verehrt, dort die Auspizien für Feldzüge eingeholt, dort traten die Magistrate ihr Amt an und legten es nieder, dort wurden alle wesentlichen politischen Entscheidungen gefällt, dort in letzter Instanz Recht gesprochen. Eine geheiligte Grenze, das *pomerium*, schied die Stadt selbst von ihrem Umfeld – und dennoch war diese Stadt von Anfang an eng mit ihrem Umland verbunden. Erst das Umland mit seinen Äckern und Weiden, seinen Seen und Wäldern sicherte der Führungsschicht wie den plebejischen Kleinbauern die Existenz.

Es zählt zu den Eigentümlichkeiten römischer Verhaltensweisen, daß schon früh Grenzen fixiert und Linien gezogen wurden, die sich in den Spuren römischer Feldvermessung zum Teil bis heute erhalten haben. Andererseits beobachteten die Römer stets sehr aufmerksam und angespannt nicht nur den Himmel, sondern auch ihre jeweiligen Nachbarn. Spätestens seit den Einfällen der Kelten zu Beginn des 4. Jahrhunderts v. Chr. bildete sich bei ihnen ein immer entschiedeneres Sicherheitsdenken aus, eine Mentalität, die das eigene Sicherheitsbedürfnis schlechthin absolut setzte und die vor dem prophylaktischen Zerschlagen benachbarter Machtkerne nicht zurückschreckte, ja dies nachgerade zum Prinzip erhob.

Zwei Begriffe des römischen Staatsrechts sollten für die Gestaltung und für die Erweiterung des römischen Machtbereiches fundamentale Bedeutung gewinnen: *imperium* und *provincia*. Es ist heute umstritten, welchen faktischen Inhalt das *imperium* zu Beginn der Republik besaß, ob es tatsächlich – so wie dies einst Th. Mommsen lehrte – die allumfassende Vollgewalt des obersten Magistrats umschrieb, die für das militärische Kommando ebenso galt wie für die politische Leitung oder die Rechtsprechung, mit anderen Worten, daß *imperium* die Zusammenfassung all jener Kompetenzen bezeichnete, die einst – zudem religiös fundiert – dem König zukamen, später dann den sogenannten Oberbeamten der Republik, den Konsuln und Prätoren.

Mit *provincia* aber wurde zunächst der konkrete Geltungsbereich des Imperiums bezeichnet, worunter ebenso ein bestimmter Bereich der Rechtsprechung wie das Kommando auf einem speziellen Kriegsschauplatz verstanden werden konnte. Die primär territoriale Vorstellung einer «Provinz» als einer allseitig begrenzten Verwaltungseinheit gehört somit erst einer späteren Entwicklungsstufe an, als die Vielzahl römischer Provinzen eine genauere Abgrenzung erforderte. Wie im Falle des *imperium,* das dann unter dem Principat als kohärentes und kontinuierliches *imperium Romanum* verstanden wurde, während es in der Epoche der Republik zeitlich eng befristete Kompetenzen subsumierte, so hat sich schließlich auch im Falle der *provincia* im Zuge des römischen Expansionsprozesses der Bedeutungsgehalt entscheidend gewandelt.

Für die anfängliche Naivität römischer Machtpolitik ist die Entwicklung auf Sizilien, in Roms ältestem außeritalischem Herrschaftsraum bezeichnend. Die römische Einmischung in die Wirren um den Raubstaat der Mamertiner in Messana im Jahre 264 v. Chr., die zunächst zu dessen Anschluß an das römisch-italische Bundesgenossensystem führte, zog sehr rasch eine eskalierende militärische Auseinandersetzung mit Karthago nach sich, den über zwei Jahrzehnte hin erbittert geführten Ersten Punischen Krieg (264–241 v. Chr.), auf den die Römische Republik vor allem zur See überhaupt nicht vorbereitet war. Andererseits wurde mit König Hieron II. von Syrakus, gegen den sich die römische Intervention zunächst richten mußte, kurzerhand ein Friedens- und Bundesgenossenschaftsvertrag abgeschlossen, von dem Rom in der Folgezeit beträchtlich profitieren sollte.

Allein aus den Erfahrungen der Eskalation der Kämpfe auf Sizilien, die Rom bis zur Erschöpfung beanspruchten, hat die Republik scheinbar nichts gelernt. Rund vier Jahrzehnte später engagierte sie sich durch die Aufnahme freundschaftlicher Beziehungen zu Sagunt auch auf der Pyrenäenhalbinsel, provozierte damit die Herrschaft der Barkiden, des Hauses ihres erbitterten karthagischen Gegenspielers Hamilkar Barkas, und löste auch hier eine Entwicklung aus, welche die Stadt und ihre Bundesgenossen dann im Zweiten Punischen Krieg (218–201 v. Chr.) bis an den Rand des Abgrundes führen sollte.

Diese Risikobereitschaft Roms ist deshalb so erstaunlich, weil für die Republik längere Zeit ganz andere Gegner eine weitaus größere Gefahr darstellten als die Karthager auf den großen Inseln und später die Barkiden in Spanien und weil der Expansionsprozeß der römischen Macht und der römisch-latinischen Kolonisation zunächst in eine ganz andere Richtung gingen. Im Banne des alten Kelten-Traumas standen damals primär der oberitalische Raum und die Aufgabe der Unterwerfung der keltischen Stämme im Vordergrund. Zusammenfassend läßt sich auch im Hinblick auf die späteren Entwicklungen sagen, daß die Römische Republik in allen Fällen, in denen ihre Initiativen außeritalische Räume erfaßten, gleichgültig ob im Bereiche Siziliens, Illyriens, Spaniens, Makedoniens und Griechenlands oder Kleinasiens und Nordafrikas, langfristig gesehen, eine Eigendynamik politisch-militärischer, aber auch gesellschaftlicher und wirtschaftlicher Prozesse auslöste, deren Folgen und Rückwirkungen zu Beginn der jeweiligen Interventionen nicht vorausgesehen wurden.

Den eindeutigen Beweis für Roms anfängliche außenpolitische Konzeptionslosigkeit stellt die Tatsache dar, daß nach dem Ende des Ersten Punischen Krieges auf Sizilien keineswegs sofort eine effektive römische Administration der neugewonnenen Gebiete eingerichtet wurde, daß Roms vorrangiges Ziel nicht darin lag, das neue Herrschaftsgebiet nun möglichst umfassend auszubeuten, sondern darin, Sizilien ebenso wie später Sardinien und Korsika von den Karthagern freizuhalten. Dahinter stand nun nicht nur die abstrakte römische «Sicherheitsideologie», dahinter lagen die bitteren Erfahrungen mit den wiederholten Plünderungen italischer Küstenstädte durch die karthagische Flotte während des letzten Krieges. Vor allem jedoch wird hier das eigenartige Grundprinzip der Macht- und Außenpolitik der Römischen Republik erkennbar: Die klassische Römische Republik wollte in erster Linie ihr Vor- und Umfeld beherrschen; sie scheute jedoch davor zurück, diese beherrschten Räume auch in dauernde römische Verwaltung zu übernehmen. Da die aristokratisch geprägte Republik nicht über einen zentralen Verwaltungsapparat mit Dauerfunktionen verfügte, konnte sie gar nicht daran denken, die direkte Administration von großen Territorien noch zusätzlich zu übernehmen. Zweitens aber mußte jeder Inhaber eines Imperiums, der größere außeritalische Gebiete längere Zeit verwaltete, dort seine Klientel so stark vergrößern, daß das fundamentale Gleichmaß der römischen Adelsgesellschaft, ihre Homogenität, aufgehoben war und somit die Möglichkeit zu langfristiger persönlicher Machtbildung, am Ende gar monarchischer Herrschaft, bestand. Mit der Unterstellung solcher Absichten ist man in Rom stets sehr großzügig gewesen: Scipio Africanus wurde hier ebenso suspekt wie später Tiberius Gracchus und Caesar.

So erklärt es sich, daß die Anfänge einer systematischen Organisation des außeritalischen Herrschaftsbereiches der Römischen Republik im Grunde weitgehend durch militärische und politische Zwänge diktiert wurden und zunächst häufig nichts anderes darstellten als Improvisationen, die zu Dauerlösungen werden sollten. So wurden erst um 227 v. Chr. zwei Prätoren mit der militärischen Sicherung, der Verwaltung und Rechtsprechung einerseits auf Sardinien und Korsika, andererseits auf Sizilien beauftragt. Mit der Einrichtung dieser beiden Provinzialstatthalterschaften verfolgte man dabei offensichtlich den Zweck, den römischen Machtbereich gegen ein damals befürchtetes Zusammengehen von Kelten und Karthagern abzusichern.

Die beiden nächsten Provinzen, die 197 v. Chr. geschaffenen *Hispania citerior* und *Hispania ulterior*, bildeten dann ein Erbe des Zweiten Punischen Krieges, so wie Sizilien, Sardinien und Korsika dasjenige des Ersten Punischen Krieges waren. Auch die Frontstellung gegen Makedonien, die freilich erst 148 v. Chr. zur Einrichtung der Provinz *Macedonia* führte, an die dann wenig später große Teile des von Rom beherrschten Griechenland als *Achaia* angeschlossen wurden, resultierte bereits aus dem Krieg gegen Hannibal, der sich mit Philipp V. von Makedonien verbündet hatte. Den unmittelbaren Anlaß zu den massiven römischen Interventionen in Griechenland, die schließlich zur Paralysierung aller hellenistischen Monarchien führen sollten, hatten indessen Versuche der makedonischen und seleukidischen Herrscher gebildet, ihre Macht über griechische Poleis im Mutterland wie in Kleinasien auszudehnen.

Auch die weiteren Etappen in der Einrichtung römischer Provinzen ergaben sich geradezu zwangsläufig. Die Schaffung einer Provinz *Africa* im Jahre 146 v. Chr. war eine unvermeidliche Konsequenz des Dritten Punischen Krieges (149–146 v. Chr.), die Einrichtung von *Asia* 129 v. Chr. eine direkte Folge der Resignation des Herrschers von Pergamon, der sein Reich testamentarisch den Römern vermacht hatte und der damit ein Beispiel gab, das Schule machen sollte. Die Einrichtung der *Gallia Narbonensis* im Jahre 121 v. Chr. schließlich erwies sich als unumgänglich, wenn die direkte Landverbindung aus Italien zu den spanischen Provinzen für immer gesichert werden sollte.

Die Erinnerung an diese Daten, Fakten und Zusammenhänge lehrt indessen zugleich, daß Roms Machtradius stets weiter ausgriff, als Zahl und Ausdehnung der Provinzen ahnen lassen. Ganze Netze von Freundschaftsverträgen, Beziehungen zu Klientelfürsten und -königen, Gesandtschaften und «Wohltaten» dehnten den römischen Einfluß auf immer weitere Gebiete aus und boten zugleich Gründe oder Vorwände zu immer neuen Eingriffen. Vor allem seit Roms ersten Interventionen in Griechenland und im hellenistischen Osten zu Beginn des 2. Jahrhunderts v. Chr. drängten sich in der Stadt Gesandtschaften, Fürsten und Könige aus dem ganzen Umkreis des Mittelmeerraumes. Der Senat gefiel sich in der Rolle des permanenten Schlichters und Entscheidungsträgers. Rom wurde zu dem Ort, an welchem die Konflikte der Staaten Griechenlands und Kleinasiens ebenso geregelt wurden wie diejenigen Nordafrikas oder Spaniens, keineswegs nur diejenigen der eigenen Provinzen. Daß im Zuge solch indirekter Beherrschung und infolge der Sprunghaftigkeit und Widersprüchlichkeit römischer Entschlüsse auf die Dauer selbst befreundete Staaten irritiert und zermürbt wurden, daß politische wie gesellschaftliche Wirren oft zu so chaotischen Verhältnissen führten, daß Rom am Ende nur die Übernahme der betreffenden Räume in die eigene Verwaltung übrigblieb, wurde lange Zeit verkannt.

So zweckmäßig, weitsichtig und gleichsam fortschrittlich die Organisation der römischen Bundesgenossenschaft in Italien war, so imponierend der planmäßige Einsatz eines abgestuften Bürgerrechts und das System der römisch-latinischen Kolonisation sowie die konsequente Vertragspolitik als Instrumente der Machtbildung und Machtsicherung erscheinen, so rudimentär und inadäquat waren die Anfänge der römischen Provinzialadministration. Hier gab es kein Modell römischer Herrschaft und Verwaltung, das auf immer neue Räume übertragen wurde, und kein konsistentes Programm der Ausweitung römischen Territoriums. Ihrer Struktur und Funktion nach glichen die ersten außeritalischen Provinzen, vor allem diejenigen in Spanien, Nordafrika und Kleinasien, später auch die *Gallia Narbonensis*, Brückenköpfen römischer Macht, von denen aus römischer Einfluß weit in die Tiefe der jeweiligen Nachbarlandschaften vorgetragen wurde.

Gesichert aber wurde dieses «Konglomerat von provinzialen Herrschaftsbezirken» (W. Dahlheim) in erster Linie durch die Möglichkeit des Einsatzes der römischen Legionen. Gesichert wurde es weiterhin nachhaltig durch die Ansiedlung oder wenigstens den längeren Aufenthalt von Römern und Italikern in den Provinzen. Dabei spielte zunächst die geschlossene Siedlung in der Form der Kolonien keine entscheidende Rolle. Die Zehntausende von Veteranen, Händlern und Siedlern, die sich allmählich in den einzelnen Räumen niederließen, trugen weit mehr zur Romanisierung der Provinzen bei als die schwachen Zellen römischer Administration. Ein weiterer, die römische Herrschaft stabilisierender Faktor lag darin, daß große Gruppen der einheimischen Oberschichten alsbald auf die römische Sache setzten, in Rom den Garanten von Besitz und Eigentum sahen, angesichts der Wahrung ihrer gesellschaftlichen und ökonomischen Interessen durch Rom auch in Roms Interesse handelten.

Da ein ausreichender, kontinuierlicher regionaler Verwaltungsapparat zur Zeit der Republik nicht bestand, die tatsächlich verantwortlichen Repräsentanten Roms aber ständig wechselten, war diese Administration ihrem Wesen nach zunächst ganz personenbezogen aufgebaut und nicht nach sachlichen oder regionalen Erfordernissen institutionalisiert. Die Persönlichkeit des Statthalters wurde somit wichtiger als alle Verwaltungsmechanismen. In den langen Reihen der römischen Provinzialstatthalter fehlen korrekte und kompetente Administratoren ebensowenig wie verbrecherische Elemente, welche die Möglichkeiten ihrer Stellung in jeder Hinsicht ausnutzten. Die Statthalterschaft wurde nicht selten als Chance betrachtet, das durch die römischen Wahlkämpfe und durch die immensen Kosten einer politischen Karriere ruinierte Familienvermögen wieder zu sanieren. Der 149 v. Chr. eingerichtete, spezielle Gerichtshof für «Repetundenprozesse», der diesem Übel entgegensteuern sollte, konnte hier nichts abstellen. Allein die Tatsache, daß er überhaupt geschaffen werden mußte, dokumentiert bereits das Scheitern des ganzen Systems.

Der rasche Wechsel der römischen Befehlshaber und Provinzialstatthalter verhinderte geraume Zeit eine wenigstens regional einheitliche Politik. Immerhin erkannten einzelne Statthalter schon früh die materiellen Möglichkeiten, welche die Provinzen der Römischen Republik eröffneten. Auf Sizilien haben im Zweiten Punischen Krieg vor allem M. Claudius Marcellus, der Eroberer von Syrakus, und sein Nachfolger, M. Valerius Laevinus, der Akragas einnahm, auch die Tributpflicht unterworfener Gemeinden in weitem Umfange durchgesetzt. Damit wurde dem System der Steuerpacht durch die Pachtgesellschaften der *publicani* der Weg bereitet. In Spanien aber hat M. Porcius Cato, der spätere Censor und rigorose Verteidiger der *mores maiorum*, zugleich ein bis zum Exzeß rationaler Ökonom, die Einkünfte des römischen Staates auf ein lange Zeit nicht mehr erreichtes Niveau hinaufgeschraubt, so gleichsam selbst ein Exempel materieller Ausbeutung der Provinzen statuiert. Allerdings provozierte er damit auch jenen erbitterten Widerstand spanischer Stämme und Fürsten, der die Republik Jahrzehnte hindurch schwer belasten sollte. Daß ein solches System sich insgesamt nicht bewähren und letzten Endes zu einer schweren Krise auch des Mutterlandes selbst führen mußte, ist evident.

Der Niedergang der Römischen Republik
Die Epoche der Bürgerkriege

Die stürmische Expansion der Römischen Republik zeitigte tiefgreifende Rückwirkungen in nahezu allen Bereichen der Wirtschaft und der Gesellschaft wie der Politik, der Kultur und der Religion. Der große, seit den Punischen Kriegen zu beobachtende Veränderungsprozeß läßt sich dabei nicht monokausal erklären, die verschiedenen Erscheinungen der Neustrukturierung wirkten vielmehr zusammen und steigerten sich gegenseitig. Erst die Interdependenz der Krisensymptome erklärt das ganze Ausmaß der Gefährdung, des Niedergangs und schließlich der Ausweglosigkeit des gesellschaftlichen und politischen Systems der Römischen Republik in ihrer Spätphase.

Von allen Wirtschaftszweigen wurde dabei gerade der Agrarsektor, die Basis des gesamten römischen Wirtschaftslebens, besonders stark von diesen Veränderungen erfaßt. Nach einem Wort Catos rühmten die Vorfahren der Römer seinerzeit denjenigen, den sie als rechtschaffenen Mann loben wollten, als guten Ackerbauern und guten Landwirt. Und Cato konstatierte: «die Ackerbauern haben die tapfersten Männer und härtesten Soldaten zu Söhnen und der Erwerb aus dem Ackerbau ist der schuldloseste und gleichmäßigste und am wenigsten dem Neid ausgesetzt, und diejenigen, die mit dieser Arbeit beschäftigt sind, haben am wenigsten böse Gedanken» (Cato, *«De agricultura»*, praef. 4 – Übersetzung von Fr. Leo).

Dabei waren die Unterschiede in den Lebensweisen der Führungsschicht und des Kleinbauerntums anfänglich oft nur sehr gering. Von Cato selbst wurde erzählt, daß er immer wieder die seinem Gut benachbarte Hütte des Manius Curius Dentatus (Konsul 290, 275, 274 v. Chr.) aufgesucht habe: «Da ging er oft hin, betrachtete den geringen Umfang des Gutes und die Bescheidenheit der Wohnung und vergegenwärtigte sich, wie dieser Mann, der der Größte unter den Römern war, die streitbarsten Völker unterworfen und Pyrrhos aus Italien verjagt hatte, nach drei Triumphen dieses Gütchen selbst umgrub und diese Hütte bewohnte» (Plutarch, «Cato der Ältere», 2). Es mag sein, daß diese Erzählung Plutarchs bereits in den Zusammenhang der späteren Idealisierung ursprünglicher Lebensformen der römischen Führungsschicht gehört, Tatsache ist jedoch, daß römische Senatoren jener Generationen auf ihren Gütern noch selbst Hand anlegten und ihren landwirtschaftlichen Betrieb auch noch persönlich leiteten.

Nach dem Zweiten Punischen Krieg änderte sich das. Die Angehörigen der Führungsschicht, die nun über beträchtliche Kapitalien verfügten, stellten ihre Betriebe vom Getreideanbau auf die rational durchorganisierte und marktorientierte «Villenwirtschaft» um. Deren Produktion aber wurde vornehmlich auf Oliven- und Rebanpflanzungen, aber auch auf Weidewirtschaft, Gemüse- und Obstanbau, gelegentlich auch Fischzucht, spezialisiert. Seit der Verflechtung Italiens in den gesamtmediterranen Wirtschaftsraum erwies sich diese neue Produktionsform jedenfalls als wesentlich ertragreicher als die traditionelle Wirtschaftsweise. Mittelgroße Betriebe, auf denen ein bis zwei Dutzend Sklaven arbeiteten, wurden jetzt die Regel, gleichzeitig das Kleinbauerntum immer weiter zurückgedrängt.

Dabei stellte gerade das Kleinbauerntum seit eh und je Roms staatstragende Schicht dar. Auf den Kleinbetrieben, die zunächst nur selten den Umfang von zehn *iugera* (2,5 ha) erreichten, wurde Getreide angebaut, in Gärten wurden Gemüse und Kräuter gezogen, einige Stück Vieh, vor allem Schafe und Schweine, gehalten und mit all dem das Existenzminimum der Familie oft nur geringfügig überschritten. Plünderungen und Brandschatzungen in Kriegszeiten, Unwetter, lange Abwesenheit der Besitzer auf Kriegszügen, Verschuldung und Krankheit ruinierten diese Kleinbetriebe nur allzu oft, mit den modernen Anbaumethoden der Gutsbesitzer konnten sie ohnehin nicht konkurrieren. Im Unterschied zur Villenwirtschaft, die auf Marktnähe, günstige Verkehrslage und ausreichendes Arbeitskräftepotential Wert legte, hielten sich die Kleinbauern in großer Zahl vor allem in marktfernen Regionen, dort allerdings zäh und dank ihrer geringen Produktionskosten auch durchaus erfolgreich.

Paralysiert aber wurde das Kleinbauerntum weniger durch Hannibals Strategie der «verbrannten Erde» oder durch die Arrondierungsbestrebungen der Villenbesitzer als vielmehr in erster Linie durch die jahre-, zum Teil jahrzehntelangen Feldzüge Roms während des 2. Jahrhunderts v. Chr. im hellenistischen Osten, in Nordafrika und vor allem in Spanien. Zehntausende von Bauern gingen darin zugrunde. Es ist bezeichnend, daß für Tiberius Gracchus auch der Gesichtspunkt der Erhaltung der militärischen Stärke des römischen Staates Anlaß zu jenen Reformen war, mit denen das Kleinbauerntum wieder gestärkt werden sollte. Durch die Vielzahl von «Ackergesetzen», die sich durch die ganze spätere Republik bis in die Zeit Caesars hinziehen, und nicht zuletzt durch die planmäßigen Ansiedlungen von Veteranen konnte auf diesem Sektor zwar eine gewisse Abhilfe geschaffen werden, rückgängig machen ließen sich indessen die Strukturveränderungen auf dem Gebiet der Landwirtschaft insgesamt nicht mehr.

Für Handwerk, Handel, Transportgewerbe und Geldgeschäfte scheinen die Voraussetzungen zur Zeit der späten Republik so günstig wie selten zuvor gewesen zu sein. Durch die großen Kriege stiegen Bedarf, Produktionskapazitäten und Absatzmöglichkeiten teilweise geradezu sprunghaft an. Da die Römische Republik keine unmittelbare Staatswirtschaft kannte, war sie gezwungen, immense Aufträge für Rüstungsmaterialien, Transportleistungen, Bauten und in zunehmendem Maße auch für den Steuereinzug an die Pachtgesellschaften der *publicani* zu delegieren. Diese wiederum sind geradezu zu einem Motor der wirtschaftlichen Entwicklung, aber auch zu dem gleichsam offiziöser Ausbeutung der Provinzen geworden. Denn da die *publicani* zunächst beträchtliche Mittel vorschießen mußten, war ihr späterer Profit um so größer und zudem staatlich sanktioniert.

Selbst das Idol der Landwirtschaft, Cato, lernte nun mit seinen Pfunden zu wuchern: «Als er sich ernstlicher auf den Gelderwerb zu legen begann, fand er, daß der Landbau mehr ein Zeitvertreib als eine ergiebige Geldquelle sei. Er legte darum seine Kapitalien in sicheren, risikofreien Objekten an, kaufte Teiche, warme Quellen, freie Plätze für Walker, Pecherzeugungsanlagen, natürliche Weiden und Hutungen, woraus ihm reicher Gewinn zufloß... Auch die anrüchigste Form des Geldverleihens, die gegen Seezins, verschmähte er nicht und verfuhr dabei folgendermaßen: Er veranlaßte die Geldbedürftigen, eine Gesellschaft von Geldgebern ins Leben zu rufen. Waren deren 50 und ebensoviele Schiffe zusammen, so nahm er selbst einen Anteil durch seinen Freigelassenen Quintio, der dann die Geschäftsführung der Schuldner beaufsichtigte und mitreiste. So erstreckte sich sein Risiko nicht auf das Ganze, sondern nur auf einen kleinen Teil bei großem Zugewinn» (Plutarch, «Cato der Ältere», 21 – Übersetzung von K. Ziegler).

Während sich auf diese und ähnliche Weise eine relativ kleine, ökonomisch besonders aktive Schicht, zumeist Ritter und Freigelassene, dank Roms Verflechtung in die Geldwirtschaft des Mittelmeerraums außerordentlich bereichern konnte, verlief die Entwicklung in Rom selbst wesentlich problematischer. Dort strömten im 2. Jahrhundert v. Chr. freie Bürger wie Italiker und Fremde, aber auch Sklaven der verschiedensten Qualifikation und Herkunft zusammen. Bei den großen Baumaßnahmen von Staat und Führungsschicht oder durch Dienstleistungen in den nun luxuriös geführten Stadthaushalten der Aristokratie fanden sie zum Teil eine neue Existenz. Doch da Rom nur eine begrenzte Zahl von Arbeitsplätzen bot, wuchs das Elend der *plebs urbana,* die oft in dürftigsten Slums ihr Leben fristete, ins Unermeßliche an. Die Existenzbedingungen der hauptstädtischen Massen verschlechterten sich zusehends; Brände, Seuchen, Wohnungsnot, Verschuldung und die Abhängigkeit von auswärtigen Getreidezufuhren bestimmten den Alltag.

Seit den Gracchen rissen die Versuche nicht ab, durch eine Neuordnung der Nutzung des Gemeindelandes, des *ager publicus,* durch Gründung weiterer Kolonien, Heranziehung auch der ärmeren freien Bürger zum Dienst in den Legionen, Verteilung von billigem Getreide, Spenden aller Art und durch Spiele das hier aufgestaute Potential von Unzufriedenheit zu beschwichtigen, doch die grundsätzlichen Probleme wurden nicht gelöst. Auch die alten Bindungen der Klientel mußten angesichts dieses Massenelends versagen, die *plebs urbana* wurde immer wieder zur unberechenbaren Größe. Von skrupellosen Demagogen war sie in gleicher Weise zu mobilisieren wie von Angehörigen der alten Geschlechter. Sie jubelte Marius ebenso zu wie Sulla und Pompeius, Clodius wie Cicero und Caesar.

Dennoch war nicht die Verelendung der massenhaft angewachsenen *plebs urbana* das wichtigste Phänomen der gesellschaftlichen Veränderungen der späten Republik, sondern die Formierung von Heereskientelen. Über den nicht abreißenden Feldzügen des 2. Jahrhunderts v. Chr. war das alte römische System der Bürgermilizen längst *ad absurdum* geführt worden. Die angespannte militärische Lage zur Zeit des Jugurthinischen Kriegs und der darauffolgenden Kämpfe gegen Kimbern und Teutonen erzwang eine durchgreifende Reorganisation der Rekrutierung und der Heeresstruktur. Dabei will es wenig besagen, daß das Konskriptionssystem zunächst prinzipiell beibehalten und wiederholt lediglich der für den Dienst in den Legionen erforderliche Mindestcensussatz gesenkt wurde. Viel wichtiger ist die Tatsache, daß nun in großer Zahl Freiwillige und arme Bürger zu langfristigem Dienst im Heer aufgefordert wurden, Männer, die nach Abschluß ihrer militärischen Einsätze nicht mehr einfach in ihre bisherige Existenz – meist die des Kleinbauern – entlassen werden konnten, sondern Männer, für die der betreffende Heerführer solche Existenzgrundlagen erst zu schaffen hatte.

Wesentlich folgenschwerer als die Ausweitung der Rekrutierungsbasis und als alle taktischen und disziplinären Veränderungen, die unter dem Begriff der Heeresreformen des Marius zusammengefaßt werden, erwiesen sich die sozialen Bindungen, die hieraus erwuchsen, jene personenbezogenen, wechselseitigen Treueverhältnisse zwischen Soldaten und Heerführern, die es rechtfertigen, von einer Heereskientel zu sprechen. Durch sie wurde das bisherige System der sozialen Bindungen zwischen Aristokratenfamilien und deren Klientel überlagert, jetzt war auch ein gesellschaftlicher Aufsteiger wie Marius dank seiner militärischen Qualifikation in der Lage, mit den alten großen Adelsklientelen nicht nur zu konkurrieren, sondern sie sogar zu übertrumpfen. Die Heereskientel wurde mehr und mehr zur Grundlage politischer Macht.

Eine wesentliche Voraussetzung für diese Entwicklung war dabei die Erfahrung, daß die imperialen Aufgaben römischer Kriegführung und Politik mit den jährlich wechselnden Kommandos aristokratischer Amateure nicht mehr zu bewältigen waren. Seit den längerfristigen Kommandos des älteren Scipio im Zweiten Punischen Krieg und seit den Verlängerungen des Oberbefehls des Marius im Kampf gegen Kimbern und Teutonen, Verlängerungen, die in der Form einer Kette von Konsulaten erfolgten, war der Weg zu längerfristigen Imperien beschritten, wie sie dann seit Pompeius üblich wurden. Heereskientel und überragende Einzelpersönlichkeit standen so in kausalem Zusammenhang. In der Spätphase der Römischen Republik erwies es sich, daß Politiker, die über keine eigene Heeresklientel verfügten, wie Cicero und Clodius, zum Scheitern verurteilt waren, umgekehrt aber auch, daß noch so große Heeresverbände, wie diejenigen, die später Lepidus auf Sizilien zur Verfügung hatte, ohne einen fähigen und skrupellosen Heerführer ihre Interessen nicht durchsetzen konnten. Heeresklientel und «kolossale» Individualität im Sinne Hegels sind so stets zusammen zu sehen, wohl nirgendwo deutlicher als im Falle Caesars.

Alle bisher genannten Entwicklungen aber wären undenkbar ohne die permanente Zufuhr von Sklaven in die römische Wirtschaft und Gesellschaft. Nach modernen Schätzungen stieg die Gesamtzahl der Sklaven in Italien zwischen der Zeit Hannibals und jener des Augustus von 0,6 bis auf 3 Millionen an, wobei in der Epoche des Augustus mit einer Gesamtbevölkerung Italiens von etwa 7,5 Millionen Einwohnern gerechnet wird. Bei dieser zuletzt genannten Zahl ist freilich zu berücksichtigen, daß in der Majorität «freier» Bürger der verschiedensten rechtlichen Kategorien bereits ein großer Prozentsatz ehemaliger Sklaven enthalten ist, welche durch Freilassung zum römischen Bürgerrecht gelangt waren. Jedenfalls kamen seit den Punischen Kriegen durch die massenhafte Versklavung von Kriegsgefangenen, durch einen organisierten Sklavenmarkt, der eng mit den zahlreichen Piraten des Mittelmeerraumes zusammenarbeitete, ebenso aber auch durch das Aufziehen von Sklavenkindern, Zehntausende von Sklaven in die verschiedensten Bereiche der römischen Wirtschaft und Gesellschaft.

Das Los dieser Sklaven unterschied sich je nach ihrer Qualifikation und Funktion ganz beträchtlich. Es war dort am günstigsten, wo die Sklaven in Vertrauenspositionen rückten oder zumindest voll in eine *familia* integriert waren. Es war dort noch immer erträglich, wo sie zum Beispiel als Handwerker im kleinen Betrieb ihres Eigentümers eng mit diesem zusammenarbeiteten, dank ihres Geschicks und ihrer Kenntnisse ihm nicht selten wohl auch überlegen waren, zumindest jedoch wegen ihrer Zuverlässigkeit und Ergebenheit akzeptiert wurden. Das Los war auch noch erträglich, wenn sie als Hirtensklaven ein ebenso großes Maß von Verantwortung wie Freiheit erhielten. Ganz unerträglich aber war es dort, wo sie in Bergwerken und Minen, in der Landwirtschaft, in Steinbrüchen oder anderen Betrieben, als Galeerensklaven oder Gladiatoren oft härteste Arbeit ohne jede persönliche Bindung zu leisten, oder dem Tod ins Auge zu sehen hatten.

Die großen Sklavenaufstände der späten Republik, insbesondere die Sizilischen Sklavenkriege (135–132, 104–100 v. Chr.) und der Spartacus-Aufstand (73–71 v. Chr.), dokumentieren, daß es zunächst nicht gelang, diese großen Sklavenmassen auf eine Herren wie Sklaven befriedigende Weise in die römisch-italischen Strukturen zu integrieren. Bloße Repressalien genügten nicht, um mit dem Problem fertig zu werden. Es war auch nach der gewaltsamen Niederschlagung der Aufstände nicht gelöst und durch die teilweise humanere Behandlung ebensowenig aus der Welt geschafft wie durch eine effizientere Überwachung oder Arbeitsorganisation. Als während der sullanischen Proskriptionen erstmals in großer Zahl Sklaven durch die römischen Machthaber zur Denunziation ihrer aus politischen Gründen verfolgten Herren aufgerufen wurden, wurden zudem die Solidarität und die Interessengemeinschaft der Sklavenbesitzer selbst in Frage gestellt. In den folgenden Bürgerkriegen erlangten dann nicht wenige Sklaven ihre Freiheit, weil sie sich rechtzeitig dem Sieger angeschlossen hatten. Unter Sextus Pompeius sollte sich schließlich zeigen, daß die politisierten und militarisierten Sklavenscharen Italiens ihren Willen selbst gegen die Triumvirn M. Antonius, Octavian und Lepidus durchsetzen konnten.

Ebensowenig wie im Falle der Sklaven glückte die Integration im Falle der italischen Bundesgenossen und der Provinzialen. Die Eruptionen des Bundesgenossenkrieges (91–89 v. Chr.) waren eine Folge der Verschleppung der Bundesgenossenfrage, diese wiederum das Resultat außerordentlicher und langfristiger Belastungen der Bundesgenossen in den nicht abreißenden Einsätzen für primär römische Interessen bei gleichzeitiger politischer und materieller Benachteiligung. Kaum anders war die Lage in den Provinzen. Der Zusammenbruch der römischen Herrschaft in ganz Kleinasien und in Griechenland während des Ersten Mithradatischen Krieges (88–83 v. Chr.) beweist, wie verhaßt die römische Ordnung noch immer war und wie leicht sie aus den Angeln gehoben werden konnte. Während jedoch die im Bundesgenossenkrieg von den Aufständischen ertrotzten Zugeständnisse eine befriedigende politisch-rechtliche Neuordnung Italiens einleiteten, blieben die römischen Provinzen nach wie vor Objekte einer systematischen Ausbeutung und mit all ihren Ressourcen zugleich die großen Arsenale der römischen Bürgerkriege.

Zur Erklärung der umfassenden Krise der späten Römischen Republik hat die moderne Geschichtswissenschaft lange Zeit primär auf Fehl- und Neuentwicklungen in den Bereichen der Verfassung und der Außenpolitik wie der Wirtschaft und Gesellschaft Roms hingewiesen. Doch so offenkundig die Unzulänglichkeit der Verfassung und des Instrumentariums eines «Gemeindestaates» für die Aufgaben eines «Reichsstaates» war und so evident die oben skizzierten Veränderungen der wirtschaftlichen und gesellschaftlichen Strukturen sind, eine Analyse, die lediglich diese Bereiche berücksichtigt, muß schon vom Ansatz her unzulänglich bleiben. Gerade für die Zeit der späten Römischen Republik kommt es vielmehr darauf an, daneben auch die neuen Entwicklungen in Geistesleben, Kultur, Religion und Mentalität zu erfassen.

Die späte Republik brachte hier nicht nur für wenige Angehörige der Führungsschicht, sondern für viele römische Soldaten, Händler und Kaufleute die unmittelbare Begegnung mit griechisch-hellenistischer Kultur und Religion. Gleichzeitig wurde diese fremde Formen- und Geisteswelt in Rom selbst verbreitet. Die sogenannten Bacchanalienfrevel des Jahres 186 v. Chr., als Exzesse des enthusiasmierenden Dionysoskultes gewaltsam unterdrückt wurden, die Ausweisung griechischer Rhetoren und Philosophen im Jahre 161 v. Chr., Catos allergische Reaktion auf die sogenannte Philosophengesandtschaft des Jahres 155 v. Chr., als die großen griechischen Philosophen jener Tage – Karneades, Kritolaos und Diogenes – durch ihre Dialektik die jungen Römer irritierten, dokumentieren, daß die konservative Führungsschicht in solchen Erscheinungen traditionelle Werte und Normen gefährdet sah.

Gewiß, es waren in erster Linie Angehörige von Aristokratie und Ritterstand, die nun ihre Villen mit griechischen Kunstwerken ausschmückten, wozu der Kunstraub ebenso Vorschub leistete wie die Angebote der Künstler und Kopisten. Die Ausschmückung von Stadt- und Landhäusern mit Statuen, Mosaiken und Gemälden setzte sich immer mehr durch, wesentlich kleiner war dagegen der Kreis derjenigen, die sich durch die Lektüre griechischer Literatur und Philosophie bildeten. Doch die lateinische Literatur selbst ist nun einmal auf nahezu allen Gebieten erst aus der Auseinandersetzung mit griechischen Vorbildern erwachsen, lediglich für die Satire wurde bezeichnenderweise Originalität in Anspruch genommen. Die Theaterdichtung nach griechischen Vorlagen, die Komödien eines Plautus und Terenz vor allem, fesselten Tausende, und noch größer war die Zahl derer, die sich jetzt neuen Kulten griechischer oder orientalischer Provenienz zuwandten.

Die Profilierung des Individuellen in den verschiedensten Gattungen der Kunst und der Literatur, die für die römische Welt des 2. und 1. Jahrhunderts v. Chr. charakteristisch wurde – ob sie sich nun in der ersten Blütezeit des Porträts, in den Satiren eines Lucilius oder in der ganz persönlichen Liebeslyrik eines Catull artikulierte –, und das wachsende Bedürfnis nach persönlicher religiöser Erfüllung, das sich von den alten, vermittelten Kultformen abwandte und die direkte Begegnung mit der Gottheit, vor allem in den Mysterienreligionen, suchte, stehen somit in einem großen Zusammenhang. Natürlich konnte diese Verabsolutierung des Individuellen, die in vielen hellenistischen Strömungen angelegt war, auch zu völligem Agnostizismus, zu philosophischer Skepsis oder zur Hingabe an Astrologie und Magie führen. In jedem Falle aber wurden die alten geistigen Strukturen und Bindungen preisgegeben. Die Emanzipation des Individuums hatte jetzt auch Rom erfaßt, und ohne die gebührende Berücksichtigung dieser geistigen und religiösen Voraussetzungen sind die Verhaltensweisen von Politikern wie Sulla und Caesar nicht zu verstehen.

Die Epoche der späten Römischen Republik ist gekennzeichnet durch die zunächst verhaltene, dann aber äußerst dynamische Ausdehnung des Imperiums über weite Teile des antiken Mittelmeerraumes. Sie ist jedoch ebenso gekennzeichnet durch die Differenzierung der römischen Gesellschaft, die Veränderung der wirtschaftlichen Strukturen sowie durch die Polarisierung von Gegensätzen innerhalb der einzelnen sozialen und juristischen Gruppen sowie auf verschiedenen Konfliktebenen. Die relative Homogenität der Führungsschicht ging verloren. Seit dem 2. Jahrhundert v. Chr. begann sich neben dem Senatorenstand allmählich ein eigener Stand römischer Ritter zu formieren, der zwar von der Bekleidung der Magistraturen ausgeschlossen war, aber zunächst im wirtschaftlichen und später auch im politischen Bereich immer größere Bedeutung erlangte. Den 300 bis 600 römischen Senatoren standen im 1. Jahrhundert v. Chr. wohl bereits etwa 10 000 bis 20 000 Ritter in Rom und Italien gegenüber.

Der Senat selbst aber war keine Korporation gleichrangiger Aristokraten mehr. Dabei war nicht das Nebeneinander ursprünglich patrizischer und ursprünglich plebejischer Familienangehöriger maßgebend, die Abgrenzung von etwa 25 altadligen Geschlechtern, die nun die Mehrzahl der Magistraturen innehatten, sondern Konzentration und Kumulierung des Reichtums in relativ wenigen Häusern. Während die Mehrzahl der Senatoren nach wie vor lediglich über eine oder zwei Villen verfügten, ist aus diesem Zeitraum mehr als ein Dutzend senatorischer Familien bekannt, die bereits mehr als sechs Villen besaßen.

Hinzu kamen oft rasch wechselnde Gruppenbildungen aus persönlichen oder politischen Gründen, *factiones,* die keineswegs mit dem Gegensatz zwischen Optimaten und Popularen identisch sind, jenen Methoden und Zielsetzungen römischer Innenpolitik, von denen die erste, im Senat verankert, die traditionelle Verfassung konservieren, die zweite, auf die Volksversammlung gestützt, Reformen innerhalb des Systems verwirklichen wollte. Daß dabei auf beiden Seiten häufig genug persönliche Ambitionen unter allgemeinen politischen Traditionen verborgen wurden, ist offensichtlich.

Eine einheitliche und geschlossene Größe aber blieb auch die freie römische Bürgerschaft nicht mehr. Die Interessen der *plebs urbana* und der *plebs rustica,* des stadtrömischen Proletariats und des römisch-italischen Kleinbauerntums, waren in vielen Fällen nicht mehr identisch, wie gerade der Verlauf der gracchischen Reformen lehrte. Dazu kam in den italischen Städten der Aufstieg des Besitzbürgertums, das inzwischen ebenfalls über das volle römische Bürgerrecht verfügte. Gerade die municipale Führungsschicht der Stadträte, die erfolgreichen Gutsbesitzer, Händler und Produzenten, identifizierten sich längst mit der Sache Roms und gehörten als privilegierte Nutznießer des Imperiums, als «Municipalaristokratie», zu dessen wichtigsten Stützen. Es ist unbestreitbar, daß die Angehörigen dieser Schicht, zunächst in Italien, später auch in den Provinzen, ihre lokalen oder regionalen Traditionen weithin dem sozialen Aufstieg opferten. In sie wuchsen bald auch nicht wenige Freigelassene hinein, erfolgreiche oder skrupellose Geschäftsleute, denen das staatlich kaum kontrollierte römische Wirtschaftssystem größte Entfaltungsmöglichkeiten bot.

Jedenfalls reichen die gängigen Polarisierungen zwischen Optimaten und

Popularen, Sklavenhaltern und Sklaven, Römern und Bundesgenossen, Italikern und Provinzialen nicht entfernt aus, um die Vielzahl von Gegensätzen, Spannungen und Konfliktebenen sichtbar zu machen, welche die späte Römische Republik durchzogen. Die Überschneidungen politischer und sozialer Interessen sind dabei häufig zu beobachten, griffige und scheinbar plastische Formeln sowie die der «*terribles simplificateurs*» zur Erfassung der Realität freilich wenig hilfreich. Die Krise der Römischen Republik ist ebensowenig das Resultat eines Klassenkampfes wie dasjenige der «Desintegration» einer Gesellschaft, letzteres schon deshalb nicht, weil große Gruppen dieser Gesellschaft in sie überhaupt noch nicht integriert worden waren. Ihre Integration ist vielmehr erst eine der großen Leistungen des Principats geworden.

Gemäß den schon früher besprochenen Traditionen, Normen und Fixierungen der römischen Führungsschicht und breiter Kreise der römischen Bürgerschaft wurde der sich seit dem Ende des Zweiten Punischen Krieges abzeichnende, komplexe Veränderungsprozeß weithin als Dekadenz und als Krise bewertet. Statische Gebundenheit einerseits und Orientierung an einer mehr und mehr idealisierten republikanischen Werte- und Formenwelt andererseits verstellten die Einsicht in die objektiven wirtschaftlichen und sozialen Zwänge. Noch immer waren primär moralische Wertungen von Gesellschaft und Geschichte vorherrschend, und deshalb mußten denn auch die Erscheinungen des 2. und 1. Jahrhunderts v. Chr. als «Sittenverfall» betrachtet werden.

Diese Tatsache hatte tiefgreifende Auswirkungen: Selbst unumgängliche Reformen bewegten sich in alten Bahnen und orientierten sich an alten Modellen und Strukturen. Im Agrarsektor beispielsweise glaubte man die offenkundige Krise durch die Reproduktion des Kleinbauerntums meistern zu können, obwohl die Brüchigkeit einer solchen Existenz schon längst zu konstatieren war. Im Bereich der Administration und der Kriegführung hielt man gleichfalls an den alten Prinzipien fest, obwohl längst feststand, daß die inzwischen aufgetürmten Aufgaben nicht mehr mit einem Instrumentarium und in Formen zu lösen waren, die sich nur innerhalb des begrenzten mittelitalischen Rahmens bewährt hatten.

Inmitten der zahlreichen, untereinander in Wechselbeziehung und Wechselwirkung stehenden Faktoren und Erscheinungen der Krise der späten Römischen Republik behauptete sich noch immer ein alter Grundzug römischer Politik: In dieser dominierte zu keiner Zeit ein Wettstreit alternativer politischer oder gesellschaftlicher Programme. In ihr ging es nie um Entscheidungen zwischen verschiedenen Strukturen und Systemen, nie um Langzeitprogramme und um grundsätzliche Festlegungen eines bestimmten politischen oder gesellschaftlichen Kurses, sondern stets um einzelne konkrete Sachfragen, um Fallentscheidungen oder um die Wahl zwischen bestimmten Personen. *Senatus consultum* und Plebiszit fixierten stets engumrissene Maßnahmen oder Anweisungen. Es wurden keine Pläne erfüllt und keine Programme verwirklicht, sondern immer nur *ad-hoc*-Enscheidungen gefällt, die freilich auf Grund der lange Zeit bestehenden Interessenidentität von Bürgern und Führungsschicht am Ende dann doch ein hohes Maß von innerer Geschlossenheit und Kohärenz aufwiesen.

So ist es auch zu verstehen, daß selbst in der dramatischen Phase der römischen Geschichte zwischen den Gracchen und Augustus die innenpolitischen Konflikte um einzelne Gesetzesvorschläge und Anträge entbrannten, um die Macht, die einzelnen Personen eingeräumt werden sollte, nicht um Programme einzelner Gruppen oder um alternative Systeme, die ohnehin lange Zeit kaum vorstellbar schienen. Sowohl bei den Initiativen des Tiberius Gracchus als auch bei denen eines Marius und Saturninus wie bei denjenigen Caesars oder Augustus' standen deshalb konkrete einzelne Beschlüsse im Mittelpunkt. Die Bündelung von Einzelmaßnahmen in kurzer Frist und der Zwang zu zahlreichen Eingriffen innerhalb weniger Monate sind in Rom immer ein Indiz für die Eskalation einer Krise gewesen. Die Licinisch-Sextischen Gesetze von 367/366 v. Chr. lassen sich in dieser Beziehung nicht anders einschätzen als die sich überstürzenden Initiativen des C. Gracchus, die massierten Restaurationsgesetze Sullas, die Kaskaden von Einzelmaßnahmen auf den verschiedensten Gebieten, die später die Diktatur Caesars kennzeichnen, oder die in ihren Folgen nicht weniger bedeutsamen, indessen über eine längere Regierungszeit sich verteilenden und erst allmählich sich zum vielfältig verflochtenen System verdichtenden Regelungen des Augustus.

Angesichts dieser Traditionen ist es völlig anachronistisch, nach einem formulierten politischen Programm von Optimaten oder Popularen oder nach solchen einzelner römischer Politiker zu suchen. Hier müssen selbst subtilste numismatische oder archäologische Spekulationen scheitern, geschweige denn die in der Regel überfrachteten Interpretationen einzelner Äußerungen oder oft zufällig und beiläufig überlieferter Formulierungen der führenden Politiker. Es ist zudem ein charakteristisches Merkmal der römischen Politik gerade in dieser Zeit, daß die konkreten politischen Ziele oft genug hinter hehren Worten verborgen wurden: «Denn, um mit wenigen Worten die Wahrheit zu sagen: wer immer seit jener Zeit (70 v. Chr.) politisch agitierte, schützte ehrenvolle Parolen vor. Die einen taten, als verteidigten sie die Rechte des Volkes, andere, als wollten sie die Autorität des Senats wahren. Indem sie das Allgemeinwohl vorschützten, kämpften sie alle nur für die eigene Macht» (Sallust, «*Catilina*», 38, 3).

Politik wurde im Rom des 1. Jahrhunderts v. Chr. so mehr und mehr zur reinen Machtfrage. Die Veränderungen der Strukturen allein erklären den Niedergang der Republik nicht. Erst durch die Kumulierung von Macht innerhalb der Führungsschicht oder auch dank der Mobilisierung der Heeresklientelen oder der *plebs* erfaßte der Einfluß einzelner Individuen immer weitere Kreise, während die Formierung von Gegenkräften Einsätze und Ansprüche der großen einzelnen nur noch höher trieb. Immer neue innenpolitische Konvulsionen führten schließlich zu den chaotischen Zuständen der caesarischen Zeit, als die Republik schließlich unter der Radikalisierung und der Militanz einzelner Gruppen zerbrach. Abdanken konnten die Vertreter der Oligarchie nicht, sie mußten politisch, großenteils auch physisch vernichtet werden.

Die Geschichte der frühen und der klassischen Römischen Republik weist einerseits eine lange Reihe später heroisierter Politiker und Militärs auf, wie gering dabei auch im Einzelfalle die echte historische Substanz sein mag. Andererseits blieben jedoch alle diese einzelnen Individuen in der Regel völlig in Gesellschaft und Staat integriert. Selbst für besonders wichtige Zeiträume, wie für die Phase des Ersten Punischen Krieges, nennt die Überlieferung zudem keine Persönlichkeiten, welche die römische Politik während eines längeren Zeitraumes eindeutig bestimmt hätten, sondern vermittelt eher den Eindruck einer kollektiven Leitung. Es ist ein spätes Symptom dieser Grundstruktur, daß der ältere Cato in seinem Geschichtswerk, den *Origines*, handelnde Personen in der Regel nicht beim Namen nennt, sondern den Agierenden beispielsweise einfach als «den Konsul» bezeichnet.

Offensichtlich hatte Cato zugleich ein Gespür dafür, daß schon zu seinen Lebzeiten in der Gestalt seines großen politischen Rivalen, des älteren Scipio Africanus, eine neue Entwicklung einsetzte, die schließlich zur Verabsolutierung der großen Einzelpersönlichkeit führen mußte. Denn mit Scipio Africanus beginnt die Reihe jener «kolossalen Individualitäten», die nach Hegel die Spätphase der Römischen Republik charakterisieren. «Ihr Unglück ist, daß sie das Sittliche nicht rein bewahren können, denn, was sie tun, ist gegen das Vorhandene gerichtet und Verbrechen. Selbst die Edelsten, die Gracchen, sind nicht bloß der äußeren Ungerechtigkeit und Gewalt unterlegen, sondern waren selber in das allgemeine Verderben und Unrecht verwickelt. Aber was diese Individuen wollen und tun, hat die höhere Berechtigung des Weltgeistes für sich und muß endlich den Sieg davontragen» («Vorlesungen über die Philosophie der Geschichte», Ed. Stuttgart 1961, 430).

In Scipio Africanus war im Zweiten Punischen Krieg erstmals ein junger Angehöriger eines führenden römischen Adelsgeschlechtes außerhalb der normalen Ämterlaufbahn zur Position eines Oberkommandierenden aufgestiegen, hatte eine politische und eine Heeresgefolgschaft übernommen, mit ihr faszinierende militärische Leistungen erzielt und schließlich selbst Hannibal geschlagen. Doch gleichzeitig war seine Person auch mit der alten römischen Felicitasvorstellung verbunden und in eine charismatische Sphäre gerückt worden. Als der auserwählte und durch Glück begnadete Mensch, als ein Felix, eröffnete er somit jene Reihe, in der ihm später Sulla und

Caesar folgen sollten, für die ganz ähnliche Überzeugungen und Selbsteinschätzungen belegt sind.

Es ist hier nicht nötig, die große Zahl hervorragender römischer Politiker des 2. und 1. Jahrhunderts v. Chr. ausführlich zu beschreiben, jene Männer, die das persönliche Element in der Leitung der römischen Politik immer stärker zur Geltung brachten. Es dürfte genügen, an die wichtigsten zu erinnern: an den keineswegs nur idealistischen «Befreier» Griechenlands T. Quinctius Flamininus, an den in der Überlieferung so außerordentlich stilisierten Scipio Aemilianus, den Sieger über Karthago wie über Numantia, an Tiberius Gracchus, der die Ära der Reformansätze wie der inneren Unruhen einleitete, und an seinen Bruder Gaius, von dem Mommsen einst sagte: «Dieser größte der politischen Verbrecher ist auch wieder der Regenerator seines Landes» («Römische Geschichte» II, Berlin 1903^9, 117).

Die Reihe der – trotz aller großen Leistungen in Einzelbereichen – letzten Endes doch politisch gescheiterten Persönlichkeiten jener Jahrzehnte ist lang. Zu den schon genannten Namen kommt schließlich auch der des großen Heeresreformers und Heerführers Marius, der im politischen Sektor so eindeutig versagte, kommen diejenigen der um 100 v. Chr. so kompromißlos und mit allen Mitteln um die Macht ringenden Saturninus und Glaucia und derjenige des, wie C. Gracchus, gerade durch eine bornierte und starre Opposition zu immer weiter ausgreifenden Reformen gedrängten Volkstribunen M. Livius Drusus. Schließlich ist selbst der Name Sullas hier anzufügen.

Nach der Niederschlagung des Bundesgenossenkrieges (91–89 v. Chr.), in dem Rom endlich zur Beseitigung der chronischen *gravamina* seiner italischen Verbündeten und zur weitgehenden bürgerrechtlichen Nivellierung im italischen Kernraum seiner Macht gezwungen worden war, wurde Sulla zur dominierenden Gestalt der römischen Politik. Von ihm gingen in den achtziger Jahren des 1. Jahrhunderts v. Chr. die stärksten und die entscheidenden Impulse aus. Dabei ist es eine bemerkenswerte Paradoxie der Entwicklung, daß gerade dieser dezidierte Vorkämpfer der römischen Oligarchie den neuen militärischen und sozialen Organismus der Heeresklientel, die Marius endgültig formiert hatte, konsequent und völlig skrupellos als Machtinstrument gegen die – rein staatsrechtlich gesehen – legale, aber in der popularen Tradition des Marius stehende Regierung Roms einsetzte.

Dank einem riskanten außenpolitischen Kompromiß mit Mithradates VI. von Pontos konnte Sulla den großen Bürgerkrieg dann auch erfolgreich beenden und nach der organisierten Ausrottung seiner Gegner in den Proskriptionen, die in ihrer Systematik den politischen Terror auf eine neue Stufe hoben, dann auch mit den unbegrenzten Vollmachten eines Diktators eine umfassende Restauration des traditionellen politischen Systems versuchen. Durch ein ganzes Bündel von Einzelgesetzen suchte er die Macht der Senatsaristokratie neu zu festigen, Administration und Rechtsprechung zu effektivieren, Gefährdungen der reorganisierten Struktur von seiten der Censur oder des Volkstribunats ein für allemal zu verhindern. Wie vieles von den zahlreichen Einzelmaßnahmen auch geradezu fortschrittlich erscheinen mag, im Grunde war Sulla ein Gefangener der römischen Tradition. Denn es war illusionär, anzunehmen, daß die traditionellen Mittel der Gesetzgebung zur Bewältigung der umfassenden Krise ausreichen würden.

Die letzte Chance der herrschenden Oligarchie wurde nicht nur deswegen vertan, weil sich Reformen und Restauration Sullas im wesentlichen auf die Neuordnung der Führungsschicht und der Spitzenpositionen von Verwaltung und Politik konzentrierten, sondern vor allem deswegen, weil eine ausreichende und kontinuierliche Sicherung des Systems nicht gewährleistet war. Durch bloße Gesetzgebungsakte und organisatorische Verbesserungen konnte eine endgültige Konsolidierung von Gesellschaft und Staat längst nicht mehr erreicht werden. Nur langfristige Machtausübung, langfristige Verantwortung und die dauernde Identifikation des führenden Politikers mit dem reorganisierten System konnten hier Abhilfe schaffen. In dieser Hinsicht war der Bruch mit den alten republikanischen Traditionen unvermeidlich geworden, doch Sulla war dazu nicht bereit. Sullas Restauration gilt zu Recht als eine der wenigen totalen, in ihrer Systematik kaum zu überbietenden Restaurationen der Weltgeschichte. Sie ist jedoch gerade deshalb so rasch gescheitert, weil sie sich so kompromißlos und so konsequent den längst in Fluß gekommenen politischen und gesellschaftlichen Entwicklungen entgegenstemmte, die Interessen einer politischen und sozialen Schicht absolut setzte und damit auf breitester Front die Gegenkräfte provozierte.

Die Mängel der Restauration Sullas zeigten sich schon in den siebziger Jahren, als der junge Pompeius, der die große Klientel seines Vaters mobilisiert hatte und mit deren Hilfe zu einem der wichtigsten Mitstreiter Sullas in Italien geworden war, konsequent außerhalb des neuen Systems blieb, als Lepidus einen neuen Marsch auf Rom vorbereitete, als alte Gegner wie Sertorius jahrelang Spanien beherrschten und als schließlich zu Ende der siebziger Jahre der Spartacusaufstand Italien bis auf den Grund erschütterte und zugleich bewies, daß die gravierenden sozialen Mängel noch immer nicht beseitigt waren.

Aus primär überlieferungsgeschichtlichen Gründen wurde das Jahr 63 v. Chr., das Jahr von Ciceros Konsulat, das Jahr der Catilinarischen Verschwörung, aber auch das Jahr der Geburt Octavians, zu einem Epochenjahr der römischen Geschichte. Auch wenn man von der penetranten Selbstdarstellung und der Stilisierung der Reden Ciceros absieht und die stadtrömischen Ereignisse jener Monate nicht überschätzt, bildete das Jahr dennoch gleichsam die Ouvertüre jenes «beschleunigten Prozesses» der Krise und des Niederganges der Römischen Republik, der dann zwischen 60 und 44 v. Chr. zu ihrer langen Agonie führen sollte. Denn in Crassus, Caesar, Cato und Cicero trafen bereits 63 v. Chr. die Protagonisten der radikalen Flügel der römischen Politik aufeinander, hier die dynamischen, kompromißlosen und ehrgeizigen Realisten der Stunde, dort die starren, in ihrer Ideologie gefesselten und vom eigentlichen Machtpotential zunächst getrennten Verteidiger der aristokratischen Tradition. Zudem legten die Wirren dieses Jahres noch einmal die vielfältigen sozialen Krisensymptome der Zeit frei, die dem politischen Gärungsprozeß Triebkraft und Erbitterung gaben: die Verschuldung großer Teile der Bevölkerung wie der Führungsschicht, die noch immer fortschwelende Unzufriedenheit alter Marianer und deren Nachkommen, die existentiellen Nöte der Veteranen Sullas, die erstaunlich große Zahl politisch gescheiterter, materiell benachteiligter oder sozial nicht mehr integrierter jüngerer Aristokraten und vieles andere mehr.

Lediglich ein entscheidender Faktor war in der Konstellation des Jahres 63 v. Chr. gleichsam nur von ferne wirksam, jene immense Heeresgefolgschaft, die inzwischen Pompeius während seiner späten, aber doch erfolgreichen Lösung der Seeräuberfrage, während des neuen Kampfes gegen Mithradates VI. und während seiner Neuordnung des ganzen römischen Ostens um sich gesammelt hatte. Wie einst Sulla, so wäre nun auch Pompeius in der Lage gewesen, sein auf ihn eingeschworenes und ihm auch materiell verpflichtetes Heer und das gesamte Potential Kleinasiens und Syriens gegen Rom einzusetzen. Doch dieser bereits vom Alexandermythos umwobene junge Mann, einer der glänzendsten Organisatoren, über die Rom je verfügte, unterwarf sich bedingungslos dem römischen Senat.

Als sich Pompeius, der den Beinamen «der Große» führte, der Imperator von Sullas Gnaden und Inhaber umfassender Imperien im Seeräuber- und im Mithradatischen Krieg, nach seiner Rückkehr aus Kleinasien und nach der Auflösung seines Heeres mit einer kleinlichen Senatspolitik konfrontiert sah, die seinen Verwaltungsregelungen ebenso Widerstand leistete wie der Versorgung seiner Veteranen, kam es rasch zu einer Neugruppierung der politischen Kräfte Roms und zu einer verhängnisvollen Eskalation der inneren Auseinandersetzungen. Da Pompeius allein zu schwach war, um seine legitimen Ziele zu erreichen, schloß er sich im Jahre 60 v. Chr. mit Crassus und Caesar zum sogenannten 1. Triumvirat zusammen.

Es waren drei sehr gegensätzliche Persönlichkeiten, die sich hier zu gemeinsamem Handeln zusammenfanden, und doch zugleich drei typische Repräsentanten der römischen Führungsschicht der späten Republik. M. Licinius Crassus hatte sich als fähiger und tapferer Offizier für Sulla exponiert, dann aber die materiellen Möglichkeiten zur Zeit der Proskriptionen bis zum Exzeß ausgenutzt. Rasch wurde er einer der reichsten Männer der Stadt, der seine immensen Kapitalien auch im politischen Sektor in immer neuen Investitionen einsetzte, sich an immer neuen Kombinationen, Plänen und Verschwörungen als einflußreicher Geldgeber beteiligte und sich offen zu der Maxime bekannte: wer in Rom der erste im Staate sein wolle, müsse über so viel Geld verfügen, daß er davon ein Heer aufstellen könne.

Allein so groß die Aktivitäten des Crassus in den verschiedensten Bereichen waren, so gering war sein persönlicher Erfolg in der römischen Politik. Eine unbestrittene Führungsposition im Staate konnte er sich auf diese Weise nicht erringen, der Pakt mit Pompeius und Caesar war für ihn der einzige Weg, wollte er hier auf längere Sicht maßgebenden Einfluß erreichen. Als äußerst ehrgeizigen Rivalen des Pompeius und Caesars befriedigten ihn indessen seine wirtschaftlichen und innenpolitischen Erfolge auf die Dauer dann doch nicht. Auch er suchte den Ruhm des großen Feldherrn, ließ sich deshalb ein langfristiges Imperium über den Osten übertragen, das es ihm erlaubte, jenen riskanten Feldzug gegen die Parther zu entfesseln, der dann im Jahre 53 v. Chr. in der Katastrophe von Carrhae endete. Diese Niederlage, in der Crassus selbst den Tod fand, sollte noch jahrzehntelang das Geschehen an der Ostgrenze des Römischen Reiches überschatten. Caesar, Antonius und Augustus hatten sich mit diesem Trauma römischer Kriegsführung und Politik zu befassen.

C. Iulius Caesar schließlich war die dynamischste Gestalt unter den Triumvirn. Der hochverschuldete, rücksichtslose junge Politiker konnte sich in diesem Augenblick nicht entfernt mit Pompeius oder Crassus messen. Er verfügte weder über das Prestige des Magnus oder über eine ähnlich große Klientel, noch über die materiellen Möglichkeiten und die zahllosen politischen Beziehungen des Crassus. Aber Caesar hatte sich für das Konsulat des Jahres 59 v. Chr. beworben, und nur auf diese Weise konnten die Triumvirn hoffen, von einer legalen magistratischen Position aus ihre Absichten zu verwirklichen. Ihre Übereinkunft, «in der Politik nichts zu unternehmen, was einer der drei mißbillige», war bewußt vage gehalten. Auch hier wurde kein abstraktes politisches oder gar sozialrevolutionäres Programm formuliert, sondern es wurden konkrete Gesetzesvorlagen und Entscheidungen vorbereitet, die über die speziellen Ziele hinaus die Führungsposition der drei Politiker festigen mußten.

Durchzusetzen aber waren diese Initiativen freilich nur durch die konsequente Ausschaltung der senatorischen Opposition, und gerade auf sie wirkte die Bildung des Triumvirats wie ein Fanal. Angesichts der starken gemeinsamen Gegner traten nun die inneren Gegensätze unter der Senatsoligarchie zurück. Im jüngeren Cato, dem Petrefakt der alten Republik, erwuchs dieser Seite ein kompromißloser, nicht selten starrer, aber moralisch integrer Anführer von hoher Autorität, der die Auseinandersetzung bewußt verschärfte. Das Neue an der politischen Konstellation des 1. Triumvirats war die Entschlossenheit der Triumvirn, ihre großen Klientelen aus den verschiedensten Schichten der Bevölkerung nicht nur zur Erreichung kurzfristiger Ziele zusammenzufassen, sondern auf dieser Grundlage mittelfristig alle wesentlichen politischen Entscheidungen zu diktieren. Die daraus der Republik erwachsenden Gefahren aber hat Cato sofort erkannt.

Trotz des vehementen Widerstandes der Senatsaristokratie konnten die

Triumvirn weithin ihre Ziele erreichen. Am meisten profitierte davon Caesar, der die Möglichkeiten seiner Statthalterschaft in Gallien souverän ausschöpfte, durch seine eindrucksvollen militärischen Erfolge die Kritik an seiner Person dämpfen konnte, der sich in Gallien vor allem aber eine Heeresgefolgschaft und die Mittel sicherte, die ihn in kürzester Zeit zu einem Pompeius in jeder Hinsicht ebenbürtigen Machtfaktor werden ließen.

Es wäre falsch, die römische Politik der fünfziger und der frühen vierziger Jahre des 1. Jahrhunderts v. Chr. einfach mit der Entwicklung der persönlichen Beziehungen zwischen Pompeius und Caesar zu identifizieren. Dennoch mußte es hier nach dem Tode des Crassus zu einer Polarisierung der politischen Kräfte kommen, weil die «Vermassung» der Klientel längst ein Ausmaß erreicht hatte, dem der jeweilige *patronus* nur noch dann gerecht werden konnte, wenn er sein politisches Prestige unter allen Umständen und mit allen Mitteln wahrte. Da Pompeius in den fünfziger Jahren durch die Übernahme eines neuen Imperiums und neuer Verantwortungen, die zuletzt im Jahre 52 v. Chr. in der Position eines *consul sine collega* gipfelten, immer wieder die traditionellen Verfassungsstrukturen durchbrach, schien gerade er lange Zeit die Konsequenzen aus der kritischen Situation der Republik zu ziehen. Tatsächlich führt von manchen seiner organisatorischen und verfassungsrechtlichen Modelle, wie den langfristigen Imperien oder der Verwaltung von ihm übertragenen Provinzen, die er persönlich überhaupt nicht betrat, durch Legaten, ein Weg zu den späteren Lösungen des augusteischen Principats.

Aber Pompeius zögerte, den Boden der Legalität zu verlassen. Er wollte immer gerufen werden und wurde so schließlich zum Vollstrecker des Willens der Senatsmehrheit, da er seine eigene Person im Konfliktfalle unterordnete, weil für ihn die *res publica* – im Gegensatz zur Auffassung Caesars – noch immer eine verpflichtende Realität war, die er respektierte. So ist Pompeius an den inneren Widersprüchen zwischen seinen politischen Überzeugungen und der von ihm gleichwohl beanspruchten Stellung eines *princeps* im Staate gescheitert, einer Stellung, die in solcher Gewichtung auf Dauer nicht mehr in die alten Strukturen der Republik zu integrieren war.

Caesar kannte die Skrupel des Pompeius nicht. Von seinem 1. Konsulat im Jahre 59 v. Chr. an hatte er rücksichtslos mit dem Aufbau einer persönlichen Machtstellung begonnen, dabei die eigene *dignitas* absolut gesetzt. Die Obstruktion seiner inneren Gegner trieb ihn zu immer neuen Verstößen gegen Form und Geist der alten Verfassung, bis er schließlich mit der ganz offenen Errichtung einer Diktatur auf Lebenszeit *(dictator perpetuo)* seine persönliche Herrschaft endgültig etabliert hatte. Konnte er dafür anfangs die Tradition der Popularen wiederbeleben und die alte Klientel des Marius mobilisieren, so wurde er schon bald zum Kristallisationspunkt vieler sozialer Aufsteiger in Rom, Italien wie in den Provinzen. Obwohl seine eigene Familie zum ältesten patrizischen Adel der Stadt gehörte, förderte

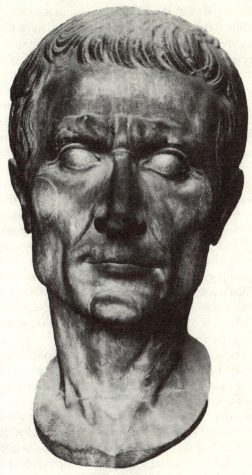

1 Caesar, Porträt, Pisa

Caesar insbesondere die neuen Kräfte im Senat, die ehrgeizigen Ritter und die äußerst aktiven Mitglieder der städtischen Führungsschichten Italiens, nicht zuletzt seine Offiziere, aber auch befähigte Provinzialen, endlich zahlreiche Klientelkönige.

Hatte Pompeius eine ausgesprochene Begabung für den organisatorischen Aufbau und die Effektivierung römischer Herrschaft und Administration, wie am eindrucksvollsten seine Neuordnung des römischen Ostens nach dem Ende des Seeräuberkrieges und des Krieges gegen Mithradates VI. von Pontos beweist, so standen bei Caesar stets die Personen im Vordergrund. Ob in seinen Feldzügen in Gallien, in der sprunghaften Ausweitung römischer Herrschaft im Westen des Imperiums, im großen Bürgerkrieg gegen Pompeius und die Kräfte der alten Republik 49 bis 46 v. Chr. oder in der inneren Politik: Macht und Herrschaft waren bei Caesar stets durch persönliche Bindungen, sehr viel weniger durch Institutionen verankert. Durch Freundschaftsbeziehungen und persönliche Verpflichtungen schuf er immer neue Abhängigkeiten, setzte damit indessen auch seine eigene Person absolut und isolierte sich ohne jede Rücksicht auf die Reaktionen der alten Kräfte. Es war deshalb für die Anhänger des alten Systems auch ein leichtes, ihn zum Tyrannen zu stempeln und zum Tyrannenmord aufzurufen.

Nach der mitreißenden Caesar-Apotheose Theodor Mommsens, der den Diktator einst zum demokratischen Monarchen stilisieren wollte, sich gleichzeitig aber von jedem modernen «Caesarismus» entschieden distanzierte, und nach der nüchternen Idealisierung des «Staatsmannes» Caesar durch Matthias Gelzer war es wohl unvermeidlich, daß neuerdings wesentlich kritischere Caesarbilder versucht worden sind. Staatsmännische Qualifikation wurde dem Diktator dabei rundweg abgesprochen, ein konsistentes politisches und gesellschaftliches Programm ebenso vermißt wie eine überzeugende Konzeption für jene neue «Weltmonarchie», über die so viel spekuliert werden konnte. In teilweise sehr einseitigen Perspektiven wurden dabei erneut die sittlichen und moralischen Mängel der Person belichtet, Hektik und Widersprüchlichkeit so vieler Reformansätze bemängelt, kurzum Caesar jede «Größe» überhaupt aberkannt.

Allein die so einseitig negative Sicht seiner Persönlichkeit, die immerhin fünfzehn Jahre lang die ganze römische Welt in Atem gehalten und ihren außerordentlichen Rang im europäischen Geschichtsbild über zwei Jahrtausende behauptet hat, ist nicht weniger problematisch als die einstige Apotheose. An der Dynamik des Menschen, der Genialität des Feldherrn, der Großzügigkeit und teilweise kaum faßbaren Energie, aber auch der hohen Intelligenz des Politikers Caesar kann ebensowenig ein Zweifel bestehen wie an der Tatsache, daß die römische Gesellschaft und der römische Staat die ganz offene persönliche Herrschaft in den Formen einer Diktatur nicht akzeptieren konnten. So hat nicht Caesars konsequente diktatorische Lösung, sondern gerade sein Scheitern die zukünftigen Entwicklungen im Principat bestimmt, Augustus später in mancherlei Hinsicht teilweise geradezu eine Synthese pompeiischer und caesarischer Formen versucht.

In Theodor Mommsens hochgestimmtem Caesarporträt findet sich der Satz: «Wenn in einer so harmonisch organisierten Natur überhaupt eine einzelne Seite als charakteristisch hervorgehoben werden kann, so ist es die, daß alle Ideologie und alles Phantastische ihm fern lag» («Römische Geschichte» III, Berlin 1904[9], 462). Ein Satz, der zu Mißverständnissen führen kann, wenn man Mommsens Ideologiebegriff mit demjenigen der Gegenwart gleichsetzt. Auf den ersten Blick freilich hat Caesar Politik einzig als Machtfrage angesehen, Verfassungsnormen und Traditionen ebenso oft souverän verachtet wie den ineffektiven Senat, die borniertten politischen Gegner und selbst das von allen Seiten korrumpierte römische Volk, in dessen Interesse er so lange zu wirken vorgab. Doch andererseits war Caesar fort und fort zur Rechtfertigung des eigenen Handelns gezwungen, während seines 1. Konsulats wie während der gallischen Statthalterschaft, erst recht dann freilich im Bürgerkrieg. Die Münzbilder feierten in Trophäen seine Siege. Er war der erste römische Politiker, der schon zu Lebzeiten sein äußerst realistisches Porträt auf den römischen Münzen abbilden ließ. Der glänzende Redner wußte seine Sicht der politischen Lage und der militärischen Notwendigkeiten stets ebenso wirkungsvoll zur Geltung zu bringen wie der große Bauherr Roms die monumentale Darstellung seiner Macht in repräsentativen Formen.

Dignitas war für Caesar ein Schlüsselbegriff, der Begriff identisch mit genuin aristokratischen Ansprüchen. Denn jeder *dignus* war in Rom durch Leistungen für die Gesamtheit ausgewiesen und deshalb auch entsprechend zu respektieren. Seit seinen Erfolgen in Gallien aber war Caesar geradezu besessen vom Rang der eigenen Person. Caesar und Augustus waren führende römische Politiker, welche zugleich Meister sprachlicher Gestaltung und der ganz bewußten Beeinflussung der öffentlichen Meinung wurden. Natürlich lassen sich Caesars «*Commentarii*» nur schwer mit dem in einer ganz anderen Tradition und in einer ganz anderen literarischen Gattung stehenden «Tatenbericht» des Augustus vergleichen. Dennoch dürfte unbestreitbar sein, daß in beiden Fällen eine ganz bewußte Stilisierung des Geschehens und die ganz bewußte Akzentuierung politischer und militärischer Vorgänge durch den handelnden Politiker vorliegt. In beiden Fällen wurde die öffentliche Meinung der Zeitgenossen ebenso nachhaltig beeinflußt wie das Geschichtsbild der Nachwelt, in beiden Fällen jedoch auch eine scharfe moderne Kritik provoziert.

Schon das «*Bellum Gallicum*» zeigt, wie geschickt Caesar die Elemente der spätrepublikanischen Ideologie der römischen Führungsschicht aufgriff und wie souverän er mit Begriffen wie *imperium, amicitia, consuetudo* und *dignitas* zu hantieren verstand, wenn es darum ging, seine persönlichen Interessen zu vertreten. Einen ausgesprochenen Höhepunkt in der Meinungsbeeinflussung stellen dann seine Rechtfertigungsversuche zu Beginn des Bürgerkrieges im Jahre 49 v. Chr. dar, wo er einerseits behauptete, er sei keineswegs aus seiner Provinz aufgebrochen, um Böses zu tun, sondern um sich gegen die Beleidigungen seiner Feinde zu verteidigen, um den wegen dieser Sache vertriebenen Volkstribunen ihre alte *dignitas* wiederherzustellen und um das von einer kleinen Gruppe unterdrückte römische Volk wieder in seine Freiheit zu setzen (b.c.I, 22,5). Andererseits ließ er in einem Brief verlauten, daß er Sulla nicht nachahmen wolle, vielmehr sollte es die neue Art zu siegen sein, sich durch Erbarmen und Großzügkeit zu sichern. Die immer wieder betonte *clementia Caesaris* aber wurde geradezu sprichwörtlich, und doch setzte auch sie die Anerkennung seiner Überlegenheit und seiner Macht und die Unterwerfung unter seine Person voraus.

Wenn sich diese von Caesar bewußt verbreiteten Ideologeme auch nicht zu einem System zusammenfügten, so wurden sie doch in vielfältiger Weise wirksam. Sie führten freilich auch zu Reaktionen, die der Diktator wohl kaum bedacht hatte. Natürlich war seine *clementia* nicht nur Ideologie, sondern eine oft bezeugte Tatsache, die selbst Cicero Anerkennung abnötigte, zudem oft äußerst riskant und problematisch. Denn die begnadigten Gegner dachten gar nicht daran, sich mit der Alleinherrschaft des Diktators, dem sie nach seinen Siegen Leben und Existenz verdankten, abzufinden. Sie haßten ihn häufig genug nur noch verbitterter.

Vor allem aber wurden die römische Öffentlichkeit und der römische Senat gerade während der Jahre 46 bis 44 v. Chr. durch die Übersteigerung und die Massierung der Ehrungen des Diktators, nicht zuletzt durch seine Überhöhung gerade im kultischen Bereich und in allen Zonen religiöser Verehrung ständig aufs neue herausgefordert. Je stärker Caesar die eigene Person verabsolutierte und letztlich isolierte, desto breiter wurde die Front der Gegenkräfte, die sich nun völlig auf die Beseitigung eben dieser Person konzentrierten. Menschen zu gewinnen und zu beeindrucken, hatte Caesar verstanden. Zur vollen Integration aller Gruppen in sein neues politisches System aber fehlten ihm Zeit und Geduld, auch jede Bereitschaft zu Kompromissen und der Respekt vor einer immer noch mächtigen Tradition ebenso wie vor der *dignitas* seiner Gegner.

Im übrigen stellten neben politischer Klientel, Heeresgefolgschaft und Ideologie selbstverständlich auch die materiellen Mittel die Basis jeder längerfristigen persönlichen Herrschaft im Rahmen der späten Römischen Republik dar. Caesar brauchte hier nicht von den Lektionen des Crassus zu lernen: Im skrupellosen Einsatz finanzieller Mittel war er seit der Sanierung seines eigenen, durch die unbedenklichen Investitionen in seine politische Karriere völlig zerrütteten Vermögens im gallischen Feldzug kaum mehr zu übertreffen. Dutzende von Aristokraten wurden finanziell von ihm abhängig, einflußreiche Politiker der Reihe nach korrumpiert, aber auch der Sold seiner Truppen gegen Ende der Feldzüge in Gallien kurzerhand verdoppelt. Dazu kamen verschwenderische Ausgaben für Bauten, Spiele und Schenkungen an das römische Volk. Indessen stand Caesar mit solchen Methoden keineswegs allein. Pompeius war nicht anders verfahren, und was die gallische Beute Caesar erlaubte, sollte später die ägyptische Octavian gestatten.

Octavians Aufstieg zur Alleinherrschaft

In der Caesarvita, welche die Biographiensammlung der *principes* des julisch-claudischen Hauses, des «Vierkaiserjahres» und der Flavier eröffnete, hat Sueton die Vorgänge an den Iden des März 44 v. Chr. im römischen Senat so dargestellt: «Während er [Caesar] Platz nahm, umstanden ihn die Verschworenen, scheinbar um ihm ihre Ergebenheit zu bezeugen, und sogleich trat Cimber Tillius, der die erste Rolle übernommen hatte, näher an ihn heran, wie um ihn um etwas zu bitten. Als Caesar eine abschlägige Antwort erteilt und ihn mit einem Wink auf eine andere Zeit vertröstet, faßt Tillius ihn an beiden Schultern an der Toga; Caesar ruft: ‹Das ist ja Gewalt!› Da verwundet ihn einer der beiden Casca von hinten wenig unter der Kehle. Caesar hält den Arm Cascas fest und durchsticht ihn mit dem Schreibgriffel; als er versucht aufzuspringen, wird er durch eine zweite Verwundung daran gehindert. Wie er nun von allen Seiten gezückte Dolche auf sich gerichtet sieht, verhüllt er das Haupt mit der Toga und glättet sie zugleich mit der Linken bis hinab zu den Füßen, um mit Anstand zu fallen und auch den unteren Teil des Körpers zu verhüllen. In dieser Stellung wurde er, ohne einen Laut von sich zu geben, durch dreiundzwanzig Stiche durchbohrt; nur beim ersten Stoß hatte er einen Seufzer hören lassen. Allerdings berichten einige, er habe zu dem auf ihn eindringenden Marcus Brutus auf griechisch gesagt: ‹Auch du, mein Sohn?›» (c.82 – Übersetzung von A. Lambert).

Die etwa 60 Caesargegner, die sich zu einer Verschwörung gegen den Diktator zusammengeschlossen hatten, sind nur zum kleineren Teil namentlich bekannt. Von diesen rund 20 Namen wiederum wurden M. Iunius Brutus und C. Cassius nicht zuletzt deshalb als die eigentlichen Caesarmörder herausgestellt, weil ihre Tat schon früh mit jener der athenischen Tyrannenmörder des Jahres 514 v. Chr., Harmodios und Aristogeiton, parallelisiert wurde. Gerade durch die Mitwirkung des Brutus bekam das ganze Unternehmen eine philosophische, aber auch eine fast theatralische Note. Da Brutus selbst durch seine Verwandtschaft mit klassischen römischen Tyrannenmördern der Sage, mit L. Brutus und mit Servilius Ahala, sich gleichsam schon aus Familientradition zur Pflicht des Tyrannenmordes bekennen mußte, blieb er ganz im Banne dieses Denkens befangen.

«Mit dem Mut von Männern und der Überlegung von Kindern», wie Cicero sagte, hatten die Caesarmörder den «Tyrannen» beseitigt. Mit der Filzkappe der freigelassenen Sklaven, dem *pileus*, vor sich, zogen sie zum

Forum und zum Kapitol und mußten schon in den ersten Stunden nach der Tat erkennen, daß ihr Vorgehen nicht die erwartete Resonanz fand. Es war Selbsttäuschung, daran zu glauben, daß die Ermordung des Diktators genügte, um die alten Institutionen des römischen Adelssstaates wieder funktionsfähig zu machen, der Oligarchie wieder zur Macht zu verhelfen, Caesars Heeresklientel und politische Anhängerschaft aufzulösen und alle diejenigen, die sich mit seinem System identifiziert hatten, völlig zurückzudrängen. Angesichts der gewandelten Strukturen von Gesellschaft und Staat, angesichts der Interessen der Armeen und der Provinzen konnte die alte republikanische Freiheitsparole nicht mehr zünden. Die *plebs urbana* Roms aber war längst korrumpiert und für verbrauchte oligarchische Schlagworte nicht mehr zu mobilisieren.

Da sich die führenden Exponenten des caesarischen Systems, die sich damals in Rom befanden, Caesars Mitkonsul M. Antonius, der *magister equitum* Lepidus – der in diesem Augenblick als einziger über Truppen verfügte –, Caesars Sekretär Balbus und der für das Jahr 43 v. Chr. designierte Konsul A. Hirtius, nicht auf eine sofortige Vollstreckung der Rache an den Caesarmördern einigen konnten, kam es im römischen Senat am 17. März 44 v. Chr. zu einem erstaunlichen Kompromiß: Alle Regierungsmaßnahmen Caesars, selbst die noch nicht in Kraft gesetzten, wurden gebilligt und für weiterhin gültig erklärt, den Caesarmördern wiederum eine Amnestie zuerkannt. Damit war zwar für den Augenblick der offene Ausbruch des Bürgerkrieges verhindert und das weitere Funktionieren aller staatlichen Organe gewährleistet, die politische Entscheidung aber lediglich vertagt.

Dies zeigte sich bereits drei Tage später, als Caesars Veteranen zur Beisetzung des Diktators in Rom zusammenströmten und als M. Anton in seiner großen Rede noch einmal an die Taten und an die «Wohltaten» des Toten erinnerte. Die davon fanatisierte Menge, die sich des Leichnams bemächtigte und den Toten spontan auf dem Forum verbrannte, wobei viele Tausende ihre Waffen oder ihren Schmuck in das Feuer warfen, bewies durch diese Demonstration, zu welcher Macht der Tote geworden war, dem schon bald kultische Verehrung zuteil werden sollte. Im Grunde war schon nach dieser Eruption jene Kompromißpolitik gescheitert, auf die sich die Caesarmörder und M. Anton eingelassen hatten.

Auf der Seite der Caesaranhänger war die Lage zunächst deshalb so kompliziert, weil die Frage der politischen Nachfolge zu Caesars Lebzeiten offengeblieben war. Antonius' Stellung war nicht einmal auf dieser Seite eindeutig oder allgemein akzeptiert. Dennoch sollte er für einige Zeit zur wichtigsten Persönlichkeit der römischen Innenpolitik werden, zugleich war er in den Tagen nach den Iden des März als Konsul der ranghöchste Repräsentant staatlicher Legalität. Nach den wiederholten leidenschaftlichen Verleumdungskampagnen, denen Antonius ausgesetzt war, ist es heute kaum mehr möglich, sich ein Bild des vitalen Mannes zu machen, der sich ganz unbedenklich so viele Blößen gab. Wenn selbst ein so nüchterner Althistoriker wie Matthias Gelzer in ihm «ein Gemisch von frauenberückendem Kavalier und machtgierigem Berserker» sah, so dürfte dies zeigen, wie schwer es fällt, sich von alten Klischees zu trennen.

Der damals achtunddreißigjährige M. Anton stammte aus einer angesehenen Familie der römischen Aristokratie. Er war der Enkel des gleichnamigen großen Redners und der älteste Sohn jenes Antonius Creticus, der im Kampf gegen die Seeräuber hervorgetreten war. Nach exzessiv verlebten Jugendjahren und einem Kommando als Kavallerieoffizier im Osten hatte er sich im Jahre 54 v. Chr. Caesar zur Verfügung gestellt. Er bewährte sich als Stabsoffizier in Gallien, gewann das Vertrauen des Diktators und machte Zug um Zug Karriere. Unmittelbar vor Ausbruch des Bürgerkriegs zwischen Caesar und Pompeius hatte er im Jahre 49 v. Chr. als Volkstribun sehr entschieden Caesars Interessen im Senat vertreten, auch in den folgenden Jahren während Caesars Feldzügen dann wiederholt als sein Beauftragter in Italien fungiert, freilich nicht immer sehr erfolgreich, so daß es zu starken Spannungen kam. Allein Caesar sah Antonius vieles nach und über dessen zügelloses Privatleben hinweg; er vergaß nie, daß sich Antonius 48 v. Chr. bei Pharsalos in der Entscheidungsschlacht gegen die Pompeianer als Kavalleriekommandeur brillant geschlagen hatte. Allen Verdächtigungen zum Trotz blieb Antonius der Mann seines Vertrauens, der während des geplanten Partherkrieges in Rom erneut eine Schlüsselstellung einnehmen sollte.

Der kraftvolle, offene und leutselige Offizier war bei seinen Truppen und bei der Bevölkerung Roms sehr beliebt. Selbst viele Angehörige der Führungsschicht hielten ungeachtet aller Belastungen bis zuletzt zu ihm und sahen in ihm zumindest das kleinere Übel auf der Seite der alten Anhängerschaft Caesars. Antonius blieb auch bis zu seinem Untergang ein hervorragender Soldat, ein Mann unerhörter Willenskraft und mitreißender Passion, und doch – trotz seiner nicht geringen politischen Erfahrungen – ein Mann auch ohne jedes Gespür für die politischen Reaktionen auf seine oft provozierenden Handlungen. Auf lange Sicht sollte er nicht einem überlegenen Feldherrn, sondern einem vorsichtigeren Politiker unterliegen, der alle Schwächen des Antonius zuletzt skrupellos nutzte: Octavian.

«Octavian» hat diesen Namen selbst nie geführt; die Bezeichnung ist ihm später von seinen Gegnern beigelegt worden, um die Herkunft des jungen Mannes deutlich zu machen. Sie hat sich jedoch durchgesetzt, läßt sich die Person des späteren «Augustus» vor 27 v. Chr. so doch eindeutig benennen, und wird deshalb auch im folgenden für die Phase nach der Annahme der Adoption gebraucht werden. Er hieß zunächst C. Octavius und wurde am 23. September 63 v. Chr. in Rom geboren. In der südlich Roms gelegenen kleinen Landstadt Velitrae wuchs er auf. Dort zeigte man noch lange den bescheidenen Raum, in dem das Kind gespielt hatte. Wie aus Suetons

Augustusvita hervorgeht, hat der spätere *princeps* in seiner Autobiographie über seine Abstammung lediglich berichtet, daß er aus einer alten und reichen Familie des Ritterstandes komme, in der sein Vater als erster zum Senator aufstieg. Offensichtlich hatte schon der Großvater des Octavius als Bankier ein ansehnliches Vermögen erworben, der Vater aber vor allem deshalb Karriere gemacht, weil er Atia, eine Nichte Caesars, heiratete.

Caesars Patronage erstreckte sich auch auf den Großneffen, dies erst recht, als Octavius' Vater früh starb und der Diktator selbst in seinen Ehen keinen männlichen Nachkommen erhielt. Schon im Jahre 48 v. Chr. wurde Octavius so zum *pontifex* gewählt, zwei Jahre später nahm er an Caesars afrikanischem Triumphzug teil, im Jahre 45 v. Chr. war er dann kurze Zeit zusammen mit Caesar in Spanien. Im September desselben Jahres machte ihn Caesar bereits zu seinem Haupterben und adoptierte ihn zugleich in seinem Testament, Vorgänge, die freilich ohne Wissen des jungen Mannes erfolgten, der um diese Zeit mit seinen Freunden M. Vipsanius Agrippa und Q. Salvidienus Rufus nach Apollonia (im Süden Illyriens) entsandt worden war, um sich dort auf seine Aufgaben im bevorstehenden Partherkrieg vorzubereiten. Auch die Aufnahme des jungen C. Octavius unter die Patrizier fiel in dieselbe Zeit. Doch so bemerkenswert alle diese Auszeichnungen und Privilegien auch waren, nennenswerte persönliche Leistungen und eindeutige Qualifikationen hatte der Neunzehnjährige in diesem Augenblick nicht aufzuweisen. Es ist deshalb verständlich, daß er zunächst von allen Seiten völlig unterschätzt wurde.

Octavius' persönlicher Eintritt in die Politik verdient deswegen eine nähere Betrachtung, weil schon in diesen ersten Zügen und Entscheidungen selbständigen politischen Handelns jener Stil erkennbar wird, der auch für die Zukunft bestimmend bleiben sollte, die Verbindung von zielbewußtem Machtstreben mit behutsamem, stets rational abwägendem Vorgehen im einzelnen. Von ganz wenigen Ausnahmefällen abgesehen, hat Octavian nie emotional und spontan gehandelt, sondern alle Konstellationen stets nüchtern analysiert, die möglichen Chancen und Auswirkungen seines Handelns immer in Rechnung gestellt, nicht gezögert, Kompromisse zu schließen, wenn sie ihm für den Augenblick Vorteile brachten, sein Handeln selbst aber auch immer wieder wirkungsvoll stilisiert.

Als er deshalb von Caesars Ermordung hörte, lehnte er den Vorschlag einiger befreundeter Offiziere, sich sofort an die Spitze der in Makedonien für den Partherkrieg bereitgestellten Truppen zu setzen und mit diesen Verbänden einen Marsch auf Rom zu wagen, besonnen ab. Er brach jedoch nach Italien auf und landete in der Nähe von Brundisium. Erst dort erfuhr er den Inhalt von Caesars Testament, erhielt freilich zugleich auch Briefe seiner Mutter und seines Stiefvaters, in denen ihm dringend von der Annahme des Erbes inmitten der chaotischen, zunächst kaum überschaubaren politischen Lage abgeraten wurde. Doch Octavian ließ sich dadurch nicht irritieren. In einer bemerkenswerten Verbindung von Selbstsicherheit und Vorsicht tastete er sich weiter voran. Er ließ keinen Zweifel daran aufkommen, daß er für seine Person das Erbe Caesars in vollem Umfang antreten werde, knüpfte Kontakte zu dessen alten Vertrauensleuten und Agenten, vor allem zu Balbus, doch ebensobald auch zu anderen einflußreichen Politikern, wie zu Cicero, den er rasch völlig für sich einnehmen konnte.

Schon der neue Name, den Octavius nun führte, nämlich ebenfalls C. Iulius Caesar, war ein Programm. Denn nach den Normen der römischen Adelsmoral wurde es jetzt für ihn erst recht eine Pflicht der *pietas*, Caesars Ermordung zu rächen. Im übrigen war Octavian damals nicht der einzige, der sich demonstrativ zur *pietas* gegenüber einem politisch exponierten und gescheiterten Vater bekannte: der etwa fünf Jahre ältere Sextus Pompeius, der Sohn des Magnus, der zu einem gefürchteten Flottenbefehlshaber und großen Gegner Octavians werden sollte, verhielt sich nicht anders. Für den Caesarerben kam indessen zunächst alles darauf an, in Italien und in Rom überhaupt als der wahre Erbe Caesars akzeptiert zu werden. Der letzte Wille des Diktators war erst zur Geltung zu bringen, Octavians Anspruch durchzusetzen, seine Stellung dann aber auch zu legalisieren. Dazu wurde es erforderlich, alle unbedachten Schritte zu vermeiden, die eigene Basis konsequent auszubauen und die öffentliche Meinung zu gewinnen.

Tatsächlich gelang dies Octavian trotz einiger Rückschläge in einem erstaunlichen Prozeß der Machtbildung. Es gelang, weil Octavian schon bei seiner Rückkehr nach Italien über Caesars Kriegskasse und über die laufenden Steuergelder der Provinz *Asia* verfügen konnte, Mittel, die er zusammen mit dem eigenen Vermögen und den Kapitalien seiner Freunde skrupellos zur Werbung von Anhängern und Veteranen für seine Sache einsetzte. Der Aufbau der persönlichen Machtbasis gelang, weil sich ihm in L. Cornelius Balbus und C. Oppius «das Dioskurenpaar der grauen Eminenzen Caesars» (A. Alföldi) zur Verfügung stellte, jene erfahrenen Sachwalter von Caesars Interessen, die über einen sehr genauen Einblick in alle *arcana* von Caesars Macht verfügten. Doch daneben konnte sich Octavian von Anfang an auf die aktive und selbstlose Unterstützung treuer Freunde verlassen, allen voran des Marcus Agrippa und des Salvidienus Rufus, zu denen bald Maecenas stieß, der Angehörige eines alten etruskischen Geschlechtes.

Dennoch liegt der entscheidende Grund für den Erfolg von Octavians Vorstoß in das italische Kräftefeld des Jahres 44 v. Chr. in seiner konsequenten und unablässigen Beeinflussung der öffentlichen Meinung, die weit über die üblichen Maße und Methoden der Selbstdarstellung und Interessenvertretung römischer Politiker hinausging. Gerade weil ihm zunächst politische Erfahrungen ebenso fehlten wie militärische Überlegenheit, die legale Rechtsbasis einer Magistratur ebenso wie ein allgemeiner staatlicher Auftrag, sah sich Octavian zu größtem Einsatz auf dem Felde gezwungen, auf dem er den übrigen Exponenten der Klientel Caesars in gleicher Weise überlegen war wie den Verteidigern der oligarchischen Strukturen der Republik, modern gesagt, auf dem Felde der Ideologie.

Im Unterschied zu Cicero, der um dieselbe Zeit noch einmal in die aktive Politik zurückkehrte und der der Gefangene seiner alten Formeln und Bilder von der Eintracht aller Stände, der *concordia ordinum,* oder dem «einzigen Schiff für alle *boni*» blieb, in der letzten Phase seines Wirkens offenkundig ein Ideologe ohne Macht, hat Octavian nie auf die Wirkung von Propaganda und Ideologie allein gesetzt, sondern stets die in diesen Jahren in der römischen Politik ausschlaggebende Bedeutung des militärischen Potentials in Rechnung gestellt. Den Erfolg verdankte er daneben weithin der souveränen Stilisierung seiner Politik, der Rechtfertigung seines Vorgehens durch demonstrative Akte und überzeugende Formeln, die oft genug den wahren Sachverhalt und die tatsächlichen Interessenlagen verhüllten. Dies zeigte sich gerade in seinen Anfängen besonders deutlich.

Wie behutsam Octavian auch immer auftrat, sein Aufstieg konnte nur auf Kosten des Antonius erfolgen. Anfang Mai 44 v. Chr. zog er in Rom ein, und schon die erste Unterredung mit Antonius verschaffte ihm Klarheit darüber, daß er hier keine Unterstützung finden würde. Doch mochte sich der Konsul über den jungen Mann ohne Staatsamt, der alles nur seinem Namen verdankte, mokieren, mochte er ihm Schwierigkeiten bereiten und mißtrauisch jeden Schritt Octavians verfolgen, der Erbe Caesars setzte beharrlich die Auslieferung von Caesars Vermögen durch, nachdem er schon vorher in provozierender Weise mit der Auszahlung der von Caesar an das römische Volk und an die Veteranen ausgesetzten Legate aus seinen eigenen Mitteln begonnen hatte. Daß die Dankbarkeit der Empfänger dieser letzten und unerhört großzügigen *beneficia* Caesars auch seinem Erben galt, ist evident.

Der Höhepunkt dieser Initiativen war Octavians Ausrichtung der *ludi Victoriae Caesaris* in der Zeit vom 20. bis zum 30. Juli 44 v. Chr. Hier wurden nun keine Mittel gespart, um das Andenken des Diktators in prunkvollster Weise zu feiern. Die Spiele wurden denn auch zu einer machtvollen politischen Demonstration im Sinne des neuen Caesarerben, und sie wurden es erst recht, als auch noch ein großer Komet am Himmel zu beobachten war, jenes *sidus Iulium,* das den Massen den Aufstieg des toten Diktators unter die Götter zu beweisen schien. Es verstand sich von selbst, daß gerade dieses Zeichen in Zukunft vor allem auf den Münzen Caesars Bildnis überhöhte.

Die Vorgänge in der römischen Politik während des Jahres nach Caesars Ermordung waren für die Zeitgenossen zumeist völlig unklar und unübersichtlich. Zahlreiche kurzfristige Initiativen und Maßnahmen, irreführende Erklärungen, Beschönigungen und Täuschungen, aber auch Unentschiedenheit, Opportunismus und die Frontwechsel führender Politiker und Militärs kennzeichneten die Lage. Auf die Einzelheiten dieser ganzen Kette sich rasch verändernder Konstellationen und Gruppierungen braucht hier nicht eingegangen zu werden. Längerfristig wurden sie einerseits durch den Versuch der aus Rom geflüchteten Caesarmörder geprägt, im Osten des Imperiums neue Machtbasen für den nun unvermeidbaren Bürgerkrieg zu gewinnen, andererseits durch die Zuspitzung der Beziehungen zwischen Antonius und dem Senat und schließlich den offenen Konflikt, in dem sich Octavian zunächst auf die Seite des Senates schlug, weil er nur dort eine Legalisierung seiner usurpierten Stellung erreichen konnte. In diesem Streben nach Verrechtlichung der eigenen Position mag man eine Reaktion auf den politischen Stil Caesars erblicken. Es sollte künftig immer einen Grundzug der Politik des Augustus darstellen.

Die Legalisierung der Stellung Octavians aber war vor allem deswegen geboten, weil dieser im Herbst 44 v. Chr. mit einer systematischen und ganz offenen Korruption von Veteranen und Armee begonnen hatte. Zusammen mit seinen engsten Freunden, aber auch mehreren ehemaligen Centurionen und Soldaten Caesars, vor allem jedoch mit einer ganzen Wagenkolonne voll Geld und Ausrüstung war Octavian damals in kampanische Veteranenkolonien gezogen und hatte dort in großzügigstem Stil mit der Anwerbung von Truppen begonnen. Auf einen staatlichen Auftrag und amtliche Kompetenzen konnte er sich dabei nicht berufen, lediglich auf das historische Beispiel des jungen Pompeius.

Octavian gab das Geld mit offenen Händen aus. Während vieler Wochen hatte er die erforderlichen Mittel flüssig gemacht, so daß er nun jedem Veteranen und Soldaten, der sich ihm zur Verfügung stellte, ein Handgeld von 500 Denaren auszahlen konnte, ein Betrag, der größer war als der damalige Sold eines römischen Legionärs in zwei Dienstjahren. Für die Zukunft stellte er den so Angeworbenen, bei einem glücklichen Ausgang seines Vorhabens, das Zehnfache dieser Summe in Aussicht. Auf diese Weise brachte Octavian innerhalb kürzester Frist ein Heer von vielen Tausenden zusammen.

Auch die anderen römischen Machthaber waren nun gezwungen, durch großzügig bemessenen Sold und Belohnungen, die immer wieder geforderten Donative, ihre Verbände an sich zu ketten und die wechselseitigen Bindungen zu verstärken. Antonius, Brutus und Cassius, aber auch die übrigen Kommandeure großer Heeresabteilungen, standen sich dabei in nichts nach – die Zeche hatten in jedem Falle die Gegner, nicht weniger jedoch die jeweils besetzten Landschaften und die Provinzialen zu bezahlen. Daß ein solches Verfahren die Disziplin aller Legionen aushöhlte und zu den schwersten Belastungen im ganzen römischen Machtbereich führen mußte, ist evident.

Nicht weniger gefährdet aber war die Geschlossenheit und die Schlagkraft der römischen Armee durch die Zwänge des Bürgerkriegs, der die Legionen immer wieder nötigte, gegen alte Waffengefährten zu kämpfen. Wiederholt haben deshalb gerade die Centurionen, die mit modernen Kompaniechefs zu vergleichen sind und noch einen besonders engen Kontakt zu ihren Mannschaften besaßen, die gemeinsamen Traditionen und Interessen zu vertreten und Gefechte dieser Art zu vermeiden gesucht. Die alten Verbindungen erwiesen sich so noch lange Zeit über die politischen Fronten hinweg als durchaus wirksam, und erst allmählich formierten sich separate, völlig auf die neuen Befehlshaber eingeschworene Heeresklientelen.

Im römischen Senat gelangte Cicero im Herbst des Jahres 44 v. Chr. noch einmal zu maßgebendem Einfluß. Es ist imponierend, daß der große Redner und Schriftsteller, der als aktiver Politiker völlig scheiterte und der zuletzt lange vergebens versucht hatte, seine Unabhängigkeit zwischen Pompeius und Caesar zu wahren, nun offen Farbe bekannte und diesmal seiner Linie auch bis zur letzten Konsequenz treu blieb. Andererseits ist es bezeichnend für die Schwäche der Senatsaristokratie, daß in diesem Augenblick ein Mann wie Cicero die Führung des Senats übernehmen konnte, ein Illusionist und Theoretiker *par excellence,* der niemals politischen Weitblick, Gespür für die Realitäten der Macht oder einen Sinn für nüchterne politische und militärische Konzeptionen bewiesen hatte. In rhetorischer Hinsicht ist die jetzt einsetzende Serie der insgesamt 14 «Philippischen» Reden gegen Antonius – Reden, die somit mit den klassischen Attacken des Demosthenes gegen Philipp II. von Makedonien verglichen wurden – gewiß äußerst eindrucksvoll. Zum Ziele geführt haben die passionierten Worte freilich nicht.

Der «Mutinensische» Krieg, der dann vom Dezember 44 bis zum April 43 v. Chr. andauerte, bot dem römischen Senat die letzte Chance, seine Herrschaft in Italien zu verteidigen. Seit D. Brutus in Mutina an der Spitze von drei Legionen offenen Widerstand gegen Antonius leistete, durften die Senatoren neue Hoffnung schöpfen. Doch Aussicht, mit Antonius fertig zu werden, bestand nur dann, wenn auch die Truppen Octavians auf der Seite des Senats eingesetzt werden konnten. Vor allem Cicero hat diesen Plan verfolgt, Antonius mit Hilfe Octavians zu schlagen. Er erreichte schließlich auch, daß dieser in den Senat aufgenommen wurde, ein proprätorisches Imperium und das Privileg erhielt, alle Magistraturen bereits zehn Jahre vor dem vorgeschriebenen Mindestalter zu bekleiden. Damit war die usurpierte Machtstellung Octavians in vollem Umfange legalisiert. Geraume Zeit nahm Octavian dann auch tatsächlich gemeinsam mit den Konsuln des Jahres 43 v. Chr., Hirtius und Pansa, sowie mit D. Brutus den Kampf gegen die Verbände des Antonius auf. Doch dann zerbrach diese seltsame Koalition ebenso rasch, wie sie formiert worden war, die Polarisierung in die alten politischen Gruppierungen der Caesaranhänger und der Caesargegner gewann die Oberhand.

Dazu kam es nicht zuletzt infolge einer durchgreifenden Veränderung der militärischen Lage im Osten des Imperiums. Antonius hatte die Caesarmörder im Sommer des Jahres 44 v. Chr. zunächst ausmanövriert. Als Cicero deren Gruppe im Juni 44 v. Chr. aufsuchte, da glaubte er, wie er schrieb, ihr Schiff vernichtet und ihre Sache durch völlige Plan- und Konzeptionslosigkeit gekennzeichnet. *«Nihil consilio, nihil ratione, nihil ordine»* hieß es ins einem berühmten Brief an Atticus. Doch während des Winters 44/43 v. Chr. hatte Brutus die Provinz *Macedonia* an sich gebracht, Cassius Syrien besetzt und selbst die ursprünglich in Ägypten dislozierten Legionen hinter seinen Adlern versammelt. Damit wurde nahezu der ganze Ostteil des Imperiums von den alten Caesargegnern beherrscht. Daß diese Entwicklung jedoch auch eine Vereinigung aller alten Caesaranhänger im Westen nach sich ziehen mußte, konnte nicht ausbleiben, obwohl sich Cicero darüber bis zuletzt den gefährlichsten Illusionen hingab. Lepidus, damals Statthalter der Provinzen *Gallia Narbonensis* und *Hispania citerior,* Munatius Plancus, der Statthalter der *Gallia Comata,* und Asinius Pollio, jener von *Hispania ulterior,* schlossen sich mit Antonius zusammen, Octavian hatte sich schon früher geweigert, gegen dessen Truppen zu operieren.

Die Ereignisse überstürzten sich, als angeblich 400 Centurionen der Heeresgruppe Octavians, die im römischen Senat für ihren Feldherrn das Konsulat und für die Verbände selbst die versprochenen Belohnungen forderten, abgewiesen wurden und daraufhin einen neuen Marsch auf Rom auslösten. An der Spitze von acht Legionen zog Octavian nun gegen die Stadt, und unter dem Eindruck dieser Demonstration seiner Macht wurde er denn auch am 19. August des Jahres 43 v. Chr. zusammen mit Q. Pedius, einem Großneffen Caesars, zum Konsul gewählt. Durch eine *lex Pedia* sind wenig später die Amnestie für die Caesarmörder aufgehoben und die Ächtungen des Antonius und des Lepidus rückgängig gemacht worden. Mit der Senatsherrschaft in Rom war es danach zu Ende.

Da die Caesarmörder inzwischen bereits über nahezu 20 Legionen verfügen sollten und Tag für Tag neuen Zulauf erhielten, mußten jetzt auch die Heerführer des Westens Egoismen und Ressentiments zurückstellen. Nur gemeinsam hatten sie eine Chance, in der sich abzeichnenden großen militärischen Auseinandersetzung zu siegen. Ihre Heeresverbände lagerten im November 43 v. Chr. im Raume von Bononia, und dort kam nun eine volle Einigung zwischen Antonius, Lepidus und Octavian mit weitreichenden Beschlüssen zustande. Als Form ihrer gemeinsamen Machtausübung mit verteilten Aufgaben beschlossen die drei Männer die Bildung eines neuen, des «2. Triumvirats». Als *tresviri rei publicae constituendae* rissen sie diktatorische Kompetenzen an sich, die sie freilich noch im November des Jahres 43 v. Chr. durch die *lex Titia* legalisieren ließen, so daß man mit Mommsen von einer «formulierten Willkür» sprechen kann.

Ihre Amtsdauer wurde dabei zunächst auf einen Zeitraum von fünf Jahren, das heißt bis zum 31. Dezember des Jahres 38 v. Chr. terminiert; eine mittelfristige Kontinuität der Machtausübung somit in Analogie zu den großen Imperien des Pompeius, Caesar und Crassus gewährleistet, andererseits immer noch ein letzter Schimmer republikanischer Verfassungstradition bewahrt. In regionaler Hinsicht steckten die Triumvirn ihre Machtbereiche so ab, daß Antonius die Provinzen *Gallia cisalpina* und *comata* erhielt, Lepidus die *Narbonensis* samt den spanischen Provinzen, Octavian *Africa* und die großen Inseln. Italien selbst sollte gemeinsam verwaltet werden, und auch bei allen Absprachen der Folgezeit blieb stets die Tatsache bestimmend, daß dort alle Machthaber einerseits über Rekrutierungsmöglichkeiten verfügen, andererseits ihre Veteranen ansiedeln wollten. Erst in einem langen und bitteren Entwicklungsprozeß sollte aus dem gemeinsamen zentralen Machtbereich schließlich das Territorium eines einzigen Triumvirn werden.

Die Verteilung der Provinzen zeigt, daß Antonius alle strategischen Vorteile seiner Position in Norditalien und Gallien gewahrt hatte, während Octavian offensichtlich der prekärste Raum zugefallen war. Denn die großen Inseln lagen im Operationsgebiet der immer weiter anwachsenden Flotte des Sextus Pompeius, den die Triumvirn zwar nominell seines Kommandos entheben, faktisch jedoch nicht ausschalten konnten. Doch Priorität besaß für sie ohnehin die militärische Niederwerfung der Caesarmörder, die Antonius und Octavian mit der Masse aller Truppen – insgesamt rund 40 Legionen – in Angriff nahmen, während Lepidus unterdessen mit lediglich drei Legionen die gemeinsame Herrschaft in Italien sichern sollte. Schon daraus geht hervor, daß die Triumvirn keine Risiken eingehen wollten. Vertrauen, Milde, Gnade, die Politik Caesars, hatten sich in ihren Augen nicht bewährt; sie setzten allein auf brutale Macht und prophylaktischen Terror.

So erstellten sie, dem Beispiel Sullas folgend, eine zunächst geheimgehaltene Proskriptionsliste, die an die 300 Senatoren und an die 2000 Ritter umfaßt haben soll, in der Mehrzahl alte Caesargegner, aber auch neue Feinde der Triumvirn und ihrer Politik, nicht zuletzt wiederum Persönlichkeiten, die einzig durch ihren Reichtum ins Auge stachen. Denn diese Proskriptionen verfolgten das doppelte Ziel, einmal jede nur denkbare Opposition während des bevorstehenden Entscheidungskampfes von vornherein auszuschalten, zum andern aber die riesigen Mittel zu beschaffen, welche die Rüstungen und die Versorgung der Truppen verschlangen.

Gerade weil der neue Bürgerkrieg so unpopulär war und jede Seite Abwerbungen und Verrat befürchtete, durfte am Sold wie an Versprechungen für die Zukunft nicht gespart werden. Die dafür erforderlichen Summen und die für die Ansiedlung von Zehntausenden von Veteranen erforderlichen Ländereien aber konnten nicht einmal durch Ächtung, physische Vernichtung und Vermögensentzug großer Teile der politischen und wirtschaftlichen Führungsschicht beschafft werden. So waren die Triumvirn gezwungen, ihren Soldaten die spätere Ansiedlung in achtzehn der reichsten Städte Italiens, wie Capua, Benevent, Rhegium, Ariminum und anderen zuzusichern. Da von den Gegnern nichts mehr zu gewinnen war, mußte man sich an die eigenen Bürger halten und jetzt auch deren Besitz und Eigentum erfassen und umverteilen.

Die Proskribierten waren vogelfrei, hohe Belohnungen wurden auf ihre Denunziation und Ergreifung ausgesetzt. Sklaven, die ihre proskribierten Besitzer verrieten, wurde zudem noch die Freiheit und die Einweisung in jene Bürgerrechtskategorie zugesichert, welche ihr Herr besaß, Denunzianten die Anonymität bei der Auszahlung ihrer Belohnungen. Vor allem wurden sofort Menschenjagdkommandos in Marsch gesetzt, um die profiliertesten Gegner zu fassen, ehe diese flüchten konnten. Denn so groß das Elend war, das die Proskriptionen auch diesmal über Tausende von römischen Familien brachten, so ungeheuerlich die Exzesse an Gewalt und Inhumanität, die gefährdeten Personen waren, anders als in den Tagen Sullas, in Sicherheit, wenn sie sich nach Sizilien, Griechenland oder auf die Schiffe des Sextus Pompeius durchschlagen konnten.

Das berühmteste Opfer der Proskriptionen wurde Cicero, den seine Häscher am 7. Dezember 43 v. Chr. in der Nähe von Caieta auf der Flucht ergriffen. Nachdem Cicero seinen Begleitern jeden Widerstand verboten hatte, streckte er den Mördern aus seiner Sänfte den Kopf zum tödlichen Schlag entgegen. Sein abgehauener Schädel und seine Hände sind später auf der Rednerbühne des römischen Forums, wo er so oft geglänzt hatte, zur Schau gestellt und begafft worden – nur eine der vielen abstoßenden Widerlichkeiten jener Tage. Durch den Tod Ciceros wurde Octavian aufs schwerste belastet, und von der Mitverantwortung für diese Tat ist er auch nicht freizusprechen. Daran können alle antiken Nachrichten über den Widerstand Octavians gegen dieses Vorhaben ebensowenig etwas ändern wie die modernen Rechtfertigungsversuche.

Noch während des Winters 43/42 v. Chr. hatten Antonius und Octavian den Aufmarsch ihrer Verbände zum Entscheidungskampf gegen die Caesarmörder eingeleitet. Von einem Brückenkopf zwischen Apollonia und Dyrrhachium aus waren sie bis in den Raum der Halbinsel Chalkidike vorgestoßen, in der Gegend zwischen Amphipolis und Philippi suchten sie die Entscheidung. Diese aber war völlig offen, denn für die Armeen des Brutus und Cassius war das beträchtliche Potential der römischen Ostprovinzen rigoros mobilisiert worden. Aus den Städten Kleinasiens zum Beispiel hatte man alle Steuern für einen Zeitraum von zehn Jahren im voraus erpreßt, in Tempeln, Städten und Privatbesitz Kapitalien im Werte von Tausenden von Talenten geraubt, Hilfstruppen der Klientelstaaten ebenso aufgeboten wie römische Flüchtlinge und Freiwillige, unter denen sich auch Horaz befand.

Als die starken Verbände des Ostens, die zudem durch überlegene Flotteneinheiten zur See hin gedeckt waren, im Herbst des Jahres 42 v. Chr. den Raum von Philippi erreichten, war Antonius zum Angriff gezwungen. Ein weiteres Abwarten verbot sich für ihn schon deshalb, weil die Logistik der Triumvirn infolge der langen und stark gefährdeten Versorgungswege immer

2 Brutus, Münzporträt; Rückseite: EID MAR, Dolche, Freigelassenmütze

schwieriger wurde. Zwar erkrankte Octavian in den entscheidenden Tagen, so daß Antonius faktisch allein kommandierte, aber die Anhänger Caesars wurden durch die zündende Parole der «Rache für Caesar» enthusiasmiert, eine Parole, die sich als überzeugender erwies als die abstrakten Appelle auf der Gegenseite.

In den beiden erbitterten Schlachten von Philippi wurden die Heere des Brutus und Cassius im Oktober und November 42 v. Chr. vernichtend geschlagen. Die Caesarmörder und viele andere kompromittierte Aristokraten wählten den Freitod, die übrigen Truppen kapitulierten, nur ein Bruchteil des großen Heeres konnte sich zur See retten. Politisch und militärisch war die Sache der Caesarmörder nach Philippi endgültig verloren. Wenn man Ort und Tag des Untergangs der alten römischen Aristokratenrepublik bestimmen will, so liegen sie hier, in diesen Schlachten des Herbstes 42 v. Chr., nicht in dem jämmerlichen Ende der Senatsherrschaft in Rom vom 19. August 43 v. Chr., als Octavian sich das Konsulat mit Gewalt ertrotzte.

Im übrigen ist es sehr problematisch, den Untergang der Republik mit dem Ausgang von Schlachten zu identifizieren. Denn bezeichnenderweise sahen sich selbst Brutus und Cassius während der letzten Phase des Krieges gezwungen, sich gleichsam der Methoden Caesars zu bedienen. Auch sie waren genötigt, Provinzen zu usurpieren, sich öffentliche Gelder anzueignen, ein persönliches *imperium* zu begründen, kurzum alle jene Maßnahmen durchzuführen, gegen die sie einst angetreten waren. Auch sie demonstrierten nun ganz offen die Herrschaft von Personen, auch ihre Porträts erschienen damals im Münzbild; Dolche und Freigelassenenkappe, die Symbole des Tyrannenmordes an den Iden des März, signalisierten in besonders eindrucksvoller Form ihre Herrschaftslegitimation.

Die klassische Römische Republik war in Wirklichkeit nicht in einzelnen Ereignissen «untergegangen», sondern in dem oben skizzierten langfristigen Prozeß umgewandelt worden. Das Pathos, mit dem sie zuletzt von den Caesargegnern beschworen wurde, war deshalb falsch, weil sich die Strukturen der römischen Gesellschaft und Wirtschaft wie diejenigen der römischen Politik und des römischen Staates längst in einer nicht mehr umzukehrenden Form verändert hatten. Zur Zeit des Brutus und Cassius war die alte Republik bereits zum Idol geworden.

«Römische Republik» war als Staats- und Gesellschaftsform für den einzelnen römischen Bürger einst identisch mit republikanischer «Freiheit» schlechtin gewesen, angefüllt mit antimonarchischer Grundhaltung ebenso wie mit dem Selbstbewußtsein, am politischen Entscheidungsprozeß direkt beteiligt zu sein, aber auch von dem Bewußtsein, über Rechtsschutz und volle persönliche Freiheit zu verfügen. Noch für den Apostel Paulus enthielt das *«civis Romanus sum»* bekanntlich einen letzten Abglanz juristischer Privilegierung, nämlich den Anspruch auf einen korrekten Prozeß vor einer römischen Instanz. Die Antike kennt keinen anderen Staat, in dem der einzelne Bürger gegen den Mißbrauch staatlicher Macht so wirkungsvoll und so weitgehend geschützt war wie in der klassischen Römischen Republik, und daher hat denn auch diese Bürgerfreiheit die politischen Ideen der Neuzeit immer wieder von neuem beflügelt. Im Pathos der Anfänge der Französischen Revolution wurde sie ebenso beschworen wie in der Gründungsphase der Vereinigten Staaten. Sie blieb immer ein elementarer Bestandteil der politischen Tradition Europas.

Nach Philippi war Antonius eindeutig zur dominierenden Gestalt in der römischen Politik geworden. Seine Macht und sein Ansehen hatten ihren Zenit erreicht. Antonius fand sich deshalb auch nur dazu bereit, mit Octavian eine vorläufige Absprache zu treffen, um die dringendsten Probleme zu lösen. Er selbst hatte sich dabei den Osten des Imperiums zum neuen Wirkungsfeld ausgewählt, wo eine systematische Reorganisation der römischen Herrschaft unumgänglich geworden war. Zudem sah sich Antonius gezwungen, dort Geldmittel für die Besoldung seiner Legionen und die Versorgung seiner Veteranen, aber auch für die üblichen Belohnungen seiner Unterführer und Parteigänger zu beschaffen. So schwierig diese Aufgaben auch sein mochten, ernsthaften Widerstand und Konflikte mit rivalisierenden Partnern hatte er dabei nicht zu befürchten.

Ganz anders lagen die Dinge für Octavian, dem insbesondere die Veteranenversorgung in Italien und der Kampf gegen Sextus Pompeius, dessen Piraterie immer lästiger wurde, zufielen. Bei der Veteranenversorgung ging es darum, angeblich etwa 100 000 ehemaligen Legionären Caesars und der Triumvirn in verhältnismäßig kurzer Zeit kleine Bauernstellen zuzuweisen, die nur auf dem Wege rigoroser Enteignungen zu beschaffen waren. Daß diese Aufgabe auf Octavian den Haß wie den Neid, Mißtrauen und Unterstellungen sowohl der Opfer als auch der konkurrierenden Begünstigten lenken mußte, ist evident.

Für den riskanten Kampf gegen Sextus Pompeius aber fehlten Octavian alle Voraussetzungen. Er selbst verfügte über keinerlei Erfahrungen in der Seekriegsführung; die Seeherrschaft hatten faktisch noch immer die Caesargegner inne. Octavian mußte somit den Seekrieg gegen Sextus Pompeius wie gegen die Seestreitkräfte der Caesarmörder von Grund auf organisieren, eine eigene Flotte erst aufbauen und sich danach großen Gefahren aussetzen. Vor allem aber konnte er in seinem Herrschaftsbereich nicht nach Belieben handeln, denn die Parteigänger des Antonius verfolgten argwöhnisch jeden seiner Schritte. Durch seine zahlreichen Veteranen, Unterführer und Verwandten blieb Antonius zunächst in Italien präsent.

Antonius verstand es, stets höchsten Einsatz mit größtem Genuß zu verbinden. Den Winter 42/41 v. Chr. hielt er sich noch in Griechenland auf, ließ sich vor allem in Athen feiern, gab sich ganz als Philhellene und gewann durch seine Leutseligkeit und Großzügigkeit rasch eine oberflächliche Popularität. Im Frühjahr 41 v. Chr. zog er dann über Bithynien nach Ephesos, wo er als neuer Dionysos empfangen wurde – eine sehr sinnvolle Identifikation für den Orgien und Exzessen vielfältigster Art nicht abgeneigten Sanguiniker. Nachdem Antonius einige Zeit in Ephesos residiert hatte, suchte er mit großem Gefolge auch die übrigen Landschaften Kleinasiens und Syriens auf.

Bei der Einschätzung von Antonius' Wirken im Osten wird man von Anfang an jene beiden extremen Perspektiven vermeiden müssen, die in der antiken Überlieferung und in der modernen Spezialforschung angelegt sind. Nach den antiken Quellen ist es evident, daß Antonius sein Leben in jenen Jahren, wann immer es anging, als eine Abfolge von Festen gestaltete. Inmitten von Schauspielergruppen, Tänzern und Musikanten, auch einmal Künstlern und Philosophen, lebte er ganz offen dem Genuß, bestaunt und bewundert vor allem von denen, die davon mit profitierten. Es war dabei selbstverständlich, daß die Staaten und Städte des Ostens auf den mächtigsten Römer jener Tage alle nur denkbaren Ehrungen häuften. So wurde Antonius als Retter, Wohltäter, immer wieder aber als neuer Dionysos verehrt.

Dies alles hinderte Antonius freilich nicht daran, rücksichtslos Kontributionen größten Ausmaßes beizutreiben. Die Städte der Provinz *Asia* zum Beispiel, die bereits von den Caesarmördern bis an die Grenze der Belastbarkeit ausgesogen worden waren, hatten nun innerhalb von zwei Jahren erneut die üblichen Abgaben für neun Jahre im voraus zu leisten, und dabei war diese Summe bereits eine Konzession, denn ursprünglich hatte Antonius noch weit höhere Beträge gefordert. Trotz dieser Exzesse, von denen die einen die anderen bedingten, Exzesse, die in den Quellen stark betont werden, wäre es völlig absurd, in Antonius nur einen Lebemann, Wüstling oder Blutsauger zu sehen.

Andererseits wurde in der neueren Spezialforschung versucht, alle Regierungsmaßnahmen und administrativen Entscheidungen des Antonius in ein System zu bringen und gleichsam seine politische Gesamtkonzeption im Osten abstrakt zu erfassen. Doch Antonius war kein geborener Administrator wie Pompeius, sondern Caesarianer auch darin, daß er in erster Linie, wie der Diktator selbst, stärker auf Personen als auf Institutionen setzte. Er baute auf starke, ihm völlig ergebene Persönlichkeiten, und die Männer seines Vertrauens, die er später als mächtige Klientelkönige stützte und von denen dann auch wiederum seine eigene Position im Nahen Osten abgeschirmt wurde – wie Archelaos von Kappadokien, Amyntas von Galatien-Pisidien-Lykaonien, Polemo von *Pontus* und Kleinarmenien, nicht zuletzt aber Herodes der Große von *Iudaea* – haben sich glänzend bewährt. Zu diesen großen Persönlichkeiten seines Wirkungskreises aber zählte ohne Zweifel auch die Frau, von der er selbst abhängig werden sollte, Kleopatra, die ägyptische Königin.

Kleopatra VII., die von Caesar, auf römische Legionen gestützt, als Regentin in Alexandria eingesetzt worden war, befand sich nach der Ermordung des Diktators, des Vaters ihres Sohnes Caesarion, in einer sehr prekären Situation, als sich Cassius in Syrien durchsetzte und die Caesarmörder den gesamten Osten beherrschten. Um ihre Position zu halten, hatte sie versucht zu lavieren und war deshalb auch gezwungen, sich vor Antonius zu rechtfertigen, als dieser die Königin nach Tarsos in Kilikien beorderte. Kleopatra, damals 28 Jahre alt, hatte sich offensichtlich über Antonius' Lebensstil und Ambitionen genau informieren lassen. Durch ihre Intelligenz und ihr Raffinement nahm sie den Triumvir rasch gefangen. Von Anfang an trat sie ihm gleichberechtigt und als völlig gleichrangige Partnerin entgegen. Vor dem Neos Dionysos erschien sie in Tarsos auf einem exquisit ausgestatteten Prunkschiff mit purpurnen Segeln und silbernen Rudern, begleitet von Flöten- und Lautenmusik, als die neue Aphrodite.

Von Anfang an überschnitten sich rationale und irrationale Motive und Bindungen, die Liebe der beiden Menschen, der Wille der ägyptischen Königin, die Macht ihres Landes und nicht zuletzt ihre eigene zu erhalten und zu erweitern, die Absicht des Antonius, sich Ägypten als wertvolle Basis für seine Politik und seine Unternehmungen im Osten zu sichern. Doch den größeren Gewinn aus den Vereinbarungen von Tarsos hatte zunächst offensichtlich Kleopatra. Antonius bestätigte sie nicht nur als Königin; auf ihren Wunsch ließ er auch Kleopatras Schwester Arsinoë hinrichten, bei der Reorganisation Syriens und Palästinas sollten die ägyptischen Interessen in vollem Umfange berücksichtigt werden. Während sich Antonius dann im Winter 41/40 v. Chr. in Ägypten berauschen ließ, drangen die Parther in Syrien ein, und in Italien war ein neuer Bürgerkrieg ausgebrochen. Die Vorgänge während Caesars ägyptischen Abenteuern im Winter 48/47 v. Chr. schienen sich zu wiederholen.

Überblickt man die Orientpolitik des Antonius insgesamt, so wird man berücksichtigen müssen, daß ihm wiederholt, vor allem in den Jahren 40/39 und 38/37 v. Chr., durch die Konflikte in Italien die Hände gebunden waren. Wie später näher geschildert wird, wurde er immer wieder von seinen italischen Parteigängern oder von Octavian in rasch eskalierende Wirren hineingezogen und von den verschiedensten Seiten um Hilfe gebeten, so daß er sich zunächst nicht ausschließlich auf die Defensive gegen die Parther und auf die Stabilisierung seines Herrschaftsbereichs konzentrieren konnte. Zudem waren seine Kräfte anfangs viel zu schwach, um die Parther abzuwehren, die unter dem Prinzen Pacoros und unter dem römischen Emigranten Q. Labienus bis tief nach Syrien und Kleinasien vorstießen. Selbst die großen Städte Apamea und Antiochia fielen damals in parthische Hand. Wie in den Tagen Mithradates' VI., so brach auch jetzt die römische Herrschaft in Kleinasien wie ein Kartenhaus zusammen. Nur wenige Widerstandszentren hielten sich inmitten der Flut parthischer Reiter.

Das Blatt wandte sich indessen rasch, als im Jahre 39 v. Chr. Ventidius Bassus, ein Mann, der angeblich vom Maultiertreiber bis zum Befehlshaber einer Heeresgruppe aufgestiegen war, in jedem Falle ein besonders befähigter Offizier des Antonius, vom Boden der Provinz *Asia* aus mit einem machtvollen Gegenangriff begann, der die Parther in kürzester Frist wieder über den Euphrat zurückwarf. Labienus wurde auf der Flucht erschlagen, Syrien befreit, im Frühjahr 38 v. Chr. dann auch Pacoros besiegt und getötet. Ventidius Bassus wurde ein Triumph zuerkannt, die Scharte von Carrhae war nun wenigstens teilweise wieder ausgewetzt, die von den Parthern drohenden Gefahren zugleich aber erneut vergegenwärtigt. Dennoch kam Antonius wegen neuer Komplikationen im Westen erst im Winter des Jahres 37/36 v. Chr. dazu, den schon so lange geplanten großen Partherkrieg systematisch vorzubereiten.

Der erste Schritt dazu war eine umfassende Reorganisation der Verwaltung im Osten des Imperiums. Bestanden bisher in diesem Raum fünf römische Provinzen, so sollten künftig lediglich drei bleiben: *Asia*, Bithynien und Syrien. In Kilikien wurde die Provinzialverwaltung wieder aufgehoben, Cypern Kleopatra unterstellt, *Pontus* von Bithynien abgegliedert. Von der Neuordnung insgesamt profitierte in erster Linie Kleopatra, daneben aber auch die bereits erwähnten, mit Antonius befreundeten und an ihn geketteten Klientelkönige. Zu Ägypten wurden damals neben Cypern auch noch Landstriche im Rauhen Kilikien, an der syrischen Küste, sowie das Gebiet von Chalkis geschlagen, dazu erhielt es wertvolle Rohstoffe wie das Erdpech vom Toten Meer und die Balsamhaine von Jericho. Seine enge Verbindung mit Kleopatra aber hat Antonius nun auch ganz offen dadurch dokumentiert, daß er die beiden Zwillinge, die ihm die Königin schon drei Jahre zuvor geboren hatte, als seine Kinder anerkannte. Ihnen wurden die hochgreifenden Namen Alexander Helios und Kleopatra Selene gegeben.

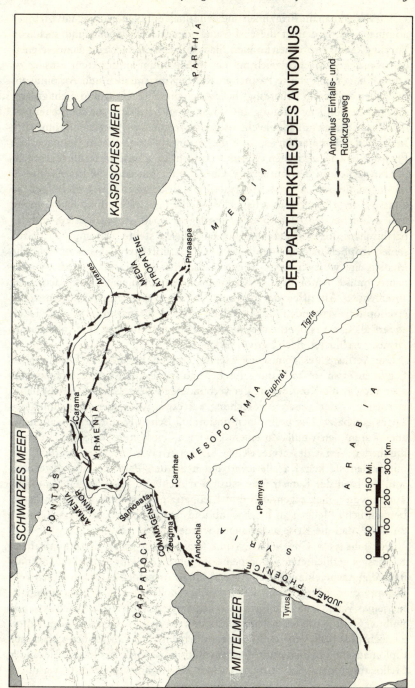

3 Partherkrieg des Antonius

Betrachtet man die Prinzipien und den Inhalt der Neuordnung unvoreingenommen, so wird man dieser Lösung innere Konsequenz und sachliche Vorzüge kaum absprechen können. Sie war jedenfalls durchaus dazu geeignet, den römischen Machtbereich mit einem Minimum an direktem Einsatz zu konsolidieren und starke Partner an Rom im allgemeinen und Antonius im speziellen zu fesseln. Allerdings ließen sich diese Regelung und nicht zuletzt die enge persönliche Bindung des Antonius an Kleopatra aus römischer und italischer Distanz nur allzuleicht diskreditieren und als Ausverkauf römischer Interessen brandmarken, so wie dies dann später in einem dramatischen Propagandakrieg zwischen Octavian und Antonius auch tatsächlich geschah.

Erst zu Beginn des Jahres 36 v. Chr. konnte Antonius die letzten Vorbereitungen für seinen großen Partherkrieg abschließen. Im Unterschied zu Crassus, der 18 Jahre zuvor einen Vorstoß längs des Euphrat geplant hatte und sich dabei den Angriffen der überlegenen parthischen Reiterei und der parthischen Bogenschützen aussetzen mußte, stellte Antonius das Gros seiner Truppen in Armenien bereit, fiel von dort aus in das atropatenische Medien ein, wo sich seine Offensive vor Phraaspa festlief. Als der Winter nahte, mußte Antonius den Rückmarsch über Armenien unter den nicht abreißenden Angriffen der parthischen Reiter antreten und seinen völlig erschöpften Verbänden die denkbar größten Strapazen zumuten. Doch anders als Crassus blieb Antonius stets Herr der Situation und führte seine Armee geschlossen nach Syrien zurück.

Die Verluste des römischen Heeres, das zu Beginn der Offensive 16 Legionen, etwa 10 000 Mann gallischer und spanischer Reiterei, nicht zuletzt aber auch große Kontingente der verbündeten Klientelstaaten umfaßt hatte, werden von der neueren Forschung auf etwa 37 % aller Teilnehmer des Zuges geschätzt. Die politischen und militärischen Resultate der Offensive aber waren gleich null. Zu einem gewissen Teil konnte ihr Scheitern wohl durch den Verrat des armenischen Königs Artavasdes erklärt werden, der mit seinen starken Kavallerieverbänden zu den Parthern übergewechselt war, doch an der Katastrophe selbst war nichts zu beschönigen. Antonius konnte von Glück sagen, daß ihm Kleopatra noch während des Winters so beträchtliche Mengen an Nachschub und Ausrüstungsmaterial nach Syrien zuführte, daß die Krise aufgefangen wurde.

Das Jahr 35 v. Chr. verstrich mit Maßnahmen gegen den zuletzt nach Kleinasien geflüchteten S. Pompeius, im Jahre 34 v. Chr. entfachte Antonius dann den Rachefeldzug gegen Artavasdes. In Armenien entbrannten schwere Kämpfe, die der älteste Sohn des Artavasdes auch noch nach der Gefangennahme seines Vaters fanatisch fortsetzte. Die aufgeputschten römischen Truppen raubten Städte und Tempel aus und besetzten den größten Teil des Landes. Zunächst blieben römische Legionen in armenischen Garnisonen stehen, zur diplomatischen Absicherung der neuen Position wurde der kleine Alexander Helios mit Jopate, der einzigen Tochter des Königs von Medien, verlobt.

Antonius beschloß, anläßlich seines Sieges über Armenien einen glanzvollen Triumph abzuhalten. Der römischen Konsul des Jahres 34 v. Chr. hielt ihn indessen nicht in Rom ab, sondern in Alexandria, und er ließ ihn gleichzeitig zu einer imposanten Huldigung für Kleopatra stilisieren. Wenige Tage später wurde Kleopatra überdies im Gymnasion von Alexandria zur «Königin der Könige» proklamiert, Caesarion zum «König der Könige». Damit war die seit der offiziellen Divinisierung Caesars im Jahre 42 v. Chr. von Octavian in seinen Namen aufgenommene Bezeichnung eines *«divi filius»* eindrucksvoll konterkariert, der Sohn Caesars und der Kleopatra dem Adoptivsohn Caesars demonstrativ entgegengestellt.

In neue, königliche Ränge wurden zugleich aber auch die Kinder der Kleopatra und des Antonius erhoben. Alexander Helios wurde als Herrscher von Armenien, Medien und dem Land jenseits des Euphrat inthronisiert, seine Zwillingsschwester Kleopatra Selene in Kyrene, der 36 v. Chr. geborene Ptolemaios Philadelphos in Phoenikien, Kilikien und den syrischen Gebieten bis zum Euphrat. Neue Münztypen, die in großen Emissionen verbreitet wurden, machten die Ereignisse des Jahres 34 v. Chr. weithin bekannt. Sie rühmten den Erfolg des Antonius mit der eindrucksvollen Meldung des *«Armenia devicta»*, feierten zugleich Kleopatra als «neue Isis». Mit all dem schien sich Antonius immer tiefer in die Welt und in die Formen des hellenistisch-orientalischen Raumes zu verstricken, schien er immer mehr zum willenlosen Werkzeug der ägyptischen Königin zu werden, schien die Verschleuderung römischer Territorien und die Mißachtung römischer Interessen ein geradezu gigantisches Ausmaß anzunehmen. Die Kette der Provokationen römischer Tradition schien nicht mehr abzureißen.

Einen ganz anderen Verlauf hatten unterdessen die Entwicklungen in Italien und im Westen des Imperiums genommen. Dort wuchsen die Spannungen zwischen den Anhängern des Antonius und Octavian rasch an. Die Auseinandersetzung eskalierte deshalb so schnell, weil der Bruder des Antonius, L. Antonius, der zudem im Jahre 41 v. Chr. Konsul war, Antonius' Frau, Fulvia, und dessen spezieller Bevollmächtigter in Italien, Manius, keine Gelegenheit ausließen, die ohnehin große Mißstimmung gegen Octavian zu schüren. Es war leicht, die Veteranen des Antonius aufzuhetzen, die ungeduldig auf ihre Versorgung mit Land warteten und chronisch mißtrauisch blieben. Die Sachwalter des Antonius gingen sogar so weit, daß sie vorgaben, berechtigte Interessen von Anhängern der Caesarmörder und Enteigneten gegen Octavian zu vertreten. Der Ausbruch eines neuen Bürgerkriegs, diesmal zwischen Verbänden der Triumvirn selbst, war die Folge.

Obwohl die starken Heere des Antonius den Truppen Octavians weit überlegen waren und zudem von erfahrenen Befehlshabern wie Ventidius Bassus, Asinius Pollio und Munatius Plancus kommandiert wurden, gingen sie nur halbherzig und zögernd vor. Dies lag nicht zuletzt daran, daß Antonius selbst zu den Vorgängen nicht klar genug Stellung nahm. Wenn er in einem Brief an Manius erklärte, daß Krieg zu führen sei, falls seine eigene *dignitas* verletzt würde, so war dies viel zu vage, um in der teilweise gewiß auch unübersichtlichen Situation als klare Handlungsanweisung zu dienen. So konnten Octavian, Agrippa und Salvidienus Rufus nicht nur ein konzentrisches Operieren der Antoniusanhänger verhindern, sondern sogar L. Antonius mit stärkeren Truppenteilen in Perusia einschließen. Octavian stand diese aufsehenerregende Belagerung durch, Ende Februar 40 v. Chr. sah sich L. Antonius zur Kapitulation gezwungen, die anderen Truppen der Antoniusanhänger, die viel zu spät mit ihren Entlastungsangriffen begonnen hatten, räumten jetzt das Zentrum der Halbinsel, Octavian hatte sich glänzend behauptet.

Nach römischem Kriegsrecht lag das Schicksal aller in Perusia gefangengenommenen Personen in seiner Hand, und Octavian zögerte nicht, ganz im Stile der Proskriptionen ein Exempel zu statuieren. Die alten Caesargegner, die nach Perusia geflüchtet waren, darunter nicht wenige Senatoren und Ritter, aber auch der ganze Stadtrat von Perusia, insgesamt angeblich an die 300 Personen, wurden hingerichtet. Die um Gnade Bittenden soll Octavian mit den beiden zynischen Worten «*moriendum est*» in den Tod geschickt haben. Perusia selbst wurde, wie üblich, den Belagerungstruppen zur Plünderung überlassen und dabei zerstört, die Bürger konnten jedoch ebenso abziehen wie der Bruder, die Offiziere und die Soldaten des Antonius. Antonius' Frau Fulvia, die während des *bellum Perusinum* verzweifelte Anstrengungen unternommen hatte, um L. Antonius entsetzen zu lassen, und die in der antiken Überlieferung als rabiate Scharfmacherin erscheint, ließ Octavian zusammen mit Munatius Plancus nach Athen segeln, damit sie dort Antonius Verlauf und Ausgang der Kämpfe berichtete.

So umstritten Fulvias Anteil am *bellum Perusinum* ist, in dieser Frau, die nacheinander mit dem berühmten Volkstribun und Cicerogegner P. Clodius, danach mit Caesars Feldherrn Curio, der 49 v. Chr. in Afrika fiel, in dritter Ehe schließlich mit M. Antonius verheiratet war, trat erstmals eine römische Aristokratin auf, die sich persönlich und direkt für die politischen Interessen ihres Mannes exponierte. Sie sprengte damit alle Schranken, die in dieser Beziehung bisher in Rom bestanden hatten, und markierte den Beginn einer oft nur wenig beachteten Entwicklung.

Wie die Frauen der römischen Plebejer, so waren auch diejenigen der Führungsschicht ursprünglich ganz in die Familie eingebunden, in jeder Hinsicht von ihrem Manne abhängig, wenn auch oft als Herrin des Hauses und als Leiterin des ganzen Haushaltes relativ angesehen und privilegiert. Sowohl in privatrechtlicher als auch in politischer Hinsicht konnte jedoch von einer Gleichberechtigung der Frau keine Rede sein. Lebensinhalt und Lebensnormen der «schweigenden Frauen Roms», wie sie zu Recht bezeichnet wurden, sind weniger aus der Literatur als vor allem aus den Grabinschriften bekannt. Da heißt es beispielsweise von Amymone, der Frau eines

Marcus: «Sie war die beste und schönste, spann Wolle, war fromm, züchtig, brav, rein und häuslich» oder von einer Postumia Matronilla: «eine unvergleichliche Gattin, gute Mutter, frömmste Großmutter, züchtig, ehrfürchtig, arbeitsam, brav, energisch, wachsam, aufmerksam, nur einem Manne gehörig, eine echte Matrone in jeder Art von Fleiß und Treue.» Dies waren offensichtlich die typischen Frauenqualitäten, welche die Römer idealisierten.

Während jene jahre-, oft jahrzehntelange Abwesenheit der römischen Männer von Haus und Hof oft genug betont wird, welche die römische Expansion mit sich brachte, ist von der Arbeitslast kaum je die Rede, welche die römischen Frauen auf sich zu nehmen hatten. Selbst ihre privat- und personenrechtliche Benachteiligung, die Tatsache zum Beispiel, daß auch ein Mann wie Cicero seine Tochter Tullia, an der er so sehr hing, verlobte, ohne sie auch nur zu fragen, oder jene andere, daß die freien römischen Frauen selbstverständlich niemals im Senat oder in der Volksversammlung vertreten waren, daß sie niemals direkten politischen Einfluß ausüben konnten, wird nur sehr selten berücksichtigt.

Vor diesem Hintergrund ist nun jedoch zu konstatieren, daß in der Epoche der späten Römischen Republik eine Entwicklung in Gang kam, die man mit einigem Vorbehalt als Ansatz zu einem Emanzipationsprozeß der Frauen der römischen Führungsschicht bezeichnen kann. Die gesellschaftlichen und wirtschaftlichen Veränderungen führten zunächst zu neuen Formen der Ehe, zur sogenannten manusfreien Ehe, in welcher der Mann nicht mehr allein über das gesamte Vermögen der Frau verfügen konnte. Bei der Einführung dieser neuen juristischen Form der Ehe spielte freilich auch der Gesichtspunkt eine nicht unwichtige Rolle, daß sich auf diese Weise die Familie der Frau einen Zugriff auf das von ihr eingebrachte Vermögen sicherte.

Im übrigen dominierten in der Führungsschicht noch immer weithin politische Verbindungen. Caesar setzte zu solchen Zwecken seine Tochter ebenso selbstverständlich ein wie später Octavian seine Schwester. Neue politische Konstellationen schlugen sich in der Regel auch in Scheidungen und in neuen, primär politischen Ehen nieder. Gleichzeitig nahm die Teilnahme der Frauen am politischen Wirken ihrer Männer zu. Aus Ciceros Briefwechsel wird zum Beispiel deutlich, wie stark es Cicero beeindruckte, daß die Frauen der Caesarmörder im Sommer 44 v. Chr. an den Beratungen ihrer Männer über das weitere Vorgehen aktiv mitwirkten und dabei offensichtlich die Szene beherrschten.

Wie sehr die direkte Einflußnahme der Frauen der Führungsschicht auf die römische Politik zunahm, zeigen wohl am besten die drei bekanntesten römischen Frauengestalten der späten Römischen Republik: Cornelia, Clodia und Fulvia. Cornelia, die Mutter der Gracchen, ist die erste profilierte Frauengestalt der römischen Geschichte, die wenigstens einigermaßen greifbar wird. Die Frauen der Anfänge, wie die geraubten Sabinerinnen, Lucretia, Veturia – die Mutter Coriolans – und andere, die in der älteren

Überlieferung genannt werden, sind zumeist nur gleichsam passive Heldinnen. Bei Cornelia dagegen wird, trotz gelegentlicher Ermahnung zur Zurückhaltung, das überzeugte politische Einverständnis mit den Zielen der Söhne hervorgehoben. Dennoch bewegte sich ihre Einflußnahme, vor allem auf den jüngeren Sohn, ganz innerhalb der traditionellen familiären Normen. Gerade deshalb aber, weil sie diese Normen nicht verletzte, konnte Cornelia allgemein geachtet, idealisiert und beispielsweise auch durch die Aufstellung einer Statue geehrt werden.

Clodia, die aus Ciceros Korrespondenz und Reden, aber auch wohl aus Catulls berühmten Lesbia-Gedichten näher bekannt ist, eine Frau, die als reiche Witwe ihre völlige Unabhängigkeit erlangt hatte, spielte im gesellschaftlichen Leben Roms eine führende Rolle. Sie vermittelte offensichtlich mancherlei Kontakte und Beziehungen, nahm sich in moralischer und sexueller Hinsicht jede nur denkbare Freiheit und wurde deshalb dann auch von Cicero in der Rede *pro Caelio* mit allen Mitteln der Rhetorik in den Schmutz gezogen.

Fulvia, die Frau des Antonius, war durch den Bürgerkrieg in eine besonders exponierte Lage geraten. Selbst wenn man in Rechnung stellt, daß ihre provozierende Gestalt in der Überlieferung möglicherweise dämonisiert wurde, ist nicht zu verkennen, daß sich Fulvia völlig mit der Politik und den Interessen ihres Mannes identifizierte. So war sie in Brundisium zugegen, als Antonius die aus Makedonien eintreffenden Legionen begrüßte und als Meuterer hingerichtet wurden. So nahm sie während des turbulenten Winters 44/43 v. Chr. in Rom Antonius' Interessen wahr. Später wurde sie wahrscheinlich zu Unrecht mit den Proskriptionen und der Schändung von Ciceros Leiche in Verbindung gebracht. Sie weigerte sich entschieden, sich bei ihrem Mann zugunsten der reichen Damen Roms zu verwenden, als diese von den Triumvirn mit einer speziellen, sehr hohen Vermögenssteuer belastet wurden.

Vor allem aber soll Fulvia dann während der ersten beiden Jahre von Antonius' Aufenthalt im Osten faktisch ganz Italien beherrscht haben. Sie wurde deshalb auch das Opfer von Zoten und Schmähungen, selbst auf den Geschossen der Belagerer von Perusia. Die Frau des Triumvirn zeigte damit bereits jene Möglichkeiten an, welche in Zukunft den Frauen der *domus principis* offenstehen sollten. Von ihr führt ein Weg zu Livia, vor allem aber zu den Agrippinen, von dene sich die ältere ebenfalls in Truppenlagern aufhielt, für römische Männer ein unerhörter Skandal. Daß Antonius dann später nach Fulvia auch Kleopatra eine ähnlich exponierte Stellung an seiner Seite einräumte, kann dagegen kaum überraschen.

Mit dem Abschluß des Perusinischen Krieges waren die Konflikte in Italien nicht ausgeräumt. Dort kam es rasch zu neuen Spannungen, als sich sowohl S. Pompeius als auch Domitius Ahenobarbus, der die Flotte der Caesarmörder befehligte, bereitfanden, mit Antonius gemeinsame Sache zu machen. Der offene Konflikt brach aus, als sich die vereinigten Geschwader des Antonius und Domitius Ahenobarbus Brundisium näherten und dort keinen Einlaß fanden. Antonius begann daraufhin sogleich mit der Blockade der Stadt, besetzte an der Küste erste Brückenköpfe und gab außerdem S. Pompeius das Zeichen zum Losschlagen. Die Besatzungen Octavians auf Sardinien wurden überrumpelt, die Stadt Thourioi angegriffen. Auf breiter Front schien ein neuer Bürgerkrieg zu entbrennen, in dem diesmal unter Umkehrung der Fronten vor Mutina auch die alten Anhänger der Oligarchie mit Antonius gemeinsam gegen Octavian kämpften.

Doch die Triumvirn hatten die Rechnung allzu rasch über die Köpfe ihrer Legionen hinweg gemacht. Die durch so viele Beziehungen und durch eine einheitliche Tradition verbundenen Offiziere und Soldaten dachten gar nicht daran, bereits jetzt einen neuen Konflikt zwischen ihren Befehlshabern bis zur letzten Konsequenz mit den Waffen auszutragen. Nach ersten Kontaktnahmen von Delegationen der beiden Triumvirn kam Anfang Oktober des Jahres 40 v. Chr. im sogenannten Vertrag von Brundisium ein Kompromiß zustande. Er wurde nicht zuletzt deshalb möglich, weil inzwischen Fulvia in Griechenland verstorben und Manius von Antonius fallengelassen worden war.

In den Abmachungen von Brundisium zogen die Triumvirn die Konsequenzen aus den inzwischen eingetretenen Veränderungen. Eine Trennungslinie, die in der Höhe von Skodra in Dalmatien verlief und faktisch mit der Grenze zwischen den Provinzen *Macedonia* und *Illyricum* zusammenfiel, sollte in Zukunft die Machtbasis des Antonius und Octavian abgrenzen. Lepidus hatte sich dagegen mit den nordafrikanischen Provinzen zu begnügen. Nach wie vor sollte jedoch Antonius auch in Italien Truppen rekrutieren dürfen, und schließlich mußte sich Octavian dazu verstehen, jene Anhänger der Oligarchen, die auf der Seite des L. Antonius gegen ihn gekämpft hatten, zu amnestieren. Ferner kam es zu einer Absprache über die Besetzung des Konsulats in den folgenden Jahren und zu einer Besiegelung der Abmachungen durch eine demonstrative Eheschließung. Octavia, die Schwester Octavians, die nach dem Tode ihres Gatten C. Marcellus verwitwet war, wurde nun mit Antonius verheiratet. Truppen wie Bevölkerung haben diese Vermeidung des neuen Bürgerkrieges enthusiastisch begrüßt. Auch Vergils 4. Ekloge, jenes berühmte Gedicht, das den Anbruch eines neuen Zeitalters in der Geburt eines Kindes feiert, ein Gedicht, dem dann später in christlicher Interpretation eine geradezu prophetische Funktion beigemessen wurde, gehört in diesen Zusammenhang.

Der Vertrag von Brundisium hatte zwar wesentliche Voraussetzungen für eine Befriedung Italiens geschaffen, doch hatten es die Triumvirn versäumt, auch S. Pompeius in ihn einzubeziehen. Der Sohn des Magnus war in den Bürgerkriegen nach Caesars Ermordung zu einem Kristallisationspunkt vieler Unzufriedener und Gefährdeter geworden, nicht nur zur Zuflucht der Proskribierten und aller Gegner der Triumvirn, sondern bezeichnenderweise auch zu jener von Landarbeitern, Bauern und Sklaven. Als es dem durch die *lex Pedia* selbst Geächteten gelang, eine schließlich Hunderte von Einheiten umfassende Flotte aufzubauen, als er Sizilien ebenso als Stützpunkt gewann wie Sardinien und Korsika, als seine Seeblockade und seine Überfälle auf Küstenstädte Wirkung zeigten, liefen ihm die Sklaven in hellen Scharen zu. In Rom beschloß man religiöse Maßnahmen, um die wirtschaftliche Gefährdung des Landes zu beheben. Nicht weniger gefährlich erschien die Flucht der Landbevölkerung zu S. Pompeius, eine Flucht, die ebenfalls ein immer größeres Ausmaß annahm.

Als es gegen Ende des Jahres 40 v. Chr. in Rom selbst zu offenen Demonstrationen für den «Sohn Neptuns», wie sich S. Pompeius bezeichnete, kam, wurden die Triumvirn auf der ganzen Linie zum Nachgeben gezwungen. Im sogenannten Vertrag von Misenum vom Frühjahr 39 v. Chr. setzte Sextus Pompeius nicht nur die Anerkennung seiner persönlichen Position, seiner Rechte und seiner Herrschaft durch, sondern auch die Anerkennung der Rechte aller seiner Anhänger. Die zu ihm geflüchteten Sklaven erhielten ihre Freiheit. S. Pompeius verstand sich ganz gewiß nicht primär als Aufwiegler und Anführer von Sklaven. Doch der selbst Geächtete hatte die zu ihm fliehenden Sklaven nicht zurückgestoßen, sich ihrer bedient und damit das 2. Triumvirat in Italien bis an den Rand des Zusammenbruchs gebracht.

Die Niederlagen, Demütigungen und Risiken, die Octavian in der langen Auseinandersetzung mit S. Pompeius hinnehmen mußte, wurden dem Gegner nie verziehen. Auch hier verdeckt die spätere monumentale Stilisierung des augusteischen Tatenberichtes das Ausmaß der Zugeständnisse, zu denen Octavian gezwungen war. Aber es wirkt doch etwas peinlich, daß sich gerade Octavian, dem in Misenum gar keine andere Wahl blieb, als der Freiheitsforderung für die Sklaven des S. Pompeius zuzustimmen, später dann zum Garanten der Eigentumsverhältnisse stilisierte und daß er sich mit der Rückgabe von Sklaven an ihre Eigentümer brüstete. Ebenso charakteristisch für Octavian ist, daß er S. Pompeius, dessen Anhänger und dessen Sache kriminalisierte und daß er jene Auseinandersetzung auch noch aus weiter Distanz als einen «Sklavenkrieg» qualifizierte.

Gegen den genannten hohen Preis, der fast einer Kapitulation der Triumvirn gleichkam, hatte Sextus Pompeius in Misenum versprochen, die von ihm in Italien gehaltenen Brückenköpfe aufzugeben, den Seeverkehr vor der italischen Küste nicht mehr zu stören, die Getreideversorgung der Hauptstadt zu gewährleisten und keine geflüchteten Sklaven mehr aufzunehmen. Eine politische Verlobung zwischen der Tochter des S. Pompeius und M. Marcellus, dem Neffen Octavians, besiegelte die neue Eintracht. In Rom wurden die Abmachungen begeistert gefeiert, Antonius und Octavian bei ihrer Rückkehr in die Stadt stürmisch begrüßt, der Bürgerkrieg jetzt endgültig für beendet angesehen. Doch auch diesmal zerrannen die großen Hoffnungen ins Nichts.

Schon bald ereigneten sich neue Zwischenfälle, S. Pompeius nahm den Kaperkrieg wieder auf, Octavian bat 38 v. Chr. Antonius um eine neue Zusammenkunft in Brundisium, zu der es dann freilich doch nicht kam, und wagte noch im selben Jahr einen Angriff auf Sizilien, der in einer großen Katastrophe endete. Doch Octavian blieb unbeirrbar. Einerseits rief er nun M. Agrippa zurück, der bisher Gallien verwaltet, während seines Kommandos auch einen Rheinübergang gewagt und die Ubier in den Raum von Köln umgesiedelt hatte. Andererseits führte er im Frühjahr 37 v. Chr. in Tarent eine neue Begegnung mit Antonius herbei, der ihm 120 Kriegsschiffe für den Kampf gegen S. Pompeius zur Verfügung stellte gegen das Versprechen, seinerseits von Octavian vier Legionen für den bevorstehenden Partherkrieg zu erhalten, ein Versprechen, das nicht gehalten wurde. Das neue Einvernehmen zwischen Antonius und Octavian war vor allem der Vermittlung Octavias zu verdanken.

M. Agrippa war nicht nur ein glänzender Organisator und Feldherr, sondern auch einer der wenigen Römer, die sämtliche Bereiche der Technik und der Ingenieurwissenschaften einschließlich der Flottenausrüstung meisterten, zudem, wie sich erwies, der fähigste römische Admiral seiner Zeit. Er begann sofort mit der Aufstellung der neuen Flottenverbände, in die auch die Schiffe des Antonius integriert wurden, so daß 36 v. Chr. der konzentrische Angriff auf Sizilien losbrach, an dem auch Lepidus vom Westen her teilnahm. Allein die Seegefechte und die Landungsoperationen verliefen äußerst wechselhaft. Octavian selbst entging nur knapp der Gefangennahme, er spielte auch in diesem Krieg eine etwas unglückliche Rolle, die entscheidende Seeschlacht bei Naulochos am 3. September 36 v. Chr. leitete Agrippa, und er errang den glänzenden Sieg. S. Pompeius konnte nur mit wenigen Schiffen entkommen und ging schließlich in Kämpfen gegen Truppen des Antonius in Kleinasien zugrunde. Auf Sizilien aber folgte ein dramatischer Epilog, als Lepidus die nun führerlosen Truppen des S. Pompeius gegen Octavian aufputschte und damit eine neue Krise auslöste. Allein an der Standfestigkeit Octavians scheiterte auch dieses letzte Aufbäumen des Lepidus, der fortan politisch und militärisch entmachtet wurde, dagegen bis zu seinem Tode im Jahre 12 v. Chr. *pontifex maximus* blieb.

Für Octavian bedeutete die Ausschaltung des S. Pompeius und des Lepidus eine entscheidende Zäsur. Jetzt erst war seine Herrschaft in Italien und im ganzen Westen des Imperiums unbestritten. Jetzt erst waren die politische und die militärische Initiative ganz an ihn übergegangen. So gab er die Parole vom Ende der Bürgerkriege aus, und mit größerer Zuversicht als je zuvor wurde diese Parole auch aufgegriffen und von der öffentlichen Meinung geteilt. Die Ehrungen, die man Octavian damals in Rom erwies, waren zwar noch relativ bescheiden, aber dennoch bemerkenswert, weil sie bereits Keime des späteren Principats und seiner Ideologie in sich trugen. Octavian begnügte sich mit dem sogenannten kleinen Triumph, der *ovatio*, und mit der Annahme der *sacrosanctitas* der Volkstribunen. Aber für ihn wurde auch ein Ehrenbogen errichtet sowie eine goldene Statue aufgestellt, deren Widmung verkündete, daß zu Lande und zur See der Friede wiederhergestellt war. Die *pax Augusta*, später eine der zentralen ideologischen Formeln des Principats, tritt so bereits hier in Erscheinung. Dasselbe gilt für Octavians Verbindung mit den Traditionen des Volkstribunats, dessen volle *potestas* er später Jahr um Jahr innegehabt hat. Die tiefe Bedeutung der Siege auf und um Sizilien aber sollte auch dadurch eingeschärft werden, daß beschlossen wurde, den Jahrestag des Sieges von Naulochos fortan festlich zu begehen. Während Octavian das Recht erhielt, den Lorbeerkranz zu tragen, wurde M. Agrippa eine neu geschaffene Auszeichnung verliehen, die *corona rostrata*, eine massive, goldene, mit Schiffsvorderteilen ausgeschmückte Krone, die wiederholt auch auf den Münzbildern vorkommt.

Nach Octavians Sprachregelung war sein Sieg über S. Pompeius eine Leistung, die im Interesse ganz Italiens lag. Er verstand es so, die persönlichen Ambitionen und die Festigung seiner Macht mit den Interessen des gesamten Landes zu identifizieren, zumindest einen Identifikationsprozeß einzuleiten, der seine eigene Stellung erheblich konsolidieren mußte. In dieselbe Programmatik ordnete er dann auch jene Feldzüge ein, die er in den Jahren 35 bis 33 v. Chr. in Illyrien persönlich leitete. Im Jahre 35 v. Chr. standen dabei die Gebiete im Süden und Südosten der Julischen Alpen im Brennpunkt der Offensive. Emona (Ljubljana) wurde erreicht, auch die Japuden und die Stämme im Raum des Kapela-Gebirges, das heißt in dem Gebiet etwa 80 km östlich von Fjume, unterworfen. Zu schweren Kämpfen kam es dabei insbesondere um die japudische Hauptstadt Metulum, südlich des Oberlaufs der Kulpa. Octavian selbst wurde dort in einem kritischen Moment des Angriffs verletzt, der Platz dann doch erstürmt und niedergebrannt. Dann stießen die römischen Verbände bis in den Raum von Siscia, an der Mündung der Kulpa in die Save vor. Auch diese Siedlung wurde eingenommen und bildete nun mit einer Besatzung von über zwei Legionen im Winter 35/34 v. Chr. den am weitesten vorgeschobenen römischen Stützpunkt im Nordosten der italischen Halbinsel.

Im Jahre 34 v. Chr. verlagerte sich der Schwerpunkt der Kämpfe nach Dalmatien, in das von den Flüssen Krka und Cetina umgrenzte Gebiet, damit in den Raum südlich der Dinarischen Alpen. In diesem Feldzug wurde Octavian erneut verwundet. Während er im Herbst nach Rom zurückkehrte, trieben seine Legaten die Offensive noch weiter nach Südosten vor, bis in den nördlichen Teil von Montenegro und damit bis in die Nähe der zwischen Octavian und Antonius vereinbarten Binnengrenze in der Höhe der Stadt Skodra. Im Frühjahr 33 v. Chr. wurden die Kämpfe in Dalmatien dann mit der Einnahme des ausgehungerten Setovia zum Abschluß gebracht. Octavian erhielt von den Dalmatern Geiseln und Tribute, vor allem aber auch jene Feldzeichen zurück, die Gabinius im Jahre 48 v. Chr. verloren hatte.

Da gleichzeitig auch ein – faktisch freilich erfolgloses – Unternehmen gegen die Salasser im Tal der Dora Baltea durchgeführt wurde, erstreckte sich der Radius der Operationen während der Jahre 35 bis 33 v. Chr. von Savoyen bis nach Montenegro. Wie in den Tagen von Caesars Prokonsulat in Gallien, so wurde die römische Öffentlichkeit auch jetzt wieder mit den Namen von Dutzenden von besiegten Stämmen, die völlig unbekannt waren, überschüttet. Allerdings gibt es dabei einen sehr bedeutsamen Unterschied. Denn waren Caesars Stammesnamen in der Regel mit größeren Bevölkerungsgruppen identisch, so steht die lange Reihe der von Octavian genannten Namen in keinem Verhältnis zum Umfang des damals neu besetzten, gesäuberten oder wiedergewonnenen Landes.

Wenn Octavians Zeitgenossen der Meinung waren, der Aufbruch zum Feldzug des Jahres 35 v. Chr. gelte in Wirklichkeit der Eröffnung einer neuen Expedition gegen Britannien, so war dies ebenso irrig wie die Ansichten jener modernen Forscher, welche die Operationen in *Illyricum* in Zusammenhang mit einem angeblich geplanten Dakerkrieg im Banne von Caesars Plänen brachten. Für Octavian ist jedoch charakteristisch, daß er gerade nicht – wie um dieselbe Zeit Antonius im Osten – in Caesars Dimensionen plante und dachte, sondern daß er sich ganz im Gegenteil damit begnügte, die näherliegenden und unaufschiebbaren Aufgaben zu lösen, vor allem die eine, die ihn ganz erfüllte, die systematische Organisation der Kohärenz des Imperiums. Wer die territoriale Verklammerung Italiens mit dem Donau- und Balkangebiet erstreben wollte, wer gesicherte Kommunikationslinien gerade zwischen diesen Regionen für unentbehrlich hielt – und deren Bedeutung hatten nicht zuletzt die Bürgerkriege erneut eingeschärft –, der mußte die römische Herrschaft in *Illyricum*, dem wichtigsten Pfeiler für alle diese Verbindungen, tiefer verankern und dauerhaft ausbauen: «Es war Illyricum, welches das Imperium zusammenhielt und den Osten mit dem Westen verband, gleichgültig, ob die Grenze der Elbe folgte oder dem Rhein» (R. Syme).

Für die römische Öffentlichkeit lagen dagegen andere Gesichtspunkte näher. Denn selbstverständlich ließen sich auch die illyrischen Feldzüge Octavians auf den Nenner seiner prononciert «italischen» Politik bringen. Auch sie ließen sich mit einem Programm der Stabilisierung und Sicherheit Italiens vereinbaren und als notwendige, längst überfällige Maßnahmen zum Schutze der italischen Nord- und Nordostgrenze sowie der Ausweitung der römischen Herrschaft im unmittelbaren Vorfeld und Nachbarbereich der Apenninhalbinsel rechtfertigen. Sie boten Octavian die willkommene Chance, sich erneut als Sachwalter und Vorkämpfer vitaler italischer Interessen zu profilieren, während sich Antonius um dieselbe Zeit im armenischen Hochland festbiß, die Parther offensichtlich nicht schlagen konnte und sich, nicht zuletzt durch sein Verhältnis mit Kleopatra, immer tiefer in die Formen des hellenistischen Ostens verstrickte.

Andererseits aber erlaubten es die illyrischen Feldzüge Octavian, sein angeblich rund 100 000 Mann starkes Heer einzusetzen und dessen Gefechtsbereitschaft und Kampfkraft zu erhöhen, ohne dabei größere Risiken einzugehen. Aus Illyrien ließen sich die Verbände zudem sehr rasch wieder nach Italien werfen oder gegen Antonius mobilisieren, falls neue Entwicklungen dies erforderlich machten. Unter Berücksichtigung all dieser Perspektiven dürfte sich ergeben, daß der illyrische Kriegsschauplatz von Octavian ebenso überlegt ausgewählt worden war, wie dies rund ein Jahrzehnt später im Falle des spanischen gelten sollte.

Auch durch eine Vielzahl verschiedenartigster administrativer und politischer Maßnahmen hat Octavian damals die römisch-italische Öffentlichkeit beeindruckt und energisch Mißstände und Fehlentwicklungen in den verschiedensten Bereichen der römischen Innenpolitik beseitigt. Ob es sich um demonstrative Akte zur Festigung der traditionellen römischen Religion handelte, wie bei der Vertreibung von Magiern und Astrologen, um die Errichtung großer Nutzbauten durch M. Agrippa, der die Wasserversorgung Roms in imponierender Weise durch den Neubau der *Aqua Iulia* und die Wiederherstellung der *Aqua Marcia* sicherte, ob alte Steuer- und Pachtschulden erlassen oder angeblich 30 000 Sklaven ihren Besitzern zurückgegeben wurden, oder ob Octavian mit energischen Polizeimaßnahmen gegen jene Banden von Verzweifelten und Entwurzelten vorging, die seit Jahren den Verkehr in vielen Gebieten Italiens beeinträchtigten – in all dem verstand es Octavian, sich selbst als Garanten der Sicherheit und Ordnung in Italien darzustellen.

Er verstand es indessen auch von Anfang an, die Resultate seiner Feldzüge und seiner Politik in eindrucksvoller Weise vor Augen zu führen. Ein bezeichnendes frühes Beispiel dafür ist der Wiederaufbau der *Porticus Octavia*, einer Säulenhalle, die einst ein Vorfahre Octavians gestiftet hatte. Denn in diesem Bau ließ Octavian die Feldzeichen aufstellen, die ihm die Dalmater auslieferten. Die Formel von der Wiedererlangung der Feldzeichen, das «*signa recepta*», sollte dann erst recht zu einem zentralen Element der augusteischen Ideologie werden, als rund ein Dutzend Jahre später auch die bei Carrhae an die Parther verlorenen Zeichen, die Antonius nicht hatte zurückgewinnen können, von Augustus zurückgebracht wurden. Fort und fort ließ sich Augustus danach als der Wiederhersteller römischer Waffenehre feiern. Die Münzbilder dienten ihm dazu ebenso wie die zentrale Darstellung auf dem Panzer der Augustusstatue von Primaporta.

Bereits im Jahre 33 v. Chr., als Octavian zum zweitenmal das Konsulat bekleidete, verschlechterten sich die Beziehungen zu Antonius zusehends. Mit allen nur erdenklichen Mitteln versuchten damals beide Seiten den jeweiligen Gegner herabzusetzen, die öffentliche Meinung zu beeinflussen und die eigenen Anhänger für die bevorstehende Auseinandersetzung zu motivieren. Doch ob Antonius Octavian die Ausschaltung des Lepidus, die

Benachteiligung seiner Veteranen bei der Ansiedlung in Italien, die Behinderung der Rekrutenzufuhr aus Italien in den Osten vorwarf, oder Octavian umgekehrt Antonius die Verschleuderung römischen Besitzes, Machtmißbrauch und die Weigerung, Beuteanteile nach Rom zu senden, von den wechselseitigen persönlichen Herabsetzungen, die auch Kleopatra einbezogen, einmal ganz abgesehen – auf die Einzelheiten der Positionen, Rechtstitel, Ansprüche, Beschwerden und Vorwürfe kam es in diesem mit Leidenschaft geführten Propagandakrieg kaum mehr an. Denn im Grunde mußte die antagonistische Politik, die Antonius und Octavian seit einem Jahrzehnt betrieben hatten, früher oder später zu dem Bruch führen, der nun eintrat.

Antonius hatte sich in seinem Machtbereich längst so sehr an hellenistische Normen angepaßt, daß das römische Element seiner Herrschaft weithin auf den Bereich seines Heeres reduziert war. Die enge Anlehnung an Kleopatra hatte zur Bildung einer neuen Dynastie geführt, die sich offensichtlich immer weiter von den römischen Traditionen entfernte. Somit war ein römisches Heer zum Instrument dynastischer Herrschaft im Orient geworden. Von den militärischen Erfolgen dieser Armee und von der Kriegsbeute profitierte Alexandria und nicht Rom. Triumphe, Staatsakte und Hofhaltung dieses Systems fanden am Nil, nicht mehr am Tiber statt.

Octavian hatte dagegen eine nach der andern von Antonius' Verbindungen mit Italien gekappt, einen nach dem andern seiner Rivalen und Gegner ausmanövriert. Doch gleichzeitig hatte er sehr zielstrebig mit der Konsolidierung seiner Macht auch die Integration seines Herrschaftsgebietes betrieben und unablässig die öffentliche Meinung in seinem Sinne beeinflußt. Die demonstrative Betonung der *pietas* gegenüber dem ermordeten Adoptivvater erwies sich dabei als ebenso wirksame Integrationsformel wie die einzelnen Elemente der demonstrativ «italischen» Politik im Konflikt mit S. Pompeius und in den Jahren nach Naulochos. Antonius' hellenistisch-orientalische und Octavians traditionalistisch-italische Politik steigerten und verschärften sich hier gegenseitig.

Octavian wurde so der eigentliche Nutznießer von Antonius' provozierendem Verhalten im Osten. Gegen dessen Herrschaftsstil und insbesondere gegen Kleopatra ließen sich nur allzuleicht Emotionen und Affekte freisetzen. Für den römischen Politiker, der Roms Suprematie ernsthaft gefährdet und die Resultate des langen römischen Einsatzes im Osten verschleudert sah, ließ sich Antonius ebenso zum Verräter abstempeln wie für den Mann auf der Straße, der den Triumvirn von dem *«fatale monstrum»* Kleopatra geradezu verhext oder besessen glaubte.

Vor diesem Hintergrund eskalierte der Konflikt im Jahre 32 v. Chr. aus zwei Gründen. Erstens bekleideten damals in C. Sosius und Cn. Domitius Ahenobarbus zwei entschiedene Anhänger des Antonius das Konsulat, Männer, die an der Spitze des höchsten römischen Staatsamtes zum aktiven Widerstand gegen Octavian entschlossen waren. Zweitens aber war bei scharfer Rechnung die Amtszeit der Triumvirn am 31.12.33 v. Chr. abgelaufen, die Frage der staatsrechtlichen Legalität ihrer Macht somit zumindest prekär. Die Terminierung der Triumviralgewalt bleibt auch noch in der neuesten Forschung umstritten. Unbestritten ist dagegen die Tatsache, daß Antonius und Octavian ihre Kompetenzen in Analogie zu den Vorgängen des Jahres 37 v. Chr. zunächst durchaus weiterführen konnten und ihr *imperium* denn auch tatsächlich beibehielten. Vor allem Octavian hat indessen die verfassungsrechtliche Problematik der Lage sofort gesehen, nicht zuletzt deshalb, weil er von Anfang an in ganz anderer Weise als Antonius auf die Legalisierung usurpierter Macht bedacht sein mußte und weil er zudem in Rom täglich mit den Widersprüchen zwischen Verfassungsnormen und politischer Realität konfrontiert wurde. So ließ er denn auch später die eigene Position auf andere Art stärken und absichern.

Nach einem ersten Schlagabtausch zwischen Sosius und Octavian im römischen Senat begaben sich die beiden Konsuln zu Antonius nach Ephesos. Von den damals rund 1000 Senatoren folgten ihnen innerhalb kurzer Zeit nicht weniger als etwa 300, dabei nicht nur alte Antoniusanhänger und letztlich Caesarianer, sondern ebenso Verfechter der oligarchischen Traditionen. Damit schien die Lage des Jahres 49/48 v. Chr. wiederzukehren, als die Konsuln und ein großer Teil der Senatoren ebenfalls die Stadt verlassen und sich zu Pompeius nach Thessaloniki begeben hatten. Doch für Antonius brachte der Prestigegewinn, den die Ankunft der Konsuln und der Senatoren in Ephesos bedeutete, es auch mit sich, daß seine Anhängerschaft nun immer heterogener wurde und ihre Interessen kaum mehr auf einen Nenner zu bringen waren. Es mußte ohnehin als Paradoxie erscheinen, daß ausgerechnet der Mann, der den militärischen Sieg über Brutus und Cassius bei Philippi errungen und damit faktisch die Republik liquidiert hatte, der inzwischen aber ganz zum hellenistisch-orientalischen Autokraten geworden war, nun zur Zuflucht und Hoffnung der letzten republikanischen Kräfte wurde.

Doch Antonius nutzte die Chance gar nicht, die sich ihm hier bot. Noch immer hätte es ihm freigestanden, Kleopatra wegzuschicken und sich selbst zum Verteidiger der legalen römischen Regierung zu stilisieren. Doch alle Vorhaltungen der Anhänger, welche Belastung die Anwesenheit Kleopatras in diesem Augenblick für die Sache des Antonius darstelle, waren vergeblich; auf die Stimmung im Westen nahmen weder Antonius noch Kleopatra Rücksicht. Sie boten ganz im Gegenteil immer neue Angriffspunkte. In Samos, wohin das Hauptquartier im Frühling des Jahres 32 v. Chr. übersiedelte, wurden ebenso exzessive Feste zu Ehren des neuen Dionysos gefeiert wie in den Monaten zuvor. Als Antonius und Kleopatra im Mai nach Athen zogen, wurde die ägyptische Königin auch dort mit Ehren überhäuft und als neue Isis dargestellt.

In Athen mußte Antonius freilich auch an Octavia erinnert werden, mit der er hier wenige Jahre zuvor residiert hatte. So machte er jetzt reinen Tisch, sandte ihr den Scheidungsbrief und forderte sie auf, sein Haus zu verlassen. Dies bedeutete auch für Octavian eine schwere Brüskierung, die dem Abbruch der persönlichen Beziehungen gleichkam, eine Brüskierung, die sich sofort in neue Emotionen gegen Antonius umsetzen ließ. In Rom trieb die Verteufelung Kleopatras damals ihrem Höhepunkt entgegen. Es ist sehr fraglich, ob das Gerücht zutrifft, daß Kleopatra die Schwurformel verwendete «...so wahr ich einst auf dem Kapitol Recht sprechen werde». Aber auf den Wahrheitsgehalt kam es nicht so sehr an als auf die Tatsache, daß dieses Gerücht geglaubt wurde.

Auf beiden Seiten wurden die Rüstungen während des Sommers 32 v. Chr. forciert, auf jede nur erdenkliche Weise die Mittel für den bevorstehenden Entscheidungskampf mobilisiert. Die des Antonius schlugen sich vor allem in jenen «Legionsdenaren» nieder, die damals zu Hunderttausenden hergestellt wurden und die in ihrem Münzbild die Feldzeichen der einzelnen Legionen zeigten, eine typische Massenprägung mit vermindertem Gewicht, die auch in den Grenzräumen des Imperiums und im freien Germanien so oft gefunden wird. In Italien aber erreichten die Belastungen ein solches Ausmaß, daß es zu offenen Aufständen kam, die brutal unterdrückt wurden. Immerhin hatten dort die freien Bürger ein Viertel ihres Einkommens, die Freigelassenen sogar ein Achtel ihres ganzen Vermögens als Beitrag zu den Rüstungen abzuliefern, und diese Abgaben wurden von den Truppen Octavians auch schonungslos eingezogen.

Populär war der bevorstehende Krieg nicht. Resignierend fand sich die Bevölkerung mit der Unvermeidbarkeit der Auseinandersetzung ab. So kam für Octavian alles darauf an, Rom, Italien und den ganzen Westen des Reiches noch enger mit seiner Sache zu verbinden. Um dies zu erreichen, kannte er keine Skrupel. Rechtswidrig brachte er das bei den Vestalinnen deponierte Testament des Antonius in seinen Besitz und machte dessen Inhalt im Senat und in der Volksversammlung bekannt. Als man hörte, daß Antonius noch in seinem letzten Willen Caesars Vaterschaft für Caesarion bestätigte, daß er seinen eigenen Kindern von Kleopatra riesige Vermächtnisse aussetzte und vor allem, daß er seine Überführung nach Alexandria und seine Beisetzung an der Seite der Kleopatra verfügte, falls er in Rom sterben würde, da war für jedermann klar, daß der Römer Antonius längst zum Alexandriner und zum Hörigen Kleopatras geworden war. Der Eindruck dieser Enthüllungen in der Öffentlichkeit war so stark, daß Octavian die Absetzung des Antonius als Triumvir und die Entziehung seines Konsulates für das Jahr 31 v. Chr. durchsetzen konnte.

Demonstrativ stellte Octavian gleichzeitig seine eigene Verwurzelung in Rom heraus. Er ließ jetzt mit dem Bau jenes monumentalen Mausoleums für sich und sein Haus beginnen, dessen Kern noch heute erhalten ist und der jedermann vor Augen führte, zu welchen Traditionen sich Octavian bekannte. Doch auch noch auf andere Weise wurden die Bewohner Italiens und der westlichen Provinzen für die Sache Octavians mobilisiert. Denn dieser ließ sich in ganz Italien, in Gallien, Spanien, *Africa*, Sizilien und Sardinien einen Treueid leisten, dessen Formel vielleicht noch aus einem späteren Treueid für Caligula zu rekonstruieren ist: «Ich will denen feind sein, die ich als persönliche Feinde des C. Iulius C. *filius* Caesar erkannt habe, und wenn jemand ihn und sein Wohlergehen mit Gefahr bedroht oder bedrohen wird, so werde ich nicht aufhören, ihn mit Waffengewalt und Krieg zu Wasser und zu Lande zu verfolgen, bis er bestraft worden ist. Ich werde das Wohl des C. Iulius Caesar höher stellen als mein eigenes und das meiner Kinder und will diejenigen, die von feindlichem Sinn gegen ihn erfüllt sind, den Feinden im Kriege gleichstellen.»

Der Eid des Jahres 32 v. Chr. ist in der neueren Forschung sehr kontrovers beurteilt worden. Doch gleichgültig, ob er primär in der Tradition der Klienteleide steht oder in jener der erweiterten «Feldherrneide» der späten Römischen Republik oder in derjenigen der Eidesleistungen der römischen Bevölkerung und des Senates auf Caesar – er schloß die Bevölkerung des gesamten Westens demonstrativ hinter Octavian zusammen und gab diesem damit die denkbar breiteste Basis und Legitimation für den bevorstehenden Kampf. Der Krieg selbst wurde dann, wahrscheinlich Anfang November 32 v. Chr., in den archaischen Formen des römischen Fetialrechtes, bezeichnenderweise an Kleopatra erklärt, indem Octavian eine mit Blut befleckte Lanze beim römischen Bellonatempel in «feindliches» Land schleuderte.

Dem Jahr 32 v. Chr. kommt für die Entstehungsgeschichte des augusteischen Principats eine ähnliche Bedeutung zu wie dem eigentlichen Epochenjahr 27 v. Chr. Schon die ältere Forschung, die für dieses Jahr ein spezielles «Notstandskommando» Octavians annahm, wie Theodor Mommsen, oder von seinem «Staatsstreich» sprach, wie Johannes Kromayer, akzentuierte diesen Rang. Das Jahr brachte den endgültigen Bruch mit Antonius. Octavian verließ damals die gemeinsame Basis des Triumvirats, er riß nun die Initiative endgültig an sich, und er monopolisierte gleichsam die römisch-italische Tradition, obwohl die beiden Konsuln und ein beträchtlicher Teil des Senats, darunter viele alte Republikaner, im Lager des Antonius standen. Während Octavian ein konsistentes System der Beeinflussung und Erfassung der italischen Öffentlichkeit praktizierte, das schließlich in der *coniuratio Italiae* gipfelte, die faktisch ganz Italien und den gesamten Westen des Imperiums als seine Klientel formierte, reagierte Antonius fast wirkungslos auf diese geschickte politische Identifikation. Seine Äußerungen und Parolen muten nur noch als isolierte, zersplitterte Gegenpropaganda an. Politisch hatte Antonius diesen Kampf bereits verloren, ehe die Auseinandersetzung mit den Waffen begann.

Mit seinen See- und Landstreitkräften deckte Antonius die gesamte Westküste von Epirus und der Peloponnes ab, während er in Patras am Golf von Korinth sein Hauptquartier bezogen hatte. An eine Invasion Italiens konnte er von vornherein nicht denken, und so groß seine Flottenüberlegenheit durch Zahl und Bewaffnung seiner Einheiten auf den ersten Blick war, Octavian hatte die wendigeren Schiffe und die fähigeren Admirale, die zudem in den erbitterten Kämpfen gegen Sextus Pompeius wertvolle Erfahrungen gesammelt hatten. Für Antonius dagegen, den großen Kavallerieführer, war und blieb die See ein fremdes Element.

Die Einzelheiten der militärischen Bewegungen des Jahres 31 v. Chr. sind nur in Umrissen bekannt. Nach der Einnahme von Korkyra (Korfu) waren die Verbände Octavians bei Toryne in Epirus gelandet und dann gegen die Bucht von Ambrakia, in der in jenem Augenblick die Flotte des Antonius ankerte, vorgegangen. Nachdem Agrippa in einem ersten Seegefecht einen der Flottenbefehlshaber des Antonius geschlagen hatte, konnten die Land- und Seestreitkräfte Octavians mit einer die Gegenseite zermürbenden Blockade beginnen. Die Legionen des Antonius litten schon bald unter Versorgungsschwierigkeiten, Desertionen in großer Zahl waren die Folge.

Am 2. September 31 v. Chr. kam es dann in der Nähe des Vorgebirges von Actium zur entscheidenden Seeschlacht. Als sich abzeichnete, daß die schnellen «Liburner» Agrippas und Octavians, ein Schiffstypus, der zwar lediglich über ein bis drei Ruderreihen verfügte, in jenen Gewässern aber besonders wendig war, die Linien der hohen Großkampfschiffe des Antonius und der Kleopatra mit ihren acht bis zehn Ruderreihen aufsprengten, setzten Kleopatra und Antonius nur noch auf den Durchbruch. Zwar konnten ihre Schiffe nicht mehr eingeholt werden, aber durch diese Flucht war sowohl die Katastrophe der Flotte des Antonius besiegelt als auch jene des Landheeres, das nach einigen Tagen kapitulierte.

Ronald Syme dürfte recht haben, wenn er die Schlacht von Actium eine «schäbige Affäre» nennt. Aber sie hatte die Entscheidung gebracht, und so ist es verständlich, daß sie von den Stilisten des Principats in geradezu mythische Dimensionen gerückt wurde, zu einem Sieg Apollons über Dionysos, Italiens über Ägypten und die Verräter an der eigenen Sache, zu einem Triumph des Westens über den Osten – Sehweisen, die an jenem Septembertag im ambrakischen Golf kaum eine Rolle gespielt haben dürften.

Antonius flüchtete nach Actium zunächst zum Kap Tainaron im äußeren Süden der Peloponnes, von dort aus in die Kyrenaika und schließlich, Kleopatra folgend, nach Ägypten. Mochte er dort den Winter über im Kreis derer «vom gemeinsamen Tod», der *synapothanoúmenoi*, letzte Feste genießen, seine Sache war verloren, als im Jahr 30 v. Chr. Cornelius Gallus mit seinen Legionen von Westen, Octavian selbst von Syrien aus gegen Ägypten vorgingen. Zwar errang der alte Reiterführer vor den Toren Alexandrias noch einen letzten Sieg, doch schon am nächsten Tage liefen seine Verbände über, Antonius wählte den Freitod, am 1. August des Jahres 30 v. Chr. rückten Octavians Truppen in Alexandria ein.

Als Kleopatra nach einer Begegnung mit Octavian sah, daß es für sie und ihre Kinder keine Hoffnung mehr gab und daß ihr nur drohte, in Octavians Triumph entehrt zu werden, zog auch sie die letzte Konsequenz

> «In freiem Tode selbst noch von höchster Art;
> denn sie versagt den römischen Seglern stolz,
> sie schmachvoll, bar der Königswürde –
> welch eine Frau! – im Triumph zu zeigen»
> (Übersetzung H. Färber),

wie es Horaz in der letzten Strophe der 37. Ode seines I. Buches besungen hat. Durch den Biß der Uräusschlange, der Aspis, die als heiliges Tier des ägyptischen Sonnengottes Amon Ra galt, ließ sie sich töten. Da nach ägyptischen Vorstellungen derjenige, der an den Bissen dieser Schlange starb, als zu den Göttern erhoben galt, endete die Dynastie der Ptolemäer in dieser Königin mit einer großartigen Geste. In den Untergang des Hauses aber wurden auch Kleopatras Kinder hineingerissen. Alexander Helios und Kleopatra Selene sind zunächst in Octavians römischem Triumph mitgeschleppt worden, doch nur die Spur der Tochter läßt sich weiter verfolgen. Sie wurde schließlich noch mauretanische Königin. Ihr Zwillingsbruder fand offensichtlich ebensobald einen gewaltsamen Tod wie der jüngere Ptolemaios Philadelphos, erst recht aber Caesarion, der Sohn Caesars.

Nach dem Untergang des Antonius und dem Tode Kleopatras war es Octavians Aufgabe, die Verwaltung der Ostprovinzen neu zu ordnen und vor allem im Hinblick auf die Beziehungen zu den Parthern sehr weitreichende Entscheidungen zu treffen. Nachdem die Maßnahmen des Antonius jahrelang in schärfster Form kritisiert worden waren, konnte man in vielen Bereichen einen völligen Wechsel der Politik erwarten. Doch sollte sich dieser lediglich auf Ägypten beschränken, dort allerdings in ungewöhnlicher Konsequenz erfolgen: Das Land wurde jetzt zwar dem römischen Imperium angegliedert, doch Octavian unterstellte es nicht der normalen Provinzialverwaltung des römischen Senats. Er ließ es vielmehr durch einen aus dem Ritterstand stammenden Präfekten, einen jeweils nur von ihm selbst ernannten Statthalter, verwalten. Octavians Freund Cornelius Gallus war der erste in der Reihe der *praefecti Aegypti*, die gleichzeitig auch das Kommando über die zunächst drei in Ägypten stationierten Legionen innehatten.

Römischen Senatoren war das Betreten des Landes dagegen generell verboten; Octavian kannte das Potential Ägyptens viel zu gut, um hier Risiken einzugehen. Dennoch wurde der Raum in den folgenden Jahrhunderten immer wieder zur Basis von gefährlichen Usurpationen. Durch die souveräne Verfügungsgewalt, die Octavian hier an sich riß, gewann er zugleich immense Schätze und Geldmittel, die thesaurierten Reichtümer wie die laufenden Einkünfte einer Großmacht, ganz zu schweigen vom Eigentum der letzten Königin. Die Beute war jedenfalls so groß, daß Octavian nicht nur seine Heerführer und Soldaten, die Freunde, Parteigänger und Helfer in königlicher Weise belohnen und durch die Schenkungen auch weiter verpflichten konnte, sondern darüber hinaus noch imstande war, die ursprünglichen Besitzer der in Italien an die Veteranen gegebenen Grundstücke finanziell zu entschädigen. Der damit skizzierte Zusammenhang kann nicht stark genug unterstrichen werden: Die ägyptische Beute wurde dazu genutzt, um die Sozialordnung Italiens zu stabilisieren. Die durch die Folgen der Bürgerkriege und die wiederholten Rüstungen völlig überforderten Bürger Roms und Italiens bekamen nun erstmals materielle Entlastungen zu spüren, die es ihnen erleichterten, sich mit Octavians Herrschaft abzufinden.

Bei der Neuordnung der außerägyptischen Ostgebiete war es selbstverständlich, daß Antonius' Regelungen zugunsten Kleopatras und ihrer Kinder wieder rückgängig gemacht wurden; um so überraschender erscheint jedoch die Beibehaltung seiner Lösungen in anderen Räumen. Es blieb vorläufig nicht nur bei den drei großen römischen Ostprovinzen, sondern selbst jene mächtigen Klientelkönige, die Antonius inthronisiert hatte, behielten zunächst ihre Position, allen voran Herodes der Große, der rechtzeitig die Seiten gewechselt hatte, aber auch Archelaos, Amyntas und Polemo, obwohl sie doch als angeblich unfähige Kreaturen des Gegners so lange Zeit diskreditiert worden waren.

Noch größer war der Gegensatz zwischen einer weitverbreiteten Erwartungshaltung und den faktischen Maßnahmen Octavians bei dessen Politik gegenüber dem Partherreich. Nach den Katastrophen von Carrhae und Phraaspa, dem Scheitern der Offensiven des Crassus und Antonius, erwarteten offensichtlich sehr viele Anhänger einer konsequenten römischen Expansionspolitik, daß Octavian, der zu diesem Zeitpunkt immerhin über rund 70 Legionen verfügen konnte, nun endlich das parthische Reich niederwerfen würde. Bei Vergil, Horaz und Properz finden sich nicht wenige Formulierungen, die solche Hoffnungen und Annahmen dokumentieren. Doch Octavian war kein Caesar. Er vermied unkalkulierbare Risiken, setzte andere Prioritäten und ließ den *status quo* gegenüber dem parthischen Reich unverändert.

Im Sommer des Jahres 29 v. Chr. kam er nach einem gemächlichen Zug durch Syrien, Kleinasien und Griechenland nach Italien zurück. Umfangreiche Münzemissionen hatten gleichzeitig die jüngsten Ereignisse bekanntgemacht. In den Münzlegenden des *«Aegypto capta»* und *«Asia recepta»* waren prägnante Losungen gefunden worden, um das Ende des Bürgerkriegs und die Neuregelung im Osten auf allgemein akzeptable Nenner zu bringen. In ähnlicher Akzentuierung feierte Octavian dann auch zwischen dem 13. und 15. August 29 v. Chr. seinen eindrucksvollen dreifachen Triumph über die Dalmater, für Actium und die Niederwerfung Ägyptens. Demonstrativ wurde der Janustempel geschlossen, das neue Regiment damit als Friedensherrschaft qualifiziert, wurden große Neubauten wie der Tempel des Divus Iulius eingeweiht.

Rasch zeigte sich, daß Octavians Hauptinteresse in den folgenden Monaten der systematischen Sicherung und Legalisierung seiner Stellung galt. So hielt er im Jahre 28 v. Chr. zusammen mit M. Agrippa einen *census* und eine erste *lectio senatus* ab, eine «Säuberung» des Senats von politischen Gegnern. Gleichzeitig wurden neue Patrizier und Senatoren ernannt, er selbst zum angesehensten und einflußreichsten Senator, zum *princeps senatus*, bestimmt. Die Sondergesetzgebung des Triumvirats wurde weithin annulliert; viele Anzeichen sprachen dafür, daß Octavian in gewissem Umfang zur Respektierung republikanischer Normen bereit war, doch auch dafür, daß eine systematische Neuerung erst noch bevorstand. Sie sollte dann im Januar 27 v. Chr. erfolgen.

Der Principat des Augustus

Vorbemerkungen

Der griechische Historiker Cassius Dio, der zu Beginn des 3. Jahrhunderts n. Chr. seine «Römische Geschichte» schrieb, hat in seine Schilderung der Ereignisse des Jahres 29 v. Chr. zwei große Reden eingelegt. Nach dem traditionellen historiographischen Muster der Antike sollten sie jene Alternativen aufzeigen, die Octavian nach der Niederwerfung des Antonius besaß. Die programmatischen Standpunkte, die dort den engsten Mitarbeitern Octavians, Agrippa und Maecenas, in den Mund gelegt wurden, sind Fiktionen, doch werfen sie ein Schlaglicht auf jene Entwicklungen, welche damals – aus dem Rückblick von mehr als zwei Jahrhunderten – eingeleitet wurden oder hätten eintreten können. Stark vereinfacht gesagt, vertrat Agrippa dabei eine «republikanische», Maecenas eine «monarchische» Position.

Wichtiger als die Reden selbst sind in unserem Zusammenhang die Reaktionen Octavians. Cassius Dio schreibt (52,41), daß Octavian zwar den Empfehlungen des Maecenas den Vorzug gab, daß er aber dessen Vorschläge nicht sofort in vollem Umfange verwirklichte, weil er ein Scheitern fürchtete, wenn er schlagartig die gesellschaftlichen Beziehungen so tiefgreifend verändern würde. Er hätte vielmehr einige Änderungen sogleich getroffen, andere zu späterer Zeit, wieder andere denen überlassen, die ihm in der Herrschaft nachfolgen würden, weil er glaubte, daß mit dem Fortschreiten der Zeit auch der geeignete Augenblick zu ihrer Einführung kommen würde.

Tatsächlich wird die Eigenart der Entwicklung und der Struktur des augusteischen Principats in jenen Sätzen Cassius Dios in den entscheidenden Linien erfaßt. Gegenüber den bis heute weithin üblichen Vorstellungen eines in sich geschlossenen augusteischen Zeitalters und einer gleichsam monokratischen Herrschaft eines «Kaisers» oder «Monarchen» Augustus kommt es von Anfang an darauf an, sich den primär evolutionären Grundzug der Machtstellung des Augustus zu vergegenwärtigen. Der augusteische Principat ist nicht mit einer caesurartigen, schubähnlichen oder systematischen Etablierung einer neuen Verfassung identisch, ebensowenig mit der Verwirklichung umfassender politischer Programme, einheitlicher administrativer Organisationsschemata, großer militärischer Operationspläne in imperialistischen Dimensionen oder der Durchsetzung einer kompakten Ideologie als neuer Weltanschauung. Der Principat des Augustus ist vielmehr erwachsen aus der Behauptung, Legalisierung und Sicherung der Macht eines neuen politischen Systems in einem längeren dialektischen Prozeß.

Unter Dialektik wird dabei in einem sehr allgemeinen, pragmatisch-historischen Sinne das bewußte Erfahren und Erfassen historischer Kräfte, Gegenkräfte und Widersprüche verstanden, abstrakt gesagt, ein gleichsam im Hegelschen Sinne selbst aus Thesen und Antithesen formierter Prozeß, der schließlich zu einer neuen historischen Synthese führte. Auch heute noch haben jene Sätze Hegels über das dialektische Moment für den Historiker nichts von ihrer Bedeutung verloren: «Das Dialektische gehörig aufzufassen und zu erkennen, ist von der höchsten Wichtigkeit. Es ist dasselbe überhaupt das Princip aller Bewegung, alles Lebens und aller Bethätigung in der Wirklichkeit. Eben so ist das Dialektische auch die Seele alles wahrhaft wissenschaftlichen Erkennens» (Studienausgabe 3. Frankfurt 1968, 352f.).

Dem augusteischen Principat fehlen somit anfangs jene Systematik, Kohärenz und Geschlossenheit, die der historische Epochenbegriff im Grunde ebenso unterstellt wie jede strukturalistische Betrachtung. Beim augusteischen Principat handelt es sich im Gegensatz zu solchen Konzeptionen gerade um eine schrittweise Veränderung der traditionellen Strukturen, dies freilich nun in allen Bereichen der Politik wie der Administration. Es handelt sich auch um ein in der Hauptsache graduelles militärisches Vorgehen, das freilich auf einzelnen Schauplätzen seine eigene Gesetzlichkeit entwickeln konnte. Es handelt sich endlich im ideologischen Sektor um die Durchsetzung einzelner ideologischer Elemente, von Ideologemen, die sich erst allmählich zu einem ideologischen System, zur Principatsideologie, zusammenschlossen.

Dieser charakteristische, evolutionäre Zug des augusteischen Principats ist als eine teilweise geradezu traumatische Reaktion auf die provozierende Diktatur Caesars und auf deren Scheitern zu begreifen, ebenso das permanente Streben nach legaler Absicherung der Macht. Im Gegensatz zu den Diktaturen Sullas und Caesars, aber auch zu späteren systematischen Fixierungen der Rechte und Kompetenzen des *princeps,* wie sie vor allem aus der *lex de imperio Vespasiani* des Jahres 69 n. Chr. bekannt sind, blieb die augusteische Lösung bewußt offen. Sie vermied absichtlich endgültige Festlegungen und war im Grunde, zumindest in ihren Anfängen, lediglich ein Durchgangsstadium zur bleibenden Institutionalisierung des Systems.

Auf Grund der Ausgangskonstellation ist es begreiflich, daß der augusteische Principat auch dort Kontinuität vorspiegeln mußte, wo in Wirklichkeit Diskontinuität überwog. Kontinuität wurde insbesondere in den Bereichen von Gesellschaft und Wirtschaft gewahrt, in denen die spätrepublikanischen Strukturen nicht zu verändern waren. Kontinuität sollte nach den Vorstellungen des Augustus überwiegend auch in den Bereichen der Wertvorstellungen, der Sitten, Lebensformen und der Religion bestehen, wobei es eine offene Frage ist, ob dies tatsächlich erreicht werden konnte.

Doch gegenüber diesen Bereichen faktischer oder erstrebter Kontinuität heben sich andere ab, in denen die Diskontinuität überwog. Um die Zellen und Radien der alten gesellschaftlichen Bindungen in Familie und Klientel

Vorbemerkungen

legte sich jetzt jener neue Rahmen, den der *princeps* beherrschte und in dem alle Linien auf diesen *princeps* zuliefen. Wenn der *princeps* allmählich zum Vater und Patron für alle wurde, so wurden damit zugleich jene Strukturen *ad absurdum* geführt, die bisher stets den Pluralismus der Zellen und Bindungsnetze vorausgesetzt hatten. Die Monopolisierung der einzigen großen politischen Klientel durch den *princeps* war identisch mit der Entpolitisierung aller übrigen alten Klientelen.

Weitgehende Entpolitisierung alter Gremien und Institutionen ist ohnehin ein charakteristisches Merkmal des Principats. Es ist zwar richtig, daß Senat und Volksversammlung viele ihrer einstigen politischen Rechte schon zur Zeit der späten Republik kaum mehr ausüben konnten, doch die konsequente politische Entmachtung wurde erst unter Augustus eingeleitet, mochten noch so viele Hoheitsrechte, Privilegien und Formalitäten bestehen bleiben. Diskontinuität diktierte daneben auch die Entwicklung im militärischen Bereich. Die allmähliche Monopolisierung des Oberbefehls über nahezu sämtliche Streitkräfte zu Lande und zur See und der exklusive Ausbau der Beziehungen zwischen der weiteren Familie des *princeps*, der *domus principis*, und den langfristig dienenden militärischen Verbänden war das wichtigste Element der Herrschaftssicherung.

Diskontinuität aber herrschte in der neuen Stellung der *domus principis* selbst. Zwar hatte bereits die späte Republik den wachsenden politischen Einfluß und die exponierte Stellung einzelner Frauengestalten gekannt, doch war dies alles nur ein punktuelles und mattes Vorspiel gegenüber jenen Erscheinungen, die hier der Principat des Augustus nach sich zog. Einzelheiten der *chronique scandaleuse* jener Epoche und Abgrenzungen des politischen Einflusses einzelner Frauen mögen dabei auf sich beruhen. Entscheidend ist die Tatsache, daß das neue politische System, vor allem in der Nachfolgefrage, durch die Spannungen unter den Angehörigen der Familie des *princeps* selbst belastet und daß auch hier ein neues Element eingeführt wurde, das die Erscheinungswelt des Principats auf Dauer mitbestimmen sollte.

Im vorletzten Kapitel seiner Augustusbiographie erwähnt Sueton die Tatsache, daß ein Senator nach dem Tode des Augustus anregte, die ganze Zeitspanne vom Tage seiner Geburt bis zu dem seines Todes «das augusteische Zeitalter» zu nennen und es unter dieser Bezeichnung auch in die *fasti*, den römischen Staatskalender, einzutragen. Doch, so fährt Sueton fort, man bewahrte Maß in den Ehrungen. Allein, was der römische Senat im Jahre 14 n. Chr. zunächst unterdrückte, ist später Wirklichkeit geworden: Das *saeculum Augustum* hat sich längst als Epochenbegriff durchgesetzt, die Personalisierung des Geschehens mit all ihren Folgen das Geschichtsbild bestimmt. Die in Wirklichkeit so widerspruchsvolle, offene, von Spannungen geprägte Entwicklung wurde abstrakt systematisiert und gleichsam nur von einem Pole aus gestaltet gesehen. Im folgenden soll deshalb bewußt der evolutionäre, dialektische Grundzug der Epoche stärker betont werden.

Die Verrechtlichung der Macht und der Ausbau des politischen Systems

Grundzüge der innenpolitischen Entwicklung und der staatsrechtlichen Absicherung des Principats

Legalisierung und Konsolidierung der Macht waren jene beiden Konstanten, welche über den raschen Wechsel der Konstellationen und Formen hinweg die innere Politik Octavians bestimmt hatten. Dabei zeigten die geschilderten Etappen des Triumvirn, des Anführers im Krieg gegen Ägypten, und schließlich die folgende des *princeps*, daß die Verrechtlichung der Macht nicht in einem Zuge erfolgte, sondern das Ergebnis eines längeren und durchaus elastischen Prozesses gewesen ist. Bei der Gestaltung dieser Entwicklung aber war Octavian nicht frei. Er respektierte vielmehr die «republikanische» Tradition und wählte bewußt Elemente zur verfassungskonformen Legalisierung seiner Stellung und seiner Kompetenzen, die sich wenigstens scheinbar und wenigstens äußerlich mit den üblichen Normen der späten Republik in Einklang bringen ließen.

Wenn man die verfassungsrechtliche Lösung Octavians beurteilen will, ist von der faktischen Weiterentwicklung des republikanischen Staatsrechts in den Krisen der späten Republik auszugehen. Die alten Bindungen der klassischen Republik, Annuität und Kollegialität jeder Magistratur, waren inzwischen wiederholt durchbrochen, langfristige Imperien, die Einsetzung von Promagistraten zur Leitung der Administration sowie die Delegation von Kompetenzen an Legaten eingeführt worden. Die durch die Entwicklung diskreditierten Lösungen eines alleinigen Konsuls, eines *consul sine collega* (Pompeius – 52 v. Chr.), oder eines Diktators auf Lebenszeit, eines *dictator perpetuo*, vermied Octavian bewußt. Er ließ sich statt dessen zunächst weiterhin Jahr für Jahr zum Konsul wählen, so wie das bereits Marius getan hatte, und er begnügte sich mit einem befristeten und begrenzten *imperium*, das sich an die Imperien des 1. und des 2. Triumvirats anlehnte und das gerade in dieser befristeten Form über Octavians Willen zur kontinuierlichen Behauptung der Macht hinwegtäuschen konnte.

Die Lösung selbst aber war nach der Rückkehr aus Ägypten auf vielfältige Weise, durch materielle Verpflichtungen wie durch ideologische Beeinflussung und demonstrative Akte einer «republikanischen» Stilisierung eingeleitet worden. Einerseits hatte eine ganze Reihe von ehrenvollen Senatsbeschlüssen in den Jahren 30 und 29 v. Chr. die Leistungen Octavians gefeiert, selbst Gebete und Opfer für sein Wohl dekretiert und damit seiner religiösen Verehrung auch in Rom, Italien und im lateinischen Westen ebenso den Boden bereitet wie der Entfaltung der Principatsideologie. Zugleich dokumentieren diese vielfältigen – wenn auch gegenüber den Ehrungen Caesars in dessen letzten Lebensjahren wesentlich verhalteneren – Akte, daß die Mehrzahl der Senatoren zumindest zur Anerkennung der neuen Machtverhältnisse bereit war. Andererseits hatte Octavian Ende 28 v. Chr. durch ein Edikt sämtliche widerrechtlichen Maßnahmen, die er während des Bürgerkrieges auf der Grundlage der Triumviratsgewalt getroffen hatte, für nichtig erklärt und so einen wichtigen Beitrag zur Wiederherstellung des Rechtsfriedens und zur Verständigung mit den Opfern der inneren Auseinandersetzungen geleistet.

Die Vorgänge des 13. und 16. Januar 27 v. Chr. dokumentieren dann eine umsichtige Inszenierung von langer Hand, die gewiß nichts dem Zufall überließ. Am 13. Januar legte Octavian seine Sondergewalt nieder und gab Provinzen, Heere und Verwaltung in die Hände von Senat und Volk zurück. Formell war in jenem Augenblick die römische *res publica* wiederhergestellt. Doch der Senat war schon längst nicht mehr in der Lage, mit den vielen und komplexen Problemen des Imperiums ohne Octavian, ohne dessen Anhängerschaft, ohne dessen Truppen und nicht zuletzt ohne dessen materielle Mittel fertigzuwerden. Der Senat stand zudem im Banne einer öffentlichen Meinung, für die jede Neuordnung, welche den Sieger von Actium und Alexandria, den Mann, der sich soeben zum Garanten der Freiheit, des Friedens und der Tradition stilisiert hatte, nicht einbezog, gleichbedeutend mit dem Ausbruch eines neuen Bürgerkrieges war. Noch mehr aber als eine Wiederholung der Diktatur Caesars wurde in der römischen Öffentlichkeit nach über zwei Jahrzehnten Bürgerkrieg eine Fortsetzung jener chaotischen Zustände befürchtet, die dann eintreten mußten, wenn die Senatsaristokratie ohne Octavian zu reagieren versuchte.

4 *Clupeus virtutis;* OB CIVIS SERVATOS, Lorbeerzweige, Corona civica

Das Drängen der Senatoren, die Leitung des Staates auch weiterhin beizubehalten, erwiderte Octavian schließlich mit der Bereitschaft, die Verantwortung für die gefährdeten und noch nicht völlig befriedeten Teile des Imperiums zu übernehmen. Mit Spanien, Gallien und Syrien umspannte Octavians langfristiges *imperium proconsulare* nicht nur die strategisch wichtigsten Landschaften des römischen Machtbereichs, sondern es schloß zugleich den Oberbefehl über den Großteil des römischen Heeres in sich. *Imperium proconsulare* und das weiterhin Jahr für Jahr bekleidete Konsulat waren somit zuerst die staatsrechtlichen Basen der neuen Ordnung Octavians. Am 16. Januar bekundete der römische Senat dann seine Dankbarkeit durch ungewöhnliche Ehrungen, die für die künftige Ideologie des Principats grundlegend werden sollten: «Für dieses mein Verdienst bin ich durch Senatsbeschluß Augustus (der Erhabene) genannt worden, und mit Lorbeer wurden die Türpfosten meines Hauses öffentlich geschmückt, und der Bürgerkranz ist über meiner Tür befestigt und ein goldener Schild in der *Curia Iulia* aufgestellt worden, den mir Senat und Volk Roms um meiner Mannhaftigkeit *(virtus)*, Milde *(clementia)*, Gerechtigkeit *(iustitia)* und Frömmigkeit *(pietas)* willen nach dem Zeugnis der Inschrift dieses Schildes gaben. Seit jener Zeit habe ich an *auctoritas* alle übertroffen, an Amtsgewalt *(potestas)* aber um nichts mehr besessen als die übrigen, die auch ich in der Magistratur zu Kollegen hatte.» So hat Augustus in seinem Tatenbericht diese Ehrungen selbst dargestellt und interpretiert.

Die Vorgänge des 13. 1. 27 v. Chr. sind von den Zeitgenossen als die «Wiederherstellung des Gemeinwesens» (Th. Mommsen) verstanden worden, als die Wiederherstellung rechtlich fundierter staatlicher Verhältnisse. Die antike Formel der *res publica restituta* hat dagegen mit dem modernen verfassungstypologischen Begriff der «Republik» höchstens indirekt zu tun, die Alternative Republik–Monarchie ist hier inadäquat, der innere Gegensatz zwischen traditioneller Republik und Principat erst allmählich über der Verfestigung des neuen Systems bewußt geworden. Die Lösung vom Januar 27 v. Chr. mußte im Gegenteil zunächst als ein Kompromiß erscheinen, der Augustus und die hinter ihm stehenden Kräfte in die traditionelle staatliche Ordnung einband.

Diese Täuschung war deshalb möglich, weil das *imperium proconsulare*, wie gesagt die wichtigste staatsrechtliche Basis des Augustus, nicht ein für allemal verliehen wurde, sondern lediglich für befristete Zeitspannen: 27 v. Chr. für zehn Jahre, 18 und 13 v. Chr. sogar nur für jeweils fünf Jahre, 8 v. Chr., 3 n. Chr. und 13 n. Chr. dann wiederum für jeweils zehn Jahre. Erst Augustus' Nachfolger Tiberius sollte das *imperium proconsulare* im Jahre 14 n. Chr. dann schon bei der Übernahme des Principats sogleich auf Lebenszeit erhalten. Daß Augustus im Jahre 27 v. Chr das Konsulat bekleidete, wurde nach Lage der Dinge hingenommen. Daß er sich auch in Zukunft, bis 23 v. Chr., zunächst Jahr für Jahr würde zum Konsul wählen lassen, konnte niemand voraussehen.

Oberflächlich betrachtet, waren die staatsrechtlichen Möglichkeiten des Augustus leicht zu unterschätzen, seine Zurückhaltung evident und gerade dies die Voraussetzung für die überschwenglichen Ehrungen.

Aber der Inhaber jener überragenden *auctoritas*, die Augustus speziell aus den Vorgängen des Januar 27 v. Chr. ableitete, hatte sich nach den Angaben Cassius Dios auch verpflichtet, Sorge und Schutz für die gesamte *res publica* zu übernehmen. Die *auctoritas* erlaubte es Augustus nicht nur, sie verpflichtete ihn geradezu, über die staatsrechtlichen Kompetenzen hinaus tätig zu werden. Auch die zunächst lediglich usurpierte Verantwortung für den Staat insgesamt war damit im Grunde legalisiert.

Schon aus Augustus' eigenem Bericht geht eindeutig hervor, welch hohe Bedeutung er den Ehrenbeschlüssen des Senats beimaß. Auch jetzt war die Dialektik von Leistungen und Ehrungen für seine Position konstitutiv. Hatte der Hinweis auf Caesar in dem Namensbestandteil *divi filius* bisher kein eigenes Verdienst impliziert, so galt für den neuen Beinamen *Augustus* das Gegenteil. Er war ebenso eine Anerkennung ungewöhnlicher Leistungen für die *res publica* wie Lorbeer und Bürgerkranz, erst recht aber der goldene Schild mit den fundamentalen «Herrschertugenden». Schon hier läßt sich erkennen, daß das neue politische System nicht allein innerhalb staatsrechtlicher Kategorien zu erfassen ist, sondern weiterer Perspektiven bedarf. Schon hier wurde Augustus auf vielfältige Weise mit einer sakralen Aura umgeben.

So bedeutsam die Vorgänge des Januar 27 v. Chr. waren, die Annahme wäre irrig, daß damit im Innern des römischen Staates ein für allemal konsolidierte Verhältnisse geschaffen wurden. Obwohl sich Augustus selbst sogleich in seine spanische Provinz begab, um dort die Kämpfe gegen die Stämme des Nordwestens zu leiten, kam es in Rom zu einer ganzen Reihe von Belastungen des neuen politischen Systems. Die Auseinandersetzung mit politischen Gegnern schwelte fort, vor allem überlagerte sie sich bald mit jener unter den führenden Anhängern der augusteischen Klientel, als seit dem Jahre 24 v. Chr. Augustus' Neffe und Schwiegersohn Marcellus zum Nachteil Agrippas in den Vordergrund gerückt wurde. Die Lage spitzte sich rasch weiter zu, nachdem es über die Frage der Kompetenz des Augustus in den Senatsprovinzen zu schweren Spannungen kam, als 23 v. Chr. eine Verschwörung des Fannius Caepio und des A. Terentius Varro Murena entdeckt wurde und als Augustus selbst lebensgefährlich erkrankte.

Mit neuen Kompromissen fing Augustus diese schwere Krise auf. Demonstrativ legte er damals das Konsulat nieder. Indessen wurden die damit aufgegebenen Kompetenzen und Initiativrechte weitgehend durch neue Befugnisse kompensiert, die ihm nun übertragen wurden: Dies waren einmal die erweiterte tribunicische Gewalt, die *tribunicia potestas annua et perpetua*, zum andern das sogenannte *imperium proconsulare maius* oder *infinitum*, das sich auf das ganze Reichsgebiet erstreckte. Hatte Augustus bisher lediglich einzelne Elemente der *tribunicia potestas* besessen, so war ihm nun die volle tribunicische Gewalt verliehen mit dem Recht, Senatssitzungen einzuberufen und deren Tagesordnung durch Initiativmaßnahmen zu gestalten. Während dadurch das Band zum römischen Volk enger geknüpft und über den Rechten doch auch das Schutzverhältnis gegenüber der *plebs* betont wurde, verlieh das *imperium proconsulare maius* in allen Provinzen eine übergeordnete Amtsgewalt, die zudem auch nicht am *pomerium*, der geheiligten Grenze der Stadt Rom, erlosch.

Die Diskussion um die Nachfolgefrage, die angesichts der lebensbedrohenden Erkrankung des Augustus bereits öffentlich geführt worden war, verstummte, weil Marcellus schon 23 v. Chr. starb, Agrippa mit der Augustustochter Julia verheiratet wurde und wahrscheinlich noch im selben Jahr, spätestens aber 18 v. Chr., für seinen mehrere Provinzen umfassenden Befehlsbereich ein spezielles *imperium* erhielt, dem kein anderes übergeordnet sein sollte. Er war damit eindeutig als *collega imperii*, als «Mitregent» des Augustus herausgestellt, blieb diesem freilich nach wie vor ebenso eindeutig untergeordnet.

Die Politik des Augustus wird in den Jahren nach 23 v. Chr. noch stärker als vor 27 v. Chr. durch seine Bemühung um ein volles Einvernehmen mit dem Senat und insbesondere durch seine Bemühung um eine Beschwichtigung der innenpolitischen Opposition gegen das neue System gekennzeichnet. In personalpolitischen Entscheidungen ist diese Tendenz ebenso zu fassen wie in der Tatsache, daß 22 v. Chr. die Provinzen *Cyprus* und *Gallia Narbonensis* demonstrativ an den Senat zurückgegeben wurden, oder in dem Zugeständnis, daß 21 und 19 v. Chr. zwei Proconsuln der Provinz *Africa* einen Triumph feiern durften.

Dennoch hielten in Rom selbst zwischen 23 und 19 v. Chr. die Unruhen an. Hungersnot und Seuchen sowie eine ganze Kette nicht abreißender Turbulenzen wühlten die Öffentlichkeit auf; der so mühsam erzielte innere Kompromiß und Ausgleich schien erneut in Frage gestellt. Der *princeps* selbst wurde bedrängt, die Diktatur anzunehmen – also gerade das zu tun, was er nach Caesars Erfahrungen um jeden Preis vermeiden mußte. Er hatte zur Kenntnis zu nehmen, daß sein Stilisierungsversuch auf der ganzen Linie gescheitert war. «Als das Volk ihm mit aller Gewalt die Diktatur aufdrängen wollte, ließ er sich auf die Knie nieder, riß die Toga von der Schulter, entblößte seine Brust und bat in dieser Haltung die Menge, ihn damit zu verschonen» – so hat Sueton die erregende Szene beschrieben.

Doch auch diese Krise, deren Nachwirkungen noch in den folgenden Jahren sichtbar blieben, wurde schließlich überwunden. 19 und 18 v. Chr. ist die Stellung des Augustus dann in einer umfassenden Weise neu gefestigt worden. Die Übertragung eines *imperium consulare*, umfassende gesetzgeberische Initiativen 18 v. Chr., eine «Säuberung» des Senats im selben Jahre, nicht zuletzt die noch engere Heranziehung des Agrippa waren die wichtigsten Vorgänge in diesem durchgehaltenen Konsolidierungsprozeß. Und wiederum wurde ein neuer, diesmal religiös fundierter Staatsakt inszeniert, der den Anbruch eines neuen Zeitalters für jedermann sichtbar markieren sollte, die großen Saecularspiele des Jahres 17 v. Chr.

Danach erschien die Lage im Innern dann jedoch so sehr gefestigt, daß sich sowohl Agrippa als auch Augustus jahrelang von Rom entfernen konnten. Während Agrippa zwischen 17 und 13 v. Chr. die Provinzen des Ostens inspizierte, hielt sich Augustus zwischen 16 und 13 v. Chr. in Gallien auf, um dort Grenzverteidigung und Provinzialverwaltung intensiv zu reorganisieren. Da 15 v. Chr. die Stiefsöhne des Augustus, Tiberius und Drusus, erfolgreich die Operationen des Alpenfeldzuges leiteten und gleichzeitig in den Söhnen des Agrippa und der Augustustochter Julia hoffnungsvolle Enkel heranwuchsen, konnte das System so gefestigt erscheinen wie nie zuvor. Die Wahl des Augustus zum *pontifex maximus* am 6. März des Jahres 12 v. Chr. wurde denn auch unter der Beteiligung von Bürgern aus ganz Italien zu einer eindrucksvollen Manifestation eines denkbar breiten *consensus*.

Allein mit dem Tod Agrippas im selben Jahre setzte eine ganze Reihe von Todesfällen ein, die Augustus persönlich erschüttern mußten: 11 v. Chr. starb seine Schwester Octavia, 9 v. Chr. der außerordentlich beliebte ältere Drusus, 8 v. Chr. starben Maecenas und Horaz. Da Augustus keinerlei Risiken eingehen wollte, wurde seine Tochter Julia, die Witwe Agrippas, zu einer neuen Ehe mit Tiberius gezwungen, der sich von seiner Frau Agrippina trennen mußte. Für kurze Zeit war Tiberius so zum zweiten Mann im Staate geworden, 6 v. Chr. wurde ihm die *tribunicia potestas* für die Dauer von fünf Jahren verliehen, vielleicht auch schon ein eigenes *imperium proconsulare maius*. Doch als die von Augustus adoptierten Söhne Agrippas und der Julia, vor allem C. Caesar, in einer Tiberius provozierenden Weise immer eindeutiger privilegiert wurden, kam es zum Bruch. Der militärisch hochqualifizierte Stief- und Schwiegersohn des Augustus zog sich nach Rhodos zurück.

Der Aufstieg der Agrippasöhne wurde dadurch beschleunigt. Im Jahre 5 v. Chr. wurde der ältere von ihnen, Caius Caesar, in feierlicher Form in den Senat aufgenommen, sogleich zum Konsul für das Jahr 1 n. Chr. designiert und von den Rittern zum *princeps iuventutis* ernannt, drei Jahre später wurden auch seinem Bruder, Lucius Caesar, analoge Ehrungen zuteil, die *principes iuventutis* zudem durch neue, besonders große Münzemissionen im ganzen Imperium vorgestellt. Im Jahr 2 v. Chr. sollte Augustus offensichtlich demonstrativ gefeiert werden, da er nun schon ein Vierteljahrhundert lang die römische Politik bestimmte. So wurde ihm am 5. Februar dieses Jahres der Titel *pater patriae* verliehen, den fortan alle römischen *principes* titular führten, am 1. August wurden Mars-Ultor-Tempel und Augustusforum eingeweiht.

Allein das Jahr 2 v. Chr. brachte nicht nur neuen Glanz für Augustus und dessen Haus, es führte auch die erste jener Katastrophen in der unmittelbaren Umgebung des Augustus herauf, die dessen letzten Lebensabschnitt verdüstern sollten. Denn in einer Hinsicht täuscht die so anspruchsvolle *pater-patriae*-Ehrung völlig: Es war Augustus nicht beschieden, von allgemeiner Verehrung getragen, ein sorgenloses Greisenalter zu genießen. Gerade sein letzter Lebensabschnitt wurde vielmehr zu einer einzigen Kette von Enttäuschungen, Rückschlägen und Katastrophen, dies innerhalb der eigenen Familie wie in der inneren und äußeren Politik.

Noch in den letzten Lebensjahren des Augustus traten Männer hervor – wie Cassius Severus und T. Labienus –, die Augustus und dessen nähere Umgebung durch Pamphlete und Reden herabsetzten, gegen Tyrannen wetterten und in provozierender Weise die *libertas* rühmten. Doch viel gefährlicher als solche vereinzelten Ausbrüche oppositioneller Gesinnung wurden mehr und mehr die Spannungen innerhalb der *domus principis* selbst, Ambition und Empfindlichkeit der für die Nachfolge in Betracht kommenden Personen, an die sich oft genug Gruppen von ehrgeizigen oder unzufriedenen Angehörigen der Führungsschicht anschlossen.

Mit der Verbannung der Augustustochter Julia im Jahre 2 v. Chr. auf die kleine Insel Pandateria begann die Reihe dieser schweren Belastungen des Principats. Augustus warf ihr offensichtlich sexuelle Ausschweifungen und Ehebruch vor, gleichzeitig wurde der Kreis um Julia, zu dem Jullus Antonius und andere Angehörige bekannter Familien der römischen Führungsschicht gehörten, aber auch einer politischen Verschwörung verdächtigt. 2 n. Chr. starb der *princeps iuventutis* L. Caesar in Massilia, zwei Jahre später auch dessen Bruder C. Caesar, der während eines großen, aber nicht sonderlich glücklichen Orientkommandos eine schwere Verwundung erlitten hatte.

Man hat den Eindruck, daß Augustus in seinem letzten Lebensjahrzehnt, nach dem Tod des Lieblingsenkels und Adoptivsohns C. Caesar im Jahre 4 n. Chr., im Grunde ein gebrochener Mann war. Zwar setzte er noch einmal eine umfassende Regelung seiner Nachfolge durch, doch über der nicht endenwollenden Kette von Unheil und Katastrophen, welche die nächsten Jahre ausfüllten, verlor er wiederholt seine Fassung. Spannen tiefer Resignation, in denen er einmal sogar seinem Leben selbst ein Ende setzen wollte, wechselten mit Anläufen zu neuer Aktivität. Es waren dies jene Jahre, in denen Livias Einfluß offensichtlich immer stärker wurde.

Nach ungewöhnlich großen Ehrungen für die beiden verstorbenen Adoptivsöhne adoptierte Augustus 4 n. Chr. den ihm nie sonderlich sympathischen, jetzt aber auch nicht mehr zu umgehenden Stiefsohn Tiberius, der in den folgenden Jahren zur wichtigsten Stütze des Systems werden sollte und der damit in eine Rolle hineinwuchs, wie sie zuerst Agrippa ausgefüllt hatte. Doch gleichzeitig mit Tiberius adoptierte Augustus auch den jüngsten Sohn der Julia, Agrippa Postumus, und zudem war Tiberius seinerseits verpflichtet worden, Germanicus, einen Sohn seines verstorbenen Bruders, des älteren Drusus, zu adoptieren. Durch dieses vielgliedrige und umständliche

Verfahren wurde zwar die Spitze des neuen politischen Systems in einer ebenso kompakten wie wirkungsvollen Weise abgesichert und gefestigt, andererseits wurden hierdurch aber auch langfristig Spannungen und unvermeidliche Rivalitäten angelegt, welche die Geschlossenheit der *domus principis* beträchtlich gefährden mußten. Dies galt nicht nur für die Beziehungen zwischen Tiberius und Agrippa Postumus, sondern ebenso für jene zwischen Tiberius und Germanicus sowie für diejenigen zwischen Germanicus und dem Tiberiussohn Drusus.

Agrippa Postumus wurde als nächster zum Mittelpunkt oppositioneller Kreise, deshalb im Jahre 6 n. Chr. aus Rom entfernt und schließlich auf die Insel Planasia verbannt. 8 n. Chr. traf ein ähnliches Schicksal die jüngere Julia, deren Mann, der Patrizier Aemilius Paullus, ein Komplott gegen Augustus vorbereitet hatte. Auch im Falle der jüngeren Julia wurden moralische Vergehen und Ehebruch in den Vordergrund gerückt, im Zusammenhang mit jenen Vorgängen auch Ovid nach Tomi verbannt. Augustus nahm die Bedrohung, die von solchen Zirkeln ausging, und die potentielle Gefahr, die dem System von Angehörigen dieser Gruppe erwuchsen, so ernst, daß er Anordnungen traf, im Falle seines eigenen Todes Agrippa Postumus und Sempronius Gracchus, einen Liebhaber der älteren Julia, zu beseitigen.

Berücksichtigt man, daß in Rom nach der Zeitenwende wiederholt Unruhen ausbrachen, die in Versorgungsengpässen, wirtschaftlichen Schwierigkeiten und Wahlkämpfen ihre Ursachen hatten, daß 6 n. Chr. ein Großfeuer erhebliche Schäden anrichtete, daß der erbitterte illyrische Aufstand der Jahre 6 bis 9 n. Chr. nur unter größten Schwierigkeiten unterdrückt werden konnte, 9 n. Chr. dann die Katastrophe des Varus im Teutoburger Wald folgte, Roms Einfluß in Armenien in diesen Jahren aber ebenso zurückging wie jener im parthischen Reich, so dürfte ein realistisches Bild dieser Zeit der Rückschläge und der deprimierenden Nachrichten entstehen. Die eigentliche Bewährungsprobe für Bestand und Dauer des politischen Systems aber sollte erst der bevorstehende, wenn auch sorgfältig vorbereitete Thronwechsel bringen, der im Jahre 14 n. Chr. erfolgte.

Die Formierung der Gesellschaft

Die Gesellschaftsstruktur der späten Republik, die Augustus vorfand, hat er weder in revolutionärem Zugriff umgestülpt noch einfach unverändert belassen. Er war weder der Agent einer bestimmten sozialen Schicht, noch verkannte er die Bedeutung der verschiedenen traditionellen Gruppen der römischen Gesellschaft. Entscheidend waren für die Gesellschaftspolitik des Augustus primär politische Gesichtspunkte, die Bereitschaft von Personen oder Gruppen, das neue politische System des Principats anzuerkennen sowie loyal und konstruktiv in ihm mitzuwirken. Wer dazu bereit war, konnte grundsätzlich materielle Vorteile und eine Mehrung seines Sozialprestiges erhoffen, wer sich versagte, verlor auf die Dauer allen politischen Einfluß. Aktiviert wurden somit einzelne wie ganze Gruppen stets im Interesse des Systems. Förderung, Beschwichtigung und Integration gingen dabei Hand in Hand. Doch auch hier wäre es falsch, von der Realisierung eines schematischen Programms auszugehen. Auch hier zeigt sich vielmehr wiederum ein langfristiger Entwicklungsprozeß, der teilweise von den Resultaten her einen wesentlich geschlosseneren Eindruck vermittelt, als den Zeitgenossen bewußt war. Der insgesamt gesehen restaurative Charakter der neuen Formierung der Gesellschaft des Imperiums war freilich stets evident.

Um die Spitzenfunktionen in der imperialen Verwaltung wie in der Armee kompetent besetzen zu können und um zugleich den Glanz seines Systems nach römischen Maßstäben zu mehren, war Augustus gezwungen, den alten Geburtsadel, das Patriziat, zu erneuern und den römischen Senat im Dienste der neuen Ordnung zu aktivieren. Durch eine vielfältige Anerkennung der Privilegien des Patriziats, die Ernennung neuer Patrizier und nicht zuletzt durch eine Heiratspolitik, welche sein Haus eng mit dem alten Hochadel verband, wurde das Sozialprestige des Patriziats gefestigt. Als sehr viel schwieriger erwiesen sich dagegen die Beziehungen zum Senatorenstand insgesamt schon allein deswegen, weil dieser korporativ organisiert war und das neue System auf die traditionsüberladene Institution des Senats nicht verzichten konnte. Augustus anerkannte zwar die gesellschaftliche Stellung des Senatorenstandes. Die inzwischen auf rund tausend Mitglieder angeschwollene Korporation des Senats wurde jedoch wiederholt nach politischen Kriterien «gesäubert» und anschließend auf 600 Angehörige beschränkt, die über ein Mindestvermögen von 1 Million Sesterzen verfügen mußten.

Die wirtschaftliche Grundlage dieses Standes wurde nicht angetastet, sein politischer Einfluß dagegen erheblich reduziert. Denn eine wirklich selbständige Politik des Senats konnte es, langfristig gesehen, schon allein deswegen nicht mehr geben, weil die Konsolidierung und die Institutionalisierung des Principats nur zu Lasten des Senates möglich waren. Dessen politische Entmachtung wurde denn auch bald evident, von einer gemeinsamen Herrschaft von Senat und *princeps* – wie sie Theodor Mommsen in seiner berühmten Formel der «Dyarchie» unterstellte – konnte nie die Rede sein. Allerdings blieb das Verhältnis zwischen *princeps* und Senat noch für geraume Zeit ein prekärer, dialektischer Prozeß: Der Senat konnte ebenso zu einer Basis innerer Opposition wie zum willenlosen Instrument der Politik des *princeps* werden. Aus ihm entstammten zunächst die gefährlichsten Gegner der neuen Ordnung, aus ihm schließlich aber auch Hunderte von zuverlässigen oder zumindest angepaßten Mitarbeitern des neuen politischen Systems.

Für diese Entwicklung ist die Tatsache grundlegend, daß der Senat der augusteischen Epoche sich in seiner Zusammensetzung mehr und mehr veränderte. Seine Neuformierung wurde jedoch nicht in einem Akt vorgenommen wie einst unter Sulla, sondern in wiederholten «Säuberungen» durchgesetzt und durch eine kontinuierliche Kontrolle überwacht. Die Macht der alten Nobilität war schon in der Epoche der Triumvirn vernichtet oder zumindest gebrochen worden. In immer größerer Zahl stiegen nunmehr profilierte, reiche und kompetente Männer aus der Führungsschicht der Kolonien und Municipien in den Senat auf. Schon bald überwog der Anteil dieser Neulinge, der *homines novi*, jenen der alten *nobiles*. Mit prinzipiellen «republikanischen» Ressentiments war bei ihnen nicht zu rechnen; die Angehörigen dieser Gruppe waren in erster Linie an der Festigung ihres sozialen Ansehens und an weiterem gesellschaftlichem Aufstieg interessiert. Beides aber bot ihnen am ehesten die Gunst des *princeps*.

So stark die Kompetenzen des Senats im politischen Sektor reduziert wurden, im Bereich der Rechtsprechung erhielt er neue Aufgaben zugewiesen. Dabei sind hier weniger die zunächst seltenen Ausnahmefälle von Hochverratsanklagen von Belang als die Neuregelung der Repetundenprozesse durch das *Senatusconsultum Calvisianum* von 4 v. Chr. Ein sogenanntes Senatsgericht ist unter Augustus jedenfalls erst in Ansätzen zu fassen, wenn es auch in Zukunft bald an Bedeutung gewinnen sollte. Man darf diesen Zuwachs des Senats an juristischen Kompetenzen freilich nicht isoliert sehen: Seit der Errichtung des Principats und parallel zur Intensivierung der römischen Administration wurde der *princeps* von Appellationen, Bitten um juristische Entscheidung oft äußerst komplizierter Tatbestände und Sachverhalte, durch Ersuchen um Gnadenakte und ähnliche juristische Anliegen geradezu überschüttet. Sie absorbierten einen großen Teil seiner täglichen Arbeitszeit, so daß eine Entlastung unumgänglich wurde. Doch sowenig es eine selbständige Senatspolitik gab, sowenig gab es eine gleichsam autonome senatorische Rechtsprechung. Bei allen wichtigeren Entscheidungen des Senats wirkte der *princeps* vielmehr entweder direkt oder indirekt mit. Seine Kompetenzen reichten aus, um ihn in jede Verhandlung eingreifen zu lassen. Zudem war der Senat ohnehin in der Regel geflissentlich bemüht, sich nach der Meinung des *princeps* zu orientieren und dementsprechend zu entscheiden.

Die seit den Gracchen politisierten römischen Ritter, das heißt die wirtschaftlich besonders aktive Schicht der Großkaufleute, Steuerpächter, Bankiers, Unternehmer vielfältigster Art, aber auch die größeren Grundbesitzer aus den italischen Städten, haben vom Principat vielleicht am meisten profitiert. Auch dieser Stand wurde von Augustus neu formiert, die alte militärische Organisation der sechs Kavallerieregimenter *(turmae)* und 18 Rittercenturien wiederbelebt und so der eigentliche Kern des Standes reorganisiert, der dann auch gelegentlich mit eigenen Ehrenbeschlüssen in Erscheinung trat. Im übrigen aber fehlte den Rittern ein ständiges korporatives Organ, wie es der Senat für den ersten Stand war. Auch für sie wurde jetzt ein Mindestvermögen von 400 000 Sesterzen festgesetzt, die Ernennung zum römischen Ritter jeweils durch den *princeps* selbst vorgenommen.

Wichtiger als alle Einzelheiten der später standardisierten ritterlichen Laufbahn ist die Tatsache, daß sich der Principat erstmals der organisatorischen Fähigkeiten, der wirtschaftlichen und vor allem der finanziellen Qualifikationen der Angehörigen dieses Standes für staatliche Zwecke bediente. So sind in ihm, wie andererseits bei den Freigelassenen, besonders viele soziale Aufsteiger zu finden, die nun im Dienste des *princeps*, sei es im Verwaltungsdienst, sei es in einer militärischen Karriere, bis zu den Spitzenpositionen eines Gardepräfekten, eines *praefectus Aegypti* oder eines *praefectus annonae* (des für die Getreideversorgung Roms zuständigen Beamten) aufsteigen konnten, zu Stellungen, welche den Einfluß eines normalen Senators bei weitem übertrafen. Dennoch war es nach römischen Traditionen zunächst undenkbar, daß etwa ein Ritter *princeps* werden könnte.

Schon zur Zeit der klassischen und der späten Republik hatte Rom immer wieder Angehörige lokaler Führungsschichten privilegiert und an sich herangezogen, so wie umgekehrt gerade die Angehörigen dieser Schicht, reichere und mittlere Grundbesitzer, Kaufleute, Reeder, Händler, Bankiers, Besitzer von größeren handwerklichen Betrieben, von den ökonomischen und materiellen Möglichkeiten des Imperiums besonders profitierten und den Principat deshalb auch wesentlich bereitwilliger und unbelasteter akzeptierten als die Angehörigen der alten römischen Führungsschicht.

Die Mitglieder der Stadträte, des *ordo decurionum*, bestimmten durch ihre Aktivität und ihren Ehrgeiz weithin das soziale und wirtschaftliche Leben in den nahezu tausend Städten des Imperiums. Erst ihre Leistungen für die städtischen Gemeinschaften ermöglichten den urbanistischen Ausbau der Kolonien und Municipien. Von ihnen stammen die unzähligen Stiftungen, die das städtische Leben nicht nur erträglich, sondern angenehm und anziehend machten, von ihnen die Mittel für die Großbauten der Theater und Amphitheater, der Tempel und Götterbilder, der Märkte und Hallen, der Wasserleitungen und Bäder, der Ehrenbogen und Statuen. Angehörige dieser Schicht stiegen oft genug in den Ritterstand und in wichtige militärische Positionen, einzelne sogar in den Senatorenstand auf. Umgekehrt wuchsen schon im Laufe weniger Generationen auch die Nachkommen reicher Freigelassener in sie hinein. Dies nicht zuletzt deshalb, weil die Städte auf die Dauer das soziale und materielle Engagement gerade dieser leistungsfähigen Gruppe nicht entbehren konnten. Die Zeit der größten Entfaltung der Municipalaristokratie liegt freilich erst nach Augustus, doch wurden schon unter ihm die Voraussetzungen für die reichsweite Konsolidierung dieser sozialen Schicht geschaffen.

Senatorenstand, Ritterstand und Municipalaristokratie können indessen trotz wichtiger Querverbindungen nicht als einheitliche Oberschicht des

Imperiums verstanden werden. Senatoren und Ritter blieben stets eng mit Rom verbunden, wurden faktisch vom *princeps* in ihrem sozialen Rang bestätigt, in ihn erhoben oder aus ihm eliminiert, während bei den Angehörigen des *ordo decurionum* lokale Entscheidungen eindeutig überwogen, an denen der *princeps* nicht mitwirkte. Im übrigen gab es innerhalb jener Stände Gegensätze und Spannungen genug, die den gesellschaftlichen Alltag der Epoche oft nachhaltiger bestimmten als gemeinsame Zugehörigkeit zu einem Stand. Angehörige des alten Patriziats zum Beispiel, die ihre Familien bis in die frühe Republik zurückverfolgen konnten, blickten mit tiefer Verachtung auf die übrigen Senatoren herab. Mit beträchtlicher Arroganz standen sie einem Exponenten des neuen Systems wie M. Agrippa gegenüber, dessen Familienname Vipsanius so traditionslos und geradezu deklassierend war, daß er ihn oft genug selbst unterdrückte, so zum Beispiel in der Widmungsinschrift des Pantheons.

Im übrigen deckten sich Standeszugehörigkeit und Funktion oder Einfluß längst nicht mehr. Maecenas blieb Ritter und war doch eine der wichtigsten Persönlichkeiten der augusteischen Führungsspitze. Ritterliche Präfekten verfügten über größere Macht als ehemalige Konsuln. Bald sollten auch bewährte Freigelassene der Hausverwaltung des *princeps* zu immer größerem staatlichem Einfluß gelangen. Andere gesellschaftliche Entwicklungen innerhalb der Führungsschicht waren nicht weniger bedeutsam. Schon unter Caesar hatte im Prinzip der Aufstieg jener sozialen Gruppe begonnen, die Ronald Syme einmal treffend als die «koloniale Elite» bezeichnet hat, der Aufstieg jener römischen Familien, die in den Kolonien und Municipien Reichtum und soziales Prestige errungen hatten, die sie auch für Aufgaben in weiterem Rahmen qualifizierten. Es ist dies jene Gruppe, die dann in Traian ihren ersten *princeps* stellen sollte. Doch auch beim Aufstieg dieser sozialen Schicht ging es nicht ohne starke Spannungen und Reibungen ab; in Rom selbst hatte sie sich gegen nicht geringe Vorbehalte durchzusetzen.

Wie der Senat so wurden unter Augustus auch die freien römischen Bürger entpolitisiert. Es gab zwar noch immer die traditionellen Formen der Volksversammlungen, und noch immer fanden die Magistratswahlen in den Komitien statt. Aber die Einflußmöglichkeiten des *princeps* auf die Wahlen waren beträchtlich. Seit dem Jahre 19 v. Chr. war er durch sein spezielles konsulares *imperium* mit den jeweiligen Wahlleitern gleichgestellt. Er konnte sowohl Kandidaten für die einzelnen Magistraturen annehmen als auch Bewerber ablehnen sowie die Wahlen selbst durch direkte Empfehlungen beeinflussen. Wer als *candidatus Caesaris* für ein Amt vorgeschlagen wurde, war in der Regel auch gewählt. Die Einführung eines komplizierten Vorwahlverfahrens, der sogenannten *destinatio*, im Jahre 5 n. Chr. führte schließlich dazu, daß die zuständigen Volksversammlungen faktisch nur noch akklamatorische Funktionen besaßen.

Eine nennenswerte Opposition der *plebs* gegen diese Aushöhlung ihrer traditionellen Rechte aber gab es nicht; durch Spiele, Getreide- und Geldspenden wurde sie systematisch korrumpiert. Es wäre völlig anachronistisch und irrig, die *plebs* unter dem Principat mit den selbstbewußten freien Bürgern in der Ära der Ständekämpfe oder noch zur Zeit der gracchischen Reformen zu vergleichen. Sie machte jetzt in der Regel materielle und soziale Forderungen geltend, kaum je dagegen politische.

Daß die Formierung der Gesellschaft des Imperiums durch Augustus im Prinzip restaurativen Charakter hatte, zeigt vor allem seine Behandlung der Sklaven und Freigelassenen. Persönlich entsprach die Haltung des Augustus den Sklaven gegenüber völlig den herkömmlichen römischen Normen. Er konnte seinen eigenen Sklaven ebenso streng wie milde begegnen, anerkannte die Rechte der Sklavenbesitzer aber selbst dort, wo ihm diese exzessiv mißbraucht schienen, wie im Falle des berüchtigten Vedius Pollio, der Sklaven den Muränen zum Fraß vorwerfen ließ, eine Unmenschlichkeit, die freilich nicht verallgemeinert werden darf. Politisch wurde Augustus mit der Sklavenfrage schon früh konfrontiert, weil – wie oben bereits erwähnt – S. Pompeius allen zu ihm flüchtenden und für ihn kämpfenden Sklaven die Freiheit versprochen hatte und dies zunächst im Jahre 39 v. Chr., im sogenannten Vertrag von Misenum, auch tatsächlich durchsetzte. Im 25. Kapitel seines Tatenberichts, das über diese Kämpfe berichtet, stilisierte Augustus jedoch das Fazit der Kämpfe folgendermaßen: «Das Meer habe ich von den Seeräubern befriedet. In diesem Kriege habe ich von den Sklaven, die von ihren Herren geflohen waren und die Waffen gegen den Staat ergriffen hatten, ungefähr 30000 gefangengenommen und ihren Herren zur Bestrafung übergeben.»

Auf derselben restaurativen Linie liegt die Einschränkung der Freilassungen von Sklaven, liegt vor allem aber jenes berüchtigte *Senatusconsultum Silanianum* des Jahres 10 n. Chr., nach dem im Falle der Ermordung eines Sklavenbesitzers alle Sklaven hinzurichten waren, welche sich mit ihrem Herrn unter einem Dache befunden hatten und diesem nicht zu Hilfe gekommen waren, ein Senatsbeschluß, der noch unter Nero exekutiert worden ist. Im übrigen kam es unter Augustus nur zu einer einzigen größeren Sklavenerhebung, 19 v. Chr. in Spanien, als versklavte Kantabrer ihre Käufer erschlugen und auch andere Sklaven zur Freiheit aufriefen. Die Revolte wurde von Agrippa mit einiger Mühe unterdrückt, die Stabilisierung des Systems insgesamt jedoch durchgesetzt.

Mit der Gruppe der Sklaven war in Rom von Anfang an denkbar eng jene der Freigelassenen verbunden, die für Augustus ebenfalls große Probleme aufwarf. Reibungen zwischen den freigeborenen Bürgern, den *ingenui*, und den freigelassenen, den *liberti*, resultierten schon in der klassischen Republik daraus, daß der Freigelassene mit dem Akt der Freilassung auch automatisch zum römischen Bürgerrecht kam. Während des 2. und 1. Jahrhunderts v. Chr. stiegen nun die Zahlen der Freigelassenen entsprechend der Zunahme der Sklavenzahlen sprunghaft an. Nach modernen Schätzungen erreichte der Anteil der Freigelassenen und deren Nachkommen gegen Ende der Republik in einzelnen Regionen Italiens bereits 75 % der *ingenui*.

Bei diesem Stand der Entwicklung setzte die restriktive Gesetzgebung des Augustus ein. Die *lex Fufia Caninia* (2 v. Chr.) legte fest, daß ein freier Erblasser testamentarisch nur noch einen bestimmten Prozentsatz seiner Sklaven in Freiheit mit vollem römischem Bürgerrecht entlassen konnte. Die *lex Aelia Sentia* (4 n. Chr.) verfügte, daß grundsätzlich nur freie Eigentümer von über 20 Jahren Sklaven freilassen durften und daß die Freilassung nur für Sklaven von über 30 Jahren galt. Die entgegen diesen Bestimmungen freigelassenen Sklaven sollten wohl frei bleiben, jedoch lediglich das latinische, nicht das volle römische Bürgerrecht besitzen. Sie wurden als sogenannte *Latini Aeliani* eingestuft. Gleichzeitig bestimmte die *lex Aelia Sentia*, daß Sklaven, die mit schweren körperlichen Strafen belegt worden waren, künftig nicht mehr das volle römische Bürgerrecht erlangen konnten.

So eindeutig die Tendenz dieser Gesetze war, welche die massenhafte und schubweise Freilassung von Sklaven vor allem durch junge Eigentümer einschränken sollten, so gering war ihr Erfolg. Zwar ist für keine einzige Region des Imperiums die genaue Relation zwischen Sklaven und Freigelassenen unter dem Principat bekannt, doch dürfte der Anteil der Freilassungen nach neueren Untersuchungen insgesamt wohl wesentlich höher liegen, als früher vermutet wurde. Um welche Größenordnungen es sich dabei handelte, zeigt wohl am besten die Berechnung von P. A. Brunt, der für Italien zur Zeit des Augustus bei einer Gesamtbevölkerung von etwa 7,5 Millionen Einwohnern mit nicht weniger als 3 Millionen Sklaven rechnet, von denen somit ein beträchtlicher Teil potentielle Freigelassene waren.

In wirtschaftlicher Hinsicht aber konnte der Anteil von Freigelassenen und Sklaven in allen ökonomischen Bereichen nicht mehr zurückgedrängt, sondern günstigstenfalls stabilisiert werden. Es war nicht entfernt daran zu denken, die auf Sklavenarbeit fußende Villenwirtschaft zu beseitigen und dem freien Kleinbauerntum wieder zu seiner Dominanz zu verhelfen. Ebensowenig war es möglich, den wirtschaftlichen und sozialen Aufstieg der Freigelassenen aufzuhalten, die häufig über hervorragende berufliche Qualifikationen verfügten und sich zudem durch Initiative und Aktivität auszeichneten. Von Augustus an haben sich die *principes* im Gegenteil gerade aus diesen Personengruppen qualifizierte Mitarbeiter gesucht, die dann als Nutznießer des neuen Systems ähnlich wie die Ritter zu großem Einfluß gelangten.

Bei einer ganzen Reihe von Freigelassenen, die sich literarisch betätigten, von Terenz bis zu Publilius Syrus und Phaedrus, ist es bezeichnend, daß die Institution der Sklaverei selbst nicht kategorisch abgelehnt, noch viel weniger die Sklaven zum Aufstand gegen ihre Herren aufgerufen wurden, sondern einer wie immer philosophisch verbrämten, resignierten Hinnahme der Lage das Wort geredet wurde. Die Freigelassenen haben sich selbst innerhalb der römischen Gesellschaft als eine politisch und privatrechtlich unterprivilegierte Gruppe verstanden, dagegen niemals als eine Klasse im modernen Sinne. Nachdem sie die Stufe der Sklaverei hinter sich gelassen hatten, kannten sie nur das eine Ziel, so rasch als möglich die volle soziale und bürgerrechtliche Integration für sich und ihre Familien zu erreichen, und gerade dafür bot ihnen nun das neue System des Principats größere Chancen als jemals zuvor.

War schon in der Kategorie der Municipalaristokratie mit einer starken Differenzierung der materiellen, ökonomischen und sozialen Grundlagen zu rechnen, so übertrifft die Inhomogenität der Provinzialbevölkerung insgesamt diese noch um ein Mehrfaches. So lag zum Beispiel in vielen Städten Kleinasiens der entscheidende soziale Gegensatz zur Zeit des Principats gerade nicht zwischen Freien und Sklaven, sondern zwischen den freien Vollbürgern der einzelnen Städte *(Poleis)* einerseits und den ebenfalls freien Beisassen und Dörflern, den *Pároikoi* und *Kátoikoi,* andererseits, wobei dieser Gegensatz noch dadurch vertieft wurde, daß es sich bei den freien Zuwanderern in die Städte häufig genug um ein ethnisch verschiedenes Bevölkerungselement handelte. In jedem Falle trifft die traditionelle römisch-italische Gesellschaftsstruktur auf die Mittel- und Unterschichten der Provinzialbevölkerung nicht zu. Dort ist vielmehr eine regional außerordentlich verschiedenartige Zusammensetzung des Bevölkerungssubstrats kennzeichnend. Dies sei wenigstens knapp skizziert.

Während der Anteil der Sklaven an der Gesamtbevölkerung Italiens relativ hoch war, ist in den Westprovinzen des Imperiums mit einem größeren Sklavenanteil lediglich in den alten Kolonisationsräumen Spaniens und Galliens, vor allem in den städtischen Zentren und in den spanischen Bergwerken zu rechnen. In den Donauprovinzen überwog dagegen stets eindeutig die Rolle des freien kleinen und mittleren Bauerntums. In Kleinasien trat zu den schon besprochenen Gegensätzen als wichtige soziale und wirtschaftliche Zelle noch das unabhängige Tempelterritorium mit den Tempelsklaven und den Leibeigenen der anatolischen Gottheiten hinzu, eine Sonderform, zu der es im Westen keinerlei Analogien gab.

Auffallend gering war der Anteil der Sklaven an der Gesamtbevölkerung auch im syrischen Raum und in den Dörfern der syrisch-arabischen Grenzgebiete, deren Einwohner nahezu ausschließlich Freie waren. In Ägypten ist die Situation in Alexandria mit seinen konstanten Reibungen zwischen Griechen, Juden und einheimischer Bevölkerung von jener in den Städten, Dörfern und Weilern des Landesinnern zu trennen. Während der Anteil der Sklaven in Alexandria auf 10 % geschätzt wird, belief er sich nach Aussage der Papyri in vielen Dörfern noch nicht einmal auf 1 %. Personenrechtlich war demnach die breite Masse der ägyptischen Bevölkerung als Freie scheinbar privilegiert. Faktisch lebte sie indessen, eingebunden in ein altes Gruppensystem, häufig am Rande des Existenzminimums, während die Griechen Alexandrias noch immer eine sehr viel günstigere Position besaßen.

In den zahlreichen Städten Nordafrikas bildeten vor allem die Grundbesitzer die privilegierte Führungsschicht. Kennzeichnend ist dort eine immer stärkere Konzentration des Großgrundbesitzes. Zur Zeit Neros sollen sechs Großgrundbesitzer die Hälfte des ganzen Landes besessen haben. Doch charakteristisch ist auch, daß auf diesen großen Gütern mehr und mehr mit freien Kleinpächtern, Kolonen, und nicht mit Sklaven gearbeitet wurde.

Diese knappe Skizze dürfte verdeutlicht haben, daß die Gesellschaftsstruktur in den römischen Provinzen keineswegs nur durch die soziale und rechtliche Polarisierung Sklavenhalter–Sklave bestimmt wurde, auch nicht durch die politische Römer–Provinziale, sondern daß teilweise in beträchtlichem Umfange traditionelle Gegensätze zwischen verschiedenen Gruppen personenrechtlich freier Bürger nachwirkten und das soziale und politische Klima bestimmten. Vereinfacht läßt sich dabei sagen, daß die gesellschaftliche, administrative und politische Struktur im Westen und Osten des Imperiums von völlig verschiedenartigen Voraussetzungen ausgingen.

Im Westen wurden, insbesondere in den gallischen *pagi*, Stämme mit größeren Territorien angetroffen, die sich ganz eindeutig unter der politischen Leitung des Landadels befanden. Es wäre völlig illusorisch gewesen, auf diese Basis das sehr viel kleinräumigere italische Stadtsystem zu übertragen. Statt dessen hielt Rom an den größeren Zellen der sogenannten galloromischen *civitas* fest, zog insbesondere die einflußreichere Schicht der Großgrundbesitzer an sich heran und integrierte diese, nicht zuletzt durch die Verleihung des latinischen Rechts oder des vollen römischen Bürgerrechts, in die privilegierten sozialen Schichten des Imperiums.

Die große Zeit der alten, befestigten und stadtähnlichen keltischen Siedlungen, der *oppida*, war nun zu Ende. Auch in Gallien und Spanien erfolgte jetzt der Übergang zu großzügigeren städtischen Siedlungseinheiten in den Ebenen oder in Lagen, für welche die Verteidigungsgunst lediglich von untergeordneter Bedeutung war. Das alte *oppidum* von Bibracte mit seiner charakteristischen Höhenschutzlage wurde aufgegeben und durch die Augustusstadt Augustodunum (Autun) ersetzt. An die Stelle der berühmten Bergfestung Gergovia, die Caesar so schwer zu schaffen gemacht hatte, trat die Stadt Augustonementum. Die Funktionen von Noviodunum übernahm Augusta Suessionum – um nur drei berühmte gallische Beispiele von vielen zu nennen. Ganz anders gestaltete sich dagegen die Entwicklung im Osten.

Der Ostteil des Imperiums, den Octavian nach Actium und der Einnahme Alexandrias übernommen hatte, stand und fiel mit der Wohlfahrt seiner Städte. Doch in den meisten Gebieten übernahm Octavian ein ausgeplündertes Land, in dem Hungersnot herrschte und in dem die städtischen Finanzen durch die nicht abreißende Kette immer neuer Kontributionen und Belastungen in der Zeit der Bürgerkriege völlig ruiniert waren. Die

Verteilung von Getreide und der Erlaß von Schulden zeitigten nur kurzfristige Wirkungen. Wenn die wirtschaftliche Rekonstruktion auf Dauer gelingen sollte, kam es darauf an, endlich stabile Verhältnisse zu schaffen. Das heißt, Augustus konnte auch hier nicht an revolutionäre gesellschaftliche und ökonomische Veränderungen denken. Er setzte auf die alte Führungsschicht in den Städten, die dort den Stadtrat, die *boulé*, mit auf Lebenszeit gewählten Mitgliedern bildete und er tat alles, um deren Position zu stärken. Waren so die Städte die wichtigsten Zellen der Administration, so wurde zwischen und über ihnen lediglich das System der *koiná*, religiös fundierter regionaler Vereinigungen und Bünde, belebt und ausgebaut. Dies geschah in Griechenland ebenso wie in Kleinasien.

Allein die Hunderte von Städten des griechischen Ostens waren keineswegs nur passive Befehlsempfänger und nützliche Verwaltungsorgane der imperialen Administration. Sie überschütteten den *princeps* vielmehr bald mit ihren eigenen Problemen und bestürmten ihn mit immer neuen juristischen, religiösen oder administrativen Streitigkeiten und Einzelfragen. Aus einer Vielzahl von Inschriften und literarischen Nachrichten ist das erstaunliche Ausmaß diplomatischer Aktivität bekannt, mit dem von Augustus an alle römischen *principes* in Rom wie auf Reisen oder selbst auf Kriegsschauplätzen konfrontiert wurden. Ob es um die Restitution eines Tempels, die Erneuerung oder Bestätigung von Privilegien, die Abgrenzung des Asylrechts oder um Grenzstreitigkeiten zwischen verschiedenen *Poleis*, um Einzelheiten der städtischen Verfassungen, die Klärung des personenrechtlichen *status* bestimmter Bürger oder um viele andere Dinge mehr ging – stets wurde um die Entscheidung des *princeps* nachgesucht, nicht selten von mehreren Parteien gleichzeitig oder auch von Statthaltern, welche die eigene Entscheidung scheuten. Es war deshalb ein hoher Preis, den der *princeps* für die für das Imperium unentbehrlichen Funktionen der Städte des griechischen Ostens zu zahlen hatte.

Die Vielzahl der gegenüber den einzelnen Ständen und sozialen Gruppen durch Jahrzehnte hin getroffenen Maßnahmen, Initiativen und Fallentscheidungen des Augustus ergaben so am Ende schließlich ein konsistentes gesellschaftliches System. Gewiß ist die moderne Kategorie einer Gesellschaftspolitik bei Augustus sehr problematisch, und doch fügen sich die einzelnen Akte in die Gesamtkonzeption einer umfassenden Formierung und Restauration der Gesellschaft des Imperiums. Die Stände und Gruppen der Gesellschaft in Rom, Italien und den Provinzen waren dabei jedoch keineswegs nur passive Objekte augusteischer Politik; in nicht wenigen Fällen liefen vielmehr die Interessen von Individuen und Gruppen mit den Intentionen des *princeps* völlig konform. Gerade daraus erklärt sich die Tatsache, daß die Politik des Augustus erfolgreich und die Neuformierung der Gesellschaft von Dauer waren.

In einem Bereich stießen die gesellschaftspolitischen Maßnahmen des

Augustus indessen auf eine weitverbreitete Ablehnung, mehr noch, sie lösten lange Zeit gerade unter der Führungsschicht und unter den reicheren Gruppen der Bevölkerung erhebliche Unruhe und Irritation aus. Dabei versuchte Augustus auch hier gegen längst bekannte und oft beklagte Fehlentwicklungen anzugehen. Er konnte sich zudem selbst in diesem Falle auf die römische Tradition berufen und behaupten: «Durch neue Gesetze, die auf meine Veranlassung erlassen wurden, habe ich viele vorbildliche Beispiele der Vorfahren, die bereits aus unserem Jahrhundert zu entschwinden drohten, zurückgeführt und meinerseits in vielen Dingen den Nachkommen vorbildliche Beispiele gesetzt» («*Res gestae divi Augusti*», c.8).

Ehelosigkeit, Kinderlosigkeit vieler Ehen und eine hohe Scheidungsfrequenz waren im 1. Jahrhundert v. Chr. gerade unter den Angehörigen der römischen Führungsschicht weit verbreitet. Augustus hatte offensichtlich schon früh, allerdings wirkungslose, Maßnahmen gegen diese Entwicklungen ergriffen, dann schließlich – bezeichnenderweise im Jahre 18 v. Chr., das heißt am Vorabend des neuen *saeculum* – ein ganzes Bündel von Gesetzen eingebracht, die als Ehe- oder Sittengesetze des Augustus berüchtigt werden sollten: ein Gesetz gegen den Luxus der Lebenshaltung (die *lex Iulia sumptuaria*), ein Gesetz, das Ehebruch drastisch bestrafte (die *lex Iulia de adulteriis coercendis*) und schließlich ein Gesetz, das die Heiraten von Angehörigen der Stände regulierte (die *lex Iulia de maritandis ordinibus*). Das letztere wurde im Jahre 9 n. Chr. durch ein weiteres Heiratsgesetz (die *lex Papia Poppaea nuptialis*) ergänzt. Der spezielle Inhalt der einzelnen Gesetze läßt sich nicht mehr sicher rekonstruieren, schon in der Antike wurden sie als geschlossener Komplex betrachtet und interpretiert.

Eheschließung und Kinderreichtum sollten hier mit drastischen Mitteln erzwungen werden. So wurde für Männer vom 25. bis zum 60. Lebensjahr, für Frauen vom 20. bis zum 50. Lebensjahr die Ehepflicht dekretiert. Das bedeutete nichts anderes als die Pflicht auch zur Wiederverheiratung bei Beendigung einer Ehe, sei es durch Tod, sei es durch Scheidung. Immerhin wurde ein kurzer Übergangszeitraum zugestanden. Gleichzeitig wurden Eheverbote festgesetzt. So waren Angehörigen senatorischer Familien Ehen mit Freigelassenen und Schauspielern untersagt, römischen Bürgern eine Eheschließung mit Dirnen, Ehebrecherinnen und ähnlich diskreditierten Frauen.

Privilegien einerseits, einschneidende Strafen und Benachteiligungen andererseits sollten zum Kinderreichtum anhalten. Wer drei und mehr Kinder besaß, damit im Besitz des *ius trium liberorum* war, war zugleich gegen alle Belastungen aus der Ehegesetzgebung gesichert. Er wurde ferner bei Stellenbesetzungen bevorzugt, später noch auf manch andere Weise privilegiert. Eine Mutter von drei und mehr Kindern zum Beispiel war beim Tode ihres Gatten von der sonst üblichen Vormundschaftspflicht freigestellt. Doch so sinnvoll die Bestimmungen des *ius trium liberorum* auch aus bevölkerungspolitischen Gründen sein mochten, sie wurden schon bald durchlöchert, weil das *ius* selbst als Privileg verliehen wurde. Paradoxerweise entsprachen seinen Voraussetzungen zudem weder Augustus selbst noch Livia.

Am stärksten waren die Belastungen, die sich aus diesen Gesetzen ergaben, indessen für Unverheiratete und Kinderlose gerade aus den vermögenden Schichten. Denn deren Erbrecht wurde ganz erheblich beschnitten, wobei als Nutznießer dieser Diskriminierung die Staatskasse profitierte. Die massive Behinderung testamentarischer Vermächtnisse an jenen Personenkreis wie alle weiteren Strafbestimmungen für diejenigen, die den Normen der Gesetze nicht entsprachen, wurden sodann in provozierender Weise noch dadurch verschärft, daß sie mit der Belohnung von Denunzianten gekoppelt waren, ohne deren aktive Beihilfe dieser ganze Bereich nicht kontrolliert werden konnte.

Es gibt wenige römische Gesetze, die so tief in den privaten Bereich von Ehen und Familien gerade der vermögenden Gruppen eingriffen wie die augusteischen Ehegesetze. Gewiß begünstigten sie nicht nur kinderreiche Familien der führenden Stände, sondern durch manche Einzelbestimmung auch die kinderreichen Familien der Freigelassenen. Gewiß handelte es sich um einen Rückgriff auf ältere Sozialnormen und um einen Versuch, im Sinne einer damals erneut verbreiteten Rede eines Censors von 131 v. Chr., des Q. Metellus Macedonicus, gegen bedenkliche gesellschaftliche Entwicklungen vorzugehen, doch populär sind diese Maßnahmen nie geworden. Mit dem Instrumentarium der Gesetzgebung und der Prämierung von «Anzeigern» *(delatores)* ließen sich veränderte Sozialnormen nicht mehr rückgängig machen. Die Einschränkung der persönlichen Freiheit wurde bitter empfunden und konnte auch durch noch so gute rationale Argumente nicht plausibel gemacht werden. In der Sache selbst kam es zu unzähligen Scheinehen und anderen Umgehungsversuchen der Gesetze. Die öffentliche Atmosphäre blieb lange Zeit vergiftet, wie schon allein die nicht abreißenden juristischen Bemühungen in diesem Komplex zeigen. Die soziale Formierungspolitik des Augustus hatte hier den Bogen überspannt und war an ihre Grenzen gestoßen.

Die Neuordnung der Administration und des Heeres

Das wichtigste Ergebnis der römischen Politik unter Augustus war nicht in erster Linie der weitere territoriale Ausbau römischer Herrschaft, sondern gerade deren schrittweise Institutionalisierung. Deshalb kommt auch den neuen Entwicklungen in Verwaltung und Heerwesen besondere Bedeutung zu. Dabei wäre indessen auch hier die Vorstellung eines schlagartigen und durchgängigen Systemwechsels falsch und anachronistisch. Bezeichnend sind vielmehr zunächst vielfache Überlagerungen und Verflechtungen der Kompetenzen und Einflüsse oder Wirkungsbereiche des Senats und des *princeps*, bezeichnend sind eine ganze Anzahl neuer Ansätze, die erst später ausgebaut wurden. Die volle Systematisierung der Administration des Imperiums ist erst im 2. Jahrhundert n. Chr., unter Hadrian und Antoninus Pius, zum Abschluß gelangt.

Die nach 27 v. Chr. übliche Unterscheidung von Provinzen, die dem *princeps*, und solchen, die dem Senat unterstanden, gibt einen ersten Anhaltspunkt für die Strukturierung der Administration. Während Spanien, Gallien und Syrien – neben Ägypten, das seine Sonderstellung außerhalb jeden senatorischen Einflusses hatte – Augustus als Aufgabenbereich (als *provincia* im alten Sinne) übertragen wurden, behielt der römische Senat die direkte Verantwortung und Aufsicht über nicht weniger als zehn Provinzen. Dazu gehörten als wichtigste *Asia* und *Africa,* die beide von ehemaligen Konsuln als Statthaltern verwaltet wurden, sowie *Sicilia, Sardinia,* die *Baetica, Macedonia, Achaia, Dalmatia, Creta* und die *Cyrenaica, Bithynia* und *Pontus,* denen ehemalige Prätoren vorstanden. Es wurde bereits darauf hingewiesen, daß damit zugleich auch die militärische Machtverteilung ganz einseitig geregelt war. Immerhin ist zu berücksichtigen, daß Augustus im Jahre 27 v. Chr. noch kein militärisches Monopol besaß und daß damals noch immer fünf bis sechs Legionen von senatorischen Statthaltern kommandiert wurden. Freilich ging auch hier die weitere Entwicklung eindeutig zu Lasten des Senats. Die nordafrikanische Legion war schließlich die letzte, über die der Senat noch bis zu Caligula verfügen konnte.

Neben den größeren und kleineren Provinzen, die stets die wichtigsten Organismen der Reichsverwaltung darstellten, gab es dann noch eine weitere Kategorie von kleineren Verwaltungssprengeln, die von Präfekten oder Prokuratoren aus dem Ritterstand geleitet wurden. Dazu gehören etwa bestimmte Gebiete in den Alpen, wie die Seealpen und die Cottischen Alpen, aber auch das historisch wie religionsgeschichtlich so wichtige *Iudaea,* das im Jahre 6 n. Chr. in eine an Syrien angelehnte Prokuratur verwandelt wurde.

Die übliche Unterscheidung zwischen sogenannten kaiserlichen und senatorischen Provinzen darf im übrigen nicht zu der Vorstellung verleiten, als habe es unter dem Principat einen gleichsam autonomen Verwaltungsbereich des römischen Senates gegeben, der allen Einflüssen und Eingriffen des *princeps* entzogen war. Das Gegenteil beweist eine ganze Reihe von Inschriften, insbesondere die berühmten Edikte von Kyrene. Später, in trajanischer Zeit, ist die Mission des jüngeren Plinius in die Provinz Bithynien und *Pontus* ein anderes bekanntes Beispiel solcher Eingriffe eines *princeps* in den senatorischen Verwaltungsbereich. Im übrigen bleibt zu berücksichtigen, daß der *princeps* durch den Ausbau seiner eigenen Finanz- und Vermögensverwaltung, durch Prokuratoren, die ihm persönlich unterstanden, eine Fülle von Informationen über alle administrativen und politischen Vorgänge und Entwicklungen auch in den Senatsprovinzen erhielt.

Bei der Einschätzung der prinzipiellen Probleme und bei der Bewertung der generellen Veränderungen in der Verwaltungsstruktur des Imperiums, die hier im Vordergrund stehen und die wichtiger sind als lokale Einzelheiten administrativer Maßnahmen und singuläre personengeschichtliche Daten, ist ein weiterer Grundzug wesentlich: Im Bereich der Neuordnung der Verwaltung von Rom, Italien und den Provinzen wird die Gesamtentwicklung wiederum nicht ausschließlich vom Willen des *princeps* diktiert. Es wäre völlig falsch anzunehmen, daß der *princeps* von sich aus immer weitere Sektoren der Administration an sich gerissen und in kurzer Zeit eine Monopolisierung der Verwaltung in seiner Hand erstrebt hätte. Denn ein Drängen zur Übernahme zusätzlicher neuer Verwaltungsaufgaben konnte schon allein deswegen nicht im Interesse des Augustus liegen, weil sie in der Regel mit beträchtlichen finanziellen Aufwendungen verbunden waren. Ein kurzer Blick auf die tatsächlich übernommenen neuen Aufgaben, die *curae*, dürfte dies belegen.

Schon die erste, die *cura annonae*, die Aufgabe, die Getreideversorgung der Hauptstadt zu garantieren, zeigt jene Weiterungen und Konsequenzen an, die sich aus einer solchen Verpflichtung ergeben konnten. Als es im Jahre 22 v. Chr. in Rom wegen der chronisch schlechten Versorgung mit Korn wieder einmal zu Unruhen gekommen war, mußte Augustus nicht nur eine aktuelle Versorgungskrise meistern, was durch den Einsatz seiner materiellen Mittel relativ rasch gelang, sondern er sah sich durch die persönliche Übernahme der *cura annonae* gezwungen, diesen ganzen Verwaltungsbereich zu reorganisieren. Dazu wurden zunächst zwei, später vier Präfekten für die Getreideausgabe eingesetzt *(praefecti frumenti dandi)*, ehemalige Prätoren, die damit über eine relativ hohe Autorität verfügten. Diese war auch unumgänglich, um die reibungslose monatliche Verteilung des kostenlosen Getreides an immerhin etwa 200 000 Empfänger dieser Sozialleistung zu gewährleisten.

Doch mit der Kontrolle der Ausgabe allein war es nicht getan. Nicht weniger wichtig wurde die Sicherung einer kontinuierlichen Getreidezufuhr nach Rom, die alle erdenklichen Engpässe, wie Mißernten, Behinderung der Transporte durch Stürme und anderes mehr, zu berücksichtigen hatte. Dazu genügte es nicht, daß nun ein eigener Vorsteher der Kornversorgung, der *praefectus annonae*, einer der höchsten Beamten aus dem Ritterstand, für diesen Bereich eingesetzt wurde. Es war erforderlich, in Rom wie in Ostia, dem wichtigsten Versorgungshafen der Hauptstadt, riesige Getreidespeicher *(horrea)* zu errichten, Transportkapazitäten bereitzustellen, vor allem jedoch in Sizilien und Ägypten regelmäßig beträchtliche Getreidemengen zu erfassen, zu lagern und zu verladen, um eine reibungslose Zufuhr zu erreichen und die notwendigen Reserven zu schaffen.

Moderne Interpretationsversuche dieser Maßnahmen, deren soziale und wirtschaftliche Auswirkungen kaum zu überschätzen sind, greifen häufig zu kurz. Natürlich ist es richtig, daß die *annona* bald nur noch mit dem *princeps* und nicht mehr mit der abstrakten römischen *res publica* verbunden wurde. Ebenso richtig ist es, das berühmte *panem et circenses,* kostenlose Getreideversorgung und prächtige Spiele zur Unterhaltung, als Preis des römischen Principats für die Entpolitisierung der freien römischen Bürger, insbesondere der *plebs urbana,* des stadtrömischen Proletariats, zu bewerten. Nur ist dabei zu bedenken, daß die Ursachen der Notwendigkeit einer kostenlosen Getreideversorgung tiefer liegen. Sie liegen in dem notorischen Mangel an Arbeitsplätzen, der für die Stadt Rom schon seit dem 2. Jahrhundert v. Chr. zu beobachten ist und der eine Konstante der römischen Produktionsverhältnisse auch während des Principats blieb. Augustus selbst hat im übrigen in seinem Tatenbericht die Bedeutung der Vorgänge auf dem Sektor der Getreideversorgung während des Jahres 22 v. Chr. besonders stark akzentuiert. Er wies darauf hin, daß ihm damals zur Bewältigung der Krise vom Volk und vom Senat sowohl die Diktatur als auch ein lebenslanges, alljährlich zu erneuerndes Konsulat angetragen wurden, daß er aber beide außerordentliche Positionen abgelehnt habe.

Andere Aufgabengebiete, deren sich der *princeps* annahm, betrafen die Verwaltung und die Betreuung der Tempel und der öffentlichen Gebäude und Immobilien, die Wasserversorgung der Hauptstadt, die Sicherung des Tiberbettes und -ufers, die Einrichtung einer ständigen Feuerwehr und schließlich die Veteranenversorgung.

Die Pflege der Tempel und der öffentlichen Bauten wie die ordnungsgemäße Verwaltung des staatlichen Grundbesitzes stehen in engem Zusammenhang mit dem auch politisch bedingten und ideologisch zu bewertenden Bauprogramm des Augustus. In seinem Tatenbericht brüstet er sich geradezu mit der Vielzahl der von ihm durchgeführten und finanzierten Baumaßnahmen. Ein Satz aus diesem langen Katalog ist dabei besonders aufschlußreich, derjenige nämlich, in dem er feststellt, daß er im Jahre 28 v. Chr. – und damit am Vorabend der staatsrechtlichen Legalisierung seiner Stellung – nicht weniger als 82 Tempel in der Stadt habe wiederherstellen lassen. Es ist selbstverständlich, daß diese systematische Renovierung der verfallenden stadtrömischen Tempel, die wieder einmal die *pietas* des Augustus handgreiflich demonstrierte, nur ein Element in der umfassenden Beeinflussung der römischen Öffentlichkeit in jener prekären Phase nach dem Ende des großen Bürgerkriegs darstellte. Sinnvoll aber war diese Aktion wie andere parallele architektonische Maßnahmen nur dann, wenn auch für die Zukunft die Pflege der Tempel, der öffentlichen Bauten und des staatlichen Besitzes an Grund und Boden gewährleistet wurde. Die *curatores aedium sacrarum et operum locorumque publicorum,* eine aus Senatoren gebildete Kommission, hatte diese Aufgabe zu übernehmen.

Die im Jahre 11 v. Chr. eingesetzten *curatores aquarum* wiederum waren in ähnlicher Weise für die Wasserversorgung der Hauptstadt zuständig, die gegen Ende der Regierung des Augustus erstmals bezeugten *curatores riparum et alvei Tiberis* für die ständige Überwachung, Korrektur und Befestigung der Ufer und des Flußbettes des Tiber. Der Bau und die Instandsetzung riesiger Wasserleitungen mit ihren monumentalen Aquädukten, deren lange Bogenreihen sich durch ganz Latium hinzogen, um klares Quellwasser in beträchtlichen Mengen in die Hauptstadt zu leiten, waren schon immer ein *nobile officium* römischer Aristokraten gewesen. Nach modernen Schätzungen wurde dabei täglich etwa 1 Milliarde Liter Wasser nach Rom geleitet. Der Wasserbedarf für die Thermen wie für die städtischen Villen und Wohnblöcke war immens.

Auch hier erwähnt Augustus in seinem Tatenbericht, daß er die Wasserleitungen, die an vielen Stellen bereits Altersschäden aufwiesen, wiederherstellen und daß er die Kapazität der berühmten republikanischen *Aqua Marcia* durch die Zuleitung einer neuen Quelle verdoppeln ließ. Unerwähnt bleibt dagegen der energische Einsatz des M. Agrippa gerade auf diesem Gebiet. Aber auch hier war die Organisation kontinuierlicher Verantwortung eine Leistung des Principats. Die zuständigen *curatores aquarum*, von denen zur Zeit Nervas Frontin, der Verfasser der Schrift «De aquis urbis Romae», am bekanntesten wurde, waren denn auch eine besonders angesehene und verantwortungsvolle Spezialistengruppe, die über beträchtliche technische Qualifikationen verfügen mußte.

Ähnlich lagen die Dinge bei den *curatores riparum et alvei Tiberis*. Wer heute in Rom das gut befestigte Tiberbett betrachtet, wird sich kaum vorstellen können, daß dieser Fluß in der Antike häufig über die Ufer trat und dabei ganze Stadtteile überschwemmte. Auch hier sollte eine eigene Kommission kontinuierlich Vorsorge treffen, was freilich nicht immer in ausreichendem Maße geschehen ist. Eine andere ständige Gefährdung der hauptstädtischen Bevölkerung stellten die zahlreichen Brände dar, die sich auf Grund der engen Bauweise rasch ausbreiteten und nur schwer unter Kontrolle zu bringen waren. Dieser ganze Bereich wurde vollends zu einem Politikum ersten Ranges, als sich im Jahre 22 v. Chr. M. Egnatius Rufus, der nicht zu den Exponenten des augusteischen Systems gehörte, dieser Aufgabe annahm, noch als Ädil Feuerwehren organisierte und damit rasch große Popularität gewann. Schon im Jahre 21 v. Chr. erlangte Egnatius Rufus deshalb auch die Prätur, wurde jedoch zu Fall gebracht, als er sich zwei Jahre später um das Konsulat bewerben wollte. Unter der Beschuldigung, eine Verschwörung gegen Augustus angezettelt zu haben, wurde er angeklagt und zusammen mit einigen seiner Anhänger zum Tode verurteilt.

Die Angelegenheit zeigt exemplarisch, wie riskant es damals bereits geworden war, Augustus in organisatorischen und administrativen Fragen übertrumpfen zu wollen. Dabei ist die Bedeutung der Brandschutzmaßnahmen wohl erst dann verständlich, wenn die endgültige Regelung dieses Bereichs im Jahre 6 n. Chr. berücksichtigt wird. Damals wurde – bezeichnenderweise aus Freigelassenen – die Formation der *vigiles*, der Wächter, aufgestellt, insgesamt 7000 Mann, die in sieben Kohorten eingeteilt wurden. Von diesen war jede für jeweils zwei der insgesamt vierzehn Stadtbezirke Roms zuständig. Die Formation war straff organisiert, der *praefectus vigilum*, der sie kommandierte, einer der höchsten ritterlichen Beamten. Da in der Stadt Rom selbst nach altem Herkommen keine Truppen standen, hatte die militärisch organisierte Feuerwehr zuerst auch eine ganz erhebliche polizeiliche und militärische Bedeutung. Das sollte sich schon allein darin zeigen, daß der *praefectus vigilum* Macro mit seinem Verband beim Sturz des Prätorianerpräfekten Sejan unter Tiberius eine Schlüsselrolle spielte.

Der Schwerpunkt der Verwaltungsinitiativen des Augustus lag in Rom, dem neuralgischen Zentrum der Macht. Sehr viel bescheidener waren die Maßnahmen in Italien. Es gibt zwar einige Hinweise auf Initiativen des Augustus zugunsten seiner Veteranenkolonien, über den Bau von Wasserleitungen in Venafrum und Pola sowie über andere bauliche Maßnahmen, insgesamt gesehen wurde jedoch in die traditionell gut funktionierende Selbstverwaltung der italischen Städte so wenig als möglich eingetriffen. Lediglich in zwei Bereichen sind die lokalen Interessen durch übergeordnete Zielsetzungen überlagert worden, einmal im Fernstraßenbau, zum andern in der Organisation des staatlichen Nachrichten- und Kommunikationssystems, des *cursus publicus*.

Im Bereich des Fernstraßenbaus wurde Augustus bezeichnenderweise im Jahre 27 v. Chr. aktiv. In seinen *res gestae* hieß es: «In meinem 7. Konsulat ließ ich die *Via Flaminia* von der Stadt Rom bis nach Ariminum erneuern, sowie alle Brücken, mit Ausnahme der Mulvischen und der Minucischen.» Daneben sind für eine ganze Reihe großer Fernstraßen, wie die *Via Appia*, die *Via Latina* und die *Via Salaria*, Wiederherstellungsarbeiten aus augusteischer Zeit bezeugt. Völlig neu wurde dagegen die *Via Iulia Augusta* angelegt, die von Placentia aus in die Provence führte. Wie mehrere Meilensteine von 13/12 v. Chr. belegen, ist sie zu einer Zeit gebaut worden, als die gallisch-germanische Grenze in den Mittelpunkt militärischer Aktivität rückte und deshalb auch im Bereich Oberitaliens wie der *Gallia Narbonensis* eine leistungsfähige Infrastruktur erforderlich war.

Aus einer Notiz Suetons ist bekannt, daß Augustus auch andere Angehörige der römischen Führungsschicht, die einen Triumph errungen hatten und deshalb über beträchtliche Beuteanteile verfügten, dazu veranlassen wollte, sich an der Wiederherstellung der großen italischen Fernstraßen zu beteiligen. Doch der Versuch scheiterte. 20 v. Chr. wurde ihm selbst die Verantwortung für die Straßen um Rom übertragen. Ehemalige Prätoren, die *curatores viarum*, nahmen sich unter seiner Oberaufsicht dieser Aufgabe an.

Anders lagen die Dinge bei der Organisation des *cursus publicus*. Hier waren zunächst Jugendliche der italischen Städte verpflichtet, in der Form von Stafetten militärische Nachrichten zu übermitteln. Unter Augustus wurden dann längs der großen Fernstraßen Wagen und Zugtiere verteilt, um Kuriere über weite Entfernungen rasch zu befördern. Diese neue Lösung brachte den großen Vorteil, daß die Kuriere zusätzlich zu den schriftlich niedergelegten Berichten von Statthaltern, hohen Verwaltungsbeamten oder Kommandeuren, die sie in erster Linie zu übermitteln hatten, auch noch für weitere Informationen und Rückfragen zur Verfügung standen. Es ist eine plausible Annahme der neueren Forschung, daß der für diesen Bereich zuständige *praefectus vehiculorum* ebenfalls schon unter Augustus eingesetzt wurde.

Die systematische Reorganisation von Herrschaft und Verwaltung im *Imperium Romanum* durch Augustus erforderte vor allem eine umfassende Neuordnung des Steuersystems und die beträchtliche Erhöhung der regelmäßigen Einnahmen des römischen Staates, wenn die zum Teil äußerst aufwendigen Maßnahmen auf Dauer finanziell abgesichert werden sollten. Verschlangen schon die Intensivierung der Verwaltung wie die Bauten große Summen, so fielen doch am stärksten die Finanzierung des stehenden Heeres und die Versorgung der Veteranen ins Gewicht. So groß auch die Zuschüsse des Augustus aus seinem Privatvermögen waren, dies reichte als Finanzierungsbasis auf die Dauer bei weitem nicht aus.

Andererseits war die Durchsetzung neuer Steuern alles andere als populär. Sie war es um so weniger, als seit dem Jahre 167 v. Chr. die Einziehung der regelmäßigen Abgabe des *tributum* in Italien eingestellt werden konnte, weil sich alle staatlichen Ausgaben aus Kriegsbeute und aus den Abgaben der Provinzen bestreiten ließen. Faktische Steuerfreiheit zählte denn auch zu den wichtigsten materiellen Privilegien des römischen Bürgers, zumindest während der späten römischen Republik. Die einzige Ausnahme davon bildete die schon im Jahre 357 v. Chr. eingeführte Sklavenfreilassungssteuer, die *vicesima libertatis,* eine Abgabe in Höhe von 5 % vom Wert des betreffenden Sklaven, welche der freilassende Bürger oder der freigelassene Sklave selbst zu leisten hatte, eine Abgabe, welche auch unter dem Principat beibehalten wurde. Sie ist während der Republik an die Steuerpachtgesellschaften der *publicani* verpachtet und von diesen eingezogen worden.

Die von Augustus neu eingeführten Steuern waren einmal eine einprozentige Warenverkaufssteuer *(centesima rerum venalium)* oder eine halbprozentige Abgabe auf alle versteigerten Güter *(ducentesima auctionum),* zweitens eine vierprozentige Sklavenverkaufssteuer *(vicesima quinta venalium mancipiorum)* und drittens eine fünfprozentige Erbschaftssteuer *(vicesima hereditatium),* von der jedoch die unmittelbaren Angehörigen ebenso befreit waren wie die kleineren Nachlässe insgesamt. Da jeder staatliche Apparat für die Einziehung dieser Steuern fehlte, wurden auch sie zunächst über private Pächter kassiert; erst allmählich sind auch hier Prokuratoren mit dem entsprechenden Hilfspersonal eingesetzt worden.

Die generell zu beobachtende Verflechtung und Überlagerung sogenann-

Die Verrechtlichung der Macht

ter kaiserlicher und senatorischer Kompetenzen wird insbesondere in den zentralen staatlichen Kassen sichtbar. Hier blieb die wichtigste Staatskasse, das *aerarium Saturni*, weiterhin bestehen. Sie blieb auch in senatorischer Obhut und wurde von zwei Prätoren geleitet. Die Funktionen dieser zentralen Kasse waren indessen erheblich beschnitten worden. In ihr wurden künftig lediglich die Abrechnungen der einzelnen Provinzen und die Gesamtabrechnungen sowie überschüssige Kapitalien aufbewahrt. Der Hauptteil aller verfügbaren Gelder des Imperiums wurde dagegen in neue, teilweise schon von Augustus eingerichtete Kassen geleitet. Der *fiscus (Caesaris)*, die Hauptkasse des *princeps* mit zahlreichen Außenstellen in den Provinzen für Steuergelder, Strafgebühren, den Erlös eingezogener Vermögen, Abgaben vielerlei Art, sollte dabei immer größere Bedeutung erlangen. Er wurde indessen erst unter Claudius systematisch organisiert.

Zur für den Principat wichtigsten zentralen Kasse aber entwickelte sich das 6 n. Chr. von Augustus geschaffene *aerarium militare*, eine Kasse, welche die gesamte Besoldung und Zivilversorgung der römischen Armee zu bestreiten hatte. Sie war zuerst von Augustus durch die Bereitstellung einer finanziellen Erstausstattung von 170 Millionen Sesterzen eingerichtet worden. Später flossen in sie die Erträge der Warenverkaufssteuer und der Erbschaftssteuer, so daß eine kontinuierliche Geldzufuhr garantiert war.

Die geschilderten Maßnahmen zeigen, daß die Verwaltungsreformen des Augustus sich gerade in ihren Schwerpunkten an traditionelle republikanische Formen anlehnten, daß sie von ganz konkreten Mißständen, Bedürfnissen und Aufgaben ausgingen, bei deren Lösung der *princeps* aber weder auf eine konstruktive Mitarbeit des römischen Senates verzichten konnte noch zunächst auf alte Institutionen, wie zum Beispiel die *publicani*. Allerdings wurden unter Augustus in den mancherlei *curatores*, *procuratores* und *praefecti* dann aber auch schon jene speziellen Beauftragten und Funktionäre im Dienste des *princeps* sichtbar, denen die Zukunft gehören sollte.

Mit dem *aerarium militare* wurden bereits jene Bereiche berührt, die nach dem Selbstverständnis des Augustus im Mittelpunkt seiner ganzen Politik standen: das Heer als die entscheidende Machtbasis seiner Herrschaft einerseits, Besoldung der Armee und Veteranenversorgung als die primären Aufgaben seiner gesamten Administration andererseits. Wenn der augusteische Tatenbericht mit der Feststellung beginnt: «Im Alter von neunzehn Jahren habe ich auf persönlichen Beschluß und mit eigenen Mitteln ein Heer aufgestellt...», so sind damit schon im ersten Satz dieses großen Rückblicks jene drei Faktoren genannt, denen Augustus für den Prozeß der Machtbildung und der Machtbehauptung offensichtlich Priorität beimaß: das Heer, die eigene Überlegung *(consilium)* und die eingesetzten materiellen Mittel *(impensa)*. Sieht man von dem freilich nicht zu unterschätzenden *consilium*, der rationalen Erfassung der Situation, und der daraus folgenden persönlichen Entscheidung einmal ab, so stehen Heer und Aufwendungen *(impensa)* von Anfang an in kausalem Zusammenhang. Erst die verfügbaren Geldmittel hatten die Aufstellung der späten legalisierten Privatarmee Octavians ermöglicht, das Heer dann in den Bürgerkriegen wiederum neue Mittel beschafft, die in den Erträgen der Proskriptionen, der Beute von besiegten Gegnern, vor allem jedoch in der ägyptischen Beute gipfelten. Die Bedeutung dieses ganzen Komplexes kann überhaupt nicht überschätzt werden. Die Versorgung der Veteranen ist bezeichnenderweise auch die erste große Leistung auf dem Felde der inneren Politik, die Augustus schon im dritten Kapitel des Tatenberichts demonstrativ hervorhebt.

Auch im Felde der Heeresorganisation, die für die ganze Folgezeit grundlegend werden sollte, sind die entscheidenden Maßnahmen nicht schlagartig dekretiert, sondern in mehreren Etappen verwirklicht worden, wobei zum Teil frühere Prinzipien diametral verändert wurden. Nach seinem Sieg über Antonius und Kleopatra hatte Augustus nicht weniger als 70 Legionen zu versorgen, die in dieser Gesamtzahl nicht ständig besoldet werden konnten. Die Armee wurde deshalb auf insgesamt 28 Legionen reduziert, die jeweils 5 500 Mann Infanterie und 120 Reiter umfassen sollten, diese Sollstärke aber nicht immer erreichten.

Die Dienstzeit in den Legionen belief sich auf 20 bis 25 Jahre. Danach wurden die Veteranen bei ehrenhafter Entlassung zunächst mit einem kleinen Landgut abgefunden, wobei sich Augustus rühmen konnte, daß er als erster die früheren Besitzer der dazu beschlagnahmten Güter entschädigte. Seit dem Jahre 13 v. Chr. erhielten die entlassenen Soldaten aber statt des kleinen Gütchens 3 000 Denare Entlassungsgeld, eine Regelung, die ihnen eine größere Freizügigkeit bei der Wahl ihres künftigen Wohnortes und Berufes erlaubte. Das im Römisch-Germanischen Museum in Köln wiederaufgerichtete Grabmal des Poblicius dokumentiert besonders eindrucksvoll, zu welchem Reichtum und Ansehen solche ehemaligen Legionäre in den Grenzprovinzen kommen konnten.

In denkbar engem Zusammenhang mit den sozialen und wirtschaftlichen Problemen der Veteranenversorgung steht der Komplex der augusteischen Kolonisation. Sie ist Teil eines Prozesses, der schon unter Caesar begonnen hatte, einer Bevölkerungsbewegung, deren Ausmaß oft unterschätzt wurde. Von ihr wurden drei verschiedene Personengruppen erfaßt, einmal die *plebs urbana* und die Freigelassenen der Hauptstadt – sie bildeten vor allem das Potential für caesarische Kolonien wie Korinth, Dyme und Buthrotum –, zweitens die in den Bürgerkriegen enteigneten Italiker und drittens schließlich die Veteranen. Die Aktivität des Augustus konzentrierte sich dabei offensichtlich vor allem auf die beiden zuletzt genannten Gruppen.

In seinem Tatenbericht rühmt sich Augustus, daß er in *Africa*, Sizilien, Makedonien, den beiden Spanien, *Achaia*, *Asia*, Syrien, der *Gallia Narbonensis* und Pisidien Soldatenkolonien anlegte, ferner, daß Italien selbst 28 Kolonien aufwies, die auf seine Veranlassung gegründet wurden und offensichtlich florierten. Diese neu angelegten Kolonien dienten nicht nur der bewußten Auflösung oder Vermeidung eines Bevölkerungsstaus der Unterschichten in der Hauptstadt und auch nicht nur der Versorgung enteigneter Italiker oder derjenigen von Veteranen, sondern wie zur Zeit der klassischen Republik noch immer zugleich auch der Sicherung der römischen Herrschaft. Dies gilt für die ganze Kette caesarischer Kolonien an den Küsten der *Propontis* und des Schwarzen Meeres ebenso wie für die ganz ähnliche Kette von Veteranenkolonien, mit denen Augustus die mauretanische Küste sicherte. Gleichzeitig lösten einzelne dieser neuen Kolonien die denkbar stärksten wirtschaftlichen Impulse aus, Patras nicht weniger als das verkehrsmäßig besonders günstig gelegene Alexandreia Troas.

Die Brennpunkte der augusteischen Grenzpolitik erforderten eine Konzentration der Armee vor allem an Rhein und Donau, aber auch in anderen gefährdeten und noch nicht völlig befriedeten Provinzen, insbesondere in Spanien und Syrien. Das heißt, von Augustus an blieb der Großteil des römischen Heeres in der Grenzzone in Garnison, während Italien faktisch weithin entmilitarisiert war. Seit Augustus entstanden jene großen Lager, wie diejenigen bei Xanten, Mainz und Windisch, jene umfangreichen Erde-Holz-Befestigungen, die zum Teil über 10 000 Soldaten in sich aufnahmen und die, langfristig gesehen, auch stärkste wirtschaftliche Impulse auslösen sollten.

Denn diese Lager bildeten zugleich auch wichtige Märkte, sie stimulierten die landwirtschaftliche Nutzung ihrer Umgebung für die Truppenversorgung ebenso wie die gesamte handwerkliche Produktion und nicht zuletzt den Ausbau der Infrastruktur. Bei diesen Zusammenhängen ist nicht nur an die bekannten *canabae* vor den Lagerwällen zu denken, an die Viertel mit ihren Läden, kleinen Werkstätten, Wirtshäusern und Dirnen, an jene Bereiche, wie sie jede größere Garnison entwickelt hat, sondern auch an die großen Legionsziegeleien, die Nutzung der Bodenschätze und die Entstehung von einheimischer *Terra-sigillata*-Imitation, dem antiken Vorläufer des Porzellans.

Wie die moderne systematische archäologische Untersuchung der Abfallgruben und der Schutthügel jener Lager dokumentiert, insbesondere in dem vorbildlich erforschten Vindonissa, gelangten in diese Lager zum Teil ganz erstaunliche Fernimporte, nicht nur Wein und Öl in größeren Mengen, sondern auch das berühmte *garum*, die Fischsauce aus Spanien oder Austern von der Nordsee. Für die italische Wirtschaft aber war die Dislokation der Armee in den Grenzräumen des Imperiums alles andere als ein Gewinn. Denn da der antike Landtransport stets unrentabel blieb und die Kapazitäten der Flußschiffahrt begrenzt waren, rückte eine ganze Reihe von Produktionsstätten näher an die neuen Märkte heran, damit die hohen Transportkosten vermieden wurden. So profitierte zum Beispiel von den neuen Absatzmärkten der Rheinzone nicht mehr die italische *Terra-sigillata*-Produktion von Arezzo, sondern gallische Werkstätten wie jene von La Graufesenque oder Lezoux, schließlich diejenigen von Rheinzabern und andere, günstiger gelegene Zentren der Produktion.

In ganz andere Richtung sollten sich weitere Maßnahmen des Augustus im Rahmen seiner Neuordnung des römischen Heerwesens auswirken. Dies gilt insbesondere für die Organisation der Prätorianergarde. Schon die Feldherren der späten Republik hatten über besonders qualifizierte Garden verfügt, die ihren jeweiligen Imperator auf allen Feldzügen begleiteten und zu ihm stets in einem besonders engen Treueverhältnis standen. Augustus reorganisierte seine eigene Garde dann nach 27 v. Chr. neu. Die neun Kohorten dieser Elitesoldaten, die bei einer nur sechzehnjährigen Dienstzeit den dreifachen Sold der Legionäre bekamen, waren zunächst in kleineren Abteilungen außerhalb Roms garnisoniert. Erst 23 n. Chr. wurden sie dann in dem Prätorianerlager auf dem Viminal zusammengefaßt und seither zum wichtigsten militärischen Instrument des Principats in Rom.

Eine ähnlich behutsame Zurückhaltung wie hier zeigte Augustus auch bei der Aufstellung der zwölf *cohortes urbanae*. Diese jeweils 500 Mann starken Verbände wurden im Jahre 5 n. Chr. gebildet, um Unruhen und Ausschreitungen begegnen zu können. Aber auch sie waren in kleine Kommandos aufgegliedert, um nicht zu provozieren. Ähnlich wie bei den Prätorianern waren zudem auch von ihnen zunächst lediglich drei Kohorten in Rom selbst untergebracht.

Jede Geschichte der Römischen Republik lehrt, daß Rom seine militärischen Erfolge von Anfang an zu einem beträchtlichen Teil der systematischen Mobilisierung des militärischen Potentials seiner Bundesgenossen verdankte. In vielen Feldzügen war der Anteil der Bundesgenossen ebensogroß wie derjenige der Römer selbst. Auch in die Bürgerkriege der späten Republik wurden die Truppen von Verbündeten oder Klientelkönigen verstrickt, diejenigen Kleopatras nicht anders als die der Klientelkönige Kleinasiens und des syrischen Raumes. Trotz solch älterer Ansätze begannen sich nun seit Augustus neue Lösungen abzuzeichnen. Zwar ist auch unter ihm noch zu beobachten, daß Kontingente von Verbündeten unter eigenem Kommando im Rahmen des römischen Heeres fochten, doch wichtiger wurde die Aufstellung von Infanterie- und Kavallerieverbänden, die sich aus freien Bewohnern der Provinzen rekrutierten, aber unter direktem römischem Kommando standen, Kohorten und Alen von zumeist 500 oder 1000 Mann. Diese Auxiliarsoldaten hatten 25 Jahre zu dienen und erhielten dann nach ehrenvoller Entlassung das volle römische Bürgerrecht, ebenso ihre Frauen. Die militärischen, sozialen, aber auch die politischen Auswirkungen dieser Maßnahme sind wohl kaum zu überschätzen. Einmal wurde nun das militärische Potential des Imperiums faktisch auf Dauer verdoppelt, zweitens aber wurden die Auxiliarformationen ebenso zu einem Instrument der Integration wie der Romanisierung.

Eine Sonderstellung nahm unter den Hilfstruppen die wohl aus der Bürgerkriegsarmee hervorgegangene germanische Leibwache des Augustus ein, die sich anfangs in erster Linie aus Batavern und Ubiern zusammensetzte. Diese *Germani corporis custodes*, die Augustus und der ganzen *domus principis* besonders treu ergeben waren, formierten schließlich eine in Dekurien aufgegliederte Kohorte in einer Mindeststärke von 500 Mann. Auf Grund ihrer ausgesprochenen Vertrauensposition und der engen Bindung an das Haus des ersten *princeps* wurde die Einheit dann bezeichnenderweise von Galba aufgelöst.

Rechtsprechung

Seit der *lex Sempronia iudiciaria* des C. Gracchus (122 v. Chr.) und seit der Reform der Gerichtshöfe durch Sulla hatte sich in Rom ein eigenartiges System von Schwurgerichtshöfen herausgebildet, das von Augustus lediglich ergänzt wurde und somit noch für die frühe Kaiserzeit grundlegend werden sollte. Diese Gerichtshöfe waren stets nur für bestimmte Delikte zuständig, zum Beispiel für Mord, Giftmord und die Gefährdung der öffentlichen Sicherheit *(quaestio de sicariis et veneficis)*, Fälschungen – zum Beispiel von Testamenten *(quaestio de falsis)*, Hausfriedensbruch und andere schwere Injurien *(quaestio de iniuriis)*, Wahlbestechung *(quaestio ambitus)*, Erpressung in den Provinzen *(quaestio repetundarum)*, Hinterziehung von Staatseigentum *(quaestio peculatus)*, Hochverrat und Hoheitsverletzung *(quaestio maiestatis)*, Gewaltverbrechen *(quaestio de vi)*, Ehebruch *(quaestio de adulteriis)*.

Geleitet wurden die Quaestionen von Gerichtsmagistraten, das heißt in der Regel von Prätoren, die dabei mit einer zum Teil bis zu 75 Mitglieder umfassenden Geschworenenbank eng zusammenwirkten. Da die Zusammensetzung dieses *consilium* in vielen Fällen über den Erfolg einer Anklage entschied, hatten Kläger wie Angeklagte das Recht, eine gewisse Anzahl von Richtern, die durch Los aus einer Liste ausgewählt waren, abzulehnen.

Die evidente Schwäche und Problematik des Verfahrens in den Quaestionen resultierte daraus, daß die römische Rechtsprechung kein Organ kannte, das wenigstens entfernt mit demjenigen des modernen Staatsanwaltes zu vergleichen wäre. Während die Anklageerhebung in Rom einstmals nach dem Zwölftafelrecht lediglich dem Geschädigten persönlich beziehungsweise bei dessen Tötung den Verwandten zustand, war inzwischen jeder freie und unbescholtene römische Bürger zur sogenannten Popularanklage berechtigt. Es kam hinzu, daß erfolgreiche Anklagen durch beträchtliche Prämien belohnt wurden; in Kapitalverfahren, die mit Vermögensbeschlagnahme verbunden waren, wurde dem erfolgreichen Kläger sogar ein bestimmter Teil des betreffenden Vermögens zuerkannt.

Dieses System forderte geradezu zum Mißbrauch heraus, seine schamlose

Ausnutzung war nicht nur ein Betätigungsfeld krimineller Elemente, sondern ebenso ein Tummelplatz persönlicher, nicht zuletzt politischer Feindschaften. Zu nicht wenigen der großen Strafprozesse Roms kam es in erster Linie auf Grund der politischen Implikationen. Einen gewissen Schutz gegen solche Exzesse boten den Angeklagten einmal die Tatsache, daß ihre Position im Verfahren selbst relativ stark war (so verfügten sie etwa über das Eineinhalbfache der Redezeit des Anklägers), zum andern die Institution der Verfahren wegen Verleumdung *(calumnia),* mit denen grundlose Anklagen belegt wurden.

Im Verfahren selbst überwachte der magistratische Vorsitzende der *quaestio* den ordnungsgemäßen Ablauf; die Geschworenen hatten lediglich schweigend teilzunehmen und am Ende über Schuld oder Unschuld abzustimmen. Dabei wurde auf eindeutige Entscheidungen Wert gelegt und bei einer größeren Zahl von Enthaltungen eine neue Verhandlung angeschlossen. Der Prozeß wurde demnach völlig von den Aktivitäten der Prozeßparteien bestimmt, die Anwälte einschalten, Zeugen aufbieten und Kreuzverhöre durchführen konnten. Da die Verfahren grundsätzlich öffentlich waren, liefen sie zum Teil in einer äußerst erregten Atmosphäre ab, an rhetorischen Effekten wurde jedenfalls nicht gespart. Entscheidend war einzig der Schuldspruch; das Strafmaß selbst ging meistens aus dem für das jeweilige Verfahren maßgebenden Gesetz hervor. Dabei wurde die Todesstrafe an Angehörigen der höheren Stände im allgemeinen während der späten Republik nicht mehr vollstreckt, sondern man gab ihnen Gelegenheit zur Flucht ins Exil. Hingerichtet wurden dagegen Sklaven und auch Verbrecher aus den unteren Schichten, so daß eine verschiedenartige Behandlung gemäß dem sozialen Status im Strafvollzug bereits hier prinzipiell angelegt war, jene Praxis, die schließlich in der Polarisierung von *honestiores* («ehrenhafteren») und *humiliores* («niedrigeren») ihren Abschluß fand.

Nachdem Augustus die Quaestionen ergänzt hatte, waren diese als die regulären Organe der ordentlichen römischen Strafjustiz bestätigt. Sie blieben offensichtlich auch bis in den Anfang des 3. Jh. n. Chr. bestehen, obwohl ihre Ineffektivität notorisch wurde. Mit schnellen Entscheidungen war bei ihnen nie zu rechnen, chronische Verschleppung eine Alltäglichkeit. So schob der Gerichtshof für Ehebruchsverfahren in der Zeit des Septimius Severus zum Beispiel nicht weniger als etwa 3 000 nicht erledigte Verfahren vor sich her. Hingenommen wurde diese unbefriedigende Situation lediglich deshalb, weil es seit Augustus Wege der «außerordentlichen Strafjustiz» gab, die rascher zum Ziele führten. Dabei handelte es sich vor allem um jene Polizeigerichtsbarkeit, wie sie in Rom vom Stadtpräfekten *(praefectus urbi)* und in geringerem Umfang auch vom *praefectus vigilum,* dem Kommandeur der Polizeiformationen, in Italien von Gardepräfekten *(praefectus praetorio),* unter Umständen auch von jenen Offizieren, welche die über das Land verstreuten Militärposten befehligten, ausgeübt wurde.

Von den Inhabern dieser außerordentlichen juristischen Kompetenzen war zweifellos der römische Stadtpräfekt der angesehenste und der wichtigste. Das von Augustus neugeschaffene Amt wurde in der Regel mit einem bewährten Konsular besetzt, der das volle Vertrauen des *princeps* genoß. Sein *consilium* bestand aus Senatoren und zumeist besonders qualifizierten Mitgliedern, sein Gerichtshof war nicht auf einzelne Verbrechen spezialisiert, der Verfahrensgang deshalb auch elastischer und zügiger. All dies hatte zur Folge, daß speziell die außerordentliche Strafgerichtsbarkeit des *praefectus urbi* die «ordentliche» der Quaestionen mehr und mehr in den Hintergrund drängte, während sich gleichzeitig auch der Radius der Polizeigerichtsbarkeit der übrigen außerordentlichen Organe ständig ausweitete. Vor allem mit ihrer Hilfe wurden das Bandenwesen in Italien unterdrückt und die Kriminalität in der Hauptstadt bekämpft.

Von einer Extensivierung der juristischen Kompetenzen des *princeps* kann dennoch unter Augustus und während des frühen Principats nicht die Rede sein. Dies geht schon allein daraus hervor, daß Augustus die Entscheidung von an ihn gerichteten Appellationen schon bald an Konsulare übertrug, die jeweils ein Jahr lang diese Aufgabe zu erledigen hatten. Es war ein weiter Weg von den bescheidenen Ansätzen der Eigenjustiz des *princeps* bis zur vollen Ausbildung des «Kaisergerichts» und bis zu dessen Blütezeit zwischen Hadrian und den Severern.

Wirtschaftsstruktur

Schon Michael Rostovtzeff, einer der besten Kenner von «Gesellschaft und Wirtschaft im römischen Kaiserreich» (2 Bde., Leipzig 1931), hatte einst mit Nachdruck betont, daß Augustus keine spezielle Wirtschaftspolitik betrieb. Auch mit dieser Zurückhaltung vor allen direkten staatlichen Eingriffen in das Wirtschaftsleben stand Augustus in der Tradition der Römischen Republik. Als sehr viel später, zu Beginn des 4. Jahrhunderts n. Chr., wiederum mitten in einer neuen Konsolidierungs- und Restaurationsphase des Imperiums, dann von Diokletian im sogenannten Höchstpreisedikt eine diametral verschiedene Politik ihren Niederschlag fand, eine Politik, die zum spätantiken Zwangsstaat führen mußte, da dokumentierte gerade eine solche Maßnahme den Bruch mit der Tradition des augusteischen Principats besonders deutlich.

Freilich zeitigten auch unter Augustus die Veränderungen des politischen Systems beträchtliche Auswirkungen auf den Gesamtbereich der Wirtschaft. Die moderne Kategorie der Macht neuer «Rahmenbedingungen» dürfte die Entwicklung am treffendsten charakterisieren. Denn das Ende der Bürgerkriege, die Garantie von Leben, Eigentum, Besitz und Sozialstruktur, Sicherheit, in den Provinzen weithin auch einer gewissen Steuergerechtigkeit, all dies zusammen wirkte nach den Jahren der Proskriptionen, Unruhen und Enteignungen, der Plünderungen und der Kontributionen denkbar stimulierend auf die Entfaltung der wirtschaftlichen Energien. Dazu kamen der Ausbau des stabilen Systems der römischen Reichsprägung, das die alten lokalen und regionalen Münzemissionen ergänzte und überwölbte, der Aufbau einer Infrastruktur von großen Fernstraßen und Häfen, die Sicherung des Seeverkehrs und damit der wichtigsten Transportwege eines stupenden, freilich primär auf Luxusgüter konzentrierten Fernhandels. Allerdings ist aus einer spätantiken Quelle bekannt, daß andererseits zur Zeit des Augustus jährlich ungefähr 150 000 Tonnen Getreide aus Ägypten nach Rom exportiert wurden.

Mindestens ebenso bedeutsam wie die genannten Tatsachen wurden die schon gestreiften wirtschaftlichen Rückwirkungen der Dislokation der römischen Legionen und der Auxiliarformationen in den Grenzzonen des Imperiums. Die nun in Südgallien aufblühende *sigillata*-Produktion fußte dabei auf Kleinbetrieben, die mit freien Arbeitskräften innerhalb von nur zwei Jahrzehnten über eine Million Gefäße herstellten, wie die erhaltenen Aufzeichnungen belegen. Wenn es im übrigen auch unter dem Principat im Imperium nicht zur Ausbildung einer «Großindustrie» kam, so liegt die Ursache dafür ganz gewiß nicht an dem zweieinhalbprozentigen Binnenzoll zwischen den großen, häufig mehrere Provinzen umfassenden Zollbezirken des Imperiums, sondern eher an den Marktbedingungen, reger wirtschaftlicher Konkurrenz unter einer Vielzahl von Mittel- und Kleinproduzenten und nicht zuletzt an den immensen Kosten für alle Landtransporte, welche die geringeren Herstellungskosten einer Massenproduktion mehr als auffingen.

Neben der grundsätzlichen Kontinuität der ökonomischen Strukturen der späten Republik ist auch die Kontinuität des bestehenden regionalen wirtschaftlichen Gefälles ein Merkmal der ökonomischen Gesamtformation des Imperiums unter Augustus. Wie Elena Štaerman zu Recht unterstrich, war das Imperium in dieser Epoche keine einheitliche und nivellierte sozioökonomische Formation, sondern ein «Konglomerat» der verschiedensten Wirtschaftsstile und Produktionsweisen. Neben Städten mit weit differenzierter Arbeitsteilung und jahrhundertealten Handelsbeziehungen, die zum Teil alle Küsten des Mittelmeerraumes umfaßten – wie zum Beispiel bei den alten griechischen Städten Kleinasiens, die auch gezielt für ferne Märkte produzierten –, standen andere, die lediglich ihr Hinterland versorgten, von dessen landwirtschaftlicher Produktion sie ihrerseits abhängig waren. Neben Regionen mit einem ausgewogenen Verhältnis zwischen handwerklicher und agrarischer Produktion, wie in Gallien und in den Donauprovinzen, standen zum Beispiel im Innern Kleinasiens Dorfgemeinden und Domänen, die faktisch noch überwiegend naturalwirtschaftlich orientiert waren. In Grenzräumen und Gebirgsregionen aber hatten sich zum Teil selbst auch primitivere Formen von Hauswirtschaft oder Nomadentum erhalten.

Augustus versuchte weder, diese Unterschiede einzuebnen, noch gar die Produktion der regionalen Wirtschaftsräume nach übergeordneten, imperialen Zielsetzungen aufeinander abzustimmen und zu koordinieren. Einem völligen Defizit konkreter wirtschaftspolitischer Maßnahmen steht so ein Maximum von Auswirkungen militärischer, sozialer und politischer Entscheidungen gegenüber. Daß dazu neben den bereits skizzierten Zusammenhängen insbesondere auch die Auswirkungen der repräsentativen Großbauten in der Hauptstadt ebenso gehören wie diejenigen der Kolonisation und der ständischen Formierung der Oberschicht sowie die Stärkung aller städtischen Zellen des Imperiums, ist evident.

Von allen Impulsen, die auch die Wirtschaftsstruktur der augusteischen Epoche spürbar beeinflußten, zeigt wohl am klarsten die Neuordnung der Münzprägung die Eigenart des neuen politischen Systems. Für diesen Bereich waren in Rom bisher die *tresviri monetales* zuständig, das heißt die Mitglieder einer Dreimännerkommission, deren Amt die unterste Stufe der senatorischen Laufbahn darstellte. Doch neben deren stadtrömischen Münzserien hatte es schon früher große Feldherrenemissionen gegeben, die aus den Bedürfnissen einzelner Kriegsschauplätze erwachsen waren. Im übrigen konnte Rom auf Grund seiner begrenzten technischen Mittel überhaupt nicht daran denken, die zahlreichen Stadtprägungen des griechischen und des hellenistischen Ostens zu unterbinden. Der Denar war wohl reichsweit als zentrale Leitwährung anerkannt, wurde jedoch nach wie vor lokal und regional durch die bisherigen Kleingeldserien ergänzt.

Auch Augustus konnte dieses System nicht völlig verändern. Auch er knüpfte vielmehr an die bestehenden Traditionen an. So wurden schon bald nach 30 v. Chr. zunächst in Kleinasien, dann auch in Rom und Spanien unter seiner Verantwortung große Edelmetallserien hergestellt, die selbstverständlich in Bild wie in Legende ganz von seinem Willen geprägt waren. Im Jahre 15 v. Chr. schloß sich dann in Lugdunum eine neuerrichtete Münzstätte des *princeps* an diese Linie an. Die Konzentration starker Truppenverbände löste hier wie auch in Syrien eine entsprechende Aktivität der Münzprägung aus. In Rom selbst dagegen wurden die Münzmeisterkollegien gleichsam reaktiviert, deren Aufgabenbereich zunächst jedoch vor allem im Sektor der Kupferprägung lag. Ihre Münzserien, die zumeist zwischen 18 und 2 v. Chr. eingeordnet werden, trugen auf der Rückseite ein großes S C *(Senatus consulto),* das vom Namen und Titel des jeweiligen verantwortlichen Münzmeisters umgeben war. Seit Mommsen war daher die Auffassung vorherrschend, daß sich in dieser Gestaltung eine Prägehoheit des römischen Senats widerspiegele, oder mit anderen Worten die Meinung, daß es auch in den Fragen der Prägehoheit eine «Dyarchie» zwischen *princeps* und Senat gegeben hätte.

In Wirklichkeit sagt die Formel über das tatsächliche Ausmaß der Kontrolle des *princeps* über die Kupferprägung nur sehr wenig aus. Allenfalls läßt sich aus Bildern und Legenden der Serien ersehen, daß die Münzmeister zunächst noch etwas größeren Spielraum bei der Durchführung ihrer Aufgaben hatten, später nahm der Einfluß des Augustus dagegen ersichtlich zu, schließlich erschienen auch die Namen der *tresviri monetales* nicht mehr auf den Prägungen. Da die Losungen und Leitbilder der Münzen ohnehin ein Politicum ersten Ranges darstellten, ist es auch nicht überraschend, daß sich Augustus diese Domäne nach einer gewissen Übergangszeit selbst sicherte. Autonome Gestaltungsmöglichkeiten gab es auch hier für den römischen Senat nicht mehr.

Grenz- und Außenpolitik

Die herkömmliche personalistisch-einseitige Sicht des augusteischen Principats beherrschte lange Zeit vor allem den Bereich der äußeren Politik, wo die Gesamtentwicklung auf immer neue persönliche Entscheidungen, Pläne, Programme und Konzeptionen des Augustus selbst zurückgeführt wurde. Gerade hier wurde konsequent die Einsträngigkeit und Kohärenz eines einheitlichen Prozesses unterstellt. Allein schon die lange anhaltenden Kontroversen darüber, ob es sich dabei um eine im Prinzip «imperialistische» oder um eine primär defensive Politik der Friedenssicherung handelte, zeigen die Schwierigkeiten an, die aus solchen Prämissen erwachsen. Es kommt hinzu, daß gerade dieser Sektor der augusteischen Politik die ständige Mitberücksichtigung der innenpolitischen Entwicklung und der personellen Veränderungen in der *domus principis* erfordert, ohne die manche Wendungen der äußeren Politik nicht verständlich werden. So naheliegend deshalb eine chronologische Behandlung der Abläufe insgesamt erscheinen mag, der besseren Übersicht wegen dürfte sich dennoch zunächst eine Erörterung der Entwicklungen an den einzelnen Grenzabschnitten vor jeder Behandlung der grundsätzlichen Fragen empfehlen.

Wie schon früher angedeutet wurde, erwartete die römische Öffentlichkeit nach dem Untergang des Antonius und der Kleopatra im Jahre 30 v. Chr. die Eröffnung eines neuen Partherkrieges. Die damals massierten großen Heeresverbände aus West und Ost ließen sich unschwer für ein solches Unternehmen zusammenfassen und durch einen gemeinsamen Kampf gegen einen gemeinsamen Feind neu formieren. Allein ein solch weitgespanntes und an Risiken reiches Unternehmen durchzuführen, wagte Octavian weder damals noch später. Für ihn hatten die innenpolitischen Fragen Priorität. Er drängte damals auf die Konsolidierung und Legalisierung seiner Macht, ließ die Friedensparole verbreiten und den Janustempel schließen.

Unter Augustus konnte Rom im übrigen von der Schwäche des parthischen Großreiches profitieren. Die Herrschaft Phraates IV. (37–2 v. Chr.) wurde durch immer neue Adelsrevolten erschüttert, dynastische Wirren rissen ebensowenig ab wie durch Regionalinteressen bedingte Aufstände. Da das parthische Reich damals auch über kein nennenswertes stehendes Heer verfügte, war es zu einer aggressiven Politik gegen Rom zudem gar nicht fähig. Einzig in Armenien, dem Gebirgsland zwischen den beiden Großreichen, das den Nordosten der heutigen Türkei, Teile der Sowjetrepubliken Armenien und Aserbeidschan und den äußersten Nordwesten Irans umfaßte, schwelte der Konfliktstoff weiter, weil beide Seiten hartnäckig ihre Souveränität über diesen Raum wahren wollten.

Dennoch läßt die Politik des Augustus gegenüber dem parthischen Reich wie gegenüber Armenien eine schlüssige Gesamtkonzeption vermissen. Im allgemeinen wurde von Fall zu Fall reagiert, auf Provokationen oder günstige politische Konstellationen mit eigener Aktivität geantwortet. Es ist für die augusteische Ostpolitik bezeichnend, daß sie in zwei großen Kompromissen gipfelte. Zum ersten kam es im Jahre 20 v. Chr., als sich Augustus in Syrien aufhielt und Phraates IV. durch eine massive militärische Demonstration unter Druck gesetzt wurde. Das Resultat hat Augustus selbst so formuliert: «Die Parther zwang ich, die Beute und die Feldzeichen dreier römischer Heere zurückzugeben und unterwürfig die Freundschaft des römischen Volkes zu erbitten.» Die Rückgabe der römischen Feldzeichen und der Gefangenen wurde mit vollem Pathos und auf vielfältigste Weise gefeiert, in der zentralen Bildszene der Augustusstatue von Primaporta wie in Bild und Legende der Reichsprägung, in einem großen römischen Siegesmonument wie in jenen Spielen, die diesen Erfolg noch bis ins 4. Jahrhundert rühmten. Propagandistisch war dies alles gewiß ein Meisterstück, mit den Offensivplänen Caesars hatte diese Lösung freilich nichts gemeinsam.

Ebensowenig galt dies für den zweiten Kompromiß der augusteischen Epoche. Die Wirren nach dem Tode Phraates' IV. wollte Augustus zu einer neuen Intervention und Aktivität im Osten nutzen. Im Jahre 1 v. Chr. hatte sich der Augustusenkel und Adoptivsohn C. Caesar, der damals faktisch für die Nachfolge im Principat designiert wurde, an der Spitze eines Stabes ausgesuchter Ratgeber und Sachverständiger in den Osten begeben, um eine umfassende Neuordnung durchzuführen und den römischen Einfluß zu erweitern. Auf einer Euphratinsel kam es zu einer Begegnung zwischen Phraates V. und C. Caesar, in der der *status quo* anerkannt wurde. Allein auch diesmal scheiterte der Versuch, in Armenien einen römischen Vasallenkönig auf Dauer zu halten; in dem Gebirgsland brachen neue Wirren aus. Die schwere Verwundung des C. Caesar vor Artagira im Araxestal und sein Tod in einer kleinen lykischen Hafenstadt (Anfang 4 n. Chr.) ließen die ganze Aktion ohnehin in einer Katastrophe enden.

Schon die augusteische Politik gegenüber dem parthischen Reich zeigt exemplarisch Stil und Eigenart der augusteischen Grenz- und Außenpolitik überhaupt. Es kann keine Rede sein von riskanten Unternehmungen in der Art eines Crassus, Caesar oder Antonius. Augustus mußte es im Gegenteil hinnehmen, daß die Resultate sehr kostspieliger militärischer Demonstrationen und Interventionen am Ende sehr bescheiden blieben, daß sich die Mobilisierung großer Heeresverbände und das Engagement der *domus principis* selbst, ein nicht zu unterschätzender Prestigeakt, nicht gelohnt hatten. Die Erwartungen weiter Kreise der öffentlichen Meinung wurden nicht erfüllt, doch Augustus verstand es, sein Gesicht zu wahren und die bescheidenen Ergebnisse der Kompromisse so eindrucksvoll zu stilisieren, daß man sich in Rom auch damit abfand. Die Widersprüche zwischen Ideologie und Realität sollten erst später sichtbar werden.

Die vielen Namen, die Augustus in seinem Tatenbericht als Erfolgsbilanz seiner Leistungen gerade für den Osten anführt, skizzieren ein Prestige, das selbst jenseits des Don, im Kaukasus und in Indien Beachtung fand. Aber weder diplomatische Erfolge noch die Einsetzung von ephemeren Klientelkönigen oder die Aufnahme freundschaftlicher Beziehungen mit fernen Völkern konnten die Tatsache überdecken, daß das parthische Großreich seine Stellung behauptet hatte und daß Armenien immer wieder in die Anarchie versank.

In vielen Landschaften Kleinasiens und in dessen Nachbarbereichen hielt Augustus am System der Klientelkönige fest. Der Fall des bosporanischen Königreichs an der Nordküste des Schwarzen Meeres zeigt, wie entschieden von römischer Seite aus einmal bestehende Abhängigkeiten verteidigt wurden. Denn als es dort nach dem Tode des römerfreundlichen Vasallen Asander zu Unruhen und jahrelangen inneren Auseinandersetzungen kam, in denen die Königinwitwe Dynamis eine nicht immer durchsichtige Rolle spielte, hielt Rom seinen Einfluß während eines turbulenten Wechsels von Konstellationen aufrecht. Selbst Polemo, der König von *Pontus,* mußte in jenen Konflikten römische Interessen wahren, schließlich auch Agrippa eingreifen, um eine römisch garantierte Ordnung durchzusetzen.

Über die persönlichen Interessen solcher Dynasten wurde dabei hier ebenso kühl hinweggesehen wie im Falle Galatiens, das nach dem Tode des fähigen und zuverlässigen Klientelkönigs Amyntas im Jahre 25 v. Chr. kurzerhand in eine römische Provinz umgewandelt und künftig zur römischen Bastion im Inneren Kleinasiens ausgebaut wurde. Ancyra wurde ihre Hauptstadt und zugleich das Zentrum des Kaiserkultes, in einer ganzen Reihe von Kolonien schlug sich die römische Aktivität in diesem Raum bald ebenso nieder wie in einem stark forcierten Straßenbau.

Im arabischen Raum löste offensichtlich der vor allem auf dem bedeutenden Zwischenhandel mit Indien und Äthiopien beruhende Reichtum der sabäischen und himyaritischen Stämme einen römischen Annexionsversuch aus. Es ist keine Frage, daß Rom diesen faszinierenden Handel mit Gewürzen, Edelmetallen, Pretiosen und Seide unmittelbar kontrollieren wollte, so daß hier einer der wenigen Fälle vorliegt, in denen von römischer Seite aus Aktionen eingeleitet wurden, welche durchaus den Motivationen des modernen Kolonialismus entsprechen. Im Jahre 25 v. Chr. eröffnete der Präfekt von Ägypten Aelius Gallus mit einer rund 10 000 Mann starken Armee, die durch jüdische und nabatäische Hilfstruppen verstärkt worden war, die Offensive. Das in der Nähe von Suez bereitgestellte Heer wurde über das Rote Meer nach Leuke Kome bei Akra transportiert und zog dann im Landmarsch, durch Skorbut und andere Krankheiten bald dezimiert, durch die westlichen Gebiete des heutigen Saudiarabien nach Süden.

Schlecht bewaffnete Araber wurden besiegt, schließlich die Stadt Mariba eingeschlossen. Allein wegen Wassermangel mußte die Belagerung bald aufgegeben werden, und das römische Expeditionskorps zog sich wieder in das nabatäische Arabien zurück. Der Mißerfolg der allem Anschein nach reichlich improvisierten Expedition wurde den nabatäischen Verbündeten in die Schuhe geschoben. Doch ungeachtet dieser peinlichen Schlappe erlosch die römische Aktivität im arabischen Raum nicht. Im Zusammenhang mit der großen Orientexpedition des C. Caesar im Jahre 1 v. Chr. fühlten römische Verbände bis in den Golf von Akaba vor, und ein römisches Flottengeschwader operierte wenigstens zeitweilig vor Aden. Die Münzprägung der Himyar (Homeriten) zeigt römische Einflüsse. Wie immer es um die Einzelheiten jener Verbindungen bestellt ist, Rom sollte in Zukunft zumindest indirekt vom Anwachsen des Fernhandels in diesem Gebiet profitieren.

Stärkere Aktivität herrschte zeitweilig auch im Süden Ägyptens. Schon der erste Präfekt, C. Cornelius Gallus, ein Freund des Augustus und Vergils, stieß über den ersten Katarakt hinaus nach Süden vor und nahm Kontakt mit den Äthiopiern auf. Allein die übertriebene Ruhmseligkeit dieses Mannes und wohl auch Verleumdungen führten zu seinem Sturz. Während der Arabienexpedition des Aelius Gallus nützten die Äthiopier dann die Schwächung der römischen Garnisonen, um in Ägypten einzufallen und Philae, Elephantine und Syene zu plündern. Dies löste wiederum in den Jahren 24/23 v. Chr. eine Gegenoffensive des Präfekten C. Petronius aus, der dabei Napata, die nördliche Hauptstadt des äthiopischen Königreiches, einnehmen konnte. Auf die Dauer ließ sich diese exponierte Position zwar nicht halten, doch wurde nun im Süden von Syene ein Grenzstreifen ständig besetzt, der künftig die römische Grenze wirksam sicherte.

Die römische Einflußzone in Nordafrika wurde unter Augustus systematisch reorganisiert, die alte Provinz *Africa* samt Numidien nun als Großprovinz zusammengefaßt. In Mauretanien ist 25 v. Chr. Juba, der Sohn des letzten numidischen Königs, als Klientfürst eingesetzt worden, dessen Aufgabe es war, die gätulischen Nomaden im Süden des Landes zu überwachen. Generell hielten die Auseinandersetzungen mit den im Süden an die römischen Gebiete grenzenden Nachbarstämmen an; eine ganze Reihe von

Statthaltern erzielten Triumphe, deren Resultate wieder ins Nichts zerrannen. Die Höhepunkte der römischen Aktivität lagen hier zum einen unter L. Cornelius Balbus (21/20 v. Chr.), der Germa, die Hauptstadt der Garamanten im Fezzan, besetzte, zum andern unter Cossus Cornelius Lentulus, der im Jahre 6 n. Chr. die Gätuler und die Musulami unterwarf. Auf die Dauer mindestens ebenso nachhaltig wirkten sich im römischen Nordafrika indessen die administrativen Maßnahmen der augusteischen Epoche aus, die Durchführung einer systematischen Landesvermessung und die Anlage zahlreicher Veteranenkolonien.

Im Norden und Nordwesten Spaniens waren schon seit 38 v. Chr. neue Kämpfe aufgeflammt; die Stämme der Kantabrer, Asturer und Galläker leisteten nach wie vor erbitterten Widerstand gegen alle römischen Unterwerfungsversuche. 30 v. Chr. erschien deshalb T. Statilius Taurus auf der Pyrenäenhalbinsel mit Legionen, die bei Actium gekämpft hatten, 27 v. Chr. Augustus selbst. Die neuen Operationen, in denen schließlich sieben Legionen eingesetzt wurden, sollten dem Principat zweifellos neuen Lorbeer bringen und nicht zuletzt seiner militärischen Legitimation dienen. Doch die Resultate, die Augustus persönlich erzielte, waren ziemlich bescheiden, die Siegesfeiern verfrüht. Bis zur systematischen Okkupation Nordspaniens war noch ein weiter, verlustreicher Weg zurückzulegen; die Kämpfe konnte erst Agrippa im Jahre 19 v. Chr. beenden.

Ganz anders entwickelten sich die Dinge dagegen im Süden, in Andalusien. Hier konnte die intensiv romanisierte und längst völlig befriedete Provinz *Baetica* um 15 v. Chr. an den Senat zurückgegeben werden. Aus ihrer Führungsschicht ging bald eine ganze Reihe von maßgebenden Vertretern der lateinischen Literatur hervor, wie die beiden Seneca, Lucan und Martial, schließlich eine Gruppe von Politikern und Militärs, die dann auch in Traian und Hadrian *principes* spanischer Provenienz stellten.

Auch im römischen Westen gab es einen ganz evidenten Gegensatz zwischen der Erwartungshaltung der römisch-italischen Bevölkerung und den Möglichkeiten der augusteischen Politik. Seit Caesars Vorstößen über den Rhein und den Kanal befanden sich Germanien und Britannien im römischen Blickfeld, und nichts lag näher, als von Octavian sogleich die Fortsetzung und Erweiterung der caesarischen Offensiven zu erwarten. Allein noch für Jahrzehnte blieb es in Gallien eine vordringliche Aufgabe, die römische Herrschaft institutionell zu verankern und die römische Administration zu intensivieren. Hatte sich Caesars Macht in Gallien stets auf ihm ergebene Personen gestützt, so ging Augustus dazu über, Zug um Zug Amtsbereiche römischer Amtsträger auszubauen. Die bleibenden Institutionen römischer Herrschaft wurden so erst von ihm gelegt. Dazu kamen der systematische Ausbau der Infrastruktur, die engere Verklammerung Galliens mit Italien und die Sicherung seiner Grenzen. Es ist bezeichnend, daß die römischen Legionen in Gallien unter Caesar und in der Folgezeit zunächst im Landesinnern disloziert waren, die Rheingrenze dagegen anfangs nur durch wenige Posten gesichert wurde. Immerhin ist das germanische Vorfeld seit Caesars Erfahrungen aufmerksam beobachtet worden, im Jahre 38 v. Chr. hat Agrippa beispielsweise die Ubier in den Kölner Raum umgesiedelt. Wenn es in den dreißiger und zwanziger Jahren v. Chr. überhaupt römische Pläne und Konzeptionen für den Ausbau der Grenzzone gegen Germanien gab, so dürften sie mit hoher Wahrscheinlichkeit auf Agrippa zurückgehen. Denn der bald folgende Ausbau der Rheinzone, die planmäßige Organisation der Versorgung, die Anlage von Straßen, Kanälen, Dämmen und einer Kastellkette, die Vorbereitung vor allem des Einsatzes von Flotteneinheiten, kurzum die souveräne Disposition aller technischen Mittel des inzwischen hochentwickelten römischen Militärapparates, des Ingenieur- und Pionierwesens wie die weitsichtige Nutzung aller nautischen Möglichkeiten, all dies trägt den Stempel seiner Persönlichkeit und seiner speziellen Qualifikationen.

Wahrscheinlich hat dann die sogenannte Lollius-Niederlage im Jahre 16 v. Chr. die neuen römischen Aktivitäten ausgelöst. Für Augustus war es besonders peinlich, daß schon vier Jahre nach seiner penetranten Propaganda der Rückgabe römischer Feldzeichen durch die Parther gerade in seinem eigenen gallischen Befehlsbereich erneut römische Feldzeichen verlorengingen, als die Sugambrer auf gallischem Boden die 5. Legion vernichteten. Wenn zu irgendeiner Zeit, so war Augustus jetzt, da zudem soeben auch der Beginn eines neuen, glücklicheren *saeculum* emphatisch gefeiert worden war, gleichsam unter militärischen Legitimationsdruck gesetzt. Er hatte das Glück, in den inzwischen herangewachsenen Stiefsöhnen Tiberius und Drusus über zwei nicht nur ehrgeizige, sondern auch militärisch begabte junge Exponenten seines Systems zu verfügen, deren Erfolge dem eigenen Haus und ihm selbst zugute kommen mußten. Darauf ist es im übrigen zurückzuführen, daß die antike Überlieferung für die Vorgänge im gallisch-germanischen Bereich sehr viel dichter ist als für das Geschehen an den übrigen Grenzabschnitten. Sie sollen deshalb auch hier bewußt ausführlicher besprochen werden.

Seit dem Ausbau der römischen Herrschaft in Gallien waren die Sicherung direkter Kommunikationslinien mit Italien und damit die unmittelbare Beherrschung des Alpenraumes unumgänglich geworden. An den Flanken des Alpenbogens wurde die römische Macht dabei zuerst verankert. Hatte Octavian selbst die Positionen im Raume von Dalmatien und Pannonien zwischen 35 und 33 v. Chr. gefestigt, so statuierte Varro Murena 25 v. Chr. bei den Salassern im Gebiet der Bernhardpässe ein berüchtigtes Exempel. Durch konsequenten Terror wurden der Widerstand der Salasser gebrochen und in Augusta Praetoria (Aosta) eine der wichtigsten römischen Bergfestungen überhaupt angelegt. Noch im Jahre 16 v. Chr. begann dann die neue Initiative im Alpenraum, als römische Verbände unter P. Silius Nerva, einem schon in den Kantabrerkriegen erprobten Spezialisten des Gebirgskampfes, die Täler zwischen Comer- und Gardasee besetzten.

Der Feldzug eines einzigen Sommers (15 v. Chr.) brachte dann den krönenden Abschluß, die Unterwerfung der Alpenstämme und die Besetzung des nördlichen Alpenvorlandes. Während dabei Drusus durch das Etschtal, über den Brenner, zum Inn nach Norden vorstieß, ein zweiter Heereskeil wohl unter einem seiner Legaten über den Iulierpaß durch das Tal des Alpenrheins zum Bodensee zog, rückte gleichzeitig eine andere römische Heeresgruppe unter Tiberius von den Bereitstellungsräumen am Plateau von Langres aus nach Osten vor. Über Vesontio, den Raum von Vindonissa, stieß auch sie zum Bodensee vor. Wahrscheinlich gehören die Reste des vor kurzem neuentdeckten Lagers von Dangstetten in den Zusammenhang dieser militärischen Bewegungen. Von einer Insel aus, vermutlich der Mainau, wurden der See überquert, die Donauquellen entdeckt, am 1. August ein eindrucksvoller militärischer Erfolg errungen.

Fächerförmig stießen die von Westen und Süden vorgehenden Verbände dann in das Alpenvorland vor. Durch drastische Umsiedlungs- und Rekrutierungsmaßnahmen wurde das römische Regiment hier ebenso gesichert wie durch die militärische Präsenz, den Ausbau des Straßennetzes und die Anlage römischer Siedlungen. Im Raume von Augsburg entstand das Forum Augusta Vindelicum, die schon 44 v. Chr. gegründete Colonia Raurica (Augst) erhielt jetzt den Beinamen Augusta. Im alten Cambodunum (Kempten) aber wurde die keltische Siedlungszelle nun römisch überformt. Sie entwickelte sich schon bald zu einem wichtigen Marktort und zu einem zentralen Umschlagsplatz. Wie sehr Augustus persönlich an der propagandistischen Würdigung der Ereignisse des Jahres 15 v. Chr. gelegen war, zeigt die Tatsache, daß sie Horaz in den *Carmina* 4,4 und 4,14 überschwenglich feierte und daß das machtvolle *Tropaeum Alpium*, das große augusteische Siegesdenkmal von La Turbie bei Monaco, in seiner imposanten architektonischen Form und im Verzeichnis der Namen aller unterworfenen Alpenstämme an jenes Geschehen erinnert.

So war die Scharte des Jahres 16 v. Chr. ausgewetzt, Horaz konnte auf seine Weise das Fazit augusteischer Grenzpolitik aufzeigen, so wie es sich in diesem Augenblick darstellt:

«Bewundernd schaut gezähmt nun der Kantabrer,
Der Meder, Inder, flüchtige Skythe auf
Dich immerwachen Hort der Herrin
Rom, des italischen Heimatlandes.

Der Nil gehorcht dir, der seine Quellen birgt,
Der Isterstrom, des reißenden Tigris Flut,
Das Weltmeer, das voll Ungeheuer
Fern an Britanniens Küsten brandet.

Grenz- und Außenpolitik

Die Flur des Gallers, welcher dem Tode trotzt,
Das weite Land des störrigen Spaniers,
Sigambrer auch, die schlachtenfrohen,
Bergen die Waffen vor dir in Ehrfurcht»
 (Horaz, *Carmina* IV, 14,41 ff. – Übertragung von H. Färber)

In Gallien hatte Augustus selbst in den Jahren zwischen 16 und 13 v. Chr. den Ausbau der Verwaltung und die gleichzeitige militärische Organisation der Grenzzone überwacht. Damals wurden die römischen Legionen an den

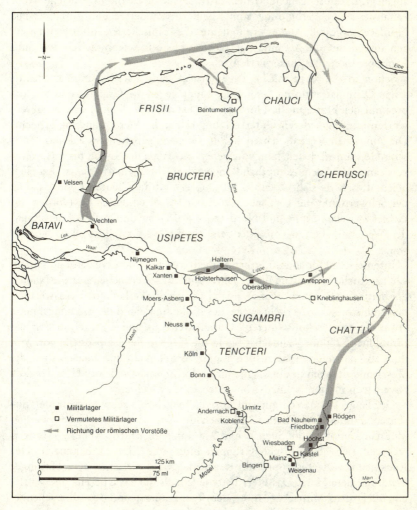

5 Römische Vorstöße nach Germanien

Rhein verlegt, vor allem in Vetera bei Xanten und in Mainz die großen Basen für die künftigen Vorstöße lippe- und mainaufwärts wie in die Wetterau geschaffen, die Verbindungswege ausgebaut und gesichert. Seit 12 v. Chr. kommandierte Drusus als Inhaber eines umfassenden Imperiums die Rheinarmee. Er weihte im selben Jahre auch in Lugdunum den zentralen großen Altar für Roma und Augustus ein, den Mittelpunkt des Kaiserkultes für ganz Gallien, dem bald schon ein ähnlicher in Köln für die germanischen Gebiete folgen sollte. Im ganzen Rheintal gingen indessen die Bauarbeiten weiter. Zwischen Nijmegen und Zürich wurde eine Kette von Kastellen angelegt, die durchgehende Rheintalstraße verstärkt, die utrechtsche Vecht kanalisiert, eine Verbindung vom Rhein zur Zuidersee und durch sie zur Nordsee hergestellt, die es ermöglichte, die römische Rheinflotte einzusetzen und damit die Stämme der Nordseeküste in kombinierten See- und Landoperationen zu unterwerfen.

Schon im Jahre 12 v. Chr. stieß Drusus dann nach einer rechtsrheinischen Demonstration im Gebiet der Lippe gegen die Usipeter und Sugambrer mit der Flotte in die Nordsee vor. Damals wurden die Friesen unterworfen und dank deren Unterstützung selbst die Wesermündung erreicht. Die römischen Verluste hatten sich in Grenzen gehalten, so daß das römische Heer im nächsten Jahr von Vetera aus längs der Lippe bis zur Weser vordrang. Von den Kampfhandlungen des Jahres 10 v. Chr. ist lediglich bekannt, daß sie sich gegen die Sugambrer und die Chatten richteten. Lag der Schwerpunkt der römischen Vorstöße bisher eindeutig im Norden, im Gebiet zwischen Lippe und Nordsee, so griffen sie nun auch auf den Raum der Wetterau über, wo in Friedberg bereits ein Kastell angelegt worden war.

Ihren ersten Höhepunkt erreichte die römische Offensive dann im Jahre 9 v. Chr. Auch für den Zug dieses Jahres sind im wesentlichen nur die Namen der berührten Stämme bekannt, doch läßt sich der Verlauf unter Auswertung der prähistorischen Verkehrswege, der Bodenfunde und der Siedlungsräume etwa wie folgt rekonstruieren: Durch Wetterau und Lahntal stießen die römischen Kolonnen zunächst bis in die Gegend der Lippequelle vor. Von dort aus schwenkten sie in den Raum von Hameln ab, überschritten die Weser und drangen in die Magdeburger Bucht vor, wo sie das Ufer der dort etwa 240 m breiten, schnellströmenden Elbe erreichten.

Der lange Vormarsch ging im übrigen nicht ohne schwere Kämpfe vonstatten. Hinter den Chatten, die auch diesmal wieder geschlagen werden mußten, kämpften die Sueben und Markomannen nicht weniger erbittert, während sich cheruskische Gruppen hinter die Elbe zurückzogen. Der Rückweg der Heeresgruppe des Drusus lag wohl zwischen dem Thüringer Wald und dem Harz. Das Heer hatte jedenfalls die Saale bereits überschritten, als Drusus Mitte August mit dem Pferd stürzte und den Oberschenkel brach. Sein Bruder Tiberius eilte daraufhin in einem Gewaltritt nach Norden, um den Oberbefehl zu übernehmen. Drusus starb kurz danach. Allein auch durch den Tod des Drusus war die römische Beherrschung rechtsrheinischer Gebiete nicht zu erschüttern. Tiberius hat den römischen Einfluß in den Jahren 8 und 7 v. Chr. vielmehr weiter stabilisiert, indem er Teile der Sugambrer und Sueben umsiedeln ließ. Als er 6 v. Chr. nach Rhodos in sein selbstgewähltes Exil ging, trat jedoch eine gewisse Stagnation ein.

Um die Zeitenwende entfaltete dann L. Domitius Ahenobarbus neue Aktivität. Obwohl die Tätigkeit dieses Legaten auf Grund der Überlieferungslage nur in Umrissen deutlich wird, steht fest, daß er die Hermunduren in das südlich des Mains von den Markomannen geräumte Gebiet umsiedelte und daß er in einem über die Donau hinaus vorstoßenden Zug selbst die obere Elbe überschritt. Seit 4 n. Chr. leitete dann erneut Tiberius die militärischen Operationen. Unter den unaufhörlichen, weit ausholenden Vorstößen dieser Jahre sind die germanischen Stämme offensichtlich aufs tiefste beunruhigt, zermürbt oder zur Auswanderung gezwungen worden. Im Jahre 4 n. Chr. konnte es das römische Heer erstmals wagen, an der oberen Lippe zu überwintern. 5 n. Chr. erreichte die römische Flotte den Raum von Skagen. Damit waren die Reste der Kimbern in ihrer alten Heimat aufgespürt. Mit besonderer Genugtuung konnten die Römer registrieren, daß gerade Nachkommen des Stammes, vor dem man so lange gezittert hatte, um Freundschaft baten.

An der Elbe trafen dann die Flotte und das inzwischen auf dem Landweg vorgerückte Heer zusammen; ein neuer Höhepunkt der römischen Offensiven war erreicht. Selbst Abordnungen der östlich der Elbe wohnenden Semnonen anerkannten die römische Herrschaft. Schon erhob sich in Köln nach dem Beispiel Lugdunums ein Kaiseraltar. Kastelle sicherten das rechtsrheinische Gebiet, in dem bereits römische Beamte Recht sprachen. Gleichzeitig bereitete Tiberius eine umfassende Offensive gegen das Reich des Marbod vor, das die Gebiete Schlesiens, Böhmens, Mährens und die oberen Mainlande umfaßte und nach römischem Vorbild organisiert war.

Im Jahre 6 n. Chr. stieß C. Sentius Saturninus aus der Bereitstellung am Rhein mit sechs Legionen nach Osten vor, während Tiberius selbst mit ebenso starken Kräften von Carnuntum aus nach Norden vorging. Die Vereinigung der beiden Heeresabteilungen war bereits abzusehen, die Zerschlagung von Marbods Machtkern schien zum Greifen nahe, da brach im Rücken der Front, ausgehend von den dalmatischen Daesidiaten und den pannonischen Breukern, ein Aufstand aus, der sich rasch über ganz Illyrien ausbreitete, Makedonien gefährdete und Italien selbst bedrohte. Mit Marbod mußte deshalb eiligst paktiert, die Donauarmee und alle verfügbaren Truppen mußten nach Illyrien geworfen werden. An eine Fortsetzung von Offensiven in Germanien war nicht zu denken, Rom konnte sich im Gegenteil glücklich schätzen, daß es dort zunächst ruhig blieb. Doch kaum waren die schweren Kämpfe in Dalmatien und Pannonien im Jahre 9 n. Chr.

verebbt, da traf in Rom die Nachricht von der Katastrophe im Teutoburger Wald ein.

P. Quinctilius Varus hatte im Jahre 7 n. Chr. das Kommando über das germanische Heer übernommen. Das römische Offizierkorps hat ihm offensichtlich später teilweise den Vorwurf gemacht, seine administrativen Funktionen zu sehr forciert und die militärischen vernachlässigt zu haben. Die Einzelheiten seines Untergangs im Jahre 9 n. Chr. und auch die überragende Leistung des Arminius sind immer lebendig geblieben. Bekannt ist auch die Tatsache, daß der Ort der Kämpfe selbst bis zum heutigen Tag eine der vielen Unbekannten der römisch-germanischen Topographie bildet. Doch entscheidend waren nicht die Vorgänge selbst, sondern ihre Folgen: Die Vernichtung der drei Legionen, sechs Kohorten und drei Alen war identisch mit dem Verlust aller römischen Kastelle zwischen Rhein und Weser und identisch mit der Preisgabe der Wesergrenze, erst recht aller darüber hinausgehenden Ambitionen. Nach den ineinandergreifenden Katastrophen des pannonisch-dalmatischen Aufstandes und der Varusschlacht war an eine größere Gegenoffensive in Germanien nicht mehr zu denken; der Bogen der militärischen Leistungsfähigkeit blieb überspannt. Die letzten personellen Reserven wurden nun an den Rhein geworfen, wo wieder einmal Tiberius das Kommando übernahm. Acht Legionen, ein Drittel der Heeresstärke des ganzen Imperiums, blieben vorläufig am Rhein, um die Krise aufzufangen. Unter Tiberius und dem jungen Germanicus wurden dann in den letzten fünf Lebensjahren des Augustus einzelne Vorstöße bewaffneter Aufklärung in das rechtsrheinische Gebiet vorangetrieben, doch sollte es neuer Impulse bedürfen, bis die Offensive wiederaufgenommen wurde.

Die Übersicht über die Ereignisgeschichte der augusteischen Germanienpolitik dürfte zeigen, daß diese nicht durch verschiedenartige Pläne, Entschlüsse, durch Anspruch oder Verzicht bestimmt wurde, sondern durch militärische und politische Erfahrungen, zuerst in den Grenzzonen des römischen Machtbereichs, später dann während eines längeren Okkupationsprozesses. Die Vorstöße des Drusus, auch noch dessen Zug zur Elbe, sowie jener des Domitius Ahenobarbus und selbst noch derjenige des Tiberius im Jahre 5 n. Chr. besaßen immer noch die Funktion einer bewaffneten Aufklärung. Nicht das Dogma bestimmter Flußgrenzen, sondern Siedlungskonzentrationen und politische wie militärische Machtkerne diktierten dabei die Operationsziele. Insgesamt gesehen, läßt sich eine Eskalation des römischen Einsatzes ebenso konstatieren wie eine Erweiterung der Operationsradien. Reaktionen auf germanische Übergriffe, «Strafaktionen», Erkundungsvorstöße, zunächst begrenzte Niederwerfungszüge führten immer weiter und verstrickten die römischen Befehlshaber zugleich in immer großräumigere Operationen. Die Dinge blieben im Fluß, bis der Rückschlag der Varusschlacht die Legionen auf ihre rheinischen Ausgangsstellungen zurückwarf.

Es wurde bereits unterstrichen, daß sich Augustus in weit stärkerem Maße als Caesar gezwungen sah, die öffentliche Meinung zu beeinflussen, seine Politik zu stilisieren und seine Leistungen einzuhämmern. So war schon der Kompromiß mit dem parthischen Reich geschickt zu einem eindeutigen souveränen Erfolg des Augustus umgemünzt worden. Verhängnisvoll sollte der grundlegende Gegensatz zwischen Realität und Ideologie indessen auf dem germanischen Schauplatz werden.

Nach dem Auftakt des Jahres 15 v. Chr., als die Leistungen des Tiberius und des Drusus prononciert herausgestellt wurden, um die diskreditierende Schlappe des Vorjahres zu übertönen, feierte man 9 v. Chr. auch den Vorstoß an einen zuvor nicht erreichten Strom am fernen Horizont der Rom bekannten Welt im Banne traditioneller Vorstellungen. Aber die Siegesmale rühmten Erfolge über Stämme, die man großenteils wieder sich selbst überlassen mußte. Im Gegensatz zu den gallischen *oppida* konnte die römische Administration in Germanien nicht auf stadtähnlichen Siedlungen aufbauen, ein leistungsfähiges, weiträumiges Verkehrsnetz war erst zu schaffen. Erst recht verstellte das Pathos der römischen Siegesideologie, mit dem Drusus nach seinem Tode im Jahre 9 v. Chr. gerühmt wurde, den Blick für eine nüchterne Beurteilung der tatsächlich erzielten Resultate. So kam es zu jener katastrophalen Fehleinschätzung der Lage, die das Geschehen unter Varus kennzeichnet. Erst dessen Katastrophe öffnete dann den Verantwortlichen die Augen und ließ die Selbsttäuschung offenkundig werden. Indessen sollte der Widerspruch zwischen Realität und Ideologie an der germanischen Grenze auch später noch wiederholt begegnen.

Für den weiteren Donau-Balkan-Raum bildeten Illyrien und Makedonien die wichtigsten Basen des römischen Vordringens. In Illyrien hatte, wie bereits erwähnt wurde, Octavian selbst in den Jahren 35 bis 33 v. Chr. die Angriffsoperationen geleitet und Siscia eingenommen. Zwischen 13 und 9 v. Chr. wurde die römische Expansion dann von Agrippa und Tiberius weiter vorangetrieben. Damals sind die südwestlichen Stämme Pannoniens in dem Raum zwischen Save, Drau und Donau unterworfen worden. Doch wie wenig konsolidiert die römische Herrschaft in den Gebirgslandschaften dieser Region war, sollte der pannonisch-dalmatische Aufstand der Jahre 6 bis 9 n. Chr. lehren. Im Zusammenwirken mit den aus Moesien vorgehenden römischen Truppen und mit dem Aufgebot des thrakischen Vasallenkönigs Rhoemetalkes gelang es Tiberius nur Schritt für Schritt, die angeblich über 200 000 Insurgenten niederzukämpfen. Am längsten hielten sich dabei die Aufständischen des zerklüfteten Gebiets der Naturfestung um Serajewo und Banja Luka einerseits sowie eine unter dem Befehl des Daesidiaten Bato stehende Gruppe andererseits, die als letzte ehrenvoll kapitulierte.

An der unteren Donau hatte nach 30 v. Chr. zuerst M. Licinius Crassus als Statthalter von Makedonien die Einfälle der Bastarner über den Fluß zurückgeschlagen. Makedonien wurde damals durch einen Kranz von Klientelstaaten abgeschirmt, doch immer wieder mußten römische Truppen Einfälle der Daker und Sarmaten nach Moesien und Thrakien abwehren. Ein großer thrakischer Aufstand ist in den Jahren zwischen 13 und 11 v. Chr. durch Piso niedergeworfen worden. Durch Inschriften sind erfolgreiche Donauübergänge römischer Statthalter und mehrere Umsiedlungsaktionen bekannt. Wenn, wie der Tatenbericht des Augustus meldet, der römische Einfluß schließlich auch über die Daker, Bastarner, Sarmaten und Skythen ausgedehnt werden konnte, so dürfte dies in erster Linie dem um die Zeitenwende in diesem Raum kommandierenden Cn. Cornelius Lentulus zu verdanken sein, der eine relative Stabilität und Sicherung des römischen Einflusses an der unteren Donau durchsetzen konnte.

Aus dem Überblick über die Entwicklungen an den einzelnen Grenzabschnitten des Imperiums dürfte ersichtlich werden, daß die augusteische Außenpolitik insgesamt nicht auf große Entwürfe, konsistente Pläne und strategische Dogmen fixiert war. Die Distanzierung von den caesarischen Offensiven im Osten wie gegen Britannien ist ebenso evident wie das Scheitern solcher Expansionsversuche in Arabien und Germanien. Auf der Balkanhalbinsel, im Vorfeld Kleinasiens und in Mauretanien hat sich Augustus immer wieder mit der indirekten Beherrschung von Räumen in der Gestalt von Klientelkönigen zufriedengegeben, eine Methode, die dennoch häufig genug direktes römisches Eingreifen erforderlich machte und die sich auf die Dauer meist als Vorstufe der unmittelbaren Eingliederung in das Imperium erwies.

Dem steht gegenüber die Erweiterung der römischen Herrschaft in Illyrien wie auf der ganzen Balkanhalbinsel, eine Expansion, die auf weiten Strecken die Donau erreichte, die endgültige Öffnung der Alpen und nicht zuletzt die Konsolidierung der römischen Ordnung in Gallien und Spanien. Dabei handelte es sich freilich häufig genug um militärische Operationen in bescheidenen Dimensionen, deren Scheitern das neue politische System nicht gefährdet hätte.

So begrenzt die Ergebnisse dieser äußeren Politik auf den ersten Blick erscheinen mögen, die Entscheidungen und Maßnahmen in den einzelnen Reichsteilen während eines so langen Zeitraums griffen schließlich doch ineinander und bewirkten die endgültige Organisation der Kohärenz des Imperiums in einem Ausmaß, einer Intensität und Geschlossenheit, wie dies nie zuvor erreicht worden war. Aus den zähflüssigen Niederwerfungsprozessen, wie in Illyrien oder Spanien, aber auch aus dem Wechsel von Offensiven und Rückschlägen, wie in Arabien und Germanien, hatte sich schließlich jenes Großreich konsolidiert, das nach den Maßstäben der Antike den Großteil der zivilisierten Welt überhaupt umspannte. Was vor Augustus lediglich in Ansätzen bestand, das war jetzt zusammengeschlossen und durch eine von Jahrzehnt zu Jahrzehnt dichter und effektiver werdende Administration verklammert und für lange Zeit verbunden worden. Für das

Reichsganze aber war dieses Resultat bedeutsamer als Gelingen oder Scheitern einzelner weitgespannter Vorstöße.

Bei all dem ist zu berücksichtigen, daß Augustus persönlich alles andere als ein glänzender Imperator vom Schlage Caesars war. Nach den Kämpfen in Spanien hat er sich nicht mehr persönlich mit größeren militärischen Operationen identifiziert, während sein Adoptivvater sich in einer ganzen Kette von Entscheidungsschlachten völlig bedenkenlos exponierte. Augustus ließ statt dessen Krieg führen, und doch wachte er eifersüchtig über die Monopolisierung militärischen Prestiges. Dies durfte sich in Zukunft nur noch mit Augustus selbst, den Angehörigen seines Hauses oder wenigstens zuverlässigen Parteigängern seines Systems verbinden. Der schrittweisen Monopolisierung der höchsten militärischen Kommandogewalt folgte die Monopolisierung der Siegesideologie.

Es ist kein Zufall, sondern gerade ein bezeichnendes Merkmal des augusteischen Systems, daß dem dialektischen Prozeßcharakter der innenpolitischen Genese des Principats ein ganz ähnlicher im Bereich der äußeren Politik entspricht. Auch dort wurde die Entwicklung nicht durch schubartige Gesamtlösungen bestimmt, sondern durch die Wechselwirkungen antagonistischer Prozesse, auf die jeweils sehr verschiedenartige Kräfte einwirkten. Auch dort erscheinen Prozeß und Resultat, vom Ende her gesehen, sehr viel konsistenter und einheitlicher, als sie es in Wirklichkeit waren. Zudem konnten gerade die Ereignisse während des letzten Lebensjahrzehnts des Augustus kaum beschönigt werden: In Parthien hatte sich der von Rom völlig unabhängige Artabanos III. durchgesetzt und begann sich allmählich als gefährlicher Antagonist im Nahen Osten zu profilieren. In Armenien herrschten Wirren und Chaos, von römischem Einfluß konnten nur Phantasten sprechen. In Illyrien und Pannonien waren zunächst einmal die Folgen der jahrelangen Kämpfe zu tilgen, am Rhein der tiefe Schock der Varuskatastrophe aufzufangen. Ferner sollte sich bald zeigen, daß nicht wenige römische Legionen keineswegs blind gehorchten, die Armee, das wichtigste Machtinstrument des neuen Systems, im Gegenteil überfordert und nicht zuletzt infolge der Auffüllung mit unwilligem Ersatz auch unzuverlässig geworden war. Doch so wenig Hoffnungen der zuletzt designierte Nachfolger, Tiberius, in der inneren Politik und der Ideologie wecken konnte, im militärischen und außenpolitischen Bereich hätte Augustus wohl keine bessere Wahl treffen können.

Die Kultur der augusteischen Zeit

Der Glanz, der die augusteische Epoche bis in die Gegenwart umgibt, ist nicht nur auf die Leistungen und Erfolge der inneren und äußeren Politik des

Augustus zurückzuführen, sondern zu einem beträchtlichen Teil auch darauf, daß diese Epoche mit einer ausgesprochenen Blütezeit von Literatur und Kunst identisch ist. Eine große Zahl klassischer Namen der lateinischen Dichtung und Prosa sind um Augustus einzuordnen, eine Fülle von Kunstwerken und Bauten hohen Ranges mit seinem Principat verknüpft. Die ideale Sicht dieser Zeit ist nicht zuletzt auf die Nachwirkung von Autoren und Kunstwerken zurückzuführen.

In den vergangenen Jahrzehnten hat sich die moderne kritische Forschung verstärkt darum bemüht, das Ausmaß von Abhängigkeiten und Wechselbeziehungen zwischen Politik und Kultur gerade in diesem Zeitabschnitt exakt zu erfassen und näher zu präzisieren. Dabei wurden nicht wenige Mißverständnisse beseitigt. So wie es einerseits irrig wäre, Literatur und Kunst der augusteischen Epoche ausschließlich als Auftragswerke, Anpassungsdokumente oder Träger von Ideologemen zu sehen, so wäre es andererseits falsch, den oft existentiellen Zusammenhang zwischen dem neuen politischen System des Augustus und der Thematik oder den Wertungen von Dichtern, Schriftstellern und Künstlern zu leugnen.

Dabei konnte Augustus natürlich davon profitieren, daß sich die römische Literatur und die römische Kunst während des 1. Jahrhunderts v. Chr. ohnehin in allen wesentlichen Sparten ihrem Zenit genähert hatten. Das Jahrhundert der Bürgerkriege sah auch die Meisterung von Sprache und Stil, Individualisierung prägte Dichtung wie Kunst, die «kolossalen Individualitäten» des Revolutionszeitalters waren auch die großen Bauherren ihrer Epoche und Auftraggeber von Kunstwerken in imperialen Dimensionen. Die Auseinandersetzung mit den griechischen und hellenistischen Vorbildern hatte zudem in nahezu allen Bereichen ihre Früchte getragen. Die entfalteten geistigen und künstlerischen Strömungen aber waren viel zu differenziert und widersprüchlich, als daß sie sich auf einen engen gesellschaftlichen Nenner bringen ließen.

Die augusteische Kultur ist deshalb auch nicht uniform. Gewiß gibt es in der Kunst und vor allem in der Literatur viele Zeugnisse, die dokumentieren, daß die augusteische Politik weitverbreiteten Vorstellungen und Überzeugungen der italischen Bevölkerung entsprach. Doch gerade die Dichtung der Epoche zeigt auch Verhaltensweisen und Wertungen, die keineswegs im Einklang mit den Zielsetzungen und Erwartungen des neuen Systems standen. Eine knappe Übersicht mag dies verdeutlichen und zugleich den Rang der Werke wenigstens an einigen Beispielen sichtbar machen.

Es kann nicht übersehen werden, daß Augustus selbst literarisch dilettierte, sein Wille zu formaler Gestaltung und Stilisierung indessen mit einem hohen Maß von Selbstkritik verbunden war. Außer dem Tatenbericht ist von seiner eigenen literarischen Produktion nur wenig erhalten. Seine Tragödie Aiax hat er selbst vernichtet; von seinen Epigrammen, einer Geschichte des sizilischen Krieges, seiner Autobiographie, einem Pamphlet gegen Brutus und seinen Reden sind lediglich einzelne Fragmente bekannt. Erst vor wenigen Jahren wurden Teile seiner Gedenkrede für M. Agrippa auf einem Kölner Papyrus entdeckt. Doch wichtiger ist die Tatsache, daß Augustus offensichtlich einen Blick für literarische Qualität besaß und daß er auch ehemalige politische Gegner förderte.

So mußte VERGIL (70–19 v. Chr.) zwar als Dreißigjähriger miterleben, wie das Gut seiner Eltern bei Mantua im Zuge der Veteranenansiedlungen der Triumvirn enteignet wurde, doch er erlebte auch, daß Octavian seine Existenz sicherte, und hat ihm deshalb zeit seines Lebens seine Dankbarkeit bezeugt. Zeitgeschichtliches Geschehen ist bei Vergil schon in den um 40 v. Chr. entstandenen «Bucolica» zu fassen, in jenen Hirtengedichten, die nach dem Vorbild Theokrits in einer idealen Landschaft spielen, das einfache, naturverbundene Leben feiern, enttäuschte Liebende trösten, doch auch die Sehnsucht nach Frieden und dem kleinen, bescheidenen Glück artikulieren. In der Klage des von seinen Herden und seinem Land vertriebenen Meliboeus wird zugleich die Bitterkeit des Enteigneten sichtbar:

«Aber wir andern werden fort von hier ins dürstende Afrika gehn,
manche nach Skythien und an den schlammreißenden Oxus
und in das ganz von der Welt geschiedene Britannien.
Sieh, werd ich je viel später wieder mein Heimatgefild
und den Rasendachfirst des armen Hüttleins,
mein Reich nach vielen Ernten sehend, verwundert anschauen?
Gottlose Söldner werden diese wohlgebauten Felder haben,
der Barbar diese Saatgefilde! Sieh dazu hat der Unfriede
unsre unseligen Mitbürger gebracht! Für diese Menschen haben wir
   unsere Felder bestellt!
Nun veredle Du Birnbäume, Meliboeus, setze Weinstöcke in Reihen!
Geht, meine lieben Ziegen, Herde voll Gedeihen vormals, geht!
Nie werd' ich nun, ausgestreckt in begrünter Grotte,
Euch an buschigen Felsen schweben sehen,
werde keine Lieder mehr singen; in meiner Hut, ihr Ziegen,
werdet Ihr nicht mehr blühenden Klee und herbe Weidenblätter rupfen»

(I,64 ff. – Übertragung von Fr. Klingner).

In dem rund ein Jahrzehnt später vollendeten großen Lehrgedicht der «Georgica» beschreibt Vergil Ackerbau, Weinbau und Baumkultur, Vieh- und Bienenzucht als die Grundlagen der Kultur schlechthin. Die dichterische Meisterung des so spröden Stoffes ist ihm auf vollendete Weise gelungen, der Stoff selbst mit großartigen Ausblicken verbunden, die in dem einzigartigen Hymnus auf Italien ihren Höhepunkt finden. In der «Aeneis» hat Vergil dann die historische Bestimmung Roms mit der Geschichte Trojas und der Gestalt des Aeneas verbunden. Aus der Schilderung der Abenteuer,

Irrfahrten und Kämpfe, der leidenschaftlichen, tragischen Liebe zu Dido, eines Geschehens, das Mythos und Geschichte verbindet, Götter und Menschen in immer neue Auseinandersetzungen verstrickt, wird der Bogen zur Zeitgeschichte geschlagen, die Seeschlacht von Actium in lebendigster Weise vergegenwärtigt und in der Heldenschau des sechsten Buches wiederum Augustus gefeiert:

> «Hier, hier ist er, der Mann, der öfter dir zugesagt worden:
> Caesar Augustus, Sproß der Götter. Das goldene Alter
> Wird er wiederum stiften in Latium, wo die Gefilde
> Einst Saturn beherrscht. Über Garamanten und Inder
> Dehnt er das Reich. Das Land liegt jenseits unserer Sterne,
> Jenseits der jährlichen Bahn der Sonne, wo Atlas, des Himmels
> Träger, auf Schultern dreht die lichterfunkelnde Wölbung.
> Seiner Ankunft beben schon jetzt die kaspischen Reiche
> Und das maeotische Land, gewarnt von den Göttern, entgegen;
> Und es erschauern bestürzt die sieben Arme des Nilstroms»
> (VI,791 ff. – Übertragung von E. Staiger).

Bei HORAZ (65–8 v. Chr.) war die Verstrickung in die zeitgeschichtlichen Ereignisse noch enger als bei Vergil. Obwohl nur Sohn eines Freigelassenen, konnte er dennoch in Rom wie in Athen die geistige Bildung seiner Zeit in vollen Zügen aufnehmen. Dann ließ er sich für die Sache der Republikaner begeistern, kämpfte als Tribun bei Philippi gegen die Triumvirn, wurde jedoch gleichwohl in den Kreis um Maecenas aufgenommen. Von ihm ist er großzügig gefördert worden, und ihm blieb er freundschaftlich verbunden, obwohl er immer auf seiner Unabhängigkeit bestand, es ebenso ablehnte, Sekretär des Augustus zu werden, wie die Taten des Agrippa zu feiern. Den Verfall der alten Sitten und der römischen Moral hat er indessen aus Überzeugung nicht anders bewertet als Augustus selbst und deshalb auch zur Erneuerung der traditionellen römischen Werte ebenso aufgerufen wie zur Pflege der alten Religion.

In kraftvollen, selbstbewußten, oft feierlich-ernsten Versen verband sich seine entschiedene Gesinnung mit präzisen, ausgefeilten Ausdrucksformen und einem großartigen poetischen Rhythmus. So war Horaz der Mann, glaubhaft nicht nur die berühmten «Römeroden» zu gestalten, sondern auch das besonders eindringliche *carmen saeculare*, jenes Lied, das bei der Saecularfeier des Jahres 17 v. Chr. alternierend von einem Jungfrauen- und einem Jünglingschor gesungen wurde:

> «Phöbus und du, Herrin des Walds, Diana,
> Du, des Himmels leuchtende Zier, verehrt auf
> Ewig, gebt uns, was wir erflehn in dieser
>   Heiligen Stunde,

Da, Sibyllas Spruche getreu, erkorne
Mädchen und unschuldige Knaben allen
Göttern, die da schirmen die sieben Hügel,
  Singen ein Loblied.

Nährer Sol, der du mit dem Strahlenwagen
Bringst den Tag und nimmst, in dem steten Wechsel
Ewig gleich, mögst Größeres als die Stadt du
  Nimmer erblicken!

Die du sanft dem Lichte die reife Frucht führst,
Ilythia oder Lucina oder,
Wenn du also willst, Genitalis, komm und
  Schirme die Mütter!

Göttin, laß uns Kinder erblühn und gib dem
Spruch der Väter über den Bund des Weibes
Froh Gedeihn und über des Kindessegens
  Ehegesetze,

Daß nach elf Jahrzehnten, wenn dann der Kreis der
Zeit erfüllt, dir sicher Gesang und Spiele
Sich erneun, drei festliche Tage, gleich viel
  Volkreiche Nächte...»

(Übertragung von H. Färber)

Doch in solcher Staatslyrik erschöpft sich das Werk des Horaz nicht. Es ist ebenso charakteristisch für ihn, daß er in eindrucksvollen Bildern und Mahnungen die philosophischen Überzeugungen Epikurs auf seine Weise vermitteln wollte. Immer wieder rief er die Begrenztheit des menschlichen Lebens ins Bewußtsein, relativierte er Reichtum und Macht, empfahl er das bescheidene, maßvolle Glück, das Nutzen von Tag und Stunde, das Auskosten der Lebensfreude in einer kleinen, persönlichen Welt:

«Ein Herz voll Gleichmut in der Geschicke Drang,
In guter Zeit gleich frei von dem Übermaß
  Unbändger Lust such' dir zu wahren,
    Dellius, mußt ja dereinst doch sterben,

Ob du in Gram dein Leben vertrauert hast,
Ob hingestreckt auf heimlichen Rasengrund
  Manch selgen Festtag du dir schufest,
    Köstlichen alten Falerner schlürfend.

Und wölben nicht die Zweige der Pinie
Und Silberpappel gastlich auch dir ihr Dach?

> Und rauscht umsonst in Schlangenwindung
> Murmelnd der Quell sein kristallnes Wasser?
>
> Hier schaffe Wein und duftende Narde hin
> und holder Rosen, ach, nur zu kurze Pracht,
> Da Glück und Jugend und der Parzen
> Düsterer Faden es noch gestattet!
>
> Fort mußt du von den Wäldern, die du erkauft,
> Von Haus und Hof, die Tibris, der gelbe, netzt,
> Fort mußt du, und der hochgetürmten
> Schätze bemeistert sich froh der Erbe.
>
> Sei reich, ein Sproß aus Inachus' altem Haus,
> Sei arm an Gut, ein Sohn des geringsten Volks –
> Wer weilet unterm Himmelzelte,
> Gnadlos verfällt er dem Reich des Orkus.
>
> Ja, einen Weg geht alles, uns allen springt
> Ob früh, ob spät, einst aus dem geschwungnen Topf
> Das letzte Los – in jenen Nachen
> Holt es dich ab, und du kommst nicht wieder»
>
> («*Carmina*» II,3 – Übersetzung von H. Färber).

Sind Vergil und Horaz trotz aller persönlichen und künstlerischen Eigenständigkeit letzten Endes doch Exponenten einer Dichtung, die wenigstens teilweise mit den Vorstellungen des Augustus und den Kriterien des neuen politischen Systems konform ging, so dokumentiert die gleichzeitige Blüte der römischen Elegie, daß daneben ganz andere Grundhaltungen bestanden. Die Dichtungen des Tibull, Properz und Ovid belegen, daß die augusteische Kultur durch grundsätzliche Spannungen erfüllt wurde, die gerade für Ovid zum Schicksal werden sollten.

Schon TIBULL (54?–19 v. Chr.), der dem Ritterstand angehörte und enge Beziehungen zu dem unabhängigen Politiker Messalla Corvinus unterhielt, hat Augustus in seinem Werk nie erwähnt. Zwar nahm auch bei ihm die Welt der alten römischen Religion, ihrer Riten und Formeln weiten Raum ein und damit eine Thematik, die den Herren der Stunde nicht unsympathisch sein konnte. Sein Leben wollte Tibull am liebsten auf einem kleinen Landgut den Musen und der Liebe widmen; die aktivistische Hektik seiner Gegenwart, die Habgier des Erwerbslebens und erst recht den Krieg lehnte er entschieden ab. In den eleganten Versen seiner Liebeselegien wechseln Stimmungen und Empfindungen. Den Illusionen über seine geliebte Delia konnte er sich ebenso völlig hingeben wie den Enttäuschungen und der Eifersucht.

PROPERZ (um 47–15 v. Chr.) gehörte zwar wie Horaz zum Kreis um Maecenas und streifte in seinen Gedichten gelegentlich auch das Zeitgeschehen. Den Erwartungen des Augustus kam er wohl am ehesten im vierten Buch seiner Elegien entgegen, dort, wo er die Anfänge römischer Kulte und das augusteische Rom feierte. Die Taten des Augustus ausführlicher zu rühmen, hat er jedoch abgelehnt. Die Liebeselegien des Properz werden im übrigen durch die Verbindung der Schilderung des persönlichen Erlebens mit jener von Gestalten und Inhalten des Mythos charakterisiert. Trotz ihres oft konzentrierten, gelehrten Ausdrucks bezeugen sie eine sehr viel stärkere Leidenschaft als diejenigen Tibulls. In seiner Passion zwischen Erfüllung und Enttäuschung wie in den Extremen seiner Gefühle ist Properz eher mit Catull verwandt.

Es ist symptomatisch, daß die oft dunklen Gedichte des Properz kaum je befriedigend in Verse übersetzt werden können. Aber auch die folgende moderne Prosaübertragung einer für seine Haltung bezeichnenden Komposition dürfte belegen, daß er, wie alle Elegiker der Zeit, andere Prioritäten setzte als die augusteische Restauration:

«Cynthia, du hast dich bestimmt gefreut, als das Gesetz widerrufen wurde,
  bei dessen Erlaß wir beide einmal lange weinten,
aus Angst, es würde uns trennen. Aber wenn zwei Liebende nicht wollen,
  so könnte selbst Iuppiter sie nicht scheiden.
‹Doch der Kaiser ist mächtig› – mag der Kaiser im Krieg auch mächtig sein,
  in der Liebe bedeutet es nichts, Völker besiegt zu haben.
Ich ließe mir lieber den Kopf vom Halse trennen,
  als meine Liebesglut der Laune einer Gattin zu opfern
oder als verheirateter Mann an deiner verschlossenen Tür vorüberzugehen,
  die ich verraten habe – und mit nassen Augen auf sie zurückschauen.
Ach, wie sänge dich dann meine Flöte in den Schlaf,
  meine Flöte, die trauriger klänge als die Tuba an einem Begräbnis.
Weshalb soll ich Söhne für Triumphe der Parther hergeben?
  Aus meinem Blut wird keiner ein Soldat sein.
Doch wenn ich dem Lager der Geliebten folgte – (das wäre wirklich ein Krieg!)
  so wäre mir Kastors Roß zum Reiten nicht mächtig genug.
Durch sie bin ich so bekannt, so berühmt geworden,
  berühmt bis zu den Menschen am Borysthenes, die im Norden leben.
Du bist es allein, die mir gefällt, dir Cynthia, möchte ich allein gefallen,
  und diese Liebe wird mir mehr bedeuten als selbst das Wort ‹Vater›»
                                    (II,7 – Übertragung von G. Luck).

Der um nur wenige Jahre jüngere OVID (43 v.–17/18 n. Chr.) wurde zum bezeichnenden Repräsentanten einer neuen Generation. Von allen römischen Dichtern der Epoche hat dieser gebildete, unabhängige Geist gewiß am leichtesten produziert und das umfangreichste Werk hinterlassen. In seinen großen Meisterwerken, den «Metamorphosen» und den *«Fasti»*, hat er einerseits die Verwandlungssagen der antiken Mythologie in einen kunstvollen Zusammenhang gebracht, andererseits für die ersten sechs Monate des Jahres die Feste, Gedenktage und Bräuche anhand des römischen Staatskalenders dargestellt. Doch nicht dadurch wurde er rasch und weithin bekannt, sondern durch seine *«Amores»*, durch die anmutigen und eleganten Variationen der üblichen Themen der Liebeselegie, und durch die sogleich erfolgreichen, spielerisch-lehrhaften Elegien der *«Medicamina faciei femineae»*, der Heilmittel für das Frauenantlitz, der *«Ars amatoria»*, der Liebeskunst und der *«Remedia amoris»*, der Heilmittel gegen die Liebe.

In diesen originellen Dichtungen suchte Ovid auf eine durchaus geistvolle und nie obszöne Art die spielerische, tändelnde Liebelei der römischen *jeunesse dorée* zu kultivieren. Als treffender Beobachter und Kenner psychologischer Momente bemühte er sich um liebenswürdige Formen und um geistreiche Virtuosität im Spiel der Partner. Es ist unverkennbar, daß er im Grunde ein distanziertes und objektiviertes Verhältnis in der Liebe anstrebte, leidenschaftliche Beziehungen in der Art eines Catull vermeiden wollte. Doch diese gelegentlich auch frivole Liebesdichtung paßte nicht in die herbe und zumindest äußerlich prüde Vorstellungswelt des gealterten Augustus und der Livia, erst recht nicht in die Atmosphäre von Ständepolitik und Sittengesetzgebung.

Schon die Existenz der Elegiker und deren Ideale – wie die ihres Anhangs und ihrer Leser – mußten den *princeps* herausfordern. Schließlich hatte Ovid eine senatorische Laufbahn abgebrochen und war zu politischer Aktivität ebenso eindeutig auf Distanz gegangen wie der Ritter Tibull und der aus einer begüterten Familie stammende Properz. Hatte Augustus zunächst seinen Widerwillen gegen die *«Ars amatoria»* unterdrückt, so gaben ihm nicht mehr genau rekonstruierbare Vorgänge um die jüngere Julia im Jahre 8 n. Chr. offensichtlich die Gelegenheit zur Abrechnung: Ovid wurde nach Tomi (Constanza) verbannt und damit tief in seiner Existenz getroffen. Mochte er in den «Tristien» und in den *«Epistulae ex Ponto»* sein Schicksal in noch so vielen Variationen beklagen und in noch so bewegenden Appellen wenigstens eine Milderung der Relegation erbitten – Augustus verschloß sich selbst den unterwürfigsten Worten. Ovids Werke zu unterdrücken, hat er nicht versucht.

Im Bereich der lateinischen Prosa verdient die Geschichtsschreibung der augusteischen Epoche, in dieser wiederum der aus Padua stammende T. LIVIUS (59 v.–17 n. Chr.) besondere Aufmerksamkeit. Denn anders als Sallust (gestorben 35 v. Chr.), der Historiker der Krise der Römischen Republik, und anders als jene Autoren, die von den verschiedensten Standpunkten aus und teilweise, wie Asinius Pollio, mit großer persönlicher Unabhängigkeit die Ära der Bürgerkriege monographisch dargestellt hatten, wollte sich Livius zunächst von der Zeitgeschichte bewußt abwenden und noch einmal in den traditionellen Formen der römischen Annalistik und mit den traditionellen Wertungen den Prozeß der römischen Geschichte insgesamt darstellen.

Programm und Geschichtsbild des Livius gehen am deutlichsten aus der *praefatio* des Werks hervor: «Was sich vor der Stadtgründung und vor dem, was zu ihr hinführte, zugetragen haben soll, Dinge, die mehr in die Sagen der Dichter gehören als in die lautere Überlieferung der Geschichtsbücher, das will ich weder als sichere Wahrheit hinstellen noch bestreiten. Man billigt der Vorzeit das Recht zu, Menschliches mit Göttlichem zu vereinigen und den Ursprung einer Stadt mit überirdischer Hoheit zu umgeben. Und wenn es einem Volke erlaubt werden muß, seine Anfänge zu weihen, so darf es gewiß Rom. Sein Kriegsruhm ist so überwältigend, daß die Völker der Erde an Mars als seinen Urahn und Vater seines Gründers ebenso gerne glauben, wie sie das Reich hinnehmen.

Doch wie man auch dergleichen auffassen und beurteilen will, ich möchte darin nicht das Entscheidende sehen. Dagegen wünsche ich, daß jeder einzelne scharf darauf acht hat, wie damals die Lebensform und wie der sittliche Zustand gewesen ist, was für Männer und was für Wandel in Krieg und Frieden das Reich zustande gebracht und groß gemacht haben. Er soll im Geiste verfolgen, wie darauf mit dem allmählichen Verfall der Strenge der sittliche Zustand zuerst gleichsam zusammengesunken ist, dann, wie er mehr und mehr ins Gleiten gekommen, wie er dann jäh abgestürzt ist, bis es endlich zu unserer Zeit gekommen ist, in der wir weder unsere Verkommenheit mehr ertragen können noch die Mittel, die man dagegen anwendet. Das ist das Heilsame, Fruchtbringende, das man an der Geschichte preist: man hat Lehre aller Art über Gut und Böse an einer weit sichtbaren Gestaltung anschaulich vor sich. Daher mag man für sich und sein Leben im Staate die Vorbilder nehmen, aber auch abschreckende Beispiele dafür, wie schmachvolles Beginnen schmählich enden muß» (Übertragung von Fr. Klingner).

Livius hat sich völlig mit der altrömischen Tradition identifiziert. Durch ihn sind selbst deren Legenden über die römischen Könige und über die Heroen der Römischen Republik, die Gestalten eines Camillus, Cincinnatus, Menenius Agrippa und viele andere mehr vergegenwärtigt worden. Es ist müßig, Livius vorzuwerfen, daß er keine Quellenkritik im modernen Stile betrieb, keine Originalität um jeden Preis suchte, daß ihm jede politische Erfahrung fehlte, daß er militärisch ein Laie blieb und daß er seinen Stoff nicht hinreichend problematisierte.

Um all diese Aspekte ging es Livius nicht. Für ihn stand die traditionelle ethische und moralische Betrachtungsweise der Geschichte im Vordergrund, das Bewußtsein vor allem von der Identität von Religion und Politik. Die Vergangenheit Roms war für Livius in erster Linie vorbildlich durch ihre Religion. Diese wiederum bildete die Grundlage für den Charakter und die Tugenden jedes einzelnen ebenso wie für die Normen des Rechts und der Politik des ganzen römischen Volkes.

In denkbar scharfem Kontrast hat Livius dieser verklärten und harmonisierten Vergangenheit eine Gegenwart gegenübergestellt, die durch Selbstzerfleischung, exzessive, bedingungslose Entfaltung aller Kräfte, Üppigkeit und Habgier, Sittenverfall und Willkür, nicht zuletzt aber durch die Vernachlässigung der alten Religion charakterisiert war. Ein Gefühl tiefer Resignation dominierte, zumindest als Livius die schließlich 142 Bücher seiner Geschichte *ab urbe condita* zu schreiben begann, die dann bis zum Jahre 9 v. Chr. herabreichen sollten.

Es ist wenig sinnvoll, über den Inhalt und die Wertungen der verlorenen zeitgeschichtlichen Bücher des Livius zu spekulieren. Daß sein Werk insgesamt weithin im Einklang mit den Bemühungen des Augustus stand, ist evident, allenfalls überraschend, daß es Gegenwart und Zukunft nicht in hoffnungsvolleren Bildern vor Augen führte. Doch wenn es die notwendige Eintracht *(concordia)* der Bürger betonte, *auctoritas* und *consilium* feierte, Selbstbeschränkung rühmte, die *mores maiorum* völlig unkritisch idealisierte und nicht zuletzt die grundlegende Bedeutung der traditionellen Religion ins Bewußtsein rief, so konnte dies alles nur im Interesse des neuen politischen Systems liegen. Nicht am wenigsten aber galt dies für jene Kontinuität und Geschlossenheit römischer Geschichte, die nach der Strukturierung des Livius völlig der Formel der *res publica restituta* entsprach.

Das Ende der Bürgerkriege und die neue Systematisierung römischer Herrschaft unter Augustus hatten zur Folge, daß auf den verschiedensten literarischen Gebieten umfangreiche Werke in Angriff genommen wurden, die gleichsam eine Summe aus älteren Entwicklungen oder eine Bilanz des zeitgenössischen Wissens zogen. Im Bereich der Geschichtsschreibung bot der aus einer angesehenen gallischen Familie stammende Pompeius Trogus mit den einst 44, heute verlorenen, aber inhaltlich noch bei Iustinus (wohl 3. Jahrhundert n. Chr.) zu fassenden Büchern der «*Historiae Philippicae*» die wichtigste Ergänzung zu Livius. Er bot dies deshalb, weil er die außerrömische Geschichte in einer universalhistorischen Konzeption nach weit älteren Gesamtvorstellungen strukturell als eine Folge sich ablösender Weltreiche verstand, die er im *Imperium Romanum* der augusteischen Epoche gipfeln ließ.

Aus dem Rückblick betrachtet, scheint eine ganze Reihe klassischer lateinischer Autoren gleichsam ideelle «Vorbereiter» des augusteischen Principats gewesen zu sein. Am bekanntesten – aber auch problematischsten –

sind solche Querverbindungen bei Cicero, bei dem auf den ersten Blick nicht wenige Formulierungen und Wertungen vorkommen, die sich später die augusteische Ideologie zu eigen gemacht hat. Dabei sollte freilich nie vergessen werden, daß der ciceronische *princeps* stets eine engbegrenzte Funktion im Rahmen der absolut gesetzten traditionellen *res publica* einnahm und daß sich Cicero selbst über die wahren Absichten Octavians gründlich täuschte.

Wie breit jedoch die im Grunde restaurativen Tendenzen in Moral, Philosophie und Religion waren, auf denen dann die geistige Orientierung, die Sittengesetzgebung und die Religionspolitik des Augustus aufbauen konnten, lehrt das einst geradezu enzyklopädische, doch lediglich in Bruchstücken erhaltene und heute fast unbekannte Werk des M. Terentius Varro (116–27 v. Chr.). Dessen großenteils verlorene 41 Bücher «*Antiquitates rerum humanarum et divinarum*» waren Caesar gewidmet und handelten in einer umfassenden Systematik die privaten, staatlichen und insbesondere die religiösen Altertümer Roms ab. Bis zu Augustin wurden sie zu einem Arsenal antiquarischen Wissens, das nach stoischen Kriterien bewertet war. Aus ihm haben auch die augusteischen Dichter, insbesondere Ovid, ein gut Teil ihrer Kenntnisse geschöpft. Bescheidener ist der Ertrag der 37 v. Chr. erschienenen drei Bücher «*Rerum rusticarum*», eines landwirtschaftlichen Spezialwerks in Dialogform. Von anderen sprach- und literaturwissenschaftlichen Büchern Varros, von seinen Satiren und historischen Dialogen sind heute nur noch Fragmente erhalten, von Dutzenden seiner übrigen Schriften lediglich die Titel bekannt.

Ein ähnliches Schicksal wie das Geschichtswerk des Pompeius Trogus erlitt auch die große philologisch-antiquarische Sammlung des Freigelassenen M. Verrius Flaccus über die Bedeutung der Worte, ein alphabetisch angelegtes, begriffsgeschichtliches Lexikon, das sich nicht nur um präzise Beschreibung der Wortinhalte bemühte, sondern gleichzeitig auch im Zusammenhang mit der Erklärung archaischer Begriffe viele alte römische Bräuche und Sitten vermitteln wollte. Das Ansehen des Verfassers von «*De verborum significatu*», des Werkes, das dann durch einen Auszug des Festus wenigstens teilweise überliefert wurde, war immerhin so groß, daß Augustus ihn zu einem der Erzieher seiner Adoptivsöhne C. und L. Caesar bestimmte.

Bestandsaufnahme und Wissenssystematisierung waren – neben gewiß ganz konkreten praktischen, militärischen und politischen Zwecken – auch die Ziele, welche M. Agrippa mit seiner Erarbeitung einer großen Weltkarte samt wichtigen Erklärungen verfolgte, die eine Vielzahl von Entfernungsangaben und sonstigen Daten enthielten und zum Teil in die späteren geographischen Werke eingingen. Von noch größerer Bedeutung wurden dann, vor allem im Mittelalter und in der Renaissance, jene zehn Bücher «*De architectura*», die Vitruv dem Augustus widmete und in denen ein Praktiker das

Wissen seiner Zeit über Stadtplanung, Baukunst, Errichtung öffentlicher und privater Bauten in allen Sparten, aber auch über Wasserleitungen, Uhren und Maschinenbau zusammengefaßt hat.

Ähnliche systematisierende Tendenzen lassen sich auch in nicht wenigen griechischen Werken der Epoche aufzeigen. Die universalhistorische Bedeutung Roms stand für die Griechen schon seit den Tagen des Polybios (geboren um 200 v. Chr.) fest. Gerade durch sein Geschichtsbild war Roms Aufstieg zur Weltherrschaft mit der Formierung einer einheitlichen geschichtlichen Entwicklung in der gesamten *Oikouméne* bewertet worden. Doch bei aller Bewunderung der römischen Verfassung und der römischen Macht finden sich bei ihm wie später bei dem stoischen Philosophen Poseidonios von Apamea (um 135–51 v. Chr.), der sein Werk fortsetzte, bereits kritische Bemerkungen zum römischen «Sittenverfall» und damit eine Konzeption, die durchaus dem Selbstverständnis römischer Politiker entsprach.

Dem anhaltenden Bedürfnis nach einer Zusammenfassung und Harmonisierung der alten und isolierten Geschichtsstränge entsprach in caesarischer Zeit auch Diodor aus dem sizilischen Agyrion. Seine breit angelegte «Historische Bibliothek» setzte bereits in vortrojanischer Zeit ein, griff viele ältere Überlieferungsbestände auf und stellte schließlich die Verflechtung griechischer, sizilischer und römischer Geschichte besonders heraus. Insgesamt freilich entsprach die Ausführung in wissenschaftlicher Hinsicht nicht entfernt dem anspruchsvollen Rahmen: über weite Partien verflachte dieses Werk zur unkritischen und fehlerhaften Kompilation.

Schon früh hatten sich hervorragende griechische Autoren römischen Befehlshabern und Politikern angeschlossen, diese auf ihren Feldzügen begleitet, ihnen als Ratgeber gedient und ihre Taten gefeiert, wie zuletzt Poseidonios und Theophanes von Mytilene die des Pompeius. Dadurch waren sie freilich auch in die römischen Bürgerkriege verstrickt worden, und die griechischen Literaten gerieten vollends in eine prekäre Lage, als Octavian im Kampf gegen Antonius die italischen Traditionen mobilisierte und die Kräfte des Ostens gleichzeitig in den Hintergrund drängte. Allein seit dem Sieg über Antonius und Kleopatra dominierte eine allem Griechischen besonders aufgeschlossene Integrationspolitik. Bald danach lebten Dionysios von Halikarnaß, Strabo, Timagenes, Krinagoras und andere führende griechische Autoren in Rom, weitere, wie Nikolaos von Damaskos, blieben wohl in ihren heimischen Funktionen tätig, verfaßten aber doch häufig gleichfalls Werke, die den kulturellen Glanz des neuen politischen Systems vermehren mußten.

Dabei ist es bezeichnend, daß die einst klassischen Formen griechischer Literatur, Epos, Tragödie, Komödie und selbst die Elegie, nicht mehr vertreten waren. In der augusteischen Epoche standen statt dessen in griechischer Sprache historische, geographische und antiquarische Werke im Vordergrund, in der Poesie Kleinformen, die wie bei Krinagoras von Mytilene teilweise schon zur Gattung einer Hofpoesie zu zählen sind. Ob gerade die Angehörigen der großen römischen Familien die 20 Bücher der «Römischen Archäologie» des griechischen Rhetors Dionysios von Halikarnaß studierten, wie dieser Autor gehofft hatte, mag man bezweifeln. Eher entsprach dieses effektvoll stilisierte Werk dem Informationsbedürfnis griechischsprachiger Leser, die sich in ihm Kenntnisse über die nur wenig bekannte römische Tradition vor dem Ersten Punischen Kriege erwerben konnten. Durch den Kunstgriff, Rom zur griechischen Polis zu machen, sollten wohl alle Vorbehalte gegenüber den Barbaren des Westens schon mit ihrer Wurzel beseitigt werden.

Der oben unterstrichene systematisierende Grundzug hat wohl die heute verlorenen Werke des Rhetors, Historikers und Ethnologen Timagenes von Alexandria ebenso gekennzeichnet wie die monumentale Geographie des Strabo von Amasia (geboren 64/63 v. Chr.), die ganz in polybianischem Sinne für die praktischen Bedürfnisse der politischen Führungsschicht bestimmt wurde (es war deshalb auch kein Zufall, daß sich Strabo eng an Aelius Gallus, den zweiten Präfekten Ägyptens, anschloß und diesen auf seinen Zügen begleitete). Derselben Tendenz war indessen einst auch jene Weltgeschichte in 144 Büchern verhaftet, die der Berater und Diplomat des Königs Herodes, Nikolaos von Damaskos, schrieb, ein Mann, der offensichtlich auch die besondere Sympathie des Augustus genoß und diesem eine Biographie widmete, die sich ihrerseits auf Augustus' Autobiographie stützen konnte.

Es wäre falsch, die griechischen Autoren der augusteischen Epoche lediglich als beflissene und angepaßte Vermittler einer augusteischen Kulturpolitik zu verstehen. Der Rhetor Timagenes etwa ließ es zum Bruch mit dem *princeps* kommen und begab sich in die Klientel des unabhängigen, hochgeachteten Asinius Pollio; andere Autoren wurden in die Konflikte der *domus principis* verstrickt, als Tiberius, C. Caesar und später Germanicus im Orient weilten. Doch wichtiger als solche Beziehungen erwies sich auf lange Sicht die Tatsache, daß auch die griechischen Autoren die Realität des gefestigten Imperiums akzeptierten. Damit war jener Weg beschritten, der dann im 2. Jahrhundert n. Chr. in den Werken eines Dion von Prusa, Aelius Aristides und vor allem Plutarchs den vollen Ausgleich und die historische Synthese griechischer und lateinischer Kultur heraufführen sollte.

So bedeutsam die Leistungen griechischer Autoren der augusteischen Epoche auch waren, ihre Wirkung reichte nicht entfernt an diejenige der lateinischen Dichter und Schriftsteller heran. Einmal begründeten gerade diese Werke, ungeachtet der sich überlagernden zeitlichen Ansätze und trotz der großen Unterschiede zwischen den Verfassern selbst, gemeinsam mit den erhaltenen Werken augusteischer Architektur und Kunst die Vorstellung der inneren Geschlossenheit dieser Epoche wie der Klassizität ihrer Leistungen auf höchstem künstlerischen Niveau. Auf der anderen Seite wurden sie zu einem zentralen Faktor europäischer Geistesgeschichte, wie selbst ein flüchtiger Blick auf ihre Rezeption belegt.

Der «engelreine» Vergil, wie ihn Goethe bezeichnete, entsprach nicht nur christlichen Wertungen, wie denjenigen Augustins. Für Dante war er Vorbild und Begleiter zugleich. Das europäische Epos eines Ariost, Tasso, Milton und Klopstock ist ohne Vergil nicht zu denken. Die Dichtungen der Neulateiner haben ebenso auf ihm aufgebaut wie die Poesie eines Ronsart und Gessner. Schiller übersetzte das Dido-Kapitel der «Äneis». Geriet er auch geraume Zeit in den Schatten Homers, so fand Vergil doch selbst im 20. Jahrhundert seine Bewunderer und Vermittler, in Th. Haecker und R. A. Schröder nicht weniger als in Th. Mann, T. S. Eliot, R. Borchardt und H. Broch.

Eine ähnlich breite Nachwirkung erlangte Horaz, der ebenfalls bald zum Schulautor geworden ist. Schon in karolingischer Zeit gingen bedeutsame Impulse von ihm aus, bald wurden seine Sentenzen exzerpiert. Die Lyrik der Humanisten ging immer wieder von den horazischen Oden aus, für die französische Klassik wurde er vollends zum stilistischen wie zum moralischen Ideal. Aber auch die deutsche Klassik hat seine Werke hochgeschätzt. Durch Wieland und Klopstock wurden sie übertragen, durch Herder interpretiert. Noch Nietzsche und Brecht wurden von Horaz beeinflußt.

Tibull geriet lange in Vergessenheit, bis ihn die Humanisten wiederentdeckten. Dann aber fand auch er seine Bewunderer: Rousseau, die Dichter des Hainbundes, Mörike, Leopardi und Carducci. Ein ganz ähnliches Schicksal hatten die Dichtungen des Properz, die erst Petrarca der Vergessenheit entriß. Dann faszinierte dieses Werk Goethe nicht weniger als Ezra Pound. Ovid dagegen konnte sich immer behaupten. Seine Werke waren in vielen Klöstern zu finden und gaben mancherlei Impulse. So lehnte sich eine sublimierte Christusminne an die *«Ars amatoria»* an, während große Festgedichte auf das Kirchenjahr dem Vorbild der *«Fasti»* folgten. Ovids Liebeslyrik inspirierte seit den Tagen der Minnesänger, Troubadours und Barockpoeten viele Generationen europäischer Dichter. Das 20. Jahrhundert entdeckte ihn dann als psychologische Quelle und als klassisches Vorbild eines Dichters in der Verbannung.

Im Felde der Prosa konnte nur Livius mit den augusteischen Dichtern konkurrieren. In zusammenfassenden Auszügen wurde sein großes Werk bald weit verbreitet. Im Mittelalter nur wenig beachtet, genoß es seit den Tagen des Humanismus erneut einen kanonischen Rang. Machiavelli trug mit seinen an die erste Dekade anknüpfenden *«Discorsi»* dazu ebenso bei wie Dantes Urteil über Livius, der «nicht irrt». Das Bild, das in Europa von der Geschichte der römischen Republik vermittelt wurde, entsprach so Jahrhunderte hindurch im wesentlichen dem Geschichtsbild des Livius. Doch mit der Entfaltung einer systematischen «Quellenkritik» seit den Tagen Niebuhrs setzte sich dann eine wesentlich distanziertere Einstellung durch, die auch durch die Affinität eines A. Stifter oder die Bemühungen der modernen Liviusphilologie, insgesamt gesehen, nicht mehr zu überwinden waren.

Während des 1. Jahrhunderts v. Chr. hatte die politische Funktion der römischen KUNST erheblich zugenommen. Veristische Büsten römischer *nobiles* dokumentierten die Familientradition und legitimierten die Angehörigen großer Geschlechter in ihrem gesellschaftlichen Rang. Großbauten der führenden Politiker beeindruckten die römische Öffentlichkeit durch ihre Ansätze zu einer wahrhaft imperialen Architektur, während gleichzeitig die römische Münze durch Bild und Legende zum Instrument politischer Propaganda wurde. So wie in jenen Jahrhunderten die lateinische Sprache zu immer feinerer Differenzierung und Elastizität gelangte und dabei immer wieder neue Elemente einer politischen Phraseologie entwickelte, so wuchs auch der politische Bedeutungsgehalt der römischen Kunst in einem vielfältigen Reifungsprozeß. Dabei ist nicht zu übersehen, daß die öffentlichen Bauten und Monumente Roms fortwährend einen unvergleichlich größeren Personenkreis zu beeindrucken vermochten als viele Werke der anspruchsvolleren Literatur.

Dennoch wäre es falsch, alle künstlerischen Produktionen ausschließlich mit politischen Maßstäben zu messen, in allem und jedem nur nach ideologischen Spuren zu suchen, alle Bauten der augusteischen Epoche zum Beispiel lediglich als Zeugnisse einer augusteischen «Baupolitik» oder als Ausfluß politischer Stilisierung zu bewerten. Es kommt vielmehr darauf an, sich dessen bewußt zu bleiben, daß nicht wenige Sparten der Kunst – zum Beispiel Wandmalerei, Plastik, Nutzarchitektur aber auch Kleinkunst – von dem so oft beschworenen «Geist der Epoche» nicht oder nur teilweise berührt wurden – von der Eigenart regionaler Kunsttraditionen sowie der Kontinuität und Eigenständigkeit der verschiedenen Gattungsstile ganz zu schweigen.

Die Betonung dieser Tatsache ist deshalb so wichtig, weil es im folgenden weder um eine systematische antiquarische Bestandsaufnahme der augusteischen Kunst noch um eine angemessene ästhetische Würdigung ihrer wichtigsten Meisterwerke gehen kann. Hier müssen vielmehr in erster Linie die Zusammenhänge zwischen Kunst, Politik und Ideologie der augusteischen Epoche an solchen Beispielen aufgezeigt werden, an denen die persönliche Einflußnahme des Augustus evident oder wenigstens wahrscheinlich ist. Evident ist diese Einflußnahme ohne Zweifel einmal in der überraschenden Stilisierung der Augustusbildnisse, zum anderen in Konzeption und Sinngehalt zentraler augusteischer Bauten, schließlich auch in Gestaltung und Typologie der Reichsprägung.

Bis heute sind etwa 250 Bildnisse des Augustus erhalten – die höchste Bildfrequenz eines römischen *princeps* überhaupt. Doch eine Porträtentwicklung im Sinne eines fortlaufenden Alterungsprozesses des Dargestellten läßt diese lange Reihe meist marmorner Bildnisse gerade nicht erfassen. Vielmehr ist sie nach neueren archäologischen Untersuchungen (P. Zanker) auf wenige Grundtypen zurückzuführen: Als frühesten auf den «Octavianstypus» der dreißiger Jahre v. Chr., der versucht, aus Elementen des hellenistischen Herrscherbildnisses einerseits und den individuellen Porträtzügen

6 Augustus, Porträtbüste, Rom

des jungen Octavian andererseits eine Synthese zu erzielen. Sodann auf den wohl bereits um 27 v. Chr. entstandenen «Haupttypus», der nahezu zwei Drittel aller erhaltenen Augustusporträts umfaßt. In ihm wurden Erhabenheit und Würde mit den Mitteln der klassischen griechischen Kunst gemäß der Ästhetik eines Polyklet in einer idealisierten Form ausgedrückt, die dennoch charakteristische Züge des Individuums in sich aufgenommen hatte. Die berühmte Panzerstatue des Augustus von Primaporta ist das wohl bekannteste Beispiel dieses Porträttyps. Schließlich existierte daneben noch ein sogenannter Nebentypus, wie in der Büste mit dem Eichenkranz im Kapitolinischen Museum. In ihm traten die individuellen Züge wieder stärker hervor.

Der schonungslose Verismus, der die römischen Porträts bis in die Zeit Caesars geprägt hatte, war damit bewußt verlassen worden, das Porträt des *princeps* wurde durchgreifend stilisiert. Schon die Bildnisse des jungen Mannes sind durch Züge früher Reife, Ernst und Erhabenheit bestimmt, die dann auch das Vorstellungsbild des späteren Augustus, des Erhabenen, vorwegnehmen sollten. Trotz dieser dominierenden Tendenzen gab es jedoch keine Monotonie automatischer Kopien: In der erwähnten Statue von Primaporta war ein ziemlich unmilitärischer Mensch zum imponierenden, willensstarken Feldherrn, zum erfolgreichen und selbstsicheren Imperator stilisiert, in einer anderen, welche Augustus beim Opfer zeigt, der *princeps* selbst dagegen als verehrungswürdiges Objekt römischer *pietas* dargestellt.

Bildnisse und Statuen der Angehörigen der *domus principis* erreichten daneben schon unter Augustus im ganzen Imperium eine bemerkenswerte Verbreitung. Über vielfältige persönliche Bindungen hinaus waren sie häufig zugleich ein offener Ausdruck politischer Loyalität. Doch eine Monopolstellung besaßen solche Porträts keineswegs. Neben ihnen finden sich noch immer zahlreiche oft sehr ausdrucksstarke Plastiken von Männern und Frauen der römischen Führungsschicht, so die eindrucksvolle plastische Verkörperung der Verbindlichkeit der *mores et facta maiorum* allgemein wie der Adelstradition im besonderen in jener lebensgroßen Marmorstatue des unbekannten römischen Aristokraten mit seinen Ahnenbildnissen, die sich heute im Konservatorenpalast befindet. Auch sie ist ein Werk der augusteischen Epoche.

Der sich über ein halbes Jahrhundert hin erstreckende, dominierende politische Einfluß des Augustus und die immensen Mittel, die ihm seit der Annexion Ägyptens zur Verfügung standen, ließen ihn zu einem der größten Bauherrn der Geschichte überhaupt werden. Es ist kein Zufall, daß er gerade diesem Sektor in seinem Tatenbericht einen so besonders weiten Raum zumaß: Dabei sollte die Vielzahl der erwähnten Großbauten, Restaurierungen und Verbesserungen schon für sich selbst sprechen. Wiederholt wies Augustus darauf hin, daß er monumentale ältere Bauten erneuerte oder vollendete, ohne sie durch seinen Namen zu usurpieren. Trotz des unübertroffenen persönlichen Einsatzes wollte Augustus auch in diesem Bereich als der eher bescheidene, zurückhaltende und überschwenglichen Ehrungen abgeneigte, schlichte *princeps* erscheinen.

Zunächst mußte Octavian freilich auch hier Caesars Tradition aufnehmen, vor allem die von Caesar begonnene *Curia Iulia* und den wie diese im Jahre 29 v. Chr. eingeweihten Tempel des Divus Iulius als Akte seiner *pietas* vollenden. Parallel dazu schuf er – um nur die wichtigsten Großbauten hervorzuheben – die Anlage um den Apollotempel auf dem Palatin sowie Heiligtümer für Diana und Pietas. Auf diesen Bauten ist der Komplex auf dem Palatin, der neben dem Tempel, Säulengängen, einer griechischen und einer lateinischen Bibliothek auch das Wohnhaus des Augustus mit bemerkenswert gut erhaltenen Wandmalereien umfaßte, erst in den letzten Jahrzehnten freigelegt wor-

7 Ara Pacis Augustae, Rom

den. Die herausragende und demonstrative Verbindung Octavians mit Apollo war dabei kein Zufall. Seit Actium war Apollo zum speziellen Gott des Sieges, der Jugend und des Erfolgs, aber auch der Weisheit und des Friedens geworden, zu der neuen, persönlichen Gottheit des Augustus schlechthin, die fortan sehr viel umfassender gesehen wurde als die Vorstellung des alten Heilgottes, die nun gleichsam politisiert und generalisiert worden war.

Während die Bauten am Palatin abgeschlossen wurden, ließ Octavian im Norden des Marsfeldes einen anderen imponierenden Bau errichten, der wiederum zugleich politische Bedeutung besaß. Denn nach der jahrelangen Propaganda, die Antonius und Kleopatra als Exponenten orientalischer Traditionen und Formen diskreditiert hatte, war die Errichtung eines monumentalen Mausoleums zugleich ein Symbol der Verwurzelung des julischen Hauses in Rom selbst. Noch das längst ausgeplünderte, skelettierte Monument, das einst in mehreren Stockwerken Grabkammern für Augustus und sein Haus, aber auch für Marcellus und Agrippa, aufwies und in dem dann die römischen *principes* bis zu Nerva beigesetzt wurden, läßt den tiefen Eindruck ahnen, den es einst bei den Zeitgenossen hervorrief, die später an seinem Eingang zudem auf ehernen Pfeilern die «*Res gestae divi Augusti*», den fundamentalen Leistungsbericht des ersten *princeps*, eingegraben fanden. Der etwa 45 m hohe Tumulus, der einen Durchmesser von 87 m aufwies, übertraf schon in seinen Dimensionen alle Grabdenkmäler römi-

Die Kultur der augusteischen Zeit

scher Aristokraten. Die tiefe Symbolik, in die er eingebettet war, ist indessen erst vor kurzem deutlich geworden, als der lange Zeit nicht beachtete Zusammenhang des Mausoleums mit zwei anderen bemerkenswerten Anlagen der Epoche wiederhergestellt wurde, der Zusammenhang mit der *Ara Pacis Augustae* einerseits und dem *Solarium Augusti* andererseits.

Ist die genaue Chronologie vieler augusteischer Bauten auch heute noch im einzelnen umstritten oder zumindest nicht endgültig geklärt, so ist diejenige der *Ara Pacis Augustae* gesichert. Der Bau wurde am 4. Juli 13 v. Chr. bei der Rückkehr des Augustus aus Spanien und Gallien vom römischen Senat beschlossen und am 30. Januar des Jahres 9 v. Chr., an Livias 49. Geburtstag, eingeweiht. Verglichen mit den großen Altären der hellenistischen Ära, etwa dem Pergamonaltar mit seinem Umfang von 36 × 34 m, wirken die Dimensionen des römischen Friedensaltars sehr bescheiden. Sein gesamter Bezirk umfaßt nur etwa 11 × 10 m, der Bau selbst erhob sich dabei auf einem 1,30 m hohen Podium. Für eine primär historische Betrachtungsweise sind indessen weniger die architektonischen Einzelheiten als vielmehr Thematik und Aussage der die Anlage ausschmückenden Reliefs von Belang.

Die Außenwände der *Ara Pacis* sind durch eine kunstvoll angeordnete Rankendekoration, ein klassisches Mäanderband, vor allem aber durch eine

8 *Augustusmausoleum, Rom, Rekonstruktionszeichnung*

9 Italia, Relief der Ara Pacis

große, in zwei Gruppen angeordnete Prozession ausgeschmückt. Auf sie wird noch näher einzugehen sein. Im Unterschied zu diesen in sich geschlossenen Kolonnen der Längswände werden die Felder neben den beiden Türen der Anlage von einzelnen Reliefkompositionen eingenommen, die sich sowohl isoliert behaupten als auch im Zusammenhang gegenseitig ergänzen und verflechten: An der Front die Bilder des Äneas-Opfers in Lavinium sowie der Zwillinge Romulus und Remus, damit zentrale Elemente des römischen Mythos und der römischen Tradition – an der Rückseite dagegen die auf Waffen sitzende Roma und die mit vielen Attributen des Friedens und des Wohlstandes ausgeschmückte Tellus-Italia.

Von allen schmückenden Elementen der *Ara Pacis Augustae* nahm die breit angelegte Opferprozession jeden Betrachter am stärksten gefangen. Sie lud zu zahllosen Identifizierungsversuchen der dargestellten Personen ebenso ein wie zur Aufnahme des starken Gesamteindrucks dieser großen, lebendig gestalteten Personengruppe. Doch die Darstellung der Prozession des *princeps* und seiner Angehörigen, der gesamten *domus principis* im weiteren Sinne, der Magistrate, Priester und des Opferpersonals ist nicht als eine getreue Abbildung eines konkreten historischen Ereignisses zu verstehen. Ganz gewiß wurde sie als Ausdruck einer sich gerade damals immer weiter verstärkenden, dynastischen Propaganda für die gesamte *domus principis* ebenso verstanden wie als Ausdruck jener *pietas* des Augustus, welcher die *pax Augusta* verdankt wurde. Bezeichnend ist freilich, daß sich von den vielen dargestellten Personen lediglich Augustus selbst mit völliger Sicherheit identifizieren läßt.

Wesentlich für die künstlerische Gestaltung der Anlage ist auch hier, ähnlich wie bei der Gestaltung und Stilisierung der Augustusbildnisse, die Verbindung und wechselseitige Durchdringung römisch-italischer und griechischer Formen wie Traditionen. So ist evident, daß der Prozessionszug der *Ara Pacis* den großen Panathenäen-Zug des Parthenon nachahmte und daß die gesamte architektonische Gestaltung des römischen Altars den berühmten athenischen Zwölfgötteraltar «zitierte». Auffallend und spezifisch für das augusteische Monument ist jedoch andererseits auch die Verbindung des geschichtlichen Horizonts mit Elementen des Mythos und der Abstraktion, auffallend weiter die im großen wie im kleinen angestrebte wechselseitige Durchdringung struktureller und dekorativer Elemente. Hier fassen wir somit eine generelle Erscheinung der augusteischen Kunst, welche die Reliefs und selbst die Ranken der *Ara Pacis* nicht weniger dokumentieren als die Bildszenen der kostbaren Silbergefäße dieser Epoche.

Die Spannung zwischen historischer Realität und ideellem Programm jedoch, die dieses Kleinod der augusteischen Friedensideologie durchzieht, wurde von den Zeitgenossen auch noch in anderer Hinsicht erfahren. Als der Bau beschlossen wurde, waren Spanien «befriedet», die Schmach der Lollius-Niederlage des Jahres 16 v. Chr. getilgt, Alpenbogen und Alpenvorland unter römische Kontrolle gebracht, im Innern des Imperiums und in Rom selbst, zehn Jahre nach der schweren Krise des Jahres 23 v. Chr., endlich eine scheinbar dauerhafte Konsolidierung erreicht. Wie anderthalb Jahrzehnte zuvor hatten die römischen Bürger und der Senat somit allen Grund, die *pax Augusta* zu feiern. Doch während die Anlage errichtet

10 Mausoleum-Obelisk-Ara Pacis, Rekonstruktionszeichnung

wurde, während die Künstler ihre suggestiven Reliefs als Ausdruck dieser Friedensidee ausarbeiteten, wurden in Germanien neue große Offensiven entfacht. Die Katastrophen und Belastungen, welche die nun eröffnete Phase der Germanienpolitik für das ganze augusteische System – und auch für dessen Ideologie – nach sich ziehen sollten, waren bei der Einweihung der *Ara Pacis Augustae* nicht vorauszusehen.

Nur etwa 90 m von der *Ara Pacis Augustae* entfernt erhob sich einst, etwa 30 m hoch, ein Obelisk, der während der Bauzeit der *Ara* in einem schwierigen Transport aus Ägypten nach Rom geschafft worden war. Er feierte auf eine unübersehbare Weise die Annexion Ägyptens im Jahre 30 v. Chr., diente aber zugleich auch als Träger einer Kugel und als Schattenwerfer *(Gnomon)* einer riesigen Sonnenuhr, samt eines Kalenders, die ein Liniennetz von etwa 400 m einnahmen, der größten Uhr und des größten Kalenders aller Zeiten, wie ihr Erforscher (E. Buchner) sie bewertete. Die neuen archäologischen Untersuchungen ergaben, daß die Anlage des *Solarium* oder *Horologium Augusti* ebenso wie die *Ara Pacis Augustae* auf den Empfängnis- und den Geburtstag des Augustus orientiert waren: «Welch eine Symbolik! Am Geburtstag des Kaisers ... wandert der Schatten von Morgen bis Abend etwa 150 m weit die schnurgerade Äquinoktienlinie entlang genau bis zur Mitte der *Ara Pacis;* es führt so eine direkte Linie von der Geburt dieses Mannes zu *Pax,* und es wird sichtbar demonstriert, daß er *natus ad pacem* ist. Der Schatten kommt von einer Kugel, und die Kugel (zwischen den Läufen eines Capricorn etwa) ist zugleich wie Himmels- so auch Weltkugel, Symbol der Herrschaft über die Welt, die jetzt befriedet ist. Die Kugel aber wird getragen von dem Obelisken, dem Denkmal des Sieges über Ägypten (und Marcus Antonius) als Voraussetzung des Friedens. An der Wendelinie des Capricorn, der Empfängnislinie des Kaisers, fängt die Sonne wieder an zu steigen. Mit Augustus beginnt also – an *Solarium* und *Ara Pacis* ist es sichtbar – ein neuer Tag und ein neues Jahr: eine neue Ära, und zwar eine Ära des Friedens mit all seinen Segnungen, mit Fülle, Üppigkeit, Glückseligkeit. Diese Anlage ist sozusagen das Horoskop des neuen Herrschers, riesig in den Ausmaßen und auf kosmische Zusammenhänge deutend» (E. Buchner, «Die Sonnenuhr des Augustus», Mainz 1982, 37).

Ein dritter Komplex, der ähnlich wie die Bauten am Palatin einerseits,

Mausoleum, *Ara Pacis* und *Solarium Augusti* andererseits die politische Funktionalisierung der augusteischen Kunst in großen Dimensionen dokumentierte, war das Augustusforum. Von einer etwa 30 m hohen Brandmauer gegen das dichtbevölkerte Stadtviertel der Subura mit deren häufigen Bränden gesichert, nahm es eine Fläche von etwa 90 × 125 m ein, die durch den etwa 15 m hohen Mars-Ultor-Tempel sowie durch zwei diesen flankierende, ungefähr 100 m lange und 13 m breite Säulenhallen ihre dominierenden baulichen Akzente erhielt. In diesen Säulenhallen waren ganze Statuengalerien untergebracht, die auf der einen Seite die hervorragenden Angehörigen des julischen Hauses von Aeneas bis zu Caesar, auf der anderen die großen Männer Roms von Romulus bis zum Ende der Republik in sich vereinigten.

Im Unterschied zum großen öffentlichen Zentrum der römischen Bürgerschaft im *Forum Romanum* war das Augustusforum von vornherein einheitlich konzipiert und als monumentaler, repräsentativer Rahmen für offizielle Anlässe des römischen Staates gedacht. Hier entschied der Senat über Krieg und Frieden, hier wurden fremde Herrscher begrüßt, hier opferten die römischen Beamten vor dem Aufbruch in ihre Provinzen, hier wurden volljährig gewordene Angehörige der alten Familien Roms in die Heeresli-

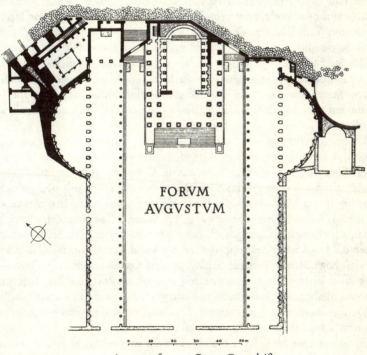

11 Augustusforum, Rom, Grundriß

sten eingetragen. Aber die Erneuerung und Zusammenfassung römischer und julischer Tradition war konsequent und systematisch auf Augustus selbst bezogen. Von Aeneas und Romulus, Venus und Mars, Fortuna und Roma und von vielen andern Statuen und Abbildungen, die Tempel und Portiken der Anlage schmückten, liefen die Verbindungslinien zu Augustus, der in diesem 2 v. Chr. vollendeten Forum zudem als Triumphator in einer Siegesquadriga dargestellt war und zugleich als *pater patriae* hochgeehrt wurde.

Vor allem in den Bereichen der Architektur und der Plastik hatte Octavian zunächst mit der Einlösung traditioneller Verpflichtungen, mit Akten demonstrativer *pietas* und mit vielfältigen Werken der Restauration begonnen, einer Restauration, die freilich stets zugleich der eigenen Herrschaftslegitimation diente. Ob Wiederherstellung von Tempeln und Heiligtümern, Ergänzung und Erneuerung öffentlicher Bauten, Mobilisierung der Sitten und Leistungen der Vorfahren, immer lag die systematische Belebung und Vergegenwärtigung der Tradition gleichzeitig im Interesse der Festigung des neuen politischen Systems. Je stärker sich dieses konsolidierte, desto stärker traten auch die neuen Elemente spezifisch augusteischer Programmatik hervor.

Dabei ist es typisch, daß einerseits Stilisierung und Allegorie, andererseits die Systematisierung und die Herstellung weiter, übergreifender Zusammenhänge eine immer größere Bedeutung erlangten. Stilisiert wurde nicht nur ganz bewußt das Porträt des *princeps*, sondern auch die Vermittlung historischer und militärischer Ereignisse, so wie etwa der Partherbogen den faktisch ziemlich bescheidenen diplomatischen Kompromiß des Jahres 20 v. Chr. pathetisch als Triumph zu feiern hatte. Dabei ließ Augustus den Bogen in durchaus origineller Weise auch noch dadurch ausgestalten, daß an seinen Seiten die *fasti*, die Verzeichnisse aller römischen Konsuln und Triumphatoren von den Anfängen bis in die Zeit des Augustus, angebracht wurden.

Als charakteristisch aber erscheint auch die Tendenz zur Zusammenfassung und Einordnung, dies im künstlerischen nicht weniger als im politischen Sektor. Die vielfältige Verbindung Octavians mit Caesar, diejenige später mit Apollo, die Verbindung des einzelnen Toten mit dem julischen Haus in dessen Mausoleum, die Eingliederung des *princeps* in das Staatsopfer der *Ara Pacis*, seine Verbindung mit Stunde, Tag und Zeit durch die Anlage des Solariums, schließlich seine Verklammerung mit der Geschichte durch die Denkmäler des Augustusforums wie durch die *fasti* – all dies weist auf den bewußten Willen zur Schaffung von Kohärenz und zur Organisierung eines übergreifenden, immer mit Augustus selbst unlösbar verbundenen und bleibenden Gesamtzusammenhangs. Nicht auf das einzelne, isolierte Denkmal, nicht auf das einzelne Symbol und die einzelne Allegorie, sondern auf diese *summa* kam schließlich alles an.

Freilich erschöpfte sich die Bautätigkeit der augusteischen Epoche nicht in den zuletzt ausführlicher besprochenen Anlagen mit ganz offenkundigen politischen, repräsentativen und ideologischen Zielsetzungen. Vielmehr zeigten Augustus selbst und andere führende Männer des Systems, allen voran M. Agrippa, viele Jahre hindurch eine starke Aktivität auf dem zum Teil schon berührten Gebiet der Nutz- und Ingenieurbauten, und parallel dazu wurden Anlagen wie das Amphitheater des Statilius Taurus, das immerhin 13 500 Plätze umfassende Marcellustheater, das Theater des Balbus oder die *Naumachia Augusti* geschaffen, sämtlich Baukomplexe, welche die Lebensqualität der Bevölkerung der Hauptstadt, zumindest nach römischem Verständnis, direkt und erheblich erhöhten. Denn die Politik des Augustus berücksichtigte stets die massive und ununterbrochene Beeinflussung der öffentlichen Meinung ebenso wie die Befriedigung elementarer materieller Interessen. Die Ideologie allein garantierte keineswegs ihren Erfolg.

Die augusteische Reichsprägung überrascht zunächst durch ihre Typenvielfalt wie durch das Volumen bestimmter Emissionen, die wie moderne Standardserien einzelne Bilder in jede Hand brachten und oft gerade bei den an den Reichsgrenzen zusammengefaßten Heeren in großer Zahl vorkamen. Nie zuvor war das Medium der römischen Münzprägung in einer so massierten und zugleich so differenzierten Weise eingesetzt worden wie unter Augustus, so daß es nicht überraschen kann, daß beispielsweise zum Tatenbericht des Augustus geradezu ein numismatischer Kommentar zusammengestellt werden konnte. In der Stilisierung und Überhöhung des Augustusporträts wird die offizielle Selbstdarstellung seiner Herrschaft dabei nicht weniger prägnant sichtbar wie in der Fixierung der Titulatur oder in der Auswahl von Bildern und Legenden der Rückseiten.

Die Münzen feiern die entscheidenden Triumphe und Leistungen meist in allgemeiner, nicht an ein Ereignis gebundenen Form. So sind vor allem die Siege über die Bürgerkriegsparteien ziemlich zurückhaltend stilisiert worden: Die Abbildung der Victoria, die sich mit Kranz und Palmzweig über einem Schiffsschnabel erhebt, feiert etwa Actium, ein Krokodil mit der Legende «*Aegypto capta*» den Sieg über Antonius und Kleopatra. Auch hier aber begegnen die propagandistischen Stilisierungen, allen voran die Rückgabe der Feldzeichen durch die Parther im Jahre 20 v. Chr., die sich in zahlreichen Emissionen mit *signa-recepta*-Bildern und -Legenden in mancherlei Varianten niederschlug.

Weiten Raum nehmen sodann die Abbildungen repräsentativer Bauten, Tempel, Ehrenbogen, Triumphalquadrigen im augusteischen Münzbild ein. Die Denkmäler der imperialen Architektur sollten so nicht nur direkt als einzelne Bauwerke wirken, sondern auch indirekt durch ihre Abbildung im Münzbild. Der Altar für Roma und Augustus von Lugdunum (Lyon), der die Rückseite weitverbreiteter Kupferserien dieser Münzstätte schmückte, ist auf diese Weise jedem Bewohner des römischen Westens vertraut geworden.

Durch Bild und Legende verbreitete die augusteische Prägung jedoch vor allem die zentralen Parolen und Ideologeme der neuen Herrschaft. Die Darstellung der Pax mit einem *caduceus*, dem Merkurstab als dem Symbol des Glücks und des Wohlstandes, auf einer Silbermünze des Jahres 29 v. Chr. wurde ebenso von jedermann in ihrem Aussagegehalt verstanden wie die gleichzeitige Stilisierung Octavians zum Garanten der Freiheit des römischen Volkes. Insgesamt gesehen, hat gerade die Münzprägung in kaum zu überschätzender Weise zur Vermittlung der augusteischen Ideologie beigetragen. Durch die ständige Wiederholung eines überhöhten und stilisierten *princeps*-Porträts hat sie dem erstrebten Vorstellungsbild nicht weniger genützt, als sie durch den systematischen Aufbau von vorgesehenen Nachfolgern zum bleibenden Eindruck der Geschlossenheit und Fortdauer des neuen politischen Systems beitrug.

Religiöse Entwicklungen

Die religiöse Entwicklung im *Imperium Romanum* unter Augustus ist nur dann zu verstehen, wenn einerseits die Eigenart der römischen Religion und nicht zuletzt die Wiederbelebung dieser Religion in der Epoche der Bürgerkriege, andererseits aber auch die persönliche Haltung des Augustus zur Religion, sein Interesse an religiösen Traditionen wie an deren bewußter Restauration im Dienste seines politischen Systems berücksichtigt werden. Auch die neuen Formen des sogenannten Herrscher- oder Kaiserkultes, die sich seit Augustus im ganzen römischen Machtbereich zu entwickeln begannen, lassen sich ohne Berücksichtigung ihrer Voraussetzungen nicht begreifen.

Soweit erkennbar, war die römische Religion in ihren Anfängen eine spezifische Bauernreligion, die freilich schon früh auch zur gemeinsamen Religion der *res publica* geworden ist. In streng fixierten Formeln und Riten sind in ihr zunächst jene Wirkungsmächte beschwichtigt und verehrt worden, die das Leben der Bauern beeinträchtigen oder begünstigen konnten. Die Bindungen an diese Mächte, schließlich an die Götter, waren tief gegründet und allgemein respektiert. Für Familie, Gesellschaft und Staat war diese römische *pietas* gleich fundamental. Immer wieder von neuem mußte durch Gebete und Opfer das Einvernehmen mit den Göttern hergestellt werden, die im übrigen ihren Willen und ihre Warnungen durch bestimmte Vorzeichen bezeugten. Die strikte Befolgung des Willens der Götter war nach römischem Verständnis nicht nur für jeden einzelnen, sondern für die *res publica* insgesamt von existentieller Bedeutung.

Für die römische Religion war es zunächst charakteristisch, daß in ihr nicht der einzelne direkten Kontakt zu den Göttern suchte, sondern daß diese Kontakte für die ganze Familie durch den *pater familias*, für die *res publica* aber durch bestimmte Priesterschaften und Personengruppen – die *pontifices*, die Vestalinnen – hergestellt und betreut wurden. Auch die herausgehobenen religiösen Funktionen waren deshalb zunächst ein Vorrecht der Führungsschicht, erst des Patriziats, später der Nobilität. Die Zugehörigkeit zu den alten Priesterschaften stärkte das Ansehen der Angehörigen der Aristokratie erheblich. Daran änderte auch die Tatsache nichts, daß es in Rom, zumindest in Ansätzen, schon seit Ennius eine Religionskritik gab und daß sich gerade die Führungsschicht während der späten Republik zu einem erheblichen Teil philosophischen Strömungen, wie der Skepsis, dem Rationalismus oder dem Materialismus eines Epikur und Lukrez, verschrieb.

Der scheinbare Widerspruch zwischen rationalen, philosophischen Überzeugungen einerseits und dem bewußten Einsatz religiöser Traditionen und kultischer Handlungen aus primär politischen Absichten andererseits begegnet in besonders ausgeprägter Form schon bei Caesar. Für Caesar war es ein Politicum ersten Ranges, an das er seine ganze Existenz setzte, daß er im Jahre 63 v. Chr. zum *pontifex maximus* gewählt wurde. Caesar scheute auch nicht davor zurück, immer wieder auf die Abstammung seiner Familie von Aeneas und gar von Venus hinzuweisen, wenn es galt, das gesellschaftliche Prestige seines Geschlechts, der *gens Iulia*, durch mythologische Konstruktionen zu erhöhen, um seine einzigartige Stellung in der Gesellschaft zu begründen.

Politik und Religion waren in Rom somit eng ineinander verflochten. Dabei blieb die römische Religion gemäß ihrer dominierenden polytheistischen Grundstruktur lange Zeit allen fremden Kulten und Verehrungsformen prinzipiell aufgeschlossen und ausgesprochen tolerant. Von Latinern, Etruskern, Griechen, zuletzt auch aus Kleinasien und Syrien wurden immer neue Gottheiten in Rom übernommen, seit dem 2. Jh. v. Chr. bereits auch schon orientalische Kulte mit orgiastischen Erscheinungsformen, die offensichtlich weite Kreise der Bevölkerung stärker faszinierten als die traditionellen Kulte Roms. Die Berührung mit der hellenistischen Welt aber brachte für Rom dann auch Kontakte mit dem hellenistischen Herrscherkult und zugleich die Übertragung göttlicher Verehrungsformen auf römische Politiker und insbesondere Statthalter, die sich um die Sache der Griechen verdient gemacht hatten. Im römisch-italischen Bereich konnten sich solche Vorstellungen dagegen zunächst nicht durchsetzen. Caesars Versuch, die Ehrungen seiner Person auch in diesem Sektor möglichst weit hinaufzuschrauben, trugen im Gegenteil zu seinem Scheitern bei. Seine offizielle Erhebung zu den Göttern, seine Konsekration im Jahre 42 v. Chr., und die offizielle Einrichtung des Kultes des *Divus Iulius* stellten hier vorläufig äußerste Grenzen dar.

Das Leid, die tiefen Erschütterungen und die fatalen materiellen Verluste, welche die Bürgerkriege dann Jahrzehnte hindurch für Zehntausende von römischen und italischen Familien nach sich zogen, sind in ihren Auswirkungen auf das religiöse Bewußtsein kaum zu überschätzen. Tiefe Depressionen und ein dumpfes Schuldgefühl ergriffen nun weiteste Kreise, die Überzeugung, ein von den Göttern nicht mehr geliebtes Land zu bewohnen, dominierte, der Gedanke, auswandern zu sollen, kam auf. Die letzte Ursache für alles Elend und alle Not der Zeit aber wurde in der Vernachlässigung der Götter und in der Vernachlässigung der religiösen Verpflichtungen gesehen, dies bei Livius wie bei Horaz.

Die in ihrem Grundton stark pessimistische, wohl um 29 v. Chr. entstandene Ode 3,6 des Horaz ist ein repräsentativer Ausdruck dieser Stimmungen und Überzeugungen:

«O Römer, schuldlos zahlst du der Väter Schuld,
Bis du der Götter Tempel erneuert hast,
Die einsturznahen Heiligtümer
Samt ihren Bildern, entstellt vom Rauche.

Dein ist, so du den Göttern dich beugst, das Reich:
Das Erste laß sie, laß sie das Letzte sein!
Die Leiden all, den Jammer brachte
Götterverachtung Hesperiens Lande...»
(v. 1–8 – Übertragung von H. Färber).

Es ist verständlich, daß diese Verzweiflungs- und Schuldgefühle nach der Beendigung der Bürgerkriege einem Pathos der Dankbarkeit, der Hoffnung und des Glücks wichen und dies nicht zuletzt in dem Augenblick, als Octavian alles Übel an der Wurzel zu packen schien, konnte dieser sich doch später in seinem Tatenbericht damit brüsten: «Zweiundachtzig Tempel der Götter habe ich in der Stadt [Rom] auf Grund der Autorisierung durch den Senat wiederhergestellt, als ich zum sechstenmal Konsul war [28 v. Chr.] und keinen übersehen, der zu jener Zeit wiederhergestellt werden mußte» (c. 20).

Daß Augustus die Erwartungen der öffentlichen Meinung auf diese Weise voll befriedigte, kann nicht überraschen, war doch die denkbar enge Verklammerung von Politik und Religion schon von Anfang an ein Grundzug seines Aufstiegs gewesen. Noch unter Caesar war Octavian in das angesehenste römische Priesterkollegium, die Gruppe der *pontifices*, aufgenommen worden; während der Bürgerkriege und in der Folgezeit ließ er sich dann der Reihe nach in die großen alten Priesterschaften wählen, so daß es schließlich zu einer Kumulation von Priesterämtern kam, wie sie kein Römer zuvor je erreicht hatte. Den Höhepunkt bildete die zu einem politischen Loyalitätsakt und zur dankbaren Vertrauenskundgebung ganz Italiens gestaltete Wahl des Augustus zum *pontifex maximus* im Jahre 12 v. Chr. Daß sie erst zu diesem Zeitpunkt erfolgte, bezeugte einmal mehr Augustus' demonstrativen Respekt vor den religiösen Traditionen, hatte er doch dem einstigen Gegner Lepidus diese letzte Würde bis zu dessen Tode belassen. Danach aber konnte Augustus von sich sagen: «Ich war *pontifex maximus*, Augur, XV*vir sacris faciundis*, VII*vir epulonum, frater Arvalis, sodalis Titius*, Fetiale» («*Res gestae divi Augusti*», c. 7).

Für die religiöse Fundierung des Principats stellt das Jahr 12 v. Chr. so gleichsam ein Epochenjahr dar. Damals wurden auch Teile des Hauses des Augustus am Palatin sakralen Zwecken zugeführt, ein Altar und ein Vestaheiligtum eingerichtet, dessen Kult Livia übernehmen sollte. Der Wohnsitz des *princeps* und seiner Familie wurde so mit religiösen Funktionen verbunden. Hinzu kam, daß in der Folgezeit auch die kultische Verehrung des Augustus in Rom wie in Italien verstärkt wurde.

Die Verquickung politischer Akte und Manifestationen mit alten religiösen Formen hatte bei Octavian schon mit der provozierenden Abhaltung der *ludi Victoriae Caesaris* im Jahre 44 v. Chr. begonnen. Die Kriegserklärung an Kleopatra, die er zwölf Jahre später, als Fetiale, gemäß einem archaischen Ritus vornahm, das wiederholte Schließen des Janustempels und schließlich die von langer Hand vorbereiteten Saecularspiele des Jahres 17 v. Chr. sind weitere Beispiele dieses Stils, dem Augustus zeit seines Lebens treu blieb. Völlig frei war Augustus in der Ausgestaltung dieser Tendenzen freilich nicht. Durch die demonstrative Aufnahme des *«divi filius»* in seinen Namen und durch das Bekenntnis zum *Divus Iulius*, das organisch zu Mars Ultor führte, war Octavian zuerst gebunden. Dann implizierten die Auseinandersetzungen der Bürgerkriege eine ausgesprochen traditionalistische Linie, mit der sich äußerstenfalls die neu akzentuierte Apollo-Verehrung verbinden ließ, die jedoch eine stärkere Berücksichtigung orientalischer Gottheiten im römisch-italischen Bereich ausschloß. Vergils Beschreibung der Seeschlacht von Actium ist nur ein Beispiel dieser Frontstellung. Wenn dagegen Vesta, Fortuna Redux, aber auch Abstraktionen wie *Pax* und *Concordia* von Augustus besonders geehrt und herausgestellt, auch mit ihm selbst verbunden wurden, so war dies ebenso unverfänglich wie die enge Anbindung der spezifischen augusteischen Siegesideologie an die Venus Victrix Caesars und des julischen Hauses.

Auch im religiösen Bereich ist bei Augustus die Dialektik zwischen Leistung und Ehrung charakteristisch. Dabei wurde seine Verehrung durch einzelne Personen ebensowenig gewaltsam erzwungen wie diejenige durch Korporationen, Städte und Provinzen. Vielmehr ist nicht zu übersehen, daß nach der Beendigung der Bürgerkriege weithin, besonders jedoch im schwer heimgesuchten griechischen Osten, eine ganz elementare Bereitschaft bestand, den Politiker, der das Chaos beendet und die persönliche Existenz neu gewährleistet hatte, als Gott zu verehren. Schon in seiner ersten Ekloge ließ Vergil den Hirten Tityrus sprechen:

«O Meliboeus, ein Gott hat uns den Frieden bereitet.
Wird er [Octavian] doch immer ein Gott mir sein, wird doch oft noch ein Böckchen
röten den Altar ihm aus unserer Hürde, ein zartes»
(6 ff. – Übertragung von K. Büchner).

Ähnlich ist in Rom, Italien und in den Provinzen des Westens auch die religiöse Verehrung des Augustus durch Bürger, Familien, Berufsverbände und städtische Gremien einzuordnen. Dankbarkeit und Verbundenheit mit der Person des Augustus und seinem Haus sind von der Bezeugung politischer Loyalität in religiöser Form nicht zu trennen. Dabei befleißigte sich Augustus einer demonstrativen Zurückhaltung; er knüpfte bezeichnenderweise stets an traditionelle Verehrungsformen an und wagte auch hier keine revolutionären Schritte. Vor allem verstand er es, regionale Besonderheiten zu respektieren und zugleich die verschiedensten sozialen Schichten in diesem Bereich zu engagieren.

So nahm Augustus in Rom selbst in einer Vielzahl von kultischen Ehrungen caesarische Vorbilder und Formen auf, im einst provozierendsten Falle aber distanzierte er sich konsequent. Eine Analogie zur kultischen Verehrung des *Juppiter Iulius*, wie sie im Jahre 44 v. Chr. für Caesar beschlossen worden war, vermied er absichtlich, ähnlich demonstrativ wie im Falle der lebenslangen Diktatur. Es gab für Augustus zu dessen Lebzeiten in Rom weder einen eigenen Tempel noch einen eigenen Priester. Es gab auch jene gemeinsame Verehrung des Augustus mit Roma nicht, wie sie in den Provinzen üblich wurde. Augustus ließ lediglich zu, daß auch sein Genius, die vergöttlichte Lebens- und Wirkungskraft des Mannes, speziell des *pater familias*, in den Haushalten mitverehrt wurde, und er schuf Raum und Gelegenheit – wiederum für eine Mitverehrung – im Rahmen des sogenannten Kompitalkultes der stadtrömischen Unterschichten.

Im Zusammenhang mit der Aufgliederung der Stadt Rom in 265 größere Nachbarschaftsbereiche *(vici)* wurden an den großen Kreuzungen *(compita)* Kapellen für deren Schutzgeister, die Laren, errichtet. Augustus sorgte selbst für eine angemessene Ausstattung dieses sehr alten, ursprünglich ländlichen Opferkultes, indem er Larenstatuetten für die einzelnen *vici* stiftete. Etwa zwischen 14 und 7 v. Chr. ist dann mit dieser Larenverehrung auch diejenige des *Genius Augusti* verbunden worden. Augustus ging noch einen Schritt weiter, indem er bei den festlichen Prozessionen der Stadtviertel die Laren- und Geniusstatuetten von jungen männlichen Mitgliedern seiner Familie tragen ließ, somit die enge Verbundenheit der *domus principis* mit allen Teilen der Hauptstadt dokumentierte. Was hier sichtbar wird, ist jene in unanstößigen Formen durchgesetzte Multiplikation religiöser Verehrung des *princeps* in allen Bereichen, wie sie einst Michael Rostovtzeff charakterisierte: «Wo immer das Volk Gelegenheit fand, seinem religiösen

Zuge zu folgen, da traf es neben dem Gegenstand seiner Verehrung auf die Gestalt des Augustus. In der Verehrung des Staats, in der Verehrung der Gottheiten der irdischen Wohlfahrt, der öffentlichen wie der häuslichen, in den mystischen Bestrebungen, selbst in den Gräbern – überall war Augustus» («Augustus», Römische Mitteilungen 38/39, 1923/1924, 287).

Grundlegend für den römischen Bereich ist jedoch erstens die Tatsache, daß Augustus zu Lebzeiten wohl göttliche Ehren erwiesen wurden, er, wenn man so will, «vergöttlicht» wurde, die gleichsam offizielle, sakralrechtliche Anerkennung als Gott, die «Vergottung» im Zuge der *consecratio* aber erst posthum erfolgen konnte (H. Gesche). Dies war deshalb erforderlich, weil die Kluft zwischen dem göttlichen und dem menschlichen Bereich im augusteischen Rom noch immer unüberbrückbar war. Grundlegend ist zweitens, daß in Rom zu Lebzeiten des Augustus nie dessen Person direkt, sondern indirekt in seinem Genius oder seinem Numen, Abstraktionen der in ihm und durch ihn wirkenden göttlichen Kräfte, verehrt worden sind.

In den Städten und Provinzen des Imperiums vollzog sich die religiöse Verehrung in vielfältigen Formen und völlig verschiedener Intensität. Das Ost-West-Gefälle ist dabei evident. Immerhin kam es auch in Italien und in der westlichen Reichshälfte bald zu institutionell verankerten Verehrungsformen, obwohl dort ein Bedürfnis zur demonstrativen Bekundung politischer Loyalität seit dem Treueid des Jahres 32 v. Chr. wesentlich geringer war als im Ostteil des Imperiums. Neben den Angehörigen der lokalen Führungsschichten haben sich dabei in den später als *seviri Augustales* bezeichneten Gremien für solche Kulte auch reiche Freigelassene engagiert und die zum Teil beträchtlichen finanziellen Aufwendungen bestritten, welche die periodische kultische Verehrung des *princeps* erforderte. In der Organisationsform selbst wurden dabei bezeichnenderweise ältere Vorbilder aufgegriffen oder ergänzt, wie sie aus den *magistri Mercuriales et Augustales* von Nola oder den *magistri Herculanei et Augustales* von Tibur bekannt sind.

Einige Sätze aus einer berühmten Inschrift der alten römischen Kolonie Narbonne dürfte am besten die Eigenart und die Organisation eines solchen lokalen Kultes zeigen: «Unter dem Konsulat des Titus Statilius Taurus und des Lucius Cassius Longinus [11 n. Chr.], am 22. September, wurde dem Numen des Augustus von der *plebs* der Narbonenser ein Gelübde geleistet, das für alle Ewigkeit bestehen soll. Glück und Segen dem *Imperator Caesar Divi filius Augustus, pater patriae, pontifex maximus*, zum 34. Mal Inhaber der *tribunicia potestas*, seiner Gattin, seinen Kindern und seiner Familie, ferner dem Senat und dem römischen Volk sowie den *coloni* und *incolae* [zu diesen beiden, stets streng unterschiedenen Kategorien freier Bürger der Kolonie siehe unten 374f.] der *colonia Iulia Paterna Narbo Martius* [offizieller Name der römischen Kolonie Narbonne], die sich verpflichtet haben, sein Numen für alle Ewigkeit zu verehren.

Die *plebs* der Narbonenser hat in Narbo auf dem Forum einen Altar errichtet. An ihm sollen alljährlich am 23. September, dem Tage, an welchem die Gunst der Zeit ihn dem Erdkreis als Herrscher geboren hat, drei römische Ritter aus der *plebs* und drei Freigelassene je ein Opfertier darbringen, und sie sollen an diesem Tage aus eigenen Mitteln den *coloni* und den *incolae* Weihrauch und Wein zur Verfügung stellen, damit diese dem Numen des Augustus opfern können. Ebenso sollen sie am 24. September den *coloni* und den *incolae* Weihrauch und Wein zur Verfügung stellen. Auch am 1. Januar sollen sie den *coloni* und den *incolae* Weihrauch zur Verfügung stellen. Auch am 7. Januar, dem Tag, an welchem er die Herrschaft über den Erdkreis antrat, sollen sie Weihrauch und Wein opfern und je ein Opfertier darbringen und sie sollen an diesem Tag den *coloni* und den *incolae* Weihrauch und Wein zur Verfügung stellen...» (ILS 112 – Übersetzung von P. Kneißl).

Ähnlich genaue Reglementierungen dürften auch für andere Kolonien und Municipien des römischen Westens existiert haben, die eine in den Mittel- und Oberschichten wie in der *plebs* der Städte und des Landes durchaus vorhandene Bereitschaft zur religiösen Verehrung des *princeps* und seines Hauses in feste Formen brachten, welche freilich niemals die Dimensionen und die Intensität der Verehrung des Ostens erreichten.

Im griechischen Bereich wie im ganzen ehemals hellenistischen Osten konnte die Augustusverehrung bruchlos an die traditionellen Vorstellungen des griechisch-hellenistischen Herrscherkultes anknüpfen. Dieser Kult zeigte schon in seinen ersten Anfängen jene zwei Elemente, welche auch noch die spätere römische Form prägen sollten: einmal die Anerkennung ungewöhnlicher, den üblichen Rahmen sprengender Leistungen, die für die Verehrenden selbst von existentieller Bedeutung waren, zum andern die völlige Identifikation mit der Politik und dem politischen System, die der Geehrte repräsentierte. Dies war schon bei Lysander, dem ersten durch göttliche Ehrungen im griechischen Bereich ausgezeichneten Menschen der Fall, bei jenem spartanischen Admiral, den die alte Führungsschicht von Samos nach 405 v. Chr. gleichsam in den Himmel hob, weil er ihr Vermögen und ihre Macht wiederhergestellt hatte. Dies galt danach für die hellenistischen Könige ebenso wie für T. Quinctius Flamininus, den «Befreier Griechenlands» und damit den ersten Römer, dem in Griechenland schon zu Beginn des 2. Jahrhunderts v. Chr. göttliche Ehren zuteil wurden, später schließlich auch für einzelne römische Statthalter.

Auch Vorstellungen wie diejenige eines «universellen Wohltäters» sind im hellenistischen Osten schon seit dem 3. Jahrhundert v. Chr. mit hellenistischen Königen in Verbindung gebracht worden; als «Wohltäter» und «Retter» wurde dort auch schon Caesar gefeiert. Erst recht galt dies für Augustus, der nun als Garant des Friedens erschien und dessen kultische Verehrung in der Nachfolge der hellenistischen Könige nicht zuletzt deshalb sinnvoller erschien als die der nur kurzfristig amtierenden römischen Statthalter, weil er die Macht kontinuierlich ausübte.

Städtische und provinziale Gremien wetteiferten schon bald mit einer emphatischen religiösen Augustus-Verehrung, deren Tenor am besten ein Beschluß des Provinziallandtages *(koinón)* der Provinz *Asia* aus dem Jahre 9 v. Chr. zeigt, als auf einen Vorschlag des Proconsuls Paullus Fabius Maximus hin der Geburtstag des *princeps* zum neuen Beginn des Kalenderjahres für alle Städte der Provinz *Asia* bestimmt wurde, eine Ehrung, die im Zusammenhang mit den gleichzeitigen stadtrömischen Arbeiten am *Solarium Augusti* zu sehen ist:

«Da die Vorsehung, die unser Leben ordnet, in Fürsorge und Eifer unser Dasein mit dem höchsten Schmuck gekrönt hat, da sie Augustus hervorbrachte, den sie zum Segen der Menschen mit jeglicher Tugend erfüllte, uns und unseren Nachkommen als Retter, der den Kampf beendet, der alles ordnet, und da Caesars Erscheinen die Hoffnungen vorangehender [Zeiten] überboten hat, weil er nicht allein die vor ihm lebenden Wohltäter der Menschen übertraf, sondern auch den künftigen jede Hoffnung nahm, es ihm zuvorzutun, der Geburtstag des Gottes aber für die Welt die erste von ihm ausgehende Freudenbotschaft war» – wurde der Vorschlag des Proconsuls aufgegriffen (Dittenberger, «*Orientis Graeci inscriptiones selectae*», 458 – Übersetzung von K. Latte).

Die Municipalkulte sind archäologisch und inschriftlich, aber auch literarisch gut bezeugt: Stiftungen ganzer Tempel, Altäre, Säulenhallen, Kollegien für den Kult belegen eine dichte Frequenz; die Städte waren dabei in ihren entsprechenden Ehrenbeschlüssen völlig frei. Sie richteten deshalb auch ohne weitere Bedenken Kulte für den lebenden *princeps* als *theós* ein und beschränkten ihre Verehrung zudem nicht auf den *princeps* allein. Vielmehr gibt es kaum ein anderes Indiz, das so klar die Bedeutung der gesamten *domus principis* zeigt wie die Tatsache, daß auch Angehörige dieser Personengruppe an Gottheiten angenähert und mit ihnen verbunden wurden.

Anders lagen die Dinge auf der provinzialen Ebene, wo die Gesamtvertretung einer Provinz, das *koinón* oder *concilium*, offensichtlich für alle den *princeps* betreffenden Ehrungen dessen Zustimmung einzuholen hatte. Das Problem der Institutionalisierung eines provinzialen Herrscherkultes wurde an Octavian zuerst in Bithynien und *Asia* nach den Ereignissen von Actium und der Einnahme Alexandrias, im Jahre 30 v. Chr., herangetragen. Er reagierte sehr zurückhaltend und gestattete lediglich den römischen Bürgern der Provinzen *Bithynia* und *Asia* je einen Kult der Roma und des *divus Iulius* (dies in Nikaia und Ephesos) sowie den Peregrinen dieser Provinzen je einen Kult für Roma und Octavian (Augustus), letzteres in Nikomedia und Pergamon. Nach den vorausgegangenen hitzigen Diskreditierungskampagnen während der Endphase des Bürgerkriegs gegen den «neuen Dionysos» Antonius und gegen die gleichfalls kultisch überhöhte Kleopatra VII. war es weder möglich noch opportun, hier weiterzugehen. Der Erfolg gab ihm Recht.

Immerhin breitete sich der «Provinzialkult» oder der Kaiserkult im engeren Sinne rasch auch in anderen Provinzen aus. Kreta, Cypern, Galatien, Syrien, vielleicht auch Makedonien, folgten im Osten den kleinasiatischen Vorbildern, 12 v. Chr. wurde er dann auch in Lyon von dem älteren Drusus für die gallischen Provinzen organisiert. 15 n. Chr. folgte Tarraco für *Hispania citerior,* 49 n. Chr. Camulodunum für Britannien. Erst unter Vespasian schlossen sich dann auch die Provinzen *Gallia Narbonensis, Baetica, Lusitania* und *Africa* den älteren Vorgängern an.

Blickt man auf die Gesamtentwicklung, so ist auch sie für die Eigenart des neuen Systems nicht weniger typisch als die Vorgänge in den Bereichen der Verfassung und der äußeren Politik. Augustus hat wieder einmal zu weitgehende Initiativen und Ehrungen zurückgeschnitten, andererseits in Anlehnung an bestehende Traditionen und Vorbilder ein Äußerstes in gerade noch allgemein zu akzeptierender Form erlaubt. Die Meisterschaft der Stilisierung zeigt sich dabei in der Kumulation älterer Elemente nicht weniger als in dem gleichsam partnerschaftlichen Eindringen in ältere und neuere Kulte. Sie zeigt sich nicht zuletzt in einer Differenzierung der Verehrungsformen, die nicht nur die regionalen Besonderheiten und Voraussetzungen, sondern auch die verschiedenen sozialen Gruppen und deren durchaus verschiedene Bewußtseinslagen berücksichtigte.

So vielfältig im einzelnen die Verehrungsformen waren, die gleichsam extremen Erscheinungen des Kaiserkults der Provinzen und des stadtrömischen Kompitalkults sind doch auch komplementär. Wurde dort die stark romanisierte Oberschicht angesprochen, so hier die Sklaven, Freigelassenen und die *plebs* der Hauptstadt. Wurde Augustus dort zusammen mit der Abstraktion *Roma* verehrt, so hier sein Genius zusammen mit den traditionellen, lokal verankerten Helfern. Traten dort die weitgespannten Dimensionen des Imperiums zutage, so hier die Verklammerung der *domus principis* mit den Stadtvierteln Roms. Die Mitte zwischen diesen beiden Polen aber nahmen die städtisch gebundenen Initiativen der Municipalaristokratie und der Augustalen ein, die persönliches wie lokales Prestige mit dem Eifer und der Loyalität der sozialen Aufsteiger verbanden und geschickt im kultischen Bereich kanalisierten. Gerade die *augustales* wuchsen dabei häufig genug zu Kollegien zusammen, in denen sich die wichtige Schicht der vermögenden Freigelassenen ein beachtetes Profilierungsfeld schuf.

Augustus selbst hat sich trotz aller göttlichen Ehrungen, die er erhielt, allezeit als sterblicher Mensch verstanden, allerdings als ein Mensch mit einzigartigen Leistungen und deshalb auch im Besitz einer einzigartigen Autorität. Eine konsequente und vorbehaltlose Anerkennung der eigenen Person als Gott sollte dagegen erst Caligula (37–41 n. Chr.) fordern. Schwieriger ist es, die persönliche Religiosität des Augustus selbst einzuschätzen.

Es wäre gewiß naiv, in ihm einen tiefgläubigen Anhänger archaischer römischer Religion oder einen überzeugten religiösen Restaurator zu sehen, doch auch die moralische Diskreditierung des genialen «Heuchlers» (L. Deubner) greift zu kurz. Der philosophischen Aufklärung stand er jedenfalls nicht fern und auch nicht jener in der römischen Oberschicht weitverbreiteten Auffassung, wie sie bei Varro, Cicero – und auch bei Ovid – zu fassen ist: «Es ist nützlich, daß es Götter gibt, und da es nützlich ist, laßt uns daran glauben, daß es sie gibt» («*Ars amatoria*» I,637). Vielleicht ist es am wichtigsten, festzuhalten, daß er den gesamten religiösen Bereich in erster Linie als politischer Pragmatiker und überwiegend rein rational

12 *Caesar und Augustus, Münzporträts*

Ideologie und Verfassungswirklichkeit

einschätzte, eine Verhaltensweise, die religiöse Reminiszenzen ebensowenig auszuschließen brauchte wie die Teilnahme an alten Riten, Opfern und religiösen Akten der res publica.

Wenn im folgenden von Ideologie gesprochen wird, so sind dazu einige kurze Vorbemerkungen erforderlich. Es ist wohl selbstverständlich, daß die augusteische Ideologie nicht mit jenen geläufigen marxistischen Definitionen identisch ist, die entweder der bewußten Verschleierung der Verfügungsgewalt über die Produktionsmittel oder von der Priorität klassenspezifischer Interessen ausgehen. Bei der augusteischen Ideologie stehen vielmehr eindeutig politische, militärische, rechtliche, moralische und religiöse Elemente im Vordergrund. Es handelt sich in erster Linie um eine bewußte Beeinflussung und Übermächtigung des Bewußtseins, um eine ideelle Legitimation, Durchsetzung und Absicherung der Macht des Augustus und des von ihm beherrschten politischen Systems. Dazu wurden immer wieder traditionelle politische und gesellschaftliche Begriffe und Formeln aufgegriffen, angepaßt und umgedeutet, wurde die Tradition der römischen *res publica* mobilisiert, stilisiert und monopolisiert.

Im Unterschied zu den großen modernen Ideologien ging die augusteische Ideologie auch nicht von einer systematischen Gesamtkonzeption, einer umfassenden Weltanschauung, einem komplexen Partei- oder Regierungsprogramm aus. Sie setzte sich vielmehr aus einer Bündelung vielfältigster einzelner Formeln, Ideen und Elemente zusammen, aus Legitimations-, Rechtfertigungs- und Leistungsformeln, aus Traditionselementen wie Erwartungsbestandteilen und Zukunftsfixierungen, die durchaus als Träger ideologischer Aussagen und Inhalte, als Ideologeme, bezeichnet werden können. Es findet sich mit anderen Worten eine ganz ähnliche Grundstruktur wie im Bereiche des Staats- und Verfassungsrechts. Diese relative Offenheit und dieser scheinbare Mangel an Kohärenz der Principatsideologie erlaubte es jedoch den Nachfolgern des Augustus, diese Ideologie den sich verändernden äußeren und inneren Konstellationen anzupassen, sie weiterzuentwickeln und ihr neue Akzente zu geben.

Blicken wir auf die wichtigsten Akzente in diesem Sektor zurück, so kam der Ideologie schon in der Phase der Gewinnung der Alleinherrschaft Octavians eine Schlüsselrolle zu. Octavian gab zunächst die zündende Parole der «Rache für Caesar» aus und bekannte sich provozierend zur *pietas* gegenüber dem ermordeten und dann später vergöttlichten Adoptivvater. Gleichzeitig stilisierte er sich, wie gezeigt wurde, zum Bürgen und Garanten der Freiheit, zum *vindex libertatis*. Damit besetzte er zwei Formeln, die am Ende der vierziger Jahre von den verschiedensten Seiten in Anspruch genommen wurden. Denn auf die *pietas* gegenüber dem ermordeten Vater berief sich gleichzeitig auch Sextus Pompeius, der Sohn des Caesargegners Pompeius Magnus, und *libertas* war natürlich in erster Linie die Parole der Caesarmörder gewesen, die bezeichnenderweise die Freigelassenenmütze zu ihrem politischen Symbol gewählt hatten.

In der folgenden Phase, vor allem in den Kämpfen gegen Sextus Pompeius und gegen Antonius, warf sich Octavian dann, wie schon ausgeführt worden ist, zum Wahrer der Interessen Italiens und zum Verfechter der italisch-römischen Tradition auf, gleichzeitig aber auch zum Verteidiger der bestehenden Sozialordnung und der Besitz- und Eigentumsverhältnisse, zum Hüter von Ordnung und Recht. Der nächste massive Einsatz ideologischer Elemente fiel dann in den Zeitraum der Jahre zwischen 30 und 27 v. Chr., das heißt in jene Spanne, die der staatsrechtlichen Legalisierung des neuen politischen Systems unmittelbar voranging. In diese Zeit fällt der demonstrative Abbau der Sonderrechte Octavians aus der Epoche der Bürgerkriege, zugleich jedoch auch die nicht weniger demonstrative religiöse Restauration.

Damals ist vor allem aber die Parole der *pax* systematisch propagiert worden; damals setzte jene Hypostasierung der *pax Augusta* ein, die sich als so erfolgreich erwies. Selbstverständlich hat Augustus die Bürgerkriege beendet, und selbstverständlich haben jahrzehntelang ausgeplünderte Landschaften diese Tatsache aufrichtig begrüßt und selbst resignierte Gegner diesen Zustand hingenommen. Aber bei dieser *pax Augusta* handelte es sich eben doch auch um die Konsolidierung der Position des Machthabers, der sich noch immer in erster Linie auf sein Heer stützte; es handelte sich auch um die Konsolidierung der Macht jener Gruppen, die in erster Linie die Nutznießer des neuen Systems wurden. Und diese *pax Augusta* war doch auch ein blutiger Friede, eine «cruenta pax», wie es Tacitus sah («*Annales*», I,10,4), denken wir nur an die Opfer der Opposition, an die Lage in den Grenzzonen, an Annexionen und Terrorakte. Es ist zum Beispiel geradezu zynisch, wenn Augustus in seinem Tatenbericht zu seiner angeblichen Befriedungsaktion zwischen Adriatischem und Tuskischem Meer konstatiert, daß dabei kein Volk zu Unrecht mit Krieg überzogen wurde, wenn er lakonisch die Erweiterung der Grenzen feststellt und für sich in Anspruch nimmt, daß er fremde Stämme, denen unter Gewährleistung der eigenen Sicherheitsbedürfnisse verziehen werden konnte, lieber erhalten als ausrotten wollte. Gewiß entsprach diese Haltung völlig den Maximen der römischen Tradition, doch zur Verklärung einer solchen Art von Friedensordnung, die in ganz offener Weise die Interessen einer Großmacht absolut setzte, besteht keinerlei Anlaß.

Von ähnlicher Tragweite und zugleich Problematik ist die Behauptung der *res publica restituta*, einer Formel, die primär die Wiederherstellung der staatlichen Ordnung ausdrückt. Durch die Anwendung der verfassungsrechtlichen Kategorien «Republik» und «Monarchie» hat sich die moderne Forschung lange Zeit ein angemessenes Verständnis des römischen Begriffs verstellt. Denn im Gegensatz zum modernen Staatsbegriff bedeutete *res publica* für den Römer nicht eine bloße, schwer faßbare Abstraktion, sondern den Inbegriff der gemeinsamen öffentlichen Interessen der römischen Bürgerschaft, das Gemeinwesen in einem sehr handgreiflichen Sinne. Daß die politische Ordnung dieses Gemeinwesens dabei aristokratisch bestimmt war, galt als selbstverständlich. Augustus hat auch hier eine Kontinuität vorgespiegelt, die in Wahrheit nicht bestand, und das Mißverständnis einer indirekten Wiederherstellung der traditionellen *res publica* wurde dazu noch deshalb *ad absurdum* geführt, weil gerade hier jene Ehrungen und Ideologeme ansetzten, die Augustus in einzigartiger Weise überhöhten.

Der beste Analytiker der Ausdrucksformen des römischen Principats, Andreas Alföldi, hat jene im 34. Kapitel des Tatenberichtes erwähnten Ehrungen und Ideologeme wie folgt interpretiert: «Die neue, durch republikanisch-konstitutionelle Ausdrucksformen temperierte Formprägung der Herrscherstellung des Augustus ist nach dieser seiner eigenen Auffassung durch drei Ehrenzeichen vor aller Augen dokumentiert, durch den goldenen Schild, dessen Inschrift seine moralische Eignung zur Staatsführung aufgrund eines Senatsbeschlusses bekundet; durch den exklusiv-übergeordneten Bürgerkranz des Retters, der ihm als dem Landesvater die Gesamtheit der Bürger im Sinne der Vätersitte unterordnet; und durch die Lorbeerbäume, die die sakral angehauchte Autorität, die ihm der Augustusname verlieh, vergegenwärtigen» («Die zwei Lorbeerbäume des Augustus», Bonn 1973, 12f.).

Tatsächlich sind die genannten Ehrungen, der sogenannte *clupeus virtutis*, der Bürgerkranz als Symbol des Retters der Bürgerschaft insgesamt, die sakral überhöhenden Lorbeerbäume, viele Jahre hindurch allen Bewohnern des Imperiums auf Münzen ebenso eingehämmert worden wie die stilisierten Erfolge diplomatischer und militärischer Aktivität. Mit all dem knüpfte Augustus gewiß an traditionelle Normen der römischen Führungsschicht an, für die es durchaus üblich war, die eigenen Leistungen in einer für den modernen Menschen penetranten Weise zur Schau zu stellen und das eigene Sozialprestige auf jede nur denkbare Weise zu erhöhen. Völlig neuartig waren an der Methode des Augustus indessen die Intensität und die Kontinuität der Beeinflussung des Bewußtseins mit Hilfe der Ideologie sowie das faktische Monopol, das der *princeps* hier besaß.

Neuartig war auch die ideologische Erfassung aller sozialen Schichten. Mit der Demonstration der militärischen Erfolge und den Elementen der Siegesideologie wie mit den titular geführten imperatorischen Akklamationen wurde die Armee angesprochen, mit Volkstribunat und *pater-patriae-*

Formel die römische *plebs*. Freigelassene und Sklaven wie die freien Armen wurden mit Hilfe des Kompitalkultes erfaßt, an die führenden sozialen Gruppen in Rom und in Italien appellierte die *auctoritas principis*. Daneben standen die großen, zusammenfassenden Integrationsformeln, stand die Betonung des *consensus universorum*, standen Bilder und Legenden auf Münzen, die die *maiestas imperii* feierten und damit Elemente, die jedermann eine Identifikation ermöglichten. Natürlich können alle diese vielfältigen und zum Teil auch heterogenen Bestandteile der augusteischen Principatsideologie die Konsolidierung der Herrschaft allein nicht erklären. Dazu waren die Armee als konstante Machtbasis und die immer größer werdende Klientel des Augustus ebenso erforderlich wie die immensen materiellen Mittel, die er fort und fort einsetzen konnte. Doch es ist die Frage, ob die Metamorphose der traditionellen Staatsform in das System des Principats ohne diese ideologische Beeinflussung je hätte verwirklicht werden können.

Es wäre selbstverständlich völlig falsch, die Inhalte der Ideologie samt und sonders als Lügen abzutun. Ihr Erfolg beruhte nicht zum geringsten gerade darauf, daß sie auf den Erwartungen, Hoffnungen und Wünschen breiter Schichten der Bevölkerung aufbaute und diese systemkonform transformierte. Zudem verfügte Augustus nicht über das Agitations- und Propagandainstrumentarium moderner Staaten. Es gab keine offiziellen «Sprachregelungen» im Stile zentral gelenkter Massenmedien, wohl aber eine anhaltende offizielle Stilisierung der Realität, und gerade Augustus war einer der größten und erfolgreichsten Stilisten der Macht. Schon den Zeitgenossen aber wurden auch die Widersprüche zwischen der Stilisierung der Macht und der Realität bewußt. Die Ideologie ist nicht nur der bezeichnendste Reflex der inneren Unwahrheit des Systems, sondern auch seiner charakteristischen Dialektik. Sie blieb zudem ein ganz wesentlicher Bestandteil der neuen Institution.

Persönlichkeit und politisches System
Caesar und Augustus

In seinen Reflexionen «Über das Studium der Geschichte» gab Jacob Burckhardt die wohl eindringlichste Erörterung der Funktion und Bedeutung der «großen Individuen» in der Geschichte. Er konstatierte: «In den Krisen kulminiert in den großen Individuen zusammen das Bestehende und das Neue (die Revolution). Ihr Wesen bleibt ein wahres Mysterium der Weltgeschichte; ihr Verhältnis zu ihrer Zeit ist ein ἱερὸς γάμος (eine heilige Ehe), vollziehbar fast nur in schrecklichen Zeiten, welche den einzigen höchsten Maßstab der Größe geben, und auch allein nur das Bedürfnis nach der Größe haben.»

Burckhardt ging dabei von der Vorstellung einer Teleologie der Geschichte aus. In deren Rahmen verkörperten nach ihm die großen Männer der historischen Weltbewegung die Koinzidenz des Allgemeinen und des Besonderen. Sie vollstreckten einen überindividuellen Willen, waren aber gleichzeitig auch an Voraussetzungen – Krisenlagen, Bedürfnisse, ja Notwendigkeiten – ihrer eigenen Zeit gebunden. Zeitalter und großes Individuum waren somit bei Burckhardt in eine geheimnisvolle, rational nicht völlig zu erklärende Verbindung gebracht, die er nur durch einen mysteriösen Begriff bestimmen konnte.

Wenn die neuere Geschichtswissenschaft eine historische Epoche nach einem einzelnen Menschen benannte, so ging sie in der Regel von sehr viel nüchterneren Prämissen aus. Sie verzichtete zumeist völlig auf einen metahistorischen Zusammenhang und forderte von dem eine Epoche prägenden und dieser seinen Namen aufdrängenden Individuum zunächst den vollen und anerkannten Besitz der Macht, der Macht, in allen entscheidenden Bereichen den eigenen Willen auch langfristig zur Geltung zu bringen. Sie forderte weiter die universelle Bedeutung der politischen, militärischen, administrativen, gesellschaftlichen oder geistes- und religionsgeschichtlichen Entscheidungen und Impulse sowie schließlich die Kontinuität des neuen Systems und der neuen Strukturen.

Mißt man die Entwicklungen der augusteischen Epoche an den genannten Kriterien, so entsprechen sie ihnen durchaus. Nach Jahrzehnten eines erbitterten römischen Bürgerkriegs, der den ganzen Mittelmeerraum in seinen Bann gezogen hatte, gelang es Augustus tatsächlich, seine zuletzt auch langfristig akzeptierte und rechtlich abgesicherte Herrschaft durchzusetzen. Aus dem Chaos der späten Republik formierte er eine neue staatliche Ordnung. Und allen Widerständen und Gegenkräften zum Trotz erreichte er, daß seine Sicht der politischen Entwicklung und seine Wertung des Geschehens, die sich schließlich in den Formeln der *res publica restituta* und der *pax Augusta* kristallisierten, von der überwiegenden Mehrzahl der Bevölkerung des ganzen Imperiums anerkannt wurden. Ungeachtet aller Einzelheiten verfassungsrechtlicher, juristischer, administrativer, gesellschaftlicher und militärischer Maßnahmen steht fest, daß erst Augustus die volle Kohärenz des Imperiums geschaffen und systematisch organisiert hat.

Augustus war kein großer Feldherr wie Alexander oder Caesar. Es war deshalb ein unglücklicher Gedanke, ihn zum «Weltimperialisten» zu stilisieren, eine Etikettierung, die genauso einseitig ist wie die ältere Apotheose des «Friedensfürsten». Augustus' Bedeutung liegt auch nicht in der Zahl und im Umfang der unter ihm neugeschaffenen Provinzen, obwohl er selbst sich mehr als einmal gerade mit seinen militärischen Erfolgen gebrüstet hat. Seine Bedeutung liegt vielmehr in der Institutionalisierung der Macht seines Hauses wie in der endgültigen Institutionalisierung der römischen Macht im gesamten Mittelmeerraum. Denn jenes System und jene Strukturen, die

Augustus in einem längeren dialektischen Prozeß organisierte, hatten Jahrhunderte hindurch Bestand.

Ein Vergleich zwischen Caesar und Augustus dürfte am besten geeignet sein, um die Zusammenhänge zwischen Persönlichkeit und politischem System einerseits und die Eigenart des augusteischen Principats andererseits sichtbar zu machen. Denn Persönlichkeit und politische Strukturen sind bei Caesar ebensowenig zu trennen wie bei Augustus. Caesars Aufstieg war von Anfang an durch eine ganz außergewöhnliche Dynamik geprägt sowie durch wiederholte Wagnisse, alles, selbst sein Leben, auf eine Karte zu setzen. Davon findet sich bei Octavian keine Spur. Caesars Willen zur Macht und ihrer Behauptung, seine Führungsstärke, Vitalität und Intelligenz, aber auch die Radikalität seines Anspruchs haben seine Gegner völlig unterschätzt. Es war dabei irrig, bei ihm ein formuliertes politisches Programm oder eine konsistente staatliche Systematik zu suchen, Caesar stützte seine Macht in erster Linie auf Personen, nicht auf Institutionen. Aber der Diktator überschüttete die ganze römische Welt mit immer neuen Gesetzen, Entscheidungen und Maßnahmen, mit Koloniegründungen, Kalenderreform, Großbauten und vielen Einzelplänen; seine Hektik war nicht zu überbieten. Jene fünfzehn Jahre, die er prägte, standen bis zuletzt im Banne von Krieg und Bürgerkrieg, wobei dieser Mann den Nahkampf im Gefecht ebensowenig scheute wie die riskante Begnadigung von erbitterten Gegnern, von denen er wissen mußte, daß sie ihn stets hassen würden.

In der politischen Konstellation, in der Caesar seine Laufbahn begann, war er eng mit den popularen Traditionen der Anhänger des Marius verbunden, obwohl die Julier zu einem der ältesten Adelsgeschlechter gehörten. Aus dieser Bindung hat Caesar nie ein Hehl gemacht. Schon als Quaestor, im Alter von 31 Jahren, ließ er die Beisetzung seiner Tante Julia, der Witwe des Marius, zu einer herausfordernden Demonstration der alten Marianer werden. Für seine eigene Machtposition aber orientierte er sich an dem Diktator Sulla, von dem er freilich meinte, daß er das politische ABC nicht begriffen habe, als er die Diktatur niederlegte. Jedenfalls kann man zu Recht bei Sulla wie bei Caesar von einer neuen Qualität und Dimension der römischen Diktatur, wenn man will, von einer integralen Diktatur sprechen.

An eine Verschleierung oder Drapierung dieser Position hat Caesar dabei nie gedacht. In den Münzlegenden ließ er, für jedermann sichtbar, seine Stellung als *dictator perpetuo*, als Diktator für alle Zeit, vor Augen führen. Er ließ es auch zu, daß gegen Ende seines Lebens Ehren über Ehren auf ihn gehäuft wurden, die jedes menschliche Maß sprengten und die ihn, zumindest nach römischer Auffassung, in die Nähe der Götter rückten. Maßlosigkeit schien schließlich alles zu beherrschen, was er tat oder plante. Über solcher immer weiter ausgreifender Dynamik und über diesem unaufhörlichen Aktionismus wurden näherliegende Aufgaben in den Hintergrund gedrängt. Weder war es in Rom und Italien gelungen, die alten Gegner voll in Caesars System zu integrieren, noch waren Administration und Sicherung der neugewonnenen Gebiete in Gallien endgültig organisiert. In dem Taumel der Macht, in dem Caesar lebte und in dem die eigene Person absolut gesetzt war, wurde häufig genug lediglich improvisiert. Es war unklar, wer bei einer Katastrophe, mit der der Diktator jederzeit rechnen mußte, an seine Stelle treten sollte, ebenso war kein Nachfolger für die Übernahme seiner immensen Klientel eindeutig herausgestellt worden. Bei einem Todes- oder Unglücksfall des Diktators schien das Chaos geradezu programmiert.

Octavian-Augustus fehlten die Vitalität und die Dynamik Caesars völlig. Sein Lieblingsmotto hieß bezeichnenderweise σπεῦδε βραδέως – Eile mit Weile. Er war der Ansicht, daß erfolgreiches Handeln nicht nur die zügige Ausführung, sondern eben auch sorgfältige Überlegung erfordere. Gegenüber der stets selbstsicheren Risikobereitschaft Caesars dominierte bei ihm ein beständiges Abwägen aller Faktoren und Folgen. Am deutlichsten sind die Gegensätze dabei im militärischen Bereich, in dem Augustus oft genug der Nutznießer der Erfolge anderer war: Die Caesarmörder schlug Antonius, Sextus Pompeius und Antonius wiederum besiegte in erster Linie sein Freund und späterer Schwiegersohn M. Agrippa. Nach den zwanziger Jahren ließ Augustus nur noch Kriege führen; er selbst begnügte sich mit der Oberleitung.

Caesars politisches Scheitern, eine Folge der vehementen Angriffe der inneren Opposition gegen den Diktator und den Exponenten einer Militärmonarchie sowie zugleich eine Folge der Wiederbelebung der Freiheitsparole, dieses Scheitern hatte bei Octavian zu einem tiefen Trauma geführt. Von Anfang an war er deshalb geradezu penetrant darum bemüht, fort und fort die Legalisierung seiner Machtstellung zu erreichen und diese Legalisierung auch öffentlich zu dokumentieren. Immer wieder hat er sich um die Verrechtlichung seiner Stellung gekümmert und gerade deshalb auch die Normen der Republik in aufdringlicher Weise für sich selbst verbindlich erklärt. Die früher gegebene Übersicht über die Amtsvollmachten und die staatsrechtlichen Grundlagen des Augustus macht deutlich, daß er sich scheinbar nur traditioneller Kompetenzen und Amtsgewalten bediente. Sein *imperium* war befristet, provozierende Sondervollmachten lehnte er demonstrativ ab. Hatte Caesars *dictator perpetuo* eine einfache, monumentale, allumfassende Kompetenz impliziert und stolz herausgestellt, so stand bei Augustus bezeichnenderweise die Bündelung verschiedenartiger traditioneller Kompetenzen auf Zeit im Vordergrund, deren fortlaufende, niemals ernstlich in Frage gestellte Verlängerung am Ende aber faktisch zum gleichen Resultat führte wie bei Caesar.

Octavian war ferner, wie auch andere führende Caesarianer, davon überzeugt, daß Caesars Politik der *clementia* auf der ganzen Linie gescheitert war, und er zog aus dieser Erkenntnis kühl die Konsequenzen. Es ist müßig, seine Mitverantwortung an den Proskriptionen des Jahres 43 v. Chr., als

Tausende in den Tod getrieben wurden, zu leugnen oder zu bagatellisieren. Es ist ebenso müßig, die Hinschlachtung der um Gnade bittenden Gegner bei Perusia, denen er sein *«moriendum est»* («Man muß sterben») entgegenwarf, zu rechtfertigen und später dann sein gnadenloses Vorgehen gegen jede politische Gefährdung seines Systems zu entschuldigen. Denn so begrenzt in mancherlei Hinsicht die Fähigkeiten des Augustus waren, er wollte um jeden Preis die Kontinuität und Stabilität seines neuen Systems sichern und behaupten. Um die Dauerhaftigkeit und Tragfähigkeit des neuen *status* zu erreichen, war ihm kein Opfer zu groß. Monoman hat er diesem System alle persönlichen Interessen seiner Familienangehörigen und seiner Freunde untergeordnet.

Wenn der Vergleich der Persönlichkeit und der Leistung Caesars und Augustus' so auch in vielen Punkten zuungunsten des Augustus ausfällt, so gibt es doch einen großen Bereich, in dem seine Überlegenheit evident ist. Es ist dies der Bereich der Herrschaftsorganisation, der Festigung und des Ausbaus der Kohärenz des Imperiums, der Intensivierung und Effektivierung der Administration, auf dem Augustus ohne Zweifel seine größten Erfolge erzielte. Hier profitierte er auch am meisten von seinem sorgfältig abwägenden Kalkül, denn einerseits wurde der Senat bewußt aus vielen Schlüsselstellungen der Verwaltung von Stadt und Imperium verdrängt, andererseits war sich Augustus immer darüber im klaren, daß er auf die konstruktive Mitarbeit von Senatoren in Administration, Armee und Rechtsprechung nicht verzichten konnte. Das Nebeneinander «senatorischer» und «kaiserlicher» Verwaltungsstränge wurde deshalb nicht zufällig zu einem Charakteristikum des augusteischen Principats.

Ein weiteres ist die Stilisierung der Macht, die Stilisierung der Realität. Diesen für den augusteischen Principat ebenfalls typischen Erscheinungen ist nicht dadurch beizukommen, daß man von «ausgekochten Advokatentricks» des Augustus spricht, auch nicht dadurch, daß man primär moralische Perspektiven wählt und in ihnen den «Heuchler», den Meister der Verstellung oder den Lügner denunziert. Über alle einzelnen Ideologeme hinweg wurde Augustus zum meisterhaften Stilisten seines neuen politischen Systems, das noch Jahrhunderte hindurch ganz in seinem Sinne gefeiert wurde. Dabei war die Diskrepanz zwischen Stilisierung und politischer Wirklichkeit unübersehbar, dabei erwuchsen nicht wenige Konflikte, die dieses System unter Augustus' Nachfolgern belasten und gefährden sollten, gerade aus jenen Widersprüchen, Un- und Halbwahrheiten des Principats, die sein Schöpfer erfolgreich verdeckt hatte. Hierin liegen denn auch die bestürzend modernen Aspekte des augusteischen Principats, deren Probleme tiefer reichen, als sie eine rein verfassungsgeschichtliche Rabulistik je zu vermitteln vermag.

Sowenig der augusteische Principat eine lediglich mechanische Restauration oder Fortführung der Strukturen der späten Republik oder gar jener der caesarischen Diktatur bedeutet, sowenig war er eine konsequent monokratische Neuordnung. Er war in erster Linie eine Reaktion auf Caesars völlig monomane Verabsolutierung der Macht, eine Reaktion auf Caesars blanke «integrale» Diktatur. Der Principat wurde unter behutsamer Überlegung, *consilium*, geschaffen, unter bewußter Respektierung von Traditionen und mit der konsequenten Absicht, auf keinen Fall zu provozieren. Daraus folgte der Vorrang der Stilisierung und nicht zuletzt auch die große Bedeutung der Ideologie des neuen Systems.

Hinter diesen Formen und hinter dieser Gestaltung steht die Persönlichkeit jenes Mannes, dessen Wesenszüge immanent beschrieben wurden. Was diesen Menschen trotz aller Vorbehalte auszeichnete, das waren Realismus, Beharrlichkeit und Maß, damit echt römische Qualifikationen. Wenn man den Principat des Augustus so kritisch auffaßt, wie das hier erfolgte, wenn man in ihm nicht den großen Wurf eines genialen Politikers und Staatsmannes oder gar eines «Friedensfürsten» sieht, sondern eine im Laufe eines längeren dialektischen Prozesses gewonnene Synthese aus vielen oft sehr bescheidenen neuen Ansätzen, eines Prozesses, der durch die Kontinuität der Machtausübung zur endgültigen Konsolidierung der neuen politischen Ordnung führte, dann ist dafür das Individuum Augustus unersetzlich.

Der Mann, der sich selbst als Retter der gesamten römischen Bürgerschaft, als Garant der Freiheit sowie als Schöpfer des Friedens und der bestmöglichen Ordnung von Gesellschaft und Staat verstanden wissen wollte, war kein politischer Visionär, sondern ein nüchterner Pragmatiker. Er verstand es, in einer Epoche des Übergangs die erforderlichen Maßnahmen zu treffen, das Notwendige und das Mögliche zu verrechnen. Gerade weil er von prinzipiellen und schematischen Lösungen *en bloc* absah, Ansätze, die sich nicht bewährten, zurücknehmen konnte, geschickt auf immer neue Konstellationen und Krisen reagierte, bei all dem aber beharrlich die persönliche Macht verteidigte und konsolidierte, hatte er auch auf die Dauer Erfolg.

Augustus war einer jener römischen Politiker, die sich neben ihren verbrieften staatsrechtlichen Kompetenzen vor allem auf ihre «Ansehensmacht» stützen konnten. Deren Bedeutung wird nur dann verständlich, wenn die für die römische Gesellschaft noch im 1. Jahrhundert v. Chr. spezifische Bereitschaft, vergangene wie gegenwärtige Autorität anzuerkennen, bedacht wird. Diese nicht zuletzt durch die traditionellen Bindungen der Klientel und der römischen Familie tief verankerte, gleichsam in Fleisch und Blut übergegangene Disposition ermöglichte die immer neue Mobilisierung der Vertrauensbasis. Die Betonung des *consensus universorum* mit Octavian, die Anerkennung der *auctoritas Augusti* und die Verehrung des *pater patriae* stehen deshalb in einem engen inneren Zusammenhang.

Über den großen Staatsakten, Loyalitätsbekundungen und religiösen Feiern, in denen sich diese Anerkennung auch nicht institutionalisierter persönlicher Macht manifestierte, ist jedoch nicht zu vergessen, daß die Resonanz auf die Politik des Augustus in den vielen Jahrzehnten seiner Herrschaft keineswegs einheitlich blieb. Wie bereits gesagt wurde, folgten vielmehr auf Phasen der Hoffnung, der Zustimmung und Anerkennung immer wieder auch solche der Enttäuschung, des Unwillens, ja sogar neuer Ängste und schließlich der Resignation. Die Dialektik, die das politische System des Augustus beherrschte, ist auch sein persönliches Schicksal geworden. Faszinieren kann seine Persönlichkeit wohl kaum, aber der Erfolg des Politikers und die Bewährung seines neuen Systems sind nicht zu bestreiten.

Das Römische Reich im 1. Jahrhundert n. Chr.

Die Konsolidierung des Principats unter Tiberius (14–37 n. Chr.)

So erfolgreich sich letzten Endes die augusteische Lösung der Probleme des Imperiums trotz aller Rückschläge erwiesen hatte, das neue politische System wies doch erhebliche Gefahrenpunkte und Schwächen auf, die seiner Konstruktion immanent blieben. Ihre eigentliche Bewährungsprobe hatte die neue Ordnung erst noch zu bestehen. Der elementare Widerspruch zwischen Ideologie und Verfassungswirklichkeit mochte zuletzt durch die *auctoritas* des alten *princeps* überdeckt werden, auf die Dauer ließ sich die faktische Machtkonzentration ebensowenig verbergen wie die Tatsache, daß der Principat keine befristete Übergangslösung darstellte, sondern auf Permanenz angelegt war, obwohl zunächst die für römische Tradition provozierende Form einer in sich geschlossenen dynastischen Herrschaft sorgfältig vermieden worden war.

Mochte schon Augustus einzelne bewährte Helfer, wie Agrippa, oder fähige und vielversprechende Angehörige seines Hauses, wie Tiberius, C. und L. Caesar, demonstrativ herausstellen, um den Eindruck zu vermeiden, daß die neue politische Ordnung mit seiner eigenen Person stehe und falle – die entscheidenden Schritte zur endgültigen Institutionalisierung des Systems waren erst noch zu tun. Die Bündelung einzelner Amtsbefugnisse und Kompetenzen mit immer noch befristeter Dauer mußte notwendig und mit innerer Logik zu einer systematischen, kohärenten und unbefristeten Zusammenfassung drängen. Die wohl präjudizierte, aber rechtlich und faktisch keineswegs garantierte Nachfolgefrage erforderte eine klare und allgemein akzeptierte Lösung, mochte das Offenhalten auch noch so viele Vorteile bieten.

In diesen Problemen wie in denen der Behauptung, Sicherung und institutionellen Festigung des Principats sind jene Grundfragen zu sehen, welche die Geschichte des Imperiums während des 1. Jahrhunderts n. Chr. neben anderen inneren und äußeren Belastungen beherrschten. Es war dabei zunächst keineswegs selbstverständlich, daß die Armee stillhalten, neue Generationen der Führungsschicht, die das Chaos der Bürgerkriege nicht mehr erlebt hatten, sich mit der ihnen zugewiesenen Rolle innerhalb des Systems abfinden, die Provinzen auf die Dauer ruhig bleiben würden. Es war dies vor allem dann nicht, wenn die persönliche Eignung der *principes* für ihre Aufgabe nicht überzeugend schien, wenn ihre Leistungen enttäuschten und wenn die Belastungen durch das System wuchsen. Jener *optimus status*, jene optimale Verfassungsbasis, die Augustus für die *res publica* Roms durchgesetzt zu haben beanspruchte, blieb somit prekär.

Vor allem das Fehlen einer eindeutigen Nachfolgeordnung erwies wiederholt die innere Unwahrheit des Principats. Der hier zu entrichtende Preis war hoch, denn immer wieder führte dieser Mangel zu erheblichen Schwierigkeiten und zu einer dauernden Belastung der neuen Institution. Es ist kein Zufall, daß ihre Stabilität während des 1. und 2. Jahrhunderts n. Chr. immer dann am größten war, wenn die Nachfolgefrage durch eine geschlossen auftretende *domus principis* oder auf andere Weise geregelt schien. Schon den ersten *princeps* hat die Sorge um einen Nachfolger nie verlassen. Der Mann, der so oft den Tod nahen glaubte, hat eine ganze Reihe derer, die zur Nachfolge designiert waren, überlebt, seinen Neffen und Schwiegersohn Marcellus, der 23 v. Chr. starb, seinen großen Admiral, Befehlshaber, Administrator und Freund M. Agrippa, den ersten wahren *collega imperii*, der 12 v. Chr. gestorben ist, seine Enkel und Adoptivsöhne, die *principes iuventutis* L. und C. Caesar, die 2 und 4 n. Chr. verstarben. Übrig blieb allein derjenige, der lange Zeit umgangen werden sollte, sein Stiefsohn Tiberius (* 42 v. Chr.).

Dieser Sohn Livias aus erster Ehe gehörte durch beide Elternteile dem alten Adelsgeschlecht der Claudier an, war also schon gemäß seiner Herkunft Aristokrat und «Republikaner» schlechthin. Wenn man Sueton glauben darf, haben Angehörige des patrizischen Geschlechtes der Claudier zur Zeit der Römischen Republik achtundzwanzigmal das Konsulat, fünfmal die Diktatur und siebenmal die Censur bekleidet und insgesamt sechs große und zwei kleine Triumphe errungen. Als Offizier und Feldherr hatte sich Tiberius unter Augustus seit dem Kantabrerkrieg von 25 v. Chr. wiederholt ausgezeichnet. Die Demonstration in Armenien 20 v. Chr., die Niederwerfung der Alpenstämme 15 v. Chr., Erfolge in Pannonien und Germanien waren die wichtigsten Stationen seiner Karriere.

In diese Laufbahn griff Augustus im Jahre 11 v. Chr. ein, als er Tiberius zwang, sich von seiner Frau scheiden zu lassen, und Julia, die einzige Tochter des Augustus, die damals nach dem Tode Agrippas bereits zum zweitenmal Witwe geworden war, zu heiraten. Verschiedene Kräfte trieben nun zur Katastrophe. Tiberius erkannte bald, daß er nur zum Platzhalter für die beiden Enkel des Augustus, L. und C. Caesar, ausersehen war. Dazu kamen weniger die Treulosigkeit Julias in ihrer Ehe als vielmehr ihr ausgeprägter Ehrgeiz, der Tiberius immer wieder provozierte. Im Jahre 6 v. Chr. zog der Claudier schließlich die Konsequenz und ging als Privatmann nach Rhodos in ein selbstgewähltes Exil, das immerhin acht Jahre dauern sollte. Es besteht wohl kein Zweifel daran, daß dieses Exil den Schlüssel zum Verständnis der späteren Entwicklung des Tiberius darstellt.

Nach dem Tode des jungen C. Caesar, 4 n. Chr., mußte sich Augustus, wenn auch widerwillig, dazu bequemen, Tiberius zu adoptieren. Allerdings adoptierte er gleichzeitig auch Agrippa Postumus, das jüngste Kind Julias von M. Agrippa. Ferner zwang er Tiberius, seinerseits Germanicus, den ältesten Sohn von Tiberius' verstorbenem Bruder Drusus, an Kindes statt anzunehmen. Zusammengenommen stellten diese Regelungen des Jahres 4 n. Chr. eine endgültige Präjudizierung der Nachfolge des Augustus dar: Faktisch war damit nicht nur für eine, sondern bereits für zwei Generationen vorgesorgt. Das von der Person des Augustus geschaffene politische System sollte offensichtlich permanent mit dem julisch-claudischen Haus verbunden bleiben, so daß R. Syme zu Recht die Feststellung treffen konnte, daß nicht das Jahr 14, sondern das Jahr 4 n. Chr. zum Epochenjahr für die Institutionalisierung des Principats geworden ist.

Für die augusteische Lösung ist dabei die Tatsache bezeichnend, daß hier von Anfang an mit dem Mittel der Adoption gearbeitet wurde, einem Mittel, das in der römischen Adelsgesellschaft seit langem üblich war, wenn es darum ging, Namen, Gefolgschaft und Macht einer großen, alten Familie zu konservieren und geeignete mänliche Nachkommen nicht zur Verfügung standen. Octavians eigene Adoption durch Caesar legte einen solchen Schritt noch zusätzlich nahe.

Zehn weitere Jahre lang leitete Tiberius danach noch als Oberkommandierender bei der Niederwerfung des dalmatisch-pannonischen Aufstandes (6-9 n. Chr.) und in Germanien erfolgreiche Kampfhandlungen, bis er dann im Alter von 56 Jahren als zweiter *princeps* das Erbe des Augustus antreten konnte. Es war eine ziemlich undankbare Aufgabe für den Mann, der im Grunde seines Herzens altrömisch, ja republikanisch-aristokratisch dachte, den Principat fortzuführen. Es ist heute sehr schwer, sich über den Menschen, der nun 23 Jahre lang das Römische Reich regieren sollte, ein gerechtes Urteil zu bilden. Dies rührt vor allem daher, daß die wenigen authentischen Selbstzeugnisse des Tiberius, die vor allem bei Tacitus, Sueton und Cassius Dio vorliegen, für eine allseitige Würdigung seiner Person und seiner Maßnahmen nicht ausreichen. Die antike Historiographie über ihn, auch die genannten drei Autoren, steht völlig im Banne einer kurz nach Tiberius' Tod bestimmend werdenden, dem *princeps* feindlichen Tradition. Eine durch Velleius Paterculus vertretene panegyrische Richtung hat sich demgegenüber nicht durchsetzen können.

Tiberius war zweifellos eine komplizierte, widerspruchsvolle Persönlichkeit, deren Bild auch durch zahlreiche moderne «Ehrenrettungsversuche», medizinische und psychologische Studien keineswegs eindeutiger geworden ist. Er wirkte arrogant und gab sich nie die Mühe, durch Anpassung an die gesellschaftlichen Notwendigkeiten Popularität zu gewinnen. Durch eine lange Reihe unbestreitbarer militärischer Leistungen und Erfolge war sein Selbstbewußtsein gewachsen, von der Atmosphäre der Feldzüge und des

Lagerlebens war er tief geprägt. Doch es wäre falsch, in ihm lediglich einen trinkfesten Troupier zu sehen, denn gleichzeitig besaß Tiberius eine sehr persönliche Vorliebe für die alexandrinische Dichtung, für mythologische Fragen – und für Astrologie.

In allen Positionen, die er bekleidete, ist ihm ein großes Pflichtgefühl nicht abzusprechen. Die sogenannten diplomatischen Fähigkeiten und die Finesse des Taktierens gingen Tiberius allerdings völlig ab. Schon der Rückzug nach Rhodos zeigte ihm, daß seine offen ausgesprochenen Motive für diese Abkehr vom öffentlichen Leben Roms unglaubwürdig erschienen und daß ihm auf Schritt und Tritt Unterstellungen, Verdächtigungen und Mißtrauen entgegenschlugen. Ob er es wollte oder nicht, er wurde in die Rivalitäten und Winkelzüge innerhalb der *domus principis* ebenso verstrickt wie in jene von politischen Gruppen, die für «den Tag danach» planten. So wuchs auch Tiberius' Mißtrauen, er gab sich verschlossen, zögernd, bedeckt, betont vorsichtig und korrekt, um neue Reibungen und Konflikte zu vermeiden.

Die Adoption des Jahres 4 n. Chr. hat auch von Tiberius ihren Preis gefordert, nicht allein dadurch, daß er sich nun privatrechtlich unter die *potestas* des Augustus zu begeben hatte, doch sie war gewiß auch in seinen Augen ein rational notwendiger Kompromiß. Tiberius war als erfahrener Militär, der alle wichtigen Fronten des Imperiums aus eigener Anschauung kannte, sicher der richtige Mann, um zehn Jahre später den Übergang der Macht zu sichern, aber er war schon zu alt, zu nüchtern, zu kritisch, um die Hochstimmung eines neuen Anfangs und die gefühlsmäßige Identifikation mit seiner Person zu erlauben. Für Theodor Mommsen war er «der Machthaber, der wie kein anderer das volle Bewußtsein seiner Herrschergewalt einer- und ihrer Schranken andererseits in sich vereinigte» («Römisches Staatsrecht» II,2³, Leipzig 1887, 775).

Auf eine sorgfältige Stilisierung seiner Person, seiner Stellung und seiner Handlungen hat Tiberius nie besonderen Wert gelegt. Als seine Politik scheiterte, die inneren Auseinandersetzungen und persönlichen Konflikte zu immer neuen Enttäuschungen und Katastrophen führten, wurden aus Mißtrauen und Haß Menschenverachtung, Verbitterung und Resignation. Der *princeps*, der sich aus den Tagesgeschäften zurückgezogen hatte und eine Art indirekter, aber zumindest zum Teil noch äußerst effektiver Herrschaft praktizierte, wurde erneut zur Zielscheibe von Verdächtigungen und dabei geradezu phantastischer sexueller Verirrungen und Monstrositäten bezichtigt.

Die Anfänge der Regierung des Tiberius aber vermochten nicht einmal die ihm feindlichen Autoren völlig zu diskreditieren, und so versuchte man schon im Altertum mit der Konstruktion einer Entwicklung, oder psychologisch, die negativen Phänomene der zweiten Regierungshälfte zu erklären und zu rechtfertigen. Die klassische Stelle dafür ist der Schluß des 6. Buches von Tacitus' «Annalen», wo es heißt: «Auch sein Charakter war in den einzelnen Zeiträumen ganz verschieden. Vortrefflich war sein Wandel und Ruf, solange er als Privatmann oder Feldherr unter Augustus lebte; seine Laster suchte er zu verbergen und Tugendhaftigkeit zu heucheln, solange noch Germanicus und Drusus am Leben waren. Ebenso waren noch gute und schlechte Eigenschaften zu Lebzeiten seiner Mutter in ihm geteilt. Wenn auch seine Grausamkeit fluchwürdig war, so wußte er doch seine Lüste zu verstecken, während er Sejan liebte oder fürchtete. Zuletzt ließ er sich aber in Verruchtheit und Lasterhaftigkeit gehen, seitdem er nach Beseitigung von Scham und Furcht nur noch seiner wahren Natur folgte.» Natürlich ist Tiberius' Entwicklung so viel zu schematisch und einseitig gesehen, als daß sie überzeugen könnte, zudem ließ sie sich im Jahre 14 n. Chr. wohl nur von wenigen ahnen. Da Tiberius im Jahre 4 n. Chr. nicht nur adoptiert, sondern auch durch die *tribunicia potestas* für die Dauer von zehn Jahren und außerdem durch ein langfristiges proconsulares Imperium, das demjenigen des Augustus vom Jahre 27 v. Chr. entsprach, herausgestellt worden war, konnte man ihn schon seit jener Zeit als *collega imperii* und als präsumtiven Nachfolger des Augustus bezeichnen. Im Jahre 13 n. Chr. war Tiberius' *tribunicia potestas* um weitere fünf oder zehn Jahre verlängert, und damals, nach seinem pannonischen Triumph, war ihm auch ein *imperium proconsulare maius*, allerdings wiederum zeitlich befristet, verliehen worden.

Im Jahre 14 n. Chr. befanden sich zudem wichtige Magistraturen und Statthalterstellen in den Händen von Anhängern oder Vertrauensleuten des Tiberius, und noch über das Grab hinaus sorgte Augustus dafür, daß Tiberius, jedenfalls von Mitgliedern der eigenen Dynastie, keine Gefahren erwuchsen. Denn der gleichzeitig mit ihm adoptierte Agrippa Postumus, der wegen seiner «Entartung» enterbt und im Jahre 7 n. Chr. auf die Insel Planasia verbannt worden war, ist auf Grund eines Geheimbefehls des Augustus sofort nach dessen Tode hingerichtet worden. Es ist dies das berühmte *«primum facinus novi principatus»*, das erste Verbrechen des neuen Principats, das zwar vielleicht politisch zweckmäßig war, in jedem Falle aber die Anfänge der Herrschaft des Tiberius ins Zwielicht setzen mußte. Tiberius hat sich wohl von diesem politischen Präventivmord eindeutig distanziert und die Verantwortung dafür nicht übernommen, er hat es andererseits dann aber doch zugelassen, daß die Angelegenheit aus Gründen der Staatsräson nicht aufgehellt wurde.

Ehe auf die Vorgänge beim Antritt der Alleinherrschaft des Tiberius im einzelnen eingegangen wird, muß daran erinnert werden, daß der augusteische Principat beim Tode seines Schöpfers noch immer keine feste und klar umrissene, einheitliche Institution war, sondern eine einmalige, von der Persönlichkeit des Augustus geschaffene und nur von ihm ganz ausgefüllte Größe. Gerade dann, wenn man sich an das Einmalige in der Entstehungsgeschichte des Principates erinnert und das Einmalige der *auctoritas* des

Augustus bedenkt, verbietet es sich von selbst, die Übernahme der Macht des Tiberius mit der Automatik späterer Thronwechsel zu vergleichen.

Das Problem, das sich Tiberius im Jahre 14 n. Chr. stellte, war zunächst die Frage, ob der Principat überhaupt in der Form, wie sie Augustus zuletzt geprägt hatte, von einem Nachfolger übernommen und fortgesetzt werden könnte. Offensichtlich hat Tiberius diese Frage zuerst verneint. Er selbst hat wohl anfänglich eine Form der Regierungspartnerschaft angestrebt, wie sie die Lösung des Jahres 27 v. Chr. anbot, sich aber damit nicht durchsetzen können, paradoxerweise deshalb nicht, weil dem Senat ein solches Vorhaben unglaubwürdig erschien und weil der Senat eine solche Mitverantwortung und Partnerschaft mit dem *princeps* gar nicht wollte. Aus dieser Konstellation sind die zum Teil geradezu peinlichen Vorgänge zu erklären, die Tacitus im Eingang der «Annalen» so meisterhaft stilisiert hat; doch nicht nur bei ihm, sondern auch bei Sueton erscheint Tiberius als *impudentissimus mimus*, als ein ganz unverschämter Schauspieler. Zur eklatanten Fehleinschätzung des Senates konnte es vor allem deshalb kommen, weil Tiberius viele Jahre lang nur sporadische Berührungen mit dieser Korporation gehabt hatte.

Das Scheitern des Tiberius ist unter anderem auch dadurch zu erklären, daß ihm das pseudorepublikanische Spiel des Augustus zuwider war. Sein Amtsantritt aber stellt als mißglückte politische Inszenierung gleichsam das negative Pendant zu den Vorgängen des Jahres 27 v. Chr. dar. Schon hier ist zudem festzuhalten, daß Tiberius eine politische Öffentlichkeitsarbeit im Stile und in der Intensität des Augustus nie betrieben hat.

Augustus starb am 19. August 14 n. Chr. in Nola. Die erste Maßnahme, die Tiberius nach dem Tode des Augustus noch von Nola aus veranlaßte, war eine allgemeine Eidesleistung in Rom und bei den Heeren. Die Männer in den Schlüsselstellungen der Hauptstadt, die Konsuln, der *praefectus praetorio* und der *praefectus annonae* zögerten keinen Augenblick, den Treueid auf Tiberius abzulegen, nach ihnen folgten der Senat und die Ritter, die Truppen und das römische Volk. Tacitus hat vor die Schilderung dieser Vorgänge den berühmten Satz gestellt: «In Rom warf sich alles der Knechtschaft in die Arme, Konsuln, Senatoren, Ritter. Gerade die Angesehensten waren die Heuchlerischsten und hatten es am eiligsten.»

Da Tiberius bereits *imperator* war, könnte die von ihm angeordnete Vereidigung der Truppen geradezu als überflüssig erscheinen, doch erklärt vornehmlich sie, daß es sich bei dem Eid, der hier geleistet wurde, nicht um einen Diensteid, sondern wiederum um einen Gefolgschaftseid handelte, der Tiberius als dem neuen Führer der Gefolgschaft des Augustus geleistet werden mußte, um einen Eid, der freilich auch schon den Übergang von den alten republikanischen Gefolgschaftseiden zu den neuen kaiserzeitlichen Loyalitätsakten darstellt. Es ist im übrigen gar nicht zu verkennen, daß mit dieser Eidesleistung zugleich eine wichtige politische Vorentscheidung für die Frage der Nachfolge im Principat gefallen war.

Noch von Nola aus hatte Tiberius aber auch schon den Senat für den Tag nach dem Eintreffen des Trauerkonduktes zu einer Sitzung, auf welcher über die letzten Ehren für Augustus beraten werden und sein Nachlaß publik gemacht werden sollte, einberufen lassen. Wenn Tiberius selbst den Trauerzug bis nach Rom begleitete, so handelte es sich dabei nicht allein um eine Demonstration der Trauer und nicht nur um eine Ehrenbezeugung, sondern auch um eine Sicherheitsmaßnahme, welche Vorfälle wie bei der Bestattung Caesars verhindern sollte. Auch nach seiner Ankunft in Rom hat Tiberius die römische Öffentlichkeit durch ein besonderes Edikt ermahnt, es nicht zu Ausschreitungen wie bei der Verbrennung der Leiche Caesars auf dem Forum kommen zu lassen.

In der erwähnten ersten Senatssitzung, die vermutlich Anfang September 14 n. Chr. stattfand, wurde zuerst das Testament des Augustus eröffnet, sein privates Testament, in dem Tiberius und Livia als Haupterben eingesetzt waren, und zwar sollte Tiberius zwei Drittel, Livia ein Drittel der Erbschaft erhalten. Außerdem waren die Enkel und Urenkel des Augustus als Zweiterben genannt, schließlich Verwandte und Freunde nach alter römischer Adelstradition als Dritterben. Doch der Kreis, für den Legate bestimmt waren, griff weit darüber hinaus. Denn Augustus hatte festgelegt, daß auch das römische Volk, die einzelnen *tribus*, die Prätorianer, die *cohortes urbanae*, die Legionen und auch namentlich aufgeführte alte Anhänger Legate erhalten sollten. Er hatte so noch seinen letzten Willen dazu benützt, um die Anhänger und die Truppen an den Nachfolger zu binden, der ja für die Auszahlung der Legate verantwortlich war, aber dafür dann auch die Dankbarkeit der alten Gefolgschaft ernten würde, wie sie einst Octavian durch seine Erfüllung der Legate Caesars geerntet hatte.

Von den vielen Einzelbestimmungen und Wünschen, die das Testament daneben enthielt, stellte zweifellos die Adoption Livias und ihre Erhebung zur *Iulia Augusta* die größte Überraschung und für den Nachfolger die schwerste Belastung dar. Denn durch diese Adoption war nun auch Tiberius' Mutter Livia zur Iulierin geworden und mit dem Glanz des *Divus Iulius* umgeben. Ihre Stellung war auf eine ganz ungewöhnliche Weise verstärkt, Livias ohnehin schon großes Prestige auf Kosten des Sohnes vermehrt worden.

Vermutlich wurden nach der Veröffentlichung des Testamentes im römischen Senat dann nur noch die Bestimmungen des Augustus für seine Beisetzung und sein Tatenbericht, die «Res gestae», verlesen, danach dann über die letzten Ehren für Augustus verhandelt. Alle Fragen der Nachfolge im Principat und der Neuordnung der *res publica* vertagte man dagegen auf eine spätere Senatssitzung, die erst nach der Beisetzung des Augustus stattfand. Dieser Sitzung vom 17. September 14 n. Chr. sollte dann für die Regierung des Tiberius eine nicht geringere Bedeutung zukommen als derjenigen vom 13. Januar 27 v. Chr. für den Principat des Augustus. Doch während damals die sorgfältige Regie des großen politischen Stilisten alle Reibungen vermieden hatte, wurde die Sitzung des 17. September 14 n. Chr. zu einer einzigen Peinlichkeit, obwohl der Senat Tiberius durchaus bereitwillig und loyal entgegenkam.

Die Schwierigkeiten erwuchsen daraus, daß sich Tiberius über die Größe der Aufgabe und der Verantwortung, die er zu tragen hatte, keinerlei Illusionen machte. Das wird schlüssig belegt durch die beiden Aussprüche, die ihm in diesem Zusammenhang in den Mund gelegt wurden. Von ihnen besagte der erste, seine ihm zuredenden Freunde wüßten nicht, welche Bestie das *imperium* sei, der zweite, in Anlehnung an ein Wort des Terenz, daß er einen Wolf an den Ohren halte. Die Schwierigkeiten erwuchsen vor allem aber auch daraus, daß Tiberius klar war, daß die *auctoritas principis* des Augustus etwas Einmaliges war, vor der er selbst nicht bestehen konnte. Gerade deshalb mußte er Wert auf einen förmlichen *consensus* des Senates legen, und gerade deshalb erklärt sich auch seine schon erwähnte Absicht, den Schritt zur Lösung des Jahres 27 v. Chr. zurückzugehen.

Obwohl wir durch Tacitus, Sueton und Cassius Dio über den Verlauf der Senatssitzung des 17. September 14 n. Chr. unterrichtet sind, bleibt in den Einzelheiten vieles strittig. Allem Anschein nach ist zunächst die Konsekration des Augustus, seine Erhebung zum *Divus Augustus*, beschlossen worden, und allem Anschein nach wollten daraufhin die Konsuln Tiberius den Principat im Namen des Senates erneut bestätigen. Völlig aufzuklären sind die Einzelheiten der Vorgänge jener Sitzung nicht, denn selbstverständlich existierte damals bereits ein Principat des Tiberius, zumindest besaß Tiberius schon vor dieser Sitzung sowohl die *tribunicia potestas* als auch ein *imperium proconsulare maius*. An dieser Stelle setzte nun jedoch das merkwürdige Spiel der sogenannten *recusatio* ein, das heißt, Tiberius zögerte und wollte anscheinend nur Teile der Aufgaben des *princeps* übernehmen. Da feststeht, daß Tiberius im Verlaufe dieser Sitzung das *imperium proconsulare maius* bestätigt wurde, ferner die tribunizische Gewalt, und zwar beides – das ist das Entscheidende – nicht mehr befristet, sondern auf Lebenszeit, da ihm außerdem auch eine Reihe von Sondervollmachten eingeräumt wurde, die aus der späteren Formulierung der sogenannten *lex de imperio Vespasiani* bekannt sind, hat Tiberius somit nach langem Zögern dann doch den augusteischen Principat übernommen. Er lehnte freilich das *praenomen imperatoris* ab und griff auch das *cognomen* «Augustus», das er bei der Eröffnung des Testamentes gleichfalls abgelehnt hatte, lediglich zur offiziellen Bezeichnung der Stellung des *princeps* auf.

Der entscheidende Vorgang des 17. September 14 n. Chr. erfolgte im Banne der Konsekration des Augustus. Die *consecratio*, die ausdrücklich durch Zeugenschwur bestätigte, durch eine Verhandlung im Senat überprüfte und gleichsam amtlich festgestellte «Himmelfahrt» eines römischen Herrschers, ist ein relativ spätes Phänomen der römischen Religionsgeschichte.

Es ist im weiteren Zusammenhang mit der zunehmenden Politisierung der römischen Religion zu sehen. Die Konsekration des *princeps* hob jedenfalls dessen zuvor spontan sowie in den verschiedensten Formen und in verschiedener Intensität vollzogene kultische Verehrung gleichsam auf eine neue Stufe, indem diese nun eine neue, sakralrechtlich anerkannte und staatlich bestätigte Qualität erhielt.

Noch der Tote wurde so zu einer fortwirkenden politischen Macht. Die Vorstellungen eines *Divus Augustus* oder *Divus Augustus Pater* sanktionierten auch die Herrschaft der Nachfolger, die lange Reihe der späteren Konsekrationen dann die Institution des Principats insgesamt. Im übrigen bezeugen nicht nur verschiedene Münztypen die offizielle kultische Verehrung des Gründers des Principats, sondern auch mehrere erst posthum geschaffene Statuen und Porträts, zum Teil in kolossalen Dimensionen. Frei von jeder echten Religiosität war die Anerkennung der *consecratio* bei den vielen Verehrern des *Divus Augustus* nicht, so fern solche Auffassungen auch dem modernen Religionsverständnis liegen mögen.

Regierungsstil und Selbstverständnis des neuen *princeps* wurden zunächst durch eine demonstrative und enge Anlehnung an den Senat charakterisiert. Selbst Sueton konstatiert im 30. Kapitel seiner Tiberius-Biographie ausdrücklich, daß Senat und Magistrate unter Tiberius ihre frühere *maiestas* und *potestas* bewahren konnten, und er gibt zu, daß damals im Grunde alles, Wichtiges wie Unwichtiges, vor den Senat gebracht wurde. Er überlieferte weiter eine ganze Reihe von Episoden, Verhaltensweisen und Aussprüchen des Tiberius, aus denen hervorgeht, daß er selbst im Senat lediglich ein *primus inter pares* sein wollte, daß er sich dem Willen der Körperschaft sogar gelegentlich unterordnete und daß er in jedem Falle darum bemüht war, in vollem Einvernehmen mit dem Senat zu regieren.

Eine der wenigen programmatischen und zugleich rhetorisch akzentuierten Äußerungen des Tiberius darf wohl als Fixierung seines Selbstverständnisses und seiner Bemühung gelten: «Ich sage es jetzt und habe es schon oft gesagt, Senatoren, daß ein guter und auf das Gemeinwohl bedachter Herrscher, den Ihr mit so großer und so freier Amtsgewalt ausgestattet habt, dem Senat und allen Bürgern dienen muß, oft und meist auch einzelnen. Und ich bereue nicht, das gesagt zu haben, denn ich hatte in Euch gute und gerechte und wohlwollende Herren und habe sie noch» (Sueton, «Tiberius», 29).

Sueton spricht in diesem Zusammenhang von *species libertatis*, vom Schein der Freiheit; es ist die entscheidende Frage, ob die Einstellung des Tiberius gegenüber dem Senat damit adäquat bewertet ist. Es spricht vielmehr alles dafür, daß Tiberius zunächst tatsächlich den durchaus ernsthaft gemeinten Versuch unternahm, den Senat insgesamt wieder stärker an der Leitung der Politik zu beteiligen, ja sich ihm geradezu unterzuordnen. Diese Verstärkung der Bindungen an den Senat war im übrigen deshalb so naheliegend, weil Tiberius nur hier ein notwendiges Gegengewicht gegen die zunehmenden Reibungen und die Katastrophen in der *domus principis* finden konnte. Während Augustus in seinen letzten Lebensjahren vor allem auf kleinere Kommissionen von Senatoren zurückgegriffen hatte, wagte Tiberius noch einmal die politische Reaktivierung der gesamten, großen Körperschaft.

Doch dieser Versuch scheiterte schon bald. Er scheiterte einmal an der Person des *princeps* selbst, der nach vielen menschlichen und politischen Enttäuschungen immer mehr resignierte. Der Versuch scheiterte aber ebenso am Senat und an den inneren Widersprüchen des Systems. Denn mochte sich Tiberius noch so sehr zur Gedankenfreiheit eines freien Staates bekennen, mochte er noch so sehr seine Gleichheit als Senator demonstrieren, die der Macht beraubte Korporation, die sich innerlich längst mit dem Principat abgefunden hatte, war zur Ausschöpfung eines größeren politischen Spielraums auch deswegen nicht mehr fähig, weil allen schönen Verlautbarungen zum Trotz das Damoklesschwert der Majestätsprozesse über ihr hing.

Grundlage dieser Majestätsprozesse, deren Bewertung eine Schlüsselstellung für die Gesamtbeurteilung des Tiberius, aber auch für die Entwicklung des Principats zukommt, war die bereits republikanische Übung, Akte der *laesa maiestas*, das heißt sowohl Übergriffe von Beamten als auch Beleidigungen des ganzen Volkes, zu bestrafen. Es kam mit anderen Worten ganz darauf an, wessen *maiestas* geschützt werden sollte, und je nach der politischen Situation änderte sich der Kreis der Geschützten wie der durch die Prozesse Belangten. Im Jahre 104/103 v. Chr. war es zum Beispiel das Ziel einer von Appuleius Saturninus eingebrachten *lex*, die *maiestas* des römischen Volkes zu schützen; das Gesetz richtete sich damals gegen unfähige Feldherren. 24 Jahre später, 80 v. Chr., wurde der *maiestas*-Begriff dagegen durch eine *lex Cornelia* Sullas zum Schutze der römischen Magistrate und damit der Exponenten der römischen Nobilität bemüht.

Augustus übertrug diese Vorstellung dann auf die Person des *princeps*. Seit der *lex Iulia de maiestate*, deren Chronologie umstritten ist, konnte auch gegen Schmähungen der Person des *princeps* vorgegangen werden, und gerade durch die Überhöhung der Person des *princeps*, die selbstverständlich auch diejenige seiner Familie nach sich zog, nahmen die Möglichkeiten der Reibungen, der Provokationen und der Prozesse zu.

Tiberius wandte sich zuerst entschieden gegen die Verfolgung solcher Delikte. In den fünf ersten bekannten Fällen der Jahre 14 bis 20 n. Chr. hat er im Gegenteil die denkbar größte Zurückhaltung gezeigt. Allerdings war er schon dabei durch seine eigenen traditionellen Maximen gebunden, denn als er im Jahre 15 n. Chr. vom zuständigen Prätor direkt gefragt wurde, ob persönliche Beleidigungen des *princeps* wie unter Augustus als Hochverratsverbrechen zu bestrafen wären, konnte er nur antworten, daß man die Gesetze anwenden müsse.

Angewandt aber wurden sie künftig häufiger als je zuvor; insbesondere seit dem Jahre 24 n. Chr. Damit ist der entscheidende Punkt berührt: Es steht heute fest, daß Tiberius weder das Majestätsgesetz verschärfte, noch daß er eine radikalere Anwendung gefordert hat. Wegen persönlicher Beleidigung des *princeps* wurden insgesamt überhaupt nur zwei Männer verurteilt, beide mit hoher Wahrscheinlichkeit aber nicht nur deswegen. In zahlreichen anderen Fällen hat Tiberius ganz im Gegenteil Anklagen wegen Beleidigung seiner Person unterdrückt.

Andererseits steht jedoch ebenso sicher fest, daß die Gesamtzahl der vor dem Senat geführten Prozesse gegenüber den Tagen des Augustus um ein Mehrfaches zunahm. Das lag erstens daran, daß der Begriff der *laesa maiestas* so unbestimmt gefaßt war, daß schon indezente Handlungen, wie etwa der Verkauf einer Augustusstatue, genügten, deren Urheber in die Gefahr zu bringen, deswegen belangt zu werden. Erschwerend fiel noch ins Gewicht, daß erfolgreiche Anzeigen durch Prämien belohnt wurden. Nach dem Julischen Majestätsgesetz erhielt derjenige, der die Anzeige erstattet hatte, der *delator,* im Erfolgsfalle immerhin ein Viertel des Vermögens seines Opfers. Die wahren Exzesse, die unter Tiberius mit solchen Anzeigen getrieben wurden, sind ferner darauf zurückzuführen, daß es in Rom keinen Staatsanwalt im modernen Sinne als Anklagebehörde gab, sondern daß der Staat auf die Anzeigen der *delatores* angewiesen war.

Als ein zu Unrecht Beschuldigter im Jahre 24 n. Chr. freiwillig aus dem Leben geschieden war, wurde im Senat ein Antrag eingebracht, daß wenigstens in diesem Falle die Belohnung für den *delator* wegfallen sollte. Tiberius lehnte ihn ab, bezeichnenderweise mit der Begründung, daß an dem geltenden Recht prinzipiell nichts geändert werden dürfe, eine Haltung, welche sich allerdings vor der Massierung der Majestätsprozesse in der zweiten Regierungshälfte des Tiberius anders ausnahm als danach.

Es ist müßig, die Tatsache der insgesamt etwa 60 Majestätsprozesse bestreiten zu wollen, doch besteht auch die vornehmlich durch Tacitus hervorgerufene Vorstellung eines fortgesetzten Blutbades zu Unrecht. Vielleicht ist es bis zu einem gewissen Grade verständlich, daß der in der zweiten Regierungshälfte innerlich unsicher gewordene und mißtrauische *princeps* die Anwendung des Gesetzes gegen echte oder vermeintliche Opposition duldete; der Vorwurf bleibt jedoch, daß er gegen das *delatores*-Unwesen nicht scharf genug einschritt, und ihn haben auch die eifrigsten Verteidiger des Tiberius nicht entkräften können.

Die moderne Geschichtswissenschaft sieht im übrigen in den Majestätsprozessen nicht mehr wie die ältere Tacitusforschung die Exzesse eines pathologischen Tyrannen oder das völlig sinnlose Wüten eines Misanthropen, sondern in erster Linie einen bezeichnenden und konsequenten Ausdruck des neuen politischen Systems. Wie immer diese Ordnung staats- und verfassungsrechtlich definiert wird, die Stellung ihres *princeps* war nur dann garantiert, wenn sie allgemein respektiert wurde. Eine Sanktionierung dieser notwendig überhöhten Person mußte zwangsläufig auch zur Anwendung der *maiestas*-Sicherung führen. Deren Mißbrauch war kaum zu verhindern, doch allein schon eine völlig legale Anwendung der einschlägigen Gesetze diskreditierte das neue System von Grund auf. Das Phänomen der Majestätsprozesse ist so ein weiteres Indiz für den Zwang zur Heuchelei, Stilisierung und Unaufrichtigkeit, in den der *princeps* ebenso verstrickt wurde wie die Angehörigen der Führungsschicht.

Tiberius selbst betonte im ideologischen Bereich trotz aller persönlichen Spannungen und Erfahrungen die Kontinuität und die Geschlossenheit der Herrschaft. Die Konsekration des Augustus hatte, wie schon gesagt, auch seine Stellung gefestigt. Tiberius ließ nicht nur einen Tempel für den *Divus Augustus* errichten, am wirkungsvollsten wurde hier die Verbindung seiner Machtstellung mit der des Augustus in den mit besonders hohem Prägevolumen verbreiteten Münzen mit der lapidaren Legende «*Divus Augustus Pater*» und dem Bild des Augustus mit der Strahlenkrone. Auf der Rückseite der Münzen aber wurde die *providentia* gerühmt, die Voraussicht des Augustus, dem der Nachfolger seine Stellung verdankte. Demonstrativ wurde so einerseits die Leistung des Augustus gefeiert, seine Verehrung forciert, Kontinuität betont – aber diese Betonung der Kontinuität war nicht nur ein Ideologem. Sie entsprach vielmehr durchaus der persönlichen Überzeugung des Tiberius, und sie entsprach schließlich auch der Tatsache, daß Tiberius seit 4 n. Chr. an vielen Entscheidungen des Augustus maßgebend beteiligt war. Vor allem in der grundsätzlichen Einschätzung der Außen- und der Grenzpolitik deckten sich die Überzeugungen des alten Augustus und diejenigen des Tiberius völlig.

Auch Tiberius bekannte sich zu den Normen der augusteischen «Herrschertugenden», der *virtus, clementia, iustitia* und *pietas,* wobei er seine in vielen Feldzügen bewährte, persönliche *virtus* als *princeps* nicht sonderlich herausstellte. Stärker wurden dagegen *clementia* und *iustitia* betont, genuine Qualifikationen eines *princeps* auch in Friedenszeiten, zu denen in der *moderatio,* die häufig auf den Münzlegenden erscheint, jetzt eine weitere Tugend aus demselben Bereich auftauchte. In dieser Tugend des Maßhaltens schwingen gewiß auch Elemente und Überzeugungen der gleichzeitigen griechischen Philosophie mit, doch sollte man solche Zusammenhänge nicht überbetonen, denn *moderatio* entsprach andererseits ebenso römisch-aristokratischer Lebensnorm.

Es ist kein Zufall, daß von solchen Werten ein Weg zur Ideologie des sogenannten Adoptivkaisertums oder des humanitären Kaisertums des 2. Jahrhunderts n. Chr. führte. Denn trotz all ihrer persönlichen Fundierung sind die Qualifikationen und Normen der *clementia, iustitia* und der *moderatio* auch generelle Normen für jeden *princeps* geworden, Normen für die Institution des Principats, die dessen Hinnahme erleichtern mußten.

Neben Agrippa war vor allem Tiberius der Garant für die Stabilität des augusteischen Systems. Doch während er militärisch und außenpolitisch zu dessen Konsolidierung beitrug, ist innenpolitisch, innerhalb der *domus principis* wie gegenüber dem Senat, gerade mit seinem Namen eine Fülle von Spannungen und Belastungen der neuen Ordnung verbunden. Die demonstrative Verehrung der *concordia* durch Tiberius und die Herausstellung der *salus Augusta* auf den Münzen zeigen, daß Tiberius diese Gefährdungen des Systems bewußt waren, aus denen er sich aber gleichwohl nicht lösen konnte. Gerade auf diesem Felde ist so der Widerspruch zwischen Ideologie und Realität besonders groß gewesen.

Indifferent gegenüber allem bloßen Schein, aller Propaganda und Stilisierung, jedem ungerechtfertigten Aufwand, war Tiberius zugleich ein erklärter Gegner aller zu sehr forcierten hellenistischen Einflüsse, besonders auch in der Religionspolitik. So hat er für seine Person, wo immer er nur konnte und ganz im Gegensatz zu Livia, jede kultische Verehrung nach Möglichkeit abgelehnt, jedenfalls dort, wo er nicht selbst durch das Vorbild des Augustus gebunden war. Am bekanntesten ist hierfür sein Verhalten im Falle der lakonischen Stadt Gytheion. Diese trug im Jahre 15 n. Chr. Tiberius ihre Absicht vor, Augustus, Tiberius und Livia göttliche Ehren zu erweisen; Tiberius' Antwort ist inschriftlich erhalten. Daraus geht hervor, daß Tiberius den Plan der Stadt Gytheion lediglich für Augustus sofort billigte, daß er ihn für seine eigene Person ablehnte, daß er Livia indessen ihre Entscheidung selbst treffen ließ, die zumindest bedingt positiv gewesen sein muß, denn Livia wurde in Gytheion in der Gestalt der Tyche verehrt. Dagegen bekam im Jahre 23 n. Chr. die Provinz *Asia* die Erlaubnis, Tiberius, Livia und dem Senat als einer Kultgemeinschaft einen Tempel zu weihen. Als nun aber zwei Jahre später auch die Provinz *Baetica* dem Beispiel von *Asia* folgen und einen Provinzialtempel zu Ehren von Tiberius und Livia errichten wollte, da schlug Tiberius dieses Gesuch mit einer bei Tacitus («*Annales*» IV,37) überlieferten Rede rundweg ab. In ihr finden sich die für Tiberius bezeichnenden Sätze: «Ich bin ein sterblicher Mensch. Menschliche Pflichten habe ich zu erfüllen, und mir ist es genug, wenn ich den Platz eines *princeps* ausfüllen kann. Dies werden meine Tempel in Eueren Herzen sein.»

Auch die allgemeine Religionspolitik des Tiberius wird durch ausgesprochen konservative Züge bestimmt. So führte er in den ersten Jahren seiner Regierung die umfassenden Restaurationsmaßnahmen des Augustus zielstrebig weiter, so ließ er 16 n. Chr. die Astrologen und Magier aus Italien ausweisen, obwohl er selbst der Astrologie geradezu verfallen war, vor allem nachdem sich in Rhodos die zunächst völlig unwahrscheinliche, von dem alexandrinischen Astrologen Thrasyllos aufgestellte Voraussage seiner Rückkehr erfüllt hatte. Im Jahre 19 n. Chr. wurde scharf gegen den Isiskult und das Judentum eingeschritten, nachdem es zu Unruhen und zur Störung der öffentlichen Ordnung gekommen war. Das Vorgehen gegen die Juden wurde vornehmlich durch die gesteigerte Aktivität des Judentums ausgelöst, das gerade damals in Rom auffallend viele Proselyten gewinnen konnte und damit wie auch später das Einschreiten der römischen Behörden provozierte. 19 n. Chr. wurden immerhin an die 4000 jüdische Freigelassene nach Sardinien gebracht und dort auf Kommandos gegen die sardinischen Räuber eingesetzt. Die übrigen Juden wurden gezwungen, entweder ihrem Glauben abzuschwören oder Italien zu verlassen, doch auch in diesem Falle gelang es nicht, den jüdischen Glauben in Rom und Italien zu unterbinden.

Maßnahmen und Stil der tiberischen Reichs- und Provinzialverwaltung lassen sich schwer auf einen gemeinsamen Nenner bringen. Das Tiberius gegenüber allzu eifrigen Statthaltern, die zu einer Steuererhöhung geraten hatten, in den Mund gelegte Wort: «es sei bei einem guten Hirten Usus, die Schafe zu scheren, aber nicht sie zu schinden» (Sueton, «Tiberius» 32,2), sollte nicht überbewertet werden, denn daran, daß die Provinzen primär dem Wohle Roms und Italiens zu dienen hatten, ließ auch Tiberius keinen Zweifel. Offensichtlich hat sich Tiberius in diesem Bereich in vielen Einzelfragen an den traditionellen Normen der römischen Aristokratie und am Vorbild des Augustus orientiert. Es mag sein, daß er sich zumindest zu Beginn seines Principats und selbst noch in einzelnen späteren Phasen ziemlich intensiv um Einzelfragen dieses Sektors kümmerte. Doch fest steht auch, daß im letzten Jahrzehnt seines Regiments das Verschleppen fälliger Entscheidungen, Unsicherheit, insbesondere in allen Personalfragen, und das Fehlen aller großen Initiativen bezeichnend wurden.

Von den Statthaltern des Tiberius ist gewiß Pontius Pilatus am bekanntesten geworden, dessen Name auch aus einer Inschrift von Caesarea belegt ist, vor allem aber seine Stellung als *praefectus Iudaeae*. Pontius Pilatus verwaltete *Iudaea* zwischen den Jahren 26 und 36 n. Chr.; er wurde dann im Winter 36/37 n. Chr. durch den Statthalter von Syrien L. Vitellius abgesetzt und nach Rom geschickt, weil er sich Übergriffe gegen die Samaritaner hatte zuschulden kommen lassen. Nach einer Notiz in Eusebs Kirchengeschichte ist Pontius Pilatus in Rom zum Freitod gezwungen worden. Obwohl ihm der Prozeß Jesu von den Juden abgerungen wurde, haben die Juden den gestürzten Pilatus später voll Haß als Judenfeind geschmäht, während im christlichen Bereich schon seit dem 2. Jahrhundert n. Chr. eine Tendenz zu beobachten ist, nach der Pilatus die Unschuld Jesu bezeugte. In der äthiopischen Kirche, die in dieser Hinsicht am konsequentesten vorging, ist Pilatus sogar zum Heiligen geworden.

Eine weitere Sonderstellung nimmt unter den Statthaltern des Tiberius C. Poppaeus Sabinus ein, der seit dem Jahre 12 n. Chr. bis zu seinem Tode im Jahre 35 n. Chr. Statthalter von Moesien geblieben ist, dem im Jahre 15 n. Chr. außerdem noch die Provinzen *Macedonia* und *Achaia* unterstellt wurden, so daß er lange Zeit Inhaber eines umfassenden Kommandos über die römischen Balkanprovinzen war, eine Funktion, in der er sich offensichtlich bewährte und sogar wegen seiner Erfolge gegen thrakische Stämme die *ornamenta triumphalia* gewann (25 n. Chr.).

Schon in den genannten beiden Fällen wird eine Tendenz sichtbar, welche die Personalpolitik des Tiberius in dessen letzter Regierungsphase ganz generell charakterisieren sollte. Denn von den Normen relativ kurzfristiger proconsularer Statthalterschaften, insbesondere in den angesehensten «Senatsprovinzen» *Africa* und *Asia*, aber auch bei vielen anderen exponierten hohen Verwaltungsstellen, wurde nun abgegangen. Die Statthalter und Funktionäre blieben oft viele Jahre in ihren Provinzen: So war L. Aelius Lamia neun Jahre lang Statthalter von Syrien, L. Arruntius verwaltete ebensolange *Hispania citerior*, wobei in beiden Fällen noch hinzukam, daß die Genannten Rom überhaupt nicht verlassen durften und so ihre wichtigen Provinzen lediglich nominell leiteten. Andererseits dienten M. Iunius Silanus und P. Petronius tatsächlich jeweils sechs Jahre lang als Statthalter in *Africa* beziehungsweise *Asia*, C. Silius kommandierte das obergermanische Heer von 14 bis 21 n. Chr., Cn. Cornelius Lentulus Gaetulicus hatte dasselbe Kommando von 29 n. Chr. an sogar noch länger inne, mit katastrophalen Folgen für den Zustand dieser einst vorzüglichen Truppen.

Schon in der Antike sind die verschiedensten Motive für diese eigenartige Praxis vermutet worden, so die angebliche Rücksicht auf das Wohl der Provinzen, die vom Verwachsen der Statthalter mit ihren Aufgabengebieten profitieren sollten, der Mangel an – in den Augen des *princeps* – geeigneten Kandidaten, schließlich aber auch die Scheu des Tiberius vor Personalentscheidungen, deren Irrtümer auf ihn selbst zurückfallen mußten. Die letzte Erklärung dürfte wahrscheinlich die plausibelste sein. Jedenfalls bedeutete diese Methode für viele Senatoren eine fühlbare Zäsur in ihrer Laufbahn; sie gefährdete zudem die zügige und kontinuierliche Ausbildung wie die Qualifikationsmöglichkeiten der imperialen Führungsschicht.

Im übrigen war die Administration unter Tiberius durch eine rigorose Sparsamkeit gekennzeichnet, eine Sparsamkeit, die jedes größere Bauprogramm verhinderte. Ausnahmen stellten lediglich einige Tempel als Demonstrationen der *pietas* dar, sowie ein überwiegend militärischen Zwecken dienender Straßenbau in Nordafrika, Spanien, Gallien, Dalmatien und Moesien. Tiberius' Versuch zur Sparsamkeit zurückzulenken und den Luxus zu beschneiden, drückte sich indessen nicht nur in repressiven Maßnahmen aus. Wohl wurden 16 n. Chr. Senatsbeschlüsse gegen Kleidungsluxus erlassen, die bis zum Verbot des Tragens von durchsichtigen Seidengewändern gingen, wie sie damals in Kos hergestellt wurden; wohl wandte sich ein Gesetz des Jahres 22 n. Chr. dann vor allem gegen den Tafelluxus. Tiberius verstand es andererseits jedoch auch, den durch seine Sparsamkeit angesammelten Staatsschatz in durchaus modernem Denken zur Beeinflussung des Kapitalumlaufes und des Geldmarktes einzusetzen.

Im Jahre 33 n. Chr. war es im Zusammenhang mit dem Vorgehen des

Staates gegen den Geldwucher zunächst zu einer beträchtlichen Geldverknappung gekommen. Die gesetzlich erzwungene Liquidation der Schulden führte damals einerseits zu Zwangsverkäufen von Grundbesitz, andererseits zu einer erheblichen Störung des Geldumlaufs. Hier schaltete sich nun Tiberius selbst ein, indem er den Wechselbanken ein staatliches Kapital von 100 Millionen Sesterzen übergab mit der Auflage, dieses Kapital zur Ausgabe zinsloser Darlehen an verschuldete Landwirte zu verwenden. Tatsächlich gelang mit dieser Maßnahme ein Einbruch in den chronischen *circulus vitiosus* und die Sanierung des Kapitalmarktes.

Um bloße Popularität, etwa durch zusätzliche Spiele, zu gewinnen, gab Tiberius dagegen keinen Groschen aus. Doch bei echten Notständen war er so generös wie nur wenige Herrscher nach ihm. Bei Großbränden in der Hauptstadt, wie denen der Jahre 27 und 36 n. Chr., bei einer Tiberüberschwemmung, ebenfalls im Jahre 36 n. Chr., oder bei Getreideteuerungen spendete Tiberius Millionen von Sesterzen. Auch die Provinzen fühlten in solchen Fällen seine Großzügigkeit. Als im Jahre 17 n. Chr. durch ein großes Erdbeben zwölf asiatische Städte, darunter Sardes, zerstört wurden, erhielten sie von Tiberius 10 Millionen Sesterzen und fünfjährigen Steuererlaß. Mit der Münzlegende «*civitatibus Asiae restitutis*» ist diese Fürsorge auch in der Reichsprägung gefeiert worden.

Die großen Belastungen des Principats des Tiberius erwuchsen an anderen Stellen. Eine erste bildeten die gefährlichen Meutereien am Rhein und in Pannonien, die unmittelbar nach dem Tode des Augustus ausgebrochen waren. Sie richteten sich im Kern keineswegs gegen die Person des Tiberius, vielmehr sind sie als eine Folge der jahrelangen Überforderung der römischen Legionen einzuschätzen. Während die Erhebungen in Pannonien von Drusus, dem Sohn des Tiberius, gegen beträchtliche Zugeständnisse unterdrückt wurden, waren die Auswirkungen am Rhein folgenschwerer. Zwar ist es auch dort Germanicus schließlich gelungen, die Meuterei der acht Legionen des nieder- und obergermanischen Heeres in einem blutigen Massaker ersticken zu lassen, doch dem Befehlshaber und seinen Stabsoffizieren war wohl klar, daß nur neue militärische Aktionen die Truppen von den zum Teil chaotischen Vorgängen ablenken konnten.

Obwohl es bereits Spätherbst des Jahres 14 n. Chr. war, führte Germanicus deshalb 12 000 Mann der niedergermanischen Legionen mit 26 Kohorten und acht Reiterregimentern der Hilfstruppen über den Rhein. Ziel des zu dieser Jahreszeit völlig überraschenden Vorstoßes war das Gebiet der Marser zwische Lippe und Ruhr. Die Marser feierten gerade ein Fest, als die römischen Truppen eindrangen und die Wehrlosen niedermetzelten. Die Hütten gingen in Flammen auf, das weithin bekannte Tamfanaheiligtum wurde dem Erdboden gleichgemacht. Der Versuch der empörten Nachbarstämme, der Brukterer, Tubanten und Usipeter, die Kolonne des Germanicus auf dem Rückmarsch in Waldschluchten abzufangen, scheiterte.

So eng bemessen der Vorstoß dieses Jahres war, er leitete die Schlußphase der großen römischen Offensiven in Nordwestdeutschland ein. Psychologische Erwägungen und emotionale Impulse hatten eine Aktion ausgelöst, die bereits über Tiberius' Absichten hinausführte, auch über Augustus' Empfehlung, das Imperium innerhalb seiner Grenzen zu halten. Gerade das Gelingen dieser Aktion aber mußte weiterleiten, zu Vorstößen bis an die Elbe und zum umfassenden Einsatz der Flotte führen. Sicher wurden diese offensiven Pläne nicht nur vom Tatendrang des Germanicus allein getragen, sondern ebenso von vielen Offizieren, die sich mit dem Verzicht auf die rechtsrheinischen Gebiete nach der Varuskatastrophe nicht abfinden wollten. Tiberius mußte diese Entwicklung jedoch von Anfang an mißbilligen, weil sie gegen seine eigenen sehr begründeten Absichten gerichtet waren. Doch der Treue und Leistung des Germanicus verpflichtet und von der Stimmung der Truppen und der Bevölkerung in seiner Anfangszeit doppelt abhängig, konnte er den Dingen wohl nur ihren Lauf lassen. Diese Konstellation bildete nun den Ausgangspunkt für den rasch eskalierenden Konflikt zwischen Tiberius und Germanicus. Zunächst wahrte Tiberius zumindest die Form. Wohl auf seine Initiative hin beschloß der Senat im Laufe des Jahres 15 n. Chr. für Germanicus einen Triumph. Auch durch verschiedene Priesterämter war sein Adoptivsohn geehrt worden.

In Germanien folgten die römischen Offensiven den alten Vormarschstraßen. Im Frühjahr 15 n. Chr. ging Germanicus an der Spitze starker Verbände gegen die Chatten vor, deren zentraler Ort Mattium eingenommen und zerstört wurde. Allein die römischen Plünderungen und Brandschatzungen fachten auch den Widerstand der germanischen Gruppen an, bei denen nun Arminius wieder größte Aktivität entfaltete, um eine gemeinsame Abwehr der römischen Vorstöße zu organisieren. Schon die weitgefächerte Sommeroffensive des Jahres 15 n. Chr., die weite Teile Nordwestdeutschlands bis zur Ems berührte, traf auf eine erbitterte Abwehr und führte zu beträchtlichen römischen Verlusten.

Auch die Operationen des Jahres 16 n. Chr. verliefen dann, insgesamt gesehen, nicht glücklicher. Zwar gelangen Germanicus militärische Erfolge in den schweren Kämpfen auf dem Idistavisofeld, etwa 3 km östlich der Porta Westfalica, und am Angrivarierwall, zwischen Leese und dem Sumpfbereich des Steinhuder Meeres. Zwar konnte Germanicus damals ein Siegesdenkmal errichten lassen, das die Unterwerfung der Stämme zwischen Rhein und Elbe feierte, und im übrigen nacheinander die in der Varusschlacht verlorenen Legionsadler zurückgewinnen, doch in einem heftigen Herbststurm wurde die römische Flotte, die einen beträchtlichen Teil des Heeres über die Nordsee an die Rheinbasis zurücktransportieren sollte, in alle Winde zersprengt. Um den Widerhall der Katastrophe zu übertönen, ließ Germanicus noch im Spätjahr alle greifbaren Truppen erneut auf den so oft betretenen Einfallstraßen nach Germanien vorrücken. Sein Legat Silius zog mit angeblich über 30000 Mann gegen die Chatten, Germanicus selbst mit einem noch stärkeren Korps gegen die Marser. Mit neuen Verwüstungen und Plünderungen konnte er den Gegner schädigen und davon überzeugen, daß Roms Macht trotz aller Verluste ungebrochen war.

Tiberius hingegen überzeugte er nicht. Nüchtern hatte der *princeps* Einsatz und Ergebnisse gegenübergehalten, Germanicus abberufen und damit zugleich den endgültigen Übergang zur Defensive in Germanien ausgesprochen. Allen Bitten des Germanicus gegenüber blieb Tiberius unnachgiebig. Er wies auf die großen Verluste hin und gab die neue Direktive, nun, «da der Rache Roms Genüge getan, die Stämme Germaniens ihrer eigenen Zwietracht zu überlassen».

Damit war der mit Unterbrechungen drei Jahrzehnte andauernde römische Angriff gegen Germanien endgültig eingestellt. «Auch die Geschichte hat», wie Mommsen zu diesem Wendepunkt bemerkte, «ihre Flut und ihre Ebbe; hier tritt nach der Hochflut des römischen Weltregiments die Ebbe ein.» Das große Oberkommando an der germanischen Front wurde jetzt aufgehoben. In der Untergliederung der Rheinfront in zwei Verteidigungsabschnitte, den des ober- und den des niedergermanischen Heeres, wie in dem Beziehen neuer Legionslager mit ausgesprochener Defensivfunktion (Straßburg und Windisch), endlich im planmäßigen Ausbau der rheinischen Militärzone fand diese neue strategische Konzeption ihren Ausdruck.

Werfen wir von dieser Stelle aus noch einen Blick auf die weitere Entwicklung der Dinge in Germanien, so ist unschwer zu erkennen, wie sehr Tiberius Recht behielt. Schon nach drei Jahren waren Roms gefährlichste Gegner beseitigt, Marbod vertrieben und Arminius in inneren Wirren erschlagen. Am 26. Mai des Jahres 17 n. Chr. hielt Germanicus in Rom einen glänzenden Triumph über die Germanen. Alles wurde getan, um durch Ehren und Feiern dem Abschluß der Kämpfe eine große Form zu geben, um den Abbruch der Offensive als definitiven Erfolg zu werten und um die Verstimmung des jungen Befehlshabers zu lösen. Gleichzeitig hatte Tiberius eine neue bedeutsame Aufgabe für Germanicus ins Auge gefaßt: ein großes, seiner bisherigen Stellung gleichwertiges Orientkommando mit umfassender, allen Statthaltern übergeordneter Befehlsgewalt, mit der er die Verhältnisse in Kappadokien und Armenien ordnen sollte. Im Herbst 17 n. Chr. trat Germanicus die Reise in den Osten an.

Die strahlende äußere Erscheinung des Germanicus, seine gewinnende Liebenswürdigkeit, der Glanz seiner Stellung und sein Ruhm, all dies mußte gerade im Osten der römischen Welt eine lebhafte Resonanz finden. Es besteht kein Zweifel darüber, daß er dort für griechisches Gefühl stets den rechten Ton traf, für römisches Empfinden aber mit alter Tradition brach. Wenn es darüber zum Konflikt kam, so war dies nicht nur in der Natur des Germanicus begründet, sondern ebensosehr in der Verfassung des Principats.

Wer der Lebensgeschichte des Germanicus in diesen Jahren folgt, ahnt die Gewalt einer unaufhaltsamen Entwicklung. Dafür, daß sie zu einem tragischen Ende führte, wird man Tiberius nicht allein verantwortlich machen dürfen. Wenn er gleichzeitig den Statthalterposten von Syrien mit Cn. Piso, einem trotzigen Aristokraten bester republikanischer Tradition und einer starken und unabhängigen Persönlichkeit besetzte, so war dies durchaus verständlich. Doch in den beiden in ihrem Wesen so völlig verschiedenen Menschen, in Piso und Germanicus, prallten zugleich mit aller Leidenschaft zwei Auffassungen der römischen Verfassung und der römischen Tradition aufeinander, und mit dem echten Problembewußtsein des großen Historikers sah schon Ranke in ihrer Auseinandersetzung den unausbleiblichen Gegensatz zwischen regulärer Autorität und dem Träger der monarchischen Gewalt ausgefochten.

Germanicus hatte sich in einer sehr gemächlichen Reise über Athen und Byzanz in sein Aufgabengebiet begeben. Dort begannen sogleich Reibungen mit Piso, die durch die Rivalität der beiden Damen, Agrippina, der Gattin des Germanicus, und Plancina, der Frau Pisos, noch verschärft wurden. Germanicus wandte sich zuerst der Lösung des armenischen Problems zu. Er fügte sich der Stimmung der armenischen Bevölkerung, die wieder einmal ohne Herrscher war, und setzte Zenon, den Sohn des Königs von *Pontus*, in einer großen Krönungsversammlung in Artaxata als Artaxias zum König ein. Den zweiten Teil seiner eigentlichen Aufgaben im Osten, nämlich die Verwaltungsneuordnung in Kommagene und Kappadokien, die in den Provinzialstatus übergeführt wurden, ließ Germanicus ohnehin durch Legaten vollziehen. Als er dann im Herbst nach Syrien zog und dort Piso begegnete, wuchsen die beiderseitigen Spannungen.

Während sich Germanicus den Winter über um die zivile Verwaltung und um die militärische Organisation kümmerte, kamen und gingen die Gesandtschaften. Die wichtigste war eine des Partherkönigs Artabanos III., der unter anderem eine persönliche Zusammenkunft vorschlug, die Germanicus jedoch vermied. Im Frühjahr 19 n. Chr. fuhr Germanicus dann nach Alexandria. Papyri belegen den seltsam halboffiziellen Charakter, den er für diesen Besuch wählte. Einerseits spazierte er ohne Wachen, in griechischem Gewand und mit bloßen Füßen durch die ägyptische Metropole und hatte seine Freude an diesem Spiel, das ihm bei jedem Erkanntwerden begeisterte Ovationen einbrachte. Andererseits gab er während eines Ansteigens der Getreidepreise die Anordnung, die staatlichen Getreidespeicher zu öffnen. Es war nicht schwer, auf solche Art populär zu werden.

Tiberius mußte jedoch das Hineinregieren des Germanicus gerade in Ägypten schärfstens verurteilen. Dieser brach zu einer Nilreise auf, bestaunte die Memnonskolosse, die Pyramiden und Kanäle und fuhr bis hinauf nach Syene, zur Grenze des Römischen Reiches. Der ganze Sommer war verstrichen, als er endlich wieder in Syrien eintraf. Dort hatte inzwischen Piso die

Abwesenheit des Germanicus dazu benutzt, um dessen Maßnahmen zum Teil zu widerrufen und dessen Anhänger ihrer Posten zu entheben. Der alte Streit brach von neuem aus, Piso beschloß endlich, die Provinz zu verlassen. Inzwischen aber war Germanicus schwer erkrankt. Die taciteische Krankengeschichte malt bis in alle Einzelheiten die dumpfe Last des Zaubers und des Argwohns aus, die über dem Krankenraum in Epidaphne lag. Germanicus selbst fieberte in der Einbildung, er sei vergiftet worden. Das konnte indessen auch in einem folgenden Prozeß nicht schlüssig bewiesen werden. Am 10. Oktober 19 n. Chr. ist Germanicus im Alter von 33 Jahren gestorben. Gegen Piso wurde später in Rom ein Prozeß eröffnet, dessen Ausgang so eindeutig erschien, daß er seinem Leben selbst ein Ende setzte, während seine Frau freigesprochen wurde. Für Germanicus wurden dagegen großartige Trauerfeierlichkeiten beschlossen. Die schon früher erwähnte «*Tabula Hebana*» hat den Wortlaut des Ehrendekrets des römischen Senates in großen Teilen überliefert.

Gerade in der Person des Germanicus, in dem ihn umgebenden Kreis, vor allem auch in der Figur der Agrippina, manifestiert sich als Begleiterscheinung des Principats das Phänomen der Dynastie in besonders prägnanter Form. Mit all ihren Sonderrechten und der Eigengesetzlichkeit einer höfischen Atmosphäre hat sie sich hier schon durchgesetzt, für römisch-republikanisches Denken unannehmbar und für die Kontinuität der neuen Staatsverfassung doch unentbehrlich, aber schon hier auch belastet mit allen Intrigen und Reibungen einer solchen Institution.

Es blieb nur noch eine Frage der Person, der Disziplin und des Temperaments, wie weit ein Angehöriger der Familie des *princeps* seine Macht und seine Stellung gebrauchen wollte. Diese Frage aber entschied zugleich mit über das Schicksal der iulisch-claudischen Dynastie, und sie wurde in der Familie des Germanicus beantwortet: unter dessen neun Kindern finden wir Gaius, den späteren *princeps* Caligula, und Iulia Agrippina, die Mutter Neros, neben ihm seinen Bruder, den späteren *princeps* Claudius. Mit diesen Namen aber ist ein oft nicht genügend beachteter Zusammenhang aufgewiesen und zugleich auch die ganze Veränderung des iulisch-claudischen Hauses angedeutet.

Während sich in der ersten Phase der Regierung des Tiberius die Provinzialheere als potentielle Machtfaktoren und um Germanicus besonders das dynastische Element als neue Realität angekündigt hatten, war es in der zweiten Phase erstmals der Gardepräfekt, der *praefectus praetorio*, der sich in den Besitz einer Schlüsselstellung des Reiches setzte und die Möglichkeiten dieser Position, die ja dann die ganze Kaiserzeit über bald latent, bald unverhüllt wirksam blieben, ein erstesmal in vollem Umfang ins Bewußtsein führte. Diese Entwicklung ist an den Namen des L. Aelius Seianus geknüpft.

Der aus ritterlicher Familie stammende Sejan war schon zu Beginn der Regierung des Tiberius zusammen mit seinem Vater Gardepräfekt gewesen.

Die Stellung war damals noch, wie auch später gelegentlich wieder, gleichzeitig durch zwei Offiziere besetzt. Die ersten Verdienste hatte sich Sejan bei der Niederwerfung der pannonischen Meuterei erworben, er gewann bald das uneingeschränkte Vertrauen des Tiberius. Als er nach der Ernennung seines Vaters zum *praefectus Aegypti* das Kommando über die Garde allein in Händen hatte, baute er seine Position planmäßig und umfassend aus. Taktisch, indem er die aus neun Kohorten zu rund 1 000 Mann und den drei *cohortes urbanae* bestehende Garde, die bisher außerhalb Roms garnisoniert war, wohl 23 n. Chr. in einem geschlossenen Lager im Osten der Stadt, am Viminal, konzentrierte und damit faktisch auch zum Militärbefehlshaber in Rom wurde. Gesellschaftlich, indem er seine Tochter mit einem Sohn des späteren *princeps* Claudius verlobte.

Tiberius vertraute Sejan vollends blind, als sich dieser beim Einsturz einer Höhle schützend über Tiberius geworfen hatte und so bereit war, sein Leben für den *princeps* einzusetzen. Der einzige, der Sejans Ambitionen frühzeitig erkannte, war offensichtlich Drusus, Tiberius' Sohn. Der Thronfolger wurde jedoch 23 n. Chr. durch Gift aus dem Wege geräumt. Sejan hatte vorher bereits Livilla, die Frau des Drusus, zum Ehebruch verführt und wagte es schließlich 25 n. Chr., in aller Form um ihre Hand zu bitten. Tiberius schlug dies jedoch in schonendster Weise ab.

Sejan wählte nun einen anderen Weg, um seine Macht noch weiter zu steigern. Es gelang ihm, Tiberius, dem die Anwesenheit in Rom mit all ihren Verstrickungen in Ränke, Intrigen, Mißdeutungen und Reibungen mit Familienangehörigen, Hof und Senat ohnehin schon längst zuwider war, dazu zu überreden, Rom zu verlassen. Im Jahre 27 n. Chr. übersiedelte der *princeps* nach Capri. Er wurde Nesiarch, Inselfürst, wie man spöttisch sagte, es sollte für immer sein. Der ganze Verkehr mit Tiberius ging fortan durch Sejans Hände, der zugleich in der Hauptstadt das Regiment allein innehatte.

Sejans Einfluß stieg damit ins Uferlose. Man stellte in Rom und in den Legionslagern Standbilder zu seinen Ehren auf, sein Geburtstag wurde zum Festtag erklärt, bei seinen Statuen wurde geopfert, bei seinem Genius geschworen, *de facto* genoß er bereits kultische Ehrungen. Nach Livias Tod im Jahre 29 n. Chr. kannte Sejan vollends keine Schranken mehr. Er erreichte die Verbannung Agrippinas und ihres Sohnes Nero, bekleidete 31 n. Chr. zusammen mit dem *princeps* das Konsulat, obwohl er kein Senator war, und erhielt schließlich ein proconsularisches Imperium. Insgeheim plante er wohl die Beseitigung des Herrschers, der ihm allein noch im Wege stand.

Damit aber war der Bogen überspannt, Sejans Pläne wurden verraten. Tiberius raffte sich ein letztesmal zu einer großen Willens- und Kraftanstrengung auf. Während er Sejan völlig in Sicherheit wiegte, ernannte er den *praefectus vigilum* Macro zum Prätorianerpräfekt, ersetzte die Wachen in Rom durch zuverlässige Feuerwehrmänner, sicherte sich die Treue der Prätorianer gleichzeitig durch eine Belohnung von 1 000 Denaren pro Mann, ließ im Senat völlig überraschend die Anklage gegen Sejan eröffnen, der ihn gefangennehmen und noch am gleichen Tage, am 18. Oktober 31 n. Chr. hinrichten ließ. Von Rom schien ein Alpdruck genommen. Der Pöbel stürzte die Statuen, entehrte drei Tage lang den im Staub liegenden Leichnam, der schließlich in den Tiber geworfen wurde. Man beschloß die Errichtung einer *libertas*-Statue und erklärte nun den Hinrichtungstag Sejans zum Festtag.

Wie ein Abschnitt aus Juvenals X. Satire zeigen mag, hat der Sturz Sejans die Zeitgenossen außerordentlich beeindruckt. Zugleich geben jene Verse ein anschauliches Bild der politischen Atmosphäre des frühkaiserzeitlichen Rom:

«Einige stürzt hoher [allerhöchster] Neid *[magna invidia]* und die Tafel
mit der langen Inschrift ihrer Ehren und Würden;
da müssen die Statuen herunter, den Seilen entlang;
da zerhaut das Beil die Triumphwagen [über dem Portal],
und es brechen die Schenkel der unschuldigen Pferde;
Schon zischt der Schmelzofen, es blasen die Bälge,
und es glüht das früher vom Volk angebetete Haupt, und
der große Sejan knattert; dann werden
aus dem zweiten Antlitz des Erdkreises Krüglein, Becken, Wannen und
    Schalen.»
«Hängt Lorbeer an die Haustüre! [als Dankopfer nach überstandener
Gefahr]; führt einen großen schneeweißen Stier aufs
Capitol, denn sie schleifen ja den Sejan am Haken!
Alles freut sich.» – «Wie sah das Gesicht aus?
was für ein Mund? Ich habe, glaub' mir, den Menschen
nie leiden können. Aber durch welche Schuld fiel er?
Wer gab ihn an? Was für Indicien? Was für Zeugen?» –
«Nichts dergleichen; es kam ein großer, wortreicher Brief von Ca-
preae...»
«Oh, schon gut, ich frage nicht weiter; aber was tut denn Rom?»
– Es folgt dem Glück wie immer und haßt, wen man verurteilt.
Dasselbe Volk, wenn dem Etrusker [Sejan] [seine Landesgöttin oder
    Stadtgöttin
von Vulsinii] Nurcia günstig gewesen wäre,
wenn der alte Kaiser in Ruhe hinüberschlummerte,
würde zu dieser Stunde den Sejan als
Augustus begrüßen. Schon lange, seitdem es keine
Stimmen mehr zu verkaufen giebt, hält es sich fern
von [politischen Sorgen]. Einst verlieh es Feldherrnamt, *fasces*, Legio-
    nen, Alles –
jetzt begnügt es sich und hegt nur noch zwei angelegentliche Wünsche:

> *panem et circenses!* – «Ich höre, es werden noch viele dran glauben
> müssen?»
> «Ganz gewiß, der Ofen ist groß; auch ist mir mein Bruttidius
> am Marsalter etwas blaß begegnet...
> Laßt uns eilen Hals über Kopf, und den Feind des Kaisers,
> so lange er am Ufer [des Tibers] liegt, mit Füßen treten;
> nur so, daß es die Sklaven sehen und keiner läugnen könne
> und etwa seinen entsetzten Herrn am Halse vor Gericht bringe!» –
> Diese Reden gingen damals über Sejan; so murmelte heimlich die
> Menge.
> «Möchtest Du dich nun auch so grüßen lassen wie Sejan?
> und besitzen so viel wie er? Diesen kurulische Stühle,
> jenen Innenkommandos austheilen? und als Vormund gelten eines
> Fürsten,
> der mit seiner Schar von Chaldäern auf dem steilen Fels von Capri
> thront?»
> (Juvenal, «Satiren» X,56 ff. – Übertragung von Jacob Burckhardt).

Diese Frage Juvenals ist deswegen so bedeutsam, weil in ihr wie in dem ganzen Gedicht der Zug zur Distanzierung vom öffentlichen Leben sichtbar wird. Das alte, römisch-republikanische Streben nach Magistraturen und *honores* im Staate war in Frage gestellt, als die Bekleidung der Ämter von Gunst oder Mißgunst des *princeps* abhing. Es lohnte nicht mehr, sich durch besondere Aktivitäten zu exponieren, wenn man ebenso rasch, wie man aufstieg, wieder gestürzt werden konnte. Das, was J. Burckhardt später als «Apolitie» bezeichnete, die Abwendung vom öffentlichen, politischen Leben, griff damals in Rom auf allen Ebenen um sich.

Da der Begriff der «sozialen Mobilität» heute überwiegend positiv besetzt ist, muß darauf hingewiesen werden, daß soziale Aufsteiger vom Typ Sejans auch außerordentlich gefährdet waren. Um einen solchen Mann zu stürzen, bedurfte es keines Schuldbeweises, keiner Indizien und keiner Zeugen. Der große wortreiche Brief des *princeps* aus Capri genügte. Aus dem Rückblick wurde Sejan so zu einem Exempel für den Sturz und die Gefährdung eines Günstlings des *princeps*, gerade sein Schicksal auch zur Rechtfertigung neuer Haltungen.

Nach Sejans Sturz wurde erbarmungslos gegen alle seine Pläne Eingeweihten gewütet, und viele, die ihn unterstützt hatten, wurden hingerichtet. Selbst seine kleinen Kinder verschonte man nicht. Sejans Untergang zog eine lange Kette von Prozessen nach sich, und diese, wie die Majestätsprozesse, haben die Atmosphäre der letzten Lebensjahre des Tiberius weithin bestimmt. Der *princeps* selbst lebte, wie schon gesagt, seit 27 n. Chr. auf Capri, das sich ihm nicht nur wegen seiner landschaftlichen Schönheit und seines bevorzugten milden Klimas empfahl, sondern nicht zuletzt auch deswegen, weil die Insel leicht zu überwachen war und über keinen großen Hafen verfügte. Tiberius besaß dort zuletzt zwölf Villen. In seiner Gesellschaft lebten der Konsular Cocceius Nerva, der Großvater des späteren *princeps*, ferner der Ritter Curtius Atticus, für einige Zeit auch Sejan, nicht zuletzt mehrere griechische Literaten sowie der Astrologe und Philosoph Thrasyllos.

Zweifellos haben zu dem Rückzug des Tiberius nach Capri in beträchtlichem Maße die großen Spannungen beigetragen, die zwischen ihm und seiner Mutter Livia sowie mit Agrippina, der Witwe des Germanicus, bestanden. Das Verhältnis zu Livia war bereits durch ihre Adoption im Testament des Augustus stark belastet worden, und die Reibungen nahmen naturgemäß zu, als nach einer schweren Erkrankung Livias im Jahre 22 n. Chr. vom Senat erneut hohe Ehren für sie beschlossen wurden, erst recht, als Tiberius drei Jahre später die Verleihung des Titels *mater patriae* an seine Mutter hintertrieb. Wie zerrüttet das Verhältnis zwischen Mutter und Sohn war, zeigte sich dann in voller Schärfe nach Livias Tod. Denn als die Siebenundachtzigjährige schließlich im Jahre 29 n. Chr. gestorben war, da nahm Tiberius nicht an der Beisetzung teil, drosselte alle weitergehenden Ehrungen der Toten, unterdrückte vor allem ihre Konsekration und zahlte auch die von Livia in ihrem Testament sehr großzügig ausgeworfenen Legate nicht aus.

Vom Tode des Germanicus im Jahre 19 n. Chr. an verfolgte Tiberius daneben aber auch der Haß Agrippinas. Lange Zeit blieb Tiberius dabei der Überlegene, so wenn er ihr gegenüber den Vers gebrauchte «Wenn Du nicht herrschen kannst, mein Töchterchen, glaubst Du gleich, daß Dir Unrecht geschehe». Aber in Agrippina wuchs die Feindschaft gegen Tiberius bis zur Hysterie, als dieser ihr die Wiederverheiratung untersagte und Agrippina annahm, Tiberius trachte ihr nach dem Leben und wolle sie vergiften lassen. Noch im Jahre 29 n. Chr. kam es dann zu Prozessen gegen Agrippina und ihre beiden Söhne Nero und Drusus, Prozesse, von denen lediglich das Ergebnis bekannt ist: Agrippina wurde auf die Insel Pandataria verbannt, ihre Kinder Nero und Drusus zu Staatsfeinden erklärt; alle drei gingen zwischen den Jahren 31 und 33 n. Chr. auf erbärmlichste Weise zugrunde. Wenn auch Tiberius die Vernichtung der Familie des Germanicus später Sejan in die Schuhe geschoben hat, so bleibt hier doch ein großer Rest von Zweifeln, und zumindest von einer moralischen Mitschuld am Untergang seiner Verwandten ist Tiberius nicht freizusprechen.

Von jenen Jahren an fehlten der Regierung des zweiten *princeps* alle optimistischen Züge. In der Form von Denunziation, Delatorenwesen und Intrigen lebten die alten Adelsfehden wieder auf, die zur Selbstzerstörung des Senatorenstandes führten und den *princeps* persönlich immer widerwilliger und unsicherer machten. Aus jenen Tagen stammen die für die Geistesverfassung des gealterten Herrschers so bezeichnenden Sätze: «Wenn ich weiß, was ich Euch schreiben soll, ja was ich in dieser schrecklichen Zeit auf keinen Fall schreiben darf – so möge mich der Zorn der Götter und der Göttinnen noch furchtbarer verderben, als ich mich schon täglich zugrunde gehen fühle» (Tacitus, «*Annales*» VI,12,1).

Wenn sich die innere Politik des Tiberius schließlich in einer Sackgasse von Katastrophen und Fehlentwicklungen verlief, so bietet die Grenzpolitik demgegenüber ganz andere Eindrücke. Im Westen des Imperiums ist in Gallien lediglich der große Aufstand des Jahres 21 n. Chr. hervorzuheben, den zwei Angehörige des gallischen Adels, bei den Treverern Iulius Florus, bei den Häduern Iulius Sacrovir, entfacht hatten. Den Zündstoff boten hier die Zunahme des Steuerdruckes, und die Erhöhung der Belastungen, welche die gallischen Stämme nach den von Germanicus verursachten Katastrophen zu tragen hatten. Angesichts dieser *gravamina* konnte Iulius Florus die Stämme der *Belgica* aufwiegeln, Iulius Sacrovir diejenigen des mittleren Gallien. Aber der Verlauf der ganzen Erhebung zeigte dann auch sehr rasch, daß die Tage des Vercingetorix vorbei waren und daß selbst eine Massenerhebung der gallischen Stämme keinerlei Aussicht auf Erfolg hatte.

Die Aufständischen waren zudem nicht einmal in der Lage, das Überraschungsmoment voll zu nutzen, denn die Andecaver am Unterlauf der Loire und die Turonen in der Gegend von Tours warteten das Signal zum gemeinsamen Losschlagen nicht ab, sondern preschten vor und wurden deshalb auch prompt von einem Legaten, der mit einer Kohorte aus Lugdunum eingriff, und von den Verbänden des niederrheinischen Heeres niedergeworfen. Erst nach diesem Vorspiel erhob nun auch Iulius Florus bei den Treverern die Fahne des Aufstandes, im Moselraum wurden römische Kaufleute ermordet, und im Anfangsstadium erzielten die Insurgenten wenigstens lokale Erfolge. Dann aber zeigte es sich, daß die Rheinarmee sehr wohl ihre Doppelfunktion des Schutzes nach außen wie nach innen wahrzunehmen verstand: Als Einheiten der ober- und niedergermanischen Legionen eingriffen, war auch dieser Aufstandsherd bald unterdrückt, Florus wurde verjagt, zuletzt in einem Versteck entdeckt und zum Freitod getrieben.

Zum eigentlichen Zentrum des Aufstandes wurde danach das Gebiet der Häduer und insbesondere der Raum um Augustodunum (Autun). Die Stadt wurde als Bildungszentrum der Häduer bekannt, sie zog von weither die jungen Leute des gallischen Adels an und behielt diese Funktion als eine der Hohen Schulen Galliens bis in die Spätantike. Dort fanden die Aufstandspläne des Iulius Sacrovir eine enthusiastische Resonanz, angeblich wuchs das Heer seiner Anhänger bis auf etwa 40000 Mann an. In Rom zirkulierten über die neue große Erhebung in Gallien bereits die wildesten Gerüchte, doch ließ sich Tiberius nicht irritieren und leitete von Kampanien aus die Gegenmaßnahmen ein. Nach einigen Anfangsschwierigkeiten konnte der Legat des oberrheinischen Heeres, C. Silius, das gallische Aufgebot vor

Autun völlig zersprengen. Auch Sacrovir schied schließlich durch eigene Hand aus dem Leben.

Als wesentlich langwieriger als diese Kämpfe in Gallien sollten sich die Wirren in Thrakien herausstellen. Die Integration Thrakiens in das Römische Reich wurde vor allem deshalb erschwert, weil das Land nur geringe Ansatzpunkte zur Romanisierung bot und die größten landschaftlichen Gegensätze aufwies. Den alten hellenischen Küstenstädten standen die nur wenig erschlossenen Landstriche des Innern gegenüber, mit ihren großen Wäldern und berühmten Hirschjagden. Da lediglich in den kleinen Städtchen und Marktorten Zellen für eine verwaltungsmäßige Durchdringung vorhanden waren, hatte Augustus auf die Übernahme in die unmittelbare römische Verwaltung verzichtet und sich damit begnügt, das Land in der Gestalt eines Klientelkönigreiches zu belassen, das damals von dem zuverlässigen König Rhoemetalces regiert wurde. Nach dessen Tode (um 14 n. Chr.) wurde sein Reich geteilt zwischen seinem Sohn Kotys, der das Land südlich des Balkangebirges erhielt, und seinem Bruder Rheskuporis, der die nördlichen Gebiete bekam.

Schon kurze Zeit nach dieser Teilung kam es indessen zu schweren Unruhen, denn Rheskuporis fühlte sich bei der Aufteilung, wohl zu Recht, benachteiligt. Er ließ Banden in das Gebiet des Kotys einfallen, im Jahre 18 n. Chr. brach schließlich der offene Krieg aus. Dieser wurde in brutalstem Stile geführt, denn Rheskuporis ließ seinen Neffen bei einem Gelage verhaften und bald danach, nachdem Rom interveniert hatte, schließlich auch aus der Welt schaffen. Rom schlug daraufhin mit denselben Waffen zurück. Es gelang einem römischen Befehlshaber, den Rheskuporis über die Grenze zu locken und ihn nach Rom zu bringen. Dort wurde er vom Senat abgesetzt, nach Alexandria deportiert und schließlich, angeblich nach einem Fluchtversuch, hingerichtet.

In Thrakien mußte danach eine Neuordnung getroffen werden, doch ging diese wiederum ganz von der augusteischen Linie von Klientelstaaten aus. Rheskuporis' Sohn, Rhoemetalkes II., erhielt jetzt das Reich seines Vaters zugesprochen, freilich mit beträchtlichen Arrondierungen nach Süden, Kotys' Reich dagegen wurde dessen unmündigen Söhnen belassen, allerdings unter der Vormundschaft des Trebellenus Rufus, dem die ganze Zivilverwaltung jener Landstriche unterstellt wurde. Auch diese Lösung konnte sich jedoch kaum bewähren, die Unruhen schwelten fort, und endlich brach im Jahre 25 n. Chr. im Zusammenhang mit Aushebungen thrakischer Truppen erneut ein offener Krieg aus.

Offensichtlich hatten die Thraker damals auf alten Vorrechten beharrt, nach denen es ihnen zustand, ihre militärischen Führer selbst zu wählen und für römische Interessen einzig gegen ihre unmittelbaren Nachbarn zu kämpfen. Es überschnitten sich hier allem Anschein nach alte Privilegien, wie sie Rom ursprünglich manchen Klientelstaaten und Bundesgenossen zugestanden hatte, mit den Anforderungen der zentralen Reichsverwaltung, die auf die Dauer solche Vorrechte nicht hinnehmen konnte, sondern auf eine gleichmäßige Belastung aller Unterworfenen und Reichsangehörigen drängen mußte.

Durch eine großangelegte Gegenoffensive gelang es C. Poppaeus Sabinus, die Aufständischen im Hämusgebirge einzuschließen und sie nach einer Belagerung in einer großen Befestigung zur Kapitulation zu zwingen. Im Prinzip wurde auch nach der Niederwerfung dieses neuen Aufstandes an der augusteischen Lösung festgehalten. Erst in der Mitte der vierziger Jahre, unter Claudius, ist Thrakien dann in eine römische Provinz umgewandelt worden.

Als noch gefährlicher als die thrakischen Wirren sollte sich dann die Erhebung des Tacfarinas in *Africa* erweisen. Der aus dem Stamme der Musulamier kommende Numider Tacfarinas war aus einer römischen Auxiliarformation desertiert und benützte nun seine Kenntnisse des römischen Heerwesens dazu, um am Dschebel Aurès in Südalgerien eine disziplinierte, schlagkräftige Truppe aufzustellen, die im Jahre 17 n. Chr. mit Raubzügen begann. Der Erfolg der ersten Plünderungen warb für sich selbst, im Westen schlossen sich die Mauren unter Mazuppa, an der kleinen Syrte die Cinithier den Aufständischen an. In kürzester Frist breitete sich die Erhebung über den größeren Teil Tunesiens und Algeriens aus. Allein das Ganze schien aus römischer Sicht nicht besonders alarmierend zu sein, denn der römische Statthalter M. Furius Camillus ging mit der in *Africa* garnisonierten Legion und größeren Hilfstruppenkontingenten gegen die Verbände des Tacfarinas vor und errang auch einen klaren Erfolg, der laut gefeiert wurde und Camillus die *ornamenta triumphalia* einbrachte, so daß man in Rom glaubte, sich damit zufrieden geben zu können.

Doch vier Jahre später, 21 n. Chr., flackerte der Aufstand von neuem auf. Es zeigte sich bald, daß Tacfarinas lediglich die Taktik gewechselt hatte, sein Widerstandswille aber ungebrochen war. Es gelang ihm, nun auch halbnomadische Stämme aus den Landstrichen jenseits der Reichsgrenze heranzuziehen, so daß sich der Grenzsaum zwischen der Sahara und den Steppen bald in eine breite Unruhezone verwandelte, aus der heraus immer neue Angriffe und Überfälle gegen die Ackerbaugebiete und die Küstenstädte vorgetragen wurden. Auf römischer Seite wurde ein Verwandter Sejans, Q. Iunius Blaesus, mit dem Oberbefehl gegen Tacfarinas beauftragt. Blaesus verlegte sich auf eine bewegliche Kampfführung, er suchte mit zahlreichen Kampfgruppen der inzwischen wesentlich verstärkten römischen Truppen die feindliche Front aufzusplittern und so die Herde des Aufstandes einzeln auszuräumen. Mit dieser Taktik erzielte er auch tatsächlich einige Erfolge, er wurde von seinen Truppen sogar zum *imperator* ausgerufen und ist damit der letzte römische Befehlshaber gewesen, dem diese Ehre zuteil wurde, ohne daß er der *domus principis* angehörte.

Es stellte sich jedoch bald heraus, daß der Tacfarinasaufstand auch nach dieser imperatorischen Akklamation nicht beendet war, sondern alsbald wieder auflebte und durch Verstärkungen von den Garamanten wie aus Mauretanien gefährlicher wurde denn je und sogar auf den Boden der Provinz *Africa* selbst übergriff. Die Aufständischen wagten es nun sogar, eine größere Stadt zu belagern und konnten erst durch eine neue römische Gegenoffensive unter dem Kommando des P. Cornelius Dolabella zurückgeworfen werden. Der Aufstand endete im Jahre 24 n. Chr., und zwar in dem Augenblick, als Dolabella ein großes Zeltlager der Aufständischen südöstlich von Algier einnehmen konnte, wobei Tacfarinas selbst den Tod fand. Ähnlich wie im Falle von Thrakien hätte es Tiberius auch hier freigestanden, *Africa* in eine kaiserliche Provinz umzuwandeln, doch ließ er auch hier alles bei der alten augusteischen Regelung. Den nächsten organisatorisch bedeutsamen Schritt vollzog Caligula, der die in *Africa* stationierte Legion einem kaiserlichen Legaten unterstellte.

Im Osten des Imperiums waren die römisch-parthischen Beziehungen durch Germanicus auf der Grundlage der alten Verträge von 20 v. und 1 n. Chr. erneut besiegelt worden. Der aus der weiblichen Linie der arsakidischen Dynastie stammende Artabanos III. hielt bis zum Jahre 35 n. Chr. an dem freundschaftlichen Verhältnis zu Rom fest. Allerdings mag diese Zurückhaltung des parthischen Großkönigs zum Teil auch dadurch zu erklären sein, daß er in jenen Jahren die Existenz eines neuen ostparthischen Reiches hinnehmen mußte und deshalb zunächst alles daran setzte, die noch immer relativ unabhängigen Gliedstaaten seines engeren Machtbereiches im Westen, wie zum Beispiel *Media Atropatene*, ganz zu integrieren. Dabei erzielte er nicht geringe Erfolge. Als im Jahre 35 n. Chr. der armenische König Artaxias starb, marschierte Artabanos III. in Armenien ein, besetzte die Hauptstadt Artaxata und inthronisierte dort seinen ältesten Sohn Arsakes zum neuen König von Armenien. Selbst an der kappadokischen Grenze kam es nun zu Überfällen und Grenzverletzungen; vermutlich ließ sich Artabanos III. auch noch zu weiteren Provokationen hinreißen.

Da gab ihm der Nesiarch von Capri einen Beweis seiner ungebrochenen Fähigkeiten. Tiberius stellte das Königtum in Armenien einem jüngeren Bruder des Königs der am Kaukasus siedelnden Iberer, Pharasmanes, in Aussicht, wodurch dieser selbst zum Eingreifen veranlaßt wurde, Artaxata einnahm und den Sohn Artabanos' III. ermorden ließ. Auf diese Weise kam der Bruder des iberischen Königs Mithradates auf den armenischen Thron, und wie wirksam dieser Einsatz der indirekten Mittel war, sollten die Parther sofort erfahren. Denn als nun ein parthisches Heer unter dem Prinzen Orodes erschien, um die Ermordung des Arsakes zu rächen, wurde es von den Streitkräften der römischen Bundesgenossen, die inzwischen auch noch durch Sarmaten, Alanen und Angehörige anderer Stämme aus dem Vorfeld des Kaukasus verstärkt worden waren, vernichtend geschlagen.

Dabei war dies nur die eine von Tiberius' Gegenmaßnahmen. Nacheinander hetzte Rom jetzt Artabanos III. zwei Prätendenten auf den Hals, von denen Tiridates rasch an Boden gewann, als er im Jahre 36 den Euphrat überschritt und sich in Ktesiphon zum neuen Großkönig krönen lassen konnte, während der ganze Westen des parthischen Reiches nun von Artabanos III. abfiel. Die größte Drohung lag für das parthische Reich jedoch in der Heeresgruppe, die der von Tiberius ernannte Legat von Syrien und zugleich Oberbefehlshaber gegen die Parther, L. Vitellius, in Syrien versammelt hatte. Wenn es Artabanos III. auch gelang, mit Tiridates nach wechselvollen Kämpfen fertigzuwerden, so schätzte er doch die Stärke der römischen Kräfte richtig ein und fand sich schließlich dann auch bereit, im Frühjahr 37 n. Chr., wohl bereits unter der Regierung des Caligula, bei einem Treffen am Euphrat den *status quo* anzuerkennen. Die souveräne Meisterung dieser Gefahr ist ohne Zweifel eine der erstaunlichsten außenpolitischen Leistungen des Tiberius überhaupt gewesen.

Der Siebenundsiebzigjährige, der dann am 16. März des Jahres 37 n. Chr. in Misenum starb, hatte schon lange resigniert. Seine letzten Jahre waren überschattet von Enttäuschungen und Mißtrauen, das bis zum Verfolgungswahn führte, so daß man die freudige Reaktion der römischen Bevölkerung auf das langerwartete Ende dieses Regiments eines Misanthropen verstehen kann. Und doch dürfen gerade die düsteren letzten Jahre dieses Mannes nicht darüber hinwegtäuschen, daß hier eine typisch römische Persönlichkeit gestorben war. Eine offizielle *damnatio memoriae* erfolgte nicht, der Verstorbene erhielt ein Staatsbegräbnis, er wurde aber auch nicht zum *Divus* erhoben. Weitaus schwerwiegender wirkte sich die literarische Ächtung aus, von der bereits gesprochen wurde. Den großen Skeptiker freilich hätte sie wohl ebensowenig berührt wie das «*Tiberium in Tiberim*»-Geschrei der römischen *plebs*.

Die Bedeutung des Principats des Tiberius erschließt sich im übrigen nicht durch die unablässigen Bemühungen um die Person dieses «Zweiten», durch Tacituskritik, Umwertungen und Ehrenrettungen. Sie dürfte dann evident werden, wenn man von der Phänomenologie des neuen politischen Systems ausgeht, die dieser Principat enthüllte. Gerade weil dieser zweite *princeps* im Grunde noch immer viel stärker im Banne der alten aristokratischen Traditionen der Republik stand als Augustus, gerade weil er in erster Linie Troupier und nicht Politiker war, traten unter seiner Herrschaft die Implikationen des neuen Systems deutlicher zutage.

Schon die Übertragung der Macht enthüllte die prekäre verfassungsrechtliche Basis, auf der der Principat errichtet war, ebenso wie die Aufstände die Schlüsselstellung der großen Heeresverbände. Gelang es Tiberius noch, die Truppen zu disziplinieren und die Meutereien aufzufangen, so sollten sie Jahrzehnte später nicht mehr zu bändigen sein und Rom ihre Kandidaten oktroyieren. Vor allem aber zeigten sich unter Tiberius die Gefahren der

Eigeninteressen der wichtigsten Instrumente und zugleich Pfeiler des neuen politischen Systems, der *subsidia dominationi*. Sie zeigten sich in der weiteren Familie des *princeps*, taciteisch gesprochen, in der *domus principis*, die durch die maßlosen Ambitionen der Frauen ebenso zerrüttet wurde wie durch die Profilierungssucht eines designierten Thronfolgers. Es war klar geworden, daß ein kleinerer Kreis von Frauen offensichtlich größeren Einfluß auf die römische Politik und Gesellschaft gewonnen hatte als jemals zuvor. Es zeigten sich im Falle Sejans aber auch jene Möglichkeiten, die sich den Gardebefehlshabern eröffneten. Es ist charakteristisch, daß diese höchste Gefährdung des neuen Systems nicht von einem Mitglied der alten Senatsaristokratie ausging, sondern von einem Ritter, der gerade durch das Vertrauen des *princeps* zu seiner überragenden Machtstellung gelangt war.

Tiberius' Übergang zu einer prinzipiell defensiven Grenzsicherungspolitik schließlich war kein Zeichen der Schwäche; die souverän geleitete Demonstration gegen die Parther und die Unterdrückung der Aufstände bewiesen ganz im Gegenteil, daß das Imperium über eine Armee verfügte, die bei besonnenem Einsatz mit allen zu erwartenden Gefahren fertigwerden würde. Nur besaß Tiberius auch ein klares Bewußtsein dafür, daß die militärischen Möglichkeiten des Imperiums an ihren Grenzen angelangt waren und daß sie neue große Offensiven nur dort erlaubten, wo sie unvermeidbar waren.

Tiberius' Principat lehrte schließlich noch etwas weiteres: Er zeigte, wie riskant es war, die öffentliche Meinung Roms zu mißachten, sich in aristokratischer Arroganz über sie hinwegzusetzen und auf ihre planmäßige Beeinflussung, so wie sie Augustus so erfolgreich praktiziert hatte, zu verzichten. Tiberius' Devise des «*oderint, dum probent*» («Mögen sie mich hassen, wenn sie nur zustimmen» – Sueton, «Tiberius» 59,2) erwies sich für ihn selbst als fatal. Eine Staatsform, die nur durch massivsten Einsatz ideologischer Mittel hatte durchgesetzt werden können, erforderte auch zu ihrer Behauptung die fortgesetzte ideologische Beeinflussung aller sozialen Gruppen des Imperiums.

Das Römische Reich unter Caligula, Claudius und Nero (37–68 n. Chr.)

Der Principat des Gaius oder Caligula bedeutet nach Tiberius in allem eine extreme Reaktion. Auf den menschenscheuen Greis folgte ein eitler, durch frühe Popularität verwöhnter junger Mann. Auf den letzten republikanischen *princeps*, wie man ihn bezeichnet hat, ein schon durch seinen frühen Verkehr mit hellenistischen Klientelprinzen und durch das ihn bestimmende

Erbe des Antonius, mit dem er in mütterlicher Linie verwandt war, scheinbar orientalischen Formen nahestehender Monarch. Auf den nüchternen, kultische Verehrung zurückstoßenden Tiberius folgte ein sich mit Gottheiten wahllos identifizierender und göttliche Verehrung fordernder, phantastischer Jüngling. Man könnte das Regiment dieses «wahnwitzigen Schandbuben», wie ihn Fritz Taeger nannte, mit wenigen Worten als Verirrung abtun, wäre Caligula eben nicht doch ein Exponent der den Principat mitprägenden Kräfte gewesen.

Seine Erhebung zum *princeps* hatte der fünfundzwanzigjährige Gaius vor allem der tatkräftigen und umsichtigen Organisation des Prätorianerpräfekten Macro zu verdanken, des Nachfolgers Sejans. Gaius selbst war zumindest den Soldaten der Rheinarmee als Sohn des Germanicus schon vertraut. Er hatte dort wegen der Soldatenstiefelchen, die er trug, den Necknamen Caligula erhalten. Seiner Krankheit (er litt an epileptischen Anfällen) und seiner bewußten Zurückhaltung und völligen Anpassung hatte er es zu verdanken, daß er weder Sejan noch Tiberius als ernstzunehmende Gefahr erschienen war.

Andererseits hatte Tiberius, im Unterschied zu Augustus, keinen bestimmten Nachfolger designiert, sondern dem Senat die Wahl zwischen zwei Angehörigen des julischen Hauses gelassen. Seine Hausmacht vererbte Tiberius an Gaius und an Tiberius Gemellus gemeinsam, von denen ihm der leibliche Enkel Tiberius Gemellus, ein Zwillingssohn des Tiberiussohnes Drusus, gewiß näherstand, der jedoch im Gegensatz zu Gaius noch nicht volljährig war.

Auch die Kandidatur des Gaius war ziemlich prekär. Als ehemaliger Quaestor konnte er es an *auctoritas,* soweit von einer solchen überhaupt gesprochen werden konnte, nicht entfernt mit Tiberius aufnehmen, über militärische oder administrative Erfahrung verfügte er nicht, der Bevölkerung empfahl er sich einzig als Sohn des Germanicus. Aber nahezu zwei Jahrzehnte nach dem Tode des Germanicus war von der einst starken Germanicusklientel nur noch wenig übriggeblieben. Gaius setzte bei seinem Regierungsantritt zunächst nicht auf den Senat, sondern auf den im kritischen Augenblick wichtigsten Mann, den Gardepräfekten Macro. Er war dabei wohl von allem Anfang an entschlossen, Macro lediglich als Werkzeug zu gebrauchen, während Macro selbst für sich eine Position erhofft haben mag, die jener Agrippas unter Augustus oder der späteren des Burrus unter Nero glich.

Der Mann, der schon im Jahre 31 n. Chr. die Krise von Sejans Sturz gemeistert hatte, wurde auch mit der Situation nach dem Tode des Tiberius fertig. Durch Botschaften an die Heere hatte Macro den Regierungsantritt des Gaius vorbereitet. Kaum war Tiberius am 16. März 37 n. Chr. gestorben, riefen die in Misenum anwesenden Prätorianer Gaius zum *imperator* aus. Neben dem Heer leistete auch diesmal die Bevölkerung Italiens dem neuen

Anwärter auf den Principat den Treueid, einen Treueid, der inschriftlich aus Aritium überliefert ist. Auch hier handelte es sich um einen eindeutigen Gefolgschaftseid für C. Caesar Germanicus – so lautete der offizielle Name des neuen *princeps* –, aber gerade Gaius hat die Eidesleistung später alljährlich wiederholen lassen und aus dem Gefolgschaftseid damit einen lediglich formellen Loyalitätsakt gemacht.

Gaius teilte dem römischen Senat völlig korrekt seine Ausrufung zum *princeps* mit und bat den Senat zugleich ausdrücklich um die Bestätigung dieses Aktes. Dieser Vorgang war, staatsrechtlich gesehen, nicht unerheblich. Seine Bedeutung kommt darin zum Ausdruck, daß Gaius nicht den Tag der Prätorianerakklamation, sondern denjenigen der Senatsbestätigung am 18. März als Tag seines Regierungsbeginns, als *dies imperii*, wählte.

Ganz ähnlich wie nach dem Tode des Augustus wurde auch jetzt, nach dem Eintreffen des Gaius in Rom, in der ersten Senatssitzung zunächst das Testament des Tiberius veröffentlicht, das besagte, daß Gaius und Tiberius Gemellus zu gleichen Teilen erben sollten und daß zugleich jeder von ihnen zum Nacherben des anderen eingesetzt war. Außerdem sollten auch diesmal größere Legate verteilt werden, an die Soldaten, die römischen Bürger, die Vestalischen Jungfrauen und daneben noch an die *magistri vicorum*. Nach dem Bericht Cassius Dios brachte aber Gaius den Senat dazu, dieses Testament für ungültig zu erklären, um auf diese Weise Tiberius Gemellus auszuschalten und das ganze Erbe an sich zu bringen.

Immerhin bot Gaius selbst den Anhängern des Tiberius Gemellus scheinbar einen durchaus vertretbaren Kompromiß an, indem er, der noch kinderlos war, nun seinerseits den Tiberius Gemellus adoptierte und ihn auch zum *princeps iuventutis* ernannte. In derselben Senatssitzung vom 29. 3. 37 n. Chr. sind dann aber auch alle Kompetenzen und Ehrenrechte, die Augustus und Tiberius innegehabt hatten, auf Gaius übertragen worden. Schon jetzt war damit der Principat endgültig eine feste, in sich geschlossene Einheit; die stufenweisen Entwicklungen der Rechtsbasis unter Augustus und Tiberius hatten zur kompakten institutionellen Verfestigung geführt.

Eine berühmte Inschrift aus Assos in Kleinasien zeigt, wie enthusiastisch die Thronbesteigung des Gaius in den Provinzen gefeiert wurde: «Unter dem Konsulat des Cn. Acerronius und des C. Pontius Petronius Nigrinus [37 n. Chr.]. Beschluß der Assier nach dem Antrag des Volkes: Da die von allen Menschen nach Wunsch erhoffte Thronbesteigung des C. Caesar Germanicus Augustus verkündet ist, die Welt aber kein Maß und Ziel in ihrer Freude gefunden hat, da ferner jede Stadt und jedes Volk sich beeilt hat, den Gott zu sehen, weil ja das goldene Zeitalter für die Menschheit jetzt angebrochen ist, so beschlossen der Rat, die römischen Kaufleute bei uns und das Volk der Assier, man solle eine Gesandtschaft aus den vornehmsten und besten Römern und Griechen bilden, die ihn aufsuchen, ihn beglückwünschen und bitten solle, er möge der Stadt gedenken und für sie Sorge tragen, so wie er es selbst, als er mit seinem Vater Germanicus zum erstenmal die Provinz betrat, unserer Stadt versprach.» Daran schließt sich dann ein Treueid der Bewohner von Assos für Caligula und sein ganzes Haus an.

Die politischen Gefangenen wurden amnestiert, die Majestätsprozesse aufgehoben. Vorher verbotene Schriften «republikanischen» oder oppositionellen Inhalts, wie diejenigen des Cremutius Cordus, T. Labienus und Cassius Severus durften wieder verbreitet werden, die Delatoren wurden vertrieben, das Saturnalienfest verlängert, mit Hekatomben von Blut, man spricht von 160000 Opfertieren in drei Monaten, die neue Ära begrüßt. Die Warenverkaufssteuer wurde erlassen, Spiele größten Stils veranstaltet. Es ist kein Wunder, daß dem allem stürmische Begeisterung gewiß war.

Immerhin zeigte Gaius in seinen Anfängen eine demonstrative *pietas*, die jedermann für ihn einnehmen mußte. Ganz überraschend segelte er nach Pandataria und Pontia, zu den Verbannungs- und Sterbeorten seiner Mutter Agrippina und seines Bruders Nero. Er holte deren Asche nach Rom heim, um sie in allen Ehren im Augustusmausoleum beisetzen zu lassen.

Doch die Ernüchterung folgte, als die von Tiberius angesammelten Reserven der Staatskasse in kürzester Frist verschleudert worden waren und als eine schwere Krankheit den jungen *princeps* niedergeworfen hatte. Denn danach steigerten sich seine Launen, und der moralisch völlig Haltlose, der um jeden Preis verblüffen wollte, kannte jetzt keine Schranken mehr. Er lebte nun seine Auffassung des Principats als absolutistischer Herrschaft voll aus, betrachtete Menschen, Provinzen, den ganzen Staat als Eigentum des Herrschers, verlangte im Zeremoniell Hand- und Fußkuß zur Begrüßung. Nur aus dieser, wie man gemeint hat, «hellenistischen» Auffassung heraus ist letzten Endes auch sein Verhältnis zu seiner Lieblingsschwester Drusilla, mit der er in Blutschande gelebt haben soll, zu verstehen. Im Hintergrund steht hier vielleicht das Phänomen der Geschwisterehe der Ptolemäer. Dabei ist für Caligula bezeichnend, daß er die letzte Konsequenz, nämlich die öffentliche und formelle Hochzeit in Rom dann doch nicht wagte. Aber Drusilla wurde 38 n. Chr., nach ihrem Tode, als erste Frau zur *Diva* konsekriert, das heißt unter die Staatsgötter erhoben, ihr goldenes Bild in der Kurie aufgestellt, ihre Statue im Heiligtum der Venus. Als *Diva Drusilla* und als *Panthea* erfuhr sie in nicht wenigen Städten der römischen Welt kultische Verehrung.

Überhaupt wurde das dynastische Element nun unverhüllt demonstriert. Auf den Münzbildern erschienen die drei Schwestern des *princeps* Drusilla, Livilla und Agrippina mit Füllhorn, Schale und Steuerruder, also den Attributen von Göttinnen, der Securitas, Concordia und Fortuna. Caligulas Großmutter Antonia erhielt nicht nur den *Augusta*-Titel, an sie wie an die drei Schwestern des *princeps* sind die Ehrenrechte der Vestalinnen übertragen, ihre Namen in die Gelübde und in den Kaisereid aufgenommen worden.

In der gleichen absolutistischen Grundhaltung wurzelte auch Caligulas Anspruch auf kultische Verehrung. Der furchtsame, in jedem Gewitter zitternde Mensch identifizierte sich mit Sol, wahllos auch mit anderen Gottheiten, glaubte allen Ernstes mit Luna zu verkehren. Er ließ zwischen dem Kapitol und dem Kaiserpalast auf dem Palatin einen Bogen errichten, um stets mit Juppiter direkten Kontakt zu haben, mißbrauchte den Dioskurentempel am Forum als Vestibül seines eigenen Palastes und konnte nur durch systematische Renitenz daran gehindert werden, die berühmte Zeusstatue des Phidias durch sein eigenes Porträt entstellen und im Jahwetempel zu Jerusalem den Kaiserkult einführen zu lassen. All dies aber wäre nicht möglich gewesen, ohne die grenzenlose Servilität des Senats, der zunächst immer wieder die Ansprüche des Herrschers noch durch seine Resonanz überbot und ihn als Heros und Gott anredete.

Es ist bekannt, daß Caligula auch den Isiskult in Rom wieder einführte und auf dem Marsfeld einen Isistempel errichten ließ, während man unter Tiberius gegen den Isiskult vorgegangen war. Literarisch greifbar sind indessen insbesondere seine Spannungen mit der jüdischen Religion geblieben, und zwar in dem Bericht des alexandrinischen Juden Philo über seine Gesandtschaft zu Caligula. Diese Gesandtschaft, die im Winter 39/40 n. Chr. nach Rom reiste, um den *princeps* über die Hintergründe der antisemitischen Ausschreitungen in Alexandria aufzuklären, um Toleranz für die Anschauungen ihrer Religion und wahrscheinlich auch um das volle alexandrinische Bürgerrecht zu bitten, endete in einem vollständigen Mißerfolg. Monatelang mußte sie Caligula buchstäblich auflauern, und als sie endlich vorgelassen wurde, titulierte sie der Herrscher als «die Gottverhaßten, die ihn nicht für einen Gott hielten», und schloß nach einer für ihn typischen, sprunghaften und unkonzentrierten Audienz mit der herablassenden Bemerkung: «Die Leute scheinen mir weniger böse als unglücklich und unvernünftig zu sein, da sie nicht glauben, daß ich das Wesen eines Gottes bekommen habe.»

Wenn Caligulas Haltung gegenüber dem Judentum auch weiterhin distanziert blieb, so trugen dazu freilich auch andere Erfahrungen bei, so die Tatsache, daß in Jamnia in *Iudaea* Juden einen von der nichtjüdischen Bevölkerung errichteten, zu Ehren des Gaius' geweihten Altar zerstört hatten und daß Gaius' Plan, im Tempel von Jerusalem eine Kolossalstatue mit seinen Zügen aufstellen zu lassen, auf einen so entschiedenen Widerstand stieß, daß er diesen Plan auf Anraten seines Freundes Herodes Agrippa schließlich doch fallenließ. Trotz all dem wird man jedoch bei Gaius von keinem genuinen Judenhaß und von keinem Antisemitismus aus Prinzip sprechen können.

Die außenpolitischen Aktivitäten und die militärischen Unternehmungen Caligulas wirken in der antiken Überlieferung als reine Farcen. Offensichtlich war es für den Sohn des Germanicus jedoch eine Prestigefrage und zugleich ein Akt der Pietät gegenüber der Familientradition, eine neue

Offensive gegen Germanien zu beginnen und, wie einst Caesar, erneut in Britannien einzugreifen. Noch im Herbst des Jahres 39 n. Chr. wurde unter Caligulas persönlicher Leitung ein Feldzug in das rechtsrheinische Gebiet unternommen, dabei auch der Raum von Wiesbaden und Höchst ständig besetzt. Danach leitete dann der spätere *princeps* Galba die Operationen. Größere strategische Ziele sind hier wohl ebensowenig verfolgt worden wie bei ähnlichen Unternehmungen im Jahre 40 n. Chr. Es läßt sich ohnehin nicht ausschließen, daß sie entweder primär der Disziplinierung des ziemlich heruntergekommenen obergermanischen Heeres dienten oder der Aktivierung der Verbände für die Britannienexpedition.

Doch mitten in dieser Vorbereitungsphase wurde dann eine Verschwörung entdeckt, die der bisherige Befehlshaber des obergermanischen Heeres, Cn. Cornelius Lentulus Gaetulicus, gegen Caligula angezettelt hatte, eine Verschwörung, in die nicht nur zahlreiche Senatoren, sondern auch Aemilius Lepidus verstrickt war, ursprünglich der Mann von Gaius' Schwester Drusilla, jetzt der Geliebte von deren Schwester Agrippina. Gaius konnte das Komplott niederschlagen, Gaetulicus und Lepidus in den Tod treiben, während er seine beiden Schwestern auf die Pontischen Inseln verbannte. Ihr Besitz wurde im Winter 39/40 n. Chr. in Lugdunum öffentlich versteigert.

Die Voraussetzungen für den Britannienfeldzug waren auch nach diesen Vorgängen noch nicht gegeben. Die im Frühjahr 40 n. Chr. am Kanal konzentrierten Verbände wurden zwar verladen, doch die Flotte begnügte sich mit einer bloßen Demonstration und landete nicht. Die Gründe dafür dürften in der ungenügenden diplomatischen Vorbereitung zu suchen sein. Allem Anschein nach hatte man gehofft, von innerbritannischen Streitigkeiten profitieren zu können, doch im entscheidenden Augenblick erloschen offensichtlich die internen britischen Fehden. Dieser Sachverhalt dürfte sich wohl hinter der Anekdote der muschelsammelnden Legionen am Kanal verbergen. Das einzige bleibende Ergebnis der Expedition war die Errichtung eines großen Leuchtturms bei Boulogne.

Der Tradition seiner Familie gemäß lag so der Schwerpunkt von Caligulas außenpolitischem Wirken im Nordwesten des Reichs. Im Osten griff er dagegen gefühlsmäßig, schon durch seine Freundschaft mit den hellenistischen Klientelprinzen gebunden, auf Formen indirekter Beherrschung zurück. Auf dem Balkan, in Kleinasien, Nordsyrien und Palästina sind für seine Freunde noch einmal ephemere Klientelstaaten geschaffen worden. So wurden die drei Söhne des Kotys nun in Thrakien, Kleinarmenien und *Pontus* etabliert, Antiochos von Kommagene in seiner Heimat inthronisiert, endlich auch Herodes Agrippa, der Enkel Herodes des Großen, mit dem Königstitel ausgezeichnet und über zwei der alten jüdischen Tetrarchien eingesetzt.

Es ist schon erwähnt worden, daß sich Caligula innenpolitisch nach seiner Erkrankung keine Hemmungen mehr auferlegte. Bereits 38 n. Chr. wurde

Macro gestürzt und zum Selbstmord getrieben, damit auch die letzte Erinnerung an die einstige Abhängigkeit des Herrschers von diesem Manne getilgt würde. Um die lawinenartig wachsenden Schulden wenigstens notdürftig zu decken, wurde das administrative Steuer wieder herumgerissen. Mit den neuen Verkehrs- und Gewerbesteuern in Rom wurden nun nicht nur die Reichen geschröpft. Strafen aller Art wurden dazu systematisch mit dem einen Ziel verhängt, zu Geld zu kommen.

Die aufgebrachten Summen aber wurden in jenem sinnlosen Luxus vertan, den der Hof vor allem am Golf von Neapel praktizierte. Hier war nichts unmöglich, und so wurde zwischen Puteoli und Bauli eine Schiffsbrücke errichtet, wobei es völlig gleichgültig war, daß das Aufbringen der dafür benötigten Schiffe die Getreidezufuhr ins Stocken brachte. Caligula aber ritt im Panzer Alexanders des Großen in theatralischer Weise über die Brücke, gefolgt von Garde und Hof. Im Zweispänner fuhr der *princeps* dann wieder zurück, mit einem parthischen Prinzen an seiner Seite.

Der Druck seines Regiments nach innen verhärtete sich mehr und mehr. Caligula zwang mehrere Senatoren wie auch seinen Adoptivsohn Tiberius Gemellus zum Freitod, führte die Majestätsprozesse wieder ein. Aber mit derselben souveränen Mißachtung behandelte er auch das Volk bei den Spielen und Festen. Eine Änderung des Wahlverfahrens zugunsten des Volkes hatte sich schon deswegen als völlig sinnlos erwiesen, weil die Bürger die ihnen zugedachte Funktion gar nicht mehr ausüben konnten.

Angesichts dieser Fakten ist das Regiment Caligulas allenfalls als ein pathologischer Fall oder als Pervertierung einer hellenistischen Alternative zur primär römisch-italienischen Form des Principats zu verstehen. Moderne Versuche, noch Caligulas Exzessen einen tieferen Sinn beizumessen, sind dagegen nicht überzeugend. Es war schon eher berechtigt, daß ihn der große Pazifist und spätere Friedensnobelpreisträger Ludwig Quidde 1894 in einer damals großes Aufsehen erregenden Studie als ein Urbild des «Cäsarenwahnsinns», gleichsam einer monarchischen Berufskrankheit, verstand: «Der Eindruck einer scheinbar unbegrenzten Macht läßt den Monarchen alle Schranken der Rechtsordnung vergessen; die theoretische Begründung dieser Macht als eines göttlichen Rechtes verrückt die Ideen des Armen, der wirklich daran glaubt, in unheilvoller Weise, die Formen der höfischen Etikette – und noch mehr die darüber hinausgehende unterwürfige Verehrung aller derer, die sich an den Herrscher herandrängen – bringen ihm vollends die Vorstellung bei, ein über alle Menschen durch die Natur selbst erhobenes Wesen zu sein: aus Beobachtungen, die er bei seiner Umgebung machen kann, erwächst ihm zugleich die Ansicht, daß es ein verächtlicher gemeiner Haufen ist, der ihn umgiebt.» Wer dann weiter die gesperrt gedruckten Vorwürfe und Charakterisierungen überflog: «Prunk- und Verschwendungssucht», «riesenhafte Bauten und Bauprojekte», «Heißhunger nach militärischen Triumphen», «spielerische Manöver», «theatralischer

Schein», «Bezwingung des Weltmeeres», «komödiantischer Zug» und so fort, der dachte allerdings nicht an Caligula, sondern an den jungen deutschen Kaiser Wilhelm II., auf den sie gemünzt waren.

Seit der Rückkehr von der geplanten Britannienexpedition vom Frühjahr 40 n. Chr., im Prinzip aber schon seit der Aufdeckung der Verschwörung des Gaetulicus im Herbst 39 n. Chr., lebte Caligula in ständiger Furcht vor Attentaten und gleichsam im offenen Kriegszustand mit dem Senat. Es war ihm klar geworden, daß die senatorische Opposition grundsätzlicher Natur war, und er machte nun auch gar keinen Versuch mehr, sich mit dem Senat zu versöhnen. Nach der Entdeckung der Verschwörung soll er einer Senatsgesandtschaft gegenüber an sein Schwert geschlagen und ausgerufen haben: *«veniam, veniam et hic mecum.»* Und er soll weiter ganz offen zu erkennen gegeben haben, daß er nur für diejenigen nach Rom zurückkehren würde, die es wünschten, nämlich für die Ritter und das römische Volk, daß er für den Senat in Zukunft aber weder ein Bürger noch ein *princeps* sein wolle.

Diese ganz offene Frontstellung gegen den Senat erklärt zum Teil auch die Versuche Caligulas, seine Stellung als Herrscher auf anderen Wegen zu erhöhen. Im Prinzip liegt hier somit ein ganz ähnliches Verhältnis vor wie später im Falle Domitians, wie es überhaupt zur Regel wurde, daß diejenigen *principes*, denen eine Zusammenarbeit mit dem Senat nicht glückte, zu einem betont autokratischen Regiment gezwungen wurden und umgekehrt. Es mag sein, daß Caligula auf den Triumph nach dem Germanienfeldzug deshalb verzichtet hat, weil er damit eine vom Senat verliehene Ehre angenommen hätte. Man könnte schließlich in seinem Wahnsinn auch darin Methode sehen, daß er angeblich den Plan faßte, sein Lieblingspferd Incitatus zum Konsul zu machen; auch darin wäre dann möglicherweise eine bewußte Schmähung des Senats zu erblicken.

Offensichtlich formierten sich bereits im Laufe des Jahres 40 n. Chr. verschiedene Oppositionsgruppen, die entschlossen waren, Caligula aus dem Wege räumen zu lassen. Doch die Tat selbst vollbrachten dann einige Gardetribunen, darunter der von Caligula wiederholt persönlich beleidigte Cassius Chaerea. Als sich der *princeps* am 24. 1. 41 n. Chr. in einer Spielpause durch einen unterirdischen Gang zum Palast zurückbegeben wollte und dabei für einen Augenblick von seinen germanischen Leibwächtern getrennt war, schlugen ihn die Verschworenen nieder und beendeten so dieses Regiment eines unberechenbaren Sadisten.

Obwohl der römische Senat vom Nachmittag des 24. 1. an praktisch in Permanenz tagte, führten die Beratungen zu keinem Ergebnis. Natürlich wurde jetzt die alte *libertas*-Ideologie wiederbelebt, am Abend dieses Tages auch die Parole *libertas* ausgegeben. Doch im übrigen konnten sich die Senatoren weder auf eine sofortige Wiederherstellung der alten republikanischen Verfassung noch auf einen gemeinsamen Kandidaten für den Principat einigen. Immerhin ist damals zum letztenmal für einen kurzen Augenblick die Möglichkeit einer Rückkehr zur alten Ordnung wenigstens diskutiert worden. Die Entscheidung der Situation aber war inzwischen an anderer Stelle erfolgt.

Prätorianer, die den Palast des *princeps* durchstreiften, entdeckten dort hinter einem Vorhang Claudius, den Onkel Caligulas, einen stark behinderten Sohn des älteren Drusus. Daß dieser fahrige, oft konfuse Mann in diesem Augenblick in Todesgefahr schwebte, ist gewiß, denn zur selben Stunde erschlugen die Verschwörer Caligulas Frau Caesonia und deren kleine Tochter Drusilla. Allenthalben wurden Stimmen laut, daß man jetzt das ganze Haus der Caesaren ausrotten müsse. Doch die Prätorianer, die Claudius fanden, brachten ihn zunächst einmal in ihr Lager und damit in Sicherheit. Welche Bedeutung Claudius selbst seiner Schutzhaft im Prätorianerlager beimaß, geht schon allein daraus hervor, daß er einige Zeit später Münzen prägen ließ, die an jenen Vorgang erinnerten.

Faktisch wurde Claudius über Nacht zum Kandidaten der Prätorianer. Nachdem er jedem Mann der Garde ein Donativ von 15 000 Sesterzen versprochen hatte, waren sie vollends bereit, für ihn durchs Feuer zu gehen. Sie riefen ihn zum *imperator* aus und gewährten ihm am Morgen des 25.1. 41 n. Chr. dann auch die erste feierliche *salutatio*. Dem Senat blieb nichts anderes mehr übrig, als dieses *fait accompli* anzuerkennen; um die Mittagsstunde begaben sich schließlich auch die Konsuln an der Spitze einer Abordnung des Senates in das Prätorianerlager, um dort den neuen *princeps* zu begrüßen. Auf beiden Seiten blieb freilich noch geraume Zeit eine schwere Verstimmung über diesen Ablauf der Dinge bestehen.

Claudius befand sich indessen noch immer in einer äußerst delikaten Lage. Wollte er nicht selbst vogelfrei werden, so konnte er die Ermordung Caligulas und seiner Familie nicht einfach hinnehmen. Von dem monomanen Vorgänger konnte er sich weder völlig distanzieren noch sich mit ihm identifizieren. Nach dem Pathos der *libertas*-Stimmung und angesichts der vielen Hintermänner der Verschwörer war es auch gänzlich ausgeschlossen, alle in die Konspiration Eingeweihten hinrichten zu lassen. Claudius entschied sich für einen aus seiner Sicht zweckmäßigen Kompromiß. In Gegenwart mehrerer Senatoren fällte er das Todesurteil über die beiden Tribunen Cassius Chaerea und Lupus, wobei vermutlich weniger die Ermordung Caligulas als vielmehr diejenige von Caesonia und Drusilla den Ausschlag gaben. Im übrigen ließ Claudius eine Generalamnestie verkünden, die Regierungshandlungen Caligulas wurden offiziell für ungültig erklärt, seine Statuen entfernt.

Auch im Falle des Claudius sind die eigenartigen Erscheinungsformen des Principats Konsequenz und Ausdruck der Persönlichkeit des *princeps* selbst. Der im Jahr 10 v. Chr. geborene Bruder des Germanicus, Tiberius Claudius Caesar, wie sein offizieller Name lautete, hatte eine unglückliche Kindheit erlebt. Er war häßlich, ständig krank, stotterte, zeigte sich immer wieder als zerfahrener Wirrkopf. Neben der strahlenden, überall Sympathien weckenden Gestalt des Germanicus war er das schwarze Schaf der Familie. In demütigendsten Formen ist er nicht selten entehrt worden. Doch erkannte Augustus wenigstens seine geistigen Fähigkeiten, und Livia stellte sich schützend vor ihn. Sie wurde deshalb später auch von ihm divinisiert.

Neben partiellem Schwachsinn und einer inneren Haltlosigkeit, die oft eine geradezu animalische Substanz an den Tag treten ließ, stand bei Claudius aber ein durchaus ernstzunehmendes wissenschaftliches, vor allem historisches, philologisches und antiquarisches Interesse. Freilich sind alle seine literarischen Werke verlorengegangen, so die 20 Bücher etruskische Geschichte, die wie die acht Bücher karthagische Geschichte in griechischer Sprache geschrieben waren, so die acht Bücher umfassende Autobiographie, eine Verteidigungsschrift für Cicero und seine 41 Bücher über Augustus. Bezeichnenderweise hatte Claudius, der in seiner historischen Arbeit noch von Livius ermutigt worden war, damit begonnen, eine Geschichte des Bürgerkrieges zu schreiben, die mit Caesars Tod einsetzte. Allein nachdem zwei Bücher dieses Projektes vollendet waren, die sicher erkennen ließen, wie eigenwillig und unparteiisch Claudius die Vorgeschichte des Principats darstellen wollte, rieten ihm wohlmeinende Freunde von einer Fortsetzung des Werkes ab und brachten ihn dazu, erst mit dem Jahre 27 v. Chr. einzusetzen, wo Claudius dann auf ungefährlicherem Boden stand.

Seine philologisch-antiquarischen Studien nahm Claudius so ernst, daß er als *princeps* eine Abänderung des damals üblichen Alphabets durchsetzen wollte. Allein die Ersetzung des Diphthongs *ae* durch das archaische *ai* behauptete sich ebensowenig wie die drei neuen, von Claudius eingeführten Buchstaben ⊢, Ɔ und ⊣.

Die wissenschaftliche, insbesondere die historische Tätigkeit des Claudius erschöpfte sich indessen nicht in solchen Experimenten, und sie war mehr als eine bloße Marotte. Die Studien hatten in dem *princeps* Züge der Reflexion geweckt, die Kenntnis der römischen Geschichte und Tradition zu einer gleichsam historischen Sicht der römischen Politik geführt, die einerseits Erfordernisse der Gegenwart auf die historische Gesamtentwicklung projizierte, andererseits aus historischen Vorgängen die Berechtigung für neue Maßnahmen und Reformen ableitete. In dem für ihn charakteristischen Stil begründete Claudius zum Beispiel sein Eintreten für das *ius honorum* des gallischen Adels auf folgende Weise: «Freilich bitte ich zunächst darum, jene so übliche Denkweise, die mir, wie ich im voraus sehe, zuerst begegnen wird, abzutun und nicht vor dieser Maßnahme zurückzuschrecken, als ob damit etwas nie Dagewesenes eingeführt werden sollte, sondern lieber zu bedenken, wie viele Neuerungen in diesem Staate eingeführt worden sind und in wieviel Gestalten und Staatsformen gleich vom Ursprung unserer Stadt an unser Gemeinwesen ausgeweitet worden ist... Sicher war es ein neuer Brauch, als mein Großonkel, der *divus Augustus*, wie mein Onkel,

Tiberius Caesar, sich dafür entschieden, es solle die ‹Blüte› aller Kolonien und Municipien im ganzen Reich, das heißt ihre angesehenen und wohlhabenden Männer, in dieser Kurie ihren Platz erhalten. Wie? Ist denn nicht ein italischer Senator einem aus der Provinz vorzuziehen? Ich werde euch schon zur rechten Zeit, wenn ich erst dazugekommen bin, diesen Teil meiner Censortätigkeit vor euch zu rechtfertigen, klar zum Ausdruck bringen, was ich darüber denke, und zwar durch die Art meines Vorgehens als Censor. Doch glaube ich, daß man auch Provinziale nicht zurückweisen darf, vorausgesetzt, sie sind geeignet, das Ansehen der Kurie zu mehren» (ILS 7021 – Übersetzung nach W. Arend).

Im Unterschied zu Gestalten wie Caligula und später Nero besaß Claudius so durchaus eine eigene Vorstellung von den Grundzügen seiner Politik und seines Principats. Der konservative Reformer, der sich, wo er nur konnte, auf das Vorbild des *divus Augustus* berief, ließ sein Regiment auch auf eine durchaus plausible Weise stilisieren. Da ihm selbst zunächst jede militärische Qualifikation fehlte, ließ er in der Münzprägung vor allem die Leistungen seines Vaters, des älteren Drusus, feiern und auf diese Weise nochmals die Leistungen seiner Familie gegen die Germanen in Erinnerung rufen. Später traten naturgemäß die eigenen Erfolge in Britannien dazu. Im übrigen waren die Parolen dieses Principats eher zurückhaltend: Neben der *pax Augusta* wurde die *libertas Augusta* unterstrichen, als demonstrative Absetzung von der Willkür des Vorgängers. Mit Begriffen wie *Ceres, spes* und *constantia* wurden allgemein gehaltene Werte, Aktivitäten und Hoffnungen als Programm des guten Willens herausgestellt, über den Mangel an Autorität und Würde hinweggeblendet. Eine solche Methode war jedenfalls glaubhafter als die Darstellung des stotternden und hinkenden Menschen als Juppiter mit Adler, wie ihn eine Kolossalstatue aus Lanuvium mit imperialem Pathos zeigte.

Denn mochte sich Claudius noch so große Mühe geben, mochten noch so viele seiner Maßnahmen vernünftig, plausibel und human sein, seine Gestalt wirkte nun einmal lächerlich, seine Umgebung mußte stets peinliche Szenen befürchten. Persönliche Ausstrahlungskraft, Festigkeit und Autorität besaß er nie. Um so größer war der Legitimationsdruck, der auf dem neuen *princeps* und seinen Mitarbeitern lastete, um so naheliegender das Mittel, durch eine verstärkte außenpolitische und militärische Aktivität alle Zweifel an der Eignung des Claudius auszuräumen. Das wichtigste Ergebnis dieser neuen Initiativen war die Invasion Britanniens.

Wahrscheinlich standen verschiedene Motivationen hinter diesem Entschluß: neben dem Ehrgeiz des Claudius, an die Tradition Caesars anzuknüpfen und die erbärmliche Posse Caligulas vergessen zu machen, das Ziel, diesen letzten großen Kernraum des Keltentums und der Religion der Druiden zu besetzen, vermutlich aber auch irrige Vorstellungen von Topographie, Bodenschätzen und wirtschaftlichen Möglichkeiten der Insel schließlich vielleicht die Absicht, die Entstehung einer neuen militärischen Sicherungszone am Kanal zu vermeiden, die sonst der Schutz Galliens vor Infiltrationen aus Britannien gefordert hätte. Wie immer es darum bestellt ist, offensichtlich setzte auf römischer Seite schon bald eine Diskussion darüber ein, ob sich dieser aufwendige Einsatz lohnte.

Für Britannien hatten Caesars kurze Vorstöße in den Jahren 55 und 54 v. Chr. lediglich Episoden bedeutet; in der augusteischen Epoche stützte sich der römische Einfluß dann vor allem auf einzelne Klientelkönige. Dabei wechselten die politischen Konstellationen auf der Insel sehr rasch. Bemerkenswert war dabei insbesondere die expansive Machtbildung des Cunobelinus, der um die Zeitenwende bereits Essex, das mittlere Themsetal und Teile von Kent beherrschte, um 10 n. Chr. seine Hauptstadt nach Camulodunum (Colchester) verlegte und sich auch durch eine reiche Münzprägung auszeichnete. Bodenfunde aus seinem Machtbereich und den Nachbarlandschaften, insbesondere Silbergeschirr, Glas- und Töpferwaren wie Schmuckgegenstände, kunsthandwerkliche Erzeugnisse und Trinkgerät dokumentieren einen lebhaften römischen Handel mit der einheimischen Aristokratie.

Nachdem Cunobelinus zu Beginn der vierziger Jahre verstorben war, setzten seine Söhne Togodumnus und Caratacus die Angriffe auf ihre Nachbarn fort. Sie bedrängten insbesondere einen Nachkommen des Atrebatenkönigs Commius, Verica, so sehr, daß dieser schließlich zu Claudius floh. Ein solcher Vorgang war nichts Ungewöhnliches, britannische Aristokraten hatten schon wiederholt römische Hilfe erbeten, doch diesmal löste der Appell Vericas die römische Intervention mit aus. Claudius hatte für die Invasion des Jahres 43 n. Chr. umfangreiche Vorbereitungen treffen lassen. Unter dem Kommando des früheren Legaten von Pannonien Aulus Plautius wurden am Kanal vier Legionen bereitgestellt. Nachdem es dort zunächst zu Unruhen gekommen war, weil die Truppen vor dem riskanten Einsatz zurückschreckten, setzte die römische Invasionsarmee, deren Stärke sich einschließlich der gallischen und thrakischen Hilfstruppen auf immerhin etwa 40 000 Mann belief, von Gesoriacum (Boulogne) aus in drei Staffeln über.

Die Landung glückte, Rutupiae (Richborough) wurde zur britannischen Basis des Unternehmens ausgebaut. Am Medway kam es zu einer ersten Schlacht, in der Togodumnus fiel, während sich seine Truppen in voller Auflösung nach Norden zurückzogen. Togodumnus' Bruder Caratacus dagegen floh nach Westen und blieb dort in der Flanke des römischen Brückenkopfes jahrelang ein besonders gefährlicher Gegner. Nach dem Erreichen der Themse stellte Aulus Plautius zunächst den weiteren Vormarsch ein und wartete dort die Ankunft des Claudius ab, der für einen Zeitraum von 16 Tagen persönlich den Oberbefehl übernahm und damit die reifen Früchte ernten konnte.

Das Römische Reich unter Caligula, Claudius und Nero 219

13 Römisches Britannien

Unter der nominellen Führung des Claudius nahmen die römischen Verbände Camulodunum ein, und dort unterwarfen sich nun auch die Anführer der benachbarten Stämme, Prasutagus, der Fürst der in Norfolk ansässigen Iceni, und Cogidumnus, der Fürst des in Sussex siedelnden Stammes der Regni, der damals den Titel eines *rex et legatus Augusti* erhielt. Nach einem glanzvollen Abschluß des Feldzugs kehrte Claudius nach Rom zurück, feierte einen Triumph, gab seinem Sohn den Namen Britannicus und wurde durch einen Triumphbogen auf dem Marsfeld geehrt.

Aulus Plautius, der zum ersten Statthalter der neuen Provinz *Britannia* ernannt worden war, setzte inzwischen aus dem großen Brückenkopf im Südosten der Insel weitere Vorstöße nach Norden, Nordwesten und Südwesten an. Im Norden rückten die römischen Truppen jetzt bis in den Raum von Lincoln vor, das damals als Legionslager Lindum organisiert wurde. Von hier aus nahmen die Römer Beziehungen mit der Brigantenkönigin Cartimandua auf, die sich bald bewähren sollten. Eine zweite Kolonne trat den Vormarsch nach Nordwesten an, in die Gebiete der Midlands, eine dritte unter dem Kommando Vespasians stieß nach Südwesten vor, nahm unter anderem die Insel Vectis (Isle of Wight) ein und besetzte über 20 *oppida*, Stammesfestungen oder Hillforts, wahrscheinlich insbesondere im Gebiet von Dorset und Wiltshire. Vermutlich wurde damals auch die große Anlage von Maiden Castle von den Römern zerstört.

Der nächste Statthalter der Provinz, P. Ostorius Scapula, der in den Jahren 47 bis 52 n. Chr. auf der Insel befehligte, sicherte dann das römisch besetzte Gebiet in der Fosse-Way-Linie ab, wobei durch die Legionslager Glevum (Gloucester) und Lindum (Lincoln) die Flanken geschützt waren. Im Westen des römischen Machtbereiches hielten dagegen die Unruhen an, denn dort verstand es der Cunobelinus-Sohn Caratacus zuerst bei den Siluren im Südosten und dann bei den Ordovices im Nordosten von Wales den Kampf gegen die Römer zu schüren. Im Gebiet der Ordovices wagte er zuletzt sogar eine offene Feldschlacht. Als er danach zu Cartimandua flüchtete, lieferte ihn diese im Jahre 51 n. Chr. den Römern aus.

Relativ rasch hatte so die römische Besetzung Britanniens Fortschritte gemacht. Sie profitierte nicht nur von der technischen Überlegenheit eines perfekten Militärapparates, sondern nicht weniger von den alten Gegensätzen und Streitigkeiten unter den britannischen Stämmen, die offensichtlich die hier drohenden Gefahren unterschätzten und sich nicht rechtzeitig zu einer gemeinsamen Abwehr der Römer zusammenschließen konnten. Auch noch so zäher Widerstand einzelner Gruppen und Anführer änderte am weiteren Verlauf der römischen Okkupation nichts mehr. Die Organisation des besetzten Gebietes zu einer Provinz demonstrierte zugleich, daß der Raum auch dauernd unter römischer Administration bleiben sollte. Seine

Behauptung und Erweiterung haben Rom indessen noch für Jahrzehnte zum Einsatz beträchtlicher Mittel gezwungen.

Britannien und Germanien glichen unter römischer Herrschaft kommunizierenden Röhren, die an den gallischen Kernraum angelagert waren. Offensiven hier zogen dort, allein schon auf Grund der stets begrenzten militärischen Kräfte, eine strikt defensive Politik nach sich. Umgekehrt galt dasselbe. Während der Konzentration der verfügbaren römischen Truppen in Britannien gab es deshalb im germanischen Bereich nur kleinräumige Aktivitäten, die auf die Sicherung des bisher Erreichten hinausliefen. Für die römischen Befehlshaber brachte diese konsequent durchgehaltene Strategie häufig beträchtliche Enttäuschungen, so vor allem für Domitius Corbulo, einen der fähigsten Heerführer seiner Zeit, der damals die römischen Operationen am Niederrhein leitete.

Corbulo hatte einen Aufstand der Friesen niedergeworfen, von See her plündernde Chauken vertrieben und war gerade dabei, die römische Herrschaft östlich des Niederrheins erneut zu stabilisieren, als er im Jahre 47 n. Chr. zur Einstellung seiner Operationen in diesem Gebiet und zum Rückzug auf die Rheinbasis gezwungen wurde. Damit war die letzte Konsequenz aus den Weisungen des Tiberius an Germanicus gezogen, die endgültige Räumung der rechtsrheinischen Gebiete von der Nordsee bis zum Taunus durchgesetzt.

Im Vorfeld von Mainz wurden dagegen der große rechtsrheinische Brückenkopf an Taunus und Wetterau planmäßig ausgebaut, die Chatten zurückgedrängt, die römischen Vorposten bei Wiesbaden, wo bereits der ältere Plinius die heißen Quellen benutzte, und Hofheim geschützt und verstärkt. Im ganzen Bereich der Mattiaker führten die römischen Truppen schon früh Einsätze durch, die bewiesen, wie zielstrebig die römischen Befehlshaber an die wirtschaftliche Nutzung ihrer Heeresbezirke gingen. So berichtet Tacitus, daß Curtius Rufus, der im Jahre 47 n. Chr. die obergermanischen Legionen kommandierte, im Gebiet der Mattiaker (wohl an der unteren Lahn bei Ems) «einen Schacht eröffnet habe, um Silberadern aufzuspüren, wovon es nur eine spärliche Ausbeute gab und nicht für lange Zeit. Doch für die Legionen war es eine beschwerliche Mühsal, Wasserableitungen auszugraben, das, was schon über Tage schwierig ist, unter der Erde zu leisten» («*Annales*» XI,20,3).

Ausbau, Nutzung und endgültige Organisation waren auch im Süden des obergermanischen Bereichs die leitenden Gesichtspunkte der claudischen Strategie und Politik. Vom Legionslager Vindonissa aus wurde nach Hüfingen, südlich des Donauursprungs, ein Kastell vorgeschoben, gleichzeitig die römische Besiedlung auch auf den Nordstreifen des Hochrheintales ausgedehnt. Längs der Donau entstand eine ganze Kette von Kastellen, in deren Schutz dann auch *Noricum*, das bisher lediglich durch einen Präfekten verwaltete Gebiet zwischen Inn, Drau und Donau, in eine procuratorische

Provinz unter einem ritterlichen Statthalter umgewandelt werden konnte. Neben dieser systematischen Neuordnung der Grenzzone in Germanien wurden in einzelnen Fällen auch hier noch immer Klientelfürsten im Vorfeld der römischen Macht gestützt. So entsandte man, auf Bitten der Cherusker, im Jahre 47 n. Chr. Italicus, den in Rom aufgewachsenen Sohn von Arminius' Bruder Flavus, mit einem kleinen Stab von Ratgebern und größeren Geldmitteln in seine Heimat zurück, um auf diese Weise den römischen Einfluß bei den alten Gegnern zu sichern. Das Experiment hatte freilich nur begrenzten Erfolg.

Einen zweiten Schwerpunkt der außenpolitischen Aktivität des Claudius bildete Mauretanien. Dort war noch unter Caligula der letzte König des Landes, Ptolemaios, beseitigt worden, ein Vorgang, auf den die Bevölkerung mit einem erbitterten Aufstand reagierte. Der römische Legat Suetonius Paulinus konnte ihn zwar im Jahre 42 n. Chr. vorläufig niederschlagen, dabei als erster römischer Befehlshaber auch in den Atlas eindringen, ohne die großenteils halbnomadischen, schwer zu greifenden mauretanischen Stämme zu befrieden. Daran änderte auch die Einteilung des Landes in zwei Provinzen nichts, von denen Mauretania Tingitana den Westen, Mauretania Caesariensis den Osten umfaßte.

Die übrigen außenpolitischen Initiativen dieses Principats erscheinen dagegen zweitrangig. So wurde zum Beispiel im Bosporanischen Königreich der römische Vasall Kotys eingesetzt. Um ihn zu stützen, überschritten damals römische Verbände sogar den Don. Mit den Parthern dauerten die Auseinandersetzungen um Armenien an. Es gelang zwar vorübergehend, für nahezu ein Jahrzehnt einen römischen Klientelherrscher in Armenien zu halten, doch am Ende der Regierung des Claudius stand das fortwährend umstrittene Land dann bereits wieder unter parthischem Einfluß, so daß sich neue Kämpfe abzeichneten.

Zieht man die außenpolitische Bilanz von Claudius' Principat, so wurden dem Imperium insgesamt sechs neue Provinzen hinzugefügt. Handelte es sich dabei bei dreien, Britannien und den beiden Mauretanien, um echte Neuerwerbungen, so bei den übrigen drei, *Lycia* und *Thracia* (43 n. Chr.), *Iudaea* (44 n. Chr.), jeweils um die Überführung schon zuvor von Rom abhängiger, doch zuletzt nicht direkt verwalteter Gebiete in den *status* einer römischen Provinz. Es ist kein Zufall, daß alle diese Maßnahmen, die sich als eindeutige Erfolge des Claudius propagieren ließen, schon in die ersten Jahre seines Principats fielen, als er mehr denn jeder andere dringend der Bestätigung und Zustimmung bedurfte.

In dieselbe Richtung weist eine andere Eigenart des Claudius: Nach der Tradition des römischen Staatsrechts war der *princeps*, unter dessen Auspizien die römischen Heere fochten, berechtigt, die Siege seiner Truppen persönlich zu feiern. Allein von dieser Möglichkeit hat kein *princeps* so unbedenklichen Gebrauch gemacht wie ausgerechnet der durch und durch unsoldatische Claudius, der nicht weniger als 27 imperatorische Akklamationen annahm, während es der persönlich ungleich aktivere und militärisch exponiertere Tiberius bei acht bewenden ließ. Doch hier wie dort galt es offensichtlich, um jeden Preis Erfolge zu demonstrieren.

Profitierte Claudius so im Bereich der äußeren Politik ganz eindeutig von den Leistungen seiner Befehlshaber und Ratgeber, so ist es im Sektor der Innenpolitik wesentlich schwieriger, zwischen Initiativen des *princeps* und solchen seiner maßgebenden Mitarbeiter zu unterscheiden. In der neueren Forschung dominiert dabei die Tendenz, den Einfluß der Freigelassenen des Claudius auf dessen Regierung zu betonen. Einer der besten Kenner der Verwaltungsgeschichte des Imperiums, Hans-Georg Pflaum, faßte seine Beurteilung so zusammen: «Es wäre bestimmt richtiger von der Regierung der ‹Favoriten des Claudius› zu sprechen, als diesen halben Narren für Maßnahmen verantwortlich zu machen, die unter seiner Herrschaft geschaffen wurden.»

Das Problem ist deshalb so bedeutsam, weil der entscheidende Personenkreis der Administration des Claudius nicht aus Angehörigen der traditionellen Führungsschicht, sondern aus Spezialisten bestand, die nicht einmal das volle römische Bürgerrecht besaßen. Dazu konnte es nur kommen, weil die Verwaltung des Imperiums personell noch immer völlig unzulänglich ausgestattet war. Da die Anzahl der zu fällenden Entscheidungen im Zuge der Konsolidierung des neuen Systems sprunghaft anstieg, hatte der *princeps* gar keine andere Wahl, als in immer größerem Ausmaß auf die Spezialisten der Verwaltung der *domus principis* zurückzugreifen und sie mit den entsprechenden staatlichen Ressorts zu betrauen.

In Ansätzen hatten bereits die Statthalter der Römischen Republik jeweils kurzfristig einen ähnlichen Weg eingeschlagen, um ihren Aufgaben gerecht zu werden. Punktuell hatte es dann den langfristigen Einfluß solcher qualifizierter Freigelassener auch schon unter den ersten *principes* gegeben. Doch erst unter Claudius wurde die Regelung zur provozierenden Norm, erst unter ihm gewann der Einfluß dieser Freigelassenen ein früher unvorstellbares Ausmaß. Die wichtigsten dieser Sekretäre sind nun auch namentlich bekannt: Narcissus, der das Amt des *ab epistulis* bekleidete, des Kabinettchefs, der alle amtlichen Verfügungen abzufassen hatte, trat schon bei der Britannienexpedition hervor. Die römischen Legionen fühlten sich durch die Tatsache, daß ein solcher Mann jetzt eine führende Rolle spielte, geradezu an karnevalistische Verhältnisse erinnert, sie haben ihn mit *«Io Saturnalia»* begrüßt. Doch dank der Vollmachten des *princeps* setzte er sich hier ebenso durch wie in späteren gefährlichen Krisen.

Neben Narcissus war der zweitmächtigste aus diesem Kreise Pallas, der *a rationibus* oder Finanzsekretär. Von den übrigen Ressortchefs sind noch Polybius, der als *a studiis* die Archive leitete und auch das wissenschaftliche Dokumentationsmaterial zu liefern hatte, und Kallistos, der als *a libellis* die

Bittgesuche bearbeitete, zu nennen. Alle diese Männer bauten in ihren Ressorts einen reibungslos funktionierenden Verwaltungsapparat auf, der seine Qualität nicht zuletzt schon deswegen unter Beweis stellte, weil er effektiv funktionierte, obwohl seine eigentliche Spitze, der *princeps* selbst, immer wieder physisch versagte.

Die Grundzüge dieses Verwaltungsausbaus erinnern an die Praxis der hellenistischen Monarchien, in denen erstmals vergleichbare Tendenzen zur Perfektion einer intensiven Zentralverwaltung zu beobachten sind. Der Zug zum Ressortfanatismus, der solchen Institutionen immanent ist, läßt sich auch am Apparat des Claudius verfolgen: 53 n. Chr. setzte Pallas durch, daß die jeweiligen Verwalter in Finanzfragen eine eigene Gerichtsbarkeit übertragen erhielten, somit selbst in der Lage waren, ressortgebundene Prozesse durchzuführen und selbständig Strafen zu verhängen.

Es ist naheliegend, in allen diesen Bereichen einen weiten Entfaltungsraum der Freigelassenen anzunehmen, und auch in vielen anderen Punkten mögen ihre Kompetenzen beträchtlich gewesen sein. Doch stehen dem nun ebenso eindeutig Sektoren gegenüber, in denen die persönlichen und unmittelbaren Eingriffe und Aktivitäten des *princeps* selbst evident sind. Dies gilt insbesondere für den großen Bereich der Rechtsprechung, aber auch für andere, grundsätzliche Fragen der inneren Politik, für die Zusammenarbeit mit dem Senat wie für die Grundzüge der Bürgerrechtspolitik.

Die antiken Quellen stimmen darin überein, daß die Rechtsprechung des Claudius außerordentlich rührig war. Die Ursache dieser komplexen und unermüdlichen Jurisdiktion ist freilich nicht allein in der Passion des *princeps* zu suchen, sondern in erster Linie in der sprunghaften Zunahme der Verfahren, die sich aus der Steigerung der Verwaltungstätigkeit ebenso ergab wie aus der Möglichkeit, gegen die Entscheidungen der Erstinstanzen Berufung an den *princeps* einzulegen, an ihn zu «appellieren». Im allgemeinen war die Rechtsprechung des Claudius durch einen ausgesprochen humanen Tenor gekennzeichnet. So beseitigte er gleich zu Beginn seiner Regierung die Majestätsprozesse, schränkte Belohnungen für Delatoren auf einen Höchstbetrag von 10000 Sesterzen ein und machte die Ankläger, die zu einem Prozeß nicht erschienen, persönlich haftbar. Sie wurden wegen falscher Anklage *(calumnia)* selbst belangt. Kranke Sklaven wurden im Falle der Aussetzung für frei erklärt.

Wenn die Rechtsprechung des Claudius trotz so plausibler Maßnahmen kritisiert wurde, so richtete sich diese Kritik in erster Linie gegen das neue, von Claudius eingeschlagene Verfahren, gegen eine Rechtsprechung, die man als *intra cubiculum principis*, als Schlafzimmerverfahren, diskreditierte. Dabei handelte es sich in Wirklichkeit um nichts anderes als um die Institution des «Kaisergerichts», die jetzt als feste Institution neben das bisherige Quaestionen- und Senatsverfahren trat. Hier herrschte nun keineswegs die reine Willkür, denn der *princeps* hatte 20 Senatoren als Mitglieder eines juristischen *consilium* ausgewählt, die sogenannten *consiliarii*, die ihn bei den Rechtsentscheidungen berieten. Aber das Verfahren war faktisch nicht öffentlich und deshalb den schwersten Verdächtigungen ausgesetzt. Auf vielfältige Weise hat sich Claudius bemüht, den römischen Senat zu einer aktiven und konstruktiven Zusammenarbeit zu bewegen. Er hob nicht nur die Bedeutung der Senatssitzungen an, indem er einen strengen Teilnahmezwang durchsetzte, sondern er wollte vor allem auch den Ablauf und das Niveau der Sitzungen selbst verbessern. Eine auf einem Berliner Papyrus überlieferte Rede des Claudius, die der *princeps* im Zusammenhang mit juristischen Reformen im Senat hielt, enthält bezeichnenderweise die folgenden Sätze: «Wenn Ihr diese Vorschläge annehmt, Senatoren, so sagt das gleich und offen und in Übereinstimmung mit Euren Überzeugungen. Wenn Ihr sie nicht akzeptiert, so findet Alternativen – aber hier und jetzt, oder, wenn Ihr Zeit zur Überlegung nehmen wollt, so nehmt sie, vorausgesetzt, daß Ihr nicht vergeßt, daß Ihr bereit sein müßt, Eure Meinung auszusprechen, wenn immer Ihr zur Sitzung einberufen werdet. Es ist schwer mit der Würde des Senats zu vereinbaren, daß der designierte Konsul die Ausführungen der Konsuln Wort für Wort als seine eigene Meinung wiederholt, und daß jeder andere lediglich sagt: «Ich stimme zu», und daß dann die Versammlung nach der Aufhebung der Sitzung verkünden soll «Wir haben darüber diskutiert» (Übertragung von J. Stroux).

Allein dieser Appell fruchtete nichts. Die Beziehungen zwischen *princeps* und Senat, die schon von Anfang an unter einem ungünstigen Stern standen, blieben unbefriedigend. Sie wurden durch die Teilnahme mehrerer Senatoren an der rasch niedergeschlagenen Erhebung des Camillus Scribonianus im Jahre 42 n. Chr. noch zusätzlich belastet.

Der bei Claudius selbst und seinen Mitarbeitern immer wieder hervortretende Zug zur Bestandsaufnahme und Effektivierung in vorsichtiger Reorganisation führte zur Wiederbelebung der Censur im Jahre 47/48 n. Chr. Die Bürgerzählung, die Claudius damals durchführen ließ, ergab die Zahl von rund sechs Millionen römischen Vollbürgern im ganzen Reich. Daneben wurden die Patrizier ergänzt und wie üblich die Ritter gemustert. Die Bedeutung des Jahres 47 n. Chr., des achthundertsten Jahres der Stadt Rom, wurde gleichzeitig auch durch neue Saecularspiele hervorgehoben.

Im Gegensatz zu den Beziehungen zum Senat war Claudius' Verhältnis zu den römischen Rittern freundschaftlich und eng. Die Ritter hatten ihn zu einer Zeit, als er völlig im Schatten stand, wiederholt zu ihrem Sprecher und zum Leiter von Abordnungen an Caligula gemacht. Es ist deshalb auch naheliegend, daß es unter Claudius zu einer Neuordnung der ritterlichen Laufbahn im öffentlichen Dienst kam, obwohl die Einzelheiten der Neuregelungen strittig sind. Nach den Untersuchungen von H.-G. Pflaum wurde unter Claudius zumindest die obligatorische militärische Eingangsstufe sämtlicher staatlicher Verwaltungslaufbahnen der Ritter neu geregelt. Dies geschah in der Weise, daß der junge Angehörige des Ritterstandes zunächst das Kommando über eine 500 Mann starke Infanteriekohorte römischer Hilfstruppen übernahm. Die zweite Stufe stellte dann das Kommando über eine 1 000 Mann starke Auxiliar- oder Legionskohorte, die dritte jenes über ein Reiterregiment der Auxiliarkavallerie in einer Stärke von 500 Mann dar. Erst nach der Absolvierung dieser mehrjährigen Offiziersfunktionen konnte der betreffende Ritter in der Administration des *princeps* aufsteigen. Diese erhielt gleichzeitig durch die Einrichtung von prokuratorischen Statthalterschaften in kleineren Provinzen ein immer größeres Gewicht.

Während Augustus und Tiberius eine betont restriktive Bürgerrechtspolitik praktiziert hatten, entschied sich Claudius für einen großzügigeren Kurs, der durchaus im Einklang mit jenen Überzeugungen steht, die er im Zusammenhang mit seinem Eintreten für das *ius honorum* des gallischen Adels ausgesprochen hatte. Wenn Seneca sich darüber mokierte, daß Claudius, wenn er lange genug gelebt hätte, allen Griechen, Spaniern, Galliern und Britanniern das römische Bürgerrecht verliehen hätte, so ging eine solche Kritik weit über das Ziel hinaus. Claudius hat keine wahllosen und pauschalen Bürgerrechtsverleihungen vorgenommen, sondern nach wie vor in jedem einzelnen Falle zumindest die Beherrschung der lateinischen Sprache als äußeres Zeichen der Romanisierung gefordert. Wenn die Zahl der «*Claudii*», so beträchtlich ist, so relativiert sie sich von selbst, wenn berücksichtigt wird, daß sie auch die von Nero mit dem römischen Bürgerrecht Bedachten mitumfaßt.

Die planmäßige Anlage von Kolonien oder die Erhebung bereits bestehender Siedlungen in diesen privilegierten Rang sind weitere Merkmale der claudischen Administration. Köln, die *colonia Claudia Ara Agrippinensium*, Colchester (Camulodunum), Marash hinter der Euphratgrenze (Germaniceia), Tingis, Lixus, Iol-Caesarea und Tipasa in Nordafrika sind die bekanntesten Städte dieser Gruppe. Misenum und Ravenna profitierten dagegen von ihren Funktionen als Flottenbasen des Imperiums, Ostia durch den Ausbau eines neuen riesigen Hafens für die Getreideversorgung Roms. Die Arbeiten daran waren so langwierig, daß sie erst unter Nero abgeschlossen werden konnten.

Auch in anderen Regionen kam es unter Claudius zu einer regen Bautätigkeit, vor allem bei Profanbauten und in der Anlage neuer Straßen. Der Bau von zwei wichtigen Wasserleitungen für Rom, die Durchführung der Tiberregulierung und mehrerer großer Kanalisierungsprojekte, die allerdings nur unvollkommen gelungene Entwässerung des Fucinersees waren daneben die wesentlichsten Bauvorhaben in jenem Bereich. Dazu kommt der forcierte Ausbau großer Durchgangsstraßen. An erster Stelle ist hier die *Via Claudia Augusta* zu nennen, die von Altinum am Adriatischen Meer über das Etschtal, den Reschen-Scheideck-Paß nach Augsburg und zur Donau führte, daneben der Ausbau der Brennerstraße durch das Pustertal nach Innsbruck und wiederum in den Alpen, der Bau der Straße über den Großen Sankt Bernhard, an welcher der älteste Meilenstein auf Schweizer Boden gefunden wurde. Für Italien selbst war die *Via Claudia Valeria*, die Rom mit dem Adriatischen Meer verband, am bedeutsamsten.

Zu all dem treten zahllose Einzelregelungen, wie zum Beispiel der Versuch, die Dienstpost *(cursus publicus)* neu zu ordnen, die den berührten Gemeinden durch die Pflicht, Gespanne zu stellen, ganz besonders lästige Auflagen brachte, oder die großzügige Behandlung der Anauni, Tulliani und anderer Bevölkerungsgruppen in der Nähe von Tridentum, die sich das römische Bürgerrecht zwar angemaßt hatten, in ihrem Gewohnheitsrecht aber doch nachträglich bestätigt wurden. Dazu zählt in Marokko beispielsweise die Regelung der Verfassung des Municipiums Volubilis, in der noch phönizische Verfassungselemente, wie das Amt des Sufeten, vorkamen.

Die für Claudius so bezeichnende Verbindung traditionalistischer und humaner Tendenzen bestimmte auch sein Vorgehen im Bereich der Religionspolitik. Der römischen Tradition verhaftet war hier die Reorganisation der Kollegien der *haruspices* und der *fetiales,* sie erklärt auch die erneute Vertreibung der Astrologen aus Italien und die systematische Verfolgung der Religion der Druiden in Gallien. Andererseits unternahm Claudius den vergeblichen Versuch, die Eleusinischen Mysterien nach Rom zu überführen; er setzte es jedoch durch, daß der Attiskult in einer geläuterten Form offiziell anerkannt, dessen großes Fest in den römischen Festkalender aufgenommen wurde.

Schon im Jahre 41 n. Chr. war es in Rom zu Auseinandersetzungen um die offensichtlich bereits wieder äußerst aktive jüdische Gemeinde gekommen, einige Jahre später dann auch zu Zwischenfällen durch den Zusammenprall christlicher und jüdischer Religion. Auf diese Weise dürfte jedenfalls der Satz aus der Claudius-Vita Suetons (c. 25) am ungezwungensten zu erklären sein, der besagt, daß Claudius die auf Anstiftung eines Chrestus beständig Unruhen auslösenden Juden aus Rom vertrieb. Der Satz kann die Existenz von Judenchristen im claudischen Rom ebenso bezeugen wie verständlich machen, daß die Römer im Christentum zunächst lediglich eine Art von besonders aktivistischer jüdischer Sekte sahen.

Kann man in der Frage von Claudius' Abhängigkeit von seinen Freigelassenen geteilter Meinung sein, die von seinen Frauen ist eindeutig und zugleich das peinlichste Kapitel dieses Principats. Bis zum Jahre 49 n. Chr. war Claudius, in dritter Ehe, mit der nymphomanen Messalina verheiratet, die schließlich so weit ging, daß sie mit ihrem jugendlichen Liebhaber C. Silius in aller Form eine gleichzeitige zweite Eheverbindung wagte. Es ist bezeichnend für die Situation in der Umgebung des Claudius, daß der Freigelassene Narcissus, der nun sogar kurzfristig den Oberbefehl über die Garde erhielt, handelte, während Claudius selbst in Lethargie verfiel. Messalina und Silius wurden zum Tode verurteilt.

Claudius drängte schon bald wieder zu einer neuen Eheschließung. Es wirkt wie eine Komödie, daß nun die Freigelassenen mit dem *princeps* berieten, welche Frau für ihn am geeignetsten wäre. Dabei setzte schließlich Pallas seine Kandidatin durch. Es war die jüngere Agrippina, die älteste Tochter des Germanicus, somit die Nichte des Claudius. Agrippina war in erster Ehe mit Domitius Ahenobarbus verheiratet gewesen und brachte von ihm einen elfjährigen Sohn, L. Domitius Ahenobarbus, den späteren *princeps* Nero, mit in ihre neue Ehe. Im Gegensatz zu Messalina, der politischer Einfluß uninteressant erschienen war, hatte die jüngere Agrippina stärkste politische Ambitionen. Planmäßig strebte sie eine Stellung als Mitregentin an, vor allem aber war es ihr Ziel, die Nachfolge ihres Sohnes aus erster Ehe durchzusetzen, der drei Jahre älter war als Britannicus. Zug um Zug verwirklichte sie diese Absichten. 50 n. Chr. wurde Nero von Claudius adoptiert, 53 n. Chr. mit Claudius' Tochter Octavia verheiratet. Während Britannicus mehr und mehr in den Schatten gedrängt wurde, zog Agrippina Männer ihres Vertrauens an sich. Der Philosoph Seneca wurde aus der Verbannung zurückgerufen und zu Neros Erzieher ernannt, Afranius Burrus zum Prätorianerpräfekten befördert. Auch Agrippina selbst trat daneben immer mehr in den Vordergrund. Die Reichsprägung zeigte ihr Bild, bei allen offiziellen Staatsakten saß sie neben dem *princeps* auf einem Thron und erhielt das für römische Tradition unerhörte Recht, im Wagen auf das Kapitol zu fahren. Die Resonanz dieser Machtstellung äußert sich am klarsten in den Stimmen der östlichen Provinzen. Auch dort erschien ihr Porträt auf den Münzen, vor allem aber wurden ihr in vielen griechischen Städten göttliche Ehren erwiesen. Es war nur eine selbstverständliche Konsequenz, daß schließlich auch das letzte, unbequeme Hindernis auf dem Wege zur Herrschaft Agrippinas und ihres Sohnes beseitigt wurde, der *princeps* selbst. Am 13. Oktober 54 n. Chr. fiel Claudius einem Giftmord zum Opfer.

Trotz seines guten Willens war auch der Lückenbüßer des Jahres 41 n. Chr. zu einer erheblichen Belastung der ganzen Institution des Principats geworden. Gerade seine Regierungszeit lehrte, daß der Principat auf Dauer auf eine fähige und allgemein geachtete Person an der Spitze des Systems nicht verzichten konnte. Mochte die Verwaltung noch so effektiv und fortschrittlich sein, die Stilisierung der Herrschaft gelingen, mochten selbst evidente Erfolge erzielt werden, all dies genügte nicht und konnte einen persönlich überzeugenden *princeps* nicht ersetzen. Das aber war Claudius nicht.

So kläglich der Principat einer für ihre Aufgabe physisch völlig ungeeigneten Persönlichkeit in vielen Einzelheiten anmutet, er war zugleich ein Triumph der Freigelassenenadministration, der *domus principis* und zugleich ein früher Beweis dafür, daß fähige und verantwortungsbewußte Verwaltungen selbst dann geraume Zeit funktionieren, wenn die eigentliche Spitze der

Organisation nur begrenzt handlungsfähig ist. An sich ist es eine Paradoxie, daß gerade die personenrechtlich inferiore Gruppe der Freigelassenen der *domus principis* Principat und Imperium stabilisierte, doch es geriet dem System zum Vorteil, daß keiner der Freigelassenenfunktionäre, nicht einmal Narcissus, daran denken konnte, selbst an Claudius' Stelle zu treten. Andererseits wurde hier sichtbar, daß sich personenrechtliche Stellung, Sozialprestige und administrative Kompetenz längst nicht mehr deckten.

Schon hier aber war die Freigelassenenadministration auf die Spitze getrieben, wenngleich Freigelassene auch noch unter späteren *principes*, besonders unter Nero und Domitian, über bedeutenden Einfluß verfügen sollten. Doch der weitere Ausbau und die Differenzierung der imperialen Administration konnten nicht in dieser Richtung liegen. Für sie kam eher die stärkere Heranziehung von Rittern in Betracht, wozu unter Claudius wichtige Voraussetzungen geschaffen worden waren.

Nachdem in Rom zugleich mit der Bekanntgabe von Claudius' Tod Nero den Prätorianern und dem Senat als neuer *princeps* präsentiert und auch anerkannt worden war, schien Agrippina am Ziel ihrer Wünsche zu sein. Ihr siebzehnjähriger Sohn wußte, wem er seine Stellung zu verdanken hatte. Die erste Parole, die er ausgab, lautete denn auch «*optima mater*». Darüber hinaus spielte er die ihm von Agrippina und deren Vertrauensmännern Burrus und Seneca zugewiesene Rolle in der Öffentlichkeit überzeugend. Bei den Trauerfeierlichkeiten für Claudius wirkte er nicht weniger sympathisch als bei seiner ersten programmatischen Rede im Senat, die Seneca verfaßt hatte. Das Bekenntnis zur Tradition des Augustus lag ebenso nahe wie die vorsichtige Distanzierung von den Methoden des Claudius, dem Regiment der Freigelassenen und Sklaven und der Vermischung von Hof- und Staatsverwaltung. Demonstrativ bekannte sich Nero deshalb zur Kompetenzteilung von *princeps* und Senat. Senecas wenig später publizierter «Fürstenspiegel» *de clementia* schlug dazu den philosophisch begründeten, idealen Tenor des Regiments in dieser Phase eines neuen Anfangs an.

Da Nero seiner ehrgeizigen Mutter zunächst die oberste Entscheidungsgewalt in allen öffentlichen und privaten Angelegenheiten überlassen hatte und sich zuerst auch von Seneca und Burrus willig leiten ließ, schien die Konstellation an der Spitze des Principats durchaus befriedigend zu sein. Neros Herrschaft konnte sich zunächst auf eine breite Zustimmung stützen. In den Regierungsgeschäften selbst kam es schon deshalb nicht zu Reibungen, weil der junge *princeps* an ihnen überhaupt nicht interessiert war. Seine Vorlieben und Aktivitäten lagen auf anderen Gebieten.

Mit seiner ganzen Existenz wollte Nero in erster Linie Künstler sein. Die systematische philosophische Ausbildung, die ihm seine Mutter nach turbulenten Jugendjahren ermöglicht hatte, stieß ihn nur ab; Musik, Dichtung, Malerei, Plastik zogen ihn an, daneben die Geschicklichkeit der Wagenlenker. All dies aber wollte er nicht im stillen ausüben; «Musik im Verborgenen habe keinen Wert» (Sueton, «Nero», 20) war eines seiner Lieblingsworte. Denn Nero war von Anfang an geradezu beifallssüchtig. Er blieb sich selbst gegenüber meist unkritisch und nahm die Äußerungen der für ihn organisierten Claquen als echte Beweise überragender künstlerischer Leistungen. Nero war ein Mensch, der immerzu verblüffen und imponieren wollte. Für seine Auftritte und seine künstlerische Selbstbestätigung aber benötigte er stets neue und immer größere Rahmen. Für kurze Zeit konnte er sich dabei ziemlich intensiv für die selbstgewählten Aufgaben vorbereiten, er ließ sich von den jeweils besten Spezialisten eingehend in alle Regeln und Techniken der betreffenden Sparte einweihen, so etwa von dem Kitharaspieler und Sänger Terpnus, dessen künstlerische Leistungen ihn besonders faszinierten. Hier blieb er nicht auf der Stufe des Dilettanten stehen, sondern bildete seine Stimme konsequent weiter aus. Liegend nahm er das Gewicht einer Bleiplatte auf der Brust ebenso hin wie für einige Zeit auch strenge Diätvorschriften.

Ein gutes Gedächtnis und eine rasche Auffassungsgabe kamen ihm bei allen Auftritten zustatten, doch Geduld, Stetigkeit und Ausdauer fehlten ihm völlig. Aber er blieb bis zuletzt ein Meister der Selbstinszenierung, liebte auch in der Politik, soweit sie ihn überhaupt beschäftigte, die theatralischen Züge, Szenen und Auftritte. Die Stilisierung der Einsetzung des Königs von Armenien in Rom war meisterhaft, der politische Gehalt dieses Kompromisses dürfte Nero überhaupt nicht interessiert haben. Selbst den eigenen Untergang hat er noch zur tragischen Szene stilisiert. Das Wort «Welcher Künstler geht in mir zugrunde» (Sueton, «Nero», 49,1) entsprach gewiß seiner wahren Überzeugung.

Die stundenlangen sängerischen Deklamationen zur Kithara, in denen Nero brillieren wollte, waren ebenso anspruchsvoll wie voraussetzungsreich. Sie erforderten insbesondere ein fachkundiges, mit den Regeln vertrautes und für diese Sparte aufgeschlossenes Publikum, das im Rom der Tierhetzen und Gladiatorenkämpfe nicht gegeben war. Deshalb trat Nero zunächst nur in geschlossener Gesellschaft auf der Bühne auf. Der ihm bedingungslos ergebene Hof, abkommandierte Soldaten, vor allem aber der nach hellenistischem Vorbild organisierte Kultverband der Augustiani, die ihn in ihren Akklamationen selbst mit Apollo gleichsetzten, sorgten durch Summen wie durch differenziertes Klatschen mit flacher und hohler Hand für die entsprechende Resonanz.

Wirklich verstanden und angemessen gewürdigt aber fühlte sich der extrovertierte Künstler Nero stets von den Griechen, besonders von Zuhörern aus Alexandria, die ihn zu nehmen wußten. So sang er zuerst in Neapel in größerem Rahmen, ließ dann jedoch auch in Rom in den Jahren 59 und 60 n. Chr. in den *Juvenalia* und *Neronia* neue Feste und Wettkämpfe einführen, die ihm die volle Entfaltung seiner künstlerischen Ambitionen ermöglichen sollten. Die *Neronia*-Festspiele wurden dabei ganz nach griechischem Vorbild als Wettkampf in den Disziplinen Musik, Gesang, Dichtung, Rhetorik, Gymnastik und Wagenrennen organisiert; sie wurden noch im 4. Jahrhundert n. Chr. abgehalten. Neros künstlerische Entfaltung gipfelte schließlich in einer großen Griechenlandtournee.

Eine zweite Grundlinie von Neros Existenz, die für ihn ebenso schicksalhaft werden sollte wie einst für Claudius, war seine Abhängigkeit von Frauen. Seine Heirat mit der allgemein beliebten Claudiustochter Octavia war eine von Agrippina dekretierte politische Vernunftehe gewesen, die Neros Gefühle nie befriedigte; Claudia Acte, eine freigelassene Griechin aus Kleinasien, wurde dagegen Neros treueste Geliebte. Daß Agrippina dieses Verhältnis nicht dulden wollte, beschleunigte ihren eigenen Untergang. Seit 58 n. Chr. entflammte Nero dann jedoch für die damals mit Otho verheiratete Poppaea Sabina, die freilich keine andere Frau neben sich dulden wollte. Auf der ganzen Linie trieb sie Nero zum Bruch mit seiner eigenen Vergangenheit, stachelte ihn dazu auf, endlich Konsequenzen zu ziehen und Hindernisse aus dem Weg zu räumen. Der in Nero seit langem vorhandene Zug zur Emanzipation von den Partnern der Anfänge ist sicher nicht allein auf Poppaea Sabinas Drängen zurückzuführen, von ihr aber gewiß entscheidend verstärkt worden. In dieser schönen, in höchstem Raffinement und Luxus lebenden Frau sah Nero die kongeniale Gemahlin, der er zunächst völlig hörig war.

Die erste Leidtragende der Entwicklung wurde Agrippina. Nero nahm ihre provozierende politische Ambition schon bald ebensowenig hin wie ihre Vorwürfe wegen seiner nächtlichen Streifzüge, seiner künstlerischen Experimente und seines Ehebruchs. Als Agrippina unbedacht daran erinnerte, daß auch noch Britannicus am Leben wäre, war dessen Schicksal besiegelt. Nero ließ ihn schon 55 n. Chr. vergiften. Da Burrus und Seneca auf seiner Seite blieben, wurde Agrippina rasch isoliert, aus dem Palast entfernt und schließlich im Jahre 59 n. Chr. ermordet. Die gespenstischen Szenen einer von langer Hand geplanten Schiffskatastrophe, das Scheitern des ersten Tötungsversuches in sternheller Nacht, Agrippinas Rettung und die allgemeine Verwirrung, schließlich die brutale, offene Niedermetzelung der ehrgeizigen Frau, stellen darstellerische Höhepunkte der klassischen Schilderung des Tacitus dar.

Wenn nicht schon im Jahre 55 n. Chr., so haben die Opportunisten Burrus und Seneca spätestens hier ihre Glaubwürdigkeit und Integrität verloren. Die Vorgänge um den Muttermörder wurden so stilisiert, als habe Agrippina selbst ein Attentat auf Nero veranlaßt und sich nach dessen Scheitern dann das Leben genommen. Obwohl sich die Wahrheit rasch verbreitete, wurde Neros Darstellung im Senat und auch in den Provinzen akzeptiert. Die Glückwünsche für seine Errettung aus dieser angeblichen Gefahr rissen nicht ab, möglicherweise gehört selbst die Mainzer Juppitersäule in diesen Zusammenhang.

Nero blieb auch in Zukunft bei der Kriminalisierung seiner Opfer. Dreist wurde selbst Octavia im Jahre 62 n. Chr. des Ehebruchs bezichtigt, verbannt und hingerichtet. In denkbar größtem Ausmaß aber wurde dieser Stil dann zwei Jahre später beim Brand Roms angewandt.

In der Nacht vom 18. zum 19. Juli 64 n. Chr. brach in Rom ein Großbrand aus, der insgesamt neun Tage lang anhielt und dabei weite Teile der Stadt einäscherte. Die dicht an dicht stehenden, mehrstöckigen hölzernen Miethäuser Roms brannten in der Sommerhitze wie Zunder und vor dem durch Windstöße immer wieder angefachten Feuersturm versagten alle Rettungs- und Löscharbeiten. Es war eine der größten Katastrophen, die die Stadt je erlebte. Nero hielt sich bei Ausbruch des Brandes in Antium auf, eilte aber sogleich nach Rom, leitete dort großzügige Hilfsaktionen und kümmerte sich auch persönlich um die Versorgung der Obdachlosen. Allein trotz aller Hilfe verbreiteten sich rasch Gerüchte, daß er selbst den Brand habe legen lassen und daß er vom brennenden Rom zu einer Rezitation des Brandes Trojas inspiriert wurde. Für beides gibt es keinerlei Beweise, die Gerüchte dokumentieren lediglich, daß man Nero offensichtlich beides zutraute. Das erste Gerücht sollte jedoch fatale Folgen haben.

In der für das Geschehen wichtigsten Quelle führt Tacitus («*Annales*» 15,44) aus, daß Nero das Gerücht, der Brand wäre auf seinen Befehl gelegt worden, endgültig zum Verstummen bringen wollte. Deshalb habe er diejenigen als Schuldige untergeschoben und mit ausgesuchtesten Strafen belegt, die beim Volk wegen ihrer Schandtaten verhaßt waren und die es Christen nannte. Ihr Name stamme von einem gewissen Christus, der unter der Regierung des Tiberius von Pontius Pilatus hingerichtet worden sei. Für den Augenblick unterdrückt, habe sich der verhängnisvolle Aberglaube später wieder hervorgedrängt, und zwar nicht nur in *Iudaea*, der Heimat jenes Übels, sondern auch in Rom selbst, wohin ja von überallher alles Gräßliche und Schändliche zusammenströme und auch verehrt werde.

Nach diesem gerafften Exkurs über Entstehung und Ausbreitung des Christentums geht Tacitus wieder zu Nero über und fährt fort: «Also wurden zunächst diejenigen ergriffen, die geständig waren, danach, auf deren Anzeige hin, eine gewaltige Menge, doch nicht so sehr in der Brandstiftung, die ihnen vorgeworfen wurde, als im Haß auf das Menschengeschlecht *[odium humani generis]* wurde ihre Schuld gefunden. Und zu ihrem Ende wurde das entehrende Schauspiel gefügt, daß sie, mit den Fellen wilder Tiere angetan, von Hunden zerrissen den Tod erleiden mußten, oder, ans Kreuz geschlagen, nach Einbruch der Dunkelheit als Kandelaber abgebrannt wurden. Seine eigenen Gärten hatte Nero für dieses Schauspiel zur Verfügung gestellt, und er gab ein Zirkusspiel, wobei er sich selbst, als Wagenlenker verkleidet, unter die Menge mischte oder einen Rennwagen bestieg. So kam es, daß sich gegenüber den Verbrechern, die doch strengste exemplarische Bestrafung verdienten, das Mitleid regte, gleichsam als büßten sie nicht im öffentlichen Interesse, sondern fielen dem Wüten eines Einzelnen zum Opfer» (Übertragung nach H. Fuchs).

Wenn in den Christen eine verdächtige Minorität zur Entlastung Neros aufgeopfert wurde, so zeigt der Bericht des Tacitus zugleich, wie deren pauschaler Gesamteindruck in der römischen Öffentlichkeit war. Die «Schandtaten», die den Christen unterstellt wurden, sind identisch mit jenen geradezu phantastischen Mißverständnissen, denen das frühe Christentum lange Zeit ausgesetzt war. Die völlige Verkennung des christlichen Liebesmahls und des christlichen Liebesverständnisses führte dabei zu den Unterstellungen des Verzehrens von Kindern, widernatürlicher sexueller Beziehungen und allgemeiner Promiskuität. Mit dem Vorwurf des «Hasses auf das Menschengeschlecht» aber war das gesamte soziale Verhalten der frühen Christen angegriffen: ihr provozierender Rückzug aus der Gesellschaft, ihre Negation der öffentlichen und staatlichen Normen, ihre Abkapselung in kleinen, suspekten Zellen, ihre Distanzierung von scheinbar allen Werten der römischen Welt.

An der religiösen Problematik, den religiösen Gehalten wie Konsequenzen des Christentums war Nero, der Verächter aller Religionen, der persönlich lediglich einem ziemlich naiven Amulettglauben huldigte, überhaupt nicht interessiert. Im Gegensatz zu Caligula hat er auch keine göttliche Verehrung gefordert, sich allenfalls mit dem leierspielenden Apollo identifizieren lassen. 65 n. Chr. lehnte er den Antrag eines Konsulars, dem *Divus Nero* einen Tempel zu errichten, kategorisch ab. Allein die Bezichtigung des *princeps* als Brandstifter war politisch nicht ungefährlich. Nach dem Muttermord und der Hinrichtung Octavias war Nero alles andere als populär, sein Treiben wirkte immer abstoßender, unter der Decke schwelten bereits Konspirationen.

Es gab nur einen allerdings fundamentalen persönlichen Reibungspunkt zwischen dem *princeps* und den Christen. Sein eigenes Künstlertum, die Welt des Theaters, des Gesangs und der Spiele, stand in schroffstem Gegensatz zum Leben der Christen, die davon nichts wissen wollten. Der politische Schachzug der Aufopferung der Christen war deshalb auch scheinbar sehr geschickt. Kurzfristig schien Neros Rechnung aufzugehen, langfristig ist sein Name mit dem Brand Roms und der ersten Christenverfolgung immer belastet geblieben.

Die Chancen, welche die weitgehende Zerstörung Roms bot, wurden von Nero vollauf genützt. Er ließ nun die Grundzüge eines modernen Rom ausfluchten. Nach neuen baupolizeilichen Vorschriften entstanden jetzt geradlinige Straßen und feuersichere Häuser mit Arkadenzügen. Provozierend aber mußte es wirken, daß der *princeps* auf einem 50 ha großen Gelände seine *domus aurea*, eine riesige, luxuriöse Palastvilla inmitten der Stadt errichten ließ, jenes nahe dem Colosseum gelegene Bauwerk, dessen Reste noch heute sichtbar sind.

Neros persönlicher und künstlerischer Entfaltungs- und Emanzipationsprozeß näherte sich nach dem Brand Roms seinem Höhepunkt. Am Tode Poppaea Sabinas (65 n. Chr.) war der *princeps* wohl selbst schuld, schon kurze Zeit später ging er mit Statilia Messalina eine neue Ehe ein. Doch weitaus stärker beschäftigte ihn die geplante große Griechenlandtournee des Jahres 66 n. Chr. Von vornherein schien ihm eine enthusiastische Aufnahme des Künstlers Nero gesichert, hatten ihm doch Gesandtschaften jener griechischen Städte, welche musische Spiele veranstalteten, bereits im voraus die Siegeskränze für Kitharöden überbracht. Um während seiner mehr als einjährigen Anwesenheit in Griechenland die Preise aller großen griechischen Spiele erlangen zu können, ließ er deren Termine entsprechend verlegen und trat schließlich in nahezu sämtlichen griechischen Festorten sowohl als Kitharöde wie als Wagenlenker auf, wobei er sich in Olympia sogar mit dem Zehngespann versuchte. Eine ganze Karawane muß schließlich seine 1808 Siegeskränze nachgeführt haben.

Da Nero ein überzeugter Philhellene war, ist seine Hochstimmung ebenso verständlich wie der Jubel der griechischen Bevölkerung, der ihn allerorten empfing. Doch Nero kannte auch in seiner Dankbarkeit keine Grenzen. Er führte persönlich den ersten Spatenstich zum Projekt des Kanals von Korinth aus; vor allem aber suchte er T. Quinctius Flamininus, den «Befreier» Griechenlands (196 v. Chr.), zu übertrumpfen. Inschriftlich ist der Text jener Rede noch erhalten, die er Ende des Jahres 67 n. Chr. hielt: «Der Imperator Caesar spricht: Da ich dem so edlen Griechenland das Wohlwollen und die fromme Ergebenheit gegen mich vergelten will, so befehle ich, daß aus dieser Provinz möglichst viele, soweit es ihnen möglich ist, am 28. November in Korinth sich einstellen.»

Als das Volk zusammengekommen war, hielt er in der Versammlung folgende unten verzeichnete Ansprache: «Ihr Männer von Hellas! Wenn auch von meiner hochherzigen Gesinnung nichts unverhofft kommt, so erweise ich Euch doch eine ungeahnte Gnade, so groß, wie Ihr sie zu erbitten nicht gewagt habt. Ihr Griechen alle, die Ihr *Achaia* und die bis jetzt sogenannte *Peloponnesos* bewohnt, empfanget Freiheit und Erlaß des Tributs, wie Ihr sie nicht einmal in euren glücklichsten Zeiten alle besaßet; denn entweder dientet Ihr Fremden oder einander. O daß ich doch zu der Zeit, wo Griechenland in seiner Blüte stand, dieses Geschenk hätte verleihen dürfen, damit noch mehr meine Gnade hätten genießen können! Deshalb tadle ich auch die Zeit, die mir die Größe meiner Gnade vorweggenommen hat; und jetzt erweise ich Euch nicht aus Mitleid, sondern aus Wohlwollen diese Wohltat und zeige mich dadurch Euren Göttern dankbar, deren Fürsorge ich für mich zu Wasser und zu Land immerdar erfahren habe, weil sie es mir gewährten, solche Wohltaten zu spenden. Denn Städte haben auch andere Fürsten befreit, eine ganze Provinz nur Nero» (Dittenberger *«Sylloge»*[3], 814 – Übersetzung von R. Helbing)

Künstlerische Triumphe waren Nero wertvoller als alle militärischen, die glanzvolle Inszenierung von Staatsakten wichtiger als die Verteidigung römischer Interessen und der außenpolitische Erfolg. Es ist ziemlich müßig, auf Grund vager Indizien über angebliche Pläne Neros in den Dimensionen Alexanders des Großen an der gesamten Ostgrenze des Imperiums zu spekulieren. Denn die Aufgaben, die sich Nero im Osten stellten, wurden eher schlecht als recht gelöst. Schon seit dem Jahre 54 n. Chr. hatte sich dort ein neuer Krieg um Armenien abgezeichnet, weil der dynamische parthische Großkönig Vologaeses seinen Bruder Tiridates zum neuen Herrscher Armeniens einsetzen wollte, eine Absicht, die er schließlich auch verwirklichen konnte.

Jahrelang zogen sich nun Kämpfe hin, die auf römischer Seite Corbulo leitete, der dabei auch die Städte Artaxata (58 n. Chr.) und Tigranokerta (59 n. Chr.) einnehmen konnte. Doch dann kam es zu einem schweren Rückschlag, als im Jahre 62 n. Chr. der Statthalter von Kappadokien, L. Caesennius Paetus, kapitulieren mußte. Eine neue große Gegenoffensive unter Corbulo demonstrierte zwar die römische Entschlossenheit zu weiteren Kämpfen, führte in der Sache jedoch lediglich zu einem freilich geschickt drapierten Kompromiß (Vertrag von Rhandeia, 63 n. Chr.). Wie schon erwähnt, kam Tiridates im Jahre 66 n. Chr. zu einem mit ungeheurem Pomp gefeierten Staatsbesuch nach Rom und nahm dort aus Neros Händen das Diadem entgegen.

Auch sonst lagen die römischen Initiativen zur Zeit Neros im Osten. Ost-*Pontus* wurde dem Imperium eingegliedert, die militärische Sicherung des Bosporanischen Reiches erneuert, an der unteren Donau unter Plautus Aelianus angeblich 100 000 Transdanuvier auf römischen Boden umgesiedelt. Geplante Feldzüge nach Äthiopien und zum Kaspischen Meer kamen dagegen nicht mehr zur Durchführung. Seit 66 n. Chr. aber flammte jener große Jüdische Aufstand auf, zu dessen Bekämpfung Nero schließlich Vespasian entsandte, jene Erhebung, die erst im Jahre 70 n. Chr. durch Titus mit der Einnahme Jerusalems erstickt werden sollte.

Rascher wurde man mit einer anderen Erhebung fertig, die bei ihrem Beginn nicht weniger alarmierend gewesen war. Im Jahre 61 n. Chr. bereitete in Britannien Suetonius Paulinus gerade eine Invasion der Insel Anglesey vor, als in seinem Rücken ein großer Aufstand ausbrach. An dessen Spitze stand Boudicca, die Königin der Iceni. Camulodunum, Verulamium und Londinium (Colchester, Saint Albans und London), die wichtigsten römischen Stützpunkte, fielen in die Hände der Insurgenten und wurden niedergebrannt. Noch vor dem Eintreffen der angeforderten Verstärkung war Suetonius Paulinus gezwungen, alles auf eine Karte zu setzen und eine Entscheidungsschlacht zu wagen. Er besiegte die Aufständischen vollständig, Boudicca nahm Gift; mit brutaler Vergeltung wurde die römische Herrschaft im Lande wieder befestigt. Am Ende der Operationen erstreckte sich das römisch besetzte Gebiet etwa bis zur Linie Chester-Lincoln, wobei jedoch das Bergland von Wales vorläufig noch ausgespart blieb.

Wenn sich Nero auch gerne in die Pose des Friedensherrschers begab, so nach dem Kompromiß mit dem Partherreich demonstrativ den Janustempel schließen und diese Tatsache auch durch die Reichsprägung gebührend feiern ließ, wenn er zur Armee auch nie echten Kontakt fand, so wachten er und seine Mitarbeiter doch eifersüchtig über die militärischen Erfolge anderer. Suetonius Paulinus wurde nur beneidet, die Auszeichnung anderer Feldherren verschleppt, Corbulo dagegen in den Tod getrieben. Militärisch und politisch konnte die Stabilisierung des Regimes so nicht gelingen.

Trajan, der *optimus princeps* des Imperiums und ein gewiß unbefangener Zeuge, hat einmal das erste Jahrfünft der Regierung Neros, das *quinquennium Neronis*, als einen geradezu idealen Abschnitt des Prinzipats überhaupt beurteilt. Verglichen mit anderen Perioden dieser Zeit, mag dies zutreffen, indessen war die wenigstens relativ korrekte Regierungspraxis während der Anfänge nicht das Verdienst von Nero selbst, sondern dasjenige der leitenden Mitarbeiter. Mit deren jeweiliger Qualifikation stand und fiel dieses Regiment. In der schwierigen Konstellation der Anfänge, als Burrus und Seneca einerseits den Einfluß Agrippinas und ihres Anhangs zurückzudrängen, andererseits die Eskapaden Neros zu decken hatten, war deren Leistung gewiß anerkennenswert. Dort, wo sich Burrus und Seneca mit der öffentlichen Meinung einig wußten, wie im Falle Octavias, haben sie Nero zudem auch Widerstand geleistet, in den Fällen des Britannicus und der Agrippina die Verbrechen dagegen gedeckt.

Zu einer Verklärung jener Jahre besteht so kein Anlaß. Die Ausschaltung gefährlicher und mißliebiger Personen setzte jedenfalls sofort ein, mit die ersten Opfer wurden Narcissus und Pallas, später folgten nicht wenige potentielle Rivalen des *princeps*. Eine ganze Reihe von Einzelmaßnahmen im Bereich der Administration mußte schon bald wieder zurückgenommen werden, da sie Nero zwar für den Augenblick einige Popularität eintrugen, auf die Dauer dann aber aus finanziellen oder praktischen Gründen gar nicht durchzuhalten waren. Nach dem Muttermord, dem Tode des Burrus und Senecas anschließendem Rückzug aus der Politik (62 n. Chr.) aber änderte sich das politische Klima Roms ebenso wie die Qualität der führenden Männer.

Noch in die Zeit von Senecas und Burrus' Verantwortlichkeit fällt ein Ereignis, das damals die stadtrömische Öffentlichkeit mindestens ebenso erregte wie später die Prozesse gegen die Christen. Im Jahre 61 n. Chr. wurde der ranghöchste senatorische Beamte innerhalb der stadtrömischen Verwaltung des *princeps*, der *praefectus urbi* L. Pedanius Secundus, von einem Sklaven seines Haushalts ermordet. Ob die Tat selbst wegen verweigerter Freilassung oder aus Eifersucht um einen von beiden geliebten Knaben erfolgte, ließ sich nicht klären. Nach einem Senatsbeschluß waren in einem solchen Falle sämtliche Sklaven, die sich mit dem Ermordeten unter einem Dache befunden hatten, rund 400 Personen, darunter auch Frauen und Kinder, hinzurichten. Doch schon die Vorbereitungen zur Exekution so vieler unschuldiger Menschen lösten leidenschaftliche Proteste unter der Bevölkerung Roms aus und auch eine entsprechend erregte Debatte im Senat (siehe S. 365 f.).

Der Vorfall zeigt, daß sich juristisch gebildete Angehörige der Führungsschicht über das Verhältnis zwischen Sklaven und Besitzern keinerlei Illusionen machten und gerade deshalb nicht bereit waren, auf die Statuierung inhumaner Exempel zu verzichten. Immerhin stellte sich wenigstens eine Minderheit im Senat einem solchen extremen prophylaktischen Terror ebenso entgegen wie große Teile der stadtrömischen Bevölkerung. Der Vorfall zeigt dann jedoch auch, daß die Lage der Sklaven in der Realität anders aussah als in Senecas wohlmeinenden philosophischen Erörterungen der «Briefe an Lucilius» («*ad Lucilium epistulae morales*», 47).

Je entschiedener Nero seit 59 n. Chr. seinen eigenen Weg ging, desto tiefer sank das Niveau der maßgebenden Männer an seinem Hofe. Gestalten wie der Freigelassene und Flottenpräfekt Anicetus, Neros wichtigster Handlanger beim Muttermord, der auf Burrus folgende Prätorianerpräfekt Tigellinus oder der Freigelassene Helius, der während Neros Griechenlandreise in Rom die Staatsgeschäfte leiten sollte, waren höchstens dazu geeignet, Terror zu verbreiten, für jede konstruktive Politik dagegen nicht befähigt. Seit 62 n. Chr. verschärfte sich der Widerstand gegen Nero und dessen kompromittiertes System. Die Majestätsprozesse lebten wieder auf, die Zahl der Hinrichtungen und der Vermögenskonfiskationen nahm vollends zu, als der Staatshaushalt in größte Schwierigkeiten geriet, die auch durch Eingriffe in die Währung nicht zu beheben waren.

Eine große, weitverbreitete Verschwörung gegen Nero, die sogenannte Pisonische Verschwörung, in die nicht nur Senatoren, sondern auch Prätorianeroffiziere verstrickt waren, wurde im Jahre 65 n. Chr. aufgedeckt. Die Aufdeckung gelang nicht zuletzt deshalb in vollem Umfang, weil die beschuldigten Aristokraten ihre Mitwisser reihenweise verrieten. Einzig die Freigelassene Epicharis schwieg selbst unter der Folter; Lohenstein hat sie zu Recht zur Heldin eines Barockdramas gemacht. Mit Verbannung oder dem Tode wurden die überführten Verschwörer bestraft, der als neuer *princeps* vorgesehene C. Calpurnius Piso ebenso wie der designierte Konsul Plautius Lateranus sowie Faenius Rufus, einer der Prätorianerpräfekten, und der Dichter Lucan. Seneca wurde jetzt zum Selbstmord gezwungen.

Auch nach dem Scheitern der Pisonischen Verschwörung pflanzten sich die Wogen der Unzufriedenheit mit Nero und dessen durch immer neue Hinrichtungen diskreditiertem Regiment weiter fort. Schon im Jahre 66 n. Chr. wurde in Benevent eine neue Verschwörung, die Annius Vinicianus geleitet hatte, entdeckt. Doch die Opposition gegen Nero ergriff bald auch die Provinzen, und dort wurde zu Beginn des Jahres 68 n. Chr. dann die letzte Krise ausgelöst. C. Iulius Vindex, der Statthalter der Lugdunensis, der als erster offen die Konsequenzen zog und sich gegen Nero erhob, stammte aus dem Südwesten Galliens. Er und seine Anhänger verstanden sich indessen nicht in erster Linie als Vorkämpfer der Interessen Galliens, sondern als Wahrer der alten Traditionen Roms. Der Kampf dieser rasch anschwellenden Gruppe von Unzufriedenen, die insbesondere auch von der gallischen Oberschicht unterstützt wurde, war freilich auch nicht «der letzte Kampf der römischen Republik», wie Mommsen meinte, sondern der Versuch, die Tradition des augusteischen Principats zu erneuern. Diese Tatsache geht besonders klar aus einer Gruppe anonymer Prägungen hervor, die in dem Umkreis dieser Bewegung des Frühjahres 68 n. Chr. anzusetzen ist.

Vindex löste durch seinen Aufstand zwar eine ganze Kette von neuen Entwicklungen aus, er stand jedoch bald vor den größten Schwierigkeiten. Selbstverständlich hatte er sofort nicht nur mit den übrigen Statthaltern Fühlung genommen, sondern sich auch mit den vielen von Nero ins Exil vertriebenen Senatoren in Verbindung gesetzt, doch blieb die Resonanz zunächst begrenzt. Zwar schloß sich ihm Sulpicius Galba, der Legat der Provinz *Hispania citerior*, an, und auch in *Lusitania* und in Nordafrika brachen Erhebungen gegen Nero aus. Entscheidend wurde indessen das Verhalten der Rheinarmee.

Die beiden Kommandeure der rheinischen Heeresgruppen, Fonteius Capito in Niedergermanien und Verginius Rufus in dem vom Vindexaufstand besonders betroffenen Obergermanien, hatten als *homines novi* vom neronischen System profitiert. Sie waren zwar keine engen Freunde Neros, aber nachdem ihre Vorgänger im Kommando, die Brüder Scribonii, ein Jahr zuvor zum Selbstmord gezwungen worden waren, taktierten sie vorsichtig. Es kam hinzu, daß die Rheinarmee auf die tumultuarischen Vorgänge im Innern Galliens allergisch reagieren mußte und daß für diese Verbände ein gallischer *princeps* unannehmbar schien. Schließlich ist auch zu berücksichtigen, daß in die primär antineronische Bewegung des Vindex bald unvermeidlich antirömische Kräfte einflossen und daß Vindex offensichtlich die Kontrolle über die Disziplin der Zehntausende seiner Anhänger entglitt.

Der Befehlshaber des obergermanischen Heeres, Verginius Rufus, ging daher gegen Vindex vor und besiegte dessen ungeschulte Verbände im Raum von Besançon vollständig. Die Vorgänge selbst waren dabei im einzelnen ziemlich undurchsichtig. Möglicherweise hatten sich Vindex und Verginius Rufus zunächst auf eine gemeinsame Linie verständigt und wurden dann erst durch die Initiativen ihrer Truppen zum Schlagen gezwungen. Nachdem Vindex den Freitod gewählt hatte, wurde Verginius Rufus bedrängt, den Principat zu übernehmen. Doch Rufus lehnte ab, weil er keiner der alten aristokratischen Familien Roms angehörte.

Als einziger aussichtsreicher Prätendent kam so nur noch Sulpicius Galba in Betracht, jener dreiundsiebzigjährige Aristokrat und Statthalter des diesseitigen Spanien, der sich bereits für Vindex exponiert hatte. So brüchig und schwach dessen Basis anfangs auch war, er profitierte am meisten von Neros Unentschlossenheit und Haltlosigkeit sowie von der allgemeinen Stimmung in Italien und Rom, wo man Neros und seiner Kreaturen längst überdrüssig war. Von Nero fiel nun alles ab, der Senat ebenso wie die Prätorianer. Dem Gardepräfekten Nymphidius Sabinus gelang es, Tigellinus zu überspielen und Nero vollends in Panik zu versetzen. Galba wurde nun auch in Rom zum *princeps* proklamiert, Nero als erster römischer *princeps* vom Senat abgesetzt und geächtet. Am 9. Juni 68 n. Chr. gab sich der gehetzte, nur noch von einigen Freigelassenen begleitete Nero, wenige Augenblicke vor seiner Festnahme, selbst den Tod.

Nero, der Mörder und Sänger, der Bauherr und Christenverfolger, der Inbegriff von Spielen, Luxus und Verschwendung, hat stärker als mancher andere römische *princeps* die Phantasie von Zeitgenossen und Nachwelt erregt. Betrauert wurde er insbesondere im griechischen Osten, wo er schon zu seinen Lebzeiten als der «gute Dämon der ganzen *Oikoumene*» gefeiert worden war, wie ihn ein Papyrus aus Oxyrhynchos nennt. Im Osten wollte man Neros Tod auch nicht wahrhaben, so daß sich dreimal ein falscher Nero erheben konnte. Verehrt wurde Nero weiterhin aber auch von Teilen der römischen *plebs*, denn gerade angesichts der nüchternen Zeiten, die zunächst auf ihn folgten, mußte sich Neros Bild rasch verklären. Ähnlich wie für die Gracchen und wie für Caesar entstand auch an seinem Todesort ein Kult.

Neros Nachleben wurde im Bereich der römischen Führungsschichten von Anfang an eindeutig negativ gezeichnet, dies bei Seneca, Tacitus, Sueton wie bei Cassius Dio. Dort war Nero der zum Tyrannen entartete *princeps*. Auch das jüdische Nerobild war und blieb eindeutig negativ. Vor allem in den *«Oracula Sibyllina»*, jener Sammlung von jüdischen und jüdisch-christlichen Dichtungen im Orakelstil, Prophetien, die durch ihre Verbindung mit der Sibylle höchste Autorität beanspruchten, entfaltete sich ein abgrundtiefer Haß gegen den großen Feind des jüdischen Aufstandes, den Lügen-Apollo und Muttermörder. Es ist charakteristisch für diese literarische Form, daß sie in ihren geschichtlichen Partien bereits Geschehenes im Futurum erwähnt und gleichzeitig für die Zukunft Bilder heraufbeschwört, welche die Hoffnungen der jeweiligen Gegenwart ahnen lassen. So heißt es im 4. jüdischen Orakel aus flavischer Zeit: «Und dann wird von Italien der große König [Nero] wie ein Entlaufener fliehen, verschwunden, verschollen, über den Strom des Euphrat, welcher einst Blutschuld schrecklichen Mordes an der Mutter wagen wird und vieles andere, der bösen Hand folgend. Viele aber werden um den Thron Roms den Boden mit Blut besudeln, nachdem jener entlaufen ist, jenseits des parthischen Landes. Nach Syrien aber wird ein Fürst Roms kommen, der mit Feuer den Tempel von Solyma verbrennend, und viele Menschenmörder zugleich, das große breitstraßige Land der Juden verderben wird. Und dann wird Salamis und zugleich Paphos das Erdbeben verderben, wenn das ringsumspülte Kypros das dunkle Wasser überbraust. Aber wenn aus der Erdspalte des italischen Landes das Feuerzeichen hervorblitzend zum weiten Himmel kommt und viele Städte verbrennt und Männer vernichtet und viele rußige Asche den großen Äther erfüllt, und Tropfen vom Himmel fallen dem Mennig gleich, dann erkennt den Zorn des himmlischen Gottes, darum, daß sie den unschuldigen Stamm der Frommen verderben» (Übersetzung von E. Kautzsch).

Auch im fünften Buch der sibyllinischen Orakel, das aus dem 2. Jahrhundert n. Chr. stammt, wird Nero beschworen. Dort ist er einmal eine furchtbare Schlange, dann jener hybride Herrscher, der sich Gott gleich machen will, und schließlich eine Gestalt, die mit den satanischen Mächten identisch ist und deren Nahen die Endzeit ankündigt. Nicht zuletzt in Nero haben die Juden Rom gehaßt.

Für das frühe Christentum war Nero der erste systematische Verfolger, derjenige römische *princeps*, der nun auch Rom selbst zur Blutstätte der Märtyrer gemacht hatte. Wie immer es um den Tod der Apostel Petrus und Paulus steht, ihr Opfertod unter Nero in Rom war für die frühen Christen eine geglaubte Wahrheit. Nero wurde deshalb auch teilweise geradezu mit dem Antichrist identifiziert, so in Commodians *«carmen apologeticum»*. Andere christliche Autoren lehnten eine solche Vorstellung dagegen entschieden ab. Für Laktanz waren diejenigen, die daran glaubten, daß Nero immer noch umgehe, weil er unbestattet sei, und daß er zurückkehren werde, schlechthin «wahnsinnig».

Im spätantiken und christlich beherrschten Rom aber sollte Nero dann noch einmal in ganz anderer Weise heraufbeschworen werden. Wie die Kontorniaten, die medaillenähnlichen Neujahrsgeschenke der altgläubigen Aristokratie vom Ende des 4. Jahrhunderts n. Chr. belegen, wurde Nero jetzt als der Repräsentant von Rennen und Spielen gefeiert, jener Bereiche, die für die antike Zivilisation stets zentral, für das Christentum dagegen provozierend waren. Auf eine Wiederkehr Neros zu hoffen, mußte nun den altgläubigen Restaurationsbestrebungen in die Hände arbeiten. So kehrten denn auch die späteren Kirchenväter, wie Augustin, zu einer ganz betont moralischen Diskreditierung des Verfolgers, Verbrechers und Tyrannen Nero zurück. Der durch und durch verwerfliche Mensch erschien als Personifikation von Lastern, Begierden und Sünden, losgelöst von jeder metaphysischen Funktion.

Gleichzeitig wucherten die Legenden: ob dämonisiert, verteufelt oder bewundert, Neros Gestalt blieb lebendig. Im Zuge ständig neuer historischer Umwertungen und der modernen Apotheosen menschlicher Verirrungen konnte es schließlich nicht ausbleiben, daß Nero selbst in Werken mit

14 Nero, Porträt, Rom

wissenschaftlichem Anspruch als ein bewußter Revolutionär gegen den Konformismus des frühen Principats verstanden wurde, als ein Fanatiker der Schönheit, der an die Stelle der traditionellen Moral einen neuen Kanon der Ästhetik setzen wollte. Von anderer Seite wurde versucht, Nero, ähnlich wie Caligula, eine umfassende politische Konzeption zu unterstellen. Angeblich soll er das Ziel verfolgt haben, den augusteischen Principat in eine hellenistische Monarchie umzuwandeln und darüber hinaus das gesamte Imperium mit einer von griechischen Gehalten und Formen inspirierten, primär musischen Kultur zu erfüllen.

Doch bei einer so sprunghaften, allenfalls die nächsten Auftritte bedenkenden Persönlichkeit wie Nero, einem Manne, der letzten Endes seine Stellung und Macht als *princeps* dazu benutzte, um seine künstlerischen Ambitionen auszuleben, ist es völlig unwahrscheinlich, daß er an Programme oder Verfassungsformen dachte. Klaren Blick für politische, militärische, gesellschaftliche oder wirtschaftliche Realitäten besaß er nicht, eine ernstzunehmende politische Konzeption hat er nicht entwickelt. Einen eindeutigen Beweis dafür liefert auch die römische Reichsprägung, die sich in stärkstem Kontrast zu Neros Künstlerwelt weithin traditioneller Methoden bediente, um die Leistungen und Parolen dieses Principats darzustellen.

Da wird zwar ein majestätisches Pathos sichtbar, der Anspruch des neuen Friedenszeitalters propagiert, doch auch die Kontinuität mit dem *Divus Augustus* und dem *Divus Claudius* herausgestellt. Ein neuer, entschiedener Einsatz, um die öffentliche Meinung zu beeinflussen, erfolgte dann nach den Krisen von 64 und 65 n. Chr. Nach dem Brand Roms wurde durch Roma- und Vesta-Darstellungen die Ewigkeit der Stadt demonstriert, nach der Pisonischen Verschwörung *Juppiter Custos* gefeiert. Nachdrücklich sind nun auch die Leistungen des Regiments für die Bevölkerung unterstrichen worden, die sich in der Sorge um die Getreidebereitstellung und in Spenden niederschlugen. Die großen Bauten, wie der unter Nero eingeweihte neue Hafen von Ostia, wurden abgebildet, und wenn schon nicht in der Wirklichkeit, so wurde doch wenigstens in Münzbildern, die eine Ansprache an die Truppen und eine Paradeszene zeigten, der enge Kontakt zur Armee vor Augen geführt. Der kitharaspielende Apoll wirkte dem allen gegenüber verhalten und unauffällig. Mochte die römische Bevölkerung in ihm auch Nero erblicken, von einem neuen politischen oder kulturpolitischen Programm ist insgesamt nichts zu sehen.

Mit Nero war zugleich das julisch-claudische Haus untergegangen, jene Familie, deren Kern – und sei es mit Hilfe von Adoptionen – die Kontinuität der Spitze des neuen politischen Systems garantiert hatte. Wie es Tacitus später formulierte («*Historiae*» 1,16), war der Principat damals tatsächlich die Erbmasse einer Familie. Mit der Krise des Jahres 68 n. Chr. aber zerriß die Drapierung dieses Systems, und wie immer in ähnlichen Augenblicken wurden nun dessen entscheidende Strukturen und Machtkonzentrationen sichtbar, vor allem die eine Tatsache, die wiederum Tacitus auf den prägnantesten Nenner brachte, das Geheimnis des Imperiums nämlich, daß der *princeps* auch anderswo als in Rom ausgerufen werden könne («*Historiae*» 1,4).

Es war für die moderne Forschung immer verführerisch, in der Konstellation der Krise der Jahre 68 bis 70 n. Chr. primär den Ausdruck ganz bestimmter sozialer, politischer oder zumindest regionaler Interessenlagen zu sehen. Doch haben sich bisher alle Versuche, die Dominanz solcher Motivationen nachzuweisen, als nicht schlüssig erwiesen. Die Entwicklungen dieser Krise sind weder auf spezielle separatistische Bewegungen zurückzuführen, wie sie dann das 3. Jahrhundert n. Chr. tatsächlich kannte, noch sind sie Ausdruck einer «wachsenden Feindschaft der Provinzialbevölkerung gegen die herrschenden Klassen Italiens und ihre Helfershelfer», wie das einst M. Rostovtzeff annahm. Als schlüssig erwies sich nur eine Tatsache, welche die Entwicklung jener Jahre geprägt hat, die Tatsache nämlich, daß sich als Folge der peripheren Konzentration der römischen Heere verschiedene militärische Zentren in den Grenzgebieten ausgebildet hatten, die sich zu verselbständigen drohten. Der Zusammenhalt und das Gemeinschaftsbewußtsein des römischen Heeres insgesamt erwiesen sich als schwächer als die Gemeinsamkeiten der einzelnen Heeresgruppen an Rhein, Donau und in Syrien.

Gerade weil Nero die Kontakte zur Heeresklientel so sehr vernachlässigt hatte, bestimmten jetzt Partialinteressen innerhalb der römischen Armee den Gang der Auseinandersetzung. Die Rolle des Senates und der stadtrömischen *plebs* waren dabei weithin zweitrangig, obwohl die Prätendenten noch immer auf deren *consensus* drangen. Verfassungsrechtliche Gesichtspunkte galten ebensowenig, die Auseinandersetzung wurde zur reinen Machtfrage, die zugleich deutlich machte, wo noch immer die eigentliche Basis des Principats lag.

Nicht nur das Satyrspiel Neros, sondern die ganze Tragödie des julischclaudischen Hauses hatten gelehrt, daß die grundsätzliche politische Opposition gegen den Principat als Institution immer schwächer geworden war, die Opposition gegen die Personen einzelner *principes* dagegen immer stärker. Das Fazit der fünf Regierungen dieses Hauses mochte noch so problematisch sein, das von Augustus begründete System hatte sich insgesamt behauptet und durchgesetzt.

Die Krise des Vierkaiserjahres und die Epoche der Flavier (68–96 n. Chr.)

Die Krise, die durch den Aufstand des Vindex ausgelöst wurde und nahezu zwei Jahre andauerte, unterscheidet sich von allen vorangegangenen Nachfolgekämpfen des Principats dadurch, daß sie nicht auf Rom allein beschränkt blieb, sondern schließlich das gesamte Imperium erschütterte. Nach rund einem Jahrhundert kam es jetzt wieder zum offenen, brutalen Bürgerkrieg um die Herrschaft über Rom und Italien, zu einem Bürgerkrieg, der nicht nur die Führungsschicht oder die Prätorianer in Mitleidenschaft zog, sondern Zehntausende von Soldaten und Einwohnern Italiens, deren Leben, Existenz und Vermögen gefährdet wurden. Die rasche Aufeinanderfolge von fünf verschiedenen *principes* innerhalb von zwei Jahren führte zu politischer und rechtlicher Unsicherheit lange nicht mehr gekannten Ausmaßes, zu einer Flut politisch drapierter Verbrechen, zu Korruption und Opportunismus.

Die Krise resultierte nicht zuletzt daraus, daß zwar der Haß gegen Nero weit verbreitet war, ein *consensus* über dessen Nachfolge und den weiteren politischen Kurs dagegen nicht bestand. Das Ringen um Macht und allgemeine Anerkennung als *princeps* wurde deshalb von Anfang an nicht nur als militärische Auseinandersetzung, sondern, wie in den Jahren nach Caesars Ermordung oder während der Kämpfe Octavians mit Antonius, zugleich auch als Streit um die öffentliche Meinung geführt. Alle Prätendenten identifizierten dabei stets ihre eigene Person und ihre Sache mit der *res publica* insgesamt, die deshalb auch zum bloßen Schlagwort absank. Trotz weiterer Überschneidungen und partieller Gemeinsamkeiten in Werten und Formeln wählten sie im übrigen jedoch durchaus verschiedene Leitbilder und Parolen, um die verschiedensten Gruppen an sich heranzuziehen. Im Zuge der Konflikte wurde nicht nur die Erinnerung an den *Divus Augustus*, sondern auch diejenige an den offiziellen Staatsfeind Nero beschworen.

Galba hatte sich nach seinem offenen Abfall von Nero Anfang April 68 n. Chr. zunächst demonstrativ lediglich als Legat des Senates und des römischen Volkes bezeichnet. Schon die ersten in seinem Machtbereich geprägten Münztypen propagierten die Wiederherstellung der Freiheit und die Wiederherstellung Roms, suchten daneben die Kräfte der benachbarten Provinzen zu mobilisieren und die Treue und Anerkennung der eigenen wie noch unentschiedener Truppen zu sichern. Galba übernahm so in vielen Punkten offensichtlich das Programm des Vindex, er folgte auch dessen Aufforderung, die Rolle eines Anwalts und Anführers der ganzen Menschheit zu übernehmen.

Dieser universale Aspekt war bereits eine Eigentümlichkeit der neronischen Epoche gewesen und in den verschiedensten Zusammenhängen betont worden: Einerseits war den Christen ein *odium humani generis* unterstellt worden, andererseits wurde Nero selbst zuletzt als Feind und Geißel der ganzen Menschheit geschmäht. Auf Galbas Münzen dagegen wurde zu einer den Sieg verheißenden Victoria die Legende «*Salus generis humani*» propagiert, eine Legende, die damals zum erstenmal auf römischen Münzen auftauchte und die in dem neuen Herrscher zugleich ein Unterpfand für das Heil der ganzen Menschheit feierte.

Der am 8. Juni 68 n. Chr. vom Senat anerkannte neue *princeps* schien sich nach Neros bizarren und verbrecherischen Exzessen als ein besonders verantwortungsbewußter Herrscher zu empfehlen. Die Herausstellung von *honos* und *virtus* auf den Münzen dürfte mit den zentralen Elementen seines Selbstverständnisses identisch sein. Nach seiner Ankunft in Rom im Herbst 68 n. Chr. versuchte der strenge Greis mit aller Entschiedenheit und Unnachgiebigkeit Ordnung zu schaffen, so wie er einst als energischer Kommandeur

15 Galba, Porträtbüste, Rom

die unter Gaetulicus heruntergekommene Rheinarmee diszipliniert hatte. Doch Galbas Ansprüche und Machtmittel standen in umgekehrtem Verhältnis zueinander, nicht zuletzt deshalb, weil sein eigener Rigorismus durch eine provozierende Korruption seiner engsten Mitarbeiter paralysiert wurde.

Galba ließ zwar die von Nero wegen Majestätsdelikten verbannten Senatoren sogleich zurückrufen, darunter auch Männer wie Piso Frugi Licinianus, Antonius Primus, Helvidius Priscus und manche andere, die in den folgenden Entwicklungen eine wichtige Rolle spielen sollten. Doch gleichzeitig verlor er durch ein gnadenloses Vorgehen gegen Statthalter und Verwaltungsfunktionäre, die sich ihm nicht sofort anschlossen, wie gegen Senatoren, die ihm Widerstand leisteten, viele Sympathien. Als hätten ihm diese Gegenkräfte in der Führungsschicht noch nicht genügt, setzte Galba zahlreiche Offiziere und Beamte ab und bevorzugte bei den Neuernennungen die alten Anhänger des Vindex, ein Verfahren, das insbesondere die Rheinarmee brüskieren mußte.

In und um Rom hielten vor allem bei den Einheiten der Garde, der Armee und der Flotte die Wirren an. Der Gardepräfekt Nymphidius, der die Prätorianer für Galba gewonnen hatte, versuchte sich nun selbst zum *princeps* aufzuwerfen, wurde jedoch erschlagen. Auch in der von Nero besonders begünstigten Flotte entstanden Unruhen. Doch Galba dachte nicht daran, die materiellen Erwartungen der Garde und der Soldaten zu befriedigen. Er sah darin ein Erkaufen des Gehorsams, der in seinen Augen nur selbstverständliche Pflicht war. So ehrenwert eine solche Einstellung erscheinen mag, nach Lage der Dinge war sie in dieser Bürgerkriegsatmosphäre völlig unrealistisch.

Schon am 1. Januar des Jahres 69 n. Chr. versagten alle rheinischen Legionen Galba den Eid und riefen kurz danach in Köln Aulus Vitellius, den Befehlshaber des niedergermanischen Heeres, zum *princeps* aus. Die schlagkräftige Armee zögerte keinen Augenblick, die Entscheidung herbeizuführen, sondern setzte sich mitten im Winter in zwei Kolonnen in Marsch. Die eine, unter Führung des Aulus Caecina, durchquerte die Schweiz und überschritt im Februar, trotz aller Hindernisse, den Großen Sankt Bernhard. Die andere, unter Fabius Valens, folgte dem Rhônetal und passierte die Alpen über den Mont Genèvre.

In dieser äußerst angespannten Situation adoptierte der kinderlose Galba am 10. Januar den jungen Aristokraten Calpurnius Piso Licinianus, eine gewiß integre Persönlichkeit, aber einen noch jungen Mann, hinter dem kein nennenswertes politisches oder militärisches Potential stand, dessen Galbas Regime in jenem Augenblick so dringend bedurft hätte. Der Vorgang konnte denn auch den Lauf der Ereignisse nicht mehr aufhalten, er hat ihn eher beschleunigt und erst nach der späteren Ausbildung des sogenannten Adoptivkaisertums eine gewisse theoretische Bedeutung erlangt.

Offensichtlich hatte M. Salvius Otho, der erste Mann der Poppaea Sabina, der zusammen mit Galba nach Rom zurückgekehrt war, selbst auf eine Adoption durch Galba gehofft. Durch massive Versprechungen gelang es ihm nun, die Prätorianer für sich zu gewinnen und sich am 15. Januar 69 n. Chr. zum *princeps* ausrufen zu lassen. Galba wurde auf dem Forum ermordet, Piso ebenfalls beseitigt. Noch einmal konnten jetzt die alten Anhänger Neros triumphieren, Otho war zumindest bei Prätorianern und Teilen der römischen *plebs* populär. Doch mochte er auch Frieden und Sicherheit propagieren, die Verbände der Rheinarmee setzten ihren Vormarsch fort.

Othos Lage war freilich nicht hoffnungslos. Zumindest die Donaulegionen sympathisierten mit ihm, diejenigen des Ostens hatten, wenn auch widerwillig, den Eid auf ihn abgelegt. Rein kräftemäßig war Otho so der aufständischen Rheinarmee weit überlegen, doch er hätte längere Zeit benötigt, um sein Potential voll zur Entfaltung zu bringen. Schneller, als ihm lieb sein konnte, spitzte sich die Auseinandersetzung im Norden Italiens zu. Caecina hatte die Alpen durchquert und sich mit Valens vereinigt, Otho alle verfügbaren Kräfte nach Norden geworfen, um die Polinie zu halten. Bei Bedriacum in der Nähe von Cremona wagte Otho am 14.4. 69 n. Chr., ohne das Eintreffen weiterer Verstärkungen abzuwarten, eine Entscheidungsschlacht, die für seine Truppen zur Katastrophe wurde. Nachdem sich ein Kriegsrat seiner Kommandeure für die Einstellung der Kampfhandlungen ausgesprochen hatte, wählte Otho am 16.4. den Freitod, um weitere blutige Auseinandersetzungen zwischen den römischen Heeren zu vermeiden. Er sicherte sich damit einen Nachruhm, der in eklatantem Gegensatz zu dem verschwenderischen und genußvollen Leben des einstigen Kumpans Neros stand.

Für kurze Zeit war nun Vitellius als einziger *princeps* anerkannt. Es mag sein, daß das Bild seiner Persönlichkeit in der antiken Überlieferung durch die später dominierende flavische Geschichtsschreibung weitgehend verzerrt wurde, dennoch steht fest, daß er seiner Aufgabe nicht gewachsen war. Vitellius blieb stets eine Repräsentationsfigur seiner Truppen; alle entscheidenden Kämpfe ließ er durch seine Legaten ausfechten. Der Rheinarmee hatte er sich durch Nachgiebigkeit und Anpassung empfohlen; ihm selbst war die Existenz des Bonvivants wichtiger als die energische Durchsetzung unbequemer, aber notwendiger Maßnahmen. So ließ er auch jetzt seinen Truppen freien Lauf, die nun nach Rom drängten, um dort ihre Rache an den Prätorianern zu nehmen und um ihren Sieg auszukosten. Die alte Prätorianergarde wurde denn auch sogleich aufgelöst, eine neue, größere, aus Angehörigen der rheinischen Legionen aufgestellt; in Rom selbst waren die Marodeure der Rheinarmee die Herren der Stunde.

Mochte Vitellius auf seinen Münzen wieder einmal die *libertas restituta* feiern lassen, an den *consensus* und die Treue der Heere appellieren, im Untergrund schwelten die alten Rivalitäten zwischen den Rheinlegionen einerseits und den Heeresgruppen an der Donau und im syrisch-palästinensischen Raum andererseits. Syrische und donauländische Legionen waren durch Versetzungen und Abkommandierungen eng miteinander verbunden; es kam hinzu, daß sich die Donaulegionen durch ihre Entscheidung für Otho bereits exponiert und daß sie von Vitellius Repressalien zu befürchten hatten. In dieser Lage setzte dort die Suche nach einem eigenen Kandidaten für den Principat ein.

Vespasian und sein Sohn Titus standen mitten in der Bekämpfung des Jüdischen Aufstandes. Beide waren beim Heer sehr beliebt, doch Vespasian hielt sich zunächst zurück und zeigte wenig Lust, die Rolle des Prätendenten zu übernehmen. Aber schließlich wurde er von der Woge seiner Anhänger doch vorwärtsgetragen. Am 1. Juli 69 n. Chr. ist er zuerst in Alexandria durch den Präfekten Ägyptens, Tiberius Iulius Alexander, zum *princeps* ausgerufen worden, kurze Zeit darauf auch durch den Statthalter Syriens, Mucianus, den wichtigsten Protagonisten der flavischen Partei. Dabei ist die Bedeutung des frühzeitigen Anschlusses von Ägypten an die Sache Vespasians wohl kaum zu überschätzen. Denn damit konnten die Flavier sofort stärksten Druck auf die Getreideversorgung der Hauptstadt ausüben, ein Mittel, das sich als durchaus erfolgreich erwies. Die Donaulegionen griffen wenig später die Sache des Usurpators auf und lösten, ohne eine Konzentration aller flavischen Kräfte abzuwarten, den Angriff auf das Mutterland aus. Die stärkste Stoßkraft entwickelte dabei Antonius Primus, der Legat einer pannonischen Legion, der alle anderen militärischen Führer mitriß.

Vitellius dagegen blieb auch jetzt energie- und schwunglos und sah sein Heer sogleich durch Verrat gelähmt. Die ravennatische Flotte fiel ab, ebenso Caecina. Wiederum prallten die beiden Armeen in der nähe Cremonas aufeinander, etwa 40000 Mann standen sich auf beiden Seiten gegenüber. Vitellius wurde besiegt, Cremona erstürmt, die Anhänger Vespasians stießen in die italische Halbinsel vor. In Cremona wurde die Eskalation dieses Bürgerkrieges dann besonders deutlich sichtbar. Dort wollten die durch den hartnäckigen Widerstand erbitterten flavischen Truppen die Einwohner zunächst nach altem Kriegsrecht versklaven. Als die italische Bevölkerung sich jedoch weigerte, solche Sklaven abzunehmen, kannte der Haß der flavischen Soldaten keine Grenzen mehr; nicht wenige Cremonenser wurden nun einfach getötet. Andererseits zeigte ein solcher Terror den Anhängern des Vitellius, was sie von diesen «Befreiern» zu erwarten hatten. Ihr Widerstand, der längst militärisch sinnlos geworden war, versteifte sich noch.

In Rom amtierte damals Flavius Sabinus, der Bruder Vespasians, als Stadtpräfekt. Er forderte Vitellius jetzt zur Abdankung auf, doch dessen Anhänger wollten noch nicht kapitulieren. Sabinus mußte sich im Gegenteil auf dem Kapitol verschanzen, das erstürmt wurde und in Brand geriet. Vespasians Bruder fiel in dem Gemetzel, nur sein jüngerer Sohn, Domitian, der spätere *princeps,* konnte sich verkleidet retten. Dieser letzte Erfolg der Vitellianer vermochte indessen das Ende nicht mehr aufzuhalten. Die Truppen der flavischen Partei waren schließlich vor der Stadt angelangt und eroberten sie in schweren Straßenkämpfen während der Saturnalien des Jahres 69 n. Chr. Am 20. Dezember wurde Vitellius erschlagen, der letzte Widerstand seiner Anhängerschaft wenig später in Süditalien ausgelöscht. Mucian und Domitian leiteten dann in Rom die politischen Säuberungen. Vespasian selbst belastete sich nicht damit; er betrat die Hauptstadt erst im Sommer des Jahres 70 n. Chr.

Was das Haus der Flavier (69–96 n. Chr.), die *principes* Vespasian, Titus und Domitian, im Grunde nur zwei Generationen, für Rom bedeutete, hat Sueton zu Beginn seiner Biographie Vespasians mit folgenden Worten umrissen: «Die Herrschaft über das römische Reich, die durch die gewaltsame

Erhebung und Ermordung dreier *principes* lange Zeit unbeständig und gewissermaßen in der Schwebe gewesen war, übernahm und festigte endlich die Familie der Flavier; allerdings eine Familie von dunkler Abstammung und ohne bedeutende Ahnen, aber der Staat hatte es nicht zu bereuen – wenn auch immerhin feststeht, daß Domitian die gerechte Strafe für seine Habsucht und Grausamkeit erlitten hat» (Übersetzung nach A. Lambert).

Aus römischer Sicht ist es begreiflich, daß Sueton über die Herkunft der neuen *domus principis* ebenso überrascht war wie einst dessen Zeitgenossen. Denn nach der Umwandlung des alten Adelsstaates der Republik in den Principat war es zunächst selbstverständlich gewesen, daß der *princeps*, zumindest durch Adoption, einer der großen Familien der Nobilität entstammte. In Otho und Vitellius waren dann bereits Angehörige der neuen imperialen Führungsschicht erhoben worden, im Falle der Flavier trug die Macht der Grenzheere einen Kandidaten über alle gesellschaftlichen Schranken hinweg.

Die *gens Flavia* läßt sich vor Vespasian überhaupt nur um zwei Generationen zurückverfolgen. Der Großvater Vespasians stammte aus dem sabinischen Reate und hatte als *centurio* in der Armee des Pompeius gedient. Einen gewissen Aufstieg bewirkte dann Vespasians Vater, der sich unter anderem auch bei den Helvetiern als kleiner Finanzier betätigte. Entscheidend für das Haus aber sollten die Ambitionen von Vespasians Mutter werden, die ihre Söhne dazu drängte, die senatorische Ämterlaufbahn einzuschlagen. So war Sabinus, Vespasians Bruder, bis zum *praefectus urbi* in Rom aufgestiegen.

Vespasian selbst, der 9 n. Chr. zur Welt kam, hatte sich nach einem raschen Aufstieg unter Caligula vor allem unter Claudius qualifiziert. Um das Jahr 42 n. Chr. war er Legat der in Straßburg stehenden Legion. Die Vermutung liegt nahe, daß die spätere Aktivität der Flavier im obergermanischen Raum in diesem ersten Aufenthalt Vespasians ihren Ansatz hat. Zunächst jedoch nahm Vespasian an der Spitze seiner Legion an der Invasion Britanniens teil. Er war im übrigen ein erklärter Protegé des Freigelassenen Narcissus, und so wurde sein weiterer Aufstieg unter Nero fürs erste sistiert. Dennoch erhielt er als Proconsul die Statthalterschaft der senatorischen Provinz *Africa* und nahm schließlich auch an Neros Griechenlandreise teil.

Wenn man die Porträts Neros und Vespasians miteinander vergleicht, mit dem Bildnis des gegen Ende seines Lebens aufgeschwemmten, weichen, überfeinerten «Künstlers» den derben, gedrungenen Rundschädel Vespasians konfrontiert, ahnt man, wie groß der Abstand zwischen diesen beiden Herrschern war. Für Neros Künste und Neros Lebensstil konnte Vespasian nicht das geringste übrighaben, und so ist es kein Wunder, daß er bei den Rezitationen des *princeps* einschlief. Wenn ihm schließlich doch der Oberbefehl über die römischen Truppen in *Iudaea* übertragen wurde, so ist das wohl einzig daraus zu erklären, daß er als ungefährlicher Mann galt.

Das jüdische Land war nach Christi Geburt nie mehr völlig zur Ruhe gekommen. Zu den alten Konflikten der Juden mit Griechen und Syrern, zu den sozialen Gegensätzen zwischen armen Bauern, Landarbeitern sowie Handwerkern und einer verhältnismäßig reichen städtischen Oberschicht in den hellenistischen Küstenstädten und den Neugründungen des Herodes, zu weitverbreiteten messianischen Erwartungen und Sektenfanatismus traten bald noch römische Provokationen, wie diejenigen Caligulas, hinzu. Unter dem Prokurator Florus, der seit 64 n. Chr. als Statthalter eingesetzt war, folgten neue römische Übergriffe, die rasch zu einer Eskalation des Hasses führten.

In Masada, der Festung am Westufer des Toten Meeres, wurde das Fanal zum großen Aufstand gegeben, die römische Besatzung niedergemacht, der 441 m über dem Toten Meer aufragende Tafelberg mit den Villen des Herodes und einer technisch imponierenden Wasserversorgung in Verteidigungszustand versetzt. Dann griff die Erhebung auf Jerusalem über. Auch dort wurden die Römer erschlagen, der Statthalter von Syrien, Cestius Gallus, der eine Belagerung des Tempels versuchte, in einen panischen Rückzug getrieben.

So lagen die Dinge, als Vespasian im Jahre 67 n. Chr. den Oberbefehl über ein Heer übernahm, das zwar lediglich drei Legionen, gleichzeitig jedoch zahlreiche Hilfstruppen umfaßte, insgesamt etwa 60 000 Mann. Die Kampfhandlungen spielten sich während des Jahres 67 n. Chr. zunächst vor allem im Norden Palästinas, in *Galilaea*, ab. Der dortige jüdische Befehlshaber, Josephus, leistete insbesondere bei der Verteidigung des Stützpunktes Jotapata verzweifelt Widerstand. Doch schließlich fiel die Befestigung, Josephus geriet in Gefangenschaft. Nachdem er die messianischen Erwartungen seiner Religion und seines Volkes auf Vespasian übertragen und diesem die Herrschaft in Aussicht gestellt hatte, erhielt er von Vespasian Freiheit und römisches Bürgerrecht. Er ist so zum Flavius Josephus, dem Geschichtsschreiber des Jüdischen Krieges, und zum Autor der «*Antiquitates Iudaicae*» geworden. Im Jahre 68 n. Chr. gelang es Vespasian dann, das ganze jüdische Land mit Ausnahme Jerusalems und einiger anderer, gut befestigter Plätze zu unterwerfen. Danach trat über den innerrömischen Wirren eine Unterbrechung der militärischen Operationen ein.

Die Kämpfe um Jerusalem lebten erst zu Beginn des Jahres 70 n. Chr. wieder auf, wobei auf römischer Seite Vespasians Sohn Titus befehligte. An seiner Seite stand Tiberius Iulius Alexander, der frühere *praefectus Aegypti*, als einflußreicher Berater, ein Mann, der mit dem jüdischen Königshaus verwandt war. Mit einer Armee, die jetzt nahezu sechs Legionen und wiederum sehr starke Hilfstruppenkontingente umfaßte, schloß Titus um den 15. April die Stadt ein. Schon Anfang Mai fiel die äußerste Mauer. Dann aber setzte jener erbitterte Todeskampf Jerusalems ein, der sich noch durch Monate hinziehen sollte. In der Stadt selbst herrschten Hunger, Seuchen und Not, selbst in diesem Augenblick erloschen indessen die Rivalitäten der

16 Titusbogen, Rom: Triumphzug

Sekten nicht, doch ihr Terror und ihr Fanatismus erzwangen auch einen leidenschaftlichen Widerstand. Zu Hunderten erhoben sich bald vor der Stadt die Kreuze, denn die Römer kreuzigten alle Nahrungsmittel suchenden Juden, die in ihre Hand fielen. Stadtteil für Stadtteil der durch lange Dämme eingeschlossenen Metropole mußte von den Belagerern erstürmt werden. In diesem verzweifelten Ringen wuchs auf beiden Seiten die Erbitterung. Erst Anfang August wurde der Tempel eingenommen und durch Brand zerstört. «Da stürzten sich die einen freiwillig in die Schwerter der Römer, die andern erschlugen sich gegenseitig, andere brachten sich selbst um, wieder andere sprangen in die Flammen. Und es schien für alle... nicht so sehr Verderben, sondern eher Sieg und Heil und Gnade zu bedeuten, mit dem Tempel zusammen unterzugehen.» So hat Cassius Dio später den Vorgang geschildert (65,6,3).

Erst am 3. September 70 n. Chr. konnte Titus endlich in die Oberstadt einziehen. Zu Tausenden wurden die letzten Verteidiger erschlagen, die Stadt geplündert, ihre Mauern geschleift, wer sich ergeben hatte und mit dem Leben davongekommen war, in die ägyptischen Bergwerke geschickt oder in die Sklaverei verkauft. Josephus gibt die Zahl der in diesem Krieg in Gefangenschaft geratenen Juden mit 97000, die Gesamtzahl der Toten mit 1,1 Million an.

Die Zweidrachmensteuer, die jeder Jude bisher an das Jahweheiligtum in Jerusalem zu zahlen hatte, mußte nunmehr an den römischen *Juppiter Optimus Maximus* entrichtet werden. Es schien nach all dem, als hätten sowohl das Judentum als auch die noch junge christliche Gemeinschaft ihre religiösen Zentren und damit ihre Wurzeln verloren. Aber weder die jüdische noch die christliche Religion waren damit aus der Welt geschafft. Jerusalem als Idee und die römische Kirche wären mit ihren geschichtlichen Auswirkungen undenkbar ohne jene Vorgänge.

Selbst Hegel, der in seiner Jugendschrift über «Die Positivität der christlichen Religion» dem Judentum alles andere als gerecht wird, erhebt sich bei der Schilderung der Einnahme Jerusalems plötzlich über seine Vorurteile, wenn er schreibt, das jüdische Volk «würde in der Geschichte, in der Meinung der Nationen neben Karthaginiensern und Saguntinern, größer als die Griechen und Römer, deren Städte ihren Staat überlebten, dastehen, wenn das Gefühl dessen, was ein Volk für seine Unabhängigkeit tun kann, uns nicht zu fremd wäre, und wenn wir nicht den Mut hätten, einem Volke vorschreiben zu wollen, daß es seine Sache nicht hätte zu seiner Sache machen, sondern unsere Meinungen, und für diese leben und sterben sollen, zu deren Behauptung wir keinen Finger rühren» («Theologische Jugendschriften», ed. Nohl, 225.)

In aller Eindringlichkeit, ja in massivster Penetranz aber hat das flavische Haus den Triumph über die Juden gefeiert und propagiert. Nach der Rückkehr des Titus nach Rom hielten ihn Vespasian und Titus im Sommer des

17 Masada, Gesamtansicht nach den Ausgrabungen

Jahres 71 n. Chr. gemeinsam ab. Bei Josephus ist der Zug im 7. Buch breit geschildert. Aus der Beute erregten der goldene Tisch, der siebenarmige Leuchter und die Purpurvorhänge des Allerheiligsten besonderes Aufsehen. Auf dem später von Domitian errichteten Titusbogen sind diese Gruppen bekanntlich festgehalten, wenn auch heute teilweise zerstört. Jahrelang hat die römische Münze dazu immer wieder das «*Iudaea capta*» gefeiert.

Vespasian und später noch Titus haben durch diese Parole fort und fort auf die durch eine überragende Leistung legitimierte militärische Wurzel des neuen Principats hingewiesen, auf den Raum und auf die Tat, von denen aus die neue Ordnung ihren Anfang nahm. Der Triumph des Jahres 71 n. Chr. wurde so in vielfacher Hinsicht der augusteischen Geschehensreihe Actium – Einnahme Alexandrias – Triumph 29 v. Chr. an die Seite gestellt. Wiederum übertönte ein imposantes Schauspiel die Schrecken eines Bürgerkrieges, und wie für die Stellung des Augustus nicht nur das Ausschalten der großen inneren Gegner, sondern ebenso auch der erfolgreiche Kampf gegen die östlichen Feinde grundlegend war, so wiesen sich nun auch die Flavier durch einen neuen Erfolg im Osten aus. Die Parallelisierung dieser Vorgänge mit der augusteischen Entwicklung ist deshalb keine intellektuelle Konstruktion, weil sich Vespasian oft genug zum Vorbild des Augustus bekannt hat, am offensichtlichsten in seiner Münzprägung, die augusteische Bilder und Legenden demonstrativ wiederaufgriff.

Mit der Einnahme Jerusalems im September 70 n. Chr. waren die Kämpfe im Lande, trotz aller *Iudaea-capta*-Proklamationen, noch immer nicht beendet. Der Reihe nach mußten die römischen Statthalter in den nächsten Jahren die jüdischen Widerstandsnester niederkämpfen, von denen sich das von fanatischen Zeloten besetzte Masada am längsten hielt. L. Flavius Silva war schließlich gezwungen, die Bergfestung am Toten Meer, von der der Aufstand ausgegangen war, durch einen Belagerungsring einzuschließen und eine riesige Rampe anzulegen, ehe der Angriff auf die 960 eingeschlossenen Juden beginnen konnte. Doch in der Nacht vor dem entscheidenden Sturm der Römer gingen die Verteidiger, die die Aussichtslosigkeit ihrer Lage erkannten, freiwillig in den Tod. Als sich die Römer durch die brennenden Gebäude der Festung und des Palastes von Masada vorgearbeitet hatten und auf die große Zahl «der Ermordeten trafen, freuten sie sich keineswegs wie über den Tod von Feinden; vielmehr bewunderten sie den Edelmut des Entschlusses und die Todesverachtung, die sich in so vielen unbeugsam zur Tat umgesetzt hatte» (Flavius Josephus, «*Bellum Judaicum*» VII,9, 406). Das zwischen 1963 und 1965 von dem früheren israelischen Generalstabschef und Archäologen Yigael Yadin ausgegrabene Masada aber wurde zu einem Mythos jüdischen Widerstands bis zum Tode.

Die Regierung Vespasians sah im Osten auch weiterhin kleinere Unruhen, die jedoch sämtlich beigelegt werden konnten. Eine Neuordnung erfuhr fortan die Grenzverteidigung in diesem Raum. Galatien, *Pontus* und Kappadokien wurden damals zu einer großen kaiserlichen Provinz zusammengeschlossen und durch zwei Legionen gesichert, so daß diese Großprovinz sowie Syrien und *Palaestina* mit etwa gleich starker Truppenbelegung die Basen der Grenzverteidigung gegen die Parther darstellten. Außerdem ist im Jahre 72 n. Chr. auch das ehemalige Klientelkönigreich *Kommagene* eingezogen und mit der Provinz Syrien vereinigt worden.

Neben dem Jüdischen Krieg dehnte sich ein zweiter großer Unruheherd des Vierkaiserjahres bis in die Anfänge der Herrschaft Vespasians aus, der Bataveraufstand. Im Sommer des Jahres 69 n. Chr. stimulierte Iulius Civilis, der einem alten batavischen Adelsgeschlecht entstammte, seine Landsleute und die benachbarten Canninefaten und Friesen zu dieser Erhebung. Der Aufstand läßt sich indessen nicht monokausal erklären. Er hatte seine Wurzeln ebensosehr in dem persönlichen Schicksal des Civilis wie in der Erregung seines Stammes über die ungerechte Behandlung durch die Römer, aber auch in der allgemeinen politischen Konstellation, die angesichts der inneren Wirren insbesondere die rechtsrheinischen Germanenstämme zu Raubzügen herausfordern mußte.

Ihre Stoßkraft erhielt die zunächst wenig dynamische Insurrektion durch den Anschluß von acht Bataverkohorten, somit von regulären römischen Hilfstruppenteilen, die der im übrigen nicht besteuerte Stamm aufzustellen hatte. Aus ihren alten Garnisonen in Britannien waren diese Kohorten während des Bürgerkrieges nach Italien beordert, von Vitellius schließlich nach Germanien zurückgeschickt worden. Es gelang ihnen, sich zu Civilis durchzuschlagen. Taktisch sehr geschickt, hielt Civilis zunächst die Fiktion eines Kampfes für Vespasian aufrecht, er vereidigte seine Anhänger in aller Form auf den Flavier. Die römische Gegenwehr aber war durch den Bürgerkrieg völlig gelähmt. Die einfachen Soldaten hielten am Rhein Vitellius auch dann noch die Treue, als dieser schon längst erschlagen worden war.

Zu Beginn des Jahres 70 n. Chr. erhoben sich dazu auch noch die Treverer und Lingonen unter der Führung des Iulius Classicus, Iulius Tutor und Iulius Sabinus. Sie riefen ein Imperium Galliarum aus. Nach ersten Anfangserfolgen, nach der Kapitulation der ausgehungerten niederrheinischen Legionen in Vetera und dem Anschluß römischer Truppenteile an dieses *Imperium Galliarum* befand sich auf dem Kulminationspunkt der Erhebung von den nieder- und mittelrheinischen Plätzen nur noch Mainz in römischer Hand. Doch als sich die flavische Herrschaft konsolidiert hatte, brach das ganze wie ein Kartenhaus zusammen. Aus Britannien und Spanien wurden mehrere Legionen in Marsch gesetzt. Mucian und Domitian begaben sich nach Lugdunum. Der fähige und tatkräftige Petillius Cerialis schlug die Treverer bei Rigodulum, Riol, in der Nähe von Trier, nahm Trier selbst ein und trieb Civilis nach Norden zurück. Das Ende der Kämpfe ist nicht bekannt, da die «Historien» des Tacitus mitten in der Schilderung der Verhandlungen abbrechen; immerhin läßt sich an den Folgen ablesen, daß die Bataver einen ehrenvollen Frieden erlangten.

Waren der Jüdische Krieg und der Bataveraufstand unter Vespasian die spektakulärsten Vorgänge in den Grenzräumen des Imperiums, so sollten sich langfristig gesehen, die konsequente Fortsetzung der römischen Expansion in Britannien und die neuen Aktivitäten in Obergermanien als mindestens ebenso wichtig erweisen. Da die Initiativen Vespasians in den beiden zuletzt genannten Gebieten jedoch erst unter Domitian zu einem vorläufigen Abschluß führten, sollen sie später im Zusammenhang besprochen werden.

Die bereits erwähnte Parallele der flavischen Aufgaben mit jenen des Augustus, das heißt die für Augustus wie Vespasian gemeinsame Notwendigkeit, das Erbe eines Bürgerkriegs zu liquidieren und in allen Bereichen des staatlichen Lebens Ordnung zu schaffen, zeigt sich am klarsten im innenpolitischen Bereich. Es zeigten sich dabei aber auch die Divergenzen der Mittel und Methoden. Wenn sich Augustus weithin undefinierten Einflusses bediente, stets die republikanische Fassade berücksichtigte und oft genug die indirekten Wege bevorzugte, so waren für Vespasian solche Methoden zu kompliziert. Er verhüllte nichts. Für ihn sind, ganz im Gegenteil, die direkte Manifestation der Macht und ihr entschiedener Gebrauch in rücksichtslosem Zugriff typisch. Dieser volle Anspruch auf alle Rechte des *princeps* geht offenkundig schon aus der inschriftlich teilweise erhaltenen *lex de imperio Vespasiani* hervor, mit welcher dem *princeps* am 22. Dezember 69 n. Chr. von Senat und Volk jene Rechte und Kompetenzen übertragen wurden, die Augustus, Tiberius und Claudius innegehabt hatten.

Inhaltlich ist die *lex de imperio Vespasiani* gerade dann, wenn man sie mit der Lage der augusteischen Zeit vergleicht, der prägnanteste Ausdruck für die inzwischen vollzogene Institutionalisierung des Principats. Während Augustus immer den Anschein aufrechterhielt, daß die alten republikanischen Normen lediglich zeitlich befristeter Kompetenz und kollegialer Bekleidung der Magistraturen auch ihn selbst bänden, wird aus der massiven Bündelung der Kompetenzen und Privilegien bei Vespasian kein Hehl mehr gemacht. Man kann deshalb auch wohl sagen, daß die *lex de imperio Vespasiani* eine neue Entwicklungsphase des Principats markiert. Allerdings ist dabei zu berücksichtigen, daß der Prozeß zur konsequenten Verrechtlichung und Institutionalisierung des Principats schon in julisch-claudischer Zeit eingesetzt und wahrscheinlich schon unter Caligula zu einer ersten Systematisierung geführt hatte. Nur für Vespasian aber ist die *lex* urkundlich gesichert.

Die Macht des Principats so stark zur Geltung zu bringen, gelang Vespasian vor allem deshalb, weil er sogleich seinen Sohn Titus zum faktischen Mitregenten erhob. Denn wie Vespasian bekleidete auch Titus bald alljährlich das Konsulat; er hatte zudem die *tribunicia potestas* und ein *imperium proconsulare* erhalten; 73/74 n. Chr. übte Titus außerdem gemeinsam mit seinem Vater die *Censur* aus; dazu aber wurde ihm von Vespasian schon nach dem Triumph des Jahres 71 n. Chr. auch die Stellung des Prätorianerpräfekten übertragen; lediglich den Augustustitel und den Oberpontifikat hatte Vespasian sich selbst vorbehalten. Durch diese Maßnahmen gewann die flavische Herrschaft in den höchsten Rängen eine fast risikolose Geschlossenheit.

Die Krise des Vierkaiserjahres und die Epoche der Flavier 257

Die für Vespasian so kennzeichnende Übernahme der *Censur* wirkte sich sogleich in einer Säuberung von Senat und Ritterschaft aus. Wieder einmal mußten die gelichteten Reihen der Patrizier durch plebejische Familien ergänzt werden; diesmal wurden neben bewährten Italikern und Provinzialen des Westens besonders viele ritterliche Offiziere in den Senat aufgenommen. 74 n. Chr. erhielt außerdem ganz Spanien latinisches Bürgerrecht. Auch der Kaiserkult wurde als herrschaftsstabilisierendes Element energisch forciert und in der *Gallia Narbonensis,* der *Baetica* wie in *Africa* zentral geregelt.

Mit gleicher Konsequenz reorganisierte Vespasian die zerrissene Armee. Durch Verlegungen und Umgliederungen wurde hier jeder Keim zu neuen

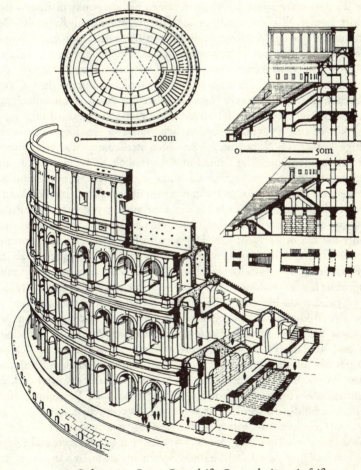

18 Colosseum, Rom, Grundriß, Querschnitte, Aufriß

Erhebungen gekappt, der Gehorsam und die Schlagkraft der Verbände wiederhergestellt. Die Garde, die unter Vitellius auf 16 Prätorianerkohorten und vier *cohortes urbanae* zu je 1000 Mann aufgebläht worden war, reduzierte Vespasian wieder auf neun Prätorianerkohorten und drei städtische zu je 500 Mann; die Flotten in Misenum und Ravenna wurden künftig von Rittern, nicht mehr wie bisher von Freigelassenen befehligt. Die Legionen, die sich während der Unruhen am Niederrhein und in Gallien den Aufständischen angeschlossen hatten, löste Vespasian auf. An ihre Stelle traten neue Verbände, wie die IV. und XVI. *Legio Flavia*.

Daneben ließ Vespasian im zivilen Bereich durch energischen Druck alle rückständigen Prozesse aufarbeiten, vor allem aber setzte im ganzen Reich eine neue Periode sachlichen Bauens, der Instandsetzung von Zerstörtem ein. Dieser Wiederaufbau hatte naturgemäß seinen Schwerpunkt in Rom selbst und dort in der Wiederherstellung des niedergebrannten Kapitols. Der Juppitertempel und der Vestatempel sind zuerst erneuert, daneben ein Tempel und Forum des Friedens neuerrichtet worden. Auf dem Gelände der Anlagen von Neros goldenem Haus aber wurde der wohl bekannteste Bau der flavischen Ära begonnen, das unter der mittelalterlichen Bezeichnung *Colosseum* berühmte *Amphitheatrum Flavium*. Diese Großbauten sind jedoch nur die eine Seite von Vespasians Initiativen, denn Hand in Hand damit ging, in Italien wie in den Provinzen, neben den notwendigen Reparaturen die vielfältige Anlage von Nutzbauten, von neuen Straßen und Wasserleitungen.

Die Belastungen durch die Bauten mußten freilich die finanziellen Kräfte des Reiches um so stärker beanspruchen, als die Staatskasse zu Beginn der Regierung völlig erschöpft war. Es kann kaum überraschen, daß sich Vespasian weder beim Festlegen noch bei der Eintreibung von Steuern zurückhielt. Obwohl die Einzelheiten der Neuregelungen meist nicht bekannt sind, fand hier die Kritik an Vespasians Herrschaft ohne Zweifel einen legitimen Ansatzpunkt. Die Sucht, bedenkenlos immer neue Finanzquellen zu erschließen, die in dem sprichwörtlichen «*non olet*» für das aus der Benutzungsgebühr für die Toiletten bezogene Geld ihren bekanntesten Ausdruck fand, ist bei Sueton bis zum Vorwurf der Habgier verdichtet worden. Er wählte das Bild, daß sich Vespasian seiner hohen Steuerbeamten wie Schwämme bediente, denn er habe sie sich in den Provinzen vollsaugen lassen und sie dann in Rom selbst ausgedrückt. Tatsächlich muß sich der vom Vater her mit dem Metier vertraute Vespasian hier keinerlei Schranken auferlegt haben, hielt er es doch mit der Würde des *princeps* vereinbar, am Zwischenhandel ebenso zu verdienen, wie der passiven Bestechung beim Ämterkauf schuldig zu werden. Es verstand sich von selbst, daß die Abgabenfreiheit Griechenlands sofort wieder beseitigt wurde.

Eine ernsthafte Opposition gegen Vespasian hat es dennoch nicht gegeben. Wenn im Jahre 74 n. Chr. die Philosophen ausgewiesen wurden, so traf dieses Vorgehen Anhänger der Stoa und Kyniker, die sich weniger gegen die

Die Krise des Vierkaiserjahres und die Epoche der Flavier

19 Vespasian, Porträtbüste, Florenz

Person des Herrschers als gegen die Institution des Principats gestellt hatten. Und auch die Hinrichtung des Helvidius Priscus, eine Maßnahme, die Vespasian später selbst bedauerte, richtete sich gegen einen so monomanen und dabei provozierenden Einzelgänger, daß man sie kaum unbillig finden kann. Die 78/79 n. Chr. entdeckte Verschwörung des Caecina Alienus und Eprius Marcellus ist dagegen in ihren Einzelheiten und Ursachen zu wenig bekannt; sie läßt sich nicht angemessen beurteilen.

Die Gesamtbilanz der Regierung Vespasians ergibt, daß dieser *princeps* die ihm gestellten Aufgaben löste. Der einfache Repräsentant des italischen Bürgertums, der in seiner kraftvollen, nüchternen und bescheidenen Art, mit seiner Sparsamkeit und seiner realistisch zupackenden Energie ganz der Mann jener Stunde war, hat sich in seiner Stellung als *princeps* weithin bewährt. Sein Pflichtbewußtsein war kaum zu übertreffen: «Ein *princeps* muß stehend sterben.»

Er selbst hat über seiner neuen Würde nie seine Herkunft verleugnet und denen, die ihm einen fiktiven vornehmen Stammbaum liefern wollten, nur mit Spott geantwortet, demselben Spott und derben italischen Witz, mit dem er die Allüren des Hochadels bedachte. Auch das bei seiner letzten Erkrankung gefallene Wort «Wehe, ich glaube, ich werde ein Gott», wurzelt in dieser nüchternen, ironischen Art. Es war fast selbstverständlich für ihn, die Majestätsprozesse abzuschaffen, aber er ging weiter und ließ auch seinen Palast unbewacht.

Irrationale Mächte gewannen auf seine Herrscherauffassung nur in sehr beschränktem Umfange Einfluß. Doch nach allem, was er erlebt hatte, unter dem Eindruck orientalischer Prophezeiungen, seiner Wunderheilungen an einem Blinden und einem Armgelähmten in Alexandrien war er zutiefst vom schicksalhaften Auftrag seines Hauses überzeugt. Ganz ohne Spuren ist so der Aufenthalt im Osten nicht an ihm vorübergegangen. Hier wurzelt auch Vespasians auffallende Isis-Verehrung, die ihn die letzte Nacht vor seinem Einzug in Rom im Isistempel zubringen ließ. Sein eigener wunderbarer Aufstieg aber hatte sich für viele Orientalen verbunden mit den alten osthellenistischen Vorstellungen des vom Himmel gesandten Retterkönigs und des aus dem Osten kommenden Weltherrschers – wie fremd dies alles auch dem Italiker Vespasian zunächst gewesen sein mag.

Vespasians Münzen zeigen in aller Klarheit, daß er es in einer sehr geschickten und zielbewußten Weise verstanden hat, die öffentliche Meinung in seinem Sinne zu beeinflussen und zugleich dem neuen Principat der Flavier ein eigenes Relief zu geben. Da sich Vespasian weder auf die alte Dynastie berufen noch die Tatsache aussprechen konnte, daß den neuen Kaiser das Heer gemacht hatte, brachte er Fortuna ins Spiel. Die Gepräge mit der Legende *Fortuna Augusti* erinnerten an die dem *princeps* innewohnende, Sieg und Erfolg verleihende Kraft und waren so der Ausdruck einer Sprachregelung, die den neuen Principat in Rom durchaus akzeptabel werden ließ. Daran anknüpfend wurden die *victoria* und die *virtus* des neuen Herrschers gerühmt und auf diesem Wege fast zwanglos die Verbindung zu Augustus hergestellt, an den sich Vespasian auch durch die Betonung der *pax* anschloß.

Nach den Wirren des Bürgerkrieges und nach den exzentrischen Zügen der Regierung Neros kam in diesen Legenden und Bildern ein klares, konservatives Regierungsprogramm zum Ausdruck. In die gleiche Richtung wiesen die Wiederaufnahme der *corona-civica*-Symbolik und das Bekenntnis zur *tutela Augusti*, das heißt die Proklamation einer moralischen Verpflichtung des *princeps* als des Schutzherrn gegenüber allen Schutzbedürftigen. Hier waren so die gesellschaftlichen Wurzeln mit den moralischen Verpflichtungen des Principats verknüpft, die Vorstellungen des Patrons und des *Pater patriae* in der umfassendsten Weise gesehen.

Der enge Anschluß an Augustus war notwendig, wenn sich Vespasian von den Personen diskreditierter *principes* distanzieren und zugleich doch am

System des Principats selbst festhalten wollte. Als Legitimationsinstanz der Principatstradition kam in diesem Augenblick nur die verklärte Gestalt des Begründers des Principats in Betracht. So wurden die Parallelen stark ausgezogen, Vitellius und dessen Anhänger von der flavischen Propaganda offensichtlich ganz in der Art von Octavians Kampagne gegen Antonius gezeichnet. Wie Octavian, so hat auch Vespasian sogleich den *libertas*-Begriff für sich in Anspruch genommen. Selbstverständlich wurde auch sein Kampf um die Herrschaft zur Befreiung stilisiert, die *libertas publica*, die *libertas Augusti*, die *libertas restituta* gefeiert, der neue *princeps* als *adsertor libertatis publicae*, als Bürge und Wahrer der öffentlichen Freiheit gerühmt.

Dieser Kern aber wurde ergänzt durch neue Ideologeme und Akzente. So ist mit der Betonung der *securitas* der innere Zusammenhang zwischen der Sicherheit des Imperiums, des *princeps* und jedes einzelnen Bürgers eingeschärft worden; eine Darstellung der *concordia senatui* sollte wohl vergessen machen, daß Vespasians Anfänge ganz und gar nicht im Einklang mit dem Senat standen, hatte er doch als *dies imperii* nicht den Tag der Legalisierung seiner Stellung durch den Senat am 22. 12. 69 n. Chr., sondern den Tag seiner Ausrufung durch die Truppen gewählt, der ein halbes Jahr vorher lag, den 1. Juli 69 n. Chr.

So wie hier, so enthüllten auch in anderen Fällen Münzbilder und -legenden den Widerspruch zwischen Ideologie und Verfassungswirklichkeit. Die verschlungenen Hände der *fides publica* etwa dokumentierten, daß die innere Eintracht nicht mehr selbstverständlich war und daß die wechselseitigen Treueverhältnisse wieder gefestigt werden mußten. Erst die Konsolidierung von Gesellschaft und Staat sicherten die oft behauptete *felicitas publica*, die durch ein Füllhorn, Ähren oder den *caduceus*, den Merkurstab, symbolisiert wurde.

Mit der idealen Sicht der Aufgaben des *princeps* verband sich bei Vespasian die Entschlossenheit, den Principat der eigenen Familie zu erhalten. Daran ließ er von Anfang an nie einen Zweifel aufkommen, wie schon aus seinem Wort hervorgeht, daß ihm entweder seine Söhne im Principat nachfolgen würden oder überhaupt niemand. Auch dafür gibt die Reichsprägung ganz eindeutige Hinweise, so in der demonstrativen Herausstellung des Titus und Domitians noch zu Lebzeiten Vespasians, in der wiederholten Berufung der *spes Augusta* und in anderen Bildern und Legenden. Selbst der Kreis der *aeternitas*-Vorstellungen ist damals in den Dienst der Erbfolgeregelung gestellt worden, und hierin mußte selbstverständlich für Stoiker vom Schlage eines Helvidius Priscus, die die Wahl des Besten forderten, die stärkste Provokation liegen.

Nach dem Tode Vespasians, am 24. Juni 79 n. Chr., vollzog sich die Nachfolge reibungslos. Sein ältester Sohn Titus übernahm als nun Neununddreißigjähriger die Herrschaft. Titus wurde durch eine wesentlich andere Erziehung und Umgebung geprägt als sein Vater; er war zusammen mit

Britannicus, dem Sohn des Claudius, aufgewachsen. In Britannien und danach in Germanien hatte er zunächst Militärdienst geleistet, dort auch mit dem älteren Plinius das Quartier geteilt, der ihm deshalb später in der Erinnerung an diese Zeit sein Hauptwerk, die «*Naturalis historia*», widmete.

Wenn man der häufig geradezu panegyrischen Überlieferung über Titus trauen darf, muß er fast eine Idealgestalt und eine Art von Universalgenie gewesen sein. Jedenfalls war Titus körperlich und geistig überdurchschnittlich begabt, genoß in allen Kreisen, insbesondere bei seinen Truppen, zunächst die denkbar größten Sympathien, so daß sich ein Vergleich mit Germanicus aufdrängte. Doch war Titus wesentlich disziplinierter und auch diplomatischer. Es verstand sich von selbst, daß er in allen Sportarten ebenso brillierte wie in Rhetorik, Dichtkunst und Gesang. Als außergewöhnlich galt seine Fähigkeit, aus dem Stegreif zu dichten, und die Tatsache, daß er ebenso um die Wette stenographieren wie fremde Handschriften täuschend ähnlich kopieren konnte.

So groß die allgemeine Anerkennung von Titus' Niederwerfung des Jüdischen Aufstandes war, so groß waren die Enttäuschungen über ihn in der Zeit seiner Mitregentschaft. Die Tatsache, daß er seine Geliebte, die jüdische Königin Berenike, nach Rom kommen ließ und daß er daran dachte, sie zu seiner rechtmäßigen Gemahlin zu machen, wurde ihm ebenso verdacht wie die Härte, mit der er jeden Widerstand gegen das flavische Haus brach. Da man von Titus allgemein ein gnadenloses Regiment befürchtet hatte, überraschten seine Zurückhaltung und seine betonte Milde um so mehr.

Im Innern des Reiches war die Regierung des Titus beeinträchtigt durch eine ganze Kette von Katastrophen. Wenige Monate nach seinem Regierungsantritt ereignete sich am 24. August 79 n. Chr. jener berühmte Vesuvausbruch, der Herculaneum, Pompeii und Stabiae unter Asche und Schlamm begrub und für weite Teile Kampaniens bitterste Not brachte. Titus selbst war noch an Ort und Stelle, um die Hilfsaktionen zu leiten, als ein dreitägiges Großfeuer Rom verheerte und zahlreiche Bauten des Kapitols und des südlichen Marsfeldes erneut einäscherte. Für den Wiederaufbau verwandte Titus in erster Linie seine eigenen Mittel. Aber als wäre all das noch nicht genug, brach nun in der Stadt auch noch die Pest aus.

Grundsätzlich ist die Regierung von Titus ganz bewußt im Geiste Vespasians, wenn auch in milderen Formen, geführt worden. Die Groß- und Straßenbauten wurden ebenso fortgesetzt wie die Offensiven in Britannien. Wie vorher vor allem die Armee, so waren nun weite Teile des Reichs fasziniert von einer so harmonischen Gestalt. Als Titus im Sommer des Jahres 81 n. Chr. überraschend starb, betrauerte man ihn überschwenglich als *amor ac deliciae generis humani*, als die Liebe und die Wonne der ganzen Menschheit. Abgehoben von der rauhen Kraftnatur Vespasians, erstrahlte seine Persönlichkeit um so heller, als sein Bruder Domitian bald zum

Prototyp des Tyrannen wurde. An nüchternen Stimmen über den kurzen Principat des Titus hat es freilich schon in der Antike nicht gefehlt; so bezeichnete ihn beispielsweise Ausonius als glücklich durch die Kürze seines Regiments. Aber sein Nachleben ist davon nicht berührt worden: die *clementia* des Titus wurde sprichwörtlich, noch die böhmischen Stände gaben zur Krönung Josephs II. die Mozartoper «*La clemenza di Tito*» in Auftrag.

Es gibt Abschnitte des römischen Principats, in denen die generellen Bewertungen der modernen Forschung noch immer weithin mit jenen der antiken Überlieferung übereinstimmen, und andere, für die ein einseitiges, durch Vorurteile verzerrtes antikes Bild von umfassenden neueren Untersuchungen korrigiert wurde. Zu letzteren zählt der Principat Domitians. Freilich ist dabei zu konstatieren, daß es bisher nicht gelang, die Resultate der Spezialforschung überzeugend zusammenzufassen und zu vermitteln. Selbst bei modernen Autoren, die sich um ein aufgeschlossenes Verständnis Domitians bemühen, dominiert noch immer eine primär personalistische Sicht. Es werden die Sachzwänge längst eingeleiteter Entwicklungen nicht berücksichtigt und auch nicht die Geschlossenheit flavischer Politik einerseits, die Kontinuität der Strukturen wie der politischen und militärischen Entscheidungen auf vielen Gebieten zwischen dem «Tyrannen» Domitian und dem «*optimus princeps*» Trajan andererseits.

Tatsächlich sind jedoch Persönlichkeitsstruktur, Principatsauffassung, politisches System und Atmosphäre des Regimes bei Domitian ebensowenig zu trennen wie bei Tiberius, dessen Aufzeichnungen Domitians Lieblingslektüre bildeten. Und wie bei Tiberius, so wurden auch bei Domitian Persönlichkeit und späterer Herrschaftsstil entscheidend durch die Erfahrungen vor der Übernahme des Principats geprägt. Der 51 n. Chr. geborene Domitian wuchs nicht wie sein zwölf Jahre älterer Bruder Titus in einer harmonischen, höfischen Umgebung auf. Sein Vater war damals verschuldet und nach Neros Regierungsantritt auch in Ungnade gefallen, Domitians Mutter starb früh. Als Achtzehnjähriger erlebte Domitian dann auf dem brennenden Kapitol den Untergang der flavischen Partei unter der Führung seines Onkels und eine abenteuerliche Rettung in letzter Stunde. Als Isispriester verkleidet, konnte er den fanatischen Vitellianern entkommen.

Das Erlebnis dieser Rettung, die später von der flavischen Propaganda als göttliche Einwirkung interpretiert wurde, wirkte mindestens so nachhaltig wie Vespasians Erleben der Wunderheilungen in Ägypten. Domitians bleibendes Bekenntnis zu *Juppiter Custos* spiegelt die Überzeugung des jüngsten Flaviers wider, daß sein Leben für Großes vorherbestimmt und deshalb von der Gottheit geschützt sei. Doch nach dem Einzug der flavischen Truppen in Rom wurde Domitian sogleich in die Rivalitäten der Sieger verstrickt und mit den Realitäten des politischen Alltags konfrontiert. Mucian überspielte die Heerführer Antonius Primus und Arrius Varus ebenso wie den Sohn des *princeps*, dem nur eine primär repräsentative Rolle als *praetor urbanus* zugewiesen wurde. Domitian, der auf eine aktive Teilnahme an den Regierungsgeschäften drängte, unterschrieb zwar eine wahre Flut von Erlassen, doch die Macht lag in den Händen Mucians. Ein Versuch, sich bei der Niederwerfung der Aufstände am Rhein und in Gallien zu qualifizieren, scheiterte.

Die Diskrepanz zwischen äußeren Ehrungen und fehlenden Wirkungsmöglichkeiten blieb für Domitian auch nach Vespasians Einzug in Rom bestehen. Den ehrgeizigen, nach Aktivität drängenden Sohn des *princeps* konnten Ehrenkonsulate nicht befriedigen, von einer verantwortlichen Aufgabe, etwa einem militärischen Kommando im Orient, wurde er ferngehalten. Während Herrschaft und Macht völlig in den Händen von Vespasian und Titus lagen, konnte sich Domitian weder auszeichnen noch Erfahrungen sammeln. Es kann nicht überraschen, daß er dann auf der vollen Anerkennung seiner Stellung als *princeps* und daß er ebenso auf der direkten und umfassenden Ausübung seiner Macht bestand, als er schon im September 81 n. Chr. Titus' Nachfolger wurde.

Aufgaben stellten sich dem Dreißigjährigen nun mehr als genug, dies insbesondere in den Bereichen der Grenzpolitik, wo Vespasian neue Entwicklungen eingeleitet hatte. Gegen Ende der Herrschaft Neros beschränkte sich der Raum der römischen Provinz *Britannia* auf den Südosten der Insel. Er erreichte nun zwar im Norden die Linie Manchester-Humber, schloß jedoch im Westen Wales noch immer aus. Die Besetzung von Wales und der weitere Vorstoß nach Norden ergaben sich somit als wichtigste Aufgaben für eine Fortsetzung der Okkupation. Ein Eingreifen erforderte zunächst der Norden. Hier hatten sich während des Bürgerkrieges in dem von Rom abhängigen Klientelkönigtum der Briganten die Dinge zu Roms Ungunsten entwickelt. Die Briganten besiedelten als größter britischer Stamm den weiten Raum, der von Yorkshire im Süden bis in die Gegend von Durham im Norden reichte. In dem nur wenig zentralistisch organisierten Stamm hatte sich früher die Königin Cartimandua sehr eng an Rom angelehnt. In inneren Wirren war sie jedoch von ihrem Mann Venutius zu einem Zeitpunkt vertrieben worden, als Rom keine Unterstützung senden konnte.

Mit den Flaviern setzte dann auf römischer Seite eine neue Initiative ein. Bereits der erste flavische Statthalter, Petillius Cerialis, ein Befehlshaber, der schon zuvor als Legionslegat in Britannien gedient hatte, unterwarf in den Jahren 71 bis 74 n. Chr. das ganze brigantische Stammesgebiet bis in die Höhe der Solway-Tyne-Linie. Gleichzeitig wurde das nördliche Legionslager von Lincoln nach York (Eburacum) verlegt. Daß diese Niederwerfung des mächtigen Stammes als endgültig angesehen werden konnte, ergibt sich aus der Tatsache, daß sich der Nachfolger von Petillius Cerialis, der in den Jahren 74 bis 77 n. Chr. leitende Iulius Frontinus, der als Verfasser der «Strategemata» bekannt gewordene Militärschriftsteller und klassische Spezialist der römischen Wasserversorgung, nun der Unterwerfung der Siluren im Südwesten von Wales und der Organisation und Sicherung der walisischen Grenze zuwandte.

Noch im Jahre 77 n. Chr. kam als nächster Statthalter Iulius Agricola, Tacitus' Schwiegervater, nach Britannien. Er leitete sogleich eine Strafaktion gegen die Ordovicer im Norden von Wales ein. Die eigentliche Leistung des Agricola aber liegt in der Forcierung der weiteren Okkupation im Norden Britanniens. Hier stieß er nicht nur bis zu der durch den Firth of Forth und den Firth of Clyde markierten Landenge vor, sondern auch noch darüber hinaus. Selbst eine Eroberung Irlands lag nach diesen Erfolgen durchaus im Bereich des Möglichen. Doch die dafür erforderlichen Truppen fehlten, und so blieb die Insel die letzte geschlossene Bastion des freien Keltentums.

Im Norden Britanniens aber griff Agricola immer weiter aus. Die römische Flotte umsegelte die Nordspitze Schottlands. Die 84 n. Chr. geschlagene Schlacht am *Mons Graupius* schien, jedenfalls nach Tacitus, auch für die nördlichsten Stämme das Ende der Freiheit zu bedeuten. Die Römer waren jetzt im unmittelbaren Besitz der schottischen Lowlands, auch der Widerstand des Hochlandes schien gebrochen. Kurz nach diesem Sieg wurde Agricola jedoch von Domitian abberufen, die Offensive wurde eingestellt. Die nördlichsten Eroberungen Agricolas konnten auf die Dauer nicht gehalten werden, weil die prekäre Lage im Donauraum dort den Einsatz neuer Truppen erforderte. In Britannien mußten deshalb die römischen Kräfte reduziert, das Legionslager Inchtuthil in Schottland wieder geräumt werden. Etwa um das Jahr 100 n. Chr., zu Beginn der Herrschaft Trajans, wurden dann die Garnisonen nördlich der Tyne-Solway-Linie evakuiert, die römischen Truppen im Raum südlich des späteren Hadrianswalls konzentriert.

Die Bewertung der Vorgänge in Britannien während der Herrschaft Domitians stand bis in die Gegenwart im Banne des taciteischen *«Agricola»*, jener Schrift, in der Tacitus einerseits seinen Schwiegervater zum Eroberer Britanniens, andererseits Domitian zum mißgünstigen und falschen Tyrannen stilisierte. Indessen war für den *princeps*, für den andere Prioritäten galten als für den Befehlshaber einer Provinz, eine realistische Ökonomie der militärischen Kräfte vordringlicher als der Abschluß von Operationen mit bestenfalls zweifelhaftem Gewinn. Für gleichzeitigen verstärkten Truppeneinsatz in Britannien, Germanien und an der Donau reichte weder das militärische Potential des Imperiums aus noch das finanzielle. Der entscheidende Beweis dafür, daß für die Abberufung Agricolas keine persönlichen, sondern rein sachliche Beweggründe maßgebend waren, liegt in der Tatsache, daß auch der im taciteischen *«Agricola»* so umworbene Trajan, der militärische Expansionist schlechthin, Agricolas offensive Pläne nicht verwirklichte, sondern in konsequenter Fortführung der Politik Domitians die nördlichsten römischen Kastelle zurücknehmen ließ.

Die großen römischen Offensiven in Germanien hatten Südwestdeutschland zunächst ausgespart. Erst der Übergang zur strategischen Defensive nach der Abberufung des Germanicus im Jahre 16 n. Chr. führte hier zu einer neuen Lage. Der wie ein Keil zwischen dem obergermanischen Heeresbezirk im Westen, Raetien und *Noricum* im Osten eingelagerte südwestdeutsche Raum gewann nun für den Ausbau der langfristigen Grenzüberwachung und die Anlage durchgehender Straßenverbindungen eine zunehmende Bedeutung. Daher wurde im obergermanischen und raetischen Bereich seit Claudius ein in Etappen erfolgendes Vorschieben von römischen Stützpunkten, Kastellen und Straßen zur Regel.

Im Südosten des heutigen Bundeslandes Baden-Württemberg markierte bereits in frühclaudischer Zeit eine Kastellreihe südlich der Donau (Rißtissen – Emerkingen – Mengen – Ennetach – Inzigkofen) sowie das an einer alten Handelsstraße vorgeschobene Kastell Hüfingen, südlich des Donauursprungs, ein erstes Überwachungssystem. Längs der von Südwesten nach Nordosten, ungefähr parallel zum Rand der Schwäbischen Alb verlaufenden Verkehrsleitlinie wurde dann unter Vespasian weiter vorgerückt.

Unter dem Oberbefehl des Legaten Cn. Pinarius Cornelius Clemens vereinigten sich von Westen durch das Kinzigtal und von Süden aus Vindonissa über Hüfingen vorgehende römische Truppen um das Jahr 73/74 n. Chr. bei Rottweil, das nun als *Arae Flaviae* zentraler Ort des neugewonnenen Gebietes wurde. Ein nennenswerter Widerstand ist hier nicht geleistet worden. Für Vespasians wie für die flavischen Grenzpolitik überhaupt war diese Unternehmung charakteristisch. Denn von großen, weitausgreifenden militärischen Offensiven nahmen die Flavier bewußt Abstand. Im Vordergrund stand für sie stets die endgültige Stabilisierung der Grenzzone.

Zu einem Zeitpunkt, da sich Domitian bemühte, die für den Principat immer noch grundlegende *virtus imperatoria* zu beweisen, boten ihm die Chatten zwischen Main und Lahn die erwünschte Gelegenheit. Durch immer neue Einfälle in den obergermanischen Grenzraum wie durch seine Mitwirkung in den rheinischen Wirren zu Beginn von Vespasians Regierung hatte sich der Stamm für die Römer zu einem chronischen Unruheherd entwickelt. Begleitet von einer ganzen Suite erfahrener militärischer Ratgeber, begab sich Domitian im Jahre 83 n. Chr. selbst nach Mainz, um die Operationen gegen die Chatten persönlich zu leiten.

Obwohl für die Kämpfe gegen die Chatten sieben Legionen und große Hilfstruppenkontingente eingesetzt wurden, sind die Einzelheiten und die Chronologie der Feldzüge dieser Jahre noch immer kontrovers. Es ist jedoch wahrscheinlich, daß ein erster Angriff noch im Jahre 83 n. Chr. vorgetragen wurde und daß gleichzeitig mit den Vorstößen in Wetterau und Taunus auch das Neuwieder Becken nordwestlich davon und im Süden der Raum von Baden-Baden im Brennpunkt römischer Aktivität standen. Eine Stelle aus Frontins «*Strategemata*» enthüllt die damals im weiteren Vorfeld von Mainz angewandte Taktik: «Als die Germanen nach ihrer Gewohnheit aus Bergwäldern und dunklen Schlupfwinkeln wiederholt unsere Truppen überfielen und einen sicheren Rückzug in die Tiefe der Wälder hatten, ließ der Imperator Caesar Domitianus Augustus *limites* in einer Länge von 120 Meilen [177,5 km] errichten. Er änderte durch diese Maßnahme nicht nur die militärische Lage, sondern unterwarf auch die Feinde, deren Zufluchtsorte er bloßgelegt hatte» (I,3,10).

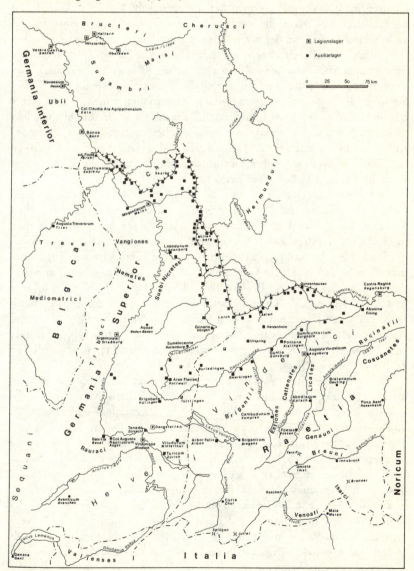

20 Limes in Obergermanien

Mit der späteren, in sich geschlossenen und im Laufe der Entwicklung immer stärker ausgebauten Grenzüberwachungs- und Aufsichtslinie des «Limes» haben diese domitianischen *limites* des Jahres 83 n. Chr. zunächst noch nichts zu tun. Es handelt sich vielmehr um Schneisen in die Taunuswälder, die es den römischen Verbänden erlaubten, an die Ringwälle der Chatten heranzukommen, das bisher unzugängliche Gebiet militärisch zu kontrollieren und damit die Voraussetzungen für den danach einsetzenden systematischen Ausbau der Grenzüberwachung und -sicherung zu schaffen (im militärischen Bereich bezeichnete der lateinische Begriff *limes* ursprünglich Bahnen zur Erschließung unzugänglicher Räume, Verbindungs- und Vormarschstraßen, die von römischem Gebiet aus insbesondere in Wald-, Sumpf-, Gebirgs- und Wüstenregionen vorgetrieben wurden. Erst später trat diese Bedeutung zurück und parallel zur militärischen und historischen Gesamtentwicklung jene einer systematisch überwachten Grenze des Imperiums in den Vordergrund. Die Tatsache, daß sich beide Definitionen nacheinander im hessischen Raum unter Domitian überlagerten, hat dabei zu nicht wenigen Mißverständnissen geführt).

Nach dem Zurückdrängen oder Niederkämpfen der Chatten setzte im Gebiet von Taunus und Wetterau eine lebhafte Bautätigkeit der römischen Verbände ein. Es wird angenommen, daß Kastelle für Auxiliarformationen in Hofheim, Heddernheim, Okarben und Friedberg die Basis vorgeschobener Posten bei der Saalburg wie bei den späteren Limeskastellen Zugmantel und Kapersburg bildeten. Von einem solchen Netz ausgehend, entstand dann das System kleinerer Erdkastelle und Schanzen, hölzerner Wachtürme und Signalstationen, die Grenzschneise als Postenweg, die dann später durch einen einfachen Holzzaun geschützt wurde. Eine Verteidigungs- oder Befestigungslinie ist dieses ganze, von den römischen Hilfstruppen immer stärker ausgebaute System nie gewesen, die römischen Legionslager blieben nach wie vor am Rhein.

Es ist ein ungelöstes Problem, auf welche Person diese neue Konzeption letztlich zurückgeht. Domitian selbst kommt dafür ebensowenig in Betracht wie der ältere Drusus für die Lösungen der logistischen und operativen Aufgaben der augusteischen Epoche. Da bekannt ist, daß im Stabe Domitians eine ganze Reihe von erfahrenen Spezialisten anwesend war, wurde vermutetet, daß auch S. Iulius Frontinus in dieser Gruppe beratend mitwirkte. Wenn dies richtig ist, läge nahe, ihm eine ähnliche Rolle zuzuweisen, wie sie M. Vipsanius Agrippa für die augusteischen Germanenfeldzüge zukommt. Auf Frontins Erfahrungen in Britannien, insbesondere bei der Anlage von Stützpunktketten und Kastellen in Wales, und auf seine hervorragende Qualifikation nicht nur als Militärtheoretiker, sondern auch als vielseitiger Architekt, Organisator und Systematiker ließe sich dann möglicherweise der entscheidende Impuls zurückführen.

Obwohl diese Gebietsannektion und der Ausbau der Grenzüberwachungszone wenig Glänzendes an sich hatten, ließ Domitian die Erfolge mit vollem Pathos feiern. Schon 83 n. Chr. nahm er den titularen Siegerbeinamen Germanicus an, er hielt einen Triumph über die Germanen ab, eine ganze Kette imperatorischer Akklamationen setzte ein. Zahlreiche Münzbilder und seit 85 n. Chr. eine Prägung mit der Legende *«Germania capta»* feierten diese Erfolge und diejenigen der nächsten Jahre im gleichen Raum. Selbst griechische Städte und natürlich die kaiserliche Münzstätte in Alexandria stimmten in diesen Chor ein. In Rom wurden Triumphbogen und Siegerstatuen errichtet, darunter eine riesige Reiterstatue des über den personifizierten Rhein hinwegsprengenden *princeps*. Statius schrieb ein Gedicht *«De bello Germanico»*, und Martial pries Domitian als *summus Rheni domitor*. Im Jahre 87 n. Chr. wurde der Monat September in Germanicus umbenannt, vor dem Jahre 90 n. Chr. die bisherigen Heeresbezirke Nieder- und Obergermanien in Provinzen umgewandelt.

Was in all dem gefeiert wurde, waren nun freilich nicht nur die Sicherung der neu okkupierten und überwachten rechtsrheinischen Gebiete um das Neuwieder Becken, Taunus und Wetterau, sondern gleichzeitig auch deren Zusammenschluß mit den weiter im Süden liegenden Räumen der *agri decumates*, mit den inzwischen vorgeschobenen Kastellgruppen am Neckar (Cannstatt, Köngen, Rottenburg) und jenen auf der Schwäbischen Alb (Urspring – Donnstetten – Gomadingen – Lautlingen). Gestört und dann wieder forciert wurde diese Entwicklung, neben den Rückwirkungen der Kämpfe an der unteren Donau, vor allem durch den Aufstand des obergermanischen Befehlshabers L. Antonius Saturninus im Winter 88/89 n. Chr. Saturninus konnte die Mainzer Legionen durch Bestechung für sich gewinnen, ließ sich zum Imperator ausrufen und suchte auch die Chatten für seine Sache zu mobilisieren. Die Vorgänge des Jahres 69 n. Chr. schienen sich zu wiederholen.

Domitian eilte selbst herbei, von allen Seiten wurden zuverlässige Legionen herangeführt, in Eilmärschen brachte der spätere *princeps* Trajan seine VII. Legion aus Spanien an den Rhein. Doch inzwischen hatte A. Lappius Maximus, der Befehlshaber des niedergermanischen Heeres, den Putsch in einem Augenblick niedergeworfen, als die rechtsrheinischen Germanen wegen Eisgang Saturninus nicht zu Hilfe kommen konnten. Offensichtlich konnte sich Domitian im allgemeinen auf die von ihm materiell besonders begünstigte Armee ebenso verlassen wie auf die Loyalität ihrer Kommandeure. Irritiert war der *princeps* freilich durch diese Vorgänge, eine große Zahl Verdächtiger wurde hingerichtet. Es ist denkbar, daß Domitian die durch diesen Aufstand diskreditierten Verbände sogleich zu härteren Einsätzen heranzog. Möglicherweise erfolgte jetzt die Dislokation von Hilfstruppen am Main und im Odenwald und damit die erwähnte Verbindung zwischen den von den Flaviern besetzten rechtsrheinischen Gebieten im Norden und Süden Obergermaniens.

Sieht man auf Resultate und Konsequenzen der Aktivitäten Domitians in Obergermanien insgesamt, so blieb es nicht wie früher bei der Anlage von Vormarschstraßen und Verbindungswegen, Stützpunkten und Versorgungsbasen, Einzelkastellen und Kastellgruppen. Das qualitativ neue Element war vielmehr das in sich geschlossene System, das auf die Dauer nicht auf einen begrenzten Abschnitt beschränkt werden konnte, sondern auch an den Nachbarabschnitten den jeweiligen Geländebedingungen angepaßte, doch im Prinzip identische Maßnahmen nach sich ziehen mußte. Die Initiativen der Chattenkriege hatten somit jene Entwicklung ausgelöst, die zur Gesamtsystematik des obergermanisch-raetischen Limes auf deutschem Boden führte.

In territorialer Hinsicht war der Radius, in dem sich Domitians Operationen in Obergermanien bewegten, relativ begrenzt. Aber jedes weitere Ausgreifen hätte die Überwachungslinie noch ungünstiger gestaltet und verlängert sowie zur Einbeziehung großer Waldgebiete gezwungen. Um ein Maximum territorialer Annexion ging es Domitian in Obergermanien ebensowenig wie in Britannien. Auch hier kam es vielmehr zu der für die Flavier insgesamt charakteristischen Ökonomie der Expansion. Zugleich setzten Domitians Maßnahmen voraus, daß für die Zukunft an größere Gebietserwerbungen in diesem Raum nicht mehr gedacht war. Damit war in der römischen Germanienpolitik eine grundlegende Entscheidung getroffen worden. Der Abschluß der germanischen Frage war nicht in den Perspektiven des Germanicus, sondern in jenen des Tiberius erfolgt.

Bei aller Anerkennung der Bedeutung der domitianischen Maßnahmen sind indessen die großen Spannungen zwischen den tatsächlichen Resultaten und Stil wie Pathos der triumphalen Siegesfeiern nicht zu leugnen. Domitian wollte nun einmal möglichst rasch eine ähnliche militärische Qualifikation demonstrieren, wie sein Vater und sein Bruder sie nach dem Jüdischen Krieg besaßen. Er wollte dem *Iudaea capta* Vespasians und Titus' das eigene *Germania capta* an die Seite stellen. Auf dem germanischen Kampffeld gab es jedoch weder Entscheidungsschlachten noch so erregende Beute, wie sie der Jüdische Krieg gebracht hatte. Radien, Mittel und Resultate der germanischen Grenzpolitik Domitians waren dazu viel zu ungewohnt, als daß sie eine begeisterte Aufnahme und Anerkennung hätten finden können. Dennoch wählte die massive Propaganda des *princeps* geradezu emphatische Akzente, die freilich zum Teil auch in den neuen Formen von Selbstverständnis und Selbstdarstellung dieses Principats begründet waren. Hier lagen denn auch nicht zufällig die Ansatzpunkte für die Kritik der senatorischen Opposition, wie sie speziell bei Tacitus zu fassen ist.

Lagen die Initiativen der domitianischen Grenzpolitik in Britannien und Germanien eindeutig auf römischer Seite, so an der unteren Donau auf Seiten der Gegner Roms. In diesem Raum, insbesondere im Karpatenbekken, hatte die Zivilisation der Daker schon in den Jahrhunderten vor Christi

Geburt die Stufe einer engräumigen, in kleine Zellen zerfallenden Agrar- und Tauschwirtschaft überschritten. Zwar blieben noch immer Ackerbau und eine intensive Viehzucht vorherrschend, doch gab es daneben ein hochentwickeltes Kunsthandwerk, das vor allem in den archäologischen Funden bemalter Keramik wie in den Erzeugnissen der Eisenverarbeitung und der Silber- und Goldschmiedekunst zu fassen ist. Das Volumen der Münzprägung wie der Münzfunde und die Aneignung zunächst griechischer, später lateinischer Schrift dokumentieren die zum Teil engen Handelskontakte mit den Nachbarräumen der griechisch-römischen Welt.

Die Gesellschaftsstruktur wurde durch die Gegensätze zwischen den Adligen, denjenigen, die eine eigenartige dakische Mütze, den *pileus* trugen *(pilleati)*, und dem einfachen Volk, für das lange Haare typisch waren *(comati)*, gekennzeichnet. Entsprechend war die Siedlungsweise durch kleinere Dörfer, befestigte Herrensitze und einige *oppida* – stadtähnliche, größere Bevölkerungskonzentrationen – geprägt. Schon früh bildeten sich in den Bergen von Orastie im Zentrum der Karpaten die eigentliche Basis und der Kern einer Machtkonzentration heraus. Wie weit indessen die Intensität staatlicher Organisation im Raume des heutigen Rumänien ging, ist strittig. Immerhin war es schon zur Zeit Caesars unter Burebista zu einer Machtbildung gekommen, die den Römern so bedrohlich erschien, daß sie wiederholt eine offensive Zerschlagung dieses Reiches ins Auge faßten. Verständlich sind solche Pläne deshalb, weil sich Burebistas Einfluß zeitweilig auch über die getischen und thrakischen Stämme in den Nachbarlandschaften des heutigen Rumänien ausgedehnt hatte, so daß sich hier ein dakothrakisches Großreich zu konsolidieren schien.

Obwohl dieser Herrschaftsbereich nach Burebistas Tod ebenso rasch zerfiel, wie er sich gebildet hatte, brachten die ersten Jahrzehnte nach Christi Geburt an der unteren Donau alles andere als stabile Verhältnisse. Zwar kann nun für längere Zeit nicht mehr von einer einheitlichen dakischen Politik gesprochen werden, doch die Einfälle größerer dako-getischer Gruppen in den Raum südlich der Donau rissen ebensowenig ab wie die zum Teil massiven römischen Gegenstöße. Während damals auf dakischer Seite ein umfangreiches System von Verteidigungsbauten um die dakische Residenz Sarmizegetusa (Gardiştea) entstand, um eine Residenz, die nach Ausweis der archäologischen Funde zugleich ein religiöses Zentrum der Daker war, entschloß man sich auch auf römischer Seite zu politischen und militärischen Sicherungsmaßnahmen. Schon um 20 n. Chr. waren, in der Hoffnung, dadurch wenigstens die Ostflanke Pannoniens zu entlasten, die Jazygen im Gebiet zwischen Donau und Theiss angesiedelt worden. Andere große Umsiedlungsaktionen von «Transdanuviern» folgten, vor allem aber wurde die römische Grenzsicherung ausgebaut, die nun auch über Brückenköpfe nördlich der Donau verfügte. Vespasian ließ die römische Armee in Moesien verstärken und dort auch eine spezielle Donauflottille aufstellen.

Die Anlässe, die zum Ausbruch der schweren Kämpfe unter Domitian führten, sind unklar. Jedenfalls fielen starke dakische Gruppen im Winter 85/86 n. Chr., für die Römer völlig überraschend, in Moesien ein, plünderten und brandschatzten. Der Statthalter Oppius Sabinus fiel im Kampf. Domitian sah die Lage als so prekär an, daß er sich an der Spitze neuer römischer Verbände in das Krisengebiet begab und das ganze Jahr 86 n. Chr. zum Zurückdrängen von besonders hartnäckigen dakischen Gruppen in Moesien und zur Vorbereitung eines römischen Gegenstoßes verwenden mußte.

Da die Eskalation der Kämpfe angesichts der römischen Bereitstellungen vorauszusehen war, machte auf dakischer Seite der alte König Diupaneus seinem Neffen Dekebalus Platz. Damit befehligte dort ein politisch wie militärisch hochqualifizierter junger Mann, der sich wie Domitian durch Erfolge auszuweisen hatte, eine Persönlichkeit, von der Cassius Dio berichtet, daß sie einen Sieg ebensogut auszunutzen verstand, wie aus einer Niederlage gut davonzukommen, und daß sie für die Römer auf lange Zeit ein ebenbürtiger Gegner war (67,6,1). Auf römischer Seite hatte der Prätorianerpräfekt Cornelius Fuscus die Leitung der Operationen übernommen. Nachdem die Daker nach verlustreichen Kämpfen über die Donau zurückgetrieben worden waren, nahm Domitian an, daß ihre Widerstandskraft gebrochen sei. Er feierte noch im Jahre 86 n. Chr. einen ersten Triumph über die Daker, wies ein Friedensangebot des Dekebalus zurück und ließ Cornelius Fuscus die Gegenoffensive eröffnen.

Im Jahre 87 n. Chr. hatte Fuscus eine Schiffsbrücke über die Donau schlagen lassen, setzte seine Verbände über und stieß längs der Aluta (Olt) nach Norden vor. Doch im Roten-Turm-Pass wurde er vernichtend geschlagen. Er fand selbst den Tod, während Lager, Ausrüstung, Feldzeichen und vor allem zahlreiche Gefangene in Dekebalus' Hand fielen. Der junge König hatte sich glänzend bewährt, die Römer hatten eine katastrophale Niederlage erlitten. Immerhin übernahm nun im Jahre 88 n. Chr. Tettius Julianus, ein ebenso erfahrener wie umsichtiger Legat das Kommando der gegen die Daker eingesetzten Truppen. Er entschloß sich, vom Banat aus anzugreifen, und er konnte auch am Engpaß von Tapae, am Eisernen Tor, von den Dakern nicht aufgehalten werden. Dekebalus fürchtete bereits für seine Hauptstadt, doch auch die römischen Verluste waren so hoch, daß Tettius Julianus von der Fortsetzung der Offensive absah.

Ein Jahr später wechselte dann der Schauplatz der Kämpfe. Da Quaden und Markomannen während des Feldzuges gegen die Daker ihren Verpflichtungen nicht nachgekommen waren und zudem auch in Zukunft die offene Flanke des römischen Heeres bedrohen konnten, wollte Domitian vor weiteren Aktionen gegen Dekebalus zuerst diese Gegner ausschalten. Doch die geplante Strafexpedition scheiterte, die Markomannen schlugen die Römer in die Flucht. Domitian blieb nun keine andere Wahl, als mit Dekebalus einen Kompromißfrieden zu schließen. Gegen die Gewährung

Die Krise des Vierkaiserjahres und die Epoche der Flavier

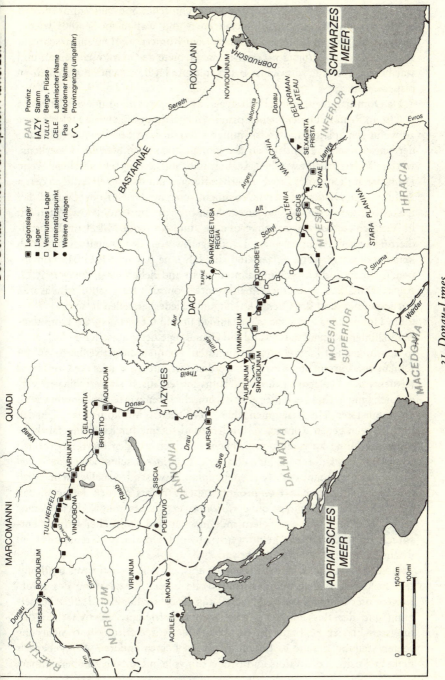

21 Donau-Limes

von finanzieller Unterstützung und von technischer Spezialistenhilfe erhielt er die von Fuscus verlorenen Gefangenen und Waffen großenteils wieder zurück. Außerdem sicherte Dekebalus den Römern ein Durchmarschrecht aus ihrer Provinz *Moesia superior* in die Gebiete der Markomannen zu und war bereit, auch die römischen Brückenköpfe im Banat und in Oltenien zu respektieren.

Da Domitian diese faktische Besiegelung des *status quo* Ende des Jahres 89 n. Chr. in Rom mit einem neuen prunkvollen Triumph über die Daker sowie aufwendigen Spielen und Wettkämpfen feiern ließ, ist bei aller Anerkennung der schwierigen Gesamtlage an der Donau doch auch hier ein bemerkenswerter Widerspruch zwischen Realität und Stilisierung festzustellen. Wenn Domitian im Laufe der Friedensverhandlungen mit dakischen Adligen deren Anführer ein Diadem aufsetzte, so mochte man im fernen Rom glauben, daß Dekebalus damit ein abhängiger Klientelkönig des Imperiums geworden sei; in Wirklichkeit hatte dieser wertvolle Zeit und wertvolle Mittel zur Konsolidierung seiner Macht erhalten. Im übrigen war an der Donau auch danach keine endgültige Ruhe eingetreten. Im Jahre 92 n. Chr. fielen Markomannen, Quaden und Jazygen in Pannonien ein und rieben dabei die *legio XXI. Rapax* völlig auf. Auch diesesmal konnte Domitian lediglich die Invasoren zurückwerfen und die Grenzverteidigung wiederherstellen lassen.

Im Unterschied zur Lage in Britannien und in Germanien, wo Domitians Maßnahmen Bestand hatten und die Grundzüge der römischen Politik auch in den folgenden Jahrzehnten bestimmten, konnten die Krisenherde an der Donau von ihm nicht ausgeräumt werden. Vermutlich war es nie Domitians Absicht, das Dakerreich des Dekebalus systematisch zu zerschlagen, vermutlich ging es ihm auch hier eher darum, die Grenzverteidigung umfassend zu stabilisieren, ein Zusammengehen von Dakern, Markomannen, Quaden und Jazygen gegen Rom zu verhindern und so eine für Rom ungefährliche Vorfeldordnung zu erreichen. Selbstverständlich wurden die Katastrophen römischer Heerführer im Donauraum dem *princeps* selbst angelastet, weil dieser persönlich auf dem Kriegsschauplatz anwesend war. Der schließlich mit Dekebalus erzielte Kompromiß änderte nichts an der Tatsache, daß Domitian hier als *princeps* ohne «*fortune*» erscheinen mußte. Dem Pathos seiner Triumphe und der Feiern militärischer und politischer Erfolge entsprach die Wirklichkeit keineswegs, obwohl Domitians Grenzpolitik in ihrem Kern durchaus realistisch war.

Domitians Auffassung des Principats und sein Selbstverständnis bestimmten die eigenartige und widerspruchsvolle innere Entwicklung des Imperiums unter diesem *princeps*. Nach Titus' Tod war die Zeit der Zurücksetzung und der Ressentiments, aber auch unbefriedigter Aktivität für den jüngsten Flavier zu Ende. In der Frage der Ausgestaltung und Sicherung seiner Stellung konnte es für ihn zunächst keinen anderen Weg geben als den, die Position des Vaters und Bruders in vollem Umfang zu übernehmen.

Dies führte zu ständigen Iterationen des Konsulats und der *tribunicia potestas* sowie zu auffallend häufigen imperatorischen Akklamationen, somit zu einer nach republikanischen Normen provozierenden Kumulation von *potestates* und titularen Elementen, die oft kritisiert wurde. Doch das Phänomen relativiert sich, wenn es in den Zusammenhang der flavischen Praxis eingeordnet wird: Vespasian hatte das Konsulat neunmal bekleidet, Titus achtmal, Domitian siebzehnmal. Vespasian und Titus kamen jeweils auf elf Jahre tribunicischer Amtsgewalt, Domitian auf sechzehn. Vespasian ließ sich zwanzigmal zum Imperator ausrufen, Titus siebzehnmal, Domitian zweiundzwanzigmal.

Ähnlich liegen die Dinge im Falle der *Censur*. Gewiß war es insbesondere für die Senatoren provozierend, daß Domitian seit dem Jahre 85 n. Chr. die *Censur* auf Lebenszeit übernahm und diese Tatsache für so wesentlich hielt, daß er das Element *censor perpetuus* in die Titulatur aufnahm. Doch auch hier ist an die *Censur* Vespasians und Titus' von 73/74 n. Chr. zu erinnern sowie daran, daß beide Vorgänger Domitians auch noch nach der eigentlichen Amtsperiode mit dem Titel des Censors geehrt wurden. Schon Vespasian hat die *Censur* in denkbar weitem Umfang zur Säuberung und Ergänzung des Senats benützt.

Die demonstrative Verbindung der *Censur* mit dem Principat darf bei Domitian indessen nicht nur senatsbezogen gesehen werden. Denn es war ihm ernst mit der Erneuerung altrömischer Sitten und Normen wie mit der Beseitigung vielfältiger Verfallserscheinungen. Ob er die *lex Scantinia* über die Knabenschändung konsequent anwenden ließ, die Kastration untersagte, die Senkung der Preise für Eunuchen erzwang, Keuschheitsvergehen von Vestalinnen wieder mit der archaischen Todesstrafe des Vergrabens bei lebendigem Leibe ahndete, ob er die Formierung der Stände überwachte oder die Effektivität von Magistraten und Verwaltungsfunktionären kontrollierte, all dies ist als Ausdruck seiner censorischen Grundhaltung zu sehen.

Domitian nahm so nicht nur alle durch die *lex de imperio Vespasiani* kodifizierten und durch die Regierungspraxis der beiden ersten Flavier durchgesetzten Kompetenzen des *princeps* auf, er führte sie in logischer Konsequenz weiter, übte sie in einer ganz offenen, autokratischen Manier aus und überhöhte den Principat zugleich durch die Massierung neuer Formen in Zeremoniell und Repräsentation. Der *princeps* wurde nun stets von vierundzwanzig Liktoren begleitet, betrat den Senat im Triumphalgewand, seine Person wurde faktisch – ganz im Gegensatz zum Stil Vespasians – unnahbar. Bei den von ihm zu Ehren des *Juppiter Capitolinus* gestifteten Spielen trug Domitian eine purpurne Toga nach griechischem Zuschnitt, auf dem Kopf eine goldene Krone mit den Bildnissen Juppiters, Junos und Minervas. Er war umgeben vom Juppiterpriester und dem flavischen Priesterkollegium, von Männern, die ähnlich bekleidet waren, lediglich auf ihren Kronen auch noch ein Bildnis des *princeps* trugen.

In dieselbe Richtung einer ganz planmäßigen Überhöhung des *princeps* weisen die zahlreichen goldenen und silbernen Statuen des Herrschers auf dem Kapitol hin, die vielen Triumphbögen, mit denen Domitian die ganze Stadt schmücken ließ, und die Umbenennung der Monate September und Oktober zu seinen Ehren in Germanicus und Domitianus. Nicht zuletzt kommt sie in der Entfaltung und zumindest Duldung einer oft penetranten höfischen Dichtung zum Ausdruck, die das Pathos eines Ovid noch übertraf. So feiert beispielsweise Statius eine Einladung zur Tafel des *princeps*, wobei alles geheiligt wird, nicht nur die Person des *princeps* selbst, sondern selbst das Mahl (*«Silvae»* 4,2). Die prägnanteren Formulierungen aber bietet Martial in seinen Epigrammen, der Domitian als «Vater des Erdkreises» apostrophiert oder seine Sittengesetze so feiert:

> «Höchster Richter der Sitten, Fürst der Fürsten *[principumque princeps]*,
> wohl verdankt dir dein Rom so viel Triumphe,
> so viel neue und hergestellte Tempel,
> so viel Schauspiele, so viel Götter, Städte,
> aber mehr, daß die Zucht zurückgekehrt ist»
> (Martial, «Epigramme», 6,4 – Übertragung von R. Helm).

Als Schlüsselbegriff für Domitians Herrschaftsauffassung wurde häufig die Anredeformel des *«dominus et deus»* aufgefaßt, die freilich nie in die offizielle Titulatur einging. Die Formel war ursprünglich im Kreis der Sklaven und Freigelassenen der *familia Caesaris* üblich. Von diesem Personenkreis angehörenden Prokuratoren wurde sie dann auch in der Verwaltung aufgegriffen und schließlich weithin angewandt. Bei der allgemeinen Bewertung der Formel ist jedoch davon auszugehen, daß sie, wie es der beste Kenner des antiken Herrscherkultes präzisiert hat, «nicht die Vergottung, sondern nur die gottartige Überhöhung des Herrschers ausspricht» (Fr. Taeger, «*Charisma*» II, Stuttgart 1960, 353).

Als Gott hat sich Domitian, im Unterschied zu Caligula, nicht verstanden und auch nicht wie jener göttliche Verehrung gefordert. Allerdings sah er sich seit seiner Errettung auf dem Kapitol von *Juppiter Custos* in besonderer Weise gehütet. Die von Domitian am intensivsten verehrte Gottheit und die eigentliche göttliche Schutzherrin seines Principats wie des Imperiums aber war Minerva. Diese Minerva Domitians, die in vier Haupttypen der Edelmetallprägung in Kampfstellung, zum Teil mit Speer oder mit Speer und Blitzbündel in alle Hände gelangte, aber war nicht die spezifische Gottheit der Handwerker, Künstler, Dichter, Lehrer und Ärzte, sondern die alte, wenn auch ein wenig in den Hintergrund gedrängte, Schutzgottheit Roms. Sie bildete zusammen mit Juppiter und Juno die kapitolinische Trias; noch Cicero rief sie als *custos urbis* an. Jetzt wurde sie in ungewöhnlich massiver Weise wiederbelebt. Domitian ließ ihr nicht nur auf seinem neuen Forum einen Tempel errichten, sondern auch sein großes Reiterstandbild so gestalten, daß er selbst mit einer Minervastatue dargestellt war.

Einen anderen Ansatz zur religiösen wie ideologischen Überhöhung des *princeps* Domitian zeigen die Akten der Arvalbrüderschaft. Aus ihnen geht hervor, daß die *vota*, die Gelübde für *princeps*, Staat und Volk, seit dem Jahre 87 n. Chr. gleichsam eine universalistische Komponente enthalten. Unter dem 22. Januar des Jahres 87 n. Chr. wird die religiös begründete Überzeugung protokolliert, daß auf der Unversehrtheit des *princeps* Domitian das Heil der ganzen Menschheit beruhe. Damit war an das Galba-Programm des *Salus generis humani* angeknüpft. Am 3. Januar 91 n. Chr. aber wurde in den Arvalakten die Konzeption der *Salus Augusta publica populi Romani Quiritium* fixiert und damit die unmittelbare Verbindung zwischen *princeps* und der *salus* von Staat und Volk Roms in zuvor nie formulierter Prägnanz eingehämmert und vertieft. Traditionelle Formen waren so mit neuen Inhalten und Akzenten versehen, auch in neue Dimensionen gerückt, stets aber mit Domitian selbst verbunden worden.

Die neuere Forschung hat den Stil dieser Autokratie, den absoluten Herrschaftsanspruch und nicht wenige Elemente der Verehrung und Repräsentation immer wieder mit den Traditionen, Ansprüchen und Formen der hellenistischen Monarchie in Verbindung gebracht und dabei häufig eine Linie zwischen Caligula, Nero und Domitian gezogen. Dabei ist unbestreitbar, daß es einerseits tatsächlich in mehreren Punkten eine Aufnahme hellenistischer Elemente gibt, andererseits jedoch in den entscheidenden Bereichen keine Kontinuität im Selbstverständnis dieser drei *principes* besteht. Vor allem liegt bei Domitian zunächst kein Bruch mit flavischer und römischer Tradition vor. Grundlage der Principatsauffassung bilden bei Domitian wie bei Vespasian und Titus zunächst die volle Inanspruchnahme aller *potestates* und Kompetenzen des *princeps*. Sie gipfeln in der Beanspruchung einer lebenslänglichen *censoria potestas*, die Augustus einst in seinem Principat vermied. Diese römische Komponente hat Priorität, und sucht man den spezifischen Punkt von Domitians Principatsidee, so liegt er hier in dieser neuen und umfassenden *potestas*, in einer Machtbasis, und nicht in Anredeformeln und Einzelheiten äußerer Drapierung.

Auch die offizielle römische Reichsprägung dokumentiert den Vorrang der genuin römischen Elemente und Traditionen. Neben dem schon erwähnten Minerva-Komplex wird in der Edelmetallprägung vor allem *Juppiter Conservator* beschworen, im Kupfer dominieren traditionelle römische und flavische Gottheiten und Abstraktionen wie *Fortuna, Mars, Victoria, Virtus, Pax*. In beiden Bereichen aber nehmen daneben die Darstellungen der *virtus* des Herrschers und seiner Bauten weiten Raum ein. Ganze Zyklen von Münztypen feiern die Siege über die Germanen, die neuerrichteten oder wiederhergestellten Tempel und schließlich, in einer besonders wertvollen Serie, die wesentlichen Akte der Saecularspiele des Jahres 88 n. Chr. Daß daneben auch die Damen der *domus principis* im Münzbild erschienen, Domitia, Domitians Gattin, und Julia, die Tochter des Titus, sowie in einem originellen Typus das früh verstorbene, nun mit den Sternen spielende Kind des *princeps,* war nach den vorhergehenden Normen nicht überraschend.

Für das Verständnis der Herrschaftsform Domitians ist es falsch, ihn von Vespasian und Titus zu trennen und statt dessen zu eng mit hellenistischen Entwicklungen zu verbinden. Einen absoluten Herrschaftsanspruch erhob auch Vespasian. Sein Sohn war durch die Vorgänge des Jahres 69/70 n. Chr. entscheidend geprägt, mißtrauisch und, da er keine Erfahrungen hatte sammeln können, auch unsicher. Der kompromißlose Gebrauch der Macht, sein harter, distanzierter Kurs, sollten diese Unsicherheit verdecken und mußten doch bei dem jungen, zunächst nicht durch nennenswerte Leistungen ausgewiesenen Mann äußerst provozierend wirken. Domitian war von Anfang an kein *princeps,* der Sympathien erweckte oder faszinierte, er verfügte auch über keinerlei Integrationskraft und blieb häufig undurchschaubar. Dennoch war er einer der aktivsten römischen *principes* und ein Herrscher, der in vielen Bereichen eine realistische Politik verfolgte.

Der gewiß keiner Sympathien für Domitian verdächtige Sueton hat den allgemeinen Tenor seiner Administration so beschrieben: «Auf die Kontrolle der Magistrate in Rom und der Statthalter in den Provinzen verwandte er so viel Mühe, daß es zu keiner Zeit zurückhaltendere und gerechtere Beamte gab; während wir es erlebten, daß nach Domitian sehr viele Amtsträger aller möglichen Verbrechen angeklagt wurden» («Domitian» 8,2). Tatsächlich gibt es eine ganze Reihe von literarischen und epigraphischen Belegen für die hohe Qualität dieser Reichsverwaltung wie für die besondere Aktivität des *princeps* in diesem Sektor, eine Aktivität, die ihn freilich bei der Ausübung seiner Kontrollfunktionen und bei seinem entschiedenen Vorgehen gegen den Amtsmißbrauch in nicht wenige Konflikte mit Angehörigen der Führungsschicht Roms wie der Provinzen führen mußte.

Während der Autor des 12. Buches der *«Oracula Sibyllina»,* ein hellenisierter Jude, gleichsam das lange bewahrte Bild Domitians als eines Wohltäters der Provinzen im allgemeinen und der orientalischen im besonderen widerspiegelt, dokumentiert ein inschriftlich erhaltener Brief Domitians an einen syrischen Prokurator, wie konsequent der *princeps* gegen Amtsmißbrauch römischer Funktionäre einschritt, die willkürliche Requisitionsanordnungen getroffen und Dienstleistungen erzwungen hatten (*«Supplementum Epigraphicum Graecum»* XVII,755). Gegen Caecilius Classicus, der sich als Proconsul in der *Baetica* auf Kosten der Provinzialen bereichert hatte, wurde ebenso vorgegangen wie gegen den vielfachen athenischen Millionär und Vorfahren des berühmten Herodes Atticus, Tiberius Claudius Hipparchus, der sich wie ein Tyrann aufgeführt haben soll.

Die Folge dieser systematischen Kontrolltätigkeit Domitians war eine hohe Effektivität der Verwaltungsorgane auch in Krisengebieten. Dies zeigt beispielsweise die Ehreninschrift aus Antiochia in Pisidien für Domitians Legaten L. Antistius Rusticus, der bei einer Getreideknappheit eingriff und durch besonnene wie realistische Maßnahmen sicherstellte, daß die Einwohner der Kolonie ausreichend Getreide zu einem angemessenen Preis kaufen konnten und daß die Spekulation und Preistreiberei in dieser Notlage verhindert wurde. Ein Edikt Domitians zielte in dieselbe Richtung, wenn auch in weitaus größerem Rahmen, und stellt zugleich einen der wenigen Eingriffe römischer *principes* in den agrarwirtschaftlichen Produktionsbereich dar: «Während einer besonders großen Weinernte und gleichzeitigem Getreidemangel war er [Domitian] der Meinung, daß durch die Forcierung des Weinbaus der Ackerbau vernachlässigt werde. Er erließ daher ein Edikt, daß niemand in Italien neue Weinberge anlegen dürfe und daß die Weinberge in den Provinzen mindestens zur Hälfte zu vernichten seien; doch bestand er nicht auf der konsequenten Durchführung» (Sueton, «Domitian» 7,2).

Es wäre falsch, in Domitian einen bewußten Vorkämpfer für soziale Gerechtigkeit im weitesten Sinne zu erblicken, doch mußten sich viele seiner Initiativen und Kontrollmaßnahmen tatsächlich in dieser Richtung auswirken. Ähnlich ist seine sorgfältige und unermüdliche Rechtsprechung zu beurteilen, für die wiederum eine Überwachung der Urteile und die Entfernung bestechlicher Richter bezeugt sind.

Der Stil von Domitians autokratischem Regiment erforderte einen entsprechend repräsentativen Rahmen und damit eine rege Bautätigkeit. Neben den schon erwähnten Wiederherstellungsarbeiten und Tempelbauten bleiben hier insbesondere ein neuer Tempel des flavischen Hauses, das später in Nervaforum umbenannte Domitiansforum, ein von Rabirius auf dem Palatin erbauter prunkvoller Palast sowie eine luxuriöse Villa in der Nähe von Castel Gandolfo hervorzuheben. In der künstlerischen Ausgestaltung domitianischer Bauten sind eine gewisse Distanz zur Realität, die Massierung von Schmuckelementen und die starke Anwendung malerischer Mittel bezeichnende Merkmale. Indessen wurden neben Repräsentationsbauten nach wie vor auch große Nutzbauten durchgeführt, so wurde 92 n. Chr. der Kanal vom Nil zum Roten Meer vollendet.

Mit besonderem Nachdruck kümmerte sich Domitian um die Organisation von Spielen und Wettkämpfen. Dabei hat er die verschiedensten Ebenen und Kategorien in gleicher Weise berücksichtigt. In die anspruchsvollere, noch immer stark religiös geprägte Gruppe gehörten die Kapitolinischen Spiele, das Minervafest und die Saecularspiele. Im 86 n. Chr. eingeführten, alle fünf Jahre stattfindenden *agon Capitolinus* wurden zu Ehren Juppiters Wettkämpfe in musischen Künsten, Gymnastik und Wagenrennen abgehalten, damit aber auch ein Dichterwettbewerb verbunden. In kleinerem Rahmen wurde dagegen das alljährliche Minervafest begangen. Hier standen neben Wettkämpfen von Rednern und Dichtern insbesondere Theateraufführungen und Jagden im Vordergrund. Die Saecularspiele des Jahres 88

n. Chr. knüpften dagegen ganz an die augusteische Tradition an. So wie damals sollten sie den Anbruch eines neuen, glücklichen Zeitalters rühmen, so wie damals sollten sie auch jetzt den religiös fundierten Höhepunkt einer sittlichen Erneuerung Roms markieren.

Neben diesen herausragenden Ereignissen der großen religiösen Spiele standen ununterbrochen phantasievoll ausgestaltete Darbietungen für die Bedürfnisse der Massen in Amphitheater und *Circus maximus*, Seeschlachten, Jagden und Gladiatorenkämpfe bei Fackelschein, immer neue Paarungen bei den Tierkämpfen.

«War's Augustus' Bemühen, hier Flotten zum Kampfe zu stellen
und mit dem Schiffssignal laut zu beleben die Flut,
ach wie wenig war's nur vom Tun unsres Caesar [Domitian]! Es sahen
Thetis sowie Galatee Bestien, nie noch geschaut.
Triton sah in dem Wasserstaub die brausenden Wogen,
und er meinte, des Herrn Rosse enteilten dahin.
Nereus, wie er den Kampf mit den grimmen Schiffen noch rüstet,
bangt in der klaren Flut, plötzlich auf Trocknem zu gehn.
Was man im *Circus* sonst nur schaut, und im Amphitheater,
Caesar, an Wundern reich führt es das Wasser dir vor.
Still mit dem Fuciner See und dem See des grausamen Nero!
Diesen Seekampf allein kennt noch die künftige Zeit»
(Martial, «Buch der Schauspiele», 30 – Übertragung von R. Helm).

Wie wichtig Domitian diesen ganzen Sektor nahm, geht nicht allein aus den architektonischen Maßnahmen, dem Bau eines Stadions und eines Odeons wie einer Anlage für die Flottenkämpfe in der Nähe des Tiber hervor, sondern zeigt sich vor allem im Aufbau einer effektiven Organisation für die Beschaffung und Ausbildung der Tierjäger und Gladiatoren in speziellen Kasernen. Sie wurden künftig von ritterlichen Prokuratoren geleitet.

Die Aufwendungen für Spiele und Bauten, drei Geldgeschenke an das römische Volk in Höhe von jeweils 300 Sesterzen, die Erhöhung des Soldes für die Legionäre von jährlich 900 auf 1 200 Sesterzen (= 300 Denare), die Kosten für Kriegführung und Verwaltungsintensivierung verschlangen Jahr für Jahr riesige Summen und führten schließlich unvermeidlich zu einem ruinösen Defizit des Staatshaushalts. Da fühlbare Einsparungen nicht möglich schienen, ohne daß man die Sicherheit des Imperiums gefährdete oder die Popularität des *princeps* minderte, griff die Administration auch hier zu rigidem Steuerdruck und, wo immer es möglich war, zum Mittel der Konfiskationen. Der *princeps,* der zuvor den ernsthaften Versuch unternommen hatte, die Delatoren unter Kontrolle zu bringen und der konstatierte: «Ein *princeps,* der Delatoren nicht züchtigt, reizt sie an» (Sueton, «Domitian» 9,3), war nun wieder einmal auf deren Aktivität angewiesen. Besonders kraß müssen damals die Mißbräuche bei der Judensteuer und beim

Einziehen angeblicher Vermächtnisse an den *princeps* gewesen sein. Daß Domitian dabei «aus Not raubgierig wurde» (Sueton, «Domitian» 3,2), nützte den Betroffenen wenig, und bei den Betroffenen handelte es sich nahezu ausschließlich um Angehörige der reicheren Oberschicht des Imperiums.

Konsequent und mit beträchtlichem Einsatz stellte Domitian in erster Linie die Erwartungen von Heer und stadtrömischer *plebs* zufrieden, durch die Qualität der Provinzialverwaltung offensichtlich auch jene der Bevölkerung in den Provinzen. Auf der Zustimmung dieser Gruppen und damit auf einer breiten gesellschaftlichen Basis wie auf dem entscheidenden Machtfaktor der Armee ruhte sein System. Daneben hat er, wie schon Vespasian, insbesondere Angehörige des Ritterstandes in weitem Umfang gefördert, Rittern neue wichtige Kompetenzen in der Administration übertragen, so auch die typischen Freigelassenenressorts des *ab epistulis* und des *a rationibus* an Ritter vergeben. Es war eine Äußerlichkeit, daß er den Rittern die ihnen ursprünglich im Theater reservierten Sitze wieder freihalten ließ, doch zeigt auch diese Maßnahme, wie sehr ihm an der Respektierung dieses Standes gelegen war.

Wesentlich komplizierter entwickelte sich dagegen Domitians Beziehung zum römischen Senat. Es ist dabei keineswegs so, daß der *princeps* von Anfang an auf einen konsequenten Konfrontationskurs gegen die römischen Senatoren gegangen wäre. Er hat im Gegenteil Angehörige der alten Geschlechter, Patricier und *nobiles*, bei der Wahl zum Konsulat besonders begünstigt und so diese einflußreichen Senatoren in ihrem Sozialprestige gefördert. Daneben öffnete er das Konsulat freilich auch in einer ganzen Reihe von Fällen Männern mit langen prätorischen Laufbahnen, die kaum mehr auf diesen höchsten Rang der römischen Gesellschaft hoffen konnten. Daß diejenigen Senatoren, denen Domitian wichtige Statthalterschaften, Magistraturen und sonstige Ämter anvertraut hatte, über eine unbestreitbare Kompetenz verfügten, beweist allein schon die Tatsache, daß nicht wenige von ihnen die tiefe Zäsur des Jahres 96 n. Chr. nicht nur überlebten, sondern auch noch unter den folgenden *principes* ihre Karriere weiter fortsetzen konnten. Selbst Domitians Antipode Trajan gab zu, daß Domitian «gute Freunde» besaß.

Dennoch kam es zu keiner beide Seiten befriedigenden Zusammenarbeit. Sieht man von persönlichen Provokationen des *princeps* ab, die ebenso in seinem Naturell wie in seinen Erfahrungen und in seiner Principatsauffassung begründet waren, so richtete sich die Animosität der Senatoren in erster Linie gegen den in ihren Augen arroganten Stil dieses Regiments, das die politische Entmachtung des Senats konsequenter denn je zuvor praktizierte. Denn alle wesentlichen Fragen wurden unter Domitian nicht mehr in der Gesamtkorporation des Senats, sondern in dem vom *princeps* berufenen *consilium principis* entschieden, dem wohl Senatoren seiner Wahl, daneben jedoch auch Angehörige des Ritterstandes wie die Prätorianerpräfekten, angehörten.

Das gegenseitige Mißtrauen und schließlich die gegenseitige Ablehnung versteiften sich immer mehr; der senatorische Widerstand löste nur immer neuen und immer stärkeren Druck aus. Schon in den Jahren 83, 87 und 88/89 n. Chr. kam es zu ersten Verfolgungswellen gegen oppositionelle Senatoren. Seit 92 n. Chr. entwickelte sich eine Herrschaft des Terrors. Das Mißtrauen des verratenen und bedrohten *princeps* richtete sich zuletzt gegen jedermann. Es machte auch vor der eigenen Familie nicht Halt: Domitian ließ selbst seine beiden Vettern hinrichten. Jene Jahre muten wie der verzweifelte Versuch an, schon den potentiellen Gegner zu treffen und auszuschalten. Es sind jene Jahre, von denen Tacitus sagte: «Wir gaben in der Tat einen schönen Beweis von Unterwürfigkeit; und wie die alte Zeit sah, was das Äußerste in der Freiheit ist, so wir, was in der Knechtschaft, wobei durch geheime Überwachung auch der Austausch im Hören und Sprechen genommen war. Auch das Gedächtnis hätten wir noch mit der Stimme verloren, wenn es so in unserer Macht stünde, zu vergessen wie zu schweigen» («*Agricola*» 2,3 – Übertragung von K. Büchner).

Neben den Senatoren galt Domitians Haß insbesondere den Philosophen. Sowohl in den kynischen Wanderpredigern als auch in stoischen Moralisten sah er Agitatoren gegen seine Herrschaft und ließ deshalb in den Jahren 88/89 und 93/94 n. Chr. sämtliche Philosophen aus Rom wie aus Italien austreiben. Epiktet wurde von diesen Erlassen ebenso betroffen wie Dion Chrysostomos, erregt aber auch die Dichterin Sulpicia, die in ihrem Klagelied über die Gewaltherrschaft Domitians nur die Muse befragte, was denn zu tun wäre angesichts des Befehls, «daß die Studien und der weisen Männer Name und Geschlecht insgesamt nun fortziehen und die Stadt verlassen sollen, was tun wir da? Wie viele Städte der Griechen haben wir genommen, damit die Römerstadt durch die Lehre dieser Männer besser unterrichtet sei!» (v. 37 ff. – Übertragung von H. Fuchs). Die Muse tröstete sie mit dem Hinweis auf das nahe Ende des allgemein verhaßten Tyrannen: «Leg' ab die bekümmernden Ängste, meine Verehrerin. Siehe, stärkster Haß drängt gegen den Tyrannen, und uns zu Ehren wird er vernichtet werden» (a.O., v. 65 ff.).

«Vernichtet» aber wurde Domitian weder von der senatorischen noch von der philosophischen Opposition, sondern von Angehörigen seiner nächsten Umgebung und Männern seines Vertrauens, die offensichtlich aus den verschiedensten Gründen um ihre Zukunft fürchteten, zum Teil auch ganz einfach gekauft waren. Ein *procurator* der Domitia, der damals wegen Unterschlagung angeklagt war, wenige Höflinge und Gladiatoren erschlugen den *princeps* am 18. September 96 n. Chr. Eingeweiht in das Komplott war nicht allein Domitia, sondern waren auch die Prätorianerpräfekten und einige Senatoren, die sich auf M. Cocceius Nerva als Nachfolger Domitians geeinigt hatten. Die Herrschaft des flavischen Hauses war damit erloschen.

Es gibt wenige römische *principes*, deren historisches Bild trotz unbestreitbar positiver politischer Ansätze und trotz evidenter Leistungen so systematisch verdüstert wurde wie dasjenige Domitians. Dazu haben zunächst die senatorischen Geschichtsschreiber ebenso beigetragen wie frühchristliche Autoren. Der römischen Geschichtsschreibung, speziell Tacitus, ist es immer darum gegangen, mit ihren Werken dafür zu sorgen, «daß Tugenden nicht verschwiegen werden und daß schlechtes Reden und Handeln sich fürchten solle vor der Nachwelt und der Schande» (Tacitus, «Annales» 3,65,1). Tacitus hat gegenüber dem *censor perpetuus* Domitian nicht nur diese censorische Funktion römischer Historiographie ausgeführt, sondern zugleich gerade an seiner Regierung die Phänomenologie des Principats überhaupt aufgezeigt. Den künstlerisch unübertroffenen Nachtgemälden des ‹Agricola› und der ‹Historien› aber konnte sich lange Zeit niemand entziehen.

Wesentlich komplexer sind die Zusammenhänge bei jenen christlichen Autoren, die Domitian als zweiten systematischen Christenverfolger denunzierten. Hervorzuheben sind hier neben der Johannes-Apokalypse vor allem Melito von Sardes, Laktanz, Euseb und Orosius. Die moderne Quellenkritik hat darauf aufmerksam gemacht, daß in dieser Hinsicht indirekte und allgemein gehaltene Angaben überwiegen. Selbst bei den in einem weiteren Rahmen namentlich genannten Personen, bei Flavius Clemens, Flavia Domitilla und Acilius Glabrio, ist in keinem einzigen Falle eine Verfolgung ausschließlich wegen ihres Christentums bezeugt. Was von der Vorstellung einer systematischen Christenverfolgung unter Domitian bleibt, ist einerseits die Gefährdung auch von Christen im Zusammenhang mit Domitians Vorgehen gegen die römische Aristokratie und gegen verdächtige Verwandte während seiner letzten Regierungsjahre, andererseits ein ebenfalls regional begrenztes Vorgehen in Kleinasien gegen diejenigen, die sich dem vor allem in Ephesus forcierten Kaiserkult verweigerten. Mit zunehmender zeitlicher Distanz zu dem Geschehen wurde freilich die Generalisierung immer gröber: Aus vielen Verfolgten wurden viele verfolgte Christen, aus engbegrenzten Gefährdungsräumen auch der Christen in Rom und in Kleinasien wurde die angebliche allgemeine, zweite große Christenverfolgung.

Die Überhöhung des Principats durch Domitian, sein autokratisches Regiment und nicht zuletzt die Formel des *dominus et deus* wurden von den frühchristlichen Autoren zudem aus den Perspektiven des 3. und 4. Jahrhunderts n. Chr. gesehen. Vom Principat Domitians schien eine gerade Linie zu jenen Soldatenkaisern zu führen, die nicht nur bedingungslos die politischen und religiösen Anforderungen des Imperiums vertreten, sondern, wie vor allem Decius und Diokletian, auch systematische Christenverfolgungen ausgelöst hatten. Aus dem Rückblick wurde deutlich, daß die späteren Fronten im Prinzip schon unter Domitian abgesteckt waren, der große Konflikt des 3. Jahrhunderts somit bereits auf Domitian reprojiziert war.

Trotz der letzten Katastrophe und der Tatsache, daß seine Herrschaft am Ende in eine Sackgasse geführt hatte, läßt sich die Bedeutung des Principats Domitians kaum überschätzen. Dies gilt für den Bereich der Grenzpolitik ebenso wie für jenen der inneren Politik, nicht zuletzt jedoch für seine Principatsidee. Der prinzipielle Übergang zur Defensive des Imperiums mit der Konsequenz eines systematischen Ausbaus der Grenzzonen und einer permanenten Grenzüberwachung und Vorfeldordnung wurde zwar von Trajan (98–117 n. Chr.) noch einmal aufgegeben, blieb jedoch, insgesamt betrachtet, seit Hadrian (117–138 n. Chr.) die Grundlage der römischen Außenpolitik überhaupt.

In der inneren Politik und Principatsauffassung gehörte die Zukunft nicht neuen Kompromissen zwischen *princeps* und Senat – obwohl Nerva und wiederum Trajan kurzfristig diesen Weg einschlugen –, sondern der Verstärkung der absoluten Ansprüche des Principats, dessen Überhöhung durch Zeremoniell und Kult sowie einer engeren Verklammerung zwischen Principat und Armee. Das Soldatenkaisertum des 3. und das spätantike Kaisertum des 4. und 5. Jahrhunderts sollten nicht zufällig Entwicklungen weiterführen, die bereits bei Domitian angelegt waren.

Gerade weil Domitians Principatsauffassung jene Konsequenzen zog und jene Formen wählte, die Augustus bewußt vermieden hatte, gerade weil unter Domitian deutlich wurde, daß der Principat ebenso zur absoluten Herrschaft führen mußte wie zur endgültigen politischen Entmachtung des Senats, wurde unter seiner Herrschaft die Phänomenologie des Systems evident. Für einen Augenblick waren die Drapierungen gefallen, wurde ein langfristiger Gewöhnungsprozeß durch abruptes Beleuchten der politischen Realität unterbrochen. Es kann nicht überraschen, daß dieser voreilige Schritt zunächst zu scheinbar völlig gegenläufigen Entwicklungen führte, zu einer Krise, in der noch einmal ideologische Faktoren eine besonders wichtige Rolle spielten. Aus dem Scheitern des *censor perpetuus* Domitian haben die kommenden römischen *principes* ebenso erfolgreich ihre Lehren gezogen wie einst Octavian aus dem Scheitern des *dictator perpetuo* Caesar.

Zunächst zeigte die Reaktion auf Domitians Ermordung, wie tief die Gegensätze im Innern des Imperiums waren. Während der Senat jetzt seinem lange unterdrückten Haß freien Lauf ließ und Domitians *damnatio memoriae* beschloß, wollten die Prätorianer die Konsekration dieses *princeps* erreichen. Wenn sie später nicht mehr als die Hinrichtung der Mörder erzwangen, so vor allem deshalb, weil ihnen in jenen Tagen ein entschiedener Kommandeur fehlte, der ihre Vorstellungen auch durchgesetzt hätte. Allein ein offener Gegensatz zwischen den Prätorianern und zumindest einem Teil der Armee einerseits, dem Senat andererseits blieb bestehen. Er beherrschte die nächsten Jahre und konnte erst von Trajan endgültig überwunden werden.

Das Römische Reich im 2. Jahrhundert n. Chr.

Das Adoptivkaisertum
Ideologie und Verfassungswirklichkeit

Noch am Tage der Ermordung Domitians, am 18. September 96 n. Chr., wurde M. Cocceius Nerva zum neuen *princeps* ausgerufen. Nerva war keiner der Hauptakteure der Verschwörung, nicht einmal die erste Wahl der Attentäter und der in das Komplott eingeweihten Senatoren, sondern ein schwacher Mann und ein Lückenbüßer, der sich deshalb auch sogleich mit allen wesentlichen politischen Gruppen zu arrangieren suchte. Der aus Narnia in Umbrien stammende Aristokrat hatte einst am neronischen Hof eine nicht unbedeutende Rolle gespielt. Nero feierte ihn wegen seiner gefälligen Dichtungen als den Tibull seiner Epoche und zeichnete ihn auch wegen nicht näher bekannter Verdienste um sein Regime durch die *ornamenta triumphalia* und zwei Ehrenstatuen aus; Belohnungen, wie sie gleichzeitig nur dem berüchtigten Prätorianerpräfekten Tigellinus zuteil wurden.

Danach hielt sich Nerva betont zurück, gab sich stets vorsichtig und korrekt, so daß er bald auch unter den Flaviern Karriere machte und in den Jahren 71 und 90 n. Chr. das Konsulat bekleidete. Ob er freilich zum *princeps* qualifiziert war, mußte sich erst zeigen, denn über militärische Erfahrungen verfügte Nerva nicht. Er war auch kein ausgesprochener Senatskaiser, sondern nach dem *fait accompli* vom römischen Senat nicht zuletzt deshalb akzeptiert worden, weil von dem kinderlosen, über 65 Jahre alten Manne keine Gründung einer neuen Dynastie zu befürchten, die entscheidende Machtfrage somit lediglich vertagt war.

Die römische Öffentlichkeit und auch der Senat konzentrierten ihr Interesse nach Domitians Ermordung zudem weniger auf den neuen *princeps* als auf die verhaßten Repräsentanten des alten Systems. Im ersten Befreiungstaumel wurden eine ganze Reihe von Agenten Domitians erschlagen, auch zahlreiche Sklaven und Freigelassene hingerichtet, die ihre Herren denunziert hatten. Doch zu einer systematischen Säuberung der Führungsschicht kam es nicht. Veiento, Frontin, der jüngere Plinius und viele andere Senatoren verstanden es auch jetzt, sich anzupassen und politisch zu überleben, so wie das zuvor auch Nerva selbst getan hatte.

Dieser wandte sich zunächst ganz der inneren Politik zu. Natürlich ließ auch er prononciert die *libertas restituta* feiern und rühmte sich der Tat, deren bloßer Nutznießer er war. Gleichzeitig propagierten seine Münzen bezeichnende neue und alte Werte, so die *salus, iustitia* und *aequitas Augusti,* die das Verantwortungsbewußtsein und die Rechtlichkeit des neuen *princeps* feiern sollten. Und tatsächlich blieb es nicht bei diesen Schlagworten. Von allen Einzelmaßnahmen, die mit Nervas Namen verbunden sind, dürfte die Institution der *alimentatio* die wichtigste sein, obwohl sie private Vorstufen hatte und dann erst unter Trajan ihre entscheidende Verbreitung in ganz Italien erfuhr. Dabei handelte es sich um eine modern anmutende Verknüpfung von Kapitalanlage und Sozialmaßnahmen. Der Fiscus gab italischen Grundbesitzern und Bauern bis zur Höhe von 1/12 ihres Vermögens günstige Hypotheken zu bevorzugten Zinssätzen (5 %). Der daraus zu entrichtende Zins wurde dann an die jeweils zuständigen Municipien überwiesen, und diese wiederum hatten aus jenen Geldern Beihilfen zur Erziehung von Kindern aus bedürftigen Familien freier Bürger zu leisten.

Auch andere Initiativen Nervas zielten auf eine Verbesserung der wirtschaftlichen Lage in Italien ab. So wurde die lästige Verpflichtung, Gespanne für die staatliche Dienstpost zur Verfügung zu stellen, abgeschafft und unter einem ritterlichen *praefectus vehiculorum* ein spezieller Kurierdienst der Reichsadministration aufgebaut. Gleichzeitig ließ Nerva für 60 Millionen Sesterzen Land aufkaufen und an ärmere Bauern verteilen. Für Prozesse von Privatpersonen gegen den Fiscus wurde eine neue juristische Instanz geschaffen, ein *praetor*, der oft genug den Klägern Recht gab. Nervas Verwaltungsreorganisation beschränkte sich indessen nicht auf Italien: Eine Münzlegende «*fisci Iudaici calumnia sublata*» räumt zwar indirekt ein, daß es in der Verwaltung des *fiscus Iudaicus* Mißstände gegeben hatte, verkündet jedoch deren Beseitigung.

Trotz dieser durchaus sinnvollen Reformmaßnahmen erwuchsen Nerva bald ernste Schwierigkeiten und Gefahren. Durch einen Eid, keinen Senator hinrichten zu lassen, einen Eid, der faktisch bedeutete, daß die Senatoren der Kriminalgerichtsbarkeit des *princeps* entzogen wurden, war es Nerva gelungen, den Senat zunächst zu beschwichtigen. Als indessen sichtbar wurde, wie schwach dieser *princeps* tatsächlich war, machte sich bald Unzufriedenheit breit. Schon der Konsul des Jahres 96 n. Chr. Titus Catius Fronto konstatierte, daß eine Anarchie noch schlimmer sei als eine Tyrannis. Die erheblichen finanziellen Belastungen durch die erhöhte Besoldung des Heeres, die großzügigen Spenden zu Regierungsbeginn und die neu eingegangenen Verpflichtungen führten bald zu einer ernsten Finanzkrise, die nur teilweise zu meistern war, so daß eine aus fünf Senatoren bestehende Sparkommission eingerichtet werden mußte.

Weitaus gefährlicher war für das neue Regiment jedoch von Anfang an die reservierte Haltung der Armee und speziell der Prätorianer. Wichtiger als Gerüchte über Unruhen bei den Grenzheeren und die Entdeckung einer ersten Verschwörung gegen Nerva wurde die Prätorianererhebung des Jahres 97 n. Chr., die wohl deren Präfekt Casperius Aelianus, der dieses Amt schon unter Domitian bekleidet hatte, schürte und deckte. Jedenfalls setzten die Prätorianer damals nicht nur die Tötung der Mörder Domitians durch, jener Männer, denen Nerva den Thron verdankte, sondern sie zwangen den *princeps* auch noch, der Garde für ihre Tat zu danken. Das Chaos schien jetzt nicht mehr aufzuhalten zu sein, ein neuer Bürgerkrieg bevorzustehen. Unter dem Einfluß einer zum Handeln entschlossenen Senatorengruppe, zu der wohl profilierte und angesehene Männer wie L. Licinius Sura, Iulius Ursus Servianus, Iulius Frontinus, Vestricius Spurinna und andere gehörten, trat Nerva jedoch die Flucht nach vorne an. Während eines zufällig notwendigen Danksagungsaktes vor dem Altar des Juppitertempels auf dem Kapitol verkündete er am 27. Oktober 97 n. Chr. die Adoption des M. Ulpius Traianus, der damals als Statthalter von Obergermanien eines der nächsten und eines der schlagkräftigsten römischen Heere kommandierte, eines Mannes, der nach einer langen militärischen Laufbahn zudem über vielfältige Verbindungen in der Armee verfügte und offensichtlich großes Ansehen genoß. Durch diese Adoption wurde Nervas Herrschaft konsolidiert und bald alle Spannungen überwunden. Trajan selbst wurde sogleich zum Mitregenten Nervas und zum *Caesar* ernannt, der Senat verlieh ihm ein *imperium proconsulare maius* und die *tribunicia potestas*. Als Nerva dann schon am 28. Januar 98 n. Chr., nach einer noch nicht einmal eineinhalbjährigen Regierungszeit, starb, ging der Principat reibungslos an Trajan über. Der Vorgänger wurde konsekriert und im Augustusmausoleum beigesetzt.

An die Adoption Trajans durch Nerva knüpft die moderne wissenschaftliche Periodisierung des «Adoptivkaisertums» oder auch, allgemeiner gefaßt, des «humanitären Kaisertums» an. Jene Form des Principats, die sich zunächst aus dem historischen Zufall ergab, daß keiner der *principes* zwischen Nerva und Antoninus Pius einen leiblichen Sohn besaß, sodann aber auch dadurch, daß eine schwere politische Krise eine neue Stilisierung des Principats erzwang. Der römische Principat kennt Phasen, in welchen die Kontinuität der politischen und gesellschaftlichen Strukturen betont wurde, wobei Kontinuitätsvorstellungen in der römischen Tradition ohnehin stets überwogen. Doch der Principat kennt auch andere Phasen, in denen gerade die Diskontinuität, zumindest der Werte, Formen und des Stils, herausgestellt wurde, obwohl in vielen Bereichen die Kontinuität weiterbestand, so nach der Ermordung Caligulas und nach dem Tode Neros.

Für Nerva und Trajan aber war die Distanzierung vom «Tyrannen» Domitian fundamental. Das Ideologem der «Adoption des Besten», so wurde die Adoption des starken Mannes alsbald stilisiert, diente zugleich der Sicherung der Macht. Eine zunächst durchaus bestreitbare und problematische Nachfolgeregelung wurde somit ideologisch überhöht, im *«Panegyricus»* des jüngeren Plinius sogar zu einem göttlichen Willensakt erhoben und damit scheinbar jeder menschlichen Kritik entzogen. Nerva sollte lediglich ein Werkzeug, ein *minister* der Götter gewesen sein.

Wie schon früher gezeigt wurde, ist das Mittel der Adoption im Principat von Anfang an als Instrument der Nachfolgeregelung gewählt worden. Allerdings wurden die Adoptierten des julisch-claudischen Hauses dabei stets der Verwandtschaft der *domus principis* entnommen. Erst die Adoption Pisos durch Galba bedeutete einen Bruch mit dieser Tradition, so daß es sich Tacitus geradezu aufdrängen mußte, die Schilderung jenes Vorgangs in seinen «Historien» im Lichte der Argumentationen des Jahres 97 n. Chr. nachzuzeichnen. Da Augustus die Nachfolgefrage im Principat zu seinen Lebzeiten, wenigstens bis zu einem gewissen Grade, in rechtlicher Hinsicht offengelassen hatte, konnte der Senat glauben, daß ihm selbst das Recht der Wahl des *princeps* zustehe. Die *principes* der Folgezeit sahen sich deshalb gezwungen, diesem theoretischen Wahlanspruch des Senats eine konsequente dynastische Politik, wie die der Flavier, oder eine Adoptionspolitik, wie die Galbas und Nervas, entgegenzusetzen. Tatsächlich bedeuteten kinderlose Herrscher stets ein hohes Maß von Unsicherheit für den Principat.

Die Adoption an sich war so weder ein neues noch ein besonders imponierendes Phänomen. Die Angehörigen der römischen Führungsschicht dürften sich im Jahr 97 n. Chr. daran erinnert haben, daß das Mittel der Adoption nicht nur Piso, sondern auch Tiberius und Nero beschert hatte. Um so mehr kam es deshalb darauf an, das qualitativ Neue der Adoption Trajans ideologisch zu propagieren. Vor allem im *«Panegyricus»* des jüngeren Plinius aus dem Jahre 100 n. Chr. wie in den «Kleinen Schriften» und in den «Historien» des Tacitus, aber auch in Inschriften und Münzen sind die Elemente der Ideologie des Adoptivkaisertums noch in weitem Umfang zu fassen. Mag die Funktion der Principatsideologie gerade in den Anfängen jedes neuen Principats stets besonders wichtig gewesen sein, so gewinnt sie hier doch eine Bedeutung, welche an jene der Ideologeme des Jahres 27 v. Chr. heranreicht.

An die Stelle der Verwandtschaft mit dem *princeps* oder wenigstens mit Angehörigen der *domus principis* sollten jetzt Leistungs- und Qualifikationskriterien treten. Die Zeit sollte vorüber sein, da das Imperium die Erbschaft einer Familie war. Mehr noch, als prägnante Alternative zur Dynastie der Flavier sollte die Adoption den Besten finden und im Unterschied zu den Erhebungen durch Heeresgruppen oder Prätorianer einen friedlichen Weg zur Herrschaft eröffnen. Doch so viele Worte auch über «den neuen und unerhörten Weg zum Principat» verloren wurden, die entscheidende Frage, wer den Besten zum *princeps* wähle, wurde ebensowenig öffentlich erörtert wie die andere, warum eine solche Wahl ausgerechnet mit Hilfe der Adoption erfolgen müsse. Eine verfassungsrechtliche Regelung der Prozedur, etwa unter Einbeziehung von Senat und Volk, erfolgte auch nicht. Das letzte Resultat der Adoptionsideologie war nichts Geringeres als die endgültige Ausschaltung des Senates aus der Nachfolgeregelung. Ihm blieb künftig lediglich eine rein akklamatorische Funktion.

Die Konzeption des Adoptivkaisertums mußte, konsequent durchgeführt, zu Lasten der Familie des jeweiligen *princeps*, insbesondere seiner Frau, realisiert werden. Doch gerade hier gab es nun von Anfang an die schärfsten Widersprüche. Schon der jüngere Plinius mußte in seinem *«Panegyricus»* auf Trajan mit der Möglichkeit rechnen, daß dem neuen *princeps* doch noch ein Sohn geschenkt würde, und er konnte gar nicht anders, als diese Möglichkeit für äußerst erwünscht zu erklären. Doch die Dinge nahmen einen anderen Verlauf. Sobald sich, einige Zeit nach 100 n. Chr., herausstellte, daß Trajan von seiner Frau Pompeia Plotina keine Kinder erhalten würde, wurde diese, ebenso wie Ulpia Marciana, die Schwester Trajans, demonstrativ zur *Augusta* erhoben. Marciana aber besaß in diesem Augenblick bereits eine Tochter und zwei Enkelinnen, von denen die eine mit Hadrian verheiratet war. Als Marciana dann im Jahre 112 n. Chr. starb, wurde sie sogleich konsekriert. Im übrigen wurden diese beiden *Augustae* der Regierung Trajans auch auf archäologischen Denkmälern deutlich herausgestellt. Da *Augusta*-Erhebung und Konsekration auch in Zukunft übliche Auszeichnungen der Frauen der *principes* blieben, ist deren Stellung in der Epoche des Adoptivkaisertums faktisch keineswegs geschmälert, sondern im Widerspruch zur Ideologie gerade gestärkt und weiter erhöht worden.

Mindestens ebenso wichtig wie die angeblich neue Qualität der Adoption Trajans aber wurden im ideologischen Bereich andere Elemente. Die bewußte Distanzierung von Domitian erlaubte es, Fehlentwicklungen und Angriffspunkte des politischen Systems gleichsam zu personalisieren und doch zugleich die Strukturen dieses Systems aufrechtzuerhalten. Jetzt wurde eine neue Form des Principats herausgestellt, wurden neue Akzente gesetzt, neue Tugenden, Eigenschaften und Verhaltensweisen des *princeps* in den Vordergrund gerückt. Statt der autoritären Arroganz eines Tyrannen wurden Leitbegriffe wie *moderatio, modestia, comitas, munificentia, temperantia, mansuetudo, humanitas, magnanimitas* beschworen, vor allem jedoch *civilitas*, die Qualität der Bürgerlichkeit schlechthin, und alle diese Normen kommen denn auch als Maßstäbe einer maßvollen, zutiefst humanen und allen Bürgern verpflichteten Principatsidee bei Tacitus wie bei Sueton, beim jüngeren Plinius wie in Trajans eigenen Briefen vor. Selbst Martial, der zuvor Domitian in panegyrischer Weise als *dominus et deus* gefeiert hatte, rühmte nun den neuen Stil Trajans:

«Schmeicheleien, ihr kommt umsonst noch zu mir,
jammervoll und mit wundgesprochenen Lippen.
Keinen Herren und Gott hab ich zu preisen.
Keine Stätte mehr habt ihr in der Stadt hier.
Geht jetzt fern zu den Parthern mit der Kappe,
und voll Schmach und erniedrigt und in Demut

küßt die Sohlen der buntgeputzten Herrscher.
Hier ist nicht mehr ein Herr, doch ein Gebieter,
ein Senator, gerecht wie sonst kein anderer,
der vom stygischen Sitz die schlichte Wahrheit
mit dem unparfümierten Haar zurückrief.
Bist du klug, unter diesem Fürsten hüt' dich,
Rom, in früherer Weise noch zu reden»
(Martial, «Epigramme» 10,72 – Übertragung von R. Helm).

Hand in Hand damit ging ein differenziertes Zeitbewußtsein, die Überzeugung, daß die Gegenwart ihre eigenen, spezifischen Anforderungen stelle und daß es nicht genüge, alte Formen und Traditionsbestandteile unverändert zu übernehmen und fortzusetzen. Der in der Literatur der Epoche wie in den amtlichen Bekundungen auffallend häufige Gebrauch von Formeln wie der *diversitas, mutatio* oder *necessitas temporum* und nicht zuletzt Trajans prägnante Formulierung des *«nec nostri saeculi est»* dokumentieren diesen Zug des Selbstverständnisses zur Genüge.

Doch nicht nur in Rom und im lateinischen Westen wurden damals neue ideelle Fundierungen des Principats ausgelegt, in gleicher Weise gilt dies für den griechischen Osten, wie das Beispiel des Dion von Prusa zeigen mag. Dieser aus Prusa in Bithynien stammende griechische Redner und Philosoph, später auch als Dion Chrysostomos bezeichnet, war einst unter Domitian aus Italien und auch aus seiner Heimatprovinz verbannt worden. Als kynischer Wanderprediger hat er darauf jahrelang den Balkan und Kleinasien durchzogen, bis Nerva sein Exil aufhob. Wenn man den Inhalt seiner Reden, vor allem jenen der ersten und dritten Rede *perì basileías* analysiert, damit den Inhalt von Reden, die sowohl vor Trajan selbst als auch in den Metropolen des Ostens gehalten worden sind, so kommt darin das stoische und kynische Ideal des Königtums als einer idealen Herrschaft in reinster Form zum Ausdruck.

Abgehoben von der Negation des Tyrannen, ist dieser gute und gerechte Basileus von Gott berufen und auserwählt, und eben daher gewinnt er sein Charisma, aber auch die Kraft, um seine Pflicht und seinen Dienst in der Herrschaft zu erfüllen. Gemäß der alten griechischen Terminologie ist er deshalb auch kein *despótes*, sondern der Vater und Wohltäter, der *patér* und *euergétes* der von ihm Beherrschten. Kraftvoll und friedliebend zugleich führt er sein Regiment, das mitgetragen wird von einem freien und auserwählten Adel. So ist Trajans Gestalt, auch dort, wo dies nicht direkt ausgesprochen wird, eingeordnet in die alte griechisch-hellenistische Herrscherideologie, in die Spannung zwischen Tyrannis und gerechtem Königtum. Als Aufgabe dominiert der universalistische Wohlfahrtsgedanke. Zeus und der Zeussohn Herakles aber wachen über dieser gerechten Herrschaft, in der Trajan für den Nutzen aller Menschen ringt.

Die neue ideologische Fundierung des Principats ist freilich nur die eine Seite der politischen Realität. Zunächst ist zu unterstreichen, daß weder der Notwehrakt Nervas noch die Regierungspraxis und -stilisierung Trajans primär als Anwendung neue politischer Theorien oder Verfassungsnormen zu begreifen sind. Was die Adoption durch Nerva anbetrifft, so hielt sich Trajans *pietas* gegenüber dem Adoptivvater in bescheidenen Grenzen. Münzen für den *Divus* Nerva wurden erst über ein Jahrzehnt nach dessen Tode geprägt, und wie stark Trajans Bindung an den leiblichen Vater war, zeigt am besten die Tatsache, daß er auch ihn im Jahre 113 n. Chr. zum *Divus* erheben und an ihn, gleichrangig mit Nerva, durch seine Münzprägung erinnern ließ.

Die Stilisierung des Geschehens mit Hilfe der neu akzentuierten Ideologie bedeutete darüber hinaus für Trajan selbst eine schwere Hypothek. Denn er hatte nun als erster den Nachweis zu führen, daß er tatsächlich «der Beste» war; er wurde unter einen denkbar hohen Legitimations- und Leistungsdruck gesetzt und somit geradezu zum Aktionismus provoziert. Sodann aber hatte er sein Verhältnis zum römischen Senat in einer diesen voll befriedigenden Weise zu klären, denn der Senat war durch den Adoptionsvorgang wieder einmal vor vollendete Tatsachen gestellt worden. Daran, dem Senat größere Rechte und neue Kompetenzen einzuräumen, hat Trajan indessen nie gedacht. Was sich gegenüber Domitian jedoch diametral veränderte, waren Formen, Gesten und demonstrative Verneigungen, die dem Selbstgefühl der Senatoren um so mehr schmeichelten, als sie viele Jahre hindurch nur den schroffen autoritären Stil des letzten Flaviers erlebt hatten. Trajan dagegen ließ bei seinem Regierungsantritt sofort erklären, daß er, wie Nerva, Leben und Stellung jedes Senators nicht antasten werde. Später zog er in bewußt bescheidener Weise zu Fuß in Rom ein, begrüßte jeden Senator mit einem Kuß, war in der Lage, selbst jeden Ritter namentlich anzusprechen, leistete vor dem amtierenden Konsul stehend seinen Eid. Trajan schaltete den Senat wenigstens äußerlich in diplomatische Vorgänge und Friedensschlüsse ein, obwohl die Entscheidungen selbst längst feststanden. Wichtiger als seine Anredeformel «*collega*» für Magistrate war die Tatsache, daß auch unter Trajan das *consilium principis* seine alte Funktion behielt und daß der *princeps* kein einziges seiner Rechte aufgab.

Da in der Anfangsphase von Trajans Herrschaft in den Bereichen der Grenz- und Außenpolitik, allen Erwartungen zum Trotz, praktisch alles beim alten blieb, mußte die ideologische Stilisierung des Principats mit besonderer Emphase erfolgen, mußten der neue Stil und die neuen Formen des Adoptiv- oder humanitären Kaisertums besonders grell beleuchtet, der *princeps* auch als Hoffnungsträger und Garant des Friedens herausgestellt werden. Dies alles änderte sich schlagartig, als nach dem Zweiten Dakerkrieg (105/106 n. Chr.) und nach der Annexion Arabiens (106 n. Chr.) Trajans Stellung durch überragende militärische und außenpolitische Erfolge endgültig legitimiert war. Nun brauchte nicht mehr die Synthese von *principatus* und *libertas* beschworen zu werden, jetzt konnte sich Trajan mit seinen Siegerbeinamen brüsten, dem titularen *Germanicus, Dacicus*, zu dem bald auch noch das problematische *Parthicus* treten sollte, eine Reihe, wie sie kein früherer *princeps* aufzuweisen hatte. Jetzt war er im Besitz einer unerschütterlichen Autorität, wie sie Domitian nie besaß. 114 n. Chr., ein Jahrhundert nach dem Tode des Augustus, ließ er sich dann auch noch offiziell als der *optimus princeps* feiern.

Zu keiner Zeit hat die römische Reichsprägung außenpolitische Erfolge und militärische Siege in solcher Mannigfaltigkeit und Frequenz, aber auch in solcher Differenzierung gefeiert wie gerade unter Trajan. Die Emissionen Domitians, die einst Armee, *princeps* und Germanensiege gerühmt hatten, wurden hier bei weitem überboten, zugleich wiederum die Person des *princeps* in massivster Weise herausgestellt. Denn die Bilder zeigen nicht nur in traditioneller Weise die Personifikationen des besiegten und gedemütigten Gegners, die Haufen der für den jeweiligen Kriegsschauplatz charakteristischen Waffen und das alte Siegesmal, das *Tropaion*. Sie bilden auch den Herrscher ab, der zum Beispiel einen gestürzten Daker niederreitet oder der von einer Victoria bekränzt wird.

In den sorgfältig nuancierten Legenden, dem *«Dacia capta»* («Dakien eingenommen»), *«Arabia adquisita»* («Arabien erworben»), *«Armenia et Mesopotamia in potestatem populi Romani redactae»* («Armenien und Mesopotamien unter die Herrschaft des römischen Volkes zurückgebracht»), *«Parthia capta»* und in dem *«rex Parthis datus»* («Den Parthern einen König gegeben») aber wurden die einzelnen Stationen der unvergleichlichen Erfolgsserie eingehämmert, dabei territoriale Annexionen von militärisch-politischen Entscheidungen und lediglich diplomatischen Akten klar unterschieden. Freilich sollte sich auch hier wie bei anderen, mit ähnlichem Pathos gefeierten Erfolgen bald zeigen, daß die Proklamationen nicht in jedem Falle Bestand hatten. Daran indessen durfte kein Zweifel bestehen, daß gerade sie Trajans Ehrgeiz und Selbstverständnis näherlagen als die Stilisierungen des Anfangs, die vor allem seine Zurückhaltung und Mäßigung gefeiert hatten.

Aus dem Rückblick wird so deutlich, daß die endgültige Absicherung des Principats und der geschichtliche Erfolg des Adoptivkaisertums durch das Zusammentreffen von zwei Faktoren zu erklären sind. Zur Stabilisierung des Systems trug die Ideologie eines gemäßigten, humanitären, im Einklang mit idealen Normen griechischer Philosophie stehenden Adoptivkaisertums, das den Anspruch erhob, den Besten an die Spitze des Imperiums zu stellen, ebenso bei wie die erneute Realisierung der altrömischen *virtus*-Vorstellung im imperialen Rahmen und wie das Pathos der im *princeps* konzentrierten Siegesideologie. Daß das zweite Element dann langfristig auch zu neuen Überhöhungstendenzen führen mußte, war wohl unvermeidlich und ist in Ansätzen schon bei Trajan zu erkennen.

Die Regierung Trajans (98–117 n. Chr.)

Der von Nerva adoptierte M. Ulpius Traianus war am 18. September 53 n. Chr. in *Italica* in der Provinz *Baetica* geboren worden. Seine Familie läßt sich dort bis auf jene Soldatengruppe zurückführen, die Scipio im Jahre 205 v. Chr. in Italica angesiedelt hatte; ursprünglich stammten Trajans Vorfahren aus dem umbrischen Tuder. Trajan ist so der erste Exponent einer neuen sozialen Schicht in der Reihe der römischen *principes,* doch wäre es völlig falsch, ihn und seine Nachfolger als Provinzialen zu bezeichnen. Er ist vielmehr ein typischer Angehöriger jener italischen Kolonistenfamilien, die sich in den Provinzen erfolgreich durchgesetzt hatten.

Die ehrgeizigen und vitalen Männer dieser Gruppe traten mit rigorosem Elan, aber auch mit besonderem Weitblick in den Dienst von Armee und Administration des Imperiums ein, bewahrten jedoch zugleich stets die Verbindung mit den großen Familien ihrer engeren Heimat. Diese Schicht, die Elite aus den Kolonien, wie Ronald Syme sie bezeichnete, übte als

22 Trajan, Münzporträt

festumrissene gesellschaftliche Gruppe von außerordentlich starker Durchsetzungskraft in der europäischen Geschichte bekanntlich immer wieder bestimmenden Einfluß auf die Politik der jeweiligen Mutterländer aus. Diese Feststellung gilt für die Angehörigen der römischen Führungsschicht aus den Provinzen ebenso wie für jene des britischen Empire oder für die Kolonialfranzosen Algeriens.

Von Trajans Leben vor seiner Adoption durch Nerva sind nur wenige Stationen gesichert. So, daß er an der Seite seines Vaters, der im Jahre 76 n. Chr. Statthalter von Syrien war, dort Militärdienst leistete, ferner daß er zur Zeit des Saturninusaufstandes als loyaler Legionskommandeur in Spanien diente und danach, 91 n. Chr., ein erstes Konsulat bekleidete, schließlich, daß er im Jahre 97 n. Chr. das wichtige Heereskommando in Obergermanien innehatte.

Die Nachricht vom Tode Nervas, die ihm zugleich die Alleinherrschaft brachte, hatte Trajan Anfang Februar 98 n. Chr. in Köln erhalten; sie war ihm von dem jungen, weitläufig mit ihm verwandten Hadrian überbracht worden. Doch zur Überraschung der Römer blieb Trajan auch nach Nervas Tod am Rhein, wo er die Grenze planmäßig stabilisierte und absicherte. Die Statthalterschaft von Obergermanien erhielt nun Iulius Ursus Servianus, ein enger Freund Trajans, jene von Niedergermanien der gleichfalls eng mit ihm verbundene L. Licinius Sura, zwei Kommandeure, die auch später mit die wichtigsten Stützen der Herrschaft Trajans bildeten. Damals wurden Xanten und Nymwegen in den Rang einer Kolonie erhoben, der Straßenbau im rechtsrheinischen Gebiet ebenso forciert wie längs der Donau, wo die Vorarbeiten zu einer durchgehenden, bis zum Schwarzen Meer reichenden Donaustraße begannen. Erst nachdem er in den Jahren 98 und 99 n. Chr. auch die römische Grenzverteidigung an der mittleren Donau gegen die Markomannen und andere germanische Stämme reorganisiert hatte, betrat Trajan im Spätherbst 99 n. Chr. den Boden Roms, um sich hier und in Italien den laufenden Regierungsgeschäften zu stellen.

Schon während der Inspektion der römischen Grenzzone an der Donau muß sich Trajan genauer über die Lage in Dakien informiert haben. Dort hatte Dekebalus die Situation nach dem Tode Domitians dazu benutzt, um seine Herrschaft weiter auszubauen. Trajan entschloß sich zu einer offensiven Lösung der dakischen Frage und traf dazu systematische Vorbereitungen. Schon die Sicherungsmaßnahmen am Rhein und an der mittleren Donau sind auch in diesem Zusammenhang zu sehen. Dann erfolgte ein ebenso planmäßiger Ausbau der Verbindungen und Nachschublinien im Bereitstellungsraum an der unteren Donau und schließlich die Konzentration von Legionen und Hilfstruppen, deren Stärke auf insgesamt über 100 000 Mann geschätzt wird.

Es mag verschiedene Gründe gegeben haben, die zu Trajans Entschluß zu dieser großen, aber auch risikoreichen Offensive beitrugen: Zunächst konn-

23 Trajanssäule, Rom

ten die Gefahren nicht übersehen werden, die eine weitere machtpolitische Stabilisierung der Herrschaft des Dekebalus für die römische Donaugrenze und deren Hinterland nach sich zog. Die gleichsam prophylaktische Zerschlagung solcher Machtkerne entsprach durchaus römischer Tradition. Unter strategischen Aspekten ließen sich auch die geographischen Vorteile der direkten Beherrschung einer vom Karpatenbogen umschlossenen und gesicherten Bastion für eine römische Ordnung des weiten Vorfeldes der unteren Donau ins Feld führen. Dazu kamen nicht zuletzt die Informationen über den Reichtum des Landes und über seine Bodenschätze. Wenn diese Nachrichten auch keineswegs trajanischen «Imperialismus» auslösten, so dürften sie doch die grundsätzliche Bereitschaft zu dieser Offensive verstärkt haben. Daß Trajan selbst zudem gleichsam unter einem inneren Zwang zum aktiven Handeln, zur Profilierung und zum militärischen Erfolg stand, wurde bereits erwähnt.

So plausibel alle diese Motive erscheinen mögen, eine Rechtfertigung zur Vernichtung des Dakerreiches liefern sie nicht. Allerdings ließen gerade die Dynamik des Dekebalus, die ebenso erbittert wie geschickt durchgeführte Verteidigung seines Territoriums wie seine starke politische Aktivität auf römischer Seite nie Zweifel daran aufkommen, ob dieser massive Einsatz so großer Verbände und ob die hohen Verluste, die dieser Krieg bald forderte, auch wirklich sinnvoll waren. Sein eigentümlicher Verlauf findet darin seine Erklärung, daß beide Seiten entschlossen waren, mit allen Mitteln eine endgültige Entscheidung herbeizuführen. Gerade aus römischer Sicht war der volle Einsatz materiell nur durch die Vernichtung des Reiches des Dekebalus zu kompensieren, blieben doch bei einem neuen Kompromiß die Reichtümer des Landes und des Königs auch weiterhin Roms Zugriff entzogen.

Zu den umfassenden römischen Vorbereitungen für diesen Krieg gehörten sowohl der Ausbau der Donaustraße am Eisernen Tor als auch die Anlage eines 30 m breiten und ungefähr 3,2 km langen Kanals bei Sip, der den Donauschiffen die Fahrt durch die Stromschnellen des Eisernen Tores ersparen sollte. Die eigentliche Bereitstellungsbasis der Operationen des Jahres 101 n. Chr. aber lag im Raum des großen Legionslagers von Viminacium in der Provinz *Moesia superior*. Nach der Kriegserklärung des Senates an Dekebalus wurde von dort aus der Hauptstoß durch das Banat geführt. Nach dem Donauübergang auf einer Schiffsbrücke bei Lederata drangen die römischen Verbände zunächst nach Norden vor. Fünf zufällig überlieferte Worte aus dem Feldzugsbericht Trajans *«Inde Berzabim, deinde Aizi processimus»* bieten den einzigen sicheren topographischen Anhaltspunkt des zunächst unbehinderten militärischen Vormarsches.

Danach erfolgte offensichtlich eine Wendung nach Osten; als erstes Hauptziel der Operationen zeichnete sich eine Bereitstellung aller römischen Verbände im Raum von Tibiscum ab, denn dorthin war auch eine weiter östlich angesetzte, von Dierna aus nach Norden vordringende römische Kolonne vorgestoßen. Gemeinsam griffen die bei Tibiscum massierten Verbände dann im Herbst 101 n. Chr. die Stellungen des Dekebalus am Eisernen-Tor-Paß an. Wie schon in den Dakerkriegen Domitians, so kam es auch diesmal wieder im Gebiet von Tapae zu erbitterten Kämpfen, wobei Trajan zwar den Durchbruch in den Südwesten der siebenbürgischen Hochebene erzwingen, Dekebalus aber offensichtlich einen geordneten Rückzug in die Befestigungen des Orastie-Gebirges antreten konnte.

So eindrucksvoll Trajans Erfolg war, ausnützen konnte er ihn nicht. Denn inzwischen hatte Dekebalus eine zweite Front geschaffen, die den sofortigen Abzug starker römischer Verbände und Trajans persönliche Anwesenheit auf dem neuen Kriegsschauplatz erzwang. Während des römischen Vordringens in den Südwesten Siebenbürgens waren beträchtliche ostdakische Verbände gemeinsam mit Roxolanen aus den Räumen der Walachei und der Moldau über die Donau hinweg tief in die römische Provinz *Moesia inferior* vorgestoßen, wo sie wohl auf die aktive Unterstützung einer teilweise ethnisch engverwandten Bevölkerung rechneten. Damit verlagerte sich der Brennpunkt der Kämpfe eindeutig in die Gebiete an der unteren Donau.

Trajan fuhr mit einer größeren Kampfgruppe donauabwärts; die aus dem besetzten Dakien abgezogenen Einheiten, vor allem starke Kavallerieverbände, konnten noch rechtzeitig in die Kämpfe eingreifen. Unter beträchtlichen Verlusten gelang es dem *princeps,* diese erbittertsten Schlachten der Dakerkriege überhaupt zu seinen Gunsten zu entscheiden. Die monumentalen Denkmäler bei Adamklissi, ein riesiges Mausoleum, ein Grabaltar mit Gefallenenlisten und ein hoher Tumulus, dürften im Zusammenhang mit den blutigen Kämpfen in der Süddobrudscha vom Ende des Jahres 101 n. Chr. stehen.

Zu Beginn des Jahres 102 n. Chr. wurden die römischen Offensiven gegen das Zentrum des Dakerreichs in dem weiten Bogen vom Banat bis zur Moldau wiederaufgenommen. Während Trajan selbst dakische Bergstellungen im Orastie-Gebirge einnehmen und weiter gegen Sarmizegetusa vorrükken konnte, errang an anderer Stelle der gefürchtete Kavalleriekommandeur Lusius Quietus einen eindeutigen Sieg, und schließlich gelang es dem Statthalter von *Moesia inferior,* Laberius Maximus, bei seinem Vorstoß im östlichen Operationsgebiet die Schwester des Dekebalus gefangenzunehmen. Angesichts dieser Rückschläge und des voraussehbaren Zusammenbruchs seiner Verteidigung bot Dekebalus Verhandlungen an, in denen er schließlich auch jene harten Bedingungen akzeptierte, die seine Macht empfindlich beschnitten und sein Prestige stark erschütterten. Er hatte die von den römischen Truppen okkupierten Gebiete abzutreten, Waffen und Kriegsgerät ebenso auszuliefern wie die in seinen Diensten stehenden römischen Spezialisten und Überläufer, Befestigungen niederzulegen, auf die Anwerbung römischer Soldaten ebenso zu verzichten wie auf die Aufnahme römischer Überläufer, schließlich alle außenpolitischen Aktivitäten ohne römische Zustimmung zu unterlassen und Roms Vormacht anzuerkennen.

Aus diesen Bedingungen geht unzweideutig hervor, worin die römischen Militärs die Grundlagen der Macht des Dekebalus und die hier stets latenten potentiellen Gefahren sahen. Diese lagen nicht nur in den oft kaum einnehmbaren Burgen und Gebirgsfestungen Dakiens, sondern ebenso in der hohen Qualität von Ausrüstung, Kriegstechnik und Taktik, zu der in weitem Umfang gerade römische Spezialisten, Deserteure und von Dekebalus angeworbene Söldner beigetragen hatten. Die Gefahren lagen indessen nicht weniger in Dekebalus' weit ausholender Bündnispolitik und Diplomatie, in seinen unermüdlichen Versuchen, immer neue Partner in seinen Kampf gegen Rom hineinzuziehen, Versuchen, die sich bald bis zu den Parthern erstreckten.

Die Abmachungen, die das Ende des Ersten Dakerkrieges besiegelten und die dann sogleich auch vom römischen Senat gebildet wurden, brachten freilich nicht mehr als einen Waffenstillstand, den beide Seiten offensichtlich im Zustand äußerster Erschöpfung geschlossen hatten. Denn als noch überraschender als das Einlenken des Dekebalus muß dasjenige Trajans erscheinen, der trotz größter Anspannung aller Kräfte sein eigentliches Kriegsziel nicht erreicht hatte. Wenn sich Trajan und seine Kommandeure im Spätherbst des Jahres 102 n. Chr. einen erfolgreichen militärischen Abschluß der Kämpfe nicht mehr zutrauten, so zeigt dies deutlich genug, wie groß Verluste und Erschöpfung der römischen Verbände waren. Gleichwohl nahm Trajan schon jetzt den Siegerbeinamen eines *Dacicus* an und feierte auch im Dezember 102 n. Chr. einen Triumph.

Sogleich nach dem Ende des Ersten Dakerkrieges begannen die römischen Truppen mit der Verstärkung der Lager und Stützpunkte rings um den verbliebenen Kern des nun im wesentlichen auf den Raum des Karpatenbogens reduzierten Dekebalus-Reiches, vor allem jedoch mit dem systematischen Ausbau der Verbindungen in der weitgespannten Grenzzone an der unteren Donau. Gleichsam zum Symbol dieser Aktivität wurde der Bau der steinernen Donaubrücke bei Drobeta. Die von Apollodoros von Damaskus entworfene Konstruktion mit einer Länge von insgesamt 1,2 km war auf 20 Pfeilern verankert und galt als eines der eindrucksvollsten Bauwerke der Zeit überhaupt. Als einziger außeritalischer Bau ist diese Brücke deshalb auch im Münzbild der römischen Reichsprägung weithin bekanntgemacht worden.

Doch auch Dekebalus gab sich nicht endgültig geschlagen und bereitete umfassend jene neue Auseinandersetzung mit den Römern vor, die schließlich im Jahre 105 n. Chr. begann. Damals trafen neue Verstärkungen der römischen Verbände ein, so daß zuletzt nicht weniger als 14 Legionen und ebenso starke Hilfstruppenformationen, das heißt insgesamt rund die Hälfte aller römischen Einheiten überhaupt, im Raum der unteren Donau standen. Durch überraschende Vorstöße wollte Dekebalus die Initiative an sich reißen,

Die Regierung Trajans 299

die römischen Verbände aus dem Südwesten Siebenbürgens zurückschlagen und den Eisernen-Tor-Paß sperren. Die wechselvollen Kämpfe des Zweiten Dakerkrieges, die er damit auslöste, zogen sich bis in den Herbst des Jahres 106 n. Chr. hin. Sie sind heute in vielen Einzelheiten unklar, denn die überlieferten Episoden und die auf der Trajanssäule, dem «gemeißelten Bilderbuch der dakischen Kriege» (Th. Mommsen) fixierten Szenen stellen insgesamt nur einen schmalen und einseitigen Ausschnitt des Geschehens dar.

Sicher ist jedoch, daß diese Kämpfe von beiden Seiten mit äußerster Härte und Erbitterung geführt wurden. Der verzweifelte Widerstand der Daker in ihren Gebirgsfestungen und in der schließlich von ihnen selbst in Brand gesteckten Hauptstadt Sarmizegetusa führte zu grausamen Gemetzeln, Zerstörungen und Umsiedlungen großer Bevölkerungsgruppen. Ein in Gefangenschaft geratener römischer Befehlshaber wählte ebenso den Freitod wie zahlreiche dakische Adlige und schließlich auch Dekebalus, dessen abgehauener Kopf noch nach Rom geschickt und dort nach der brutalen Sitte des Principats an den *Scalae Gemoniae* in den Schmutz geworfen wurde. In einer 1965 bei Philippi gefundenen Grabstele brüstet sich dagegen ein Tiberius Claudius Maximus damit, Dekebalus ergriffen und sein abgeschlagenes Haupt Trajan in Ranistorum, im Inneren Siebenbürgens, überbracht zu haben.

Während gegen Ende des Jahres 106 n. Chr. noch die letzten dakischen Widerstände in den Karpaten niedergekämpft wurden, begann bereits der Aufbau einer Provinzialadministration unter dem ersten Statthalter D. Terentius Scaurianus. In seine proconsularische Provinz sind indessen lediglich das Banat, der Großteil Siebenbürgens und der Nordwesten Olteniens eingegliedert worden; Teile der Walachei und andere römisch besetzte Gebiete wurden dagegen zunächst von den moesischen Provinzen aus verwaltet. Gleichzeitig ist auch die bisherige Großprovinz Pannonien in zwei neue Provinzen aufgegliedert worden, von denen *Pannonia superior* vor allem die Defensive gegen die Markomannen und Quaden an der mittleren Donau zu übernehmen hatte. Die Provinz *Pannonia inferior* hingegen, deren erster Statthalter der spätere *princeps* Hadrian wurde, war nach Osten orientiert und hatte die Kontrolle der sarmatischen Jazygen zu gewährleisten.

Durch die somit auch jetzt nicht besetzten Gebiete im Südwesten Dakiens zu beiden Seiten der Theiß, den Siedlungsraum der Jazygen, ließ Trajan Verbindungsstraßen bauen. Römische Vorposten wurden zugleich in den Raum nördlich des Donaudeltas vorgeschoben, Moldau und Bessarabien damit in eine Art von römischem Glacis verwandelt. Wie eine mächtige Bastion lag Dakien nun vor der römischen Donaufront. Damit war nicht nur von den moesischen und pannonischen Provinzen der gefährliche äußere Druck genommen, von dem dakischen Bollwerk aus war es jederzeit möglich, in die großen Ebenen im Westen, Norden und Osten vorzustoßen.

Da das Gebiet der Wojwodina ebensowenig in die neue Provinz *Dacia* einbezogen worden war wie die Große Walachei, verlängerte sich die römische Grenzlinie an der unteren Donau beträchtlich. Angesichts der großen Höhenunterschiede in den Karpaten war an einen in sich geschlossenen Limes rings um Dakien nicht zu denken. So begnügte man sich mit der Sicherung besonders bedrohter Grenzabschnitte durch Kastelle und Wälle, vor allem im Banat, im äußersten Norden im Raum von Apulum und Potaissa, insbesondere jedoch im Osten längs des Olt, wo der dicht ausgebaute *limes Alutanus* eine Unterbrechung der römischen Verbindungen mit Siebenbürgen verhindern sollte.

Die Besatzung Dakiens konnte schon nach einem Jahrzehnt auf eine bei Apulum garnisonierte Legion reduziert werden, die erst unter M. Aurel durch eine weitere in Potaissa verstärkt werden mußte. Die eigentliche Grenzüberwachung übernahmen dagegen rund ein Dutzend Hilfstruppenformationen. Insgesamt gesehen, dokumentiert diese verhältnismäßig geringe Truppenpräsenz, daß Rom nach dem großen Aderlaß des Zweiten Dakerkrieges mit einer ernsthaften Gefährdung seiner Herrschaft im Lande selbst nicht mehr zu rechnen brauchte.

Damit hatte Trajan, der noch bis zum Frühsommer des Jahres 107 n. Chr. an der unteren Donau blieb, die dakische Frage in umfassendster Weise gelöst. Auch die materiellen Erwartungen der Römer wurden jetzt nicht mehr enttäuscht. Nach den Angaben des spätantiken Autors Johannes Lydus, der sich dabei auf Trajans Leibarzt T. Statilius Kriton berief, sollen rund fünf Millionen römische Pfund Gold, die doppelte Menge an Silber und neben einer immensen, nicht näher spezifizierten Beute 500 000 Kriegsgefangene in römische Hand gefallen sein. Wie immer es um diese Zahlen bestellt ist, die Beute reichte jedenfalls aus, daß mit vollen Händen großzügige Spenden an die Armee und an das römische Volk verteilt und in Rom Festspiele gegeben wurden, die alles in den Schatten stellten, was die nicht gerade anspruchslose Hauptstadt bis dahin je gesehen hatte. Allein in dem grausamen Finale dieser Orgie, an den 117 Spieltagen, die drei Jahre lang nach dem Zweiten Dakerkrieg gefeiert wurden, ließ Trajan 4941 Gladiatorenpaare fechten und rund 11 000 wilde Tiere zu Kämpfen buntester Art ins Kolosseum treiben. Gleichzeitig begann ein großartiges Bauprogramm, die Schwierigkeiten der römischen Währung waren schlagartig behoben, der Goldpreis fiel um 3 bis 4 %. Trajans Popularität hatte ihren Höhepunkt erreicht.

Blicken wir kurz auf die weitere Entwicklung in Dakien, so besagt eine Notiz bei Eutrop (VIII,6,2), daß Trajan nach seinem Sieg über Dakien dorthin aus dem ganzen *orbis Romanus* eine zahllose Menschenmenge überführt habe, um Stadt und Land zu besiedeln, denn Dakien sei durch den langjährigen Dekebaluskrieg entvölkert gewesen. Wie die archäologischen Funde belegen, insbesondere die Verbreitung der traditionellen, einfachen dakischen Keramik, gab es einzig auf dem Lande eine Bevölkerungskontinuität, deren Ausmaß und Bedeutung seit langem umstritten sind (das wissenschaftliche Problem wurde insbesondere durch die politischen ungarisch-rumänischen Kontroversen im 20. Jahrhundert in stärkster Weise emotionalisiert).

Unbestritten ist dagegen die nahezu ausnahmslose Beseitigung der alten dakischen Führungsschicht ebenso wie die Schwächung der männlichen dakischen Bevölkerung, die in den Kriegen, in der Gefangenschaft und bei den Spielen ungewöhnlich hohe Verluste erlitt, danach dann in über einem halben Dutzend römischer Auxiliarformationen, vor allem an der Ostgrenze des Imperiums, zu dienen hatte. So kann es nicht überraschen, daß auf den römischen Inschriften Dakiens genuin dakische Personennamen nur äußerst selten vorkommen.

Dagegen sind Provenienz und Aktivitäten der Neusiedler relativ gut bezeugt. In den ersten Kolonien Sarmizegetusa und Apulum, in den Municipien Dierna, Drobeta, Napoca, Porolissum, Potaissa, Romula und manchen anderen wie in den besonders fruchtbaren Gebieten Olteniens und des Murestals ließen sich nicht nur zahlreiche römische Veteranen nieder, sondern auch Bauern, Handwerker und Händler aus dem ganzen Balkangebiet, Kleinasien und Syrien. Dem entspricht die Vielfalt der Kulte, wobei rein dakische Götter in der Provinz Dakien bisher nicht bezeugt sind, dagegen neben den traditionellen Gottheiten des römischen Heeres und Staates nicht wenige orientalische Götter, darunter selbst so periphere Gestalten wie Azisos aus Edessa und Malagbel aus Palmyra.

Die «Romanisierung» Dakiens ist so ein Sonderfall innerhalb der Geschichte des Imperiums. Sie resultierte nicht allein aus einer Symbiose einheimischer und römischer Elemente, sondern war vielmehr das Ergebnis eines Prozesses, in den, stärker als in jedem anderen Reichsteil, auch weitere Bevölkerungsgruppen ihre Vorstellungen, Kräfte und Traditionen hineintrugen. Auch die lateinische Sprache übernahm hier eine neue Funktion. Auf dakischem Boden war sie nicht nur ein Instrument zur Integration der Unterworfenen, sondern gleichzeitig auch eine starke Klammer zwischen den heterogenen Neusiedlern in diesem Raum.

In wirtschaftlicher Hinsicht wurden im allgemeinen die Strukturen und Schwerpunkte der vorrömischen Zeit beibehalten. So unternahm man im Bergbau erhebliche Anstrengungen, um die Goldgewinnung in den *Muntii Apuseni* zu forcieren, insbesondere im Raume von Apulum, Ampelum und Alburnus Major. Schon unter Trajan ist in Ampelum (Zlatna), dem Sitz der Bergwerksverwaltung, ein Freigelassener des *princeps* – offensichtlich ein kompetenter Spezialist – als *procurator aurariarum* bezeugt. Das Gold wurde in Dakien sowohl in Stollen als auch im Tagebau und schließlich durch Goldwaschen in den Gewässern gewonnen. Der Sektor erschien den Römern so wichtig, daß im Goldabbau besonders qualifizierte Pirusten,

Angehörige eines illyrischen Stammes aus dem ebenfalls goldreichen Dardanien, in das Gebiet von Alburnus Major umgesiedelt wurden. Im übrigen waren die Bergleute überwiegend Freie.

An anderen Stellen wurde nach Silber, Blei und Eisen gegraben; Salzgewinnung, Steinmetzbetriebe und Töpfereien bildeten weitere Schwerpunkte einer gewerblichen Produktion, die freilich in der Regel weder im Volumen noch in der Qualität eine außergewöhnliche Bedeutung gewann. Im allgemeinen deckte sie lediglich den Bedarf der eigenen und der unmittelbaren Nachbarmärkte. Intensiviert wurde gleichwohl der Handelsverkehr, und zwar nicht nur auf dem jetzt gut ausgebauten Straßennetz, sondern ebenso auf den Flüssen Mures und Olt. Alle wesentlichen Initiativen lagen hier in den Händen von Orientalen, deren Aktivitäten sich zum Teil auch auf die Nachbarprovinzen und die Stämme im Vorfeld Dakiens erstreckten.

So bedeutsam die Lösung der dakischen Frage war, für Trajan stellte sie nur ein Glied seiner umfassenden militärischen und administrativen Reorganisation des gesamten römischen Donauraums und seiner vielfältigen, häufig freilich weniger spektakulären und deshalb auch nicht selten unterschätzten Aktivitäten auf der ganzen Balkanhalbinsel dar. Am Ende war die Donaugrenze in die fünf proconsularischen, dem *princeps* selbst unterstehenden Provinzen *Pannonia superior, Pannonia inferior, Dacia, Moesia superior* und *Moesia inferior* aufgegliedert, in denen insgesamt zehn Legionen in großen Lagerfestungen, überwiegend an der Donau selbst, standen. Darüber hinaus war auch Thrakien in eine reguläre, freilich nur prätorische und vom Senat verwaltete Provinz umgewandelt worden.

Mindestens ebenso bedeutsam aber wie Grenzsicherung und Verwaltungsintensivierung wirkte sich die Kolonisationspolitik in diesem Raume aus. Bereits bestehende römische Zentren, wie Poetovio in *Pannonia superior* oder Ratiaria und Oescus in *Moesia inferior*, wurden von Trajan in den Rang einer Kolonie erhoben, eine ganze Reihe von Municipien neu gegründet, ältere Städte, wie Serdica, planmäßig ausgebaut. Seit Augustus hatte der Donauraum mit seinem tiefen Hinterland eine so umfassende und zielstrebige Urbanisierungspolitik nicht mehr erlebt.

Im Jahre 106 n. Chr. ergriff Trajan auch im Osten des Imperiums eine erfolgreiche Initiative. Die Bedeutung des petraeischen oder nabatäischen Arabien war den Römern spätestens seit der Expedition des Aelius Gallus im Jahre 25 v. Chr. bekannt, Trajan persönlich seit seinem Dienst in Syrien. Die Wirren, die nach dem Tode des letzten nabatäischen Königs Rabilos (105 n. Chr.) in der Region ausgebrochen waren, boten Trajan die denkbar günstigsten Voraussetzungen für eine Okkupation. Der ganze Landstreifen vom Hauran im Norden bis an den Golf von Akaba im Süden wurde im Frühjahr 106 n. Chr. durch A. Cornelius Palma von Syrien aus ohne größeren Widerstand besetzt und als prätorische, dem *princeps* unterstehende

Provinz *Arabia* organisiert. Durch einen Papyrus ist C. Claudius Severus schon am 26. 3. 107 n. Chr. als erster Statthalter bezeugt.
Die Motive für die Besetzung lagen sowohl in militär- als auch in handelspolitischen Erwägungen. Mit dem nabatäischen Königreich war der letzte größere Klientelstaat an der Ostgrenze des Imperiums integriert worden und damit auch das Vorfeld der Provinzen Syrien und Ägypten gegenüber allen Übergriffen besser zu sichern. Ähnlich wie im Donauraum setzte auch hier sogleich ein forcierter Ausbau von Straßen und Befestigungs- wie Überwachungssystemen ein. Noch unter C. Claudius Severus wurde mit der Anlage von Durchgangsstraßen zwischen dem Roten Meer und Syrien begonnen, insbesondere in der Verbindung von Akaba über Petra, Philadelphia und Bostra nach Damaskus, die teilweise ein sechs Meter breites Steinpflaster aufwies, eine der wichtigsten Fernstraßen des ganzen Nahen Ostens und systematisch verstärkt und geschützt wurde. Denn parallel zu dieser Verbindung wurde ein tiefgestaffeltes Überwachungssystem mit kleineren Befestigungen, Türmen und Signalstationen angelegt, dessen Aufgabe es war, die Karawanenwege und Wasserstellen im Grenzstreifen östlich der römischen Längsverbindung zu kontrollieren und damit den gesamten Karawanenhandel zu überwachen.

Das nordostwärts von Gerasa gelegene Bostra wurde Hauptstadt der neuen Provinz, dort bezog auch die *legio VI Ferrata* ihr Lager. Aber auch das zweite Handelszentrum im Süden, Petra, die berühmte alte Metropole mit ihren Felsengräbern, Gärten und reich ausgeschmückten Tempeln behielt ihre Bedeutung, so wie die ganze Region überhaupt durch das weitere Anwachsen des Handelsvolumens einen erheblichen wirtschaftlichen Aufschwung nahm. Dazu trug nicht zuletzt die Tatsache bei, daß in Zukunft ein beträchtlicher Teil des Indienhandels über Petra nach Gaza oder Damaskus geleitet, jede parthische Kontrolle damit umgangen werden konnte. Wie stark das Prestige Roms in diesem Raum jetzt war, zeigt sich wohl am deutlichsten darin, daß um 107 n. Chr. eine indische Gesandtschaft in Rom erschien.

Auch Nordafrika erhielt unter Trajan besonders starke kolonisatorische Impulse. Diese sind heute am eindrucksvollsten in Thamugadi in Numidien wahrzunehmen, wo um 100 n. Chr. an der Stelle einer alten punischen Handelsniederlassung planmäßig eine neue Kolonie gegründet wurde. Die nahezu quadratische Kernanlage von ungefähr 350 m Seitenlänge zeigt einen völlig regelmäßigen Stadtplan. Abgesehen von Leptis Magna, sind hier die wohl geschlossensten und am besten erhaltenen Überreste des römischen Nordafrika überhaupt zu finden, denn fast nirgendwo hat der Sand so wie hier den schematischen rechtwinkligen Grundriß einer römischen Stadt mit dem Forum in der Mitte, mit Bibliothek, Theater und zahlreichen Bädern nahezu lückenlos konserviert.

Über den vielfältigen Initiativen in Grenzgebieten und Provinzen hat

Trajan die Aufgaben der Innenpolitik nicht vergessen. Nicht zuletzt seine geschickte Behandlung aller Schichten und Stände trug wesentlich zur inneren Stabilität seiner Herrschaft bei. Vor allem dem römischen Senat trat er besonders schonend entgegen. Er gab oft genug zu verstehen, daß er in ihm nur der *primus inter pares* sein wollte. So leistete er etwa vor dem Antritt seines dritten Konsulats stehend den Eid vor dem sitzenden amtierenden Konsul. Es ist immer wieder erstaunlich, wie rasch sich diese Versammlung, die Domitian so erbitterten Widerstand geleistet hatte, mit dem Mann aus der Kolonie abfand.

Allerdings darf dabei nicht vergessen werden, daß die Zusammensetzung des Senats längst nicht mehr die alte war. Die Verfolgungswellen Domitians hatten gerade die Träger der Opposition, die aber mit den Exponenten der alten römischen und italischen Aristokratie weithin identisch waren, beseitigt. An ihre Stelle waren neue Männer aus den Provinzen getreten, die mit dem *princeps* aus der Provinz standen und fielen. Dennoch überwogen während des ganzen 2. Jahrhunderts noch immer die italischen Senatoren; der Anteil der Provinzialen erreichte unter Hadrian 42 %, unter Mark Aurel 46 %.

Politisch hatten die italischen Senatoren ihre eigene Sache schon in der kurzen Periode von Nervas Alleinherrschaft *ad absurdum* geführt. Der politische Stil des Senats wurde aber auch unter Trajan nicht besser. Ein Pliniusbrief berichtet beispielsweise, daß bei Geheimabstimmungen auf den Stimmtafeln häufig Witze oder Schimpfworte standen, und Plinius' Resignation, daß solche Albernheiten nur dem Herrscher Wachen und Mühen bereiten würden, beweist zwar Einsicht, brachte aber keine Änderung. So war die Rolle des Senats unter Trajan zwar sehr geachtet, aber praktisch bedeutungslos. Alles, was diese Versammlung einer neuen Reichsaristokratie erreichte, erreichte sie nur durch den *princeps*.

Was die Ritter anbelangt, so setzte Trajan die Politik Domitians aus Überzeugung fort. Die Freigelassenen verloren nun auch die Leitung der letzten wichtigen zentralen Verwaltungsressorts, die sie bis zu diesem Augenblick innegehabt hatten. Sowohl die Leitung der Finanzverwaltung als auch die Leitung der Erbschaftssteuer und des kaiserlichen Hausvermögens gingen jetzt in die Hände von Rittern über. Außerdem wurde die Vermehrung und Differenzierung ritterlicher Verwaltungsposten energisch vorangetrieben.

Noch schneller und vollständig gewann Trajan das römische Volk für sich. Der Herrscher, der geschickt, anpassungsfähig und unaufdringlich um Sympathie warb, großzügig Spenden verteilte und Spiele ermöglichte, war so recht ein *princeps* nach dem Herzen der römischen Bürger. Ihnen kam vor allem die entschiedene Neuorganisation der *Annona* zugute, aber auch die Neuzulassung von 5 000 armen Plebejer-Kindern zu den unentgeltlichen staatlichen Getreideverteilungen in Rom. Die materiellen Vorteile jedes römischen Vollbürgers näherten sich jetzt ihrem Höhepunkt. Hatten sie während der gesamten Regierung Domitians Schenkungen *(congiaria)* in einer Höhe von insgesamt 225 Denaren pro Kopf erhalten, so lag dieser Betrag unter Trajan bei 650 Denaren, das heißt einer Summe, die das Doppelte des Jahressoldes eines römischen Legionärs überstieg.

Die Rechtsprechung wurde erneut gestrafft, die Majestätsprozesse wiederum, und zwar aus Überzeugung, verboten. Denn zu dem Willen, nicht durch Terror oder durch Majestätsprozesse Ehrfurcht vor seinem Namen anzustreben, bekennt sich Trajan ausdrücklich in einem bei Plinius überlieferten Brief (X,82). Im übrigen zeigt dieser Briefwechsel auch, daß sich Trajan bei nahezu allen juristischen Problemen an älteren Präzedenzfällen orientierte und daß er frühere Rechtsentscheidungen, wenn irgend möglich, aufrechterhielt.

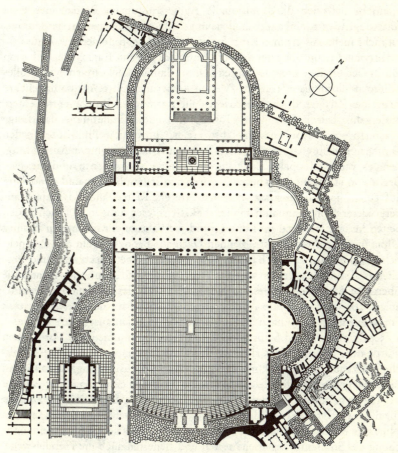

24 *Trajansforum, Rom*

In vielfacher Hinsicht wurde andererseits aber auch Nervas Politik weitergeführt, und erstaunlicherweise gilt dies auch in vollem Umfange bei der Fürsorge für Italien. So wurde unter Trajan jeder, der sich in Rom um eine Magistratur bewarb, gezwungen, mindestens ein Drittel seines Vermögens in italischem Grundbesitz anzulegen. Auf diese Weise sollten gerade auch die persönlichen Interessen der Senatoren fortan unmittelbar mit dem Mutterland selbst verbunden werden. Daneben wurde die italische Binnenkolonisation entschieden gefördert. Aber wichtiger als die verschiedenen Maßnahmen, die dazu dienten, wie die planmäßige Neuansiedlung von Veteranen in Mittelitalien, die Verhinderung von Abwanderung und die Förderung der italischen Landwirtschaft, vor allem der Kleinbauern, bleibt doch die alarmierende Aussage dieses Befundes als eines ersten Anzeichens für die wirtschaftliche Gefährdung des italischen Mutterlandes. Er dokumentiert, daß sich die traditionelle Agrarstruktur im Bereich der einst staatstragenden Kleinbauern Italiens in verschiedenen Regionen der Halbinsel nicht mehr aus eigener Kraft behaupten und reproduzieren konnte.

Ihren auch heute noch sichtbarsten Ausdruck gewann Trajans Identifikation mit Italien in den großen Bauten. Diese Bautätigkeit erreichte ihr volles Volumen allerdings erst in der zweiten Regierungshälfte, als die ungeheure Beute des Zweiten dakischen Krieges alle finanziellen Probleme mit einem Male gelöst hatte. Mittel- und Höhepunkt zugleich bildet dabei das riesige Trajansforum in Rom, das im Jahre 112 n. Chr. eingeweiht wurde. In den Dimensionen sprengte es den alten Rahmen ebenso wie in der Ausstattung, denn es war fast doppelt so lang wie das Forum Caesars, 300 m, und wies eine Breite von 185 m auf. Man betrat es durch den Triumphbogen und stand dann auf einem gewaltigen Platz, dessen Mitte ein Reiterstandbild Trajans aus vergoldeter Bronze einnahm. Hallen schlossen diesen riesigen Hof nach beiden Seiten hin ab, während im Hintergrund die Fassade der mächtigen Basilica Ulpia mit ihrem weithin strahlenden Dach aus Bronzeziegeln den Prospekt beherrschte. Hinter der Basilika aber bildeten eine griechische und eine lateinische Bibliothek einen weiteren Hof, den die rund 40 m hohe Trajanssäule überragte. Als Abschluß dieser vielgliedrigen, doch klar konzipierten Gesamtanlage aber war wohl von Anfang an jener Tempel für den *Divus Traianus* vorgesehen, der dann nach Trajans Tode von Hadrian ausgeführt wurde.

Repräsentation und Selbstapotheose in solch monumentaler Form allein würde dem Wesen Trajans aufs entschiedenste widersprochen haben. Sachliche Nutzbauten größten Umfangs und solidester Ausführung waren für ihn nicht weniger charakteristisch. Die neuen Markthallen in Rom, der Ausbau der Häfen bei Ostia, Centumcellae und Ancona schufen großzügige Zentren für die Intensivierung des Handels. Ein wiedereröffneter Kanal vom unteren Nil zum Roten Meer und die machtvolle und rücksichtslose Vereinheitlichung des Straßennetzes erleichterten und sicherten auch die Handelswege. Schon der Straßenbau aber war im Blick auf das ganze Reich geplant. Wenn die *Via Traiana* von Benevent bis Brundisium sich noch ganz in die traditionellen Maßstäbe und das alte Straßennetz einfügte, so galt das nicht mehr für die ganz Mittel- und Osteuropa querende Donaustraße, und es galt ebensowenig für die zweite große durchgehende Verkehrsader, die südlich des Schwarzen Meeres durch ganz Kleinasien bis zum Euphrat verlief. Auch unter Trajan fanden so die Interessen Italiens und diejenigen der Provinzen ihren großen Ausgleich.

Wie Plinius' Briefwechsel mit Trajan aus Bithynien zeigt, erfaßte auch die Provinzen ein wahres Baufieber, das häufig genug die finanziellen Möglichkeiten der Städte überforderte und deshalb von Trajan stets mit einer gewissen Reserve beobachtet wurde. Plinius schrieb zum Beispiel ziemlich optimistisch: «Prusa, Herr, hat ein schmutziges, altes Bad. Das möchte es mit Deiner Genehmigung erneuern. Es wird auch Geld zur Verfügung stehen, erstens das, was ich schon von Privatleuten als Kredit abgerufen und als Steuern einzufordern begonnen habe, sodann was die Gemeinde selbst aus ihren gewohnten Ölsteuern für das Bad aufzubringen bereit ist. Übrigens erfordern den Bau das Ansehen der Gemeinde und der Glanz Deiner Epoche» («*Epistulae*» X,23).

Die Antwort Trajans klingt sehr viel nüchterner: «Wenn der Bau eines Bades die Kräfte der Gemeinde Prusa nicht zu belasten droht, können wir ihrem Wunsch nachgeben. Nur sollen dann deshalb keine Sondersteuern auferlegt oder an ihren notwendigen Gemeindemitteln für später etwas gemindert werden» («*Epistulae*» X,24).

Angesichts dieser Vielzahl von Initiativen in Rom, Italien wie in den Provinzen und angesichts der Notwendigkeit, alle diese Impulse und Maßnahmen auch ausreifen zu lassen und zu konsolidieren, ist es um so überraschender, daß Trajan schließlich noch einmal eine von Anfang an äußerst riskante Unternehmung im Osten des Imperiums wagte. Allerdings wurde er dazu von parthischer Seite provoziert, doch entsprang das Ausmaß seiner Reaktion ganz seinem eigenen Entschluß. In Parthien war 109/110 n. Chr. König Pakoros II. verstorben, sein Bruder Chosroes folgte ihm in der Herrschaft und wollte sein Regiment gegenüber inneren Rivalen offensichtlich durch außenpolitische Aktivität rechtfertigen. Er setzte deshalb 112/113 n. Chr. anstelle des römischen Vasallen Axidares den Partherprinzen Parthamasiris, einen Sohn des Pakoros, zum König von Armenien ein.

Damit war die Situation in dem formell immer noch von Rom abhängigen Land in einer Weise verletzt worden, die Trajan nicht hinnehmen konnte. Eine Zeitlang führte der *princeps* Verhandlungen, doch Chosroes gab nicht nach. Er war offensichtlich davon überzeugt, daß es der nun sechzigjährige Herrscher auf keinen Krieg mehr ankommen lassen werde. Doch im Oktober 113 n. Chr. brach Trajan aus Italien auf; gleichzeitig gingen Verstärkungen von der Donauarmee nach Osten; insgesamt wurden nach und nach elf Legionen für den Feldzug gegen die Parther konzentriert.

Am 7.1.114 n. Chr. war Trajan in Antiochia angekommen. Mit seinem Erscheinen wurde die Lage im Grenzraum, wo es unter dem Eindruck parthischer Vorstöße bereits zu Unruhen gekommen war, rasch stabilisiert. Über Samosata am Oberlauf des Euphrat begab sich der *princeps* zunächst nach Satala in Kleinarmenien, dem Versammlungsraum der nördlichen römischen Heeresgruppe. In Elegeia, östlich von Satala, erschien nun Parthamasiris vor Trajan und legte sein Diadem demonstrativ nieder, sicher in der Erwartung, durch diese Geste auch die römische Anerkennung zu finden. Doch Trajan setzte ihm das Diadem nicht wieder auf, und Parthamasiris wurde wenig später nach einem Fluchtversuch hingerichtet.

Rasch und anscheinend ohne nennenswerten Widerstand konnte danach das ganze armenische Hochland besetzt werden, doch Trajans diplomatische Aktivitäten griffen gleichzeitig auch weit nach Norden aus. Am Kaukasus konnte er jetzt mit den Königen von Kolchis, der Iberer und Albaner Kontakte knüpfen und den römischen Einfluß so selbst im Bereich östlich des Schwarzen Meeres sichern. Unter dem Eindruck der entschieden geführten Offensive brach die parthische Herrschaft auch im Südosten von Armenien zusammen. Zug um Zug konnten die Landschaften Atropatene und Hyrkanien am Südrand des Kaspischen Meeres besetzt und schließlich als Resultat des ersten Kriegsjahres im Herbst 114 n. Chr. Großarmenien, das westlich des Euphrats liegende Kleinarmenien sowie Teile von Kappadokien zur römischen Provinz *Armenia* vereinigt werden. Jetzt erst glaubte sich Trajan legitimiert, den ruhmvollen Beinamen eines *optimus princeps* anzunehmen.

Für das Jahr 115 n. Chr. ist der Verlauf der militärischen Operationen lediglich in groben Umrissen bekannt. Offensichtlich bildete jetzt das obere Mesopotamien das Angriffsziel der schnell weiter vordringenden römischen Verbände. Nachdem die wichtigen Städte Nisibis und Singara besetzt worden waren, wurde gegen Ende des Jahres 115 n. Chr. nun auch *Mesopotamia* zur römischen Provinz deklariert, am 20. Februar 116 n. Chr. nahm Trajan den Siegerbeinamen *Parthicus* an.

Indessen hatte schon der Winter 115/116 n. Chr. eine erste Katastrophe gebracht. Während sich Trajan in Antiochia aufhielt, wurde die Stadt von einem schweren Erdbeben heimgesucht. Der *princeps* konnte sich zwar retten, mußte jedoch mehrere Tage in der Rennbahn von Antiochia unter freiem Himmel zubringen. Vor allem stellten die schweren Zerstörungen in dieser großen rückwärtigen Basis der römischen Truppen eine erhebliche Belastung und Erschwerung der weiteren militärischen Bewegungen dar. Dennoch wurde der Angriff im Frühjahr 116 n. Chr. wiederaufgenommen, sein Ziel war diesmal das südliche Mesopotamien. Und wiederum gelangen überraschende Erfolge; sie gelangen jedoch vor allem deshalb, weil Chosroes durch Aufstände und innere Wirren an jedem konzentrierten Widerstand gehindert war, so daß sich jeweils nur auf sich allein gestellte Städte und Befehlshaber isoliert und in der Regel kräftemäßig weit unterlegen verteidigten.

So konnte Trajan längs des Tigris nach Süden vorstoßen, Assur besetzen, bei Opis den Strom überqueren und Babylon einnehmen. Gleichzeitig waren die Schiffe der Euphratarmee auf Rollen über Land zum Tigris transportiert worden. Nacheinander fielen nun Seleukia und die parthische Königsstadt Ktesiphon in Trajans Hand. Zwar war Chosroes geflüchtet, doch wurde eine Tochter des Partherkönigs gefangen und selbst der Thron der Arsakiden erbeutet. Der Zusammenbruch der Macht des Chosroes schien nur noch eine Frage von Wochen zu sein; schon wurde im Raum von Seleukia und Ktesiphon eine römische Provinz *Assyria* organisiert.

Doch Trajan drängte weiter. Er fuhr flußabwärts zum Persischen Golf. Das Reich von Mesene im Mündungsgebiet des Euphrat wurde besetzt, der *princeps* selbst in der Hafenstadt Charax freundlich aufgenommen. Er ließ sich aufs Meer hinausfahren, und als er ein nach Indien segelndes Schiff sah, rühmte er Alexander den Großen und sagte: «Wäre ich noch jung, so würde ich sicher auch zu den Indern fahren.» Es war dies, so mochte es scheinen, die Gipfelstunde seines Lebens, und doch war der ganze Gewinn schon längst in Frage gestellt.

Denn bereits seit 115 n. Chr. waren im Rücken der römischen Front jüdische Aufstände ausgebrochen, zunächst vereinzelt, aber von allem Anfang an gekennzeichnet durch den erbarmungslosen Fanatismus von Glaubenskämpfen. Schließlich umfaßte die Erhebung den weiten Raum von der *Cyrenaika* bis nach Cypern. In furchtbaren Massakern töteten die Juden damals ihre nicht-jüdischen Nachbarn. Salamis auf Cypern wurde weitgehend zerstört, in Alexandria, einem Schwerpunkt der Auseinandersetzung, kämpften die Griechen in ihren Stadtquartieren verzweifelt um ihr Leben. 116 n. Chr. griff der Aufstand dann auch auf die neu unterworfenen Gebiete über. In Nordmesopotamien schürten Parther und Juden das Feuer dabei gemeinsam. Die römische Herrschaft brach völlig zusammen, selbst die alte Griechenstadt Seleukia fiel wieder von den Römern ab.

Die Zusammenhänge und die letzten Ziele der Erhebungen sind weithin unklar und kontrovers. Für Kyrene nennt Euseb einen gewissen Lukuas als König, der den Aufstand geleitet haben soll, doch ein wie immer geartetes Programm für die Zukunft ist dort ebensowenig nachzuweisen wie für Cypern oder für Ägypten. In Ägypten entfachte die Erhebung wieder die alten Gegensätze zwischen Juden und Griechen, vor allem zwischen Juden und Alexandrinern. Die Vermutung ist nicht von der Hand zu weisen, daß möglicherweise ein ganz unbedeutendes Ereignis zu immer größeren Wirren führte, wobei in Ägypten offensichtlich zunächst die Juden einige Erfolge erzielten, damit dann aber in Alexandria ein großes Judenmassaker auslösten, dem Tausende zum Opfer fielen. Die Ruhe wurde dort erst wiederhergestellt, als Trajan Marcius Turbo mit Fußvolk, Reiterei und Kriegsschiffen in Marsch gesetzt hatte.

Nicht weniger vieldeutig sind die Nachrichten über die Erhebungen in

Das Römische Reich im 2. Jahrhundert n. Chr.

25 Imperium Romanum unter den Flaviern

Mesopotamien. Denn im Gegensatz zu den übrigen Aufstandsherden kam es dort zu einer Art von Einheitsfront zwischen Juden, Einheimischen und Parthern gegen Rom, zu einer Front, an deren Bildung möglicherweise die kleineren jüdischen Dynasten, die im Rahmen des Partherreichs noch immer ihre Vasallenstaaten leiteten, maßgebenden Anteil hatten. Hier wurden jetzt zudem auch jene Kräfte frei, die nach der Zerstörung Jerusalems zunächst verdrängt worden waren. Die offensichtlich inzwischen gestärkte Diaspora sah nun ihre große Stunde gekommen.

Trajan reagierte auf die Erhebung in Mesopotamien wohl deshalb so heftig, weil ihm die Aufstände in Kyrene, Ägypten und auf Cypern schon vorher bekanntgeworden waren und weil die mesopotamischen Juden ihm daher als der aktivste und auch verhaßteste Teil der Erhebung erscheinen mußten. Er setzte daher den brutalen Lusius Quietus in Nordmesopotamien ein. Noch einmal wurden nun Seleukia und Edessa erstürmt und sogleich verbrannt. Gnadenlos verbreitete der Maurenführer den römischen Terror, in Trajans Augen so erfolgreich, daß er ihn im Jahre 117 n. Chr. zum Prokurator von *Iudaea* ernannte.

Doch inzwischen war ein römisches Heer, das der Konsular Appius Maximus Santra kommandierte, von den Parthern geschlagen worden, waren zahlreiche römische Besatzungen vernichtet. Südmesopotamien mußte daraufhin endgültig geräumt werden. Trajan suchte nun wenigstens das Gesicht zu wahren, indem er in Ktesiphon den parthischen Adligen Parthamaspates zum König einsetzte. Doch Chosroes kehrte zurück und beseitigte auch hier die römische Ordnung. Im Jahre 117 n. Chr. kam es zu keiner größeren römischen Gegenoffensive mehr. Alle verfügbaren Truppen mußten zur Bekämpfung des jüdischen Aufstandes eingesetzt werden, Trajan selbst aber war schwer erkrankt. Er hatte seinen Neffen Hadrian zum Statthalter von Syrien ernannt und beauftragte ihn mit der Fortsetzung des Krieges. Das Befinden des Herrschers verschlechterte sich rasch. Er erreichte zwar noch die kilikische Küste, ganz ähnlich wie einst vor ihm der Augustusenkel C. Caesar, doch Anfang August des Jahres 117 n. Chr. starb er vierundsechzigjährig in Selinunt.

In Antike wie Neuzeit erschien Trajan als einer der erfolgreichsten und sympathischsten römischen *principes*. Der schon früh einsetzenden, seit 114 n. Chr. offiziellen Ehrung als *optimus princeps* entsprechen noch die Wertungen moderner Historiker, die ihn als «eine der großen Eroberergestalten der Weltgeschichte» und zugleich als «ideale Verkörperung des humanen Herrscherbegriffs» rühmten (A. Heuß) oder befanden, daß «seine harmonischen, männlich schönen Gesichtszüge, seine vornehme Haltung, das Gleichmaß seines Charakters, seine Einfachheit, seine liebenswürdige Bescheidenheit... unwiderstehlich» waren (H. G. Pflaum).

Sicher war Trajan einer der mitreißendsten militärischen Führer, die Rom je besaß. Noch der Sechzigjährige watete an der Spitze seiner Truppen durch die armenischen Flüsse. Ob er die Soldaten mit ihrem Namen anredete, ihre Auszeichnungen kannte, sich um Verwundete und Kranke kümmerte, immer blieb er der primär soldatische Herrscher, und in diesem Stile hat er auch sein Regiment geführt. Seine Taten haben ihn zu dem Latinerkönig der alten bulgarischen Volkslieder werden lassen, ja zum Gott der bulgarischen Mythologie, für Rom ist er stets der *optimus princeps* geblieben.

Bei einer näheren Überprüfung ist die Gesamtbilanz dieses Principats indessen wesentlich zwiespältiger. Unbestreitbar sind die gelungene Stabilisierung des Systems, die – freilich unter großen Verlusten errungene – Annexion Dakiens, die Schaffung einer Provinz *Arabia*, die Befriedigung der römischen *plebs* durch verschwenderische Spiele und Geldgeschenke, eine Vielzahl konstruktiver Maßnahmen zur Sicherung der römischen Herrschaft in den Provinzen, die Groß- und Nutzbauten wie die Sozialleistungen in Italien, nicht zuletzt der immer wieder ansprechende Tenor dieser bewußt neu stilisierten Herrschaft. Denn es gelang Trajan tatsächlich, eine völlig veränderte politische Atmosphäre zu schaffen, den Principat aus der Sackgasse herauszuführen, in die ihn die überspannte Politik Domitians gebracht hatte, Zustimmung, Zufriedenheit und Vertrauen zu wecken, ja in den verschiedensten sozialen Gruppen Anerkennung und Popularität zu finden.

Aus dem Rückblick wird jedoch auch der eindeutige Primat jener militärischen und außenpolitischen Aufgaben evident, die sich Trajan selbst stellte. Das Resultat seiner großen, beharrlich durchgeführten Offensiven in den Dakerkriegen wie im parthischen Feldzug war dabei völlig verschieden. Brachte die Annexion Dakiens Ruhm und Reichtum, so die Katastrophe im Nahen Osten einen Rückschlag, dessen Auswirkungen Trajans Nachfolger nur unter größten Schwierigkeiten auffangen konnte. Dabei war das Scheitern der Offensive Trajans hier gerade nicht eine Folge militärischer Aktionen der Parther wie einst in den Tagen des Crassus und Antonius, sondern eine Folge des völligen Zusammenbruchs der eigenen Basis im Kriegsgebiet wie im weiteren Hinterland, eine Folge letzten Endes auch der mißlungenen Integration des Judentums in die römische Ordnung des Nahen Ostens.

Die Tradition hat, vereinfacht gesagt, zumeist nur die positiven Linien von Trajans Principat überliefert und die unfaßbaren Katastrophen der letzten Regierungsjahre entweder verdrängt oder beschönigt. Unfaßbar sind diese Katastrophen gerade deshalb, weil Trajan durch die Erfahrungen seines Vaters und durch seine eigene Laufbahn mit der Welt des römischen Ostens eng verbunden war, Anforderungen, Schwierigkeiten und Konsequenzen eines Partherkrieges ebensowenig unterschätzen konnte wie die sich hier stellenden, fast unlösbaren Probleme der Versorgung und des Nachschubs und die, wenigstens im Prinzip, voraussehbaren Reaktionen des Judentums.

Die Katastrophe des Partherkriegs und die durch ihn erst ausgelösten Aufstände im Umfeld der jüdischen Diaspora ließen sich nicht rasch bereinigen, die Möglichkeiten des Imperiums waren überfordert, die Chancen, welche die immense Dakerbeute mittelfristig für eine soziale und wirtschaftliche Stärkung der Fundamente des Imperiums geboten hätte, durch Verschwendung in den traditionellen popularitätsträchtigen Bahnen und ein überflüssiges militärisches Abenteuer vertan. Der bis zuletzt allgemein beliebte Trajan starb im richtigen Augenblick, als die unmittelbaren Kriegsfolgen in Rom ebenso wenig zu überblicken waren wie die elementare Tatsache, daß die Zeit der großen Offensiven Roms vorüber war. An diesem Faktum haben auch die späteren Vorstöße im Osten, sei es unter M. Aurel, den Severern, den Soldatenkaisern oder Julian Apostata nichts mehr geändert.

Das Römische Reich unter Hadrian (117–138 n. Chr.) und Antoninus Pius (138–161 n. Chr.)

Was im Sterbezimmer Trajans in Selinunt in Kilikien wirklich vor sich ging, wird sich nie mehr feststellen lassen. In der Öffentlichkeit, und das heißt hier im syrischen Antiochia, wurde jedenfalls am 9. August 117 n. Chr. Hadrians Adoption bekanntgemacht, am 11. Trajans Tod, der schon am 8. August eingetreten war. Es läßt sich nur so viel sagen, daß es die um den Sterbenden versammelten Persönlichkeiten, nämlich seine Frau Plotina, Hadrians Schwiegermutter Matidia und der Gardepräfekt Attianus, der einstige Vormund Hadrians, in einer ebenso geschickten wie entschiedenen Regie verstanden haben, die Nachfolge Hadrians zu sichern. Beweisen läßt sich weder die Adoption noch das Gegenteil. Ein Rest von Verdacht ist freilich immer geblieben, nicht zuletzt deshalb, weil der einzige Hadrian nicht verbundene Zeuge jener letzten Stunden, der Kammerdiener Trajans, drei Tage nach seinem Herrn plötzlich verschied. Der Verdacht würde sich in erster Linie gegen den Gardepräfekten Attianus richten, und er muß sich verdichten, weil sich Attianus schon bald darauf als Spezialist in der Beseitigung von Anhängern auch nur potentieller Opposition auszeichnete.

Der neue *princeps*, Publius Aelius Hadrianus, war 76 n. Chr. geboren worden. Wie Trajan stammte er aus einer Familie, die in der alten römischen Kolonie *Italica*, in der Nähe von Sevilla, beheimatet war. Als Zehnjähriger verlor er seinen Vater. Die Vormundschaft übernahmen Trajan und der schon genannte Acilius Attianus. Trajan ließ den Jungen in Rom erziehen, wo er mit vollen Zügen alle Bereiche griechischer Kultur in sich aufnahm und ganz zum *Graeculus* wurde. Für die Bedeutung des griechischen Kultureinflusses im Rom Domitians gibt es kaum ein symptomatischeres Phänomen als die Anziehungskraft, die das Griechentum damals auf den jungen, intelligenten und sensiblen Römer aus Spanien ausübte. Ungefähr ab 95 n. Chr. versah Hadrian dann Dienst als Tribun verschiedener Legionen in

26 Hadrian, Münzporträt

Moesien und Obergermanien. Trotz aller Förderung empfand Trajan für seinen Schützling jedoch zeit seines Lebens nie volle Sympathie. Immer wieder gab es Spannungen, und es bedurfte des entschiedenen Eintretens von Plotina, bis Trajan sein Einverständnis zur Heirat Hadrians mit Sabina, einer Enkelin von Trajans Schwester Marciana, gab.

Indessen konnten für den sehr ehrgeizigen jungen Mann nicht alle Wege geglättet werden. Im Jahre 101 n. Chr. erntete er als Quaestor mit der ungepflegten Aussprache seines Lagerlateins im römischen Senat nur einen Heiterkeitserfolg. Am Ersten Dakerkrieg nahm er dann im Stab Trajans teil. Anschließend erhielt er als Protokollführer der Senatssitzungen einen nützlichen Einblick in *arcana* und Realität der Senatspolitik Trajans, dem er dabei zugleich als vertraulicher Berichterstatter diente. Während des Zweiten Dakerkrieges befehligte Hadrian dann bereits durchaus erfolgreich eine Legion, die ursprünglich in Bonn stationierte *legio I Minervia*. Nach dieser Bewährung wurde Hadrian, wie schon erwähnt, Statthalter der Provinz *Pannonia inferior*, eine Funktion, in der er Kämpfe gegen die Stämme der Theißebene zu führen hatte. Ein Jahr später, 108 n. Chr., bekleidete er schließlich sein erstes Konsulat.

In der Folgezeit hat Hadrian dann wiederholt die an den Senat gerichteten Reden Trajans entworfen. Er wurde nicht nur Mitglied mehrerer römischer Priesterkollegien, sondern auch als einziger römischer Privatmann seiner Zeit Archon in Athen. Mit Trajan zog auch Hadrian im Spätjahr 113 n. Chr. zum Partherkrieg aus, wohl seit 117 n. Chr. sicherte er als Statthalter von Syrien die rückwärtigen Verbindungen und die Basis der Offensivarmee. Dies ist, knapp zusammengefaßt, das Leben Hadrians in den 41 Jahren vor seinem Regierungsantritt, wie in der Hauptsache aus einer athenischen Inschrift (ILS 308) hervorgeht. Geistig und militärisch, durch seine Reife und durch seine Verwandtschaft mit Trajan war Hadrian gewiß einer der qualifiziertesten Kandidaten für die Nachfolge, doch er war nicht der einzige. Und trotz aller Protektion mag Trajan geahnt haben, daß Hadrian niemals in seinem Sinne regieren würde. Möglicherweise liegt hier das Motiv für die buchstäblich in letzter Stunde oder überhaupt nicht ausgesprochene Adoption.

Und es sollte sich sehr rasch zeigen, daß nun ein neuer Kurs eingeschlagen und mit aller Entschiedenheit verwirklicht wurde. Fürs erste freilich wahrte Hadrian ganz die Formen. In einer Mitteilung an den Senat bat er um Verständnis dafür, daß das Heer ihn voreilig zum Herrscher ausgerufen habe, weil der Staat nicht ohne *princeps* sein könne. Um den Senatoren das *fait accompli* schmackhaft zu machen, wurden die senatorischen Privilegien, vor allem die Standesgerichtsbarkeit, erneuert. Ein *donativum* in doppelter Höhe festigte das Band zur Armee. In einer ganz ähnlichen Weise, wie einst der Triumph des Germanicus im Jahre 17 n. Chr. den Abbruch der römischen Offensiven in Nordwestdeutschland übertönt hatte, so geschah dies nun durch den gespenstischen prunkvollen Triumph eines Toten über die Parther. Den Platz des toten Herrschers nahm dabei sein Bild ein. Mit allen Ehren fand auch das Begräbnis Trajans statt, als seine Asche in einer goldenen Urne nach Rom überführt worden war und im Sockel der Trajanssäule beigesetzt wurde.

Doch ungleich wichtiger als diese letzten Ehren wurde die Entscheidung in den konkreten politischen und militärischen Fragen. Der immer noch glimmende Aufstand im Nahen Osten und der unbestreitbare Zusammenbruch der römischen Herrschaft in den neu okkupierten Provinzen zwangen Hadrian zu unverzüglichem Handeln. Und hier, in den Taten, konnte nun keine Rede mehr von Kontinuität oder von der Fortsetzung der Politik Trajans sein. Mesopotamien wurde aufgegeben, die letzten römischen Besatzungen zurückgezogen, der parthische Gegenkönig mit dem Reich von Edessa in Nordmesopotamien abgefunden. Selbst in Armenien kehrte man zur alten Lösung eines Souveränitätsanspruchs über den Klientelstaat zurück. Die Großprovinz *Armenia* wurde wieder zerschlagen. Die Liquidation der Offensiven und der Expansionspolitik Trajans hätte nicht vollständiger sein können.

Hadrians Entschlüsse entsprachen einer sehr nüchternen Beurteilung der römischen Kräfte und Positionen im Osten sowie einer durchaus realistischen Abwägung der Möglichkeiten und der Lage des Imperiums überhaupt. Sie berücksichtigten nicht nur die Erschöpfung des Heeres und die furchtbaren Zerstörungen im Hinterland der Front gegen die Parther durch die Aufstände, sondern ebenso das Versiegen des Potentials und der Reserven. Hadrians Folgerungen aus dieser evidenten Krise waren so weitgehend, daß er vorübergehend sogar an eine Aufgabe Dakiens gedacht haben soll.

Die Vergegenwärtigung dieser Entscheidungen und der Konsequenz und Eile, mit der sie in die Tat umgesetzt wurden, machen wohl verständlich, daß sie notwendig zu erheblichen inneren Spannungen führen mußten, daß die Exponenten der offensiven und expansionistischen Politik Trajans, die Heerführer und Freunde des verstorbenen *princeps,* die die Offensiven geleitet hatten, jetzt verbittert und enttäuscht wurden. Für sie mußte Hadrian als Verräter der Politik Trajans erscheinen. Es kam hinzu, daß sie, insbesondere der gefährliche Lusius Quietus, jetzt auch Kompetenzen und Einfluß verloren. Hier liegen die Keime, die zur sogenannten Verschwörung der vier Konsulare führten.

Im übrigen schätzten diese Befehlshaber und Haudegen Trajans das Ausmaß der Zäsur wohl durchaus richtig ein, mochte der neue *princeps* seine *pietas* gegenüber dem Adoptivvater und seine Verbundenheit mit der Armee auch noch so demonstrativ betonen. Denn diese Männer kannten Hadrian seit Jahren, und sie waren wohl oft genug durch dessen widerspruchsvolle Persönlichkeit irritiert worden, durch einen Menschen, der trotz all seiner militärischen Erfahrungen und Bewährungsproben immer ein intellektueller Fremdling im Kreis der militärischen Führungsspitze Trajans geblieben war. Wenn überhaupt irgendwo, so ist der politisch-militärische Kurswechsel in der Geschichte des Principats gerade an dieser Stelle auch durch die ganz außergewöhnliche Persönlichkeitsstruktur des neuen *princeps* Hadrian bedingt.

Hadrian war eine in sich widerspruchsvolle Persönlichkeit, ein hochgebildeter, empfindsamer, ewig unruhiger und immer neue Eindrücke suchender Mensch. Intellektuell erscheint er unvergleichlich lebendiger, aber auch spannungsreicher, sensibler und nervöser als Trajan. Sein Philhellenentum verbarg er nie; schon rein äußerlich hob er sich durch die Barttracht des Philosophen von den römischen Formen, insbesondere vom glattrasierten Gesicht des Militärs Trajan ab. Restaurative und romantische Tendenzen seiner Zeit griff er ebenso unbedenklich auf wie in dem üblichen römischen Eklektizismus auch archaische Traditionen und verspielte Ausdrucksformen. Der *princeps,* der eine heute verlorene Autobiographie schrieb, aber auch Gelegenheitsgedichte verfaßte, von denen freilich nur wenige Verse überliefert sind, hatte einen sehr persönlichen, am älteren lateinischen Schrifttum orientierten, literarischen Geschmack: dem Vergil zog er Ennius vor, dem Sallust Coelius Antipater, dem Cicero Cato.

Doch neben den vielfältigen geistigen Interessen darf die Härte des militärischen Befehlshabers nicht vergessen werden und auch nicht die Passion des Jägers, der sich rühmen konnte, in der libyschen Wüste einen Löwen erlegt zu haben. Für antike Begriffe war es unerhört, daß dieser *princeps* Berge, wie den Mons Casius in Syrien und den Ätna in Sizilien bestieg, um dort den Sonnenaufgang zu erleben. Tertullian sah in ihm einen Erkunder aller Sehenswürdigkeiten («*omnium curiositatum explorator*» – «*Apologeticum*» 5,7); auch sensible Geister der Neuzeit fühlten sich immer wieder zu Hadrian hingezogen, der pathetische Althistoriker Wilhelm Weber ebenso wie die einfühlsame Schriftstellerin Marguerite Yourcenar.

Politisch aber führte Hadrian die tiefe Zäsur seines Principats ganz bewußt herbei. Er reagierte keineswegs nur impulsiv auf das Zusammentreffen nicht kalkulierter Katastrophen, sondern er entschied sich für eine kohärente, neue Politik, die langfristig angelegt war und die tatsächlich die Entwicklungen im *Imperium Romanum* auf Jahrzehnte festlegen sollte. Mögen einzelne Züge Hadrians noch so bizarr und monoman erscheinen, im Unterschied zu Neros überspanntem und sprunghaftem Ausleben kommt bei ihm eine ebenso realistische wie fortschrittliche Gesamtkonzeption zum Ausdruck, zu der es zunächst keine Alternative gab.

Hadrian versuchte das Römische Reich nicht nur nach außen und nicht nur an den Grenzen militärisch zu verteidigen, sondern ihm ging es in erster Linie darum, die inneren Kräfte des Imperiums voll zur Entfaltung zu bringen. Dabei war er durchdrungen vom Glauben an die Gleichberechtigung und an eine echte Partnerschaft der lateinischen und der griechischen Reichshälfte. Es war seine Überzeugung, daß die Entfaltung aller Zivilisationen des Imperiums dessen innere Stärke potenzieren und die Behauptung ermöglichen würde. Dabei war dieser *princeps* ein Herrscher, der rastlos die Schlagkraft der Truppen erhöhte und sie in ständiger, höchster Gefechtsbereitschaft hielt – doch er war darüber hinaus, und dies in erster Linie, ein unermüdlicher Aktivist des Friedens.

Ähnlich wie sein Vorgänger beeilte sich auch Hadrian nicht mit der Reise nach Rom. Er brach zwar noch im Jahre 117 n. Chr. aus Syrien auf, wandte sich jedoch zunächst dem Raum der unteren Donau zu. Denn auch dort waren die Unruhen und Kämpfe weitergegangen. In Verhandlungen mit dem Roxolanenkönig erneuerte Hadrian einen älteren Subsidienvertrag und erreichte damit eine erste Entspannung. Gegen die sarmatischen Stämme der Theißebene wurde jetzt Turbo eingesetzt. Ihm war gleichzeitig die Statthalterschaft über Dakien und die beiden Pannonien übertragen worden, und aus diesen beiden flankierenden Positionen heraus erzielte Turbo rasch nachhaltige Erfolge. 119 n. Chr. wurde die bisherige Großprovinz *Dacia* dann in die beiden Provinzen *Dacia superior* im Nordosten und *Dacia inferior* im Südwesten aufgeteilt.

Während Hadrian noch an der unteren Donau weilte, war es in Rom zur

«Verschwörung der vier Konsulare» gekommen. Angeblich hatte eine Oppositionsgruppe versucht, ein Attentat auf Hadrian vorzubereiten. Der Gardepräfekt Attianus reagierte blitzschnell. Fast zur gleichen Stunde wurden in verschiedenen italischen Städten die vier Konsulare und ehemaligen «Marschälle» Trajans, Lusius Quietus, der brutale Kavalleriekommandeur, Cornelius Palma, der Arabien erworben hatte, Publilius Celsus und Avidius Nigrinus hingerichtet. Wieweit hier tatsächlich eine Konspiration von Repräsentanten der Kriegspartei vorlag, kann heute nicht mehr entschieden werden. Doch gewiß bildeten diese vier Männer den Kern der Fronde gegen Hadrian. Obwohl Attianus die juristischen Formen gewahrt hatte – die Konsulare waren durch den Senat verurteilt worden –, rumorte es in Rom, weil der *princeps* den Hinrichtungen nicht entgegengetreten war. Hadrian blieb deshalb nach seinem Eintreffen in Rom nichts anderes übrig, als seinen Präfekten zu desavouieren. Dieser wurde abgelöst und durch Turbo ersetzt, mit allen Mitteln und in großzügigster Weise wurde daneben um die Gunst der Massen geworben: ein Schuldenerlaß annullierte aus den letzten 15 Jahren Forderungen der Staatskassen in Höhe von 900 Millionen Sesterzen. Prächtige Gladiatorenspiele und der Ausbau der Alimentarstiftungen beseitigten schließlich die letzten Vorbehalte gegen den neuen *princeps* in der Bevölkerung.

Doch Rom vermochte Hadrian nicht lange zu halten. Schon im Jahre 121 n. Chr. trat er die erste jener großen Reisen an, die für ihn und seine Regierung so typisch sind. Von insgesamt 21 Regierungsjahren hat Hadrian nur etwa 9½ Jahre in Rom und Italien zugebracht. Diese Reisen entsprangen nicht etwa nur persönlichen Interessen eines leidenschaftlichen Touristen, der von Sehenswürdigkeit zu Sehenswürdigkeit hastet, sondern sie dienten in erster Linie militärischen und administrativen Zielen, der Inspektion von Truppen und Befestigungen, der Kontrolle der Verwaltungsorgane und der Pflege der Rechtsprechung.

Die inschriftlich erhaltene «Manöverkritik» aus Lambaesis (CIL VIII 2532), in der Hadrian sowohl rühmend als auch kritisch den Verlauf von Übungen während seiner Inspektion der *legio III Augusta* im Jahre 128 n. Chr. besprach, zeigt die Kompetenz, mit welcher der *princeps* seine Funktionen wahrnahm. Dabei wurden Schnelligkeit und Qualität der Anlage von Befestigungen anerkannt, die zügige Gefechtsbereitschaft der Infanterie gewürdigt, unbesonnene und riskante Manöver der Kavallerie dagegen nüchtern bewertet. Während dem Legionskommandeur Catullinus für die kriegsnahe Ausbildung seiner Truppen die volle Anerkennung des Herrschers ausgesprochen wurde, erhielt der Präfekt Cornelianus nur ein bescheidenes, die Legion selbst aber ein volles Lob.

Der Verlauf der Reisen Hadrians ist wenigstens im wesentlichen bekannt, und es ist evident, daß diese Reisen zwar in den Grundzügen vorher festgelegt waren, im einzelnen jedoch immer wieder aktuellen Erfordernissen angepaßt wurden. Die erste erstreckte sich über den Zeitraum der Jahre 121 bis 125 n. Chr. Sie führte zunächst in den Norden und Nordwesten des Reichs, somit in jene Landschaften, die Hadrian noch nicht persönlich kannte. Nach Gallien und Britannien besuchte der *princeps* 122 n. Chr. Spanien, dann zog er von Mauretanien aus nach Osten. Eine Seereise brachte ihn anschließend nach Kleinasien, das er bis zum Euphrat durchquerte. Dort kam es zu einer Begegnung mit dem Partherkönig, der seine einst in Ktesiphon gefangene Tochter zurückerhielt. Die Verständigung mit Chosroes gelang und damit die Festigung des *status quo*, nicht zuletzt wohl auch deswegen, weil Chosroes' Stellung im eigenen Lande immer problematischer wurde (129 n. Chr. hat sich in Parthien dann der alte Rivale des Chosroes, Vologaeses II., durchgesetzt). Die Rückreise führte Hadrian durch die ganze Balkanhalbinsel wieder zur unteren Donau, von wo aus im Bosporanischen Königreich ein neuer Herrscher eingesetzt wurde, schließlich durch Pannonien, Dalmatien und über Sizilien nach Rom zurück.

Im Jahr 128 n. Chr. begann eine zweite große Reise, deren Auftakt eine Frühjahrsreise nach Afrika bildete. Hadrian ging von dort aus zur Verkündung des *edictum perpetuum*, der systematischen Kodifikation des prätorischen Rechts, noch einmal nach Rom zurück. Dann zog er nach Athen, durch das südliche Kleinasien wieder in den Nahen Osten und nach Ägypten. Dort kam damals sein geliebter Antinous ums Leben. Über Athen kehrte der Herrscher erst 133 n. Chr. nach Rom zurück. Nicht in den unmittelbaren Zusammenhang dieser systematischen großen Reisen durch das ganze Reich gehört endlich der längere Aufenthalt in *Palaestina* im Jahre 135 n. Chr., der durch den Bar-Kochba-Aufstand erzwungen wurde.

Die Reisen durch das Imperium und ihre propagandistisch-ideologischen Reflexe auf Inschriften und Münzen zeigen sehr deutlich das Selbstverständnis des neuen *princeps*. In ihnen ging es nicht, wie in den Tagen Trajans, um den Ausbau der Infrastruktur zur Vorbereitung großer Offensiven, sondern in der Anlage von Tempeln, der Wiederherstellung ganzer heiliger Bezirke wie in Kyrene, dem Bau von Aquädukten, Brücken und Straßen sollte die Ausweitung der väterlichen Fürsorge des *princeps* auf das ganze Imperium konkret sichtbar werden. Als Wiederhersteller des Erdkreises *(restitutor orbis terrarum)* und als dessen Bereicherer *(locupletator orbis terrarum)* wollte Hadrian nach den schweren Erschütterungen der Jahre 115 bis 117 n. Chr. vor allem erscheinen. Auch er nahm für sich in Anspruch, ein goldenes Zeitalter heraufzuführen; die alte *virtus*- und Siegersymbolik trat dagegen in den Hintergrund, die Personifikationen der von Trajan gewonnenen Gebiete im Osten wurden aufgegeben. Alle Energien waren nach innen gewandt, *pax* und *iustitia*, *aequitas* und *clementia* wurden stärker denn je eingehämmert.

Das Imperium aber, das jetzt in großen Münzzyklen für jedermann sichtbar vergegenwärtigt wurde, erschien nicht als einförmige, nivellierte

Masse, sondern in all seiner bunten Vielfalt. Neben der langen Reihe der Götter des griechisch-römischen Pantheons und neben der Vielzahl der Schutz- und Wirkensmächte finden sich deshalb auf den Münzen die Provinzen in ihrer jeweiligen Eigenart. Neben Elefantenfell, Löwen und Kornähren der *Africa* erscheinen Ägypten mit Früchten und der Isisklapper, *Germania* mit Schild und Speer, *Dacia* mit Vexillum und dem Krummschwert, *Mauretania*, die ein Pferd führt, und viele andere mehr. In allen wird die *adventus* des *princeps* gefeiert, das Heer der einzelnen Provinzen angesprochen und der Herrscher als der *restitutor* der einzelnen Landschaften gerühmt.

Auf keinem anderen Gebiet ist die innenpolitische Aktivität Hadrians heute noch so deutlich zu sehen wie auf dem der Rechtsprechung. Als bedeutendste Maßnahme kann hier die bereits gestreifte Verkündung des *edictum perpetuum* im Jahre 128 n. Chr. gelten, damit der Abschluß der alten prätorischen Rechtssetzung. Hatten die römischen Prätoren seit den Tagen der Republik beim Antritt ihrer Magistratur jeweils die maßgebenden Grundsätze ihrer Rechtsprechung verkündet und diese dabei auch modifizieren und ergänzen können, so betrachtete Hadrian diese längst erstarrten und vielschichtigen Formeln als faktisch abgeschlossen und ließ sie von einem der führenden Juristen seiner Zeit, Salvius Iulianus, zu dem großen, systematisierten und vereinheitlichten *edictum perpetuum* zusammenfassen.

Parallel dazu wurde das *consilium principis* in eine neue institutionelle Qualität erhoben und mit neuen Funktionen bedacht. Dieses kleine und äußerst effiziente, primär juristische Beratergremiun des *princeps* bestand zwar nach wie vor aus vom *princeps* selbst berufenen, fortan aber vom Senat formell bestätigten Mitgliedern des Senatoren- und Ritterstandes. Es war damit als Organ auch *de iure* anerkannt und künftig für alle grundsätzlichen Veränderungen des geltenden Rechts zuständig.

Mochten einzelne Maßnahmen auf diesem Felde auch scheinbar dem Senat entgegenkommen, wie die volle Anerkennung juristischer Verbindlichkeit der Senatsbeschlüsse, so ist doch, aufs Ganze gesehen, nicht zu verkennen, daß Hadrians Reformen in Justiz und Verwaltung eindeutig zu dessen Lasten gingen. Dies gilt sowohl für die Neuregelung, daß für die Rechtsprechung in Rom wie in einem Umkreis von 100 Meilen um die Hauptstadt in Zukunft der jeweils vom *princeps* ernannte *praefectus urbi* zuständig war, als auch für die Schaffung einer neuen juristischen Mittelinstanz in Italien in Gestalt der vier *iuridici*. Denn auch diese Konsulare wurden jeweils vom *princeps* selbst ernannt.

Mögen hier alte juristische Senatskompetenzen, die sich offensichtlich als problematisch erwiesen hatten, beseitigt oder geschmälert worden sein, an ihre Stelle trat keine monarchische Willkür, sondern eine sehr umfangreiche Jurisdiktion, die durch Sachlichkeit, Objektivität und auch Humanität gekennzeichnet ist. Zugute kam diese Aktivität insbesondere bisher benachteiligten Gruppen und den Unterschichten der römischen Gesellschaft. So wurde zum Beispiel die juristische Stellung der Frauen erheblich verbessert, ihr Recht, auch eigenes Vermögen und eigene Erbschaften selbst zu verwalten, beträchtlich ausgedehnt. Vor allem aber durfte künftig kein römisches Mädchen mehr ohne seine ausdrückliche Einwilligung verheiratet werden. Andere Eingriffe Hadrians in die traditionelle *patria potestas* sind im Sklavenrecht zu finden, das wie andere Neuregelungen im gesellschaftlichen und wirtschaftlichen Bereich später besprochen werden soll.

Es ist für Hadrian bezeichnend, daß sich seine Rechtsprechung wie seine administrativen Entscheidungen in weitem Umfang auch auf die Provinzen erstreckten und daß sie immer wieder auch auf seinen Reisen provoziert wurden. In der bekannten Episode «Hadrian und die Witwe», die in der späteren Überlieferung oft variiert worden ist, wurde an diese Tätigkeit angeknüpft: Als eine Witwe eines Tages Hadrian eine Bittschrift überreichen wollte, der *princeps* aber eilends weiterreiten wollte und ihr erwiderte, daß er keine Zeit habe, soll ihm die Frau zugerufen haben: «Wenn Du keine Zeit hast, solltest Du nicht *princeps* sein.» Hadrian aber habe sich darauf rasch ihrer Sache angenommen.

Von Hadrians Neuordnung und Intensivierung der imperialen Administration profitierten insbesondere die Angehörigen des Ritterstandes, während Senatoren und Freigelassene weiterhin an Einfluß verloren. So wurden jetzt sämtliche sechs zentralen Ressorts der Verwaltung des *princeps,* die früher einmal in den Händen von Freigelassenen lagen, von Rittern geleitet. Ritter waren auch die beiden Gardepräfekten, von denen seit Hadrian stets einer Fachjurist sein mußte. Die ritterliche Ämterlaufbahn, die uns die Inschriften in all ihrer Vielfalt wie in ihren Prinzipien anschaulich machen, gelangte nun zu einem Höchstmaß von Differenzierung.

Aber auch bewährten Berufssoldaten wurde eine neue militärische Sonderlaufbahn eröffnet, die in ihrer Endstufe zu angesehenen Positionen im Ritterstand führen konnte. Wer 20 Jahre in den Legionen, davon zehn Jahre als *centurio* (Kompaniechef) gedient hatte und dabei schließlich bis zum *primipilus,* dem Chef der 1. Centurie der 1. Kohorte aufgestiegen war, hatte künftig die Möglichkeit, in die ritterliche Prokuratorenlaufbahn überzuwechseln, und dies sogar in der höheren Stufe mit einem Mindestgehalt von 100 000 Sesterzen jährlich.

Da jedoch das Offizierskorps für die zu bewältigenden Aufgaben längst nicht mehr ausreichte, wurde die bis dahin gültige Norm des ständigen Wechsels von Militär- und Zivilkommando oder doch zumindest die Voraussetzung eines längeren Offiziersdienstes für alle Zivilbeamten durchbrochen und eine rein zivile Ämterlaufbahn, die allerdings nur bis zu den mittleren Rängen führen konnte, geschaffen. Die Relikte der privaten Principatsverwaltung sind damit völlig verschwunden. Eine breite Beamtenhierarchie war an ihre Stelle getreten. Im ganzen betrachtet, herrschte innerhalb dieses verbeamteten Reichsdienstes durchaus das Leistungsprinzip. Die alten Standesrechte waren zwar gewahrt, doch es gab kein ständisches Monopol mehr. Der Übergang von der ritterlichen in die senatorische Laufbahn wurde entschieden erleichtert. Typisch für die Ära Hadrians erscheinen sodann zwei weitere Akzente: Zum einen die sehr enge und künftig bleibende Verbindung zwischen Juristen und Principat, zum anderen die deutliche Privilegierung der kulturell führenden Schicht. Denn Philosophen, Rhetoren, Lehrer und Ärzte wurden durch Hadrian von allen staatlichen Verpflichtungen, selbst vom Militärdienst, befreit.

In den Provinzen trieb Hadrian ganz bewußt den Ausbau der städtischen Selbstverwaltung voran, denn eben diese Gremien waren die tragenden Säulen jenes ungeheuren Städteverbandes, als der das Reich immer wieder gefeiert wurde, und die Zellen auch für alle kulturellen Bemühungen des Herrschers. Die Verleihung von Münzrechten, insbesondere an die Städte des griechischen Ostens, und die Genehmigung von Stadtverfassungen bilden dabei lediglich die staatsrechtlichen Belege für den Tenor der gesamten Administration. Finanz- und Steuerverwaltung des Reiches aber wurden von Hadrian streng kontrolliert. Die Steuereinziehung erfuhr eine neue Systematisierung. Eine Neuschöpfung der Regierung Hadrians waren in diesem Bereich die *advocati fisci*, staatliche Spezialisten des Steuer- und Finanzrechts, welche die Interessen der Staatskassen verfolgten.

Obwohl Hadrians Reisen, auf denen er teilweise auch von einem Stab von Bauspezialisten begleitet wurde, die Bautätigkeit im ganzen Reich stimulierten, lagen um Rom und Athen die stärksten Impulse. In Rom ist dabei an erster Stelle das Pantheon zu nennen, ein Bau, der ursprünglich auf Agrippa zurückgeht, dann aber wiederholt durch Feuer zerstört wurde. Der Rundbau mit 43 m Durchmesser und Höhe ist mit einem Portikus aus korinthischen Säulen versehen und reich mit Marmor geschmückt. Noch charakteristischer für Hadrians geistige Welt und Ästhetik ist freilich die *Villa Hadriana* bei Tivoli, jener vielgliedrige Villenkomplex, dessen Anlagen mit Gartensälen, -terrassen und -peristylen, der Inselvilla, einem Gymnasium, dem bizarren Bau der Piazza d'Oro, Wasserbassin *(Canopus)* sowie ausgedehnten Parks schließlich ein Areal von 1,5 km^2 bedeckte. Offensichtlich versammelte der *princeps* hier die baulichen und künstlerischen Reminiszenzen seiner Reisen in bunter Vielfalt und Eigenwilligkeit um sich; geschlossener und eindrucksvoller wirkt auf den modernen Betrachter gewiß sein monumentales Mausoleum, die Engelsburg.

In Athen, dem zweiten Zentrum, ist ein ganzer Stadtteil mit Hadrians Namen verbunden, denn ein Tor trennt des Theseus Stadt von jener Hadrians. Im Ausbau des Olympieions am Fuß der Akropolis und im Bau einer Bibliothek liegen hier die neuen städtebaulichen Akzente. Andere Impulse stehen im religiösen Zusammenhang. Denn nicht der Staatskult für Roma, der 121 n. Chr. mit dem Bau des Doppeltempels für Roma und Venus in

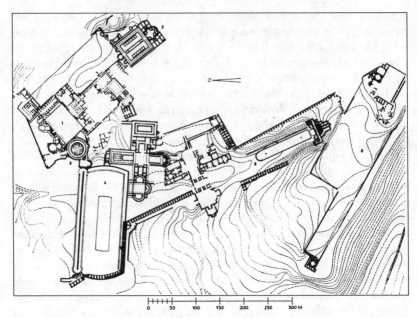

27 Villa Hadriana, Tivoli, Gesamtplan

Rom verankert wurde und der auch durch alljährliche Spiele den Romgedanken intensivierte, ist für Hadrian so bezeichnend geworden, sondern vielmehr seine auch religiöse Hinwendung zu griechischen Vorstellungen und Erscheinungen. Wenn Hadrian überhaupt eine religiöse und geistige Heimat hatte, dann war es Griechenland. Er ließ sich in die Eleusinischen Mysterien einweihen, er hat dann selbst jedoch hauptsächlich die Fertigstellung des großen Zeustempels am Ilissos zu einem gesamthellenischen Heiligtum für den Zeus aller Hellenen, den *Zeus Panhellenios*, betrieben.

Dabei berührten sich politische und religiöse Motive aufs engste. Denn die Stärkung des Gemeinschaftsbewußtseins aller Hellenen war für Hadrian auch ein politisches Ziel. Ihm diente die Wiederbelebung der olympischen Idee ebenso wie der im Jahre 125 n. Chr. neugeschaffene Panhellenische Bund mit seinen eigenen Spielen, den Panhellenien. All dies, wie auch die Wiederherstellung und Pflege der Gräber berühmter Griechen, war natürlich nicht frei von archaisierenden und romantischen Zügen, aber es war echt. Andererseits ist stets zu berücksichtigen, daß Hadrian auch für seine Politik stoische Gedanken aufgriff, wie die Idee der Kosmopolis, der Vereinigung der ganzen zivilisierten Menschheit in einem Reich. Neben den nun schon stereotyp gewordenen alten Benennungen wird Hadrian in den Inschriften des griechischen Ostens vor allem als *sotér* (Retter), *euergétes* (Wohltäter), sehr häufig aber auch als *Olympios* und *Panhellenios* gefeiert.

Insgesamt stand er dem hellenistischen Gottmenschengedanken sehr viel näher als Trajan, aber auch er hat im Westen die Grenze zwischen Mensch und Gott nicht überschritten.

Außer diesen ganz allgemeinen griechischen Kräften und Formen wirkte sich jedoch jenes wohl stärkste menschliche Erlebnis, das Hadrian hatte, im religiösen Bereich aus, die Vorgänge um Antinous. Dieser Lieblingsknabe des *princeps* ertrank 130 n. Chr. im Nil. Die Einzelheiten seines Todes sind nicht bekannt, es ist ungewiß, ob hier in irgendeiner Weise ein Selbstopfer vorliegt. Jedenfalls wurde Antinous sogleich divinisiert. Sein Kult konnte sich im Osten vor allem deswegen so rasch durchsetzen, weil die ganze Gestalt dieses Jünglings hellenistischem Empfinden und hellenistischen Vorstellungen durchaus gemäß war. In Athen und Eleusis ist der Verstorbene zum Patron der Epheben geworden. Auch zu seinen Ehren wurden Spiele abgehalten. Der neue Gott erschien nun auf den Münzen und in den Inschriften zahlreicher Städte, selbst in Tomi am Schwarzen Meer. Nahe seiner Todesstätte aber ist die Griechenstadt Antinoopolis gegründet worden, deren Bevölkerung absichtlich von den Ägyptern nicht kategorisch getrennt blieb. Viele Münzbilder und Porträts haben das Vorstellungsbild dieses neuen Gottes bewahrt, die vollblühende Schönheit des Jünglings mit dem Lockenkopf, den großen Augen und den schwermütigen Zügen, eine zutiefst träumerische, melancholische Gestalt. Eine Gestalt, die zwar im Osten rasch allgemeine Verehrung fand, die sich im Westen jedoch nie durchsetzen konnte, weil sie hier mit all ihren Assoziationen zu fremdartig blieb.

Wie kaum ein *princeps* zuvor hat Hadrian die Reichsverteidigung geordnet und gestrafft. Das Imperium mit seinen etwa 60 Millionen Einwohnern – so hoch wird die Bevölkerung zur Zeit Hadrians geschätzt – wurde nun durch 30 Legionen und rund 350 Hilfstruppenteile verteidigt, die Verteidigungsbereitschaft dieser Armee von Hadrian systematisch gesteigert. Im Heer hatten sich die Legionen und die alten regulären Hilfstruppenverbände inzwischen weithin einander angegliedert; der Einfluß der provinzialen und regionalen Rekrutierung machte sich immer stärker geltend. Unter Hadrian begann deshalb der planmäßige Einsatz von *numeri*, einer neuen Kategorie von Hilfstruppenteilen, leichten Truppen mit einheimischer Bewaffnung, die nunmehr an die Stelle der alten regulären Auxiliarformationen traten, jedenfalls in taktischem Sinne und funktional. Als neue Abstraktion aber wurde jetzt die *Disciplina Augusta* fixiert. Sie zog als Gottheit in alle Fahnenheiligtümer des römischen Heeres ein.

Bekannter als diese vielfältigen organisatorischen Maßnahmen jedoch sind Hadrians Grenzbefestigungen geworden. Wie es die «*Historia Augusta*» formuliert, ließ der *princeps* «in zahlreichen Landschaften, in denen die Barbaren nicht durch Flüsse, sondern durch befestigte Grenzstraßen von uns geschieden werden, mächtige Baumstämme als einen mauerartigen Zaun

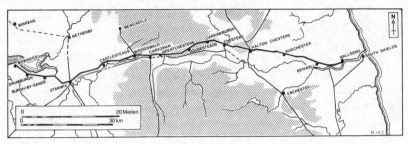

28 Hadrianswall, Karte

tief im Erdboden einrammen und miteinander verbinden und errichtete so eine Markscheide zwischen uns und den Barbaren» («Vita» 12,6). Man hat diese Maßnahme Hadrians oft kritisiert. Man hat ihm vorgeworfen, daß er das römische Heer an strategisch ungünstig gewählten Defensivlinien verzettelt habe, so daß es in Ermangelung von Reserven seine Offensivkraft verloren hätte. Und man gab ihm auch die Schuld daran, daß die Grenzformationen in der Folgezeit allmählich auf das Niveau einer bodenständigen, schwerfälligen Miliz ohne Kampfkraft herabsanken.

Daß dies so nicht zutrifft, zeigt schon ein Blick auf die früher genannten unablässigen Inspektionen des *princeps*. Wenn man davon ausgeht, daß Hadrian ganz bewußt auf weitere Offensiven im Stile Trajans verzichtete, so wird man die Folgerichtigkeit seiner defensiven Konzeption nicht bestreiten können. Sein Werk ist die große Systematisierung der Grenzaufsicht und Grenzverteidigung. Die Holzpalisade, die jetzt weithin den Limes bildete, hatte zunächst lediglich den Zweck, unkontrollierten Grenzverkehr zu verhindern und ihn auf die Kontrollpunkte zu leiten. Zumindest im obergermanischen Raum ist der Limes nicht primär als Hauptkampflinie im modernen Sinne zu betrachten, sondern vornehmlich als eine Grenzüberwachungslinie. Erst später, mit der weiteren Verfestigung und Verhärtung dieser Konzeption, änderte sich die Funktion. Gerade in Obergermanien ist die militärisch völlig sinnlose Führung des sogenannten äußeren Limes durch das dichte Nadelwaldgebiet ein Werk des Antoninus Pius und nicht Hadrians.

An zwei Grenzabschnitten sei der Verlauf des Limes in hadrianischer Zeit kurz verfolgt. Um 122 oder 123 n. Chr. wurde in Britannien mit dem Bau des Hadrianwalls begonnen. Über eine Distanz von etwa 117 km verlief der Wall dort vom Solway Firth zur Tyne bei Newcastle. Nach ihrer Vollendung bildete diese Anlage eine nach beiden Seiten hin abgesicherte Militärzone oder einen militärischen Korridor. Natürlich lag dabei die eigentliche Defensivseite nach Norden. Hinter dem Graben und dem allmählich durchgehenden steinernen Wall erhoben sich schließlich 16 Garnisonskastelle. Doch alle 1,5 km war an die Mauer auch ein Zwischenkastell angebaut. An weiteren

Ausfalltoren ist es den Besatzungen möglich gewesen, Angreifer gegen die Mauer zu drängen und dort aufzureiben. Aber auch nach Süden, gegen das Inland hin, sicherten Erdwall und Graben die Linie, die somit einen ausgesprochenen Befestigungscharakter hatte.

In Obergermanien war das Limes-System dagegen längst nicht so starr und geschlossen ausgeführt. In Taunus und Wetterau folgte die Kastellinie der alten Leitlinie dieses großen Brückenkopfes, der mit den Kastellen Saalburg–Friedberg–Butzbach–Echzell–Groß-Krotzenburg umrissen wird. Bis nach Wörth folgte sie dem Mainlauf, querte dann den Odenwald und erreichte über Oderscheidenthal und Neckarburken schließlich bei Wimpfen den Neckar. Ihn begleitete eine lockere Kastellreihe bis Cannstatt und Köngen im Süden. Die endgültige Fixierung in einer ostwärts davon ausgefluchteten Linie, dem sogenannten äußeren Limes, ist dann erst unter Antoninus Pius erfolgt. Naturgemäß wuchs den hier stationierten Einheiten die Funktion einer Grenzpolizei zu, doch eine akute Bedrohung von außen war an diesem Abschnitt nicht gegeben.

Die wenigen Kriege, die Hadrian zu führen hatte, dienten einzig dem Ziel, die Herrschaft innerhalb der erreichten Grenzen zu konsolidieren. Von der Niederwerfung der Aufstände im Nahen Osten zu Beginn der Regierung und von dem Krieg gegen die Stämme in der Theißebene war schon die Rede. Auch in Britannien mußte gleich zu Anfang der Herrschaft Hadrians die Lage stabilisiert werden, denn im Lager von York war eine römische Legion von Aufständischen aufgerieben worden. Ein großer Alaneneinfall nach Kappadokien wurde von dem Statthalter Flavius Arrianus, dem bekannten Historiker und Verfasser der «Anábasis Alexándrou», im Jahre 134 n. Chr. zurückgeworfen.

Der erbittertste Feldzug, den Hadrian durchzufechten hatte, war gegen Ende seiner Regierung ein neuer Jüdischer Krieg. Im Jahre 130 n. Chr. war in Jerusalem neben dem Legionslager für hellenisierte Siedler die Kolonie *Aelia Capitolina* gegründet worden. An der Stelle des alten Jahwetempels wurde nunmehr ein Tempel des *Juppiter Capitolinus* erbaut. Diese Maßnahmen und ein umstrittenes Verbot der Beschneidung lösten bei der unterdessen wieder angewachsenen jüdischen Bevölkerung eine neue Haßwelle aus. Im Gegensatz zu der in der Führergruppe jedenfalls fast anonymen Erhebung am Ende der Regierung Trajans war diesmal der Aufstand von einem großen und geschickten Anführer geleitet, von Simon Bar Kochba, dem «Sohn des Sternes», der sich als Messias ausgab. Er knüpfte damit an die Voraussage des Alten Testamentes an: «Ein Stern wird aufgehen aus Jakob und ein Szepter erstehen aus Israel, und wird zerschmettern die Fürsten der Moabiter» (4. Mose 24,17).

Von größter Bedeutung für die Entwicklung des Aufstandes wurde die Tatsache, daß sich der allgemein anerkannte geistige Führer des Judentums, Rabbi Akiba, mit der Sache Bar Kochbas identifizierte. Damit war der Krieg zum fanatischen Glaubenskampf geworden. Er wurde von den Juden als systematischer Partisanen- und Kleinkrieg geführt, und wie schon so oft griffen die Unruhen wiederum bis nach Ägypten über. Nach ersten schweren römischen Verlusten ist Iulius Severus, der Statthalter Britanniens, mit der Niederwerfung beauftragt worden. In wechselvollen Kämpfen wurden systematische Säuberungsmaßnahmen eingeleitet. Doch immer wieder mußten die Römer schwere Rückschläge hinnehmen. So wurde eine aus Ägypten herangezogene Legion völlig aufgerieben. Schließlich begab sich Hadrian im Jahre 135 n. Chr. selbst nach *Palaestina*. Im selben Jahr konnten die seit 132 n. Chr. ununterbrochen andauernden Kämpfe zum Abschluß gebracht werden. Es war dies einer der ganz wenigen radikalen Vernichtungskriege, die Rom je führte, ein Krieg, in dem die römischen Truppen zugleich ihre Rache für die jüdischen Erhebungen während des Partherkrieges Trajans nahmen. Nahezu 1 000 Dörfer und Bergfesten mußten einzeln genommen werden. Über ½ Million Juden fanden den Tod. Zurück blieb ein menschenleeres und zerstörtes Land. *Iudaea* wurde jetzt zur Provinz *Syria Palaestina*. Im Dezember 135 n. Chr. nahm Hadrian die zweite imperatorische Akklamation entgegen, so hoch bewertete er selbst diese Vorgänge; auf einen Triumph aber hat er ganz bewußt verzichtet.

Durch die israelischen Untersuchungen der letzten Jahrzehnte wurden in den Höhlen des Nachal Heber in der Nähe des Toten Meeres, in denen sich Flüchtlinge des Bar-Kochba-Aufstandes verborgen hielten, Briefe des großen Anführers an seine Befehlshaber Jehonatan und Masabala entdeckt, die den Alltag der letzten Phase der Erhebung dokumentieren. So knapp diese Briefe sind, sie bestätigen das Bild, das der Talmud von Bar Kochba zeichnete, das eines außerordentlich strengen, autoritären, nicht selten jähzornigen Mannes. Sie bezeugen aber auch die Frömmigkeit der letzten Insurgenten, die noch immer den Sabbat heiligten und um eine angemessene Ausrichtung des Laubhüttenfestes besorgt waren, wie dies im übrigen auch aus den Bildern der Münzen hervorgeht, die Bar Kochba prägen ließ.

Das moderne Bild des jüdischen Widerstands gegen Rom verdichtete sich danach nicht nur in dem belagerten Jerusalem, das sich so fanatisch gegen die Legionen des Titus wehrte, nicht nur in der Felsenfestung von Masada, deren Verteidiger sich zuletzt selbst den Tod gaben, sondern auch in den Versprengten der Höhlen des Nachal Heber, in denen der große Brand des Bar-Kochba-Aufstandes erst sehr spät erloschen ist.

So eindeutig Hadrians Erfolg in *Iudaea* war, nach seiner Rückkehr nach Rom begann die düstere Schlußphase dieses Principats, die in mancherlei Hinsicht mit dem Ende des Tiberius zu vergleichen ist. Da der *princeps* schon bald schwer erkrankte und völlig zurückgezogen in seiner Villa bei Tivoli lebte, rissen die Spekulationen über die Nachfolge des kinderlosen Hadrian nicht ab. So geschwächt dieser war, hier zeigte er noch einmal seine ganze Entschlossenheit. Dabei waren Hadrians Entscheidungen überraschend genug. Mitte des Jahres 136 n. Chr. adoptierte er den kaum bekannten jungen Senator L. Ceionius Commodus, der damit zum L. Aelius Caesar wurde. Gleichzeitig wurden weithin favorisierte Kandidaten aus der Verwandtschaft Hadrians, der dreimalige Konsul L. Julius Ursus Servianus sowie dessen Enkel Cn. Pedanius Fuscus Salinator, aus dem Weg geräumt. Warum gerade Aelius Caesar begünstigt wurde, konnte auch die moderne Spezialforschung nicht ergründen. Die Hypothese, daß er ein natürlicher Sohn Hadrians gewesen sei, war wohl unvermeidlich, doch nicht zu erhärten. Im übrigen war die Nachfolgefrage durch diesen Schritt Hadrians keineswegs gelöst; Aelius Caesar starb schon am 1. Januar 138 n. Chr. Da sich Hadrians Zustand weiter verschlechterte, blieb nicht mehr viel Zeit, um neue Entscheidungen zu treffen. Inzwischen favorisierte Hadrian den damals siebzehnjährigen M. Annius Verus (M. Aurel), in dem er wohl verwandte Begabungen und Interessen erkannte. Doch auch hier war Hadrian realistisch genug, um zu erkennen, daß die Last des Principats für diesen jungen Mann vorläufig noch zu schwer war. So verfiel Hadrian auf eine Lösung, die einerseits die Kontinuität sicherte und andererseits seinem Favoriten alle Chancen öffnete: Er adoptierte den einundfünfzigjährigen kinderlosen T. Aurelius Fulvus Boionius Arrius Antoninus (Antoninus Pius), einen äußerst korrekten Senator, und zwang ihn nun seinerseits, nicht nur M. Annius Verus, sondern auch den kleinen Sohn des Aelius Caesar, L. Ceionius Commodus (Lucius Verus) zu adoptieren. Als Hadrian am 10. Juli 138 n. Chr. endlich starb, nachdem er während seiner schweren Krankheit den Tod schon lange herbeigesehnt hatte, konnte er nicht ahnen, daß er mit seiner Nachfolgeregelung die Geschicke des Imperiums bis nahezu an das Ende des Jahrhunderts vorherbestimmt hatte.

Die Familie des von Hadrian designierten Nachfolgers Antoninus stammte ursprünglich aus Nemausus (Nîmes). Ihre Angehörigen waren längst in die senatorische Laufbahn aufgestiegen, Antoninus deshalb auch im Jahre 86 n. Chr. in einer Villa der Familie bei Lanuvium (Latium) zur Welt gekommen. Als Mitglied einer sehr reichen Großgrundbesitzerfamilie hatte der juristisch geschulte Antoninus, ganz ähnlich wie Nerva, die Stufen einer reinen Zivilkarriere erklommen. Er war einer jener von Hadrian ernannten *iuridici* gewesen. Besonders berühmt wurde indessen sein Proconsulat in Asia, das Antoninus in ungewohnt korrekter und unbestechlicher Weise verwaltet hatte. Schließlich wurde er in Hadrians *consilium* berufen und führte während dessen letzter Lebensspanne bereits die Regierungsgeschäfte. Als der Senat die *damnatio memoriae* des in seinen Reihen zuletzt weithin verhaßten Hadrian erörterte, setzte Antoninus im Gegenteil die Konsekration durch. Seit dem Jahre 138 n. Chr. führte er den Beinamen eines Pius.

Der Schwerpunkt der Regierungstätigkeit von Antoninus Pius lag auf dem Gebiet der inneren Politik. Hier hat er im allgemeinen die Intentionen

Hadrians geradlinig weitergeführt. Nur ein betonter, stark ausgeprägter Archaismus ist Kennzeichen seiner Person. Er spiegelt sich besonders in der Fürsorge des Herrschers für die alten Kultheiligtümer wider, so für Ilion, aber auch für Pallantion in Arkadien, woher gemäß einer fiktiven Tradition ein Teil der Römer selbst stammen sollte.

Die zentralen Bereiche, nämlich Finanzpolitik und Staatsverwaltung, erlangten unter Antoninus Pius eine geradezu reibungslose Perfektion. Bei talentierten Verwaltungsbeamten verlangsamte sich der Ämterwechsel allerdings merklich. Es hat ganz den Anschein, als wollte der *princeps* den funktionierenden Verwaltungsapparat durch das Risiko von Versetzungen nicht gefährden. Im übrigen aber dominierte eine durchaus fortschrittliche Gesamttendenz. Bereits bei seinem Regierungsantritt erließ Antoninus die schon zu einem Fixum gewordenen Geschenke, das *aurum coronarium*, für Italien ganz, für die Provinzen reduzierte er sie auf die Hälfte. Eine straffe und sparsame Finanzpolitik erlaubte es, daß Antoninus Pius bei seinem Tode einen Staatsschatz von 675 Millionen Denaren hinterließ. Das ist um so erstaunlicher, als die ganze Regierung des Pius von einer einzigartigen Freigebigkeit begleitet wurde. Neunmal feiern die Münzen die *liberalitas* des Herrschers, und in diesen Spenden hat er pro Kopf der Bedachten 800 Denare verteilen lassen. Auch die großen Tierhetzen, die er gab, wurden gleichfalls im Münzbild gerühmt. Dazu traten neue Alimentationsstiftungen für Mädchen, die *puellae Faustinianae*, die er dem Gedächtnis seiner schon im Jahre 141 n. Chr. verstorbenen Gattin, der älteren Faustina, widmete. Auch in ungewöhnlich großen Münzserien ließ er der zur *Diva Faustina* erhobenen Frau gedenken.

Die äußere Politik des Antoninus Pius läßt sich am besten durch zwei Maximen charakterisieren, die diesem *princeps* zugeschrieben werden. Nach der ersten, in der Pius-Vita der «*Historia Augusta*» überlieferten (9,10), soll er gesagt haben, er wolle lieber einen Bürger erhalten, als 1000 Feinde töten. Nach der zweiten, die sich bei Eutrop findet (8,8), habe Pius geäußert, er wolle lieber die Provinzen verteidigen als sie vergrößern. So kennt diese Regierung der Jahre zwischen 138 und 161 n. Chr. keine großen politischen oder militärischen Aktionen und nur wenig Initiative. Noch hier aber griff der römische Ordnungswille über die Reichsgrenzen hinaus. Bei den Quaden, in Armenien und bei den Lazi in der Kolchis hat Pius Königswahlen in römischem Sinne erwirkt. Auch die Reichsprägung feierte das *Rex Armenis datus* und das *Rex Quadis datus* als Erfolg. In der Grenzverteidigung ist die Erhärtung der hadrianischen Politik in dem Streben nach kürzeren Linien, nach geraden Linien typisch, doch damit zugleich auch der Ausbau von Linien ohne großen Verteidigungswert.

Das gilt schon für den Antoninuswall in Britannien, für die etwa um 140/ 141 n. Chr. wiederbezogene alte Agricola-Linie auf der Höhe von Edinburgh und Glasgow, deren ungünstig zu verteidigende Flanken zusätzliche

Sicherungsmaßnahmen erforderten. Dabei blieben trotz dieser Verlagerung der Grenzbefestigung nach Norden hin die Kastelle des Hadrianswalles weiter besetzt. Ähnlich problematisch erscheint der sogenannte äußere Limes in Obergermanien mit seiner schnurgeraden Linienführung durch Mainhardter und Welzheimer Wald.

Der Pazifismus des *princeps*, der Italien nie verließ, konnte freilich nicht verhindern, daß im Reich selbst mehrere Aufstände ausbrachen, die indessen durch Legaten niedergeworfen wurden. Der wichtigste war ein Aufstand in Numidien und Mauretanien, der ungefähr in den Zeitraum 144 bis 152 n. Chr. fällt und über den Einzelheiten nicht bekannt sind. Ähnlich steht es mit kleineren Erhebungen in *Iudaea* und Ägypten. In Britannien hatte schon 142 n. Chr. ein Aufstand der Briganten zur Neuordnung der Grenze geführt, doch die Lage blieb hier auch weiterhin gespannt; in den Jahren 155 bis 158 n. Chr. kam es zu neuen Erhebungen. Auch in Dakien brachen 158 n. Chr. Unruhen aus, die 159 n. Chr. zur Dreiteilung der Provinz führten. Doch all diese Aufstände zogen keine ernsthafte Krise nach sich, und sie vermochten das Gesamtbild der Regierung des Pius auch nicht zu belasten.

Wenn die Bevölkerung des Imperiums jetzt nicht mehr, wie unter Augustus und noch unter Trajan, außenpolitische Erfolge erwartete, sondern zuerst Frieden, Wohlstand und Glück, so kam Antoninus Pius solchen Erwartungen in geradezu vollkommener Weise entgegen. Denn sein großer Erfolg als Herrscher, seine allgemeine Beliebtheit, beruhen eben darin, daß Forderungen und Wünsche seiner Zeit in ungewöhnlicher Form mit seinen eigenen Intentionen übereinstimmten, ja daß er sie in höchstem Maße verkörperte.

So verdichtet sich der Höhepunkt des Principats in einem harmonischen Bild, in einer rechtschaffenen frommen, ja pastoralen, allgemein respektierten und populären Gestalt. Häufig ist Pius mit dem König Numa der römischen Legende verglichen worden, aber er war kein Romulus und kein Augustus. Schon die Zeitgenossen haben das allzu Pedantische und das penetrant Gewissenhafte seines Charakters empfunden und ihn *kyminopristes*, den Kümmelspalter, genannt. Sanft und milde wie das Leben dieses Herrschers war sein Tod. An seinem Sterbetag ließ er die goldene Fortunastatue aus seinem Zimmer in das M. Aurels schaffen; *aequanimitas*, Gleichmut, war die letzte Parole, die er ausgab. Im Grabmal Hadrians, in der Engelsburg, wurde er beigesetzt; seine Konsekration einmütig beschlossen.

Der Adoptivsohn des Antoninus Pius, M. Aurel, hat in seinen «Selbstbetrachtungen» immer wieder in der ihm eigentümlichen moralischen Rigorosität die Vorbilder für sein eigenes Handeln analysiert. Aus solcher Sicht hat er im 30. Kapitel des 6. Buches Antoninus Pius das vielleicht schönste literarische Denkmal gesetzt:

«Bewähre Dich in allem als ein Jünger des Antoninus. Zeige Dich so beharrlich wie er bei Ausführung wohlüberlegter Entschlüsse, stets gleich mäßig in Deinem Wesen und ebenso fromm; habe die Heiterkeit seines Antlitzes, seine Milde: sei ebenso frei von eitler Ruhmsucht und setze wie er deinen Ehrgeiz in die richtige Erfassung der Dinge. Und denke daran, wie er überhaupt keine Sache aufgab, bevor er sie nicht völlig erkannt und klar begriffen hatte; und wie er die Leute ertrug, die ihn mit Unrecht tadelten, ohne sie wieder zu tadeln. Und wie er an nichts mit Hast heranging, und wie er Verleumdungen kein Gehör schenkte. Und wie er ein gründlicher Prüfer von Charakteren und Handlungen war, frei von Schmähsucht, frei von jeder Angst, frei von Argwohn und von allem sophistischen Wesen. (Denke auch daran) mit wie wenigem er auskam, was Wohnung, Bett, Kleidung, Nahrung, Bedienung betrifft. Wie arbeitsfreudig und wie langmütig er war ... (Und vergegenwärtige Dir) seine Zuverlässigkeit und Gleichmäßigkeit in seinen Freundschaften. Und daß er Leute ertrug, die mit Freimut seinen Ansichten entgegentraten, und daß er sich freute, wenn ihn jemand eines Besseren belehrte. Und wie gottesfürchtig er war, ohne abergläubig zu sein – damit Du, wenn Deine letzte Stunde kommt, ein ebenso gutes Gewissen hast wie er» (Übertragung von W. Capelle). Erinnerung und Gewissensforschung sind hier eins geworden, und so ist es kein Zufall, daß gerade aus dieser Vergegenwärtigung des toten Antoninus Pius die für M. Aurel so bestimmende Maxime erwuchs, das berühmte: «Hüte Dich, daß Du nicht verkaiserst.»

Das Römische Reich unter M. Aurel (161–180 n. Chr.) und Commodus (180–192 n. Chr.)

Vergleicht man rückblickend die Regierungen des Antoninus Pius und M. Aurels, so stehen sie zueinander in stärkstem Gegensatz. Auf die Friedenszeit der Herrschaft des Pius folgt eine Ära tiefer äußerer Erschütterungen und langanhaltender Krisen, die das Reich an den Rand der Agonie brachten. Aus der Rückschau im einzelnen ungreifbar, müssen sich jene großen Gefahren neuer außenpolitischer Konstellationen schon in den letzten Jahren des Pius angebahnt haben. Doch gerade in dem Augenblick, in dem sie virulent wurden, im Jahr 161 n. Chr., trat der vierzigjährige M. Aurel an die Spitze des Imperiums, ein feinsinniger, zarter asketischer Philosoph, dem bei allem Pflichteifer und persönlichem Bemühen doch die unbeschwerte Soldatennatur eines Trajan ebenso fehlte wie die rigorose Vitalität eines Septimius Severus.

Wenn M. Aurel in den Stürmen der folgenden beiden Dezennien standhielt und das Reich durch all diese Wirren hindurchführte, so ist auch dies mit in erster Linie ein Triumph seines Ringens um sich selbst. Anders als Hadrian, von dem er ja einst zur Nachfolge designiert worden war und

29 Mark Aurel, Marmorbüste, Paris

dessen Leitsätzen er häufig genug folgte, konnte er nicht im Frieden an der Verwirklichung einer Kulturidee arbeiten. Er hatte seine philosophischen Überzeugungen im Feldlager zu bewähren, und im Feldlager hat er auch seine klassischen Selbstbetrachtungen *(«eis heautòn»)* geschrieben. «Bei den Quaden am Granuas» liest man nach dem ersten, «In Carnuntum» nach dem zweiten Buch.

Die Regierungsübernahme des neuen Herrschers im Jahre 161 n. Chr. war, wie schon gezeigt wurde, von langer Hand vorbereitet und geebnet. Bezeichnenderweise hatten sich allerdings während der Regierung des Antoninus Pius die Akzente der ursprünglichen Planung verlagert. Von den beiden auf Hadrians Weisung von Pius Adoptierten war M. Aurel an die erste Stelle gerückt. Mit ihm und nicht mit L. Verus war die Tochter des Antoninus Pius, die jüngere Faustina, verheiratet worden. Und während M. Aurel in den letzten Jahren der Regierung des Pius bereits demonstrativ herausgestellt wurde, blieb L. Verus selbst der Caesartitel vorenthalten. So lag es nach dem Tode des Pius völlig in der Hand M. Aurels, die Intentionen Hadrians anzuerkennen oder sie zu verwerfen.

Ohne zu zögern, hat sich M. Aurel sofort eindeutig zu ihnen bekannt. Er stellte sogleich die absolute Gleichrangigkeit des L. Verus her, lediglich den Oberpontifikat hielt er für sich allein reserviert. So kennt das Römische Reich von 161 bis 169 n. Chr., dem Todesjahr des L. Verus, zwei gleichrangige *principes,* zwei *Augusti.* Erstaunlicherweise hat M. Aurel trotz aller Enttäuschungen mit dem nur wenig qualifizierten L. Verus an dieser Einstellung zu seinem Adoptivbruder und Mitherrscher stets festgehalten. Wenn die Münzen die *concordia Augustorum* feierten, feierten sie sie zu Recht, ja M. Aurel verlobte sogleich seine Tochter Lucilla mit dem problematischen Kollegen.

Die so propagierte Eintracht hatte sich zu bewähren. Denn 162 n. Chr. erklärte der Partherkönig Vologaeses III. Rom in aller Form den Krieg. Unter der Führung des parthischen Feldherrn Osrhoes drangen die Parther in Armenien ein, vernichteten ein römisches Heer bei Elegeia und stießen immer weiter vor. Die römische Herrschaft brach ebenso zusammen wie der Widerstand der Truppen. Bis nach Kappadokien trugen die Parther damals ihren Angriff vor, auch große Teile Syriens waren bald von ihnen besetzt oder zu ihnen abgefallen. Das ganze Jahr 162 n. Chr. verging, ehe sich die römischen Gegenmaßnahmen auswirkten. Von fast allen Grenzabschnitten wurden starke Abteilungen in Marsch gesetzt. Mit der Leitung der Kämpfe im Osten war L. Verus beauftragt, der sich jedoch lediglich in einer sehr gemächlichen Reise in ein Hauptquartier weit hinter der Front begab. Die Operationen selbst überließ er fähigen römischen Heerführern, vor allem dem aus Syrien stammenden Avidius Cassius.

163 n. Chr. setzte dann der römische Gegenschlag ein. Als erstes wurde Armenien wiedergewonnen und erneut in ein abhängiges Königreich verwandelt. Danach ist die Offensive in den folgenden Jahren, häufig auf den Bahnen Trajans, fortgesetzt worden. 164 n. Chr. gelang bei Zeugma der Euphratübergang, 165 n. Chr. erreichte der Angriff seinen Höhepunkt. Seleukia und Ktesiphon, die wichtigsten Stellungen der Parther am Tigris, wurden erobert, die parthische Königsburg zerstört. Die Kulminationsstunde Trajans schien sich zu wiederholen, doch sie wiederholte sich auch, und darin wird dieser Vergleich erhärtet, in der gleichzeitigen Katastrophe, die freilich ganz andere Gründe hatte als der Jüdische Aufstand zur Zeit Trajans. Im Herbst 165 n. Chr. wütete in Seleukia die Pest, ein großer Teil des römischen Heeres wurde angesteckt. An eine Fortsetzung der Kampfhand-

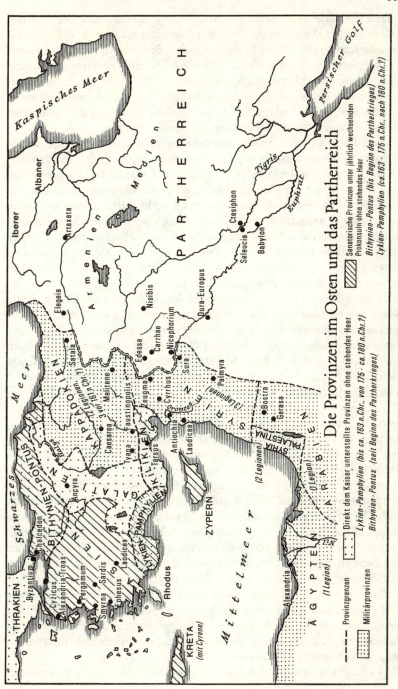

30 Ostgrenze des Imperiums

lungen war nicht zu denken; der Krieg wurde abgebrochen, doch blieben Armenien und das nördliche Mesopotamien in römischer Hand. Die zurückmarschierende Armee verbreitete die Seuche über ganz Kleinasien, Griechenland und Italien, so daß sich diese Epidemie zu einer der größten Katastrophen des Altertums überhaupt auswuchs. Bis zum Jahr 189 n. Chr. lassen sich einzelne Seuchenherde verfolgen. In der öffentlichen Meinung galt die Seuche dabei weithin als Strafe für die Plünderung der parthischen Heiligtümer und für die Schändung der Arsakidengräber.

Trotz dieser Katastrophe feierten die beiden Herrscher im Jahr 166 n. Chr. in Rom in einem großen Triumph die Siege ihrer Truppen, und die kumulierten Siegerbeinamen *Armeniacus*, *Medicus* und *Parthicus maximus* verankerten die Erfolge auch titular. Wohl noch auf dem Höhepunkt der römischen Expansionswelle war auch eine römische Gesandtschaft in den fernen Osten aufgebrochen, denn chinesische Quellen berichten, daß im Jahr 166 n. Chr. eine Gruppe von Kaufleuten am Hof des Kaisers Huan-ti erschien. Unter den Schatten der folgenden Entwicklung muß diese Reise lediglich episodenhaften Charakter tragen, doch zeigt sie, welche Perspektiven sich einen kurzen Augenblick für Rom geboten hatten.

In einer Phase der ausgesprochenen Erschöpfung und Lähmung der römischen Kräfte, einer Phase, die man mit der Situation nach der Niederwerfung des Pannonischen Aufstandes vor der Varuskatastrophe vergleichen kann, wurde dann von 166 n. Chr. an die römische Donaufront überrannt. Die großen Unruhen des 2. und 3. Jahrhunderts n. Chr. in diesem Raum hatten sich schon seit Domitian abgezeichnet, und von römischer Seite aus waren die Defensivkräfte auch beträchtlich verstärkt worden. Doch im Unterschied zu allen früheren Kämpfen wurden die einbrechenden Nachbarstämme nun auch ihrerseits bedrängt, und so wurde das Geschehen von starken Impulsen aus der Tiefe des südosteuropäischen Raumes geformt. In den Wellen der sogenannten Markomannenkriege prallten die ersten Wogen der Völkerwanderung gegen die römischen Deiche.

Soweit sich die Bewegungen in der Tiefe überhaupt erfassen lassen, handelte es sich um zwei Hauptstöße. Einmal dominierte im Osten der Donauländer der nach Westen gerichtete Druck der Alanen, einer sarmatischen Bevölkerungsgruppe, die aus ihren ursprünglichen Sitzen am Kaspischen Meer allmählich bis an die untere Donau vorgedrungen war. Die zweite Druckwelle kam dagegen von Norden. Sie war letzten Endes durch die Südwanderung der Goten aus Südschweden zur Oder und weiter in südöstlicher Richtung ausgelöst worden. Dadurch war auch eine ganze Reihe ostgermanischer Stämme in Bewegung gekommen. Die Burgunder aus Bornholm traten jetzt in Schlesien auf, auch die Semnonen aus der Mark Brandenburg waren abgewandert, ebenso die Langobarden. Sicher gaben so die Markomannen, deren Namen dieser Krieg trägt, auch fremden Druck weiter.

Es kam hinzu, daß bei den Markomannen in König Ballomar eine starke

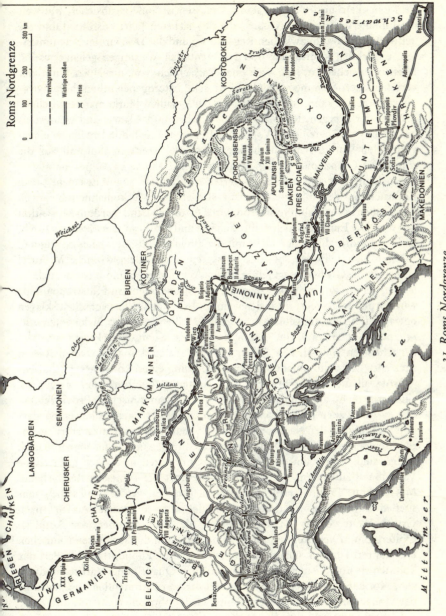

31 Roms Nordgrenze

Persönlichkeit an der Spitze stand. Indessen ist äußerst unsicher, wie weit die Einfälle in römisches Gebiet, die die nächsten Jahre ausfüllten und die zeitweilig den Raum zwischen Regensburg und der Donaumündung umfaßten, tatsächlich koordiniert und von zentralen Weisungen gelenkt waren. Ebenso unsicher ist, wie weit man tatsächlich von einer Koalition der verschiedenen Stämme und Gruppen sehr heterogener ethnischer Provenienz sprechen kann. Mit den Namen der Quaden, Markomannen, Langobarden, der Jazygen, Roxolanen, Kostoboken und Alanen sind wenigstens die wichtigsten beteiligten Völkerschaften genannt, die jedenfalls in einem verbunden waren, nämlich in ihrem fast gleichzeitigen Aufprall auf die römischen Grenzlinien an der Donau und in Dakien.

Noch im Jahr 166 n. Chr. flackerten die Kämpfe auf. Aus einem tiefen Einbruch an der mittleren Donau stießen die Markomannen bis nach Oberitalien in den Raum von Verona vor. Das offene Land wurde dabei weithin zerstört. Die Einfälle erhielten ihre Schärfe und ihre besondere Note dadurch, daß die Eindringlinge sich nicht mit den üblichen Plünderungen begnügten, sondern sich teilweise sogleich festsetzen und siedeln wollten. M. Aurel verkannte die Größe dieser Gefahr keinen Augenblick. Er mobilisierte auch die letzten Kräfte zur Abwehr. Zwei Legionen und mehrere Hilfstruppenteile wurden neu aufgestellt, wie in den wenigen Fällen äußerster Not selbst Sklaven bewaffnet, Befestigungslinien zum Schutze Italiens errichtet, in der *praetentura Italiae et Alpium* (im Raum der illyrisch-italischen Pforte und der benachbarten südöstlichen Alpentäler) zur Verstärkung der Defensive ein spezielles Militärkommando unter der Leitung eines Konsulars geschaffen.

Trotz all dieser Aktivitäten lag die Initiative bis zum Jahr 171 n. Chr. eindeutig nicht auf römischer Seite. In den pannonischen Provinzen, in Dakien, aber auch in *Noricum* und Raetien kam es in jenen Jahren wiederholt zu Einfällen der Nachbarstämme, die heute noch in den Zerstörungshorizonten der militärischen Stützpunkte, Siedlungen und Villen archäologisch faßbar sind. Schon um das Jahr 167 n. Chr. waren in Dakien gegnerische Vorstöße abzuwehren, 170 n. Chr. wurde dort der römische Befehlshaber M. Cornelius Fronto vernichtend geschlagen und getötet, im selben Jahr stießen sarmatische Kostoboken von der unteren Donau aus tief nach Griechenland vor. 171 n. Chr. standen die Markomannen vor Aquileia, Opitergium in Venetien brannten sie nieder, doch die bewährten römischen Heerführer Tiberius Claudius Pompeianus und Publius Helvius Pertinax konnten sie und die gleichzeitig eingefallenen Quaden und Naristen abdrängen, Noricum und Raetien säubern und den zurückflutenden Germanen an der Donau einen Großteil ihrer Beute wieder abnehmen.

L. Verus war schon im Jahre 169 n. Chr., bald nach dem Beginn dieser Kämpfe, in Altinum gestorben. M. Aurel hielt sich danach nur kurze Zeit in Rom auf, wo er eine spektakuläre Versteigerung von Wertsachen und Kunstgegenständen aus seinem eigenen Besitz durchführen ließ, um zusätzliche Gelder für die Rüstungen flüssig zu machen. Um Pompeianus stärker an sich zu binden, wurde dieser mit Lucilla, der Witwe des Verus, verheiratet. Dann begab sich M. Aurel an die Donaufront, Carnuntum (Petronell) wählte er zunächst als Hauptquartier.

Die Jahre zwischen 172 und 175 n. Chr. waren danach durch unablässige und weitreichende römische Offensiven gegen Quaden, Markomannen und Naristen in den Gebieten jenseits der mittleren Donau sowie gegen die Sarmaten an der Theiß ausgefüllt. Es sind dies jene Kämpfe, die auch auf der 30 m hohen Markussäule auf der Piazza Colonna in Rom dargestellt sind, obwohl deren Reliefband nicht entfernt so eindeutig zu interpretieren ist wie dasjenige der Trajanssäule, jene Kämpfe, in deren Zusammenhang auch die dort abgebildeten Wunder gehören, die damals die schwer bedrängten Römer retteten, das Regenwunder und das Blitzwunder.

Friedensschlüsse mit den Quaden, Markomannen und schließlich auch mit den Jazygen beendeten dann wenigstens vorläufig diese Kämpfe, wobei die Abmachung mit den Jazygen im Jahre 175 n. Chr. für M. Aurel selbst schon allein deshalb unumgänglich wurde, weil sich inzwischen C. Avidius Cassius, der Befehlshaber der Heeresgruppe im Osten des Imperiums, gegen ihn erhoben und weite Teile Kleinasiens, Syriens und Ägyptens auf seine Seite gebracht hatte. Dadurch wurde der *princeps* gezwungen, den Kriegsschauplatz an der Donau so schnell als möglich zu verlassen und sich ganz auf die Auseinandersetzung mit dem Usurpator zu konzentrieren.

Die Friedensbedingungen lassen gleichwohl die Umrisse einer in sich geschlossenen Konzeption erkennen. Da die Einfälle der letzten Jahre die Folge von nicht rechtzeitig erkannten Bereitstellungen und Umgruppierungen im Vorfeld des Imperiums waren, zogen die römischen Befehlshaber die Lehren aus diesen Erfahrungen. Eine straffe Ordnung und Überwachung des Vorfeldes nördlich und östlich der Donau wurde jetzt zur Norm erhoben. Wenn künftig auf dem linken Donauufer ein unbesiedelter, zunächst 14, später 7 km tiefer Streifen stets freigehalten werden sollte, so ist diese Methode bereits vom niedergermanischen Glacis her bekannt. Dazu wurden damals Wege und Plätze des Handels fixiert, aber auch die unmittelbare Kontrolle über das Vorfeld ausgedehnt und intensiviert durch das Vorschieben einzelner Kastelle. Doch weit fühlbarer war für die Gegner der Zwang zur Rückgabe aller Gefangenen und zur Stellung von Hilfstruppen, von denen der größte Teil sogleich nach Britannien verlegt wurde.

Nach einer äußerst umstrittenen Angabe der M.-Aurel-Vita in der «*Historia Augusta*» (24,5) soll der *princeps* beabsichtigt haben, Böhmen und Mähren als Provinz *Marcomannia*, den Raum zwischen Pannonien und Dakien als Provinz *Sarmatia* zu integrieren. Doch für so weitreichende Absichten gibt es keinen zuverlässigen Beleg; die für ihre Namensspielereien und für ihre phantasievollen Unterstellungen bekannte Quelle kann eine solche Kombination nicht sichern.

So dauerhaft die neue Ordnung auch erscheinen mochte, sie erreichte zunächst nur eine kurze Ruhepause. Schon im Jahre 178 n. Chr. lebten die Kämpfe, der sogenannte Zweite Markomannenkrieg, wieder auf; M. Aurel ging zusammen mit seinem Sohn Commodus erneut an die Donau, und dort ist er 180 n. Chr. gestorben. In diese zweite Phase der Donausicherung fällt auf deutschem Boden die Gründung eines neuen Legionslagers. 179 n. Chr. wurde Castra Regina (Regensburg) bezogen. Ungefähr gleichzeitig stießen römische Verbände noch einmal tief in das Gebiet der Slovakei vor. Die Inschrift auf dem Burgfelsen von Trencin (Laugaricio, etwa 100 km nördlich von Pressburg) bezeugt die Anwesenheit einer Abteilung der *legio II adiutrix*.

Die Anspannungen, welche die beiden Jahrzehnte zwischen 161 und 180 n. Chr. für das Reich brachten, erschöpften sich nun nicht allein in den Parther- und Markomannenkriegen. Denn neben diesen beiden großen Kampfplätzen loderten in fast allen Himmelsrichtungen Aufstände und Unruhen auf. Gleich zu Beginn der Regierung mußten neben der Bewältigung des Partherkriegs im Jahr 162 n. Chr. auch in Obergermanien Revolten der Chatten und noch im selben Jahr in Britannien eine Erhebung der Kaledonier niedergeworfen werden. In Ägypten kam es im Nildelta zu einem Aufstand der Rinderhirten. Religiöse Impulse machten diese Empörung der *boukoloi* zu einer erheblichen Gefahr, selbst Alexandria war zeitweilig bedroht. Dieser Aufstand konnte schließlich durch C. Avidius Cassius unterdrückt werden. Auch der äußerste Südwesten des Reiches erlebte eine gefahrenvolle Zeit; wiederholt fielen in den Jahren 172 und 177 n. Chr. maurische Stämme von See her plündernd in Südspanien ein. Nur durch große und außerordentliche Sonderkommandos konnte die Lage wiederhergestellt werden.

Die Behauptung des Imperiums war noch einmal gelungen – doch um welchen Preis. Selbst die römischen Quellen verschweigen die hohen Verluste nicht, die während dieser beiden Jahrzehnte hinzunehmen waren, nicht zuletzt solche in der militärischen Führungsschicht, aber auch in den breiten Massen der Bevölkerung der großen Städte durch die Raubzüge der Invasoren und die Pest. Wenn ein den Ereignissen selbst nahestehender Autor wie Cassius Dio davon spricht, daß im Jahre 175 n. Chr. beim Friedensschluß mit den Jazygen rund 100 000 römische Kriegsgefangene zurückgegeben wurden, so ist eine solche Zahl, wie stets in der antiken Historiographie, lediglich ein Hinweis auf die Größenordnung der auf diesem Kriegsschauplatz in Gefangenschaft geratenen Römer.

Auch in gesellschaftlicher und wirtschaftlicher Hinsicht hatten die Kriege M. Aurels tiefgreifende Auswirkungen. Nicht mehr ständische Dignität, sondern Effektivität in Armee und Verwaltung wurden nun die entscheidenden Kriterien. Mochte sich zunächst auch an der Stellung der alten aristokratischen Familien und der Senatoren insgesamt noch nicht allzuviel ändern, der Aufstieg neuer Kräfte in die Führungsschicht ist unverkennbar und durch die prosopographischen Forschungen von G. Alföldy auch statistisch belegt. Den vitalen *homines novi* gehörte die Zukunft.

Angesichts der nicht abreißenden außenpolitischen und militärischen Aufgaben sind stärkere innenpolitische Initiativen M. Aurels von vornherein nicht zu erwarten. Priorität sollte dabei nicht die Frage haben, wie sich die philosophischen Maximen des *princeps*, sondern wie sich die schwere äußere Krise auf die innere Politik auswirkte. Einen Bruch mit der bisherigen Praxis gab es dabei nicht. Obwohl auch M. Aurel eine konstruktive Zusammenarbeit mit dem Senat anstrebte, nahm die Bedeutung des *consilium principis* zu. In der Administration wurde nun «das Prinzip der ungleichen Kollegialität» (H. G. Pflaum) zur Regel, das heißt das Verfahren, den ritterlichen Beamten an der Spitze der verschiedenen Ressorts und Regionalverwaltungen jeweils einen fachlich besonders kompetenten Freigelassenen als Geschäftsführer beizuordnen. Ohne Zweifel wurde die Bürokratie durch diese und andere Maßnahmen immer weiter aufgebläht.

Schon in den Anfängen der Regierung M. Aurels erfolgten neue Stiftungen für die italische Jugend und beträchtliche Spenden an Armee und Volk. Trotz aller Krisen zeigte der *princeps* eine fast verschwenderische Großzügigkeit: In sieben Spenden schüttete er pro Kopf nicht weniger als 850 Denare aus. Da er daneben und neben den ungeheuren Anforderungen für Kriege und Rüstungen auch noch in mannigfacher Weise die Notlage zerstörter Städte und Gemeinden durch Schenkungen zu lindern suchte, waren die Ansätze zu Geldentwertung und Währungsverfall unvermeidlich, um so mehr, als es in den Kriegen M. Aurels keine nennenswerte Beute gab. Das ständig sinkende Gewicht und der Rückgang des Feingehalts aller Nominale dieser Zeit sprechen für sich selbst.

Wenn sich von den über 320 juristischen Texten der Epoche M. Aurels, die vor allem durch die spätantiken *codices* überliefert wurden, mehr als die Hälfte mit Problemen von Frauen, Kindern und Sklaven befassen, so ist dies keineswegs eine Folge stoischer Rechtspolitik zugunsten der bisher benachteiligten Personengruppen, sondern in erster Linie ein Spiegelbild jener konkreten Notstände, die in diesem Augenblick eine juristische Regelung erforderten. Wenn sich unter M. Aurel auffallend viele Entscheidungen mit Vormundschaftsfragen befassen, so hat dies weniger mit einer besonders weitgehenden Humanität dieses *princeps* zu tun, sondern sehr viel mehr mit dem rapiden Anstieg von Vormundschaftsfällen angesichts der Opfer der Kriege und der Seuche. Darauf dürfte es zurückzuführen sein, daß M. Aurel nun das neue Überwachungsamt einer *praetura tutelaris* einrichtete, welche die Vormunde zu kontrollieren hatte. Selbst hinter dem *Senatus consultum Orfitianum*, das dekretierte, daß Kinder ihre ohne Testament verstorbene Mutter beerben können, und hinter der *Constitutio divi Marci ad Aufidium Victorinum*, die festsetzte, daß ein Sklaven – in welcher Form auch immer –

gegebenes Freilassungsversprechen realisiert werden müsse, könnten einschlägige Vorfälle der Krise stehen.

Erstmals seit Hadrian stellte sich unter M. Aurel aber auch die Nachfolgerfrage wieder als Problem. Sie überschattete das letzte Jahrzehnt seines Lebens, die Art ihrer Lösung dann sein Andenken. Der *princeps* selbst war trotz all seines persönlichen Einsatzes und trotz seiner besten Absichten den Soldaten immer ein Fremder geblieben. Natürliche Popularität konnte er wenig gewinnen, höchstens Achtung und Respekt. Nach dem Tode des L. Verus mitten im Markomannenkriege hatten zwei gebürtige Syrer die wichtigsten Posten des Reiches eingenommen. Claudius Pompeianus stammte aus Antiochia und war aus ritterlicher Familie bis zum Statthalter von Unterpannonien aufgestiegen. An ihn wurde die faktische Leitung des Markomannenkrieges übertragen. Der zweite Syrer war der schon mehrfach erwähnte Avidius Cassius, der ein ganz Kleinasien und Syrien wie Ägypten umfassendes Oberkommando erhielt.

M. Aurel und die jüngere Faustina hatten insgesamt 13 Kinder. Von diesen konnte der 161 n. Chr. geborene Commodus die Nachfolge im Principat beanspruchen. Doch er galt schon früh als denkbar ungeeignet, und in diesen Zusammenhang wird man deshalb wohl auch die Erhebung des Avidius Cassius rücken müssen; anders ist der merkwürdige Verlauf dieser gefährlichen Usurpation wohl kaum zu erklären. Allem Anschein nach hatten einflußreiche Kreise in der Umgebung des *princeps* beabsichtigt, nach einem etwaigen Tode M. Aurels den bis zu diesem Augenblick ebenso loyalen wie bewährten Avidius Cassius zum *princeps* auszurufen. Mit großer Wahrscheinlichkeit brachte nun im Frühjahr 175 n. Chr. eine Falschmeldung eine Lawine ins Rollen.

Auf die Nachricht vom angeblichen Tode des Herrschers wurde die Aktion ausgelöst, Avidius Cassius zum *princeps* proklamiert, M. Aurel konsekriert. Diese Fakten konnten nun aber auch nicht mehr zurückgenommen werden, als sich herausstellte, daß Avidius Cassius von falschen Voraussetzungen ausgegangen war. Im übrigen blieb die Bewegung des Usurpators ganz auf seinen Kommandobereich im Nahen Osten beschränkt, und als die Umgebung des Cassius erkannt hatte, daß die Usurpation in den übrigen Teilen des Imperiums keine Resonanz fand, wurde der neue *princeps* ermordet. M. Aurel aber, der wegen dieser Vorfälle die Kampfhandlungen an der Donau abbrechen ließ, zog mit Commodus und einer größeren Armeeabteilung in den Nahen Osten, um dort den Herrschaftsbereich des Avidius Cassius persönlich zu überprüfen und seine eigene Position zu festigen. Er inspizierte vor allem Ägypten, Syrien, Kleinasien und Griechenland, wobei er, ganz hadrianischer Tradition entsprechend, vor allem griechischen Städten und insbesondere Athen seine Fürsorge zeigte.

Vor diesem Hintergrund wird, wenigstens zum Teil, auch M. Aurels Entschluß verständlich, nun seinen Sohn Commodus Schritt für Schritt zum

Nachfolger aufzubauen. Ende des Jahres 176 n. Chr. feierten M. Aurel und Commodus in Rom gemeinsam ihren großen Triumph über Germanen und Sarmaten, und inmitten der allgemeinen Euphorie über die militärischen Erfolge und die großzügigen Spenden des Herrschers wurde Commodus dann am 1.1. 177 n. Chr. zum Augustus ernannt. Damit war die Konzeption des Adoptivkaisertums endgültig preisgegeben, die natürlichen Bande hatten sich als stärker erwiesen als die Ideologie von der Adoption des Besten. Bei der Entscheidung zugunsten des Commodus handelt es sich um den zweiten folgenschweren personellen Mißgriff M. Aurels. War in L. Verus ein im Grunde Ungeeigneter erhoben und dann toleriert worden, so wurde hier ein weiterer nicht Qualifizierter als Nachfolger designiert. Beide Fehlentscheidungen aber sind in der sensiblen und weichen Natur M. Aurels begründet.

Es ist bekannt, daß M. Aurel von früher Jugend an ganz im Banne der Philosophie stand. Wenn man ihn als Stoiker bezeichnet, so ist freilich zu berücksichtigen, daß die Lehren der Stoa im Zuge eines langen geistesgeschichtlichen Prozesses längst zu einer Art Populärphilosophie geworden waren. Ihre Leitsätze betonten die Irrelevanz aller äußeren Dinge und Formen und stellten an die erste Stelle ihrer Werteordnung die innere Ausbildung, die Selbsterziehung des Menschen. M. Aurel lebte ganz in dieser Welt, auch äußerlich. Er trug den Bart, oft auch den Mantel des Philosophen, schlief häufig auf dem Boden und übte strenge Askese. Unter dem Einfluß zahlreicher und guter Lehrer hatte sich die stark reflektierende Natur des Herrschers entwickelt. *Verissimus*, der Wahrhaftigste, so hatte ihn einst Hadrian scherzweise genannt, und etwas von der Rigorosität seines Bemühens um sich selbst spiegeln naturgemäß auch seine Selbstbetrachtungen, die Bücher «*eis heautòn*», wider.

Als Selbstbekenntnis sind diese Aufzeichnungen, die ursprünglich keineswegs für die Veröffentlichung bestimmt waren, psychologisch auszuwerten und in dieser Hinsicht neben den Bekenntnissen Augustins einzuordnen. Sie enthüllen am besten den in sich gekehrten Menschen und jenen römischen Herrscher, der wohl am meisten von allen zu relativieren vermochte, der das stärkste Bewußtsein für die allgemeinen Dimensionen menschlichen Handelns und für den Wandel allen Geschehens besaß: «Auf wie winzigen Klümpchen der ganzen Erde kriechst Du einher?» «Asien, Europa, Winkel des Alls, alles Meer Tropfen des Alls, der Athos eine kleine Scholle des Alls, die ganze Gegenwart ein Punkt in der Ewigkeit. Alles klein, veränderlich, darin verschwindend.» Das gleiche Bewußtsein der Vergänglichkeit hat er ein anderesmal in den Satz gefaßt: «Nah ist die Zeit, wo Du alle vergessen haben wirst, nah, wo Dich alle vergessen haben werden.»

Mit diesem Wissen verband sich als ein zweiter Grundzug jenes um die Gleichheit aller Menschen. Aber natürlich hieß das in antikem Sinne die Gleichheit aller Freien, die Gleichheit aller Mitglieder der Kulturmenschheit. Am prägnantesten gab M. Aurel dem so Ausdruck: «Staat und Heimat ist für mich als Antoninus Rom, als Mensch aber der Kosmos.» Und aus eben dieser Gleichheit entwickelte er dann auch sein persönliches Staatsideal: «Und ich gewann eine Vorstellung von einem Staat, in dem die Macht gleich verteilt ist, der nach Gleichheit und gleichem Rederecht verwaltet wird und von einer Monarchie, die von allem am meisten die Freiheit der Beherrschten ehrt.»

Die «Selbstbetrachtungen» sind aber auch ein fortgesetzter Appell an sich selbst, ein immer neues Aufrufen zur Selbstbeherrschung, und sie hat M. Aurel denn auch nach seinen Möglichkeiten bis zur Vollendung geübt. Das Schlußwort dieses geistigen Tagebuchs lautet: «Mensch, Du warst ein Bürger in diesem großen Staate des Kosmos. Was liegt Dir daran, ob 5 Jahre oder 50; das Bürgerrecht ist doch für alle das gleiche. Was ist daran Schlimmes, daß dich nun kein Tyrann, kein ungerechter Richter aus dem Staate weist, sondern die Natur, die dich in ihn eingeführt hat, wie der Prätor einen Schauspieler von der Bühne abtreten läßt, den er gedungen hat.» «Aber ich habe nicht die fünf Akte gespielt, sondern bloß drei.» «Ganz recht, nur sind im Leben auch schon drei die ganze Rolle. Denn was genug ist, entscheidet er, der dich einst werden und wachsen ließ, der dich nun vergehen läßt. Du kannst für beides nicht. So scheide in Frieden, denn Friede ist bei dem, der dich gehen heißt» (Übersetzung von U. von Wilamowitz-Moellendorff).

Das historische Bild M. Aurels wird seit langem durch zwei völlig verschiedene Eindrücke geformt. Während seine «Selbstbetrachtungen» die exemplarische innere Bewährung eines stoischen Philosophen zeigen und zur Lieblingslektüre Friedrichs des Großen werden konnten, verkörpert das über vier Meter hohe Reiterstandbild auf dem Kapitolhügel, wohl die bekannteste römische Reiterstatue überhaupt, gleichsam die *auctoritas* des Herrschers und Kriegsherrn. Doch mag man den Philosophen schätzen und den Menschen M. Aurel bewundern, es gibt wohl keinen Grund, den *princeps* ausschließlich zu idealisieren.

Gewiß erforderte es außerordentliche Charakterstärke und Festigkeit, angesichts der Kette von Katastrophen eine am Ende dann doch erfolgreiche Verteidigung des Imperiums durchzuhalten, und dies um so mehr, als M. Aurel militärisch weder geschult noch für Leitungsfunktionen dieser Art vorbereitet war. Mochte er dabei auch von den Erfolgen bewährter Heerführer, wie des Pompeianus, Pertinax und Avidius Cassius, profitieren, die Verantwortung für die Reichsverteidigung insgesamt hatte M. Aurel allein zu tragen. Hier wie auch in vielen Bereichen der inneren Politik ist die Bilanz seiner Regierung zweifellos sehr positiv.

Doch dem steht die völlig unbefriedigende Lösung des personellen Führungsproblems des Imperiums gegenüber. Mochte das Römische Reich in konsolidierten Verhältnissen immer wieder auch wenig geeignete *principes* ertragen, so war doch gerade unter M. Aurel die historische Bewährungsprobe des Adoptivkaisertums gekommen. Es ist sein Verschulden, daß die Institution gerade in dem Augenblick versagte, in dem es darauf ankam, tatsächlich den Geeignetsten an die Spitze zu bringen. Es ist sein Verschulden, daß zur äußeren Krise des Imperiums bald auch noch eine innere hinzukam.

Obwohl sich Commodus in den Jahren vor dem Antritt seiner Alleinherrschaft lange genug an der Seite seines Vaters aufgehalten hatte, setzte er die von M. Aurel geleiteten Operationen ebensowenig fort wie dessen Herrschaftsstil. Dabei wäre es falsch, hinter dem Agieren des neuen *princeps* eine neue Konzeption des Principats zu vermuten. So liegt schon hinter seiner oft kommentierten Entscheidung, die Kämpfe an der Donau abzubrechen, wohl kaum eine realistische Einschätzung des Potentials des Imperiums. Die Ökonomie der Kräfte des Reichs hat Commodus auch später nie interessiert.

Andererseits besteht jedoch kein Grund, die Tatsache zu dramatisieren, daß sich der unsichere junge *princeps* denen anschloß, die jetzt für den Abbruch der Offensive plädierten. Denn im großen und ganzen blieb es bei der Bewahrung des *status quo* an der Donaugrenze, obwohl nun die römischen Vorposten zurückgezogen und an die Grenznachbarn teilweise auch Subsidien gezahlt wurden. Daß von Commodus keine weiteren militärischen und außenpolitischen Initiativen zu erwarten waren, zeigte sich allerdings schon hier. Dort, wo es unter seiner Regierung zu kleineren Einfällen in die römische Grenzzone kam, wie in Britannien (um 184 n. Chr.), am Oberrhein, wo 187 n. Chr. die Straßburger Legion belagert wurde, in Dakien und Spanien, leiteten örtliche Befehlshaber erfolgreich die Defensivmaßnahmen. Commodus selbst begnügte sich damit, noch im Jahre 180 n. Chr. einen neuen Triumph über die Donauvölker zu feiern und fünf Jahre später den Siegerbeinamen eines *Britannicus* anzunehmen. Die Grenzheere haben ihn nach seiner Rückkehr nach Rom nicht mehr gesehen.

Auch in der inneren Politik zeigte sich Commodus an den eigentlichen Regierungsaufgaben weithin desinteressiert. Im Innern des Reichs herrschte jetzt ein Günstlingsregime reinsten Stils, begleitet von Verschwendung und Korruption. Die Reibungen und Machtkämpfe dieser Höflinge untereinander führten schon bald nahezu anarchische Zustände herbei. Dabei deckte Commodus diese Kreaturen natürlich nicht, wenn es hart auf hart ging. So wurde Perennis, der von 182 bis 185 n. Chr. als Prätorianerpräfekt einflußreichste Mann, ein machtgieriger Angehöriger des Ritterstandes, von Commodus fallengelassen, als eine starke Abordnung der britannischen Legionen nach Rom kam, um ihren Beschwerden gegen Perennis Gehör zu verschaffen. Der Präfekt wurde gestürzt und umgebracht.

Aber auch dessen Nachfolger Cleander erging es nicht viel besser. Er war einst als phrygischer Sklave in Rom verkauft worden und schließlich über den Posten des Kammerdieners zum einflußreichsten Mann im Staate geworden. Als im Jahre 189 n. Chr. eine Hungersnot ausbrach, wurde auch Cleander dem römischen Pöbel geopfert. Das letzte Gespann, das dann etwa ab 191 n. Chr. den Kurs bestimmte, waren wiederum ein Kammerdiener Eclectus, der Prätorianerpräfekt Laetus und die Konkubine des *princeps*, die Christin Marcia.

Daß eine solche Regierung über keinerlei echte Autorität verfügte und die Garde überhaupt nur durch ständige Gunstbeweise und durch Nachgiebigkeit bei der Stange halten konnte, ist evident. Schon im Jahr 182 n. Chr. hatten deshalb die Schwester des *princeps*, Lucilla, und Ummidius Quadratus eine Erhebung gegen Commodus angezettelt. Allein das Komplott scheiterte, und da in die Verschwörung eine ganze Reihe von Senatoren verstrickt war, setzte in diesem Augenblick auch Commodus' Verfolgung all derjenigen Senatoren ein, die der chronisch mißtrauische Herrscher für seine Feinde hielt. Ähnlich wie bei Caligula und Nero war auch bei Commodus Furcht mit Selbstüberschätzung und pathologischen Zügen gepaart.

Die Verschwendung des Hofes und die Etatschwierigkeiten, die auch durch immer neue Konfiskationen und Abgaben nicht bereinigt werden konnten, führten rasch zu einer Mißwirtschaft größten Stils. Schon im Jahre 180 n. Chr. stiegen zum Beispiel die Getreidepreise in Ägypten auf das Dreifache der normalen Höhe. Weder die Reorganisation der Getreideflotten noch andere Notmaßnahmen änderten etwas am Verlauf der Krise. Eine Stabilisierung von Wirtschaft und Währung gelang jedenfalls nicht, dazu waren die Sklaven, Freigelassenen und Höflinge des Commodus nicht fähig.

Einen Einblick in die Mißstände des Alltags gibt eine Inschrift aus Nordafrika (CIL VIII 10570). Diese Eingabe an den *princeps* und das gleichfalls erhaltene Reskript des Herrschers enthüllen exemplarisch die Not der einfachen Kolonen auf den Domänen. In verzweifelt beschwörendem Ton wenden sich diese Kleinpächter an den Herrscher: «Komm' uns zu Hilfe, und, da wir armen Landleute, die von ihrer Hände Mühen ihr Leben fristen, vor Deinen Prokuratoren dem Pächter nicht gewachsen sind, der durch verschwenderische Schenkungen bei ihnen im Übermaß einflußreich ist ..., habe Mitleid mit uns und würdige uns deiner heiligen Antwort, damit wir nicht mehr leisten müssen, als wir nach dem Grundstatut Hadrians und den Briefen Deiner Prokuratoren schuldig sind ..., so daß dank der Gnade deiner Majestät wir, deine Gutsbauern und Pfleger deiner Domänen, nicht noch weiter von den Pächtern fiskalischer Äcker beunruhigt werden» (Übertragung von W. Weber). In seiner Antwort zeigt sich Commodus jedenfalls besorgt, «daß nichts gefordert wird, was das Grundstatut verletzt».

Was hier allem Anschein nach noch einmal beigelegt wurde, schaffte sich andernorts in offenen Aufständen Luft. In Südgallien trat an die Spitze einer solchen sozialen Empörung der Deserteur Maternus. Er ließ sich zum

Imperator ausrufen, wurde zwar aus Gallien vertrieben, doch setzte er 186 n. Chr. in Italien den Bandenkrieg fort, bis er schließlich ergriffen und hingerichtet wurde.

Inmitten dieser Krisen und Nöte führte Commodus ein Leben neuer Art. War sein Vater von tiefstem Pflichtbewußtsein durchdrungen und immer wieder durch moralische Skrupel gequält worden, so hatte Commodus für solche Regungen keinerlei Verständnis. Er war statt dessen geradezu besessen und berauscht von seiner *nobilitas*. Als erster purpurgeborener Herrscher überhaupt glaubte er, sich keinerlei Schranken auferlegen zu müssen und die denkbar höchste Verehrung fordern zu können. Nachdem ihm seine Höflinge nach der Lucilla-Verschwörung aus durchsichtigen Gründen eingeredet hatten, daß er sich vor weiteren Attentaten am besten dadurch schützen könne, daß er sich nicht mehr in der Öffentlichkeit zeige, lebte Commodus seinen Genüssen nur noch im Palast selbst.

In diesen Anfangsjahren seiner Herrschaft ließen seine Höflinge denn auch auf den Münzen der Reichsprägung die traditionellen römischen Staatsgottheiten abbilden, vor allem Juppiter, Minerva, Mars und Apollo, dazu aber, als relativ noch bescheidene Konzession an die Vorliebe des Herrschers für orientalische Götter, Sarapis, Isis und Kybele. Auffallen mußte besonders der neue Beiname für Juppiter, nämlich *Exsuperatorius* (der Überragende), was dazu führte, daß entsprechend auch Commodus als *exsuperantissimus* gefeiert wurde. Gleichzeitig wurde, wie in den Tagen Hadrians, die Ewigkeit Roms beschworen und vor allem das Glück des neuen Zeitalters, die *temporum felicitas* und die *saeculi felicitas*. Von seiner eigenen *felicitas* war Commodus so überzeugt, daß er das Element *felix* in seine offizielle Titulatur aufnehmen ließ.

Gegenüber dem, was später folgen sollte, können die Anfangsjahre der Regierung geradezu als gemäßigt gelten. Doch alles änderte sich schlagartig, als Commodus nach dem Untergang des Cleander demonstrativ die aktive Leitung der Politik übernehmen wollte. Jedenfalls gab er jetzt seine Zurückgezogenheit im Palast auf, gleichzeitig jedoch auch jede Verschleierung seiner überspannten monokratischen Ansprüche. In diesem Zusammenhang den Begriff des Absolutismus zu gebrauchen wäre ein Mißgriff.

Geradezu krankhafte Züge nahmen jetzt Commodus' Namensgebungen und Umbenennungen an, und doch verraten gerade diese Fakten und Intentionen am deutlichsten, daß er das Reich und dessen Mittel als sein unmittelbares Eigentum ansah. So sollte um 190 n. Chr. der Name Roms verschwinden, die Stadt zur *Colonia Commodiana* werden, der römische Senat zum *senatus Commodianus*, und auch alle Legionen sollten fortan den Namen des Commodus tragen. Eine besonders glückliche Lösung hatte sich der Herrscher für die Monatsnamen einfallen lassen. Seinen Namen und seine Titulatur hatte er oft genug geändert, so daß sie jetzt 12 Elemente umfaßten, und was war deshalb einfacher und sinnvoller zugleich, als an die

Stelle der alten Monatsnamen nun die 12 neuen zu setzen, die da hießen: Lucius Aelius Aurelius Commodus Augustus Hercules Romanus Exsuperatorius Amazonius Invictus Felix Pius.

Hand in Hand mit dieser Steigerung der äußeren Formen ging eine generelle Rücksichtslosigkeit gegenüber aller bisherigen Tradition. So trat der *princeps* nun häufig in Seiden- und Purpurgewändern auf, daneben beteiligte er sich als Isispriester mit kahlgeschorenem Kopf an den öffentlichen Prozessionen dieses Kultes und erschien hier als Knecht vor den Göttern. Während der Gladiator in römischen Augen nun einmal unehrenhaft und deklassiert war, sah Commodus in ihm ein Lebensideal, das er jedoch in ebenso farcenhafter Weise lebte, wie er die Jagd zur Schlächterei erniedrigte und die Herkulesvorstellung ins Absurde zog.

Denn bei all seiner Verehrung für die verschiedensten orientalischen Gottheiten stand doch gerade in der aktivistischen Schlußphase seines Regiments Herkules an der ersten Stelle seiner persönlichen Glaubenswelt. Er selbst wollte als römischer Herkules, als *Invictus Hercules Romanus*, das Gegenstück des griechischen Gottes sein. So trägt Commodus auf Münzen und Medaillons den Löwenhelm, wurden ihm Löwenfell und Keule stets vorangetragen, Requisiten, die auch dann in seinem Sessel lagen, wenn er selbst an offiziellen Veranstaltungen nicht teilnahm. Wenn der Herkules des Mythos Unwesen erledigt hatte, so eiferte ihm Commodus nun auf seine Weise nach. Er ließ die Krüppel Roms ergreifen, als Giganten verkleiden und erschlug sie mit der Keule, so, wie er sich im Zirkus wilde Tiere vor seine Waffen treiben ließ, um sie niederzumachen.

Alles, was sich dahinter an echten Fertigkeiten des *princeps* verbarg, wurde verdeckt durch diese Exzesse. Sie mußten endlich auch seiner nächsten Umgebung unheimlich werden. Als Commodus seine Absicht bekanntgegeben hatte, das Konsulat des Jahres 193 n. Chr. am 1. Januar als Gladiator anzutreten, ließen seine Vertrauten Marcia und Eclectus den *princeps* nach einem mißglückten Giftanschlag schließlich am 31. 12. 192 n. Chr. im Bad durch einen Athleten erwürgen. Lang unterdrückter Haß schuf sich dann in der *damnatio memoriae* des Ermordeten Raum. Die Bilder des Commodus wurden gestürzt, sein Name ausgemeißelt. Doch 197 n. Chr. knüpfte Septimius Severus wieder an Commodus an, natürlich auch, um nach der Zäsur von 193 n. Chr. die Kontinuität des Principats zu demonstrieren. Um das Maß voll zu machen, ordnete Septimius Severus auch noch die Konsekration dieses Vorgängers an.

Doch es gab auch moderne Apotheosen der Perversion. Ob Commodus dabei aus seinem «urtümlich-spanischen» Wesen, seinem angeblich revolutionären Willen zur Primitivität, einer neuen Form von Religiosität, henotheistischem Synkretismus oder «religiös fundiertem Absolutismus» verstanden werden sollte, zu überzeugen vermochten diese Deutungen ebensowenig wie die entsprechenden im Falle Caligulas oder Neros. Sie alle dürften mehr über ihre jeweilige Gegenwart aussagen als über den historischen Commodus, jenen *princeps*, der die Dynastie der Antonine beendete. Hatte zu Anfang des 2. Jahrhunderts n. Chr. eine sorgfältige ideologische Rechtfertigung die neue Phase des Principats begründet und war dieser dann unter den folgenden *principes* durch konstruktive Leistungen wie durch eine erfolgreiche Stilisierung immer wieder von neuem behauptet worden, so wurde er gerade durch die phantastischen Exzesse wie durch die überspannte Formenwelt des letzten Antoninen *ad absurdum* geführt. Den *Hercules Romanus* des Commodus trennt eine Welt von der Herakleskonzeption der Ideologie Trajans. Das Chaos der Ära des Commodus war selbstverschuldet, mit ihm begann schon in den Augen des zeitgenössischen Historikers Cassius Dio die Epoche von «Eisen und Rost», seit Gibbons großem Werk der Anfang von *«Decline and Fall of the Roman Empire»*.

Die gesellschaftliche Struktur des *Imperium Romanum*

Die Sklaven

Über den zahlenmäßigen Anteil der Sklaven an der Gesamtbevölkerung des Imperiums liegen auch für den Principat keine exakten Werte vor. Zumeist wird davon ausgegangen, daß sich die Relationen in Italien wie auch in den einzelnen Reichsteilen gegenüber den Verhältnissen der augusteischen Epoche nur wenig veränderten. Es gibt indessen einige Indizien, die zumindest regional für einen Rückgang der Sklavenzahlen sprechen; insgesamt gesehen, überwiegt jedoch die Kontinuität. Die Sklaven bilden auch weiterhin die Grundlage und, in Italien ebenso wie in vielen Provinzen, einen entscheidenden Faktor der Gesellschafts- und Wirtschaftsordnung des Imperium Romanum.

Gegenüber den mancherlei unzulässigen Vereinfachungen, Abstraktionen und Bewertungen dieser Tatsache in der Gegenwart und gegenüber den Konsequenzen, die daraus für die Gesamtbeurteilung der Gesellschaft des *Imperium Romanum* gezogen wurden, empfiehlt es sich, von vornherein auf die Feststellungen eines angesehenen marxistischen Althistorikers zu verweisen. Er unterstrich, daß der Terminus «Sklave» zunächst ein primär juristischer Begriff ist. «Er stellt fest, daß ein Mensch Eigentum eines anderen Menschen oder einer juristischen Person ist, nicht weniger, aber auch nicht mehr. Er sagt nichts aus über seine Stellung im Rahmen der Produktionsverhältnisse, nichts über seine soziale Position, seine Bildung, seinen Einfluß, sein Vermögen. Wir finden Sklaven als landwirtschaftliche Arbeiter, als verurteilte Verbrecher in Bergwerken, als Vertreter in Handwerksbetrieben mit Geschäften auf eigene Rechnung, als geschniegelte Hausdiener bei reichen Bürgern, als Aufseher über freie Lohnarbeiter, als Polizisten, als Schildträger der Legionäre, als Prostituierte und einflußreiche Hetären, als Lehrer, Ärzte, kaiserliche Räte und Schreiber, als Bankiers, Grundbesitzer, als Eigentümer von Sklaven. Niemand wird ernstlich behaupten wollen, daß alle diese Sklaven zu einer Gruppe von Menschen mit dem gleichen Platz in der gesellschaftlichen Produktion, mit dem gleichen Verhältnis zu den Produktionsmitteln, mit der gleichen Rolle in der gesellschaftlichen Organisation der Arbeit, mit dem gleichen Anteil am gesellschaftlichen Reichtum gehören, folglich eine Klasse bilden. Das gleiche gilt umgekehrt von dem Begriff Sklavenhalter. Eigentümer von Sklaven können Kaiser, Würdenträger, Bürger, Bauern, Soldaten, können Großgrundeigentümer, Kleineigentümer, abhängige Bodenbesitzer, können Bankiers, Ergasterienbesitzer, Kleinhandwerker, können sogar Sklaven sein. Niemand wird ernstlich behaupten wollen, daß alle diese Sklavenhalter eine Klasse bilden würden. Offensichtlich ist es dann aber unrichtig, den hauptsächlichen Widerspruch in der antiken Gesellschaft auf den Widerspruch zwischen Sklaven und Sklavenhaltern zu reduzieren» (H. Kreissig, Wirtschaft und Gesellschaft im Seleukidenreich. Berlin 1978, 8).

Angesichts dieser elementaren Feststellungen sollen im folgenden die Lage, die Behandlung und die Beurteilung der Sklaven unter dem Principat, danach die Reaktionen der Sklaven wie der *principes* auf die Entwicklung eingehender besprochen werden. Doch sei zunächst kurz die juristische Stellung der römischen Sklaven erläutert: «Die Sklaverei ist eine Einrichtung des Völkerrechts, durch die jemand [entgegen der Natur] einer fremden Herrschaft unterworfen wird.» So hat der römische Jurist Florentinus im 2. Jahrhundert n. Chr. die Institution der Sklaverei definiert (*«Digesten»* I, 5,4). Gemäß traditioneller römischer Auffassung war der Sklave rechtlos. Da er einerseits stets der *potestas* seines Herrn unterstand, andererseits als dessen Eigentum *(res)* betrachtet wurde, ist seine Stellung immer durch die Dialektik zwischen Person und Sache bestimmt worden. Überwog anfangs seine Bewertung als Subjekt, so dominierte während des Principats eindeutig diejenige als Eigentumsobjekt, und erst allmählich trat der Charakter der *persona* wieder stärker in den Vordergrund.

So war es zum Beispiel nie strittig, daß die konventionell geduldete Sklavenehe *(contubernium)* privatrechtlich ohne Bedeutung war; ein von einer Sklavin geborenes Kind ging stets in das Eigentum des Herrn der Mutter über. Jeder Erwerb der Sklaven fiel deren Herren zu; es war undenkbar, daß Sklaven in Zivilprozessen als Partei auftreten konnten. Es stand ihnen lediglich zu, die Kognition des *princeps* anzurufen.

Ein Hauptproblem, das sich in diesem Bereich stellte, war von Beginn an die Sorge um die Ergänzung des Sklavenpotentials, das sich nach der Schätzung von P. A. Brunt im augusteischen Italien auf immerhin etwa 40 % der Gesamtbevölkerung belief. Da die ältere Forschung lediglich die Kriegsgefangenen als Reservoir für eine solche Ergänzung ansah, stellte Max Weber apodiktisch fest, daß die «Einstellung der Eroberungskriege am Rhein durch Tiberius» das Versiegen dieser Quelle nach sich zog und damit schließlich die römische «Sklavenkultur» überhaupt entscheidend schwächte.

Daß der Anteil ehemaliger Kriegsgefangener auf den großen Sklavenmärkten ebenso zurückging wie derjenige von gefangengenommenen Reisenden und vor allem in Küstennähe wohnenden Freien, die durch Piraten und Räuber versklavt wurden, ist evident. Demgegenüber nahmen das Heranziehen von Sklavenkindern, von denen man erwartete, daß sie als hausgeborene Sklaven *(vernae)* besonders fügsam wären und, zumindest regional, auch die Selbstversklavung verarmter Freier erheblich zu. Vor allem für Bithynien und Phrygien sind die Aussetzung von freigeborenen Kindern und der Selbstverkauf aus Not gut bezeugt. Insgesamt gesehen, wird man jedoch mit einem Rückgang der Gesamtzahl von Sklaven innerhalb des Imperiums unter dem Principat rechnen müssen; er war jedoch keineswegs dramatisch, wie die nach wie vor stabilen, je nach Qualifikation, Alter und Gesamtangebot zwischen etwa 800 und 2 500 Sesterzen liegenden Sklavenpreise dokumentieren.

Während die Anzahl von Sklaven aus den Gebieten jenseits der Reichsgrenze zurückging, diejenige von Germanien ebenso gering blieb wie die der Äthiopier, stellten der hellenistische Osten und Griechenland, Thrakien und Dakien, aber auch Nordafrika wie die keltischen Gebiete des Westens nach wie vor einen Großteil der neu eingesetzten Sklaven. Seit den Erfahrungen der Späten Republik arbeiteten diese nicht mehr in ethnisch einheitlichen Gruppen, sondern in absichtlich bunt gemischten, lediglich nach den Qualifikationen strukturierten, streng überwachten kleinen Einheiten.

Im Bereich der Landwirtschaft hing die Lage des einzelnen Sklaven von der Größe des Betriebs, in dem er eingesetzt war, und von dessen Arbeitsorganisation, in gleicher Weise jedoch auch von seinen Funktionen ab. Es gab noch im 1. Jahrhundert n. Chr. den gefesselten Sklaven, der im *ergastulum* verwahrt wurde und nur zu einfacher, schwerer körperlicher Arbeit eingesetzt werden konnte. Es gab daneben aber auch die vielseitigen und erfahrenen Hirten und Kleinviehzüchter, die Spezialisten für Obst, Weinbau, Olivenölgewinnung, es gab die Aufseher von Sklavenarbeitsgruppen und die Verwalter. Insgesamt gesehen, aber blieb die Lage der landwirtschaftlichen Sklaven trotz nicht zu leugnender Verbesserungen gegenüber der Situation in der Späten Republik hart und schwierig. Persönliche Kontakte zum Besitzer stellten hier ebenso eine Ausnahme dar wie die Freilassung.

Die Gesamtentwicklung im agrarischen Sektor wurde zunächst durch den Fortbestand der herkömmlichen Wirtschaftseinheiten, vor allem der Villa und des Kleinbetriebs bestimmt, daneben jedoch auch durch die Ausbreitung des Großbesitzes der Latifundien, die zugleich zur Ausbreitung anderer Formen unfreier Arbeit, insbesondere des Kolonats, führte. Schon bei Columella wird nach der Mitte des 1. Jahrhunderts n. Chr. die Überzeugung deutlich, daß der Sklave eine sehr kostspielige Arbeitskraft war und daß deshalb für periphere und wenig fruchtbare Teile eines Gutes der Einsatz von Kolonen demjenigen der Sklaven vorzuziehen sei. Offensichtlich war die Arbeitskräftefrage in der Landwirtschaft nicht so sehr ein quantitatives als vielmehr ein qualitatives Problem.

Wesentlich vielfältiger war die Differenzierung von Tätigkeit, Stellung, Ansehen und Zukunftserwartung bei den städtischen Sklaven. Die exzessive Verwendung von Haussklaven der verschiedensten Art wurde hier schon für die Führungsschicht der Späten Republik selbstverständlich. Ohne Ammen,

Pädagogen, Rechnungsführer, Sekretäre, Kammerdiener, Küchenmeister, Servier- und Bedienungspersonal bei Tische, Pförtner und deren jeweilige Gehilfen und Gehilfinnen war der Haushalt eines Aristokraten nicht zu denken. Schon Seneca beschrieb die Exzesse dieser Spezialisierung: «Ein anderer zerlegt das kostbare Geflügel: mit geübter Hand holt er in sicheren Schnitten aus Brust und Keulen die besten Stücke heraus; unselig, wer nur dieser einen Aufgabe zu leben hat, Mastgeflügel anständig zu zerlegen!» («Briefe an Lucilius», 47). Die Zahl qualifizierter und disziplinierter Haussklaven bestimmte das Sozialprestige eines reichen Mannes ebenso mit, wie der einzelne Sklave vom sozialen Status seines Herrn profitierte. Die Gesamtzahl der im Stadthaushalt eines römischen Aristokraten beschäftigten Sklaven war sehr verschieden. Während der Stadtpräfekt Pedanius Secundus im Jahre 61 n. Chr. über 400 Sklaven verfügte, besaß der Konsul des Jahres 65 n. Chr., T. Statilius Taurus Corvinus, um dieselbe Zeit nur acht. Eine einfache Bürgerfamilie dürfte dagegen lediglich einen oder zwei Sklaven in ihrem Haushalt besessen haben.

Nicht nur der weite Bereich der Dienstleistungen, sondern auch ein gut Teil der Sklavenintelligenz ist dem großen Kreis dieser Haussklaven zuzurechnen: Ärzte, Rhetoren, Künstler, Musiker, Schauspieler, Tänzer, Grammatiker, Stenographen, Sänger, Rezitatoren, selbst Ingenieure zählten zu dieser Gruppe, obwohl ihre Stellung privilegiert, der Kaufpreis für fähige Spezialisten dieses Sektors oft außerordentlich hoch war.

Das Kölner Grabdenkmal für den Flötisten Sidonius und den Stenographen Xantias aus dem 2./3. Jahrhundert n. Chr. rühmt die Fertigkeiten, die junge Sklaven bei entsprechender Ausbildung für ihren Herrn einsetzen konnten: «Dieses, dieses Grab sieh an,/ der Du das Lied und die Künste liebst,/ und lies unsere beklagenswerten Namen/ auf dem gemeinsamen Grabstein./ Denn uns beiden jungen Sklaven/ war das Alter gleich, die Kunst verschieden./ Ich bin Sidonius, der laut und in hohen/ Tönen auf der Doppelflöte blies.

Dieses Grabgedicht, dieser Grabaltar, diese Asche ist das Grab des Sklaven Xantias, der durch jähen Tod hinweggerafft wurde. Er war bereits geschult, so viele Kürzel von Buchstaben und Namen mit eilendem Schreibstift aufzuschreiben, wie viele auch eilige Sprache hervorbringen konnte. Schon übertraf ihn niemand im Vorlesen. Schon begann er, auf die Stimme seines Herrn zu jeglichem Diktat eilend, zum nächsten Vortrag gerufen zu werden. Ach durch frühen Tod sank er dahin, der als einziger die Geheimnisse seines Herrn wissen sollte» (CIL XIII 8355 – B. und H. Galsterer, «Die römischen Steininschriften aus Köln», 1975, Nr. 334 – Übersetzung von D. Linfert-Reich).

Durch die meist sehr engen persönlichen Verbindungen, die sich hier entwickeln konnten, die Vertrauensstellungen, die Sklavinnen und Sklaven dieser Kategorie einnahmen, und durch die gelegentlich ungewöhnlichen

Aufstiegsmöglichkeiten hatten diese Haussklaven im allgemeinen ein erträgliches Los. Th. Mommsen war hier freilich anderer Ansicht: «Die von der Unfreiheit unzertrennliche Demoralisation und der scheußliche Widerspruch des formellen und des sittlichen Rechts kamen weit greller zum Vorschein bei dem halb oder ganz gebildeten gleichsam vornehmen Stadtsklaven als bei dem Ackerknecht, der das Feld gleich dem gefesselten Stier in Ketten bestellte» («Römische Geschichte» 3, Berlin 1904^9, 511).

Ein Großteil der Sklaven war daneben in der gewerblichen Produktion eingesetzt, wobei auch hier die funktionale Differenzierung beträchtlich blieb: Der Sklave im Handwerk konnte als ungelernter oder erst noch auszubildender, einfacher Gehilfe tätig sein wie als angesehener Spezialist, dessen Fertigkeiten oft größer waren als die seines Besitzers. Er konnte in den mittelgroßen Betrieben Aufsichtsfunktionen ausüben oder in selteneren Fällen auch einen kleinen Betrieb als Geschäftsführer leiten. Doch wurden solche Vertrauensstellungen zumeist von Freigelassenen wahrgenommen. Charakteristisch für die gesamte gewerbliche Sparte ist ohnehin die Tatsache, daß die Sklaven in Handwerk und Handel nur selten isoliert, in der Regel gemeinsam mit Angehörigen anderer Kategorien der Unterschichten arbeiteten. Dies gilt für den Massen- wie für den ausgesprochenen Luxusbedarf.

Weithin wurde ihre Existenz dadurch bestimmt, daß sich die Grundstrukturen der Betriebe im allgemeinen nicht veränderten. Es blieb bei der Dominanz der Klein- und Mittelbetriebe, die meist zugleich auf den Produzentenhandel organisiert waren, das heißt durch den Direktverkauf der Produkte durch die Hersteller selbst. Nur in wenigen Bereichen mit beständiger großer Nachfrage und hohem Produktionsvolumen kam es zu Konzentrationsprozessen und Zusammenschlüssen von größeren Werkstätten, zum Beispiel in der *Terra-sigillata*-Produktion, bei der Herstellung von Tonlampen und Gläsern oder in Mühlen und den damit sehr oft verbundenen Großbäckereien.

Bei der Mehrzahl aller Handwerker, bei den Metzgern, Schneidern, Schustern, Tischlern, Schmieden, Webern, Walkern, Färbern, Malern, Maurern, Zimmerleuten aber bestimmte die gemeinsame Arbeit des freien oder freigelassenen Meisters mit nur wenigen Sklavengehilfen den Alltag. Ein *peculium*, ein prekäres Sondereigentum, zu erlangen, war hier ebenso möglich wie die Freilassung, der juristische Gegensatz zwischen Freien und Sklaven war durch die engen persönlichen Beziehungen entspannt.

Den mit Abstand härtesten Lebensbedingungen waren die Sklaven in den Bergwerken und Steinbrüchen ausgesetzt. Mochten hier auch eine reglementierende Gesetzgebung, die Aufsicht von Prokuratoren über die häufig verpachteten Gruben in den Provinzen die schlimmsten Exzesse verhindern, mochte die wichtigste Arbeit im Bergbau, zum Beispiel in Dakien, zu einem großen Teil von freien Spezialisten geleistet werden, insgesamt gesehen, blieb dieser ganze Bereich jener Sektor, in dem noch immer eine große Zahl von Sklaven ihre Gesundheit runierte und ihr Leben verlor.

Über die Existenzbedingungen der Sklavinnen unter dem Principat liegen nur wenige zuverlässige Nachrichten vor. Offensichtlich wurden sie für ihre speziellen Tätigkeiten in Haushalt und Gewerbe erst nachträglich ausgebildet. Im Haus wirkten sie insbesondere als Dienerinnen der verschiedensten Art, als Friseusen, Kammermädchen, Bedienstete für die Kleidungspflege, als Botinnen und – besonders respektiert – als Ammen. Im übrigen lagen weite Bereiche des Textilgewerbes in ihren Händen. Sklavinnen verarbeiteten nicht nur die Wolle, sie wirkten auch als Spinnerinnen, Weberinnen, Schneiderinnen und Stopferinnen. Besonders geachtet waren Ärztinnen und Hebammen.

Sexueller Mißbrauch durch den Besitzer kam sowohl bei Sklaven als auch bei Sklavinnen vor. Andererseits öffnete sich hier jedoch für die Frauen auch ein Weg zur Freilassung und schließlich zur Heirat. Als Belohnung für die Geburt des vierten Kindes ließ Columella Sklavinnen frei, wobei für die Kinder stets der Rechtsstatus der Mutter entscheidend blieb. Wie konsequent in diesem Bereich das Eigentumsrecht gewahrt wurde, zeigte die Tatsache, daß eine freie Römerin, die ohne Wissen und Einwilligung des Besitzers eine sexuelle Verbindung mit einem Sklaven einging, selbst versklavt wurde.

Daß Sklavinnen auf Auktionen von Bordellbesitzern gekauft, zur Prostitution gezwungen und wieder verkauft wurden, ist eindeutig bezeugt. In den über vierzig bisher nachgewiesenen römischen Bordellen verkehrten zwar häufig wiederum Sklaven und Angehörige der Unterschichten, immer wieder aber auch solche der Führungsschicht. Erst Hadrian schritt gegen die Mißbräuche beim Verkauf von jungen Sklavinnen zum Zwecke der Prostitution ein.

Die wohl bekannteste, mit dem System der Sklaverei verbundene Gruppe stellten die Gladiatoren dar. Unter dem Principat war dabei der ursprünglich religiöse Zusammenhang der Gladiatorenkämpfe, die einst zu Ehren eines Verstorbenen stattfanden, längst verlorengegangen. Schon Caesar hatte in den Jahren 65 und 45 v. Chr. Hunderte von Gladiatorenpaaren nicht nur zum Gedächtnis seiner verstorbenen Angehörigen, seines Vaters und seiner Tochter Julia, auftreten lassen, sondern vor allem auch, um sich damit die Popularität der römischen *plebs* zu sichern. Die römischen *principes* folgten ihm auf diesem Wege, bis zum düsteren Höhepunkt unter Trajan und bis zur Kumpanei des Commodus mit den römischen Gladiatoren. Diese Gladiatoren rekrutierten sich dabei in ersterLinie aus Kriegsgefangenen und Sklaven, daneben aber auch aus Verbrechern, zu einem kleinen Teil selbst aus freien Bürgern, welche der Faszination dieser Kämpfe inmitten von Wogen der Massenhysterie erlagen.

Die Gladiatoren insgesamt waren einerseits gesellschaftlich geächtet, andererseits jedoch vom Ruhm der Siege in der Arena inmitten der Zehntausende von enthusiasmierten Zuschauern umgeben. Nicht selten waren die Gladiatoren ebenso gefürchtet wie beliebt. Ihre Ausbildung und ihr beständiges Training gestalteten sich so umfassend wie dasjenige eines modernen Athleten: In den Gladiatorenschulen wirkten hochqualifizierte Fechtmeister neben erfahrenen Masseuren und bewährten Ärzten. Doch so spannungsreich und erregend das Leben der hier eingesetzten Sklaven sein mochte,: «die Mörder wünscht man weiteren Mördern vorgeworfen zu sehen, den Sieger spart man auf für neues Gemetzel; das Ende der Kämpfe ist immer der Tod» (Seneca, «Briefe an Lucilius» 7). Eine Inschrift aus Verona, welche die Frau und die Anhänger eines in seinem achten Kampf getöteten dreiundzwanzigjährigen Gladiators zu dessen Gedächtnis gesetzt hatten (CIL V 3466), gibt einen Einblick in jene Mentalität, mit welcher die Gladiatoren ihre Existenz zu meistern suchten: «Ich ermahne Euch, Euer Horoskop zu beachten. Auf die Göttin Nemesis solltet Ihr kein Vertrauen setzen; so wurde ich getäuscht.»

Angesichts der wachsenden administrativen Kompetenzen, der wirtschaftlichen Aktivitäten und der Aufgaben im Bereich der Vermögensbetreuung und -sicherung des *princeps* wuchsen auch die Funktionen der Sklaven und Freigelassenen in der *familia Caesaris* beträchtlich an. Aus Grabinschriften sind bislang mehr als 4000 *servi* und *liberti* der *principes* bekannt, wobei vier Fünftel dieser Inschriften aus Rom und Italien stammen. Neben die mannigfachen Spezialisten des eigentlichen Haushaltes trat hier nun die große Gruppe von Verwaltungssklaven sowie eine weitere, die sich insbesondere wirtschaftlichen Initiativen widmete. Aus einer römischen Inschrift (CIL VI 5197) wissen wir, daß Musicus Scurranus, ein Sklave des Tiberius, der als Kassierer beim *fiscus Gallicus* der Provinz *Lugdunensis* eine verantwortungsreiche Stellung einnahm, über einen Stab von nicht weniger als 16 Untersklaven *(vicarii)* verfügte, nämlich über einen Geschäftsführer, einen Verantwortlichen für alle Ausgaben, einen Arzt, zwei Kammerdiener, zwei Köche, zwei Spezialisten für das Silber, einen für die Bekleidung, drei Sekretäre, zwei Boten und eine Dame ohne Beruf. Selbstverständlich war ein so umfangreicher Personenkreis nicht bei allen Sklaven der Administration des *princeps* die Regel, doch zeigt er an, zu welchem kontinuierlichen Einfluß und zu welchem Ansehen Sklaven dieser Gruppe gelangen konnten. Der Höhepunkt dieser Entwicklung liegt wohl in dem namentlich nicht mehr bekannten Sklaven aus Smyrna vor, der unter Domitian bis zum Finanzsekretär, zum *a rationibus* der Zentralverwaltung des *princeps* aufstieg, schließlich den Rang eines römischen Ritters erlangte und Etrusca, eine Dame der Führungsschicht, die Schwester eines Konsulars, heiratete.

Eine andere Sklavengruppe der *familia Caesaris* leitete mit Hilfe einer Kapital- und Materialausstattung von Seiten des *princeps* wirtschaftliche Unternehmungen oder wirkte selbst in solchen mit, die nicht nur für den

Bedarf der *familia* produzierten. Das Engagement im Bereich der allgemeinen gewerblichen Produktion war dagegen, zumindest nach den bisher vorliegenden Untersuchungen, zunächst wesentlich seltener. Doch je mehr die Zahl der vom *princeps* selbst an sich gezogenen Betriebe anwuchs, besonders von Ziegeleien und Steinbrüchen, desto stärker stieg auch die Zahl der dort eingesetzten Sklaven und Freigelassenen an. Parallel zur Streuung von Besitz und Vermögen des *princeps* sind sie in nahezu allen Provinzen des Imperiums anzutreffen.

Wenn sich die Behandlung der Sklaven gegenüber der Zeit der Späten Republik unter dem Principat im allgemeinen verbesserte, dann in erster Linie auf Grund der eigenen Interessen der Sklavenbesitzer, die längst die Erfahrung gemacht hatten, daß sie von einem korrekt behandelten, zu seiner Arbeit, wenn irgend möglich, motivierten und zuverlässigen Sklaven langfristig einen größeren Gewinn hatten als von dem mit Gewalt schikanierten.

Ein Vergleich der drei klassischen Agrarschriftsteller macht dies deutlich. Cato plädierte dafür, den alten und den kranken Sklaven als überflüssiges Gut einfach zu verkaufen; im übrigen empfahl er jedoch als kühler Rechner das Rentabilitätsprinzip, den Verzicht auf sinnlose Ausbeutung, riet zu Überwachung wie zum Einsatz von Belohnungen und Strafen: «Der Sklavenschaft soll es nicht schlecht gehen: sie soll nicht frieren, sie soll nicht hungern. Er [der Gutsverwalter] soll sie durch Arbeit gut in Bewegung halten; er wird sie so leichter vor Bosheit und Diebstahl bewahren. Wenn der Gutsverwalter nicht will, daß sie Böses tut, wird sie es nicht tun. Wenn er es zuläßt, soll es der Gutsherr nicht ungestraft lassen. Für Wohlverhalten soll er Belohnung geben, damit andere Lust bekommen, richtig zu handeln» («*de agri cultura*» 5,2 – Übersetzung von F. Leo).

Der berühmte Antiquar Varro dagegen, der in caesarischer Zeit, nach den großen Sklavenaufständen, schrieb, setzte im Gegensatz zu dem Praktiker Cato als wissenschaftlicher Systematiker und Theoretiker vor allem auf *ars* und *scientia*. Er behandelte die Sklaven sehr viel differenzierter. Varro wollte das Interesse und den Einsatz der Sklaven insbesondere durch Entgegenkommen und Großzügigkeit fördern. In vielem ist ihm Columella, der Zeitgenosse Senecas, darin gefolgt: «Bei den übrigen Sklaven ist folgendes zu beachten – und es reut mich nicht, daß ich es selber beachtet habe: daß ich nämlich meine Landsklaven, sofern sie sich auch nur einigermaßen anständig verhalten hatten, häufiger als meine Stadtsklaven auf etwas ungezwungenere Art ansprach und, da ich merkte, daß ihnen durch solche Freundlichkeit des Dienstherrn die anhaltende Arbeit leichter wurde, zuweilen sogar einen Scherz machte und ihnen selbst noch mehr gestattete zu scherzen. Auch dies tue ich nicht selten, daß ich mit ihnen, gleich als hätten sie größere Erfahrung, irgendein neues Vorhaben bespreche und dadurch Art und Klugheit des Denkens eines jeden feststelle. Dann erlebe ich auch, daß sie sich noch lieber an die Arbeit machen, von der sie glauben, sie sei mit ihnen durchgedacht und auf ihren Rat hin beschlossen worden. Über andere Maßregeln sind sich alle vorsichtigen Besitzer einig: daß sie nach den Sklaven im Verschlußraum sehen, daß sie prüfen, ob sie sorgfältig angehängt sind, ob die Orte ihres Gewahrsams selbst hinreichend sicher und zuverlässig sind, ob der Verwalter ohne ihr Wissen irgendeinen Sklaven angebunden oder losgemacht hat. Denn auf beides muß man streng achten: daß der Verwalter einen Sklaven, über den der Herr eine solche Strafmaßnahme verhängt hat, nicht ohne dessen Erlaubnis aus den Fußfesseln löst, und daß er einen Sklaven, den er von sich aus gefesselt hat, nicht freigibt, ehe der Herr davon Kenntnis erhalten hat. Auch die Fürsorglichkeit des Gutsbesitzers zugunsten solcher Sklaven, daß sie nicht etwa in der Einkleidung oder andern Darreichungen sorglos behandelt werden, hat um so gewissenhafter zu sein, als sie einerseits als Leute, die mehreren andern unterstellt sind, wie den Verwaltern, den Oberknechten, den Sperrknechten, auch viel mehr einer ungerechten Behandlung ausgesetzt sind, andererseits, dann, wenn sie durch Brutalität oder Gewinnsucht verletzt sind, mehr zu fürchten sind. Deshalb erkundigt sich ein sorgfältiger Gutsherr bei ihnen und vor allem bei den freilaufenden Sklaven, denen man eher vertrauen darf, ob sie alles nach seinen Bestimmungen ordnungsgemäß erhalten, überzeugt sich persönlich von der einwandfreien Beschaffenheit des Brotes und Getränks und prüft ihre Kleider, Überjacken und Fußbekleidung. Auch soll er ihnen häufig Gelegenheit geben, sich über diejenigen zu beschweren, die sich entweder durch Grausamkeit oder durch Gewinngier an ihnen vergehen. Ich meinerseits verhelfe jedenfalls immer wieder denjenigen Sklaven, die berechtigte Klage führen, genauso zu ihrem Recht, wie ich solche, die das Gesinde aufhetzen und gegen ihre Herren ausfällig werden, bestrafe, und ich zeichne auch solche, die sich tüchtig und eifrig zeigen, mit Belohnungen aus. Kinderreicheren weiblichen Sklaven, bei denen ja eine bestimmte Kinderzahl einer Ehrung würdig ist, habe ich die Arbeit erlassen, ja manchmal die Freiheit geschenkt, wenn sie mehrere Kinder aufgezogen haben. Hatte nämlich eine Sklavin drei Kinder, dann erhielt sie Arbeitsbefreiung, hatte sie mehr, dann auch die persönliche Freiheit. Solche Gerechtigkeit und Fürsorge des Hausherrn trägt erheblich zur Mehrung des Vermögens bei» («*de re rustica*» I,8,15 ff. – Übersetzung von W. Richter).

In der berühmten 47. Epistel an Lucilius versuchte Seneca die Zugehörigkeit zum Stand der Sklaven zu relativieren: ‹‹Es sind Sklaven› – Aber doch Menschen. ‹Es sind Sklaven› – aber doch Freunde aus bescheidenem Stand. ‹Es sind Sklaven› – Aber doch deine Mitsklaven – denn du mußt bedenken, daß Freie und Unfreie gleichmäßig der Macht des Schicksals unterliegen.» Angesichts der Erfahrungen mit dem abrupten Sturz der Mächtigen im Principat und umgekehrt dem Aufstieg von Sklaven zu reichen Herren warnte Seneca davor, einen Mann des Standes zu verachten, in welchen auch sein Gesprächspartner jederzeit selbst geraten könnte. Er empfahl statt dessen einen korrekten, freundschaftlichen und milden Umgang mit den Sklaven und betonte die Gemeinsamkeit menschlicher Existenz, die für den Herrn ebenso gilt wie für den Sklaven: «Der Mann, den Du einen Sklaven nennst, stammt aus dem gleichen Samen, weilt unter demselben Himmel, atmet, lebt und stirbt wie Du.»

Der Aufwertung des Sklaven folgte die Ausweitung des Sklavenbegriffes und schließlich die Schlußfolgerung: «‹Er ist ein Sklave!› Aber vielleicht freien Geistes. ‹Er ist ein Sklave!› Kann ihm das schaden? Zeige mir den Mann, der das nicht wäre! Einer ist Diener der Wollust, ein anderer der Habsucht, ein dritter des Ehrgeizes, alle aber sind Diener der Hoffnung, alle Sklaven der Furcht. Ich kann dir einen früheren Konsul namhaft machen, sklavisch ergeben einem alten Weibe, einen Reichen als Sklaven einer jungen Dienerin, Jünglinge von vornehmster Geburt als Sklaven von Ballett-Tänzern: keine Sklaverei ist schändlicher als diese freiwillige! Laß dich daher von diesen hochmütigen Herrchen nicht abschrecken, freundlich gegen deine Sklaven zu sein, nicht stolz, von oben herab: ehren sollen sie dich, nicht fürchten!» (Übersetzung von E. Glaser-Gerhard).

Im dritten Buch seines Werkes «*de beneficiis*» (3,17–28) wies Seneca darauf hin, daß auch Sklaven Wohltaten erweisen können, und berührte damit jenen Komplex, den Beispielsammlungen *de fide servorum* seit der Späten Republik fixiert hatten. Vor allem das vorbildliche Verhalten treuer Sklaven gegenüber ihren gefährdeten Herren während der Proskriptionen des Jahres 43 v. Chr. wurde schon früh gerühmt, dann bei Appian ebenso systematisch beschrieben wie in der *exempla*-Sammlung des Valerius Maximus und noch in den ‹Saturnalien› des Macrobius in der Spätantike gefeiert. Diese Treue umfaßte das Schweigen auf der Folter ebenso wie jenen letzten Dienst, den Sklaven einst dem C. Gracchus und dem C. Cassius auf deren Todeswunsch hin erwiesen hatten, das sogenannte *sordidum auxilium*. Doch so imponierend alle diese Beispiele waren, es wäre eine Illusion, sie als Norm des Verhaltens der Sklaven zu bewerten. Sie waren dies ebensowenig wie die Ratschläge Senecas.

Die Briefe des jüngeren Plinius bilden eine weitere wichtige Informationsquelle über die Einstellung der römischen Führungsschicht gegenüber den Sklaven. Sie sind deshalb so wertvoll, weil aus ihnen nicht nur ein furchtsamer, unsicherer, gleichsam durchschnittlicher Mensch spricht, sondern darüber hinaus auch jener Konsular, der in seinem «*Panegyricus*» die Normen und Kategorien des «humanitären Kaisertums» der Ära Trajans so stark akzentuiert hatte. Wie schon Cicero im Falle Tiros («*ad familiares*» 16,4), so zeigt sich auch der jüngere Plinius im Falle des erkrankten Freigelassenen Zosimus, eines offensichtlich ihm besonders nahestehenden Schauspielers und Rezitators, persönlich betroffen und engagiert («*Epistulae*» 5,19).

Krankheiten und Todesfälle unter den Sklaven seiner *familia* berühren Plinius tief («*Epistulae*» 8,16). Er beschwichtigt sich selbst damit, daß er nicht nur großzügig Freilassungen gewährte, sondern seinen Sklaven darüber hinaus auch gestattete, «eine Art Testament zu machen... Sie verfügen und erbitten darin, was ihnen beliebt, ich nehme es als einen Auftrag und führe ihn aus. Sie verteilen, schenken, hinterlassen» – doch hier schränkt Plinius nun in einer bezeichnenden Weise ein –, «selbstverständlich innerhalb der *domus*, denn für Sklaven ist die *domus* gewissermaßen der Staat und sozusagen ihre Gemeinde.»

Persönliche Erfahrungen auf den eigenen Gütern und der Fall des arroganten Prätoriers Larcius Macedo, der von seinen Sklaven mißhandelt und getötet wurde, führten Plinius immer wieder von neuem die Problematik der angemessenen Sklavenbehandlung vor Augen. Er erlebte, daß er ein gütiges und allzu nachgiebiges Verhalten mit eindeutigem Autoritätsverlust zu bezahlen hatte, und konstatierte in seinem Brief an Acilius: «Du siehst, welchen mannigfachen Gefahren, Entwürdigungen, Verhöhnungen wir ausgesetzt sind, und niemand darf sich in Sicherheit wiegen, weil er ein nachsichtiger, milder Herr ist; der Sklave, der seinen Herrn umbringt, macht keinen Unterschied, sondern geht brutal zu Werke» («*Epistulae*» 3,14).

Die unlösbaren inneren Widersprüche der Institution der Sklaverei und die diesem System eigenen Konsequenzen werden bei Plinius besonders deutlich. Nach seinem Selbstverständnis wandte er im Kreise seiner Familie und seiner *domus* tatsächlich jene von ihm so eindringlich propagierten Normen des neuen, trajanischen *saeculum* an: *humanitas, moderatio, aequitas, iustitia*. Doch nicht einmal dieses in seinen Augen so großzügige Verhalten, nicht einmal seine Wohltaten brachten ihm Sicherheit. Gleichzeitig kam er immer wieder auf die Schwierigkeiten zurück, die den Gutsbesitzern durch unwillige, unqualifizierte oder zu kostspielige Arbeitskräfte erwuchsen. Auch die Verwendung von Kolonen (Kleinpächtern) löste diese Probleme nicht, auch sie führte zu Vermögenseinbußen. Sein Briefwechsel mit Trajan endlich berührte wiederholt die Sklavenprobleme in den Schwarzmeerprovinzen, die rechtlichen Fragen ausgesetzter Kinder und das streng verbotene, aber offensichtlich immer noch praktizierte Unterschieben von Sklaven als Rekruten und damit jene Belastungen, die dem Imperium als Ganzem alltäglich aus der Institution der Sklaverei erwuchsen.

Blickt man auf das Verhalten der römischen Führungsschicht insgesamt, so dürfen die Tragweite und die Verbindlichkeit der literarisch faßbaren Appelle und Empfehlungen zu einer besseren Behandlung der Sklaven, weder bei Seneca noch bei Columella oder dem jüngeren Plinius, ebensowenig überschätzt wie überlieferte Akte von Inhumanität der Sklavenbesitzer verallgemeinert werden. Es ist evident, daß die Bindung von Sklaven durch das prekäre *peculium*, die offensichtlich gestiegene Chance zu Freikauf und Freilassung auf Seiten der Sklaven zu einer resignierten, rationalen Hinnahme ihres Status stärker beitrugen als beständiger Druck und strenge Überwachung.

Die Überwachungs-, Leitungs- und Rentabilitätsprobleme hielten die Sklavenbesitzer fort und fort in Atem. Das Furchtmotiv, das bei Seneca in der prägnanten Formel «*tot servi, tot hostes*» begegnet, ist bis zum jüngeren Plinius nicht überwunden worden. Humanität dagegen setzte sich nur in bescheidenem Umfang durch. Die Institution der Sklaverei als ganzes aber wurde nicht einmal von Seneca in Frage gestellt. Im Grunde relativierte er sie in einer ähnlichen Weise wie das frühe Christentum.

Die Religion des Christentums war von Anfang an besonders eng mit der Realität der Sklaverei verknüpft, vermutlich stärker als alle anderen annähernd gleichzeitigen Religionen. Die Gleichnisse bei den Synoptikern dokumentieren dies ebenso wie die Tatsachen, daß Jesus in der Kreuzigung den Sklaventod erlitt und daß Maria später als *ancilla Domini*, als «Magd [Sklavin] des Herrn» verehrt wurde. Zudem gab es im frühen Christentum unter dem Einfluß der jüdischen Vorstellungen des Gottesknechtes eine Perspektive, in der sich Christen als «Sklaven des Herrn» verstanden. Da sich auch Paulus als «Sklave Christi» und als «Sklave des Herrn» bezeichnete (Römer 1,1; 2. Timotheus 2,24), konnte J. Vogt den Schluß ziehen, daß der Begriff *doulos* (Sklave) «zur Selbstbezeichnung der Christen» geworden ist.

Dennoch blieb für das frühe Christentum die absolute Priorität des Glaubens, gleichsam des religiösen Status, gegenüber dem sozialen oder politischen oder ethnischen fundamental, so wie dies Paulus im Galaterbrief formulierte: «Denn ihr alle seid Söhne Gottes durch den Glauben an Christus Jesus. Denn ihr alle, die ihr auf Christus getauft worden seid, habt Christus angezogen. Da ist nicht Jude noch Grieche, da ist nicht Sklave noch Freier, da ist nicht Mann und Weib; denn ihr alle seid einer in Christus Jesus» (3,26–28). Der Erwerb der neuen religiösen Qualität des «Christseins» konnte zwar durchaus auch Veränderungen der sozialen Qualität nach sich ziehen, doch war dies völlig sekundär. Daß die Erwartungen christlicher Sklaven dabei nicht immer in Erfüllung gingen, ist ebenso verständlich wie das konsequente Festhalten des Paulus an den sozialen und rechtlichen Kategorien des Imperiums. Wie der Brief an Philemon zeigt, sandte er den entlaufenen, zum Christen gewordenen Sklaven Onesimus seinem Besitzer Philemon wieder zurück. Dessen Rechte wollte er nicht antasten. Noch eindeutiger formuliert es Paulus im 1. Brief an die Korinther: «Jeder bleibe in dem Stand, in dem er berufen ist. Bist du als Sklave berufen? Laß es dich nicht anfechten; und wenn du auch frei werden könntest, so bleibe nur um so lieber dabei» (7,20). Im Brief an die Epheser werden Sklaven und Herren in gleicher Weise ermahnt: «Ihr Sklaven, seid euren leiblichen Herren gehorsam mit Furcht und Zittern, in Aufrichtigkeit eures Herzens, wie [dem Herrn] Christus, nicht mit Augendienerei wie Leute, die den Menschen gefallen wollen, sondern wie Knechte Christi, die den Willen Gottes von Herzen tun, die mit Willigkeit dienen als dem Herrn und nicht Menschen, da ihr wißt, daß jeder, wenn er etwas Gutes vollbringt, die Vergeltung dafür vom Herrn empfangen wird, er sei Sklave oder Freier.

Und ihr Herren, tut dasselbe gegen sie und lasset das Drohen, da ihr wißt, daß sowohl ihr [Herr] als euer Herr in den Himmeln ist und daß es bei ihm kein Ansehen der Person gibt.»

Wie die sogenannten Haustafeln lehren, blieben diese paulinischen Aussagen für das frühe Christentum bestimmend. Ignatius, der Bischof von Antiochia, der um 115 n. Chr. in Rom den Märtyrertod starb, schreibt an Polykarp, den Bischof von Smyrna: «Sklaven und Sklavinnen behandle nicht hochmütig! Aber sie sollen sich auch nicht aufblähen, sondern zur Ehre Gottes weiter Sklaven bleiben, auf daß sie herrlichere Freiheit von Gott erlangen. Nicht sollen sie begehren, auf Gemeindekosten frei zu werden, damit sie nicht als Sklaven der Begierde erfunden werden» (4,3 – Übersetzung von E. Hennecke). Und eine Stelle aus den zu Beginn des 4. Jahrhunderts n. Chr. entstandenen *divinae institutiones* des Laktanz belegt, daß die Feinde des Christentums noch immer den Vorwurf erheben konnten, daß die Christen jene Gleichheit nicht verwirklichten, die sie für sich in Anspruch nahmen: «Die Gegner sagen: ‹Auch bei euch gibt es Herren und Sklaven; wie steht es also mit der Gleichheit?› Die Antwort lautet: Eine andere Begründung dafür, daß wir uns gegenseitig den Brudernamen beilegen, gibt es nicht als die, daß wir alle nach unserer Auffassung gleich sind. Denn wie wir alle menschlichen Dinge nicht vom Leiblichen, sondern vom Geistigen her messen, wiewohl die Wesenheit der Körper verschieden ist, so sind sie uns dennoch keine Sklaven mehr, sondern wir halten sie [als] und nennen sie im Geiste Brüder. Die Religion hat diese Wandlung herbeigeführt» (5,15 – Übersetzung von J. Vogt).

Tatsächlich ist es völlig anachronistisch, vom frühen Christentum eine sozialrevolutionäre Umwälzung der Gesellschaft zu erwarten und aus der Gleichheit im Glauben eine Realisierung der Gleichheit auch in allen irdischen Dingen zu postulieren. Dennoch zeigt der starke Anteil von Sklaven und Freigelassenen in den frühchristlichen Gemeinden – vor allem von Handwerkern, Händlern und anderen Angehörigen der Mittelschichten –, daß schon diese Gleichheit im Glauben und in den Gemeinden die Sklaven anzog. Dies trug mit dazu bei, daß «der Vorwurf der sozialen Niedrigkeit des frühen Christentums» (J. Vogt) bis zu Julian Apostata immer wieder erhoben, das Christentum als ein Glaube von Sklaven und Freigelassenen sowie von Angehörigen verachteter Berufe (wie Wollarbeitern, Schustern, Walkern und ähnlichen), nicht zuletzt aber von alten Frauen und Kindern gleichsam sozial disqualifiziert wurde. Wenn vermutlich mehrere der frühen Bischöfe Roms Freigelassene waren und wenn schließlich auch in Callistus ein ehemaliger Sklave Bischof von Rom werden konnte (217–222 n. Chr.), so bezeugt dies zumindest, daß es innerhalb der frühchristlichen Gemeinden selbst keine Diskriminierung der Sklaven gab. Der faktische Ausschluß der

Die Sklaven 363

Sklaven vom Bischofsamt ist erst eine Folge der stärkeren Institutionalisierung und Hierarchisierung der Kirche seit der Mitte des 3. Jahrhunderts n. Chr., nicht zuletzt auch eine Folge der Nobilitierung der Bischöfe durch Konstantin.

Mit Nachdruck ist schließlich festzuhalten, daß sich alle Äußerungen von christlicher Seite zur Lage und zu den Problemen der Sklaven ausschließlich auf christliche Sklaven beziehen.

So groß in der Gegenwart das Interesse an den Artikulationen der Unterschichten ist, so gering sind die Möglichkeiten, die Empfindungen, Reaktionen und die Mentalität der Sklaven selbst zu erfassen. Die beiden bekanntesten Sklavenautoren, Publilius Syrus und Phaedrus, enttäuschen hier ebenso wie die Inschriften. Der einst wohl aus Antiochia nach Rom gekommene Publilius Syrus wirkte vor allem zur Zeit Caesars als Mime und Autor. Er wurde freigelassen und insbesondere durch seine einfachen Sentenzen berühmt, die seit Erasmus viele Ausgaben und Übersetzungen erlebten. Der ursprünglich aus Makedonien stammende Phaedrus, ein Freigelassener des Augustus, der dann von Sejan verfolgt wurde, ist dagegen durch seine in der Tradition des Äsop stehenden Tierfabeln bekanntgeworden, die Unterhaltung mit moralischer Belehrung verbanden.

Deutlicher sprechen die Ereignisse und Fakten. Angesichts der systematischen Stabilisierungspolitik des Augustus und seiner Garantie der bestehenden Besitzverhältnisse kam es unter dem Principat nur zu verhältnismäßig wenigen größeren Sklavenerhebungen. Die Einrichtung von Militärposten *(stationes)* in Italien, die Schutz vor Räubern und flüchtigen Sklaven bieten und zugleich Razzien gegen diese Gruppen unternehmen sollten, sowie die später zu besprechenden juristischen und administrativen Maßnahmen der *principes* trugen offensichtlich zur Konsolidierung der Lage bei.

Der erste größere Sklavenaufstand des frühen Principats wurde im Jahre 24 n. Chr. von einem ehemaligen Prätorianer im Raum von Brundisium entfacht und durch Einheiten der römischen Flotte und den Einsatz einer Gardeformation niedergeworfen. Aus einer ziemlich verstümmelten Inschrift (ILS 961) geht hervor, daß Süditalien, insbesondere die Landschaften Apuliens und Kalabriens, auch in den folgenden Jahren ein Herd von Sklavenunruhen blieb, ohne daß es jedoch zu einer größeren Erhebung gekommen wäre. Aus beiläufigen Angaben des Tacitus ist bekannt, daß auch Claudius und Nero die Sklavenbewegungen in Süditalien stets mit größter Sorgfalt beobachtet haben. Doch abgesehen von einem neuen Ausbruchsversuch der Gladiatoren von Praeneste im Jahre 64 n. Chr., der naturgemäß sofort die Erinnerung an Spartacus heraufbeschwor, sind für die ersten beiden Jahrhunderte n. Chr. keine nennenswerten Sklavenaufstände mehr bekannt.

Statt dessen beteiligten sich die Sklaven in größerer Zahl bei den Wirren des Vierkaiserjahres und bei verschiedenen regionalen Erhebungen. So sind die Mobilisierung von Sklaven durch den aufständischen Simon bar Giora im Jahre 67 n. Chr. in *Iudaea* zu verstehen, so die Wirren, die ungefähr gleichzeitig ein falscher Nero auf der Ägäisinsel Kythnos auslöste, so ein Aufstand im *Pontus Polemoniacus* 69 n. Chr., als der ehemalige Flottenbefehlshaber Anicetus zusammen mit anderen Unzufriedenen auch Sklaven aufwiegelte und dies mit einem angeblichen Befehl des Vitellius legitimieren wollte. Dasselbe Potential wurde dann auch in jenem *bellum desertorum* aktiviert, den der Deserteur Maternus im Jahre 186 n. Chr. in Gallien und Obergermanien auslöste.

Angesichts der Dimensionen des Imperium ist die Gesamtzahl der Sklavenerhebungen in den ersten zwei Jahrhunderten so außerordentlich gering. Vorherrschend war in jenem Zeitraum die Flucht einzelner Sklaven, die vor allem deswegen als aussichtsreich erscheinen konnte, weil im agrarwirtschaftlichen Bereich ein Mangel an Arbeitskräften herrschte und weil sich viele Grundbesitzer weigerten, auf ihren Besitzungen Nachforschungen nach entlaufenen Sklaven zu dulden oder zu unterstützen. Das Aufkommen von berufsmäßigen Sklavenfängern, der *fugitivarii*, zeigt, daß die Versuche der Sklavenbesitzer, entlaufener Sklaven wieder habhaft zu werden, in der Regel scheiterten und daß an dieser Tatsache auch die für Denunziationen ausgesetzten Belohnungen, die teilweise bis zu 500 Sesterzen betrugen, nichts ändern konnten. Offensichtlich engagierten sich Statthalter und Magistrate auf diesem Sektor nur halbherzig, so daß sich M. Aurel schließlich gezwungen sah, den Einsatz staatlicher Mittel zu verstärken. Ob seinen Initiativen allerdings Erfolg beschieden war, ist nicht bekannt.

Grundsätzlich wurde jedoch der Eigentumsanspruch des Besitzers auch am flüchtigen Sklaven anerkannt und derjenige mit Strafen bedroht, der einen fremden flüchtigen Sklaven nicht anzeigte, oder gar über ihn verfügte. Wurde ein geflohener Sklave wieder ergriffen, so hatte er schärfste Bestrafung durch den Eigentümer zu gewärtigen. Die Skala reichte dabei von Prügeln, der Brandmarkung, der Fesselung und Verbringung in das Sklavengefängnis bis zur Kreuzigung.

Die römischen *principes* verstanden sich von Augustus an stets als Garanten der Sozialordnung. Ihre Initiativen gingen dabei in verschiedene Richtungen. Priorität hatten zunächst gewiß der Schutz des Eigentums und die Durchsetzung des geltenden Rechts, dies mit allen verfügbaren Mitteln. Das bezeichnendste Beispiel dafür sind jene bereits erwähnten Vorgänge, die Tacitus aus dem Jahre 61 n. Chr. berichtet: Damals war der Stadtpräfekt Pedanius Secundus, der 43 n. Chr. das Konsulat bekleidet hatte, wahrscheinlich aus privaten Gründen von einem seiner Sklaven ermordet worden. Nach dem in augusteischer Zeit beschlossenen *Senatusconsultum Silanianum*, das wenige Jahre zuvor noch einmal verschärft wurde, waren nun sämtliche Sklaven, die unter demselben Dach geweilt hatten – im Falle des Pedanius Secundus immerhin 400 –, hinzurichten. Als diese Absicht bekannt wurde, kam es in Rom zu Unruhen, die Angelegenheit wurde im Senat behandelt und von Tacitus in die Dialektik zwischen der Verbindlichkeit der *instituta et leges maiorum* einerseits und der Anpassung alter Normen an das Rechtsempfinden der Gegenwart andererseits eingeordnet.

Der Fall war deshalb so provozierend, weil der *praefectus urbi*, nach den amtierenden Konsuln der ranghöchste senatorische Amtsträger in der Hauptstadt, gerade für die Aufrechterhaltung von Ruhe und Ordnung im weitesten Sinne, überdies jedoch auch als Appellationsinstanz für schikanierte Sklaven zuständig war. In der Darstellung des Tacitus werden die entscheidenden Argumentationen für die strikte Anwendung des geltenden Rechts dabei dem angesehenen Juristen C. Cassius Longinus in den Mund gelegt: «Müssen wir wirklich eine Beweiserhebung für Dinge veranstalten, über die Weisere als wir schon schlüssig geworden sind? Aber nehmen wir selbst an, wir hätten ohne Rücksicht auf ein früheres Gesetz über unseren Fall zu entscheiden. Glaubt ihr, der Sklave hat den Mordplan gegen seinen Herrn gefaßt, ohne ein drohendes Wort auszustoßen, ohne von seiner Absicht unwillkürlich etwas verlauten zu lassen? Aber mag er sich in der Tat nicht verraten haben, mag er sich ohne Wissen der anderen eine Waffe verschafft haben, konnte er durch die Wachen gelangen, konnte er die Tür des Schlafzimmers öffnen, ein Licht hineintragen und den Mord ausführen, ohne daß irgendeiner eine Ahnung davon hatte? Ein drohendes Verbrechen verrät sich auf so manche Weise, und nur wenn die Sklaven sterben müssen, die es ihrem Herrn nicht anzeigen, können wir wenigen unter den vielen Sklaven leben, können wir ruhig sein inmitten derer, die vor uns zittern, ja können wir Rache üben an denen, die uns nach dem Leben trachten. Unsere Vorfahren mißtrauten der Gesinnung ihrer Sklaven, auch wenn diese auf ihrem Boden und in ihrem Haus geboren waren und die Liebe zu ihrem Herrn von Kind an in sich aufgenommen hatten. Wir aber haben in unserer Sklavenschaft jetzt massenhaft Leute, die andere Gebräuche als wir, die eine fremde Religion oder gar keine haben. Ein so zusammengewürfeltes Gesindel kann nur die Furcht im Zaume halten. – Aber es müssen auch Unschuldige bluten! Freilich, auch wie in einem geschlagenen Heere, wo zur Strafe jeder zehnte Mann erschlagen wird, trifft das Los nicht bloß Feige, sondern auch Tapfere. Jede ins Große wirkende Bestimmung schließt Ungerechtigkeit in sich; aber der Schade, den der einzelne erleidet, wird durch den Nutzen, den die Gesamtheit hat, aufgewogen.

Gegen die Darlegungen des Cassius wagte kein einziger aufzutreten, aber verworrene Stimmen wurden laut. Man äußerte Mitleid mit der Zahl, der Jugend, dem Geschlecht, der unzweifelhaften Unschuld der meisten Opfer. Doch gewann die Partei, die für die Todesstrafe stimmte, die Oberhand. Die Ausführung jedoch war unmöglich, das Volk stand in dichten Massen da und drohte mit Steinhagel und Brandstiftung. Da erließ der *princeps* ein tadelndes Edikt an die Bürgerschaft, und die ganze Straße, auf der die

Verurteilten zum Tode geführt wurden, wurde durch Soldaten abgesperrt. Cingonius Varro hatte den Antrag gestellt, auch die Freigelassenen, die unter dem Dach des Ermordeten geweilt hatten, aus Italien auszuweisen. Das gab jedoch der *princeps* nicht zu. Das alte Recht war durch die mitleidigen Regungen nicht verkürzt worden, sollte nun aber auch nicht durch grausame Gelüste verschärft werden» (Tacitus, «*Annales*» 14,44–45 – Übersetzung von A. Horneffer).

Andererseits bemühten sich die römischen *principes* jedoch zugleich, durch Gesetzgebung und Einzelerlasse Exzesse der Sklavenbehandlung zu beschneiden. Wohl bereits unter Tiberius wurde der Stadtpräfekt, wie gesagt, für mißhandelte Sklaven zu einer Beschwerdeinstanz. Diese konnten hier zumindest den Verkauf an einen anderen Herrn erreichen. Daneben wurde es üblich, daß schikanierte Sklaven im Schutz von Statuen der *principes* ihre Beschwerden vorbrachten oder den Asylschutz von Tempeln in Anspruch nahmen. Im 2. Jahrhundert n. Chr. nahmen dann die direkten Eingriffe der *principes* in die Rechte der Sklavenbesitzer zu: So verbannte Hadrian die reiche Umbricia für fünf Jahre, weil sie ihre Sklaven mißhandelt hatte, und Antoninus Pius äußerte sich in einem Reskript an den Proconsul der Provinz *Baetica*, Aelius Marcianus, folgendermaßen:

«Die Gewalt *[potestas]* der Herren über ihre Sklaven soll ungeschmälert sein, und niemandem darf sein Recht entzogen werden. Doch liegt es im Interesse der Herren, daß Hilfe gegen Grausamkeit, Hunger oder unerträgliches Unrecht denen nicht verweigert wird, die zu Recht darum ersuchen. Gehe deshalb den Klagen derer nach, die aus der *familia* des Julius Sabinus zur Statue geflohen sind. Und solltest Du ermittelt haben, daß sie entweder härter behandelt wurden, als es billig ist, oder daß ihnen schändliches Unrecht zugefügt wurde, so ordne an, sie so zu verkaufen, daß sie nicht unter die Gewalt des Sabinus zurückkehren. Sollte er jedoch meiner Konstitution zuwiderhandeln, so möge er wissen, daß ich dies strenger bestrafen werde» («Digesten» 1,6,2).

Es ist hier nicht der Ort, um die verschiedenartigen Bewertungen der römischen Sklaverei unter dem Principat in der Neuzeit nachzuzeichnen und die divergierenden Positionen zu erörtern, die dabei vertreten wurden. Es dürfte kein Zweifel daran bestehen, daß die Institution für Gesellschaft und Wirtschaft des Imperiums fundamental blieb, daß sie trotz aller Humanisierungs- und Relativierungsansätze jedoch immer auch als eine latente Gefahr empfunden wurde. Ihre grundsätzliche Einschätzung aber hat schon Lessing vor 200 Jahren in seinem Spartacus-Fragment bündig formuliert: «Sollte sich der Mensch nicht einer Freiheit schämen, die es verlangt, daß er Menschen zu Sklaven habe?» («Theatralischer Nachlaß», 2. Teil, 1786).

Die Freigelassenen

Die Freilassung von Sklaven hatte bereits in der Späten Republik ein so beträchtliches Ausmaß erreicht, daß sich schon Augustus zu einer Reglementierung des Verfahrens und zur Begrenzung der Massenfreilassungen reicher Herren genötigt sah. Die Legitimation zu diesen einschränkenden staatlichen Maßnahmen, welche die absolute Verfügungsgewalt der Besitzer beschnitten, ergab sich aus der Tatsache, daß mit der privatrechtlichen Entscheidung zur Freilassung eine bürgerrechtliche Qualifikation verquickt war, die bewirkte, daß schon die nach der Freilassung geborenen Kinder des freigelassenen Sklaven den Kindern freier römischer Bürger gleichgestellt waren.

Es hat den Anschein, daß die Bereitschaft zur Freilassung unter dem Principat noch anstieg. Nach freilich kontroversen inschriftenstatistischen Untersuchungen (G. Alföldy) wird sogar vermutet, daß in Rom und in Italien weit über die Hälfte aller Sklaven in den Städten noch vor der Vollendung ihres 30. Lebensjahres freigelassen wurden. Dabei übersteigt der Anteil der Frauen deutlich denjenigen der Männer, insbesondere in der Altersstufe zwischen 15 und 30 Jahren.

So problematisch diese Zahlen sind, an der weitverbreiteten Praxis selbst ist nicht zu zweifeln, auch dann nicht, wenn es keinen Automatismus der Freilassung gab. Ebenso wäre es falsch, hinter diesem Phänomen primär den Einfluß humanitärer, insbesondere stoischer und naturrechtlicher Ideen zu vermuten. Die Gewährung der Freilassung lag vielmehr zuerst eindeutig im Interesse der Sklavenbesitzer selbst. Bestand diese Chance tatsächlich, so wurde aus der unbefristeten Rechtlosigkeit und Unfreiheit des Sklaven faktisch eine befristete. Die Bereitschaft der Sklaven zu Wohlverhalten, Hinnahme des Status, aber auch zu effizienter Arbeit wuchs. Denn nur durch entsprechenden Arbeitseinsatz konnten sie das *peculium*, jenes prekäre Sondereigentum, das ihnen den Freikauf ermöglichte, erwirtschaften.

So groß die Zäsur war, welche die Freilassung für den Sklaven bedeutete, der Akt war stets mit traditionellen oder juristisch fixierten Auflagen gegenüber dem Besitzer und Herrn, der jetzt zum *patronus* wurde, verbunden, Auflagen, die häufig mit den Begriffen *obsequium* und *officium* bezeichnet werden. Während *obsequium* dabei die Beachtung eines allgemeinen Respekt- und Treueverhältnisses forderte, das zum Beispiel ein Prozessieren gegen den ehemaligen Herrn ausschloß, umriß *officium* die konkreten Verpflichtungen. Es konnte vorsehen, daß der ehemalige Sklave etwa die Funktion eines Geschäftsführers oder Verwalters im gewerblichen oder landwirtschaftlichen Betrieb seines Herrn übernahm. Eine andere Form der Folgelasten stellten die sogenannten *operae* dar, Arbeitsleistungen im Haus oder Betrieb des Patrons, zu denen sich der Sklave vor seiner Freilassung eidlich verpflichten mußte.

Erhebliches Interesse an der Freilassung mußte so nicht nur der Sklave haben, sondern auch sein Besitzer, der sich auf diese Weise von den oft langwierigen Unterhaltsverpflichtungen für ältere oder kranke Sklaven zu entlasten suchte. Pflichten gab es indessen nicht nur auf seiten des ehemaligen Sklaven, sondern ebenso auf derjenigen des Patrons, für den der Sklave nun zum Klienten geworden war, den er nach Kräften zu fördern hatte. Im übrigen waren die Kriterien, nach denen eine Freilassung erfolgte, sehr verschieden. Die These, daß eine höhere Qualifikation am frühesten zur Freilassung führen könne, ist zwar durchaus plausibel, in der Wirklichkeit dagegen nicht immer befolgt worden. So wurden zum Beispiel in den Werkstätten von Arretium einfache Servicetöpfer häufiger freigelassen als die qualifizierten Relieftöpfer.

Zur Zeit der Römischen Republik gab es ursprünglich drei verschiedene Arten juristischer Freilassung, 1. die *manumissio testamento*, 2. die *manumissio censu* und 3. die *manumissio vindicta*. Die erste Form, die testamentarische Freilassung, war ziemlich verbreitet und noch unter dem Principat üblich. Sie hatte indessen den Nachteil, daß der Freilassende selbst von den privatrechtlichen Verpflichtungen seines ehemaligen Sklaven nicht mehr persönlich profitieren konnte. Bei der zweiten Form wurde der Sklave von seinem Herrn beim alle fünf Jahre üblichen *census* vor den Censoren für frei erklärt, ein Verfahren, das freilich immer die Zustimmung der Censoren voraussetzte. Die *manumissio vindicta* endlich bestand aus einem fingierten Freilassungsprozeß vor einem römischen Magistrat, in welchem zu der Konstruktion gegriffen wurde, daß der Sklave juristisch schon immer frei gewesen wäre und deshalb auch als frei zu gelten habe.

In der Praxis galten diese Formen indessen als viel zu kompliziert, so daß sich seit dem 1. Jahrhundert v. Chr. neue Formen der Freilassung, die *manumissio inter amicos* und die *manumissio per epistulam* durchsetzten, obwohl diese Formen nicht dem *ius civile* entsprachen und deshalb stets die stillschweigende Anerkennung von der Seite aller Betroffenen forderten. Bei der *manumissio inter amicos* bekundete der Herr seinen Willen zur Freilassung lediglich mündlich vor befreundeten Zeugen, wobei es gleichgültig war, ob auf diese Weise ein einzelner Sklave oder eine ganze Gruppe von Sklaven freigelassen wurde. Bei der *manumissio per epistulam* sprach der Eigentümer dagegen die Freilassung schriftlich aus.

Die spezifischen Betätigungsfelder der Freigelassenen lagen von Anfang an im Gesamtbereich der Wirtschaft, speziell des Handwerks und Kunsthandwerks, im Dienstleistungssektor und schließlich in der Administration wie am Hof des *princeps*. Mochten die Angehörigen der Führungsschicht auf ihren Grabinschriften ihre erfolgreiche Ämterlaufbahn *(cursus honorum)* rühmen, die freien Bürger den bürgerrechtlichen Status oder den Militärdienst, so ließen die Freigelassenen demonstrativ ihren personenrechtlichen Aufstieg und ihr berufliches Prestige verewigen. In ihren Wirkungsfeldern zählten in erster Linie Qualifikationen, Energie und Zuverlässigkeit, so wenn von einem freigelassenen Silberschmied gesagt wird: «Er sagte in seinem Leben niemandem ein böses Wort und tat nichts ohne den Willen seines Herrn; er hatte immer viel Gold und Silber bei sich und davon niemals etwas für sich begehrt. Er übertraf alle in der Kunst der Silberarbeit» (ILS 7695). Freigelassene sind in allen Provinzen des Imperiums anzutreffen. Sie waren die Träger unermüdlichen wirtschaftlichen Unternehmungsgeistes, großenteils die entscheidenden Initiatoren in Gewerbe und Handel. Nicht immer war diese Tätigkeit gefahrlos, wie es eine Mainzer Grabinschrift dokumentiert: «Iucundus, Freigelassener des Marcus Terentius, Viehhändler. Wanderer, der du vorbeikommst und dies liest, bleib stehen und sieh, wie unwürdig ich dahingerafft wurde und nun vergeblich klage!

‹Dreißig Jahre, nicht mehr konnt' ich im Leben erreichen, denn ein Sklave hat mich ums Leben gebracht, und er selber stürzte kopfüber sich dann in den Fluß, so kam er ums Leben. Was seinem Herrn er entriß, das hat der Main ihm geraubt. Sein Patron hat ihm den Grabstein auf eigene Kosten errichtet»› (CIL XIII 7070 – Übersetzung von H. Geist).

Gerade die Freigelassenen fühlten sich indessen auch einem besonders hohen Legitimationszwang ausgesetzt. Nicht selten wählten sie dabei in Rom sehr massive Formen, um ihren Reichtum und ihren Erfolg zur Schau zu stellen, wodurch sie freilich die weniger glücklichen freigeborenen Angehörigen der Mittel- und Unterschichten provozierten. So hat etwa Juvenal in einer seiner Satiren einen Vertreter dieser Gruppe eindrucksvoll beschrieben: «...wenn Crispin, ein Sklav' aus Canopus, dem Pöbel entstiegen, nun mit kokettem Ruck seiner Schulter den purpurnen Mantel eitel drapiert und am schweißigen Finger den Sommerring blitzen läßt (für die heiße Saison wär' ein gemmengeschmückter zu lästig): dann fürwahr ist's schwer, da keine Satire zu schreiben» («Satiren» I, 26 ff. – Übersetzung von O. Weinreich).

Doch die städtischen Selbstverwaltungskörper, die Kollegien (Berufsverbände) und die religiösen Vereinigungen konnten schon bald, trotz aller personenrechtlichen Vorbehalte, auf die Unterstützung durch reiche Freigelassene nicht verzichten. In den Stiftungen für ihre Wohn- oder Heimatorte wetteiferten diese mit den Stadträten, deren Funktionen und Ehren ihnen versperrt blieben, so daß sie allenfalls durch die *ornamenta decurionalia* ausgezeichnet wurden. Auch beim kostspieligen Aufwand für die städtische Form des Kaiserkultes mochte man diese leistungsfähige Gruppe schon früh nicht entbehren. In dem diesen Kult tragenden Gremium der *Augustales* übernahmen häufig neben drei freien Bürgern auch drei Freigelassene als *seviri* die Verantwortung für eine angemessene Durchführung der Kulthandlungen, deren Pracht zugleich als Demonstration der Verbundenheit mit dem Hause des *princeps* sowie als Manifestation politischer Loyalität angesehen wurde. Ähnlich entwickelte sich die Beteiligung der Freigelassenen in den Berufsverbänden.

Wie einflußreich Freigelassene in den Städten des Imperiums gelegentlich werden konnten, zeigt das Beispiel des L. Licinius Secundus aus Tarraco, eines Freigelassenen des bekannten L. Licinius Sura. Ihm wurden dort über 20 Ehrenstatuen gesetzt; er ist damit bisher derjenige Privatmann im Imperium, der die größte Anzahl solcher Ehrungen erhielt.

Noch bedeutsamer wurde, wie schon gesagt, der Einfluß jener Freigelassenen, die als Spezialisten und Experten innerhalb der *domus principis* und innerhalb der dem *princeps* unterstehenden Administrationsbereiche fungierten. Für den *princeps* lag der große Vorteil, den der Rückgriff auf diesen Personenkreis brachte, neben der üblichen Bindung und Abhängigkeit nicht zuletzt darin, daß die Freigelassenen nicht korporativ organisiert waren, der *princeps* es somit lediglich mit einzelnen, ihm in der Regel völlig ergebenen Personen zu tun hatte. Aufstieg und Einfluß von Freigelassenen erlangten ihren Höhepunkt besonders unter jenen *principes,* die sich gegen den Senat stellten oder von starkem Mißtrauen gegenüber den Angehörigen der alten Führungsschicht erfüllt waren, wie Claudius, Nero oder Domitian. Für die Institutionalisierung des Principats wurde die Gruppe der Freigelassenen des *princeps* geradezu unentbehrlich.

Die Inschriften zeigen das weite Spektrum ihrer Tätigkeit an. Während eine Mainzer Grabplatte in Tiberius Claudius Zosimus den verantwortungsvollen Prokurator der Vorkoster Domitians ehrt, einen freigelassenen Hofbeamten, der mit dem *princeps* am Rhein weilte und dort während der Chattenkriege starb, zeigt eine Inschrift aus Kaimaz in Phrygien den Werdegang des Freigelassenen des *princeps* M. Aurelius Marcio (ILS 1477). Er stieg vom stellvertretenden Leiter des Rechnungswesens zum Prokurator der Marmorbrüche, dann zum Prokurator der Provinz *Britannia,* zum Verwaltungsdirektor für den Bühnenapparat beim Hofe und schließlich zum Prokurator der Provinz Phrygien auf, in der ihm ein ehemaliger Mitfreigelassener die Inschrift setzte.

Doch Freigelassene des *princeps* wirkten in noch ganz anderen Dimensionen. Männer wie Narcissus, Pallas und Polyclitus hatten so exponierte Stellungen inne, daß sie den Haß von Senatoren wie Tacitus auf sich zogen. Von Narcissus heißt es in einer Krise der Regierung des Claudius, daß «alles diesem Freigelassenen gehorchte» («*Annales*» XI, 31,1). Pallas, der unter demselben *princeps* den Finanzbereich leitete und mit den *ornamenta* eines Prätors ausgezeichnet wurde, konnte eine ihm vom Senat zuerkannte Ehrengabe in Höhe von 15 Millionen Sesterzen großzügig ablehnen. Polyclitus wurde von Nero mit großem Gefolge als Bevollmächtigter des *princeps* nach Britannien gesandt, um dort in einer heiklen Situation zwischen dem Statthalter und dem Prokurator der Provinz zu vermitteln und um darüber hinaus auch noch «die aufrührerischen Barbaren zum Frieden zu bewegen ... Die Feinde lachten nur über ihn. Ihr Freiheitssinn war auch damals noch so lebhaft, daß sie nicht begriffen, wie ein Freigelassener eine so mächtige

Stellung einnehmen könne. Sie wunderten sich, daß ein Feldherr und ein Heer, die einen großen Krieg siegreich durchgefochten hatten, jetzt einem Sklaven gehorchten» (Tacitus, *Annales* XIV, 39,2 – Übersetzung von A. Horneffer).

Handelte es sich dabei um Ausnahmefälle, die im 2. Jahrhundert n. Chr. nicht mehr vorkamen, so läßt sich das Selbstverständnis der reicheren Angehörigen der Schicht der Freigelassenen zum Beispiel in einer Gruppe von Grabreliefs aus Tuff, Kalkstein und Marmor erkennen, die vor allem aus augusteischer, aber auch aus domitianischer und trajanischer Zeit stammen. Sie dokumentieren den Reichtum einer bürgerlichen Mittelschicht, der vor allem auf den nachhaltigen wirtschaftlichen Erfolgen in Gewerbe und Handel beruhte. Die häufig mit ihren Frauen und Kindern dargestellten Freigelassenen sahen es dabei offensichtlich als besonderen Fortschritt an, daß sie – im Gegensatz zum *contubernium* der Sklaven – mit ihren Frauen in einer zivilrechtlich voll anerkannten Ehe lebten. Die bereits zu den *ingenui*, den Freigeborenen, zählenden Kinder aus diesen Ehen werden denn auch häufig schon mit der Toga abgebildet.

Petron hat in seinem «Gastmahl des [Freigelassenen] Trimalchio» den parvenuehaften Grabluxus dieser Schicht parodiert. Trimalchio wendet sich dabei an seinen Freund Habinnas: «Was meinst Du, teuerster Freund, errichtest Du mir das Grabmonument so, wie ich es Dir aufgetragen habe? Ich bitte dich dringend, zu Füßen meines Standbilds das Schoßhündchen anzubringen und Kränze und Salbfläschchen und alle Gladiatorenkämpfe des Tetraites, daß es mir, dank deiner, vergönnt ist, auch nach dem Tode noch zu leben. Ferner, laß es in der Länge hundert, in der Tiefe zweihundert Fuß haben. Denn ich will um meine Asche herum Obstbäume jeder Sorte haben und reichlich Rebpflanzungen. Denn es ist ganz falsch, zu Lebzeiten gut gepflegte Häuser zu haben und sich um die nicht zu kümmern, in denen wir so viel länger wohnen müssen! Und deshalb will ich vor allem, daß der Satz angebracht wird: Dieses Denkmal darf nicht auf den Erben übergehen. Überdies werde ich es mir angelegen sein lassen, testamentarisch Vorsorge zu treffen, daß ich als Toter keine Unbill erfahre. Ich werde also einen von meinen Freigelassenen als Wächter über meine Grabstätte bestellen, damit das Volk nicht dorthin läuft um ... Ich bitte dich, Habinnas, auf meinem Grabmonument auch Schiffe anzubringen, die mit vollen Segeln einherfahren, und mich selbst, wie ich auf dem Tribunal sitze, in der Toga praetexta, mit fünf goldenen Ringen, und aus einem Sack Geld unter das Publikum streue, denn du weißt ja, daß ich eine Volksbewirtung gegeben habe, zwei Denar pro Kopf. Es sollen auch dargestellt werden, wenn es Dir gut scheint, meine Speisesäle. Und du wirst darstellen das ganze Volk, das sich gütlich tat. Zu meiner Rechten wirst du eine Statue meiner Fortunata erstellen mit einer Taube in der Hand, und ein Schoßhündchen soll sie an der Leine führen, und dann meinen kleinen Liebling, und große, gut versiegelte

Weinkrüge, daß der Wein nicht ausläuft. Auch eine zerbrochene Urne sollst Du bilden und an sie gelehnt einen weinenden Knaben. In die Mitte soll eine Uhr kommen, daß jeder, der nach der Stunde sieht, ob er will oder nicht, meinen Namen liest. Und was die Inschrift betrifft, so sieh genau zu, ob diese dir passend genug erscheint: Hier ruht C. Pompeius Trimalchio Maecenatianus, zum *Sevir Augustalis* wurde er *in absentia* ernannt, obwohl er in allen Curien Roms hätte sitzen können, so hat er das doch nicht gewollt. Fromm, tapfer, treu ist er gewesen. Klein hat er angefangen. 30 Millionen hat er hinterlassen, und niemals hat er einen Philosophen gehört. Leb wohl. Auch Du leb wohl» (Petron, *«Satyrikon»*, c. 71 – Übersetzung von O. Weinreich).

Angesichts des großen Einflusses von Freigelassenen unter Nero ist es kein Zufall, daß sich die Freigelassenen in Rom damals gegenüber ihren früheren Herren teilweise respektlos, arrogant und beleidigend verhielten. Tacitus berichtet von Senatsverhandlungen des Jahres 56 n. Chr., in denen angesichts dieser Entwicklungen versucht wurde, den Herren generell das Recht einzuräumen, die Freilassung wieder zurückzunehmen und die betreffenden Personen wieder in den Sklavenstand zu versetzen. Doch läßt Tacitus daraufhin auch die Gegenpartei zu Wort kommen in einem Kapitel, das über den konkreten Anlaß hinaus die Bedeutung der Freigelassenen für die römische Gesellschaft in ihrer ganzen Tragweite erkennen läßt:

«Demgegenüber wird folgendes geltend gemacht. Für eine Schuld, die wenige begingen, müsse man diese wenigen büßen lassen, aber nicht allen ihre Rechte verkürzen. Die Freigelassenen bildeten doch einen sehr zahlreichen Stand. Aus ihm setzten sich großenteils die Tribus, die Decurien, die Dienerschaft der hohen Staatsbeamten und der Priester, auch die städtischen Kohorten zusammen. Sehr viele Ritter und gar mancher Senator stamme von Freigelassenen ab. Nehme man die Freigelassenen hinweg, so würde der Mangel an Vollfreien ans Tageslicht kommen. Nicht umsonst hätten die Vorfahren trotz der Rangunterschiede zwischen den einzelnen Ständen allen gleichermaßen die Freiheit zugesichert. Ja, man habe doch auch für die Freilassung zwei verschiedene Grade festgesetzt; den ersten Grad könne der Herr zurücknehmen oder als weiteren Beweis seines Wohlwollens den zweiten hinzufügen. Wer noch nicht öffentlich durch den Freiheitsstab von der Sklaverei losgesprochen sei, trage doch immer noch gewissermaßen Sklavenketten. Es müsse eben jeder seine Sklaven sorgfältig prüfen und ihnen nur zögernd gewähren, was er, wenn es einmal gewährt worden, ihnen nicht wieder nehmen dürfe. Diese Meinung drang durch. Der *princeps* schrieb an den Senat, Klagen der Patrone gegen ihre Freigelassenen sollten von Fall zu Fall entschieden werden. Von einer allgemeinen Entziehung der Rechte möchten sie absehen» (Tacitus, *«Annales»* XIII, 27 – Übersetzung nach A. Horneffer).

Das römische System der Freilassung wird häufig nur isoliert im Rahmen der Beziehungen zwischen den Sklaven und Herren betrachtet und bewertet. Wird indessen eine weitere Perspektive gewählt, so zeigen sich deutlich jene Widersprüche, in die es den Principat verstrickte und dessen Gesellschafts- und Bürgerrechtspolitik beeinträchtigte. Zunächst führte der Aufstieg ehemaliger Sklaven zu freien und damit innerhalb des Imperiums privilegierten, römischen Bürgern schon bei deren Kindern eindeutig zur Benachteiligung der freigeborenen Provinzialen. Gleichzeitig ließ sich die anfangs äußerst restriktive Bürgerrechtspolitik gegenüber den Provinzialen auf lange Sicht nicht mehr aufrechterhalten, wenn Jahr für Jahr viele Tausende ehemalige Sklaven für ihre Kinder das volle römische Bürgerrecht erlangen konnten. Auch im wirtschaftlichen Bereich fehlte es nicht an bedenklichen Auswirkungen. Da ein Besitzer seine Werkstatt und seinen Laden in der Regel bereitwilliger seinem Freigelassenen als einem Freien überließ, konnten sich die daran interessierten freien Bürger zu Recht benachteiligt fühlen.

Die Provinzialen

Nach modernen Schätzungen (O. A. W. Dilke) betrug die Gesamtbevölkerungszahl des *Imperium Romanum* im Jahre 14 n. Chr. über 60 Millionen Einwohner. Davon lebten in Rom, Italien und auf den drei großen Inseln Sizilien, Sardinien und Korsika rund 14 Millionen, in Spanien etwa sechs, in Gallien rund fünf, in den Donauprovinzen über zwei, in Griechenland und auf den griechischen Inseln drei, in Kleinasien 13, in Syrien, Palästina und Cypern sechseinhalb, in Ägypten und in der Cyrenaika fünfeinhalb, im restlichen römischen Nordafrika ungefähr sechs Millionen. So problematisch die Schätzung im einzelnen sein mag, die Gewichtung der Bevölkerungsschwerpunkte dürfte zutreffen und insbesondere dann aussagekräftig sein, wenn bedacht wird, daß sich die Zahl der freien römischen Bürger im selben Jahr auf noch nicht einmal fünf Millionen belief. Wie immer nun der Anteil von Freigelassenen und Sklaven an der Gesamteinwohnerzahl zu veranschlagen ist, es steht fest, daß die freien Bürger der Provinzen den Hauptanteil der Gesamtbevölkerung des Imperiums ausgemacht haben.

Dabei ist sogleich hinzuzufügen, daß die nichtrömischen Freien dieser Kategorie, die Provinzialen oder *peregrini*, alles andere als eine Einheit bildeten. In ihren rechtlichen Bindungen, ihren Traditionen und Denkformen wie in ihrer wirtschaftlichen, sozialen und politischen Existenz trennte eine Welt die halbnomadischen oder nomadischen Bewohner der nordafrikanischen, arabischen und syrischen Grenzstreifen von den Einwohnern der alten Städte Griechenlands, Kleinasiens und des Nahen Ostens. Doch so vielfältig deren Zivilisationshöhe und Lebenskreise waren, nach ihrem Status waren sie alle freie Bürger im Imperium, in der Regel jedoch zunächst nicht Inhaber des römischen Bürgerrechts.

Die Rechte und Pflichten der Provinzialen ergaben sich primär aus der Rechtsqualität ihrer Heimatstadt, daraus, ob sie Bürger einer Kolonie oder eines Municipiums römischen oder latinischen Rechts oder einer *civitas foederata, libera* oder *stipendiaria* waren – um nur die wichtigsten Kategorien zu nennen. Personenrechtlicher und wirtschaftlicher Status waren dabei keineswegs identisch. Während zum Beispiel die Dekurionen, die Stadträte, anfangs eifersüchtig darüber wachten, daß nur freie Vollbürger *(cives ingenui)* in ihre Reihen aufstiegen, waren etwa die angesehensten und reichsten Handelsherren in Städten und Handelszentren des Westens wie Lyon, Arles und dem Magdalensberg Fremde, die zum Teil aus Syrien stammten, und nicht zuletzt auch Freigelassene.

Die Relationen zwischen den einzelnen personenrechtlichen Gruppen waren in den römischen Provinzen, und selbst innerhalb dieser Einheiten, denkbar verschieden. Oft lassen sich die Anteile freier Bürger, freier Randgruppen, Freigelassener und Sklaven ebensowenig schätzen wie das allgemeine Verhältnis zwischen der *plebs rustica* und der *plebs urbana*. Dies rührt auch daher, daß auf Grund der Inschriftenfrequenzen die Geschichte der Städte in den römischen Provinzen unvergleichlich besser bekannt ist als die der ländlichen Gebiete. Die häufig genannten, weil zufällig überlieferten Zahlenrelationen von Pergamon, wo für das 2. Jahrhundert n. Chr. bei einer Gesamtbevölkerung von etwa 120000 Personen rund ein Drittel Unfreie gewesen sein soll, sind vermutlich atypisch und in keinem Falle als Durchschnittswert zu betrachten.

Zur völlig verschiedenen Struktur des ursprünglichen Bevölkerungssubstrats der einzelnen römischen Provinzen kamen die Unterschiede zwischen Grenz- und Binnenprovinzen, Provinzen mit einem dichten Netz alter Städte und Gebirgsregionen mit der Fortdauer gleichsam archaischer Lebensformen oder der noch immer weithin von Stammesverbänden genutzten Agrarlandschaften hinzu. In vielen Fällen bestimmte nicht das römisch-italische Gesellschaftsmodell, sondern die Kontinuität alter Rivalitäten und Interessensgegensätze den Alltag der Provinzen. Über diese wirtschaftlichen, gesellschaftlichen und politischen Konflikte berichten die antiken Quellen äußerst selten, am ehesten noch die Inschriften.

Von den wenigen Fällen, die genauer bekannt sind, seien zwei herausgegriffen. Einmal die Auseinandersetzungen um die «Allmende der Battynäer», Vorgänge aus einer Gebirgslandschaft im äußersten Westen Makedoniens, in die eine von Fr. Gschnitzer neubearbeitete Inschrift Einblick gibt. Zum anderen ein Beispiel für die in vielen Städten Kleinasiens bezeugten Streitigkeiten zwischen den freien Vollbürgern einer *polis* und den ebenfalls freien Angehörigen der Unterschichten, denen jedoch faktisch das volle Bürgerrecht verweigert wurde, oder den Beisassen und Dörflern *(incolae, pároikoi, kátoikoi*), für die ähnliches galt. Dafür wurde der durch Dion Chrysostomos bekannte Fall der «Leineweber» aus Tarsos ausgewählt.

Das Gemeinwesen, die *politeia*, der Battynäer gehörte zum Stammesverband der Oresten und damit zu jener alten politischen Einheit, deren Freiheit von Rom wegen ihres Abfalls von Philipp V. von Makedonien schon 196 v. Chr. bestätigt worden war. Die Battynäer blieben deshalb gegenüber den sonstigen «Provinzialen» *(eparchikoí)* der Provinz *Macedonia* privilegiert. Als nun im 2. Jahrhundert n. Chr. wohlhabende und einflußreiche Grundbesitzer der Provinz große Teile der Allmende der Battynäer an sich zogen, um sie zu Weide- und Abholzungszwecken zu nutzen, sahen sich die Battynäer in ihren traditionellen Rechten bedroht. Sie faßten deshalb einen dem römischen Statthalter vorzulegenden Volksbeschluß, der diesem Mißstand abhelfen sollte. Gewiß handelt es sich dabei um keinen spektakulären Vorgang, doch zeigt dieses Beispiel jene Alltagsreibungen und Interessengegensätze, in die die Provinzialen auch unter der *pax Romana* verstrickt wurden. Der Text der Inschrift lautet:

«Als von dem Politarchen der Battynäer, Alexandros, Sohn des Leonidas, eine Volksversammlung abgehalten wurde und viele Bürger sich beklagten, sie würden aus der Nutzung des Gemeindelandes von den Provinzialen verdrängt (die sich nicht mit dem begnügen, was sie beim Census – auch da vielfach nicht wahrheitsgemäß – deklariert haben, sondern sich noch weitere ‹Besitzungen› verschaffen auf Grundstücken, auf welche deren frühere ‹Besitzer› in aller Form Rechtens zu Gunsten der Gemeinde verzichtet haben, jetzt aber verdrängen die Mächtigeren unter den Provinzialen die Armen daraus und wollen eben jene Stücke, auf die sie kein Recht haben, ‹besitzen›; dazu nehmen sie noch das übrige Land in Kultur und schließen so die Bürger von der Einzäunung und von der Weide, ja vom Durchgang aus), haben der Politarch und die Bürger einhellig beschlossen: Die Provinzialen sollen nur das ‹besitzen›, was sie nach der Ordnung des Gentianus [Statthalter von Makedonien um 118–120 n. Chr.] in gutem Glauben beim Census deklariert haben; in Zukunft aber soll es keinem Provinzialen erlaubt sein, Gemeindeland in Kultur zu nehmen oder zu kaufen oder zu ‹besitzen›; es soll auch nicht erlaubt sein, irgend jemandem einen Beschluß über das Bürgerrecht oder über die Nutzung von Gemeindeland zu verschaffen, vielmehr soll das Land nur den im Census verzeichneten Oresten offenstehen. Dafür soll der jährlich ins Amt tretende Politarch sorgen, indem er mit den Bürgern hingeht und diejenigen, die in das nicht beim Census deklarierte Land eindringen, hinauswirft und fernhält; wenn aber ein Politarch dies unterläßt, jemandem einen Beschluß verschafft und Gemeindeland preisgibt, soll er dem Fiskus 5 000 Denare zahlen und der Gemeinde weitere 5 000 Denare. Es ist beschlossen worden, diesen Beschluß durch die Gesandten des Ethnos, Iulius Crispus, Philagros und Kleitos, die Söhne des Ptolemaios dem Statthalter der Provinz, Iulius Rufinus, vorzulegen; wenn aber dieser ihn bestätigt und er von ihnen [?] auf der Agora inschriftlich verewigt wird, soll er dort für alle Zeit stehen bleiben, da ja einige von den alten Aufzeichnungen verlorengegangen sind. Ebenso soll, wenn einer überführt wird, etwas vom Gemeindeland einem Provinzialen zum Kauf angeboten zu haben, auch er der vorhin genannten Geldstrafe unterliegen, was aber schon verkauft ist, soll ungültig sein und den Käufern nicht bleiben. Geschehen im 340. Jahr [144/145 n. Chr.?], am 30. Artemisios. Ich, Alexandros, Sohn des Leonidas, der Politarch, habe es gesiegelt...» (Es folgen 37 Namen); (Übersetzung von Fr. Gschnitzer, «Die Allmende der Battynäer», in: «Festschrift B. Neutsch», Innsbruck 1980, 150 f.).

Die Konflikte zwischen den einzelnen freien Bevölkerungsgruppen der Provinzen erreichten gewiß nur in seltenen Fällen das Ausmaß der konstanten, erbitterten und haßerfüllten Feindseligkeiten von Alexandria oder *Iudaea*, doch problemlos war das Zusammenleben so vieler Menschen verschiedenster Rechtsstellung, Tradition und wirtschaftlicher Interessen nie. Noch immer hatten die römischen Statthalter zu schlichten und auszugleichen, noch immer sahen sie sich unnachgiebig gewahrten Privilegien und neuen Interessenskonflikten gegenüber, wobei nicht wenige Parteien schließlich an den *princeps* selbst appellierten.

Solche Konflikte spricht der aus Prusa in Bithynien stammende Philosoph Dion Chrysostomos zur Zeit Trajans in seiner 2. Tarsischen Rede an: «Aber um den Rat und das Volk, die Jungen und die Alten zu lassen – neben ihnen, gleichsam außerhalb der Bürgerschaft, gibt es eine nicht geringe Zahl von Leuten, die man gewöhnlich ‹Leineweber› nennt. Zuzeiten empfindet man sie als Last, schimpft sie überflüssiges Volk und schiebt ihnen die Ursache für jede Unruhe und Unordnung zu; dann aber hält man sie wieder für einen Teil der Bürgerschaft und läßt ihnen ihr Recht. Haltet ihr sie für schädlich und für die Ursache von Rebellion und Ruhestörung, müßtet ihr sie unbedingt vertreiben, statt sie in euren Versammlungen zuzulassen. Betrachtet ihr sie aber in gewisser Weise als Bürger, nicht nur weil sie hier ansässig sind, sondern auch weil die Mehrzahl von ihnen hier geboren ist und noch keine andere Stadt gesehen hat, so solltet ihr sie auf keinen Fall vor den Kopf stoßen und von euch trennen.

Jetzt, da sie geschmäht und als Eindringlinge angesehen werden, sind sie zwangsläufig in ihrer Gesinnung dem Gemeindewohl entfremdet. Aber gerade das bedeutet für eine Stadt höchste Gefahr, und nichts beschwört eher Rebellion und Uneinigkeit herauf...

‹Nun gut, was schlägst du uns vor?›

Sie alle als gleichberechtigte Bürger in eure Bürgerlisten einzutragen, jawohl, sie nicht mehr zu beschimpfen und von euch zu stoßen, sondern, was sie tatsächlich ja auch sind, als einen Teil von euch zu betrachten. Denn es ist unhaltbar, daß ein Mann, der fünfhundert Drachmen stiftet, euch deswegen schon liebt und sofort für wert befunden wird, das Bürgerrecht zu bekommen, ein Armer aber oder jemand, dem der Aufseher über die Listen die Eintragung verweigert hat, die Stadt nicht sollte lieben und für sein Vaterland halten können, obwohl nicht nur er selbst hier bei euch geboren ist, sondern auch sein Vater und seine Vorfahren. Und wenn er Leinen herstellt, ist er deswegen schlechter als jemand anders, darf man ihm daraus einen kränkenden Vorwurf machen? Wäre er Färber, Schuster oder Zimmermann, dürfte man ihm auch nicht seinen Beruf vorhalten» («*Oratio*» 34,21–23 – Übertragung von W. Elliger).

Da von der Seite der römischen *principes* aus zunächst weder an eine Nivellierung der Rechtsstellungen oder der Traditionen der Provinzialen gedacht war noch an eine Übernahme aller administrativen und juristischen Funktionen, beschränkten sich die Eingriffe der römischen Provinzialverwaltung auf ein Minimum. Die alten Stadt- und Stammesverfassungen wurden ebensowenig angetastet wie die traditionellen Systeme des Privat- und Strafrechts. Sowohl gegenüber den bewährten städtischen als auch gegenüber den von Stammeseinheiten geschaffenen Rechts- und Lebensformen wurde ein Höchstmaß an Toleranz geübt, schon allein deswegen, weil dem Principat die personellen und materiellen Kräfte für systematische strukturelle Veränderungen nicht zur Verfügung standen.

Die Aufrechterhaltung von Ruhe und Ordnung, der Schutz von Leben und Eigentum, die Sicherung des Funktionierens von Selbstverwaltung und lokaler Rechtsprechung hatten Vorrang vor den nur theoretisch möglichen imperialen Experimenten. Die *principes* griffen zunächst eher zu wenig als zu viel, eher zu spät als zu früh in die inneren Konflikte der Provinzialen ein. Sie reagierten zumeist nur dann, wenn sie durch die Berichte der Statthalter oder durch die Bitten von Gesandtschaften oder durch die schriftlichen Eingaben der Provinzialen zum Handeln gedrängt wurden.

Angesichts dieser Rahmenbedingungen wird es verständlich, daß in der Regel Stadt oder Stammesgruppen, *polis* oder *civitas*, die bestimmenden sozialen Lebensmittelpunkte der Provinzialen darstellten. Trotz aller Anpassungen an römische Normen und Formen dominierten lange Zeit der Stolz auf die eigene Stadt und die Identifikation mit deren Traditionen. Das Festhalten an den vertrauten heimischen Gottheiten dokumentiert diese konservative Grundhaltung nicht weniger als die Texte der Grabinschriften oder die Trachten der Denkmäler.

Der selbstbewußt, mit einem Geldbeutel in der Hand dargestellte Reeder Blussus aus Mainz trägt noch seine einheimische Tracht. In Köln beweisen jene drei Grabsteine, die ein ursprünglich aus dem Gebiet der Viromanduer (um Saint Quentin) stammender Biennus für seine Familie, die seines Vaters und die seines Schwiegervaters gleichsam in Serie anfertigen ließ, wie lange sich nicht nur die alten gallischen Namen, sondern auch das rechtlich begründete Selbstverständnis der «Viromanduer» hielten.

Trotz des auch hier gelegentlich demonstrativ betonten Reichtums einzelner Angehöriger der Gruppe der Provinzialen waren nicht sie, sondern die Angehörigen der Municipalaristokratie und nicht zuletzt jene freien Provinzialen, die das römische Bürgerrecht erlangt hatten, politisch maßgebend. Die Ergänzung der römischen Führungsschichten aus ihren Reihen trug freilich wesentlich zur Schwächung der provinzialen Kräfte bei. Langfristig kam es deshalb zur Ausbildung gegenläufiger Tendenzen: Einerseits zeichnete sich in den Provinzen selbst eine Einebnung der zunächst stark ausgeprägten juristischen und sozialen Differenzierung ab, die schließlich zu der neuen Polarisierung zwischen *honestiores* und *humiliores* führen sollte. Andererseits verlor die Gruppe der römischen Bürger ihre ursprüngliche Homogenität und Geschlossenheit, weil das römische Bürgerrecht immer großzügiger verliehen wurde. Die hier auftretenden Widersprüche wurden erst am Anfang des 3. Jahrhunderts n. Chr. durch die *Constitutio Antoniniana* behoben.

Die römischen Bürger

Nach den Definitionen des römischen Personenrechts war der Begriff der *cives Romani* keineswegs mit der oft verachteten Masse der römischen *plebs* identisch. Der Begriff umspannte vielmehr stets alle freien Bürger, das heißt auch die Angehörigen jener Führungsschichten, die später gesondert behandelt werden. Für die Zeit der klassischen Republik konnte Theodor Mommsen deshalb behaupten, «daß es der tiefste und großartigste Gedanke in dem römischen Gemeinwesen war, daß es innerhalb der römischen Bürgerschaft keinen Herrn und keinen Knecht, keinen Millionär und keinen Bettler geben, vor allem aber der gleiche Glaube und die gleiche Bildung alle Römer umfassen sollte» («Römische Geschichte» I[9], Berlin 1903, 884).

Allein durch die folgende wirtschaftliche und soziale Differenzierung der römischen Bevölkerung, durch die politischen Polarisierungen, insbesondere aber durch die Ausweitung des römischen Bürgerrechts trat dieser Gleichheitsaspekt mehr und mehr zurück. Während sich die römischen Führungsschichten zur Zeit der Späten Republik immer stärker abschlossen und ständisch verfestigten, profitierten von den Vorrechten des römischen Bürgers nun vor allem die Angehörigen der Mittel- und Unterschichten und damit jener Personenkreis, der im Zentrum dieses Abschnittes stehen muß.

Das Selbstverständnis des römischen Bürgers war lange Zeit erfüllt von einer großen republikanischen Tradition, von dem Selbstbewußtsein, Glied eines freien Staates, der *res publica*, zu sein und damit nicht nur als staats- und privatrechtlich privilegiert zu gelten, sondern auch als Angehöriger der überlegenen militärischen Großmacht der Epoche allgemein respektiert zu werden. Doch nicht nur dieses Pathos, sondern zugleich die konkreten politischen, juristischen und materiellen Vorrechte waren dem Begriff des römischen Bürgers immanent. Dazu zählten zunächst die, wenn auch faktisch eingeschränkten, politischen Entscheidungs- und Wahlrechte, die nicht selten überschätzte Möglichkeit zur Materialisierung des Stimmrechtes, der Schutz vor magistratischer Willkür dank der Interessenvertretung durch die Volkstribunen, das Provokationsrecht und die Garantie eines ordnungsgemäßen Gerichtsverfahrens vor römischen Richtern oder der Volksversammlung. Dazu zählten aber auch die Chancen zur Nutzung des *ager publicus*, zur Teilnahme an der Kolonisation, das Vorrecht, in den Legionen dienen, dort aufsteigen und schließlich als Veteran eine ausreichende und geachtete Existenz finden zu können, zählten der Anspruch auf Getreideversorgung und die Beteiligung an der jeweiligen Kriegsbeute.

Die Veränderungen, die der Principat für die freien Bürger Roms brachte, hat Juvenal in den berühmten Versen seiner 10. Satire, die in dem *«panem et circenses»* gipfeln, benannt (vergleiche oben S. 199f.). Doch um diese Veränderungen angemessen zu beurteilen, ist ein weiterer Rahmen erforderlich. Die einst weitgehende wirtschaftliche und soziale Homogenität der römischen Bürger, der Kleinbauern, Kleinhandwerker und Kleinhändler, war schon zur Zeit der Späten Republik einer beträchtlichen Differenzierung gewichen, die durch die Kategorien der *plebs urbana* und der *plebs rustica* nicht annähernd erfaßt wird. Die seit dem Zweiten Punischen Krieg anhaltende Bevölkerungskonzentration in Rom selbst führte dort zu nie gelösten sozialen Problemen, weil stets ein chronischer Mangel an Arbeitsplätzen herrschte.

Die Zunahme des Produktionsbedarfs im Bausektor und im Kunsthandwerk, vor allem aber die Zunahme im Bereich der Dienstleistungen aller Art konnten sich deshalb nicht in ausreichendem Maße auf den Arbeitsmarkt auswirken, weil gleichzeitig der Bevölkerungszustrom aus allen Teilen des Imperiums anhielt. Weder die Wiederaufnahme des Kolonisationsprozesses in größerem Umfang durch Caesar und Augustus noch der Bedarf an Rekruten für die Legionen konnten hier auf Dauer Abhilfe schaffen, so daß der Ausbau von sozialen Leistungen für die inzwischen entpolitisierten römischen Bürger unumgänglich war.

Der Verlust der Homogenität der *cives Romani* war freilich gleichzeitig auch ein Resultat der römischen Bürgerrechtspolitik, die unten im Zusammenhang besprochen werden soll. Schon hier ist jedoch an die Tatsache zu erinnern, daß es seit dem 1. Jahrhundert v. Chr. sowohl durch kollektive Bürgerrechtsverleihungen als auch durch die Zunahme individueller Zuerkennungen des römischen Bürgerrechts zu entscheidenden Neuentwicklungen gekommen war. Die Verleihung des römischen Bürgerrechts an alle italischen Bundesgenossen nach dem Bundesgenossenkrieg (91–89 v. Chr.) und die Verleihung des Bürgerrechts an die Bewohner Norditaliens durch

Caesar stellten die Höhepunkte einer Politik dar, welche die Romanisierung Italiens juristisch fixierte.

Andererseits waren sowohl der Apostel Paulus, er «von Geburt an», C. Iulius Eurykles, der Vertrauensmann des Augustus in Sparta, oder der aus Hierapolis in Syrien stammende C. Iulius Nikanor, ein Mann, der so reich war, daß er die Insel Salamis aufkaufen und an Athen schenken konnte, freie römische Bürger.

Unter dem Principat umfaßte die Gruppe der *cives Romani* so nicht nur die alte *plebs urbana* und *plebs rustica* Roms, sondern in gleicher Weise auch die zum Teil sehr aktiven, bürgerrechtlich gleichgestellten Bewohner Italiens und der Kolonien wie die Legionäre. Sie umfaßte ebenso einen Teil der Municipalaristokratie und Angehörige lokaler und regionaler Führungsschichten und damit jenen wichtigen Personenkreis, der sich in den Provinzen mit Roms Sache identifiziert hatte und dort dessen Herrschaft ganz wesentlich stützte.

Auch nach Augustus sahen sich die römischen *principes* gezwungen, jene umfangreichen Versorgungsmaßnahmen fortzuführen, an die sich die ärmeren freien Bürger Roms seit Caesar gewöhnt hatten und auf deren Erfüllung sie immer wieder drohend bestanden. Dies galt für die kostenlose Getreideversorgung *(frumentatio)*, die 58 v. Chr. von dem Volkstribun Clodius eingeführt worden war, ebenso wie für die Geld- und Lebensmittelspenden *(congiaria)*, die Caesar im Jahre 46 v. Chr. in vorher nie erreichtem Ausmaß kumulierte, als er an jeden Bürger 100 Denare, zehn Scheffel Getreide und zehn Liter Öl ausgeben ließ. Trotz aller Mißbräuche, die mit diesem System der außerordentlichen Geldspenden schon unter Augustus verbunden waren, ließ es sich nicht mehr rückgängig machen.

So wurden zu festlichen Anlässen, wie Regierungsantritt, Triumph, Adoption oder Einführung eines Nachfolgers, immer wieder riesige Summen verschleudert in der Hoffnung, kurzfristig Popularität zu gewinnen. Die *congiaria* waren stets das wichtigste Indiz für die *liberalitas principis*. Die Empfangsberechtigten wurden dabei in Listen erfaßt und erhielten zunächst *tesserae*, Bronze- oder Bleimarken, die sie dann bei den zuständigen Beamten einlösen konnten. Unter Caligula und Nero, die mit Spenden besonders großzügig waren, wurden diese alten Formen verlassen und in geradezu chaotischer Weise Münzen und Wertgegenstände in die Menge geschleudert, ein Verfahren, von dem nun freilich auch die Nicht-Bürger profitierten. Solche Exzesse blieben jedoch die Ausnahme.

Die Höhe der verteilten Geldsummen war unter Augustus und während des 1. Jahrhunderts n. Chr. annähernd konstant. So berichtet der erste *princeps* selbst von acht *congiaria*, die er zwischen 44 und 2 v. Chr. in der Höhe von jeweils zwischen 60 und 100 Denaren auswarf. Für Domitian sind drei *congiaria* in der Höhe von jeweils 75 Denaren bezeugt. Dann stiegen die ausgegebenen Geldbeträge jedoch beträchtlich an, unter Trajan auf wohl insgesamt 650, unter Hadrian auf 1000, unter Antoninus Pius immer noch auf 800, unter M. Aurel und Commodus auf 850, unter Septimius Severus schließlich auf 1100 Denare, um danach unter Caracalla und Severus Alexander wieder auf 400 beziehungsweise 600 Denare zurückzufallen. Die in den *frumentationes* verteilten Getreidemengen wurden dagegen nicht verändert. Sie beliefen sich auf fünf *modii* für jeden Empfangsberechtigten im Monat (ein *modius* = etwa 8,75 l), entsprachen damit jener Menge, die Cato einst für schwer arbeitende Sklaven veranschlagt hatte, und lagen deutlich über jener Ration (drei *modii*), die ein römischer Legionär zur Zeit der Republik erhalten hatte. Doch mochte diese Menge auch für einen einzelnen Bürger großzügig bemessen sein, sie reichte keineswegs aus, um zugleich dessen Familie mitzuernähren.

Wie bei den *frumentationes* und *congiaria*, so trafen die römischen *principes* auch im Bereich der Spiele eine Tradition an, die sie weiterzuführen hatten. Allerdings vermehrte sich nun die Zahl der Tage beträchtlich, an welchen alljährlich bei freiem Eintritt Wagenrennen mit bis zu zehn Pferden vor einem Wagen, Tierhetzen mit immer ausgesuchteren Tiergattungen, mit Löwen, Leoparden, Bären, Elefanten, und schließlich Gladiatorenkämpfe für Unterhaltung sorgten. Hatte sich Augustus noch mit insgesamt 65 Spieltagen der verschiedensten Gattungen begnügt, so fanden um die Mitte des 4. Jahrhunderts n. Chr. an zehn Tagen Fechterspiele, an 64 Tagen Wagenrennen, andere Wettkämpfe und Tierhetzen, an 102 Tagen Festspiele im Theater statt, wobei die Resonanz der letzteren allerdings relativ gering blieb.

Ohne Zweifel trugen die Spiele wesentlich zur Entpolitisierung der römischen Bürger und damit gleichzeitig zur Stabilisierung des Systems des Principats bei. Sie boten jedem *princeps* die Möglichkeit, die Gunst des Volkes für die eigene Person und die eigene Familie zu organisieren und die öffentliche Meinung direkt zu beeinflussen. Hier konnten Emotionen abreagiert und kanalisiert werden. Die Beispiele des Claudius und Nero lehrten, daß sich Interesse an Vergnügungen des einfachen Mannes auch politisch auszahlen konnte.

Doch auf der anderen Seite boten die Spiele der römischen Bevölkerung die Chance, sich ihrer Macht bewußt zu werden. Als Goethe am 16. 9. 1786 im Amphitheater von Verona «das erste bedeutende Monument der alten Zeit» sah, da ahnte er diese Zusammenhänge und notierte in seinem Tagebuch: «Doch nur in der frühesten Zeit tat es seine ganze Wirkung, da das Volk noch mehr Volk war, als es jetzt ist. Denn eigentlich ist so ein Amphitheater recht gemacht dem Volk mit sich selbst zu imponieren... da es sonst nur gewohnt, sich durcheinander laufen zu sehen, sich in einem Gewühle ohne Ordnung und sonderliche Zucht zu finden, so sieht das vielköpfige, vielsinnige, schwankende, hin und her irrende Tier sich zu einem edlen Körper vereinigt, zu einer Einheit bestimmt, in eine Masse verbunden und befestigt, als *eine* Gestalt, von *einem* Geiste belebt. Die Simplizität des Oval ist jedem Auge auf die angenehmste Weise fühlbar, und jeder Kopf dient zum Maße, wie ungeheuer das Ganze sei (‹Goethes Werke› Bd. XI, S. 40).

Tatsächlich hatte die bei den Spielen zusammengeströmte Menge Gelegenheit, den *princeps* oder die Magistrate mit Forderungen zu konfrontieren und sofortige Entscheidungen oder Stellungnahmen zu erzwingen. Hier lag unter dem Principat ein Gradmesser der öffentlichen Meinung, die bis in die Zeit Caesars primär in Volksversammlungen artikuliert worden war. Denn hier wurde nicht nur über Leben oder Tod besiegter Gladiatoren entschieden, hier wurde unter dem Schutz der großen Masse und der Anonymität Unzufriedenheit jeder Art geäußert, der *princeps* mehr als einmal auch zum Nachgeben gezwungen.

Wie in jeder anderen Weltstadt, so hatte sich in Rom Gesindel aller Art konzentriert. In der zeitgenössischen Literatur, vor allem bei Petron, Juvenal und Martial, sind die Schmarotzer und Dauerzecher, die Erbschleicher und Kuppler, die Diebe, Verführer und Denunzianten verewigt. Selbst bei einem Autor wie Tacitus überwiegen die Klischees über die *plebs sordida*, die verachtungsvollen Äußerungen über die unzuverlässige, korrumpierte, vergnügungssüchtige, treulose, dumpf in den Tag hinein vegetierende Masse, aus der Tacitus nur jene Gruppe ausklammert, die noch immer – durch den Fortbestand der Klientel – mit den großen alten Familien verbunden war. Bis in die Gegenwart dauern die pauschalen Diskreditierungen der römischen *plebs* an, zu der auch die Klassiker des historischen Materialismus ihr Teil beigetragen haben («Lumpenproletariat» – MEW 3,23).

Die Welt der Alltagsarbeit war für die antike Literatur meist uninteressant. Sie hat vor allem in archäologischen und epigraphischen Zeugnissen ihren Niederschlag gefunden, freilich noch längst nicht jene Beachtung, die sie verdient. Dabei ist nach den bisherigen Forschungsresultaten (P. Brunt) kaum mehr strittig, daß die große Masse der hauptstädtischen freien Bürger von ihrer Hände Arbeit lebte, den Lebensunterhalt für ihre Familie als Handwerker, Kleinhändler, mit Dienstleistungen aller Art, nicht zuletzt auch im Transportgewerbe, verdiente und daß sie nicht selten stolz auf ihre Arbeit war.

Erfolge und Mißerfolge im Leben, aber auch Arbeitsethos und Alltagsmoral dokumentieren vor allem die Grabinschriften, von denen zunächst drei repräsentative von Männern genannt seien: «Hier liegt der Viehhändler Q. Brutius vom Marsfeld, rechtschaffen, anständig, bei allen beliebt» (ILS 7480). Der ehemalige Amtsdiener T. Flavius Hermes rühmt sich dagegen ausführlicher: «Ich genieße verdientermaßen eine sanfte Ruhe; anvertrautes Gut habe ich immer zurückzugeben, meine Freunde habe ich immer zusammengehalten, ich habe niemandes Ehe gestört, darüber möge sich niemand beklagen. Meine liebe Frau lebte mit mir immer gut und ehrenhaft. Ich habe geleistet, was ich konnte, und nie prozessiert. Doch hatte ich nur einen

Freund, der auch mir gegenüber alle Verpflichtungen anständig erfüllte»
(«*Carmina latina epigraphica*», 477). L. Licinius Nepos dagegen war ebenfalls ein Mann, «über dessen Leben sich niemand mit Ernst beklagen kann. Er hoffte durch Handel reich zu werden, ist in dieser Hoffnung aber durch viele Freunde, denen er Gutes erwies, betrogen worden» (ILS 7519 – Übersetzungen von E. Meyer).

Wie erwähnt, bestand die Institution der Klientel unter dem Principat noch immer fort. Obwohl sie ihre einstige politische Bedeutung längst verloren hatte, war sie für die Angehörigen der römischen Aristokratie noch immer unentbehrlich, um ihr Sozialprestige zu demonstrieren. In den Tagegeldern *(sportulae)* und den Naturalleistungen bot sie deshalb vielen freien Bürgern zumindest einen Beitrag zu deren Existenz. Martial, der lange genug selbst als Klient fungiert hatte, kannte dieses Los:

«Drei Denare versprichst du mir nur; dann wünschst du, ich mache,
Bassus, im Atrium dir morgens schon die Reverenz,
bleibe den Tag dir zur Seite und wandere her vor der Sänfte,
mehr oder weniger als zehn Witwen besuche ich mit dir.
Schäbig ist nun meine Toga und lumpig und alt; aber dennoch –
drei Denare! – dafür, Bassus, bekomm ich sie nicht»
(«Epigramme» IX, 100 – Übersetzung von R. Helm).

In Rom blieb ein Frauenideal bestimmend, das in der Prägnanz einer Grabinschrift so umrissen worden ist: «... sie spann Wolle, war fromm, züchtig, brav, rein und häuslich» (ILS 8402). Ausführlicher ist es in einer anderen Grabinschrift beschrieben, die schon Th. Mommsen auswählte und übersetzte, um den Lebensinhalt der freien Römerin beispielhaft zu vermitteln:

«Kurz, Wandrer, ist mein Spruch; halt' an und lies ihn durch.
Es deckt der schlechte Grabstein ein schöne Frau.
Mit Namen nannten Claudia die Eltern sie;
Mit eigner Liebe liebte sie den eignen Mann;
Zwei Söhne gebar sie; einen ließ auf Erden sie
Zurück, den anderen barg sie in der Erde Schoß.
Sie war von artiger Rede und von edlem Gang,
Versah ihr Haus und spann. Ich bin zu Ende, geh»
(ILS 8403 – «Römische Geschichte» I^9, Berlin 1903, 57).

Die häusliche Arbeit der Römerin dominierte noch immer, sittlich das Ideal der *univira*, der «ihrem Mann allein ergeben, keinen anderen kennend» («*Carmina latina epigraphica*», 548). Dennoch sind zahlreiche Frauenberufe und -tätigkeiten bezeugt, und wahrscheinlich war der Anteil der Frauen im außerhäuslichen und gewerblichen Bereich größer, als dies lange angenommen wurde. So ist für Ostia nachgewiesen worden, daß dort Frauen der

Mittel- und Unterschichten als selbständige Inhaberinnen von Werkstätten und Läden fungierten, als Früchte- und Geflügelhändlerinnen, als Schuhmacherin, als Bedienstete in Tavernen ebenso bezeugt sind wie als Inhaberin einer Ziegelei, eines Fabrikationsbetriebes von Bleiröhren oder als Besitzerinnen von Liegenschaften der verschiedensten Art. Die Matronen verfügten zum Teil über so beträchtliche Mittel, daß sie von den Kultkollegien der Stadt als verdiente Stifterinnen geehrt wurden.

Während die alten politischen Gremien wie die Volksversammlungen unter dem Principat bedeutungslos wurden, rückten die Berufsvereine *(collegia)* in den Mittelpunkt des gesellschaftlichen Lebens. Dies traf vor allem für die Zentren von Wirtschaft und Handel sowie für die Hafenstädte zu, wobei die Kollegien in erster Linie freie Bürger, meist Angehörige der Mittel- und Unterschichten, aufnahmen, doch daneben auch Freigelassene in größerer, Sklaven in geringerer Zahl. Nach noch nicht staatlich überwachten Anfängen im 1. Jahrhundert v. Chr. hatten Initiativen Caesars und Augustus' sowie ein Senatsbeschluß, der die Gründung von *collegia tenuiorum religionis causa* auch ohne ausdrückliche Billigung des römischen Senates zuließ, diesen ganzen Sektor reguliert.

Ihre Hauptaufgabe sahen diese Vereine in der Pflege eines gemeinsamen Kultes und in den Feiern gemeinsamer Feste. In Not geratene Mitglieder wurden unterstützt, vielfach auch eine ordnungsgemäße Beisetzung der verstorbenen Vereinsangehörigen gewährleistet. Das Vereinsleben war dabei durch eigene Satzungen geregelt. Für die Wahl der Funktionäre, die Aufnahme neuer Mitglieder, für Ehrungen von Patronen und Gönnern sowie für andere wichtige Tractanden waren zum Beispiel Versammlungen sämtlicher Mitglieder zuständig.

Die materiellen Grundlagen der Vereinstätigkeit bildeten neben Erbschaften und Schenkungen jene Stiftungen, welche die Vereinsfunktionäre vor Antritt ihres Postens einzuzahlen hatten *(summa honoraria)*, sodann die monatlichen Beiträge aller *(stips menstrua)* und die Aufnahmegebühren der neuen Mitglieder *(capitularium)*. Während ein *quaestor* oder *arcarius* in der Regel das Vereinsvermögen betreute, standen an der Spitze der *collegia* die *magistri* oder *quinquennales*. Oft begegnet auch ein *curator*. Diejenigen Amtsinhaber, die sich um den Verein besondere Verdienste erworben hatten, konnten zum *honoratus* oder zum *quinquennalis perpetuus* ernannt werden; einflußreichen Persönlichkeiten trugen die *collegia* die Würde eines *patronus* an.

Den eigentlichen Berufsverbänden gehörten in der Regel nur aktive Angehörige des betreffenden Berufes an. Dennoch handelte es sich bei ihnen nicht um gewerkschafts- oder zunftähnliche Zusammenschlüsse. Die *collegia* führten weder Arbeitskämpfe, noch vertraten sie in erster Linie die wirtschaftlichen Interessen aller ihrer Mitglieder. Dagegen nahmen einige Kollegien öffentliche Aufgaben wahr und genossen deshalb auch bestimmte

Privilegien. So fungierten die Gruppen der Zimmerleute, Bauhandwerker und vergleichbare, für die Brandbekämpfung besonders geeignete Vereinigungen, insbesondere die *fabri (tignarii), centonarii* und die besonders dem Kybelekult verpflichteten *dendrophori* in vielen Städten als Feuerwehr. Von Claudius an wurden dann auch die *collegia* des Transportgewerbes, vor allem die *navicularii*, gefördert, um einen reibungslosen Fluß- und Seetransport zu gewährleisten.

Der Höhepunkt dieses Vereinslebens lag im 2. Jahrhundert n. Chr., als es zum Beispiel allein in Ostia nicht weniger als 40 religiöse und berufliche Vereine gab. Beim *collegium* der Bootsführer etwa stieg damals die Mitgliederzahl zwischen 152 und 192 n. Chr. von 126 auf 266 an. Einerseits sind schon in jener Zeit Eingriffe der *principes* in das Vereinsleben bekannt, weil sich reichere Bürger durch die Zugehörigkeit zu einem privilegierten *collegium* zu entlasten suchten. Andererseits wurden diese intakten und leistungsfähigen Organisationen dann während der Reichskrise des 3. Jahrhunderts immer stärker vom römischen Staat in die Pflicht genommen, bis die für Versorgung und Transport wichtigsten *collegia* schließlich in Zwangskorporationen verwandelt worden sind.

Die Municipalaristokratie

Unter den verschiedenen sozialen Schichten des *Imperium Romanum* nimmt die Municipalaristokratie, jene Gruppe, welche die jeweiligen städtischen Führungsschichten umfaßte, eine herausragende, doch zugleich eigenartige Stellung ein. Michael Rostovtzeff konstatierte einst emphatisch, daß sie «dem Reich sein glänzendes Äußere gab; sie war es, die tatsächlich regierte» («Gesellschaft und Wirtschaft im römischen Kaiserreich», Leipzig o. J. [1931], 1,156). Da ihre Angehörigen, in welcher Stadt auch immer, in der Regel als *ordo decurionum* bezeichnet werden, scheint auf den ersten Blick die Zugehörigkeit zum Organ des städtischen Rates identisch zu sein mit einer Standeszugehörigkeit.

Dieser Stand der Dekurionen wurde bislang häufig pauschal der Oberschicht des Imperiums oder gar der «Reichsaristokratie» zugerechnet. Neuere Untersuchungen haben nun ein wesentlich differenzierteres Bild dieser städtischen Eliten in den verschiedenen Reichsteilen ergeben, die Inhomogenität dieser Gruppe betont und die Tatsache, daß es sich bei ihr – im Gegensatz zu Senatoren und Rittern – um keinen «Reichsstand» handelt, sondern um eine ausschließlich lokal fixierte Schicht. Sie sind deren Sonderstellung damit wohl eher gerecht geworden als die älteren, generalisierenden Definitionsversuche.

Die Gesamtstärke dieser Gruppe in den über 1 000 Städten des Imperiums wird auf etwa 150 000 Personen geschätzt. Allein im römischen Nordafrika sollen ihr nach Berechnungen von R. Duncan-Jones rund 25 000 Mitglieder angehört haben, das heißt ungefähr 2 % der erwachsenen Männer. Doch gerade die Verhältnisse in Nordafrika dokumentieren auch besonders anschaulich die beträchtlichen Unterschiede in der wirtschaftlichen Stellung, der beruflichen Position, der Vermögenslage, dem Bildungstand, dem Sozialprestige, die hier zwischen dem Stadtrat einer Großstadt wie Karthago und demjenigen eines kleinen Gebirgs- oder Oasenortes bestanden. War in Karthago ein Mindestvermögen von 100 000 Sesterzen nachzuweisen, wollte man Angehöriger des Stadtrates werden, so genügten in den Kleinstädten schon 20 000 Sesterzen, daß man in den lokalen *ordo* aufgenommen wurde. Das aber war eine Summe, die den betreffenden Bürger nach überregionalen oder stadtrömischen Maßstäben lediglich den unteren Schichten der Bevölkerung zurechnen mußte. Trotz so bescheidener Anforderungen konnte indessen die übliche Richtzahl von 100 aktiven Vollmitgliedern eines *ordo decurionum* nicht in allen Städten erreicht werden.

Funktionen, Privilegien, aber auch Belastungen der Angehörigen der Municipalaristokratie werden nur innerhalb des weiten Aufgabenfeldes der städtischen Selbstverwaltung im *Imperium Romanum* verständlich. Obwohl die Lasten der äußeren Politik und der Verteidigung weithin entfallen waren, blieben für die Städte Aufgaben genug, die sie vor allem finanziell außerordentlich stark beanspruchten. Aufgaben, die sie nur dank einer ungewöhnlichen freiwilligen Leistungsbereitschaft oder ungewöhnlichen Belastungen ihrer Einwohner und hier wiederum in erster Linie ihrer Führungsschicht erfüllen konnten.

Besonders hohe Aufwendungen erforderte schon der religiöse Bereich. Die Pflege der Kulte, die mit regelmäßigen Opfern, Spielen, Festmahlzeiten sowie der Erhaltung von Tempeln und Heiligtümern verbunden war, verschlang kontinuierlich große Summen. Doch im Rahmen der allgemeinen Finanzverwaltung war dies nur ein konstanter Ausgabenposten neben vielen anderen. Ein weiterer war die Durchführung der zum Teil beträchtlichen städtischen Bautätigkeit, die aus Prestigegründen nicht nur Straßen und Wasserleitungen oder andere Nutzbauten, sondern selbst in mittelgroßen Gemeinden eben auch Amtsgebäude, Foren, Bäder, Theater und Amphitheater, seltener Bibliotheken umfaßte.

Auch die laufende Bereitstellung von preisgünstigem Getreide für die ärmeren Schichten der Bevölkerung und die Durchführung von Spielen kamen hinzu. Ferner erforderte die Gewährleistung einer effizienten städtischen Jurisdiktion ebenso weitere Mittel wie – insbesondere im Ostteil des Imperiums – die Besoldung von Lehrern und Ärzten. Kostenträchtig waren endlich auch die Aufwendungen für diejenigen Belastungen, die Statthalter oder Organe der Provinzialadministration von Fall zu Fall auf die Städte abwälzten, sowie jene für die nicht abreißende Kette von Gesandtschaften, die jede Stadt immer wieder an Statthalter oder *principes* zu entsenden hatte, um ihre Interessen zu wahren.

Dieser Vielzahl von kontinuierlichen Ausgaben standen meist nur geringfügige regelmäßige Einnahmen gegenüber. Die Einkünfte der Städte aus den ihnen verbliebenen Steuern und Gerichtskosten, in ganz seltenen Fällen auch aus den Zinsen von Vermögen oder Darlehen reichten nicht entfernt aus, um einen ausgeglichenen Haushalt zu finanzieren. Die Städte waren deshalb in einem immer größeren Ausmaß gezwungen, ihre Ehren zu materialisieren, die Übernahme städtischer Magistraturen und die Zuwahl zum *ordo decurionum* mit zum Teil hohen finanziellen Auflagen zu verbinden, ursprünglich freiwillig übernommene Leistungen in erzwungene Verpflichtungen umzuwandeln.

Das Diktat der städtischen Finanzen hatte bald fühlbare Auswirkungen auf die städtische Verfassung und Politik. Stand zum Beginn der Entwicklung ein ausgewogenes Verhältnis zwischen den drei üblichen Organen der Städte, den Magistraten, dem Rat und der Volksversammlung, so verschoben sich während des 2. Jahrhunderts n. Chr. die Gewichte eindeutig zu Gunsten des *ordo decurionum*. Denn hatte die Volksversammlung zunächst das Recht zur Wahl der Magistrate besessen, der Rat dagegen primär eine Beratungs- und Kontrollfunktion der Amtsinhaber, so wurde dieser zum entscheidenden Verwaltungsgremium der Stadt, als die Belastungen der Ratsherren zunahmen. Da nicht dem Rat angehörende Kandidaten für die Magistraturen an manchen Orten kaum mehr zur Verfügung standen, die Korporation vielmehr gezwungen war, die anfallenden Belastungen einigermaßen gleichmäßig unter ihren Mitgliedern zu verteilen, gingen die alten Rechte der Volksversammlung auf den Rat über.

Ursprünglich führte in den Städten des Imperiums der Weg in den Stadtrat über die Bekleidung der städtischen Magistraturen *(honores)*. Die Voraussetzungen dafür waren juristisch streng fixiert, das *ius honorum* an den Nachweis freier Geburt, des Bürgerrechts der betreffenden Stadt, ein Mindestalter von 25 Jahren, die Verfügung über ein Mindestvermögen, die Ausübung einer geachteten Tätigkeit, die Einhaltung der Normen, vor allem der üblichen Reihenfolge der städtischen Ämterlaufbahn und an die Bezahlung einer *summa honoraria* vor dem Amtsantritt gebunden. Durch diese Bestimmungen sollten einmal Personen an einem Eintritt in den *ordo decurionum* gehindert werden, die durch verachtete Berufe – wie Auktionator, Fechtmeister, Totengräber, Bordellwirt, Denunziant und ähnliche – oder durch Verbrechen, Konkurs, Ausstoßung aus dem Heer diskreditiert waren, andererseits aber auch die finanzielle Belastbarkeit der Mitglieder gewährleistet sein.

Die *summa honoraria* war nach Ort und Amt verschieden. Sie schwankte in Italien zwischen 2000 und 20000 Sesterzen, betrug für das Sufetenamt in Themetra in Nordafrika lediglich 800 Sesterze, für Karthagos höchstes städtisches Amt, die *quinquennalitas*, dagegen den hohen Betrag von 38 000 Sesterzen, zugleich die höchste Summe, die bisher in diesem Zusammenhang bekannt ist. Wahlmodalitäten, Kompetenzen und Aufgaben der verschiedenen Amtsinhaber waren bis ins einzelne geregelt. Zumeist betrug die Amtsdauer für jede Magistratur ein Jahr. Der designierte Beamte hatte Bürgen zu stellen, die wie er selbst für seine Amtsführung hafteten. Diese streng überwachte Haftpflicht sollte die Kommunen vor allem vor Schäden aus betrügerischen Verkäufen, Pacht- und Darlehensgeschäften schützen; sie wurde später immer weiter ausgedehnt. Rigide Bestimmungen über amtsfreie Jahre und ein Kumulationsverbot von städtischen Ämtern sollten anfänglich den längerfristigen und dominierenden Einfluß einer Persönlichkeit in der Stadt verhindern. Im 2. Jahrhundert n. Chr., als die Anforderungen an die Amtsinhaber anstiegen, wurde daraus eine Schutzbestimmung, die das einzelne Mitglied des städtischen Rates vor permanenter Belastung bewahrte.

Die Bezeichnungen und Aufgaben der einzelnen Ämter waren im Westen und im Osten des Imperiums denkbar verschieden. Im Westen galt bei den Magistraturen zumeist ein römisch-latinisches Modell, das in den größeren Städten sowie in jenen mit entsprechend differenzierter Verwaltung mit der Quaestur begann. Die Quaestoren waren vor allem für das Kassenwesen und die Archive der Städte zuständig. Wesentlich weiter erstreckte sich der Tätigkeitsbereich der *aediles (iure dicundo)*. Ihnen oblag die Gewährleistung der Lebensmittelversorgung, die Handels- und Marktüberwachung, die Sicherung von Ruhe und Ordnung in den Straßen der Stadt, die Aufsicht über die öffentlichen Bauten samt der Verwaltung des Baulandes der Gemeinde und endlich die Durchführung der städtischen Spiele, zu deren Finanzierung die Ädile einen beträchtlichen eigenen Beitrag zu leisten hatten.

Als reguläre Oberbeamte der Städte fungierten meist die *duoviri (iure dicundo)*, nicht selten auch *quattuorviri*. Solange Volksversammlungen bestanden, beriefen sie diese ein, leiteten sie und verfügten dort auch über das alleinige Antragsrecht. Zu ihren ständigen Aufgaben zählten die Beachtung und Pflege aller traditionellen Pflichten der Gemeinde gegenüber den Göttern einschließlich der Durchführung der religiös begründeten Feste, die Kontrolle der städtischen Finanzen, soweit hier nicht die Quaestoren zuständig waren, die Überwachung der Steuereinnahmen der Stadt, die Verpachtung des städtischen Grundbesitzes und ferner, als zeitlich aufwendigster Bereich, die städtische Zivilgerichtsbarkeit.

In Zyklen von fünf Jahren wurde schließlich die höchste Amtsstufe der Städte besetzt. Dann wurden *duoviri quinquennales* ernannt, die zusätzlich einen städtischen *census* durchzuführen und in diesem Zusammenhang die Bürgerverzeichnisse ebenso zu kontrollieren und zu ergänzen hatten wie die Liste der Angehörigen des städtischen Rates, das *album decurionum*. Eine solche Liste ist beispielsweise für den Stadtrat von Canusium (Canosa in Apulien) aus dem Jahre 223 n. Chr. inschriftlich erhalten (ILS 6121). Am Anfang des Verzeichnisses stehen die von der Stadt ernannten *patroni* aus dem Senatoren- und Ritterstand. Dann folgen, nach Anciennität geordnet, die einzelnen Rangstufen in der Hierarchie des Rates: die *quinquennalicii*, die ehrenhalber in diese Gruppe Gewählten *(allecti inter quinquennalicios)*, die II*viralicii, aedilicii, quaestoricii,* ferner die *pedani,* jene Bürger, die zwar in den Rat gewählt worden waren, um dessen finanzielle Leistungskraft zu erhöhen, die jedoch noch keine Magistratur bekleidet hatten, und schließlich die *praetextati*, die Söhne von Dekurionen, die ohne Stimmrecht an den Sitzungen des Rates teilnehmen durften. Das Album von Canusium zählt 100 Dekurionen auf, 39 Ehrenmitglieder aus dem Senatoren- und Ritterstand sowie 25 *praetextati*. Der Reihenfolge eines solchen Albums entsprach dann auch die Reihenfolge des Rede- und Stimmrechts in den Versammlungen des Rates.

Im Westen des Imperiums dürften die Einzelheiten der städtischen Magistraturen wohl in einer ähnlich präzisen, aber auch umständlichen Weise geregelt gewesen sein, wie sie zum Beispiel ein im Grundbestand noch aus der Zeit Caesars stammendes Stadtrecht, die *lex coloniae Genetivae Iuliae sive Ursonensis* für die Kolonie Urso (Osuna) in der Provinz *Baetica* fixiert hatte. Dort lautet etwa jener Abschnitt, der die Bestimmungen über das Hilfspersonal und die Vorrechte der städtischen Magistrate regelte: «Die *duoviri*, welche dieses Amt ausüben werden, sollen jeweils das Recht und die Amtsgewalt besitzen, über zwei Liktoren, einen Amtsdiener, zwei Schreiber, zwei Boten, einen Kopisten, einen Herold, einen Eingeweideschauer, einen Flötisten zu verfügen. Jeder soll sie aus der Zahl derer haben, die Kolonisten der Kolonie sein werden. Diese *duoviri* und Ädile sollen, solange sie diese Magistratur innehaben, das Recht und die Amtsgewalt besitzen, die *toga praetexta* zu tragen und sich Fackeln und Kerzen vorantragen zu lassen» (ILS 6087, LXII).

So verantwortungsvoll die einzelnen Magistraturen erscheinen, in allen wesentlichen Entscheidungen blieben die jeweiligen Amtsinhaber an die Zustimmung des gesamten Rates gebunden, dem sie auch rechenschaftspflichtig waren. Vor allem bei Finanz- und Vermögensproblemen der Stadt lag es deshalb stets in ihrem eigenen Interesse, im Einvernehmen mit der Mehrheit des Stadtrates zu entscheiden. Denn dieser insgesamt und nicht der einzelne Magistrat hatte noch immer die wesentlichen Beschlüsse über den städtischen Haushalt, alle Finanzierungsfragen, speziell diejenigen von Bauten, Festen und Spielen, die Genehmigung von Pachtverträgen, die gleichmäßige und korrekte Belastung aller leistungsfähigen Bürger durch die Zuweisung öffentlicher Funktionen *(curae)* und Leistungen *(munera)* zu fassen, ganz zu schweigen von den gelegentlich delikaten Entscheidungen in Protokollfragen, wie denjenigen bei der Zuweisung von Ehrensitzen oder bei der Zuerkennung städtischer Ehrungen an verdiente Bürger oder einflußreiche Gönner.

Mag jede einzelne Kompetenz dieser wichtigsten städtischen Körperschaft, gemessen an den Maßstäben der großen Politik, als unerheblich oder zweitrangig gelten, insgesamt gesehen war das Bündel von Informations-, Mitwirkungs- und Entscheidungsmöglichkeiten vor allem für die reicheren und wirtschaftlich aktiven Bürger, besonders in größeren Städten, noch immer so bedeutsam, daß sich der hohe persönliche Einsatz in diesen Gremien lohnen mochte. Daß die Übernahme der höchsten städtischen Magistraturen anfangs durch die Verleihung des römischen Bürgerrechts und andere Privilegien, die Zugehörigkeit zum Stadtrat allgemein auch durch materielle Vorteile belohnt wurde, wie freie Wasserzufuhr, Ehrenplätze bei allen wichtigen Veranstaltungen, nicht zuletzt aber durch eine Sonderbehandlung vor Gericht, die zum Beispiel seit der Mitte des 2. Jahrhunderts n. Chr. für Privilegierte an die Stelle einer Todesstrafe die Deportation setzte, kam hinzu.

Ohne die insgesamt immensen Stiftungen der jeweiligen Municipalaristokratie sind Leben, Glanz und Pracht der Städte unter dem Principat nicht zu denken. Einige Beispiele mögen dies veranschaulichen. Während in Carnuntum der aus dem Osten stammende C. Domitius Zmaragdus im 2. Jahrhundert n. Chr. der Stadt das Amphitheater stiften konnte, waren die Möglichkeiten des Q. Aelius Aunus aus Moudon in der Westschweiz begrenzter: «Für das Heil des Kaiserhauses [weihte] dem Iuppiter, der Iuno Regina den Altar Q. Aelius Aunus, *sevir Augustalis,* aus eigenen Mitteln. Ebenso schenkte er den Dorfbewohnern von Minnodunum [Moudon] 750 Denare, aus deren Zinsen sie sogleich ein Sportfest für drei Tage veranstalten sollen; denselben Dorfbewohnern gab er [die Summe dafür] auf ewig. Falls sie sie für andere Zwecke sollten verwenden wollen, so will ich, daß dieses Geld den Einwohnern der Kolonie der Aventicenser gegeben wird. Der Platz [zur Aufstellung] wurde gegeben durch Beschluß der Dorfgemeinde Moudon» (CIL XIII 5042 – Übersetzung nach E. Meyer).

Die Städte ihrerseits revanchierten sich durch Ehrenstatuen und Ehreninschriften für ihre Patrone und Stifter und regten durch solche sichtbaren Ehrungen zugleich andere begüterte Bürger zur Nachahmung an: «Dem Tiberius Iulius Sabucinus, Sohn des Tiberius, aus der *Tribus Quirina, Duovir,* Vorsteher der öffentlichen Bauten, *flamen Augusti, sacerdos perpetuus,* zuerst von allen Patron der Volksgemeinde, die Kolonisten von Aventicum aus gesammeltem Geld wegen seiner hervorragenden Verdienste um sie, ihrem Patron» (CIL XIII 5102 – Übersetzung nach E. Meyer).

Eine Inschrift aus Herculaneum aus dem Anfang des 1. Jahrhunderts n. Chr. hat darüber hinaus die Einzelheiten und Formalitäten festgehalten, mit denen ein um die Stadt verdienter Senator geehrt wurde: «In Anbetracht, daß M. Ofillius Celer, *Duumvir* zum zweiten Male, den Antrag stellte, die Ehre des Gemeinwesens erfordere es, die Verdienste des M. Nonius Balbus zu vergelten, faßten [die *Decuriones*] in dieser Angelegenheit folgenden Beschluß: Da M. Nonius Balbus, solange er hier lebte, sich mit außerordentlich großer Freigebigkeit einzelnen und der Gesamtheit gegenüber als Vater erwiesen hat, beschließen die Stadträte, ihm an einem möglichst belebten Platz auf öffentliche Kosten ein Reiterstandbild zu errichten mit der Inschrift: Für M. Nonius Balbus, Sohn des Marcus, aus der *Tribus Menenia*, Prätor, Proconsul, *Patronus*, [errichtet dies Standbild] einstimmig der Rat der Bürger von Herculaneum aufgrund seiner Verdienste. Ebenso beschließen sie, einen Marmoraltar an dem Ort, wo seine Asche gesammelt worden ist, im Namen der Gemeinde aufzustellen mit der Inschrift: Für M. Nonius Balbus, den Sohn des Marcus. Von diesem Platz aus soll an den *Parentalia* eine Prozession ihren Anfang nehmen; die gymnischen Spiele, welche gewöhnlich veranstaltet werden, sollen zu seinen Ehren um einen Tag verlängert, und bei Aufführungen im Theater soll sein Sessel aufgestellt werden. Dies beschloß der Stadtrat» (Übersetzung von L. Schumacher, «Chiron» 6, 1976, 169f.).

Die Wahlen der Magistrate bildeten für die Städte lange Zeit einen Höhepunkt der lokalen Politik. Allein aus Pompeji stammen rund 2 800 Inschriften, die im Zusammenhang mit solchen Wahlen standen, darunter allein etwa 1 500 aus dem Jahr 79 n. Chr., dem Jahr des Untergangs der Stadt. Geschäftsleute, Berufsgruppen, aber auch Einzelpersonen und selbst die nicht stimmberechtigten Frauen warben dabei für ihre Kandidaten, wie die folgenden pompejanischen Beispiele zeigen mögen: «Den M. Holconius Priscus und C. Gavius Rufus schlägt Phoebus mit seinen Kunden als Duumvirn vor» (CIL IV 103); «Den Holconius Priscus erbitten als Duumvirn sämtliche Tuchwalker» (CIL IV 7164); «Den Bruttius Balbus als Duumvir schlägt Genialis vor. Der wird die Stadtkasse in Ordnung halten» (CIL IV 3702); «Den M. Casellius und L. Albucius macht zu Ädilen! Statia und Petronia bitten darum. Solche Bürger sollten immer in unserer Kolonie sein!» (CIL IV 3678).

Wie die jeweils aufgebrachten *summae honorariae* zeigen, waren ursprünglich neben den hohen Magistraturen auch die verschiedenen Priesterämter der Städte besonders begehrt. Zum vollen allseitig dokumentierten Sozialprestige eines Angehörigen der Führungsschicht gehörte traditionsgemäß auch eine demonstrative Betätigung im Bereich der Religion. Mit Ausnahme der Stellen für die schon früher erwähnten *Augustales*, die wenigstens zum Teil auch den reichen Freigelassenen offenstanden, waren deshalb alle angesehenen städtischen Priesterämter freien, reichen Bürgern vorbehalten, die zunächst in der Volksversammlung, später durch den Stadtrat, teils befristet, teils auf Lebenszeit in ihr Amt gewählt wurden. Neben die alten Priesterämter des Westens, die *Pontifices* und die Auguren, traten unter dem Principat die *flamines* für den Kaiserkult, Stellen, die auch im Osten des Imperiums neben den dortigen lokalen Priesterämtern stets viele Bewerber fanden.

Da auch von den Inhabern der Priesterämter erhebliche finanzielle Aufwendungen für eine prachtvolle oder zumindest ausreichende Gestaltung der religiösen Zeremonien und Kultakte, Opfer und Spiele erwartet wurden, genoß dieser Personenkreis auch sehr weitgehende Befreiungen, sei es vom Kriegsdienst oder von Zwangsleistungen für die Stadt, sei es von der Übernahme richterlicher Funktionen oder von Vormundschaften.

Gegenüber dem relativ einheitlichen Modell der Stadtverfassungen des Westens waren die Strukturen der alten griechischen Städte des Ostens wesentlich vielfältiger. In ihnen bestanden häufig alte Ämter und Institutionen auch dann noch fort, wenn sich ihre konkreten Aufgaben (wie etwa im Falle der Strategen) völlig verändert hatten. In einer Großstadt wie in Ephesos gab es noch unter dem Principat eine Volksversammlung *(ekklesia)*, die im großen Theater zusammenkam und vom *grammateus* geleitet wurde. Dem Stadtrat, der *boule*, gehörten hier 300 Ratsherren an, die sich jeweils im *bouleuterion* versammelten. Neben Verwaltungsämtern (Strategen und den *agoranomoi*, die für Getreideversorgung und Markt zuständig waren) sind für diese antike Weltstadt besonders viele städtische Magistraturen mit Aufsichtsfunktionen bezeugt, so die *limenarchai*, die den Hafenbereich zu kontrollieren, und die *paraphylakes*, die die allgemeine Sicherheit zu gewährleisten hatten, schließlich die *eirenarchai*, die als Friedensrichter dienten.

Nicht weniger angesehen war in Ephesos das Priesteramt der Prytanen, das auch von Frauen bekleidet werden konnte. Im Zentrum ihrer Funktionen lag die Sorge für das göttliche Feuer der Hestia im Prytaneion, das nie verlöschen durfte, doch daneben hatten die Prytanen auch alle übrigen städtischen Tier- und Rauchopfer zu vollstrecken, dies aus eigenen Mitteln. In jeder Hinsicht selbständig blieb dagegen das große, an Landbesitz wie an Depositen außerordentlich reiche, vielfach privilegierte Artemisheiligtum, von dem die Stadt Ephesos somit nur indirekt profitierte.

So umstritten oder wichtig die einzelnen Traktanden der städtischen Räte und auch die Aufgaben der Magistrate unter lokalen Gesichtspunkten vielfach waren, die Angehörigen der Municipalaristokratie selbst machten sich, gerade im griechischen Osten des Imperiums, keinerlei Illusionen über die politischen Realitäten. Vor allem die «Politischen Ratschläge» Plutarchs aus dem Anfang des 2. Jahrhunderts n. Chr. zeigen hier ebenso Einsicht wie eine durchaus kritische Beurteilung der Lage: «Bei allem Bemühen aber, den Gehorsam seines Vaterlandes der herrschenden Macht gegenüber aufrechtzuerhalten, soll der Staatsmann aber nicht auch noch Demütigung und Schande auf sein Vaterland laden und, wenn das Bein auch gefesselt ist, die Kette auch noch um den Hals legen. So handeln nämlich viele. Wenn sie Wichtiges und Unwichtiges den Statthaltern zur Entscheidung vorlegen, so machen sie die Abhängigkeit zur Schande, oder vielmehr, sie vernichten die Selbständigkeit der Verwaltung. So führen sie Angst, Furcht und völlige Ohnmacht herbei. Manche haben sich daran gewöhnt, ohne Arzt weder zu essen noch zu baden, und wagen es nicht, von ihrer Gesundheit den Gebrauch zu machen, den die Natur selbst doch gestattet. Ebenso führen manche für jeden Beschluß, jede Sitzung, Bewilligung und Ausgabe vorher den Entscheid des Statthalters herbei und geben dadurch den Herrschenden in einem höheren Maße, als diese selbst es wünschen, die Macht über ihr eigenes Vaterland in die Hand. Schuld daran ist vor allem die Habsucht und der Ehrgeiz der führenden Schichten. Denn diese zwingen die kleinen Leute durch die Schäden, die sie ihnen zufügen, dazu, die Stadt zu verlassen. Wenn sie aber untereinander in Streit geraten, bringen sie es nicht über sich, selbst hinter einem Mitbürger zurückzustehen, und suchen Unterstützung bei den Regierenden. Darin liegt der Grund, weshalb Rat, Volksversammlung, Gerichte und Verwaltung ganz und gar ihren Einfluß verlieren» (c. 19 – Übersetzung von W. Ax).

Offensichtlich reichten die relativ wenigen städtischen Magistraturen dank der erstaunlichen Leistungsbereitschaft der Amtsinhaber und einer bedeutenden zusätzlichen Munifizenz der reicheren Bürger der Städte lange Zeit aus, um alle anfallenden Aufgaben der Selbstverwaltung zu erfüllen. Doch nach ersten Vorzeichen von lokalen Krisen in trajanischer und hadrianischer Zeit mehren sich nach der Mitte des 2. Jahrhunderts n. Chr. die Indizien dafür, daß die Belastungen der Städte, sei es durch ehrgeizige eigene Projekte, sei es durch die Übertragung zusätzlicher Aufgaben der imperialen Administration und Verteidigung so stark zunahmen, daß die wenigen begüterten Gruppen der Stadträte immer häufiger um Dispens von neuen Bürden nachsuchten. Parallel dazu wurde jetzt das alte System der Leiturgien und *munera*, der Zwangsleistungen persönlicher oder materieller Art, denen alle freien Bürger unterworfen waren, in vorher nie gekannter Vielfalt und Dichte ausgebaut.

Die Stadträte entwickelten sich damit zu Organisationen, die primär Lasten auf alle auch nur einigermaßen leistungsfähige Schichten möglichst gleichmäßig zu verteilen hatten. Während aus dem umfassenden Verantwortungsbereich der Magistraturen jetzt einzelne *curae* ausgegliedert wurden, die dann wohl Kosten und Verpflichtungen, aber keine neuen *honores* mehr einbrachten, Aufgabenbereiche wie die Lebensmittelversorgung oder die Bautenkontrolle, wurden gleichzeitig immer neue *munera* differenziert und delegiert. Die vermögenden Schichten belastete man dabei insbesondere durch Geld- und Naturalabgaben, das Bereitstellen von Quartieren und Lebensmitteln für durchziehende Beamte oder Truppen, die Übernahme von Gesandtschaften, die Unterhaltspflicht für Bauten und öffentliche Einrichtungen, die Unterschichten dagegen in zunehmendem Maße durch Arbeitsleistungen für die Stadt, durch die *munera sordida*.

An sich hätten diese Notbehelfe die Lage durchaus stabilisieren können, doch gelang dies deshalb nicht, weil von den *principes* wie von den Statthaltern immer neue Privilegierungen ausgesprochen wurden. So waren hohe Würdenträger und Beamte des Imperiums bis herunter zu den Prokuratoren, die Senatoren, Offiziere, auch Soldaten nach längerer Dienstzeit, Veteranen, die in städtischem Dienst stehenden Ärzte und Lehrer ebenso von den *munera* befreit wie die Inhaber der Priesterämter. Dazu kamen *ad personam* Privilegierte und schließlich die Institution der *vacatio*, das heißt die befristete Freistellung von *munera*, weil der Begünstigte eine Magistratur bekleidete. Der Kreis der Belastbaren wurde durch alle diese Maßnahmen immer kleiner, die Lasten selbst immer größer.

Die durch Stadtgesetze und andere Inschriften hinreichend bekannten Einzelheiten über den *cursus honorum* der städtischen Führungsschichten stellen freilich gleichsam nur das Gerippe des politischen Lebens der Municipalaristokratie dar. Im Unterschied zu Senat, Armee und *domus principis* sind die Vorgänge in den Stadträten selbst nur in Ausnahmefällen literarisch oder inschriftlich bezeugt, vor allem ist die völlig unterschiedliche soziale Zusammensetzung der Stadträte erst in einigen wenigen Fällen näher analysiert worden. Zum Teil liegt dies daran, daß für Provinzen wie Britannien nur so dürftige Daten vorliegen, daß sich grundlegende Fragen wie diejenige nach der Kontinuität der regionalen und lokalen Führungsschichten überhaupt nicht beantworten lassen.

In den nordwestlichen Provinzen des Imperiums dominierten in den Räten offensichtlich romanisierte Einheimische, wobei diese Dekurionen ausnahmslos bereits latinisches oder römisches Bürgerrecht besaßen, so daß sie auf Bestimmungen wie jene des Stadtrechtes des *Municipium Flavium Salpensanum* aus domitianischer Zeit gar nicht angewiesen waren. Dort war festgelegt, daß die *Duoviri*, Ädilen und Quaestoren nach ihrem Amtsjahr das römische Bürgerrecht für sich selbst und für ihre nächsten Angehörigen erhalten sollten (ILS 6088, XXI). Der Anteil ehemaliger Soldaten in den Stadträten war in jenem Gebiet gering.

Eine ganz andere Zusammensetzung weisen dagegen die Stadträte der Veteranenkolonien und der Großstädte auf. In ihnen ist der Anteil von Italikern und von anderen, nichteinheimischen Personen oft auffallend stark. Allgemein wirkt die Schicht der Dekurionen in Handels- und Hafenstädten sowohl hinsichtlich der Provenienz als auch hinsichtlich der ausgeübten Berufe besonders heterogen. In den kleineren Binnenstädten war der Stadtrat dagegen oft mit einer Versammlung mittlerer und größerer, häufig nur oberflächlich romanisierter Bauern identisch. Eine strikte Trennung zwischen Stadt und Land gab es schon deswegen nicht, weil die Dekurionen vielfach Kleingüter in der näheren Umgebung ihrer Stadt besaßen.

Eine Spezialuntersuchung von G. Alföldy hat vor kurzem gezeigt, wie tief die sozialen und mentalen Unterschiede zwischen den Stadträten einer

Provinz waren. Während die Kolonie Tarraco, die Provinzhauptstadt von *Hispania citerior* und zugleich die bedeutendste Stadt der Iberischen Halbinsel unter dem Principat, über einen besonders reichen und sozial stark differenzierten Stadtrat verfügte, der zahlreiche Kontakte zur römischen Führungsschicht und auch gute Aufstiegsmöglichkeiten im Reichsdienst besaß, dabei gegenüber sozialen Aufsteigern wie von außen kommenden Zuwanderern stets offen blieb, lagen die Dinge im Municipium Sagunt völlig anders. In Sagunt schloß sich eine homogene städtische Aristokratie weithin nach außen wie nach unten ab. Sie lebte im Vollgefühl einer großen Tradition; die Stadt, angeblich von Herakles gegründet oder auf Griechen aus Zakynthos zurückzuführen, hielt sich für älter als Rom und verharrte in einer extrem konservativen Grundhaltung. In der Kolonie Barcino wiederum stiegen Angehörige des Stadtrates zwar nur im Ausnahmefall in die imperiale Führungsschicht auf, doch grundsätzlich war der *ordo* auch hier offen und differenziert. Seiner Struktur nach stand er demjenigen von Tarraco weit näher als dem von Sagunt.

Ein in Bonn unter dem Münster gefundener Altar für die Aufanischen Matronen, zugleich einer der schönsten Weihesteine für diese im rheinischen Bereich weit verbreiteten Göttinnen, zeigt, daß die Angehörigen der Municipalaristokratie, ungeachtet aller Loyalitätsakte für Kaiserkult und die römischen Staatsgottheiten, noch immer auch an ihren alten einheimischen Göttern festhielten. Die Inschrift des Altars lautet: «Den Aufanischen Matronen hat Q. Vettius Severus, Quaestor der *Colonia Claudia Ara Agrippinensium*, sein Gelübde gern nach Verdienst eingelöst unter dem Konsulat von Macrinus und Celsus [164 n. Chr.]» – (H. Nesselhauf, 27. «Bericht der Römisch-Germanischen Kommission» 1937, Nr. 165).

Sowohl der *ordo* jeder einzelnen Stadt als auch jedes seiner Mitglieder wurden früher oder später in die Spannungen zwischen lokalen und imperialen Interessen verstrickt. Mochten den Alltag der Stadträte auch die innerstädtischen Probleme beherrschen, nicht selten berührten sie direkt oder indirekt Kompetenzen der römischen Provinzialverwaltung. Es kam hinzu, daß die Stadträte selbst bei der Regelung von Einzelheiten der städtischen Verwaltung, zum Beispiel bei der Neufestsetzung der *summae honorariae* oder anderer vergleichbarer Bestimmungen, auf die Billigung des *princeps* angewiesen waren. So wird in einem Reskript des Antoninus Pius an eine makedonische Stadt aus dem Jahre 158 n. Chr. erklärt: «Ich gebe meine Zustimmung, daß Ihr auch auf freie Menschen, die schon eine Zeitlang Steuer bezahlten, auf jeden einen Denar auferlegt, damit Ihr diesen als eine bequeme Einkunft für die Not habt. Achtzig Ratsherren sollt Ihr haben, ein jeder soll fünfhundert attische [Drachmen] geben, damit Ihr aus der Größe des Rates Ansehen gewinnt, damit aber aus den Geldern, die sie gaben, weitere Einkünfte dazukommen...» («*Inscriptiones Graecae in Bulgaria repertae*» IX 2263 – Übersetzung von H. Freis).

Die Behauptung weitgehender städtischer Autonomie war abhängig von den materiellen Mitteln der betreffenden Stadt, aber auch vom Ausmaß ihrer Belastung. Als auf die Städte immer größere imperiale Aufgaben und Anforderungen abgewälzt wurden, konnten nur die reicheren, finanziell besonders leistungsfähigen Städte diesem Druck standhalten. Denn in der Regel hatten die Städte keine größeren finanziellen Reserven, und vor allem lebten sie im 2. Jahrhundert n. Chr. zumeist über ihre Verhältnisse. Das ganze System der Spenden war überwiegend gegenwartsorientiert; die Spender suchten in erster Linie den Beifall der Mitlebenden, in zweiter die bleibende Erinnerung an ihre Leistungen. Anonyme Spenden waren undenkbar.

Die Identifikation der Angehörigen der Municipalaristokratie mit ihrer jeweiligen Stadt, das Ausmaß der Stiftungen wie der übernommenen Lasten sind für den modernen Betrachter oft nur schwer verständlich. Sie setzen nicht nur «Bürgersinn», «Patriotismus» oder andere moralische und politische Bindungen voraus, sondern auch die Bereitschaft, die soziale Stellung der eigenen Familie in der überschaubaren Einheit der Stadt, das soziale Prestige, teuer zu erkaufen. Es ist jedenfalls viel zu einseitig, in Stadt und Municipalaristokratie primär ein «Kollektiv der Sklavenhalter und Grundbesitzer [zu sehen], ... eine Vereinigung mit dem Zweck, die Sklaven in Gehorsam zu halten und die besitzlosen Freien an sich zu binden und zu unterdrücken» (E. M. Schtajerman, «Die Krise der Sklavenhalterordnung im Westen des Römischen Reiches», Berlin 1964, 31).

Die Ritter

In der modernen Forschung besteht Konsens darüber, daß gerade der Ritterstand vom Principat in vielfältiger Weise profitierte und zugleich für Institutionalisierung wie Behauptung der neuen Staatsform von erheblicher Bedeutung war. In neueren Analysen wurde dabei freilich die Kategorie des «Standes» überschätzt, sogar unterstellt, daß die *principes*, oder doch einzelne von ihnen, gegenüber dieser Personengruppe eine konsistente Politik betrieben hätten. Dabei wurde in der Regel von einem Dualismus und Antagonismus zwischen Senatorenstand und Ritterstand ausgegangen, die Gesamtentwicklung innerhalb der imperialen Führungsschicht durch eine systematische Schwächung des Senatoren- sowie eine systematische Förderung des Ritterstandes charakterisiert.

Obwohl zweifellos einige Tendenzen in diese Richtung zu beobachten sind, ist die Konzeption als Ganzes irreführend. Eine Politik der *principes* mit solchen Zielen läßt sich nicht nachweisen; eine konsequente Frontstellung des Ritterstandes gegen den Senatorenstand gab es nicht. Es konnte sie schon allein deshalb nicht geben, weil der Ritterstand über kein Gremium verfügte, das auch nur entfernt dem Senat entsprach und deshalb nie eine vergleichbare kontinuierliche Organisation seines politischen Willens erreichte. Für die *principes* waren stets die einzelnen Ritter als fungible Personen unvergleichlich wichtiger als der Stand als Ganzes.

Ungeachtet der längst fixierten Voraussetzungen für die Zugehörigkeit zum Ritterstand – dem Nachweis freier Geburt seit mindestens zwei Generationen in der Familie des Ritters, eine Bedingung, die freilich gelegentlich von den *principes* selbst außer Kraft gesetzt wurde, einem Mindestvermögen von 400 000 Sesterzen, der Ernennung durch den *princeps*, eine Annahme, die neuerdings freilich umstritten ist –, war auch dieser Stand erstaunlich inhomogen. Römische Ritter waren so einflußreiche, mächtige und begüterte Personen wie Maecenas oder Sallustius Crispus, der nach Tacitus viele Konsulare und Triumphatoren an Macht übertraf, die Prätorianerpräfekten Sejan und Burrus, so verschiedene Männer wie Arminius und Pontius Pilatus, der Dichter Martial, der Biograph Sueton, der fähige Militär Marcius Turbo, der spätere *princeps* Pertinax, der Jurist und Prätorianerpräfekt Plautian, aber auch Gestalten wie der verarmt und verachtet «zwischen Beeten und Kohl» lebende C. Hadrius Ventrio (ILS 1319).

Für den Principat ist es, trotz der grundsätzlichen Restauration einer ständisch gegliederten Gesellschaft durch Augustus, bezeichnend, daß Standeszugehörigkeit allein über Funktion, Macht und Einfluß einer Person nichts aussagten. Es gab einerseits zahlreiche enge Verbindungen zwischen Ritterstand und Municipalaristokratie, andererseits jedoch auch ein demonstratives Verharren im Ritterstand, obwohl den betreffenden Personen jederzeit ein Aufstieg in den Senatorenstand möglich gewesen wäre. Doch für Persönlichkeiten wie Maecenas war es unvergleichlich attraktiver, stets direkten Einfluß auf den *princeps* ausüben zu können, als eine reguläre senatorische Magistratur zu bekleiden und sich damit auf dieselbe Ebene zu stellen wie die Amtskollegen. So wurde nicht etwa der Ritterstand als «Beamtenstand» zu einem willigen Werkzeug der *principes*, sondern die diesem Stand angehörenden oder in ihn neu aufgenommenen Personen erhielten unter dem Principat Entfaltungsmöglichkeiten, die es im staatlichen Bereich für Angehörige dieser Gruppe zuvor nie gegeben hatte.

Wenn die Gesamtzahl der römischen Ritter schon unter Augustus auf etwa 20 000 Personen geschätzt wird, so nahm sie unter dem Principat noch beträchtlich zu. Allerdings waren die Ritter dabei nicht in allen Städten und Regionen des Imperiums in annähernd identischen Relationen zur Gesamtbevölkerung anzutreffen. Nach Angaben Strabos waren sie in Gades und Patavium besonders stark konzentriert; für beide Städte nennt er die ungewöhnlich hohe Zahl von jeweils 500 Rittern. Aus der ganzen Provinz *Dalmatia* sind dagegen bisher lediglich um 50 Ritter bekannt, aus *Noricum* 22, aus den germanischen Provinzen nur eine Handvoll ritterliche Grundbesitzer, eine weit größere Zahl junger Ritter dienten dort in den Limeskastellen jeweils als Kommandeur einer Auxiliarformation.

Der Anteil der Ritter am Offizierskorps des römischen Heeres und an der Administration des Imperiums läßt sich am besten durch einige statistische Angaben veranschaulichen, Zahlen, die auf der Auswertung von Inschriften beruhen und deshalb einen gewissen Unsicherheitsfaktor in sich tragen. Gleichwohl dürften sie wenigstens ungefähr die Größenordnungen widerspiegeln. Während für die augusteische Zeit von etwa 300 Posten für ritterliche Offiziere ausgegangen wird, belief sich die Zahl dieser *praefecti* und *tribuni*, deren Aufgaben im folgenden näher besprochen werden, nach den Forschungen von Eric Birley im 2. Jahrhundert n. Chr. auf rund 500 Stellen. Im zivilen Bereich lag das weitaus größte, nicht immer berücksichtigte Betätigungsfeld für Angehörige des Ritterstandes im Sektor der Rechtsprechung. Nach Quintilian sollen von den insgesamt 5 000 stadtrömischen *iudices*, den Mitgliedern der Geschworenengerichte, nicht weniger als 3 000 Ritter gewesen sein.

Im Gesamtbereich der imperialen Administration ist zunächst festzuhalten, daß die Verwaltung der römischen Provinzen auch unter dem Principat in erster Linie eine Domäne der Senatoren blieb. Im Jahre 14 n. Chr. standen lediglich acht von insgesamt 31 Provinzen unter ritterlichen Statthaltern, um die Mitte des 2. Jahrhunderts 13 von insgesamt 46. P. A. Brunt hat vor kurzem darauf hingewiesen, daß es für den Zeitraum zwischen 14 n. Chr. und dem 3. Jahrhundert keinen Hinweis auf die Übernahme eines regulären senatorischen Amtes durch einen Ritter gibt. Dagegen profitierten die Ritter generell vom Ausbau und der Differenzierung der Reichsverwaltung sowie langfristig auch von der Zurückdrängung der Freigelassenen aus den verantwortungsvollen Posten der Administration. Immerhin waren nach neueren Berechnungen um die Mitte des 2. Jahrhunderts n. Chr. ungefähr 110 leitende Stellen, meist in der Funktion eines Prokurators, in der Steuer-, Finanz- und Zivilverwaltung des Imperiums mit Rittern besetzt.

Noch deutlicher werden Gesamttendenz und Relationen auf Grund der Resultate von G. Alföldy: «Während die Zahl der senatorischen Dienststellungen – von der Quästur aufwärts – von Augustus bis zur Mitte des 3. Jahrhunderts von etwa 131 auf ungefähr 165 gestiegen ist, vermehrte sich die Zahl der hohen ritterlichen Dienststellungen im gleichen Zeitraum von anfangs wohl nicht viel mehr als 30 auf mindestens 188...» («Die Stellung der Ritter in der Führungsschicht des Imperium Romanum», «Chiron» 11, 1981, 211). Zu dem verhältnismäßig starken Anstieg der Posten für Angehörige des Ritterstandes trug im übrigen auch die Tatsache bei, daß in vielen hohen Ämtern unter dem Principat den nach wie vor verantwortlichen Senatoren nun Ritter in der Stellung eines *procurator, subcurator* oder *adiutor* beigegeben wurden. Ob dies allerdings primär mit dem Ziel einer konkurrierenden Kontrolle erfolgte, einer «Pseudokollegialität», wie dies einst H. G. Pflaum bewertete, ist fraglich. In nicht wenigen Fällen dürfte der Grund dafür in dem gestiegenen Aufgabenvolumen der intensivierten Administration zu suchen sein.

Die genannten Zahlen dürften verdeutlicht haben, daß die Angehörigen des Ritterstandes Jahr für Jahr in weiten Bereichen des Offizierskorps und der Administration numerisch stärker vertreten waren als die Angehörigen des Senatorenstandes, die freilich ihre traditionellen höheren Posten behielten. Doch nicht weniger wichtig ist die Tatsache, daß sich nur ein kleiner Teil von allen Rittern den Aufgaben im Offiziers- und Verwaltungsdienst des Imperiums stellte, der weitaus größere ging in der Existenz des Gutsbesitzers, in anderen wirtschaftlichen Aktivitäten und im Engagement für die jeweilige Heimatstadt auf. Ergänzt aber wurde der Ritterstand nicht nur durch Angehörige dieser sozialen Schichten, vor allem durch Angehörige der Municipalaristokratie, sondern ebenso durch den Aufstieg von Freigelassenen. So war Vedius Pollio, einer der reichsten Ritter des augusteischen Rom, der Sohn eines Freigelassenen; der Freigelassene Antonius Musa, der Leibarzt des Augustus, wurde von diesem in den Ritterstand erhoben, ebenso später der Freigelassene Icelus durch Galba.

Die Laufbahnen der Ritter sind vor allem aus Hunderten von Ehren- und Grabinschriften bekannt, die zumeist sämtliche Stationen der Ämterlaufbahn, den vollständigen *cursus honorum* der betreffenden Persönlichkeit aufführen. Sie sind insbesondere durch H. G. Pflaum ausgewertet worden, der sich darum bemühte, eine Systematik dieser Laufbahnen nachzuweisen und nicht zuletzt die Impulse einzelner *principes* in diesem Bereich festzustellen. So hat etwa eine stadtrömische Inschrift vom Aventin, deren Text schon im 16. Jahrhundert genau festgehalten wurde, in der ergänzten Übersetzung mit aufgelösten Abkürzungen folgenden Wortlaut: «Dem M. Petronius Honoratus, Sohn des M., aus der *Tribus Quirina*. Präfekt der I. Kohorte der Raeter, Militärtribun der *legio I Minervia pia fidelis*, Präfekt der *Ala Augusta pia fidelis* der Thraker, *procurator monetae, procurator* der *vicesima hereditatium* [der 5%igen Erbschaftssteuer], *procurator a rationibus Augusti, praefectus annonae, praefectus Aegypti, pontifex minor*. Die Ölhändler aus der *Baetica* ihrem Patron. Unter den Kuratoren Cassius Faustus und Caecilius Honoratus» (ILS 1340).

Diese Inschrift zeigt exemplarisch die wichtigsten Etappen einer Ritterkarriere, die den Geehrten schließlich im Jahre 147/148 n. Chr. bis zur Spitzenstellung des *praefectus Aegypti*, des höchsten römischen Beamten im Nilland, führte. Die Ölhändler aus der *Baetica* waren gut beraten, sich diesen einflußreichen Mann, der zuvor als *a rationibus* und als *praefectus annonae* höchste Ämter der zentralen Verwaltung in Rom bekleidet hatte, zu ihrem Patron zu wählen.

Am Anfang ritterlicher Laufbahnen stand sehr häufig eine Betätigung in den stadtrömischen Geschworenengerichten oder die Übernahme municipaler Magistraturen in den Städten des Imperiums. Denn etwa ein Drittel aller bekannten ritterlichen Offiziere vorhadrianischer Zeit hat, zum Teil vor, zum Teil nach ihrer Tätigkeit im Reichsdienst, auch verschiedene municipale Ämter bekleidet. Im Offiziersdienst setzte die Laufbahn eines Ritters dann mit der Leistung der *tres militiae equestres* ein, drei verschiedenen Kommandopositionen, zu denen seit dem 2. Jahrhundert n. Chr. auch noch eine vierte hinzukommen konnte.

Ohne speziellere Vorkenntnisse übernahm der junge Ritter, etwa im Alter von 25 bis 30 Jahren, zunächst als Präfekt das Kommando über eine Kohorte, einen Infanterieverband der Hilfstruppen in Stärke von etwa 500 Mann. Als zweite Stufe folgte das Kommando über eine Legionskohorte, nun in der Stärke von rund 1000 Mann, oder ein entsprechender Posten im Stab der Legion, als dritte Etappe dann in der Regel das Kommando über ein Reiterregiment der Hilfstruppen von etwa 500 Mann Sollstärke als *praefectus alae*. Für besonders qualifizierte Kavalleriekommandeure konnte dann noch das Kommando über eine rund 1000 Mann starke Reiterformation hinzutreten. Eric Birley vermutete, daß sich die durchschnittliche Dauer der einzelnen Kommandos auf etwa drei Jahre belief.

Während die lange Offiziersdienstzeit der *tres militae* meist in den Grenzkastellen am Limes oder in den Legionslagern, nicht selten während der militärischen Operationen abzuleisten war, konnte der folgende Zivildienst der Prokuratorenlaufbahn den Ritter in alle Provinzen des Imperiums führen. Nach Pflaums Berechnungen hatten immerhin rund 85% aller bekannten ritterlichen Prokuratoren zuvor als Offiziere gedient, andererseits aber waren auch rund 85% aller Prokuratoren ursprünglich Centurionen, also Berufsunteroffiziere mit entsprechend langer Dienstzeit gewesen und von dieser Funktion aus dann aufgestiegen.

Auch für die zivilen Prokuratorenlaufbahnen verfügten die Ritter in der Regel nicht über spezielle Ausbildungen oder Vorkenntnisse. Steuer-, Zoll-, Finanz- und allgemeine Verwaltung benötigten eine Vielzahl ritterlicher Prokuratoren, wobei weder die Auswahlkriterien noch diejenigen für die Versetzungen eindeutig zu ermitteln sind; ganz gewiß ist der Einfluß von Patronage vielfältigster Art, nicht zuletzt durch Empfehlungsschreiben an den *princeps*, kaum zu überschätzen. Schon früh konnte ein bewährter Ritter wie M. Petronius Honoratus als *procurator monetae* neben den jungen senatorischen *tresviri monetales* die Leitung des Münzwesens übernehmen, danach die Verantwortung für Einziehung und Verwaltung einer der wichtigsten Steuern, schließlich die gesamte Steuerverwaltung von drei Provinzen leiten, ehe er danach zu jenen Spitzenämtern vorstieß, die stets Rittern vorbehalten waren.

Im militärischen Bereich zählen dazu die Positionen eines Flottenbefehlshabers, des *praefectus classis*, des Befehlshabers der Feuerschutzpolizei in der Hauptstadt, des *praefectus vigilum*; im administrativen Sektor gehören in diese Gruppe der für die gesamte Lebensmittelversorgung zuständige *praefectus annonae*, sodann der *praefectus Aegypti*, der ebenso im Besitz einer Schlüsselstellung des Imperiums war wie der angesehenste ritterliche Beamte überhaupt, der Befehlshaber der Garde, *praefectus praetorio*, wobei Inhaber dieses Amtes wie Sejan, Burrus oder im 3. Jahrhundert n. Chr. Timesitheus, der Gardepräfekt Gordians III., geradezu Funktionen eines Regenten ausfüllten.

Die Ritter insgesamt konnten sich einer Reihe von Statussymbolen und Ehrenrechten erfreuen, die sie eifersüchtig wahrten. Dazu zählen der *angustus clavus*, ein schmaler Purpurstreifen an der Tunica, ein goldener Ring, der *anulus aureus*, eine spezifische Paradeuniform und Ehrensitze im Theater. Eine Gruppe von wohl 6000 Rittern wurde vom *princeps* außerdem mit dem *equus publicus*, dem Staatspferd, ausgezeichnet. Doch nicht weniger wichtig waren für die Ritter im staatlichen Dienst die zum Teil großzügigen materiellen Entschädigungen, die sie nun auf den verschiedenen Posten erhielten. Es wird vermutet, daß schon ein *tribunus militum* im Jahr ein Gehalt von 50000 Sesterzen erhielt; gesichert sind dagegen die zum Teil titular bezeugten Gehaltsgruppen der *sexagenarii, centenarii, ducenarii* oder *trecenarii*, das heißt der je nach dem Rang der bekleideten Ämter gestaffelten Gehälter von 60000, 100000, 200000, seit dem Ende des 2. Jahrhunderts n. Chr. selbst 300000 Sesterzen pro Jahr.

In der römischen Gesellschaft und im römischen Staat gab es nur einen Bereich, der den Rittern großenteils verschlossen blieb: die Zugehörigkeit zu den großen, alten Priesterkollegien, die wesentlicher Bestandteil des Prestiges der Führungsschicht blieb. Hier mußten sich die Ritter mit den weniger angesehenen Ämtern eines *pontifex minor*, eines *haruspex* oder *lupercus* begnügen.

Die Senatoren

Theodor Mommsen, der bei jeder sich bietenden Gelegenheit gegen die «Junkerherrschaft» wetterte, die römische wie die preußische, hat gleichwohl den Senat der klassischen Römischen Republik in geradezu hymnischer Weise gefeiert: «Berufen nicht durch den eitlen Zufall der Geburt, sondern wesentlich durch die freie Wahl der Nation; bestätigt von vier zu vier Jahren durch das strenge Sittengericht der würdigsten Männer; auf Lebenszeit im Amte und nicht abhängig von dem Ablauf des Mandats oder von der schwankenden Meinung des Volkes; in sich einig und geschlossen seit der Ausgleichung der Stände; alles in sich schließend, was das Volk besaß von politischer Intelligenz und praktischer Staatskunde; unumschränkt verfügend in allen finanziellen Fragen und in der Leitung der auswärtigen Politik; die Exekutive vollkommen beherrschend durch deren kurze Dauer und durch die dem Senat nach der Beseitigung des ständischen Haders dienstbar gewordene tribunizische Interzession, war der römische Senat der edelste Ausdruck der Nation und in Konsequenz und Staatsklugheit, in Einigkeit und Vaterlandsliebe, in Machtfülle und sicherem Mut die erste politische Körperschaft aller Zeiten – auch jetzt noch ‹eine Versammlung von Königen›, die es verstand, mit republikanischer Hingebung despotische Energie zu verbinden. Nie ist ein Staat nach außen fester und würdiger vertreten worden als Rom in seiner guten Zeit durch seinen Senat.» Mommsen machte dann zwar einige Abstriche von diesem Panegyricus, indem er auf die Rolle der Sonderinteressen der Senatoren in der inneren Verwaltung hinwies, doch seine abschließende Feststellung war eindeutig genug: «... so hat das römische Volk in seinem Senat längere Zeit, als es einem Volke verstattet zu sein pflegt, das großartigste aller Menschenwerke durchzuführen vermocht, eine weise und glückliche Selbstregierung» («Römische Geschichte» I⁹, Berlin 1903, 318 f.).

Mommsens Wertung ist gewiß zu sehr idealisiert, die Macht des Senats und dessen Selbstverständnis in den Glanzzeiten der Republik hat er jedoch zweifellos richtig beschrieben. Unter dem Principat hatte sich die Lage indessen völlig verändert. Zwar besaß die alte Körperschaft noch immer einen Hauch der alten *auctoritas patrum*, war sie noch immer die ranghöchste Korporation des Imperiums und Garant der Kontinuität des Staates. Alle wesentlichen politischen Entscheidungsfunktionen aber waren schon seit Augustus an den *princeps* übergegangen; eine echte Kompensation stellten die von den *principes* dem Senat übertragenen Funktionen nicht dar. Jener Senat, den Tacitus unter Tiberius schildert, hatte mit dem republikanischen nichts mehr zu tun: «Im übrigen war die damalige Zeit derart verdorben und in schmutziger Weise unterwürfig, daß nicht nur die führenden Männer des Staates, die ihre glanzvolle Stellung durch Gehorsam schützen mußten, sondern auch alle Konsulare, ein groß Teil derer, die die Prätur bekleidet hatten, und selbst viele einfache Senatoren um die Wette auftraten und ekelhaft übertriebene Anträge stellten. Man berichtet, daß Tiberius, wenn er die Kurie verließ, auf griechisch auszurufen pflegte: ‹O diese zur Knechtschaft bereiten Menschen!›» («*Annales*» 3,65).

Mag auch Tacitus' Einschätzung einseitig sein, so zeigt sie doch, in welch teilweise penetranter Form sich der römische Senat unter dem Principat an den Vorstellungen, Wünschen und Absichten der Herrscher zu orientieren suchte. Häufig genug bot er lediglich den traditionellen Rahmen zur Verkündigung der Auffassungen der *principes*, eine akklamierende Komparserie, deren Funktion gewiß selten delikater, aber auch kaum je würdeloser war als in den turbulenten Krisen des Imperiums, nach Neros Sturz und Commodus' Ermordung. Gleichwohl waren *princeps* und Senat aufeinander angewiesen, der *princeps* auf die aktive Mitwirkung der Senatoren im neuen

System, die Senatoren auf die Anerkennung ihrer gesellschaftlichen Stellung und die Rechtssicherheit im weitesten Sinne, die ihnen nur der *princeps* und dessen Machtmittel gewähren konnten.

Eine echte politische Selbständigkeit aber besaß der römische Senat nach dem Jahr 27 v. Chr. nicht mehr; eine «Senatspolitik» gab es unter dem Principat nie. Der Senat wurde mehr und mehr zu einer «Notabelnversammlung» (A. Heuß), und diese Notabeln waren in ihre Stellungen nahezu ausschließlich durch das *placet* der *principes* gekommen. Der Senat lebte zudem auch als Körperschaft völlig von den Konzessionen, der Gunst und gelegentlich dem Respekt, den ihm die einzelnen *principes* erwiesen.

Wie die Personen der *principes* wechselten, die Atmosphäre in den Beziehungen sich ständig veränderte, so blieb auch der Senat nur scheinbar und nur äußerlich identisch und homogen. Durch «Säuberungen» und Verfolgungen dezimiert, durch die Aufnahme loyaler, aber auch fähiger sozialer Aufsteiger ergänzt, durch die Erweiterung der regionalen Provenienz seiner Mitglieder gestärkt, verlor er schon früh sein traditionell republikanisches Profil. Die Umschichtung bewirkte schließlich eine neue Identität. Der Senat des Principats war schon auf Grund der Interessenlage seiner Mitglieder völlig in dem neuen System aufgegangen.

Soziales Prestige und politische Macht der Senatoren standen so in denkbar stärkstem Gegensatz zueinander. Es war von Anfang an eine Fiktion, von dem politisch weithin machtlosen und militärisch nie ebenbürtigen Senat des Principats die Verteidigung der traditionellen Verfassung zu erwarten. Allerdings blieb lange Zeit ein – wenn auch periodenweise nur latentes – Spannungsverhältnis zwischen *princeps* und Senat bestehen. Krisen traten in den Beziehungen nicht nur durch autoritäre und willkürliche Machtausübung einzelner *principes* auf, durch die teilweise schubartigen Zentralisierungs- und Konzentrationserscheinungen in der Administration, die Kumulation der Kompetenzen oder einen provozierenden Herrschaftsstil auf der einen oder anachronistische und unrealistische Verhaltensweisen auf der anderen Seite. Krisen waren gleichsam permanent angelegt durch eine fehlende klare Nachfolgeordnung, die auch durch die Ideologie des «Adoptivkaisertums» nicht zu ersetzen war.

Noch zur Zeit der späten Römischen Republik war die Ämterlaufbahn, der sogenannte *cursus honorum*, der römischen Senatoren normiert worden, und auch unter dem Principat bildeten sich schon früh bestimmte Laufbahn- und Beförderungskriterien heraus, die vor allem durch W. Eck systematisch analysiert wurden. In der Regel begannen junge Mitglieder senatorischer Familien, die über ein Mindestvermögen von 1 Million Sesterzen verfügten, die senatorische Ämterlaufbahn im Alter von 18 bis 20 Jahren mit dem sogenannten Vigintivirat, das heißt mit der Übernahme eines Postens in einer jener staatlichen Kommissionen, die insgesamt 20 Mitglieder aufwiesen.

Der junge Mann wurde entweder *triumvir aere argento auro flando feriundo* und hatte damit zusammen mit seinen Kollegen den Bereich der Münzprägung zu überwachen, oder er wurde *quattuorvir viarum curandarum*, Mitglied einer Straßenkommission, oder er hatte sich im juristischen Felde zu betätigen, sei es als *triumvir capitalis* mit der Verantwortung für die Aburteilung und Hinrichtung von Verbrechern, sei es als *decemvir stlitibus iudicandis* mit der Aufgabe, insbesondere Personenstandsprozesse und Freiheitsprozesse zu entscheiden. Das Prestige der vier Kommissionen war nicht identisch. Am angesehensten waren die *triumviri aere argento auro flando feriundo*, die deshalb fast ausschließlich von Angehörigen der alten patrizischen Familien gestellt wurden.

Damit zeigt sich bereits hier die für die senatorische Laufbahn charakteristische Bevorzugung der Mitglieder des Patriziats, für die schon deshalb besondere Privilegien galten, weil der Principat auf die großen und glanzvollen Namen der Republik nicht verzichten wollte. Die jungen Patrizier mußten daher auch lediglich die klassischen Magistraturen absolvieren, und sie erhielten stets die ehrenvolleren Aufgaben. Dies hatte zur Folge, daß ein Patrizier das Konsulat unter dem Principat schon im Alter von 33 Jahren erreichen konnte, während die Angehörigen der nicht-patrizischen Familien einer sehr viel schärferen und länger andauernden Konkurrenz ausgesetzt waren und das Konsulat, wenn überhaupt, dann frühestens im 43. Lebensjahr erlangten.

Nach dem Posten des Vigintivirats folgte eine Verwendung als Militärtribun. Von den sechs Tribunenstellen jeder Legion war stets eine für den sogenannten *tribunus laticlavius* bestimmt, insgesamt standen daher etwa 26 bis 28 Planstellen zur Verfügung. In der Regel dürfte dieser Stabsoffiziersdienst der jungen Senatoren ungefähr zwei bis drei Jahre gedauert haben, doch ist die Bereitschaft, länger zu dienen, ebenso bezeugt wie das Bestreben, diesen Militärdienst in den großen Lagern der Grenzprovinzen oder auf den jeweiligen Kriegsschauplätzen möglichst abzukürzen. Wie immer dieses individuelle Verhalten im Einzelfall eingeschätzt wird, mit seinen militärischen Fachkenntnissen und Erfahrungen war ein junger Senator unter dem Principat noch nicht befähigt, selbständig größeren militärischen Aufgaben gerecht zu werden. Dazu war die Übernahme weiterer Kommandeursposten, wie des Legionslegaten, eine unabdingbare Voraussetzung.

Die erste große Zäsur im *cursus honorum* brachte dann die Quaestur, ein vielseitiges Verwaltungsamt zumeist subalternen Rangs, das häufig die Leitung von Kassen oder anderen Teilbereichen der Administration umfaßte. Sie wurde in der Regel mit 25 Jahren erreicht. Die Magistratur des Quaestors war deshalb so wichtig, weil mit ihr die offizielle Aufnahme in das Gremium des Senats verbunden blieb. Auch die einzelnen Posten der Quaestur waren sehr verschiedenartig. Besonderes Ansehen genossen die beiden *quaestores Augusti*, etwas geringeres die zwei *quaestores urbani*, die vier *quaestores consulum* und schließlich die zwölf in den Senatsprovinzen eingesetzten *quaestores provinciae*.

Auf die Quaestur folgte eine zweijährige Amtspause. Dann erst mußten sich die ehemaligen Quaestoren entweder um das Volkstribunat oder um die Stelle eines Ädils bewerben, doch waren diese Ämter nur für Nicht-Patrizier obligatorisch. Da jedes Jahr nur zehn Stellen für Volkstribunen und sechs für Ädilen zu besetzen waren, kam es hier zu einem Engpaß in der senatorischen Laufbahn.

Im Alter von 30 Jahren wurde dann die Prätur erreicht, für die 18 reguläre Stellen zur Verfügung standen. Die Magistratur war längst nicht mehr, wie zu Zeiten der Republik, auf den Bereich der Rechtsprechung konzentriert, sondern eröffnete vor allem den Weg zu zahlreichen verantwortungsvollen prätorischen Ämtern, von denen ein ehemaliger Prätor mindestens drei längerfristig zu bekleiden hatte, ehe er im günstigsten Falle zur Spitze der senatorischen Laufbahn, dem Konsulat, vordringen konnte. Prätoren leiteten nicht selten als *legatus Augusti pro praetore* eine kleinere Provinz, sie kontrollierten die großen zentralen Kassen des *aerarium Saturni* und des *aerarium militare*, als *curator viarum* oblag ihnen die Aufsicht über eine der großen Fernstraßen Italiens, der *Via Appia*, der *Via Flaminia* oder der *Via Aemilia*, sie leiteten als *iuridicus* eine Mittelinstanz der Rechtsprechung, als *curator* oder *praefectus frumenti dandi* die Getreideverteilung in der Hauptstadt, als *curator operum locorumque publicorum* die öffentlichen Arbeiten. Vor allem aber kommandierten sie als Legaten die römischen Legionen.

Mit der Bekleidung eines prätorischen Amtes endete die Laufbahn vieler Senatoren, denn im 2. Jahrhundert n. Chr. stiegen durchschnittlich im Jahr nur noch etwa acht bis zehn Angehörige dieser Schicht zum Konsulat auf.

Nach der Bekleidung dieser nach wie vor angesehensten Magistratur Roms blieb den Konsularen eine ganze Reihe von Schlüsselstellungen der Administration in der Hauptstadt wie in den Provinzen vorbehalten. Dazu zählten elementare Bereiche wie die Wasserversorgung Roms als *curator aquarum*, die Kontrolle der Tiberufer und der Entwässerungsanlagen als *curator alvei Tiberis et riparum et cloacarum urbis*, das besonders angesehene Amt des *praefectus urbi*, aber auch Statthalterschaften in größeren Provinzen, in denen gelegentlich bis zu vier Legionen und auch eine größere Anzahl von Auxiliareinheiten standen, so daß diese Stellungen zugleich wichtige Militärkommandos umfaßten.

Géza Alföldy hat den Nachweis geführt, daß der Aufstieg von Männern provinzialer Herkunft in den Kreis jener Senatoren, die auch das Konsulat erreichten, im 2. Jahrhundert n. Chr. beträchtlich zunahm, während der Anteil italischer Konsuln von rund 56 % unter Antoninus Pius auf etwa 43 % unter Mark Aurel zurückging. Es ist evident, daß diese Entwicklung vor allem durch die Krise der zweiten Jahrhunderthälfte gefördert wurde. Inmitten des Zweifrontenkrieges gegen Parther und Germanen, im Kampf gegen Pest und Insurrektion, Währungsverfall und Hungersnot waren nur durch eine große Familientradition ausgewiesene Senatoren nicht mehr gefragt.

Verhältnismäßig selten kam es in der Laufbahn der Senatoren zu einer Iteration des Konsulats: «Während der 70 Jahre zwischen 69 und 138 wurden 38 oder 39 Konsulate von *consules II* und außerdem zehn oder vielleicht elf von *consules III* bekleidet...; dagegen gab es während der 54 Jahre vom Regierungsantritt des Antoninus Pius bis zum Tode des Commodus nur 16 *consules II*» (G. Alföldy, «Konsulat und Senatorenstand unter den Antoninen», Bonn 1977, 107). Noch in antoninischer Zeit war ein zweites Konsulat vor allem für Angehörige der Familie des *princeps* und andere besonders angesehene Aristokraten reserviert, doch wurden daneben auch verdiente Beamte, darunter eine ganze Reihe von Stadtpräfekten, mit dieser seltenen Würde ausgezeichnet.

Ein nicht zu unterschätzendes Element für das Ansehen des einzelnen Senators stellte seine stets demonstrativ zur Schau getragene Betätigung im religiösen Bereich dar. Noch immer waren die großen alten Priesterämter der Republik äußerst begehrt. Die Zugehörigkeit zu den klassischen Priesterkollegien der *pontifices*, der Auguren, Fetialen, der *XV-viri sacris faciundis* oder der *VII-viri epulonum* verlieh großes gesellschaftliches Prestige, hatte im übrigen jedoch mit den persönlichen religiösen Überzeugungen des betreffenden Senators nur wenig zu tun.

Da die Widmungs- und Grabinschriften der römischen Senatoren wie diejenigen der Ritter in der Regel nicht nur die jeweils höchste erreichte Magistratur oder die wichtigste Funktion des zu Ehrenden oder des Verstorbenen aufführten, sondern in häufig stark verkürzter Form sämtliche Stationen des jeweiligen *cursus honorum* benennen, konnte ein solch lapidarer Text etwa lauten:

«M. Arruntio
M.f. Ter. Aquilae
III viro a.a.a.f.f.
quaest. Caesaris
trib.pl. pr. cos.
XV viro sacr. fac.
filio.»

Diese Inschrift aus Padua (ILS 980) ehrt somit Marcus Arruntius Aquila, Sohn des Marcus, aus der *Tribus Teretina*. In aufsteigender Reihenfolge nennt sie sämtliche bekleideten Magistraturen bis zum Konsulat, klammert jedoch die sonst oft genannten militärischen Positionen aus, erwähnt indessen das wichtige Priesteramt.

Eine senatorische Ehreninschrift aus Lukavecz in Kroatien für einen verdienten Militär stellte dagegen gerade dessen militärische Posten und

Auszeichnungen besonders stark heraus. Unter Auflösung der Abkürzungen und Ergänzung des beschädigten und teilweise (nach der *damnatio memoriae* Domitians) wieder getilgten Textes lautet sie: «Dem Lucius Funisulanus Vettonianus, Sohn des Lucius, aus der *Tribus Aniensis*, Militärtribun der *Legio VI Victrix*, *quaestor* der Provinz Sizilien, Volkstribun, Praetor, Legat der *Legio IV Scythica*, Präfekt des *Aerarium Saturni*, *Curator* der *Via Aemilia*, Konsul, *VII-vir epulonum*, *Legatus pro praetore* der Provinz *Dalmatia*, ebenso der Provinz *Pannonia*, ebenso von *Moesia superior*, vom *Imperator Domitianus Augustus Germanicus* im Dakerkrieg mit vier Kronen ausgezeichnet, der *corona muralis, vallaris, classica* und *aurea*, sowie mit vier Ehrenlanzen und vier Ehrenfeldzeichen. Dem Patron auf Beschluß der Dekurionen» (ILS 1005).

Stets überwog so in diesen Inschriften die nüchterne Konzentration auf Magistraturen und Funktionen, die Bewährung innerhalb der Normen des Standes. Nur in sehr wenigen Fällen sind daneben noch konkrete biographische Elemente enthalten, die die Individualität des Geehrten hervorheben und seine besonderen Verdienste in Kriegsführung und Administration rühmen. Öfter wird dagegen die Gunst des *princeps* betont, die Tatsache, daß der Senator als *candidatus* des *princeps* in Magistraturen gewählt, vom *princeps* in eine bestimmte Rangstufe ernannt *(adlectus)* wurde, von ihm Auszeichnungen erhielt oder als dessen *comes* zusätzliches Prestige erhielt.

Obwohl der Einfluß des *princeps* auf die Besetzung der senatorischen Magistratur und der Funktionen durch ein vielfältiges Instrumentarium von Kontroll- und Förderungsmöglichkeiten gesichert war, behielt die Körperschaft selbst einen gewissen Spielraum bei der Besetzung dieser Stellen, seit die Wahlen von den Komitien auf den Senat übergegangen waren (14 n. Chr.). Der jüngere Plinius beschreibt in einem seiner Briefe die in seiner Zeit eingetretenen Mißstände: «Alle verlangten am Wahltag Stimmtäfelchen [zur geheimen Abstimmung]. Wir hatten freilich früher mit jenen lauten und offenen Abstimmungen die Unordnung der Volksversammlungen noch übertroffen. Man beobachtete keine Redezeit, man schwieg nicht bescheiden, man wußte nicht einmal mit Würde an seinem Platz zu bleiben. Von allen Seiten wildes, mißtönendes Geschrei, alle rannten mit ihren Kandidaten nach vorn, in der Mitte gab es viele Ansammlungen und viele Gruppen und ein unziemliches Durcheinander; so sehr waren wir von der Gewohnheit unserer Väter abgekommen, bei denen alles geregelt, gemäßigt, ruhig seinen Lauf nahm und damit der Würde des Ortes und dem Anstand Genüge tat.

Es gibt noch einige alte Leute, von denen ich häufig hören kann, wie es früher am Wahltag zuging: bei der Namensnennung des Kandidaten tiefstes Schweigen; er sprach persönlich für sich, legte über sein Leben Rechenschaft ab, ließ als Zeugen und Befürworter entweder den, unter dem er Militärdienst geleistet hatte, oder den, bei dem er Quästor gewesen war, oder wenn möglich beide auftreten und gab dazu noch einige Personen an, die ihm Unterstützung liehen; jene sprachen mit Würde und kurz. Dies nützte mehr als Bitten. Manchmal beanstandete der Kandidat die Herkunft oder das Alter und auch die Lebensführung seines Mitbewerbers; der Senat hörte sich dies mit dem Ernst des Sittenrichters an» (Plinius, *«Epistulae»* 3,20 – Übersetzung von A. Lambert).

Gegen vielfältige Mißbräuche der Wahlbeeinflussung der Senatoren, Einladungen zu exquisiten Essen, das Versenden von Geschenken und das Hinterlegen von Wahlbestechungsgeldern, schritt dann Trajan ein: «Er schränkte die Ausgaben der Kandidaten, diese schändlichen und unrühmlichen Ausgaben, in einem Gesetz gegen die Korruption ein; auch verpflichtete er sie, den dritten Teil ihres ererbten Vermögens in Grundbesitz anzulegen, da er es für unschicklich hielt – und das war es auch –, daß Leute, sich um Ehrenstellen bewerben, Rom und Italien nicht als ihr Vaterland, sondern wie Reisende als Gasthaus und Herberge betrachten» (a.O., 6,19).

Die Sonderstellung der *patricii* wurde bereits hervorgehoben. Diese Angehörigen der alten römischen Aristokratie, zunächst der Geburtsadel Roms schlechthin, waren freilich auf Grund ihres einzigartigen sozialen Prestiges stets zugleich auch besonders gefährdet. Schon Caesar hatte im Jahr 45 v. Chr. das Recht zur Ernennung neuer Patrizier erlangt. Augustus, der durch die *lex Saenia* (30/29 v. Chr.) die gleiche Kompetenz erhielt, soll rund 60 Senatoren in das Patriziat erhoben haben; ein weiterer Ernennungsschub erfolgte dann 48 n. Chr. unter Claudius. Doch diesen Regenerationsversuchen war kein Erfolg beschieden. Auch das «Neupatriziat» julischer und claudischer Genese taucht bereits gegen Ende des 2. Jahrhunderts n. Chr. nur noch selten auf.

Nach den Patriziern genossen vor allem die Nachkommen republikanischer Konsuln, als Nobilität im engeren und ursprünglichen Sinne, ein besonders hohes Ansehen. Sie fühlten sich schon jenen Familien überlegen, die erst nach 14 n. Chr. einen Konsul gestellt hatten, der dann nicht mehr die breite Basis einer Volkswahl in den Komitien aufzuweisen hatte. *homo novus* im eigentlichen Sinne aber war derjenige Senator, der als erster seiner Familie das Konsulat erlangt hatte. Die Körperschaft des Senats wurde nach den Ranggruppen, zum Beispiel der Konsulare, Prätorier und Quästorier, aufgegliedert, das heißt nach den großem Magistraturen, welche die einzelnen Senatoren bereits bekleidet hatten.

Die Zusammensetzung der Körperschaft des Senats veränderte sich in vielfacher Hinsicht. Von den rund 600 Senatoren stammte unter Augustus und Tiberius erst etwa ein Dutzend aus den Provinzen, zumeist aus den früh und intensiv romanisierten Landschaften der *Gallia Narbonensis* und der *Baetica*. Dann stieg der Anteil dieser Gruppe seit Claudius kontinuierlich an. Vor allem neue Senatoren aus den Provinzen *Africa, Asia* und *Galatia* kamen nun hinzu, doch bildeten jene italischer Provenienz noch unter

Antoninus Pius eindeutig die Mehrheit. Andererseits gibt es nach W. Eck keinen gesicherten Beweis dafür, daß eine Familie aus den beiden germanischen Provinzen, Raetien oder *Noricum* in den Senatorenstand aufstieg.

Dieser Prozeß der Ausweitung des *ius honorum* auf außeritalische Kräfte verlief nicht ohne Opposition. Mit dem schon früher erwähnten Eintreten des Claudius für dieses Recht der Gallier im Jahre 48 n. Chr. konfrontiert Tacitus die Gegenstimmen: «Die einen versicherten, Italien sei doch noch nicht so heruntergekommen, daß es nicht imstande wäre, den Senat seiner Hauptstadt zu ergänzen. Vor Zeiten hätten die Eingeborenen bei der Blutsverwandtschaft der Völker dazu genügt. Und dieser alten Verfassung hätten wir uns doch nicht zu schämen. Sogar noch jetzt würden die rühmlichen Taten erwähnt, die die römischen Landeskinder in den guten alten Zeiten für Roms Größe und Ruhm vollbracht haben. Oder sei es etwa nicht genug, daß sich die Veneter und Insubrer in die Kurie eingedrängt haben? Müßten auch noch Ausländer in Scharen kommen und uns gewissermaßen zu Gefangenen machen? Welche Ehren würden den Resten des Adels noch bleiben, oder welcher unbegüterte Mann aus Latium würde noch Senator werden? Alles würden jene reichen Gallier in Beschlag nehmen, deren Großväter und Urgroßväter als Führer feindlicher Stämme unsere Heere mit bewaffneter Hand niedergemacht, den göttlichen Julius Caesar in Alesia belagert haben. Dies seien Vorgänge der jüngsten Vergangenheit. Wie stehe es erst, wenn wir uns jener erinnern, die unter dem Kapitol und der römischen Stadtburg von den Händen ebendieser [Gallier] vernichtet worden sind? Mögen sie immerhin dem Namen nach Bürger heißen, aber die Insignien der Senatoren, die Ehrenzeichen der hohen Staatsbeamten dürften sie nicht gemein machen!» (Tacitus, «Annalen» XI,23,2 ff. – Übersetzung von C. Hoffmann).

Auch in Tacitus' Bericht werden die materiellen Voraussetzungen der Zugehörigkeit zum Senat gestreift. Derjenige Senator, über dessen Vermögen wir dank seiner ausführlichen Korrespondenz am besten informiert sind, ist der jüngere Plinius. Er zählte keineswegs zu den reichsten Senatoren des Principats, konnte sich nicht entfernt mit jenen Standesgenossen vergleichen, deren Vermögen auf Hunderte von Millionen Sesterzen geschätzt wurde, auch nicht mit solchen, die ausgedehnte Ländereien in den Provinzen besaßen.

Mit einem geschätzten Vermögen von rund 20 Millionen Sesterzen gehörte Plinius indessen zu den reicheren Senatoren der Epoche Trajans. Abgesehen vom Familienbesitz, konnte er dieses Vermögen vor allem aus dem Erbe seines Onkels, des älteren Plinius, und aus seinen drei Ehen ansammeln. Allein sein Landbesitz, dessen Zentren am Comer See und bei Tifernum Tiberinum in Umbrien lagen, wird von R. Duncan-Jones auf einen Wert von 17 Millionen Sesterzen geschätzt. Eine bedeutende Rolle spielten in Plinius' Bilanz daneben weitere Erbschaften und Legate, die zusammen über 1,5 Millionen Sesterzen betrugen.

Dem stehen allerdings Plinius' Schenkungen an Körperschaften wie an einzelne Personen in Höhe von über 2 Millionen Sesterzen gegenüber. Hier waren die Stiftung einer Bibliothek für seine Heimatstadt Comum in Höhe von 1 Million Sesterzen, die Betreuungskosten für diese Bibliothek (100 000 Sesterzen) und seine Alimentarstiftung, die 175 Kinder unterstützen konnte, in der Höhe von 500 000 Sesterzen sowie die Ausgaben unbekannter Höhe für einen Tempel in Tifernum Tiberinum wohl die größten Posten. Dazu kamen nach dem Tode des kinderlosen Mannes noch weit größere Summen zur Versorgung von 100 Freigelassenen sowie für Bäder in Comum hinzu, so daß es wohl nicht unrealistisch ist, wenn die Gesamtsumme seiner öffentlichen Stiftungen auf über 5 Millionen Sesterzen geschätzt wurde. Vermögensstruktur, wirtschaftliche Aktivität im Agrarsektor Italiens und ungewöhnliche Liberalität dieses Mannes sind gewiß nicht zu verallgemeinern, doch zeigen sie konkret wenigstens die Tendenzen an, nach denen sich Senatoren unter dem Principat orientierten.

Die Armee

Sowohl für die Beziehungen zwischen *princeps* und Armee als auch für die machtpolitische und soziale Rolle des Heeres unter dem Principat hatte schon Augustus die Weichen gestellt. Auch die folgenden *principes* haben nie vergessen, daß sie ihre Stellung allein dem Heere verdankten. Selbst persönlich unmilitärische Herrscher wie Claudius oder Domitian waren gezwungen, den direkten Kontakt zur Truppe zu suchen sowie engste Verbindungen zu allen römischen Heeren und Formationen zu pflegen und auszubauen.

Die alljährliche Eidesleistung der Armee auf den *princeps* und dessen *domus*, die Präsenz des Herrscherbildnisses in den Fahnenheiligtümern aller Lager und Kastelle, das beständige Vorantragen eines Bildes des jeweiligen *princeps* vor allen Einheiten durch einen eigenen *imaginifer*, die demonstrative Ausgabe von immer wieder neuen Bildserien, welche die Armee und ihre Erfolge feierten, durch die römische Reichsprägung, die vielen Altäre, Bau- und Weihinschriften für den *princeps* und sein Haus mögen dem modernen Menschen als reine Äußerlichkeiten erscheinen. In der römischen Welt waren sie konkreter Ausdruck von Verbundenheit und Loyalität.

Die Armee war unter dem Principat sowohl der entscheidende Faktor der Stabilität und der Herrschaftssicherung als auch der Unsicherheit und der potentiellen Gefährdung des neuen Systems. Es ist für den Principat bezeichnend, daß die Truppenkonzentrationen zunächst an der Peripherie der Stadt Rom sowie an der Peripherie des Imperiums erfolgten. Die Hauptstadt selbst war nach alter Tradition anfangs ebenso «entmilitarisiert» wie Italien und der Großteil der befriedeten Provinzen. Allein die Garden und die

32 Prätorianerrelief, Paris

paramilitärischen Verbände Roms wie die in den Grenzzonen, insbesondere an den Brennpunkten der Reichsverteidigung konzentrierten Legionen und Auxiliarformationen waren stark genug, um das System nach außen wie nach innen zu schützen. Das entscheidende Problem stellten Gehorsam, Disziplin und Loyalität der Verbände und ihrer Kommandeure dar.

Da sich gerade die großen Heeresgruppen am Rhein, an der Donau und in Syrien, aber auch diejenigen in Britannien, durch die Gemeinsamkeit der militärischen Aufgaben und Interessen immer stärker zusammenschlossen, kam für die *principes* alles darauf an, in den Schlüsselstellungen der großen Heereskommandos zuverlässige Stützen ihrer Macht zu etablieren. Schon Augustus konnte dazu auf M. Agrippa, Tiberius, Drusus und Germanicus nicht verzichten, Vespasian nicht auf Titus, Nerva nicht auf Trajan. Alle Befehlshaber auf Kriegsschauplätzen aber unterstanden dem *princeps* direkt ebenso wie alle Statthalter, die über Truppen verfügten, und wie die Legaten der Legionen. Zur Verselbständigung von Oberbefehlshabern des Heeres sollte es erst unter den Heermeistern der Spätantike kommen.

Die konsequente und direkte Verklammerung des Oberbefehls über die Armee mit der Person des *princeps* war das notwendige Gegengewicht zu den zentrifugalen Entwicklungen bei den einzelnen Heeresgruppen, die sich auch durch vielfältige Versetzungen von Offizieren und durch die Verlagerung ganzer Truppenteile nie völlig vermeiden ließen. Allein die aktive Ausübung dieses Oberbefehls erzwang auch die ständige ideelle Beeinflussung aller Formationen, die sich am wirksamsten stets durch eine persönliche Präsenz des *princeps* bei der Armee erreichen ließ, wie vor allem unter Trajan, Hadrian und M. Aurel. Die Monopolisierung des militärischen Triumphs, der imperatorischen Akklamationen und der Siegerbeinamen sind weitere Belege dieser demonstrativen Stilisierung des *princeps* zum ersten Militär des Imperiums.

Unter machtpolitischen Aspekten stellten die zunächst neun, später zwölf, zeitweilig sogar 16 *cohortes praetoriae* zu jeweils 1 000 Mann den wichtigsten militärischen Verband des Imperiums dar. Von Augustus aufgestellt, waren die Prätorianerkohorten anfangs unauffällig und dezentral untergebracht, wurden dann jedoch von Sejan in einem großen Prätorianerlager an der *Porta Viminalis* zusammengefaßt und damit zu einem Machtfaktor ersten Ranges. Die Prätorianer brachten Caligula, Claudius und Otho auf den Thron, sie trieben Nerva in die Enge, und sie sollten auch nach der Ermordung des Commodus eine Schlüsselrolle spielen. Ihre Präfekten waren als die eigentlichen Militärbefehlshaber Roms ebenso einflußreich wie exponiert.

Die Prätorianer rekrutierten sich insbesondere aus jungen Vollbürgern Italiens und der alten römischen Kolonien. Sie genossen auf Grund der vorzüglichen Ausrüstung und Ausbildung des Verbandes wie wegen seiner Schlagkraft allgemein den größten Respekt. Infolge ihrer zahlreichen Privilegien wurden sie freilich ebenso beneidet wie gehaßt. In stärkstem Gegensatz zu diesem italischen Kern der Garde standen die mit der *domus principis* ebenfalls eng verbundenen *equites singulares*, Kavalleristen, die besonders in Germanien und Pannonien ausgehoben worden waren und nicht selten als Leibwache wie zu Kurier- und anderen vertraulichen Diensten eingesetzt wurden.

Die zunächst drei, seit Vespasian vier *cohortes urbanae* zu wiederum je 1 000 Mann waren eng an die Prätorianer angeschlossen, unterstanden indessen dem *praefectus urbi*. Bei diesem Verband überwogen polizeiliche Funktionen, bei den sieben *cohortes vigilum* dagegen die feuerpolizeilichen. Diese paramilitärische Feuerwehrformation war so aufgebaut, daß jede ihrer Kohorten für jeweils zwei Regionen Roms den Feuerschutz und die Brandbekämpfung zu gewährleisten hatte. Sie wurden von dem *praefectus vigilum* befehligt. Von sämtlichen stadtrömischen Formationen genossen die *vigiles* das geringste Ansehen, dies nicht zuletzt deshalb, weil sie sich überwiegend aus Freigelassenen rekrutierten, die indessen nach sechs, später schon nach drei Dienstjahren das römische Bürgerrecht erlangten.

Den eigentlichen Kern des römischen Heeres bildeten auch unter dem Principat die großen selbständigen Infanterieverbände, die Legionen. Ihre Zahl schwankte zwischen 25 nach der Varusschlacht und rund 30 in den großen militärischen Auseinandersetzungen des 2. Jahrhunderts. Sie vereinigten in sich rund 150 000 Mann und damit etwa die Hälfte der gesamten römischen Armee, die ja schon in den Tagen der Republik in beträchtlichem Umfang durch Auxiliarformationen verstärkt worden war. Die 30 Legionen stellten personell und materiell das Höchstmaß dessen dar, was das Imperium aufbringen konnte. Sie wurden deshalb auch nur an militärischen Schwerpunkten eingesetzt, blieben in den großen Legionsbefestigungen konzentriert und wurden nie, etwa am Limes oder in Kleingarnisonen, auseinandergerissen. In ihren Lagern demonstrierten sie die militärische Macht Roms. Wurden sie in Marsch gesetzt, so war dies das Signal für bevorstehende schwere Kämpfe gegen äußere und innere Feinde.

Der Dienst in den Legionen blieb ein Privileg freier römischer Bürger. Auf Grund des relativ hohen Soldes und einer – bei ehrenvoller Entlassung – ausreichenden Versorgung war dieser Dienst so attraktiv, daß die Legionen im allgemeinen keine Rekrutierungsschwierigkeiten hatten. Obwohl die Wehrpflicht der freien römischen Bürger prinzipiell fortbestand, konnte sie sehr großzügig gehandhabt werden; nur in Ausnahmefällen wurde auf Zwangsrekrutierungen zurückgegriffen. Den Stamm der Legionen bildeten ursprünglich die jungen Angehörigen der *plebs rustica* Italiens, später in zunehmendem Maße auch jene der intensiv romanisierten Provinzen.

Die Legionen gliederten sich in jeweils zehn Kohorten, diese in sechs Centurien. Neben kleineren Spezialistengruppen, wie Pionieren, verfügte jede Legion auch über einen Kavallerieverband von rund 120 Reitern. Die so nach einheitlichem Schema aufgebauten Großverbände pflegten jedoch stets ihre besondere Legionstradition, die sich in unterschiedlichen Symbolen (so zum Beispiel bei der VIII. Legion durch einen Stier, bei der XXII. durch einen Steinbock) ebenso niederschlug wie in der Benennung der Einheiten. Denn die Legionen wurden nicht nur durch Nummern unterschieden, sie führten häufig ehrenvolle Beinamen, die an militärische Bewährung in Feldzügen oder an bezeugte Treue erinnern konnten, wie etwa bei der Bonner *legio I Minervia Pia Fidelis* oder der lange bei Xanten stehenden *legio XXX Ulpia Victrix*.

Während die senatorischen Kommandeure der Legionen in relativ kurzen Intervallen ebenso wechselten wie die Militärtribunen aus Ritter- und Senatorenstand im Stab der Legion, verkörperten der zweithöchste Offizier der Legion, der dem Ritterstand angehörende *praefectus castrorum*, und insbesondere die Centurionen Kontinuität und Kompetenz. Bei den Centurionen handelte es sich in der Regel um Berufssoldaten mit langer Dienstzeit. Von ihrer Qualität hingen Ausbildungsstand und Gefechtsmoral der Truppen ab. Auch als Centurio konnten sie noch weiter aufsteigen, den angesehenen Posten des *primus pilus*, des Chefs der 1. Centurie einer Legion und damit des ranghöchsten Centurios, oder nach einer Spezialausbildung den des *primipilus iterum*, des Stabschefs einer Legion, erreichen.

Wie die Ränge der Centurionen waren auch diejenigen der übrigen Unteroffiziere und Mannschaften einer Legion außerordentlich differenziert, durch spezielle Dauerfunktionen zum Teil zusätzlich privilegiert und damit einer besonders intensiven und vielfältigen Beförderungsstruktur unterworfen. Zusammen mit anderen Aspekten des Dienstes und der Existenz der Legionäre soll dieser Bereich später wenigstens skizziert werden. Hier sei lediglich eine Kategorie bewährter Unteroffiziere der Legionen hervorgehoben, die sogenannten Benefiziarier, die in den Dienst des Statthalters abkommandiert waren. Sie übten teilweise die Funktionen der modernen Straßenpolizei und Feldgendarmerie aus, teilweise solche militärischer Vertrauensstellungen im Rahmen der Provinzialadministration, beispielsweise in den Bereichen der Versorgung, des Meldewesens, der Stall- und Geräteaufsicht. Meist waren sie als Kleingruppen in Benefiziarierstationen zusammengefaßt, von denen eine ganze Reihe aus dem Hinterland des Limes bekannt sind.

Die Benefiziarier trugen in ihrer Benefiziarierlanze, wie das Wiesbadener Exemplar zeigt, nicht nur ein weithin sichtbares und auffallendes Dienstabzeichen. Sie waren offensichtlich auch reich genug, um bei ihren Stationen Altäre aufzustellen, von denen etwa bei Obernburg am Main nicht weniger als sieben aufgefunden wurden. Angesichts der engen lokalen Bindung der Benefiziarier an ihren Aufgabenbereich ist es leicht verständlich, daß sie auf diesen Altären nicht nur ihre Verbundenheit mit den für sie wichtigsten großen Gottheiten zum Ausdruck brachten, sondern auch diejenige mit dem jeweiligen *genius loci*.

Die Armee 415

Auch unter dem Principat blieb die Gesamtstärke aller römischen Hilfstruppen nicht geringer als diejenige der Legionen. Dem Beispiel Caesars folgend, waren vor der Varusschlacht germanische Verbände zunächst völlig unbedenklich unter eigenen Befehlshabern auf römischer Seite eingesetzt worden. Die Verwendung geschlossener Hilfstruppenverbände, die von einzelnen Stämmen auf Grund von Klientelverträgen oder *ad hoc* getroffenen Abmachungen aufgestellt worden waren, trat dann freilich schon unter Augustus und erst recht unter den folgenden *principes* mehr und mehr zurück hinter der Bildung oder Reorganisation von Auxiliarformationen nach einheitlichen römischen Normen.

Diese Kavallerie-, Infanterie- und gemischten Einheiten führten in der jeweiligen Bezeichnung des Truppenteils (zum Beispiel *cohors II Raetorum*) zwar noch immer die Namen jener Stämme, bei welchen die Formation einst aufgestellt worden war, sie wurden jedoch schon bald nicht mehr ausschließlich von dem betreffenden Stamm ergänzt. Bereits gegen Ende des 1. Jahrhunderts n. Chr. war für die Mehrzahl der Auxiliareinheiten die regionale Rekrutierung im Hinterland des jeweiligen Garnisonsortes wichtiger als jene im Aufstellungsgebiet, die ethnische Geschlossenheit somit – bis auf wenige Sonderfälle – aufgelöst. Befehligt wurden die Auxiliarverbände, wie schon erwähnt, von Präfekten, die dem Ritterstand angehörten.

Auch hier genossen die reinen Kavallerieformationen in einer Sollstärke von rund 500 oder 1 000 Reitern *(ala quingenaria – ala milliaria)* das größte Prestige. Sie gliederten sich in *turmae* auf. Wesentlich größer war die Zahl reiner Infanterieverbände, der Kohorten, meist 500, seltener 1 000 Mann, die aus sechs beziehungsweise zehn Centurien bestanden. Die *cohors equitata* war dagegen eine gemischte Einheit mit jeweils 380 beziehungsweise 760 Infanteristen und 120 beziehungsweise 240 Reitern.

Die vollständige Integration der Auxiliarformationen in das stehende Heer des Principats geht aus der Veränderung ihrer Bewaffnung ebenso hervor wie aus ihrer Dislokation und aus ihrem taktischen Einsatz. Von wenigen Sondereinheiten, meist orientalischen und afrikanischen Kavallerieeinheiten, abgesehen, behielten die Auxiliarformationen ihre spezifischen Stammeswaffen nicht mehr bei, sondern orientierten sich auch in ihrer Ausrüstung an dem Vorbild der Legionen. Mit den Legionen zusammen waren sie schwerpunktmäßig um die großen Lagerfestungen garnisoniert, vor allem stellten sie jedoch die Besatzungen der Limeskastelle an den Grenzen des Imperiums. Darüber hinaus war für nahezu alle großen Feldzüge des Principats die Massierung auffallend vieler Hilfstruppenteile charakteristisch, die stets leichter aus ihren Garnisonen zu lösen waren als die Großverbände der Legionen.

Der Dienst in den Auxiliarformationen war für die freien Provinzialen deshalb so attraktiv, weil er ihnen nach einer Dienstzeit von 25 Jahren bei ehrenvoller Entlassung das volle römische Bürgerrecht, auch für ihre Kinder

und für deren Nachkommen, brachte und damit eine privilegierte Verbesserung ihrer personenrechtlichen Stellung. Über diesen Vorgang wurden in der Zeit zwischen Claudius und Konstantin dem Großen in Rom Originalurkunden in inschriftlicher Form ausgestellt, wobei jeweils die entlassenen Angehörigen der Truppenteile aus dem Amtsbereich eines Statthalters zusammengefaßt wurden. Der einzelne Soldat und Neubürger erhielt über diesen Akt eine beglaubigte Abschrift auf zwei Metalltäfelchen, ein sogenanntes Militärdiplom. Wie die über 300 erhaltenen Exemplare dieser Gattung belegen, war es stets nach dem folgenden Formular eines im Kastell Neckarburken gefundenen Exemplars abgefaßt: «Der Imperator Caesar, Sohn des göttlichen Trajan, des Parthersiegers, Enkel des göttlichen Nerva, Traianus Hadrianus Augustus, Oberpriester, zum 18. Mal Träger der tribunicischen Gewalt, zum 3. Mal Konsul, Vater des Vaterlandes,
hat den Reitern und Fußsoldaten, die in der einen Ala und den 15 Kohorten dienten, welche genannt werden:
die des Indus der Gallier und die erste Flavische der Damascener und die erste der Germanen und die erste der Ligurer und Spanier und die erste römischer Bürger und die erste Veteranenkohorte der Aquitanier und die erste der Biturigen und die erste der Asturer und die zweite Augusteische aus der Cyrenaica und die zweite der Raeter und die dritte der Aquitanier und die dritte der Dalmater und die vierte der Aquitanier und die vierte der Vindeliker und die fünfte der Dalmater und die siebte der Raeter und die in Obergermanien unter Claudius Quartinus stehen,
nach der Ableistung von 25 Dienstjahren mit ehrenvollem Abschied, deren Namen unten verzeichnet sind, diesen und ihren Kindern und Nachkommen das Bürgerrecht verliehen und die Anerkennung der legitimen Ehe mit den Frauen, die sie zu dem Zeitpunkt hatten, als ihnen das Bürgerrecht verliehen wurde, oder falls ledige darunter sind, mit denen, die sie später heiraten, eben für die einzelnen jeweils nur eine ...
Am 17. Tag vor den Kalenden des November unter dem Konsulat des P. Licinius Pansa und des L. Attius Macro (16. 10. 134 n. Chr.).» Es folgen dann jeweils die Bezeichnungen der Einheit, der Name des Begünstigten sowie diejenigen der Zeugen für die Richtigkeit der Abschrift.

Die Auxiliarformationen resultierten ursprünglich aus dem Versuch, das militärische Potential verbündeter Stämme unmittelbar zu nutzen, so daß das Schwergewicht auf der Mobilisierung leichter, beweglicher Verbände mit ihrer gewohnten heimischen Bewaffnung lag. Infolge der konsequenten technischen und taktischen «Romanisierung» konnten die Einheiten jedoch die einstigen Funktionen nur noch bedingt erfüllen. Da indessen der Bedarf an Hilfstruppen konstant weiter anstieg, ein Bedarf, der sich ebenso auf leichte Truppen, Spezialformationen mit Erfahrung im Gebirgskampf wie auf leichte und schwere Kavallerie erstreckte, wurden schon seit dem Ende des 1. Jahrhunderts n. Chr. neue Einheiten aufgestellt.

Im obergermanischen Raum tauchen solche unter Antoninus Pius in den in Schottland aufgestellten *numeri Brittonum* auf, die zunächst am Neckar-Odenwald-Limes, später am äußeren Limes disloziert wurden. Eine ähnliche Funktion wie diese *numeri* hatten auch die Kampfgruppen der *cunei*, für die gleichfalls einheimische Bewaffnung und Kommandosprache typisch waren. Im Unterschied zu den Angehörigen der regulären Auxiliareinheiten wurden diejenigen der *numeri* und *cunei* bei ihrer Entlassung nicht mit dem römischen Bürgerrecht ausgezeichnet.

Die Bedeutung der Flotten des Imperiums wird sehr häufig unterschätzt. Ihre Organisation wie ihre Aufgabenstellungen sind ein Ergebnis der Bürgerkriege nach Caesars Ermordung, insbesondere jener bitteren Lehren, die Octavian aus seinem Kampf gegen Sextus Pompeius zu ziehen hatte. Als deshalb in frühaugusteischer Zeit die großen Hauptbasen der Reichsflotte in Misenum und Ravenna aufgebaut wurden, standen Sicherungsaufgaben im Vordergrund. Es galt in erster Linie, die italischen Küsten abzuschirmen und einen ungehinderten Seeverkehr zu gewährleisten. Der misenischen Flotte fiel dabei insbesondere die Überwachung des für die Hauptstadt lebenswichtigen Seeverkehrs zwischen Alexandria und Puteoli sowie zwischen Spanien, Nordafrika und Ostia zu. Zahlreiche Stützpunkte der beiden Hauptflotten im westlichen wie im östlichen Mittelmeerraum, so in Centumcellae, Karthago, Ephesus, Piraeus, Seleucia, Forum Julii – um nur einige der wichtigsten Stationen zu nennen –, dokumentieren den Radius ihrer Operationen.

Die Stärke der Flotten und ihrer Mannschaften läßt sich nur schwer schätzen. Die Flotte von Misenum soll nach Ansicht von Ch. G. Starr zur Zeit Neros 50 Trieren und rund 10000 Matrosen umfaßt haben. Die Mannschaften waren nahezu ausschließlich freie Provinzialen; für die ravennatische Flotte ist durch Tacitus (*«Historiae»* III, 12,1) bezeugt, daß sie sich überwiegend aus Dalmatern und Pannoniern rekrutierte. Der Flottendienst war im übrigen verpönt; Strafversetzungen zum Rudern sind belegt. Die Besoldung der einfachen Matrosen entsprach jener der Auxiliarsoldaten; sie wird auf ein Drittel des Soldes der Legionäre geschätzt. Höher eingestuft als die unterste und verachtete Kategorie der Ruderer, auf die trotz guter Segelausrüstung nicht verzichtet werden konnte, waren die Decksoldaten.

Die Kommandofunktionen des Kapitäns (*trierarchus*) und Flotillenchefs (*nauarchus*) versahen zur Zeit des Augustus zum Teil Freigelassene aus dem griechischen Osten, die sich offensichtlich durch ihre nautische Kompetenz ebenso empfohlen hatten wie durch ihre Loyalität. Es handelte sich bei diesen Stellen um qualifizierte Posten einer Offizierslaufbahn, die zum Teil schon in jüngeren Jahren erreicht wurden; der Aufstieg vom Matrosen zum Kapitän war dagegen ungewöhnlich. Während der Einsatz von Freigelassenen in den Rängen von Schiffs- und Flottenführung unter Claudius zunahm, unter Nero noch immer der Kapitänsrang erreicht werden konnte, kam man unter Vespasian von dieser Praxis ab. Davon abgesehen, war es seit Augustus die Regel, daß die Flottenkommandos in den Händen von Präfekten aus dem Ritterstand lagen.

Nach den Flottenvorstößen in den Norden unter Drusus, Tiberius und Germanicus, nach den Operationen unter Caligula und Claudius am Kanal sowie den wenig später erfolgenden Einsätzen an den Küsten Mauretaniens und des Schwarzen Meeres fanden Kämpfe römischer Kriegsflotten gegen äußere Feinde lange Zeit nicht mehr statt. Um so bedeutsamer wurde jedoch die Rolle der italischen Flottenmannschaften während der kritischen Phasen des Principats unter Claudius, Nero und vor allem während des folgenden Bürgerkrieges. Denn nun erwies sich, daß die Flottenverbände ein Gegengewicht gegen die Prätorianer und die übrigen stadtrömischen Einheiten bildeten, das einzige größere militärische Potential, über das die *principes* in Italien selbst sofort verfügen konnten. Dies hatte zur Folge, daß die Flotten im Bürgerkrieg eingesetzt wurden, daß sie die Küsten rücksichtslos ausplünderten und terrorisierten, so daß Vespasian eine durchgreifende Reorganisation vornehmen mußte.

Neben den großen Geschwadern der Reichsflotten, die vor allem aus den schweren Schiffseinheiten der Trieren formiert waren und unter selbständigen Präfekten standen, verfügte das Imperium auch über eine ganze Reihe sogenannter Provinzialflotten mit regional enger begrenzten Aufgabenbereichen. Sie waren zumeist im Zusammenhang mit der Eroberung oder Organisation neuer Provinzen gebildet worden, um Küsten und Grenzflüsse zu sichern sowie um eine ungefährdete Schiffahrt zu garantieren. Die Präfekten dieser Provinzialflotten hatten deshalb sehr eng mit den jeweiligen Statthaltern zusammenzuarbeiten und waren ihnen auch direkt unterstellt.

Die *classis Alexandrina* wurde schon unter Augustus aus den Flotteneinheiten der Kleopatra und des Antonius formiert. Sie hatte nicht nur das Nildelta und die ägyptische Küste zu überwachen, sondern auch diejenige Libyens.

Die *classis Germanica* ging noch auf den älteren Drusus zurück, der sie 12 v. Chr. organisiert hatte. Ihr Operationsgebiet umfaßte Rhein, Schelde, Maas und deren Nebenflüsse, Zuidersee und Nordsee. Auch in ihr waren Griechen aus dem Osten des Mittelmeerraums zu finden, wie eine Kölner Inschrift belegt: «Lucius Octavius, Sohn des Lucius, aus Elaia, Steuermann, 58 Jahre alt, mit 34 Dienstjahren, liegt hier begraben. Dionysius, Sohn des Plestharches, aus Tralles, Schreiber, setzte das Grabmal für seine Verdienste» (CIL XIII 8323). In der *classis Germanica* diente indessen auch der spätere *princeps* Pertinax als Präfekt.

Ein ähnliches Prestige wie die *classis Germanica* besaß die unter Caligula und Claudius aufgestellte *classis Britannica*, die zwar in Gesoriacum (Boulogne) ihren wichtigsten Stützpunkt hatte, zugleich jedoch auf der Insel selbst über zahlreiche Stationen verfügte. Ihr oblag ein ausgedehnter Küstenschutz, während des 1. Jahrhunderts n. Chr. lange Zeit die Begleitung der Feldzüge in Britannien und die Sicherung der Verbindungen zwischen Festland und Provinz.

Auf der unteren Donau, aber auch im Schwarzen und Asowschen Meer operierte die *classis Moesica*, die in Tomi (Constanza) ihre größte Basis hatte, im Raum der mittleren Donau, zwischen Regensburg und Belgrad, die *classis Pannonica* mit Aquincum (Alt-Ofen) als wichtigstem Stützpunkt. Diese Donauflotten sollen in trajanischer Zeit, als sie besonders stark beansprucht wurden, über 200 größere und kleinere Boote verfügt haben. Wann sie erstmals formiert wurden, ist ungewiß.

Eine thrakische Flotte, die in Perinth ihre Hauptstation besaß, sich daneben aber auch noch auf weitere bulgarische und türkische Häfen im Gebiet der thrakischen Küste und der Meerengen stützen konnte, wurde um die Mitte des 1. Jahrhunderts n. Chr. aufgebaut, wenig später die *classis Pontica*. Deren erste Zelle war eine Flotille in Sinope, die schon 14 v. Chr. bezeugt ist, doch gewann sie erst an Bedeutung, als sie während der Auseinandersetzungen mit dem Bosporanischen Königreich, um Armenien und im Vorfeld des Kaukasus, vor allem in neronischer Zeit, die immer stärkere römische Aktivität im östlichen und nördlichen Schwarzmeergebiet abzusichern hatte. Damals wurde Trapezunt zu ihrer Basis.

Die *classis Syriaca* ist wohl erst unter Vespasian aufgestellt worden. Von ihrem großen Stützpunkt in Seleucia aus hatte sie den Küstenschutz im östlichen Mittelmeer zu übernehmen.

Im äußersten Westen waren schon um 40 n. Chr. Einheiten der alexandrinischen Flotte eingesetzt worden, in trajanischer Zeit solche der syrischen, um vor allem die Stabilisierung der römischen Herrschaft in Mauretanien abzusichern und Einfälle nordafrikanischer Gruppen in Spanien zu verhindern. Eine eigenständige *classis Mauretanica*, deren Haupthafen Caesarea blieb, wurde dann wohl erst unter M. Aurel formiert, die *classis Africana Commodiana*, die speziell die Getreidezufuhr aus Africa nach Rom sichern sollte, erst unter Commodus.

Der Überblick über die römischen Reichs- und Provinzialflotten dürfte erwiesen haben, daß diese Verbände insgesamt ein beträchtliches Potential mobilisiert hatten. Das weite Netz regionaler Flotten, das die großen Geschwader der italischen Reichsflotten ergänzte und entlastete, trug wesentlich dazu bei, auch schwierige nautische Aufgaben erfolgreich zu lösen. Gleichzeitig hatte die römische Seemacht insgesamt, vor allem im Osten des Imperiums, eine erhebliche Anzahl von Provinzialen in ihren Dienst eingebunden. Wenn sie die Verbindungen innerhalb des Reiches zu sichern wußte, so nicht zuletzt deshalb, weil sie von den langen Erfahrungen der griechischen Seeleute des Ostens ebenso profitierte wie von jenen Italiens.

Auf den ersten Blick erscheint die römische Armee als riesiger, einheitlicher Heeresverband, der alle seine Erfolge gerade der Geschlossenheit und Kohärenz seiner Glieder verdankte. Doch in Wirklichkeit war diese Armee außerordentlich differenziert. Sie wurde insbesondere weder im Hinblick auf die Dienstzeit noch auf die Besoldung, die personenrechtliche Stellung, die Standeszugehörigkeit oder die sozialen Aufstiegsmöglichkeiten nivelliert. Sie spiegelte ganz im Gegenteil die Vielfalt der Regionen des Imperiums ebenso wider wie die unterschiedlichen sozialen Strukturen seiner Gesellschaft.

Schon in der Dauer der Dienstzeit sind die Unterschiede beträchtlich. Während der Prätorianer 16 Jahre zu dienen hatte, betrug die Dienstzeit des Legionärs seit Augustus theoretisch 20 Jahre, faktisch einige Jahre mehr, diejenige des Angehörigen der Auxiliarformationen 25 Jahre, diejenige eines Matrosen zunächst 26 Jahre. Immer wieder aber machten Soldaten von der Möglichkeit Gebrauch, nach Abschluß ihrer regulären Dienstzeit weiter zu dienen oder nach ehrenvoller Entlassung als sogenannter *evocatus* erneut in die Armee zurückzukehren, dann allerdings häufig mit deutlich erhöhtem Sold.

So rühmt zum Beispiel eine Mainzer Inschrift, die sich ganz auf eine Spätphase der Dienstzeit eines Reiters konzentriert und die zugleich die Anwesenheit orientalischer Kavalleristen am Rhein belegt: «Antiochus, Sohn des Antiochus, ein Parther aus Anazarbus [Kilikien], Reiter aus der *ala Parthorum et Araborum*, ein *evocatus* und Mann mit dreifachem Sold, der zehn Jahre gedient hat und militärische Auszeichnungen erhielt. Sein Bruder Belesippus hat [das Grabmal] errichtet» (Übersetzung von P. Herz).

Auch bei der Besoldung überwiegt die Differenzierung, ja bei Einbeziehung sämtlicher Besoldungs- und Gehaltsstufen war diese Scala weitaus höher als jene der modernen Armeen. Der Grundsold belief sich unter Augustus für den Legionär auf jährlich 225 Denare, für den Prätorianer auf 750 Denare; er wurde zunächst in drei Raten ausbezahlt. Domitian fügte eine vierte Rate hinzu, so daß der einfache Legionär nun auf 300 Denare kam. Allerdings hatte er von dieser Summe, die etwa dem Lohnniveau der unteren Einkommensstufen im Berufsleben entsprach, zumindest in einer ganzen Reihe von durch Papyri bezeugten Fällen, Abzüge für Verpflegung, Futter, Ausrüstung sowie für die Bestattungskasse und andere Zwecke hinzunehmen. Wie weit sich die zufällig überlieferten Angaben für solche Abzüge, die zum Teil mehr als die Hälfte der Soldrate betrugen, verallgemeinern lassen, ist strittig.

Andererseits mußte sich, wie unten gezeigt wird, nur ein kleinerer Teil der Armee mit der niedrigsten Soldstufe begnügen, und vor allem kamen zur Besoldung selbst größere Summen in Form von Donativen, seltener auch Beuteanteile nach erfolgreichen militärischen Operationen, in jedem Falle aber ein ansehnliches Entlassungsgeld (*praemium*) hinzu. Das unregelmäßig, unter großzügigen oder schwachen Herrschern auch wiederholt ausgegebene *donativum* ist neben der kontinuierlichen Besoldung und dem einmaligen Entlassungsgeld der sichtbarste Ausdruck der materiellen Verpflichtung der *principes* gegenüber der Armee. Es wurde von der Truppe insbesondere beim Regierungsantritt oder beim Beginn einer Usurpation, bei Heiraten und Adoptionen der *principes*, Jubiläen und Ehrungen der designierten Nachfolger erwartet; in kritischen Situationen versuchten einzelne *principes*, auch mit Hilfe eines Donativs Gehorsam zu erkaufen.

Blieb das Auswerfen eines Donativs stets ins Ermessen der einzelnen *principes* gestellt, so war die Ausbezahlung des Entlassungsgeldes obligatorisch. Es betrug unter Augustus 3 000 Denare, stieg jedoch bis zum Beginn des 3. Jahrhunderts n. Chr. auf 5 000 Denare an, wobei freilich ein erheblicher Inflationsverlust in Rechnung zu stellen ist. Daneben gab es noch immer die Zuteilung von Kleingütern als Grundlage einer zivilen Existenz, nicht selten auf neu erobertem, gelegentlich auch auf qualitativ minderem Boden. So großzügig Besoldung und Versorgung insgesamt erscheinen mögen, es darf dabei nicht übersehen werden, daß nach modernen Schätzungen rund die Hälfte aller Angehörigen der Armee noch während ihrer Dienstzeit starb.

Die Laufbahn- und Besoldungsstruktur des Heeres sei exemplarisch für die Legion skizziert. Sie setzte mit dem einfachen *miles* oder *gregarius* ein, der für sämtliche Dienstformen zur Verfügung stand und lediglich einfachen Sold erhielt. Der *immunis*, die nächste Rangstufe, war dem *miles* zwar besoldungsmäßig gleichgestellt, auf Grund seiner speziellen Funktionen als Schreiber oder Spezialist dagegen vom üblichen Truppendienst oder von Schanzarbeiten freigestellt. Mit der nächsten Stufe begann dann bereits ein breit aufgefächertes Unteroffizierskorps, eine Laufbahn, die im Bewährungsfalle zum hohen Rang eines Centurio führen konnte.

Innerhalb der Unteroffiziersdienstgrade *(principales)* wurden zumeist drei besonders verantwortungsvolle Posten durchlaufen. Der *signifer* trug das Feldzeichen der Centurie und betreute gleichzeitig deren Kasse; der *tesserarius* entsprach wohl dem modernen diensthabenden Unteroffizier, er hatte in jedem Falle mit der Parole zu tun; der *optio* endlich war der Stellvertreter des Centurio. Während auf diesen drei Posten der Unteroffiziere im Truppendienst der eineinhalbfache Grundsold des Legionärs ausbezahlt wurde, bezogen die hier einzuordnenden Benefiziarier bereits doppelten Sold. Die hohen Ränge des Unteroffizierskorps wie der *cornicularius*, ein Stabsunteroffizier, der *imaginifer*, der Träger des Bildnisses des *princeps*, und schließlich der *aquilifer*, der Träger des Legionsadlers und damit der höchste Unteroffiziersgrad der Legion, erhielten das Dreifache. Der entscheidende Karrieresprung aber lag dann beim Centurio, dessen Besoldung rund dreißigmal so hoch war wie diejenige des einfachen Legionärs. Wie schon erwähnt, war damit zugleich der Anschluß an das Gehaltsniveau der Offiziere des Ritterstandes hergestellt.

Ähnlich differenziert wie Laufbahn und Besoldung ist auch die Existenz der römischen Soldaten, Unteroffiziere und Offiziere unter dem Principat einzuschätzen. Neben Einheiten, die durch lange und schwere militärische Auseinandersetzungen, die Grenzkontrolle in oft schwierigstem Gelände oder weniger strapaziösen Wach- und Repräsentationsdienst ständig gefordert wurden, gab es andere, die in den Legionsfestungen und Kastellen einen öden Dienstalltag zu absolvieren hatten, gelegentlich auch verlotterten, wie Teile der Rheinarmee unter Gaetulicus. Doch wurden Soldaten und Unteroffiziere durch zahlreiche Abkommandierungen und vielfältige Initiativen ihrer Befehlshaber meist ständig in Atem gehalten.

Abteilungen der Legionen, Hilfstruppen und der Flotten sind immer wieder zu Bauarbeiten verschiedenster Art eingesetzt worden, nicht nur zur Anlage von Lagern, Kastellen, Befestigungen, Straßen, Kanälen und Häfen, sondern auch von Verwaltungszentren und Repräsentationsbauten, wie eine Bonner Inschrift aus dem Jahre 160 n. Chr. belegt: «Für das Heil des Imperators Antoninus Augustus Pius, des Vater des Vaterlandes, löste die Abteilung der Germanischen Flotte, der Frommen, Treuen, die zum Steinbrechen für das Forum der Colonia Ulpia Traiana [Xanten] abgestellt ist, unter dem Kommando des Claudius Iulianus, *legatus Augusti pro praetore*, unter Aufsicht des C. Sunicius Faustus, Sohn des..., Kapitän, während des Konsulats von Bradua und Varus ihr Gelübde gern nach Verdienst» (CIL XIII 8036).

Wie Tacitus zum Jahr 47 n. Chr. berichtet, lösten solche Einsätze verständlicherweise nicht selten die Erbitterung der stark beanspruchten Verbände aus: «Um aber dem faulen Leben der Soldaten ein Ende zu machen, ließ er [sc. Corbulo] zwischen Maas und Rhein einen 23 Meilen langen Kanal graben, um die unsichere Fahrt auf dem Ozean unnötig zu machen. Der *princeps* bewilligte die Triumphinsignien, obgleich er ihm die Weiterführung des Krieges verweigert hatte.

Bald darauf wird die gleiche Auszeichnung dem Curtius Rufus zuteil, weil er im Gebiete der Mattiaker Schächte zur Aufdeckung von Silberadern graben ließ. Die Ausbeute war nur gering und nicht von langer Dauer, die Legionen aber hatten Schaden und große Mühe, wenn sie Abzugsstollen graben und unter Tage Arbeiten verrichten mußten, die schon über Tage anstrengend sind. Unter diesem Druck schicken die Soldaten, da auch in mehreren anderen Provinzen ähnliche Anforderungen gestellt wurden, ein geheimes Schreiben im Namen der römischen Heere an den Imperator und bitten darum, er möge den Männern, welchen er ein Heer anvertrauen wolle, schon im voraus die Triumphinsignien verleihen» («*Annales*» XI, 20,2 f. – Übersetzung nach C. Hoffmann).

So groß das Zusammengehörigkeitsgefühl und so mächtig der Korpsgeist der verschiedenen Formationen der römischen Armee waren, so ausgeprägt blieb das Bedürfnis des einzelnen Soldaten, die eigene Individualität zu wahren. Schon Goethe stellte nach der Besichtigung der Mainzer Altertümer fest: «In anschaulichster Ordnung sind die Grabsteine römischer Soldaten aufgestellt, die, aus allen Nationen zusammengefordert, hier in der Garnison ihren Tod fanden. Name, Geburtsort, Zahl der Legion ist auf jeder Tafel bezeichnet. Man fand sie reihenweis an Hügel angelehnt, hinter jedem die Urne, das Gebein enthaltend, zum Beweise, wie hoch in jener Zeit der Einzelne geschätzt wurde» («Kunst und Alterthum am Rhein und Main [Mainz]», Goethes Werke, Weimarer Ausgabe I, 34, 1, S. 99).

Unter sozialen Aspekten war die römische Armee in allen ihren Teilen in erster Linie ein Qualifikationsbereich freier Bürger. Freigelassene und Sklaven wurden nur in äußersten Notfällen zum militärischen Dienst im engeren Sinne herangezogen. In relativ geringer Zahl waren sie lediglich in der Begleitung von Offizieren – wie die beiden Freigelassenen des im Varusfeldzug gefallenen Centurio Caelius – oder in der *familia* von Statthaltern, Legaten und anderen führenden Persönlichkeiten des militärischen Bereiches zu finden.

Dagegen konnten die freien Provinzialen in ihr zum römischen Bürgerrecht gelangen, freie römische Bürger in Ausnahmefällen bis zum Ritterstand aufsteigen, fähige oder skrupellose Befehlshaber dank der Unterstützung der Prätorianer oder der Grenzheere den Principat erringen. Ob in Frieden, Bürgerkrieg oder den großen Feldzügen, stets bot die Armee eine Fülle von Aufstiegsmöglichkeiten, und dennoch war der soziale Aufstieg durch die Armee kein Massenphänomen.

Die Privilegien senatorischer wie ritterlicher Offiziere blieben unter dem Principat gewahrt; alle wesentlichen Beförderungen und Befehlshaberposten konnten nur noch vom *princeps* erlangt werden. Gerade er aber profitierte mit am meisten von der Tatsache, daß sich insbesondere in Krisenzeiten die sozialen Aufsteiger völlig mit dem System – und damit auch mit seiner Person – identifizierten.

Die Legionen, die Auxiliarformationen und die Flotten bildeten im 1. und 2. Jahrhundert n. Chr. eine hochtechnisierte, effiziente Militärmaschinerie, die auch für schwierigste Operationen über ein komplexes Instrumentarium verfügte. Immer wieder wurde ihre überlegene Technik erfolgreich eingesetzt, bei Landungen, Flußübergängen, in Gebirgskriegen und bei den vielen Belagerungen. Die technischen Spezialisten dieser Armee aber leisteten auch in Friedenszeiten ihre wichtigen Dienste, in der Landvermessung, bei Baumaßnahmen, der Anlage von Wasserleitungen, Tunnelprojekten, Häfen und in vielen anderen Bereichen. Ein weiterer Aspekt ist nicht weniger bedeutsam: Inmitten aller gesellschaftlichen, politischen und kulturellen Veränderungen blieb die römische Armee ein Hort der traditionellen römischen Normen und Werte und damit zugleich einer der wichtigsten Faktoren römischer Integration.

Princeps und domus principis

Die eigenartige Stellung des römischen *princeps*, die sich jeder engen verfassungsrechtlichen Definition entzieht, hat gerade der Gelehrte, der das weithin bis heute gültige System des Römischen Staatsrechts schuf, in besonders eindrucksvoller Weise beschrieben: «Die persönliche Thätigkeit des *princeps*, welcher alles angehört, was derselbe durch andere als seine amtlichen Gehülfen von Senatoren- oder Ritterstand ... vorbereiten läßt und schließlich vollzieht oder vertritt, ist das eigentliche Triebrad in der großen Maschine des Kaiserreichs; und es ist ein Rad, dessen Bewegungen kaum zu übersehen und noch weniger auf feste Gesetze zurückzuführen sind» (Th. Mommsen, «Römisches Staatsrecht» II, 2³, Leipzig 1887, 948).

Der *princeps* der ersten zwei Jahrhunderte war nicht nur ein repräsentatives Symbol des Imperiums, sondern trotz aller Überhöhung, die ihm schon früh in den verschiedensten Formen zuteil wurde, weit mehr als eine lediglich passive Verkörperung des Staates, der Macht und des Rechts. Er war vielmehr in der Regel ein äußerst aktiver, direkter Regent, oberster Kriegs- wie Gerichtsherr, Administrator und Leiter faktisch aller Bereiche der Politik. In einer ganz anderen, weitaus umfassenderen, kohärenteren und direkteren Weise als einst die Korporation des Senats, das Kollektiv der freien römischen Bürger oder die jeweils durch die Normen von Kollegialität und Annuität eingeschränkten Magistrate übte er Macht und Einfluß aus, gab er die Impulse der Politik, war er der Garant der Kontinuität römischer Macht und ihres Rechts.

Die Ausgestaltung des Principats insgesamt, der Prozeß der Institutionalisierung, war ein Resultat sehr verschiedener Initiativen und Akzente der einzelnen *principes*. Der Prozeß war jedoch auch identisch mit dem schrittweise erfolgenden Ausbau und der allmählichen Erweiterung des administrativen und juristischen Instrumentariums des *princeps*, wobei in erstaunlichem Umfang und ebenso erstaunlicher Dauer alte Formen respektiert und Traditionselemente bewahrt wurden. Das ganze System des Principats war schon um die Mitte des 1. Jahrhunderts n. Chr. so gefestigt, daß es selbst bei völliger Insuffizienz eines *princeps* nicht grundsätzlich in Frage gestellt wurde.

Die nüchternen und illusionslosen Worte, die der große Kritiker der Phänomenologie des Principats, Tacitus, dem römischen Legaten Petillius Cerialis in seiner Ansprache an die aufständischen Treverer in den Mund legt, dokumentieren eindeutig, daß der Principat als unersetzlich galt, und ebenso, daß der römische Machtbereich, das *Imperium Romanum*, mit der Herrschaftsform des Principats verschmolzen war: «...Despotentum und Krieg hat es in Gallien immer gegeben, bis Ihr euch unserem Rechtsbereich angeschlossen habt. Wir haben, obgleich so oft herausgefordert, nach dem Recht des Siegers nur das für euch [an Belastungen] hinzugefügt, womit wir den Frieden sichern wollten. Denn man kann nicht ohne Waffen die Ruhe der Völker, auch nicht die Heere ohne Sold und den Sold ohne Steuern haben. Alles übrige habt Ihr mit uns gemeinsam: Ihr selbst steht zum größten Teile an der Spitze unserer Legionen, Ihr selbst verwaltet diese und andere Provinzen. Von nichts seid ihr getrennt, nichts ist Euch verschlossen. Und von gepriesenen *principes* habt Ihr gleichermaßen Nutzen, wenn Ihr auch fern von ihnen lebt. Grausame *principes* stürzen sich auf die zunächst Erreichbaren. Wie Dürre oder allzu häufigen Regen und alle übrigen Heimsuchungen der Natur, so ertragt eben die Schwelgerei oder die Habsucht der Despoten! Laster wird es immer geben, solange es Menschen gibt. Doch bestehen sie nicht ununterbrochen und werden durch das Dazwischentreten von Bessergesinnten wieder aufgehoben... In dem Glück und in der Zucht von 800 Jahren ist dieses Gefüge zusammengewachsen. Man kann es nicht einreißen, ohne daß diejenigen, die es einreißen, mit ins Verderben gerissen werden» (Tacitus, «Historien» IV, 74 – Übertragung nach W. Sontheimer).

Der römische *princeps* war schon früh zum autonomen, sich selbst verabsolutierenden Faktor der römischen Politik und Gesellschaft geworden. Er besaß zudem die denkbar breiteste militärische, materielle und gesellschaftliche Basis und war überdies seit Augustus, erst recht seit dessen Konsekration, auch sakral überhöht und abgesichert. Für den jeweiligen Inhaber des Principats kam deshalb alles darauf an, die Legitimität seiner Stellung zu demonstrieren. So erklärt sich etwa die Formulierung der *princeps*-Titulatur in der besonders sorgfältig ausgeführten, im Jahre 67 n. Chr. von der *legio XV primigenia* unter dem Statthalter Publius Sulpicius Rufus für Nero gesetzten Kölner Bauinschrift, die heute zu den eindrucksvollsten Inschriften des Römisch-Germanischen Museums zählt: «Imperator Nero Caesar Augustus, Sohn des vergöttlichten Claudius, Enkel des Caesar Germanicus, Urenkel des Tiberius Caesar Augustus, Ururenkel des vergöttlichten Augustus...» Der von Claudius auf Betreiben Agrippinas adoptierte Nero, dessen Nachfolge im Principat zunächst keineswegs selbstverständlich war, wurde hier wie in vielen anderen offiziellen Inschriften noch mit Augustus verkettet, damit jeder Zweifel an der Legitimität seiner Stellung erstickt war.

Noch weiter sollte später, in den Wirren nach der Ermordung des Commodus, der von den Donaulegionen auf den Thron gehobene L. Septimius Severus gehen, der eine Verwandtschaft mit den Antoninen fingierte und sich auf diese Weise in der wiederum für das Formular seiner Herrschertitulatur typischen römischen Inschrift vom Caelius-Aquädukt selbst noch mit Nerva zu verbinden wußte: «Imperator Caesar, Sohn des vergöttlichten M. Antoninus Pius Germanicus, Sarmaticus, Bruder des vergöttlichten Commodus, Enkel des vergöttlichten Antoninus Pius, Urenkel des vergöttlichten Hadrian, Ururenkel des vergöttlichten Traianus Parthicus, Urururenkel des vergöttlichten Nerva, L. Septimius Severus Pius Pertinax Augustus Arabicus, Adiabenicus, Parthicus maximus...» (CIL VI 1259).

Die Bündelung der Macht und der Kompetenzen des *princeps* war schon im 1. Jahrhundert n. Chr. weitaus komplexer als die Summe aus dem *imperium*, der *tribunicia potestas* und der konsularischen Gewalt der augusteischen Epoche, jener Elemente, die auch die *principes* der Folgezeit im allgemeinen in ihrer Titulatur herausstellten, komplexer selbst als die in der *lex de imperio Vespasiani* beschriebenen Kompetenzen. Am deutlichsten wurde dies durch die Umkehr der Relationen und Strukturen in der politischen Realität. Sollte der augusteische Principat gemäß der Stilisierung des Jahres 27 v. Chr. funktional einst lediglich die Aufgaben und Kompetenzen des Senats, der Magistrate und des römischen Volkes ergänzen oder entlasten, so verlagerten sich die Gewichte schon zur Zeit des julisch-claudischen Hauses völlig.

Gerade dem römischen Senat kam nun allenfalls noch eine subsidiäre Funktion zu; die wirkliche Gewalt aber lag in den Händen des *princeps*. Die vom *princeps* direkt oder indirekt durchgesetzte Sach- wie Personalpolitik, die von ihm getroffenen militärischen, administrativen oder juristischen Entscheidungen wurden in allen Bereichen und in allen Provinzen bindend. Je länger diese Gewichtsverteilung andauerte, desto dankbarer war der Senat, wenn vom *princeps* noch gewisse Formen gewahrt und wenn die juristischen wie die sozialen Privilegien der Senatoren respektiert wurden.

Doch mochte der Senat Schritt für Schritt aus der Kommandogewalt über die Heere, aus der Administration und allen anderen öffentlichen Angelegenheiten, die einst seine Domäne gewesen waren, hinausgedrängt werden, mochte er in der Regel selbst bei der Ordnung der Nachfolge im Principat lediglich eine akklamatorische Funktion besitzen, in einem Punkte wahrte er gegenüber dem *princeps* seine Unabhängigkeit: Wurde er von dem lebenden *princeps* immer wieder vor vollendete Tatsachen gestellt, brüskiert und gedemütigt, das letzte censorische Urteil über den Toten ließ er sich nicht nehmen. Im Akt der *consecratio* konnte er den verstorbenen Herrscher zum *divus* erheben, in jenem der *damnatio memoriae* noch den Toten verurteilen.

Es gehörte einige Standfestigkeit dazu, wenn ein designierter Nachfolger in der emotionalisierten Atmosphäre nach dem Tode eines verhaßten *princeps* einen solchen Akt verhinderte. Hatte er indessen die *consecratio* des Vorgängers durchgesetzt, so war zugleich auch seine eigene Position gestärkt und erhöht. Dann fiel auch auf ihn ein Abglanz der Vergöttlichung jenes Mannes, dem er in der Regel die Stellung des *princeps* verdankte, dann war auch seine eigene Person mit sanktioniert.

Der Alltag des römischen *princeps* wurde nicht durch eine Abfolge weniger Staatsakte in großem Rahmen, auch nicht durch die einläßliche und umfassende Erörterung einzelner Grundsatzentscheidungen und allgemeiner Direktiven, die Berichte oder Meldungen ausgewählter Ressortchefs und Befehlshaber ausgefüllt, sondern erforderte eine kaum vorstellbare vielfältige Beschäftigung mit Einzel-, Detail- und selbst Lokalproblemen aus allen

Himmelsrichtungen des Imperiums. Aus einem Brief des jüngeren Plinius geht beispielsweise hervor, daß sich Trajan noch während eines Erholungsaufenthaltes in seiner Villa bei Centumcellae zusammen mit seinem *consilium* an einem Tag mit der Beschuldigung eines angesehenen Bürgers aus Ephesus, am folgenden mit dem Ehebruch der Frau eines Militärtribuns mit einem Centurio, am dritten mit einem rechtlich umstrittenen Testament zu befassen hatte. Die Ehebruchsaffäre erschien Trajan immerhin so unerfreulich, daß er seinem Urteilsspruch sowohl den Namen des Centurio hinzufügte als auch einen Hinweis auf die Gefährdung der militärischen Disziplin, die hier vorlag, um zu verhindern, daß in Zukunft alle ähnlichen Fälle vor seinem Gerichtshof landeten (Plinius der Jüngere, «*Epistulae*» 6,31).

Noch überraschender sind die Themen der Anfragen, die der jüngere Plinius während seiner Mission als Legat des *princeps* mit proconsularischer Amtsgewalt in der Provinz Bithynien und *Pontus* an Trajan richtete. Gewiß befinden sich darunter Probleme, die eine Rückversicherung des beflissenen und ängstlichen, im übrigen mit Trajan gut befreundeten Legaten erfordern konnten, so die Bau- und Finanzierungsschwierigkeiten, die bei den oft ehrgeizigen Projekten der verschiedenen Städte aufgetreten waren, die Fragen der Rechnungsprüfung und der Verwendung von Geldern aus der Staatskasse, Probleme des Bürgerrechts der bithynischen Städte, des Mindestalters für die Übernahme von Ämtern in den städtischen Verwaltungen, die rechtliche Stellung von freigeborenen Kindern, welche ausgesetzt und als Sklaven aufgezogen worden waren, und andere, ähnlich gelagerte Fälle mehr.

Doch verblüffender sind die Dutzende von ausgesprochenen Bagatellsachen, mit denen der *princeps* von Plinius belästigt wurde: so mit den Fragen der Bewachung der städtischen Gefängnisse, der Abstellung von oft nur einer Handvoll von Soldaten zu einem Sonderkommando, der Reisegelder von Gesandtschaften, der Umbettung von Familiengräbern, der Verwendung eines zerfallenden Hauses in einem sakralen Bereich, der Dispens eines Philosophen vom Richteramt. Hinzu kamen die üblichen Bitten um Gewährung des römischen oder alexandrinischen Bürgerrechts oder anderer Vergünstigungen an Personen, denen sich Plinius verbunden fühlte, Ersuchen um Beförderung oder Einweisung in eine Magistratur für seine Freunde, schließlich nicht zuletzt, in eigener Sache, das Erbitten einer Priesterstelle, die zur Erhöhung von Plinius' Sozialprestige erwünscht war.

Selbst wenn eine ganze Reihe dieser Anfragen auf Grund des persönlichen Naturells des jüngeren Plinius nicht repräsentativ sein mag, so steht doch fest, daß schon die «*Epistulae*» im engeren Sinne, jener außerordentlich komplexe Briefwechsel, den der *princeps* mit seinen Legaten, Magistraten, mit einzelnen Senatoren und Rittern wie mit den Stadtgemeinden zu führen hatte, sehr arbeitsintensiv waren. Briefe an den *princeps* wurden von diesem in der Regel auch persönlich gelesen, die Antworten dann diktiert und meist nur unterschrieben. Ähnlich zeitraubend war die Beschäftigung mit den *libelli*, den zumeist von Privatpersonen, selbst von Sklaven, dem *princeps* bei jeder sich bietenden Gelegenheit persönlich übergebenen Bittschriften, die stets durch ein Reskript am Ende des betreffenden *libellus* beantwortet und samt dieser Entscheidung des *princeps* dann durch Anschlag publik gemacht wurden.

Jahr für Jahr hatte sich der *princeps* sodann Hunderten von Gesandtschaften von Städten, Provinziallandtagen, Vereinigungen von Künstlern und ähnlichen Gruppen zu stellen. Dabei handelte es sich keineswegs nur um reine Repräsentationsakte, darum, zu Geburtstagen, Familienfesten, Siegen oder Regierungsjubiläen Glückwünsche und Loyalitätsadressen entgegenzunehmen, sondern auch hier wurde der *princeps* immer wieder mit konkreten Einzelproblemen und sich häufig überschneidenden Interessen konfrontiert, mit Streitfällen benachbarter Städte, Bitten um die Verleihung einer bestimmten Form des Stadtrechts, Ehrungen verdienter Bürger, Privilegierung oder Diskriminierung verschiedener ethnischer oder bürgerrechtlicher Gruppen, wie im Falle der nicht endenden Streitigkeiten zwischen Juden und Griechen in Alexandria.

Einen noch weit höheren zeitlichen Einsatz erforderte die juristische Funktion des *princeps*, sein Wirken als Gerichtsherr ebenso wie seine immer größeres Ausmaß annehmende Tätigkeit als höchste juristische Appellationsinstanz. Zusammen mit seinem *consilium* mußte er nicht nur in jenen Verfahren tätig werden, die er selbst, aus welchen Gründen auch immer, kraft seiner richterlichen *potestas* an sich gezogen hatte, sondern gleicherweise in jenen Fällen, in denen von einem Beschuldigten oder einer Partei ein Verfahren vor seinem Gerichtshof gewünscht oder nach ergangenen juristischen Entscheidungen an ihn appelliert wurde. Wie schon der erwähnte Pliniusbrief zeigt, handelte es sich dabei nicht nur um Streitfälle von Organen, sondern in der Masse um solche von Einzelpersonen.

Bedenkt man ferner die jährlich in die Hunderte gehenden Personalentscheidungen, die der *princeps* bei der Besetzung von Statthalterposten, Offiziers- und Verwaltungsstellen, Funktionären des eigenen Haushalts, bei Aufnahme und Aufstieg in Ritter- und Senatorenstand zu treffen hatte, seine Mitwirkung bei Schenkungen, Spenden, Auszeichnungen, nicht zuletzt die Fülle von Finanzproblemen, denen er als der mit weitem Abstand reichste Mann des Imperiums gegenüberstand, so dürfte deutlich werden, wie groß die Belastung des *princeps* selbst in relativ ruhigen Zeiten gewesen ist.

Die schon früher nachdrücklich erwähnte Bedeutung der materiellen Mittel des *princeps* kommt auch in den bewußt getrennten Kassen und Vermögenssparten des Principats zum Ausdruck. So hielten Augustus und die Herrscher des julisch-claudischen Hauses stets ihr persönliches Privatvermögen, das *patrimonium*, sowohl von der allgemeinen Staatskasse, dem *aerarium*, als auch von den Verwaltungskassen des *princeps* in den Provinzen, den *fisci*, kategorisch getrennt. Die Flavier haben das *patrimonium* dann gleichsam als das Vermögen der Institution «Principat» oder als eine Art von «Krongut» an sich gezogen und es damit seines privaten Charakters entkleidet. Erst Antoninus Pius sah sich dann gezwungen, erneut ein Privatvermögen des *princeps* zu bilden, die *ratio* oder *res privata*, die jeweils von einem hochgestellten ritterlichen Prokurator verwaltet wurde. Es war nicht zuletzt diese Verfügungsgewalt über lange Zeit außerordentlich hohe Mittel, die es dem *princeps* erlaubte, seinen politischen Einfluß auf allen Ebenen durchzusetzen.

Obwohl die Monokratie des Principats im Unterschied zur hellenistischen Monarchie auf Grund ihrer historischen Voraussetzungen, zumindest in der Theorie, weder über eine eindeutig geregelte Nachfolgeordnung noch über eine klar abgegrenzte und dementsprechend allgemein anerkannte und überhöhte Dynastie verfügte, blieben Autorität und Ansehen des höchsten sozialen Ranges keineswegs auf den *princeps* allein beschränkt. Von Anfang an trat neben ihm die *domus principis* hervor, die Verwandtschaft des *princeps* im engeren Sinne, die indessen gelegentlich durch Nachkommen der Töchter ergänzt wurde. Die *domus principis*, insbesondere die Frauen der Familie des *princeps*, die Kinder und deren Gatten, wurde zu einer wesentlichen Stütze, nicht selten aber auch zu einer erheblichen Belastung des ganzen Systems.

Die starke Persönlichkeit der Livia beschwor als erste *Augusta* bereits die stärksten Spannungen herauf. Der *Augustus*-Titel ist im übrigen der einzige politisch bedeutsame römische Titel, der in einer Femininform auf Frauen ausgedehnt wurde. Auch der Augusta-Titel implizierte dann höchsten gesellschaftlichen Rang. Er wurde seit Livia von einigen, seit Domitia Longina, der Gemahlin Domitians, von allen Frauen der *principes* geführt, gelegentlich auch von einzelnen anderen Damen der *domus principis*. Doch wichtiger als die Titulatur und sonstige demonstrative Ehrenrechte wurden Einfluß, Ehrgeiz und Rivalitäten dieser Frauen gerade unter schwachen *principes*.

Die privaten Beziehungen und die Abhängigkeiten der Angehörigen der *domus principis* mußten bald auch zu einem Politicum werden; *res publica* und *domus principis* hatten sich schon früh vermischt. Als Livia, die Gattin des jüngeren Drusus, von Sejan verführt wurde, drohte offensichtlich eine Spaltung der *domus principis*. Als die machtgierige jüngere Agrippina, die Mutter Neros, sich im claudischen Rom durchgesetzt hatte, konstatierte Tacitus, daß alles einer Frau gehorchte («Annales» XII, 7,3). Frauenherrschaft oder Freigelassenenherrschaft, das waren aus tacitischer Sicht die negativen Begleiterscheinungen des Systems gerade unter schlechten oder despotischen Herrschern. Dennoch wurde die Stellung der *domus principis* nie eingeengt. Im Gegenteil: Schon früh wurden Eidesleistungen und Gelübde *(vota)* auf das ganze Haus des *princeps* ausgedehnt; Prätorianer und

Armee fühlten sich immer nicht nur der Person des *princeps* selbst, sondern auch seinen Angehörigen verpflichtet.

Im Unterschied zur kleineren Gruppe der *domus principis* bezeichnete der Begriff der *familia principis* den weiteren Kreis all jener Personen, über die der *princeps* wie jeder andere römische *pater familias* seine komplexe *patria potestas* ausübte. In Analogie zur römischen *familia* generell umfaßte deshalb auch die *familia principis* neben Frau, Kindern und nicht selbständigen Anverwandten des *princeps* dessen Sklaven und Freigelassene. Die soziale Stellung der Angehörigen der *familia principis* war somit denkbar vielfältig: Der designierte Nachfolger konnte ihr ebenso angehören wie ein Freigelassener, der als Ressortchef einer zentralen Behörde über großen Einfluß verfügte, oder der Küchensklave. Der Kreis dieser *familia* insgesamt war außerordentlich groß. Genaue Zahlen liegen zwar nicht vor, doch dürfte er einige hundert Personen umfaßt haben.

War der *princeps* für das *Imperium Romanum* unentbehrlich geworden, so umgekehrt auch für ihn eine intakte und geschlossene *domus* und eine leistungsfähige *familia*, die sich gleichwohl nicht verselbständigen sollte, sondern einer beständigen Kontrolle bedurfte. Für effiziente wie loyale Angehörige dieser Gruppe aber bot der Principat die denkbar besten Aufstiegsmöglichkeiten. Denn wenn auch im Laufe der Entwicklung insbesondere qualifizierte Angehörige des Ritterstandes in immer größerem Umfang die Schlüsselstellungen der dem *princeps* unterstehenden Bereiche von Verwaltung und Justiz besetzen konnten und wenn dabei in zunehmendem Maße auch Intellektuelle, Rhetoren, Juristen aus den östlichen Provinzen des Imperiums im Dienst des *princeps* Karriere machten, die Angehörigen seiner *familia* profitierten lange Zeit von den zunächst nur rudimentär ausgebildeten Institutionen einerseits, vom ständigen Bedarf an zuverlässigen Vertrauenspersonen andererseits. Für das System des Principats gilt, daß die Herrschaftsform selbst zunächst in weit höherem Maße durch Personen als durch Institutionen abgesichert war. Erst im Laufe der Konsolidierung des Systems kam es zum Ausbau eines immer perfekteren Herrschaftsapparates.

Ein mehr äußerliches Kennzeichen der so stark persönlich ausgerichteten Machtstruktur liegt in der großen Zahl der *amici* des *princeps*, die schon Augustus in mehrere Rangstufen untergliedern mußte. Auch hierbei überlagerten sich politische und persönliche Beziehungen. War der *princeps* auf diese Weise auch mit den meisten Senatoren in ein persönliches Verhältnis getreten, das sich schon durch die Vielzahl der Kontakte von selbst relativieren mußte, so bedeutete eine Aufkündigung dieser Freundschaft durch den *princeps* in der Regel stets eine schwere Schädigung, wenn nicht – wie im Falle des Cornelius Gallus – die Vernichtung der Existenz des Betroffenen.

Sieht man von allen Einzelheiten ab, so erstreckte sich der Einfluß des *princeps* in den verschiedensten Formen von Anfang an kontinuierlich auf alle Schichten der römischen Gesellschaft, vor allem jedoch in besonders direkter Weise auf die Führungsschichten Roms, Italiens und der Provinzen, nicht zuletzt aber der Armee. Die zunächst ungenügende institutionelle Verankerung und Sicherung seiner Macht kompensierte er durch eine ungewöhnlich große Zahl persönlicher Beziehungen und Verbindungen, durch seinen Herrschaftsstil, der von vornherein das Aufkommen mächtiger Zwischeninstanzen verhinderte und damit auch die Einheitlichkeit und innere Geschlossenheit der Politik garantierte. Gerade die Angehörigen der Führungsschichten und der Armee aber mochten in der direkten Beziehung zum *princeps* eine sie selbst auszeichnende und zufriedenstellende Bindung sehen, die viel zur Konsolidierung und Hinnahme des neuen Systems beitrug.

Die Struktur der Gesellschaft des *Imperium Romanum*

Eine Gesamtbeurteilung der Gesellschaftsstruktur des *Imperium Romanum*, die bewußt den Zusammenhang zwischen politischem System und Gesellschaft berücksichtigen will, kann weder auf der modernen Kategorie der Klasse aufbauen, noch die römischen *ordines* absolut setzen. Ein Modell der römischen Gesellschaft, das Funktionen, Macht und Einfluß von einzelnen oder von sozialen Gruppen nicht angemessen berücksichtigt, wird untauglich. Unter dem Principat wird die Sozialstruktur des Imperiums vor allem durch den Vorrang gleichsam horizontaler Entwicklungslinien gegenüber den alten vertikalen Strukturen und durch den fortwährenden Aufstieg neuer sozialer Gruppen charakterisiert.

An der Spitze bildete sich nun eine imperiale Führungsschicht aus, deren Leitungsfunktionen das gesamte Imperium umfaßten. In ihren Händen lagen alle entscheidenden Kompetenzen in Politik, Kriegführung, Administration und Rechtsprechung, lediglich in den Bereich der Wirtschaft wurde selten direkt eingegriffen. Zu dieser imperialen Führungsschicht zählte indessen nicht nur der *princeps* allein und zählten auch nicht nur die Angehörigen seines Hauses, die von Anfang an denkbar größten Einfluß erlangten und nur unter starken *principes* in den Hintergrund traten. Dazu zählten auch die Konsulare, das heißt jene Senatoren, die mindestens einmal das Konsulat bekleidet hatten, die dem Ritterstand angehörenden Präfekten wie der Gardepräfekt, die Statthalter, die Mitglieder des *consilium principis*, zumeist bewährte und zuverlässige Militärs, Verwaltungsbeamte, Juristen und Freunde, die den *princeps* kontinuierlich berieten. Unter einzelnen Herrschern, zum Beispiel unter Claudius, Nero und Domitian zählten auch jene Freigelassenen dazu, die das besondere Vertrauen des *princeps* besaßen oder zentrale Verwaltungsinstanzen leiteten.

Die davon abzugrenzende imperiale Oberschicht verfügte dagegen nicht über aktive Leitungsfunktionen. Durch Herkunft, Besitz und Vermögen, die Zugehörigkeit zum Senatoren- oder Ritterstand, doch auch auf Grund persönlicher Leistungen und nicht zuletzt durch die Gunst des *princeps* war sie privilegiert. Ihr überragendes Sozialprestige wurde nicht nur in lokalen und regionalen, sondern im Rahmen des ganzen Imperiums anerkannt. Zu ihr gehörten vor allem jene Senatoren und Ritter, die keine staatlichen Aufgaben erfüllten, sowie die kleine, hochqualifizierte Berufsoffiziersgruppe der Primipilare.

Von der imperialen ist die regionale und lokale Oberschicht abzusetzen, die lediglich auf diesen Ebenen Leitungsfunktionen ausübte, zum Beispiel in den Stadträten oder in den «Provinziallandtagen» *(concilia, koiná)* der einzelnen Provinzen. Auch diese wichtige soziale Gruppe war durch lokale Traditionen, Besitz und Vermögen deutlich privilegiert, in den überschaubaren Rahmen der Städte freilich auch sehr stark beansprucht. Zu ihr zählten einzelne Ritter, vor allem jedoch die Angehörigen der Municipalaristokratie größerer und mittelgroßer Städte, reiche Bürger jener Gemeinden, einzelne Intellektuelle, Spezialisten und Freunde des *princeps*.

Ebenso inhomogen war die Mittelschicht des Imperiums, für die faktisch weniger die alten personenrechtlichen Kategorien und Rechtsstufen als vielmehr Reichtum, Vermögen und Einfluß maßgebend wurden. Selbständige Arbeit, eigenes Vermögen, Militärdienst und besonders qualifizierte Dienstleistungen bildeten für sie die Grundlage ihrer Existenz. Zu ihr ist deshalb der Großteil freier römischer Bürger zu zählen, soweit diese nicht verarmt waren, die Angehörigen der Municipalaristokratie der kleinen Städte des Imperiums, die Centurionen, Unteroffiziere und Mannschaften der Legionen, die Prätorianer wie die Angehörigen der römischen Sonderformationen, auch die privilegierten Veteranen. Zur Mittelschicht des Imperiums müssen jedoch die unabhängigen freien Bürger der Städte ebenso gerechnet werden wie jene Freigelassenen, die entweder im Dienste des *princeps* standen und über einen entsprechenden Einfluß verfügten oder die sich Reichtum und Vermögen erwirtschaftet hatten und darin viele freie Bürger übertrafen. Selbst einzelne Sklaven der *familia Caesaris* gehören in diese Gruppe.

Auch die breite Unterschicht war völlig heterogen. Bei ihr waren Abhängigkeiten vielfältigster Form das entscheidende Kriterium, sei es, daß ihre Angehörigen unselbständige Arbeit und Dienstleistungen verrichteten, sei es, daß sie Empfänger staatlicher Sozialleistungen, privater Munifizenz oder, als Klienten, der Gaben ihrer Patrone waren. Deshalb sind hier große Teile der römischen *plebs urbana* und der *plebs rustica* ebenso einzuordnen wie die in rechtlicher Hinsicht differierenden, ärmeren Gruppen der Städte und Provinzen, auch die Angehörigen der Flotte und der Hilfstruppenteile, die ärmeren Freigelassenen und schließlich die Masse der Sklaven, die je nach

Funktion, Qualifikation und Einsatz eine völlig verschiedenartige Existenz fristeten, somit keine einheitliche Klasse waren.

Unter dem Principat wurde die Gesellschaft des Imperiums zunächst nicht nivelliert. Ihre Kennzeichen sind vielmehr gerade die Differenzierung und ein beträchtliches Gefälle in der sozialen Stellung wie in den Funktionen, in den materiellen Grundlagen wie in den Schwerpunkten und Radien politischer und gesellschaftlicher Aktivität. Noch immer dominierten dabei die Verbindungen in *familia* und Klientel. Der Pluralismus der Stände und Gruppen wie die bestimmenden Funktionen des neuen Systems erklären auch die Wirkungsmöglichkeiten und die breite gesellschaftliche Absicherung des Principats, der so viele Interessensrichtungen auf sich vereinigen konnte.

Ziele und Mittel imperialer Politik

Die Problematik imperialer Politik unter dem Principat

Das *Imperium Romanum* des Principats läßt sich in seiner Eigenart nicht abstrakt, sondern nur historisch-genetisch begreifen. Im Mittelpunkt imperialer Politik stand zudem nie die Erfüllung eines formulierten Programms, sondern die Bewältigung elementarer staatlicher Aufgaben: Die Herrschaftssicherung, die Konsolidierung der römischen Macht im Herrschaftsbereich, die Organisation der zunächst nur rudimentären Kohärenz innerhalb der großen politischen Formation hatten Vorrang, obwohl sie immer wieder durch neue Impulse zu weiterer Expansion des Imperiums überlagert wurden.

Durch den bewußten Verzicht auf die Vorteile langfristiger Verwaltung in einer Hand und den ebenso bewußten Verzicht auf die Organisation großer und differenzierter Bürokratien in Rom wie in den Provinzen waren Herrschaftssicherung und Administration des *Imperium Romanum* zur Zeit der Republik sowohl in ihren Ansatzpunkten als auch in ihren Dimensionen begrenzt. Noch unter Caesar wurde Herrschaft im römischen Machtbereich weithin in personalen Perspektiven gesehen: Freundschaftliches oder feindseliges Verhalten von Königen oder Stammesfürsten bestimmte das Kalkül der römischen Politik; eine systematische Institutionalisierung römischer Macht wurde erst unter Augustus in Angriff genommen. Traditionelle Formen wirkten auch unter dem Principat noch lange Zeit nach.

Auch unter den veränderten Bedingungen des Principats war es niemals das Ziel der imperialen Politik Roms, das aus so heterogenen Elementen gebildete, historisch gewachsene Imperium in einen römisch-italischen Einheitsstaat zu nivellieren. Die innere Vielfalt des Imperiums, mit der sich ein *princeps* wie Hadrian ganz bewußt und demonstrativ identifizierte, mußte schon allein deshalb gewahrt werden, weil das Instrumentarium imperialer Politik auch unter dem Principat sehr begrenzt blieb. Es umfaßte vor allem die zum Teil miteinander verbundenen Bereiche der Administration und der Rechtsprechung, der Urbanisierung und der Bürgerrechtspolitik, der Romanisierung sowie der Grenz- und Außenpolitik.

Die gegebenen Ansatzpunkte römischer Administration lagen, wie schon früher ausgeführt, in den Selbstverwaltungen von Städten oder in den zentralen Orten von Stammesgebieten, in Ausnahmefällen zunächst auch noch bei den Persönlichkeiten der Klientelkönige und -fürsten, sei es in Britannien, Thrakien, im Bosporanischen Königreich, in Palmyra, *Iudaea* oder in Mauretanien. Dort, wo Städte oder zentrale Orte als Partner und Träger der Administration fehlten, wurden sie von Rom, wenn immer möglich, geschaffen. In Gebieten, in denen sich diese nicht bilden und behaupten ließen, ergaben sich häufig die größten Schwierigkeiten, waren römische Herrschaft und Zivilisation entweder überhaupt nicht, oder nur oberflächlich und innerhalb sehr bescheidener Grenzen durchzusetzen. Auf die Dauer war es keineswegs sicher, daß ein von Rom privilegierter Stammesfürst seinen Verpflichtungen auch nachkam.

Selbst im Bereich der Rechtsprechung, in den so viele geistige Energien römischer Juristen und Aristokraten eingegangen waren, in einem Bereich, in dem sich schon früh auch die Berührungen und Erfahrungen mit fremdem Recht niedergeschlagen hatten, erfolgte keine reichsweite Nivellierung, sondern blieb es bei der Anerkennung bestehender lokaler Rechtsnormen und -traditionen. Was Rom hier bot, war nicht so sehr die Verbindlichkeit römischer Rechtssätze, sondern erstens die Aufsicht über die jeweilige lokale Rechtsprechung, zweitens aber die Möglichkeit der Appellation, eines systematisch organisierten Berufungswesens, das in letzter Instanz den *princeps* selbst miteinbezog und ihn so theoretisch als obersten Gerichtsherrn und Garanten des Rechts mit jedem einzelnen Bürger des Imperiums verband. Die Einführung der Appellation, die die Römische Republik nicht gekannt hate, ist wohl der sinnfälligste Ausdruck der Intensivierung der Rechtspflege im Römischen Imperium und zugleich der Koordination lokaler, provinzialer und zentraler Organe.

Die Administration des Imperiums

An erster Stelle der Verwaltungsaufgaben des Imperiums stand die Wahrung der öffentlichen Sicherheit, die vor allem in chronischen Unruhezentren des hellenistischen Ostens, wie Alexandria, in anderen Groß- und Hafenstädten, oder zum Beispiel auch in einer Region wie *Iudaea* nur sehr schwer aufrechterhalten werden konnte. Vordringlich waren daneben auch die Schaffung einer auf Steuergerechtigkeit aufbauenden, effizienten Finanzverwaltung sowie die Organisation eines die gesamte Reichsbevölkerung zufriedenstellenden Systems der Rechtsprechung. Dieses System durfte einerseits die Möglichkeiten des *princeps* als Gerichtsherr nicht durch die Belastung mit Abertausenden von lokalen Bagatellfällen überfordern, und es mußte andererseits doch stets dann ein unmittelbares Eingreifen erlauben, wenn die übergeordneten Interessen römischer Macht in entscheidender Weise berührt waren.

Die Lösung dieser Aufgaben war freilich zugleich identisch mit der Stabilisierung und Institutionalisierung des neuen politischen Systems in imperialem Rahmen. Durch die Mobilisierung der ‹kolonialen Elite› und der provinzialen Führungsschichten gewannen die *principes* zudem jene neuen Kräfte, die ihre Position nicht nur in den Provinzen, sondern langfristig auch in Italien und in der Stadt Rom selbst stärkten. Die personale Komponente der Administration blieb deshalb unter dem Principat noch lange Zeit ebenso wichtig wie die institutionelle. Es kam für die *principes* und die Organe der zentralen Behörden nicht nur darauf an, immer wieder neue Ämter zu schaffen, sondern ebenso darauf, loyale und zugleich kompetente Mitarbeiter und Spezialisten zu finden, die dem System in den verschiedensten Sektoren dienten. Der unbestechliche Jurist wurde dafür ebenso benötigt wie der erfahrene Techniker oder der vielseitig verwendbare, effiziente Administrator.

Es ist gewiß richtig, daß die Administration des Imperiums unter dem Principat noch immer weithin von jenen Normen bestimmt wurde, die den traditionellen Überzeugungen römischer Aristokraten und deren «patronaler» Einstellung entsprachen. Doch andererseits knüpfte sie, im hellenistischen Osten und insbesondere in Ägypten, an ein bereits bestehendes, teilweise außerordentlich dichtes Verwaltungsnetz an, das lange Zeit nur geringfügig zu modifizieren war. Am meisten profitierte die römische Reichsverwaltung unter dem Principat jedoch davon, daß sie gegenüber der vorausgehenden Bürgerkriegsphase der späten Römischen Republik allgemein als eindeutige qualitative Verbesserung anerkannt wurde.

Die eigenartige Struktur der Administration des Imperium ist ebenso ein Resultat historischer Entwicklungen wie spezieller Sachzwänge. Dabei wird die traditionelle Aufgliederung des Reiches in ein privilegiertes Kernland der Hauptstadt und Italiens auf der einen und in das alte und neue Untertanenland der Provinzen auf der anderen Seite der Vielfalt und Differenzierung des Imperiums nicht gerecht. Seite an Seite mit der regionalen Komponente kam es in speziellen Verwaltungssträngen zu einer charakteristischen Überlappung der Kompetenzbereiche über die Grenzen der einzelnen Provinzen hinaus. Zu den Grundzügen römischer Administration unter dem Principat gehört ferner die Schaffung von klar abgegrenzten Instanzen mit kleinen Verwaltungsstäben und überschaubaren Radien der Aufgaben, die dennoch die Massierung von Verantwortung in Krisenzeiten bei besonders zuverlässigen Persönlichkeiten nicht ausschloß. Zudem blieben weder der Gesamtradius der imperialen Administration noch die jeweilige Stellung und Qualität der verschiedenen außeritalischen Verwaltungseinheiten konstant.

Weitgehende Kontinuität hinsichtlich Stellung und Organen der Verwaltung herrschte dagegen im römisch-italischen Bereich. Die augusteische Untergliederung der Stadt Rom in 14 Regionen und 165 *vici* sowie Italiens in elf Regionen, die in ihrer spezifischen Besonderheit zum Teil bis auf den heutigen Tag zu erkennen sind, hatte sich bewährt und wurde auch nicht verändert. Kontinuität herrschte zunächst weitgehend auch bei den früher besprochenen Aufgabenbereichen der stadtrömischen Magistrate und der sie ergänzenden, neugeschaffenen Beauftragten des *princeps* für bestimmte Sonderbereiche sowie bei den Organen und Magistraten der deutlich privilegierten Städte Italiens. Auch bei den alten republikanischen Provinzen wurde die Verwaltungsstruktur allenfalls ausgebaut, insbesondere auf dem Sektor der Rechtsprechung durch zusätzliche, den Statthalter entlastende *legati iuridici*. In den entscheidenden Positionen ist sie jedoch nicht verändert worden. *Asia* und *Africa* blieben zum Beispiel auch weiterhin ‹senatorische› Provinzen, deren vom Senat ernannte Statthalter, stets ehemalige Konsuln, das höchste Prestige außerhalb der direkten Verwaltungssphäre des *princeps* genossen.

Die wesentlichen Veränderungen, die zugleich den Anteil des *princeps* an der Administration immer weiter anwachsen ließen, vollzogen sich dagegen in den Grenzgebieten, den militärischen Operationsräumen und in den anfangs nur indirekt beherrschten, aber nicht durch Rom selbst auch verwalteten Klientelstaaten, vor allem im Donauraum, im hellenistischen Osten und in Nordafrika. Die Zahl der nach Augustus durch Expansion neugewonnenen Provinzen ist relativ gering. Sie umfaßt im Grunde nur das unter Claudius besetzte Britannien, die trajanischen Eroberungen in Dakien und das gleichzeitig okkupierte Arabien sowie die vorübergehenden Annexionen parthischer Gebiete im Nahen Osten. Eine Sonderstellung nehmen die nieder- und obergermanischen Militärzonen ein, die erst nach ihrer Arrondierung, nach dem endgültigen Verzicht auf weitere Offensiven in das Innere Germaniens und nach der Anlage der *limites* vor 90 n. Chr. in den Provinzialstatus überführt wurden.

Sehr viel öfter sind Klientelstaaten in die römische Verwaltung übernommen worden, so 17 n. Chr. Kappadokien, 42 n. Chr. Mauretanien, 46 n. Chr. Thrakien, oder es wurden bereits bestehende Provinzen geteilt, wie 86 n. Chr. *Moesia superior et inferior* und um 106 n. Chr. *Pannonia superior et inferior.* Großprovinzen wie *Britannia* bildeten auf die Dauer ebenso eine Ausnahme wie die kleineren Gebiete in den Dimensionen Thrakiens oder Iudaeas, die zeitweilig von einem Prokurator des *princeps* verwaltet wurden, dabei gleichzeitig aber auch unter der Kontrolle einer Nachbarprovinz standen, deren Statthalter im Bedarfsfalle eingriff.

Die Zentralverwaltung des *princeps* entwickelte sich, wie bereits früher erwähnt, aus dem Personenkreis der *familia principis* oder *Caesaris*. Die faktisch unvermeidliche Übernahme von komplexen staatlichen Funktionen durch eine Personengruppe inferiorer rechtlicher Stellung, das Freigelassenenregime eines Claudius oder Domitian, löste indessen die stärksten Reibungen aus. So wurden die Leitungsfunktionen in diesem Sektor schließlich mehr und mehr Angehörigen des Ritterstandes übertragen, Differenzierung und Institutionalisierung der Zentralverwaltung des *princeps* gleichzeitig vorangetrieben, angesichts der lawinenartig anwachsenden Verwaltungsaufgaben das Personal immer weiter verstärkt, bis sich in der Spätantike schließlich wahre Wasserköpfe bürokratischer Apparate in den verschiedenen Residenzen und Prätorianerpräfekturen des Imperiums ausbildeten, eine Entwicklung, die der genuin römischen Verwaltungstradition völlig zuwiderlief.

Den wichtigsten Posten der Zentralverwaltung hatte der *ab epistulis* inne, der zusammen mit seinen Mitarbeitern die gesamte allgemeine Verwaltungskorrespondenz des *princeps* erledigen mußte. Wenn es auch von der Persönlichkeit des einzelnen *princeps* abhing, wie groß dessen Ermessensbereich war und wie weit der *ab epistulis* völlig selbständige Entscheidungen treffen konnte, so war sein Einfluß in jedem Falle beträchtlich. Dies folgt schon aus der Tatsache, daß sein Ressort für sämtliche Ernennungen zuständig blieb und daher bei allen Personalentscheidungen zumindest mitwirkte. Nicht nur aus sprachlichen Gründen, sondern auch wegen der immer größeren Verwaltungsintensität wurde der Bereich zu Beginn des 2. Jahrhunderts n. Chr. in die Sektionen eines *ab epistulis Latinis* und eines *ab epistulis Graecis* aufgegliedert.

Auch der *a libellis* leitete einen verantwortungsvollen und arbeitsintensiven Bereich. Ihm wurden sämtliche juristischen Eingaben, die *libelli* im engeren Sinne, vorgelegt, die der *princeps* dann in der Regel durch ein Reskript zu beantworten hatte. Begrenzter waren demgegenüber die Ressorts des *a cognitionibus*, des Leiters der Rechtsprechung am Hofe des *princeps*, des *a studiis*, der die wissenschaftlichen Grundlagen und Informationen für die verschiedenartigsten Zwecke zu beschaffen hatte, des *a commentariis*, der den Bereich des Urkundenwesens und des Archivs leitete, und schließlich, seit Hadrian, des *a memoria*, dem die Abwicklung der laufenden Dienstgeschäfte des Routinebetriebs oblag.

Selbstverständlich zählten zur Zentralverwaltung im weiteren Sinne dann auch die von Prokuratoren und Präfekten beziehungsweise dem *a rationibus* oder *rationalis* geleiteten zentralen Kassen des *princeps*, das *aerarium militare*, das *patrimonium* und der *fiscus Caesaris*, die jeweils über eine Vielzahl subalterner Funktionäre verfügten, gleichzeitig jedoch auch bei voller persönlicher Verantwortung eine nicht geringe Selbständigkeit besaßen und häufig nur schwer zu kontrollieren waren. Wie schon erwähnt wurde, fächerte sich jedoch auch das Verwaltungsnetz des *princeps* in den Provinzen immer weiter auf. Hier kam es nun häufig dazu, daß Prokuratoren für den Steuerertrag oder für die Verwaltung des Vermögens des *princeps* in einer ganzen Reihe von Provinzen – zum Beispiel für die Provinzen *Belgica*, *Germania inferior* und *Germania superior* – zuständig waren.

Der Haushalt des Imperiums

Ungeachtet der sich immer wieder überkreuzenden und verwirrenden Verwaltungsstränge, die, rein verfassungsrechtlich betrachtet, dem Senat oder dem *princeps* unterstanden, dominierten faktisch auch im Bereich der Administration, und hier speziell in den Sektoren des Haushalts und der Finanzverwaltung, Macht und Einfluß des *princeps*. So ist es gerechtfertigt, von einem einheitlichen Haushalt des Imperiums zu sprechen, obwohl dieser Auffassung die verschiedenen Kassen und Verwaltungsinstanzen scheinbar entgegenstehen. Wie das für das Jahr 23 v. Chr. bezeugte *rationarium imperii* und das für 14 n. Chr. gesicherte *breviarium totius imperii* dokumentieren, hat bereits Augustus die Notwendigkeit einer systematischen Bilanzierung der Reichsfinanzen gesehen.

Da von den einstigen ‹Staatsrechnungen› systematischer Art keine einzige erhalten blieb, von den Originaldokumenten der zentralen römischen Kassen nicht einmal Fragmente vorliegen, hat jede moderne Rekonstruktion des Haushalts des *Imperium Romanum* mit zahlreichen Unbekannten und Fehlerquellen zu rechnen. Diese sind vor allem deshalb so groß, weil sowohl die Steuerpflicht als auch die Höhe der Steuersätze für die Reichsbevölkerung keineswegs einheitlich waren. Lediglich die indirekten Steuern, die einprozentige Verkaufssteuer und die vierprozentige Sklavenverkaufssteuer, ferner die Zölle, Markt- und Hafengebühren sowie andere vergleichbare Abgaben waren von allen Personen zu entrichten.

Dagegen blieben die römischen Vollbürger von direkten Steuern weitgehend freigestellt. Sie hatten in Rom, Italien und in privilegierten Städten der Provinzen weder die für die Provinzialen erhebliche Belastung der Grundsteuer *(tributum soli, vectigal, stipendium)* zu tragen noch die Kopfsteuer *(tributum capitis)* zu entrichten. Steuerlich belastet waren sie in diesem Bereich nur dann, wenn sie auf nichtprivilegiertem Territorium Besitz erworben hatten.

Andererseits mußten die römischen Bürger als direkte Steuern die fünfprozentige Erbschaftssteuer entrichten, die zu permanenten Klagen und Reibungen führte, während die ebenfalls fünfprozentige Sklavenfreilassungssteuer schon früh auf den freizulassenden Sklaven abgewälzt wurde. Feste und einigermaßen kalkulierbare Posten des Staatshaushaltes stellten daneben die Erträge aus staatlichem Besitz, aus Verpachtungen (Bergwerke), staatlichem Monopol (Salz) dar, während andere Positionen, wie zum Beispiel Strafgelder, der nicht unbeträchtliche Anfall von Erbschaften und Legaten oder jener von herrenlos gewordenem Gut *(bona vacantia, bona caduca)*, schließlich derjenige der oft großen Vermögen verurteilter Angehöriger der Führungsschicht sowie reicher Bürger oder Provinzialen, erheblichen Schwankungen unterlag.

Nach den plausiblen Schätzungen von H. Chantraine kann man davon

ausgehen, daß sich die jährlichen Gesamteinnahmen des Imperiums im
1. Jahrhundert n. Chr. auf etwa 750 Millionen Sesterze beliefen. In diesem
Betrag sind jedoch die Einnahmen der lokalen Selbstverwaltungen nicht
enthalten. Wenn für letztere eine Summe von etwa 50 Millionen Sesterzen
angenommen wird, so ist eine solche Zahl natürlich äußerst problematisch.
Dagegen steht eindeutig fest, daß es unter Vespasian zu einer drastischen
Steuererhöhung kam, für die ein Ausmaß von etwa 25 % der Gesamtsumme
durchaus realistisch sein dürfte. Demnach kann für die Zeit nach 70 n. Chr.
bis in die zweite Hälfte des 2. Jahrhunderts n. Chr. mit jährlichen Einnahmen in der Höhe von rund 1 000 Millionen Sesterzen gerechnet werden.

Diese Gesamteinnahmen des Imperiums erscheinen auf den ersten Blick
sehr hoch, der zunächst angenommene durchschnittliche Steuersatz von
rund 10 % gegenüber allen modernen Werten durchaus akzeptabel. Und
doch war damit offensichtlich eine in Friedenszeiten kaum überschreitbare
Grenze erreicht. Diese ergab sich nicht zuletzt daraus, daß die Masse aller
Steuern im landwirtschaftlichen Sektor eingebracht wurde und damit in
einem Bereich, für den Ertragsschwankungen die Regel bildeten. Wenn so
vorsichtig kalkulierende Grundbesitzer wie der jüngere Plinius selbst in dem
steuerlich begünstigten Italien ihre ökonomischen Probleme kaum lösen
konnten, so ist zu vermuten, daß die Situation in den Provinzen noch
angespannter war und daß dort nach dem Eingriff Vespasians die Grenze der
Belastbarkeit erreicht war.

Während der Haushalt des Imperiums auf der Einnahmenseite durch eine
Vielzahl von Posten unterschiedlichster Größenordnung charakterisiert
blieb, wurde die Struktur der Ausgaben durch relativ wenige, große Bereiche bestimmt. Die Kosten des Militärhaushalts, die traditionellen Ausgaben
für die Bürger Roms, der Aufwand für die Administration des Imperiums
und schließlich für Haushalt und Hof des *princeps* dominierten dabei
eindeutig.

Das mit Abstand größte Volumen beanspruchte davon der Militäretat.
Allein die regelmäßigen Ausgaben für Besoldung und Veteranenversorgung
beliefen sich nach der Solderhöhung Domitians (83 n. Chr.) und der Aufstellung neuer Legionen, die schließlich gegen Ende des 2. Jahrhunderts n. Chr.
die Gesamtzahl von 30 Einheiten erreichte, auf nahezu 600 Millionen
Sesterze. Dazu kamen von Fall zu Fall noch die Donative bei Regierungsantritt, Jubiläen, Festen, großen militärischen Erfolgen oder während kritischer innenpolitischer Lagen, sowie die Legate, mit denen einzelne *principes*
die Truppen testamentarisch bedachten.

Mochte es sich dabei auch um unregelmäßige, gleichsam außerordentliche
Zahlungen handeln, so wurden von der Armee vor allem die Donative als
eine Art von Gewohnheitsanspruch erwartet – und sie verschlangen teilweise immense Summen: Das Donativ Octavians im Jahre 29 v. Chr., nach dem
Ende des Feldzuges gegen Antonius und Kleopatra, erreichte einen Betrag

von rund 120 Millionen Sesterzen. Claudius gab bei seinem Regierungsantritt im Jahre 41 n. Chr. allein 90 Millionen Sesterze an die Prätorianer, wozu noch eine ähnlich hohe Summe für die übrigen Truppenteile kam. Das Donativ, das M. Aurel und L. Verus im Jahre 161 n. Chr. auswarfen, betrug über 1100 Millionen Sesterze und war somit größer als ein regulärer Jahresetat.

Testamentarische Vermächtnisse größeren Ausmaßes durch die *principes* an die Soldaten sind dagegen einzig für Augustus und Tiberius belegt. In beiden Fällen wurden die benötigten Summen von jeweils rund 50 Millionen Sesterzen noch zu Lebzeiten für diesen speziellen Zweck angesammelt und dann vom Nachfolger ausbezahlt. Es ist für die Verlagerung der Akzente innerhalb des Principats ebenso symptomatisch wie für das Finanzgebaren und die finanziellen Möglichkeiten der Mehrzahl der *principes*, daß die Sitte der Legate an die Armee so rasch aufgegeben wurde und in den zu Lebzeiten der Herrscher verteilten Donativen aufging.

In ganz ähnlicher Weise wie die Ausgaben für die Armee belasteten auch diejenigen für die freie Bevölkerung der Hauptstadt den Etat. Hier handelte es sich sowohl um bereits traditionelle, periodisch wiederkehrende als auch um zusätzliche und außerordentliche Posten, wobei die Höhe der letzteren in der Regel von der Persönlichkeit des jeweiligen *princeps* abhing. Auf rund 50 Millionen Sesterze beliefen sich dabei die jährlichen Kosten für die Getreideverteilung *(frumentatio)* an rund 200 000 Empfangsberechtigte. Der Betrag von 10 Millionen Sesterzen für die regulären Spiele der verschiedensten Art dürfte eher zu niedrig als zu hoch veranschlagt sein; derjenige für Nutz- wie für Repräsentationsbauten läßt sich nicht einmal annähernd abschätzen und dürfte die größten Schwankungen aufweisen. Die für die Bauten des Claudius angenommenen Beträge – 11 000 Millionen Sesterze während einer rund dreizehnjährigen Herrschaft – lassen sich ebensowenig verallgemeinern wie andere, zufällig erhaltene Angaben.

Den Donativen an die Truppen entsprachen die Geldspenden, die Congiarien, seit Hadrian *liberalitates*, an die stadtrömische Bevölkerung. Hatte Augustus dafür insgesamt 385 Millionen Sesterze ausgeworfen, so selbst der sparsame Tiberius 156 Millionen, Claudius über 100 Millionen, Domitian 180 Millionen. Im 2. Jahrhundert n. Chr. stiegen die Gesamtsummen dann noch beträchtlich an, eine Entwicklung, die naturgemäß auch die inflationäre Tendenz des Geldwertes widerspiegelt. Für Hadrian wird eine Summe von insgesamt 540 Millionen Sesterzen veranschlagt, für Antoninus Pius von 640, für M. Aurel gar von 680 Millionen.

Ähnlich wie die Legate für die Armee sind auch solche für das römische Volk nur für Augustus und Tiberius belegt. In ihrer jeweiligen Gesamthöhe von 40 bis 50 Millionen Sesterzen reichen sie bei weitem nicht an die astronomischen Werte Caesars heran, der für diesen Zweck nicht weniger als 960 Millionen Sesterze vorgesehen hatte.

Zu den bisher genannten Massenspenden kommen noch Schenkungen an kleinere Personengruppen und an einzelne hinzu, wobei die Form der ‹Wurfgeschenke› *(missilia)* stets am meisten Aufsehen erregte. Dabei wurden zunächst in erster Linie die Geschenke selbst, später in zunehmendem Maße Anweisungen auf Geld, Edelmetall, Preziosen, selbst auf Häuser und Landgüter blindlings unter das Volk gestreut. Nach relativ bescheidenen Anfängen dieser Art von Popularitätshascherei schon unter Augustus lagen ihre Höhepunkte unter Caligula und Nero, aber auch noch unter Titus und Domitian. Durchschnittliche Werte für diese und andere Schenkungen lassen sich nicht ermitteln.

Auch die Aufwendungen für den dritten großen Ausgabenkreis, denjenigen der Reichsverwaltung und der unmittelbaren Umgebung des *princeps* sowie seiner Repräsentation, lassen sich nur schwer abschätzen. Wahrscheinlich lagen sie dem Volumen nach deutlich unter den Beträgen, die für die Armee und für das römische Volk ausgeworfen wurden, wenn man zu letzteren auch diejenigen für Spiele, Bauten, Schenkungen und für den Kult hinzurechnet. Die Befriedigung der Ansprüche von Armee und hauptstädtischer Bevölkerung hatten nun einmal Vorrang vor dem Ausbau der Administration. Wenn der Principat die lokale Selbstverwaltung der Städte des Imperiums nur selten antastete, wenn er die Steuerpachtgesellschaften bis weit in das 2. Jahrhundert hinein bestehen ließ, so nicht zuletzt deshalb, weil es zu dieser Delegation imperialer Aufgaben aus finanziellen wie personellen Gründen lange Zeit gar keine Alternative gab. Wenn die Ausgaben für die Gehälter und die Besoldung aller in der Reichsadministration tätigen Personen vor kurzem auf etwa 40 bis 50 Millionen Sesterze im 1. und auf etwa 60 bis 70 Millionen im 2. Jahrhundert n. Chr. geschätzt wurden, so dürften auch diese Zahlen eher zu niedrig als zu hoch sein. Immerhin zeigen sie wenigstens die Relationen an, die hier bestanden.

Erheblich geringer waren dagegen die Belastung des Staatshaushaltes durch das bereits früher besprochene System der Alimentarstiftungen, das seit Nerva eingerichtet und dann bis in die Zeit der Antoninen immer weiter ergänzt wurde, ein System, das zinsgünstige staatliche Darlehen an italische Grundbesitzer mit der Ausgabe von Unterstützungszahlungen für die Kinder aus ärmeren Familien verband und so der wirtschaftlichen Stabilisierung wie der Bevölkerungs- und der Sozialpolitik diente. Wenn indessen neuere Schätzungen richtig sind, die hier von einer Gesamtstiftungssumme von 400 Millionen Sesterzen ausgehen, dürfte evident sein, daß sich die Förderungsmaßnahmen in verhältnismäßig bescheidenen Grenzen hielten. Ähnliches gilt für Einzelmaßnahmen zugunsten in Schwierigkeiten geratener italischer Landstädte, deren Gesamtsumme nicht bekannt ist, sowie für Nervas agrarpolitische Initiative, die sich auf ein Volumen von 60 Millionen Sesterzen für Landbeschaffung belief.

Sofern es überhaupt sinnvoll ist, in dem noch immer weithin durch die

Strukturen der Klientel bestimmten Gesellschaftssystem des Principats von staatlichen Sozialleistungen zu sprechen, erfolgten diese in der Regel auf städtischer Ebene. Die sozialen Leistungen des *princeps* beschränkten sich dagegen neben den Spenden für die *plebs urbana* Roms und der *alimentatio* auf die allerdings nicht seltenen Fälle der Katastrophenhilfe. Von dieser profitierten auch die Provinzialen. Daneben wurden Schenkungen an Angehörige der Oberschicht (Senatoren und Ritter) üblich, die entweder Gefahr liefen, ihren sozialen Status wegen Verarmung zu verlieren oder die die finanzielle Hilfe des *princeps* benötigten, um die materiellen Voraussetzungen für den von ihm gewünschten sozialen Rang überhaupt erst zu erlangen.

Katastrophenfälle traten fort und fort ein. So sind zahlreiche Großbrände, Erdbeben, Mißernten bekannt, in denen stets an die Hilfe des *princeps* appelliert wurde. Schon in Rom selbst rissen die Feuersbrünste nicht ab, der Großbrand unter Nero ist nur einer von vielen. Ähnlich liegen die Dinge bei den Erdbeben, wo die weitgehende Vernichtung von zwölf Städten der Provinz *Asia* im Jahre 17 n. Chr. und der große Vesuvausbruch des Jahres 79 n. Chr. nur die spektakulärsten Fälle einer ganzen Serie bilden. Mehrjähriger Steuererlaß sowie großzügige materielle und finanzielle Unterstützung für die Betroffenen waren hier selbstverständlich. Allein für Tiberius sind in solchen Zusammenhängen zwei Spenden von jeweils 100 Millionen Sesterzen bekannt.

Die Schenkungen an einzelne Vertreter der Oberschicht oder an Günstlinge des jeweiligen Herrschers hielten sich dagegen insgesamt in engeren Grenzen und dürften den Betrag von einigen Millionen Sesterzen pro Jahr wohl kaum überschritten haben. Ganz andere Dimensionen erreichte dagegen der allgemeine Schuldenerlaß des Jahres 118 n. Chr., als Hadrian in der kritischen Anfangsphase seiner Regierung mit einem Schlag die Staatsschulden aller römischen Bürger aus den vergangenen 16 Jahren in einer Gesamthöhe von 980 Millionen Sesterzen erließ. Eine ähnlich umfassende Kassierung von Schulden an den Staat ist danach nur noch für M. Aurel aus dem Jahre 178 n. Chr. bezeugt.

Bemerkenswerte, aber nicht immer berücksichtigte finanzielle Veränderungen ergaben sich auf dem Felde der Grenz- und der äußeren Politik. Hatten die Feldzüge der Römischen Republik fort und fort beträchtliche Kriegsbeute in das *aerarium* gebracht und zur Anhäufung eines dann von Caesar verschleuderten Staatsschatzes geführt, so erzielten unter dem Principat lediglich die Dakerkriege Trajans eine größere, freilich rasch vertane Beute. Waren in republikanischer Zeit die Zahlungen an Klientelkönige und Freunde des römischen Volkes insgesamt in vertretbarem Rahmen geblieben, so nahmen die Zahlungen an die Anführer benachbarter aggressiver Stämme im Vorfeld des Imperiums, spätestens seit Domitian, ein immer größeres Ausmaß an. Vor allem handelte es sich hierbei um eine immer weiter anschwellende Belastung des römischen Staatshaushaltes, für die nur in

Ausnahmefällen konkrete Zahlen vorliegen. Ob es dabei um Soldzahlungen für «barbarische» Hilfstruppen, um Subsidien für romhörige Klientelfürsten, um Abstandszahlungen für gefährliche Nachbarstämme, um Korruptionsgelder oder Tributleistungen ging – Geld als Mittel der äußeren Politik blieb bis in die Spätantike, ja bis zum Untergang des Imperiums, ein existentieller Posten der Ausgabenseite.

Wenn man so will, hatte er auch eine innenpolitische Entsprechung. Denn zu den charakteristischen Besonderheiten des Principats gehörten bald die offiziellen Geldgeschenke an die Herrscher *(collationes)*, Geschenke, denen auch das sogenannte Kranzgold *(aurum coronarium)* zuzurechnen ist. Seit Augustus wurde es üblich, den *princeps* zum Jahresbeginn mit besonderen Festgaben *(strenae)* zu beschenken, die zum Beispiel von Tiberius in vierfacher Höhe erwidert, von einigen Herrschern aber auch demonstrativ abgelehnt wurden. Doch nicht solche Zurückhaltung setzte sich durch, sondern im Gegenteil die immer längere Reihe der Anlässe für diese erzwungenen Spenden, die geradezu zu einer Sondersteuer entarteten: Bald wurden auch am Geburtstag des *princeps,* am Fest der Saturnalien sowie bei anderen Gelegenheiten *collationes* fällig, beim Regierungsantritt oder bei Triumphen aber das *aurum coronarium,* Goldkränze von erheblichem Gewicht. Im britannischen Triumph des Claudius wurden zwei Kränze aus den westlichen Provinzen im Gewicht von 7000 und 8000 römischen Pfund Gold mitgeführt. Wenn dabei auch viele *principes* dem Beispiel des Augustus folgten, der das Kranzgold der römischen Bürger abgelehnt und lediglich dasjenige der Provinzen akzeptiert hatte, so blieb die Einrichtung selbst doch bestehen.

Der oft sprunghafte Wechsel zwischen verschwenderischen Ausgaben, oft nicht kalkulierten, aber auch unabweisbaren Sonderleistungen größten Stils, dann wieder äußerster Sparsamkeit und Zurückhaltung läßt es nicht zu, einen sinnvollen Durchschnittswert des römischen Staatshaushaltes für die Ausgabenseite zu fixieren. Mochte die Relation zwischen Einnahmen und Ausgaben in ruhigen Friedensjahren günstig erscheinen, so genügte sie offensichtlich nicht, daß sich auf die Dauer größere Reserven bildeten oder daß sie eine langfristige und auch prophylaktische Finanzplanung ermöglichte. Gefüllte Kassen wurden ganz im Gegenteil immer wieder aufgelöst, wenn nicht durch Feldzüge, Großbauten oder Katastrophenhilfe, dann durch *frumentationes* und Donative, nicht selten auch durch Bürgerkriege.

In der Reihe der römischen *principes* stellen die großen und systematischen Sanierer des Staatshaushaltes, wie Vespasian, eine Ausnahme dar. Die Gesamtentwicklung wurde vielmehr durch die abrupten Wechsel zwischen korrekter, maßvoller Haushaltsführung und oft rücksichtslosem, verschwenderischem Gebaren bestimmt. Auf den vorsichtigen Tiberius folgte der maßlose Caligula, auf den keineswegs sparsamen, doch immer noch gewisse Grenzen respektierenden Claudius der völlig unbekümmerte, alles verschleudernde Nero, auf den entschiedenen Reorganisator Vespasian seine weit großzügigeren Söhne. Das Auf und Ab führte schließlich nach einer längeren Konsolidierungsphase unter Antoninus Pius zu dem absoluten Tiefstand unter Commodus.

Im allgemeinen war der finanzielle Spielraum der *principes* sehr gering. Zusätzliche Ausgaben größeren Volumens ließen sich durch die bescheidenen oder fehlenden Reserven der zentralen Kassen nicht bestreiten, so daß sich die Herrscher immer wieder gezwungen sahen, kurzfristig neue Einnahmequellen zu erschließen. Dazu zählten nicht nur die Einführung aller nur denkbaren Spezialsteuern, sondern auch so fragwürdige Maßnahmen wie erzwungene Erbschaften und Legate reicher Personen, skrupellose Konfiskationen von Gütern und Vermögen, die Verurteilung von Senatoren, Rittern, reichen Freigelassenen und Provinzialen, damit auf diese Weise deren Hab und Gut eingezogen werden konnte, schließlich die Versteigerung von Gegenständen und Gütern des Haushaltes der *principes* und die systematische Herabsetzung von Feingehalt und Münzfuß der Währung.

Wenn beispielsweise Nero den *aureus*, das wichtigste Goldnominal des Geldsystems unter dem Principat, statt wie vorher einem Vierzigstel, nun einem Fünfundvierzigstel eines römischen Pfundes Gold gleichsetzte, so wurde dadurch der Wert eines Pfundes Gold von 4000 auf 4500 Sesterze erhöht. Wenn ein römischer Denar unter Nero noch etwa zu 90 % aus Silber bestand, so sank dieser Anteil unter Commodus bereits auf etwa 72 % ab, um nach einer relativen Stabilisierung unter Septimius Severus schließlich im 3. Jahrhundert n. Chr. noch wesentlich tiefer abzufallen. Ein weiterer Sektor der Währungsmanipulation entzieht sich dagegen allen modernen Analysen: die schubweise Vergrößerung des Geldumlaufs. Hier steht lediglich das inflationäre Endergebnis vom Ausgang des 2. Jahrhunderts n. Chr. fest.

Die Urbanisierung

In seinem bekannten Vortrag über «Die sozialen Gründe des Untergangs der antiken Kultur» hat Max Weber die Geschichte des europäischen Altertums primär als «Geschichte von Küstenstädten» verstanden («Gesammelte Aufsätze zur Sozial- und Wirtschaftsgeschichte», Tübingen 1924, 292). Obwohl die Zivilisationen der Binnenländer Europas, Kleinasiens, des Nahen Ostens, Ägyptens und Nordafrikas in der Zwischenzeit durch die rege Ausgrabungs- und Forschungstätigkeit der Prähistoriker und Archäologen ein sehr viel schärferes Profil gewonnen haben, als Weber einst erkennen konnte, erweist sich seine Akzentuierung der städtischen und der Küstenkultur für die Antike, wenn auch mit einigen Abstrichen, als noch immer gerechtfertigt. Auch Rom selbst entstand zunächst als Glied jenes weitgespannten gesamtmediterranen Urbanisierungsprozesses, und sein Imperium blieb stets eng mit dieser städtischen Basis verknüpft.

Die Ausbreitung städtischer Lebensformen – so soll gemäß dem üblichen Verständnis «Urbanisierung» auch hier begriffen werden – hatte schon Jahrhunderte vor den römischen Initiativen eingesetzt. Sehen wir von den Stadtkulturen des Alten Orients ab, so legten zuerst die Phöniker ein sich weit in den Westen des Mittelmeerraums erstreckendes Netz von Handelsstützpunkten an, eine ganze Kette von Faktoreien, die zwar häufig genug kleinräumig blieben, aus denen sich aber doch auch stadtähnliche Siedlungen, in einzelnen Fällen sogar mächtige Stadtstaaten wie Karthago entwickelten. Es folgten die starken Impulse der griechischen Kolonisation, die in ihren Dimensionen den phönikischen Anlagen nicht nachstand, sowie die Gründung etruskischer Städte, die urbanes Leben vor allem in Mittel- und Norditalien verbreiteten. Neue Akzente setzten dann die Städte Alexanders des Großen und der hellenistischen Herrscher im Nahen Osten bis nach Baktrien und in den Nordwesten Indiens, während sich gleichzeitig in weiten Teilen Westeuropas die *oppida*-Zivilisation der Kelten mit ihren stadt-ähnlichen Siedlungen ausbreitete. In diese Gesamtentwicklung ist die römische Phase der Urbanisierung einzuordnen.

Von den vorhergehenden Etappen der Entwicklung städtischen Lebens in den Küstenzonen des Mittelmeerraums und deren jeweiligem Hinterland unterscheidet sich die römische jedoch durch geographische, politische und juristische Besonderheiten. In geographischer Hinsicht erfaßte die Urbanisierung nun sehr viel intensiver als jemals zuvor auch die Binnenländer. Unter römischer Herrschaft bereitete sich städtisches Leben bis nach Britannien, in die Rhein- und Donauländer, ins Innere Kleinasiens und in andere küstenferne Regionen aus. In politischer Hinsicht wurden die Städte systematisch als Stützen der imperialen Macht genutzt. Gewiß war eine solche Funktionalisierung bereits in den hellenistischen Monarchien angelegt, doch wurde sie konsequent erst unter römischer Herrschaft organisiert.

In juristischer Hinsicht endlich blieb auch unter dem Principat jene stadtrechtliche Differenzierung bestehen, die schon für das Herrschaftssystem der Römischen Republik charakteristisch war. Obwohl es unter Pompeius und Caesar gewisse Ansätze zur Normierung der städtischen Verfassungen gegeben hatte, strebten die *principes* keine völlige Vereinheitlichung der von Rom abhängigen Städtewelt an. Im Gegenteil wurden die durch Entstehung, Geschichte, Größe, Funktion und Reichtum bedingten großen Unterschiede zwischen den Städten des Imperiums noch zusätzlich durch ihre Einordnung in eine bestimmte Stadtrechtskategorie vertieft. Umgekehrt sagte jedoch die Stadtrechtsqualität allein nur wenig über Bedeutung und Funktion einer Stadt aus. London (Londinium) hat den höchsten stadtrechtlichen Rang der Kolonie ebensowenig erlangt wie Mainz (Mogontiacum).

Die Gleichsetzung römischer Herrschaft mit einer Herrschaft über Städte

Die Urbanisierung

wurde schon von den Zeitgenossen ausgesprochen, so im 2. Jahrhundert n. Chr. von dem griechischen Redner Aelius Aristides: «Wann gab es denn so viele Städte im Binnenland und am Meer, oder wann wurden sie so mit allem ausgerüstet? Wer reiste früher jemals so, daß er die Städte nach Tagen zählte und bisweilen am gleichen Tag zwei oder drei durcheilte wie Straßen einer Stadt? Daher stehen die Früheren nicht nur in der Gesamtausdehnung ihrer Herrschaft so sehr hinter euch [sc. den Römern] zurück, sondern auch darin, daß sie dort, wo sie über die gleichen Völker herrschten wie ihr heute, diesen allen nicht gleiche oder ähnliche Rechte verliehen. Jetzt aber ist es möglich, jedem Volk von damals eine Stadt entgegenzustellen, die in demselben Gebiet liegt. Daher könnte man sagen, daß jene gleichsam Könige über leeres Land und feste Burgen waren, während ihr allein Herrscher über Städte seid» («Eis Romen», c. 93 – Übersetzung von R. Klein).

Auch in der Gegenwart ist das *Imperium Romanum* häufig genug als eine Agglomeration, ein Verband oder ein *Commonwealth* von Städten bezeichnet worden. Dabei ergeben sich freilich erhebliche Schwierigkeiten aus der Tatsache, daß die oft mit «Stadt» pauschal gleichgesetzten antiken Begriffe *Polis* und *civitas* zunächst primär andere Inhalte hatten und in der Antike sehr konkrete Assoziationen auslösten. Griechenland war seit klassischer Zeit mit zum Teil äußerst kleinen *Poleis* übersät, die sich in politischen oder wirtschaftlichen Krisen kaum behaupten konnten. So schildert Pausanias im 2. Jahrhundert n. Chr. im X. Buch seiner «Beschreibung Griechenlands» die kleine Ansiedlung Panopeus in der Landschaft Phokis und zögert, ihr den Rang einer *Polis* zuzuerkennen: «Von Chaironeia sind es zwanzig Stadien nach Panopeus, einer phokischen Stadt *[Polis]*, wenn man auch einen solchen Ort eine Stadt nennen darf, der weder Amtsgebäude, noch ein Gymnasion, noch ein Theater, noch einen Markt besitzt, nicht einmal Wasser, das in einen Brunnen fließt, sondern wo man in Behausungen etwa wie den Hütten in den Bergen an einer Schlucht wohnt. Und doch haben auch sie ihre Landesgrenzen gegen die Nachbarn und schicken ebenfalls Vertreter in die phokische Versammlung. Ihren Namen soll die Stadt von dem Vater des Epeios erhalten haben, und sie selbst behaupten, nicht Phoker, sondern ursprünglich Phlegyer gewesen und in das phokische Land aus dem Gebiet von Orchomenos geflohen zu sein. Den alten Mauerring von Panopeus schätze ich nach Augenschein auf etwa sieben Stadien [1 250 m]» (Übersetzung von E. Meyer). Die Stelle ist deshalb so bedeutsam, weil sie zeigt, welche Inhalte noch unter dem Principat für den Begriff der griechischen *Polis* im Rahmen einer Siedlungsbeschreibung selbstverständlich waren.

civitas dagegen war zunächst der Grundbegriff der römischen Administration für die Verhältnisse vor allem des lateinischen Westens. Der Begriff bezeichnete im allgemeinen die Bürgergemeinschaft einer ländlichen Einheit, deren Bewohner meist in kleineren Siedlungen oder einzelnen Gehöften lebten, jedoch in regelmäßigen Versammlungen der Männer ihre Vorsteher wählten, Beschlüsse faßten, Gesetze verabschiedeten und administrative oder politische Entscheidungen trafen. Obwohl nicht wenige dieser *civitates*, vor allem in Gebirgsgegenden und unerschlossenen Regionen, diese Strukturen lange Zeit beibehielten, wurde unter dem Principat die Tendenz bestimmend, daß sich in den *civitates* ein zentraler, mehr oder weniger «städtischer» Ort ausbildete, der zugleich administrativer Mittelpunkt wurde und im Laufe der weiteren Entwicklung dann auch nicht selten mit der *civitas* überhaupt gleichgesetzt werden konnte.

Die konkrete Erscheinungswelt der *civitates* wies dabei in den einzelnen Reichsteilen und Provinzen denkbar große Unterschiede auf. Während eine *civitas* in Nordafrika häufig mit einer Kleinstadt identisch war, die über ein so bescheidenes Areal verfügte, daß es von den im Ort lebenden Bauern bearbeitet werden konnte, war die *civitas* in Britannien und in der *Belgica* mit großflächigen ländlichen Einheiten gleichzusetzen, in denen sich allenfalls ein oft völlig unbedeutendes und unansehnliches Zentrum befand, das keinerlei städtische Lebensqualität zu bieten hatte.

Geht man von den juristischen Kategorien aus, so gehörte die weit überwiegende Zahl der städtischen Siedlungen des Imperiums den abgabenpflichtigen *(stipendiariae) civitates* an, eine geringere Gruppe auf Grund der Situation, in der sie mit Rom in Verbindung getreten war, den freien *(liberae)* oder verbündeten *(foederatae) civitates*. Eine Stufe über ihnen standen nach herkömmlicher Ansicht die Municipien und Kolonien latinischen Rechts. Sie bildeten ursprünglich eine historisch gewachsene Kategorie der klassischen Römischen Republik, die nach dem Ende des Bundesgenossenkrieges (89 v. Chr.) bedeutungslos geworden war und deshalb, von den einstigen Voraussetzungen gelöst, eine Gruppe von stadtrechtlich privilegierten Gemeinden umschloß. Diese Privilegierung wurde dann unter Hadrian noch weiter differenziert. Er schuf eine neue Kategorie von Städten, welche das *ius Latium maius* besaßen, ein Stadtrecht, welches allen Mitgliedern des Stadtrates das volle römische Bürgerrecht verlieh, während beim üblichen latinischen Stadtrecht damit nur die jeweiligen Magistrate der Stadt ausgezeichnet wurden.

Die höchste stadtrechtliche Kategorie blieb dagegen den *coloniae et municipia civium Romanorum* vorbehalten. Die römischen Kolonien waren zunächst geschlossene Siedlungskolonien römischer Bürger. Sie wurden aus militärischen wie aus politischen und sozialen Motiven angelegt und behielten stets ihren engen römischen Rechtsrahmen. Der Kolonisationsprozeß der Römischen Republik wurde nun im Grunde, wenn auch mit manchen Modifikationen und Intervallen, bis in die Zeit Trajans fortgesetzt. Allein schon seit Claudius gingen die *principes* dazu über, den Rang einer Kolonie auch titular zu verleihen, ein Verfahren, das dann seit Hadrian ein immer größeres Ausmaß annahm. Mit dem Rang eines *municipium* wurden dagegen vor allem ältere städtische Siedlungen ausgezeichnet, in denen sich zahlreiche römische Bürger aufhielten. Die Zuerkennung des Ranges war mit der Anerkennung der Selbstverwaltungsautonomie auf der Grundlage eines formulierten Stadtrechts identisch.

Eine stadtrechtlich dagegen nie einheitlich verrechtlichte Sonderform des Principats stellen die funktional und wirtschaftlich außerordentlich wichtigen Lagersiedlungen bei den großen Legionsfestungen, die *canabae*, dar. Aus den Barackengruppen der Händler, Handwerker, Dirnen und anderen Begleitpersonals der Legionen entwickelten sich im Laufe der Zeit permanente, zum Teil mehrere Tausend Menschen umfassende Siedlungen mit festen Straßen, Werkstätten, Lagerschuppen, Ziegeleien, aber auch Foren, Thermen und Aquädukten. Doch so groß die Bedeutung solcher Siedlungen war, stadtrechtlich sind sie nicht privilegiert worden.

Die Gesamtzahl aller städtischen Siedlungen im *Imperium Romanum* liegt zwischen 1 000 und 2 000. Darunter befanden sich nach einer vorläufigen Statistik von Fr. Vittinghoff über 600 Kolonien und Municipien, die freilich eine auffallende Streuung zeigen. Denn von ihnen lagen «in Spanien etwa 160, darunter vielleicht 130–135 Municipien, in Nordafrika etwa 200, unter ihnen um 120 Municipien, im weiteren Donauraum von Raetien bis Moesien und Dakien... etwa 60». Im griechischen Osten ist die Gesamtstruktur der Städtewelt dagegen von Rom nur wenig verändert worden. Die wenigen unter dem Principat neu angelegten Kolonien und die stadtrechtlich begünstigten Siedlungen ergänzten und festigten lediglich das alte Netz. Nur durch neue politische, administrative oder religiöse Akzente, durch die – sei es auch nur vorübergehende – Funktion einer Stadt als Residenz eines *princeps*, als Hauptstadt einer Provinz oder als Zentrum des Kaiserkultes wurden nachhaltigere Impulse ausgelöst. Insgesamt gesehen, waren diese jedoch weitaus schwächer als im Westen des Imperiums.

Auch für die Epoche des Principats umgreift der Stadtbegriff die Kleinstadt ebenso wie die Weltstadt. Legt man hinsichtlich der Einwohnerzahlen eine Typisierung von F. Kolb zugrunde, so dominieren selbstverständlich die Kleinstädte mit einer Einwohnerzahl zwischen 2 000 und 15 000 Einwohnern, Städte, die freilich zum Teil durchaus ansehnlich waren, wie zum Beispiel Pompeji, das hier einzuordnen ist. Wesentlich geringer ist die Zahl der mittelgroßen Städte mit 15 000 bis 25 000 Einwohnern, zu denen etwa Sabratha, westlich von Tripolis, zählt, und auch die Kategorie derer zwischen 25 000 und 50 000 Einwohnern. Zu letzteren gehören wichtige Hafen- und Handelsstädte, Hauptstädte von Provinzen sowie durch besondere administrative oder wirtschaftliche Funktionen ausgezeichnete Orte wie Ostia, Narbonne (Narbo Martius), Köln (*Colonia Claudia Ara Agrippinensium*) und London (Londinium). Eine wohl noch größere Einwohnerzahl wiesen dann Plätze wie Lyon (Lugdunum), Trier (*Augusta Treverorum*), Gades und die alten Zentren an der Westküste Kleinasiens auf, während nur eine Handvoll Städte die Einwohnerzahl von 100 000 Personen wesentlich überschritt: Alexandria, Antiochia, Karthago – und natürlich Rom selbst.

Ähnlich große Unterschiede sind beim Umfang der städtischen Territorien festzustellen. Die Gebiete einiger alter *Poleis* und insbesondere der hellenistischen Zentren wie Antiochia am Orontes oder Nikaia in Bithynien erreichten einen Umfang von über 10000 km² und umfaßten auch zahlreiche Dörfer *(vici)* und Gehöfte. In Räumen mit großer Stadtdichte, wie zum Beispiel in Griechenland oder an der West- und Südküste Kleinasiens, erstreckten sich die mit den *Poleis* verbundenen Gebiete dagegen nur selten über mehr als ein Dutzend Kilometer vom städtischen Zentrum hinweg.

Eingriffe einer imperialen Politik in die Welt der Städte sind neben den alltäglichen Entscheidungen der *principes* besonders deutlich in einer neuen Institution zu fassen: Seit dem Anfang des 2. Jahrhunderts n. Chr. begegnen in den Städten des Imperiums *curatores* oder *logistaí*, die vom *princeps* selbst ernannt wurden. Ihre vordringlichste Aufgabe lag offensichtlich in der Kontrolle und Überwachung der städtischen Haushalte. Bei diesen Repräsentanten der imperialen Administration, die ihr Amt zumindest mehrere Jahre hindurch ausübten, handelte es sich zunächst um Persönlichkeiten von hohem Sozialprestige und großer Autorität, um Senatoren, Ritter oder ehemalige Provinzialoberpriester. Erst als die Institution zur Regel und damit der Bedarf an *curatores* immer größer wurde, sind schließlich auch Angehörige der betreffenden Stadt mit der Funktion eines *curator* betraut worden. Mit einigen Modifikationen blieb das Amt bis zum Untergang des Imperiums bestehen. Doch so spürbar und lästig die Entscheidungen dieser *curatores* für die städtische Finanzverwaltung auch gewesen sein mögen, insgesamt gesehen, war es nicht ihre Aufgabe, die Selbstverwaltung der Städte außer Kraft zu setzen, sondern vielmehr sie effizient und solide zu erhalten.

Als auf lange Sicht sehr viel bedeutsamer erwiesen sich jene Strukturveränderungen, welche die römische Herrschaft in den verschiedenen Reichsteilen in jeweils ganz unterschiedlicher Weise nach sich zog. So weist Griechenland unter dem Principat einen konsequenten Konzentrationsprozeß auf. Neue Stadteinheiten oder begünstigte Anlagen wie Nikopolis, Amphissa, Patrai, Tegea und Mantineia sogen nun gleichsam die benachbarten kleinen, aber einst selbständigen Siedlungseinheiten in sich auf. Es war offensichtlich das Ziel solcher Strukturpolitik, wenn man den Begriff anwenden will, hinreichend große und auch leistungsfähige politische und administrative Zellen zu bilden, die allen ihren Aufgaben gerecht werden konnten. Der zahlenmäßige Rückgang der *Poleis* in einer griechischen Landschaft ist deshalb nicht einfach mit einem Rückgang städtischen Lebens identisch.

Für Kleinasien ist ein Konzentrationsprozeß ganz anderer Art charakteristisch. Dort erlebten vor allem die alten Metropolen und Hafenstädte einen besonders starken Bevölkerungszustrom, der in einem verhältnismäßig schmalen Streifen an der Westküste zu einer ganzen Kette von Großstädten

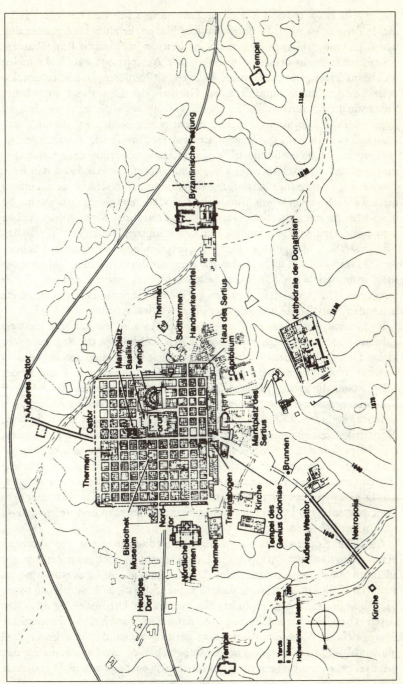

33 Timgad, Stadtplan

mit jeweils etwa 50000 bis 100000 Einwohnern führte. Die Attraktivität dieser Zentren ist noch heute ersichtlich: Neben die alten Heiligtümer und neuen prächtigen Tempel traten die zahlreichen städtischen Profanbauten, Thermenanlagen in oft verschwenderischer Ausstattung, von Kolonnaden umsäumte Prachtstraßen, Stadien, Anlagen für Pferderennen und eindrucksvolle Theater, die zumindest einen Großteil der Einwohner an urbaner Lebensqualität teilhaben ließen. Nach F. Kolb wies die Provinz *Asia* zu Beginn des 2. Jahrhunderts n. Chr. nicht weniger als 282 *civitates* auf, während sich die Zahl für Makedonien auf 150, für Thrakien auf 23 belief.

Ägypten nahm eine Sonderstellung im Rahmen des römischen Urbanisierungsprozesses ein. Das Land ist zugleich der beste Beweis dafür, daß Rom bewährte und effiziente Verwaltungsorganisationen in schwierigem Umfeld nie etwa nach einem römisch-italischen Modell vereinheitlichen wollte. So blieben in Ägypten die alten Gaue *(Nomai)* mit ihren Metropolen – neben dem Sonderfall von Alexandria – die wichtigsten Zellen der römischen Administration. Als einzige römische Neugründung fällt Hadrians Schöpfung Antinoopolis völlig aus dem Rahmen des dort Üblichen. Eine Anpassung an imperiale Prinzipien der Selbstverwaltung erfolgte erst im 3. Jahrhundert n. Chr., als auch in Ägypten auf die für die Steuerbeträge persönlich haftenden Kurialen nicht mehr verzichtet werden konnte.

Im Gesamtbereich des römischen Nordafrika wird die Zahl der *civitates* auf etwa 500 bis 600 geschätzt, wobei es sich allerdings in der Regel um sehr kleine Einheiten handelte. Von ihnen waren wiederum rund 200 in der alten Provinz *Africa proconsularis* konzentriert. Der Massierung hier und an der Küste stand die relativ geringe Zahl von Städten im Raume des heutigen Marokko gegenüber, unter denen sich freilich so eindrucksvolle Anlagen wie Volubilis befinden. Die herausragenden städtischen Zentren des römischen Nordafrika stellten indessen Karthago (etwa 300000 Einwohner), Caesarea, die Hauptstadt der Provinz *Mauretania Caesariensis* (etwa 90000 Einwohner), Leptis Magna an der Großen Syrte (etwa 80000 Einwohner), Hadrumetum (etwa 25000 Einwohner) und Thamugadi (etwa 15000 Einwohner) dar. Die Zahlen zeigen, daß die römischen Provinzen Nordafrikas unter dem Principat einen Höhepunkt der Urbanisierung erreichten und ein vielfältiges städtisches Leben aufwiesen.

Ähnliche Konzentrationen städtischer Siedlungen weist die Iberische Halbinsel unter dem Principat auf. Dort liegen die wichtigsten Zentren vor allem im Süden des Landes, in der *Baetica*, dann an der Ostküste sowie im weiteren Umkreis des Ebro massiert, während West- und Nordküste sowie das Landesinnere lediglich punktuelle Ansätze der Urbanisierung erkennen lassen. Dieselben Unterschiede gelten dann auch für Gallien. Während die Provinz *Gallia Narbonensis* im Raum der Provence durch eine große Zahl blühender und reicher städtischer Siedlungen hervorragte, wurde die Lage in den drei gallischen Binnenprovinzen durch eine ausgesprochene Dichotomie

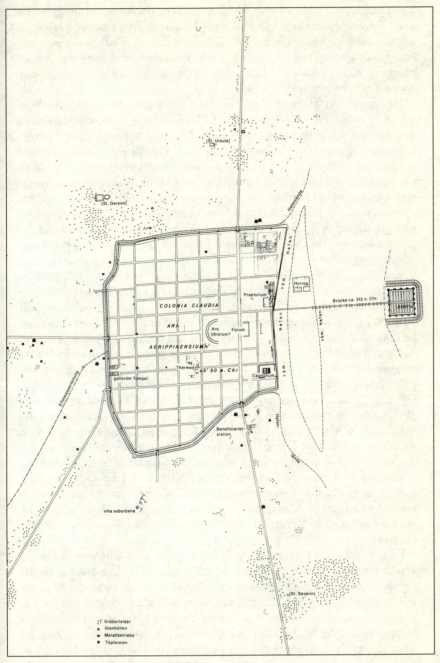

34 Köln, Stadtplan

charakterisiert. Zwar gab es auch dort größere städtische Siedlungen, die zum Teil eine Fläche von 100 und mehr Hektar einnahmen, doch lagen sie sämtlich südlich einer Linie Trier–Rouen, während nördlich dieser Linie einzig Aduatuca (Tongern), Gesoriacum (Boulogne) und Bagacum (Bavai) markante Zentren bildeten. Erst in der Rheinzone kommt dann wieder eine ganze Reihe bedeutender Städte vor.

Für die Strukturveränderungen in einer Grenzprovinz, in der die Entwicklung von *civitates peregrinae* zur Herausbildung von Stadtgemeinden mit dem dazugehörigen Territorium führte, ist das Beispiel der Provinz *Germania inferior* typisch. Fand man dort um die Mitte des 1. Jahrhunderts n. Chr., das heißt zur Zeit des niedergermanischen Heeresbezirkes, lediglich die Einheiten der *civitates,* ein größeres Areal Militärland sowie möglicherweise bereits eine Domäne des *princeps,* so gliederte sich der Bereich der Provinz rund ein Jahrhundert später im wesentlichen in die Territorien von vier privilegierten Städten auf, der zwei Kolonien Köln (*Colonia Claudia Agrippinensium*) und Xanten (*Colonia Ulpia Traiana*) sowie der zwei Municipien Nymwegen (*Noviomagus*) und Arentsburg (*Forum Hadriani*).

Ein Vergleich der städtischen Entwicklung in den beiden Hauptstädten der germanischen Provinzen dürfte verdeutlichen, welche konkreten Folgen eine stadtrechtliche Privilegierung nach sich zog. Siedlungspolitisch griff Rom im Kölner Raum etwas früher ein als in Mainz. Während der Anwesenheit des M. Agrippa wurde auf dem Boden Kölns schon im Jahre 38 v. Chr. das *oppidum Ubiorum* angelegt, das die aus dem rechtsrheinischen Gebiet umgesiedelten Ubier aufnahm. Doch die entscheidenden Entwicklungsimpulse erfolgten in beiden Räumen dann erst während der augusteischen Offensiven mit der Anlage der Legionslager. Während im *oppidum Ubiorum* gleichzeitig ein Altar für den Kaiserkult der germanischen Gebiete errichtet wurde, ist in Mainz das Andenken an den älteren Drusus, den 9 v. Chr. tödlich verunglückten Oberbefehlshaber der Rheinarmee und Stiefsohn des Augustus, demonstrativ bewahrt worden. Funktional unterschied sich die Bedeutung der beiden Plätze in der ersten Hälfte des 1. Jahrhunderts n. Chr. nicht wesentlich. Beide waren Zentren von Heeresbezirken, Köln für den niedergermanischen, Mainz für den obergermanischen Bereich; die um Mainz bereitgestellten Truppen waren, zumindest zeitweilig, stärker als jene bei Köln.

Dann brachte die Privilegierung Kölns im Jahre 50 n. Chr. eine Zäsur, die Mainz nie mehr ausgleichen konnte. Als damals Claudius auf Bitten der Agrippina das *oppidum Ubiorum* zur Kolonie erhob, war der Sitz des Militärbefehlshabers in Niedergermanien in die höchste stadtrechtliche Kategorie eingeordnet worden. Nun begann die systematische und einheitliche Neugestaltung der Stadt nach römisch-italischem Vorbild mit dem Bau der 4 km langen Stadtmauer und ihren monumentalen, über 24 m hohen und 30 m breiten Toren, die der Wehrfunktion in gleicher Weise genügten wie der

Repräsentation, sowie den 21 Türmen. Ein kapitolinischer Tempel, Forum, Wasserleitung, Kanalisation, Thermen, zahlreiche Verwaltungsbauten wie das Prätorium verstanden sich für ein Zentrum dieses Ranges von selbst, während gleichzeitig auch die üblichen Organe der Stadtverwaltung ihre Tätigkeit aufnahmen. Aus nicht wenigen Grabsteinen und Denkmälern geht das gesteigerte Selbstbewußtsein der Angehörigen der Kolonie hervor.

Ganz anders die Entwicklung in Mainz. Dort nahmen zwar die um das Zweilegionslager entstandenen Handwerker-, Händler- und Dienstleistungssiedlungen einen durchaus beachtlichen Aufschwung, der auch noch in Stiftungen und Denkmälern wie der Juppitersäule oder dem Dativius-

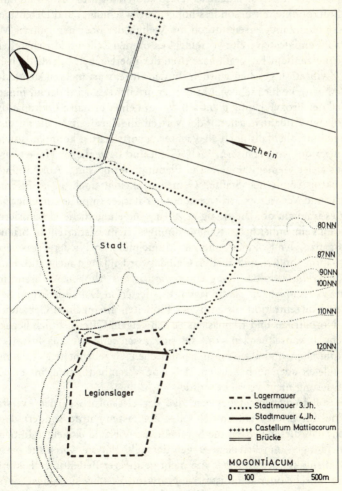

35 *Mainz, Stadtplan*

Victor-Bogen eindrucksvoll zutage tritt. Dort blieb auch weiterhin das Zentrum der obergermanischen Militär- und später der Provinzialverwaltung. Doch gemeinderechtlich kamen die Siedlungseinheiten nie über die Norm der *vici* hinaus; das Territorium wurde erst in der Spätantike als *civitas* organisiert. Als *municipium* ist Mainz sogar erst ab 355 n. Chr. bezeugt, das heißt zu einem Zeitpunkt, als das Legionslager bereits aufgehoben worden war und die Siedlung ihre alte, herausragende militärische Funktion verloren hatte.

Der Prozeß der römischen Kolonisation und Urbanisierung insgesamt wurde lange Zeit gleichsam nur innerhalb römischer Perspektiven gesehen. Die Betrachter ließen sich dabei einerseits durch die kluge Auswahl militärischer Stützpunkte mit besonders hoher Überwachungs- und Defensivqualität faszinieren, andererseits durch die Vielfalt der über den ganzen Mittelmeerraum und dessen weite Vorfelder verstreuten Zellen städtischen Lebens, in denen gleichsam Integrationszentren der überlegenen hellenistisch-römischen Zivilisation gesehen wurden. In der Gegenwart mehren sich indessen die Stimmen, die hier sehr viel kritischer urteilen. Es wird darauf hingewiesen, daß der Prozeß häufig identisch war mit einer brutalen Okkupation der wertvollsten Anbauflächen, mit der Vertreibung der Besitzer, die ihr bisheriges Eigentum allenfalls noch als Pächter bewirtschaften konnten, sowie mit der Aneignung von Häusern, Vieh, Gerät und beweglicher Habe aller Art.

Trotz vieler Gemeinsamkeiten in Planung, Vermessung, Ausstattung und Architektur römischer Städte, Gemeinsamkeiten auch in ihrer inneren Struktur und Verwaltung, trotz eindeutiger starker Impulse einzelner *principes* ist es fraglich, ob, langfristig gesehen, eine einheitliche Urbanisierungspolitik und ein einheitliches Raumordnungssystem existierten. In Britannien gab es ganze vier Kolonien und ein Municipium, in Niedergermanien war die Situation ähnlich, und auch in Gallien wurden längst nicht alle zentralen Orte der *civitates* in den Rang eines *municipium* erhoben. Während in der Provinz *Noricum* neun Städte lagen, existierten in Dalmatien rund 60, um von den Konzentrationen städtischer Einheiten in einzelnen Gebieten Spaniens, Nordafrikas und Kleinasiens zu schweigen. Offensichtlich liegen hier deutliche Inkonsequenzen vor, die sich zwar teilweise aus historischen, geographischen und bevölkerungspolitischen Gegebenheiten erklären lassen, zugleich aber auch belegen, daß eine Vereinheitlichung im Felde der Urbanisierung nicht versucht wurde.

Dies soll freilich nicht besagen, daß der Gesamtprozeß der «Verstädterung» des Imperiums einfach sich selbst überlassen wurde, sondern deutlich machen, daß dieser Prozeß die Summe einer Vielzahl einzelner Initiativen, Entscheidungen und Privilegierungen darstellt. Für sie waren die persönlichen Willensakte der *principes* von nicht geringerer Bedeutung als konkrete militärpolitische oder administrative Notwendigkeiten, siedlungsgeographische, wirtschaftliche und regionale Voraussetzungen ebenso wichtig wie die

Verfügbarkeit von Kolonisten und den erforderlichen Mitteln. Im übrigen war es keineswegs so, daß Lebensqualität ausschließlich in städtischem Rahmen gesucht wurde. Für Martial wie für viele andere galten im Gegenteil konträre Prioritäten: die Flucht aus der Großstadthektik und die Sehnsucht nach einem bescheidenen, gesunden, ländlichen Glück hatten bei ihnen Vorrang vor allen Annehmlichkeiten der Stadt.

Es ergibt sich somit, daß das *Imperium Romanum* besser als alle anderen Weltreiche der Antike die Städte als wichtigste Pfeiler der Administration und Politik genutzt hat, daß es in die regionalen Strukturen aber nur sehr behutsam eingriff und die stärksten urbanen Akzente in den Grenzräumen und in den Binnenlandschaften des Imperiums setzte. Das Vorgehen erscheint so außerordentlich differenziert und realistisch. Es unterscheidet sich deutlich von der Stadtgründungsmanie der hellenistischen Ära, die nicht selten zu rein ephemeren Resultaten führte. Wenn so häufig eine Kontinuität römischer Städte zu beobachten ist, so spricht auch der Erfolg für das Augenmaß und die Rationalität römischer Urbanisierung.

Die Bürgerrechtspolitik
Die Problematik der Romanisierung

Jede moderne Analyse der römischen Bürgerrechtspolitik hat zu berücksichtigen, daß das römische Bürgerrecht, im Unterschied zu allen modernen Vorstellungen von «Staatsangehörigkeit», primär die Zugehörigkeit zu einer Rechtsgemeinschaft bedeutete, die im Rahmen des *Imperium Romanum* jedoch zugleich auch politisch privilegiert war. Wie jeder andere antike Stadtstaat, so verfuhr die Römische Republik bei der Zuerkennung ihres Bürgerrechts an Fremde zunächst äußerst restriktiv. Nur in Ausnahmefällen war römisches Bürgerrecht seit den Punischen Kriegen an Einzelpersonen wegen ihrer Verdienste um die römische Sache verliehen worden, noch seltener gab es kollektive Verleihungen. Realisierbar war diese Politik nur deshalb, weil das differenzierte Herrschaftssystem Roms die Zwischenstufe des latinischen Rechtes kannte und die Republik dessen Inhabern, insbesondere den Angehörigen der Führungsschichten von Städten latinischen Rechts, durch Privilegien entgegenkam.

Für den italischen Bereich brachte dann der Bundesgenossenkrieg (91–89 v. Chr.) die entscheidende Zäsur. Mit der zuvor undenkbaren, schubartigen kollektiven Verleihung des römischen Bürgerrechts an alle italischen Verbündeten begann ein neues Kapitel römischer Bürgerrechtspolitik, das bald in weiteren großzügigen Verleihungen des römischen Bürgerrechts oder des latinischen Rechts unter Caesar und den Triumvirn gipfeln sollte.

Die römische Bürgerrechtspolitik weist indessen von Anfang an erhebliche Widersprüche auf. Zunächt aristokratisch und konservativ bestimmt, zeigte sie lediglich gegenüber den Angehörigen der Führungsschichten italischer oder anderer verbündeter Städte eine gewisse Offenheit. Deren Ziel war eindeutig, gerade in jener Gruppe eine doppelte Loyalität sowohl gegenüber der jeweiligen Stadt als auch gegenüber Rom zu organisieren und demonstrativ zum Ausdruck zu bringen. Mit Hilfe dieser Lösung war die italische Führungsmacht in einer Vielzahl von Städten mit den Interessen privilegierter Honoratioren verbunden.

Doch gleichzeitig wurden im Zuge des Kolonisationsprozesses arme römische Bürger in immer weiterer Streuung ebenfalls als Stützen römischer Macht angesiedelt, und schließlich wuchsen schon zur Zeit der Späten Republik kontinuierlich freigelassene Sklaven in den römischen Bürgerverband hinein. In Rom wie in den Provinzen rekrutierten sich die römischen Neubürger demnach keineswegs nur aus den jeweiligen Oberschichten. Erst der Principat ermöglichte schließlich eine wenigstens mittelfristig einheitliche Kontrolle all dieser Entwicklungen, wenn auch unter dem Principat Jahr für Jahr einige Tausend entlassene Soldaten der Auxiliarformationen des römischen Heeres samt ihren Familienangehörigen als römische Vollbürger hinzukamen.

Freien Nicht-Römern war das römische Bürgerrecht seit dem 1. Jahrhundert v. Chr. in immer größerer Zahl vor allem von den Feldherren der Späten Republik *virtutis ergo* verliehen worden, das heißt auf Grund ihrer militärischen, politischen oder materiellen Einsätze für die Sache Roms. Dabei hatten sich die popularen Befehlshaber ebensowenig zurückgehalten wie die optimatischen. Einen Höhepunkt der Entwicklung stellten dann die besonders großzügigen Verleihungen des römischen Bürgerrechts, vor allem aber des latinischen, durch Caesar in Sizilien, der *Narbonensis*, der *Baetica* und in *Africa* dar. Auch Octavian setzte diese Politik Caesars zunächst konsequent fort.

Eine erstmals 1934 publizierte große Inschrift aus Rhosos in Syrien zeigt exemplarisch die Zusammenhänge und die Modalitäten der Bürgerrechtspolitik Octavians während der Triumviratsepoche im Falle des um seine Sache besonders verdienten Kapitäns Seleukos aus Rhosos. Ergänzt lauten die wichtigsten Partien des langen Textes: «C. Iulius Caesar Imperator [Octavian], Triumvir für die Neuordnung des Staates, hat nach dem Munatischen und Aemilischen Gesetz Bürgerrecht und Steuerfreiheit für das gesamte Vermögen mit folgenden Worten verliehen: Da Seleukos, Sohn des Theodotus aus Rhosos, mit uns zu Felde gezogen ist in den Kriegen gegen..., unter unserem Oberbefehl für uns viele und große Strapazen und Gefahren auf sich genommen und sich in keiner Weise geschont, Drangsale ertragen und sein ganzes Trachten und seine Loyalität für den Staat gezeigt hat, sein eigenes Schicksal mit unserem Wohl verknüpft, jedes Opfer für den Staat des römischen Volkes auf sich genommen und sich uns, ob wir anwesend oder abwesend waren, nützlich erwiesen hat, verleihen wir ihm und seinen

Eltern, seinen Kindern, der Frau, die er haben wird, und seinen Enkeln Bürgerrecht und Steuerfreiheit für sein Vermögen, wie sie diejenigen besitzen, die nach bestem Gesetz und bestem Recht Bürger und steuerfrei sind, und sie sollen von Kriegsdienst und allen öffentlichen unentgeltlichen Leistungen befreit sein.»

Zu diesem auszugsweise wiedergegebenen Stelentext vom Kapitol gehörte ein Brief an die Stadt Rhosos: «... Der Imperator Caesar, Sohn des Vergöttlichten [Caesar], zum sechstenmal zum Imperator ausgerufen, Konsul zum viertenmal [30 v. Chr.], grüßt die Beamten, Rat und Volk von Rhosos, der heiligen, unverletzlichen und autonomen Stadt. Wenn Ihr gesund seid, soll es gut sein. Auch ich und das Heer sind gesund. Seleukos, Euer Bürger und mein Kapitän, hat in allen Kriegen in meinem Heer gedient und viele Beweise sowohl seines Wohlwollens, seiner Loyalität als auch seines tapferen Einsatzes gegeben. Wie es sich für die Leute gebührte, die mit uns zusammen im Felde gestanden und sich während des Krieges ausgezeichnet haben, wurde er durch Verleihung von Privilegien, sowohl durch Steuerfreiheit als auch durch das Bürgerrecht, ausgezeichnet. Daher empfehle ich ihn Euch: denn solche Männer fördern auch das Wohlwollen gegen ihre Heimatstädte. Da ich alles, was in meinen Kräften steht, im Hinblick auf Seleukos um so lieber tue, wendet Euch voller Vertrauen betreffs all Eurer Wünsche an mich. Lebt wohl!» (Übersetzung nach H. Freis, «Historische Inschriften zur römischen Kaiserzeit», Darmstadt 1984, 37, 40).

So großzügig Octavian in der Triumviratsphase verfuhr, so restriktiv wurde seine Bürgerrechtspolitik nach der endgültigen Stabilisierung des neuen politischen Systems. Diese ausgesprochen zurückhaltende Linie ist dann auch längere Zeit beibehalten worden, bis Claudius erneut zur Praxis Caesars überging. Maliziös hat Seneca diesen Kurs in der «Apocolocyntosis» kritisiert: Auf die Aufforderung Merkurs, den Claudius doch endlich sterben zu lassen, erwiderte dort die Schicksalsgöttin Klotho: «Ich, bei Gott, ich wollte ihm noch ein klein bißchen Zeit zulegen, bis er die paar Leutchen, die noch übrig sind, mit dem Bürgerrecht beschenkt hätte» [Claudius hatte nämlich beschlossen, alle Griechen, Gallier, Spanier, Britannier in der Toga zu sehen] –, «aber da man es für gut hält, daß noch etliche Ausländer als Peregrinen-Samen übrig gelassen werden, und du es so haben willst, so sei's drum» (3,3 – Übersetzung von O. Weinreich).

Neros Aktivitäten in der Bürgerrechtspolitik sind schwer einzuschätzen. Einerseits war seine Administration gezwungen, sich von Claudius' provozierender Großzügigkeit zu distanzieren, andererseits waren die sprunghaften Gunstbezeugungen dieses *princeps* gerade im Ostteil des Imperiums notorisch. Sicher erfassen läßt sich das Ausmaß seiner Verleihungen jedenfalls nicht. Klarer wurde die Lage unter den Flaviern: Vespasian gewährte allen Städten Spaniens das latinische Recht und öffnete damit gleichzeitig auch deren Honoratioren den Zugang zum römischen Bürgerrecht. Hatte so noch immer der Westen des Imperiums eine Vorzugsstellung bei der Verleihung des latinischen und römischen Rechts inne, so wurden unter Trajan nun auch der Donauraum, unter Hadrian und den folgenden *principes* der hellenistische Osten stärker berücksichtigt. Dies führte schließlich zu jener neuen Situation, die Aelius Aristides in seiner Rede auf Rom beschreibt: «Die bei weitem größte Aufmerksamkeit und Bewunderung verdient jedoch die Erhabenheit eures Bürgerrechts und der Gesinnung, die ihr damit verbindet. Es gibt wohl nichts, was insgesamt damit verglichen werden könnte. Ihr habt nämlich sämtliche Untertanen eures Reiches – wenn ich das sage, habe ich den ganzen Erdkreis gemeint – in zwei Gruppen eingeteilt und überall die Gebildeten, Edlen und Mächtigen zu Bürgern gemacht oder auch ganz und gar zu euren Verwandten, die übrigen Reichsbewohner gelten euch als Untertanen und Beherrschte.

Weder das Meer noch eine dazwischenliegende Ländermasse bilden ein Hindernis, römischer Bürger zu sein, und weder Asien noch Europa macht hierin einen Unterschied. Allen stehen alle Wege offen. Keiner ist ein Fremder, der sich eines Amtes oder einer Vertrauensstellung würdig erzeigt, im Gegenteil, auf der Welt hat sich unter einem Mann, dem besten Herrscher und Lenker, eine allgemeine Demokratie herausgebildet. Alle strömen wie auf einem gemeinsamen Markt zusammen, ein jeder, um das zu erlangen, was ihm gebührt» (c. 59f. – Übersetzung von R. Klein).

Während des Principats haben, insgesamt gesehen, weitaus mehr Personen im Zuge kollektiver Privilegierungen, durch die Folgen der Urbanisierung und insbesondere durch die großzügige Verleihung des latinischen Rechts in den Provinzen, das römische Bürgerrecht erlangt als durch die anfangs in Rom überwiegende Form der individuellen Verleihungen. Dennoch bestand auch diese Art fort; in einer ganzen Reihe von Fällen sind entsprechende Petitionen, die dem *princeps* auf dem Wege über den Statthalter vorgelegt wurden, bekannt. Das wichtigste Zeugnis für solche Vorgänge stellt dabei die 1957 in Marokko gefundene *Tabula Banasitana* dar, eine Abschrift von drei Aktenstücken, welche die Verleihung des römischen Bürgerrechts an die Familie eines Berberfürsten dokumentieren.

Dabei handelt es sich zunächst um die Kopie eines Schreibens der *principes* M. Aurel und L. Verus an den Statthalter der Provinz *Mauretania Tingitana*: «Abschrift des Briefes unserer Imperatoren Antoninus [M. Aurel] und Verus Augusti an Coiedius Maximus: Die Bittschrift des Iulianus aus dem Stamme der Zegrensen, die als Anlage Deinem Briefe beigefügt war, haben wir gelesen. Üblicherweise wird das römische Bürgerrecht nur dann durch kaiserlichen Gnadenerlaß jenen Stammesangehörigen gegeben, wenn die Verleihung durch sehr hohe Verdienste angeregt wird, aber da Iulianus nach Deiner Versicherung zu den Vornehmsten seiner Stammesangehörigen gehört und unserer Sache mit bereitwilligem Diensteifer sehr ergeben ist und da nach unserer Ansicht nicht viele Familien bei den

Zegrensen sich gleicher Verdienste rühmen können, wie sehr wir auch wünschen, daß möglichst viele durch die ehrenvolle Auszeichnung, die wir jenem Hause erwiesen haben, zur Nachahmung des Iulianus angestachelt werden, zögern wir dennoch nicht, ihm, seiner Frau Ziddina, ebenso seinen Kindern Iulianus, Maximus, Maximinus und Diogenianus das römische Bürgerrecht zu geben, unbeschadet der Beibehaltung ihres Volksrechts.»

Es folgt ein weiteres Schreiben der *principes* M. Aurel und Commodus, in dem um die Angabe des Alters der Familienangehörigen des Iulianus für die römischen Amtsbücher ersucht wird, und schließlich ein durch zahlreiche Zeugen beglaubigter Auszug aus jenem amtlichen Verzeichnis, dem *Commentarius civitate Romana donatorum*, der sämtliche Verleihungen des römischen Bürgerrechts festhielt. Vom 6. 7. 177 n. Chr. datiert, nennt die Abschrift alle begünstigten Personen und fährt dann fort: «Auf Anfrage des Aurelius Iulianus, des Führers der Zegrensen, die er in einer Bittschrift vorgelegt hat und die Vallius Maximianus brieflich unterstützte, haben wir diesen Personen das römische Bürgerrecht gegeben, unbeschadet der Beibehaltung ihres Volksrechtes und ohne daß die Tribute und Einnahmen des Volkes und des Fiskus geschmälert werden» (Übersetzung von H. Freis, «Historische Inschriften zur römischen Kaiserzeit», Darmstadt 1984, 186 ff.).

Vergleicht man diesen Text mit den rund 200 Jahre zuvor erteilten Privilegien für den Kapitän Seleukos aus Rhosos, so wird die inzwischen durch die zahlreichen Bürgerrechtsverleihungen eingetretene Problematik deutlich. Bildeten anfangs die materiellen Vergünstigungen, wie Steuer- und Abgabenfreiheit, Schutz des Vermögens und andere Privilegien in der jeweiligen Heimatstadt, einen wesentlichen Teil der Auszeichnung, so ließ sich eine solche Freistellung nicht mehr aufrechterhalten, als der Kreis der durch römisches Bürgerrecht Begünstigten immer größer wurde und gerade die leistungsfähigsten Familien der lokalen Führungsschichten umfaßte. Die *Tabula Banasitana* markiert nun die unumgängliche Reaktion, den Verzicht auf die Abgabenfreiheit der mit dem römischen Bürgerrecht Ausgezeichneten und damit zugleich auch die Konsequenzen des Doppelbürgerrechtes solcher Personen.

Die Endstufe der bürgerrechtlichen Entwicklung im *Imperium Romanum* liegt dann in der sogenannten *Constitutio Antoniniana* des Caracalla aus dem Jahre 212/213 n. Chr. vor, einem Erlaß, der in verstümmelter Form auf einem Gießener Papyrus (P. Giss. 40 I) überliefert ist: «Imperator Caesar Marcus Aurelius Severus Antoninus Augustus verkündet: Es ist nötig, daß ich vor allem natürlich auf Dinge, die zur Verehrung der Götter gehören, meine Überlegungen richte, wie ich den unsterblichen Göttern würdig dafür danken könnte, daß sie mir angesichts eines solchen Anschlags [der angeblichen Verschwörung Getas] mein Leben erhielten. Darum glaube ich, daß ich

so auf großartige und fromme Weise das ihrer Majestät entsprechende tun
könnte, wenn ich soviel Zehntausende, wie zu meinen Menschen hinzuträten, gleichberechtigt in die Tempel der Götter mit darbrächte. Ich verleihe
also allen, die über die Oikumene hin wohnen, das römische Bürgerrecht,
wobei keine der früheren Benachteiligungen bestehen bleiben soll außer
den deditizischen» (Übersetzung von D. Weissert, «Hermes» 91, 1963,
245).

Wenn auch die exakte Definition der zuletzt einschränkend genannten
Gruppe der *dediticii* in der neueren Forschung noch immer umstritten ist, so
steht doch fest, daß Caracalla einer außerordentlich großen Menschenmenge
das volle römische Bürgerrecht verlieh. In der spätantiken Rechtskodifikation der Digesten hieß es denn auch zusammenfassend, daß die innerhalb des
Orbis Romanus Lebenden durch einen Erlaß des Imperator Antoninus
(Caracalla) zu römischen Bürgern gemacht wurden (I 5,17). Ob freilich
Caracallas angebliche Motivation den Tatsachen entsprach, ist eine andere
Frage. Nach einem Hinweis bei Cassius Dio verfolgte die *Constitutio
Antoniniana* vielmehr das Ziel, die auf die römischen Bürger beschränkten
Steuern auf die gesamte Bevölkerung auszudehnen. Da damals die Erbschaftssteuer auf das Doppelte (10 %) erhöht wurde, mußte die Konsequenz
einer solchen Maßnahme stark ins Gewicht fallen. Wie immer es damit im
einzelnen bestellt ist, der Erlaß ist erst aus dem weiteren Rückblick zu einer
entscheidenden Etappe im Rahmen des Nivellierungsprozesses des *Imperium Romanum* geworden.

Bei Betrachtung der Gesamtentwicklung zeigt sich, daß die Bürgerrechtspolitik der *principes* nicht eine möglichst rasche und vollständige rechtliche
Vereinheitlichung innerhalb des *Imperium Romanum* angestrebt hatte. Sie
berücksichtigte im allgemeinen durchaus die erforderlichen zivilisatorischen
und anfangs auch sprachlichen Voraussetzungen für die Zuerkennung des
latinischen oder römischen Bürgerrechts. Die Privilegierung mit diesen
Rechten sollte in der Regel nicht eine Anpassung an römische Normen
einleiten oder eine Integration in den römischen Bürgerverband eröffnen; sie
konstatierte im Gegenteil, daß die politische und kulturelle Assimilation
bereits vollzogen waren. Römisches Recht wurde damit nicht oktroyiert,
vielmehr ein bereits erreichter Status verrechtlicht.

Der einst von L. Mitteis aufgezeigte Gegensatz zwischen «Reichsrecht»
und «Volksrechten» wurde so von Rom lange Zeit respektiert, lokale
Rechtstraditionen wurden beachtet und durchaus anerkannt. Allerdings
konnte es gar nicht ausbleiben, daß sich mit diesen bodenständigen Rechten und Institutionen in den Provinzen immer stärker Elemente des römischen Rechts verbanden, welche durch die Verbindlichkeit römischer Gesetze sowie durch die Vielzahl juristischer Entscheidungen der *principes* ein
immer größeres Gewicht erlangten. Aber die Anerkennung römischen
Rechts und die ständige Ausweitung dieser Rechtssphäre wurden nicht

durch administrative Akte erzwungen und nicht auf dem Wege imperialer Nivellierung erzielt, sondern als Resultat langfristiger Rechtsentwicklungen erreicht.

Zur Kennzeichnung der bestimmenden inneren Entwicklungen des *Imperium Romanum* unter dem Principat hat sich der problematische und facettenreiche Begriff der Romanisierung eingebürgert. Angesichts der Dominanz rechtlicher Kategorien und Kriterien in vielen Feldern des römischen Herrschaftssystems überwiegen auch in seinem Falle zunächst die juristischen Aspekte, die personenrechtlichen wie die stadtrechtlichen Normen. Das heißt, daß Romanisierung im Kern häufig einerseits auf die Verleihung des römischen Bürgerrechts, andererseits auf die Übertragung römischer Stadtrechtsformen und -verfassungen auf die urbanen Zentren der Provinzen reduziert wird.

Doch diese engere Definition wird allgemein durch eine sehr viel weiter gefaßte überlagert. Nach ihr bezeichnet Romanisierung vor allem die Übernahme römischer Zivilisationsformen wie des Lebensstils, der Sprache und der Literatur wie der Moral, der Wertvorstellungen wie der Religion. Der klassische Beleg dafür, daß eine so verstandene Romanisierung tatsächlich angestrebt wurde, liegt in Tacitus' «Agricola» vor: «Der folgende Winter wurde mit überaus heilsamen Maßnahmen verbracht. Denn um die verstreuten und rohen und darum leicht zum Krieg geneigten Menschen an Ruhe und Muße durch Genüsse zu gewöhnen, ermunterte er [sc. Agricola] sie persönlich, unterstützte sie öffentlich, daß sie Tempel, Märkte, Häuser errichten sollten, wobei er die Raschen lobte und die Trägen schalt: so war Wetteifer um die Ehre an Stelle des Zwanges getreten. Dann ließ er die Söhne der Fürsten in den freien Künsten bilden und stellte die Begabung der Britannier über die Bemühungen der Gallier, so daß die, welche eben noch die römische Sprache abwiesen, jetzt Beredsamkeit begehrten. In der Folge kam sogar unser Aussehen zu Ehren, und die Toga wurde häufig. Und allmählich ging man zu Annehmlichkeiten und Ausartungen über, zu Säulenhallen, Bädern und erlesenen Festgelagen. Und das hieß bei den Unerfahrenen Kultur, während es ein Teil der Knechtschaft war» (c. 21 – Übersetzung von K. Büchner).

Der Bericht über die Aktivitäten eines Statthalters in Britannien mag rhetorisch zugespitzt sein, in der Sache enthält er vermutlich einen wahren Kern. Doch so stark die Romanisierungstendenzen in allen Reichsteilen waren, sie führten dennoch nicht zu Nivellierung oder Uniformierung nach römischem Muster. Sie zeitigten in den alten Stadtlandschaften andere Resultate als in den militärisch überformten Grenzzonen; die Vermischung einheimischer und römischer Gottheiten hatte im Nahen Osten andere Auswirkungen als in Britannien oder Germanien. Bedeutete Romanisierung im Westen nicht selten die Übernahme einer technisch und geistig überlegenen Kultur, so war sie im Osten aus einheimischer Sicht häufig lediglich mit der Bereitschaft identisch, römische Macht und Administration, römisches Recht und die Sonderformen einer gleichfalls hellenisierten römischen Welt anzuerkennen, der man sich jedoch auf Grund der alten Traditionen griechischer oder orientalischer Kultur oft weit überlegen fühlte.

Grenzzone und Vorfeld des Imperiums

Seit dem 1. Jahrhundert v. Chr. waren auch in Rom, bei dem sullanischen *Auctor ad Herennium* und insbesondere bei Cicero, ältere hellenistische Vorstellungen übernommen worden, welche die römische Herrschaft mit einer Herrschaft über die ganze *oikumene,* die gesamte zivilisierte Menschheit nach mediterranem Weltbild, oder, römisch geprägt, mit einer Herrschaft über den gesamten *orbis terrarum* identifizierten. Diese Konzeption setzte sich auch in offiziellen Texten durch, symbolisch wurde sie in der Verwendung des Globus als sinnfälligem Zeichen der Weltherrschaft im römischen Münzbild faßbar. Die Münzbilder wurden nicht nur als Versuch interpretiert, die Position der *oikumene* auf der Erdkugel wiederzugeben, sondern zugleich als Symbol des *imperium orbis terrae.* Wie immer das Weltbild der einzelnen Bewohner des Imperiums beschaffen war, ob sie sich die Erde als vom Ozean umflossene Scheibe oder als Kugel vorstellten, ihr *orbis* umfaßte zugleich Erdkugel und Weltall, und dieser *orbis* war römisch beherrscht.

So komplex diese Vorstellung war, sie setzte nicht voraus, daß der gesamte Erdkreis auch von den Römern okkupiert oder gar von den Römern verwaltet würde. Widersprüche zwischen der Idee einer römischen Weltherrschaft auf der einen Seite und der politisch-militärischen Realität auf der andern bestanden von Anfang an. Im Zuge der Alexandertradition suchten auch römische Feldherren immer wieder den Ruhm, an die Grenzen der *oikumene* vorgedrungen zu sein: Pompeius mit seinem Zug zum Kaspischen Meer, Caesar mit seinen Vorstößen zur Nordwestspitze der Iberischen Halbinsel und später nach Britannien. Doch bei beiden Heerführern wurden diese weitgespannten Demonstrationen wieder abgebrochen. An eine direkte und dauernde Inbesitznahme aller berührten Landschaften war nicht zu denken.

Der Kontrast zwischen dem absolut gesetzten Herrschaftsanspruch der römischen Weltmacht und dem von ihr tatsächlich in Besitz genommenen Gebiet, aber auch das Instrumentarium und die Formen römischer Einflußnahme im Raum jenseits der Grenzzonen wurden dann insbesondere unter Augustus sichtbar. Die erst nach seinem Tode formulierte Überschrift der lateinischen Kopien des großen Leistungsberichts, seiner «*Res gestae*», spricht zusammenfassend davon, daß er den *orbis terrarum* dem Imperium des römischen Volkes unterwarf. Bezeichnenderweise rühmte sich auch Augustus der Vorstöße seiner Heere und seiner Flotte in Regionen, die zuvor noch kein römischer Verband aufgesucht hatte, sei es in dakische Gebiete jenseits der Donau, sei es in Städte in Arabien und Äthiopien, sei es in die Heimat der Kimbern. Albinovanus Pedo, ein Teilnehmer an den Zügen des Germanicus in den Jahren 15/16 n. Chr., hat später die Erlebnisse während eines solchen Vorstoßes in der Nordsee, und damit an den Grenzen der römischen Welt, beschrieben:

«Schon sehen sie hinter sich den Tag und die Sonne zurückgelassen,
schon längst sich außerhalb der bekannten Grenzen ihrer Welt
durch verbotene Finsternis kühn steuern
zum Ende des Alls, zu den äußersten Gestaden der Erde,
jetzt jenen Ozean, der schreckliche Ungeheuer unter den trägen Wogen,
der rasende Haie und Seehunde von überall
heranbringt, die Fahrzeuge packen und hochwerfen.
Es verdoppelt das Krachen selbst die Furcht. Schon glauben sie,
stecken die Schiffe im Schlamm fest, sei die Flotte vom schnellen Wind verlassen,
sie selbst von der Ungunst des Schicksals den Bestien zum Fraß ausgeliefert.
Und einer, der versucht, vom hohen Bug aus
mit scharfem Blick die dunstige Nacht aufzubrechen,
aber, da ihnen die Welt entrissen ist, nichts zu unterscheiden vermag,
bricht mit beklommenem Herz in die Worte aus:
‹Wohin nur treiben wir? Es entflieht selbst der Tag und die zurückgelassene
Welt schließt der Rand der Natur mit ewigen Finsternissen ab.
Suchen wir noch anderswo Völker, jenseits des Pols?
Und eine andere Welt, wo keine Winde wehen?
Die Götter selbst rufen uns zurück, sie verbieten es
menschlichen Augen das Ende der Welt zu schauen.
Warum verletzen wir mit den Rudern ferne Meere und heilige Gewässer und
beunruhigen der Götter stille Sitze?›»
(Seneca der Ältere, «*Suasoriae*» I,15).

Augustus' Vorstellung des *Imperium Romanum* kannte indessen durchaus noch Stämme und Völker, die diesem Imperium nicht gehorchten. Angesichts solcher Bevölkerungsgruppen rühmte er sich damit, die Grenzen aller benachbarten römischen Gebiete erweitert zu haben. Mit großer Gebärde sprach er von der Befriedung der spanischen und gallischen Provinzen, selbst Germaniens bis zur Mündung der Elbe, wobei gerade in diesem Raum bewußt unklar bleiben mußte, welches Territorium konkret gemeint war. Ganz anderer Mittel bediente sich die großzügige Stilisierung außenpolitischer Erfolge dagegen im Osten. Eine Vielzahl von Königs- und Prinzennamen täuschte hier über die wahre Lage in dem immer umstrittenen Armenien hinweg. Der unter größten Anstrengungen erzielte diplomatische Erfolg des Jahres 20 v. Chr. wurde dahin gewendet, daß die Parther die Freundschaft des römischen Volkes erbeten hätten.

Die Aufnahme freundschaftlicher Beziehungen durch Gesandtschaften aus fernen Ländern, so vor allem aus Indien, woher niemals zuvor Gesandte gekommen waren, ferner von Bastarnern, Skythen und Sarmaten, den Königen der Albaner, Iberer und Meder, dokumentierten den Radius des römischen Prestiges nicht weniger als die Aufnahme von Königen und Prinzen aus benachbarten Staaten, für die der römische *princeps* zum machtvollen Schutzherrn geworden war. Dem entsprach die Tatsache, daß fremde Völker von Augustus Könige erbaten. Sowenig man die zuletzt genannten Einzelheiten überschätzen darf, so zeigen sie doch insgesamt an, daß das Imperium seinen Einfluß schon unter Augustus weit über die Grenzen der Randprovinzen und über die Bereiche der militärisch verwalteten Grenzzonen hinaus ausdehnte. So wie das Imperium im Innern, trotz der von Augustus bewußt hergestellten Kohärenz seiner Glieder, keineswegs aus völlig vereinheitlichten Zellen bestand, so war es auch nach außen nicht abgeschlossen, sondern durch zahlreiche, oft weit ausgreifende Kontakte freundschaftlicher Beziehungen mit seinem Vorfeld verbunden.

Ja, erst diese Kontakte erlaubten das Festhalten des Anspruchs, den gesamten *orbis terrarum* zu beherrschen. Mochten die alten römischen Grundkategorien in den Feldern der Diplomatie und Außenpolitik, *amicitia* und *fides*, längst prekär und brüchig geworden sein, auch der Principat übernahm und ordnete sie, wie eh und je, seinen Interessen unter, mochten die Herrscher und Stämme, die diplomatische oder freundschaftliche Beziehungen aufnehmen wollten, dabei auch ganz andere Ziele verfolgen als das Imperium und von anderen Inhalten und Verpflichtungen solcher Kontakte ausgehen als die römische Seite.

Die moderne Forschung war lange Zeit auf die Stromgrenzen des Imperiums fixiert, die schließlich sogar als «moralische Barriere» zwischen Römern und Barbaren bewertet wurden. Gegen eine solche Vorstellung sprechen indessen nicht nur die militärischen und politischen Ereignisse, sondern vor allem auch die Tatsache, daß der pauschale und summarische Gebrauch des Barbarenbegriffs für alle außerhalb des Imperiums lebenden Nicht-Römer in der politischen Ideologie Roms erst in der Spätantike vorherrschend wird. Unter dem Principat dagegen dominiert noch immer die differenzierende Erfassung des Fremden. Wieviel Mühe verwendet Tacitus etwa im «Agricola» oder in der «*Germania*» darauf, die einzelnen britannischen und germanischen Stämme gerade in ihrer Eigenart zu erfassen!

In allen Grenzzonen waren zunächst militärische Gesichtspunkte maßgebend, wozu schon aus Sicherheitsgründen auch die laufende Erkundung und Kontrolle des Vorfeldes gehörte. Dies galt für die Grenzstreifen in Britannien nicht anders als für jene an Rhein und Donau, in Syrien und Arabien nicht weniger als in Nordafrika. Die Schaffung von «Klientel-Randstaaten» und Vasallenstaaten, deren Dynasten an Rom gebunden, wenn es zweckmäßig erschien, aber auch von Rom gestützt wurden, war seit langem üblich. Sie führte auch noch nach Augustus zur Einsetzung von Vasallenkönigen. Am bekanntesten ist dabei der Fall des Italicus bei den Cheruskern: «In demselben Jahre (47 n. Chr.) erbat sich das Volk der Cherusker einen König von Rom, da ihre Edlen bei den inneren Fehden umgekommen waren und nur noch ein einziger aus königlichem Geblüt übrig war, namens Italicus, der [zwangsweise] in Rom lebte. Sein Vater war Flavus, der Bruder des Arminius, seine Mutter die Tochter des Chattenfürsten Actumerus, er selbst von schöner Gestalt und im Gebrauch von Rossen und Waffen nach unserer wie nach seiner Väter Weise geübt. Der *princeps* [Claudius] versah ihn daher reichlich mit Geld, gab ihm eine Schar von Begleitern und mahnte ihn, die Würde seines Hauses in großem Sinne zu übernehmen. Er sei als Erster in Rom geboren und gehe nicht als Geisel, sondern als römischer Bürger, um einen Thron in fremdem Lande zu besteigen» (Tacitus, «Annalen» XI,16f. – Übersetzung von W. Capelle).

Obwohl Tacitus feststellen mußte, daß sich diese Form politischen Einflusses nicht immer bewährte und vor allem selten von Dauer blieb, rühmte die römische Reichsprägung, als Sprachrohr der offiziellen Politik, immer wieder die Einsetzung von Vasallenkönigen, wenn der betreffende Raum nicht in die unmittelbare römische Verwaltung übernommen werden konnte. So erklären sich die Münzlegenden eines *Rex Parthis datus* unter Trajan, eines *Rex Quadis datus* unter Antoninus Pius und eines *Rex Armenis datus* unter L. Verus. Aber auch auf andere Weise wurden Angehörige fremder Führungsschichten von den Römern verpflichtet: Der entsprechende Ausbau des Gesandtschaftswesens und der Kontaktnahmen ist nicht nur literarisch zu fassen, sondern zudem auch in seiner materiellen Komponente belegt, etwa in den im germanischen Norden weitverbreiteten Funden ganzer Sätze von römischem Bronze- und Silbergeschirr, die zumindest teilweise durch solche Zusammenhänge zu erklären sind.

Ein starres System bestand auch in diesem Sektor nicht. Wenn die Interpretationen britischer Archäologen zutreffen, wurden im 2. Jahrhundert n. Chr. im Raum nordwestlich des Hadrianswalls römische Posten zur Sicherung und Kontrolle des Vorfeldes vorgeschoben, während man sich im Nordosten völlig auf die Loyalität der seit langem mit Rom verbündeten Votadini verließ. Regelungen von Fall zu Fall galten auch für die Anwerbung von Hilfstruppen in den Räumen jenseits der Grenze, für vorübergehende Spezialistenhilfe, wie bei Decebalus, und für die Kontrolle des Handels:

«Näher... liegt der Stamm der Hermunduren [zwischen Main und Donau], den Römern treu ergeben. Deshalb ist ihnen allein von den Germanen Handelsverkehr nicht nur am Ufer, sondern auch tief im Innern und in der glänzendsten Kolonie der Provinz Raetien [Augsburg] erlaubt. Allenthalben kommen sie ohne Wächter herüber, und während wir den übrigen Stämmen nur unsere Waffen und Lager zeigen, haben wir diesen Häuser und Gutshöfe geöffnet, ohne daß sie danach begehrten» (Tacitus, «*Germania*» 41).

Die zumindest zeitweilige Großzügigkeit gegenüber den Hermunduren wurde ebensowenig zur generellen Norm wie die strikte Kontrolle der Tenkterer am Rhein oder die Fixierung von Handelsplätzen und -zeiten, die M. Aurel nach 173 n. Chr. den Markomannen vorschrieb. Doch so einschneidend solche Bestimmungen für den Alltag der Grenznachbarn oft waren, sie reichten in ihren Folgen nicht entfernt an jene Eingriffe heran, zu denen die römische Politik seit den Tagen Caesars an Rhein und Donau immer wieder gegriffen hatte, um die Lage an den Grenzen zu stabilisieren: die Umsiedlung ganzer Stämme oder inhomogener, mobiler Bevölkerungsgruppen.

Offensichtlich wurden solche gewaltsam erzwungenen oder zumindest kontrollierten Umsiedlungsaktionen dabei in caesarisch-augusteischer Zeit wesentlich öfter vorgenommen als in späteren Jahrzehnten, in denen sie in größerem Umfang vor allem an der unteren Donau vorkamen. Zunächst erlebten jedoch die Rheinzone und deren Umfeld die schwerwiegendsten Veränderungen, als die Helvetier, die Gruppen um Ariovist, die Ubier, die Sugambrer, die Chatten, die Markomannen und die Hermunduren zusammen mit ihren jeweiligen Nachbarn direkt oder indirekt von solchen Aktionen betroffen wurden oder unter dem Eindruck des römischen Vordringens ihre Wohnsitze wechselten. War die römische Seite dabei bis etwa zur Mitte des 2. Jahrhunderts n. Chr. die überlegene und kontrollierende Macht, so ging das Gesetz des Handelns in der Zeit danach in der Regel auf die Gegenseite über.

Die Vorstellung einer römischen Herrschaft über den gesamten *orbis terrarum* wurde zunächst mit der Herrschaft des römischen Senats und des römischen Volkes identifiziert oder mit der Auffassung von der Stadt Rom als *caput orbis terrarum* verknüpft. Seit der Begründung des Principats lag es jedoch nahe, nun im *princeps* den Garanten des Glücks, den Wächter, Leiter, ja den Vater des ganzen Erdkreises zu sehen. Wenn sich die *principes* dabei auch selbst zunächst zurückhielten, so wurden solche Bezüge doch schon früh auf Ehreninschriften und in der Dichtung hergestellt. Es konnte schließlich auch nicht ausbleiben, daß während des Vierkaiserjahres und unter den Flaviern die *pax orbis terrarum* in den Münzlegenden als Leistung der verschiedenen *principes* gerühmt wurde.

Damit war die direkte Verbindung zwischen *princeps*, *imperium* und *orbis* geschaffen, doch ist nicht für jeden *princeps* eine so klar definierte Reichs- und Weltreichskonzeption erkennbar, wie dies für Augustus skizziert werden konnte. Eine Schlüsselstellung in der Gesamtentwicklung nimmt dann Hadrian ein, der sein Wirken ganz bewußt auf den ganzen Erdkreis bezog und sich auf den Münzen der Reichsprägung bezeichnenderweise als Erneuerer und Bereicherer der gesamten *oikumene*, als *restitutor orbis terrarum* oder auch als *locupletator orbis terrarum* feiern ließ. Hadrians Ziel war es, die Interessen der Stadt Rom ebenso zu befriedigen wie diejenigen der Provinzen und des gesamten Erdkreises. So ist es für ihn charakteristisch, daß er einerseits auf langen und strapaziösen Reisen die Provinzen aufsuchte, um sich derer Probleme anzunehmen, andererseits aber auch die geheiligte Grenze der Stadt Rom, das *pomerium*, durch neue Markierungssteine kenntlich machen ließ. Derselbe Wille zur Abgrenzung diktierte auch die systematische Fixierung und Neuordnung der Reichsgrenzen durch die *limites* des Imperiums, die in erster Linie Grenzüberwachungs- und nicht Verteidigungsanlagen waren.

Wir stoßen damit erneut auf einen scheinbaren Widerspruch römischen Denkens wie römischer Herrschaftsstrukturen: In Akten wie der Erneuerung des *pomerium* und der systematischen Reorganisation der *limites* bekundet sich der alte römische Wille nach klarer, festgelegter Abgrenzung, ein Wille, der auch in der Blüte römischer Landvermessung, in der Anlage der Kolonien mit ihren exakt geregelten Landzuweisungen oder in einem Dokument wie dem Kataster von Orange konkret zu fassen ist. Steht in all dem die eindeutige Grenzziehung im Vordergrund, so wurde diese Fixierung doch gleichzeitig durch eine andere, nicht weniger bedeutsame Grundstruktur überlagert: Wie schon die Beispiele der späten Römischen Republik zeigen, wurde der Befehlsbereich, die *provincia*, der Träger eines Imperiums tief in das jeweilige Vorfeld ihres eigentlichen Aufgabenkreises hinein, oft sehr großzügig ausgedehnt und nicht selten geradezu exzessiv verstanden. Caesars Imperium in Gallien ist dafür ebenso charakteristisch wie diejenigen des Pompeius, Crassus und Antonius im Osten.

Dazu tritt die Konzeption der «*Foreign Clientelae*», das frühe Ausgreifen römischer Adelsgeschlechter und insbesondere römischer Befehlshaber weit über den römisch-italischen Bereich hinaus, um den eigenen Einfluß wie das eigene Prestige auch im Umfeld des engeren politischen und gesellschaftlichen Wirkungskreises abzusichern und zu verstärken. Erst die kontinuierliche Überlagerung beider Strukturen, einer, vereinfacht gesagt, geschlossenen und einer offenen Herrschaftskonzeption erklären die regional sehr widersprüchlichen Entwicklungen in den Grenzräumen wie im Umkreis des Imperiums.

Britannien ist neben Germanien diejenige römische Grenzprovinz, in der die Etappen der Okkupation, der Verlauf der militärischen Bewegungen wie die Strukturen der Grenzkontrolle und Grenzsicherung am intensivsten erforscht wurden. Grenzpolitik und Vorfeldordnung lassen sich deshalb dort auch exemplarisch erfassen. Die Machtverhältnisse auf Seiten der britannischen Stämme hat Tacitus wie folgt beschrieben: «In alter Zeit gehorchten sie Königen, jetzt werden sie durch führende Herren in Parteiungen und Leidenschaften zerrissen. Und nichts anderes ist gegen die überaus starken Völkerschaften zu unserem Schutze von mehr Nutzen, als daß sie keine Beschlüsse im gemeinsamen Interesse fassen. Selten ist für zwei oder drei Stämme einmal eine Versammlung, um eine gemeinsame Gefahr zurückzuschlagen: so kämpfen sie einzeln und werden insgesamt besiegt» («Agricola», c. 14 – Übersetzung von K. Büchner).

Zur Zeit der Invasion unter Claudius und noch Jahrzehnte danach bildeten Klientelkönige die wichtigsten Partner der römischen Herrschaft. Als treuester von allen wird durch Tacitus Cogidubnus gerühmt, der König der Atrebaten, der von Claudius als *rex et legatus Augusti in Britannia* ausgezeichnet und zum Dank für seinen prorömischen Einsatz auch mit der Herrschaft über weitere *civitates* belohnt worden war. Gleichwohl weist Tacitus im selben Atemzug darauf hin, daß dies alles «nach der alten und schon längst aufgenommenen Gewohnheit des römischen Volkes [geschah], als Mittel der Versklavung auch die Könige zu verwenden» (a. O., c. 14).

Tatsächlich waren weder das Fußfassen der Römer in Britannien noch die Behauptung und Ausweitung ihres großen Brückenkopfes ohne die zielbewußte Ausnutzung der Rivalitäten und Feindschaften innerhalb der führenden Königs- und Adelsfamilien denkbar. Der Südostteil der Insel war dabei für Rom sowohl aus geographischen als auch aus wirtschaftlichen Gründen besonders wichtig. Denn nur dort lagen größere, zur Getreideversorgung des Invasionsheeres geeignete Landstriche, während die Gebirgsregionen des Westens und Nordens sehr viel bescheidenere Höfe und Kleinsiedlungen aufwiesen, deren Bewohner zudem einen erbitterten Widerstand leisteten. Die zähe Abwehr, zu der zugleich wiederholt Aufstände im bereits besetzten Gebiet kamen, konnte nur unter großen Anstrengungen niedergekämpft werden. Dies führte dazu, daß nahezu Region um Region militärisch überformt wurde, in allen Teilen der Insel Straßen, Marschlager, Kleinkastelle und Befestigungen entstanden, bis schließlich auch hier unter Hadrian ein erster konsequenter Anlauf zur endgültigen und systematischen Absicherung und Kontrolle der besetzten Gebiete unternommen wurde.

Der wohl in den Jahren zwischen 122 und 128 n. Chr. angelegte, 117 km lange «Hadrianswall» umfaßt ein ganzes System von Elementen der Militärarchitektur. Die zwischen Solway Firth und Tyne geführte Anlage gruppierte in ihrer letzten Ausformung um die einst bis zu 3,5 m hohe Mauer ein gut koordiniertes Netz von größeren und kleineren Kastellen, Türmen, Gräben und Wällen. Sie garantierte nicht nur eine lückenlose Kontrolle aller Passanten und Transporte, sondern ermöglichte zugleich auch Ausfälle der kleinen Garnisonen im Verteidigungsfall.

Nachdem Agricola Jahrzehnte vorher bis in die schottischen Lowlands vorgedrungen war und mit seiner Flotte die Nordspitze der Insel umsegelt hatte, schien die Führung des Hadrianswalles endgültig den Rückzug aus den nördlichen Grenzgebieten zu dokumentieren. Doch schon unter Antoninus Pius wurde erneut nach Norden ausgegriffen, wohl um 142 n. Chr. zwischen Clyde und Firth of Forth der «Antoninuswall» angelegt, ein Wall mit davorliegendem Graben, Erdbauten und Holzverstärkungen, eine Befestigung, welche den schottischen Nordteil an der engsten Stelle der Insel abriegelte. Doch diese neue Konzeption war nicht von Dauer. Schon im Jahre 184 n. Chr. wurde der Antoninuswall wieder aufgegeben. Dann stießen die Severer noch einmal tief nach Schottland vor, um den bedrohten Grenzraum offensiv abzusichern.

Die Entwicklung in Britannien zeigte so, wie schwierig es war, die römische Ordnung in unterworfenen Gebieten und deren Vorfeld trotz aller militärischen Erfolge und trotz des Einsatzes überlegener technischer Mittel dauerhaft zu sichern, wenn sich die römische Macht nicht mehr auf zuverlässige Verbündete stützen konnte, wenn die römischen Lebensformen abgelehnt wurden, wenn der Reiz städtischer Zivilisation nicht verfangen konnte. Agricola mochte davon träumen, mit Hilfe weiterer Legionen auch noch ganz Schottland und Irland zu besetzen, allein der römische Einsatz in Britannien war schon seit den Tagen Neros umstritten, die Bilanz blieb stets passiv. Blindem Aktionismus, der die entscheidenden Probleme verdeckte, setzte die Ökonomie der Expansion immer engere Grenzen.

Im germanischen Sektor der Grenzen des Imperiums, zwischen Nordsee und mittlerer Donau, war das römische Sicherheitsbedürfnis, vor allem nach den Katastrophen und Rückschlägen unter Varus und Germanicus, besonders groß. Es spiegelt sich noch in dem berühmten Rückblick des Tacitus auf die Germanenkriege, der zu Beginn der Regierung Trajans geschrieben wurde: «640 Jahre zählte unsere Stadt, als man zum ersten Male von den Waffen der Kimbern hörte, unter dem Konsulat des Caecilius Metellus und Papirius Carbo [113 v. Chr.]. Wenn wir von da bis zum zweiten Konsulat des *princeps* Traian zählen [98 n. Chr.], finden sich ungefähr zweihundertzehn Jahre zusammen: so lange siegt man an Germanien herum. In der Mitte eines so langen Zeitraumes gab es viele wechselseitige Verluste. Nicht die Samniten, nicht die Punier, nicht Spanien oder Gallien, nicht einmal die Parther brachten sich öfter in Erinnerung: denn wilder als das Königtum des Arsakes ist die Freiheit der Germanen. Was könnte uns der Orient denn anderes als die Tötung des Crassus entgegenhalten, und das, nachdem er selber nach dem Verlust des Pacorus einem Ventidius zu Füßen lag? Aber die Germanen haben, nachdem Carbo und Cassius und Scaurus Aurelius und Servilius Caepio und Maximus Mallius [Feldherren der Kimbernkriege] geworfen oder gefangen worden waren, zugleich mit ihnen fünf konsularische Heere dem römischen Volke, den Varus und mit ihm drei Legionen sogar Caesar [Augustus] entrissen; und nicht ungestraft haben C. Marius in Italien, der zum Gott erhobene Iulius in Gallien, Drusus und Nero [Tiberius] und Germanicus sie in ihren eigenen Bereichen geschlagen; darauf verwandelten sich die ungeheuren Drohungen des Gaius Caesar [Caligula] zum Gespött. Danach war Ruhe, bis sie bei Gelegenheit unserer Zwietracht und des Bürgerkrieges [Bataveraufstand] die Winterlager der Legionen eroberten und sogar Gallien zu gewinnen suchten; und von dort trieb man sie zurück, hat aber auch in jüngster Zeit mehr über sie triumphiert als gesiegt» («*Germania*», c. 37 – Übersetzung K. Büchner).

Tatsächlich blieben die Vorstöße des älteren Drusus, des Domitius Ahenobarbus und des Tiberius, die am weitesten ins Innere Germaniens geführt hatten, aus der Rückschau betrachtet, lediglich Episoden der an Katastrophen so reichen römisch-germanischen Auseinandersetzung. Nach der Rücknahme der rechtsrheinischen Positionen im Jahre 16 n. Chr. standen einzig noch die Friesen an der Nordseeküste zwischen Rhein und Ems unter römischer Herrschaft. Doch selbst bei ihnen kam es im Jahre 28 n. Chr. zu einem erbitterten Aufstand, als sie von einem für ihre Tribute verantwortlichen *primipilar* schikaniert wurden. Römische Soldaten, die die erhöhten Tribute einziehen sollten, wurden von den Friesen gekreuzigt, der Legat L. Apronius besiegt. Dennoch unterblieben zunächst weitere römische Vorstöße, bis Corbulo am Niederrhein neue Aktivitäten entfaltete. Da jedoch Claudius wegen seines Britannienunternehmens in Germanien keine Risiken mehr eingehen wollte, im Gegenteil hier zu einer konsequenten Sicherungs- und Defensivpolitik entschlossen war, wurde Corbulo 47 n. Chr. abberufen, wurden die letzten Stützpunkte östlich des Niederrheins geräumt. Der Ausbau von zunächst noch lockeren Kastellinien am Niederrhein und an der Donau folgten.

Das verhältnismäßig geringe Interesse der Römer an den Stämmen der Nordseeküste wird verständlich, wenn man sich den Augenzeugenbericht des älteren Plinius vergegenwärtigt, der auf Eindrücken aus der Jahrhundertmitte beruhte: «In gewaltiger Strömung überflutet der Ozean zweimal am Tag und bei Nacht in bestimmter Wiederkehr ein unabsehbar weites Gebiet. Er verhüllt so ein Stück Erde, um das die Elemente einen ewigen Kampf führen, und es bleibt unentschieden, ob es zum Festland oder zum Meer gehört. Dort wohnt ein armseliges Völkchen, die Chauken, auf hohen Hügeln, die wie große Rednerbühnen von Menschenhand errichtet sind, so hoch, wie man die höchste Flut erfahren hat. Hier haben sie ihre Hütten gebaut. Sie gleichen so, wenn rings die Fluten alles bedecken, Seefahrenden Schiffbrüchigen aber, wenn das Wasser sich wieder verlaufen hat. Sie machen in der Nähe ihrer Hütten auf die Fische Jagd, die sich mit dem Meer zurückziehen. Vieh können sie nicht halten und sich auch nicht von Milch nähren wie ihre Nachbarn; ja selbst wilde Tiere zu jagen ist nicht möglich, da weit und breit kein Strauch wächst. Aus Seegras und Binsen drehen sie Stricke und knüpfen daraus die Netze zum Fischfang. Mit ihren Händen sammeln sie Schlamm und trocknen ihn mehr im Wind als an der Sonne; mit diesem Torf kochen sie dann ihre Speisen und wärmen die vom Nordwind steifen Glieder. Als Getränk dient ihnen nur Regenwasser, das sie in Gruben im Vorraum ihres Hauses sammeln. Und diese Menschen behaupten, wenn etwa heute das römische Volk sie besiegte, dann würden sie Sklaven! Wirklich: viele verschont das Geschick, nur um sie zu strafen» («*Naturalis Historia*» XVI 2f.).

Obwohl die römische Grenzpolitik in Niedergermanien seit Claudius durch eine defensive Grundhaltung bestimmt wurde, löste gerade in jenem Raum der große Bataveraufstand der Jahre 69/70 n. Chr. zuerst eine neue Katastrophe, dann jedoch eine systematische Reorganisation aller militärischen Stützpunkte aus. Danach verschob sich der Schwerpunkt der römischen Aktivität ganz in den obergermanischen Sektor, in dem insbesondere die Auseinandersetzung mit den Chatten immer neue römische Einsätze erzwungen hatte. Sie gipfelten schließlich im Chattenkrieg Domitians und in den sich auch hier bis in die Zeit des Antoninus Pius erstreckenden Etappen des Limes-Ausbaus. Südlich dieses Brennpunktes der Reichsverteidigung, am Oberrhein, war dagegen weder ein stärkerer germanischer Angriff zu befürchten noch eine auch nur einigermaßen wirtschaftlich relevante Ausbeute zu erhoffen. Die Geringschätzung, mit der Tacitus von den Bewohnern der *agri decumates* im Hinterland des Limes spricht, zeigt wohl deutlich genug, wie wenig attraktiv dieser Raum in römischen Augen war.

Hatten sich die vielfältigen Anlagen der Grenzsicherung so ganz eindeutig in der Rheinzone und später längs der *limites* konzentriert, so griffen die römischen Truppen doch auch immer wieder ins engere Vorfeld aus, wenn sich ihnen lohnende Ziele boten: In Niedergermanien wurden einzelne Landstriche bis zum Ende des 1. Jahrhunderts n. Chr. genutzt, selbst eine Militärziegelei, eine *tegularia transrhenana*, ist gesichert, am Drachenfels im Siebengebirge wurde Trachyt gebrochen, im Raume von Bonn sind auch rechtsrheinische Weiden inschriftlich bezeugt. Daß in Wiesbaden die Thermalquellen schon in claudischer Zeit im Schutze des Kastells von den Römern benutzt wurden, steht ebenfalls fest. Andererseits sind germanische Ansiedlungen in unmittelbarer Nähe des obergermanisch-rätischen Limes ausgesprochen selten.

Bei den Stämmen östlich des Rheins und nördlich der Donau ging es zunächst vor allem um die Gewinnung germanischer Hilfstruppen unter einheimischen Führern, ein Verfahren, das gleichzeitig die Position solcher germanischer Anführer festigen konnte. Nicht selten trug die Reaktion auf die römischen Initiativen freilich auch zur Aufsplitterung des jeweiligen Stammesadels bei. Die Konflikte zwischen Arminius einerseits, seinem Bruder Flavus und seinem Schwiegervater Segestes andererseits sind das bekannteste Beispiel für die Konsequenzen anti- und proömischer Politik in einer Familie.

Später trug die Begegnung mit Rom dann offensichtlich zu einer weiteren

Differenzierung der germanischen Gesellschaft bei. Die von Tacitus so stark profilierte Stellung des germanischen Adels ist in der Größe der jeweiligen Höfe ebenso zu fassen wie in den besonderen Bestattungsformen der Führungsschicht. Wie die Bodenfunde zeigen, wuchsen seit den Kontakten mit der römischen Zivilisation auch die materiellen Ansprüche der germanischen Herren, eine Entwicklung, die dann ihrerseits die auffallende Blüte des germanischen Handwerks nach sich zog.

Von den römischen Befehlshabern und Statthaltern wurde die Bildung neuer Machtkerne im germanischen Gebiet stets aufmerksam verfolgt. Dies galt gegenüber der Herrschaft Marbods mit ihrem Kern in Böhmen in augusteisch-tiberischer Zeit nicht anders als zur Zeit des Claudius gegenüber jener des Vannius im Raume der March. In beiden Fällen profitierte Rom schließlich von den innergermanischen Auseinandersetzungen, die eine Stabilisierung solcher Machtbildungen verhinderten. Aber auch noch im 2. Jahrhundert n. Chr. wurden an March und Thaya römische Stützpunkte weit in das Gebiet nördlich der Donau vorgeschoben, bis dann die Markomannenkriege die Lage völlig veränderten und nun die Behauptung der Donaugrenze zu einem vorrangigen Ziel römischer Politik werden ließen.

Die Entwicklung an der unteren Donau ist bereits im Zusammenhang mit den Dakerkriegen und im Rahmen der Kämpfe unter M. Aurel ausführlich besprochen worden. Dort und im Vorfeld des Bosporanischen Klientelreiches wurde Rom in den verschiedenen sarmatischen Gruppen mit einer Bevölkerung konfrontiert, die unbeirrt an ihrem Nomaden- und Hirtendasein festhielt, somit stets mobil blieb, sich immer wieder der Kontrolle entzog und die römische Grenzsicherung deshalb auch permanent zu größter Aufmerksamkeit zwang. Die Bewegungen dieser sarmatischen Gruppen, der Alanen, Jazygen, Roxolanen, die in den beiden ersten nachchristlichen Jahrhunderten den weiten Raum von Parthien über Kappadokien, den Gebieten am Kaukasus, der Krim, am unteren Dnjepr und Don bis zur unteren Donau und in die ungarische Tiefebene erfaßten, sind in ihren Einzelheiten nicht geklärt. Als fremdartige Bogenschützen nur selten faßbar, irritierten die sarmatischen Reiterkrieger immer wieder die römische Abwehr. Selbst große Umsiedlungsaktionen wie diejenige unter Plautus Silvanus Aelianus zu Beginn der sechziger Jahre n. Chr. an der Donau, schufen nur befristete Atempausen. Die immer wieder festzustellende Nachgiebigkeit Roms gegenüber diesen Stämmen dürfte auch als Eingeständnis zu werten sein, daß die Mittel und Möglichkeiten der römischen Politik gegenüber einem solchen Gegner äußerst begrenzt waren.

Roms zuverlässiger Verbündeter im Kampf gegen die sarmatischen Stämme blieb Jahrhunderte hindurch der Klientelstaat des Bosporanischen Königreiches an der Meerenge von Kertsch, auf der Krim und an den benachbarten Küsten im Norden des Schwarzen Meeres. Seit Kotys I. (45–71 n. Chr.) und Rheskuporis I. (71–92 n. Chr.) setzte in jenem peripheren

Vasallenstaat dank dem militärischen und finanziellen Rückhalt an Rom eine neue wirtschaftliche Blüte ein, die wesentlich zur politischen Stabilisierung der ganzen Region beitrug und damit ein wirksames Gegengewicht gegen die fluktuierenden Nomaden in Südrußland und im Vorfeld des Kaukasus bildete. Aus römischer Sicht hat sich die Stützung des Bosporanischen Reiches durchaus bewährt. Hier liegt zudem einer der ganz wenigen Fälle vor, in denen ein solches abhängiges Königtum auch auf die Dauer nicht in die direkte römische Verwaltung überführt wurde.

Im Unterschied zu allen übrigen Grenzen des Imperiums wurde die Situation im Osten durch die Nachbarschaft und zeitweilig auch durch expansive Tendenzen eines anderen Großreiches charakterisiert. Hier rissen vor allem die Auseinandersetzungen mit den Parthern um Armenien nicht ab. Demonstrative diplomatische Akte, wie die Rückgabe der Feldzeichen und der Gefangenen an Augustus im Jahre 20 v. Chr. oder die Krönung des Tiridates, eines Bruders des parthischen Großkönigs, zum Herrscher von Armenien 66 n. Chr. in Rom, waren eher unvermeidliche Kompromisse als Ausdruck einer dauerhaften und konstruktiven politischen Zusammenarbeit. Für eine solche hätte es angesichts der beide Reiche bedrohenden Alaneneinfälle oder auch in der Regelung des Fernhandels durchaus Anknüpfungspunkte gegeben, doch dominierten auf beiden Seiten ein chronisches Mißtrauen und auch immer wieder der Wille, jeden Wechsel der Lage in Armenien und jede innere Schwächung der Gegenseite skrupellos zur Wahrung eigener Interessen zu nutzen.

Dennoch setzte sich in Rom bereits während des 1. Jahrhunderts n. Chr. die Vorstellung des Nebeneinanders zweier gleich mächtiger Großreiche durch. Nüchterne Autoren wie Pompeius Trogus, Strabo, der ältere Plinius und selbst Flavius Josephus machten sich darüber keine Illusionen, daß die beiden Imperien gleichrangig waren. Man mag die Rangfrage, die Qualität der zwischenstaatlichen Beziehungen und die Spezifik des völkerrechtlichen Verkehrs kontrovers bewerten – an der Tatsache, daß das parthische Großreich mit der römischen Vorstellung der Weltherrschaft nicht in Einklang zu bringen war, ließ sich nicht rütteln.

Die großen römischen Vorstöße in das Partherreich unter Trajan, L. Verus und unter den Severern führten zwar wiederholt zur Einnahme der parthischen Hauptstadt Ktesiphon und trugen auch wesentlich zur Schwächung des Nachbarreiches bei, an eine völlige Beseitigung der Großmacht im Nahen Osten war indessen nie zu denken. Als dann das parthische Herrscherhaus der Arsakiden von neuen Kräften gestürzt wurde (224 n. Chr.), Kräften, die das dynamische «neupersische» Reich der Sassaniden schufen, hatte Rom einen hohen Preis für die völlig veränderte Lage zu zahlen.

Die prekäre Situation an der römischen Ostgrenze gegenüber Armenien, dem Partherreich und Arabien erzwang einen beträchtlichen militärischen und materiellen Einsatz. Er schlug sich nicht nur in den großen Legionslagern nieder, sondern in einer Vielzahl von Kastellen, Kleinbefestigungen, Verbindungsstraßen, Brücken, Türmen und Posten, die Anmarschwege, Flußübergänge, Karawanenwege und insbesondere Wasserstellen unter Kontrolle halten sollten. Das ganze System weist dabei schon auf Grund der geographischen Gegebenheiten Strukturen auf, die sich von den relativ durchgängigen Anlagen in Britannien, Germanien und an der unteren Donau beträchtlich unterschieden. Es kommt hinzu, daß der Forschungsstand im Nahen Osten in den letzten Jahrzehnten zwar beträchtliche Fortschritte machte, insgesamt gesehen, aber vor allem hinsichtlich der Chronologie der einzelnen Anlagen noch sehr viele Unsicherheiten und Probleme aufweist.

An der Südostküste des Schwarzen Meeres stellte Trapezunt den Angelpunkt der römischen Grenzsicherung dar. Dieser wichtige Hafen war der Umschlagplatz für die Getreidetransporte aus dem Bosporanischen Reich und auch für die Versorgung der beiden Legionslager im Raume des oberen Euphrat, Satala und Melitene. Trapezunt wurde deshalb sowohl durch Schiffe der römischen *Pontus*-Flotte als auch durch eine Abteilung von Legionären gesichert. Zudem wurden wohl schon unter den Flaviern römische Kastelle bis an die Küste der Kolchis vorgeschoben. Kleine römische Einheiten sind durch eine Inspektion Arrians in hadrianischer Zeit selbst in Phasis und Dioskurias-Sebastopolis bezeugt.

Die seit vespasianischer Zeit belegten Legionslager in Satala und Melitene schirmten vor allem die Provinz *Cappadocia* nach Osten ab. Von Satala aus wurde die Straße vom Lykos- zum Araxestal kontrolliert, von Melitene aus jene Verbindungen, die über Kaisareia und Arabissos ins Arsaniastal führten. Eine ganze Reihe von Kastellen und insbesondere ein sehr reger Straßenbau dokumentieren die Intensität der flavischen Grenzpolitik in diesem nur wenig bekannten Hochgebirgssektor, aus dem die römischen Verbände ebenso zur Abwehr der Alanen eingesetzt werden konnten wie zur Intervention in Armenien.

Vom Tauros bis nach Sura, der wichtigen Festung am Euphrat, erstreckte sich der nordsyrische Limes, der in den Legionslagern Samosata und Zeugma seine wichtigsten Basen aufwies. Samosata, die frühere Residenz der Herrscher von Kommagene, wurde spätestens in trajanischer Zeit bezogen, Zeugma war dagegen schon unter Tiberius durch eine Legion geschützt. Auch in diesem Grenzabschnitt wurde die ganze Zone durch die Anlage von Verbindungsstraßen, Brücken, Wasserschöpfwerken, Kastellen und Wachttürmen militärisch überformt, um die unübersichtliche Region möglichst vollständig zu kontrollieren, aber auch um Truppenverlegungen für geplante Offensiven gegen das Partherreich zu erleichtern.

Als syrisch-arabischer Limes wird dagegen jenes verfallene Stützpunktsystem bezeichnet, das R. Mouterde und A. Poidebard mit Hilfe von Luftbildern wiederentdeckt haben. Von Sura am Euphratufer verläuft dieses System dem Dschebel Bišri und dem Dschebel Abou Riğmen entlang bis zur großen Karawanenstadt Palmyra. Es folgt dann der Kette des Dschebel Rawâq bis nach Damaskus und erreicht schließlich über die Vulkanmassive des Hauran Bostra, die Hauptstadt des römischen Arabien. Das Netz der Kastelle und Stützpunkte, die unregelmäßig, in Entfernungen von höchstens 45 km, der Tagesreise einer Kamelkarawane, angelegt waren, diente ebenso der systematischen Überwachung von Wasserstellen und Weideplätzen wie der Nachrichtenübermittlung. Auch in diesem Sektor bildete der Wege- und Straßenbau die charakteristische Begleiterscheinung römischer Grenzüberwachung, die vor allem unter Trajan, Septimius Severus und Diokletian besonders forciert wurde und in der Anlage der *strata Diocletiana* von Bostra über Palmyra, Resapha und Sura ihren Höhepunkt erreichte.

Die intensiven Bemühungen der römischen *principes* um die Sicherung und Kontrolle der Ostgrenze des Imperiums sind nicht allein aus den jeweiligen lokalen Gegebenheiten zu erklären. Nicht weniger bedeutsam waren hier die Auswirkungen der allgemeinen politischen Entwicklungen, vor allem in Armenien und im parthischen Reich, sowie die Absicht, den Fernhandel zu Land wie zur See in das Zweistromland, nach Arabien und auch nach Indien zu kontrollieren. Pompeius, Caesar und Augustus standen dabei im Schatten Alexanders des Großen; gerade die Kontakte mit Indien haben immer wieder die Phantasie der Bevölkerung des Imperiums erregt. Für Horaz waren Reisen zu den Indern typisch für die Aktivitäten des unermüdlichen Kaufmanns, für Seneca eine Seereise von den fernsten Küsten Spaniens bis zu den Indern bei günstigem Wind eine Sache von nur wenigen Tagen. Das ist selbst bei Ausnutzung des Monsuns übertrieben, zeigt indessen, daß Indien am römischen Horizont lag und jederzeit erreichbar schien.

Es ist sehr schwierig, aus den relativ wenigen literarischen Angaben über die römisch-indischen Kontakte oder aus den bisher bekannten einschlägigen Papyri und Inschriften sowie aus dem archäologischen Niederschlag des römischen Indienhandels ein zuverlässiges Bild über die tatsächlichen Dimensionen und die Stärke dieser Verbindungen zu gewinnen, die im 1. und 2. Jahrhundert n. Chr. offensichtlich weithin mit Luxus und Exotik gleichgesetzt wurden. Vielleicht sollte man auch die wenigen bezeugten Kontakte mit indischer Philosophie, die immerhin selbst Clemens von Alexandria tangierte, nicht überschätzen. Im Unterschied zu der Bedrohung, die im Kaukasusgebiet von den Alanen ausging, und im Unterschied zu dem Mißtrauen, mit dem das Imperium stets die Entwicklungen in Armenien und im Partherreich verfolgte, blieb Indien immer ein geschätzter ferner Handelspartner, dem Rom ohne Feindseligkeit begegnen konnte. Daß zu ihm Kontakte bestanden, festigte eher das Selbstbewußtsein der imperialen Macht, deren Politik deshalb auch dahin gehen mußte, die Verbindungen nach Indien ebenso offen zu halten wie jene nach Arabien.

Ägypten und die *Cyrenaica* nehmen innerhalb der römischen Grenzzonen Sonderstellungen ein. Nach der Stabilisierung der ägyptisch-nubischen Grenze unter Augustus wurden die römischen Truppen vor allem im Nildelta, in den Oasen und in einzelnen Stützpunkten an der Ostküste des Landes stationiert. Es war eine Ausnahmeerscheinung, als unter Nero ein Prätorianerkommando von der ägyptischen Südgrenze aus einen Erkundungsvorstoß unternahm. Solange der römische Fernhandel nicht beeinträchtigt wurde, begnügte sich Rom hier im allgemeinen mit der Aufrechterhaltung des *status quo;* größere feindliche Einfälle waren nicht zu befürchten. In der *Cyrenaica* dagegen konzentrierte sich der römische Grenzschutz auf die Sicherung der meist ummauerten Küstenstädte Apollonia, Kyrene, Ptolemais, Arsinoë und Berenice, die zudem durch ein Straßennetz verbunden und durch einzelne Posten abgesichert wurden.

Ähnliche geographische Schwierigkeiten und Kontraste bestimmten die Lage im westlich anschließenden Grenzsaum des sogenannten *limes Tripolitanus,* dem man die Anlagen zwischen Arae Philaenorum an der Großen Syrte im Osten und Turris Tamalleni (Telmine) im Westen zuordnet. Den eigentlichen Rückhalt dieses rund 1000 km langen Grenzstreifens bildete im 1. Jahrhundert n. Chr. zunächst noch eine durchgehende Küstenstraße. Auch hier stand die Sicherung der bedeutenden Handelsplätze und Häfen, wie Leptis Magna, Oea und Sabratha, sowie der Ölbaumpflanzungen am Tripolitanischen Dschebel im Mittelpunkt der militärischen Prioritäten. Der Ausbau einer Verteidigungszone mit Kastellen, vorgeschobenen Posten und Wehrdörfern setzte erst mit den Severern ein.

Auch in den zentralen nordafrikanischen Provinzen Roms, in der *Africa proconsularis* und in *Numidia,* wurde die wirtschaftliche Entwicklung unter dem Principat durch die Dominanz der mediterranen Küstenregion bestimmt. Doch wo immer möglich, sind nicht zuletzt mit Hilfe neu angelegter Bewässerungsanlagen Getreide- und Olivenanbau weit in den Flußtälern und an den unteren Hängen der Gebirge vorangetrieben worden, so daß sich um die alten Kulturlandschaften nun ein Randsaum bildete, an den sich halbnomadische oder nomadische Weidewirtschaft anschloß. West-östlich verlaufende *limites* trennten dabei häufig die Getreide- und Olivenanbaugebiete von den südlichen Steppen, Hochländern und Gebirgen ab. Mit diesem System versuchte man konsequent, die Wasserplätze und Märkte der wandernden Stämme unter Kontrolle zu bringen, um jedes überraschende Eindringen der Nomaden frühzeitig zu erkennen und aufzuhalten.

In Numidien und im Nordwesten der *Africa proconsularis* wurde die römische Grenze unter dem Principat zunächst durch das Vorschieben von Kastellen und Verbindungsstraßen immer weiter nach Süden hinausgerückt. Unter Trajan ist bereits südlich des Aurèsgebirges und weit südlich des Legionslagers von Lambaesis eine Straße zwischen den Stützpunkten von Bercera, Ad Badias, Ad Medias und Ad Maiores angelegt worden. Wohl

36 Nordafrikanische Provinzen

schon unter Hadrian wurde dann westlich davon, am Wadi Djedi, bei dem Stützpunkt Gemellae, mit der Anlage des sogenannten *fossatum Africae* begonnen, eines bis zu 10 m breiten Grabens, der durch einen Wall, an einzelnen Stellen auch durch Mauerwerk, Wachtürme und Kastelle im Hinterland gesichert wurde. Wie in Syrien, so ist auch hier die Wiederentdeckung des Systems in einer Länge von rund 750 km eine der frühen Leistungen der Luftbildarchäologie (J. Baradez).

Weniger klar sind die Etappen der Grenzverschiebungen und die Anlagen der Grenzsicherung in den Provinzen *Mauretania Caesariensis* und *Mauretania Tingitana*. Immerhin ist die generelle Südverschiebung der Grenzposten auch für die *Caesariensis* durch Meilensteine, Inschriften, Straßen und Kastelle bezeugt, wenn auch die Chronologie und der Verlauf im einzelnen umstritten bleiben. In der *Tingitana* dagegen sind entsprechende Anlagen gerade aus dem westlichsten Teil gesichert. So ist aus dem Raum von Rabat über eine Entfernung von mehr als 20 km ein Graben erschlossen worden, der eine enge Parallele zum *fossatum Africae* bildet. Andere Spuren von Grenzsicherungsanlagen, allerdings in der Regel erst aus späterer Zeit, stammen aus der Gegend von Volubilis, Meknes und Fes. Die systematische Erkundung des Gesamtsystems ist dagegen noch nicht erfolgt.

Zusammenfassend ist festzuhalten, daß vom Gesamtumfang des *Imperium Romanum* von rund 16000 km etwa ein Zehntel durch geschlossene Limesanlagen mit Mauern oder Wällen und etwa zwei Zehntel durch Stützpunktsysteme mit einzelnen Kastellen, Überwachungsposten und anderen Sicherungselementen geschützt wurden. In seinen Dimensionen wie in seiner Qualität zählt das römische Grenzsicherungssystem damit zu den umfangreichsten Anlagen dieser Art. Die in ihren wesentlichen Teilen aus dem 3. Jahrhundert v. Chr. stammende «Große Mauer» des Chinesischen Reiches ist heute noch über eine Distanz von rund 5000 km vom Ostrand des Tarimbeckens bis an den Golf von Tschili zu verfolgen, der ehemalige «Limes des Inkareiches» aus dem 15. Jahrhundert n. Chr. am Ostabfall der südamerikanischen Kordillere und der Anden von Ecuador bis in den Süden

Boliviens in einer Länge von ungefähr 3500 km. In allen drei Fällen sicherten sich primär auf Ackerbau fußende Zivilisationen überwiegend gegenüber Nomaden oder anderen fluktuierenden Bevölkerungsgruppen ab.

Im Falle der römischen Anlagen waren die wirtschaftlichen Impulse und Folgen der systematischen Grenz- und Vorfeldordnung besonders einschneidend. Selbst in den aus römischer Sicht so wenig attraktiven *agri decumates*, im Hinterland des obergermanischen Limes, sind viele Dutzende größerer und kleinerer Siedlungsplätze aus römischer Zeit, zahlreiche *Villae rusticae*, Töpfereien, Kalkbrennereien, Steinbrüche, Brunnen, Wasserleitungen, Bäder sowie einige hundert Kilometer römischer Straßen festgestellt worden. In Syrien und in Nordafrika aber lagen infolge des römischen Einsatzes die Grenzen kontinuierlicher Besiedlung oft weit ostwärts und südlich der modernen agrarischen Nutzung. In Syrien, Libyen, Tunesien, Algerien und Marokko waren nach der Errichtung der verschiedenen *limites* insgesamt Tausende von Quadratkilometern Land intensiv besiedelt, durch Bewässerungsanlagen und Erosionsschutz erschlossen, durch Olivenkulturen, Getreidefelder und selbst Weingärten auf gepflegten Terrassen genutzt, die inzwischen längst wieder verlassen sind. Gewiß griff diese römische Vorfeldordnung gleichzeitig nicht selten tief in den Lebensrhythmus der benachbarten Nomaden ein, welche die Kontrollen der römischen Posten als Einengung ihrer Freiheit empfinden mußten, doch profitierten auch diese zweifellos immer wieder von den römischen Erschließungen.

Römische Grenzpolitik und Vorfeldordnung wurden so insgesamt durch die Überlagerung geschlossener und offener Herrschaftskonzeptionen bestimmt. *Limites* und Stützpunktsysteme paßten sich in erstaunlichem Maße den regionalen Erfordernissen und Möglichkeiten an; Vielfalt und Zweckmäßigkeit dominierten. Auch in den militärischen Zweckbauten aber spiegelt sich wie in den römischen Profanbauten generell jener Wille zur Dauerhaftigkeit, ja zur «Unvergänglichkeit» wider, den Burckhardt einst als charakteristisches Merkmal dieser Art römischer Architektur überhaupt feierte.

Die wirtschaftliche Entwicklung

Auch für die wirtschaftliche Entwicklung des Imperiums unter dem Principat wurden die Weichen in der Epoche des Augustus gestellt. Dabei erwiesen sich in der Folgezeit jene Rahmenbedingungen, die der erste *princeps* geschaffen, und jene indirekten Impulse, die er gegeben hatte, als sehr viel wichtiger als die relativ wenigen direkten Eingriffe der späteren *principes* in die ökonomischen Strukturen. Der Principat garantierte von Anfang an Eigentum und Besitz; er behinderte wirtschaftliche Aktivitäten nicht, sondern erleichterte sie durch den Ausbau und die Sicherung aller Verkehrsverbindungen wie durch die Pflege eines verhältnismäßig stabilen Währungssystems. Die neuen Märkte, welche die Verlagerung der Legionen und der Hilfstruppen an die Peripherie des Imperiums schuf, blieben bestehen und nahmen einen beträchtlichen Aufschwung. Auf einen Nenner gebracht, garantierte der Principat auch im wirtschaftlichen Bereich Sicherheit und Kontinuität.

Allein in keinem Sektor der inneren Entwicklung des Imperiums waren die Bedeutung der regionalen Faktoren und die Unterschiede zwischen den vielfältigen Landschaften so groß wie im Felde der Ökonomie, die somit durch ständige Wechselbeziehungen zwischen den Auswirkungen letztlich imperialer Impulse und lokaler wirtschaftlicher Bedingungen gestaltet wurde. Verallgemeinernde Aussagen und Feststellungen sind deshalb in diesem Zusammenhang kaum je möglich. Indessen würde auch eine bloße Agglomeration von Beschreibungen der Teilbereiche der ökonomischen Realität des Imperiums nicht gerecht.

Rahmenbedingungen und zentrale Faktoren

Für das *Imperium Romanum* existierte keine Theorie einer systematischen Wirtschaftspolitik; die römischen *principes* banden sich nicht an wirtschaftliche Programme. Ihre Normen verstanden sich von selbst: Der von ihnen gesicherte Friede gewährte Glück und Wohlfahrt, die wirtschaftliche Blüte Italiens wie der Provinzen, Stabilität und innere wie äußere Sicherheit, damit die elementaren Voraussetzungen einer optimistischen Existenz. Eine spezielle Wirtschaftspolitik hat kein einziger der römischen *principes* propagiert, wohl aber griffen sie in Not- und Krisensituationen pragmatisch ein.

Sie versuchten, wie Tiberius, Währungs- und Kreditprobleme zu lösen, wie Domitian, den italischen Weinbau zu schützen und den Getreideanbau zu forcieren, wie Nerva und Trajan, die italische Landwirtschaft zu stabilisieren.

Eine nicht geringere Bedeutung als solche Impulse hatten im Alltag die zahlreichen Appelle benachteiligter Personen an Prokuratoren, Statthalter und schließlich an die *principes* selbst, mit der Folge, daß rechtswidrig erzwungene Leistungen abgestellt und bestehende Vertragsnormen durchgesetzt wurden. Die Summe dieser meist nur zufällig überlieferten Fallentscheidungen im Gesamtbereich der wirtschaftlichen Interessen aus allen Reichsteilen ist erheblich, und auf diesem Wege sind deshalb auch die zentralen Instanzen des Imperiums sehr viel häufiger mit wirtschaftlichen Problemen konfrontiert worden, als die wenigen gesetzlichen und administrativen Grundsatzentscheidungen erkennen lassen.

Das *Imperium Romanum* war identisch mit der Ausweitung der Geldwirtschaft im Mittelmeerraum innerhalb eines einheitlichen politischen Rahmens. Für die Struktur der Münzprägung unter dem Principat ist es dabei bezeichnend, daß sie aus einer Koordination verschiedenartiger Prägesysteme bestand. Die Reichsprägung als die eigentliche Grundlage wurde durch Provinzial- und Lokalprägungen ergänzt; an die Typen der Reichsprägung schlossen sich aber auch, vor allem an der Peripherie des Imperiums, die sogenannten Barbarisierungen oder Nachprägungen an. Eine völlige Vereinheitlichung der Münzprägung des Imperiums ist erst in der Spätantike erfolgt.

Das System der Reichsprägung, das sich in seinen Grundzügen bis in die Epoche der Severer behauptete und dann in den Inflationen des 3. Jahrhunderts n. Chr. zusammenbrach, bestand aus einer ausgewogenen Tarifierung aller Metallsorten. Das höchste reguläre Nominal bildete dabei der Aureus, ein Goldstück, das seit Caesar einem Vierzigstel des römischen Pfundes (etwa 8 g) entsprach und wertmäßig 25 Denaren, den wichtigsten und typischen Einheiten der römischen Silberwährung, gleichgesetzt war. Wies der römische Denar unter Augustus in der Regel ein Gewicht von nahezu 4 g ziemlich reinen Silbers auf, so sank dieses Normalgewicht schon unter Nero auf etwa 3,4 g ab, während sich gleichzeitig auch der Feingehalt der Münze laufend verschlechterte und unter den Severern lediglich noch etwa 50 % betrug.

Der Denar entsprach vier Sesterzen, Messingmünzen, die unter Augustus etwa 27 g wogen, aber in der Folgezeit ebenfalls an Gewicht verloren. Denar und Sesterz bildeten zugleich die wichtigsten Recheneinheiten des römischen Geldsystems. Für den Alltagsgeldverkehr der Märkte und Dienstleistungen aber stellten sie zu hohe Werte dar. Diesen Alltagsbedarf an kleineren Geldsorten deckten in erster Linie die Dupondien, Asse und Quadranten ab, wobei ein Sesterz zwei Dupondien, ein Dupondius zwei

Assen, ein As vier Quadranten entsprach. Während auch der Dupondius unter dem Principat aus Messing hergestellt wurde und im Gewicht von über 13 auf unter 10 g absank, war der As eine Kreditmünze im Gewicht von etwa 11 g Kupfer. Nur sehr selten wurde, im Unterschied zu den großen Emissionen der übrigen Nominale, die kleinste Einheit des Quadrans geprägt.

Die Münzen dieses Systems der römischen Reichsprägung sind auch nach dem Ende der Bürgerkriege zu einem beträchtlichen Teil nicht in Rom selbst hergestellt worden. Die Produktion knüpfte vielmehr an die Praxis römischer Feldherren an, die den Geldbedarf an den jeweiligen Kriegsschauplätzen durch Emissionen unter ihrer eigenen Kontrolle decken ließen. So erklärt es sich, daß noch unter Augustus ein erheblicher Teil der Edelmetallprägung aus Münzstätten des Ostens, Spaniens, danach aus Lugdunum (Lyon) stammte. Unter Caligula ist die Produktion dann zwar im wesentlichen in Rom konzentriert worden, doch wurden auch später noch von Fall zu Fall große Emissionen außerhalb der Hauptstadt hergestellt. Das Netz der Prägestätten selbst, wie die konkrete Emissionshöhe der einzelnen Serien, konnten bisher noch nicht abschließend geklärt werden.

Mit dem Begriff der «Provinzialprägungen» wird eine zweite Kategorie von Prägestätten und deren Münzemissionen bezeichnet, die insbesondere den regionalen Geldbedarf des griechischen Ostens deckten, jedoch gleichfalls unter der ständigen Kontrolle des *princeps* standen. An ihrer Spitze liegen die reichen Prägungen von Alexandria, die durch ihre eigentümliche Metallegierung ebenso auffallen wie durch ein besonders vielfältiges, häufig religiös bestimmtes Bildgut. Eine ähnlich herausragende Bedeutung besaßen die Serien, die in Antiochia in Syrien, Caesarea in Kappadokien sowie in Prägestätten im Westen Kleinasiens, ferner in Bithynien, in Dakien und Moesien geprägt wurden.

Doch auch die zum Teil beträchtlichen Emissionen der Provinzialprägungen reichten nicht aus, um den wachsenden Bedarf an Münzen zu decken. So erklärt sich die überraschend große Zahl von Lokalprägungen des griechischen Ostens, die insbesondere im Zeitraum zwischen 150 und 250 n. Chr. ihre höchste Frequenz erreichten. Aus dieser Epoche sind allein aus Kleinasien über 350 verschiedene lokale Münzserien bekannt, die nach neueren Forschungen freilich zahlreiche Querverbindungen aufweisen, so daß wohl davon auszugehen ist, daß die Anzahl der Prägestätten weit geringer war als diejenige der Städte, für die eigenes Geld geprägt wurde.

Schließlich dienten auch die zum Teil weitverbreiteten Nachprägungen oder Barbarisierungen römischer Münztypen dazu, den Münzbedarf insbesondere in den Grenzzonen und den Nachbarräumen des Imperiums zu decken. In Westeuropa ist ein erster Höhepunkt dieser Erscheinung unter dem iulisch-claudischen Haus durch die Einbeziehung der weiten gallisch-germanischen und britannischen Gebiete in den Raum der römisch geprägten Geldwirtschaft zu erklären. Besonders auffallend ist dabei die Tatsache, daß solche Nachprägungen nicht nur erwartungsgemäß in großer Zahl in den Funden des freien Germanien auftauchen, sondern ebenso in römischen Siedlungen und Lagern.

Das Nebeneinander von Reichs-, Provinzial-, Lokal- und Nachprägungen dokumentiert schlüssig zwei elementare Tatsachen von erheblicher Bedeutung. Zunächst war es auf Grund der relativ einfachen und zeitraubenden Technik bei der Produktion der Gepräge wie auf Grund der kaum lösbaren Transportprobleme undenkbar, das Gesamtvolumen aller im Imperium benötigten Geldsorten und -mengen in Rom selbst zentral herzustellen. Sodann aber strebten die *principes* und die zentralen Institutionen des Imperiums bis in die Spätantike eine solche Reglementierung ganz bewußt nicht an. Sie reduzierten die Zahl der Münzstätten nicht einmal dort, wo dies unschwer möglich gewesen wäre, sondern richteten ihr Augenmerk vor allem auf die Koordination und Effizienz der bestehenden Strukturen. Gerade im Sektor der Geldwirtschaft ist die Zurückhaltung der imperialen Politik erstaunlich groß, dieser Bereich zugleich jedoch auch ein verläßlicher Gradmesser der Wirtschaftsentwicklung des Imperiums überhaupt.

Anlage und Pflege des Fernstraßennetzes wie der Ausbau der Häfen für den Seeverkehr markieren einen weiteren Impuls, der hier näher zu berücksichtigen ist. Fernstraßenbau zählte schon seit der Anlage der *Via Appia* von Rom nach Capua im Jahre 312 n. Chr. zu den charakteristischen römischen Nutzbauten. Das «*Itinerarium Antonini Augusti*», eine aus der Zeit Caracallas stammende Karte der römischen Fernstraßen (*viae publicae*) erfaßte zu Anfang des 3. Jahrhunderts n. Chr. schließlich ein Netz von rund 53 000 römischen Meilen (1 Meile = 1480 m). Diese Fernstraßen waren meist von außerordentlich hoher Qualität und höchsten Belastungen gewachsen; sie sind zum Teil noch heute in der Landschaft erkennbar.

Ihre durchschnittliche Breite belief sich in normalem Gelände auf etwa 5–7 m. Dazu kam beiderseits noch ein Randstreifen von etwa 3 m hinzu, der stets unbebaut blieb. Voraussetzung für die ungewöhnliche Solidität der römischen Fernstraßen war ein tief eingegrabenes, etwa 30 cm hohes Fundament aus großen Steinblöcken. Über ihm folgte eine ebenso starke Schicht aus kleineren Steinen und Kalk, darüber schließlich eine weitere aus Kies. Die jeweils leicht nach oben gewölbte Straßendecke wurde durch Steinplatten oder feineren Kies gebildet. Angesichts dieser umfangreichen Arbeiten leuchtet es ein, daß für die Anlage einer Meile solcher Fernstraßen Kosten in Höhe von 100 000 Sesterzen anfielen.

Längs der Straßen erhoben sich bis zu 3 m hohe Meilensteine, die unter dem Principat häufig jenen *princeps* nannten, der die Straße und vor allem auch die dazugehörigen Brücken anlegen oder ausbessern ließ, sowie die

Entfernung von der nächsten größeren Stadt oder der Grenze oder Hauptstadt der Provinz. Ein einheitliches Formular bestand dabei nicht: Während ein Meilenstein von der Straße Narbonne–Toulouse aus dem Jahre 13/14 n. Chr. neben der Entfernung «20 Meilen von Narbonne» auch noch diejenigen nach Rom über Forum Iulii (Fréjus) = 921 Meilen sowie über die Cottischen Alpen (Mont Genèvre) = 902 Meilen nannte, hielt ein Meilenstein aus Isny vom Jahre 201 n. Chr. lediglich die Entfernung von Cambodunum (Kempten) = 11 Meilen fest.

Welche Frequenz der Verkehr auf diesen Fernstraßen erreichte, zeigt am besten die Tatsache, daß parallel zu ihnen ein dichtes Netz von Straßenstationen, Herbergen, Stallungen, Stationen für die Dienstpost *(cursus publicus)*, aber auch Polizeiposten entstand. Die Versorgung der Reisenden, die je nach Straßenführung rund 30–40 km pro Tag zurücklegen konnten, war so in gleicher Weise gewährleistet wie ihre Sicherheit. Nicht selten haben sich aus solchen Stationen dann auch größere Siedlungen entwickelt, wie zum Beispiel Tabernae (Rheinzabern). Selbstverständlich standen diese Straßen auch für alle wirtschaftlichen Transporte zur Verfügung, doch blieb ein solcher Landtransport wegen der geringen Transportleistung der Fahrzeuge häufig unrentabel. Wenn immer möglich, wurden Transporte aller Art deshalb auf dem Seeweg, auf Flüssen und Kanälen durchgeführt.

Principes und Statthalter kümmerten sich daher mit besonderer Energie um die Erweiterung und um die Funktionsfähigkeit aller Hafenanlagen. Mit welchen Erscheinungen sie dabei im Alltag zu tun hatten, zeigt ein Erlaß des Proconsuls L. Antonius Albus aus dem Jahre 146/147 n. Chr. für Ephesus: «Da es für [die größte] Metropole Asiens [und] fast für die Welt [notwendig ist], daß der Hafen, der die in ihm von überall anlegenden Seeleute aufnimmt, nicht verstopft wird, hielt ich es, als ich davon erfuhr, auf welche Weise man Schaden anrichtet, für notwendig, durch Edikt dies zu verhindern und gegen Zuwiderhandelnde die entsprechende Strafe festzusetzen. Ich weise also die Kaufleute an, die Hölzer und Steine einführen, weder die Hölzer am Kai zu stapeln noch die Steine zu zerschneiden. Denn einerseits beschädigen sie die Pfeiler, die zum Schutz des Hafens angelegt sind, durch die Schwere der Lasten, andererseits aber durch das Ablassen des Schmirgels..., da sie durch den abgelassenen Schmirgel die Tiefe [des Hafenbeckens] vermindern und so den Zufluß hemmen, beide aber machen die Uferanlage unpassierbar. Da Marcellus, der Sekretär, obwohl ich ihn beauftragt hatte, ihre Frechheit nicht einschränken konnte, sollen sie wissen, daß, wenn jemand, auch wenn er mein Edikt nicht kennt, dabei ertappt wird, daß er irgendeine verbotene Tätigkeit ausübt, er... an die erlauchte Stadt der Ephesier zahlen soll, und nichtsdestoweniger soll er vor mir Rechenschaft ablegen für den Ungehorsam; denn da der größte Imperator für den Schutz des Hafens Sorge getragen hat und unablässig diesbezüglich Aufträge erteilt hat, ist es nicht billig, daß die Personen, die den Hafen unbrauchbar machen, nur eine Geldstrafe bezahlen, von der Anklage aber freigesprochen werden...» («Die Inschriften von Ephesus» I a 23 – Übersetzung von H. Freis).

Agrarwirtschaft

Auch unter dem Principat blieb die Landwirtschaft der wichtigste Bereich der Ökonomie nicht nur Italiens, sondern auch des Imperiums überhaupt. Will man ihre Entwicklung angemessen und zugleich differenziert beurteilen, reichen indessen die literarischen, epigraphischen und archäologischen Quellen nicht aus; die verfügbaren Informationen werfen allenfalls auf bestimmte regionale Strukturen oder auf einzelne Elemente des Gesamtkomplexes einiges Licht. So ist es verständlich, daß gerade bei den Darstellungen der agrarwirtschaftlichen Entwicklungen unter dem Principat die Gefahr immer besonders groß war, aus Einzelbefunden generelle Trends ermitteln, ja angeblich dominierende «Notwendigkeiten» postulieren zu wollen, obwohl solche keineswegs allgemein belegt sind.

Schon für den Bereich Italiens kommt es darauf an, sich von der Prämisse zu lösen, daß sich die italische Landwirtschaft in den ersten zwei Jahrhunderten n. Chr. in einem zwangsläufigen Niedergangsprozeß und gleichsam in einer permanenten Krise befand. Gewiß gab es innerhalb dieses Sektors Veränderungen und Entwicklungen, die immer wieder beklagt wurden. Gewiß wirkten sich jetzt wirtschaftliche Gesamtzusammenhänge des Imperiums, zum Beispiel in den Preisen, Absatzchancen und Marktbedingungen, teilweise zu Ungunsten der italischen Produzenten aus. Doch sind voreilige Verallgemeinerungen unangebracht.

Es ist zum Beispiel äußerst problematisch, eine pauschal angenommene Krise der Landwirtschaft als Reflex einer generellen Krise der Sklavenhalterordnung zu bewerten. Ein solcher Erklärungsversuch wäre vor allem für die meisten außeritalischen Gebiete völlig untauglich. Er könnte den durchaus positiven Entwicklungen im landwirtschaftlichen Sektor des weiteren Moselraumes ebensowenig gerecht werden wie jenen in einer ganzen Reihe von Provinzen, in denen die Sklaverei nur eine untergeordnete Rolle spielte. Besonders verhängnisvoll hat sich bisher stets das Einzwängen der Vielfalt regionaler Entwicklungen in die starren Schemen absolut gesetzter theoretischer oder ideologischer Raster erwiesen.

Für den italischen Bereich ist davon auszugehen, daß sich unter dem Principat zunächst jene Entwicklungen weiter entfalteten, die der große agrarwirtschaftliche Umbruch zur Zeit der späten Römischen Republik ausgelöst hatte. Das heißt, es blieb beim Bedeutungsrückgang des primär für

37 Feldarbeiten, Mosaik aus Cherchel

den Eigenbedarf arbeitenden freien Kleinbauerntums, das indessen niemals völlig verschwand. Es blieb weiterhin bei der Ausbreitung und Bedeutungszunahme der «Villenwirtschaft», mittelgroßer Güter, die, rational organisiert und spezialisiert, mit Sklaven für den Markt produzierten. Als neues Element kam schließlich seit der Zeit Ciceros das Großgut hinzu, das *latifundium* in der präzisen Bedeutung des Wortes, eine landwirtschaftliche Einheit mit einer Fläche von über 500 *iugera* (125 ha).

Die übliche moderne Typisierung dieser verschiedenen Kategorien, der Kleinbetriebe mit einer Größe bis zu 80 *iugera*, der Mittelbetriebe mit einer Fläche zwischen 80 und 500 *iugera* und der darüberliegenden Großbetriebe mag zwar auf den ersten Blick ziemlich schematisch erscheinen, sie hat sich indessen als grobes Ordnungssystem einigermaßen bewährt. Allerdings ist hier sogleich zu betonen, daß die Informationsdichte für die Situation dieser drei verschiedenen landwirtschaftlichen Organismen unter dem Principat höchst ungleichmäßig ist. Wie schon in der Epoche der Späten Republik, so werden Einzelheiten über die Lage der Kleinbetriebe kaum je erwähnt; das Interesse der Schriftsteller ist völlig einseitig auf die Mittel- und Großbetriebe konzentriert. Mit Nachdruck ist weiterhin zu konstatieren, daß sich die Gesamtrelation zwischen Klein-, Mittel- und Großbetrieben nicht einmal für Italien, geschweige denn für die Provinzen fundiert schätzen läßt.

Es gibt im wirtschaftlichen Bereich nur wenige Worte der antiken Überlieferung, welche die modernen Vorstellungen der agrarwirtschaftlichen Entwicklung im *Imperium Romanum* so nachhaltig geprägt haben wie das berühmte *latifundia perdidere Italiam* des älteren Plinius, oder – wie die Stelle im Kontext lautet –: «Die Alten meinten, man müsse besonders beim Landbesitz Maß einhalten, denn sie waren der Ansicht, es sei besser, weniger zu säen und besser zu pflügen... Um die Wahrheit zu sagen, haben die Latifundien Italien ruiniert und werden wahrlich schon bald auch die Provinzen zum Ruin bringen. Sechs Landherren waren im Besitz der einen Hälfte der Provinz Afrika, zu der Zeit, als Nero sie alle beseitigen ließ» («*Naturalis historia*» 18,35 – Übersetzung von W. Arend).

Der Prozeß der ständigen Ausweitung des Grundbesitzes und damit zugleich der Konzentration der landwirtschaftlichen Produktion bei nur wenigen Eigentümern ist vielfältig belegt. Auch Seneca hat sich dieses für einen Moralisten besonders naheliegende Thema nicht entgehen lassen: «Vernehmt, ihr reichen Männer, einmal ein ernstes Wort, und weil der einzelne davon nichts hören mag, so sei es öffentlich gesagt. Wo wollt ihr euren Besitzungen die Grenzen setzen? Der Bezirk, der einst eine Gemeinde faßte, dünkt jetzt dem einen Grundherrn eng. Wie weit wollt ihr eure Ackerfluren ausdehnen, wenn für die einzelne Wirtschaft der Raum einer Provinz euch zu klein scheint? Namhafte Flüsse nehmen ihren Lauf durch eine einzige Privatbesitzung, und große völkerscheidende Ströme sind von der Quelle bis zur Mündung eines und desselben Eigentümers. Ihr seid nicht zufrieden, wenn euer Grundbesitz nicht Meere umschließt, wenn nicht jenseits des Adriatischen und des Ionischen und des Ägäischen Meeres euer Meier ebenfalls gebietet, wenn nicht die Inseln, die Heimaten der gefeierten Helden der Sage unter euren Besitzungen beiläufig figurieren und was einst ein Reich hieß, jetzt ein Grundstück ist» (Seneca, *Epistulae* 89,20).

Schon der Übersetzer Th. Mommsen meinte zu diesem Text: «Das ist wohl Rhetorik, aber auch Wahrheit», und er vertrat deshalb in seiner grundlegenden Studie über «Boden- und Geldwirtschaft der römischen Kaiserzeit» («Historische Schriften» 2, Berlin 1908, 589–617) auch die Auffassung, daß im *Imperium Romanum* die Bildung von Latifundien «ohne Unterschied der Provinzen... mit einer Notwendigkeit, die von dem Naturgesetz sich kaum wesentlich unterscheidet», erfolgen mußte. Ja, er sah im Großgrundbesitz dieser Art gleichzeitig einen «der mächtigsten Träger der nivellierenden Zivilisation der Kaiserzeit» und belegte diese These so: «Das afrikanische Herrenhaus hatte seine Palmen für sich wie das rheinische seine Heizeinrichtungen; aber die Darstellungen des vornehmen Landlebens, wie sie kürzlich im Tal des Rummel in Numidien (CIL VIII 10889–10891) in den Mosaiken des dazugehörigen Badegebäudes zum Vorschein gekommen sind, der prachtvolle getürmte Palast, der schattige Garten, in dem die Dame des Hauses sitzt, der Stall mit edlen Rennpferden, das Jagdgehege, die berittenen Jäger mit ihren Hunden und die zuschauenden Damen, die Fischteiche, die Literaturecke [*filosofi locus*] gehören nicht der afrikanischen, sondern der gesamten Reichsaristokratie gleichmäßig an, und die Gegenstücke dazu finden sich in allen Provinzen» (a. O., 598).

Im Unterschied zu den kleineren und mittelgroßen Betrieben wurde der Großgrundbesitz in der Regel nicht als geschlossene Wirtschaftseinheit geführt. Dies war lediglich dann der Fall, wenn die immensen Landflächen überwiegend für Viehzucht und Weidewirtschaft genutzt wurden. Da sich auch die Massierung großer Sklavenscharen nicht empfahl, abhängige Klienten oder freie Lohnarbeiter selten in ausreichender Zahl zur Verfügung standen, waren die Latifundien von Anfang an eng mit dem System der Kleinpacht, des Kolonats, verbunden. Denn ob das Gesamtareal eines Latifundiums zur Bewirtschaftung in Komplexe aufgegliedert war, die dann an einen Großpächter (*conductor*) oder an einen Geschäftsführer (*actor*) übergeben wurden, oder ob es direkt an Kleinpächter aufgespalten oder in einer Kombination dieser Möglichkeiten bewirtschaftet wurde, stets blieb der personenrechtlich freie Kolone der aktive landwirtschaftliche Produzent. Er hatte seine Pacht entweder in einer bestimmten Geldsumme oder in Naturalien zu entrichten und war überdies jährlich zu fixierten Arbeitsleistungen für den Gutsherrn oder Großpächter verpflichtet. Der Wandel des

Begriffsinhaltes des Wortes *colonus* zeigt die eingetretenen Veränderungen besonders deutlich an: *colonus* war ursprünglich die Bezeichnung für den Landwirt schlechthin, jetzt, unter dem Principat, bezeichnete das Wort in erster Linie den typischen freien Kleinpächter.

Die Existenz eines solchen Kleinpächters glich nicht entfernt der Lage der freien Kleinbauern zur Zeit der Römischen Republik, die ursprünglich einmal die staatstragende Schicht gebildet hatten. Es war deshalb naheliegend, das Los dieser Kolonen in den denkbar schwärzesten Farben zu malen. Doch vielleicht sollte man demgegenüber auch an Mommsens Gegenposition erinnern: «Die wirtschaftliche Stellung des Kolonen, den die Kapitalkraft des Grundherrn stützte, war weniger unsicher als die des Kleinbesitzers, und wie das Verhältnis sich entwickelt hatte, führte es wenigstens mit wirtschaftlicher Notwendigkeit zur humanen Behandlung des Pächters durch den Grundherrn und der Ackersklaven durch den Pächter, ebenso zu einer gewissen Vereinigung der Betriebsvorzüge der Groß- und der Kleinwirtschaft. Man soll nicht vergessen, daß die alte Bauernwirtschaft erst zur Schuldknechtschaft geführt und dann in sich selbst Bankrott gemacht hat; nicht vergessen die unmenschliche Wirtschaftlichkeit des catonischen Musterguts, das den Sklavenhausstand und die freie Arbeit völlig ausschließt. In dieser Kleinpachtwirtschaft lag für die unfreien Leute eine erträglichere Existenz und eine gewisse Aussicht, durch Wohlverhalten zur Freiheit zu gelangen; es lag ferner in ihr einige Garantie für die Verwendung einer wenn auch beschränkten Zahl freier Familien in einer wirtschaftlich haltbaren Stellung» (a. O., 608).

Ein zentrales Problem für die Latifundien wie für die mittelgroßen Villenwirtschaften stellte noch immer die Frage der zweckmäßigsten Arbeitsorganisation dar, das heißt, die Frage nach dem Einsatz von Sklaven oder Kolonen. Dieses Problem wird insbesondere in dem zu Beginn der sechziger Jahre des 1. Jahrhunderts n. Chr. entstandenen Werk *«De re rustica»* des systematischen Agrarschriftstellers Columella erörtert, in der Praxis taucht es wiederholt im Briefwechsel des jüngeren Plinius auf. Columella, «der gründlichste und weitsichtigste der Agrarschriftsteller» (F. De Martino), hielt prinzipiell eine Wirtschaftsweise, die auf dem Einsatz von gut kontrollierten Sklaven fußte, für rentabler als eine Verpachtung des Besitzes. Im Einsatz von Kolonen sah er keinesfalls ein Allheilmittel für alle landwirtschaftlichen Probleme.

Die gegenüber Catos Ratschlägen sehr viel weitergehende Perfektionierung der Arbeitsorganisation konzentrierte sich vor allem auf die Systematisierung einer engmaschigen, durch mehrere Führungsebenen überwachten Kontrolle der Sklaven, deren *familia* in Gruppen von höchstens zehn Arbeitssklaven untergliedert wurde. Die Grenzen einer solchen Überwachung traten jedoch vor allem bei dem an sich besonders rentablen Rebenanbau ans Licht: «Will er [sc. der Besitzer] aber die Früchte jeder Sorte nacheinander pflücken lassen, so muß er sich auf ein Glücksspiel mit der Nachlässigkeit der Winzer einlassen, denn er kann ja nicht jedem einzelnen noch einen Wächter beigeben, der ihn beobachtet und anhält, keine sauren Trauben abzupflücken» (3,21,6 – Übersetzung von K. Ahrens).

Andere Widersprüche der auf Sklavenarbeit beruhenden Gutswirtschaft, für die auch Columella überschaubare Größen forderte, zeigten sich bei der Funktion und Behandlung gerade besonders qualifizierter Spezialisten. So mußte Columella beim Rebenanbau zum Beispiel den Einsatz eines erfahrenen Winzers empfehlen, der dann einen Weinberg von 7 *iugera* bewirtschaften konnte. Da nun für einen solchen *vinitor* immerhin etwa 8000 Sesterzen auszugeben waren, riet Columella, ihn gefesselt im *ergastulum* (Sklavengefängnis) zu verwahren.

Der jüngere Plinius dürfte in seinen Briefen die Sorgen eines sehr vorsichtig kalkulierenden, immer auf Sicherheit und Gewinn bedachten Gutsbesitzers und dessen spezifische Mentalität zum Ausdruck bringen. Auf seinen verschiedenen mittelgroßen Gütern spielt nun die Kleinpacht bereits eine entscheidende Rolle. Auf Grund von Verlusten sah er sich gezwungen, «die Verpachtung meiner Güter für mehrere Jahre zu ordnen, wobei ich ganz neue Verfügungen treffen muß. Denn im vergangenen *lustrum* [Zeitraum von fünf Jahren] sind die Rückstände trotz starker Nachlässe angewachsen; infolgedessen bemühen sich manche [sc. Kolonen] schon gar nicht mehr, ihre Schulden abzuzahlen, weil sie daran verzweifeln, sie überhaupt jemals abtragen zu können; ja, sie treiben Raubbau und verzehren alles, was wächst, weil sie meinen, es komme doch nicht ihnen zugute, wenn sie sparten.

Es gilt also, den steigenden Übelständen zu begegnen und ihnen abzuhelfen. Die einzige Möglichkeit der Abhilfe wäre, wenn ich nicht gegen Zahlung einer Geldsumme, sondern gegen Ablieferung eines Teils des Ertrages verpachtete und dann aus meinem Personal ein paar Aufseher einsetzte und den Ertrag überwachen ließe. Und es gibt überhaupt kein ehrlicheres Einkommen, als was der Boden, das Wetter und die Jahreszeit liefert. Freilich erfordert das unbedingte Zuverlässigkeit, scharfe Augen und zahlreiche Hände. Immerhin müßte man es versuchen und wie bei einem chronischen Leiden jedes Mittel, das eine Veränderung verspricht, ausprobieren» («*Epistulae*» 9,37 – Übersetzung von H. Kasten).

Für die Lebensbedingungen der Kolonen unter dem Principat liegen vor allem aus Nordafrika einige große Inschriften als wichtigste Quelle vor. Allerdings ist deren generelle Verbindlichkeit zweifelhaft. Zunächst bleibt zu berücksichtigen, daß die wichtigsten Zeugnisse aus Domänen der *principes* stammen. Diese Güter standen jeweils unter der Oberaufsicht von Prokuratoren, waren jedoch an Pachtunternehmer (*conductores*) vergeben, die ihrerseits wieder Verwalter (*vilici*) eingesetzt hatten. Grundlagen für die Abgaben und Leistungsverpflichtungen bildeten Gesetze, von denen eine *lex*

Manciana und eine *lex Hadriana* in wesentlichen Teilen erschlossen sind, allerdings noch immer zahlreiche Einzelfragen offenlassen. So ist bereits die Chronologie der aus einer Inschrift trajanischer Zeit von Henchir Mettich *(Africa proconsularis)* überlieferten *lex Manciana* ebenso strittig wie deren Geltungsbereich.

Die Inschrift von Henchir Mettich ist ein charakteristisches Beispiel für die einst ebenso präzisen Bestimmungen wie für die zum Teil umständlichen Einzelregelungen im Bereich solcher Domänen. Sie führt im Detail jene Verpflichtungen auf, denen die Kolonen bei der Nutzung der «Zwickel» *(subseciva),* das heißt des bei der Landvermessung einst ausgesparten und den Pächtern der Domänen der *principes* nicht zugewiesenen Landes, unterworfen waren. Außerdem nennt sie die Ablieferungsquoten, welche für die Inhaber sogenannter Herrenhöfe galten. Zwei typische Abschnitte lauten: «...Von den Erträgen, die auf diesem Boden entstehen, müssen die Kolonen den Grundherren oder den Pachtunternehmern bzw. den Verwaltern dieses Gutes ihre Anteile nach dem Mancianischen Gesetz mit der folgenden Auflage abliefern: Bei den Erträgen jeder Feldarbeit, die sie zur Tenne bringen und dreschen müssen, sollen sie nach ihrer Schätzung den Pachtunternehmern bzw. den Verwaltern dieses Gutes die Gesamtmengen beziffern. Und wenn sie erklärt haben, sie würden den Pachtunternehmern bzw. den Verwaltern dieses Gutes voll und ganz die Kolonenanteile abgeben, sollen sie binnen drei Tagen (?) auf Holztafeln die Anteile dieses Ertrags zusichern, die sie den Pachtunternehmern bzw. den Verwaltern dieses Gutes voll und ganz abgeben müssen: Demgemäß sollen die Kolonen die Kolonenanteile abliefern müssen.

Wer auf dem Gut Villa Magna – oder auch Mappalia Siga – Herrenhöfe hat oder haben wird, muß den Grundherren dieses Gutes oder den Pachtunternehmern bzw. deren Verwaltern nach dem Mancianischen Brauch von den Erträgen der Feldwirtschaft und der Weinstöcke je nach der Anbauart, die er hat, voll und ganz ihre Anteile abliefern: ein Drittel des Weizens von der Tenne, ein Drittel der Gerste von der Tenne, ein Viertel der Bohnen von der Tenne, ein Drittel des Weins von der Kelterwanne, ein Drittel des gewonnenen Olivenöls und je einen Sextar [etwa 0,5 l] des Honigs in den Bienenhäusern» (CIL VIII 25902, I,10–30 – Übersetzung von D. Flach, Chiron 8, 1978, 481).

Später gab dann offensichtlich Hadrian neue Impulse im Bereich des nordafrikanischen Kolonats. Er verfolgte das Ziel, auch periphere und für die landwirtschaftliche Nutzung nur bedingt geeignete Teile der Domänen gleichfalls bebauen zu lassen, und traf deshalb Regelungen für die Nutzung unbestellten Bodens. So gestattete er zum Beispiel unter bestimmten Auflagen die Inbesitznahme des für Getreideanbau oder die Anlage von Weinbergen und Olivenhainen geeigneten Landes. Gleichzeitig sah er sich jedoch gezwungen, in seiner *lex Hadriana* den Prokuratoren und Konduktoren zu untersagen, die mit den Kolonen vereinbarten Abgaben aus dem landwirtschaftlichen Ertrag und das Ausmaß der von ihnen geforderten Hand- und Spanndienste nachträglich zu erhöhen.

Allein ein solcher Mißbrauch ließ sich nur schwer abstellen. Wie eine Inschrift von Suk el-Khmis *(Africa proconsularis)* bezeugt, kam es im *saltus Burunitanus* durch das Zusammenspiel von Prokuratoren und Pachtunternehmern zu unerträglichen Belastungen der Kolonen. Diese wandten sich deshalb an Commodus, der 181 n. Chr. ihren Bitten auch in vollem Umfang entsprach. Die zentrale Partie des Appells der Kolonen an den *princeps* hat folgenden Wortlaut: «... Dies zwang uns Ärmste, nun wiederum Deine erhabene Fürsorge anzurufen, und deshalb bitten wir Dich, hehrster Imperator, Du möchtest uns helfen: Wie es durch den Abschnitt des Hadrianischen Gesetzes entzogen ist, welcher oben angeführt wurde, sei auch den Prokuratoren – von einem Pachtunternehmer ganz zu schweigen – das Recht entzogen, zu Lasten der Kolonen die Bodenertragsanteile oder die Gestellung von Tagewerken bzw. Zugtiergespannen auszuweiten, und wie das Schreiben der Prokuratoren besagt, welches in deinem Archiv des Verwaltungsbezirks Karthago liegt, seien wir jährlich nicht mehr als je zwei Tagewerke für Pflug-, Jäte- und Erntearbeiten schuldig, und dies sei frei von irgendwelchem Streit, zumal es in Bronze gehauen und von allen unseren Nachbarn im ganzen Umkreis auf Grund der bis auf den heutigen Tag fortgeltenden Richtschnur geleistet, vollends durch das Schreiben der Prokuratoren, das wir oben anführten, so bestätigt wurde. Bitte, hilf uns! Wir einfachen, unseren Lebensunterhalt mit unserer Hände Arbeit bestreitenden Bauersleute kommen gegen den dank seiner verschwenderischen Geschenke beliebtesten Pachtunternehmer bei Deinen Prokuratoren nicht an, denen er über die Wechsel der Nachfolge hinweg durch sein Pachtungsgebot bekannt ist. Bitte, habe Erbarmen mit uns und geruhe, uns in Deinem erhabenen Bescheid nicht mehr Dienstleistungen vorzuschreiben, als wir nach dem Hadrianischen Gesetz und dem Brief Deiner Prokuratoren erbringen müssen, das heißt dreimal je zwei Tagewerke, auf daß wir, Deine auf Deinen Gütern geborenen und aufgewachsenen Bauern, durch das Verdienst Deiner Hoheit nicht weiterhin von den Pachtunternehmern der Fiskalländereien behelligt werden...» (CIL VIII 10570, III – Übersetzung von D. Flach, Chiron 8, 1978, 492).

Die Vorgänge auf den nordafrikanischen Domänen lassen, wie gesagt, keine allgemeinen Rückschlüsse auf die Lage der Kolonen in den anderen Provinzen oder in Italien zu. Immerhin zeigen sie, daß auch die Institution des Kolonats nicht alle Probleme der Arbeitsorganisation befriedigend lösen konnte und daß die Lage der Kolonen nicht allzu positiv eingeschätzt werden sollte. Wesentliche Strukturveränderungen im agrarischen Sektor hatten sich in Italien daneben aber auch innerhalb der verschiedenen Sparten der Produktion ergeben. Die unausbleibliche Konsequenz der Ratschläge

Catos für die Villenwirtschaft, aber auch jene des Eigenbedarfs, der nach wie vor in beträchtlichem Umfang bestehenden Kleinbetriebe, zeigten sich in einer, insgesamt gesehen, mengenmäßig unzureichenden Getreideproduktion. Während die Weinproduktion über den italischen Bedarf hinausging, erwies sich die Ölproduktion als sehr viel kostspieliger als die afrikanischen und spanischen Importe.

An Bedeutung gewonnen hatte offensichtlich, parallel zur Zunahme des Großgrundbesitzes, die Viehzucht, die in Süditalien, Kampanien, in den Tälern der Apenninen, aber auch in der Poebene weit verbreitet war. Die Herstellung von Wolle wurde besonders forciert. Nicht nur Apulien mit dem Zentrum Canosa, Kalabrien mit Tarent, im Norden Modena und Parma, sondern auch die *Cisalpina* mit dem Zentrum Altinum erfreuten sich einer starken Nachfrage. Als Höchstpreis für Qualitätswolle wird dabei eine Summe von 100 Sesterzen pro Pfund genannt. Einen ähnlichen Aufschwung nahm seit der späten Republik die auf Luxusproduktion ausgerichtete *pastio villatica*, die im Umfeld der großen Städte vor allem Geflügel- und Fischzucht für höchste Ansprüche betrieb.

Die Schwierigkeiten, die sich für die italische Landwirtschaft unter dem Principat ergaben, werden nur dann begreiflich, wenn sie innerhalb der agrarwirtschaftlichen Entwicklung des gesamten Imperiums gesehen werden. Denn die Überproduktion von Wein und Öl zu Lasten der Getreideversorgung galt auch für weite Teile des griechischen Ostens. Ohne die südrussischen Getreideimporte war der Bedarf in Griechenland und Kleinasien nicht zu decken. Doch gleichzeitig floß das Öl aus Kleinasien und Syrien jetzt auch in Märkte ein, die zuvor italisches Öl abgenommen hatten. Generell ist zu sagen, daß die wirtschaftliche Prosperität der Provinzen zu einem beträchtlichen Teil auf einer wachsenden Deckung des landwirtschaftlichen Bedarfs durch eigene Produktion und auf preisgünstigen Exporten nach Italien und Rom beruhte, mochte es sich dabei um spanisches Getreide, Öl, Flachs oder Fischsauce, um nordafrikanisches Getreide, Öl und seltene Tiere, um Getreide, Wolle, Leinen und Papyrus aus Ägypten, Weizen, Öl und Feigen aus Syrien, Wolle und Holz aus Kleinasien handeln.

Gewerbe und Handel

Die Entwicklung der Gewerbe wird im *Imperium Romanum* unter dem Principat einerseits durch eine weitgehende Kontinuität der Produktionsformen, andererseits durch eine teilweise erfolgte Verlagerung der Produktionszentren gekennzeichnet. Nach wie vor dominierten bei den Produktionsformen, insbesondere im Handwerk, die kleineren, spezialisierten Betriebe, an die sich meist ein sogenannter Produzentenhandel anschloß. Diese kleineren

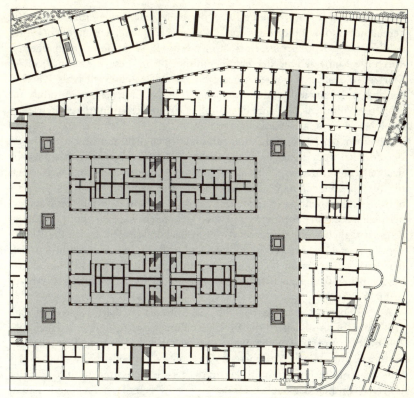

38 Häuserblöcke, Ostia, Grundriß

Werkstätten, in denen sehr oft Freie, aber auch Freigelassene und Sklaven nebeneinander arbeiteten, waren in der Regel mit einem zur Straße hin offenen Verkaufsladen verbunden, während sich der Wohnraum des Eigentümers und seiner Familie häufig in einem darüber gelegenen Zwischenstockwerk befand. Selbst in Zentren mit größerer Warennachfrage, wie in Rom, oder mit besonders bevorzugten Produktionsbedingungen, wie in der Hafenstadt Ostia, blieben diese kleinen Einheiten der *tabernae* mit ihrer typischen Verbindung von Kleinwerkstatt und Laden die Regel.

Die Kontinuität dieser nach modernen ökonomischen Kriterien ziemlich archaischen Produktionsform in kleinstem Rahmen erklärt sich einmal aus der auffallend weitgehenden – und nun wiederum äußerst modernen – Spezialisierung des Handwerks. So wies eine Stadt wie Pompeji über 80 verschiedene Gewerbe auf. Sie erklärt sich zweitens aus dem chronischen

Kapitalmangel solcher Kleinbetriebe, der meist jede Erweiterung von vornherein ausschloß, und drittens endlich aus der Tatsache, daß angesichts einer relativ großen Konkurrenz eine «atomisierte» Produktion noch am ehesten durch die Einbeziehung der Familienmitglieder in diese winzigen Produktionszellen bestritten werden konnte. So erwies sich das System als außerordentlich resistent, während die wenigen Bereiche, in denen eine Produktion größeren Volumens in manufakturähnlich organisierten mittleren Betrieben erfolgte, sehr viel krisenanfälliger waren.

Die Form der Kleinproduktion galt im übrigen nicht nur für die typischen Berufe eines spezialisierten Handwerks, für die Schuster, Tischler, Korbflechter, Halftermacher oder Silberschmiede, sondern in gleicher Weise auch für Textilproduzenten, Walker und Färber. Lediglich bei den Bäckereien ist teilweise schon früh eine Tendenz zu größeren Betrieben faßbar. Während beispielsweise für Pompeji rund 40 Bäckereien bezeugt sind, in deren größten täglich wohl etwa 2000 Brote gebacken wurden, lassen die Reliefs vom Grabmal des M. Vergilius Eurysaces in Rom den Rückschluß zu, daß der Betrieb dieses reichen Großbäckers ein wesentlich höheres Produktionsvolumen besaß und auch mit einem entsprechenden regelmäßigen Absatz rechnen konnte.

Aber selbst aus einer Großstadt wie Ephesus ist belegt, daß dort eine größere Zahl von Bäckern die Brotherstellung bestritt, und sich dabei zum Teil in solch provozierender Weise verhielt, daß der *proconsul* einschreiten mußte: «...und nach Absprache... [so daß es] bisweilen vorkam, daß das Volk in Unruhe und Tumulte verfiel wegen der Zusammenkunft und der Unverschämtheit der Bäcker auf der Agora. Wegen dieser Aufstände hätten sie vorgeladen und verurteilt werden müssen. Da es aber [nötig ist], das Wohl der Stadt höher einzuschätzen als die Bestrafung dieser Leute, hielt ich es für notwendig, sie durch mein Edikt zur Vernunft zu bringen. Daher verbiete ich, daß die Bäcker sich weder zu einer Versammlung treffen noch in trotzigem Verhalten hervortun, daß sie vielmehr auf jede Weise den Verordnungen, die für das Allgemeinwohl erlassen wurden, Folge leisten und der Forderung nachkommen, in ausreichendem Maß für die Stadt Brot herzustellen» («Die Inschriften von Ephesus» II 215 – Ende 2. Jahrhundert n. Chr. – Übersetzung von H. Freis).

Neben der Kontinuität traditioneller Herstellungsweisen und Produktionseinheiten dürften die Kapazitäten insbesondere in jenen Sektoren erweitert worden sein, in denen die Nachfrage konstant blieb und der Markt auch langfristig gute Absatzchancen versprach. Dies war zum Beispiel bei den Textilien aus den östlichen Provinzen der Fall, vor allem bei der Wollverarbeitung in Milet und Laodikeia, bei der Pergamentherstellung in Pergamon, bei der Verarbeitung der aus China eingeführten Seide in Syrien und Palästina. Es galt auch für die in Syrien hergestellten Glaswaren, wo etwa die Produkte aus den Werkstätten des Ennion eine besonders weite

Gewerbe und Handel

39 Weihrelief eines Schiffers, Rom

Streuung aufweisen und im ganzen Nahen Osten, in Südrußland, Ägypten, aber auch in Italien gefunden wurden.

Indessen sind die konkreten Veränderungen der Produktionsbedingungen solcher florierender Werkstätten der Ostprovinzen im einzelnen nicht bekannt. In den besser erforschten Wirtschaftssektoren des Westens aber nahmen sie einen oft überraschenden Verlauf, der nicht immer die Hypothesen moderner Wirtschaftstheorien bestätigte. So wuchs zum Beispiel die Nachfrage im Gesamtbereich der Keramik sprunghaft an. Damit waren für die mittleren und größeren Betriebe der italischen Produktionszentren zweifellos die erhebliche Ausweitung der Kapazitäten, der Einsatz aller verfügbaren technischen Hilfsmittel und eine weitgehende Arbeitsteilung wünschenswert. Dennoch hielten sich die Veränderungen in der Herstellung in engeren Grenzen, als oft angenommen wird.

Die besonders intensiv untersuchte Entwicklung des *Sigillata*-Gewerbes von Arretium kann hierbei vor falschen Pauschalannahmen bewahren. Es ist offensichtlich, daß das einfachere Gebrauchsgeschirr in Italien immer dezentralisiert, in Kleinbetrieben, die jeweils einzig für den lokalen Markt produzierten, hergestellt worden ist. Schon mit einer speziellen Keramikgattung, der sogenannten Schwarzen *Sigillata*, die in ganz Italien, vielen mediterranen Hafenstädten, aber auch zum Beispiel auf dem Magdalensberg gefunden wurde, erzielten die Werkstätten von Arretium beträchtliche wirtschaftliche Erfolge, die wahrscheinlich bereits zu einer Produktion in größerem Volumen führten. Doch erst mit der Herstellung der roten, reliefverzierten Keramik mit glänzender Oberfläche in den letzten Jahrzehnten vor und den ersten Jahrzehnten nach Christi Geburt, das heißt mit einer Ware, die sich denkbar größter Beliebtheit erfreute, glückte dann der Aufstieg zur geradezu marktbeherrschenden Position.

Dennoch dominierten in Arretium nach wie vor mittelgroße Keramikbetriebe mit allenfalls einigen Dutzend Arbeitern sowie die Kleinwerkstätten von Handwerksmeistern (aufgrund der Marken signierender Töpfer steht fest, daß bis zu 65 verschiedene signierende Töpfer in einem Betrieb arbeiteten – freilich nicht gleichzeitig. Doch nicht alle Töpfer haben ihre Ware signiert, und die Gesamtzahl der Arbeitskräfte dieser Betriebe dürfte wohl ungefähr das Dreifache der Zahl der Töpfer betragen haben, deren Tagessoll auf etwa 35 bis 40 Schüsseln geschätzt wird).

Angesichts einer stabilen Nachfrage war die Keramikherstellung in größeren Betrieben mit mehreren Töpfern und Töpferscheiben gewiß rentabler, doch war eine Arbeitsteilung nur in relativ bescheidenem Umfang möglich: «Sie [sc. Arbeitsteilung und -organisation] waren bestimmt durch die besonderen Bedingungen für Kleingefäßproduktion, die durch den feuchten Ton und das Produktionsinstrument Töpferscheibe gegeben sind. Platten, Teller und Tassen können vom Aufziehen der Gefäße bis zur Ausgestaltung von Rand und Fuß kaum in getrennten Arbeitsgängen hergestellt worden sein»

(G. Prachner, «Die Sklaven und Freigelassenen im arretinischen Sigillatagewerbe», Wiesbaden 1980, 194). Der Nachweis eines 40000 l fassenden Mischbehälters für die Tonproduktion ist so zwar ein wichtiges Indiz für das gesteigerte Herstellungsvolumen; die Grundbedingungen und Strukturen der Produktion selbst blieben indessen weithin konstant.

Vieles spricht dafür, daß gerade die größeren Keramikfirmen im Raume von Arretium Gutsbesitzern gehörten, welche auch über eigene Tongruben verfügten und oft, dank ihrer gesellschaftlichen Stellung, eine beträchtliche Initiative entfalten konnten. So stößt man zum Beispiel auf Stempel des Cn. Ateius, der durch seine Freigelassenen auch eine marktnahe Produktion in Gang gesetzt hatte, häufig in Truppenlagern. In den Werkstätten von Arretium arbeiteten offensichtlich Angehörige der verschiedensten rechtlichen Kategorien, auch Frauen, Seite an Seite. Exakte, statistisch auswertbare Angaben für die einzelnen Gruppen fehlen; es gibt nur wenige Anhaltspunkte für die verschiedenen Relationen. So ist zum Beispiel für etwa 12 % aller signierenden Sklaventöpfer eine spätere Freilassung bezeugt, während anscheinend rund ein Sechstel aller Töpfer von Anfang an Freigelassene waren. Relativ häufig gehörten zum Personal griechische Relieftöpfer, die wohl in besonderem Maße zur höheren Qualität der Produktion und damit zum Markterfolg beitrugen.

Es wurde schon früher erwähnt, daß sich die führenden Keramikproduktionszentren im italisch-gallischen Raum während des 1. Jahrhunderts n. Chr. verlagerten. Schon um die Mitte des 1. Jahrhunderts n. Chr. erreichten die Töpfereien von La Graufesenque in Südfrankreich einen Höhepunkt ihres Absatzes im gesamten gallisch-germanischen Gebiet, aber auch in Britannien und selbst in Italien. Nach dem Ausweis der Töpferrechnungen wurde dabei allein für einen Zeitraum von zehn bis 15 Jahren ein Produktionsvolumen von über 700000 Gefäßen erzielt. Doch wie Arretium durch La Graufesenque, so wurde bald La Graufesenque durch Lezoux (westlich von Lyon) abgelöst; die Produktionsstätten rückten immer näher an die Absatzgebiete heran. Vermutlich waren ihre Preise niedriger als diejenigen von Arretium, vermutlich die Produktion der freien gallischen Handwerker effektiver, vermutlich auch die Korporationen der neuen Werkstätten besser organisiert, ganz gewiß aber die Transportwege zu den Absatzmärkten kürzer.

Völlig verschiedene Entwicklungen zeichneten sich dagegen in einem anderen expandierenden Produktionszweig, dem der Ziegelherstellung, ab. H. Chantraine hat zu Recht an die in Vergessenheit geratene Tatsache erinnert, daß ein großer Teil der römischen Privathäuser zur Zeit der Späten Republik noch aus lediglich luftgetrockneten Ziegeln errichtet war und daß der Bedarf an gebrannten Ziegeln, Backsteinen, Dach-, Fußboden-, Hohlziegeln und Röhren erst unter dem Principat seinen Höhepunkt erreichte. Auf Grund der insgesamt rund 2300 erhaltenen Herstellerstempel können dabei allein für Rom und dessen nähere Umgebung rund 130 verschiedene Ziegeleien *(figlinae)* nachgewiesen werden. Häufig nennen diese Stempel sowohl das Produktionsjahr als auch den Eigentümer, Pächter oder Geschäftsführer sowie die betreffende Ziegelei. Sie erlauben damit nicht nur die Rekonstruktion von Firmengeschichten, wie etwa diejenige der Domitier, die zu Beginn des 2. Jahrhunderts n. Chr. mit ihren fünf Ziegeleien wohl eine führende Position einnahmen, sondern geben zugleich Einblick in den Wandel der Besitzverhältnisse.

Es mag überraschen, daß unter den Ziegeleibesitzern zahlreiche Senatoren und Ritter erscheinen, in relativ großer Zahl übrigens auch vornehme Damen, doch war dies nach römischen Normen deshalb nicht anstößig, weil die Ziegelherstellung gleichsam als Nebenerwerb der Villenwirtschaft betrachtet werden konnte. Relativ spät, erst seit Trajan, engagierten sich die *principes* auf diesem Sektor, dann freilich in rasch zunehmendem Umfang. Dies führte schließlich dazu, daß gegen Ende des 2. Jahrhunderts n. Chr. die letzten kleineren Privatziegeleien Roms verschwunden waren.

Dank der Ziegelstempel und anderer Nachrichten lassen sich im Bereich der Ziegelherstellung der Wandel der Arbeitsform und die Veränderungen bei den Arbeitskräften wohl einigermaßen fundiert erfassen. In der Produktion überwiegt dabei zunächst offensichtlich die Tätigkeit von Freigelassenen und Sklaven. Sklaven arbeiteten dabei nicht nur als Ziegelformer oder am Brennofen; sie besaßen zum Teil Untersklaven *(vicarii)*, die als Gehilfen im weitesten Sinne dienten und zugleich in die Produktion eingeführt wurden (als Tagesnorm wird eine Leistung von etwa 220 Ziegeln je Ziegler angenommen). Darüber hinaus stiegen einzelne Sklaven auch zu Geschäftsführern der Ziegeleien auf, sei es im Dienste des *princeps* oder eines anderen Eigentümers. Wiederholt ist gerade in diesem Sektor auch die Freilassung von Sklaven bezeugt.

Während des 2. Jahrhunderts n. Chr. ändert sich die Bewirtschaftungsweise in den Ziegeleien durchgehend. Rasch geht die Zahl der Sklaven und Freigelassenen zurück, der Zug zum Pacht- und Lohnsystem wird immer stärker. Eine ungewöhnliche Kapazitätsausweitung in hadrianischer Zeit hatte neben dem allgemeinen Rückgang der Sklavenzufuhr und der gerade in diesem Gewerbe üblichen Freilassungspraxis zu einem Mangel an geeigneten Arbeitskräften geführt, der auf herkömmliche Weise nicht zu beheben war. Die weitgehende Einstellung von Großbauten in Rom in der Zeit der Soldatenkaiser hat dann im 3. Jahrhundert n. Chr. zum Niedergang der Ziegeleien, aber auch vieler anderer Baustoffbetriebe in der Hauptstadt geführt.

Als der Panegyriker Aelius Aristides im 2. Jahrhundert n. Chr. Rom rühmen wollte, da feierte er vor allem auch die Dimensionen und die Vielfalt seines Handels: «Ringsherum erstrecken sich ‹gewaltig in gewaltiger Ausdehnung› die Festländer, welche euch stets reichlich mit dem versorgen, was es in ihnen gibt. Herbeigeschafft wird aus jedem Land und jedem Meer, was immer die Jahreszeiten wachsen lassen und alle Länder, Flüsse und Seen sowie die Künste der Griechen und Barbaren hervorbringen. Wenn jemand das alles sehen will, so muß er entweder den gesamten Erdkreis bereisen, um es auf solche Weise anzuschauen, oder in diese Stadt [Rom] kommen. Was nämlich bei den einzelnen Völkern wächst und hergestellt wird, ist notwendigerweise hier stets vorhanden, und zwar im Überfluß. So zahllos sind die Lastschiffe, die hier eintreffen und alle Waren aus allen Ländern von jedem Frühjahr bis zu jeder Wende im Spätherbst befördern, daß die Stadt wie ein gemeinsamer Handelsplatz der ganzen Welt erscheint.

Schiffsladungen aus Indien, ja – wenn man will – sogar aus dem ‹glücklichen Arabien› [Südwesten der Arabischen Halbinsel], kann man in solchen Mengen sehen, daß man vermuten könnte, für die Menschen dort seien fortan nur kahle Bäume übriggeblieben, und sie müßten hierher kommen, um ihre eigenen Erzeugnisse zurückzufordern, wenn sie etwas davon bräuchten. Man kann wiederum beobachten, wie babylonische Gewänder und Schmuckstücke aus dem noch weiter entfernten Barbarenland in viel größerer Zahl und leichter hierher gelangen, als wenn es nötig wäre, von Naxos oder Kythnos nach Athen zu fahren und Waren dorthin zu bringen. Eure Getreideländer aber sind Ägypten, Sizilien und der kultivierte Teil von Afrika.

Das Ein- und Auslaufen der Schiffe hört niemals auf, so daß man sich nicht nur über den Hafen [Ostia], sondern sogar über das Meer wundern muß, daß es, wenn überhaupt, für die Lastschiffe noch ausreicht. Und was Hesiod von den Grenzen des Ozeans sagte, daß es einen Ort gebe, wo alle Wasser zu einem Anfang und zu einem Ende ineinanderströmen, geradeso kommt auch alles hier zusammen, Handel, Schiffahrt, Ackerbau, Metallveredelung, Künste, wie viele es auch gibt und je gegeben hat, und alles, was erzeugt wird und auf der Erde wächst. Was man hier nicht sieht, zählt nicht zu dem, was existiert hat oder existiert» (Aelius Aristides, *«Eis Romen»*, c. 11 ff. – Übersetzung von R. Klein).

Natürlich handelt es sich bei diesen Sätzen um das effektvolle Bild eines Rhetors, doch werden hier jene Vorstellungen erkennbar, die unter dem Principat über Roms Funktion als «gemeinsamen Handelsplatz der ganzen Welt» bestanden. Selbstverständlich war dieser auf die Hauptstadt orientierte Handel nur ein Strang eines dichten Netzes mit weitesten Radien. Dabei wurde gerade der von Aelius Aristides so gerühmte Fernhandel unter dem Principat sehr zwiespältig beurteilt. Während man einerseits staunend dessen Dimensionen rühmte, wurden andererseits die angeblich ruinösen Folgen der Defizite des Luxusfernhandels beschworen, eine Kritik, welche bezeichnenderweise oft mit jener an den Wünschen der Frauen verknüpft war. Nach Tacitus soll schon Tiberius über den «eigentlichen Luxus der Frauen, die Steine, für die unser Geld zu den entlegenen und feindlichen Völkerschaften wandert» (*«Annales»* 3,53) geklagt haben.

Moderne Versuche, die tatsächliche Bedeutung dieses Fernhandels zu reduzieren, sind wenig überzeugend. Schon der durchaus zuverlässige Strabo stellte fest, daß der Handel über die Arabische See um ein mehrfaches angewachsen war und daß von Myos Hormos am Roten Meer ganze Geschwader nach Indien segelten. Auch der ältere Plinius berichtet, daß «die Handelsherren einen abgekürzten Weg gefunden haben und durch die Profitsucht Indien nähergebracht wurde. Alle Jahre segeln Schiffe nach dort, die wegen der starken Gefährdung durch Seeräuber von Pfeilschützenabteilungen gesichert werden... Und das Geschäft ist lohnend: Zieht doch Indien alljährlich nicht weniger als 50 Millionen Sesterzen aus unserem Reich und schickt als Gegenlieferung Waren, die bei uns hundertfachen Preis einbringen» («*Naturalis historia*» 6,101 – Übersetzung von W. Arend).

Noch wesentlich konkreter als diese mehr allgemeinen Belege wird der bisher nicht sicher zu datierende «Periplus des Roten Meeres», der an einer Stelle die Waren des Handelsplatzes Barygaza an der Westküste Vorderindiens aufführt: «Eingeführt werden an diesem Handelsplatz Wein, vor allem italischer, auch laodikenischer und arabischer; Kupfer, Zinn und Blei, Korallen und Topase, einfache Bekleidung und Nachahmungen aller Art, leuchtend gefärbte Gürtel, eine Elle lang, Harz, Lotos, rohes Glas, Arsenblende zum Färben, Antimon, Gold- und Silbermünzen, die beim Umtausch gegen Münzen des Landes Gewinn abwerfen, ferner Salben, aber keine besonders kostbaren und nur in geringer Menge. Und für den König dort bringt man kostbare Silbergefäße, gesangskundige junge Sklaven, schöne Sklavinnen für den Harem, edle Weine, leichte Bekleidung aus den feinsten Geweben und die ausgesuchtesten Salben. Ausgeführt werden aus diesen Plätzen Narde, Kostwurz, Bdellium-Myrrhen, Elfenbein, Achate und Karneole, Lykion, Baumwollkleidung aller Art, Seidenkleidung, ...langer Pfeffer und andere derartige Waren, wie sie von den Handelsplätzen des Inneren hier herangeschafft werden» (49,56 – Übersetzung von W. Arend). Dimensionen und Gegenstände dieses Handels sind indessen auch archäologisch gut belegt. Vor allem dokumentieren die relativ zahlreichen Funde römischer und alexandrinischer Münzen in Indien, insbesondere in der Epoche des frühen Principats, einen sehr dichten Handelsverkehr. Mögen manche moderne Vorstellungen über das Volumen des Handels auf den großen Fernverbindungen zu Lande, der ins Zweistromland führenden «Seidenstraße» und der an der Westküste Arabiens zum Mittelmeer weisenden «Weihrauchstraße», auch übertrieben sein, die Existenz dieser Kontakte und vor allem die erhebliche Bedeutung des Fernhandels zur See sind nicht zu leugnen.

Auch über einen anderen Fernhandelsweg, die «Bernsteinstraße» gibt der ältere Plinius konkrete Nachrichten: «Der Bernstein wird von Germanien hauptsächlich nach Pannonien gebracht, von da aus haben ihn die Veneter bekannt gemacht, die Nachbarn Pannoniens sind und um die Adria wohnen.

Diese germanische Küste, von der er eingeführt wird, ist von Carnuntum 600 Meilen entfernt, wie kürzlich bekannt wurde. Es lebt nämlich noch ein römischer Ritter, den Julianus dorthin schickte, um ihn zu beschaffen, weil er ein Gladiatorenspiel für Nero ausstatten mußte. Dieser hat die sämtlichen Handelsplätze und Küsten bereist» («*Naturalis historia*» 37,44f.).

Im Mittelpunkt des normalen Fernhandels innerhalb des Imperiums standen jene Produkte, welche die hohen Transportkosten über weite Entfernungen, insbesondere beim Landtransport, lohnten: neben Wein und Öl vor allem Metall- und Glaswaren, Keramik und Textilien. Zumindest in den westlichen Reichsteilen wurde dabei früh die Kombination von Handelsgütern üblich, so zum Beispiel jene von Wein und Textilien, wie sie durch die berühmten Grabdenkmäler von Neumagen bezeugt ist, oder diejenige von Wein und Öl oder von Keramik und Wein. Sobald sich die speziellen Handelsverbindungen hinsichtlich der Produkte wie der Absatzräume und der Handelswege als rentabel erwiesen hatten, neigten sie dazu, sich organisatorisch zu verfestigen. Damit kam es häufig auch zur Anbindung der Händler an bestimmte Herstellungszentren und Betriebe. Für Massentransporte, besonders für die großen Getreidetransporte aus Sizilien, Nordafrika und Ägypten nach Italien, galten dagegen Sonderbedingungen. Hier dürften sich am frühesten staatliche Eingriffe ausgewirkt haben, um in der Hauptstadt Hungerunruhen zu vermeiden.

Für die vielfältigen Aufgaben des Nah- und Fernhandels existierte im Römischen Reich ein sehr differenziertes, teilweise auch privilegiertes Transportgewerbe. Dessen unterste Stufe, den Landtransport, übernahmen Ochsen- oder Maultiertreiber *(muliones)*, die auf ihren einfachen Fahrzeugen mit einem Gespann von zwei Ochsen freilich nur etwa fünf bis sechs Zentner Ware transportieren konnten. Seltener dürften Pferde mit einer Saumlast von zwei bis drei Zentnern Verwendung gefunden haben. Eine spezielle Gruppe bildeten im Landtransport jene Weintransporteure, die ihren Wein zunächst in großen Schläuchen transportierten, später aber auch Fässer als Behälter nutzten und schließlich in immer weiterem Umfang auch die Funktionen des Weinhandels an sich zogen. Während Holzfässer in Italien und Griechenland nicht üblich waren, weil die starke Hitze die Faßdauben austrocknete, sind im außeritalischen Bereich Fässer mit einem Volumen von etwa 650 bis 800 Litern bezeugt, die als Transportbehälter natürlich wesentlich ökonomischer waren als eine Vielzahl von Amphoren. Die Tagesleistungen aller Landfahrzeuge waren im übrigen sehr bescheiden; sie dürften selten mehr als 20 km pro Tag betragen haben.

Größeres Ansehen als die Karrenführer besaßen die Binnenschiffer *(nautae)*, denn angesichts der wenig befriedigenden Landtransporte waren umfangreiche und regelmäßige Warenbewegungen, wann immer möglich, auf die Flüsse verlagert worden. Die zum Teil über 10 m langen Flußschiffe wiesen durchschnittliche Ladekapazitäten von 15 bis 30 Tonnen auf, die auch im Treidelverkehr gegen den Strom bewegt wurden. Als durchschnittliche Tagesleistung, die natürlich je nach Fahrtrichtung und Strömung erheblichen Schwankungen unterlag, wird eine Distanz von etwa 30 bis 40 km angenommen.

An der Spitze der verschiedenen Gruppen des Transportgewerbes standen die Eigner der Seeschiffe *(navicularii)*, deren Wirkungsbereich in der Regel auf den eigentlichen Seetransport beschränkt blieb. Einzelne Seeschiffe, wie zum Beispiel das 16 m lange und 6,5 m breite Schiff aus dem Fund von Blackfriars, waren freilich, weil ohne Kiel, so konstruiert, daß sie ihre Nutzlast von rund 30 t auch in die Unterläufe der großen Flüsse transportieren konnten. Gerade bei der Seeschiffahrt wechselten die Radien der täglichen Strecken besonders oft; ein Durchschnittswert von 50 bis 60 km je Tag dürfte wohl realistisch sein. Generell wurde deshalb unter Berücksichtigung aller Faktoren und gestützt vor allem auf die Angaben des diokletianischen Höchstpreisediktes aus dem Jahre 301 n. Chr. berechnet, daß sich die durchschnittlichen Transportkosten im *Imperium Romanum* bei Flußtransport auf ein Sechsfaches gegenüber dem Seetransport, bei Landtransport sogar auf rund ein Sechzigfaches gegenüber dem Seetransport beliefen.

In die Handelsstruktur selbst eröffnete die Analyse der Berufsbezeichnungen für die Händler in den literarischen und epigraphischen Zeugnissen durch P. Kneißl neue Einblicke. Hiernach ist vor allem zwischen den Begriffen *lixa, mercator* und *negotiator* zu unterscheiden. Mit *lixa* wurde jener Händlertyp bezeichnet, der insbesondere Heeresverbände mit Lebensmitteln belieferte. *Mercator* war ursprünglich der Großhändler republikanischer Zeit; unter dem Principat ist der Begriff nur noch selten gebraucht worden. Mit *negotiator* wurden dagegen zur Zeit der Republik vor allem in Geldgeschäften tätige Personen, auch römische Ritter, bezeichnet. Doch schon unter dem frühen Principat diente *negotiator* zur Benennung jener auf bestimmte Produkte oder Warengattungen spezialisierter Fernhändler, deren Handelsobjekte zum Teil auch in die Räume weit jenseits der Grenzen des Imperiums gelangten.

Die typische Spezialisierung dieser *negotiatores* kommt in den Berufsbezeichnungen der Inschriften unmißverständlich zum Ausdruck. Sie bezieht sich dabei sowohl auf Warengattungen als auch auf Handelsräume. Der Keramikhändler *(negotiator artis cretariae)* kommt ebensooft vor wie der Weinhändler *(negotiator vinarius)* oder der Ölhändler *(negotiator olearius)*, seltener zum Beispiel Kategorien wie der Händler mit Silbergeschirr *(negotiator argentarius)*. Andererseits dokumentieren adjektivische Spezifizierungen wie *Daciscus, Britannicianus, Cisalpinus et Transalpinus* und ähnliche die Räume der Handelsaktivität. Auf diese Weise sind etwa Kölner Bürger als Dakienhändler und als transalpine Händler bezeugt, ein Trierer Bürger als Britannienhändler. Ein Syrer konnte sich rühmen, daß sich seine Handelstätigkeit von Aquitanien bis nach Lugdunum erstreckte.

Auch die Absatzstruktur ist in verschiedenen Bereichen durch epigraphische und archäologische Studien deutlich geworden. Die *diffusores olearii ex Baetica*, eine Vereinigung von Ölgroßhändlern, die sowohl im Anbaugebiet der *Baetica* als auch in den Absatzgebieten in Gallien und Rom aktiv waren, bezogen ihr Öl in großen Mengen, lagerten es und verteilten es schließlich an die Einzelhändler, die *olearii* und die *mercatores* oder *negotiatores olearii*. In einzelnen Bereichen, wie etwa im Falle der Salbenproduktion und von deren gleichzeitigem Spezialhandel *(unguentarii)* kam es zu Sonderentwicklungen. So besaß die Familie der Faenii Filialen in Italien wie in Gallien, die sie durch ihre Angehörigen und ihre Freigelassenen leiten ließ.

Allgemein ist von einer bedeutenden Intensivierung des Handels auf allen Ebenen innerhalb des Imperiums auszugehen. Diese Intensivierung spiegelt sich in der Entwicklung der großen Häfen nicht weniger als im Wirtschaftsleben der Städte, aber auch in der Organisation immer neuer Märkte auf dem Lande. Ostia an der Tibermündung spielte für die Versorgung Roms von Anfang an eine wichtige Rolle. Doch erst der Ausbau des großen Hafens von Portus, zwei Meilen nördlich der Stadt, ein Projekt, das schon Caesar geplant hatte, das jedoch erst unter Claudius realisiert wurde, gab den entscheidenden Impuls für die wirtschaftliche Blüte der Stadt. Bald wurde hier die Masse aller für Rom bestimmten Waren umgeschlagen. Die unter Trajan notwendig gewordene Erweiterung des Hafens von Portus durch ein neues sechseckiges Hafenbecken mit jeweils 360 m Seitenlänge, eines Beckens, das durch Kanäle mit dem alten Hafen und dem Tiber verbunden war, die Vielzahl der Magazinbauten um die Hafenviertel und die Häuser der großen Korporationen dokumentieren eindrucksvoll den Erfolg der Anlage, die neben Pozzuoli, Brindisi, Alexandria und Karthago zu den wichtigsten Häfen des Imperiums zählte.

Während der spektakuläre Fernhandel, die Rolle der großen Häfen und jene der städtischen Wirtschaftszentren in grundlegenden Untersuchungen häufig bearbeitet wurden, steht die Erforschung der Märkte auf dem Lande erst in den Anfängen. Um hier die Handelsbedürfnisse zu decken, dienten regelmäßig abgehaltene Markttage *(nundinae)*, die einem Privileg gleichkamen, das in Italien durch den Senat, in den Provinzen durch den *proconsul* verliehen wurde. Sowohl Dörfer als auch die Besitzer großer Güter strebten das Recht zur Abhaltung solcher Markttage an. Ein Edikt des Proconsuls der Provinz *Asia*, Quintus Caecilius Secundus Servilianus, aus dem Jahre 209 n. Chr. hat beispielsweise die Zuerkennung dieses Rechtes an die Gemeinde Mandragoreis (in der Nähe von Magnesia am Mäander) fixiert: «Ich wurde vorn auf dem Tribunal von Leuten, die für das Dorf von Mandragoreis Sorge tragen, angegangen. Sie baten mich, dem Ort den sogenannten «Markttag dreimal» für jeden Monat zu gewähren, und zwar für den 9. zu Anfang des Monats, für den 19. und 30. Sie versicherten, daß dieses Begehren niemandem Schaden brächte und auch nicht die Termine der in anderen Orten abgehaltenen Märkte beeinträchtigt würden. Weil ich auf die Fortuna unserer hochheiligen Herrscher achte, die ja wollen, daß ihr ganzer Erdkreis noch weiter befördert wird, tue ich mit diesem meinem Edikt kund, daß ich die vorhin genannten Tage zur Abhaltung von Markt und Handelstagen in Mandragoreis gewährt habe. Zum Aushang! Es ist mein Wille» (J. Nollé, *«Nundinas instituere et habere»*, Hildesheim 1982,14).

Zivilisation und Kultur im Imperium Romanum

Wissenschaft und Technik

Über den auf den ersten Blick nur wenig imponierenden Standard der wissenschaftlichen Forschung und über die geringe Zahl wesentlicher technischer Innovationen im *Imperium Romanum* sind sich die antiken Autoren und die modernen Spezialisten weitgehend einig. In der für einen Römer typischen, primär moralischen Betrachtungsweise konstatierte bereits der ältere Plinius in flavischer Zeit: «[Über die Winde] haben mehr als zwanzig alte griechische Autoren Beobachtungen überliefert. Um so mehr wundere ich mich, daß zu einer Zeit, da der Erdkreis uneinig und in einzelne Glieder gespalten war, so viele Männer sich so schwer zu erforschende Gebiete angelegen sein ließen, zumal mitten zwischen Kriegen und bei der Unsicherheit der Gastfreundschaft, ... während heute in so festlicher Friedenszeit, unter einem Herrscher, der solche Freude hat an dem Fortschritt in allen Dingen und den Künsten, so gar nichts Neues hinzugelernt wird auf Grund neuer Forschung, ja, nicht einmal das von den Alten Gefundene gründlich erlernt wird. Die Belohnungen waren nicht größer, als die Größe des Finderglückes sich auf viele verteilte, der größere Teil von ihnen hat diese Kenntnisse ans Tageslicht gefördert und sah seinen einzigen Lohn in dem Bewußtsein, der Nachwelt zu helfen. Die Menschen sind in ihrem Wesen alt und kümmerlich geworden, nicht ihre Gewinne; und eine ungeheure Menschenmenge treibt Seefahrt, heute, wo jedes Meer offen steht und alle Küsten gastfreundliche Landung bieten – jedoch des Gewinnes, nicht der Forschung wegen» (Plinius der Ältere, «Naturgeschichte» 2,117 – Übersetzung von W. Arend).

Moderne Autoren wiesen demgegenüber darauf hin, daß auf technische Innovationen verzichtet wurde, statt sie zur Erhöhung des Lebensstandards und zur Anhebung des Sozialprodukts zu nutzen. Immer wieder wurde dabei unterstrichen, daß das geringe Ansehen wissenschaftlicher Erkenntnis und Forschung, der «Mangel an sozialer Selbstreflexion» (K. D. White), eine animistische Grundhaltung, konkreter aber auch: die fehlenden Impulse zur Ersetzung menschlicher Arbeitskraft durch technische Hilfsmittel oder neue Erfindungen, die unzulängliche Organisation des Bankwesens und der Finanzierungsmöglichkeiten, eine unterlassene Ausweitung der Märkte diese generelle Stagnation im wissenschaftlichen und technischen Bereich bewirkt hätten.

40 Tretradkran, Rom, Relief

41 Aqua Claudia in der Campagna

So plausibel diese zum Teil freilich völlig anachronistischen Kriterien dem modernen Betrachter erscheinen mögen, wichtiger sind einige andere, fundamentale Voraussetzungen: Zunächst ist zu betonen, daß die Römer, im Unterschied zur modernen Welt, in wissenschaftlichem und technischem «Fortschritt» kein um jeden Preis und mit allen Mitteln zu erstrebendes Ziel sahen. Sie waren weder so wissenschaftsfixiert, jede modische intellektuelle Artikulation ihrer Nachbarn, insbesondere der Griechen, sogleich nachzuahmen, noch so borniert, sich gegen die Übernahme echter technischer Errungenschaften aus Prinzip zu verschließen. Ihrer ganzen intellektuellen und mentalen Disposition nach waren sie für Grundlagenforschung im modernen Sinne, für die Durchführung wissenschaftlicher Experimente oder für die Ausbildung theoretischer Modelle nur wenig geeignet. Die Esoterik einer als Selbstzweck betriebenen wissenschaftlichen Spezialforschung lag ihnen ebenso fern wie die Organisation des wissenschaftlichen Großbetriebs in alexandrinischer Manier.

Zur Übernahme fremder wissenschaftlicher Resultate oder neuer technischer Erfindungen waren die Römer dagegen immer dann bereit, wenn praktischer Nutzen erkennbar war. Doch es interessierte sie wenig, auf welchem Wege und mit Hilfe welcher gedanklicher Operationen oder technischer Apparate die Ergebnisse erzielt wurden. Für Dogmatismus aus Prinzip hatten sie bei philosophischen Systemen ebensowenig Verständnis wie bei den medizinisch-naturwissenschaftlichen Schulen. Eklektizismus dominierte und war keineswegs verpönt. Die Kontinuität der Denkstrukturen und der Prioritäten ist dabei erstaunlich. Wenn Celsus zu Beginn des 1. Jahrhunderts n. Chr. eine Enzyklopädie schrieb, die sich auf die Sektoren der Landwirtschaft, der Medizin, der Rhetorik und des Heerwesens konzentrierte, so folgte er damit noch immer den Prioritäten des älteren Cato.

Der schon in der augusteischen Epoche zu beobachtende Wille zur Systematisierung des Wissens, zur Ordnung und Zusammenfassung der älteren Erkenntnisse und Erfahrungen beherrschte nahezu alle Teilbereiche der wissenschaftlichen Disziplinen, die Jurisprudenz ebenso wie die Militärwissenschaften, die Geographie nicht anders als die Medizin. Der Principat ist im wissenschaftlich-technischen Bereich in erster Linie eine Zeit der Bestandsaufnahme und der enzyklopädischen Bilanzierung, weniger der produktiven neuen Impulse oder der großen individuellen Leistungen, die freilich nicht völlig fehlen. Es ist leicht, sich über die Mängel der Sammelwerke und der Sachbücher zu mokieren, nur darf deren rezeptionsgeschichtliche Bedeutung nicht verkannt werden. Vor allem aus ihnen haben Mittelalter und Neuzeit ihr Wissen geschöpft.

Die geistige Entwicklung Roms wird von Anfang an durch die engen Beziehungen zwischen Rechtswissenschaft und Rhetorik bestimmt. Waren beide zur Zeit der klassischen und späten Republik eng miteinander verbunden, so attestierte bereits Cicero den Niedergang beider Bereiche. Der Principat führte dann ihre weitgehende Trennung herbei, aber auch gerade deshalb die Blüte der Jurisprudenz, die stets stärker auf eine rationale Analyse und Entscheidung konkreter juristischer Fälle fixiert blieb als auf die allgemeine rhetorische Drapierung der Fakten. Die römische Rechtswissenschaft genoß von Anfang an ein denkbar hohes gesellschaftliches Ansehen: «Denn in Rechtsdingen Vorsorge treffen, mit seinem Rate helfen und mit dieser Art Wissen so vielen wie möglich zu nützen, hat lebhaftesten Einfluß sowohl auf Mehrung der Mittel als auf Beliebtheit. Daher war unter vielem Vortrefflichem bei den Vorfahren es dies besonders, daß Kenntnis und Auslegung des aufs beste geordneten bürgerlichen Rechtes immer in höchster Ehre standen. Sie haben die führenden Männer vor der jetzigen Verwüstung der Zeiten immer fest im Besitz gehalten» (Cicero, *De officiis* II,65 – Übersetzung von K. Büchner).

Augustus unternahm daher große Anstrengungen, um das Ansehen juristischer Spezialisten – nahezu ausschließlich Senatoren – wiederherzustellen und um den Senat im Bereich der Jurisdiktion stärker zu engagieren. Mochte sich auch der wohl hervorragendste Jurist der augusteischen Epoche, M. Antistius Labeo, gegen die immer stärkere Integration der Jurisprudenz in das neue politische System sperren – mit seiner charaktervollen Opposition stand er auf verlorenem Posten. Denn die römischen Juristen des 1. und 2. Jahrhunderts n. Chr. genossen gerade deshalb ein so hohes Sozialprestige, weil sie häufig eine eindrucksvolle Ämterlaufbahn hinter sich hatten. Führende Juristen erlangten selbstverständlich das Konsulat, P. Iuventius Celsus sogar im Jahre 129 n. Chr. ein zweites. L. Javolenus Priscus stieg bis zum Statthalter von *Germania superior, Syria* und *Africa* (101/102 n. Chr.) auf; P. Salvius Julianus, der große Jurist der Ära Hadrians und der Antonine, verwaltete nacheinander die Provinzen *Germania inferior, Hispania citerior* und *Africa* (168/169 n. Chr.); der aus dem Ritterstand hervorgegangene L. Volusius Maecianus erreichte dagegen die Stellung eines *praefectus Aegypti* (um 161 n. Chr.). Verwaltungserfahrung, *honores* der Magistraturen und Jurisprudenz wurden somit eng verzahnt, der auffallend starke Praxisbezug der römischen Rechtswissenschaft dadurch noch weiter vertieft.

Die römische Jurisprudenz war schon in ihren Anfängen ganz nach den praktischen Bedürfnissen der Rechtsprechung orientiert. Sie konzentrierte sich auf die Erstellung juristischer Gutachten für die Magistrate und die Prozeßparteien, auf die Fixierung von Vertragsformularen, Sammlungen von Fallentscheidungen oder Gesetzen, nicht zuletzt auf die Beratertätigkeit im Rahmen der verschiedenen *consilia* von Magistraten, Statthaltern und Inhabern der großen Imperien. Unter Augustus wurden diese Funktionen dann neu akzentuiert: «Vor dem Zeitalter des Augustus wurde das Recht zur Erteilung von Gutachten [*ius publice respondendi*] nicht vom *princeps* gewährt, vielmehr erteilten den Ratsuchenden diejenigen ein Gutachten, die Vertrauen zu ihren Kenntnissen hatten. Auch gaben sie keinesfalls gesiegelte Gutachten ab, sondern sie schrieben meist selbst an die Richter oder stellten vor Zeugen eine Erklärung für die auf, die sie um Rat fragten. Damit nun das Ansehen des Rechts sich steigere, verordnete der *divus Augustus* als erster, daß Rechtsgelehrte kraft seiner *auctoritas* ihre Gutachten erteilten [*ut ex auctoritate eius responderent*]. Seit jener Zeit begann man, diese Ermächtigung als eine besondere Vergünstigung zu erbitten. So verfügte denn der vortreffliche *princeps* Hadrian, als gewesene Prätoren Gesuche um Verleihung der Vollmacht für Rechtsgutachten an ihn richteten: Dieses Recht werde nicht erbeten, sondern in der Regel schon von ihm selbst aus gewährt» (Pomponius, «*Enchiridium*» – «Digesten» 1,2,2,49 – Übersetzung von E. Scharr).

Im Hinblick auf die Neuregelung des Augustus ist die genaue Bedeutung der Formulierung des Pomponius umstritten. Es ist unklar, ob damit ausgedrückt wird, daß einige wenige, besonders qualifizierte Rechtsgelehrte das Privileg erhielten, *ex auctoritate principis* – und damit mit höchster, offiziell anerkannter Autorität – zu gutachten, oder ob die Auszeichnung dieser Juristen besagte, «daß nur ihre Gutachten von den Parteien dem Gericht vorgelegt werden durften und dann vom Gericht beachtet werden mußten» (W. Kunkel). Wie immer es darum bestellt ist, die Auszeichnung bedeutete in jedem Falle, daß die so Privilegierten entscheidenden Einfluß auf die Rechtsentwicklung erhielten.

Im Gegensatz zu manchen modernen Vorstellungen vom Römischen Recht, die sich an den Systematisierungen des Zwölftafelrechts und an den spätantiken Kodifikationen orientieren, blieb die auffallende Vielschichtigkeit des Römischen Rechts auch unter dem Principat bestehen. Mehr noch, sie wurde nun durch die Initiativen der *principes* und der *ex auctoritate principis* gutachtenden Juristen noch weiter verstärkt: «Die Rechtsbestimmungen des römischen Volkes gehen hervor aus Gesetzen, Plebisziten, Senatsbeschlüssen, Konstitutionen der *Principes,* Edikten derer, die das *ius edicendi* besitzen, und aus Rechtsgutachten von Rechtsgelehrten» (Gaius, «*Institutionum commentarii*» I,2 – Übersetzung nach E. Scharr).

Diese Vielschichtigkeit ergab sich in inhaltlicher Hinsicht aus der Anwendung fremden Rechts ebenso wie aus jener des *ius gentium* einerseits, des Gewohnheitsrechtes andererseits. Den Anspruch einer Synthese des eigenständigen Rechts mit dem Völkerrecht hat Gaius so definiert: «Alle Völker, die sich nach Gesetzen und Rechtsgewohnheiten richten, leben teils nach dem ihnen eigentümlichen Recht, teils nach Rechtsgrundsätzen, die allen Menschen gemeinsam sind. Es ist ja das Recht, das jedes Volk sich selbst setzt, das dieser *civitas* eigentümliche Recht und wird deshalb *ius civile* genannt als das spezifische Recht eben dieser *civitas*. Die Rechtsgrundsätze dagegen, die die natürliche Vernunft bei allen Menschen aufgestellt hat, werden bei allen Völkern in gleicher Weise beachtet. Es wird deshalb *ius gentium* genannt, weil gleichsam alle Völker sich dieses Rechts bedienen. So lebt auch das römische Volk teils nach seinem eigenen Recht, teils nach Rechtsgrundsätzen, die allen Menschen gemeinsam sind» *(Institutionum commentarii»* I,1 – Übersetzung nach E. Scharr).

Die Verbindlichkeit des Gewohnheitsrechtes aber hat in Salvius Julianus gerade jener Rechtsgelehrte betont, der unter Hadrian mit der Fixierung des *edictum perpetuum* einen der wenigen Schritte zur endgültigen Formulierung eines Stranges der Rechtssetzung im Imperium unternommen hatte: «In den Fällen, wo wir keine geschriebenen Gesetze haben, muß man das beachten, was durch Herkommen und lange Gewohnheit eingeführt ist. Wenn es in einem Falle auch daran mangeln sollte, dann muß man dem Recht folgen, das ihm am nächsten kommt und Analogieschlüsse zuläßt. Wenn aber auch das nicht ersichtlich sein sollte, dann muß das Recht beachtet werden, das in der Stadt Rom üblich ist. Ein alteingewurzeltes Herkommen wird ganz mit Recht wie ein Gesetz beachtet, und das ist das sogenannte Gewohnheitsrecht» (Julian, 1.84 der «Digesten» = Digesten 1,3,32 – Übersetzung von E. Scharr). Leitend aber blieb in allen Fragen der Rechtsprechung jenes Kriterium, das dann im 3. Jahrhundert n. Chr. der Jurist Paulus betonte: «Auf allen Gebieten, besonders aber auf dem des Rechts, ist die natürliche Billigkeit [*aequitas*] zu berücksichtigen» («*Quaestionum l.*» 15 – «Digesten» 50,17,90 – Übersetzung von E. Scharr).

Wenn die juristische Literatur des 1. und 2. Jahrhunderts n. Chr. als Höhepunkt römischer Jurisprudenz überhaupt bezeichnet wird, so gerade deshalb, weil es in dieser Literatur überwiegend nicht um theoretische Reflexionen, um rechtsphilosophische Erörterungen oder um abstrakte Spekulationen ging, sondern um die souveräne Entscheidung konkreter Einzelfälle. In formaler Hinsicht hatte diese Einstellung zur Folge, daß oft sehr umfangreiche Gutachtensammlungen überwogen, die zumeist die Titel *digesta* (geordnete Rechtsentscheidungen), *responsa* (Gutachten), *quaestiones* (Rechtsfragen), *epistulae* (briefliche Rechtsgutachten) trugen. Obwohl in diesen «kasuistischen» Sammlungen gelegentlich auch kürzere generelle Überlegungen enthalten sind, standen Fragen der Rechtsanwendung im Mittelpunkt. Die römische Rechtswissenschaft kannte durchaus die eindrucksvolle, klare Formulierung und auch die prägnante Zuspitzung einzelner Sentenzen, doch überwog stets die nüchterne, schlichte Darstellung des juristisch Wesentlichen.

So lautet zum Beispiel ein Fragment aus dem 27. Buch der Digesten des Q. Cervidius Scaevola (zweite Hälfte 2. Jahrhundert n. Chr.): «Ein Schuldner verpfändet seinen Laden einem Gläubiger. Gefragt wird, ob die Verpfändung unwirksam ist oder ob unter der Bezeichnung Laden die Waren, die im Geschäft lagern, als Pfand haften. Diese Waren wurden im Laufe der Zeit verkauft und durch andere ersetzt. Auch starb der Schuldner. Kann der Gläubiger ohne Rücksicht auf den Wechsel des Bestands mit der *actio hypothecaria* alles, was sich im Laden befindet, herausverlangen? Scaevola gab folgende Rechtsauskunft: Der Pfandhaftung unterliegt, was beim Tode des Schuldners im Laden stand» («Digesten» 20,1,34 pr. – Übersetzung von Fr. Sturm).

Wolfgang Kunkel hat die imponierende Leistung jener klassischen römischen Juristen so gewürdigt: «Mit einer wahrhaft großartigen Sicherheit handhaben sie die Methoden logischer Schlußfolgerung, die Technik der Prozeßformulare und die komplizierten juristischen Spielregeln, die sich aus dem unübersichtlichen Nebeneinander alter und junger, zivilrechtlicher und honorarischer, streng formalistischer und elastischer Rechtsinstitute ergaben. Unklare Billigkeitserwägungen, moralisierende Redensarten und überhaupt alles Phrasenhafte verachten sie. Eine in jahrhundertelanger Arbeit zu höchster Geschmeidigkeit herangebildete Sprache... gestattet es ihnen, auch verwickelte Tatbestände und Gedankengänge in knappester Form zu umschreiben. Ein Meisterstück ist oftmals schon die Darstellung des zur Entscheidung stehenden Falles, weil sie, aller unwesentlichen Einzelheiten entkleidet, bereits die maßgebenden juristischen Gesichtspunkte hervortreten läßt und damit eine wortreiche Begründung der Entscheidung überflüssig macht» («Römische Rechtsgeschichte», Köln 1980[9], 105).

Mit den Gegensätzen zwischen den führenden Juristen der augusteischen Epoche, C. Ateius Capito und M. Antistius Labeo, verband schon Pomponius in seinem *«Enchiridium»* die Ausbildung jener beiden Rechtsschulen, die sich bis in das 2. Jahrhundert n. Chr. hinein nachweisen lassen. Dabei soll sich der konservative Capito ursprünglich enger an die Tradition angeschlossen, Labeo dagegen zahlreiche Neuerungen eingeführt haben. Nach der Genealogie, die Pomponius gibt, formierte sich aus den Anhängern Capitos die Schule der Sabiniani, später der Cassiani, eine Gemeinschaft angehender, aber auch praktizierender Juristen, die nach den jeweils führenden Männern Massurius Sabinus und C. Cassius Longinus (Konsul 30 n. Chr.) bezeichnet wurden. Die nach dem Juristen Proculus benannte Schule der Proculiani, die zunächst M. Cocceius Nerva, der Großvater des späteren *princeps*, geleitet hatte, knüpfte dagegen an ihr Idol, an Labeo an.

So groß die gesellschaftliche Bedeutung dieser beiden Schulen war, so häufig sie in der Bewertung konkreter Rechtsfragen dissentierten, so wenig unterschieden sie sich in ihren Methoden, Kategorien und Normen. Die Gemeinsamkeiten in den Grundauffassungen, Denkstrukturen und im Selbstverständnis dieser Juristen überwogen die Schulgegensätze bei weitem. Es kommt hinzu, daß der vorherrschende Grundkonsens, der durch die Prägekraft der gemeinsamen Traditionen nicht weniger vertieft wurde als durch die nüchterne Identität der alltäglichen Funktionen, die Entfaltung eines konsequenten Schuldogmatismus ebenso verhinderte wie die Ausbildung eines breiten Spektrums von Juristenpersönlichkeiten mit jeweils völlig verschiedenen Perspektiven.

Es ist eine der vielen Paradoxien der Überlieferungsgeschichte, daß von den zahlreichen bedeutenden Werken der klassischen römischen Jurisprudenz in der Regel lediglich kleinere Splitter und Exzerpte im Umfang oft nur weniger Zeilen erhalten blieben, wobei der großen, auf die Initiative Justinians zurückgehenden Sammlung der «Digesten» oder «Pandekten» aus dem 6. Jahrhundert n. Chr. – neben einer ganzen Anzahl von Papyrusfragmenten

– die entscheidende Vermittlerrolle zufiel. Einzig das elementare, klar formulierte und leicht verständliche Anfängerlehrbuch, die *institutiones* des sonst unbekannten Gaius, blieb nahezu vollständig erhalten, nicht zuletzt deshalb, weil B. G. Niebuhr 1816 eine Handschrift des Werks in Verona entdeckte, zu der inzwischen ergänzend auch verschiedene ägyptische Papyri hinzugetreten sind.

Wesentlich höheren literarischen und juristischen Rang besaßen dagegen einst die 39 Bücher der *digesta* des P. Iuventius Celsus, sowie die 90 Bücher *digesta* des bereits mehrfach erwähnten P. Salvius Iulianus. Der vitale Celsus liebte die prägnante Zuspitzung seiner Gedanken und Grundsätze, so daß auf ihn einige der berühmtesten Definitionen und Regeln des Römischen Rechts zurückgehen, das *ius est ars boni et aequi* («Digesten» 1,1,1 pr.) ebenso wie die Formel des *impossibilium nulla obligatio* («Digesten» 50,17,18) oder die klassische Anweisung: «Es widerspricht jeder Rechtswissenschaft, nach irgendeinem gerade vorliegenden Einzelteil eines Gesetzes ein Urteil zu fällen oder ein Gutachten abzugeben, ohne die gesamten Bestimmungen des Gesetzes genau zu überschauen» (9. Buch der Digesten – «Digesten» 1,3,24 – Übersetzung von E. Scharr). Vorausblickend sei schließlich erwähnt, daß die römische Jurisprudenz noch im 3. Jahrhundert n. Chr. eine ausgesprochene Nachblüte erlebte, auf die jedoch erst später näher einzugehen ist.

Auch die Rhetorik genoß im römischen Bereich stets höchstes Ansehen. Tacitus bezeichnete sie in seinem *«dialogus de oratoribus»* als die Beschäftigung, «die von allen in unserem Staat in Hinsicht auf den Nutzen die fruchtbringendste, auf die Würde die weitreichendste, auf den Ruhm der Stadt die schönste, auf die Bekanntschaft im ganzen Reich und bei allen Völkern die sichtbarste ist, die sich ausdenken läßt» (c. 5,3 – Übersetzung von K. Büchner). Ihren Höhepunkt erreichte die Rhetorik in Cicero, der sowohl in seinen Gerichtsreden als auch in seinen politischen Reden eine unübertroffene formale wie sprachliche Meisterschaft erzielt hat. Die Entwicklung im Principat vollzog sich denn auch in seinem Schatten, und den Zeitgenossen wurde sehr rasch bewußt, daß die Rhetorik ihren alten Glanz verlor.

Abgesehen von neuen stilistischen und formalen Akzenten, wie sie im 1. Jahrhundert n. Chr. die beiden Seneca und im 2. Jahrhundert n. Chr. dann Fronto setzten, wurden für diesen Niedergang der Redekunst in echt römischer Manier «die Trägheit der Jugend, die Nachlässigkeit der Eltern, die Unwissenheit der Lehrenden und das Vergessen der alten Sitte» (Tacitus, a. O., c. 28,2) verantwortlich gemacht, nicht zuletzt jedoch auch die Zustände in den Rhetorenschulen: «Werden doch zwei Arten von Stoffen bei den Redelehrern behandelt, Suasorien und Kontroversien, Beratungsreden und Streitreden. Davon werden die Suasorien als eindeutig von geringerem Gewicht und weniger Klugheit fordernd den Knaben übertragen, die Kontroversien den Kräftigeren zugewiesen, was für welche ... und wie unglaubwürdig erdacht! Es ist aber folgerichtig, daß man bei einem so von der Wirklichkeit abweichenden Stoffe auch noch hohles Aufsagen anwendet. So kommt es, daß Belohnung für Tyrannenmord, Strafwahl von Mädchen, denen man Gewalt angetan hat, Abwehrmittel gegen die Pest, Inzest von Müttern, oder was sonst täglich in der Schule vorgetragen wird, auf dem Forum selten oder nie, mit ungeheuerlichen Worten ausgeführt werden...» (Tacitus, a. O., c. 35,4 – Übersetzung von K. Büchner).

Doch wichtiger als all dies war die Tatsache, daß die Rhetorik unter dem Principat ihre alte gesellschaftliche und politische Funktion verloren hatte. Schon bei Tacitus wird die Auffassung artikuliert: «... es ist diese große und denkwürdige Beredsamkeit ein Zögling der Willkür, welche die Toren Freiheit nennen, Begleiterin von Bürgerkriegen, Stachel für ein zügelloses Volk, ohne Fügsamkeit, ohne Wahrhaftigkeit, frech, leichtfertig, anmaßend, die in wohlgeordneten Staatswesen nicht entsteht... Auch unser Staat brachte, ... solange er sich durch Parteiwesen, Meinungsverschiedenheiten und Zwietracht verzehrte, solange auf dem Forum kein Frieden, keine Eintracht im Senat, keine Mäßigung bei den Prozessen, keine Achtung vor den Oberen, kein Maßhalten der Beamten war, ohne Zweifel eine kräftigere Beredsamkeit hervor...» (c. 40,2). Doch dem wurden ebenso prononciert wie relativierend die «Errungenschaften» der Gegenwart gegenübergestellt: «Was sind denn lange Meinungsabgaben im Senat nötig, da die besten schnell im Einverständnis sind? Was viele Reden vor dem Volke, da über das Gemeinwesen nicht die Unerfahrenen und vielen beraten, sondern der weiseste und eine? Was freiwillige Anklagen, da man sich so selten und sparsam vergeht? Was mißtrauisch betrachtete und das Maß überschreitende Verteidigungen, da die Milde der Untersuchenden den Angeklagten entgegenkommt? ... nun aber, da niemand zur gleichen Zeit großen Ruhm und große Ruhe erlangen kann, möge jeder das Gut seines Jahrhunderts ohne Herabwürdigung des anderen genießen!» (a. O., c. 41,4f. – Übersetzung von K. Büchner).

Zwar ging die politische Funktion der Rhetorik unter dem Principat nicht mit einem Schlage verloren, denn noch lange Zeit erlebte zumindest der Senat große Rededuelle, doch insgesamt gesehen, waren die Einflußmöglichkeiten auch der bedeutendsten Redner gering. Es ist für das neue politische System charakteristisch, daß nun einerseits Panegyrik und Kunst- oder «Konzert»-Rede zur Entfaltung gelangten, andererseits aber eine entpolitisierte Funktion der Rhetorik im Bildungssektor bestehen blieb. Denn für das Bürgertum wie für die Oberschichten des Imperiums wurde die Ausbildung in Rhetorik, nach den vorausgehenden, mehr propädeutischen Stufen der Pädagogik jetzt gleichzeitig zur wichtigsten Bildungsstation. Sie wurde dies vor allem deshalb, weil sich die Rhetorik nicht mehr auf die formalen Aspekte beschränkte, sondern wie die Philosophie einen generellen Bildungsanspruch erhob.

Im Schulbetrieb der Rhetoren dominierte freilich die Kunst der Deklamation, als deren wichtigste Quellen heute neben den «Streitfällen und Beratungsreden» *(controversiae et suasoriae)* des älteren Seneca (um 55 v.–40 n. Chr.) die unter dem Namen Quintilians zusammengefaßten Schulreden (10 *declamationes maiores*, 145 *declamationes minores*) zu gelten haben. In ihnen waren völlig irreale, gekünstelte und gestelzte Deklamationen an die Stelle der alten, stets konkreten, gegenwartsverhafteten politischen oder juristischen Reden früherer Zeiten getreten. Behandelten dabei die Suasorien einen ganzen Kanon konstruierter Entscheidungsfälle aus Mythos und Geschichte, wie Agamemnons Verhalten vor der Opferung Iphigenies, Catos Raisonnement vor dem Freitod und ähnliche, nicht gerade alltägliche Themen, so boten auch die Kontroversien in erster Linie wirklichkeitsferne Spitzfindigkeiten oder allenfalls dialektisch interessante Sonderfälle, welche sich im Alltag kaum je wiederholen würden.

Zum einflußreichsten Rhetor der Mitte des 1. Jahrhunderts n. Chr. war der jüngere Seneca geworden, dank dessen Pathos selbst Nero, dem Seneca die Texte für seine öffentlichen Auftritte geliefert hatte, einigen Eindruck machte. Als später Quintilian, der große Systematiker der lateinischen Rhetorik und unter den Flaviern der erste staatlich besoldete Rhetorikprofessor überhaupt, wieder auf das alte ciceronianische Stilideal zurückgriff, war er gezwungen, gegen Seneca und dessen Anhänger zu polemisieren. Dennoch gab er ein sehr ausgewogenes Urteil über den erfolgreichen Vorgänger ab: «Ansonsten besaß ja Seneca viele bedeutende Vorzüge: die leichte Hand einer reichen Naturbegabung, größten Eifer, gründliche Sachkenntnis, wobei er jedoch zuweilen von seinen Helfern, denen er Fragen zur Klärung übertragen hatte, hintergangen wurde. Er behandelte ja auch fast alle Studiengebiete; denn es sind von ihm Reden, weiter auch Dichtungen, Briefe und Dialoge im Umlauf. In der Philosophie wenig gründlich, war er jedoch ein hervorragender Streiter gegen das Laster. Viele herrliche Gedanken stehen bei ihm, vieles verdient auch wegen der moralischen Grundsätze die Lektüre, aber im Ausdruck ist das Meiste verderbt und deshalb so äußerst gefährlich, weil es an verführerischen Fehlern überreich ist. Man wünschte, er hätte mit dem ihm eigenen Talent, aber mit dem Urteilsvermögen eines anderen gesprochen; denn wenn er manches verworfen hätte, wenn er auf vieles nicht so versessen gewesen, nicht so verliebt in alles Eigene gewesen wäre, wenn er das Gewicht der Dinge, von denen er spricht, nicht durch seine winzigen Satzglieder zerstückelt hätte, fände er eher im einhelligen Urteil der Gebildeten als in der Liebe von Knaben Anerkennung» (*«Institutionis oratoriae»* l.X,1,128 ff. – Übersetzung von H. Rahn).

Quintilian (um 35–96 n. Chr.) selbst, Redner, Rhetoriklehrer und Theoretiker in einer Person, schuf in den 12 Büchern seiner *«Institutio oratoria»* das wichtigste rhetorische Handbuch der Zeit. Er postulierte dabei ein ebenso komplexes wie anspruchsvolles Rednerideal: «Dem vollkommenen Redner aber gilt unsere Unterweisung in dem Sinne jener Forderung, daß nur ein wirklich guter Mann ein Redner sein kann; und deshalb fordern wir nicht nur hervorragende Redegabe in ihm, sondern alle Mannestugenden. Denn ich möchte nicht zugeben, die Rechenschaft über rechtes, ehrbares Leben sei, wie einige gemeint haben, der Zuständigkeit der Philosophen zuzuweisen, da jener Mann von echtem Bürgersinn und Eignung für die gemeinsamen und persönlichen Verwaltungsaufgaben, der die Städte durch sein Wort im Rat lenken, durch die Gesetzgebung begründen, durch seine Entscheidungen vor Gericht verbessern kann, wahrhaftig niemand sonst sein kann als der Redner... Es sei also der Redner der Mann, der den Namen des Weisen recht eigentlich verdient: nicht nur in seiner Lebensführung vollkommen – denn nach meiner Meinung genügt das noch nicht, wenn auch andere anderer Meinung sind –, sondern vollkommen auch durch sein Wissen und die Gabe, für alles das rechte Wort zu finden» («*Institutionis oratoriae*» l.1, «*Prooemium*», 9f., 18 – Übersetzung von H. Rahn).

Von dieser Prämisse ausgehend, umriß Quintilian Inhalt und Schwerpunkte seines Werkes: «Denn das erste Buch wird enthalten, was der Aufgabe des Rhetors vorausgeht. Im zweiten werden wir die Anfangsgründe des Unterrichts beim Rhetor und was über das Wesen der Rhetorik selbst an Fragen besteht, behandeln. Fünf weitere werden der Auffindung der Gedanken – hierzu wird auch die Lehre von ihrer Anordnung gestellt –, vier dann der sprachlichen Darstellung, wozu auch die Lehre vom Gedächtnis und dem Vortrag tritt, gewidmet werden. Eins wird hinzukommen, in dem wir das Bild des Redners selbst gestalten wollen: hier werden wir, soweit es unsere schwache Kraft erlaubt, erörtern, wie seine Lebensführung sein soll, welche Gesichtspunkte für die Übernahme, Vorbereitung und Durchführung der Prozesse gelten, welches die wirkungsvollste Stilart ist, wann man der Gerichtspraxis ein Ende setzen soll, und welche Studien sich anschließen» (a. O., 21 f.).

Das Werk bot somit eine bewußt enge Verbindung von Theorie und Praxis, Moral und Philosophie, speziellen rhetorischen Ratschlägen und allgemeinen Bildungsempfehlungen. Es enthielt daher auch im zehnten Buch (X,1,46ff.) einen Überblick über die antike Literatur, der freilich ganz von Quintilians rhetorischen Interessen und seinem klassizistischen Stilideal geprägt war. Denn in stilistischer Hinsicht setzte sich Quintilian vom Archaismus Catos, der Gracchen und Sallusts ebenso entschieden ab wie vom Pathos Senecas. Sein Idol war Cicero und dies in jeder Beziehung, so daß er dessen rhetorische Lehren gleichsam in ein geschlossenes pädagogisches, didaktisches, literarisches und nicht zuletzt moralisches System brachte, wobei er insbesondere für eine Synthese von Philosophie und Redekunst eintrat. Bis in die Neuzeit wurde Quintilian so nicht nur zu einem Synonym für die lateinische Rhetorik allgemein, sondern auch für jede anspruchsvolle literarische Bildung. Er ist von Petrarca nicht weniger gerühmt worden als von Luther, Erasmus und Melanchthon, doch auch von Friedrich dem Großen. Während er in der Gegenwart weiteren Kreisen kaum mehr bekannt ist, war er doch eine zentrale Gestalt der europäischen Geistes- und Bildungsgeschichte.

Der angesehenste Redner des 2. Jahrhunderts n. Chr., der aus Cirta in Numidien stammende M. Cornelius Fronto, der 143 n. Chr. zum *consul suffectus* aufstieg, geriet dagegen schon sehr früh in Vergessenheit. Fronto hatte sich zunächst als Redner und Jurist ausgezeichnet, doch sowohl seine Gerichtsreden als auch seine panegyrischen Reden auf Hadrian und Antoninus Pius gingen verloren. Erhalten blieben lediglich einige rhetorische Übungsstücke – neben den Briefen an die Herrscher des antoninischen Hauses (Antoninus Pius hatte Fronto zum Erzieher des M. Aurel und L. Verus bestimmt). Die Wiederentdeckung dieser Frontotexte durch Angelo Mai (1815, 1823) stellte einst wohl eine literarische Sensation dar, der historische Gehalt der Schriften war jedoch enttäuschend. Unter stilistischem Aspekt ist indessen bemerkenswert, daß Fronto einen neuen Archaismus begründete, der zumindest zeitweilig, zum Beispiel bei Gellius, einige Resonanz fand. In der Rhetorik selbst aber fehlen danach die großen Namen. Die knappen, ausbildungsorientierten Beiträge der sogenannten *Rhetores Latini minores* und die griechischen Schriften des Hermogenes von Tarsos und des Menander von Laodikeia am Lykos aus dem 3. Jahrhundert n. Chr. leiten bereits zu den folgenden Höhepunkten der spätantiken Panegyrik über.

Eine Brücke zwischen Rhetorik und Literatur hatte wohl um die Mitte des 1. Jahrhunderts n. Chr. der anonyme Verfasser einer griechischen Schrift «Vom Erhabenen» geschlagen, der, an Homer, Platon und Demosthenes orientiert, ein absolutes, «erhabenes» Stilideal vermitteln wollte, das seiner Ansicht nach dem Menschen neue Dimensionen erschloß. In einer weitverbreiteten Rückbesinnung auf die alten, klassischen Autoren wurzelte auch die griechische Philologie jener Epoche, die sich neben der eigentlichen Editionsarbeit nun vor allem auf die Erstellung von Lexika und von Handbüchern zur Grammatik wie zur Metrik konzentrierte. So schuf im 2. Jahrhundert n. Chr. Apollonios Dyskolos die erste griechische Syntax, Hephaistion ein Handbuch der Versmaße, Pollux, der 178 n. Chr. in Athen zum Professor für Rhetorik aufstieg, ein berühmtes Wörterbuch, Harpokration ein spezielles Lexikon der zehn attischen Redner. Es ist dabei bezeichnend, daß viele dieser Grammatiker und Philologen noch immer eng mit Alexandria verbunden waren.

An den Formen und Tendenzen der griechischen Vorbilder, aber auch an Varro und Verrius Flaccus nahmen die lateinischen Philologen Maß. Am einflußreichsten wurde hier ein einst 20 Bücher umfassender Auszug des Pompeius Festus aus Flaccus' monumentalem Werk *«De verborum significatu»*. Schon früher, in tiberisch-claudischer Zeit, hatte Remmius Palaemon eine beispielhafte lateinische Schulgrammatik geschaffen, in flavischer Zeit Valerius Probus sich als Herausgeber und Kommentator der Werke eines Terenz, Lukrez, Vergil und Horaz betätigt, Asconius Pedianus Kommentare zu Ciceros Reden veröffentlicht. Auch im lateinischen Sektor riß so die Bemühung um die Klassiker in Dichtung und Prosa nicht ab.

Für den weiten Bereich der Naturwissenschaften ist der ältere Plinius zum bedeutsamsten enzyklopädischen Vermittler geworden. Der mit Titus befreundete Militär, der zuletzt die im Golf von Neapel zusammengezogene römische Flotte befehligte, wurde ein Opfer seiner Pflichterfüllung wie seiner *curiositas,* als er im Jahre 79 n. Chr. während des Vesuvausbruchs die Vorgänge zu klären und gleichzeitig zu helfen suchte. Pflichterfüllung und wissenschaftliche *curiositas* aber haben auch sein Leben geprägt, denn neben der korrekten Erledigung seiner militärischen und administrativen Aufgaben nutzte Plinius jede freie Minute, um wissenschaftlich zu arbeiten. Von seiner voluminösen Produktion blieben lediglich die 37 Bücher der *«Naturalis historia»* erhalten, für die er viele Hunderte von älteren Werken exzerpiert und ausgewertet hatte. Obwohl persönliche Beobachtungen und Stellungnahmen in diesem Werk nicht fehlen, sollte es vor allem der Vermittlung des neugeordneten und zusammengefaßten Wissens der Zeit dienen.

Dem antiken Weltbild gemäß ist die Natur hier auf den Menschen bezogen, doch ist sie auch in einer ungewöhnlich komplexen und durch zahlreiche Einlagen aufgelockerten Weise dargestellt: Auf Kosmologie und Geographie folgen Anthropologie, Zoologie, Botanik, Pharmazie, Geologie, Mineralogie; selbst die bildenden Künste sind integriert. Das Werk insgesamt wie die noch in der Spätantike bearbeiteten Auszüge – die *«Medicina Plinii»* und die *«Physica Plinii»* – wurden zum Schatzhaus des naturwissenschaftlichen Wissens der Antike, das noch bis in die Neuzeit seine praktische Funktion behielt.

Der Fortschritt der Geographie unter dem Principat wird besonders bei einem Vergleich der Arbeiten des Pomponius Mela und des Claudius Ptolemaios deutlich. Während der aus Südspanien stammende Mela um die Mitte des 1. Jahrhunderts n. Chr. in den drei Büchern *«De chorographia»* noch immer in traditioneller Form eine Küstenbeschreibung des Mittelmeers mit weiten Ausblicken in das jeweilige Hinterland und Informationen zu den verschiedensten Bereichen gab, sich bei all dem aber in erster Linie um eine stilistisch eindrucksvolle Darstellung bemühte, brachte Ptolemaios im 2. Jahrhundert n. Chr. ganz neue Ansätze und Konzeptionen.

Gewiß baute auch der in Alexandria lebende Ptolemaios häufig auf den Forschungen älterer Gewährsmänner auf, doch war sein eigener Beitrag in diesem Felde beträchtlich. In der Geographie entwarf er ein Kartennetz, hielt in Tabellen die jeweils auf den Meridian der Kanarischen Inseln bezogene geographische Länge und Breite von rund 8000 Orten fest und führte daneben auch in das Kartenzeichnen ein. In seinem Handbuch der

Astrologie, dem «*Tetrabiblos*», versuchte er die Einflüsse der Planeten und der Gestirnskonstellationen auf die Vorgänge auf der Erde wie im menschlichen Leben zu ergründen, in seiner Harmonik die ihm bekannten Harmonielehren zusammenzufassen und in ein System zu bringen, in seiner Optik eine Theorie des Sehens und eine Klärung der Brechungsgesetze zu geben.

Die größte Wirkung erzielte Ptolemaios indessen im astronomischen Bereich mit seiner «Großen Zusammenfassung», die unter der arabischen Bezeichnung des «*Almagest*» berühmt werden sollte. Hier fügte er den Ertrag älterer astronomischer Werke mit den Resultaten eigener Forschungen zusammen zu jenem komplexen «ptolemäischen System» der Himmelsbewegungen mit einer geozentrischen Grundannahme, das dann erst durch Copernicus abgelöst wurde.

Die Erfordernisse medizinischer Praxis wurden im republikanischen Rom noch immer weithin durch Erfahrungen der Haus- und Volksmedizin auf einem bescheidenen Niveau befriedigt. Neben Wolle und Kohl spielten dabei Zaubersprüche eine bedeutsame Rolle. Griechischer Medizin stand man zunächst mit größtem Mißtrauen gegenüber: Der ältere Cato impfte seinem Sohn die Lehre ein, daß sich die Griechen verschworen hätten, alle Barbaren durch die Heilkunst zu töten, und daß sie sich dafür auch noch bezahlen ließen, um eher Glauben zu finden. Indessen konnte es angesichts des bescheidenen Standards der römisch-italischen Hausmittel dennoch nicht ausbleiben, daß eine immer größere Zahl von Griechen, darunter auch sehr viele Sklaven mit denkbar bescheidener Ausbildung, eine medizinische Praxis ausübten.

Als eine spezielle Kategorie traten dabei im römischen Bereich bald die *servi medici* hervor, private Sklavenhausärzte, die sich reiche Römer für ihre *familia* hielten. Allein die Ärzteschaft des Imperiums setzte sich schon zur Zeit der Republik keineswegs nur aus griechischen Sklaven und Freigelassenen zusammen. Eingebürgerte, das heißt ursprünglich freigeborene und dann durch das römische Bürgerrecht ausgezeichnete Ärzte kamen seit Caesar häufig vor. Das gesellschaftliche Ansehen der Mediziner stieg dann noch weiter an, als sie das Vertrauen der *principes* gewannen, die sie bald auch entsprechend förderten, wie zum Beispiel Augustus den Antonius Musa, Claudius den Xenophon von Kos, Mark Aurel den berühmten Galen. Im übrigen tauchten schon seit dem frühen Principat auch einzelne Angehörige des Ritterstandes unter den Ärzten auf, wie Vettius Valens, doch ist bisher vor dem 3. Jahrhundert n. Chr. kein Sohn eines Arztes im Senatorenstand bezeugt.

Ungeachtet dieser wachsenden gesellschaftlichen Anerkennung der Ärzte, die mit der eindeutigen Verbesserung ihrer Qualifikation einherging, war das staatliche Gesundheitswesen wenig entwickelt. In Rom wurden erst unter Antoninus Pius öffentliche Ärzte mit der Krankenversorgung in jeder der 14

Stadtregionen betraut, in den Städten des Imperiums war die Lage, soweit überhaupt bekannt, nur selten besser. Selbst im Bereich der Armee blieb die Betreuung von Verwundeten und Kranken lange Zeit unbefriedigend, doch trat hier infolge der neuen Möglichkeiten der ständigen Garnisonen eine durchgreifende Veränderung ein: Aus einer großen Zahl von Legionslagern sind eigene Lagerlazarette *(valetudinaria)* bekannt, die Truppe verfügte auch über spezielle Militärärzte. Noch besser war freilich die medizinische Versorgung der Gladiatoren.

Medizinische Forschung im Sinne der berühmten griechischen Tradition von Hippokrates bis zu den verschiedenen hellenistischen Schulen der Dogmatiker, Empiriker, Methodiker und Pneumatiker wurde im römisch-italischen Bereich nicht betrieben; auch hier wurde eklektisch verfahren, lediglich die weitere Entfaltung griechischer Medizin ermöglicht und wurden deren Ergebnisse vermittelt. Zur Zeit Trajans genoß so Rufus von Ephesus großes Ansehen, ein dezidierter Anhänger des Hippokrates, der sich nicht nur allgemein mit den Problemen der Inneren Medizin, der Pulslehre und der Anatomie befaßte, sondern auch speziell die Technik der Anamnese lehrte, exakte Krankheitsbeschreibungen lieferte und systematisch sezierte. Seine Schriften «Über die Benennungen der Teile des menschlichen Körpers» und «Fragen des Arztes an den Kranken» wurden zu grundlegenden Lehrbüchern.

Zeitgenosse des Rufus war Soranus von Ephesos, ein Spezialist in Gynäkologie und Geburtshilfe. Der philosophisch gebildete Soranus stemmte sich gegen allen Aberglauben bei den Vorgängen der Geburt; umfassende anatomische Kenntnisse der weiblichen Genitalien und ein hochentwickeltes Verständnis für alle Fragen der Hygiene führten ihn zur sicheren Erfassung von Geburtskomplikationen und gynäkologischen Erkrankungen, nicht zuletzt zur anspruchsvollen Schulung der Hebammen. Doch neben der Gynäkologie bezeugen auch andere, zum Teil übersetzte Werke aus dem Bereich der Inneren Medizin und der Chirurgie eine einst umfangreiche wissenschaftliche Produktion.

Noch komplexer ist das Werk des aus Pergamon stammenden Galen (129–199 n. Chr.), der sich schon früh der Medizin verschrieb, vor allem in Smyrna und in Alexandria studierte, dann vier Jahre als Gladiatorenarzt in Pergamon praktizierte, ehe er nach Rom übersiedelte, wo er bald durch zahlreiche öffentliche Auftritte und durch seine ausgedehnte Praxis stärkste Resonanz fand. Kennzeichnend war für Galen stets die enge Verbindung von Philosophie und Medizin, von Theorie und Praxis. Als typischer Eklektiker hat er nicht nur das medizinische Wissen seiner Zeit zu einem System zusammengeschlossen, sondern in dieses immer wieder auch die Resultate eigener Untersuchungen eingefügt. Schwerpunkte seiner immensen Publikationen waren Anatomie, Pathologie, Physiologie, Pharmakologie und Diätetik; die Säftelehre der Hippokrateer hat Galen entscheidend weiterentwickelt. Seine Schriften behielten bis in die Zeit der Renaissance höchste Autorität.

Die lateinischen Autoren konnten damit nicht rivalisieren. Das einzige, neben den medizinischen Partien der *«Historia naturalis»* des älteren Plinius nennenswerte Werk stellen die erhaltenen acht medizinischen Bücher der Enzyklopädie des Aulus Cornelius Celsus aus tiberischer Zeit dar. In systematischer Form und klarer Sprache behandelten sie die Geschichte der Medizin, allgemeine und spezielle Pathologie, Arzneimittellehre und Chirurgie, dies alles kenntnisreich und praxisorientiert, in erster Linie freilich mit dem Ziel, die Resultate der griechischen Medizin auch dem lateinischen Westen zu vermitteln.

In den Bereichen der angewandten Mathematik, der Mechanik und der technischen Verbesserungen sind viele Erkenntnisfortschritte anonym geblieben und zum Teil auch zeitlich nur schwer einzuordnen. Als wichtigster literarischer Repräsentant dieses Gebiets hat Heron von Alexandria, wahrscheinlich aus dem 1. Jahrhundert n. Chr., zu gelten, auch er ein Autor, der weniger durch Innovationen und bahnbrechende eigene Forschungen als vielmehr durch die Zusammenfassung und lehrbuchartige Aufbereitung des technischen Wissens der Zeit berühmt wurde. Die Schriften über Vermessungstechnik und Mechanik, den Bau von Automaten und andere spezielle technische und mathematische Fragen vermitteln so in erster Linie einen Einblick in den generellen Wissensstand der Epoche, zum Beispiel auch für militärtechnische Einzelheiten wie das Funktionieren von Kugelschleudern und Pfeilgeschützen. Andererseits setzte Heron bereits Druckluft und Druckdampf als Antriebsmittel ein.

Doch wichtiger als die literarische Produktion ist gerade in diesem Bereich die Praxis selbst. Schon seit der späten römischen Republik wurden in Bautechnik und Bauformen bedeutsame Verbesserungen erzielt. Der Gebrauch des betonähnlichen «hydraulischen» Mörtels und die Nutzung von Stützmauern, Kreuz- und Rippengewölben erlaubten die neuen Dimensionen des Gewölbe- und Kuppelbaus, der Einsatz hartgebrannter Ziegel den Ausbau der Hypokaustanlagen. In spezialisierten Werkstätten wurden jetzt nicht allein Schraubenpressen verschiedenster Art, sondern auch Hebe- und Flaschenzüge eingesetzt sowie Kräne, wenn auch nicht immer so komplizierter Art, wie es der berühmte Tretradkran der Säulenwerkstatt des Lucceius Peculiaris in Capua war.

Werkzeuge des alltäglichen Bedarfs und Hilfsmittel wie das Kleinrechenbrett des Handabacus oder das Nivellierinstrument des Chorobates hatten bereits ihre bleibende Gestalt gefunden, doch noch immer gelangen auch wichtige technische Verbesserungen. So wurde zum Beispiel schon im 1. Jahrhundert v. Chr. ein senkrechtes Mühlrad zum Mahlen von Getreide erfunden, wobei sich die Umdrehungszahl der Mühlsteine gegenüber dem Wasserrad durch verschiedene Verbindungen von Getrieberad und Zahnrad verfünffachte. Allerdings fand diese Erfindung ebensowenig eine rasche und weite Verbreitung wie eine in der Spezialliteratur wiederholt erwähnte und auch archäologisch bezeugte gallische «Erntemaschine».

Für jene Prioritäten, die ein Angehöriger der römischen Führungsschicht zur Zeit des Principats im Sektor der Wissenschaft und Technik setzte, kann Sextus Iulius Frontinus (um 30–100 n. Chr.) als exemplarisch gelten. Frontin, der nach seinem ersten Konsulat im Jahre 73 n. Chr. als Vorgänger des Agricola Statthalter in Britannien war, dann wohl 83 n. Chr. an der Seite Domitians am Chattenkrieg teilnahm, erlangte 86 n. Chr. das Proconsulat in *Asia*. 97 n. Chr. stieg er zum *curator aquarum* auf, 98 und 100 n. Chr. bekleidete er weitere Konsulate. Dieser Mann, der somit unter den Flaviern, Nerva und Trajan einen glänzenden *cursus honorum* durchlief, hatte sich in seinen letzten Lebensjahrzehnten einer intensiven Spezialschriftstellerei zugewandt. Doch Frontin war alles andere als ein reiner Theoretiker, in erster Linie versuchte er Erfahrungen und Spezialkenntnisse für praktische Zwecke zu mobilisieren.

Schon Frontins nur fragmentarisch überliefertes Werk über die Feldmeßkunst hatte einen eminenten Praxisbezug; Karl Lachmann bezeichnete den Autor als den «ältesten und gebildetsten unter den Schriftstellern über die Feldmeßkunst». Soweit die erhaltenen Splitter erkennen lassen, informierte Frontin umfassend über die verschiedenen Landkategorien wie über die üblichen Arten der Rechtsstreitigkeiten und verband somit die systematische Bestandsaufnahme mit der Berücksichtigung der historischen und der juristischen Aspekte. In der Sammlung der «Kriegslisten», einem Werk, das ähnliche Ziele verfolgte wie vergleichbare militärwissenschaftliche Arbeiten der Epoche in griechischer Sprache, ging es Frontin wiederum um praktischen Nutzen, um die Mobilisierung von historischen *exempla* für jene militärischen Befehlshaber, die vor allem auf *consilium* und *providentia* setzten. Nicht weniger bekannt wurde Frontin dann freilich auf anderem Gebiet.

Um eine großzügige Wasserversorgung gewährleisten zu können, hatten die Römer stets die größten Anstrengungen unternommen. Die Aquädukte Roms und der Campagna demonstrieren diesen Willen heute noch ebenso eindrucksvoll wie der 49 m hohe Pont du Gard, jenes dreigeschossige, monumentale Bogensystem für die Leitung, die Nemausus mit Wasser versorgte. Schon der ältere Plinius konnte deshalb konstatieren: «Denn wer gewissenhaft abwägt die Fülle des Wassers in der Öffentlichkeit, in Bädern, Fischbecken, Zierteichen, Häusern, Gartenanlagen, städtischen Villen, und andererseits die Wegstrecke der Leitung, aufgerichtete Bögen, durchbohrte Berge, eingeebnete Täler, der wird bekennen, daß im ganzen Erdenrund nichts Bewundernswerteres existiert» («*Naturalis historia*» 36,123 – Übersetzung von H. Drerup).

Nachdem Frontin das Amt des *curator aquarum* übernommen hatte, hielt er jene umfassende Bestandsaufnahme und Information für erforderlich, die noch heute in dem Werk «*De Aquaeductu Urbis Romae*» vorliegt, einem Werk, welches der eigenen Übersicht ebenso dienen sollte wie dem Nutzen der Nachfolger. Nach einem historischen Überblick über alle stadtrömischen Fernwasserleitungen, ihren Verlauf, ihre Kapazität, ihre Funktionen, das jeweilige Nutzungsrecht und die Unterhaltsprobleme besprach er anhand neu angefertigter Pläne auch die Art der Bauten, das Maßsystem der Wasserleitungen, die Kategorien und Querschnitte der Rohre sowie die Probleme der Wasserverteilung.

Als effizienter und korrekter *curator* wollte Frontin von subalternen Spezialisten unabhängig bleiben, den Dingen realistisch auf den Grund gehen, nicht nur als technischer Experte, sondern auch als erfahrener Menschenkenner das tatsächlich Machbare realisieren. Er war stolz darauf, daß die «Gesundheit dieser ewigen Stadt» die Fürsorge des *princeps* fühlen werde, «weil die Anzahl der Verteiler, Betriebsbauwerke, Ziehbrunnenanlagen und Brunnenbecken erhöht worden ist. Und kein geringerer Vorteil wird auch an Privatleute ausgeschüttet durch die Zunahme der wasserrechtlichen Bewilligungen des princeps... Nicht einmal das Überlaufwasser ist unnütz: Die Ursachen des ungesunden Klimas werden fortgespült; der Anblick der Straßen ist sauber, reiner die Atemluft, beseitigt ist die Atmosphäre, die bei unseren Vorfahren der Stadt immer schlechten Ruf eintrug» (c. 88 – Übersetzung von G. J. Kühne).

Literatur und Kunst

Für eine historische Beurteilung der Literatur unter dem Principat ist die Ausweitung des lateinischen Sprachraums ebenso fundamental wie der Wandel der geistigen und politischen Voraussetzungen, die Kontinuität in den Stil- und Gattungssektoren gleich bedeutsam wie die Entfaltung vielstimmiger Individualleistungen. Die Grenze des lateinischen Sprachbereiches war vor allem auf der Balkanhalbinsel weit vorgeschoben worden; sie verlief nun im Norden von Makedonien und Thrakien, schloß Moesien ebenso ein wie Dakien. Parallel dazu erweiterte sich auch der Kreis der lateinischen Literaturlandschaften: Aus den altromanisierten Gebieten der Pyrenäenhalbinsel stammende Autoren traten jetzt in gleicher Weise hervor wie solche aus Gallien oder Nordafrika.

Die Voraussetzungen der Literatur insgesamt hat Tacitus im Eingang seiner «Historien» am Beispiel der Historiographie exemplarisch aufgezeigt: «Zum Ausgangspunkt meines Werkes werde ich das zweite Konsulat des Servius Galba und das des Titus Vinius nehmen (69 n. Chr.). Denn: Die Zeit davor, 820 Jahre seit Gründung der Stadt, haben viele Schriftsteller geschildert – solange es darum ging, die Geschichte des römischen Volkes darzustellen, mit ebensoviel Sprachkraft wie Freimut. Nachdem bei Actium gekämpft worden war und für den Frieden eine Rolle gespielt hatte, daß alle Macht in einer Hand vereinigt wurde, wichen jene großen Begabungen. Zugleich wurde die Wahrheit auf mehrfache Weise entstellt, zunächst aus Unkenntnis des Staates, als sei er fremd, bald darauf aus Neigung zur Jasagerei oder umgekehrt aus Haß gegen die Machthaber. So kümmerten sich weder die einen noch die anderen um die Nachwelt – inmitten von Feindseligen oder Unterwürfigen. Von der Liebedienerei eines Verfassers kann man sich indessen leicht abwenden, Anfeindung und Mißgunst werden dagegen mit offenen Ohren aufgenommen; birgt doch Schmeichelei den häßlichen Vorwurf der Knechtsgesinnung, Böswilligkeit den falschen Schein von Freimut» (Tacitus, «Historien», I, 1 f. – Übersetzung von D. Flach).

Was für die Geschichtsschreibung beleuchtet wurde, galt, wie gesagt, auch für andere Gattungen der Literatur. Anpassung, Identifikation mit dem neuen politischen System und dessen Repräsentanten kamen ebenso vor wie trotzige Opposition, widerliche Schmeichelei und Verklärung nicht weniger als die Ausflucht in Mythos, Geschichte und Natur. Im allgemeinen blieb es bei der Verbindlichkeit der traditionellen Literaturgattungen und bei der Orientierung an den klassischen Vorbildern, sei es jenen der inzwischen bereits absolut gesetzten augusteischen Epoche, sei es denjenigen eines mehr archaisierenden Stils, wie des älteren Cato oder Sallusts. Vor allem Epos, Rezitationstragödie, Epigramm, Satire und der philosophische Traktat erlebten neben Historiographie und Biographie eine ausgesprochene Blütezeit, obwohl dabei das Niveau der Späten Republik und der augusteischen Ära nur selten erreicht wurde.

Rhetorisierung und Individualisierung sind in vielen Bereichen der Literatur zu beobachten und bezeichnende Merkmale der Entwicklung unter dem Principat überhaupt. War unter Tiberius das Geschichtswerk des Albius Cremutius Cordus auf Senatsbeschluß verbrannt worden, weil der Autor Brutus gerühmt und Cassius mit Emphase als letzten Römer bezeichnet hatte, so veröffentlichte wenig später Velleius Paterculus eine zweibändige römische Geschichte, welche die Zeit der Republik nur kurz, die Ereignisse der Gegenwart aber ausführlicher schilderte und im übrigen aus der Anhänglichkeit des Verfassers an Tiberius kein Hehl machte.

Konsequenter Praxisbezug dominierte dagegen in der bis in das Mittelalter weitverbreiteten *exempla*-Sammlung «*Facta et dicta memorabilia*» des Valerius Maximus. In nicht weniger als 94 verschiedenen Rubriken listete dieser Autor mit stark moralisierender Attitüde vorbildliche oder abschreckende Verhaltensweisen auf. Mit seiner Gegenüberstellung römischer und fremder Beispiele bot er eine beliebte Materialsammlung für alle nur erdenklichen rhetorischen und pädagogischen Gelegenheiten, gleichzeitig jedoch auch ein *exemplum* für die Auflösung der Geschichte in ein Mosaik von Verhaltensmustern.

In anderer Weise rhetorischen Normen unterworfen sind die nicht vollständig erhaltenen *«Historiae Alexandri Magni Macedonis»* des Q. Curtius Rufus, die wohl um die Mitte des 1. Jahrhunderts n. Chr. abgefaßt wurden. Das Interesse an der Gestalt des großen Makedonen war in Rom seit den Tagen des Pompeius und Caesars neu belebt worden. Hier wurde es nun für einen weiten Leserkreis im Genos der Unterhaltungsliteratur, die kein dramatisches und effektvolles Mittel scheute, hinlänglich befriedigt.

Massiert traten die individuellen Leistungen der lateinischen Literatur unter dem Principat Neros auf, dabei zeigten sie häufig genug, wie sehr sie von der Lebenswirklichkeit des neronischen Roms abgestoßen wurden. Dies mag bereits für den jung verstorbenen Persius (Todesjahr 62 n. Chr.) gelten, dessen sechs Satiren von den zeitgenössischen Literaten enthusiastisch gefeiert wurden. In einer ungewöhnlich artifiziellen Sprache, die jedoch immer wieder durch ausgesprochene Vulgarismen unterbrochen wurde, wirken die Verse nicht selten dunkel und manieriert; Persius' Vorbild war Horaz, inhaltlich versuchte er stoische und popularphilosophische Lehren in aufgelockerter, bunter Form und häufig überraschenden Strukturen zu vermitteln.

Lucans *«Pharsalia»* stellten wieder einmal Geschichte in epischer Form dar. Doch so eng er formal an Vergil anknüpfen wollte, Lucan feierte nicht Actium, sondern Pharsalos, nicht den Sieger Caesar, sondern vor allem den besiegten Cato. «Dem Bürgerkrieg im Gefilde von Emathia, der mehr war als nur Bürgerkrieg, gilt mein Gedicht. Es schildert, wie Verbrechen Rechtsgültigkeit erhielt, wie ein Herrenvolk seine siegreiche Hand gegen das eigene Herz kehrte, wie Verwandte miteinander fochten, wie man nach dem Bruch des Despotenbundes mit allen Streitkräften einer erschütterten Welt im Wettkampf stand, um gemeinsame Schuld zu schaffen, wie unter gleichen Legionsadlern Heerbann feindselig auf Heerbann stieß und Römerspeer sich drohend gegen Römerspeer erhob» (I,1–6 – Übersetzung von W. Ehlers).

Die *«Pharsalia»* sind für die geistigen und politischen Spannungen der Zeit Neros sehr aufschlußreich. Während sich noch im Proömium die großen Erwartungen an den jungen *princeps* widerspiegeln, die Hoffnungen auf ein goldenes Zeitalter und auf einen gerechten Herrscher, wurde über dem Drama des Stoffes und über den Enttäuschungen der eigenen Zeit Cato zum tragischen Helden: «Dies war Catos Wesen, dies nahm er sich unerschütterlich zur festen Richtschnur: Maß zu halten, die Grenze zu wahren, der Natur zu folgen, dem Vaterland sein Leben zu weihen und zu glauben, er sei nicht für sich selber, sondern für die ganze Welt geboren» (II,380–383 – Übersetzung von W. Ehlers).

Im Unterschied zu Vergil verzichtete Lucan in seinem Epos weithin auf die Einbeziehung der mythologischen Ebene. Nur selten und von ferne greifen die Götter bei ihm in das Geschehen ein; nicht sie bestimmen als Reflex ihrer eigenen Auseinandersetzungen die menschlichen Geschicke, sondern in erster Linie die schwer zu durchschauende Macht des Fatums oder der Fortuna. So heißt es bei Lucan schon in der Eingangspartie des ersten Buches: «Es drängt mich, die Ursachen dieser gewaltigen Ereignisse darzulegen, und die ungeheure Aufgabe taucht vor mir auf, zu fragen, was die Menschen zu wahnwitzigem Waffengang trieb, was den Frieden vom Erdkreis verjagte: es war eine aus Fortunas Neid entstandene Kette von Verhängnissen, es geschah, weil dem Hohen langer Bestand versagt ist, übermächtiges Gewicht zu schweren Stürzen führt und Rom seine eigene Größe nicht mehr tragen konnte. So wird es kommen, wenn im Weltuntergang die letzte Stunde all die Jahrhunderte zum Stillstand bringt und das Urchaos erneuern will: da werden Sternleuchten ins Meer stürzen, wird die Erde nicht mehr Strandflächen hinbreiten wollen, sondern den Ozean abschütteln, wird Selene ihrem Bruder Widerpart bieten, Fahrten im Zweigespann am Nachthimmel ablehnen und den Tag für sich beanspruchen, ja, Zwietracht im ganzen Gefüge der Welt wird ihre Harmonie verwirren, bis sie auseinanderbirst. Großes stürzt in sich selbst zusammen: diese Schranken haben die Überirdischen dem Glücksaufstieg gesetzt» (I,66–81 – Übersetzung von W. Ehlers).

In Form, Stoffwahl und Vitalität der Durchführung sprengte C. Petronius Arbiter (gestorben 66 n. Chr.) alle bisherigen Maßstäbe. Sein großer Gesellschafts- und Abenteuerroman *«Satyricon»*, der durch zahlreiche Einlagen, wie das berühmte «Gastmahl des Trimalchio» aufgelockert ist, rückte erstmals die Schichten der Freigelassenen und Sklaven, das Personal der großen Haushalte wie die Schmarotzer in den Mittelpunkt des Geschehens. Ungeachtet aller Übertreibungen und Karikaturen, parodistischer und satirischer Elemente, ist das Werk eine erst neuerdings intensiver ausgeschöpfte Quelle der Mentalität und der Psychologie literarisch sonst nur selten faßbarer Schichten.

Eine Kostprobe aus der *«cena Trimalchionis»* mag dies verdeutlichen. Aus einer Unterhaltung von Freigelassenen seien die Ansichten des Echion über eine bevorstehende Wahl und über seine Erziehungsgrundsätze zitiert. (Echion ist ein Produzent von Decken und Arbeitskleidung): «...Ich habe so einen Riecher, daß der Mammea mir und meinen Kollegen einen Festschmaus geben wird, so zu zwei Mark fürs Gedeck. Wenn er das wirklich tut, wird er bei der nächsten Wahl den Norbanus glatt ausstechen! Bestimmt. Mit vollen Segeln wird er siegen. Und in der Tat, was hat uns der Norbanus viel Gutes getan? Gladiatoren hat er uns vorgesetzt, die kaum einen Groschen wert waren, alte Kracher, wenn man sie nur anblies, fielen sie schon um. Ich habe jedenfalls schon bessere Tierkämpfer gesehen. Die Reiter, die er töten ließ, waren Männlein wie Zinnsoldaten, man hätte sie für Gockelhähne halten können: der eine war ein lendenlahmer Packesel, der andere ein Schlappfuß, der dritte, der Ersatzmann für einen Gefallenen, selbst schon eine wandelnde Leiche mit seinen durchgehauenen Sehnen!»

...So geht es weiter und dann: «...Hm, Agamemnon, Professor, du machst ein Gesicht als wolltest Du sagen: «Was schwätzt der daher, der langweilige Geselle. Ich schwätze, weil Du, der reden gelernt hat, nicht redest! Du bist nicht von unserm Schlag, und darum machst Du dich lustig über die Gespräche von uns Plebs! Wir wissen wohl, daß Du vor lauter Gelehrsamkeit übergeschnappt bist...» Dann erzählt Echion von seinem Sohn, einem präsumtiven Schüler des Agamemnon: «Übrigens hat er das Griechische schon angefangen und ist nicht schlecht hinter dem Lateinischen her, obgleich sein Hauslehrer ein eingebildeter Kerl ist und kein Sitzleder hat. Aber herkommen kann er, ich soll ihm einen Scheck ausstellen, aber arbeiten will er nicht! Ich habe noch einen anderen, der ist nicht besonders gelehrt, aber pünktlich in der Arbeit und lehrt mehr, als er selber weiß. Deshalb pflegt er sogar an Feiertagen ins Haus zu kommen und ist mit allem und jedem zufrieden, was man ihm gibt. Also, ich habe dem Jungen jetzt so ein paar Bücher mit roten Überschriften drin gekauft, weil ich will, daß er zum Hausgebrauch etwas von Jura aufschnappt. Das ist die Sache, die ihren Mann ernährt. Denn mit Allgemeinbildung ist er schon genügend eingeschmiert. Wenn er aber abspringt, habe ich beschlossen, ihn ein Geschäft lernen zu lassen: entweder das Barbierhandwerk, oder Auktionator oder wenigstens Rechtsanwalt; das kann ihm nur der Orkus rauben. Deshalb predige ich ihm jeden Tag: Primigenius, glaube mir, was Du auch lernst, du lernst es für dich... Sieh dir den Rechtsanwalt Phileros an: hätte er nicht gelernt, so hätte er heute nichts zu beißen. Eben noch hausierte er mit der Hucke auf dem Buckel, und jetzt kann er sich sogar dem Norbanus gegenüber breit machen. Ja, die Bildung ist ein Schatz, und das Handwerk stirbt nie aus» (Petronius, «Satyricon» c. 45 f. – Übersetzung von O. Weinreich).

Der Autor des «Satyricon» war der *arbiter elegantiae* des neronischen Hofes, ein Mann von stilbildendem Einfluß auf die höfischen Zirkel der Zeit, der indessen nicht im raffinierten Lebensgenuß aufging, sondern sich, wenn es darauf ankam, durchaus bewährte, zum Beispiel als Proconsul von Bithynien. Nichts ist für ihn bezeichnender als die provozierende Art seines Sterbens: In voller innerer Souveränität öffnete sich der Verdächtigte die Adern, ließ sie sich wiederholt wieder zubinden und starb schließlich in gelassener Ironie, während ihm heitere Lieder vorgetragen wurden. Petron ist der Repräsentant einer neuen Lebenshaltung, die höchsten und erlesenen Genuß mit einem geschärften Blick für die Realität des Alltags und der Gesellschaft, rationaler Analyse der Welt wie der Lebenswerte sowie völliger innerer Freiheit vereinigte.

Ein Gegenstück hierzu bildet in vielfacher Hinsicht die zumeist Seneca zugeschriebene Tragödie *«Octavia»*, die Schicksal und Untergang der mit Nero verheirateten Claudiustochter schildert. Es ist eine Tragödie, die die Machtlosigkeit des einzelnen ebenso vor Augen führt wie die Allmacht des absoluten Herrschers – und dies allen persönlichen Qualitäten zum Trotz.

Von L. Annaeus Seneca (4 v. – 65 n. Chr.), dem Sohn des Rhetors, ist bereits in anderen Zusammenhängen die Rede gewesen (S. 236, 517). Ohne Zweifel war der jüngere Seneca der vielseitigste Schriftsteller, Rhetor und Philosoph der neronischen Epoche, zugleich ein Mann des Hofes, der alle Höhen und Tiefen einer solchen Stellung erlebte: von 41 bis 49 n. Chr., unter Claudius, die Verbannung nach Korsika, dann auf Grund der Fürsprache Agrippinas die Rückkehr und die Ernennung zum Erzieher Neros, von 54 bis 62 n. Chr. die dominierende Rolle in der politischen Leitung des Imperiums, den Rückzug in ein prekäres *otium cum dignitate* und schließlich im Zusammenhang mit der Pisonischen Verschwörung den Freitod.

Im Mittelpunkt seines Werks stehen die philosophischen Schriften der «Dialoge» und der *«Epistulae morales ad Lucilium»*, in beiden Formen Probleme der Ethik. In den «Dialogen» behandelte Seneca dabei immer wieder auch Fragen und Verhaltensweisen der eigenen Existenz, so in *«De vita beata»* die philosophische Begründung der Lebensführung des zu großem Reichtum gelangten Staatsmannes, in *«De otio»* seiner Abwendung vom öffentlichen Leben. Bei all dem vermittelte er einen eklektisch angereicherten Stoizismus mit ausgesprochen humaner, auch kosmopolitischer Tendenz, eine Haltung, die es erklärt, warum Seneca später von christlichen Autoren rezipiert und durch einen angeblichen Briefwechsel mit dem Apostel Paulus gewürdigt wurde.

Im 88. Brief an Lucilius hat Seneca das Spezifische von Teilen der zeitgenössischen Philosophie so beschrieben: «Bedenke doch, wieviel Zeit dir körperliches Unwohlsein raubt, wieviel die öffentlichen, wieviel die häuslichen Geschäfte, wieviel die täglichen Vorkommnisse, wieviel der Schlaf. Miß deine Lebenszeit aus: für so vieles langt sie nicht hin. Ich sprach von den freien Künsten: aber auch die Philosophen, wieviel Überflüssiges schleppen sie mit sich, wie vieles, was für das Leben nicht verwendbar ist. Auch sie haben sich auf Silbenstechereien eingelassen, auf die Besonderheiten der Konjunktionen und der Präpositionen, wollten hinter den Grammatikern und Geometern nicht zurückstehen. Alles mögliche Überflüssige haben sie aus deren Lehrweise in die ihrige übertragen. Der Erfolg ist schließlich der, daß sie besser zu reden als zu leben verstehen.»

Dem stellt Seneca dann im 90. Brief die seiner Ansicht nach vorrangige Aufgabe der Philosophie entgegen: «Was mutest du ihr solche Nichtigkeiten zu? Sieh nur hin: die Gestaltung des Lebens selbst ist ihre Aufgabe und Kunst; alle übrigen Künste stehen unter ihrer Herrschaft! Denn wem das Leben dient, dem dient auch alles, was das Leben schmückt. Indes ist es nur das glückliche Leben, auf das sie zielt: dahin führt sie, dahin öffnet sie die Wege. Sie zeigt, was wirkliche, was scheinbare Übel seien, sie befreit den Geist von Eitelkeit, sie gibt ihm wahrhafte Größe, die aufgeblähte aber und bloß auf leerem Schein beruhende weist sie in ihre Schranken zurück und duldet keine Unkenntnis des Unterschiedes zwischen Größe und Aufgeblasenheit. Die ganze Natur ebenso wie ihre eigene ist Gegenstand ihrer Lehre. Sie gibt Auskunft über Wesen und Art der Götter, über die Unterirdischen, über Hausgötter und Genien, über die Seelen, die in die zweite Klasse göttlicher Wesen gehören, wo sie verweilen, was sie treiben, was sie können und was sie wollen. Das sind die Weihen, über die sie gebietet, und durch welche nicht etwa der Tempel einer Einzelgemeinde, sondern die unermeßliche Wohnstätte aller Götter, der Welt selbst, erschlossen wird, deren wahre Götterbilder und wahres Antlitz sie dem Geiste zur Schau stellt.»

Doch neben solchen weitausgreifenden Gedanken stehen bei Seneca immer wieder auch alltägliche Reflexionen und Feststellungen, die Menschen zu allen Zeiten ansprachen, wie in dem nach wie vor gültigen «Nirgends ist, wer überall ist» («Briefe an Lucilius» 2,2) oder in den nicht weniger zutreffenden Worten über die Zeit: «Alles, Lucilius, ist uns fremd, nur die Zeit gehört uns: einzig dieses flüchtige, leicht enteilende Gut hat uns die Natur wirklich zu eigen gegeben, und doch vertreibt uns daraus jeder beliebige. Und so groß ist die Torheit der Sterblichen, daß der Empfänger ganz geringer und unbedeutender Wohltaten, die auf jeden Fall ersetzbar sind, sich diese als Schulden anrechnen läßt; niemand aber vermeint etwas schuldig zu sein, wenn er Zeit empfangen hat, obwohl doch sie das einzige ist, was nicht einmal der Dankbare zurückerstatten kann» («Briefe an Lucilius» 1,3 – Übersetzung von G. Schoeck).

Nicht geringere Beachtung fanden daneben Senecas Tragödien, die auf das europäische Drama großen Einfluß ausübten, unter anderem von Lessing übersetzt wurden. Doch auch in ihnen werden jene Widersprüche sichtbar, die Seneca in der Antike wie in der Neuzeit entgegengehalten wurden: «Derselbe Mensch, der wie kein anderer in Rom die Gladiatorenkämpfe verabscheute, watet als tragischer Dichter im Blut, schwelgt im Grausigen, läßt den Haß toben, Bosheit wühlen; unvermittelt äußert sich daneben hoher Seelenadel, leuchtende Schönheit, eine Weihe und Erlöserkraft des Leidens und Todesgedankens von wahrhaft tragischer Würde. Seneca ist ein Mensch der Extreme, der Widersprüche, und der Spanier in ihm hat es dem stoischen Weisen immer schwer gemacht, zu leben, was er predigte» (O. Weinreich, «Römische Satiren», Zürich 1949, LXX).

In flavischer Zeit treten dann andere Formen und Inhalte in den Vordergrund. Neben den bereits besprochenen großen Handbüchern des älteren Plinius, Quintilians und Frontins ist in den Gelegenheitsgedichten der *Silvae* des Statius nicht allein die höfische Komponente faßbar, sondern ein sehr bezeichnender, privater und poetischer Zug. In der Verbindung persönlicher Empfindungen des schlaflosen Kranken mit den traditionellen Gestalten des Mythos, einem gewissen Manierismus, aber auch mit lebendigen Bildern der Natur besitzt seine Dichtung ihre individuelle Note. Eine weite Distanz trennen die Verse von den direkten und vitalen Äußerungen eines Catull, und doch sind sie wohl gerade deshalb repräsentativ für die Lyrik der Zeit:

> «Durch welches Verbrechen, sanftester Jüngling der Götter, habe ich
> es verdient oder durch welchen Irrtum ich armer, daß ich allein, o
>   Schlaf,
> deine Geschenke entbehre? Es schweigt alles Vieh, die Vögel, das Wild,
> und die Gipfel ahmen mit ihrer Biegung ermatteten Schlaf nach,
> auch die trotzigen Flüsse haben nicht denselben Klang, in sich zusam-
>   men brach die Dünung
> der See, und das Meer ruht an das Land gelehnt:
> schon das siebente Mal zurückkehrend, sieht Phoebe beim Zurückblik-
>   ken, daß mir
> die kranken Lider offenstehen; ebenso viele Fackeln des Oeta und von
>   Paphos schauen nach mir
> und ebensooft geht die Gemahlin des Tithonos an unseren Klagen
>   vorbei und besprengt mitleidig mich mit kalter Peitsche.
> Wie soll ich dem genügen? Nicht wenn ich die tausend Augen hätte,
> die der gottgestrafte Argus doch nur auf wechselnde Wache
> hielt und so nie mit dem ganzen Körper wachte.
> Aber jetzt, ach! Wenn einer, in langer Nacht des Mädchens
> Arme verschlungen haltend, von selbst dich, Schlaf, zurückstößt,
> komme von dort; und ich zwinge dich nicht, dein ganzes Gefieder
> auf meine Augen zu senken – das erbitte der
> kräftigere Haufe –: berühre mich nur mit der Spitze der Rute,
> das genügt, oder gehe leicht mit schwebendem Knie vorüber»
> («*Silvae*» 5,4 – Übersetzung von K. Büchner).

Blickt man auf die einzelnen Literaturgattungen, so erlebt nun das römische Epos eine Nachblüte. Zu erwähnen sind dafür von Statius selbst die «Thebais» und die «Achilleis», rhetorische Epen, von denen das erste den Zug der Sieben gegen Theben und den Kampf um die Stadt, das zweite, unfertige, die Geschichte Achills bis zum Aufbruch nach Troia schildert. Daneben stehen die *«Punica»* des Silius Italicus, das große Epos über den zweiten Punischen Krieg, und endlich die *«Argonautica»* des um 90 verstorbenen Valerius Flaccus. Dieses wohl literarisch hochwertigste, gleichfalls unvollendete Epos seiner Zeit schildert im Anschluß an Apollonius Rhodios die Argonautenfahrt.

Martial (um 40–104 n. Chr.) stammte aus Bilbilis in Spanien. Als Zwanzigjähriger war er nach Rom gekommen, um dort sein Glück als Literat zu suchen. Doch jahrelang hatte er sich auf eine ihn deprimierende Weise als Klient reicher Gönner durchzuschlagen, wie seine bittern Verse bezeugen:

«Was ein neuer Freund, der's jüngst erst geworden, dir leistet,
das soll ich, Fabian, immer noch leisten für dich:
Soll dich am frühesten Morgen, vor Kälte schauernd, begrüßen,
soll durch den dicksten Dreck hinter der Sänfte dir gehn,
soll zu Agrippas Thermen in zehnter Stunde und später müde dir folgen
– ich selbst nehm in des Titus mein Bad –.
Habe ich das verdient, Fabian, durch dreißig Dezember,
noch in deinem Gefolg immer ein Neuling zu sein,
das verdient, Fabian, mit zerschlissener, eigener Toga,
daß du mir immer noch nicht meine Entlassung gewährst?»
(«Epigramme» III,36 – Übersetzung von R. Helm).

Es half Martial wenig, daß er sich in beflissenster Weise um die Gunst aller *principes* von Titus bis zu Trajan bemühte, wobei er Domitian am stärksten umschmeichelte. Obwohl er in den Ritterstand erhoben wurde, fand er weder Reichtum noch jene völlige Unabhängigkeit, die er so lange ersehnte. Schließlich kehrte er nach Bilbilis zurück, wo ihm eine reiche Gönnerin ein kleines Landgut schenkte.

Trotz dieser beschränkten Lebensbedingungen wurde Martial zum unübertroffenen Meister des lateinischen Epigramms. In seinem «Buch der Spiele», das Vorgänge im Colosseum beschrieb, den *«Xenia»* und *«Apophoreta»*, Begleitgedichten für Geschenke, vor allem aber in seinen zwölf Epigramm-Büchern führte er dieses literarische Genos in vielseitigster Form auf seinen Höhepunkt. Dabei machte er mit seinen sicher gezeichneten Konturen, den glücklich gewählten Antithesen und den oft überraschenden Schlußpointen den stärksten Eindruck. Die über 1500 Epigramme fanden immer wieder lebhafte Beachtung; der Bogen der Verehrer Martials spannt sich, allein im deutschen Bereich, von Gryphius über Lessing bis zu Goethe.

In seinem Werk zeichnete Martial ein buntes, aber einseitiges Bild der römischen Gesellschaft unter dem Principat: Patrone und Klienten, Erbschleicher und Schmarotzer, Gecken und Parvenues, Säufer und Dirnen, Verliebte und Hungerleider, Schlemmer und Ehebrecher, schöne Männer und Schwätzer, Päderasten und Deklamatoren, Giftmischerin und Zauberin, Verschwender und Bettler, Schauspieler, Poeten, Ärzte, Anwälte, Wagenlenker, Schulmeister, Philosophen, Akrobaten, Gladiatoren, Diebe, nicht zu vergessen der Auktionator – auf sie werfen Martials Epigramme ihr grelles Licht. Oft genug wurden gerade mit diesen Miniaturen Sittenverfall und Dekadenz der römischen Gesellschaft unter dem Principat illustriert und dabei übersehen, daß Martials Welt begrenzt und nicht frei von einer längst ausgebildeten Topik war.

Doch der große Epigrammatiker hielt auch anderes fest: Er rief Szenen der römischen Geschichte und heroische Handlungen in Erinnerung, beschrieb Landgüter und Badeorte, Priapstatuen wie in Bernstein eingeschlossene kleine Tiere. Er verfaßte Hochzeitsgedichte wie Nachrufe, Mahnungen wie rühmende Verse, kritisierte sexuelle Perversionen und Obszönitäten, immer wieder aber Plagiatoren und Rivalen, doch ließ er es auch an Selbstkritik nicht fehlen: «Gutes ist da, manch Mäßiges auch, noch mehr kann auch schlecht sein...» («Epigramme» I,16). Martial konnte zum vollen Lebensgenuß hier und heute auffordern, aber auch zum Maßhalten:

«Was das Leben erfreulich macht für einen,
mein geliebtester Freund Martial, ist dieses:
ein Vermögen, ererbt, nicht schwer erworben,
ein ergiebiges Feld, ein Herd, der fortbrennt,
kein Prozeß, zum Besuch kein Zwang, Gemütsruh,
Kräfte, wie es sich ziemt, gesunder Körper,
Einfalt, aber gescheit, und gleiche Freunde,
stets bequeme Gesellschaft, kunstlos Tafeln,
eine Nacht, nicht berauscht, doch frei von Sorgen,
nie verödet das Lager, trotzdem züchtig,
Schlaf, der einem die Zeit des Dunkels abkürzt,
nur sein wollen, was grad man ist, nichts andres,
und das Ende nicht fürchten und nicht wünschen»
          («Epigramme» X,47 – Übersetzung von R. Helm).

Trotz einiger formaler Schwächen und mancher stilistischer Mängel wurde die römische Satire durch Juvenal (um 60–130 n. Chr.) noch einmal auf einen Höhepunkt geführt. Die Annahme erscheint glaubhaft, daß Juvenal zunächst als Rhetor wirkte und erst in seiner zweiten Lebenshälfte, unter Trajan und Hadrian, von bitterem und sarkastischem Pessimismus, aber auch von pathetischem Widerwillen gegen seine Umwelt erfüllt, zu dichten begann. Die Themen seiner 16 Satiren sind nicht neu: die allgemeine Dekadenz der Gesellschaft, Habsucht, Erbschleicherei, sexuelle Entartung, Polemik gegen Frauen und Ehe, Aufstieg von Freigelassenen, Bitterkeit der Klienten, Armseligkeit der Intellektuellen, Arroganz des Militärs und ähnliches mehr. Neu sind dagegen der Ton und die Wucht der aggressiven Anklagen:

«Seit Deukalion einst zur Zeit der gewaltigen Sintflut
in der Arche hinauf zum Parnaßgipfel gefahren,
und dem Orakel gemäß Steine zu Menschen gewandelt,
und seit Pyrrha den Männern die nackenden Mädchen gewiesen:
seitdem dreht sich all der Menschen Getriebe um Wunsch und
Furcht, um Zorn und Genuß, um Freuden und hastiges Jagen,
All dies ist in buntem Gemisch auch der Stoff meines Büchleins.
Und wann floß der Laster Strom je in reicherer Fülle?
Wann jemals war die Tasche der Habsucht weiter geöffnet?

Wann auf Glücksspiel Menschen versessener? Nicht mit dem Beutel
gehn sie zum Würfeln: man stellt eine Truhe neben den Tisch hin!
Wahre Schlachten entbrennen, Kassierer fahr'n Munition auf.
Reiner Wahnsinn ist's, Hunderttausende hier zu verlieren
und am Mantel zu sparen des kälteschauernden Sklaven.
Wer von den Ahnen erbaute sich hundert Villen? Und ließ, wie
heut, sich am einsamen Tisch sieben Gänge servieren? Derweilen
liegt an der Schwelle des Hauses die kärgliche Sportel und harrt der
Schar der Klienten...»
(«Satiren» I,80ff. – Übersetzung von O. Weinreich).

So eindeutig viele Verse Juvenals in den Bahnen der alten Kritik des Sittenverfalls stehen und die Normen von *virtus* und *nobilitas* zu erneuern scheinen, der Sarkasmus des misogynen Mannes richtete sich auch gegen die Vorstellung einer vollkommenen Frau und gegen ihren provozierenden Adelsstolz:

«‹Scheint nicht Eine der Wahl dir wert in der Menge der Frauen?›
Sei sie auch schön, reich, anständig, fruchtbar, zeige der alten
Ahnen längste Reihe im Haus, sei keuscher als jemals
eine Sabinerin war – sie trennten die Reihen der Kämpfer –
(seltener Vogel auf Erden, wie Schwäne mit schwarzem Gefieder):
wer ertrüge ein Weib, bei dem – alles stimmte? Ich zöge
dir, Cornelia, Mutter der Gracchen, wahrlich ein Mädchen
aus Venusia vor, wenn zur Tugend du Adelsstolz fügtest
und als Teil der Mitgift der Ahnen Triumphe aufzähltest!
Geh mit dem Hannibal mir, dem erbeuteten Lager des Syphax,
pack dein ganzes Karthago zusammen und geh mir vom Halse!»
(«Satiren» VI,161ff. – Übersetzung von O. Weinreich).

So einseitig und überspannt manches an dieser Polemik wirken mag, einzelne der besten Verse und der prägnantesten, rhetorisch zugespitzten Formulierungen Juvenals haben sich schon früh verselbständigt und sprichwörtliche Bedeutung erlangt, nicht nur das *«panem et circenses»* oder das *«mens sana in corpore sano»*, sondern eben auch das *«difficile est saturam non scribere»*, das Juvenals Namen für immer mit der Satire verband.

Der jüngere Plinius (um 61–112 n.Chr.) gehörte nach W.Otto zu den Menschen, «die sich ducken und fügen, wenn es ihr Vorteil und ihre Sicherheit zu verlangen scheint, und erst dem toten Löwen gegenüber Mut zeigen, ihm dann jedoch desto mehr Fußtritte versetzen, um ihr früheres klägliches Verhalten zu verdecken» («Zur Lebensgeschichte des jüngeren Plinius», Sitzungsberichte der Bayerischen Akademie der Wissenschaft, Philosophisch-historische Klasse 1919, 10,54). Obwohl Plinius dank der Gunst Domitians eine bemerkenswerte Karriere gemacht hatte, verstand er es, sich von diesem zu distanzieren und auch die Freundschaft wie das Vertrauen Trajans zu erlangen. Er war weder ein origineller noch ein tiefgreifender Denker, aber als Vertreter des Mittelmaßes besonders qualifiziert, um in seinem Panegyricus auf Trajan aus dem Jahre 100 n. Chr., der Dankrede für die Verleihung des Suffektkonsulats, die offiziöse Stilisierung des neuen Principats breit auszuführen:

«Das ist die wahrhafte Sorge eines *princeps* und sogar eines Gottes, eifersüchtige Städte miteinander zu versöhnen, aufbegehrende Völker zu zähmen, weniger durch herrscherlichen Befehl als durch die Gründe der Vernunft, einzuschreiten gegen Ungerechtigkeiten der Beamten, ungeschehen zu machen, was nicht hätte geschehen dürfen, schließlich, so schnell wie der schnellste Stern, alles zu besichtigen, alles zu hören und wie eine Gottheit auf die von allen Seiten herandringenden Rufe hin sogleich zur Stelle zu sein und Hilfe zu bringen! So stelle ich mir die Aufgaben vor, die jener Erzeuger der ganzen Welt mit seinem bloßen Winke regelt, wenn er einmal seine Blicke herabgelassen hat auf die Erde und die Geschicke der Menschen für wert gehalten hat, sie zu seinen göttlichen Aufgaben zu rechnen; hinfort kann er, davon befreit und erlöst, sich allein den himmlischen Dingen widmen, nachdem er dich uns geschenkt hat, der du seine Stelle an dem ganzen menschlichen Geschlecht vertrittst!» (c. 80,3 ff. – Übersetzung von W. Arend).

Seinen Dank für die Verleihung des privilegierenden Dreikinderrechts aber formulierte der kinderlos bleibende Plinius so: «Welche Freude Du mir, Herr, bereitet hast, indem Du mich des Dreikinderrechtes würdig fandest, vermag ich mit Worten nicht auszudrücken... So habe ich wohl das höchste Ziel meiner Wünsche erreicht: Du bewiesest damit gleich zu Beginn Deiner gesegneten Herrschaft, daß Du mich in den Kreis Deiner besonderen Huld einbeziehen wolltest. Um so mehr ersehne ich mir nun Kinder, die ich mir sogar in den trüben Tagen der Vergangenheit gewünscht habe: meine beiden Ehen dürfen Dir dafür Zeugnis sein. Allein die Götter fügten es besser: sie behielten alles ausnahmslos Deiner Güte vor. Und ich selbst wollte lieber erst Vater werden zu einer Zeit, wo ich es im Gefühl der Sicherheit und in ungetrübtem Glück sein könnte» («Briefe» 10,2 – Übersetzung von M. Schuster).

So penetrant solche und ähnliche Passagen seiner Briefe auf den modernen Leser wirken, so stilisiert die häufig an die ausgeglichenen Formen Ciceros angepaßte Kunstprosa des einst erfolgreichen Redners und Sachwalters auch sein mag, als historische Quellen sind *«Panegyricus»* wie die zehn Bücher «Briefe», darunter auch der gesammelte Briefwechsel mit Trajan und dessen Antworten, von erheblicher Bedeutung. Denn die Briefe vermitteln nicht nur einen Einblick in die Probleme der römischen Oberschicht in Rom selbst wie auf ihren Gütern, sondern ebenso auch in jene der Provinzen. Gerade die Anfragen an Trajan, als Plinius als *legatus Augusti pro praetore*

Ponti et Bithyniae consulari potestate in einer besonders vertrauensvollen Mission die Verwaltung der Provinz Bithynien und *Pontus* zu kontrollieren und zu reorganisieren hatte, beleuchten die Schwächen und nicht zuletzt die finanziellen Sorgen der Städte jener Region. Um sie zu beheben, war Plinius mit seinen Erfahrungen in der Leitung großer Kassen zweifellos der rechte Mann, und trotz all seiner persönlichen Grenzen, seiner Unsicherheit und Unselbständigkeit blieb er stets eifrig, korrekt und loyal. Wie der später noch näher zu besprechende Brief über die Behandlung der Christen zeigt (10,96), bemühte er sich um Gerechtigkeit und, soweit dies im Rahmen der Gesetze möglich war, auch um eine faire und rationale Behandlung der Beschuldigten.

Im Briefwechsel des jüngeren Plinius kommt auch Tacitus (um 55–120 n. Chr.) vor, der größte Historiker Roms. Dieser wies in einem knappen Satz der Einleitung seiner «Historien» selbst darauf hin, daß sein Rang «von Vespasian begründet, von Titus erhöht und von Domitian noch weiter angehoben wurde». Auch er hat somit wie der jüngere Plinius unter Domitian Karriere gemacht, später jedoch Gehorsam und Zurückhaltung unter einem «schlechten» *Princeps* in apologetischer Form verteidigt, gleichwohl Domitian mit allem Nachdruck diskreditiert. Den Principaten Nervas und Trajans sah Tacitus mit hohen Erwartungen entgegen, mußte dann jedoch auch die dem politischen System immanenten Strukturen erfahren.

Auch Tacitus trat erfolgreich als Redner hervor. 97 n. Chr. hielt er die Gedenkrede auf Verginius Rufus, drei Jahre später wirkte er in einem großen Repetundenprozeß gegen Marius Priscus mit. Die Höhepunkte seiner Laufbahn waren indessen das Suffektkonsulat im Jahre 97 n. Chr. und die Statthalterschaft in *Asia*, 112/113 n. Chr.

98 n. Chr. veröffentlichte Tacitus den «Agricola», die eigenwillige *laudatio* auf seinen Schwiegervater, den er zum vorbildlichen Statthalter und zum eigentlichen Eroberer Britanniens, nicht zuletzt zu einem Opfer der Tyrannis Domitians stilisierte. Tacitus hoffte, daß seine kleine Schrift «durch das Bekenntnis der Verwandtenliebe entweder Lob oder Entschuldigung finden» (c. 3) würde. Ganz gewiß hat er das erreicht, was er am Ende der Würdigung konstatierte: «Alles, was wir an Agricola geliebt, was wir bewundert haben, bleibt und wird bleiben in den Seelen der Menschen, der Ewigkeit der Zeiten, in der Geschichte; denn viele der Alten hat wie Ruhmlose und Unbekannte Vergessenheit verschüttet: Agricola, der Nachwelt dargestellt und überliefert, wird überleben!» (c. 46 – Übersetzung von K. Büchner).

So wie Tacitus im «Agricola» die *laudatio* durch einen langen Exkurs über Britannien und dessen Okkupation ergänzte und durch den Rückblick auf das politische und geistige Klima unter der Schreckensherrschaft Domitians umrahmte, so begnügte er sich auch bei der im selben Jahr erschienenen «Germania» nicht mit der bloßen Wiedergabe und Stilisierung des ihm

zugänglichen ethnographischen Materials. Auch hier drückte er dem Stoff sein persönliches Siegel auf: Domitian wurde erneut diskreditiert, die Germanen aber in vielfacher Hinsicht idealisiert, um einem bereits dekadenten Römertum vorbildliche Lebensformen vor Augen zu führen:
«Also leben sie [die Frauen] in umhegter Keuschheit, durch keine Verlokkungen von Schaustellungen, durch keine Reize der Gastmähler verdorben. Briefgeheimnis ist Männern wie Frauen gleicherweise unbekannt. Überaus gering an Zahl sind bei einem so zahlreichen Volke die Ehebrüche; ihre Bestrafung erfolgt auf dem Fuße und ist den Männern überlassen... Niemand nämlich lacht dort über die Laster, und verderben und sich verderben lassen heißt nicht ‹unsere Zeit›. Besser jedenfalls leben noch die Staaten, in denen nur Jungfrauen heiraten und es mit der Hoffnung und dem Wunsche der Gattin bei einem Male sein Ende hat... Die Zahl der Kinder zu begrenzen oder einen von den nachgeborenen Söhnen zu töten, gilt als Schande, und mehr gelten dort gute Sitten als anderswo gute Gesetze» (c. 19 – Übersetzung von K. Büchner). Der zeitliche Ansatz des schon früher besprochenen *Dialogus de oratoribus* ist umstritten.

Mit den um etwa 110 n. Chr. abgeschlossenen «Historien», die ursprünglich den Zeitraum zwischen 69 und 96 n. Chr. darstellten, jedoch nur teilweise erhalten sind, wandte sich Tacitus dann der traditionellen annalistischen Form römischer Geschichtsschreibung zu. Den Inhalt dieses Werkes und dessen wesentliche Akzente hat er selbst folgendermaßen umrissen: «Das Werk, das ich beginne, enthält eine Fülle von Unglück, berichtet von blutigen Kämpfen, von Zwietracht und Aufständen, ja sogar von einem grausamen Frieden. Vier Fürsten fielen dem Dolch zum Opfer, drei Bürgerkriege wurden geführt, noch mehr Kriege mit auswärtigen Feinden, beide Arten meistens zu gleicher Zeit. Günstig standen die Dinge im Osten, ungünstig im Westen. In Aufruhr war *Illyricum*, eine schwankende Haltung nahm Gallien ein, Britannien war gänzlich bezwungen und sofort wieder aufgegeben. Es erhoben sich gegen uns die Stämme der Sarmaten und der Sueben, durch beiderseitige Niederlagen machten sich die Daker einen berühmten Namen, beinahe wäre es sogar zu einem Waffengang mit den Parthern gekommen anläßlich des Gaukelspiels des falschen Nero. Italien vollends wurde durch Schicksalsschläge, wie sie bisher unerhört waren oder sich nur im langen Ablauf von Jahrhunderten wiederholen, heimgesucht. Verschlungen oder verschüttet wurden ganze Städte, verheert wurde die so überaus fruchtbare Küste Campaniens, durch Brände verwüstet die Hauptstadt, wobei die ältesten Heiligtümer in Flammen aufgingen, Feuer wurde von Bürgerhänden sogar an das Kapitol gelegt; entweiht wurden geheiligte Gebräuche, Ehebruch trieben hochgestellte Persönlichkeiten; voll war das Meer von Verbannten und besudelt die Klippen mit dem Blut der Ermordeten. Noch grausamer war das Wüten in der Hauptstadt. Adel, Besitz, abgelehnte oder bekleidete Ehrenämter galten als Verbrechen, und aufrechtes Mannestum brachte ganz sicher das Verderben. Die Denunzianten waren um ihrer Belohnungen nicht weniger als um ihrer Verbrechen willen verhaßt, da die einen Priestertümer und Konsulate wie eine dem Feind abgenommene Beute, die anderen Prokuratorenstellen und Einfluß im Innern erlangten und in einer wirbelnden Flut von Haß und Schrecken alles mit sich rissen. Sklaven wurden bestochen gegen ihre Herren, Freigelassene gegen ihre Patrone und, wem ein persönlicher Feind fehlte, der wurde ein Opfer seiner Freunde.

Freilich war die Epoche auch nicht so arm an Beweisen mannhafter Gesinnung, daß sie nicht auch gute Vorbilder gezeigt hätte: Mütter begleiteten ihre flüchtigen Kinder, Frauen folgten ihren Männern in die Verbannung; es fanden sich wagemutige Verwandte, charakterfeste Schwiegersöhne, es fanden sich Sklaven, die selbst auf der Folter in unbeugsamer Treue verharrten, berühmte Männer, die, in äußerste Not geraten, selbst die letzte Stunde tapfer auf sich nahmen und einen Tod erlitten, wie er dem gepriesenen Lebensende von Männern der alten Zeiten entsprach. Zu den vielfachen Schicksalsschlägen im menschlichen Bereich gesellten sich am Himmel und auf der Erde Wunderzeichen, warnende Blitzschläge und sonstige Ankündigungen kommender Ereignisse, die teils erfreulich, teils betrüblich, teils zweideutig, teils eindeutig waren. Denn niemals sonst hat es sich durch schrecklichere Schicksalsschläge, die das römische Volk trafen, und durch gültigere Anzeichen erwiesen, daß die Götter nicht an unser Wohlbefinden, wohl aber an unsere Bestrafung denken» («Historien» I,2f. – Übersetzung von W. Sontheimer).

Das in frühhadrianischer Zeit beendete Alterswerk, die *«Annales ab excessu divi Augusti»*, begründete Tacitus dann so: «... Über die Erfolge oder Rückschläge des römischen Volkes von einst berichteten indessen berühmte Schriftsteller, und der Aufgabe, die Zeit des Augustus zu schildern, versagten sich glänzende Begabungen nicht, bis sie sich von der zunehmenden Kriecherei abschrecken ließen. Die Geschichte des Tiberius und Gaius, Claudius und Nero aber wurde, solange sie selbst auf der Höhe ihrer Macht standen, aus Furcht verfälscht, nachdem sie gestorben waren, mit frischen Haßgefühlen dargestellt. Daher mein Entschluß, von Augustus nur weniges, das Ende, zu behandeln, dann den Principat des Tiberius und das übrige – ohne Groll und Zuneigung, wozu mir Gründe fernliegen» («Annalen» I,1 – Übersetzung von D. Flach).

Römische Geschichtsschreibung, und erst recht jene senatorische Geschichtsschreibung, der Tacitus zuzurechnen ist, wurde stets durch die traditionellen Kategorien und Normen der Führungsschicht geprägt. Auch die Geschichtsschreibung war ein Instrument der sozialen und politischen Legitimation; moralische und politische Wertungen blieben immer eng verflochten. Nicht zufällig verweist der erste Satz des «Agricola» auf die Aufgabe, «berühmter Männer Taten und Sitten den Nachkommen zu überliefern». Diese Bindungen führten einerseits zur Beharrungskraft und Kontinuität vorbildlicher Verhaltensweisen, zur Isolierung und Verbindlichkeit der klassischen *exempla*, andererseits jedoch auch zur Polarisierung historischen Urteils in den Extremen von Ehre und Ächtung. In der Konsekration des «guten» und in der *damnatio memoriae* des «schlechten» *princeps* erfuhr diese Tendenz unter dem Principat ihre letzte Steigerung.

Die Orientierung des Handels in der Gegenwart an den großen *exempla* der Vergangenheit wie der Blick auf das Urteil der Zukunft waren so schon traditionell gegeben. Tacitus hat nun jedoch in den entscheidenden Wertungen seiner Geschichtsschreibung die Macht und die Auswirkungen der verschiedenen zeitlichen Dimensionen sehr viel entschiedener und konsequenter berücksichtigt. Zwar bildete auch für ihn die klassische Römische Republik nicht nur die Folie der Taten, Sitten und Verhaltensweisen, sondern jene der Geschichtsschreibung selbst. Doch zugleich war ihm – ähnlich wie bei seiner Haltung im *«Dialogus de oratoribus»* – immer bewußt, daß die Bedingungen des politischen und moralischen Handelns wie der Historiographie entscheidend durch die jeweilige Gegenwart bestimmt wurden. Er sah deutlich, daß Normen und Sitten auch veralten können und daß es deshalb gerade für den Historiker darauf ankommt, nicht nur die Bedingungen jedes Handelns in seiner Zeit zu erfassen, sondern speziell auch jene der Geschichtsschreibung:

»Ich weiß sehr wohl, daß man vieles, was ich berichtet habe und weiterhin berichten werde, kleinlich und unbedeutend finden kann. Allein man darf meine Jahrbücher nicht mit den Werken derer vergleichen, die über die große alte Zeit des römischen Volkes geschrieben haben. Sie konnten von gewaltigen Kriegen erzählen, von Städteeroberungen, von besiegten und gefangenen Königen, oder, wenn sie eine Schilderung der inneren Zustände vorzogen, von Zwistigkeiten der Konsuln mit den Tribunen, von Acker- und Korngesetzen, von Kämpfen zwischen den Plebejern und Optimaten, und konnten sich frei in diesen Schilderungen ergehen. Meine Aufgabe ist beschränkt und unrühmlich; denn es herrschte tiefer, oder doch wenig gestörter Friede, die Verhältnisse in Rom waren trübselig, und der *princeps* hatte keine Neigung, das Reich weiter auszudehnen. Trotzdem ist es wohl nicht ohne Wert, jene auf den ersten Blick unbedeutenden Ereignisse näher ins Auge zu fassen; denn sie sind oft der Ausgangspunkt gewaltiger Umwälzungen.

Alle Stammes- und Stadtstaaten haben eine demokratische, eine aristokratische oder eine monarchische Verfassung. Eine Staatsform, die diese drei Verfassungsformen in sich vereinigt, läßt sich leichter loben als verwirklichen. Verwirklicht sie sich aber, so ist sie unmöglich von Dauer. So war es denn, als das Volk die Macht hatte, erforderlich, die unteren Volksschichten und die Art, wie man sie lenken und in Schranken halten kann, kennenzulernen; damals wiederum, als der Einfluß des Senats überwog, galt derjenige für weltklug und weise, der die tiefste Einsicht in die Denkweise der

Senatsmitglieder und Optimaten hatte. Ebenso wird es jetzt bei dem Wechsel der Verfassung, durch den Rom ein völlig monarchischer Staat geworden ist, von Wert sein, die berührten Ereignisse zu sammeln und der Nachwelt mitzuteilen. Denn wenige Menschen sind imstande, selbständig zu entscheiden, was gut und was schlecht, was nützlich und was schädlich ist. Die meisten lassen sich nur durch die Schicksale anderer belehren.

Freilich, so nützlich eine derartige Schilderung sein kann, so wenig unterhaltend ist sie. Beschreibungen fremder Länder, wechselvoller Kämpfe, gepriesener Feldherrnerfolge fesseln die Aufmerksamkeit des Lesers und erhalten sie lebendig. Ich reihe hier nur tyrannische Befehle, unaufhörliche Prozesse, trügerische Freundschaften, Verurteilungen Unschuldiger, kurz, unglückliche Schicksale aneinander, die in ewiger Gleichförmigkeit den Leser langweilen. Dazu kommt noch, daß die alten Schriftsteller selten einen mißgünstigen Beurteiler finden. Niemand fragt danach, ob du die punischen oder die römischen Kriegstaten mit größerer Liebe schilderst. Von den unter Tiberius' Regierung in Strafe oder Ungnade Gefallenen leben aber vielfach noch heute die Nachkommen; und sind die Familien selber auch ausgestorben, so finden sich doch immer Leute, deren Lebensweise an die jener erinnert, und die deshalb in dem Bericht über fremde Schändlichkeiten einen Vorwurf gegen sich selber sehen. Auch Ruhm und Verdienste anderer erbittern sie, weil der Berichterstatter ihnen damit ihre eigne Erbärmlichkeit gar zu nahe vor Augen führt» («Annalen» IV, 32 ff. – Übersetzung von A. Horneffer).

In unmittelbarem Anschluß an diesen prinzipiellen Exkurs behandelte Tacitus dann die Vorgänge um Cremutius Cordus aus dem Jahre 25 n. Chr. Gerade ihm legte Tacitus die programmatischen Worte in den Mund: «Die Nachwelt ehrt einen jeden, wie er es verdient. Wenn man mich verurteilt, werden Geschlechter kommen, die nicht nur des Cassius und Brutus, sondern auch meiner gedenken» (a. O., 35,3). Und geradezu triumphierend stellte Tacitus danach fest: «Seine Bücher wurden auf Senatsbeschluß durch die Ädilen verbrannt; doch sind sie insgeheim erhalten geblieben, dann auch wieder veröffentlicht worden. Um so mehr muß man über die Torheit der Machthaber lachen, die meinen, durch ihren augenblicklichen Einfluß den Nachruhm eines Menschen zerstören zu können. Im Gegenteil, bestraften Geistern wächst Autorität zu.»

Zu den erforderlichen Qualifikationen des Historikers zählten für Tacitus so nicht allein Eloquenz und Freimut, Zuverlässigkeit und Unbefangenheit, sondern ebenso ein differenziertes Zeitbewußtsein, ein genuin historisches Verständnis der Existenz des Historikers selbst. In formaler Hinsicht war Tacitus zugleich ein glänzender Stilist, ein Autor, der Charaktere sicher erfaßte, Szenen und Atmosphäre des Geschehens in zum Teil unvergeßlichen Bildern verdichtete, Reden, Nachrufe, aber auch Gerüchte und Insinuationen souverän einsetzte, um den Leser völlig in seinen Bann zu ziehen.

Doch was ihn auszeichnete, war vor allem die rationale Erfassung des neuen politischen Systems. Hier verlor er sich nicht im Schicksal der einzelnen *principes,* sondern sah die Strukturen des Principats insgesamt, dessen Legitimation durch die Bürgerkriege, den Prozeß der Machtbildung und -behauptung, die innere Unwahrheit, den Zwang zu Verstellung und Heuchelei, die Diskrepanz zwischen Stilisierung und Realität. Gerade weil Tacitus selbst von der Notwendigkeit des Principats überzeugt war, konnte er dessen spezifische Machtstruktur erfassen und freilegen, die Stützen des Systems zeigen, die Rolle der *domus principis,* nicht zuletzt der Frauen und der Freigelassenen beleuchten. Immer wieder konstatierte er die Auswirkungen der neuen Ordnung in der politischen, gesellschaftlichen und geistigen Realität, Opportunismus und Anpassung, Delatorenwesen und Majestätsprozesse, die Beeinträchtigung der geistigen Freiheit. Es ging ihm dabei weniger um die Einzelheiten an sich, als um die Erfassung von *ratio* und *causae,* der Logik und der Ursachen der Symptome. Auf diese Weise schilderte er die vielfältige Erscheinungswelt des Principats wie dessen Ideologie.

Hatte Tacitus die traditionelle annalistische und stadtbezogene Form der römischen Historiographie auf ihren Höhepunkt geführt, so triumphierte mit Gaius Suetonius Tranquillus (um 70–140 n. Chr.) die Biographiensammlung auch im politischen Bereich. Noch erfolgreicher als mit dem nur teilweise erhaltenen Werk «De viris illustribus» war Sueton mit seiner Sammlung der Viten von Caesar bis zu Domitian, mit «De vita Caesarum». Die Biographien Suetons wurden nach einem einheitlichen Schema aufgebaut, behandelten jeweils die Abstammung, die Geburt, den Lebenslauf in chronologischer Abfolge, im systematischen Teil dann Persönlichkeit und Charakter, politische und militärische Leistungen, Privatleben, schließlich Tod und Begräbnis. Der irrationale Bereich der Vorzeichen und Wunder ist ebenso breit ausgeführt wie anekdotische und intime Elemente. Diskret sind diese Biographien in keinem Falle, sie bieten eine Vielzahl von Informationen und vermitteln auch sonst nicht bekannte Primärquellen, wie den Inhalt von Briefen des Augustus, zu denen Sueton dank seiner Tätigkeit als *ab epistulis* Hadrians Zugang hatte.

Die Biographien Suetons erreichten weder die geistige Höhe der griechischen und hellenistischen Vorgänger, noch entsprechen sie den Normen der modernen, so häufig psychologisch fundierten Biographie. Immerhin enthalten sie auch durchaus selbständige Wertungen, wie im Falle Domitians, und vor allem befriedigte diese neue Form die Erwartungen und die Bedürfnisse großer Leserkreise. So machten sie Schule, fanden in Marius Maximus und der «Historia Augusta» ebenso Nachahmer wie in Einhard.

Eine ähnlich starke Nachwirkung erzielte das zweite bedeutsame Geschichtswerk der hadrianischen Epoche, die Epitome des Florus. Er bot in zwei Büchern einen Abriß der Kriegsgeschichte des römischen Volkes, bis in die Zeit des Augustus. Ebenso bemerkenswert wie die Einzelheiten der konzentrierten, stark rhetorisch geprägten Darstellung ist die Tatsache, daß das Werk nach dem Vorbild des älteren Seneca gleichsam Lebensperioden der römischen Geschichte unterschied. Bis zu den Gracchen glaubte Florus einen Anstieg, nach ihnen aber den allmählich fortschreitenden, lediglich noch durch Retardationen unterbrochenen Niedergang der militärischen Macht Roms zu erkennen.

Es ist umstritten, ob der Verfasser dieser Epitome mit jenem Dichter Florus identisch ist, der nach der «*Historia Augusta*» («*Vita Hadriani*» 6) mit Hadrian einige Verse in volkstümlicher Manier wechselte:

«Ich möchte nicht den Caesar spielen,
ziehen schweifend durch Britannien,
mich verstecken in den Wäldern,
in Skythien den Frost erleiden.»

«Ich möchte nicht den Florus spielen,
ziehen schweifend durch die Kneipen,
mich verstecken in den Küchen,
der runden Schnaken Stich erleiden»
(Übersetzung von K. Büchner).

Fronto (um 105–175 n. Chr.), der Lehrer M. Aurels und des L. Verus, wurde bereits erwähnt. Sein Schüler Aulus Gellius wurde durch die große Sammlung der «*Noctes Atticae*» bekannt, ein buntes Gemisch von Exzerpten und Kurzessays, die in völlig zufälliger Weise Mosaiksteine aus den denkbar verschiedensten literarischen Bereichen aneinanderreihen. Mythologische, juristische, naturwissenschaftliche, historiographische Elemente sind hier ebenso vertreten, wie solche aus den Bereichen der Literaturgeschichte, Grammatik und Etymologie. Die Prosa ist schlicht, dem Zeitgeschmack entsprechend leicht archaisierend.

Wie Fronto, Sueton und Florus, so stammte auch Apuleius (um 125–180 n. Chr.) aus Nordafrika. Sein nach griechischen Vorbildern gestalteter Roman «Metamorphosen oder der goldene Esel» erzählt die Abenteuer eines in einen Esel verwandelten Jünglings, der schließlich durch die Hilfe der Isis wieder erlöst wird. Allein diese Haupthandlung wird durch zahlreiche Einlagen unterbrochen, durch Exkurse, Fabeln, Kurzgeschichten und Parodien, auch durch das berühmte und beliebte Märchen von Amor und Psyche.

Mit der Unterwerfung Ägyptens, der Integration der kleinasiatischen Königreiche und der Errichtung eines Klientelstaates in Armenien haben die römischen *principes* nahezu alles, was vom hellenistischen Erbe im Osten noch verfügbar war, an sich gerafft und in Verwaltung genommen. Der Principat bedeutete für den gesamten griechisch-hellenistischen Reichsteil jedoch eine Periode des Verzichtes und des Gewinnes zugleich. Zu verzichten war auf die Freiheit, die politische Unabhängigkeit und zumindest partiell auf die einst selbstverständliche Identität von *Polis* und Staat schlechthin. Völlig wurde dies nie verwunden, ob nun Pausanias wie die meisten seiner Zeitgenossen in der römischen Besetzung Griechenlands den letzten Grund für den Niedergang der geistigen Produktivität sah oder ob die Alexandriner so lange Zeit um ihren Stadtrat kämpften. Indessen wurde die römische Herrschaft weithin auch deshalb hingenommen, weil bereits die hellenistischen Staaten die einstigen politischen Strukturen gewandelt oder zumindest geschwächt hatten.

Doch diesem Verzicht stand als Gewinn die Weltwirkung des Griechentums gegenüber, die durch das Imperium noch begünstigt wurde. Hier lieferte der griechisch-hellenistische Raum nicht nur die großen geistigen Anregungen, wie in der Philosophie der Stoa, nicht nur Baumeister und Architekten wie Apollodoros, sondern auch das geistige Ferment der Opposition. Nicht so sehr durch die Anzahl der Senatoren und der Reichsbeamten, die Griechenland und der griechische Osten stellten, sondern durch diese geistigen Impulse wurden die griechischen Kräfte im Imperium so einflußreich.

Entscheidend sind dabei immer wieder die Einstellungen der einzelnen *principes* gewesen. Von Neros Griechentaumel profitierte vor allem das griechische Mutterland, doch schon unter Vespasian wurden neue und alte Privilegien griechischer Städte wieder kassiert. Den Höhepunkt der Förderung des Griechentums bildete dann die Ära der Antoninen. Hadrian und M. Aurel schrieben selbst griechisch, und sie dachten weithin griechisch. Griechische Literatur, griechische Ideen und griechische Kunstwerke wurden erneut als vorbildlich betrachtet. Der kulturelle Austausch erreichte jetzt seinen Zenit.

Eng mit Rom verbunden waren insbesondere die großen griechischen Redner des 2. Jahrhunderts n. Chr., Dion Chrysostomos (um 40–112 n. Chr.), Herodes Atticus (101–177 n. Chr.) und Aelius Aristides (129–189 n. Chr.). Der aus Prusa in Bithynien stammende Dion Chrysostomos wurde bereits im Zusammenhang mit der Ausbildung der Ideologie des Adoptivkaisertums erwähnt. Einst ein erbitterter Gegner Domitians, gewann er unter Nerva und Trajan großen Einfluß und bemühte sich nun, die Einwohner der Städte des griechischen Ostens in zahlreichen Reden zur Beilegung ihrer Konflikte und zur Hinnahme der Realität des Imperiums zu bewegen. Pries er in seinem berühmten «*Euboikos*» das Glück des einfachen Lebens, so zeigte er in seiner Mahnrede an Rhodos illusionslos jene Möglichkeiten auf, die dem Griechentum seiner Zeit noch verblieben waren: «Eure Aufgabe ist eine andere als die der Vorfahren war. Sie konnten ihre Tüchtigkeit nach vielen Seiten hin entwickeln, nach dem Regiment streben, den Unterdrückten beistehen, Bundesgenossen gewinnen, Städte gründen, kriegen und siegen; von allem dem vermögt ihr nichts mehr zu tun. Es bleibt euch die Führung des Hauswesens, die Verwaltung der Stadt, die Verleihung von Ehren und Auszeichnungen mit Wahl und Maß, der Sitz im Rat und im Gericht, der Gottesdienst und die Feier der Feste; in allem diesem könnt ihr euch vor andern Städten auszeichnen. Auch das ist nichts Geringes, die anständige Haltung, die Sorgfalt für Haar und Bart, der gesetzte Gang auf der Straße, so daß bei euch selbst die anders gewöhnten Fremden sich es abgewöhnen zu rennen, die schickliche Tracht, sogar, wenn es auch lächerlich erscheinen mag, der schmale und knappe Purpursaum, die Ruhe im Theater, das Maßhalten im Klatschen: dies alles macht die Ehre eurer Stadt, und mehr als in euren Häfen und Mauern und Docks zeigt sich hierin das gute alte hellenische Wesen und erkennt auch der Barbar, der den Namen der Stadt nicht weiß, daß er in Griechenland ist und nicht in Syrien oder Kilikien» (31,161 ff. – Übersetzung von Th. Mommsen).

Während von Herodes Atticus, dem großzügigen Mäzen Athens, lediglich eine Rede «*Perì politeías*» überliefert ist, sind von dem aus Adrianoutherai in Mysien stammenden Aelius Aristides 55 große Reden bekannt, darunter sein oft zitierter «Panegyricus» auf Rom «*Eis Romen*». «Sophisten» im engeren Sinne des Wortes verkörperten dagegen jene brillanten Rhetoren, deren Auftritte große Auditorien in den griechischen Städten fesselten. Ihre kühnen Improvisationen oder ausgefeilten Kunstreden orientierten sich meist am Attizismus der klassischen griechischen Beredsamkeit. In ihrer Substanz lebten sie oft von traditionellen Formulierungen und Bildern; die formale Meisterschaft überwog die Qualität des Inhalts bei weitem. Die Themen waren dabei häufig den großen Situationen der griechischen Geschichte des 5. und 4. Jahrhunderts v. Chr. entnommen – und die Hörer haben sich an solchen historischen Reminiszenzen offensichtlich begeistert. Sie waren zudem auch noch bereit, für diese völlig anachronistischen Schaustellungen artifizieller Redekunst zu bezahlen.

Philostrats «Sophistenleben» geben einen Einblick in die nicht immer erfreuliche Welt dieser die geistige Atmosphäre bestimmenden Gestalten. Antonius Polemon von Laodikeia (um 88–144 n. Chr.) zum Beispiel fand stets sein Auditorium, mochte er über den Nikiasfrieden von 421 v. Chr., die Lage am Ende des Peloponnesischen Krieges (404 v. Chr.) oder über einen Bestechungsvorwurf gegen Demosthenes sprechen. Boten Polemon und einige andere aus diesem Kreise wenigstens formale Genüsse, so profitierte die Mehrzahl der Sophisten lediglich von der Konjunktur dieses Gewerbes. Sie allesamt waren um so anmaßender und eingebildeter, je bescheidener ihre Fähigkeiten und ihre Intelligenz wirkten, und selbstverständlich blühten auch unter ihnen die Animositäten und erbitterten Feindschaften; den Konkurrenten den Rang abzulaufen und gegen sie zu polemisieren, war ein gut Teil ihres Lebensinhalts.

Zu sehr viel stärkerer Resonanz als die nach wie vor bestehenden Gruppen von Anhängern des Peripatos, der Skepsis und Epikurs gelangten unter dem

Principat die Vertreter der Stoa. Neben Areios Didymos aus Alexandria, einem Freunde des Maecenas, L. Annaeus Cornutus, der Lucan und Persius beeinflußte, Seneca und dem Ritter C. Musonius Rufus ist hier vor allem Epiktet zur wichtigsten Vermittlerrolle gelangt. Der gelähmte Sklave aus Hierapolis in Phrygien setzte nach seiner Ausweisung aus Rom unter Domitian seine Lehrtätigkeit in Epirus fort. Epiktets Lehren, die insbesondere im Bereich der Ethik großen Eindruck machten, sind indessen lediglich durch die Aufzeichnungen Arrians überliefert worden. Sein Handbüchlein der Moral (*Encheiridion*) wurde vor allem in der Spätantike wie noch in der frühen Neuzeit zu einer der wichtigsten Trost- und Erbauungsschriften.

Schon im Eingang des Handbüchleins entwickelte Epiktet einige seiner grundlegenden Lehren: «Von den Dingen stehen die einen in unserer Gewalt, die anderen nicht. In unserer Gewalt steht: unsere Meinung, unser Handeln, unser Begehren und Meiden – kurz: all unser Tun, das von uns ausgeht. Nicht in unserer Gewalt stehen: unser Leib, unser Besitz, Ansehen, äußere Stellung – mit einem Worte: alles, was nicht unser Tun ist. Was in unserer Gewalt steht, ist von Natur frei, kann nicht gehindert oder gehemmt werden; was aber nicht in unserer Gewalt steht, ist hinfällig, unfrei, kann gehindert werden, steht unter dem Einfluß anderer. Sei dir also darüber klar: wenn du das von Natur Unfreie für frei, das Fremde dagegen für dein Eigentum hältst, dann wirst du nur Unannehmlichkeiten haben, wirst klagen, wirst dich aufregen, wirst mit Gott und der Welt hadern; hältst du aber nur das für dein Eigentum, was wirklich dein ist, das Fremde dagegen für fremd, dann kann kein Mensch einen Zwang auf dich ausüben, niemand dir etwas in den Weg legen, du wirst niemandem Vorwürfe machen, niemandem die Schuld geben, wirst nichts gegen deinen Willen tun, niemand kann dir dann schaden, du wirst keinen Feind haben, denn du wirst überhaupt keinen Schaden erleiden» (c. 1 – Übersetzung von W. Capelle).

Diese Ethik der Relativierung des Leidens und des Leides, des Sichabfindens mit Unabänderlichem war deswegen so überzeugend, weil sie mit Epiktets philosophischer Meisterung des persönlichen Schicksals identisch war. Sympathisch berührt auch seine Bescheidenheit: «Nenne dich niemals einen Philosophen, sprich auch nicht viel unter den Leuten über philosophische Anschauungen, sondern handle danach» (a. O., c. 46).

Unter den in griechischer Sprache publizierenden Historikern des Principats nimmt Flavius Josephus eine singuläre Stellung ein. Der 37/38 n. Chr. geborene, dem jüdischen Priesteradel zuzurechnende Mann wurde schon in jungen Jahren auf pharisäischer Seite aktiv. Im Jüdischen Krieg leitete er die Verteidigung von Jotapata, mußte jedoch kapitulieren und sagte Vespasian den Principat voraus. Fortan überzeugter Vertreter eines jüdisch-römischen Ausgleichs und engagierter Anhänger der Flavier ging Josephus so weit, daß er auf Vespasian messianische Vorstellungen des Judentums übertrug. Während er, nach Rom übergesiedelt, in seinem *«Bellum Judaicum»* die Ereignisse zwischen Antiochos IV. und dem Fall Masadas beschrieb, griff er in den *«Antiquitates»* weiter zurück und behandelte nun die Zeit vom Anfang der Welt bis zu Nero. Hier und in anderen kleineren Schriften nahmen dabei die apologetischen Tendenzen erheblich zu.

Die Verbindung geschichtlicher Entwicklungsstränge mit der Macht Roms führte Appian (um 95–165 n. Chr.) auf andere Weise vor Augen. Der gebürtige Alexandriner, der gleichfalls nach Rom ging und mit Fronto befreundet war, erhielt nicht nur das römische Bürgerrecht, sondern stieg schließlich sogar bis zur ritterlichen Stellung eines *procurator Augusti* auf. Sein insgesamt 24 Bücher umfassendes Geschichtswerk *«Romaika»* war so angelegt, daß es die Geschichte der einzelnen Teilräume der mediterranen Welt jeweils bis zu ihrer Unterwerfung unter Rom beschrieb. Den Hauptstrang der Gesamtentwicklung aber bildete die italisch-römische Geschichte, in deren Rahmen die Bücher 13 bis 17 die römischen Bürgerkriege von den Gracchen bis 36 v. Chr. schilderten. Aus diesem Teil wiederum ist besonders jene Partie von Bedeutung, welche die einzige einigermaßen ausführliche Schilderung der Entwicklungen zwischen 133 und 79 v. Chr. gibt.

Der in Nikomedia in Bithynien geborene Arrian (um 95–175 n. Chr.) verkörperte die Verbindung administrativer und militärischer Aktivität im Dienst des Imperiums mit einer anspruchsvollen und wertvollen literarischen Produktion. Der bis zum *consul suffectus* aufgestiegene Freund Hadrians diente nach 130 n. Chr. einige Jahre lang als Statthalter von Kappadokien. Er gab nicht nur Epiktets Schriften heraus, sondern verfaßte neben einem *«Periplus Ponti Euxini»*, der wichtigsten Quelle für die antike Geographie des Schwarzmeergebietes in römischer Zeit, und anderen kleineren theoretischen und praktischen Schriften vor allem die berühmte *«Anabasis Alexandrou»*, wobei er sich mit sicherem Urteil auf die besten antiken Quellen stützte.

Plutarch, dessen Lebenszeit sich zwischen 50 und 120 n. Chr. erstreckt, stammt aus der kleinen Stadt Chaironeia in Böotien. Auch für ihn sind nach mathematischen und rhetorischen Studien in Athen, ganz ähnlich wie für Apuleius und Pausanias, die großen Reisen typisch, die Plutarch nach Kleinasien, Alexandrien und Italien führten. Doch weit wichtiger ist für ihn die Verwurzelung in seiner kleinen böotischen Heimatstadt: «Ich wohne in einer kleinen Stadt, und damit sie nicht noch kleiner werde, bleibe ich in ihr und halte ihr die Treue», schreibt er im «Leben des Demosthenes» von sich (2). Und in den «Politischen Ratschlägen»: «Die Fremden lachen, wenn sie nach Chaironeia kommen und sehen, daß ich mich um Ableitung von Abwässern und Mistabfuhr kümmere. Aber ich halte es mit Epameinondas, der erklärte, nicht das Amt mache den Mann, sondern der Mann das Amt, und manches, was ich für meine eigene Person ablehnen würde, übernehme ich bereitwillig im Dienste meiner Stadt» (15).

So vereinigt Plutarch in sich zur vollen Bildung seiner Zeit Welterfahrung mit Heimattreue, so ist er für den griechischen Bereich eines der besten Beispiele jenes klassischen Städtegeistes, und so bleibt Mommsens schönes Wort für ihn gültig, daß es zwar «genug mächtigere Talente und tiefere Naturen [gibt], aber schwerlich einen zweiten Schriftsteller, der mit so glücklichem Maß sich in das Notwendige mit Heiterkeit zu finden und so wie er den Stempel seines Seelenfriedens und seines Lebensglückes seinen Schriften aufzuprägen gewußt hat» («Römische Geschichte» V, Berlin 1885, 252).

Trotz seiner Wertschätzung der klassischen griechischen Kultur – Plutarch bekannte sich zur Akademie Platos – machte er sich über die politischen Möglichkeiten des Griechentums in seiner Gegenwart keinerlei Illusionen. So lautet wieder einer seiner politischen Ratschläge (17,32) «Halte Dir die Schwäche des Hellenentums vor Augen! Ein Federstrich des Proconsuls genügt, um dir dein Amt zu nehmen. Wenn du dir als Beamter deiner Stadt den Kranz aufsetzt, vergiß nicht, daß über deinem Haupte der Schuh des römischen Statthalters schwebt!»

Aus Plutarchs Werk sind neben den *«Moralia»*, einem dem Zeitgeschmack gemäßen, typischen buntschillernden Sammelwerk, die *«bíoi parálleloi»* am wichtigsten geworden, jene Sammlung von Biographienpaaren, in denen jeweils ein großer Grieche mit einem Römer verglichen ist. Es geht in ihnen gemäß der Theorie des Peripatos um die Korrelation der ethischen Tugenden, der *éthe*, mit dem Handeln, den *práxeis*. In der Darstellungsform dominiert die Fülle des Anekdotischen, sie ist bewußt angestrebt, weil Plutarch in solchen Zügen und Situationen die typischen Verdichtungen der Charaktere zu erkennen glaubt.

So schrieb er in der Einleitung zum Vergleich Alexanders des Großen mit Caesar: «Denn ich schreibe nicht Geschichte, sondern Lebensbilder, und nicht durchaus tut sich in den glänzendsten Taten Wert oder Unwert eines Menschen kund, sondern oft wirft eine unbedeutende Handlung, ein Wort oder ein Scherz ein schärferes Licht auf den Charakter als Schlachten mit zahllosen Gefallenen, Zusammenstöße der größten Heere und Belagerungskriege um die größten Städte. Wie nun die Maler die Ähnlichkeit eines Porträts aus dem Antlitz und aus den Gesichtszügen gewinnen, in denen der Charakter zum Ausdruck kommt, und die übrigen Körperteile wenig beachten, so muß man es mir gestatten, mehr auf die Merkmale des Seelischen einzugehen, um mit ihrer Hilfe das Lebensbild eines jeden zu gestalten, und die großen Taten und Schlachten anderen zu überlassen» («Alexander» 1,2 f. – Übersetzung von K. Ziegler).

Heute sind noch 22 Biographienpaare erhalten, dazu noch vier einzelne Viten. Gewiß wird man in dieser spiegelbildlichen Konfrontation großer Griechen und Römer auch eine griechische Antwort auf die geistige Doppelpoligkeit des Reiches sehen können, wenn auch der Vergleich des Gemeinsamen oft kaum überzeugen kann, wie in den angeblichen Parallelen zwischen Perikles und Fabius Maximus. Andere Vergleiche treffen jedoch ins Schwarze, so die Gegenüberstellungen von Alexander dem Großen und Caesar und von Demetrius und Antonius. Typisch für den Gesamtkomplex ist jedoch nicht nur diese Parallelisierung des Griechischen und des Römischen, sondern ebenso der klassizistische Standpunkt für Plutarchs Auswahl. Von den 23 Viten des griechischen Bereichs gehören lediglich fünf der Epoche des Hellenismus an. Typisch ist endlich auch Plutarchs moralisch-pädagogische Zielsetzung und sein Glaube an die enthusiasmierende Kraft der großen historischen Vorbilder, wie er zu Beginn der Aemilius-Biographie ausgesprochen ist: «Durch das Studium der Geschichte und das ständige Schreiben über sie bereiten wir uns dafür, das Andenken an die Edelsten und bewährtesten Männer immer in unsere Seelen aufzunehmen und, wenn der unvermeidliche Verkehr mit unserer Umgebung etwas Schlechtes, Übelgeartetes oder Unedles an uns heranbringt, es abzustoßen und von uns zu weisen, indem wir unsern Sinn ruhig und unbeirrt auf die edelsten Vorbilder richten» («Aemilius Paulus» 1,5 f. – Übersetzung von K. Ziegler).

Es gibt nur wenige antike Autoren, deren Wirkungsgeschichte so breit und nachhaltig wurde wie diejenige Plutarchs. Für die Begründung der römisch-republikanischen Tradition Europas ist er neben Livius zum wichtigsten Fundament geworden. Seit den Übersetzungen des 16. Jahrhunderts, vor allem jener von Jacques Amyot (1559), faszinierte er nahezu alle Klassiker der europäischen Nationalliteraturen, Shakespeare nicht weniger als Corneille und Dryden, Schiller nicht anders als Goethe, Keller und Hauptmann. Das europäische Geschichtsbild der Gebildeten wurde durch Plutarch in weitem Umfange bestimmt, die Heroisierung der antiken Politiker und Militärs von ihm durchgesetzt.

Der vermutlich aus Magnesia am Sipylos in Lydien stammende Pausanias (geboren um 115 n. Chr.) fand dagegen lange Zeit nur geringe Beachtung und wurde bis in die Gegenwart weithin unterschätzt. In den zehn Büchern seiner zwischen etwa 155 und 180 n. Chr. konzipierten «Beschreibung Griechenlands» wollte Pausanias nicht nur einen für den praktischen Gebrauch bestimmten Reiseführer für das griechische Mutterland vorlegen, sondern zugleich ein Werk, das auch literarischen Ansprüchen genügte und die mündliche wie die schriftliche Überlieferung über die einzelnen Denkmäler und Sehenswürdigkeiten, die Städte und Landschaften erschloß. Inmitten einer vom rhetorischen Flimmer beherrschten kulturellen Epoche beschrieb dieser sorgfältige und nüchterne Autor die ganze Vielfalt des griechischen Landes, auch die kleineren Siedlungen, die Heiligtümer, Tempel und Feste, die Sagen, Mythen und die für das Verständnis notwendigen historischen Zusammenhänge.

Dabei trat die Persönlichkeit des Autors völlig hinter seinem Werk zurück, dem deshalb nicht die Literaturpäpste vom Schlage eines Wilamowitz, sondern nüchterne Experten der Inschriften, Denkmäler und des Landes wie Ernst Meyer und Christian Habicht gerecht geworden sind. Habichts Interpretation dürfte auch zutreffen, daß ein Kapitel aus Pausanias' achtem Buch dessen Motivation am ehesten ahnen läßt: «Megalopolis, dessen Gründung von den Arkadern mit dem lebhaftesten Enthusiasmus ausgeführt und von den Griechen mit den größten Hoffnungen betrachtet wurde, liegt nun fast ganz in Trümmern, seines gesamten Schmuckes und seiner einstigen Blüte beraubt. Ich wundere mich darüber nicht, weiß ich doch, daß die Gottheit unablässigen Wechsel will, und daß alle Dinge, starke wie schwache, Wachstum wie Verfall, den Veränderungen des Glücks unterworfen sind, dessen starkem Zwang nichts standhalten kann. Mykene, das die Griechen im Trojanischen Krieg anführte, und Niniveh, wo der Königspalast der Assyrer war, und das böotische Theben, einst der Hegemonie Griechenlands gewürdigt – was ist von ihnen geblieben? Die beiden ersten sind völlig menschenleer, der Name Thebens ist auf die Akropolis und eine Handvoll von Einwohnern zusammengeschrumpft. Die Plätze, die früher an Reichtum die Welt übertrafen, das ägyptische Theben und das minyische Orchomenos, sind jetzt weniger vermögend als ein Privatmann von bescheidenem Vermögen, während Delos, einst der gemeinsame Markt der Griechen jetzt, wenn man von den aus Athen zum Schutze des Heiligtums entsandten Wächtern absieht, keinen einzigen Bewohner mehr hat. In Babylon gibt es wohl noch das Heiligtum des Baal, aber von dem Babylon, das einst die größte Stadt von allem war, die die Sonne beschien, ist nichts mehr übrig außer der Stadtmauer, so wie auch von Tiryns in der Argolis. Aber die Stadt Alexanders in Ägypten und die des Seleukos am Orontes, Gründungen von gestern nur, sind zu solcher Größe und Prosperität gelangt, weil die Tyche ihnen lächelt... So vergänglich und tönern ist Menschenwerk» (VIII,33 – Übersetzung von Chr. Habicht).

In der von der formalen Brillanz, den Stegreif- und Kunstreden der Sophisten, Philosophen minderen Ranges, Scharlatanen und Wundermännern aller Art erfüllten Welt mußte Pausanias als völliger Außenseiter wirken. Eine andere Form der Distanzierung wählte der etwa 120 n. Chr. in Samosata am Euphrat geborene Lukian. Zwar versuchte auch er sich geraume Zeit als Rhetor, trat weite Reisen an, die ihn bis nach Gallien führten, ehe er schließlich wieder in seine Heimatstadt zurückkehrte. Den Höhepunkt seines späteren Schrifttums stellen die satirischen Dialoge der Götter- und Hetärengespräche dar, zahlreiche menippeische Satiren und Parodien. Die Beurteilung Lukians blieb immer umstritten. Chr. M. Wieland, der ihn übersetzte, konstatierte einst: «In der Tat weiß ich nicht, welcher unter allen alten Schriftstellern ihm an Reichtum des Genies, an Vereinigung aller Arten von Geist, an Witz, Laune, Geschmack und Eleganz, an der Gabe, den gemeinsten und bekanntesten Dingen die Grazie der Neuheit zu geben, und an Verbindung aller dieser Mittel zu gefallen mit dem gesundesten Verstande, mit den mannigfaltigsten und angenehmsten Kenntnissen und mit aller der Politur, die ein glückliches, von den Musen gepflegtes und ausgebildetes Naturell nur in der großen Welt und im Umgang mit auserlesenen Menschen erhalten kann, den Vorzug streitig machen könnte» (Lukian, «Sämtliche Werke» I, Ausgabe Berlin 1922², 15). Für Jacob Burckhardt war er dagegen «der letzte eigentliche Aufklärer und völlig Ungläubige, Leugner ALLER Religionen, ist Zeuge einer allgemeinen Herzlosigkeit, aber persönlich ein giftiges Subject und von grenzenlosem Eigenruhm» («Historische Fragmente» 20).

Jede kürzere, zusammenfassende Beschreibung der Entwicklung und Leistung der Künste im *Imperium Romanum* steht vor der Schwierigkeit, eine besonders große Vielfalt künstlerischer Produktion der verschiedensten Werkgattungen und Einflußbereiche subsumieren zu müssen. Keine Beschreibung dieser Art kann den Anspruch erheben, dabei allen Einheiten des einstigen Denkmälerbestandes gerecht zu werden. Ob Reichskunst, Provinzialkunst oder Volkskunst, ob orientalische, ägyptische, hellenistische, italische, keltische, iberische oder nordafrikanische Stilprovinzen – keiner dieser mit den jeweiligen Gattungsstilen sich überlagernden Komplexe hat in der Regel das einzelne Werk allein geprägt. Vielmehr dürfte auch hier die Vielzahl wechselseitiger Beziehungen und Einflüsse die Norm bilden. Auch die Diskussion um die Priorität von Zeitstil und Gattungsstil lehrte, daß es hier keine Ausschließlichkeit geben kann.

Nach dem Höhepunkt der augusteischen Epoche lassen sich die Impulse der imperialen Herrschaft Roms am stärksten im Bereich der Architektur fassen. Schon Vitruv hatte in der Vorrede zu *«De architectura»* den Zusammenhang zwischen den neuen öffentlichen Bauten und der *maiestas imperii* hergestellt: «Als ich jedoch bemerkte, daß Deine [des Augustus] Sorge sich nicht nur auf die allgemeine Wohlfahrt und die Einrichtung des Staates richtete, sondern auch auf die dem allgemeinen Nutzen dienende Anlage öffentlicher Bauten, damit der Staat durch Dich nicht nur durch Provinzen bereichert sein, sondern auch die Würde des Reiches hervorragende, das Ansehen erhöhende öffentliche Bauten besitzen sollte, da glaubte ich, es nicht unterlassen zu dürfen, im ersten geeigneten Augenblick diese Bücher über diese Dinge mit einer Zueignung für Dich herauszugeben» (I,1,2 – Übersetzung von C. Fensterbusch).

Zu den charakteristischen Zügen der Repräsentationsbauten unter dem Principat zählt insbesondere die Zuordnung einzelner Bauelemente und Architekturglieder zu einem übergreifenden Gesamtkomplex, eine Architekturidee und Aufgabenstellung, die sich im Trajansforum und in den Kaiserthermen ebenso widerspiegeln wie in den planmäßigen Anlagen neuer Städte und Lager. Einige typische, konkrete Gesichtspunkte der augusteischen Zeit begegnen uns wiederum bei Vitruv, der zum Beispiel für die Auswahl der Plätze von Forum und Tempeln einer Stadtanlage folgende

Ratschläge gab: «Nachdem die Nebenstraßen eingeteilt und die Hauptstraßen festgelegt sind, muß die Auswahl der Bauplätze für die heiligen Gebäude, das Forum und die übrigen, gemeinsamen Zwecken dienenden Orte im Hinblick auf günstige Lage und den allgemeinen Gebrauch durch die Bürgerschaft erörtert werden. Und wenn die Stadtmauern entlang des Meeres liegen, muß der Platz, auf dem das Forum errichtet werden soll, sehr nahe am Hafen ausgewählt werden, liegen sie aber im Binnenlande, dann mitten in der Stadt. Für die heiligen Gebäude der Götter aber, in deren Schutz die Bürgerschaft in erster Linie zu stehen scheint, für Juppiter, Juno und Minerva, müssen die Bauplätze an der höchstgelegenen Stelle, von der der größte Teil der Stadt zu sehen ist, zugeteilt werden. Dem Merkur aber auf dem Markt oder auch, wie der Isis und dem Sarapis, am Stapelplatz beim Hafen. Für Apollo und Liber Pater beim Theater. Für Herkules in den Städten, in denen es keine Gymnasien und Amphitheater gibt, beim Circus; für Mars außerhalb der Stadt, aber beim Blachfeld und ferner für Venus beim Hafen» («*De architectura*» I,VII – Übersetzung von C. Fensterbusch).

Andere beherrschende Prinzipien im Bereich der Architektur waren die Beachtung der Axialsymmetrie, die Betonung der Frontalität, die eindeutige Umgrenzung der Architekturanlagen und nicht zuletzt das Streben nach Monumentalität. Jacob Burckhardt nahm dieses Ziel einst nicht nur für die schon durch ihre Dimensionen beeindruckenden Denkmäler der imperialen Architektur in Anspruch, sondern für alle römischen Bauten: «Die einfachsten Nutzbauten nehmen unter römischen Händen wenn nicht einen künstlerischen, doch immer einen monumentalen Charakter an. Das Prinzip, von allem Anfang an so tüchtig und so solid als möglich zu bauen, deutet auf einen Gedanken ewiger Dauer hin, dessen sich unsere Zeit bei ihren kolossalsten Nutzbauten nicht rühmen kann...» Zur Erklärung dieses Phänomens konnte Burckhardt lediglich konstatieren, «daß die Weltgeschichte einmal ein solches Volk hat haben wollen, das Allem, was es tat, den Stempel des Ewigen aufzudrücken versuchte... Stadtmauern, Straßen und Brücken der Römer sind, wenn auch schlicht in der Form, doch durch denselben Typus der Unvergänglichkeit ausgezeichnet. Es muß eines furchtbaren, tausendjährigen Zerstörungssinnes bedurft haben, um auch diese Bauten auf die Reste herunterzubringen, welche wir jetzt vor uns sehen» («Cicerone», in: «Werke» 3, Stuttgart 1933, 38 f.).

Der Zug zum Monumentalen ist auch bei den Grabdenkmälern und Erinnerungsstätten zu beobachten. Die schon vorher in Ansätzen zu beobachtende Monumentalisierung der Grabanlagen erhielt durch das Augustus-Mausoleum noch einen weiteren Impuls. Dabei überwog gerade in diesem Sektor die Vielfalt eindrucksvoller architektonischer Formen. Sie wird nicht nur durch die längs der *Via Appia* errichteten Anlagen oder in Pompeji bezeugt, sondern ebenso durch die Denkmäler von Saint-Rémy-en-Provence und Mainz.

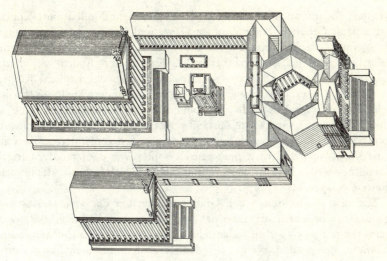

42 Baalbek, Tempel, Rekonstruktion

Vor allem in der Architektur, und hier eben nicht nur in Tempelanlagen, Verwaltungszentren, Militärbauten, Siegesmonumenten, Triumphbogen, Kenotaphien und anderen Denkmälern religiöser, politischer und militärischer Repräsentation, sondern auch in der Vielzahl der Nutzbauten aller Art, in Häfen und Märkten, Kanälen und Straßen, Aquädukten und Brücken, den Foren und Kryptoportiken (unterirdischen Lager- und Verkaufsräumen), Markthallen und Gerichtsgebäuden, Thermen und Amphitheatern dokumentiert sich die römische Präsenz in den Provinzen noch heute. Die einst 23 m hohen Säulen des um 60 n. Chr. errichteten Tempels für Juppiter Heliopolitanus in Baalbek erinnern an die römische Herrschaft auf nicht weniger eindrucksvolle Weise als der aus dem ersten Viertel des 2. Jahrhunderts n. Chr. stammende, 730 m lange und 29 m hohe, aus Granitquadern ohne Mörtel gefügte Aquädukt von Segovia. Der spezifisch römische Bogenbau prägte Stadttore wie Triumphbögen, Theaterfassaden wie Wasserleitungen.

Demjenigen, der sich einen anschaulichen Gesamteindruck vom Architekturenensemble einer römischen Stadt verschaffen will, bieten die 79 n. Chr. zerstörten Vesuvstädte, die inzwischen zu großen Teilen wiederausgegraben wurden, den besten Einblick. Als Goethe zusammen mit Tischbein im Jahre 1787 Pompeji besuchte, hielt er folgendes fest: «Pompeji setzt jedermann wegen seiner Enge und Kleinheit in Verwunderung. Schmale Straßen, obgleich grade und an der Seite mit Schrittplatten versehen, kleine Häuser ohne Fenster, aus den Höfen und offenen Galerien die Zimmer nur durch die Türen erleuchtet. Selbst öffentliche Werke, die Bank am Thor, der

Tempel, sodann auch eine Villa in der Nähe, mehr Modell und Puppenschrank als Gebäude. Diese Zimmer, Gänge und Galerien aber auf's heiterste gemalt, die Wandflächen einförmig, in der Mitte ein ausführliches Gemälde, jetzt meist ausgebrochen, an Kanten und Enden leichte und geschmackvolle Arabesken, aus welchen sich auch wohl niedliche Kinder- und Nymphengestalten entwickeln, wenn an einer andern Stelle aus mächtigen Blumengewinden wilde und zahme Thiere hervordringen. Und so deutet der jetzige, ganz wüste Zustand einer erst durch Stein- und Aschenregen bedeckten, dann aber durch die Aufgrabenden geplünderten Stadt auf eine Kunst- und Bilderlust eines ganzen Volkes, von der jetzo der eifrigste Liebhaber weder Begriff, noch Gefühl, noch Bedürfniß hat» («Italienische Reise», Neapel, 11. 3. 1787).

Seit dem Fortschreiten der Grabungen dürften der «wüste Zustand» großenteils behoben, der Eindruck von «Enge und Kleinheit» relativiert sein. Die seit 80 v. Chr. als sullanische Kolonie organisierte *Colonia Veneria Cornelia Pompeianorum* war am damals noch schiffbaren Sarno erbaut worden, nachdem der Platz zuvor nacheinander unter griechischem, oskischem, etruskischem und samnitischem Einfluß stand. Am Fuß des Vesuvs verfügte die Stadt einerseits über ein besonders fruchtbares Hinterland, während sie andererseits auch eine günstige Verbindung zum Golf von Neapel aufwies, so daß sich Agrarwirtschaft und Seehandel überschnitten. Der Wein aus der Umgebung von Pompeji fand einen lebhaften Absatz; Amphoren dieser Provenienz wurden in Norditalien ebenso gefunden wie in Gallien. Von den rund 20 000 Einwohnern, die zur Zeit der Zerstörung in Pompeji lebten, zählte indessen nur ein kleiner Bruchteil zu den wenigen Dutzend wirklich reichen Familien, deren städtische Villen eine ungewöhnlich hohe Lebensqualität bezeugen. Die weit überwiegende Mehrzahl der Bevölkerung ist dagegen den Mittel- und Unterschichten zuzurechnen.

Die Stadt, die einst eine bewohnte Fläche von rund 66 ha einnahm und die als repräsentativ für mittelgroße, florierende Städte gelten kann, zeigt alle wesentlichen Elemente der Architektur. So besaß sie das übliche Forum an der Stelle der alten Agora. Es wurde an seiner Nordseite durch das Kapitol, den Juppiter-, Juno- und Minervatempel beherrscht, an den übrigen Seiten durch große öffentliche Gebäude, den Apollotempel, den Lebensmittelmarkt *(macellum)*, die Eumachia, einen Portikus für den Textilhandel, eine Gerichtshalle *(basilica)*, Amtslokale, Läden und Thermen umsäumt. Pompeji wies weiterhin zwei Theater, ein Amphitheater, Gladiatorenbaracken mit einem großen, mit Säulen umgebenen Übungsplatz auf.

Im Unterschied zu Ostia und Rom hatten die Häuser der Stadt in der Regel lediglich zwei oder drei Stockwerke. Dabei trat in der augusteischen Zeit eine bezeichnende Veränderung in der Bauweise ein: Dominierten zuvor Sicherheitskriterien, die sich in fensterlosen Außenwänden und mächtigen Toren ausdrückten, so nun eine Orientierung zur Straße hin, die sich in

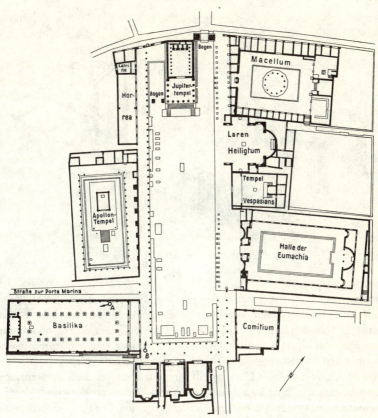

43 Forum Pompeji, Grundriß

der Öffnung der Häuser durch Fenster und Balkone zeigte. Während der Großteil der Bevölkerung Pompejis in jenen engen Wohnungen lebte, die Goethe so beeindruckt hatten, besaßen die reicheren Familien Stadthäuser vom Atrium-Typ. Für sie waren zwei Grundelemente bezeichnend: einmal die oben offene Halle des Atriums, um die verschiedene Räume des Eingangsteils des Hauses gruppiert waren, und zweitens ein Peristyltrakt in der rückwärtigen Partie der Anlage. Dabei handelte es sich um einen von Säulengängen umrahmten Garten, an den sich Speiseraum, Küche, Schlafzimmer, gelegentlich auch ein kleines Bad anschlossen.

Häuser dieses Typs sicherten eine private, abgeschlossene Lebenssphäre in einer durchaus angenehmen Umgebung. Die schlichten Fassaden dürfen nicht darüber hinwegtäuschen, daß schon das Atrium – ursprünglich der eigentliche Mittelpunkt des Hauses – von hellem Licht durchflutet, die Gartenanlage mit dem Peristyl dann vollends durch kleine Statuen, Spring-

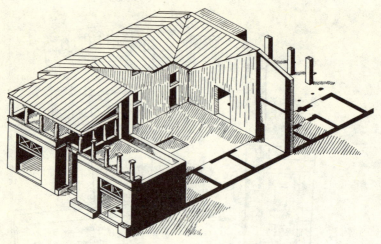

44 Haus in Pompeji, Strichzeichnung

brunnen und Kunstwerke aller Art prächtig ausgestattet war. Dazu traten die Wirkungen der Wandmalerei, die gerade in Pompeji in besonderer Blüte stand. Es ist ohnehin ein spezifisches Problem der Vergegenwärtigung römischer Architektur, daß die erhaltenen Bauüberreste großenteils architektonischen Skeletten gleichen. Den großen Thermenanlagen etwa fehlen heute weithin die bunten Marmorteile, auch den meisten anderen Repräsentationsbauten die einst bestimmenden Stuck-, Inkrustations- und Mosaikelemente, die Wandgemälde und Reliefs, die ursprünglich die römische Architektur mit einem ungewöhnlichen Materialluxus umkleidet und erfüllt hatten.

Gerhard Rodenwaldt sah die Kunst der Zeit zwischen Nero und Trajan durch «den eigentlich klassischen [Stil] der römischen Kunst» geformt. Aus solcher Sicht führten das Colosseum, der Titusbogen wie der Trajansbogen von Benevent alte römische Bauideen auf ihren Höhepunkt. Unter Hadrian folgte dann, auch in Rom selbst, eine neue Synthese griechischer und römischer Traditionen, die im Pantheon gipfelte: «In dem Rundbau des Pantheon hat Hadrian eine der größten Raumschöpfungen der Weltarchitektur hinterlassen, deren überwältigende Wirkung allerdings nur in ihr selbst erlebt werden kann. Sie stellt eine Einheit von römischer Konstruktion und griechischer Dekoration vor, die allen Postulaten von material- und konstruktionsgerechter Gestaltung der Architektur Hohn spricht. Das System der Konstruktion ... besteht darin, daß das durch Bögen verklammerte Strebewerk der Kuppel von acht gewaltigen Pfeilern getragen wird. Von dem Kampf und der Bewegung dieser Ziegelkonstruktion spüren wir nichts, wenn wir den Innenraum betreten, und auch am Außenbau war für den

45 Pantheon, Rom, Kupferstich

antiken Beschauer jede Spur davon überdeckt. In gleichmäßiger Rundung umgibt uns eine Fläche, deren Geschlossenheit auch durch die Nischen des unteren Teils nicht aufgelöst wird. Darüber erhebt sich, wie aus einem abstrakten Material gebildet, das Wunderwerk der einheitlichen Kuppelfläche, der durch die Kassetten jede Schwere genommen wird. Aus der einen zentralen Öffnung der Kuppel dringt das Licht ein, gleichmäßig den Raum erfüllend, ohne in einzelne Strahlen und Bündel gebrochen zu werden. Der Eindruck klassischer Ruhe und Vollendung umfängt den in dem Raum Wandelnden. Die Einfachheit erzeugt eine größere Monumentalität, als sie den absoluten Maßen entspricht» (G. Rodenwaldt, «Die Kunst der Antike», Berlin 1927, 79 f.).

Die Zeit des Principats war sodann identisch mit einer Blütezeit der Plastik in allen nur denkbaren Formen. Sämtliche Städte des Imperiums, nicht nur Rom selbst, wurden mit einer Vielzahl von Statuen geschmückt, der Bedarf an Herrscherporträts und an Bildnissen von Angehörigen der jeweiligen *domus principis* riß nicht ab. Politisch-historische Reliefs höchster Qualität wurden für die römischen Triumphbögen und Monumente, erst recht für die viele hundert Meter langen Bildbänder der Trajans-, Antoninus- und Marcussäule benötigt, doch auch – obgleich in wesentlich bescheideneren Dimensionen – für die Repräsentationsbauten und Denkmäler der Städte Italiens und der Provinzen.

Vor allem die Tausende von Grabdenkmälern und Grabsteinen, die sich in den Friedhöfen jeder Stadt des Imperiums ansammelten, forderten ihren, und sei es auch noch so einfachen oder typisierten, plastischen Schmuck. Einheimische Stiltraditionen, Grenzen handwerklichen Vermögens und die Vorbilder hellenistisch-römischer Motive bestimmten etwa die Gestaltungen der rheinischen Grabsteine, insbesondere die seit flavischer Zeit weitverbreiteten «Totenmahlreliefs». Sehr viel höheren Ansprüchen mußten die Reliefs der Sarkophage genügen, die seit dem Anfang des 2. Jahrhunderts n. Chr. für die Angehörigen der römischen Führungsschicht geschaffen wurden. Während bei ihnen zunächst klassische Stilisierungen überwogen, zeigten sie seit antoninischer Zeit in zunehmendem Maße Einflüsse der sogenannten Volkskunst. Thematisch waren lange Zeit Szenen der griechischen Mythologie – wie zum Beispiel Medea, die Leukippiden, Endymion – üblich, welche die hohe Bildung des Toten oder des Auftraggebers ebenso attestieren konnten wie die Hoffnung auf ein ewiges Leben. Doch kamen daneben schon früh Schlachtsarkophage und Exemplare weiterer, spezieller Themengruppen vor.

Der Wechsel der jeweiligen Stilrichtungen, die Nachwirkung traditioneller Tendenzen und Formen in der iulisch-claudischen und trajanischen Epoche wie die Prägekraft individueller Ansätze unter Nero, Domitian und Hadrian, schließlich die Entfaltung neuer Techniken – besonders in der Behandlung der Haare, der Augen und des Gesichts –, aber auch Ausdrucksformen in der spätantoninischen Zeit spiegeln nicht nur einen persönlichen Geschmackswandel der verschiedenen *principes* wider, sondern in gleicher Weise die von ihnen geschaffene oder zumindest anerkannte Stilisierung der Herrschaft, doch auch immer wieder das Lebensgefühl und die irrationalen Artikulationen einer Epoche.

Für das Verständnis römischer Plastik ist wesentlich, daß sie isoliert und gleichsam autonom nicht angemessen zu begreifen ist. Sie setzt in der Regel die Berücksichtigung des zugehörigen architektonischen Rahmens sowie der speziellen funktionalen Bindungen und Zielsetzungen voraus. Für die Porträtkunst aber, auf die im folgenden näher eingegangen werden soll, hat Burckhardt an andere, elementare Voraussetzungen erinnert: «Die Büste, und vollends die Statue, hat für einen auf das Dauernde gerichteten Sinn den stärksten Vorzug vor dem gemalten (oder daguerreotypierten!) Bilde, in welchem die jetzige vielbeschäftigte Menschheit vor der Nachwelt aufzutreten gedenkt. Freilich gehört Schädelbau und schwammloses Fleisch und ein lebendiger Ausdruck dazu, der nur durch beständigen Verkehr mit den Menschen, nicht mit Büchern und Geschäften allein sich dem Antlitz allmählich aufprägt.» Nachdrücklich hob er den Verismus der römischen Bildnisse hervor: «Aber auch in den Büsten und Standbildern ist so wenig Geschmeicheltes, daß man der römischen Kunst schon eine allzu derbe und nüchterne Darstellung des Wirklichen vorgeworfen hat... Welches nun immer die Ausstattung und Gewandung sei, es bleibt eine Tatsache, daß die bessern römischen Bildnisse ganz rücksichtslos den Charakter und die Züge der Betreffenden, aber mit einem hohen Lebensgefühl aussprechen» («Werke» 3, Stuttgart 1933, 458 ff.).

Die Bevölkerung des *Imperium Romanum* war auf die Individualität des jeweiligen *princeps* fixiert. Im Gegensatz zur Erscheinungswelt der Spätantike konzentrierte sich das allgemeine Interesse nicht auf ein abstrakt gestaltetes Abbild des Herrschers, sondern auf dessen Persönlichkeit, die gerade in ihrer Individualität auch die Vorderseiten der Münzen beherrschte. Wie die Staatsform und die Ideologie des Principats augusteischer Prägung zunächst «offen» blieben, bei aller Wahrung der generellen Machtstrukturen doch persönliche Akzentuierungen durch die nachfolgenden *principes* erlaubten, so galt auch die augusteische Stilisierung des *princeps*-Porträts keineswegs als eine dogmatische Lösung. In der Krise des ersten Vierkaiserjahres und unter den Flaviern dominierte zunächst gerade deshalb ein oft provozierender Individualismus, weil die Persönlichkeiten der neuen Herrscher ungebrochen zur Geltung kommen sollten. Im 2. Jahrhundert n. Chr., während der Ära des Adoptivkaisertums, gewannen dann neu fundierte Idealisierungen wieder die Oberhand. Die philosophisch interessierten Herrscher wie Hadrian und M. Aurel entzogen sich diesen Strömungen ebensowenig wie der quietistische Antoninus Pius. Erst mit Caracalla sprengte dann eine neue Vitalität jene erstarrenden Formen, eine Vitalität, welche besonders während der Epoche der Soldatenkaiser triumphieren sollte.

Einige Beispiele mögen diese Entwicklungslinien belegen und vertiefen. Die Variationsbreite der Gestaltungen und Stilisierungen ist gerade bei den Porträts der *principes* besonders groß. Weder das Marmorporträt des Tiberius aus der Sammlung Ny Carlsberg in Kopenhagen noch jenes des Caligula aus dem Schloß Fasanerie bei Fulda lassen die Wesenszüge der beiden Herrscher ahnen, die aus der Literatur vertraut sind, so sehr dominiert in beiden Fällen bei aller Wirklichkeitsnähe die Tendenz zur Idealisierung. Ganz anders ist die Situation dagegen unter Nero. Dessen späte Bildnisse, wie dasjenige der Münchner Glyptothek, entsprechen einem ganz neuen Stilempfinden und bringen ganz neue Prioritäten zum Ausdruck: Das Gesicht des Herrschers ist nicht mehr nach dem klassischen Ideal der augusteischen Epoche stilisiert. Es unterdrückt die typische Physiognomie des feisten jungen Mannes nicht, umrahmt sie jedoch durch einen kunstvoll gelockten Haarkranz, wie es den Wünschen eines Monarchen entsprechen mochte, der seine Künstlerexistenz durch die Annäherung an Apollo und Helios überhöhen ließ.

Vespasians realistisch gestaltetes Porträt mutet dagegen wie ein Programm an, dessen Konsequenz erst dann verständlich wird, wenn man es mit Neros raffinierter Stilisierung vergleicht. An die Stelle des überspannten *artifex* Nero war in Vespasian der willensstarke, erfahrene Exponent des italischen Bürgertums getreten, eine durch ihre Leistungen wie durch das Vertrauen der Armee zur Macht gelangte Persönlichkeit, ein Mann ohne alle Illusionen, aber auch ohne Überheblichkeit. Die angespannten Züge, die scharfen Falten des Gesichts und der breite Schädel verbargen keinen Augenblick die soziale Herkunft des neuen Herrschers. Doch sein Porträt präsentierte zugleich auch einen Menschen, dem man die Härte zutrauen konnte, die erforderlich war, um das Chaos in Staat und Gesellschaft zu bewältigen.

Entsprechen die Porträts der Adoptivkaiser weithin jenen Vorstellungen, welche die literarische Überlieferung nahelegt, so ist der Kontrast zwischen deren Persönlichkeitsbild und demjenigen der Herrscherporträts des Commodus überraschend. Erscheint dort eine vitale, sich in jeder Hinsicht auslebende, herkulische Persönlichkeit, der *princeps* als Schlächter von wildem Getier und als Gladiator, so in den Bildnissen ein ganz in die antoninischen Traditionen eingepreßtes, idealisiertes Porträt. Das durch sorgfältig gelockte Haarmassen und einen breiten Bart umrahmte Gesicht mit den häufig ebenmäßig stilisierten Zügen läßt nicht entfernt die animalische Natur jenes Menschen ahnen.

Von der einst überreichen römischen Malerei blieb nur ein kleiner Bruchteil, überwiegend in den Vesuvstädten, erhalten. Aus ihrem Bestand und aus einem Rückblick Vitruvs läßt sich die Entwicklung wenigstens erahnen. Danach wurden die Wände zunächst mit bunten, marmorähnlichen Flächen, Gesimsen, Rechtecken und keilförmigen Streifen bemalt, später Gebäude, Bühnenfronten, Landschaften, Götter, Szenen der Mythologie abgebildet. Schon seit augusteischer Zeit aber setzten sich dann neue Tendenzen durch: «All dies, das als Nachbildung von wirklichen Dingen entlehnt wurde, wird jetzt infolge eines entarteten Geschmacks abgelehnt; denn auf den Verputz malt man lieber Ungeheuerlichkeiten als naturgetreue Nachbildungen von ganz bestimmten Dingen. An Stelle von Säulen setzt man kannelierte Rohrstengel, an Stelle von Dachgiebeln Zierate mit gekräuselten Blättern und Voluten, ferner Lampenständer, die die Gebilde kleiner Tempel tragen, über deren Giebel sich zarte Blumen aus Wurzeln mit Voluten erheben, auf denen sinnlos kleine Figuren sitzen, ferner Pflanzenstengel mit Halbfiguren, von denen die einen Menschen-, andere Tierköpfe haben. So etwas aber gibt es nicht, kann es nicht geben, hat es nicht gegeben» (Vitruv, *«De architectura»* VII,5 – Übersetzung von C. Fensterbusch).

Der sogenannte vierte Stil führte diese Malerei auf ihren Höhepunkt: «Zwischen geschlossenen Wandteilen öffnen sich Prospekte mit phantastischen Architekturen, die bis in dämmernde Fernen führen. Vorhänge flattern, funkelnde Lichter sprühen auf, flimmernde Unruhe belebt das Ganze bis zur Bewegung der kleinsten Ranke. Zitternde, nervöse Beweglichkeit erfüllt die Figürchen und Fabelwesen, die als schmückende Glieder in die seltsamen Architekturgebilde eingefügt sind. Bezaubernd sind die Figürchen und Szenen, die rein dekorativ über die Wände zerstreut sind. Eroten und Psychen, Kentauren und Nymphen, Tänzerinnen und Akrobaten. Mit flüchtigen Pinselstrichen geschaffen, Gebilde des Augenblicks, leuchten sie in höchster Beweglichkeit vor dem satten schwarzen oder roten Grunde auf, voller Anmut, Laune und Humor» (G. Rodenwaldt, «Die Kunst der Antike», Berlin 1927, 75).

Doch daneben behaupteten sich auch in Pompeji große Figuren, wie zum Beispiel die kurz vor 79 n. Chr. entstandene Venus in der Muschel vom Gartenperistyl der *Casa di Venere*, oder die pathetische Szenenfolge des sogenannten Mysterienfrieses aus der *Villa dei Misteri*, jener ausgedehnte, lebendige und packende Bilderfries, der den Einweihungsritus in die Mysterien durch die Kraft seiner Farben und die sicher erfaßten Figuren so mitreißend darstellte.

Auch für die Mosaiken bahnte sich unter dem Principat ein künstlerischer Höhepunkt an. Waren hier anfangs weißgrundige Mosaiken mit einfachen schwarzen Zeichnungen vorherrschend, die neben mythologischen Szenen und Meeresbildern auch Alltagsmotive zeigten, Mosaiken, wie sie besonders aus Pompeji und Ostia bekannt sind, so folgten seit dem 2. Jahrhundert n. Chr. mehrfarbige Darstellungen von Landschaftsbildern, wie zum Beispiel in der *Villa Hadriana* in Tivoli. Ausgesprochene Zentren der Mosaikkunst lagen ferner in Syrien und in Nordafrika. In Syrien war Antiochia seit langem zu einer besonders regen Produktionsstätte geworden, deren Stil durch die Weiterführung hellenistischer Traditionen ebenso geprägt wurde wie durch den ausgesprochenen Naturalismus der Bilder. Einer ähnlich großen Beliebtheit erfreute sich das Mosaik in den Villen der nordafrikanischen Großgrundbesitzer, die ihre Räume nicht nur durch Szenen der klassischen Mythologie, sondern auch durch lebendige Themen der Jagd, des Fischfangs und der Feldarbeit ausschmücken ließen. Selbst in den Städten und Villen der westlichen Provinzen wurden jetzt Mosaiken ausgelegt; sie kamen im Rheinland ebenso wie in Britannien vor, erreichten ihren funktionalen Höhepunkt indessen erst in den Repräsentationsbauten und Kirchen der Spätantike.

Neben diesen Hauptgattungen der Kunst im *Imperium Romanum* aber stand eine immense Produktion von Werken der Kleinkunst und des Kunsthandwerks. Gewiß war dabei der Verbreitungskreis einzelner Formen mitunter eng begrenzt. Meisterwerke der Glyptik etwa, wie die Wiener *Gemma Augustea*, der große Pariser Cameo, der claudische Füllhorncameo oder die Reihe der Staatskameen, die Porträts der *principes* und symbolische Figuren in mehrschichtigem Sardonyx zeigten, blieben stets auf den Bereich der *domus principis* und der Spitzen der Gesellschaft beschränkt. Die üblichen Gemmen und Glaspasten fanden dagegen einen wesentlich größeren Trägerkreis. Eine ähnliche Differenzierung liegt beim Kunsthandwerk im weitesten Sinne vor. Konnten sich die Angehörigen der Führungsschichten an kostbarstem Silbergeschirr und wertvollen Gläsern erfreuen, so jene der Mittelschichten an den technisch wie künstlerisch hochstehenden Erzeugnissen der *Sigillata*-Werkstätten, Bronzestatuetten, Kandelabern und Schmuckgegenständen. In den kleinen Räumen der Unterschichten fanden sich dagegen nur wenige und bescheidene Götterbilder, Terrakottafigürchen, Tonlampen und einfachstes Gebrauchsgeschirr aus den lokalen Werkstätten für den Massenbedarf.

Die religiöse Entwicklung

Die Verehrung der traditionellen römischen Staatsgottheiten wie jene des gesamten griechisch-römischen Pantheons gelangten unter dem Principat scheinbar auf den Höhepunkt ihrer Verbreitung und ihrer Intensität. Bürger und Provinzialen, selbst Freigelassene wetteiferten in Opfern und Weihungen, militärische Formationen und Kommandos in der Errichtung von Altären und Denkmälern, Städte in der Anlage von Tempeln und geweihten Bezirken. Religiöse Feste wurden prunkvoll begangen, Riten beachtet, Gelübde eingelöst. Doch sind auch völlig neuartige Entwicklungen nicht zu übersehen, war die religiöse Welt des Imperiums alles andere als statisch, gestalteten sich die Erscheinungsformen gerade in diesem Sektor immer vielfältiger und auch widersprüchlicher.

So wurde zunächst die Spezialisierung und Differenzierung der alten großen Gottheiten weiter vorangetrieben. Es wurde nicht einfach Juno verehrt, sondern Juno Regina, Juno Caprotina (die Göttin der Empfängnis), Juno Lucina (die Göttin der Geburt) oder Juno Covella (die Monatsgöttin), nicht einfach Juppiter, Mars, die Laren oder der Genius schlechthin, sondern die spezielle Gottheit, der spezielle Genius von Personen, Einheiten und Orten.

Charakteristisch wurde daneben auch die gemeinsame Verehrung von ganzen Gruppen von Gottheiten oder schützenden Mächten. Dies galt nicht nur für die alte kapitolinische Trias Juppiter, Juno und Minerva, sondern ebenso beispielsweise für die Vier-, Sieben- oder Zwölf-Götter in den germanischen Provinzen. Am Ende dieser Tendenzen standen dann Widmungen wie diejenige eines Altars für die Vierwegegöttinnen (die *Deae Quadriviae*) aus Cannstatt, die ein Benefiziarier im Jahre 230 n. Chr. mit der Formel überschrieb: «Zu Ehren des göttlichen Herrscherhauses. Den Göt-

46 Mithras, Altarbild aus Heidelberg-Neuenheim

tinnen der Vierwege, dem Juppiter Optimus Maximus und allen Göttern und Göttinnen...»

Weihinschriften und Denkmäler ähnlicher Art wurden schon früh nicht nur einzelnen großen Gottheiten gewidmet, sondern in der Regel mit dem *princeps,* seinem Haus, dem *Genius loci* oder dem Genius einer militärischen Einheit, später aber auch mit Mysteriengottheiten, vor allem mit Mithras, verbunden. Sie wurden so gleichzeitig Zeugnisse religiöser Aktivität wie politischer Loyalität. Als Folge der traditionellen engen Verbindung zwischen römischer Politik und Religion kam es jetzt zur Ausweitung wie zur Verdichtung dieser Bezüge im Rahmen des ganzen Imperiums.

Die neuere Forschung (K. Latte) beurteilt die zahlreichen Zeugnisse der «Loyalitätsreligion» unter dem Principat überwiegend kritisch; «religiöses Empfinden der Beteiligten» wird im allgemeinen bestritten. Gewiß ist vieles an den Tausenden von Weihinschriften und Widmungen von Denkmälern formelhaft und lediglich zur Schau gestellte *pietas* gegenüber den Göttern des Staates, den religiösen Mächten der jeweiligen Region und nicht zuletzt der *domus principis*. Doch in anderen Formen, in den Stiftungen für die *Fortuna redux* oder für den *Lar vialis*, für die Gottheiten der Kreuzwege, der Flüsse und Pässe – wie sie die kleinen Bronzetäfelchen im Hospiz auf dem Großen Sankt Bernhard für den *Juppiter Poeninus* zeigen – kann die aufrichtige persönliche Beteiligung der Weihenden nicht geleugnet werden. Fortuna, die Schutzmacht Tutela, der Genius in vielfältigster Differenzierung und Präzisierung stellen jedenfalls, wie die Frequenz der Weihungen und die Überschneidung belegen, noch durchaus lebendige Mächte und zumindest Schutzgeister dar, die es zu respektieren und günstig zu stimmen galt.

Im Mittelpunkt der römischen Staatsreligion blieb dennoch die Verehrung der kapitolinischen Trias. Es ist nun für die Ansätze der «Loyalitätsreligion» unter dem Principat bezeichnend, daß die Konzeption des *Capitolium* auch von vielen Städten des *Imperium Romanum* übernommen wurde. Bei ihr dominierte im Unterschied zu den verschiedenen Ausprägungen des persönlich bezogenen Herrscherkultes die demonstrative, enge und religiös vertiefte Verbindung mit der Stadt Rom und deren alten, zentralen Gottheiten.

Die Zahl der Opfer und der Dankfeste, die für die einzelnen *principes* und die Angehörigen ihres Hauses gebracht wurden, nahm nach dem Ausweis der verschiedenen Festkalender laufend zu. Natürlich waren am Geburtstag, dem *dies imperii* und zu Jahresbeginn feierliche Opfer für den *princeps* im ganzen Reiche üblich. Doch dazu traten nun fort und fort die speziellen Ereignisse des einzelnen Principats, von denen nicht wenige in den Festkalender eingingen. Dasselbe gilt für die Zahl der Gelübde, der *vota publica*, die allmählich stereotyp für Zeiträume von fünf oder zehn Jahren erbracht wurden.

Mag man auch über den Erfolg und die Tragweite der von Augustus vertretenen religiösen Restauration verschiedener Ansicht sein, zumindest die gesellschaftliche Belebung der alten Priesterschaften ist ihm gelungen. Ein kleiner Auszug aus den Akten der hochangesehenen Arvalbrüderschaft läßt erkennen, worin die von ihr selbst für erwähnenswert erachteten Aktivitäten am 2. Festtag zu Ehren der Fruchtbarkeitsgöttin Dea Dia im Jahre 118 n. Chr. bestanden: «Im Hain der Dea Dia brachte der Obmann M. Valerius Trebicius Decianus am Altar zwei Säue als Sühnopfer für Beschneiden der Bäume und Vollführen von Arbeiten. Ferner brachte er am Opferherd der Dea Dia eine weiße Kuh als freiwilliges Ehrenopfer. Sodann setzten die Priester sich in der Halle nieder und nahmen ein Mahl von dem

Opfer ein. Nachdem sie die Praetexta angelegt und Ährenkränze mit Binden aufgesetzt hatten, stiegen sie, während der Weg freigehalten wurde, in den Hain der Dea Dia hinauf und opferten durch den Obmann M. Valerius Trebicius Decianus und den Flamen Tiberius Iulius Candidus ein fettes Schaf. Nach Vollzug des Opfers spendeten sie alle Weihrauch und Wein. Sodann wurden die Kränze hereingebracht und die Götterbilder gesalbt. Darauf machten sie Tiberius Iulius Candidus Caecilius Simplex von diesen Saturnalien bis zu den nächsten Saturnalien zum Obmann, ließen sich in der Halle nieder und speisten bei dem Obmann Trebicius Decianus. Nach dem Mahl begab sich der Obmann Trebicius Decianus, angetan mit Purpurmantel und Sandalen, einen geflochtenen Rosenkranz auf dem Haupt, während der Weg freigehalten wurde, an die Schranken und gab den Wagenlenkern und Kunstreitern das Zeichen. Unter Vorsitz von Iulius Candidus und Antonius Albus gab er den Siegern Palmen und Silberkränze als Ehrenpreise. Anwesend von Mitgliedern des Kollegiums dieselben wie am ersten Tage» (ILS 5036 – Übersetzung von K. Latte).

Auch das religiöse Leben in den Provinzen wurde von Rom nicht nivelliert. Vor allem im Osten des Imperiums bestanden die alten Kulte nicht nur fort, sondern sie wurden in Italien und im lateinischen Westen weithin rezipiert. Gerade im hellenisierten Osten war jedoch auch die «Loyalitätsreligion» lebendig; Zentrum des Kaiserkults zu sein, wurde für die Städte Kleinasiens zu einer gesuchten Ehre. Ganz anders entwickelten sich die religiösen Verhältnisse in den Provinzen des Donauraums und des Westens. Wie die Weihungen und die Nomenklatur der verehrten Gottheiten zeigen, auch die von Caesar und Tacitus überlieferten Götternamen, sind gemäß der sogenannten *interpretatio Romana* (Tacitus, «Germania» 43,4) einheimischen Gottheiten römische Namen übergestülpt oder doch beigegeben worden. Auf diese Weise wurde die Hauptgottheit der Gallier von Caesar mit Merkur bezeichnet, erschienen Merkur, Herkules und Mars bei Tacitus als Gottheiten der Germanen («*Germania*» 9,1). In einer Vielzahl von Fällen manifestierte sich die Gleichsetzung auch in Doppelnamen, etwa in Mars Cocidius oder Silvanus Cocidius in Britannien, Mars Caturix und Mercur Visucius in Gallien, Mars Vintius oder Vintius Pollux in Ligurien. Eine andere Kategorie dieses weitgespannten Berührungsfeldes bilden die regional fixierten Gleichsetzungen und Spezifizierungen wie die Diana Abnoba, die Schutzgöttin des Schwarzwaldes, der Apollo Grannus, eine an Heilquellen häufig verehrte Gottheit, die besonders im Raum der oberen Donau vielfach bezeugt ist, oder der Lenus Mars in Trier.

Während die religiösen Bindungen an die traditionellen römischen Gottheiten in weiten Kreisen der Bevölkerung schwächer geworden waren, nahm der Glaube an Vorzeichen, Zauberei und Wunder zu. Fluchtafeln, Zauberpapyri, literarische Nachrichten dokumentieren die Verbreitung solcher Vorstellungen nicht nur unter Angehörigen der Unterschicht. Hand in Hand damit ging der wachsende Einfluß von Wahrsagern, Traumdeutern, Astrologen, aber auch die erneute Beachtung von Orakeln, Wundermännern und Propheten. Alexander von Abonuteichos darf als wohl berühmtestes Beispiel jener «Propheten» gelten, die von der Leichtgläubigkeit der Massen profitierten. Dieser Alexander stilisierte sich zum Repräsentanten eines Gottes Glykon, des «neuen Asklepios», der in Schlangengestalt auftrat. Für ihn wurden sowohl ein Orakel als auch Mysterien eingerichtet, die Stadt Abonuteichos in Ionopolis umbenannt. All dies blieb nun nicht etwa eine lokale Angelegenheit; in der religiös erregten Atmosphäre der zweiten Hälfte des 2. Jahrhunderts n. Chr. wurde der Kult vielmehr in Kleinasien ebenso verbreitet wie in Thrakien und Rom. Er hielt sich auch bis in das 3. Jahrhundert n. Chr., obwohl Alexander noch zu Lebzeiten in Lukian seinen schärfsten Kritiker gefunden hatte.

Juvenal hat diese ganze Welt der Traumdeuter, Weissager, Astrologen, Seher und ähnlicher Gestalten eindrucksvoll beschrieben:

«Jugendlich zarten Galan und mächtiges Erbe des reichen
Kinderlosen verspricht – nach der Lungenbeschau des noch warmen
Täubchens – Armeniens oder auch Kommagenes Haruspex.
Herzen von Hühnchen durchforscht er, Gedärme von Hunden, mitunter
auch eines Knaben: Verbrecher für andre, sie zu erpressen!
Doch der Chaldäer genießt noch größres Vertrauen: den Worten
des Astrologen schenkt man Glauben, als flössen sie her aus
Ammons Orakel; denn verstummt ist das delphische, und es
liegt wie ein Bann auf dem Menschengeschlecht das Dunkel der Zukunft.
Aus der Sterndeuter Zunft gilt am meisten der mehrfach verbannte
Mann dessen Freundschaft und um Lohn verkaufte Berechnung
Kaiser Otho bewog zu des großen Rivalen Ermordung.
Für seine Kunst findet höhern Kredit, wessen Hände geklirrt im
Eisenring, und wer lang im Soldatenkerker gesessen.
Kein Astrolog hat Genie, den der Staat nicht öfter bestrafte,
nur wer den Tod schon sah, wer knapp mit Verbannung davonkam
und nach hartem Exil in Seriphos wieder befreit ward.
Ihn konsultiert dein Weib...
Sei auch darauf bedacht, die Begegnung der Frau zu vermeiden,
die astrolog'sche Kalender, so abgegriffen und fett wie
Bernsteinkugeln, benützt, ...
Reiche lassen vom Seher aus Phrygien sich prophezeien,
den sie dorten gemietet als Kenner von Sternen und Weltall,
oder vom greisen Etrusker, bewährt in der Sühnung der Blitze,
Einfaches Volk sucht den Wahrsager auf beim Circus und Stadtwall;

die um die nackte Schulter die lange Goldkette trägt – ihr halbes Vermögen –, geht um Rat zu den Säulen der Rennbahn, ob sie, den Wirt verlassend, den Trödler zum Manne bekomme» (Juvenal, «Satiren» VI, 549 ff. – Übersetzung von O. Weinreich).

Zu den wichtigsten und bezeichnendsten Phänomenen der religiösen Entwicklung unter dem Principat gehört sodann die wachsende Bedeutung des Synkretismus, der Theokrasie oder Göttermischung. Schon der junge Jacob Burckhardt, der gerade diesem Bereich in seiner «Zeit Constantins des Großen» einen glänzenden Abschnitt gewidmet hat, wies darauf hin, daß die Göttermischung ihre Ursache nicht nur in der bewußten, politischen Anerkennung fremder Gottheiten durch die Römer hatte, sondern daneben auch in der «Götterverwechslung»: «Die Fremdgottheiten verbreiten sich nicht nur neben den einheimischen, sondern sie werden denselben je nach der inneren Verwandtschaft geradezu substituiert» (Ausgabe München 1982, 116).

Die Erscheinungen unter dem Principat haben im übrigen eine lange Vorgeschichte; sie lassen sich am besten am Beispiel der Isis verfolgen. Die alte ägyptische Gottheit, Herrschermutter und Gottesmutter zugleich, war in ihrem Mythos untrennbar mit Osiris verbunden. Herodot setzte sie einst mit Demeter gleich, Osiris ging später in dem von den Ptolemäern eingeführten Sarapis auf. Mit solchen Assoziationen fand der in der Form eines Mysterienkultes verbreitete Isiskult in Griechenland wie im Westen des Imperiums bereitwillige Aufnahme. In Italien wurde Isis dann häufig an Venus angenähert, auch im klassischen Aphroditetypus dargestellt, wobei lediglich ihr auffallender Kopfschmuck und die spezifische Isisklapper (Sistrum) als Erkennungsmerkmale dienten.

Mit welchen Vorstellungen die Isis mit den tausend Namen, die *myrionyma*, schließlich verbunden wurde, zeigen die Isisaretalogien, von denen eine auch bei Apuleius überliefert wurde: «Du heilige, ständige Retterin des Menschengeschlechtes, die du immer mildtätig bist, die Sterblichen zu erquicken; die süße Zärtlichkeit einer Mutter zeigst du den Armen in ihrem Leid. Kein Tag und keine Nachtruhe, nicht einmal ein kurzer Augenblick vergeht ohne deine Wohltaten, daß du nicht zu Wasser und zu Lande die Menschen beschirmst, die Stürme des Lebens verscheuchst und deine hilfreiche Hand reichst, mit der du die unentwirrbar gedrehten Fäden des Verhängnisses wieder aufdrehst, die Unwetter des Schicksals beschwichtigst und den schädlichen Lauf der Gestirne hemmst. Dich ehren die Himmlischen, achten die Unterirdischen, du lässest das Himmelsgewölbe kreisen, die Sonne leuchten, lenkst die Welt und trittst den Tartarus unter deine Füße. Dir antworten die Gestirne, kehren die Jahreszeiten wieder, jubeln die Götter, dienen die Elemente. Auf deinen Wink blasen die Winde, spenden die Wolken, keimen die Samen, wachsen die Keime. Vor deiner Allmacht erschauert die Vogelschar, die am Boden streift, das Wild, das auf den Bergen schweift, die Schlangen, die sich am Boden bergen, die Tiere, die im Meere schwimmen. Doch ich bin zu schwach an Geist, dein Lob zu singen, und zu gering an Vermögen, dir Opfer zu bringen. Mir steht nicht die Fülle der Sprache zur Verfügung, um zu sagen, was ich über deine Herrlichkeit empfinde, auch nicht ein tausendfacher Mund und ebensoviel Zungen, noch ein ewig dauernder Fluß unermüdlicher Rede. Also, was allein ein Frommer, aber im übrigen Armer vermag, will ich mich bemühen zu erreichen. Dein göttliches Antlitz und deine heilige Majestät werde ich ewig in dem geheimen Innern meiner Brust geborgen wahren und mir vor Augen halten» («Metamorphosen» XI, 2).

Mit dem Kult der Isis ist der Bereich jener Mysterienreligionen berührt, die ohne Zweifel die lebendigsten und für altrömisches Empfinden zugleich fremdartigsten Kulte darstellten. Unter dem Begriff werden insbesondere die Kulte der Isis, der Kybele oder *Magna Mater*, des Mithras und einiger weiterer, ursprünglich orientalischer Religionen zusammengefaßt, die sich zum Teil bereits seit der späten Römischen Republik in Rom wie im lateinischen Westen ausbreiteten. Ihre Erscheinungsformen und ihre Konsequenzen im römischen Alltag hat wiederum Juvenal drastisch beschrieben:

«Da kommt Gaben heischend der Chor der wilden Bellona
und der Großen Mutter heran. Ein Koloß von Eunuchen
– lange schon ist's daß er sich entmannte mit schneidender Scherbe –
geht mit Ehrfurcht gebietender Miene der garstigen Schar von
heiseren Sängerknaben und Paukenschlägern voraus, den
derben Mund umschließen die Binden der Phrygertiara.
Mächtigen Tones warnt er vor des Schirokko Gefahren,
rät der Frau, sich zu sühnen mit einem Hundert von Eiern,
und verlangt für sich rosinenfarbene, alte
Kleider: in diese fahre dann selbst das plötzliche, größte
Unheil, und man sei auf ein Jahr bewahrt und entsündigt.
Ist es Winter, hackt eine Frau die Eisdecke auf, im
Tiber frühmorgens dreimal zu tauchen und in dem Strudel
das verängstigte Haupt zu spülen; dann rutscht sie das Marsfeld
nackt und zitternd auf blutigen Knien entlang. Wenn es Isis,
Io gleichend, im Traum ihr gebietet, wird zu Ägyptens
Grenzen sie pilgern, Wasser im heißen Meroë holen
und es der Göttin sprengen im Tempel am Strande des Tiber.
Das befahl, so glaubt sie, der Isis eigene Stimme –
wahrlich ein Geist und Gemüt, daß nachts mit ihm sprächen die
 Götter!
(«Satiren» VI, 512 ff. – Übersetzung von O. Weinreich).

Die religiöse Entwicklung 569

Angesichts der Vielfalt der in den Mysterienreligionen zutage tretenden Traditionen und Vorstellungen ist es gewiß problematisch, gemeinsame Züge dieser Kulte zu abstrahieren und schließlich auf einen einheitlichen Nenner zu bringen. Dennoch sind einige sie verbindende Elemente unverkennbar. So war es eine Grundüberzeugung der Anhänger dieser Religionen, daß sie durch die aktive Teilnahme an dem betreffenden Kult die innere Reinigung ihrer Person erlangen, nach dem Tode ein neues Leben, vor allem aber das Heil gewinnen würden. Um diese Vorstellungen plastisch zu vermitteln, verfügten die Kulte über ein eindrucksvolles Aufnahmeritual sowie über genau fixierte Liturgien, die im Rahmen kleiner Glaubensgemeinschaften besonders intensive, alle Sinne überwältigende religiöse Erlebnisse boten. Soweit Einzelheiten aus der Vorstellungswelt bekannt sind, dürften die Anhänger der Kulte jeweils eine mystische Vereinigung mit ihrem Gott erlangt sowie dessen Tod und Auferstehung nacherlebt haben.

Auf Grund der geschilderten generellen Strömungen im Felde des Synkretismus ist einsichtig, daß es auch in diesem Bereich zur Übernahme der Riten eines Kultes durch andere Kulte kam. Das *taurobolium* zum Beispiel, die tief erregende kultische Reinigung durch die Besprengung mit dem Blut eines rituell geschlachteten Stieres, war zuerst im Kybele-Kult üblich. Später wurde dieses Ritual nicht nur bei den Anhängern der Atargatis, sondern auch bei jenen des Mithras geübt.

Waren für die traditionellen Kulte des griechisch-römischen Pantheons und für die altrömische Religionspraxis eine vermittelte, indirekte, oft formelhaft und mechanisch vollzogene Religionsausübung die Regel, Formen, die auf Distanz aufbauten, die einzelne Person oft völlig unbeteiligt ließen, zudem die sozialen Schranken verstärkten, so unterschieden sich die Mysterienreligionen davon diametral. Diese boten gerade für den einzelnen die Geborgenheit des kleinen Kreises, sie boten unmittelbare Kulterlebnisse höchster Intensität, in denen auf die Erregung von Furcht und Schrecken ebensowenig verzichtet wurde wie auf die Vermittlung von faszinierenden, enthusiastischen Glückserlebnissen nachhaltigster Wirkung. Diese Religionen boten aber zugleich den direkten Appell an Gewissen und Verstand, sie aktivierten den einzelnen, nahmen ihn als Person und Partner der Gottheit ernst und ordneten ihn doch zugleich ein in das Natur wie Kosmos umspannende religiöse Weltbild.

Ein anschauliches Beispiel für die Formen und die Vorstellungswelt der Mysterienreligionen bietet die Schilderung des Einweihungszeremoniells in den Kult der Isis, die Apuleius gibt: «An des Todes Grenze bin ich gekommen, der Proserpina Schwelle habe ich betreten, durch alle Elemente geführt, kehrte ich zurück, in tiefer Nacht schaute ich eine Sonne, leuchtend in schimmerndem Licht, zu den Göttern drunten und droben kam ich und betete sie aus nächster Nähe an. Nun habe ich dir berichtet, was du gehört hast und doch nicht verstehn kannst. Ich will, was allein ohne Sünde ungeweihtem Verstande verraten werden kann, erzählen. Es wurde Morgen, und nach Vollzug der heiligen Handlung schritt ich heraus, durch zwölf Gewänder geweiht, in einem Aufzuge, der zwar auch hochheilig ist, aber von dem zu sprechen mich kein Band hindert; viele waren damals zugegen und sahen ihn. Denn ich ward geheißen, inmitten des Tempels vor dem Bilde der Göttin auf eine hölzerne Bühne zu treten in einem leinenen, aber bunt gestickten Gewande. Von meinen Schultern hing im Rücken bis zu den Fersen ein kostbarer Mantel. Wohin du blicktest, war ich geschmückt durch bunte eingestickte Tiere, indische Drachen und hyperboreische Greifen, gefiederte Flügelwesen, wie sie eine andere Welt hervorbringt. Das nennen die Geweihten das Himmelsgewand. In der Rechten hielt ich eine flammende Fackel, das Haupt zierte ein Kranz, aus dem weiße Palmblätter wie Strahlen hervorragten. Als ich so zum Abbild der Sonne geschmückt war und wie ein Standbild aufgestellt, wurde plötzlich der Vorhang hinweggezogen, und das Volk strömte herbei, mich zu sehen» («Metamorphosen» XI,23 f. – Übersetzung von K. Latte).

Von den kleinasiatischen Gottheiten drang vor allem der Kult der Kybele oder der Großen Mutter und ihres Sohnes Attis weit nach Westen vor. Über dessen Ursprünge berichtet Euseb: «Die Phryger erzählen, daß Meon, König von Phrygien, eine Tochter namens Kybele zeugte, die als erste eine Flöte erfand und Mutter des Gebirges genannt wurde. Und Marsyas, der Phryger, der für sie Freundschaft empfand, war der erste, der Flöten zusammenfügte, und er lebte in Keuschheit bis an das Ende seines Lebens. Aber Kybele lebte mit Attis zusammen und wurde schwanger, und als dieses bekannt wurde, tötete ihr Vater den Attis und die Ammen; und Kybele wurde irrsinnig und lief hinaus in das Land und schrie immerfort und schlug eine Trommel. Sie wurde begleitet von Marsyas, der in einen musischen Wettstreit mit Apollo trat und geschlagen wurde, und Apollo zog ihm bei lebendigem Körper die Haut ab. Und Apollo wurde von Liebe zu Kybele erfaßt und begleitete sie auf ihren Wanderungen bis zu den Hyperboreern und befahl, daß der Leichnam des Attis begraben und Kybele als Göttin verehrt würde. Deshalb erhalten die Phryger diesen Brauch bis zum heutigen Tag aufrecht, beklagen den Tod des Jünglings und errichten Altäre und ehren Attis und Kybele mit Opfern. Später aber bauten sie in Pessinus in Phrygien einen kostbaren Tempel und richteten die allerherrlichsten Opferdienste ein» («*Praeparatio Evangelica*» II,II,41 ff.).

Dieser Kult kam während des Zweiten Punischen Krieges, im Jahr 205/204 v. Chr., in schon hellenisierter Form nach Rom. Von dort aus verbreitete er sich im Westen; seine Anhängerschaft bestand vornehmlich aus Frauen.

Aus dem syrischen Bereich stammte dagegen die *Dea Syria*, wie jene lateinische Form lautete, unter der die in Hierapolis in Syrien verehrte Göttin Atargatis auch im Westen Eingang gefunden hatte. Über Delos war sie spätestens in neronischer Zeit auch nach Rom selbst gelangt. Apuleius

Die religiöse Entwicklung

und Lukian berichten im 2. Jahrhundert n. Chr. von den aufsehenerregenden Prozessionen dieser syrischen Gottheit, deren Anhänger dabei in wilde Ekstase gerieten. So erzählt der Held des «Eselsromans» in Apuleius' Metamorphosen über die Bettelpriester der *Dea Syria*: «Am folgenden Tage zogen sie aus, bunt gekleidet, entstellt durch geschminkte Gesichter und schwarz untermalte Augen, mit Binden um den Kopf, Kleidern von Safranfarbe, aus Batist und Seide, einige hatten das weiße Unterkleid, das überall mit lanzenförmiger Purpurstickerei geschmückt war, aufgegürtet. An den Füßen trugen sie gelbe Schuhe. Die Göttin, die mit einem seidenen Mantel bedeckt war, luden sie mir zum Tragen auf, entblößten ihre Arme bis zur Schulter, hoben große Schwerter und Beile und begannen unter dem aufreizenden Klange der Flöte und einem besessenen Tanzschritt unter Geschrei einherzuziehen. Nachdem sie durch eine Anzahl Hütten gekommen waren, langten sie bei dem Landhause eines reichen Besitzers an. Sogleich beim Eintritt stürmten sie wie unsinnig lärmend mit mißtönendem Geheul einher, das gesenkte Haupt lange mit unheimlichen Bewegungen umherwerfend und die herabhängenden Haare im Kreise schwingend. Bisweilen wüteten sie gegen ihr eigenes Fleisch, und schließlich zerschnitten sie mit dem scharfen Eisen, das sie bei sich trugen, ihre eigenen Arme. Derweilen rast einer unter ihnen stärker, er holte tief aus der Brust Atem, als ob ihn der Geist der Gottheit erfülle, und heuchelte Wahnsinnskrankheit... Als sie endlich ermattet oder wenigstens satt der Selbstzerfleischung waren und die Metzelei unterbrachen, nahmen sie Gaben, Kupfermünzen, sogar Silber, das ihnen von vielen wetteifernd geboten wurde, in Empfang und bargen alles in den weiten Falten ihrer Gewänder; einen Krug Wein, Milch, Käse, Spelt und Weizenmehl und Gerste, die einige dem Träger der Göttin schenkten, scharrten sie gierig zusammen, stopften es in Säcke, die für diesen Erwerb vorbereitet waren, und packten es mir auf den Rücken» («Metamorphosen» VIII,27f. – Übersetzung von K. Latte).

Ganz andere Personenkreise sprachen dagegen die männlichen orientalischen Gottheiten an, insbesondere die semitischen Baale, Stadtgottheiten, welche überwiegend mit *Juppiter Dolichenus* verbreitet wurden, ursprünglich die Stadtgottheit von Doliche in Kommagene, die vermutlich durch die von Vespasian aufgestellten *cohortes Commagenorum* auch in den Westen des Imperiums kam. Der mit Blitzbündel und Doppelbeil bewaffnete *Juppiter Dolichenus* trägt häufig eine phrygische Mütze. Er erscheint meist auf einem nach rechts ziehenden Stier, nicht selten wird er von einer weiblichen Gottheit begleitet.

Ein 30,5 × 8,6 m großes Dolichenusheiligtum lag außerhalb der Saalburg, kleinere vor den Kastellen Zugmantel und Pfünz. Doch eine Bauinschrift aus Wiesbaden lehrt, daß auch Gemeinden der Grenzzone über Tempel für Juppiter Dolichenus verfügten: «Zu Ehren des göttlichen Herrscherhauses. Dem Juppiter Dolichenus stellten die Bürger von Wiesbaden den Tempel, der durch sein Alter baufällig geworden war, wieder her unter Aufsicht des Caereus Saturninus und Pinarius Verus. Im Konsulatsjahr des Imperator [Septimius] Severus und des Albinus» (194 n. Chr.) (CIL XIII 7566 a).

Von allen orientalischen Mysterienreligionen gelangte jedoch der Mithraskult zur größten Bedeutung. Ernest Renan hat diese Tatsache einst in dem oft zitierten Wort zugespitzt: «Wenn das Christentum durch eine tödliche Krankheit in seinem Wachstum aufgehalten worden wäre, dann wäre die Welt mithraistisch geworden» (E. Renan, *Marc Aurèle et la fin du monde antique»*, Paris 1923[23], 579) – in einer freilich sehr unwahrscheinlichen These, denn der Mithraskult schloß Frauen aus, entfaltete sich absichtlich in kleinen Gemeinschaften, wollte wohl nie zur Massenreligion werden und verfügte auch nicht über die Strukturen einer Reichs- oder gar Weltkirche.

So bedeutend im übrigen die Rolle des Mithraskultes innerhalb der religiösen Entwicklungen des Principats und der Spätantike war, und so intensiv sich die moderne Forschung um die Erscheinungswelt gerade dieses Kultes bemühte, so unklar sind noch immer viele Einzelheiten des Rituals und der Vorstellungen. Weder die Interpretation der zahlreichen Denkmäler dieses Kultes, insbesondere der Kultreliefs, der Wandmalereien von Capua, der Graffiti des Mithraeums von Santa Prisca in Rom, oder der relativ wenigen einschlägigen literarischen Texte, der Papyri und der Weihinschriften erlaubten bisher eine letzte und umfassende Sicherheit der Rekonstruktion.

Unklar ist bereits der Zusammenhang zwischen den Kultformen des Mithraskultes im 1. und 2. Jahrhundert n. Chr., als seine Mysterien, seine Liturgie und die Struktur der kleinen Gemeinschaften bereits relativ einheitlich fixiert waren, und der wesentlich älteren Gottheit Mithra (wohl mit dem persischen Begriff «Vertrag» identisch) aus dem indo-iranischen Bereich. Eine völlige Gleichsetzung erscheint sehr problematisch, jedenfalls sind die Zwischenglieder weithin unbekannt. Wenn neuerdings griechischer, insbesondere platonischer Einfluß auf den Wandlungsprozeß sehr stark betont wird (R. Merkelbach), so bleibt auch dies lediglich eine Hypothese.

Die Römer kamen mit dem Kult erstmals im Seeräuberkrieg des Pompeius in Berührung; unter dem Principat verbreitete er sich dann rasch nicht nur in Rom und Italien, sondern vor allem in den militärisch überformten Grenzstreifen an Donau, Rhein und in Britannien, aber auch in Spanien und Nordafrika. So wurden in Rom bisher an die 100 kleine Mithrasheiligtümer entdeckt, in Ostia 16, in Carnuntum sieben, in Heddernheim vier, in Friedberg drei. Träger und Verbreiter des Kultes waren einerseits Soldaten und Funktionäre der *principes,* andererseits aber auch Kaufleute und Händler. Der Kult ist nicht nur in Limeskastellen oder Garnisonsorten und benachbarten Zivilsiedlungen bezeugt, sondern auch in den Hafenstädten und Umschlagplätzen, in Ostia, Puteoli, Aquileia, Karthago und London. Er war jedenfalls nicht exklusiv militärisch.

Die religiöse Entwicklung

Es gehört zum Wesen des Mithraskultes, daß die kleinen Kulträume grotten- oder höhlenförmig angelegt wurden, somit gemäß dem kosmischen Bezug der Religion das Himmelsgewölbe versinnbildlichten. In der Regel wiesen sie im Westen eine Nische für das dominierende, von einer Lampe erleuchtete Kultbild auf. Charakteristische architektonische Elemente des Raumes waren ferner zwei durch einen Korridor getrennte Liegebänke. Der Kultraum erlaubte eine eindrucksvolle Wechselwirkung von Licht und Dunkel; er schuf eine Atmosphäre, wie sie für den dezidiert dualistischen Kult besonders sinnvoll war. Er faßte gleichzeitig – und dies in völligem Kontrast zu den griechisch-römischen Tempelanlagen – die Gläubigen mit den Gottesbildern und den Stätten der Liturgie architektonisch zusammen. Erstrebt wurde weiter, wann immer möglich, die Verfügbarkeit von Quellen oder wenigstens fließendem Wasser oder von Brunnen in der Nähe der Kultstätten.

Die Kultbilder bestehen im Westen des Imperiums aus großen, oft aus vielen einzelnen Szenen und Elementen um ein Hauptbild vereinigten Reliefs, sogenannten Kompositreliefs. Im Mittelpunkt steht dabei meist der Kampf des Mithras mit dem Weltenstier, der Verkörperung des Bösen schlechthin. Diese Stiertötung, die sich wiederum in einer Grotte abspielte (Tauroktonie), war in Reliefs der germanischen Provinzen, zum Beispiel in Dieburg und Heidelberg-Neuenheim, von oft phantasievollen Ausgestaltungen des Kampfes oder auch von anderen Szenen aus dem Leben und Wirken des Mithras umgeben. Die Geburt des Gottes aus einem Felsen wurde abgebildet, wobei auf einem Besigheimer Relief ein orientalischer Hirte als Zeuge des Vorganges erschien, Mithras mit mancherlei oft nur schwer interpretierbaren Taten oder Wundern verbunden, verbunden vor allem aber mit Sol, wohl seinem Verbündeten oder Helfer, mit dem zusammen er schließlich auch beim Mahl zu sehen war. Mithras und Sol liegen dabei nebeneinander auf dem Fell des getöteten Stiers, stärken sich durch dessen Fleisch und Blut – ein Vorgang, an welchen dann das gemeinsame Mahl der Mithrasanhänger, beim Kosten von Brot und Wein, immer wieder von neuem erinnerte. Ein Ladenburger Mithrasrelief aus hadrianischer Zeit hat dieses gemeinsame Mahl ausnahmsweise einmal in einer besonders weichen, wohl griechischen Vorbildern entlehnten Form dargestellt.

Auch die gemeinsame «Himmelfahrt» von Mithras und Sol wurde abgebildet, vor allem aber waren diese zentralen Szenen durch ein vielfältiges Personal und durch beziehungsreiche Symbole ausgeschmückt und umrahmt. Da erscheinen Cautes und Cautopates, die typischen Begleiter des Mithras mit phrygischer Mütze und erhobener oder gesenkter Fackel, Sinnbilder von Morgen und Abend, da tauchen das Viergespann Sols und Lunas Zweigespann auf, da entstehen aus dem vergossenen Blut des Weltenstiers symbolische Zeichen neuen Lebens, da wird die Hauptszene von den Tierkreiszeichen umrahmt. Schließlich sind die Hauptreliefs in einigen

Fällen drehbar, zeigen auf Vorder- und Rückseite verschiedene Stationen von Mithras' Weg. Sie erlaubten somit gemäß dem Fortgang der Liturgie oder dem speziellen Charakter des betreffenden Kultaktes und Festes effektvolle Bildwechsel.

So klein die verschiedenen Gruppen der Mithrasgläubigen waren, so stark waren sie differenziert. Am Anfang stand wohl für jeden Anwärter ein durch einen feierlichen Schwur besiegeltes Aufnahmezeremoniell. Ein Florentiner Papyrus hat eine Schwurformel überliefert: «Im Namen des Gottes, der die Erde vom Himmel geschieden hat, das Licht von der Finsternis, den Tag von der Nacht, die Welt vom Chaos, das Leben vom Tod und das Werden vom Vergehen, schwöre ich nach bestem Wissen und Gewissen, die Mysterien geheim zu halten, die mir anvertraut werden durch unseren gottesfürchtigen Vater Serapion und durch den ehrwürdigen und heiligen Herold Ka(merion?), denen die Weihen obliegen, und durch meine miteingeweihten und sehr teuren Brüder. Treu meinem Eid hoffe ich, daß es mir wohlergehe; aber ich schwöre auch, daß mich Strafe treffen möge, wenn ich zum Verräter werde» (M.J. Vermaseren, «Mithras», Stuttgart 1965, 106).

Für die in den Kult Eingeweihten existierten dann sieben Grade, in aufsteigender Reihenfolge: *Corax* (Rabe), *Nymphus* (Verlobter), *Miles* (Soldat), *Leo* (Löwe), *Perses* (Perser), *Heliodromus* (Sonnenläufer), *Pater* (Vater). Die Grade waren jeweils durch verschiedene Symbole gekennzeichnet und unterschiedlichen Schutzgottheiten und Planeten zugeordnet: Merkur, Venus, Mars, Juppiter, Luna, Sol und Saturn. Doch so vielfältig die Erscheinungswelt des Kultes war, so zahlreich die Querverbindungen zu anderen Göttern und Kulten, die durch die Funde von Denkmälern anderer Religionen in Mithrasheiligtümern dokumentiert werden, so bestimmend blieb doch die dominierende dualistische Grundkonzeption: Der Mithrasanhänger war zur eindeutigen Entscheidung im Kampf zwischen dem Guten und dem Bösen, dem Licht und dem Dunkel aufgerufen. Aber er hatte in Mithras auch einen unbezwingbaren Schutzherrn und Gott zur Seite, der ihm half, im Leben immer neue Stufen der Reinheit und der Wahrheit, nach dem Tode aber schließlich auch die Unsterblichkeit zu erlangen.

In der Form, in welcher der Mithraskult sich im Imperium verbreitete, aktivierte er seine Anhänger in einer Weise, die ebenfalls als «Loyalitätsreligion» (R. Merkelbach) bezeichnet werden konnte. Seine Vereinbarkeit mit anderen Kulten kam hinzu, so daß seine Attraktivität nicht überraschen kann. Die zahlreichen Berührungen mit typischen Elementen des christlichen Glaubens und der christlichen Liturgie sind wohl evident (Taufe, Gelübde, gemeinsames Mahl, Gleichsetzung des Gottes mit der Sonne, Himmelfahrt u.a.m.). Sie werden heute zumeist als Auswirkungen einer beiden Religionen gemeinsamen historischen und kultischen Formenwelt bewertet und weniger als direkte Abhängigkeiten oder Kopien gesehen. Der

Die religiöse Entwicklung 575

Antagonismus zwischen diesen beiden Religionen spitzte sich indessen schon sehr früh zu. Er führte schließlich gegen Ende des 4. Jahrhunderts n. Chr. zur systematischen Zerstörung der Mithrasheiligtümer durch fanatisierte Christen.

Sieht man aufs Ganze, so unterschieden sich die religiösen Vorstellungen im *Imperium Romanum* während des 1. und 2. Jahrhunderts n. Chr. ganz beträchtlich. Je nach Bildungsstand, sozialer Stellung sowie geistiger und religiöser Umwelt hatten sie die verschiedensten Formen angenommen. Die alten Kulte waren zum Teil lediglich noch traditionelle Relikte. Sie wurden zwar nach wie vor in herkömmlichen Riten vollzogen, doch eine wirkliche Identifikation erfolgte selten. Eine solche ist dagegen in beträchtlichem Umfang bei den Anhängern der orientalischen Kulte und insbesondere bei jenen der Mysterienreligionen anzunehmen. Hier war schon der materielle Einsatz der Kultgenossen bemerkenswert: Die zahlreichen Mithrasheiligtümer wurden in der Regel von einer sehr kleinen Gemeinschaft errichtet und betreut.

Bei den philosophisch Gebildeten breitete sich damals ein oft unbestimmter, letzten Endes monotheistischer Gottesbegriff aus, falls nicht überhaupt Skeptizismus und Agnostizismus herrschten. Bei den Angehörigen der Unterschichten war dagegen die Verehrung einer Vielzahl gestaltloser Mächte charakteristisch, der Glaube an Schutzgeister wie Tutela, Genius, Fortuna, die nun in den verschiedenartigsten Spezialisierungen, sei es lokal, personal oder kollektiv fixiert, auftraten. So reduziert die Macht vieler alter Gottheiten inmitten dieser bunten Phänomene erscheinen mag, das Gefühl der Abhängigkeit des Menschen von transzendenten Mächten blieb, insgesamt gesehen, auch weiterhin bestimmend. Damit ergab sich der eigenartige Widerspruch zwischen dem Bewußtsein einer determinierten menschlichen Existenz und den vielfältigen Versuchen, das determinierte Schicksal des einzelnen nicht nur zu kennen, sondern es auch durch Appelle und Opfer an die jeweils «zuständigen» Gottheiten, Schutz- und Wirkensmächte zu beeinflussen.

Angesichts der Vielfalt, Uneinheitlichkeit, ja zum Teil der Gegenläufigkeit und der Widersprüche in der religiösen Erscheinungswelt innerhalb des Imperiums ist jeder Versuch, diese auf knappe Nenner zu abstrahieren oder sie in eine einheitliche Tendenz zu pressen, sinnlos. Zu konstatieren bleibt dagegen auf jeden Fall der Verlust der einstigen Gemeinsamkeit einer zumindest für alle römischen Bürger verbindlichen Glaubenswelt. Die philosophisch fundierten Gottesvorstellungen von Intellektuellen und Angehörigen der Ober- und Mittelschichten erlangten eine solche Allgemeinverbindlichkeit ebensowenig wie die neuen Kulte oder die vielerlei Formen der Beschwichtigung lokaler und spezieller Mächte, ganz zu schweigen von den erneut ausufernden Phänomenen des Aberglaubens, der Astrologie und Magie.

Die religiösen Grundhaltungen der Menschen des Imperiums berühren sich aufs engste mit ihrem Lebensgefühl, das sich nicht nur in literarischen Texten und künstlerischen Artikulationen, sondern auch etwa in ihren Grabinschriften ausdrückt. Entscheidend bleibt hier das Bewußtsein der Unentrinnbarkeit vor dem Tod, eine Unentrinnbarkeit, die durch das Fatum, die Macht der Parzen oder durch Fortuna bewirkt wird. Im Bereich der Altgläubigen dominiert jedenfalls das Begreifen des Todes als unabänderliches Ende allen Lebens. Proteste dagegen fruchten nichts; der Tod erscheint allenfalls deshalb akzeptabel, weil es sich um ein allgemeinmenschliches Los handelt, das freilich den einen zu früh, den anderen zu spät treffen mag. Im 1. und 2. Jahrhundert n. Chr. mehrten sich jedoch die negativen und pessimistischen Einstellungen. Die Sinnlosigkeit allen Lebens wurde mit dem Neid, ja der Böswilligkeit und Erbarmungslosigkeit göttlicher Mächte in Verbindung gebracht. Aus solcher Sicht konnte der Tod nur als Befreiung, als das Ende von Arbeit und Mühe, schließlich als ewige Ruhe erscheinen.

Auch unter dem Principat blieben die traditionellen Normen des römischen Staates gegenüber fremden Kulten und Religionen verbindlich. Gemäß einer prinzipiell polytheistischen Grundhaltung, die zudem durch die Erscheinungen der *interpretatio Romana* und des Synkretismus erleichtert wurde, war die staatliche Toleranz in diesem weiten Bereich bemerkenswert groß. Lediglich dort, wo römische Sitte und Tradition grundsätzlich beeinträchtigt und wo die öffentliche Ordnung gestört wurde, kam es zu staatlichen Eingriffen, die sich indessen in der Regel nicht gegen die religiösen Überzeugungen, sondern zumeist lediglich gegen die von den Anhängern eines fremden Kultes ausgelösten Unruhen richteten.

Allerdings fehlte es nicht an Mißverständnissen, Unterstellungen und Diskriminierungen: Zusammenkünfte im Verborgenen galten stets als suspekt, kultische Gelöbnisse konnten als politische Verschwörung mißdeutet, die Gewinnung neuer Anhänger für fremde Kulte als Ausdruck der Opposition bewertet werden. Alle magischen Handlungen setzten sich dem Vorwurf der Verhexung aus. Das entscheidende Kriterium für die Bewertung aller fremden Religionen aber blieb immer die Möglichkeit ihrer Vereinbarkeit mit den traditionellen römischen Staatskulten.

Eine aktive Religionspolitik in jener systematischen Form, wie sie einst Augustus betrieben hatte, haben seine Nachfolger nicht mehr praktiziert. Gewiß setzten auch sie im religiösen Bereich zum Teil deutliche Akzente: Tiberius durch die außerordentliche, gleichsam altrömische Zurückhaltung im Felde des Herrscherkultes, Caligula und die Flavier durch die Förderung der so lange bekämpften Isis, Claudius durch sein Vorgehen gegen die Religion der Druiden, Domitian durch seine persönlich motivierte Minerva-Verehrung, Trajan und Antoninus Pius durch die Stärkung der alten religiösen Vorstellungen des lateinischen Westens, Hadrian durch die Begünstigung der Kulte der griechischen Welt. Doch in keinem dieser Fälle wurde für die religiösen Überzeugungen des *princeps* ein Ausschließlichkeitsanspruch erhoben.

Religionspolitische Konflikte waren im *Imperium Romanum* dort angelegt, wo sich eine fremde Religion mit romfeindlichen oder zumindest in das Imperium nicht integrierbaren ethnischen Traditionen verband, auch dort, wo Religionskritik, Atheismus oder völlige Passivität zu einem asozialen oder staatsgefährdenden Verhalten stilisiert wurden, nicht zuletzt dort, wo eine erfolgreiche Mission fremder Kulte die generelle Gefährdung der religiösen, geistigen und sittlichen sowie der politischen Fundamente des Imperiums zu beweisen schien. Von Einschätzungen solcher Art wurden insbesondere das Judentum und das Christentum betroffen.

Judentum und Christentum im Römischen Reich

Für die Mehrzahl der Bewohner des *Imperium Romanum* wiesen Juden und Christen lange Zeit hindurch dieselben Merkmale auf; ihnen gegenüber galten dieselben Einschätzungen und Vorurteile. In dem polytheistisch orientierten, weithin toleranten, zugleich aber durch religiöse wie politisch fundierte Loyalitätsakte bestimmten Reichsverband mußten die Religionen des Judentums wie des Christentums als provozierende Fremdkörper wirken. Ihre mit Absolutheitsansprüchen verbundene, streng monotheistische Grundhaltung, ihre konsequente Ablehnung der Staatsgottheiten Roms und insbesondere der kultischen Herrscherverehrung, ihre Distanzierung von allen für die römische Gesellschaft traditionellen Aktivitäten und Lebensformen führten notwendig zu immer neuen Reibungen und Konflikten mit Gesellschaft und Staat des Imperiums.

Noch zwei weitere Aspekte sind aus dem Rückblick den römischen Perspektiven gemeinsam: Zum einen schien es sich in beiden Fällen um ausgesprochene Unterschichtphänomene zu handeln, um religiöse Überzeugungen sozial verachteter Randgruppen, deren impertinentes, für Römer rational kaum begreifliches, aber offensichtlich in tiefen Glaubensnormen begründetes Überlegenheitsgefühl geradezu herausfordernd wirken mußte. Zum andern aber fehlten selbst gebildeten Angehörigen der Oberschicht Roms lange Zeit alle notwendigen Informationen über die wesentlichen Vorstellungen und Formen beider Religionen, ganz zu schweigen vom Verständnis für deren religiösen und ethischen Gehalt.

Die Unruhen, die Juden wie Christen auslösten, blieben dabei nicht auf den Nahen Osten beschränkt. Eine jüdische Frage hatte es in Rom selbst schon seit dem 2. Jahrhundert v. Chr. gegeben, Auseinandersetzungen mit den Christen seit der Mitte des 1. Jahrhunderts n. Chr. Doch die Probleme, welche die beiden Religionen aufwarfen und die schließlich in den großen Jüdischen Aufständen (66–73, 115–117, 132–135 n. Chr.) ebenso gipfelten wie in den Christenverfolgungen, erfaßten schließlich immer weitere Teile des Imperiums. Sie beschäftigten die römische Provinzialverwaltung in Kleinasien wie in Griechenland, in Gallien wie in Nordafrika.

Die Existenz von Juden in Rom selbst ist für das 2. Jahrhundert v. Chr. eindeutig bezeugt, ebenso die Tatsache, daß ihre religiösen Aktivitäten im Jahre 139 v. Chr. den *praetor peregrinus* Cn. Cornelius Hispalus zwangen, gegen sie vorzugehen. Als Anlaß für die Vertreibung der Juden aus der Stadt wird sehr häufig jüdischer Proselytismus angenommen. Doch mindestens ebenso wichtig ist der gesellschaftliche und geistige Gesamtzusammenhang: das Bewußtsein der tiefgreifenden sozialen, sittlichen und religiösen Veränderungen des 2. Jahrhunderts v. Chr., die von einflußreichen Teilen der Führungsschicht als «Sittenverfall» verstanden wurden und zur Mobilisierung der «*mores maiorum*» führten.

Die scharfe Wendung gegen Exzesse fremder Kulte, die sich 186 v. Chr. in den Bacchanalienprozessen entladen hatte, eröffnete eine ganze Reihe ähnlicher Vorstöße, von denen schließlich auch das Judentum mitbetroffen werden mußte. Es ist kein Zufall, daß sich das Vorgehen römischer Behörden gegen die Juden 139 v. Chr. mit einem Vorgehen gegen die Chaldäer, unter Tiberius dann mit einer konsequent traditionalistischen Religionspolitik, unter Claudius schließlich, 49 n. Chr., mit einem Vorgehen gegen Isisanhänger verbinden läßt.

Ein Licht auf die generelle Beurteilung der Juden in der Stadt Rom wie in ihrer Heimat nach der Intervention des Pompeius in Jerusalem wirft Ciceros Rede «*Pro Flacco*» aus dem Jahre 59 v. Chr. Aus ihr geht hervor, daß die Juden bereits damals das Privileg besaßen, alljährlich ihre «Tempelsteuer» in Höhe eines Didrachmons, eines Betrages von zwei Denaren, den jeder männliche Jude im Alter zwischen 20 und 50 Jahren an den Tempel zu entrichten hatte, aus dem ganzen Reich nach Jerusalem zu überführen. Da Ciceros Mandant L. Valerius Flaccus solche Gelder als Statthalter der Provinz *Asia* kassiert hatte, mußte für Cicero alles darauf ankommen, die Juden insgesamt herabzusetzen.

So polemisierte er gegen die anwesende stadtrömische Judengruppe, die fest zusammenhielt und auch gegen ihn aufgehetzt werden konnte. Er bezeichnete ihre Religion als «barbarischen Aberglauben», rühmte Pompeius, der nach seiner Einnahme Jerusalems den Tempel nicht angetastet hatte, sprach von einer argwöhnischen und schmähsüchtigen *civitas* und stellte schließlich den Ansprüchen des auserwählten Volkes die historische Realität gegenüber: «Jedes Volk hat seine Religion ... wie wir die unsere. Schon vor der Einnahme Jerusalems, als die Juden noch mit uns im Frieden

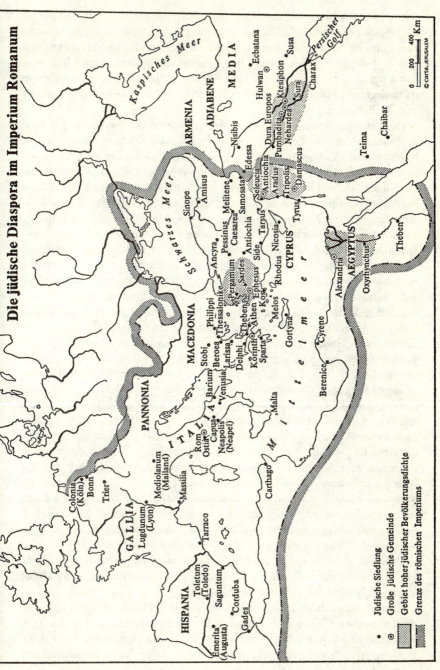

47 Jüdische Diaspora im Imperium Romanum

lebten, vertrug sich die Ausübung ihrer Religion schlecht mit dem Glanz dieses Reiches, mit der Größe unseres Namens, mit unseren altüberkommenen Einrichtungen; jetzt aber ist das um so weniger der Fall, als dieses Volk durch Waffengewalt kundgetan hat, was es von unserer Herrschaft hält; dabei hat es auch vorgeführt, was es den unsterblichen Göttern wert ist: es ist besiegt, ist zinsbar, ist versklavt» (Cicero, *«Pro Flacco»* 69 – Übersetzung von M. Fuhrmann).

Die hier von einem gebildeten Römer artikulierten Einschätzungen dürften weitverbreiteten Vorurteilen entsprochen haben. Diese Vorurteile aber blieben bestehen, obwohl sich wenigstens Varro und später auch Galen mit jüdischem Glauben und jüdischem Ethos beschäftigten. Als Tacitus über eineinhalb Jahrhunderte nach Cicero die Einnahme Jerusalems durch Titus schilderte, zeichnete er in seinem Exkurs über die Juden das Volk keineswegs positiver: «Moyses gab, um sich des Volkes für die Zukunft zu versichern, ihm Gebräuche, die neu waren und denen aller übrigen Menschen zuwiderliefen. Unheilig ist dort alles, was bei uns heilig ist, wiederum bei ihnen erlaubt, was bei uns als unrein gilt... Wie immer diese Gebräuche eingeführt worden sind, sie finden ihre Rechtfertigung in ihrem hohen Alter. Alle übrigen Einrichtungen sind widerwärtig, abscheulich und haben nur durch ihre Widernatur Geltung erlangt. Denn es waren gerade die schlechtesten Elemente, die unter Verleugnung ihrer heimischen religiösen Gebräuche Tribute und Gaben dort zusammentrugen. Davon wuchs die Macht der Judäer. Einen weiteren Grund hierfür bildete die Treue, die sie einander unverbrüchlich halten, sowie das Mitleid, das sie bereitwillig walten lassen, während sie gegen alle anderen einen feindlichen Haß betätigen: sie speisen getrennt und schlafen abgesondert, und während sie ein Volk sind, das sich sinnlichem Genuß ganz hingibt, halten sie sich dem Beischlaf mit fremdbürtigen Frauen fern. Unter sich selbst kennen sie nichts Unerlaubtes. Sie haben die Sitte der Beschneidung eingeführt, um durch diese Verschiedenheit sich kenntlich zu machen. Ihre Proselyten nehmen denselben Brauch an, und nichts wird ihnen früher beigebracht, als ihre Götter zu verachten, ihr Vaterland zu verleugnen, Eltern, Kinder, Brüder gering zu achten... Gottlos seien alle, die sich Götterbilder in menschlicher Gestalt aus irdischen Stoffen schaffen; jenes höchste und ewige Wesen sei weder nachahmbar noch vergänglich. Daher stellen sie auch keine Götterbilder in ihren Städten, geschweige denn in ihren Tempeln auf. Nicht Königen wird eine solche Huldigung zuteil, nicht den Cäsaren solche Ehre» (Tacitus, *«Historien»* V,4 f. – Übersetzung von W. Sontheimer).

Eine ausführlichere schriftliche Überlieferung für die Entwicklung der stadtrömischen Gemeinde liegt von jüdischer Seite nicht vor. Die moderne Rekonstruktion ist auf die Funde der jüdischen Katakomben sowie auf die Interpretation der jüdischen Inschriften Roms angewiesen. Diese sind nur zum kleineren Teil in hebräischer oder aramäischer Sprache, teilweise in lateinischer, zum weitaus größeren Teil dagegen in griechischer Sprache abgefaßt und in ihren Aussagen begrenzt. Immerhin wird deutlich, daß die Juden Roms, trotz des ständigen Anwachsens ihrer Zahl, vor allem im Wohnviertel Trastevere weithin isoliert lebten. 15 Synagogen sind namentlich bekannt, vier dieser Namen allerdings problematisch. Eine gesamtjüdische Institution ist in der Stadt Rom dagegen nicht bezeugt.

Zur grundlegenden Kontinuität der negativen Bewertung der Juden kam die Verflechtung des Judentums in die Geschichte des Imperiums hinzu. Eindeutig privilegiert war dieses unter Caesar und Augustus. Die Ausübung des jüdischen Glaubens wurde in vollem Umfange gewährleistet, die Einhaltung der Sabbatgebote gesichert, den jüdischen Gemeinden – *collegia licita* nach römischem Recht – selbst eine begrenzte Ziviljurisdiktion für den Kreis ihrer Angehörigen zugestanden. Mehr noch, Juden wurden vom Militärdienst befreit, die Zulassung jener armen stadtrömischen Juden, welche das römische Bürgerrecht besaßen, zu den Getreideverteilungen ausdrücklich bestätigt.

Die Juden insgesamt profitierten somit zweifellos von der Dankbarkeit Caesars, der während seines Ägyptenfeldzuges von seinen jüdischen Freunden Hyrkanos II. und Antipater in besonders kritischen Situationen wirkungsvoll unterstützt worden war. Sie profitierten dann jedoch noch mehr von der diplomatischen Kunst Herodes des Großen, der sich mit den römischen Machthabern stets zu arrangieren wußte und der als Klientelkönig vor allem das volle Vertrauen des Augustus wie Agrippas besaß. Denn mochten die Juden den grausamen und tyrannischen Herodes, der auch alle religiösen Fragen primär in machtpolitischen Perspektiven sah, hassen und fürchten – für Rom war er als Garant von Ruhe und Ordnung in Palästina unersetzlich.

Einen aus römischer Sicht ähnlich zuverlässigen jüdischen Partner haben die *principes* nach Augustus nicht mehr gefunden. Die römischen Statthalter sahen sich vielmehr einem in ihren Augen völlig chaotischen Kampf der verschiedensten religiösen Gruppen gegenüber, rasch wechselnden politischen Repräsentanten mit nur begrenzter Autorität. Weder die Angehörigen der Dynastie des Herodes, noch die Hohenpriester, noch das Synhedrion, der Ältestenrat von Jerusalem, konnten in den rasch aufeinanderfolgenden Krisen die Einhaltung von Abmachungen mit den Vertretern Roms garantieren. Keine der relevanten jüdischen Gruppen, nicht die Pharisäer, die sich als treue Hüter der bestehenden religiösen Normen verstanden, nicht die Sadduzäer, die sich einst mit den Repräsentanten der Hasmonäer abgefunden hatten und dann nach dem Tode Herodes des Großen zu neuem Einfluß gelangt waren, nicht die radikalen Zeloten, die gerade im Kampf gegen Rom großen Zulauf fanden, nicht die isolierten Gruppen wie die Essener konnten von römischer Seite als Stützen der Herrschaft gewonnen werden. Sieht man von wenigen Einzelpersonen ab, die auf Grund ihrer materiellen Interessen oder aus Opportunismus auf die römische Sache setzten, so gelang es den Statthaltern nicht, eine dauerhafte Basis für eine konstruktive Zusammenarbeit zu finden, noch weniger, die Juden voll in das Imperium zu integrieren.

Zu den bald turbulenten Vorgängen im Raume von Jerusalem selbst trat die Belastung der jüdisch-römischen Beziehungen durch die chronischen Wirren in Alexandria. Für Rom waren Ägypten und insbesondere Alexandria auf Grund ihrer zentralen Bedeutung für die Versorgung der Hauptstadt besonders neuralgische Zonen des Herrschaftssystems. Die Zuspitzung der Auseinandersetzungen zwischen Griechen und Juden in Alexandria dürfte wohl weniger auf ökonomische Rivalitäten als vielmehr auf das ständige Anwachsen des jüdischen Bevölkerungsteiles in der Stadt zurückzuführen sein. Jedenfalls standen die schweren Kämpfe der Jahre 38 bis 41 n. Chr. am Beginn einer langen Kette teils latenter, teils offener Spannungen zwischen Juden und Griechen, die dann zwischen 115 und 117 n. Chr. in den schon erwähnten bürgerkriegsähnlichen Massakern und Judenpogromen gipfelten. Die römischen Präfekten machten sich häufig den Standpunkt der Griechen zu eigen; auch hier erschienen jedenfalls die Juden als chronische Unruhestifter.

Selbst Claudius, der mit dem Enkel Herodes des Großen, Herodes Agrippa, persönlich befreundet war, sah sich mit schweren Unruhen zwischen Griechen und Juden sowie mit neuen Gesandtschaften der Alexandriner und Juden konfrontiert. Ein berühmter Londoner Papyrus hat den Brief überliefert, in dem er auf jene Vorgänge in der Stadt einging: «Was die Frage betrifft, wer von Euch verantwortlich war für den Aufstand und die Fehde, oder, wenn man die Wahrheit sagen soll, richtiger den Krieg gegen die Juden, so war ich nicht geneigt, mich auf ein bestimmtes Urteil einzulassen, obwohl eure Gesandten, besonders Dionysios, Theons Sohn, eure Sache angesichts ihrer Gegner sehr eifrig vertraten, und ich muß mir unerbittlichen Zorn gegen jede Partei, die die Feindseligkeiten wieder aufnehmen sollte, vorbehalten. Aber ich sage euch rund heraus, wenn ihr nicht von dieser schändlichen, verbohrten Feindseligkeit gegeneinander absteht, werde ich mich genötigt sehen, zu zeigen, was aus einem wohlwollenden *princeps* werden kann, wenn sich sein Sinn gerechtem Zorn zukehrt. Daher beschwöre ich euch noch einmal, auf der einen Seite die Alexandriner, sich verträglich und freundlich gegen die Juden zu zeigen, die viele Jahre in derselben Stadt gewohnt haben, sie in der Ausübung ihres herkömmlichen Gottesdienstes nicht zu kränken, sondern ihnen die Beobachtung ihrer Sitten zu erlauben wie zur Zeit des vergöttlichten Augustus, und diese Sitten habe auch ich nach Anhörung beider Seiten bestätigt.

Und auf der andern Seite gebiete ich den Juden, nicht nach irgend etwas zu streben über das hinaus, was sie bisher besaßen, und hinfort nicht, als lebten sie in zwei verschiedenen Städten, zwei Abordnungen zu schicken, was früher niemals vorgekommen ist, noch sich in die Kampfspiele der

Gymnasiarchen und Kosmeten [Jahresbeamte, die für die Ausbildung der Epheben und die Durchführung von Spielen zuständig waren] einzudrängen, sondern nutzbar zu machen, was sie besitzen, und in einer Stadt, die nicht ihr eigen ist, den Überfluß reichen Wohlstandes zu genießen; auch nicht Juden einzuführen oder einzuladen, die aus Syrien oder Ägypten herabsegeln, und mich dadurch zu nötigen, umsomehr Verdacht zu schöpfen; sonst werde ich mit allen Mitteln gegen sie vorgehen als Menschen, die der ganzen Welt eine allgemeine Seuche erregen. Wenn ihr auf beiden Seiten von solchem Vorgehen absteht und bereit seid, in gegenseitiger Verträglichkeit und Freundlichkeit zu leben, so will ich meinerseits auch weiterhin die altbewährte Sorge für die Stadt beweisen, die meinem Hause seit Alters freundschaftlich verbunden ist» (P. Lond, 1912 – III – Übersetzung nach H. I. Bell, «Juden und Griechen im römischen Alexandreia», Leipzig 1926, 25 f.).

Nicht nur für die Geschichte Palästinas, sondern mehr noch für die Geschichte der jüdischen Religion bedeuteten die Zerstörung des Tempels und der Untergang Jerusalems im Jahre 70 n. Chr. eine entscheidende Zäsur. Weniger die Reorganisation der Provinz *Iudaea* oder die für Vespasian bezeichnende Neuregelung der «Tempelsteuer», die nun einerseits auf einen größeren Personenkreis ausgedehnt, andererseits künftig aber an den Juppiter Capitolinus abzuliefern war, als vielmehr die Auflösung des religiösen Zentrums Jerusalem sollte sich hier langfristig als sehr folgenschwer erweisen.

Im Gebet hielten die Juden Palästinas freilich auch nach dem Fall Jerusalems die Erinnerung an den historischen Kern der jüdischen Religion wach. Noch gegen Ende des 1. Jahrhunderts n. Chr. hieß es in der 14. Benediktion des Achtzehngebets, das jeden Tag dreimal gebetet wurde: «Erbarme Dich, Jahwe unser Gott, in Deiner großen Barmherzigkeit über Israel, Dein Volk, und über Jerusalem, Deine Stadt, und über Sion, die Wohnung Deiner Herrlichkeit, und über Deinen Tempel und über Deine Wohnung und über das Königtum des Hauses David, des Messias Deiner Gerechtigkeit. Gepriesen seist Du, Jahwe, Gott Davids, der Jerusalem erbaut» (H. L. Strack – P. Billerbeck, «Kommentar zum Neuen Testament aus Talmud und Midrasch» IV, 1928, 213). Da der religiöse Mittelpunkt der jüdischen Religion systematisch zerschlagen, Opfer und priesterliche Funktionen in der bisherigen Weise unmöglich geworden waren, verlagerte sich die religiöse Aktivität faktisch in die Diaspora und übernahm auch im palästinensischen Kernraum deren Formen.

Der Gottesdienst in der Synagoge wurde dabei zur Regel und in dieser Form auch weiterhin nicht behindert. Für die innere Entwicklung der Religion selbst aber wurde bestimmend, daß sich Überlebende der Jerusalemer Kultgemeinde in der Stadt Jabne, südlich von Jaffa, sammelten und dort einen neuen obersten Rat aus 72 pharisäischen Schriftgelehrten, den «Ältesten», konstituierten. Im Unterschied zum alten Jerusalemer Synhedrion war dieser Rat völlig entpolitisiert. Er konzentrierte sich auf die Fragen der Auslegung und Anwendung des Gesetzes und erwarb sich eine rasch wachsende Autorität. Durch Rabbinen wie Jochanan ben Sakkai und Gamaliel II. vor allem wurde sein Einfluß immer größer. Festlegung und Sicherung der heiligen Schriften des Kanons der Synagoge, Schaffung neuer und anerkannter griechischer Übersetzungen, vor allem aber die nie endende Aufgabe der Auslegung des Gesetzes inmitten der verschiedenartigsten und sich stets wandelnden Rahmenbedingungen traten fortan in den Mittelpunkt der Arbeit der Rabbinen. Sie erst ermöglichten auch weiterhin die Behauptung jüdischer Existenz im Römischen Reich wie über das Römische Reich hinaus.

Aus solcher Sicht waren die Folgen der Einnahme Jerusalems durch Titus wichtiger als jene der Niederschlagung der jüdischen Aufstände unter Trajan und Hadrian. Die Einzelheiten des unter Hadrian erlassenen, unter Antoninus Pius für die Juden aber zumindest in wesentlichen Teilen wieder zurückgenommenen Beschneidungsverbotes sind unklar und werden deshalb auch kontrovers beurteilt. Es ist denkbar, daß das Verbot im Zusammenhang mit Hadrians prinzipieller Ablehnung der Kastration stand, eine Ablehnung, die er mit Domitian teilte, und daß sein entsprechendes Verbot keineswegs primär als Repressionsmaßnahme gegen die Juden gedacht war. Doch hier, wie bei dem Plan zur Anlage der neuen Stadt *Aelia Capitolina* auf dem Boden Jerusalems, wurden offensichtlich die Reaktionen der jüdischen Bevölkerung nicht bedacht.

Der Bar-Kochba-Aufstand (132–135 n. Chr.) führte zwar für kurze Zeit noch einmal zur «Befreiung Jerusalems» und zur «Befreiung Israels», wie es die Münzlegenden feierten, doch er wurde in Blut erstickt. Neben den zahllosen Opfern und der Versklavung großer Teile der Überlebenden waren es mehr als symbolische Akte, daß nun die *Colonia Aelia Capitolina* demonstrativ mit Juppiter-Capitolinus-Tempel, Venustempel, Amtsgebäuden und Repräsentationsbauten auf dem alten Areal Jerusalems angelegt, daß Juden das Betreten dieser Stadt verboten und daß die Provinz in Zukunft mit dem Namen *Palaestina* bezeichnet wurde. Das *debellare superbos* war hier in seiner furchtbarsten Form exekutiert, die jüdische Religion aber dennoch nicht ausgerottet worden.

Die römisch-jüdische Auseinandersetzung litt von Anfang an unter schwerwiegenden Mißverständnissen, unzulänglichen Informationen und unter den besonderen Schwierigkeiten für einen prinzipiell polytheistisch orientierten Staat, das Wesen jüdischer Religion und jüdischer Mentalität zu begreifen. Der sich immer tiefer eingrabende Haß der Juden gegen Rom, ihr Fanatismus und ihre Radikalisierung sind aus dem Rückblick über die Gesamtentwicklung ebenso verständlich wie die Erbitterung der Römer, die trotz vieler Rücksichtnahmen und Kompromisse gerade mit diesem seit

Titus so schwer gedemütigten Volk keinen *modus vivendi* finden konnten. Es ist für die Ausweglosigkeit römischer Politik gegenüber den Juden charakteristisch, daß selbst ein *princeps* wie Hadrian schließlich resignierte und der Gewalt ihren Lauf ließ.

Auf jüdischer Seite waren nach dem Fall Jerusalems alte Traditionselemente in neue Perspektiven gebracht worden. So knüpfte der Autor der Esra-Apokalypse an Daniels Bild von den vier Weltreichen an, bezog das vierte Weltreich auf Rom, das er mit einem riesigen Adler identifizierte, dem der als Löwe erscheinende Messias entgegentrat:

«Höre du, ich rede mit dir! Der Höchste spricht zu dir;
‹Bist du es nicht, der übrig blieb von den vier Tieren,
die ich gemacht hatte,
auf daß sie herrschten in meiner Welt
und durch sie komme das Ende meiner Zeiten?›
Als viertes bist du gekommen
und hast alle früh'ren besiegt;
hast geknechtet die Welt mit großer Angst,
den Erdkreis mit übler Gewalttat;
hast lange regiert auf dem Weltall mit List,
mit Unbill gerichtet die Erde;
hast die Sanften gequält und die Stillen gedrückt,
die Geraden gehaßt und die Lügner geliebt;
hast zerstört der Rechtschaffenen (?) Burgen,
und geschleift der Harmlosen Mauern.
Und es stieg empor zu dem Höchsten dein Schimpf,
dein Übermut drang zu dem Starken.
Und der Höchste sah an seine Zeiten:
Gar aus!, – seine Welten: Vollendet!
Deshalb sollst du sicherlich verschwinden, du Adler, ...
auf daß die ganze Erde Ruhe finde und die Welt aufatme
von deiner Gewalt und warte auf das barmherzige Urteil
ihres Schöpfers»
(«*Visio*» 5,4,3 ff. – Übersetzung nach H. Fuchs, «Der geistige Widerstand gegen Rom in der antiken Welt», Berlin 1938, 64).

Andere Bilder wählte gegen Ende des 1. Jahrhunderts n. Chr. jener ägyptische Jude, der im 5. Buch der «*Oracula Sibyllina*» seinem Haß gegen Rom freien Lauf ließ:

«Es wird kommen vom Himmel herab ein riesiger Stern in die göttliche Salzflut und wird verbrennen das tiefe Meer und Babylon [Rom] selbst und das italische Land, um dessentwillen vernichtet sind viele reine Gläubige der Hebräer und das wahrhaftige Volk. Schlimmes wirst du unter schlimmen Menschen erdulden, aber du wirst inskünftig für alle Zeit völlig verlassen bleiben ... deinen Boden hassend, weil du nach Zauberei Verlangen trugest. Ehebruch ist bei dir und verbotener Verkehr mit Knaben, wie mit Weibern, voll Unrecht, du böse Stadt, unselige vor allen. Wehe, du gänzlich unreine Stadt der latinischen Erde, du rasende, otternfreudige, als Witwe mögest du an den Ufern sitzen, und der Tiberfluß wird dich beweinen, seine Gattin, die du ein blutgieriges Herz hast und gottlosen Sinn. Nicht erkanntest du, was Gott vermag und was er wirkt, sondern du sagtest: ‹Die einzige bin ich und niemand wird mich zerstören.› Nun aber wird dich und alle die deinen der ewig seiende Gott zerstören, und nicht mehr wird von dir ein Zeichen in jenem Lande sein wie ehemals, als der große Gott deine Ehren erfand. Bleibe, du Gesetzlose, allein, und vermischt mit flammendem Feuer ziehe ein in den gesetzlosen Tartarus-Ort des Hades» (5,158 ff. – Übersetzung nach H. Fuchs, a. O., 67).

Während es dem *Imperium Romanum* in anderen Räumen, wie im Bereich der kelto-ligurischen Kulte oder bei der Religion der Druiden gelungen war, nach eigenem Verständnis inhumane oder politisch gefährliche religiöse Zentren zu zerschlagen und dennoch die Bevölkerung in den eigenen Herrschaftsverband zu integrieren, scheiterten in Iudaea alle solche Bemühungen. Sie mußten scheitern, weil eine solche Integration für das Judentum die Selbstaufgabe bedeutet hätte. Doch trotz aller Feindseligkeit, der Verachtung und des Mißtrauens auf römischer Seite konnten sich die jüdischen Synagogen im Imperium behaupten, bis sie dann von den Severern erneut gefördert wurden.

Die Einordnung des Lebens Jesu Christi in die profane Geschichte wirft von Anfang an kaum lösbare Probleme auf. Aus den berühmten Sätzen des Weihnachtsevangeliums: «Es begab sich aber zu der Zeit, daß ein Gebot von dem Kaiser Augustus ausging, daß alle Welt geschätzt würde. Und diese Schätzung war die allererste und geschah zu der Zeit, als Cyrenius Landpfleger in Syrien war» (Lukas 2,1 f.) läßt sich das Jahr der Geburt Jesu ebensowenig präzise datieren wie aus den spärlichen ungenauen Überlieferungssplittern das Jahr der Kreuzigung. Sicher ist jedenfalls, daß Jesu Geburtsjahr und der Beginn der christlichen Ära nicht übereinstimmen, sicher auch die Hinrichtung unter Pontius Pilatus um 30 n. Chr.

Diese Schwierigkeiten ergeben sich primär aus der Eigenart der christlichen Tradition. Die erst um 70 n. Chr. fixierten Evangelien der Synoptiker, des Markus, Matthäus und Lukas, und das noch später anzusetzende Johannesevangelium gingen zwar auf ältere Überlieferungsschichten zurück; sie wollten indessen keine historische Biographie Jesu geben. Ihnen ging es vielmehr vor allem darum, die Glaubenstradition zu vermitteln und dabei insbesondere Jesu Worte und Gleichnisse aus der aramäischen Sprache, in der Jesus einst redete, in die griechische Sprache umzusetzen. Auch die Kreise, für welche die Evangelisten schrieben, waren in erster Linie an den Worten des Herrn, an seinen Wundern und an seinem Leiden interessiert, nicht an den Einzelheiten der Zeitgeschichte. Die Anhänger Jesu, die im Bewußtsein einer relativ nahen Wiederkehr ihres Herrn und eines relativ nahen Untergangs der Welt lebten, hatten sich innerlich längst von aller profanen Geschichte getrennt.

Das Wirken des Zimmermannes Jesus von Nazareth erfaßte zunächst lediglich die Grenzräume des Bereiches der Jerusalemer Kultgemeinde, die Gebiete am See Genezareth und im Norden des alten israelitischen Siedlungsgebietes sowie das Territorium von Tyrus. Eine in jeder Hinsicht neue Dimension erhielt Jesu Tätigkeit erst mit seinem triumphalen Einzug in Jerusalem selbst, als enthusiasmierte Massen in ihm den verheißenen Messias sahen. Doch das Synhedrion der Jerusalemer Kultgemeinde ging sogleich entschieden gegen ihn vor; es erblickte in ihm einen gefährlichen Betrüger und Unruhestifter. Jesus wurde deshalb wegen Gotteslästerung zum Tode verurteilt, der römische Statthalter Pontius Pilatus unter massiven Druck gesetzt, bis er das Todesurteil bestätigte und durch römische Soldaten in der Form der Kreuzigung vollstrecken ließ. Doch so sehr diese Vorgänge um Jesus Jerusalem und *Iudaea* einige Tage lang erregt hatten, Martin Noth konstatierte zu Recht: «Die Weltgeschichte hat damals von ihm keine Notiz genommen» («Geschichte Israels», Göttingen 1959⁴, 383).

Dies änderte sich erst, als die Urgemeinde, trotz aller Verfolgungen, an ihrem Glauben an Jesus festhielt, gemäß dem Herrenwort «Wenn sie mich verfolgt haben, so werden sie auch euch verfolgen» (Joh. 15,20). Der erste Märtyrer Stephanus wurde nicht von Römern, sondern von Juden getötet. Die Situation änderte sich aber vor allem, als der römische Bürger Paulus mit seiner erfolgreichen Missionierung von Nicht-Juden begann, wobei er diese weder zur Beschneidung noch zur Beachtung des mosaischen Gesetzes nötigte. Auf einem «Apostelkonzil» des Jahres 48 n. Chr. konnten die Reibungen zwischen der sogenannten Heiden- und der Judenmission beigelegt werden; der christliche Glaube erreichte danach immer weitere Kreise.

Um 48 n. Chr. wirkte Paulus auf seiner ersten großen Missionsreise schon auf Cypern, in Pamphylien, Pisidien und Lykaonien; in den Jahren 50 bis 52 n. Chr. war der Radius bereits weiter gezogen: Nun wurden Syrien und Kilikien, Phrygien und Galatien, Makedonien und Griechenland berührt. Auf der dritten Missionsreise, in den Jahren 54 bis 58 n. Chr., stieß Paulus dann über die Provinzen *Asia* und *Macedonia* bis nach *Illyricum* vor, so daß er von sich sagen konnte: «Ausgehend von Jerusalem, habe ich in weitem Umkreis bis nach *Illyricum* überallhin das Evangelium Christi gebracht» (Römer 15,19). In den geographischen Horizonten des Imperiums, in denen Paulus dachte, sollte der christliche Glaube im gesamten Kosmos verkündet werden (Römer 1,8); es ist bezeichnend, daß er schließlich in der Hauptstadt des Imperiums den Tod fand.

Auf Grund der Überlieferungslage wurde Paulus der bekannteste, sicher auch der wichtigste Missionar des frühen Christentums, geradezu zur

Symbolfigur der Mission überhaupt. Doch er war keineswegs der einzige jener frühen Glaubensboten, die zur schnellen Verbreitung des Christentums beitrugen. Paulus profitierte dabei nicht nur von seinem römischen Bürgerrecht, sondern in allen geistigen Auseinandersetzungen vor allem auch von seiner Ausbildung und Schulung unter den Pharisäern Jerusalems. Er profitierte aber auch von seinem handwerklichen Können als Zeltmacher, denn anders als so viele Scharlatane, Wanderprediger und Wundermänner der Epoche lebte er von seiner Arbeit, war stolz darauf, den Gemeinden nicht zur Last zu fallen, und gewann so ein hohes Maß an Glaubwürdigkeit.

Als Folge der Missionstätigkeit verlagerten sich die Schwerpunkte des christlichen Glaubens bald in den griechisch-syrischen und griechisch-kleinasiatischen Raum. Als Zentren ragten dabei schon früh Antiochia am Orontes und Ephesus hervor. In dem etwa 800 000 Einwohner zählenden Antiochia gab es seit dem Jahre 32 n. Chr. eine christliche Gemeinde, in welcher gemäß der Zusammensetzung der Bevölkerung das «Heidenchristentum» dominierte. In Ignatius, dem dritten Bischof der Stadt, der sich bereits Bischof Syriens nannte, erwuchs ihr eine erste große Führergestalt, und in Antiochia ist den Anhängern des neuen Glaubens wohl auch ihr Name, der Name *«Christiani»,* von den Römern gegeben worden als Bezeichnung für die Anhänger und die Partei des Christus.

Von Antiochia aus wurde insbesondere die weitere Peripherie Syriens erschlossen: Um das Jahr 100 n. Chr. fanden sich Christen bereits auch in Edessa und in Palmyra. Bis in das 6. Jahrhundert hinein blieb die Bedeutung der Stadt als Hochburg der christlichen Lehre und Mission bestehen. Auch die Entwicklung des Christentums in Ephesus ist zunächst aufs engste mit der Tätigkeit des Paulus verknüpft, der sich dort in den Jahren 52 und 54 bis 57 n. Chr. aufhielt und von dort aus seine Sendschreiben an Provinzen und Gemeinden sandte, wie an die Christen in Galatien und Korinth. Die eigentliche Blütezeit für diese Gemeinde brach dann jedoch erst mit Johannes an. Hier in Ephesus entwickelte sich nun eine durchaus selbständige und sehr einflußreiche christliche Schule. Die Stadt selbst wurde während der ersten drei Jahrhunderte der Ausgangspunkt und der starke Rückhalt der christlichen Missionierung Kleinasiens, doch ihr Einfluß strahlte bis in den Westen des Reiches aus. So berichteten im Jahre 177 n. Chr. die Glaubensgemeinschaften in Lyon und Vienne an ihre christliche Muttergemeinde Ephesus, und ein Jahr später wählten die Christen von Lyon den Irenaeus aus Ephesus zu ihrem Bischof, der griechisch schrieb und keltisch predigte.

Südlich von Palästina wurde Alexandria zum wichtigsten Zentrum des Christentums; seit dem Beginn des 2. Jahrhunderts n. Chr. setzen christliche Papyri in größerer Zahl ein. Alexandria erlaubte insbesondere die intensive Berührung des Christentums mit griechischer Philosophie und Bildung, es prägte Clemens von Alexandrien ebenso wie Origines. Doch das Christentum wurde im Osten schon früh auch außerhalb der Grenzen des Imperiums verbreitet, besonders stark in der Landschaft Adiabene. Aus dem Gebiet des Tigris sind zu Beginn des 3. Jahrhunderts n. Chr. etwa 20 Bistümer bekannt. Problematisch bleibt dagegen die mit dem Apostel Thomas in Zusammenhang gebrachte Indienmission. Gesichert sind Christen in Indien erst durch die Nachricht des Kosmas Indikopleustes um 530 n. Chr.

Ganz anders verlief die Entwicklung im Westen des Imperiums. In Rom selbst kam es zwar schon unter Claudius zu Unruhen, die wohl durch die Missionstätigkeit von Judenchristen im Rahmen der Synagogen ausgelöst worden waren. Doch wie Sueton berichtet, ließ dieser *princeps* «die Juden, die auf Anstachelung eines Chrestus beständig Unruhe verbreiteten, aus Rom austreiben» (Claudius 25,4). Schwerer traf die stadtrömische Christengemeinde dann Neros Kriminalisierung und Verfolgung im Jahre 64 n. Chr. Die Einzelheiten der Martyrien des Paulus und Petrus in Rom sind strittig; der 1. Clemensbrief vom Ende des 1. Jahrhunderts n. Chr. zeigt indessen deutlich, wie tief einerseits die Verehrung der Apostel in Rom war, und er läßt andererseits schon ahnen, daß die römische Gemeinde bereits einen besonderen Rang beanspruchte. Die Siegesmale der Apostel begründeten ihre spezifische Autorität, die sich freilich erst geraume Zeit später durchsetzen sollte.

Frühe christliche Gemeinden sind daneben auch für eine ganze Reihe von italischen Städten anzunehmen, für das Gebiet im Süden der Provence und für den Osten und Südosten Spaniens, wohin bereits Paulus reisen wollte. Wesentlich dichter war das Netz der frühen christlichen Zellen in den Provinzen *Africa* und *Numidia*, wo sich bald auch eine christliche Literatur hohen Ranges entfaltete. Für die Christen aber war die Ausbreitung ihres Glaubens eine immer wieder von neuem ermutigende und erhebende Quelle der Kraft. So schrieb später etwa Euseb: «... wenn ich auf die Kraft des Wortes blicke und auf die Vollendung der Werke, wie viele Myriaden die Apostel überzeugt haben und wie Kirchen mit Myriaden Männern von eben jenen Geringen und Dörfischen gesammelt und nicht an verborgenen und unbekannten Plätzen, sondern besonders in den großen Städten gebaut sind – ich meine im königlichen Rom, in Alexandrien und Antiochien und in ganz Ägypten und Libyen, in Europa und Asien, in den Dörfern und Ortschaften und in allen Völkern – so bin ich wiederum notwendig gezwungen, zur Prüfung der Ursache zu eilen und zu bekennen, daß sie nicht anders dieses Wagnis durchsetzen konnten als durch göttliche Kraft» (Euseb, «Theophania» V 49 – Übersetzung von A. von Harnack).

Parallel zur Ausweitung der Radien christlicher Mission veränderte sich allmählich auch die soziale Zusammensetzung der christlichen Gemeinden. Zweifellos dominierten in Jesu Anhängerschaft in Palästina zunächst Angehörige der Unterschichten: Kleinbauern, Fischer, Handwerker, Tagelöhner. Und noch Paulus schreibt der Christengemeinde in Korinth: «Sehet an, liebe Brüder, eure Berufung: nicht viel Weise nach dem Fleisch, nicht viel

Gewaltige, nicht viel Edle sind berufen. Sondern was töricht ist vor der Welt, das hat Gott erwählt, daß er die Weisen zu Schanden mache; und was schwach ist vor der Welt, das hat Gott erwählt, daß er zu Schanden mache, was stark ist; und das Unedle vor der Welt und das Verachtete hat Gott erwählt, und das da nichts ist, daß er zunichte mache, was etwas ist, auf daß sich vor ihm kein Fleisch rühme» (1. Kor. 1,26–29).

Wie schon früher erwähnt, wurden die Gegner des Christentums deshalb auch nicht müde, die soziale Inferiorität der Anhänger dieser neuen Religion zu brandmarken, um sie schon von dieser Seite her zu diskreditieren. In den Reihen der frühen Christen bildeten tatsächlich Frauen und Männer aus den Unterschichten, von Anfang an auch Sklaven und Freigelassene, das eigentliche Fundament der Gemeinden. Doch bald wurden auch Händler und andere Angehörige der Mittelschichten in größerer Zahl für das Christentum gewonnen, wie im Falle der Purpurhändlerin Lydia in Philippi oft ganze «Häuser» mit allen Bediensteten. Etwa seit der Mitte des 2. Jahrhunderts n. Chr. gehörten daneben Vertreter des griechischen und lateinischen Bildungsbürgertums dem Christentum an, während sich Angehörige aus den imperialen Oberschichten in vorkonstantinischer Zeit nur selten dazu bekannten.

Die Urgemeinde lebte in der Erwartung des jüngsten Tages, und sie lebte ausschließlich in ihrem Glauben. Erst in der zweiten Phase ihrer Geschichte, in der Phase des Einrichtens auf dieser Welt, gewannen Probleme kirchlicher Organisation eine relative, doch stets untergeordnete Bedeutung. Eine einheitliche Gemeindestruktur existierte damals nicht; sie hing in der Regel völlig von den lokalen personalen Voraussetzungen ab. An der Spitze einzelner Gemeinden stand zunächst häufig ein Ältestenkollegium, die Presbyter, aus denen sich dann später der Bischof, der *episkopos*, heraushob. Die aktive Bewältigung der Seelsorge war dagegen den Diakonen anvertraut, doch konnte anfangs jeder gläubige Christ auch priesterliche Funktionen ausüben. Erst seit dem 2. Jahrhundert n. Chr. verdrängte eine straffere monarchische Leitung jene älteren Strukturen. Das 2. Jahrhundert n. Chr. brachte dann auch erste Ansätze einer Gemeindeordnung sowie Impulse zur Vereinheitlichung des Glaubensbekenntnisses.

Ähnlich wie das Judentum sah sich auch das Christentum lange Zeit mit schwerwiegenden Vorurteilen, Mißverständnissen und Verleumdungen konfrontiert. Noch etwa um 200 n. Chr. konnte Minucius Felix in seinem Dialog «Octavius» dem altgläubigen Gesprächspartner Caecilius die folgenden Meinungen in den Mund legen, die offensichtlich weitverbreiteten Ansichten über das Christentum entsprachen: «Aus der untersten Hefe des Volkes sammeln sich da die Ungebildeten und die leichtgläubigen Weiber, die wegen der Beeinflußbarkeit ihres Geschlechtes ohnedies auf alles hereinfallen; sie bilden eine gemeine Verschwörerbande, die sich in nächtlichen Zusammenkünften, bei Feierlichkeiten mit Fasten und menschenunwürdiger

Speise nicht im Kult, sondern im Verbrechen verbrüdert; eine obskure, lichtscheue Gesellschaft, stumm in der Öffentlichkeit, in Winkeln geschwätzig; Tempel verachten sie, als ob es Gräber wären, vor Götterbildern speien sie aus, verlachen die heiligen Opfer; selbst bemitleidenswert, schauen sie – darf man das überhaupt erwähnen? – mitleidig auf unsere Priester herab; selbst halbnackt, verachten sie Ämter und Würden. O diese unfaßliche Dummheit, diese unglaubliche Frechheit! Sie achten gegenwärtige Foltern für nichts, weil sie ungewisse zukünftige fürchten; weil sie Angst haben, nach dem Tode zu sterben, fürchten sie jetzt das Sterben nicht. So sehr täuscht und tröstet sie die trügerische Hoffnung auf eine Auferstehung über jede Furcht hinweg.

Und da das Böse immer besonders üppig gedeiht, wuchert dieses Unwesen Tag um Tag weiter über den ganzen Erdkreis hin, mehren sich die abscheulichen Kultstätten dieser gotteslästerlichen Sekte. Verfemen und ausrotten sollte man diese Bande! An geheimen Zeichen und Merkmalen erkennen sie einander und lieben sich schon, fast ehe sie sich noch kennen. Unterschiedslos vollziehen sie miteinander eine Art Ritual der Lüste; sie nennen einander Brüder und Schwestern, so daß die bei ihnen übliche Unzucht durch den Gebrauch eines so heiligen Wortes sogar zum Inzest wird. So prahlt ihr sinn- und gehaltloser Aberglaube noch mit seinen Verbrechen» (M. Minucius Felix, «*Octavius*» 8,4–9,2 – Übersetzung von B. Kytzler).

Angesichts der engen Verflechtung römischer Religion und Politik gab es freilich noch einen anderen Trumpf, der von altgläubiger Seite gegen das Christentum ausgespielt wurde. Die Götter des römischen Pantheons hatten ihre überlegene Macht nicht zuletzt dadurch erwiesen, daß sie den Römern die Herrschaft über so viele fremde Völker verliehen hatten. Dieses Erfolgskriterium benützte im 2. Jahrhundert n. Chr. der Platoniker Celsus in seiner durch Origines bekannten Polemik gegen die Christen: «Ihr werdet doch nicht erwarten, daß die Römer eurem Glauben zulieb ihre religiöse und politische Tradition aufgeben und euren Gott, den Allerhöchsten oder wie ihr ihn nennt, anflehen, er möge vom Himmel herabsteigen und für sie kämpfen, so daß sie keiner andern Hilfe bedürfen. Denn derselbe Gott hat, wie ihr ja selbst sagt, früher seinen Gläubigen dasselbe und noch Größeres versprochen. Nun aber seht ihr, welchen Dienst er den Juden wie auch euch erwiesen hat: die Juden haben statt des erwarteten Weltreiches nicht einmal eine Erdscholle und einen Herd zu eigen; und von euch treiben sich wohl noch einige herum, aber man wird sie fassen und zu Tode führen» (Origines, «*Contra Celsum*» 8,69 – Übersetzung von J. Vogt).

Wenn christliche Autoren der Spätantike auf die Beziehungen zwischen dem *Imperium Romanum* und dem Christentum zurückblickten, so war für sie der historische Prozeß vor Konstantin durch eine Kette von Verfolgungen bestimmt. Seit Euseb und Hieronymus entstand ein Kanon von zehn

Verfolgungen, die mit den zehn ägyptischen Plagen parallelisiert wurden, ein Kanon, der für lange Zeit das christliche Geschichtsbild formte. Dabei wurden lokalen Gefährdungen einzelner Christen (unter Domitian) dieselbe Bedeutung beigemessen wie den großen systematischen Verfolgungen (zur Zeit des Decius und Diokletian), wurden historische Zusammenhänge aufgelöst, Unsicheres und lediglich Vermutetes auf dieselbe Stufe gehoben wie evidente Tatsachen. Vor allem aber wurde das Vorgehen des römischen Staates in höchstem Maße personalisiert und einzig als Folge von Entscheidungen der verschiedenen *principes* gesehen.

In Wirklichkeit vollzog sich die Auseinandersetzung zwischen *Imperium Romanum* und Christentum auf den drei verschiedenen Ebenen der Administration: zunächst auf der engsten der Städte und deren Selbstverwaltung, ferner auf jener der Statthalter in den Provinzen, die immer dann befaßt waren, wenn eine Anklage vorlag, welche die Todesstrafe nach sich ziehen konnte, und schließlich auf jener der *principes* selbst. Auf der untersten Ebene war, nach Ausweis der Apostelgeschichte, bereits die paulinische Mission identisch mit einer ganzen Kette von Unruhen in griechischen Städten wie römischen Kolonien und schließlich auch in Jerusalem. Schon dabei wurde deutlich, daß die städtischen Behörden wiederholt durch jüdische wie nichtjüdische Bürger zum Vorgehen gegen die christlichen Missionare gedrängt wurden, die offensichtlich die öffentliche Ordnung gefährdeten. Indessen fehlte es hier ebensowenig an Beschwichtigungsversuchen städtischer Funktionäre – zum Beispiel des »Schreibers« von Ephesus – gegenüber den aufgehetzten Volksmassen wie an der Zurückhaltung des Statthalters von *Achaia*, der sich in Korinth weigerte, eine Anklage der dortigen Juden anzunehmen, weil es sich seiner Ansicht nach um rein innerjüdische Glaubensfragen handelte.

So viele Vorbehalte gegen die Christen bestehen mochten, in der Regel drängten weder die städtischen Magistrate noch die Provinzialstatthalter von sich aus auf die Durchführung möglichst vieler Christenprozesse. Sie waren zudem stets auf Anzeigen und begründete Anklagen angewiesen, scheuten häufig genug vor Angriffen auf einen ihnen unbekannten Kult zurück, suchten statt dessen immer wieder zu beschwichtigen und den Angeklagten eine Reintegration zu ermöglichen. Die größte Gefahr drohte den Christen nicht aus ihrer speziellen religiösen Überzeugung, sondern daraus, daß schon das «Christsein» an sich – auf Grund der Politisierung und Verurteilung des Gründers der Religion – seit den Tagen Neros bei öffentlichem Bekenntnis eines Angeklagten oder bei dessen eindeutiger Überführung mit der Todesstrafe zu ahnden war.

Die Probleme, die sich für die römische Administration in der Praxis aus Anzeigen gegen Christen ergaben, sind vor allem aus dem Briefwechsel des jüngeren Plinius mit Trajan bekannt. Während seiner Funktion in Bithynien und *Pontus* wurde Plinius um 111 n. Chr. bald in größerem Ausmaß mit der

Christenfrage konfrontiert. Da er bisher noch nie an gerichtlichen Untersuchungen gegen Christen teilgenommen hatte, war er sich im unklaren darüber, was und in welchem Umfang bestraft und untersucht zu werden pflegte. Er wandte sich deshalb an Trajan (*«Epistulae»* X,96), um von diesem verbindliche Weisungen zu erlangen. Plinius war insbesondere unsicher, ob das Lebensalter der Angeklagten zu berücksichtigen war, ferner, ob bei Reue eine Begnadigung zu gewähren sei, endlich, «ob einem, der überhaupt einmal Christ war, ein Abfall nichts nützt, ob der bloße Name, wenn er frei ist von Verbrechen, oder ob die Verbrechen, die mit dem Namen zusammenhängen, bestraft werden sollen».

Zunächst war Plinius gegen diejenigen, die bei ihm wegen ihres Christseins angeklagt worden waren, folgendermaßen vorgegangen: «Ich habe sie gefragt, ob sie Christen seien. Bekannten sie sich dazu, habe ich sie nochmals und ein drittes Mal gefragt und mit dem Tode bedroht; beharrten sie dabei, habe ich sie [zur Hinrichtung] abführen lassen. Denn ich zweifelte nicht, daß auf jeden Fall – mochte das, wozu sie sich bekannten, sein wie immer es wollte – ihre Hartnäckigkeit und ihr unbeugsamer Eigensinn bestraft werden mußten.» Bei römischen Bürgern dieser Kategorie wurde dagegen die Überstellung nach Rom verfügt.

Größere Schwierigkeiten erwuchsen Plinius, als er sich auf eine anonyme Anzeige einließ. Denn einige der so Angeklagten bestritten, überhaupt jemals Christ gewesen zu sein, andere gaben dies zwar für die Vergangenheit zu, betonten jedoch, längst wieder abgefallen zu sein. Plinius entließ sie wieder, «wenn sie nach meinem Vorgang die Götter anriefen und Deinem Bild, das ich zu diesem Zweck zusammen mit den Statuen der Götter hatte herbeischaffen lassen, mit Weihrauch und Wein opferten, außerdem noch Christus lästerten – alles Dinge, zu deren keinem man, wie es heißt, diejenigen zwingen kann, die wirklich Christen sind.»

Im Zusammenhang mit diesen Untersuchungen war Plinius von abgefallenen Christen nun auch über Formen und Aktivitäten der christlichen Gemeinschaften informiert worden. Er hielt diese Informationen für so bedeutsam, daß er sie auch Trajan unterbreitete. Denn «Schuld» oder auch «Verirrung» jener ehemaligen Christen bestand demnach darin, «daß sie gewöhnlich an einem bestimmten Tage vor Sonnenaufgang zusammengekommen seien, Christus als ihrem Gott wechselseitig Lob gesungen und sich mit einem Eid verpflichtet hätten – nicht zu irgendeinem Verbrechen, sondern dazu, keinen Diebstahl, keinen Raub, keinen Ehebruch zu begehen, Vertrauen nicht zu mißbrauchen, anvertrautes Gut auf Verlangen nicht zu verweigern. Nach dem Vollzug dieser Handlungen sei es bei ihnen üblich gewesen, auseinanderzugehen und wieder zu einem Mahl zusammenzukommen, jedoch zu einem ganz gewöhnlichen und unschuldigen; selbst das hätten sie nach meinem Erlaß eingestellt, mit dem ich entsprechend Deinen Verfügungen das Bestehen von Hetärien verboten hatte.»

Plinius erschienen diese Erkenntnisse so wichtig, daß er die Wahrheit der Angaben auch noch durch die Folterung von zwei Diakonissen aus dem Sklavenstand überprüfte. Er konstatierte schließlich: «Ich habe nichts anderes gefunden als einen verderbten, maßlosen Irrglauben.» Eine eingehende Beratung der ganzen Angelegenheit schien ihm vor allem wegen der großen Zahl der Gefährdeten erforderlich: «denn viele Menschen jeden Alters, jeden Standes, auch beider Geschlechter sind durch diese Untersuchungen betroffen und werden es noch sein. Nicht nur in die Städte, sondern auch in Dörfer und Flecken ist dieser ansteckende Irrglaube gedrungen; es scheint aber, daß man dies aufhalten und in Ordnung bringen könne. Wenigstens ist ganz deutlich, daß die fast schon verödeten Tempel allmählich wieder besucht, daß die regelmäßigen Opfer, die lange Zeit unterbrochen waren, wieder aufgenommen werden und daß überall das Fleisch von Opfertieren verkauft wird, wofür noch eben ganz selten nur ein Käufer sich fand. Danach kann man sich leicht vorstellen, welche Menge Menschen auf den rechten Weg gebracht werden kann, wenn ihr die Möglichkeit zu Reue und Umkehr offensteht.»

Darauf antwortete Trajan: «Das Verfahren, das am Platze war, mein lieber Plinius, hast du bei der Prüfung der Anklage gegen die, die dir als Christen vorgeführt wurden, eingeschlagen. Denn es läßt sich nicht im allgemeinen etwas festsetzen, was sozusagen eine genau umrissene Gestalt hat. Man soll nicht nach ihnen fahnden; wenn sie aber angezeigt und überführt werden, muß man sie bestrafen, so jedoch, daß einer, der leugnet, Christ zu sein und dies durch die Tat beweist, das heißt, durch ein Opfer für unsere Götter, um seiner Reue und Umkehr willen Gnade findet, wie sehr er auch für die frühere Zeit verdächtig sein mag. Anonyme Anzeigen aber dürfen bei keiner Anklage Berücksichtigung finden. Denn das wäre ein verderbliches Beispiel und unserer Zeit nicht würdig» (Übersetzung von C. Becker).

Sowohl die Anfrage des jüngeren Plinius als auch Trajans Antwort beweisen, daß beide keineswegs an eine systematische Unterdrückung des Christentums dachten. Vorrangiges Ziel war für beide die Reintegration der Christen in die römische Gesellschaft. Doch andererseits war das Opfer für die Götter gleichsam zum Nachweis religiöser wie politischer Solidarität geworden. Damit wurde die Inkonsequenz zum Prinzip der Politik des Römischen Staates gegenüber dem Christentum erhoben, daß ein Verbrechen, das nach Anzeige mit dem Tode bestraft wurde, überhaupt nicht aktiv verfolgt wurde, und daß man sich von eben diesem Verbrechen auch schon durch eine einzige Opferhandlung wieder reinigen konnte. Zugleich aber implizierte diese Praxis ein Abweichen von der alten religiösen Toleranz, indem nun Opfer faktisch erzwungen wurden. Die christliche Apologetik ist nicht müde geworden, auf diese Widersprüche hinzuweisen, und so ist es verständlich, daß auch Trajan selbst im Rahmen der Geschichtsinterpretation des Christentums eine sehr uneinheitliche Beurteilung erfuhr. Der

Briefwechsel mit Plinius galt als Indizienbeweis für eine Christenverfolgung, und so gilt auch er – etwa bei Euseb – durchaus als Verfolger. Andererseits aber hat die Kirche das *conquirendi non sunt* nicht vergessen, und so kannte noch das Mittelalter die Legende, Trajan sei durch Vermittlung des Papstes Gregor I. (590–604) ohne Taufe in den Himmel gekommen – eine Legende, die Dante erwähnt und für deren Substanz Thomas von Aquin eine theologische Rechtfertigung unternahm.

Daß mit Trajans Richtlinien tatsächlich die Grundzüge des römischen Verhaltens vorgezeichnet waren, lehrt ein bei Euseb in der Kirchengeschichte überliefertes Reskript Hadrians an einen Statthalter der Provinz Asien. Hadrian präzisierte in gewissem Sinne die Richtsätze Trajans dahin, daß formlosen allgemeinen Anschuldigungen in tumultuarischer Form nicht nachzugehen sei und daß ein Prozeß gegen einen der Zugehörigkeit zum Christentum Verdächtigten nur dann zu eröffnen sei, wenn der Kläger in aller Form vor einem öffentlichen Gerichtshof seine Klage erhob. Bei falschen Anzeigen war der Denunziant zu bestrafen. Das Reskript Hadrians weist zugleich in jene Richtung, in der auch die Gründe für die Uneinheitlichkeit des römischen Vorgehens liegen: Es war die Rücksicht auf die Stimmung der altgläubigen Massen.

Die schwere Krise des Imperiums unter M. Aurel zeigte dies besonders deutlich: Während einzelne Martyrien, wie jenes des greisen Bischofs Polykarp aus Smyrna, schon in die Anfangszeit dieses Principats fallen, spitzte sich die Situation für die Christen besonders während der zweiten Regierungshälfte dramatisch zu. Wieder einmal galten die äußeren Gefahren, die Kriege, die politischen Rückschläge, die Pest und alle übrigen Katastrophen der Zeit als eine kausale Folge der Vernachlässigung der alten Religion und nicht zuletzt der Aktivitäten der Christen. So forderte im Jahre 177 n. Chr. auch in Lugdunum die Bevölkerung die Hinrichtung der Christen. Als einige Angeklagte auf der Folter die den Christen vorgeworfenen Grausamkeiten und Unmenschlichkeiten, wie Kindermorde und das Verzehren von Menschenfleisch, gestanden, steigerte dies die Erbitterung der Massen vollends. Im Kerker, aber auch in der Arena fanden die angeklagten gallischen Christen den Tod.

Angesichts der Bedeutung, die dem Martyrium und der Märtyrerverehrung für die Behauptung und Verbreitung des Christentums zukommen, ist daran zu erinnern, daß schon Tertullian in seinem wohl 197 n. Chr. verfaßten «*Apologeticum*» die Wirkung der Martyrien durchaus richtig einschätzte und sein Werk triumphierend abschloß: «Doch nur zu, ihr guten Statthalter, die ihr dem Volk noch viel besser erscheint, wenn ihr ihm die Christen opfert; kreuzigt, martert, verurteilt uns, reibt uns auf – nur ein Beweis unserer Unschuld ist eure Ungerechtigkeit! Daher duldet Gott, daß wir all' dies erdulden. Erst kürzlich, als ihr eine Christin lieber zum Bordell als zur Arena verurteiltet, habt ihr ja eingestanden, daß der Verlust der Keuschheit bei uns für schrecklicher gilt als alle Pein und alles Sterben. Und doch hilft all eure noch so ausgeklügelte Grausamkeit nichts; ein Lockmittel ist sie eher für unsere Gemeinschaft. Nur zahlreicher werden wir, so oft wir von euch niedergemäht werden: ein Same ist das Blut der Christen. Viele gibt es bei euch, die zu standhaftem Ertragen von Schmerz und Tod auffordern, wie etwa Cicero in den Gesprächen in Tusculum, wie Seneca in der Schrift über die Zufälle, wie Diogenes, Pyrrho, Kallinikos; und doch finden ihre Worte nicht so viele Schüler wie die Christen, die durch Taten lehren. Eben jenes eigensinnige Beharren, das ihr uns vorwerft, ist eine Lehre. Denn wer wird nicht bei seinem Anblick aufgerüttelt, zu ergründen, was der Kern der Sache ist? Wer wird nicht, hat er es ergründet, sich anschließen und, hat er sich angeschlossen, zu leiden wünschen, um die volle Gnade Gottes zu erkaufen, um alle Verzeihung von ihm um den Preis seines Blutes zu erlangen? Denn alle Sünden werden diesem Tun vergeben. Daher kommt es, daß wir hier an dieser Stelle eurem Urteilsspruch Dank sagen. Feindschaft trennt Göttliches und Menschliches: wenn ihr uns verurteilt, werden wir von Gott losgesprochen» (50,12f. – Übersetzung von C. Becker).

Die Vorstellung vom Märtyrer im heute geläufigen Sinne als von einem für seinen Glauben getöteten Blutzeugen, die Forderung und das Streben nach dem Martyrium und endlich die besondere Stellung des Märtyrers sowie dessen herausgehobene Verehrung waren im frühen Christentum nicht von Anfang an verbreitet. Mit dem Begriff des Zeugen *(mártys)* ist das eigene Blutzeugnis im Neuen Testament gerade nicht verbunden; auch bei Paulus liegt der Akzent des Einsatzes für Christus nicht auf dem einmaligen Bewährungsopfer des Todes für den Glauben, sondern auf dem kontinuierlichen, rastlosen Einsatz des ganzen Lebens. Mit der Bezeugung des Auferstandenen und mit der Bezeugung der Glaubenswahrheit verband sich freilich stets in letzter Konsequenz auch die Bereitschaft, für den Glauben den Tod zu erleiden. Seit der Mitte des 2. Jahrhunderts n. Chr. trat dann der Wille hinzu, das eigene Leiden dem Verhalten und Sterben Christi anzugleichen, so wie dies im Bericht über das Martyrium des Polykarp zu fassen ist.

Das theologische Verständnis des Martyriums weist in der frühen christlichen Kirche viele Facetten auf. Indessen reichen alle diese Positionen in ihrer Bedeutung nicht an die Kraft des christlichen Volksglaubens heran. Für diesen aber war das Martyrium eine Bluttaufe, welche nicht nur die Vergebung aller Sünden nach sich zog, sondern auch die Gewißheit eines gleichsam privilegierten Platzes im Himmel in sich barg, eine Vorstellung, die immer wieder geradezu den Drang zum Martyrium auslöste.

Die frühesten erkennbaren Ansätze der Märtyrerverehrung, wie sie wiederum das Martyrium Polykarps bezeugt, entstanden offensichtlich spontan. Mitglieder der Gemeinde sammelten die Gebeine dieses Märtyrers; es wurde beschlossen, seinen Todestag als seinen himmlischen Geburtstag alljährlich zu feiern. Damit wurden die einzelnen Martyrien auch in der christlichen Liturgie verankert, schon im 3. Jahrhundert n. Chr. an den Jahrtagen der Märtyrer ihre Leidensgeschichten, die *passiones,* verlesen. An den Gräbern der Märtyrer pflegte man schließlich Gedenkgottesdienste und auch Gedenkmahlzeiten abzuhalten, die Überreste der Märtyrer in die Altäre einzubetten.

Die Nachrichten über die Martyrien schlugen sich bald in den verschiedensten literarischen Formen nieder. Neben der Form des Briefes, wie sie zum Beispiel in dem Schreiben der Kirche von Smyrna an diejenige von Philomelion über das Martyrium des Polykarp oder in demjenigen der Gemeinden von Lyon und Vienne an die von Ephesus über die Verfolgung von 177 n. Chr. vorliegen, stehen die sogenannten Märtyrerakten, ferner die *passiones,* erzählende Leidensgeschichten, die sich häufig als Berichte von Zeitgenossen oder Augenzeugen geben. In späterer Zeit traten die Märtyrerlegenden hinzu, denen oft eine nur sehr bescheidene oder auch gar keine echte historische Substanz zugrunde liegt.

Die Bedeutung des Märtyrertums für die Geschichte des frühen Christentums hob besonders Jacob Burckhardt hervor: Das Christentum «ist vielleicht unter allen Religionen diejenige, welche ihr eigenes Vordringen am stärksten im Gedächtnis behalten hat durch den Kultus, den sie ihren Bekennern und Märtyrern widmete. Der Buddhismus verehrt nur Reliquien Buddhas selbst und hat keine Spezialerinnerungen an seine einzelnen Verbreiter, weil dort alles Individuelle dessen ohnehin nicht würdig ist. Das Christentum dagegen, wie es das Heil des einzelnen Individuums ernstlich nimmt, verherrlicht aufs Höchste auch seine einzelnen Boten und überträgt auf deren Reliquien und Gräber geradezu einen großen Teil seines Kultus und seiner Gottesidee... Das Christentum lebt... sehr wesentlich von denjenigen, welche für sein Bekenntnis gestorben sind: Es wird völlig zur Märtyrerreligion, im geraden Gegensatz zu den Religionen des Altertums, welche von ihren Bekennern kein Aufhebens machen und ihre ursprünglichen Verbreiter... nur mythisch schauen... Die Verfolgungen der Imperatoren sorgen dafür, daß das Christentum im ganzen Reich sogleich überall ‹klassischen Boden› unter den Füßen hat» («Historische Fragmente» 44).

Trotz der Hinrichtung Jesu Christi durch die Römer und trotz der Martyrien war das Verhältnis des frühen Christentums zum Römischen Reich sehr viel uneinheitlicher als jenes des Judentums. Schroff standen sich in der vorkonstantinischen Zeit positive und negative Grundeinstellungen gegenüber. Dabei ist es falsch oder zumindest bedenklich, aus einzelnen Sätzen des Neuen Testamentes oder anderer frühchristlicher Quellen auf eine einheitliche und grundsätzliche Linie zu schließen. Dies gilt auch für die berühmte Formulierung des Paulus in Römer 13,1: «Jedermann sei untertan der Obrigkeit, die Gewalt über ihn hat. Denn es ist keine Obrigkeit ohne von Gott; wo aber Obrigkeit ist, die ist von Gott verordnet.»

Zumeist wurde das Imperium hingenommen, bald auch dessen providentielle Funktion für die Ausbreitung des Christentums anerkannt: «In Jesu Tagen ging die Gerechtigkeit auf und die Fülle des Friedens; sie begann mit seiner Geburt. Gott bereitete die Völker auf seine Lehre vor und machte, daß der heidnische Kaiser die ganze Welt beherrschte; es sollte nicht mehrere Reiche geben, sonst wären ja die Völker einander fremd geblieben, und der Vollzug des Auftrages Jesu: Gehet hin und lehret alle Völker, den er den Aposteln gab, wäre schwieriger geworden» (Origines, *«Contra Celsum»* II,30 – Übersetzung von A. von Harnack).

An die positive Bewertung des Römischen Reiches schloß sich die Parallelisierung von römischer Geschichte und Christentum an, die von der Gleichzeitigkeit der Geburt Christi mit der Herrschaft des Augustus ausging. Im Zusammenhang mit solchen Vorstellungen hat etwa Melito von Sardes für M. Aurel die Leistung und die Bedeutung des Christentums für das Reich mit den folgenden Sätzen beschrieben: «Diese unsere Philosophie» – so bezeichnet Melito gegenüber dem stoischen Philosophen die christliche Religion – «hat zwar zuerst bei einem fremden Volke geblüht. Als sie aber darauf unter der gewaltigen Herrschaft deines Vorgängers Augustus in den Provinzen Deines Reiches zu blühen begann, brachte sie Deinem Reiche in besonderer Weise reichen Segen. Denn es hat ja von der Zeit an das römische Reich immer an Größe und Glanz zugenommen... Und zum stärksten Beweise, daß unsere Religion zugleich mit der so glücklich begonnenen Monarchie zum Wohle derselben aufgeblüht ist, dient der Umstand, daß diese seit der Regierung des Augustus von keinem Unglück betroffen worden ist, sondern daß im Gegenteil nach dem allgemeinen Wunsche alles nur deren Glanz und Ruhm vermehrt hat» (Melito bei Euseb, «Kirchengeschichte» IV,26 – Übersetzung von A. von Harnack).

Zu diesen Stimmen tritt die Tatsache hinzu, daß in der christlichen Kirche schon früh für den Herrscher gebetet wurde. Eines der ältesten Gebete ist im 1. Clemensbrief überliefert: «Gib, daß wir deinem allmächtigen und vortrefflichen Namen, sowie unsern Herrschern und Vorgesetzten auf Erden gehorsam seien! Du Herr, hast ihnen die Kaisergewalt – so ist das *basileía* hier zu übersetzen – gegeben durch deine erhabene und unbeschreibliche Macht, damit wir die von Dir ihnen gegebene Herrlichkeit und Ehre anerkennen und uns ihnen unterordnen, keineswegs deinem Willen zuwider. Gib ihnen, Herr, Gesundheit, Frieden, Eintracht, Beständigkeit, damit sie die von dir ihnen gegebene Herrschaft untadelig ausüben. Denn Du, himmlischer Herr, König der Äonen, gibst den Menschenkindern Herrlichkeit und Ehre und Gewalt über das, was auf Erden ist; du Herr lenke ihren Willen nach dem, was gut und wohlgefällig ist vor dir, damit sie in Frieden und Milde frommen Sinnes die von dir ihnen gegebene Gewalt ausüben und so deiner Huld teilhaftig werden» (60,4 f.).

Doch Seite an Seite mit diesen im Grunde positiven Einstellungen zeigten sich schon früh auch andere. Neben der Johannesapokalypse liegt der

Gegenpol zu Beginn des 3. Jahrhunderts n. Chr. bei Hippolyt, der das Imperium zum Plagiat der Kirche stilisierte: «Denn da im 12. Jahre der Herr unter dem Kaiser Augustus geboren wurde, von dem an das Reich der Römer sich entwickelte, der Herr aber durch die Apostel alle Nationen und alle Zungen hinzurief und das gläubige Volk der Christen schuf, das Volk des Herrn und das Volk derer, die einen neuen Namen im Herzen tragen – so ahmte das Reich dieser Zeit, das da herrscht ‹nach Kraftwirkung des Satans›, dies genau nach und sammelt seinerseits auch aus allen Völkern die Edelsten und rüstet zum Streit, sie Römer nennend. Und deshalb war auch die erste Schatzung unter Augustus, als der Herr in Bethlehem geboren wurde, damit die Menschen dieser Welt, für den irdischen König angeschrieben, Römer genannt würden, die an den himmlischen König Glaubenden aber Christen hießen, das Zeichen des Sieges über den Tod an der Stirne tragend» («*In Daniel*» IV,9 – Übersetzung von A. von Harnack).

Obwohl Hippolyts Konstruktion isoliert steht, zeigt sie doch an, daß die grundsätzliche Einstellung der Christen zum Römischen Reich noch nicht endgültig fixiert war. Um die Wende vom 2. zum 3. Jahrhundert n. Chr. sind Kompromisse auf beiden Seiten immer noch ebenso denkbar wie kategorische Feindschaft. Doch wie auch die anstehenden Entscheidungen ausfallen sollten, sie berührten inzwischen bereits die meisten Provinzen des Imperiums. Es begann sich abzuzeichnen, daß die Reintegrationspolitik eines Plinius und Trajan gescheitert war und damit auch die bisherige Politik des Imperiums gegenüber dem Christentum.

Die Reichskrise des 3. Jahrhunderts n. Chr.

Das Römische Reich unter den Severern (193–235 n. Chr.)

Wie der Gang der späteren Ereignisse zeigt, hatten sich gegen Ende der Regierung des Commodus verschiedene Insurrektionskerne gebildet. Die Palastverschwörung, der der *princeps* am 31. Dezember 192 n. Chr. zum Opfer fiel, kam so im Grunde nur anderen Plänen gleichen Ziels zuvor. Die Verschworenen konnten nach dem Gelingen ihres Attentats in der Nacht den Stadtpräfekten P. Helvius Pertinax dazu bestimmen, den Principat anzunehmen, wobei es sehr zweifelhaft ist, ob sie sich über die Folgen dieser Nominierung im klaren waren. Pertinax gewann rasch die Anerkennung der beiden ausschlaggebenden politischen Kräfte Roms, der Prätorianer und des Senats. Der Prätorianer deshalb, weil diese selbst, von dem Geschehen überrascht, keinen eigenen Kandidaten zu präsentieren hatten und durch ein ansehnliches Donativ von 12 000 Sesterzen pro Kopf zunächst bestochen wurden. Es sollte sich indessen bald zeigen, daß der neue Herrscher darüber hinaus der Garde nicht mehr nachgeben würde. Schon von der Parole des sechsundsechzigjährigen *«militemus»* (wir wollen dienen) waren die Prätorianer nicht begeistert.

Weit eher konnte sich der römische Senat mit dem neuen Princeps abfinden, dessen Persönlichkeit und Laufbahn eine korrekte und integre Politik im Geist der Antoninen erhoffen ließen. Denn Pertinax, der aus einer italischen Familie stammte, hatte sich über den Militärdienst in der ritterlichen Laufbahn bis in den Senat hochgedient, und er hatte vor allem in sehr schwierigen Situationen Meutereien in Britannien und Afrika mit fester Hand bereinigt. Dazu war Pertinax dem Senat völlig ergeben, er soll sogar daran gedacht haben, die Regentschaft dem vornehmsten Senator, Acilius Glabrio, zu übertragen. In seiner Strenge und in seiner ganzen Haltung erinnert Pertinax an den Exponenten der konservativen Kräfte des 1. Vierkaiserjahrs, an Galba. Doch wie damals, so war auch jetzt ein kompromißloser disziplinierender Kurs zum Scheitern verurteilt.

Aus seiner kurzen Regierungszeit sind nur wenige konkrete Maßnahmen bekannt. Sie lassen erkennen, daß der neue Herrscher entschlossen war, die wirtschaftliche Krise durch entschiedene Eingriffe auszuräumen. Er scheint vor allem an eine Intensivierung der Binnenkolonisation und an Handelserleichterungen gedacht zu haben, doch effektiv konnten seine Pläne nicht

48 Severerbogen (Ausschnitt), Leptis Magna

mehr werden. Denn gerade die enge Bindung an die alte und im Grunde eben doch überlebte Autorität des Senats war Pertinax' tödlicher Irrtum. Die einzige reale Macht in Rom, die Garde, aber fühlte sich von dem *princeps* provoziert; der korrumpierte Haufen, zu dem die Prätorianer abgesunken waren, wurde des neuen Herrn bald überdrüssig. Am 28. März erschlug man ihn schließlich offensichtlich im Affekt, denn auch diesmal hatte die Garde niemanden zum Nachfolger vorausbestimmt.

So kam es zu einer der widerlichsten Szenen, welche die Hauptstadt je sah, zur Versteigerung des Principats an den Meistbietenden von zwei Bewerbern. Für ein Gebot von 25 000 Sesterzen pro Kopf, also mehr als das Doppelte des Donativs, das drei Monate zuvor Pertinax ausgeworfen hatte, konnte der reiche Senator Didius Iulianus sich vorübergehend Titel und Palast erkaufen. Durch sein Höchstgebot konnte er wohl seinen Kontrahenten, den neuen Stadtpräfekten Flavius Sulpicianus, aus dem Feld schlagen und gerade auch noch die resignierende Einwilligung des Senats finden, doch mehr nicht. Selbst der römische Pöbel zeigte sich angewidert und reserviert.

Vor allem aber machten die Grenzheere, die auch diesmal wieder politisch überspielt worden waren, jetzt nicht mehr mit. Nacheinander erhoben die drei großen Heeresgruppen in Syrien, an der Donau und in Britannien ihre eigenen Kandidaten, die syrische Armee Pescennius Niger, das Donauheer Septimius Severus, die Legionen in Britannien Clodius Albinus. Die Basen der drei Kräftegruppen entstanden dabei nicht zufällig, sie sind nicht zufällig nahezu identisch mit den großen Insurrektionsräumen des Jahres 68 n. Chr., als sich Vitellius auf die Rheinarmee, Vespasian auf die Heere Syriens und des Donauraumes stützen konnten, und sie decken sich nicht zufällig mit den Ansatzpunkten der Sonderreiche und so vieler Usurpationen des 3. Jahrhunderts und der Folgezeit. In ihnen zeichnen sich vielmehr jene drei großen historischen und geographischen Einheiten ab, welche das Reich umklammerte, die keltisch-römische im Westen, die illyrisch-thrakische an der Donau und die hellenistische im Osten.

Bei allen Vergleichen mit der Lage des Jahres 68 n. Chr. müssen jedoch einige Unterschiede und Neuentwicklungen berücksichtigt werden. Die wichtigste Veränderung im Kräfteverhältnis betraf die Donauarmee. Seit den Markomannenkriegen stand sie mit ihren insgesamt zwölf Legionen nicht nur zahlenmäßig, sondern auch in Rang und Ansehen an erster Stelle. Es kam hinzu, daß sie auf Grund der bei der Rekrutierung der Legionen jetzt dominierenden regionalen Aushebung aufs engste mit den Provinzen ihres Hinterlandes verbunden blieb. Dagegen war die römische Rheinarmee inzwischen zur Armee eines Nebenkriegsschauplatzes geworden. Die vier Legionen ihrer beiden Provinzen verhielten sich zunächst abwartend. Die Initiative im Norden des Reichs hatte unterdessen die britannische Kräftegruppe ergriffen. Im Gegensatz zur relativen Ruhe an der ganzen Rheinfront waren die Kämpfe im Norden Britanniens nie ganz erloschen, und das Heer selbst hatte sich im letzten Jahrzehnt durch wiederholte Meutereien unliebsam in Erinnerung gebracht. Es war nicht nur kampferprobt, sondern motiviert, die eigenen Interessen rücksichtslos durchzusetzen.

Nicht unterschätzt werden dürfen endlich die Kräfte des Ostens. Der geschlossene Block der kleinasiatischen und syrischen Provinzen sowie Ägyptens umfaßte neun Legionen und praktisch unbegrenzte Hilfsmittel. In Pescennius Niger, der aus dem italischen Ritterstand hervorgegangen war, präsentierte die syrische Armee zudem einen Kandidaten, dem in Rom selbst in weiten Kreisen Sympathie entgegengebracht wurde. Seiner Herkunft nach war er im Grunde ebensowenig ein Exponent der in seiner Heeresgruppe zusammengefaßten Kräfte wie Septimius Severus beim Donauheer.

Doch schon im Anfangsstadium der Erhebungen zeigte sich die politische Überlegenheit des Septimius Severus. Er erkannte, daß der Name des

Pertinax jetzt ein Fanal war, und zwar in doppelter Hinsicht. Für Rom barg er die Hoffnung auf ein gleichsam konstitutionelles und fortschrittliches Regiment, für die Donauarmee entfachte er das Rachemotiv für die Ermordung eines Mannes, der bei den Donaulegionen ein gutes Andenken hinterlassen hatte. So mobilisierte Septimius Severus in äußerst geschickter Weise die illyrischen Kräfte für seine Sache und identifizierte sich mit ihnen.

Ehe Didius Iulianus in Rom zuverlässige Nachrichten erhalten konnte, hatte sich Severus Mitte April von Carnuntum aus in Marsch gesetzt. In seinem raschen und zügigen Vormarsch schien sich die Offensive des flavischen Feldherrn Antonius Primus vom Jahre 69 n. Chr. zu wiederholen. An der Spitze seiner Truppen marschierte Severus in forciertem Tempo auf Rom. Über Emona (Laibach) und Aquileia gelangte er, ohne auf Widerstand zu stoßen, bis nach Ravenna. Dort ging die Flotte zu ihm über. Unterdessen begnügte sich Didius Iulianus in der Hauptstadt mit sinnlosen Defensivanordnungen, die zudem nur widerwillig ausgeführt wurden. Vor dem Palast auf dem Palatin errichtete man Barrikaden und erklärte gleichzeitig Septimius Severus zum Staatsfeind.

Während Didius Iulianus vergebens zu retten suchte, was nicht mehr zu retten war, wollte Septimius Severus unnützes Blutvergießen vermeiden. Angesichts der vorrückenden Armee des Severus fielen Senat und Prätorianer von Didius Iulianus ab. Der Senat verurteilte ihn zum Tode und erkannte Severus als *princeps* an, durch geschickte Schachzüge wurde die Garde ausgeschaltet. Severus hatte ihr zuerst einen Generalpardon in Aussicht gestellt, falls sie die Mörder des Pertinax ausliefern würde; als dies geschehen war, beorderte der neue Herrscher die Prätorianer in Paradeuniform vor die Tore der Stadt, ließ sie dort entwaffnen und löste den Verband auf. Gleichzeitig wurde ihr Lager, die wirkliche Zitadelle Roms in jener Zeit, durch Vorausabteilungen der Donauarmee besetzt. Anfang Juni 193 n. Chr. zog Severus in Rom ein, Didius Iulianus war schon vorher erschlagen worden.

In Septimius Severus stellte nun Afrika seinen ersten Herrscher. Welche Ungeheuerlichkeit eine afrikanische, eine punische Dynastie für altrömisches Empfinden bedeutete, muß man sich vergegenwärtigen. Denn die Auseinandersetzung mit den punischen Kräften, mit Karthago, hatte die Römische Republik bekanntlich einst bis an den Rand der Vernichtung geführt, und mit der Vernichtung des Gegners, mit der völligen Zerstörung der Stadt im Jahre 146 n. Chr. und dem feierlichen Verfluchen ihres Bodens hatte Rom geantwortet. Für die danach entstehende Provinz *Africa* aber galt als Zielsetzung zunächst das berühmte Wort Mommsens, daß die Römer dort nicht Fuß gefaßt hatten, um «neues Leben zu erwecken, sondern um die Leiche zu hüten» («Römische Geschichte» V, Berlin 1885, 623). Trotz der Schlachten des Jugurthinischen Krieges und des Bürgerkriegs und trotz der anfangs erfolgreichen Erhebungen unter dem frühen Principat, die sich mit Tacfarinas' Namen verbinden, trat der afrikanische Raum als Ganzes in der Reichspolitik hinter Germanien, den Donauprovinzen und Syrien weit zurück. Als einziger Herrscher vor Severus hat nur Hadrian Afrika besucht. Doch inmitten dieser politischen Windstille nahm das römische Nordafrika einen rapiden wirtschaftlichen Aufschwung, wurde es zur Kornkammer und zum Ölreservoir des Reichs. Parallel dazu wuchs allmählich der Einfluß der Provinz auch auf anderen Gebieten. In Fronto, dem Erzieher M. Aurels, und in Apuleius, einer der größten literarischen Begabungen des 2. Jahrhunderts n. Chr., brach jene Blütezeit der afrikanischen Literatur an, die sich in Tertullian, Minucius Felix, Lactanz und Augustin noch rund zwei Jahrhunderte lang entfalten sollte.

Die Familie der Severer stammte aus Leptis Magna, einer der großen alten punischen Faktoreien an der tripolitanischen Küste. Sie war eine jener wohlhabenden Kaufmannsfamilien, die im Handel mit den benachbarten Stämmen ihren Reichtum gesammelt und die von der wirtschaftlichen Prosperität des Principats mit am meisten profitiert hatten. Leptis Magna wurde von Trajan zur römischen Kolonie erhoben, doch den Severern war es schon vorher gelungen, in den römischen Ritterstand aufzusteigen. Bereits zu Beginn des 2. Jahrhunderts n. Chr. lebte ein Mitglied der Familie als angesehener Anwalt in Rom, und schon zwei Generationen vor Septimius Severus hatten andere Angehörige des Hauses das Konsulat erlangt.

L. Septimius Severus, der am 11. 4. 145 n. Chr. in Leptis geboren wurde, wuchs zunächst in seiner Vaterstadt auf. Rund zwanzigjährig ging er nach Rom, wo er auf Grund der Protektion seiner Verwandten rasch Karriere machte. Er fungierte zunächst als Quaestor in der *Baetica* und in Sardinien, um das Jahr 175 n. Chr. kam er dann als Legat des Proconsuls der Provinz *Africa* wieder in seine Heimat zurück. Wie wohl die meisten seiner ehrgeizigen und zukunftshungrigen Standesgenossen aus den Provinzen bemühte sich auch Septimius Severus, ganz Römer zu werden und als Römer zu leben und zu amtieren. Dafür ist kaum eine Szene so typisch wie jene Episode, welche die Vita des Severus anläßlich seiner offiziellen Rückkehr nach Afrika berichtet. Als ihn damals ein einfacher Landsmann, der freilich gesellschaftlich nur der *plebs* angehörte, umarmte, ließ ihn Septimius Severus auspeitschen, nach einem alten Gesetz, das Plebejern eine solche Vertraulichkeit verbot.

In den Jahren nach seinem Verwaltungsdienst in Nordafrika versah Severus den Dienst eines Legionslegaten; nach dem Tode M. Aurels trat dann in seiner Laufbahn zunächst eine Unterbrechung ein. Erst 187/188 n. Chr. fungierte er als Statthalter der Lugdunensis, seit 191 n. Chr. kommandierte er als Legat von Oberpannonien die drei dort dislozierten Legionen, und aus dieser Stellung hatte er schließlich in den Kampf um die Macht eingegriffen.

Nach der Niederwerfung des Didius Iulianus hielt sich Septimius Severus im Sommer des Jahres 193 n. Chr. nur rund einen Monat in Rom auf.

Pertinax wurde konsekriert und erhielt ein prunkvolles Begräbnis; durch Spiele und Geschenke zollte der neue Herrscher dem römischen Volk seinen Tribut. Auch gegenüber dem Senat versuchte er die Formen zu wahren, obwohl er sich darüber keine Illusionen machen konnte, daß ein großer Teil der Senatoren ihm ablehnend oder reserviert gegenüberstand. In einer politischen Grundsatzerklärung bekannte sich Septimius Severus zu den Leitsätzen von Pertinax und M. Aurel, und er erneuerte dazu das alte Privileg des Senats, daß keiner seiner Angehörigen zum Tode verurteilt werden durfte, ohne daß der Fall zuvor im Senat selbst behandelt worden war.

Als sehr folgenschwer erwies sich eine andere Maßnahme, die Severus damals getroffen hat. Er hatte die alte Prätorianergarde nach ihrer Entwaffnung aufgelöst, jene Garde, die bisher weithin aus Italikern, zum kleineren Teil aus römischen Bürgern aus Spanien, Makedonien und *Noricum* bestand, und sie durch einen neuen Verband in doppelter Stärke, das heißt mit rund 15 000 Mann, ersetzt. Diese neue Garde ist nun nicht, wie Cassius Dio berichtete, aus Mannschaften des ganzen Heeres neu formiert worden, sondern überwiegend aus Angehörigen der Donauarmee. Auch hier war die Konsequenz dieser Neuorganisation nicht sofort abzusehen. Scheinbar stellte Illyrien nur jene Truppe, welche in Rom die Schlüsselposition der Macht innehatte, in Wirklichkeit weit mehr. Denn seiner Funktion im Rahmen des römischen Heeres gemäß bildete das Prätorianerkorps zugleich auch eine Art Kriegsschule der römischen Armee. Die Centurionen und Stabsoffiziere gingen aus ihm hervor, die aus Illyrien stammenden Generale und Kaiser des 3. Jahrhunderts n. Chr. wurden hier erzogen.

Trotz seines raschen Erfolges über Didius Iulianus standen Septimius Severus die entscheidenden Auseinandersetzungen erst noch bevor. In Thrakien und an den Meerengen zeichneten sich bereits die schweren Kämpfe gegen die Anhänger des Pescennius Niger ab, dem auch in Rom viele Sympathien galten. Severus hatte darüber hinaus die afrikanischen Provinzen zu sichern, und er mußte versuchen, Ägypten wenigstens zu neutralisieren, um nicht den Zusammenbruch der Getreideversorgung Italiens zu riskieren. Schließlich galt es den britannischen Rivalen Clodius Albinus auszuschalten, einen Konkurrenten, der bezeichnenderweise ebenfalls aus Nordafrika, aus Hadrumetum, stammte, zwar nur über seine drei kampfkräftigen Legionen, andererseits aber über zahlreiche Hilfstruppenteile verfügte. Rasch und konsequent ergriff Septimius Severus in allen diesen Gefahrenzonen die Initiative. Sein größter Erfolg war, daß er Clodius Albinus dadurch beschwichtigen konnte, daß er ihn zum Caesar ernannte.

Die wichtigsten Entscheidungen fielen indessen im Raum der Meerengen und in Kleinasien. Schon frühzeitig waren Verbände der Donauarmee nach Südosten vorgestoßen, Septimius Severus selbst war nach nur einmonatigem Aufenthalt in Rom ebenfalls in den Osten gezogen. Vor Perinth lief sich eine

Offensive der Legaten Nigers fest, Byzanz wurde von den Truppen der Donauarmee eingeschlossen, konnte jedoch nicht genommen werden. Doch nach schweren Kämpfen bei Kyzikos und Nicaea mußten die geschlagenen Verbände Nigers ganz Kleinasien räumen, schon im Frühjahr 194 n. Chr. stand die Armee des Septimius Severus an der Kilikischen Pforte. Bei Issos, im Raume des alten Schlachtfeldes zwischen Alexander dem Großen und Dareios, kam es auch diesmal zum entscheidenden Kampf. Nigers Truppen wurden erneut geschlagen, er selbst fand auf der Flucht den Tod.

Als letzte Bastion der besiegten Armee leistete lediglich Byzanz noch monatelang einen einsamen und aussichtslosen Widerstand. Erst im Spätjahr 195 n. Chr. kapitulierte die ausgehungerte Stadt. Sie wurde geplündert, ihre Mauern wurden eingerissen, ihr Stadtrecht aufgehoben. Für einige Zeit wurde ihr Gebiet zu Perinth geschlagen. Im Osten aber fand Septimius Severus keinen Widerstand mehr. Der zwar nur relativ kurze, aber brutale und für die betroffenen Städte zum Teil katastrophale Bürgerkrieg war zu Ende. Von den Gemeinden, die Niger unterstützt hatten, wurden schwere Kontributionen eingezogen, andererseits zum Beispiel Laodikeia, das nach einer frühzeitigen Parteinahme für Septimius Severus von Nigers Kavallerie geplündert und zerstört war, in jeder Weise begünstigt. Die Stadt erhielt jetzt nicht nur reiche Geldzuwendungen, das *Ius Italicum* und den Beinamen *Septimia;* selbst Antiochia, die Hauptstadt der Provinz und Nigers letztes Zentrum, wurde von ihr abhängig.

Diese konsequente Abrechnung mußte notwendig auch zu neuen Kämpfen im Norden Mesopotamiens führen. Denn einerseits hatten dort arabische Nachbarstämme zunächst mit Niger gemeinsame Sache gemacht, dann jedoch römisches Gebiet besetzt und Nisibis belagert, andererseits waren Anhänger Nigers in größerer Zahl über den Euphrat geflohen. Spätestens im Frühjahr 195 n. Chr. überschritten deshalb die Verbände des Septimius Severus den Euphrat, entsetzten Nisibis und stießen bis zum Tigris sowie in die Landschaft Adiabene hinein vor. Da der parthische Großkönig keine nennenswerte Unterstützung gewähren konnte, wurden seine Vasallen geschlagen; durch die Annahme der Siegerbeinamen *Arabicus* und *Adiabenicus* konnte Severus diese Erfolge demonstrativ feiern. Dazu kamen neue imperatorische Akklamationen sowie die Verleihung des Titels *mater castrorum* an die Kaiserin Iulia Domna (auf die Persönlichkeit dieser zweiten Frau des Septimius Severus ist noch ausführlicher zurückzukommen). Während man in Rom und im Westen eine Fortsetzung dieser erfolgreichen Offensive im Stile Trajans erwartete, überraschte Severus das Imperium durch einen grundlegenden Kurswechsel.

Hatte sich Septimius Severus zunächst eng an Pertinax angeschlossen, so erklärte er sich inzwischen zum »Sohn des vergöttlichten Marcus« und gab zugleich seinem damals sieben Jahre alten Sohn Bassianus (Caracalla) den Namen M. Aurelius Antoninus. Vor allem aber kam es nun zum Bruch mit

Clodius Albinus. Die Chronologie der Ereignisse jener Monate ist nicht sicher, das Wechselspiel von Aktionen und Reaktionen läßt sich nicht mehr eindeutig rekonstruieren. Es steht lediglich fest, daß Clodius Albinus unterdessen zum Sammelpunkt der Opposition gegen Severus und zu deren Hoffnungsträger geworden war, vermutlich auch schon Vorbereitungen zur Invasion Galliens getroffen hatte, als ihn Septimius Severus noch von Mesopotamien aus ächten ließ, den Feldzug abbrach und seine Armee im Frühjahr 196 n. Chr. zum Kampf gegen den Rivalen führte. In Viminacium wurde Caracalla zum Caesar erhoben; die konsequente Etablierung einer neuen Dynastie war evident.

Während die Truppen des Severus nach Westen zogen, hatte Albinus mit allen seinen Verbänden den Kanal überquert und damit die Heere des Westens gezwungen, Partei zu ergreifen. Die Provinz *Tarraconensis* mit einer Legion, die Garnison von Lugdunum, wo er sein Hauptquartier aufschlug, und gallische Hilfstruppen hatten sich ihm angeschlossen, nicht jedoch die Rheinarmee. Jetzt wurde auch der Westen in den neuen Abschnitt des Bürgerkriegs verstrickt. Albinus konnte zwar den Statthalter von Niedergermanien schlagen, Trier jedoch nicht einnehmen. Eine von der *civitas Treverorum* zu Ehren des Septimius Severus und Caracallas gestiftete Inschrift für die Mainzer *legio XXII Primigenia pia fidelis*, die die Stadt Trier damals verteidigt hatte, erinnert noch an jenes Ereignis.

In der neueren Forschung sind die militärischen Qualitäten des Septimius Severus teilweise bestritten worden. Die Dispositionen, die er im Spätjahr 196 n. Chr. traf, sprechen freilich eine andere Sprache. Denn während der Kern seines Heeres nördlich der Alpen über *Noricum* und Raetien nach Gallien zog, hatte Severus zu den westlichen Alpenpässen schon leichte Vorausabteilungen entsandt, die nun alle Verbindungen zwischen Gallien und Italien unter seine Kontrolle brachten. Er selbst hielt sich im Winter einige Zeit in Rom auf, um dort durch seine Anwesenheit alle oppositionellen Regungen schon im Keim zu ersticken. Am 19. Februar 197 n. Chr. kam es dann vor Lugdunum zur Entscheidungsschlacht, einem wechselvollen, erbitterten und für beide Seiten verlustreichen Ringen, in dem auch Severus persönlich in größter Gefahr schwebte. Wenn Cassius Dio die Kräfte beider Seiten auf jeweils 150000 Mann schätzt, so ist diese Zahl sicher weit übertrieben. Sie bezeugt lediglich, daß ein sehr großer Teil aller kampfstarken Verbände des Westens wie der Donauarmee in diesem Kampf um die Macht eingesetzt wurden. Nachdem ein Angriff der severischen Kavallerie die Verbände des Albinus in die Flucht schlug, gab sich dieser selbst den Tod. Lugdunum wurde geplündert und zu großen Teilen niedergebrannt, zahlreiche Anhänger des Albinus und auch dessen Sympathisanten im römischen Senat hingerichtet.

Während eines kurzen Aufenthaltes in Rom, der in erster Linie der Ausschaltung von Albinus-Anhängern diente, ließ Septimius Severus nun auch Commodus konsekrieren, als dessen Bruder er sich zuletzt immer häufiger bezeichnet hatte. Die antisenatorische Tendenz der fingierten Kontinuität war offensichtlich. Doch noch im Jahre 197 n. Chr. bereitete Severus schon eine neue Offensive an der Ostgrenze vor. Dort hatte sich der parthische Großkönig Vologaeses IV. seine Chance nicht entgehen lassen. Parthische und arabische Verbände waren erneut in Mesopotamien eingefallen und hatten die Belagerung von Nisibis eingeleitet. Doch die Invasoren hatten Severus' Reaktionen unterschätzt. In Eilmärschen und umfangreichen Seetransporten wurden starke Verbände in den Osten geworfen; schon im Sommer des Jahres 197 n. Chr. war eine große römische Armee am Euphrat konzentriert worden. Vologaeses zog sich vor ihrem Angriff auf der ganzen Front zurück. Nisibis wurde entsetzt, und diesmal stieß Severus nun weiter nach Südosten vor. Am 28. Januar 198 n. Chr., als sich Trajans Regierungsantritt zum hundertsten Male jährte, nahm er die alte parthische Königsstadt Ktesiphon ein.

Damals stand Septimius Severus auf dem Gipfel seiner äußeren Erfolge. Er nahm jetzt den Siegertitel *Parthicus maximus* an, Caracalla wurde zum Augustus erhoben, der ein Jahr jüngere Geta zum Caesar ernannt. Allerdings fiel auf die glänzenden Siege sogleich ein Schatten, als zwei Versuche scheiterten, die alte Wüstenfestung Hatra einzunehmen, jene Wüstenstadt, die bereits Trajan getrotzt hatte. Dennoch war die Grenzverteidigung der Provinz *Mesopotamia* nun endgültig stabilisiert und das römische Prestige in diesem Raum eindrucksvoll gestärkt worden. In den Jahren 199 und 200 n. Chr. hielt sich Severus in Ägypten auf, wo er sich nicht nur um Administration und Jurisdiktion kümmerte, sondern gleichzeitig auch sein Interesse an den Altertümern sowie an den religiösen Traditionen des Landes befriedigen konnte. Dann ging es zurück nach Syrien, wo er am 1. 1. 202 n. Chr. zusammen mit Caracalla in Antiochia das Konsulat antrat.

Die Rückkehr nach Rom leitete dort die Festakte zu seinem zehnjährigen Regierungsjubiläum ein. Pro Kopf der Bevölkerung und der Garde wurden zehn Goldstücke ausgeworfen, das höchste Geschenk, das die Stadt kannte. Unter dem Widerhall der Begeisterung über diese verschwenderische Großzügigkeit fand dann die Hochzeit Caracallas mit Plautilla, der Tochter des Prätorianerpräfekten Plautianus statt, der damals im Zenit seines Einflusses stand. Ein Jahr später, 203 n. Chr., besuchten Severus und seine Familie Nordafrika, ein Besuch, der in vielen Neubauten und Widmungen seine Spuren hinterließ. Vor allem der Severerbogen von Leptis Magna, der über einer Kreuzung der Hauptstraßenachse der Stadt errichtet wurde, erinnert in seinen eindrucksvollen Marmorreliefs an den triumphalen Einzug des Herrschers mit seinen Söhnen in die Heimatstadt. In einzelnen Elementen der stilistischen Gestaltung, wie im Bedeutungsmaßstab der Figuren, den Größenunterschieden, frontaler Darstellungsweise und dem Prinzip der Reihung, läßt er zugleich Ansätze typisch spätantiker Formenwelt ahnen. Karthago, Utica und Leptis Magna wurden damals mit dem *ius Italicum* ausgezeichnet, die Heimatstadt darüber hinaus durch zahlreiche Großbauten ausgestaltet, durch ein neues Forum, eine Basilica, einen großen Tempel für Bacchus und Herkules. Andere Bauten von Leptis wurden erneuert oder erweitert, nicht zuletzt die Wasserversorgung verbessert und der Circus vergrößert. Noch im Sommer 203 n. Chr. kehrte Severus wieder nach Rom zurück.

Das Jahr 204 n. Chr. erhielt seinen Glanz durch neue Saecularspiele in Rom, Spiele, die ganz nach dem augusteischen Vorbild organisiert wurden und bei denen auch Iulia Domna aktiv unter den auserwählten römischen Matronen teilnahm. War die Afrikareise des Vorjahres eine Huldigung an die Heimat und an die afrikanischen Traditionen gewesen, so die große Saecularfeier eine solche an die Tradition Roms und zugleich Ausdruck der neuen Dynastie, die den Beginn ihrer Herrschaft wieder einmal mit dem Anbruch eines glücklichen Friedenszeitalters gleichsetzte. Indessen zeigte bereits das nächste Jahr die starken Spannungen innerhalb des neuen Regimes an. Die Vorgänge, die im Jahre 205 n. Chr. zum Sturz des Gardepräfekten Plautianus führten, sind im einzelnen unklar. Es ist lediglich sicher, daß Plautianus längst eine Stellung einnahm, die selbst diejenige Sejans bei weitem übertraf. So mußte es schließlich nicht nur zu Reibungen mit Septimius Severus und Iulia Domna, sondern insbesondere auch mit dem heranwachsenden und machthungrigen Caracalla kommen, der beim Sturz seines Schwiegervaters offensichtlich eine wichtige Rolle spielte.

So gefestigt das Imperium in jenem Augenblick erschien, noch immer wies es als Spätfolge der Bürgerkriege nicht wenige Unruhezellen auf, von denen in Italien die Aktionen des Bulla Felix am meisten Aufsehen erregten. Dieser Anführer einer Gruppe von mehreren Hundert Entwurzelten konnte längere Zeit einen gutorganisierten Straßenraub großen Stils praktizieren und sich allen Verfolgungen entziehen. Schließlich mußte eine umfassende Militäraktion eingeleitet werden, die dann endlich auch zu seinem Untergang führte.

Das Ende der Regierung des Septimius Severus stand im Schatten seines Britannienfeldzuges. Als Clodius Albinus im Jahre 196 n. Chr. alle Truppen und mobilen Hilfskräfte der britannischen Provinz abgezogen hatte, um mit ihrer Hilfe die Herrschaft zu erringen, ließen sich die nie völlig unterworfenen Stämme im Norden der Insel diese Gelegenheit nicht entgehen. In tiefen Vorstößen brachen sie in die Provinz ein. Der Zerstörungshorizont jener Jahre läßt sich bis in die Höhe von York verfolgen. Nahezu sämtliche Kastelle im Norden des Landes fielen diesem Einfall zum Opfer und mußten später wiederhergestellt werden. Von der Verantwortung für diese Katastrophe wird man Clodius Albinus nicht freisprechen können, und man wird wohl auch generell gut daran tun, in ihm nicht allein ein passives Opfer punischer Perfidie zu sehen, sondern einen Mann, der in den entscheidenden Monaten genauso skrupellos den Griff nach der Macht wagte wie Septimius Severus.

Dieser hatte schon im Osten, nach der Niederwerfung Nigers, sehr drastische Konsequenzen gezogen. Die Ballung der römischen Kräfte im syrischen Raum war der Ansatzpunkt seines Rivalen gewesen, und jene Basis löste er endgültig auf. Die Großprovinz Syrien wurde aufgeteilt in zwei kleinere, in *Syria Coele*, die Nordsyrien und die Landschaft Kommagene umfaßte, und in *Syria Phoenice* im Süden. Notfalls ließen sich diese beiden Verwaltungseinheiten, von denen *Syria Coele* zwei Legionen, *Syria Phoenice* nur eine besaß, auch gegeneinander ausspielen. Dasselbe Prinzip, das noch andere Maßnahmen des Herrschers bestimmte, verwirklichte Severus nun auch in Britannien. Dort wurde die Großprovinz, deren drei Legionen die Usurpation des Clodius Albinus getragen hatten, in zwei Provinzen zerschlagen. *Britannia superior* umfaßte vor allem den Westen des Landes, das heutige Wales mit zwei Legionslagern in Caerleon und Chester, *Britannia inferior* dagegen den Osten der Insel mit nur einer Legion in York.

Parallel zu dieser Verwaltungsneugliederung erfolgte um die Jahrhundertwende die Wiederherstellung der zerstörten Kastelle am Hadrianswall sowie der vorgeschobenen Befestigungen. 207 n. Chr. scheint eine neue Offensive planmäßig vorbereitet worden zu sein; im Jahre 208 n. Chr. übersiedelte auch der ganze Hof nach York. Englische Archäologen haben in den vergangenen Jahrzehnten eine Reihe von Marschlagern entdeckt, die im Zusammenhang mit den militärischen Operationen des Septimius Severus angelegt wurden. So problematisch die Einzelauswertung der zahlreichen Fundstellen ist, insgesamt gesehen, spricht doch alles dafür, daß Septimius Severus in jenen Operationen mehr erreichen wollte als lediglich eine Reorganisation des Hadrianswalles. Vor allem die Anlage der großen militärischen Basis von Carpow am Südufer des Firth of Tay, die 1961 von R. Birley freigelegt wurde, dokumentiert den Radius des massiven Einsatzes.

Von hier aus stießen die römischen Angriffskeile 208 n. Chr. nach Norden vor, die kaledonischen Stämme im Innern Schottlands unterwarfen sich. Severus hatte jetzt mehr erreicht als jeder andere römische Feldherr vor ihm. Doch schon im folgenden Winter erhoben sich die Stämme der Maeaten und Kaledonier erneut. Am Anfang hatte Septimius Severus diese Kämpfe noch selbst geleitet und sich, trotz seiner schweren Gicht, in einer Sänfte mittragen lassen. Seit 209 n. Chr. blieb er jedoch in York und überließ Caracalla den Oberbefehl; in York ist er am 4. Februar 211 n. Chr. auch gestorben.

Der Britannienfeldzug des Septimius Severus hat in den modernen Darstellungen lange Zeit eine sehr uneinheitliche Beurteilung gefunden. Wenn es sein Ziel gewesen sein sollte, ganz Schottland zu unterwerfen und in direkte römische Verwaltung zu nehmen, ist er in der Tat letzten Endes gescheitert, und vor der Rache des Severus für den erneuten Abfall, vor einem Vernichtungskrieg, hat die Maeaten und Kaledonier aus solcher Sicht dann nur der Tod des Herrschers gerettet. Wenn man die Entwicklung in der Folgezeit berücksichtigt, ergeben sich jedoch andere Perspektiven. Caracalla kehrte nach dem Tode seines Vaters nicht sofort nach Rom zurück, sondern widmete sich zunächst der Organisation einer neuartigen Grenzverteidigung. Er zog die römischen Verbände aus Schottland wieder zurück und begnügte sich mit der Verstärkung der Vorposten nördlich des Hadrianswalls. Diese Kastelle bildeten jetzt nicht nur die Garnisonen schlagkräftiger und beweglicher Truppenteile, sondern zugleich die Hauptquartiere der Formationen eines Grenzstreifendienstes. Der Raum nördlich des Hadrianswalls wurde dadurch wirksam militärisch überwacht. Daß sich dieses System bewährte, ergibt sich schon daraus, daß Britannien nun für mehr als ein halbes Jahrhundert Ruhe hatte und daß die Wirren am Ende des 3. Jahrhunderts n. Chr. von ganz anderen Gegnern ausgingen.

Wie tief die Zäsur war, welche die Herrschaft der Severer für das *Imperium Romanum* bildete, zeigt sich am deutlichsten in der Veränderung der Sozialstruktur. «Seid einig, bereichert die Soldaten, verachtet alles andere!» – wenn Septimius Severus seinen Söhnen auf dem Sterbebett diese Maxime zurief, so hat er zweifellos nach ihr gehandelt, selbst wenn die Worte nicht historisch sein sollten. Tatsächlich sind die Lebensbedingungen der römischen Armee nie zuvor so tiefgreifend verbessert worden wie unter den Severern. Der jährliche Sold des Legionärs hatte sich unter Severus, gegenüber Domitian, nahezu verdoppelt. Dazu kamen umfangreiche Naturalleistungen für die Verpflegung sowie, selbst für den einfachen Mann, die Erlaubnis, mit seiner Frau in einer gültigen Ehe zusammenzuleben. Den Centurionen und auch den *principales* wurde der goldene Ring der Ritter verliehen. In den Lagern bildeten sich häufiger als früher Vereine (*scholae, collegia*), die meist nach den verschiedenen Ranggruppen organisiert waren. Die Berufssoldaten konnten nun einerseits in einflußreiche Staatsämter, insbesondere der ritterlichen Laufbahn, aufsteigen, andererseits waren sie nach ihrer Entlassung in ihren Stadtgemeinden von allen Zwangsleistungen befreit. In vielen Fällen wurde der privilegierte Dienst im Heer deshalb faktisch erblich.

Neben der Neugestaltung der Gardeformationen ist, im Sektor der Armee, vor allem eine bedeutende Verstärkung durch die Neuaufstellung von drei Legionen, die den Beinamen *Parthica* erhielten, hervorzuheben. Von ihnen bezog eine in der Nähe von Rom, in Albanum, ihr Lager. Damit war der Bruch mit dem augusteischen Prinzip, Italien selbst von Legionen freizuhalten, vollzogen; der Herrscher verfügte nun im weiteren Bereich der Stadt über einen Verband von insgesamt rund 30 000 Mann, der in sich wiederum so differenziert war, daß eine Usurpation außerordentlich erschwert wurde. Es ist ferner für die Ära des Severus bezeichnend, daß die neuen Legionen nicht mehr von Senatoren, sondern von Rittern befehligt wurden.

Zwiespältig mußten sich dagegen Reformen bei den Einheiten der Grenzverteidigung auswirken. Wenn auch bei ihnen die Folgen der Geldverschlechterung nicht nur durch Solderhöhungen, sondern durch Landzuweisungen aufgefangen werden sollten, so stärkten solche Maßnahmen zwar das Interesse der Verbände an den in ihre Verantwortung gegebenen Territorien, andererseits nahm ihre Mobilität ab.

Den zweiten entscheidenden Faktor im gesellschaftlichen Bereich markiert die zunehmende Bedeutung des Ritterstandes. Dabei veränderte sich dieser Stand in seiner Zusammensetzung mehr und mehr. Seit den Severern war er nicht mehr identisch mit der früher dominierenden Schicht romanisierter Grundbesitzer, Geschäftsleute, Finanziers und anderer sozialer Aufsteiger, das heißt einer wirtschaftlich besonders aktiven und kulturell völlig assimilierten Bevölkerungsgruppe. Fortan erhielt der Ritterstand sein Profil vielmehr durch den hohen Anteil der in ihm aufsteigenden Berufssoldaten, die großenteils auch aus den Grenzräumen des Imperiums stammten. Nicht nur zahlenmäßig, nicht nur im Hinblick auf die Provenienz, sondern vor allem im Hinblick auf Mentalität und Qualifikation traten nun entscheidende Veränderungen ein.

Gewiß, der Aufstieg von römischen Bürgern aus Nordafrika in die Stände der Senatoren und Ritter hatte schon unter Hadrian deutlich zugenommen, doch läßt sich der große Anteil von Männern dieser Herkunft in den Führungspositionen unter Septimius Severus auch nicht relativieren. Freilich erforderte der gestiegene Bedarf an loyalen Funktionären den Rückgriff auf alle geeigneten und hinreichend qualifizierten Kräfte, hatte doch allein die Zahl der ritterlichen Prokuratorenstellen unter Septimius Severus um über 40 gegenüber der Zeit M. Aurels zugenommen. Entscheidend ist jedoch für das ganze 3. Jahrhundert n. Chr. der Aufstieg vitaler Gruppen, der Aufstieg von Angehörigen der alten Mittelschichten und der Militärs aus den Grenzzonen des Imperiums, während die Bedeutung der alten aristokratischen und vor allem italischen Eliten mehr und mehr zurückging.

Die einflußreichste militärische Position des Imperiums war schon immer die Prätorianerpräfektur. In den Händen des Plautianus hatten deren Kompetenzen noch beträchtlich zugenommen. Plautianus hatte sich sowohl die Kontrolle über die *Annona militaris* und damit über die wesentlichen Stränge von Versorgung und Nachschub gesichert, als auch die juristischen Zuständigkeiten seines Amtes bedeutend erweitert. Dem Prätorianerpräfekt unterstand künftig nicht nur die Rechtsprechung im italischen Bereich, soweit dort nicht der römische Stadtpräfekt zuständig war, sondern darüber hinaus auch die Entscheidung der Berufungsverfahren aus den Provinzen. Die juristische Tätigkeit des Amtsinhabers war damit so angeschwollen, daß nach Plautianus' Sturz einer der beiden Präfekten, auf die die Stellung aufgeteilt wurde, Fachjurist war. Als erster dieser Gruppe fungierte Papinian, einer der führenden Juristen der Zeit. Doch auch dessen juristische Kollegen, Paulus und Ulpian, hatten im Staatsrat erheblichen Einfluß.

Den Preis der politischen und gesellschaftlichen Veränderungen unter

Septimius Severus hatte in erster Linie der Senat zu bezahlen. Der neue Herrscher war von Anfang an nicht bereit, dem Senat politische Kompetenzen zurückzugeben, die er früher einmal besessen hatte, noch weniger, sich dem Senat auch nur scheinbar unterzuordnen. Selbstverständlich war auch Septimius Severus auf die Mitwirkung und Zusammenarbeit eines großen Teils der Senatoren angewiesen, sollte das Verwaltungssystem des Imperiums auch nur halbwegs funktionieren. Doch diejenigen Senatoren, die den starken Mann hinnahmen, weil sie von der Notwendigkeit der Stabilisierung des Systems überzeugt waren, haben damit nicht auch die Anerkennung von Person und Herrschaftsstil des Septimius Severus durch den ganzen Stand bezeugt.

Es kann keine Rede davon sein, daß Septimius den gesamten Senat gehaßt und verfolgt und daß der Senat umgekehrt den neuen Herrscher geschlossen abgelehnt und nur opponiert hätte. Vielmehr ist davon auszugehen, daß der römische Senat, speziell in der Phase des Bürgerkrieges von 193 bis 197 n. Chr., gerade nicht als geschlossene Einheit handelte und daß viele seiner bleibenden Ressentiments auch eine Folge der Tatsache waren, daß ihm die Leitung der Politik längst entglitten war. Alle Prätendenten hatten im Senat zunächst Anhänger und Gegner. Wie wenig geschlossen die Senatoren handelten, geht schon allein daraus hervor, daß ein beträchtlicher Teil der aus Afrika stammenden oder mit Afrika eng verbundenen Senatoren nicht auf der Seite des Septimius Severus stand, sondern auf jener des Clodius Albinus. Es war diese Zersplitterung der senatorischen Interessen, die wesentlich zum Bedeutungsrückgang der ganzen Korporation beitrug.

Die Innenpolitik des Septimius Severus wird so weithin durch seine Bindung an die neuen Kräfte gekennzeichnet. Die betonte Wahrung des Rechtes der unteren Schichten und die spezielle Fürsorge für die gleiche Bevölkerungskategorie bilden eine geschlossene Einheit und lassen sich nur im Rahmen der neuen Staatsstruktur verstehen. So ist es aber auch zu erklären, daß sich jetzt bedrängte Bauern und Pächter in Notfällen für Immediatgesuche an den Herrscher nicht mehr wie früher Senatoren aus ihrer Provinz zu Mittlern und Sprechern wählten, sondern häufig Angehörige ihrer Schicht, Funktionäre oder Offiziere, von denen sie annehmen konnten, daß ihnen der Herrscher gewogen war.

Das Verhältnis des Septimius Severus gegenüber den Städten ist schwer auf einen Nenner zu bringen. In den von ihm bevorzugten Gebieten, insbesondere im ganzen Osten und in Afrika, hat er freizügig privilegierte Stadtrechte verliehen, den Ehrentitel *Colonia* an Palmyra, Emesa, Singara, Edessa, Nisibis und auch an andere Städte. Alexandria erhielt vom Kaiser endlich die *boulē*, den Stadtrat, um den es fast zwei Jahrhunderte lang gekämpft hatte, und auch den ägyptischen Gauhauptorten wurde jetzt die städtische Organisationsform zugestanden. Doch dürfen diese Maßnahmen nicht darüber hinwegtäuschen, daß von einer bewußten Stärkung der städtischen Kräfte keine Rede sein konnte. Die Intensivierung der städtischen Verwaltung verfolgte unter Septimius Severus vielmehr einzig das Ziel, den staatlichen Einfluß zu erhärten. An die Stelle privater, lokaler Munifizenz trat nunmehr, im Laufe der Entwicklung, die persönliche Haftung des Stadtrates für alle Leistungen und Abgaben der Stadt, an die Stelle autonomer Selbstverwaltung die Verantwortungslast für die immer mehr anwachsenden Forderungen des Reichs. Dieser Druck wirkte sich indessen nicht allein auf die städtischen Beamten aus, bei denen die Haftpflicht fortan zur Norm erhoben wurde, sondern er pflanzte sich auf weite Kreise der Einwohnerschaft selbst fort. Dadurch, daß kleine, aber sehr wichtige und auch leistungsfähige Gruppen wie die Steuerpächter, die Kleinpächter kaiserlichen Besitzes, alle Veteranen und die Mitglieder einiger Handels- und Wirtschaftskorporationen von den munizipalen Lasten befreit worden waren, wurden die Pflichten aller verbleibenden sozialen Gruppen nur größer.

Neu war gleichzeitig aber auch die Rücksichtslosigkeit, mit der jetzt alle Abgaben und Leistungen vom Staat erpreßt wurden, ein Stil, der allerdings verständlich wird, wenn man sich an die Zusammensetzung und an die Laufbahnen der neuen militarisierten Beamtenschaft erinnert. Die konsequente Erhärtung der staatlichen Eingriffe setzte aber auch einen wesentlich besseren Polizeiapparat voraus, als ihn Rom bis dahin nötig hatte. Die verschiedenen Sparten, die *stationarii* und die mobilen *frumentarii*, die Gendarmen des Kaiserreichs, wie die *colletiones* des Ostens jagten ihre Opfer um die Wette, und auch dieses entschiedene Vorgehen einer sehr rührigen Polizei gehört wesentlich mit zum Bild dieser Zeit. Der Haß des Herrschers auf seine politischen Gegner, die Perfektion der Anklagebehörden und die Aktivität der Verfolgungsinstanzen trieben die Systematik der Verfolgungen im Innern auf den Höhepunkt. Angehörige der politischen Opposition stempelte man zum Staatsfeind, und mit dieser Rubrizierung als *homines hostes populi Romani*, als *hhpR*, waren die Betroffenen geächtet und vogelfrei. Seinen Opfern trachtete Severus jedoch nicht nur nach dem Leben, sondern nicht weniger nach dem Vermögen. Der Zuwachs des kaiserlichen Privatvermögens hat hier seinen Ausgangspunkt; ein eigener *procurator ad bona damnatorum* verwaltete diesen Zugang. Die Betroffenen selbst aber irrten als Flüchtlinge durch das Reich, und Banden, wie jene des Bulla Felix, rekrutierten sich auch aus ihren Reihen.

Dennoch ist es nicht so, daß diese Politik generell einer bewußten, allgemeinen Aggressivität gegen die alte führende Schicht und gegen die Städte entsprang. Die Härte des Strafgerichts gegen die senatorische Fronde oder die Städte Antiochia, Byzanz und Lugdunum erklärt sich aus sehr konkreten Herausforderungen. Severus hat Anhänger und loyale Gruppen nie eines Prinzips wegen verfolgt. Wenn man vom politischen Bereich absieht, darf seine Regierung ohnehin eine durchaus korrekte Gesetzgebung für sich in Anspruch nehmen. Die Hälfte seines Arbeitstages verwandte der

Das Römische Reich unter den Severern 615

Kaiser auf die Jurisdiktion, und noch Aurelius Victor feierte deren Gerechtigkeit.

Eine Regierung, die wie jene des Septimius Severus entschlossen war, die Mittel für die großen Aufgaben des Reichs rücksichtslos zu erpressen, schreckte auch vor tiefen Eingriffen in das Wirtschaftsleben nicht zurück. Dies zeigt sich am deutlichsten in der Ausweitung der *annona militaris*, einer Naturalsteuer, die von den einzelnen Städten im Bedarfsfall erhoben wurde. Sie wurde von jetzt an zur schwersten staatlichen Belastung sowohl für die Kommunen als auch für die einzelnen Bürger, denn unter den Weisungen des *praefectus praetorio* griff sie in straffer Durchgliederung bis in die Erzeugungsgebiete über, in denen Staatsspeicher die Leistungen dieser Naturalsteuer aufnahmen.

Der Bürgerkrieg hatte daneben gelehrt, in welch hohem Maße die Regierung vom Funktionieren des Handels und des Verkehrsgewerbes, vor allem im Seetransport, abhängig war. Auch hier zog Severus die Konsequenz und dekretierte für wichtige Kollegien, für die Korporationen der Seefahrer und Lebensmittelhändler, die zwangsweise Erfüllung staatlicher Anforderungen, zu der auch hier die Haftpflicht für ihre Erfüllung gehörte. Neben die Bindung in städtische Beamtenstellen in den einzelnen Gemeinden trat somit in ersten Ansätzen die Bindung in die Berufe, und aus der Fixierung gewisser Spezialistengruppen entwickelte sich im Laufe des 3. Jahrhunderts n. Chr. die immer weiter um sich greifende Reglementierung des wirtschaftlichen Lebens.

Nicht gelöst wurde das Währungsproblem. Die Krise hielt an; der Denar hatte nur mehr einen Feingehalt von etwa 50%, und lediglich eine weitere Verschärfung dieser Inflation konnte für kurze Zeit vermieden werden. In einzelnen Städten entwickelte sich bereits ein schwarzer Markt, auf welchem der Aureus mehr galt als der normalen Währungsrelation von 25 Denaren entsprach, ein untrügliches Zeugnis für das Mißtrauen in die normalen Geldnominale und für die in solchen Kreisen typische Flucht zum Gold. Allerdings läßt sich nicht entscheiden, wie weit solche punktuellen Erscheinungen verallgemeinert werden dürfen. Erwähnt mag noch werden, daß an das römische Volk neben der traditionellen Getreidespende jetzt auch Öl ausgegeben wurde, eine Maßnahme, von der in erster Linie auch die tripolitanischen Produzenten profitierten, die dieses Öl zu liefern hatten, somit Kreise aus der Heimat des Severus. Einer so energischen Finanz- und Abgabenpolitik blieben die Resultate nicht versagt. Die Vita des Herrschers berichtet, daß er bei seinem Tode einen Getreidevorrat hinterließ, der in Rom die Verteilungen für sieben Jahre sicherstellte, und einen Vorrat an Öl, welcher den Konsum von ganz Italien für eine Frist von fünf Jahren decken konnte.

Mit den Severern beginnt im ganzen Reich auch eine Periode neuer Bautätigkeit. In Rom entstammt ihr der große Triumphbogen am Abhang des Kapitols sowie das Septizonium, jene große Fassade der severischen

Palastbauten am Palatin, welche die sieben Planeten und Tagesgötter in eindrucksvoller Weise verband.

In den Provinzen entstanden zahlreiche Straßen, im Zuge der großen Truppenverschiebungen dieser Regierung ebenso wie der systematischen Neuordnung des ganzen Versorgungswesens in der *annona*. Auch hier liegt ein Schwerpunkt der kaiserlichen Initiative in Afrika. Die Bauten von Leptis Magna wurden bereits erwähnt. Doch auch Karthago erfreute sich der besonderen Fürsorge des Herrschers. Münzen feiern die *Indulgentia Augustorum in Carthaginem*, die Gnade der Kaiser für Karthago. Ihre Bilder zeigen die Göttin der Stadt, die *Dea Caelestis* auf einem Löwen, und stellen dazu aus dem Felsen quellendes Wasser dar als Symbol für die besonders großzügige Wiederherstellung der Aquädukte.

Im Zuge der vielfältigen Reformen hatte Italien wesentliche Privilegien seiner einstigen Sonderstellung verloren, während die Provinzen von der Verschiebung der Gewichte profitierten. Bemerkenswert ist hier der Wandel in der Sprachpolitik. Den einheimischen Sprachen wurde jetzt vor den Gerichten und Verwaltungsinstanzen Gleichberechtigung zugestanden, eine Regelung, die sich nicht auf das Punische in Afrika beschränkte, sondern die in gleicher Weise auch für das Keltische in Gallien und in den Rheinlanden galt. Dort trat jetzt das alte keltische Längenmaß der Leuga, die etwa 2,3 km entspricht, neben der römischen Meile auf den Meilensteinen auf.

Im religiösen Bereich liegt der entscheidende Akzent der Epoche in der Verehrung der nordafrikanischen Gottheiten. Im Zuge der religiösen Entwicklungen der Kaiserzeit waren die alten punischen Gottheiten Tanit und Baal-Hammon längst zur *Virgo* oder *Dea Caelestis* und zu Saturn geworden. So ist es verständlich, daß Weihungen an die *Caelestis* und an Saturn jetzt ihre maximale Frequenz erreichen und daß die Kaiserin selbst an *Caelestis* angenähert verehrt wurde. Doch offiziell ist der Kult der *Dea Caelestis* unter den Severern in Rom nicht eingeführt worden. Den Kulminationspunkt ihrer Macht im Römischen Reich sollte Tanit erst unter Elagabal und nur für einen kurzen Augenblick erlangen. Denn als der syrische Priesterkaiser den schwarzen Steinzylinder seines Heimatgottes nach Rom überführen ließ, verband er mit ihm einmal Minerva, als zweite Gottheit jedoch *Caelestis*, also Tanit. Aber neben diesem kurzlebigen Triumph einer neuen Reichstrias lassen sich die Weihungen für die *Virgo Caelestis* bis an den Hadrianswall verfolgen, wo Tanit in der für die synkretistischen Formen der Zeit typischen Weise so apostrophiert wird: «Ein und dieselbe ist die Jungfrau mit der Mutter der Götter, mit der Göttin des Friedens, mit der Göttin der Tapferkeit, mit Ceres, mit der syrischen Göttin, mit der Waage, wägend Leben und Recht.»

In Septimius Severus' Selbstverständnis, in seiner Herrscherauffassung und in seiner Ideologie überschneiden sich traditionelle und neue Elemente. Insgesamt gesehen aber ist der Wandel zu neuen Formen eines römischen

Kaisertums unverkennbar. Seit der Preisgabe des Adoptivsystems durch M. Aurel ist auch der Begriff des römischen «Kaisers» angemessen. Die während des Principats gegebenen Vorbehalte waren entfallen – mit der *auctoritas-principis*-Stilisierung eines Augustus hatte die Herrschaft der Severer nichts mehr gemeinsam. Vor allem das neue Verhältnis des Kaisers zur Armee einerseits, die Sanktionierung der ganzen Dynastie und die beginnende Distanz des Herrschers vom allgemein menschlichen Bereich andererseits setzen hier die entscheidenden Akzente.

Dabei ist freilich sorgfältig zu differenzieren. Obwohl Septimius Severus im Thronsaal zwischen Herkules- und Dionysosplastiken saß, hat er sich nicht als Gott verehren lassen. Die Anrede *dominus* ist allerdings schon für ihn typisch gewesen, und gelegentlich wurden die Kaiser des severischen Hauses auch bereits als *sanctissimi Augusti* oder als *sacratissimi imperatores* gefeiert. Eine Goldmünze aus dem Jahre 201 n. Chr., welche Septimius Severus als Sol und Iulia Domna als Luna darstellt, steht als Zeugnis isoliert und belegt keine Vergottung der lebenden Herrscher, sondern sie gehört in den Umkreis der *aeternitas*-Symbolik. Sonne und Mond sind hier Ausdruck der Ewigkeit des Reichs.

Domus divina, das ganze kaiserliche Haus, die Dynastie, ist durch den Willen der Götter auf ihren Platz berufen. Dieses Haus ist nicht deswegen göttlich, weil etwa wie in hellenistischer Zeit Kaiser und Kaiserin selbst Erscheinungen oder Stellvertreter der Götter sind, sondern deswegen, weil die Götter diesem Haus eine schicksalhafte Aufgabe zugewiesen haben. Und hiermit verbindet sich die bemerkenswerte Abhängigkeit des Septimius Severus vom gesamten Bereich der Astrologie als eines Weges, sich über den Willen der Götter zu vergewissern. Es kann kein Zweifel daran bestehen, daß ihm Gestirnskonstellationen und Vorzeichen als Beweis seiner Berufung galten. Den Vorstellungen der Zeit entsprechend, hat er diese Berufung auf sein ganzes Haus übertragen, in dem und in dem allein auch die Ewigkeit des Reichs garantiert war.

Immer wieder ist diese Dynastie als Einheit abgebildet worden, so in jenem bekannten Berliner Tafelbild, das in der Tradition der ägyptischen Mumienbildnisse steht, aber auch in den Münzen, welche die vereinigten Porträts des ganzen Hauses als *felicitas temporum* feiern. So mochte es scheinen, als wäre tatsächlich auf lange Zeit die Kontinuität der Herrschaft gesichert. Doch lassen die demonstrativen Beschwörungen der *concordia* zugleich erkennen, wie gefährdet die Einheit der Dynastie schon in den Tagen des Severus war. Der alternde Kaiser hat sich offensichtlich über die Gefahren, die seinem Haus drohten, keine Illusionen gemacht.

Andere Elemente der Herrschaftslegitimation griffen näherliegende Zusammenhänge auf. Die Funktion eines Rächers des Pertinax bot freilich nur ein situationsbezogenes Programm; auf die Dauer war jedoch der Dreimonatsherrscher Pertinax kaum als Legitimationsinstanz geeignet. Die Hinwendung zu M. Aurel war dagegen identisch mit der Usurpation einer bereits verklärten und idealisierten Herrscherreihe. Da der leibliche Vater des Septimius Severus, P. Septimius Geta, ein unbedeutender und unbekannter Mann war, gratulierte ein Senator Septimius Severus nach der Ankündigung seiner Adoption durch M. Aurel voll Ironie zu der Tatsache, daß er jetzt «einen Vater gefunden» habe. Doch mochten sich auch andere über diesen Schritt mokieren, in den Inschriftentitulaturen wurden die neuen offiziellen Verwandtschaftsbeziehungen des Septimius Severus selbst bis auf Nerva zurückgeführt (CIL VI 954.1032).

Die Fingierung der Adoption durch M. Aurel war indessen gleichzeitig mit sehr handfesten materiellen Interessen verbunden. Wie erst vor kurzem gesehen wurde, schied schon Antoninus Pius das reine Privatvermögen des *princeps* als *res privata* aus dem bisherigen Gesamtvermögen des *patrimonium* aus. Diese *res privata* war nun zuletzt vor allem deswegen so außerordentlich angewachsen, weil ihm Commodus die riesigen Konfiskationen, insbesondere des Grundbesitzes seiner innenpolitischen Opfer, zuwies. Schon unter ihm ist ein eigener *procurator rationis privatae* inschriftlich bezeugt. Nach der Durchsetzung seiner angeblichen Adoption durch M. Aurel konnte Septimius Severus nun völlig rechtmäßig auch über die *res privata* der Antoninen verfügen.

Als sehr viel einfacher erwies sich die Demonstration der engen Verbindungen zur Armee, zum Beispiel durch die Ausgabe neuer Legionsserien in der Münzprägung, und der neuen Akzente der Siegesideologie. Auch unter Septimius Severus war es naheliegend, das Geschehen der Bürgerkriege durch militärische Erfolge an den Grenzen zu verdecken. Neben den konkreten Siegerbeinamen erschienen auf den Münzen freilich schon jetzt Formulierungen, die dem Kaiser eine generelle und dauernde Siegesqualifikation zuschrieben, wie zum Beispiel *Victoria aeterna*, *Victoria perpetua* oder das *victoriosus semper*. Hand in Hand damit ging die Einschärfung der *felicitas temporum*, der *laetitia temporum* und der *aeternitas imperii*, die Propaganda des neuen glückverbürgenden Zeitalters und der Anspruch der ewigen Dauer des Reichs.

Für die Geschichte des *Imperium Romanum* kommt der Regierung des Septimius Severus und seines Hauses eine herausragende Bedeutung zu. Aus dem Chaos eines Bürgerkrieges, dessen Dimensionen den Kämpfen zur Zeit der Triumvirn und des Vierkaiserjahres glichen, gelang Septimius Severus nicht nur die Erringung und Konsolidierung der Macht im ganzen Reich, sondern zugleich auch eine Neuordnung der Strukturen des Imperiums, die den veränderten politischen und gesellschaftlichen Bedingungen gerecht wurde. Ähnlich wie im Falle des Augustus liegt auch bei Septimius Severus die historische Relevanz der Herrschaft nicht nur in dem, was selbst geleistet, sondern auch in dem, was vorbereitet und für die zukünftige Gestaltung des Imperiums eingeleitet wurde.

Wie in den bedingt vergleichbaren Konstellationen unter Augustus und Vespasian, so lassen sich auch bei Septimius Severus die Zusammenhänge zwischen Persönlichkeit und Politik nicht auflösen. Sein Äußeres wird in der Biographie der «*Historia Augusta*» wie folgt beschrieben: «Er hatte eine schöne, hochragende Gestalt und trug einen langen Bart. Sein Haupthaar war grau und kraus, seine Miene achtunggebietend, seine Sprache wohltönend, doch mit einem gewissen afrikanischen Akzent, den er nie verlor» (19,9). Die offiziellen Bildnisse der Zeit betonten vor allem den reichen, oft genug wirren Bart- und Haarwuchs, aber in dieser Akzentuierung, etwa der vier in die Stirn fallenden Locken und des in zwei oder mehr Spitzen auslaufenden Bartes, sind sie zugleich Ausdruck eines pathetischen Zeitstils. Andere Züge der Porträts betonten wiederum die Kontinuität antoninischer Formen, das um 200 n. Chr. entstandene Maastrichter Kolossalporträt ist dagegen ein besonders eindrucksvolles Beispiel monumentaler Stilisierung der Herrschaft.

In der antiken Überlieferung und in nicht wenigen modernen Darstellungen wurden vor allem die negativen Charakterzüge des Severus betont: sein Despotismus, seine Treulosigkeit, seine Habgier und sein tödlicher Haß, Züge, die dann in der Neuzeit nicht selten aus seinem Afrikanertum, punisch-semitischem Wesen oder aus der Inferiorität eines sogenannten Mischlings abgeleitet wurden. Es gibt nur wenige römische Herrscherpersönlichkeiten, deren Bild durch Vorurteile und gegenwartsverhaftete Kategorien so sehr verzerrt wurde wie im Falle des Septimius Severus. Dabei wurden die Voraussetzungen seines Handelns oft völlig verkannt.

Aber Severus kam nun einmal nicht in glücklichen Jahren imperialen Friedens zur Macht, sondern in einem brutalen Bürgerkrieg, in dem auf allen Seiten Mißtrauen, Täuschung und Verrat herrschten. Mit List und Verschlagenheit allein, die man ihm so häufig zum Vorwurf machte, hätte sich Severus kaum behaupten können. Dazu bedurfte es nicht nur der Härte und der Entschlossenheit, sondern ebenso der Weitsicht. Als einziger der drei Usurpatoren des Jahres 193 n. Chr. verband er in seinem Handeln eine überlegene und vorausschauende Strategie mit kaum zu überbietender Schnelligkeit und Konsequenz in der Durchführung. Gewiß wurden wichtige Schlachten von seinen Befehlshabern gewonnen, doch dort, wo es um Entscheidungen ging, war Septimius Severus persönlich zur Stelle, vor Lugdunum ebenso wie später vor Ktesiphon, und noch der alte, gichtkranke Herrscher ließ sich in einer Sänfte in die schottischen Highlands tragen.

Angezogen fühlte sich Septimius Severus stets von allem Geheimnisvollen, den alten Kulten Ägyptens, von der Alexandergruft wie von Vorzeichen jeder Art. Vor allem aber glaubte er, wie viele seiner Zeitgenossen, an den Einfluß der Sternbahnen auf die Geschicke der Menschen. Die Gestirnkonstellation seiner eigenen Geburtsstunde umgab er deshalb auch mit einem undurchdringlichen Schleier, damit sie nicht gegen ihn ausgespielt werden konnte. Es ist nicht unwahrscheinlich, daß er bei der Wahl seiner zweiten Frau, Iulia Domnas, zumindest in seiner Absicht bestätigt wurde, als er erfuhr, daß ein Astrologe dieser Frau die Ehe mit einem Herrscher vorausgesagt hatte.

Anders als einst Nerva und Trajan mußte Septimius Severus zunächst die Kontinuität seiner Herrschaft betonen, sei es mit Pertinax, sei es mit M. Aurel und den Antoninen. In Wirklichkeit freilich hatte seine entschiedene Neuordnung des Imperiums nur deshalb Bestand, weil er notwendige Maßnahmen, ähnlich wie Vespasian, skrupellos und unbedenklich durchführte. Die Remilitarisierung Italiens, die Öffnung der Garden, die Aufgliederung der großen alten provinzialen Verwaltungseinheiten, der harte Kurs gegenüber dem Senat, die Bevorzugung von Angehörigen des Ritterstandes und des Offizierskorps bei der Besetzung der neuen Posten der Administration, die materielle und ideelle Begünstigung der Armee, die zahlreichen juristischen Entscheidungen zugunsten von Angehörigen der Unterschichten – all das mochte zwar alten Traditionen widersprechen. Doch im Grunde handelte es sich zumeist um den Vollzug von längst überfälligen Veränderungen. Statisches Verharren war für das *Imperium Romanum* um die Wende vom 2. zum 3. Jahrhundert n. Chr. ebenso unmöglich wie eine bloße Restauration der Strukturen der antoninischen oder gar augusteischen Epoche.

Es war eine außerordentliche Leistung, daß Septimius Severus ein Zerbrechen der Reichseinheit verhinderte, daß er im Innern wie im Äußeren eine Konsolidierung des Imperiums erreichte. Nach den hohen Bürgerkriegsverlusten verstand sich die weitere Anspannung aller Kräfte gewiß nicht von selbst. War er im Osten durchaus erfolgreich, so erreichte er in Britannien wenigstens eine dauerhafte Stabilisierung der Lage an der Reichsgrenze; mehr hatten auch die Vorgänger nicht erzielt.

Dennoch hat sich der Kaiser in den letzten Jahren über die Fragwürdigkeit seines Werks nicht getäuscht. Daß ihm auch sein persönlicher Gewinn, der Besitz der höchsten Macht, suspekt geworden ist, spricht aus seinem enttäuschten Wort, dem *«Omnia fui, et nihil expedit»*. So zeitbedingt seine Neuordnung sein mag, volle Sympathie hat Septimius Severus bei der Nachwelt nicht gefunden, und noch immer gilt von ihm das Wort Montesquieus: «Er besaß große Fähigkeiten, jedoch die Milde, diese vornehmste Fürstentugend, fehlte ihm» (ed. Schukert, 134).

Beim Tode des Septimius Severus im Jahre 211 n. Chr. ging die Herrschaft an die beiden Söhne des Verstorbenen und Mitkaiser über. Von diesen war Caracalla inzwischen 24 Jahre alt; er trug bereits seit dem Jahre 198 n. Chr. Purpur, während sein um nur ein Jahr jüngerer Bruder Geta erst 209 n. Chr. zum Augustus erhoben worden war. So künstlich und konstruiert eine solche gemeinsame Herrschaft von zwei Kaisern auch erscheinen mag – der Zeit selbst war sie nicht fremd. Schon eine Generation vorher hatte das Reich unter M. Aurel und L. Verus zwei Kaiser nebeneinander gesehen, und

Philostrat, der zu dem Gelehrtenkreis um die Kaiserin Iulia Domna gehörte, diskutierte in seiner Vita des Apollonios von Tyana öffentlich die Möglichkeit einer Reichsteilung. Aber es ging hier nicht um die theoretisch durchaus denkbare Aufgliederung des Kaisertums, sondern in erster Linie um Menschen und Charaktere. Das für kurze Zeit über alle Macht verfügende Haus der Severer ist letzten Endes nicht von außen beseitigt worden, sondern an sich selbst zugrundegegangen.

Den festen Willen zur *concordia* und zur Einheit des Reichs hatte lediglich die Kaiserin, Iulia Domna. Diese Frau stammte aus dem Haus der Priesterkönige von Emesa (Homs in Syrien), aus einem Geschlecht, dessen männliche Angehörige ihren Namen Bassianus von dem alten orientalischen Priestertitel Basus abgeleitet hatten. Die Familie war indessen nicht nur durch ihre priesterliche Stellung berühmt, sondern ebenso durch ihren Reichtum. Es gab so, neben dem günstigen Horoskop, wohl auch einige materielle Gründe, die sie als zweite Frau des Septimius Severus empfohlen hatten. Das etwa 60 cm hohe Marmorbildnis Iulia Domnas in der Münchner Glyptothek, eines der eindrucksvollsten römischen Frauenbildnisse überhaupt, dürfte einen Eindruck vom Wesen dieser bemerkenswerten Frau vermitteln. Groß und sicher aufgefaßt, lebt dieses Porträt ganz von dem Kontrast zwischen der üppigen Haarfülle und den weichen, nachdenklichen Gesichtszügen.

Domnas politischer Einfluß ist schwer abzuschätzen, obwohl sie zuletzt als *mater patriae, mater senatus et exercituum* eine Verehrung genoß wie keine andere Frau zuvor. In der ersten Phase der Regierung ihres Mannes war ihre Macht indessen kaum sehr groß. Die Kaiserin wurde damals durch den Prätorianerpräfekten Plautianus ausgeschaltet, den sie abgrundtief haßte. Nach dessen Untergang dürfte ihr Einfluß zugenommen haben. Jedenfalls befand sie sich in den letzten Jahren des Septimius Severus fast immer an der Seite ihres Mannes, so auch in Britannien.

Die schon vorher bekannte Rivalität der beiden Brüder Caracalla und Geta steigerte sich nach dem Tode ihres Vaters zu offener Feindschaft. Als sie im Spätjahr 211 n. Chr. nach Rom zogen, um die Asche ihres Vaters in der Hauptstadt feierlich beizusetzen, spaltete sich dort die öffentliche Meinung sehr bald in zwei Parteien, und im Theater wie im Zirkus, am Hof wie in der Armee standen sich die Anhänger Caracallas und die Getas gegenüber. Herodian berichtet, daß bereits Pläne ventiliert wurden, das Reich aufzuteilen, und in diesem Zusammenhang wird auch das Wort Iulia Domnas überliefert, daß man dann zuvor sie töten und aufteilen müsse. Im Februar 212 n. Chr. lockte Caracalla seinen Bruder zu einer gemeinsamen Besprechung mit der Mutter. Vorher beorderte Centurionen drangen in den Raum ein und erschlugen den jüngeren Kaiser, obwohl sich dieser in den Schoß Iulia Domnas geflüchtet hatte. Auch die Kaiserin selbst wurde bei diesem Attentat verletzt. Caracalla verbreitete nach der Tat, gemäß dem schon von Nero her bekannten Rezept, die Erklärung, daß Geta einen

Anschlag auf ihn geplant hätte. Die Prätorianer und die Legion in Albanum waren nur einen kurzen Augenblick unsicher; Geld beschwichtigte ihre Gefühle auch diesmal. Dann ließ Caracalla seinem Haß freien Lauf. Papinian, der Prätorianerpräfekt und große Jurist, der die Tat mißbilligt hatte und seine Meinung auch offen zum Ausdruck brachte, wurde ebenso hingerichtet wie alle andern Freunde und Anhänger des Bruders. Dio gibt ihre Zahl mit 20 000 an; in Rom selbst herrschte jedenfalls ein unbeschreiblicher Terror.

Schon in die Anfangszeit der Alleinherrschaft des Caracalla fällt sein berühmtester Erlaß, die schon früher besprochene *Constitutio Antoniniana*. Die exakte Chronologie des 212/213 n. Chr. anzusetzenden Edikts ist zwar noch immer umstritten, die Frage, ob ein Zusammenhang mit dem angeblichen Anschlag Getas oder einer anderen «Errettung» besteht, kontrovers. Aus dem Rückblick aber ist die Bedeutung des Gesetzes, das allen Bewohnern des *orbis Romanus* mit Ausnahme der *dediticii* das römische Bürgerrecht verlieh, erheblich. Wenn die Zeitgenossen dieser Maßnahme weniger Beachtung schenkten, so mag dies mit jener trivialen Erklärung zusammenhängen, die Cassius Dio gab. Nach ihm diente das Edikt vor allem dazu, die bisher auf die römischen Bürger beschränkten Steuern nun auf die gesamte Reichsbevölkerung auszudehnen. In politischer Hinsicht änderte das Edikt an den vorhandenen Strukturen ohnehin kaum etwas.

Außenpolitisch entfaltete Caracalla an den Brennpunkten der römischen Defensive, die sich unter seiner Herrschaft abzuzeichnen begannen, eine unbestreitbare Aktivität. Zum Jahr 213 n. Chr. erwähnt Cassius Dio am obergermanischen und raetischen Grenzabschnitt einen neuen Gegner, die Alamannen. Noch im August desselben Jahres überschritt Caracalla im Zuge eines Gegenangriffes den raetischen Limes nach Norden und errang dort einen Sieg, den er durch die Annahme des Siegerbeinamens *Germanicus Maximus* feierte. Dieser Erfolg brachte den bedrohten Grenzabschnitten eine Atempause von rund zwei Jahrzehnten. Dennoch scheint man auf römischer Seite die Größe der Gefahr nicht verkannt zu haben. In Raetien wurde die bisherige Grenzsperre durch eine etwa 2,5 m hohe Steinmauer ersetzt, am obergermanischen Abschnitt durch Wall und Graben.

Das folgende Jahr, 214 n. Chr., sah den Kaiser dann an der Donau, wo er einen Erfolg gegen die dakischen Karpen errang, doch sogleich weiterzog, ganz im Banne jenes Alexanderkomplexes, der die nächsten Jahre kennzeichnete. Denn dieses «ausonische Raubtier», wie Cassius Dio ihn einmal (77,16,8) nannte, dieser Mensch, in dem sich die gefährlichen Anlagen und Eigenschaften des Vaters ins Maßlose übersteigert hatten, der seine Grausamkeit, Hinterlist und innere Labilität nicht mehr verbarg, der an einer Nervenkrankheit litt, in jeder Beziehung extrem und überreizt reagierte, wählte sich neben Sulla und Hannibal vor allem Alexander den Großen als persönliches Vorbild. Dabei hielt er nicht nur den Kopf schräg wie Alexan-

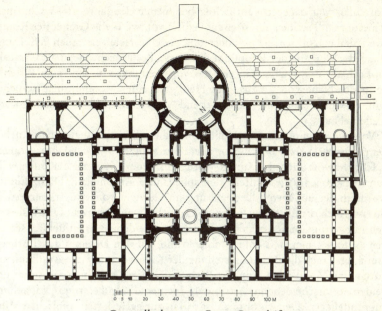

49 Caracallathermen, Rom, Grundriß

der der Große, ließ nicht nur jene Doppelporträts anfertigen, deren eine Kopfhälfte seine eigenen Züge trug, während die andere Alexander darstellte, sondern für seinen geplanten Partherkrieg stellte er jetzt auch eine neue makedonische Phalanx von 16 000 Mann in historischer Uniform und Bewaffnung auf.

Die Eröffnung des parthischen Feldzuges überließ Caracalla im Jahre 215 n. Chr. seinem Freigelassenen Theokrit, dessen Armenienexpedition prompt scheiterte. Der Kaiser selbst begab sich damals nach Alexandria, wo er in einem Massaker angeblich Tausende hinschlachten ließ. Die Ursachen des Blutbads sind unbekannt; möglicherweise wollte Caracalla auf Grund des wachsenden Widerstands in der Stadt ein prophylaktisches Exempel statuieren. Den Winter des Jahres 215/216 n. Chr. verbrachte er dann in Antiochia, und von dort aus suchte er eine sehr persönliche Lösung seines Alexandertraums zu verwirklichen: Er forderte eine Tochter des neuen parthischen Großkönigs Artabanos V. zur Frau.

Mit diesem Heiratsprojekt ordnete sich Caracalla in jene Reihe von westlichen Bewerbern um eine Tochter eines persischen Großkönigs ein, die 478 v. Chr. mit dem vergeblichen Antrag des Spartaners Pausanias begann. Sie wurde von Alexander dem Großen fortgeführt, der sich auf der sogenannten Massenhochzeit von Susa im Jahre 324 v. Chr. schließlich auch noch mit Barsine, der ältesten Tochter des Dareios, vermählte. Der Werbung

Caracallas war dagegen kein Erfolg beschieden. Im Jahre 216 n. Chr. marschierte er in Parthien ein, stieß bis Arbela vor, wo er die Gräber der Könige von Adiabene öffnen, sie plündern und die Überreste zerstreuen ließ. Damit war jedoch bereits der Endpunkt des Vorstoßes erreicht, denn als Caracalla im Frühjahr 217 n. Chr. während der Vorbereitungen für eine neue Offensive in der Nähe von Carrhae das Heiligtum einer Mondgottheit besuchen wollte, wurde er völlig überraschend von einem Mann seiner Eskorte niedergehauen.

Von den innenpolitischen Maßnahmen dieser kurzen Regierung ist neben der *Constitutio Antoniniana* vor allem die Münzreform des Jahres 214/215 n. Chr. hervorzuheben. Damals wurde ein neues Nominal der Silberwährung des Reiches geschaffen, der sogenannte Antoninian. Diese Einheit wurde in der üblichen Silberlegierung im Gewicht von 5,18 gr. hergestellt, sie entsprach damit trotz geringeren Gewichts zwei Denaren. Damit sie von den nur wenig kleineren Denaren zu unterscheiden ist, trägt der Kaiser auf den Antoninianen stets eine Strahlenkrone, auf den Denaren den Lorbeerkranz, und auch die Büstendarstellung der Kaiserin ist auf den Antoninianen durch eine Mondsichel pointiert. Es wurde bereits erwähnt, daß somit den beiden unterscheidenden Attributen Elemente der *aeternitas*-Vorstellung zugrundeliegen. Der Antoninian ist fortan zur geläufigsten römischen Münze des 3. Jahrhunderts n. Chr. geworden. Um 270 n. Chr. bestand er jedoch lediglich noch aus einem Kupferstück mit silberähnlichem Schimmer.

An der aktuellen Währungskrise änderte die Einführung des Antoninians nur wenig, sie brachte lediglich einen neuen Unsicherheitsfaktor mehr. Eine Fülle von Schatzfunden dieser Zeit zeigt, daß das alte Geld gehortet wurde. Und in einer Häufung von Gußformen zur Denarherstellung, die aus den folgenden Jahren stammen und die im ganzen Reich zutage getreten sind, läßt sich der Beweis dafür erbringen, daß das alte Nominal des Denars notdürftig in dezentralisierter Produktion hergestellt werden mußte. Auch das Scheitern dieses Mittels mußte nur den allgemeinen Trend zur Einforderung von Naturalabgaben bestärken.

Auch bei Caracalla äußerte sich die Megalomanie in riesenhaften Bauprojekten. Im Mittelpunkt stehen die schon von Septimius Severus begonnenen Caracallathermen an der *Via Appia* vor dem Südtor Roms, die erste jener riesigen Thermenanlagen, wie sie für Rom im 3. Jahrhundert n. Chr. üblich werden sollten. In den Provinzen wurde der Straßenbau wie schon unter dem Vater stimuliert, und damit im Zusammenhang mag auch jene große Reichsstraßenkarte dieser Zeit zu sehen sein, das *Itinerarium Provinciarum Antonini Augusti*, das ein Straßennetz von rund 53 000 Meilen enthält und von dem später mehrfach überarbeitete Reste erhalten blieben. Schließlich gehört auch eine neue *forma urbis*, ein auf Marmorplatten am Kapitol eingegrabener Stadtplan, in den Umkreis dieser Neuaufnahme.

In der antiken Überlieferung erscheint verständlicherweise Caracallas

Bruder Geta als sein Opfer, wird Geta sympathisch, aber auch weich geschildert, ganz hingegeben an die Lebensfreude, die Feste und Heiterkeit seines Hofes, einer Suite von Musikern, Akteuren und Artisten. Caracalla dagegen, das Scheusal, die «wüste Karikatur des Vaters», wie Mommsen ihn apostrophierte, war brutal, von unheimlicher Willenskraft und Grausamkeit. Mit seiner hauptsächlich aus Germanen und Skythen formierten Leibwache stand er auf dem Duzfuß, und er imponierte dem einfachen Mann immer wieder durch seine aktive Beteiligung an Schanz- und Pionierarbeiten. Diese Gemeinschaft wurde erhärtet durch reiche Schenkungen, in denen praktisch alles an die Armee verschleudert wurde, was der Vater angesammelt hatte. Denn mit der Solderhöhung von 500 auf 750 Denare für den Legionär ließ es Caracalla nicht genug sein, reiche und häufige Donative an die Truppe kamen hinzu. Allerdings muß man dabei berücksichtigen, daß der Kaufkraftverlust des Geldes hier vieles absorbierte, doch insgesamt ließ Caracalla die Truppe, im Gegensatz etwa zur späteren Regierung Severus Alexanders, an seinem Reichtum in vollem Maße partizipieren. Auch hier ist im Anekdotischen und in angeblichen Aussprüchen wohl die historische Wahrheit verdichtet, wie in dem bei Dio überlieferten Wort des Kaisers: «Kein Mensch außer mir braucht Geld zu haben, und ich brauche es, um es den Soldaten schenken zu können.»

Jagden und Wettrennen galt sein Interesse; für die Künste hatte er kein Organ. Man muß es Caracalla lassen, daß er sein wahres Wesen selten verborgen hat und auch keine Anstalten machte, seine Physiognomie zu beschönigen. So halten denn die Münzen seiner Regierung in aller Schärfe ein animalisches Gesicht fest mit einer stupiden, niederen Stirn und der brutalen Roheit seiner Züge. Bei den Porträts wurden Haarschnitt und Barttracht militärischen Normen angepaßt; Stirnmuskeln und Augenbrauen sind bewußt zusammengezogen und schufen einen von Willensstärke und Wut bebenden, terrorisierenden Ausdruck. Es wurde damit ein Kaiserbild aufgerichtet, das vor allem Furcht erregen sollte und das von einer Aura der Gewalt umgeben war, ein Kaiserbild, das eine Welt von den idealisierenden Stilisierungen der augusteischen und der antoninischen Epoche trennte. Es war gar nicht abzusehen, wie es je gelingen sollte, eine solch monolithische Autokratie zu stürzen.

Und sie wurde in der Tat gestürzt in einem überraschenden Akt der Notwehr. Der Prätorianerpräfekt Caracallas, M. Opellius Macrinus, war lediglich das, was man einen rechtschaffenen Mann nennt. Er stammte aus Caesarea in Mauretanien, war also ein romanisierter Berber, der in einer rein juristischen Zivilkarriere innerhalb des Ritterstandes zu dessen höchster Stufe emporgestiegen war, vielleicht gerade deshalb, weil er niemandem gefährlich erscheinen konnte. Nun wurde damals eine Prophezeiung laut, daß Macrinus Kaiser werden würde. Die Nachricht war bereits ins Hauptquartier gemeldet und nach unserer Überlieferung nur durch einen reinen

Zufall noch nicht dem Kaiser selbst vorgetragen worden. Macrinus hatte deshalb wohl allen Grund, für sich selbst das Schlimmste zu befürchten, und so muß man seine Initiative, Caracalla aus dem Wege räumen zu lassen, eigentlich als einen Akt der Notwehr bezeichnen.

Auf solche Weise war Macrinus, zugleich als erster Ritter und als erster Mauretanier, auf den Thron gekommen. Von den politischen Faktoren des Reichs war die Armee von diesem Ereignis völlig überrascht worden, und trotz aller Anhänglichkeit an Caracalla und an die Dynastie der Severer nahm sie es zunächst hin. Die Reaktion des Offizierskorps war dabei verständlich. Denn hier konnte man über der Kumpanei des Kaisers mit den einfachen Soldaten die Gefahren nicht übersehen, die aus dessen krankhaftem Verhalten und aus seiner Natur über kurz oder lang für das Reich erwachsen mußten. Der römische Senat auf der anderen Seite fand in Macrinus einen wesentlich willigeren Partner, als es Caracalla gewesen war.

Die erste Aufgabe des neuen Kaisers bestand darin, den Partherfeldzug so oder so zu beenden. Nach einer Niederlage bei Nisibis ließ sich Macrinus auf Verhandlungen mit Artabanos V. ein und schloß gegen eine beträchtliche Kriegsentschädigung mit den Parthern Frieden. Die Armee war nicht nur durch dieses ruhmlose Paktieren unzufrieden geworden; sie fürchtete vor allem um ihren hohen Sold, den Macrinus bereits zu kürzen begonnen hatte, wenn auch zunächst nur bei den neueintretenden Mannschaften. Je mehr das Prestige des neuen Herrschers bei den Truppen sank, desto verklärter wurde die Erinnerung an den Glanz der Severerdynastie. Von dieser hatte wohl Iulia Domna inzwischen durch einen freiwilligen Hungertod ihrem Leben selbst ein Ende gesetzt, doch ihre Verwandtschaft griff nun zu, um sich das Erbe zu sichern.

Während Iulia Domna bereits stark romanisiert war, kam durch ihre despotische Schwester Iulia Maesa und deren Nachkommen die Welt ihrer Heimat, die Welt Emesas und seines Sonnengottes nach Rom und gelangte dort zu weltgeschichtlicher Wirkung. Iulia Maesa, die Schwägerin des Septimius Severus, war die treibende Kraft in diesem politischen Prozeß. Zur Zeit von Caracallas Ermordung lebte sie inmitten des Reichtums ihres Hauses wieder in ihrer Heimatstadt Emesa. Die beiden Töchter der Maesa, Iulia Soaemias und Iulia Mamaea, waren mit reichen Syrern verheiratet. Beide hatten je einen Sohn, die beiden späteren Kaiser Elagabal und Severus Alexander, die in Emesa aufwuchsen und die in der Familie praktisch vererbte Priesterwürde des Sonnengottes übernahmen.

Dieser Sonnengott war arabischer Herkunft und trug den Namen Elagabal, Gott des Berges oder Herr der Berge. Sein ursprünglich arabischer Name lautete *ilāh ha ğabal* und wurde bei den römischen Historikern unter mißverstandenem etymologischen Anschluß an Helios zu Heliogábalos. Das lokale Heiligtum dieser Gottheit lag auf dem Burgberg von Emesa, im Südwesten der Stadt. Verehrt wurde dort ein ziemlich großer, konischer, schwarzer Meteorit, dessen Aussehen aus römischen Münzbildern bekannt ist. Nach den arabisch-syrischen Vorstellungen der Region war ein solcher Stein nicht Gott, doch war Gott in ihn eingegangen, und deshalb erhielt er auch die Ehren eines Gottes. Ursprünglich eine rein lokale Gottheit, wurden mit ihr wie mit den meisten semitischen Baal-Gottheiten universalistische Ansprüche verbunden. Und nur durch sie ist der Ablauf der folgenden Jahre verständlich.

Während des Partherfeldzuges war in der Nähe von Emesa bei Raphaneae die 3. gallische Legion stationiert. Die Soldaten dieser Einheit hielten sich häufig in Emesa auf und wurden angeblich besonders von der Schönheit des jungen Elagabal beeindruckt, der dort als Priester fungierte. Sobald Iulia Maesa von der Stimmung der Soldaten gegen Macrinus Kenntnis hatte, half sie deren Sympathien für Elagabal nach. Es wurde das Gerücht verbreitet, daß Elagabal in Wirklichkeit ein Sohn Caracallas sei. Geld zerstreute die letzten Bedenken. Elagabal wurde in das Legionslager gebracht und dort am 16. Mai 218 n. Chr. zum Kaiser ausgerufen.

Macrinus unterschätzte die Tragweite dieser Bewegung zunächst völlig. Sein Prätorianerpräfekt, den er mit der Liquidierung des Aufstandes beauftragt hatte, wurde erschlagen, die Truppen liefen über. Der Name der alten Dynastie war das Fanal der Aufständischen. Man kann dessen Bedeutung daran ermessen, daß Macrinus ihm selbst gehuldigt hatte, indem er seinem neun Jahre alten Sohn Diadumenianus, den er zum Caesar hatte ausrufen lassen, den Beinamen Antoninus gab. Daneben hatte er bis in die Barttracht und in die Einzelheiten seines Auftretens M. Aurel imitiert, der inzwischen bereits zum verklärten Idol geworden war. Doch das Experiment scheiterte, die unmittelbaren severischen Traditionen erwiesen sich als stärker.

Die Aufständischen setzten alles auf eine Karte und rückten gegen Antiochia vor. 22 km vor der Stadt, bei Immae, kam es zur Schlacht. Zunächst behauptete sich die lustlos kämpfende Armee des Macrinus, ja die Prätorianer warfen die Truppen Elagabals zurück. Da stürzten Iulia Maesa und Iulia Soaemias den zurückweichenden Reihen ihrer Anhänger entgegen und stellten die Ordnung der Verbände wieder her. Macrinus gab auf und floh. Er wurde wenig später ergriffen und erschlagen, sein Sohn ebenfalls.

Damit war für Elagabal der Weg nach Rom frei. Der Winter des Jahres 218 n. Chr. wurde noch in Bithynien verbracht, wo sich schon damals der intolerante Geist des fanatischen Herrschers enthüllte. Als ihm sein Erzieher Gannys, der ihm mit zum Thron verholfen hatte, zur Mäßigung seines provozierenden Verhaltens riet, bezahlte er das mit dem Tode. Nach einer gemächlichen Prozession durch die Donauprovinzen zog der Kaiser schließlich im Spätsommer 219 n. Chr. in Rom ein. Der große konische Meteorstein aus Emesa begleitete den neuen Herrscher, oder besser umgekehrt, der Kaiser begleitete seinen Gott. Denn nur von dieser orientalischen Gottheit her lassen sich die eigentümlichen Vorstellungen begreifen, in welchen Elagabal aufging. In erster Linie verstand sich der Kaiser als Priester und als

Organ seines Gottes. In seiner offiziellen Titulatur rückte das *sacerdos amplissimus dei invicti Solis Elagabali* noch vor das traditionelle römische Element des *pontifex maximus*. Auch in den Legenden der Reichsprägung wurde Elagabal als *invictus* oder *summus sacerdos* und als *sacerdos dei solis Elagabali* apostrophiert.

Wenn der Stein, also der Baal oder Elagabal, auf einem von sechs Schimmeln gezogenen Wagen zu seinen Heiligtümern gefahren wurde, schritt der Kaiser dem Gefährt voraus, aber er ging auf dem mit Goldstaub bestreuten Weg rückwärts, um seinen Gott nie aus den Augen zu lassen, während die Leibwache ihm den Weg bahnte und sicherte. Bald erhob sich auf dem Palatin in der Nähe des Kaiserpalastes ein Heiligtum für die neue Gottheit, die nun im Rahmen eines *hieros gamos* mit Minerva und der Himmelsgöttin von Karthago feierlich vermählt wurde. Das Heiligtum des Baal von Emesa wurde zum neuen lebendigen Mittelpunkt staatlicher Götterverehrung in Rom. Der Stein der *Magna Mater,* die Gallierschilde und das Feuer der Vesta, das troische Palladion als Wahrzeichen und Unterpfand der Herrschaft Roms, die heiligsten Symbole der römischen Religion, wurden in seine Räume überführt.

Mit Gesängen und Tänzen, unter riesigen Opfern verehrte der Kaiser seinen Gott, den heimischen Sitten durchaus gemäß, für Rom undenkbar. Während er, enthusiasmiert durch den Gesang syrischer Frauen, zum Rhythmus der Pauken und Zymbeln um den Altar tanzte, assistierten ihm die obersten Beamten in den weißen Leinengewändern syrischer Tracht, waren Senatoren und Ritter zugegen. Und sie sahen einen römischen Kaiser, der in chinesische Seide gekleidet und geschminkt, mit Halsketten behängt war oder aber ganz im orientalischen Stile purpurne und goldene Gewänder, für Rom fremdartige lange Hosen und ein reiches Diadem trug. Dazu nahm sich der bei seiner Erhebung vierzehnjährige Herrscher nahezu jedes Jahr eine andere Frau, auf die vornehme Römerin Iulia Paula folgte vielleicht auf Grund religiöser Motive die Vestalin Aquilia Severa, auf diese Annia Fausta, auf sie wiederum die ehemalige Vestalin. Im Volk erzählte man sich zudem von Kinderopfern, von sakraler Prostitution des Kaisers, mit einem Wort, es gab nichts, was man Elagabal nicht zugetraut hätte.

Es versteht sich von selbst, daß nicht sehr viel Zeit für Regierungsgeschäfte blieb. Auch hierin gleicht dieses Regiment wie in so vielen seiner Verirrungen der Herrschaft des Commodus. Die höchsten Stellen der Staatsverwaltung besetzte auch dieser Kaiser mit seinen Kreaturen; ein Tänzer wurde Prätorianerpräfekt, ein Friseur Präfekt der Getreideversorgung. Beide Ressorts mußten vom Nachfolger von Grund auf reorganisiert werden.

Im Hintergrund stand Iulia Maesa, die Großmutter Elagabals. Sie war klug genug, um vorauszusehen, daß eine solche Brüskierung der römischen Traditionen und der öffentlichen Meinung nicht ungestraft bleiben würde. Um ihrer Familie die Herrschaft zu erhalten, beeilte sie sich, ihren anderen

Enkel, den Sohn der Iulia Mamaea, vorzuschieben. Sie überredete deshalb Elagabal dazu, seinen Vetter zum Caesar zu erheben. Das geschah wie üblich im Wege der Adoption, und der Caesar nahm den Namen Severus Alexander an. Er war nur vier Jahre jünger als Elagabal. Die Einigkeit der Familie hatte unter diesen Umständen nicht lange Bestand. Elagabal versuchte zwar den Caesar wieder abzusetzen und ihn beseitigen zu lassen, aber die Soldaten versagten ihm den Gehorsam. Im Frühjahr 222 n. Chr. kam es zur Katastrophe. Auch diesmal stand Iulia Soaemias an der Seite des Sohnes. Aber da auch sie sich durch ihre Zügellosigkeit verhaßt gemacht hatte, konnte sie jetzt das Blatt nicht mehr wenden. Die Lage war entschieden, als sich die römische Garnison von Soaemias und ihrem Sohn abwandte und als auch ein letzter nächtlicher Appell an die Prätorianer nichts fruchtete. Mutter und Sohn wurden zusammen erschlagen.

Franz Cumont hat zu diesem Principat einmal bemerkt, daß sich hier das Kaisertum für einen Augenblick in ein Kalifat zu verwandeln schien. Religionsgeschichtlich gesehen, war für den Augenblick das Unterfangen des Kaisers Elagabal gescheitert, der Stein wurde nach Emesa zurückgeschafft, die Heiligtümer umgewandelt. Doch schon in Heliodors Roman «Aithiopika» wurde dann ein von den lokalen Traditionen geläuterter Sonnengott propagiert, und in anderer Form sollte Sol ein halbes Jahrhundert später unter Aurelian als Reichsgottheit wiederkehren.

Mit der Ermordung von Elagabal und Iulia Soaemias war die Epoche des severischen Hauses oder der syrischen Kaiserinnen indessen noch nicht zu Ende. Für Iulia Mamaea, die Mutter Severus Alexanders, die nun in den Vordergrund trat, mußten das Schicksal ihrer Schwester und ihres Neffen eine Lehre sein. Zunächst ließ die Mutter des Kaisers Severus Alexander ganz in griechisch-römischem Sinne erziehen. Nicht nur während seiner Jugendjahre, sondern auch noch späterhin blieb Mamaea die Regentin. Wie sich die beiden Frauen Soaemias und Mamaea in ihrem Wesen unterschieden, so unterschieden sich die beiden Regierungen. War es dort ein Regiment des unbekümmerten Gewährenlassens, so folgte jetzt unter Mamaea und Alexander eine Zeit bedachtsamer Zurückhaltung. So gut sie konnte, paßte sich Mamaea an, und den guten Willen und gute Absichten kann man ihrer Leitung auch nicht absprechen. Mamaeas Aufgabe wurde dabei zweifellos durch die weiche, häufig kränkelnde Natur ihres Sohnes begünstigt, der in erster Linie durch Nachgiebigkeit, Milde und Gelassenheit für sich einnehmen wollte. Geistig stark interessiert, von angenehmem Wesen, frühreif und hochgebildet, war Severus Alexander eine mehr reflektierende als aktive Natur. Wegen seiner Ergebenheit gegenüber seiner Mutter gelangte er im Grunde niemals zur völligen Unabhängigkeit. Vor allem aber war Severus Alexander ein Mensch, dem gerade jene Eigenschaften und Qualifikationen fehlten, auf die es während seiner Regierungszeit ankam: Härte und Durchsetzungsvermögen. Bei den *Scriptores Historiae Augustae* ist seine Vita vielleicht deswegen so stark idealisierend abgefaßt worden, weil man in ihm Julian Apostata spiegeln wollte. Und auch die Nachwelt hat diesem jungen Mann ihr Mitleid nicht versagt. So ist seine Regierung bei Gibbon sehr positiv und optimistisch gezeichnet; Jacob Burckhardt nannte ihn gar «einen wahren Sankt Ludwig des Altertums».

In der ersten Phase der Regierung war neben Mamaea der Jurist Ulpian die wichtigste Persönlichkeit des neuen Regimes. Noch im Jahre 222 n. Chr. wurde er zum Prätorianerpräfekten ernannt. Aber die Aufgabe, die arrogante illyrische Garde, die Severus Alexander zum Thron verholfen hatte, in Schach zu halten und gleichzeitig die Legalität zu stabilisieren, konnte auch er nicht erfüllen. Formell regierte für den noch unmündigen Kaiser zunächst ein Regentschaftsrat, dem 16 ausgewählte Senatoren angehörten. Ihm zur Seite stand mit primär beratender Funktion der erweiterte Staatsrat, das *consilium principis,* das 20 Fachjuristen ritterlichen Standes und 70 Senatoren umfaßte. Man hat gerade diese Maßnahmen im Zusammenhang mit angeblichen restaurativen Tendenzen gegenüber dem Senat interpretiert, doch geht eine solche Deutung zu weit. An eine durchgreifende Erneuerung des früheren senatorischen Einflusses war nicht mehr zu denken.

Die starke juristische Komponente der Reichsverwaltung wurde schon erwähnt. Zwei damals formulierte Rechtsgrundsätze sind dabei von besonderer Bedeutung. So hat Ulpian den in den «Digesten» erhaltenen Grundsatz des *princeps legibus solutus est,* welcher dann vor allem für die Epoche des europäischen Absolutismus in so weitem Umfange grundlegend werden sollte, ausgesprochen (1,3,31), allerdings, und das ist entscheidend, nicht als generelles Prinzip, sondern in sehr speziellem konkretem Zusammenhang mit der *lex Iulia et Papia,* einem der augusteischen Ehegesetze. Daß die Rechtsauffassung des Kaisertums in Wirklichkeit eine ganz andere war, ergibt sich aus dem folgenden, gleichfalls zeitgenössischen Leitsatz des *Codex Iustinianus:* «Denn wenn auch die *lex imperii* den Kaiser von den formellen Rechten entbunden hat, so ist doch für das Kaisertum nichts so eigentümlich, als nach den Gesetzen zu leben» (6,23,3).

Die Angehörigen einer breiten Bürokratie und die Repräsentanten der römischen Jurisprudenz waren so zweifellos bemüht, die Kompetenzen und Interessen der kaiserlichen Verwaltung zu wahren. Die aufgeklärten und auch sozialen Züge der Regierung sind evident. So wurden etwa mit den Institutionen der *pueri Mamaeani* und der *puellae Mamaeanae* die Alimentarstiftungen wiederbelebt. Große Bauvorhaben sind in Angriff genommen worden: Auf dem Marsfeld erweiterte man die Bäder Neros zu den *Thermae Alexandrianae,* die Caracallathermen wurden ergänzt, das *Amphitheatrum Flavium* erneuert, allesamt Maßnahmen, die dem römischen Volk zugute kamen. Aber auch in den Provinzen entstanden zahlreiche Profan- und Straßenbauten. Dort ist auch die schon severische Tendenz zur Befestigung der Grenzsiedlungen fortgeführt worden.

Doch trotz solcher positiver Ansätze und nicht geringer Leistungen gelang es nicht, die innere Ordnung zu festigen. In Rom herrschte zum Beispiel drei Tage lang völlige Anarchie. Prätorianer und römische *plebs* schlugen sich in den Straßen, und die Truppen drohten die ganze Stadt in Brand zu stecken. Wenn es noch eines Beweises bedurft hätte, um zu zeigen, daß die Garde jeder Kontrolle entglitten war, zeigte dies Ulpians Ermordung, wohl im Jahre 228 n. Chr. Er wurde im kaiserlichen Palast niedergehauen, und nicht einmal der Kaiser selbst war in der Lage, ihn zu schützen.

Hier endete auch Mamaeas Einfluß, so unbegrenzt er sonst war. Im Jahre 225 n. Chr. hatte man den jungen Severus Alexander mit Orbiana, einer Römerin aus senatorischer Familie, verheiratet. Doch Mamaea duldete keine Schmälerung ihrer Position. Der Schwiegervater des Kaisers, der vorübergehend zum Caesar erhoben worden war, wurde beseitigt, die junge Kaiserin nach Afrika ins Exil geschickt. Die Titulatur der Kaisermutter aber schwoll in dieser Zeit immer mehr an: Am Ende lautete sie: *mater Augusti et castrorum et senatus atque patriae et universi generis humani*.

Vergebens berief sich Severus Alexander immer wieder auf das wahre, legitime Erbe der severischen Dynastie, klammerte er Elagabal aus, doch er konnte nur von einer Krise zur andern lavieren. Wo sich ihm treue und energische Helfer anboten, wie in dem Konsular und Historiker Cassius Dio, der sich als Statthalter glänzend bewährt und die Disziplin wiederhergestellt hatte, da vermied der Kaiser alle Reibungen und beugte sich der Stimmung der Garde. Er riet seinem Kollegen im Konsulat, Rom zu verlassen. Auf solche Weise war schließlich die letzte Katastrophe unausbleiblich.

Es war das große Glück dieser Regierung, daß sie anfangs nicht von äußeren Gefahren nennenswerten Umfanges belastet wurde. Seit den dreißiger Jahren änderte sich dies jedoch grundlegend. Und gerade in einem Augenblick, da der Spitze des Reichs jede echte militärische Autorität fehlte, da man nur noch von einem Kompromiß zum andern flüchtete, traten fast gleichzeitig zwei der großen neuen Gegner zum Angriff an, die Perser und die Alamannen. Es war das Programm des neuen persischen Herrscherhauses der Sassaniden, den Strymon in Thrakien wieder zur Grenze des persischen Reiches zu machen, und mit kaum vorstellbarer Tatkraft und Schnelligkeit ging Ardaschir, der erste sassanidische Herrscher, an die Verwirklichung dieses Ziels. 230 n. Chr. fiel er auf breiter Front in Mesopotamien ein, die römische Ostarmee wurde völlig überrumpelt, Nisibis eingeschlossen und belagert, und noch im gleichen Jahr durchstreifte die persische Reiterei, wie stets die Hauptwaffe an dieser Front, Kappadokien.

Severus Alexander mußte erst umständliche Vorbereitungen treffen. Er übernahm selbst den Oberbefehl an der Ostfront des Reichs und versuchte zunächst durch Verhandlungen Zeit zu gewinnen. Gleichzeitig wurden in Italien und in den Provinzen Verstärkungen ausgehoben, *vexillationes*,

Kampfgruppen, von allen verfügbaren Legionen in Marsch gesetzt, vor allem jedoch auch von der Donau aus starke illyrische Verbände in den Osten entsandt. Die Münzlegenden, die nun die *fides exercitus* und die *fides militum* beschwören, müssen als erste Alarmzeichen gelten. Denn jetzt, in dieser Stunde der Gefahr, enthüllte sich die Verfassung jener Armee in ihrer ganzen Erbärmlichkeit. Die mesopotamischen Legionen erschlugen ihren Statthalter, ägyptische Abteilungen meuterten, in Edessa erhob sich der Usurpator Uranius Antoninus. Mühsam wurde man dieser Situation Herr.

Severus Alexander selbst hielt sich seit 231 n. Chr. in Antiochia auf. Erst im Frühjahr 232 n. Chr. trat das römische Heer schließlich zum Gegenangriff an. Von den drei römischen Heeresgruppen ging die nördlichste durch Armenien vor, die mittlere mit dem Kaiser selbst wandte sich von Nordmesopotamien aus nach Osten, die südlichste folgte ungefähr dem Euphrat. Und auf diese südlichste warf sich Ardaschir mit all seiner Macht und schlug sie vernichtend. Auf die Nachricht von dieser Katastrophe hin befahl der Kaiser auch für die beiden anderen Heeresteile den Rückzug. Einen Rückzug, der nun auch für diese Truppen große Strapazen und Verluste brachte, obwohl Ardaschir nicht in der Lage war, seinen Erfolg auszunützen. Er leitete im Gegenteil in den nächsten vier Jahren keine neue Offensive ein.

Doch auch Severus Alexander war nicht mehr in der Lage, den Kampf noch einmal aufzunehmen. Nachrichten von germanischen Einfällen an der Rhein- und Donaufront hatten zur Folge, daß die von dort abgezogenen Abteilungen zurückdrängten und dem Kaiser Vorwürfe über die Schwächung der Grenze machten, an welcher sie selbst durch ihren Besitz interessiert waren. Der persische Feldzug wurde abgebrochen, der Kaiser begab sich zunächst nach Rom, um dort mit allem Prunk einen Triumph als *Parthicus maximus* und *Persicus maximus* zu feiern. Gleichzeitig wurde am Oberrhein ein starkes Heer konzentriert. Auch diesmal sollten Verhandlungen und vor allem Tribute eine militärische Auseinandersetzung erübrigen. Als dies jedoch bekannt wurde, meuterten die Truppen. Der unsoldatische Kaiser war ihnen inzwischen ebenso verhaßt wie die knauserige Mamaea, die Reichtum und Schätze angehäuft hatte, ohne sie an das verwöhnte Heer auszuwerfen, die im Gegenteil bereit schien, jetzt eher die Barbaren als die Armee zu bezahlen. Im März 235 n. Chr. wurden Mamaea und Severus Alexander in der Nähe von Bretzenheim bei Mainz erschlagen. Die aufständischen Truppen, in erster Linie Rekruteneinheiten aus Pannonien, riefen den Mann zum Kaiser aus, der wohl die Seele dieser Meuterei war, den sechzigjährigen Maximinus Thrax, einen halbbarbarischen Thraker, nach der «*Historia Augusta*» Sohn einer Alanin und eines Goten.

Damit war die Dynastie der Severer untergegangen. In der Rückschau erscheinen die vier Jahrzehnte ihrer Herrschaft trotz der Exzesse Caracallas und Elagabals vor dem Hintergrund des auf sie folgenden halben Jahrhunderts voll äußerer Katastrophen und innerer Wirren als ein letzter großer

Konsolidierungsversuch. Doch ihren Charakteren wie ihrer Herkunft nach waren die Angehörigen dieser Dynastie nicht in der Lage, den neuen politischen Herrn des Reiches, das Heer, in den Relikten des alten Staates einzuklammern. Hinter diesem Versagen treten alle Leistungen des Hauses zurück, seine Fürsorge für die östlichen und afrikanischen Provinzen ebenso wie seine Bauten, seine Gesetze wie seine Eingriffe in Gesellschaft und Staatsverwaltung. Dabei entbehrt die Gesamtentwicklung nicht ihrer Folgerichtigkeit, nämlich daß die Dynastie, die sich in die Abhängigkeit der Armee begeben hatte, wie noch nie zuvor eine andere, gerade an dieser Abhängigkeit zugrundeging.

Zur Eigenart dieser Dynastie zählt weiter die Tatsache, daß in ihr die Frauen völlig neue Rollen übernommen hatten. Funktionen wie Stellung der «syrischen Kaiserinnen» werden vor allem aus einem Rückblick deutlich: So groß der Einfluß Livias unter Augustus war, es ist bezeichnend, daß sie primär im Hintergrund wirkte, erst nach dem Tode ihres Mannes zur «Augusta» erhoben wurde und daß eine Ehrung als *mater patriae* in der Entstehungsphase des Principats undenkbar schien. Gewiß gab es schon im iulisch-claudischen Haus Frauen, die sich weit exponierten, wie die beiden Agrippinen, doch führte ein solches Verhalten sogleich zu den stärksten Spannungen und wurde weithin abgelehnt.

Im Falle der Flavier betonte Vespasian von Anfang an den Anspruch und die Geschlossenheit des neuen Hauses. Die Stellung der Frauen der *principes* blieb indessen völlig untergeordnet, Titus' Zurückhaltung vor einer dauernden Bindung an Berenike zeigt im Gegenteil, wie stark die traditionellen Normen noch immer waren. Die flavische Dynastie blieb so eine nahezu ausschließlich männliche Institution. Zur Zeit der Adoptivkaiser nahmen dann zwar die äußeren Ehrungen der Frauen der *principes* erheblich zu, deren Wirken spielte sich dagegen erneut überwiegend im Hintergrund ab, wobei es freilich gelegentlich, wie etwa bei der Adoption Hadrians, sehr folgenschwer wurde.

Unter den Severern fielen dagegen alle bisherigen Schranken, das ganz offene und direkte politische Engagement dominierender Frauen wurde zur Regel. Die Dynastie konnte sich im Gegenteil wiederholt nur durch deren außerordentliche Aktivität behaupten. In der zweiten und dritten Generation des severischen Hauses sind die Katastrophen dann gewiß nicht infolge eines unzulänglichen Einsatzes der Frauen eingetreten, sondern auf Grund der fehlenden Eignung der männlichen Angehörigen der Dynastie. Es ist dabei alles andere als ein Zufall, daß die Wiedergewinnung der Macht der Severer dank weiblicher Initiativen auf dem orientalischen Schauplatz gelang, während diese dann endgültig im Westen des Imperiums an den ersten Soldatenkaiser im engeren Sinne verloren wurde.

Bei all dem waren gerade die aus dem Orient stammenden Frauengestalten des severischen Hauses besonders leicht zu diffamieren. In der Antike wie in der Neuzeit sind sie häufig genug als zügellose, macht- und habgierige orientalische Naturen verzeichnet und dämonisiert worden. Erst in der Gegenwart beginnt sich hier eine nüchterne und unvoreingenommene Betrachtungsweise durchzusetzen, die gerade die weiblichen Angehörigen des severischen Hauses primär aus deren eigenen sozialen wie religiösen Traditionen zu verstehen sucht.

In den Severern hatte sich so noch einmal eine Dynastie als Garantin der Herrschaftskontinuität erwiesen und dies sogleich auch in aller Offenheit propagiert. Nach den Vorgängen im iulisch-claudischen, flavischen und antoninischen Haus waren auch bei ihr die ineinander verwobenen Vorzüge und Nachteile der Herrschaft einer Familie zutage getreten. Und doch rissen auch unter den rasch wechselnden Nachfolgern der Severer, unter den Soldatenkaisern, die Versuche nicht ab, neue Dynastien zu bilden und an der Macht zu halten. Langfristig ist dies freilich erst wieder Konstantin gelungen, nachdem zuvor das abstrakte Modell der Tetrarchie Diokletians ebenso scheiterte wie im 2. Jahrhundert n. Chr. jenes des Adoptivkaisertums. Auf die Dauer kam die politische Formation des *Imperium Romanum* nicht mehr ohne die Pfeiler der Dynastien aus.

Die Umwelt des Römischen Reiches im 3. Jahrhundert n. Chr.

Entstehung und Struktur des Sassanidischen Staates

Den sich unter den Severern abzeichnenden Strukturveränderungen im Innern des Imperiums entsprach im Äußeren eine nicht minder folgenschwere neue Konstellation. Hatten bisher im großen und ganzen römische Offensiven und römische Expansion die Entwicklung bestimmt, so stand das Reich im 3. Jahrhundert n. Chr. an allen Grenzen in der Defensive. Sowohl in Mitteleuropa als auch im Nahen Osten traten an die Stelle der alten Gegner neue, dynamischere Kräfte. An Rhein und Donau erwuchsen in den Stammesverbänden der Franken, Alamannen, Vandalen, Goten und Hermunduren – um nur die wichtigsten zu nennen –, nicht romanisierte Nachbarn. Fast gleichzeitig erhob sich im Osten an der Stelle des stark hellenistisch überformten Partherreiches jenes der Sassaniden, das heißt ein Reich, das sich von allem Anfang an zum Erbe der Achämeniden bekannte und das fortan immer wieder die gepanzerten Keile seiner Kataphraktenreiterei in den römischen Osten vorantrieb.

Das Haus der Achämeniden hatte sich einst aus der Landschaft *Persis*, dem Teil des südiranischen Randgebirges um das moderne Shiraz, erhoben und

50 Triumph Schapurs I., Naqsch-i-Rustam

jenes große Weltreich geschaffen, dessen Expansionsphase mit den Namen des Kyros, Kambyses und Dareios verbunden ist. Im Alexanderzug war dieses Reich untergegangen; hellenistische Königreiche traten an seine Stelle. In diese Neuordnung der alten persischen Sphäre aber waren dann seit etwa 250 v. Chr. unter der Führung des Geschlechts der Arsakiden von Nordosten her die Parther eingedrungen, ursprünglich ein halbnomadisches Reitervolk. In unablässiger Expansion konnten auch sie ein neues Großreich bilden, das auf Grund seiner sehr lockeren feudalen Struktur und seiner kulturellen wie religiösen Toleranz, nicht zuletzt aber infolge seiner chronischen inneren Auseinandersetzungen und der wiederholten militärischen Rückschläge im 3. Jahrhundert n. Chr. die ursprüngliche Stabilität verlor.

Der Niedergang der Arsakiden löste im Raum der *Persis* politische und religiöse Reaktionen größter Tragweite aus, die durch das Haus der Sassaniden repräsentiert wurden. Dieses Haus leitet sich von Sasan ab, der am Anfang des 3. Jahrhunderts n. Chr. in Stakhr, einer Kleinstadt westlich von Persepolis, als Oberpriester eines Anahitatempels wirkte. Von priesterlichen Stadtkönigen wurde dort seit alters her der Kult Ahuramazdas in der Tradition Zarathustras gepflegt, in einer Form, für die vor allem die Feueraltäre charakteristisch waren. Nachdem sich bereits Papak, der Sohn Sasans, eines unabhängigen Fürstentums in jener Gegend bemächtigt hatte, setzte Sasans Enkel Ardaschir die Machtbildung der neuen Dynastie zielstrebig fort. Am 28. 4. 224 n. Chr. wurde der Arsakide Artabanos V. auf der Ebene von Hormizdaghan vernichtend geschlagen und angeblich von Ardaschir selbst getötet; schon zwei Jahre später ließ sich dieser zum König krönen.

Nach allen Himmelsrichtungen dehnte Ardaschir seine Macht nun weiter aus, im Westen bis nach Armenien und Azerbeidschan, im Osten schließlich bis nach Baktrien. Rund fünfeinhalb Jahrhunderte nach dem Fall der Achämeniden hatten iranische Kräfte damit wieder die Herrschaft über den Raum des alten Großreichs an sich gerissen, und bis zum Sieg des Islam im Jahre 642 n. Chr. sollte dieses neupersische oder sassanidische Reich Bestand haben. Durch achämenidische Traditionen wurde dieses Reich dabei ebenso geprägt wie durch die Wiederbelebung der altiranischen Religion, in der ersten Phase seiner Geschichte jedoch vor allem geformt durch eine ganz außerordentliche Dynamik.

Die Sassaniden konnten ihre überraschenden militärischen Erfolge in denkbar weitesten Radien nur deshalb erzielen, weil es ihnen gelungen war, die traditionelle parthische Waffengattung der Panzerreiterei für sich zu mobilisieren und zu neuen Vorstößen zu beflügeln. Die vermutlich bei den Reitervölkern Mittelasiens entstandene Panzerreiterei hatten die Parther in vielfacher Weise weiterentwickelt. Sie setzten Kataphrakten ein, bei welchen nur die Reiter gepanzert waren, aber auch Klibanarier, bei welchen Roß und Reiter durch Panzerung geschützt wurden. Die Einzelheiten der Bewaffnung und Ausrüstung dieser Truppen sind im übrigen nicht nur aus sassanidischen Felsreliefs, Graffitti und archäologischen Funden bekannt, sondern auch aus der genauen Beschreibung, die Heliodor in seinem Roman «*Aithiopiká*» vor der Mitte des 3. Jahrhunderts n. Chr. gab.

Nach einer exakten Schilderung der Plättchen- oder Lamellenpanzer schrieb Heliodor dort: «So gepanzert und gleichsam eingeschachtelt, besteigt der Reiter das Pferd. Er springt nicht selbst auf, sondern muß wegen seiner Belastung von anderen hinaufgehoben werden. Kommt es zum Kampfe, läßt er dem Pferde die Zügel frei, gibt ihm die Sporen und braust wie ein Mann aus Eisen oder eine lebende eherne Statue klirrend gegen den Feind. Die Lanze ragt, waagerecht eingelegt, mit ihrer Spitze weit voraus und wird von einer Schlaufe am Pferdehals gehalten. Das Schaftende hängt in einer Schlinge am Schenkel des Pferdes und gibt dadurch beim Anprall nicht nach, sondern unterstützt die Hand des Reiters, der den Stoß nur zu lenken braucht. Wenn er sich in die Lanze legt und mit der ganzen Wucht seines Ansturms einstemmt, durchbohrt er alles, was ihm in den Weg kommt, und hebt mit einem Stoß bisweilen zwei Leute empor» (IX,15 - Übersetzung von R. Reymer).

Bildete eine schwere Kavallerie dieser Art den Kern des sassanidischen Heeres, so standen daneben nicht weniger gefürchtete leichte Reiterverbände, deren tiefe Vorstöße jeden Gegner irritierten und eine geschlossene Verteidigung der Grenzzonen des Imperiums verhinderten. Koordiniert mit diesen Verbänden leichter und schwerer Kavallerie waren Einheiten von Bogenschützen, unter deren Pfeilhagel die römischen Legionen und Auxiliarformationen stets besonders litten. Obwohl nun auch auf römischer Seite seit dem 2. Jahrhundert n. Chr. damit begonnen wurde, in wachsender Zahl Einheiten von orientalischen Bogenschützen und Panzerreitern in Dienst zu nehmen, blieben die Sassaniden in diesen Waffengattungen stets überlegen. Daran änderte auch die Tatsache nichts, daß die römischen Befehlshaber nordafrikanische Reiterverbände mit Wurfspeeren einsetzten und daß schließlich in der zweiten Hälfte des 3. Jahrhunderts n. Chr. bei Mailand ein starkes Kavalleriekorps als mobile Eingreifreserve stationiert wurde.

In Ardaschir I. (224-241 n. Chr.) und in Schapur I. (241-272 n. Chr.) verfügte das sassanidische Heer über mitreißende Herrscherpersönlichkeiten, die an allen entscheidenden Kämpfen teilnahmen. Allein zur wichtigsten Triebkraft wurde auf der Seite der Sassaniden die neubelebte zoroastrische Religion. Offensichtlich ließ schon Ardaschir das «*Avesta*», die in 16 prophetischen Hymnen, den «*Gathas*», überlieferte Offenbarung des Gottes Ahuramazda an Zarathustra, neu kodifizieren und verbreiten. Als äußerliches Zeichen der religiösen Aktivitäten galt die Verbreitung der Feueraltäre, die zugleich auf den Rückseiten der sassanidischen Münzen abgebildet wurden.

Die im Jahre 1939 an der Kaba-i Zerduscht bei Persepolis entdeckte Inschrift des Hohenpriesters Karder, der in der zweiten Hälfte des 3. Jahrhunderts n. Chr. vom einfachen Priesterlehrer zum Mobadan-Mobad, zum Obermagier, aufgestiegen war, dokumentiert nicht nur die Erfolge dieses Mannes, sondern zugleich auch die Stärke der religiösen Impulse: «Durch mich ist die zoroastrische Religion gefestigt worden, und die weisen Männer wurden erhoben in Würde und Macht im Reiche. Die Häretiker und die Zögernden unter den Magiern, die nicht den Vorschriften folgten, wurden von mir bestraft; sie bekehrten sich und wurden wieder eingesetzt. Durch mich wurden zahlreiche heilige Feuer begründet und Magier für ihre Wartung eingesetzt, und dieses erfolgte auf das Geheiß der Götter, des Königs und meiner selbst» (Übersetzung von H. H. von der Osten).

Konsequent und rigoros sicherten die Sassaniden die Ausbreitung des von ihnen neu entfachten Glaubens. Mit der Toleranz der Arsakiden war es zu Ende; Christen, Juden, Manichäer, Brahmanen, buddhistische Mönche wurden verfolgt. Die Verbindung zwischen Religion und Politik wurde immer enger.

Die Wiederbelebung der altpersischen Religion und die bewußte Aufnahme der Traditionen der Achämeniden spiegeln sich auch in der sassanidischen Kunst jener Epoche. Auch in ihr läßt sich der Anschluß an die altpersischen Formen und Vorstellungen aufzeigen. In den großen Felsreliefs gilt dies schon für die Themenwahl, die Darstellung von Huldigungen, Triumphen und Opferszenen, nicht weniger jedoch für die Darstellungsmittel. Die neuen imperialen Zielsetzungen sind in ihnen ebenso zu greifen wie das Selbstverständnis und die religiösen Überzeugungen der neuen Dynastie.

So wurde die Inthronisation Ardaschirs auf zwei monumentalen Felsreliefs dargestellt. Dasjenige von Naqsch-i Rustam bei Persepolis, bei der berühmten Grabstätte der Achämeniden, stellt Ahuramazda zu Pferde dar in jenem Augenblick, als er dem gleichfalls zu Pferde sitzenden Ardaschir den Ring der Herrschaft übergibt. Das Relief von Firuzabad bildet dagegen vor allem den geschlagenen Artabanos V. ab, den es auf eine Stufe mit Ahriman, dem Opponenten Ahuramazdas, stellt. Die religiöse Legitimation der Herrschaft Ardaschirs wurde so sehr eindrucksvoll vor Augen geführt.

Ähnliches gilt für die Städtepolitik der Sassaniden. Hier begnügte man sich nicht mit bloßen Umbenennungen, wie bei Gor in der Nähe von Persepolis, das damals in Ardasher-Kvarreh (Ardaschirs Ruhm) umbenannt wurde, sondern vor allem in den Grenzgebieten kam es zu einer großen Zahl von Neugründungen. Im 3. Jahrhundert kam es dabei zu Zwangsansiedlungen römischer Kriegsgefangener Seite an Seite mit Dienstverpflichtungen indischer Ärzte. Das wohl bekannteste Beispiel dieser Konzeptionen bildet Eiwan-i Kercha, das von Schapur II. an der Stelle des zerstörten Susa errichtet wurde. Diese neue Stadt war ein einziger befestigter Rahmen für eine starke Garnison, königliche Manufakturen und auch für römische Gefangene. Begleitet wurde diese Siedlungspolitik durch intensive Bodenkultivierung und den damit verbundenen Ausbau von Bewässerungsanlagen.

Während die bisher genannten Elemente der neuen politischen Formation eindeutig bezeugt sind, gelang es bisher nicht, die inneren Strukturen des neuen sassanidischen Reiches schlüssig zu ermitteln. Der stürmische Prozeß der Machtbildung nötigte zunächst dazu, in weitem Umfang die bestehenden administrativen Zellen beizubehalten, vorausgesetzt, daß sich die jeweiligen aristokratischen Machthaber dem neuen System unterwarfen. Generell war es stets verführerisch, Kategorien des europäischen Feudalismus, speziell auch des mittelalterlichen Ritter- und Lehenswesens, auf die Welt der Sassaniden zu übertragen. Indessen ist es höchst unwahrscheinlich, daß die zugrundeliegenden ethischen und rechtlichen Normen identisch sind.

Zumindest in der Anfangsphase handelte es sich bei dieser neuen Machtbildung um eine überwiegend personal fixierte Herrschaft, die zwar gegenüber den letzten arsakidischen Großkönigen einen wesentlich stärker zentralistisch akzentuierten Kern besaß, auf der Ebene der Satrapien wie der größeren und kleineren Verwaltungsbezirke dagegen allenfalls einen Wechsel der leitenden Personen nach sich zog. Gerade für die bewegten Jahrzehnte des 3. Jahrhunderts n. Chr. mit ihren oft abrupten Wechseln der Kriegsschauplätze und der großen Offensiven, reichen die bisher bekannten historischen Quellen nicht aus, als daß sich konkrete Einzelheiten der Verwaltung und der Reichsorganisation zu einem gesicherten Gesamtbild verbinden ließen.

Ähnliche Vorbehalte gelten gegenüber allen Versuchen, die Gesellschaftsstruktur des sassanidischen Reiches als Einheit zu erfassen. Die herkömmlichen Modelle, die dabei meist von der Einteilung in Stände ausgehen, etwa einen Stand der Priester von demjenigen der Krieger, dem der Beamten und schließlich jenem des Volkes, der Bauern und der Handwerker, unterscheiden, sind deswegen so unbefriedigend, weil sie die erheblichen regionalen Unterschiede nicht hinreichend berücksichtigen können.

Dasselbe gilt für die Konstruktion einer Gesellschaftspyramide, welche neben den ständischen Kategorien auch funktionale Gesichtspunkte beachten möchte. Dabei steht selbstverständlich die breite Basis des weitaus größten Teiles der Bevölkerung fest. Zu ihr wird hier die Vielzahl der freien Kleinbauern, der Hirten, Handwerker, Kaufleute und Kleinbürger gerechnet. Es folgt dann die wesentlich kleinere Schicht «freier Männer», der kleinen Grundbesitzer und des niederen Adels, Personen, die zum Teil auch als Steuerbeamte oder Bürgermeister wirkten und die gleichsam eine Zwischenstellung zwischen den kleinbäuerlichen und kleinbürgerlichen Schichten einerseits und der Aristokratie andererseits einnahmen.

Auf der folgenden Stufe der «Großen und Mächtigen» standen dann die Angehörigen von sieben alten, besonders privilegierten Familien. In ihren Händen lagen teilweise traditionell vererbte Kompetenzen und Aufgaben, wie zum Beispiel das Kommando über die Reiterei oder die Leitung der auswärtigen Beziehungen. Wie die Namensanalysen zeigen, behielten dabei auch einzelne alte parthische Aristokratenfamilien, die sich den Sassaniden verpflichtet hatten, ihre bisherigen Stellungen. An der Spitze der Reichsaristokratie, unmittelbar unter der regierenden Dynastie, aber stand dann die kleine Gruppe des Hochadels, den die Vasallenkönige sowie die Nebenlinien der Sassaniden bildeten. Sonderstellungen außerhalb dieser Gesellschaftspyramide nahmen schließlich die Angehörigen der Armee und die Priester ein. Für beide Gruppen galten besondere Privilegien, aber auch unterschiedliche Prioritäten der Loyalität.

Den Grenznachbarn mußte vieles von dieser inneren Regeneration des persischen Staates und der Zusammenhänge der neuen Machtbildung verborgen bleiben. Auch die römischen Historiker dieser Epoche, wie Cassius Dio und Herodian, haben die Tragweite dessen, was sich jenseits des Euphrats vollzog, nicht erkannt, obwohl sie im allgemeinen über die Vorgänge im Osten gut informiert waren. Für die römische Seite sollte entscheidend werden, daß die Sassaniden den römischen Einfluß im Nahen Osten, im Gegensatz zu den Parthern, nicht mehr anerkannten und daß sie sogleich zu militärischen Offensiven größten Stils übergingen. Allein die Tatsache, daß die Initiativen der ersten sassanidischen Herrscher nicht nur gegen Westen gerichtet waren, ist es zuzuschreiben, daß die für die Römer ohnehin katastrophale Lage wenigstens durch einzelne Kampfpausen abgeschwächt wurde. Denn bereits Ardaschir warf im Osten seines Machtbereichs jene mittelasiatischen Stämme wieder zurück, die sich auf den Territorien der östlichen Satrapien des Achämenidenreiches niedergelassen hatten. Bis an den Aralsee und das moderne Pakistan griffen seine Offensiven aus, während sein Nachfolger Schapur I., der sich König der Könige von Iran und Nicht-Iran nennen ließ, den sassanidischen Einfluß bis zur Indusmündung ausweitete.

Die Germanen im 3. Jahrhundert n. Chr.

Die tiefgreifenden Veränderungen in den weiten Nachbarräumen jenseits der römischen Grenzen an Rhein und Donau werden im 3. Jahrhundert n. Chr. schon allein an den Namen der wichtigsten germanischen Gegner des Imperiums sichtbar. Über die bekannten ethnischen Einheiten der taciteischen Beschreibung schoben sich jetzt die Namen neuer dynamischer Großverbände. In dieser elementaren Veränderung spiegeln sich jene weitreichenden Bevölkerungsbewegungen, Vorstöße und Einfälle in das Imperium, die sich damals auf drei große Brennpunkte konzentrierten: den Raum am Oberrhein und an der oberen Donau, das Niederrheingebiet sowie das gesamte Balkan- und Schwarzmeergebiet. In allen diesen Räumen lag die Initiative fast ausschließlich auf germanischer Seite.

Der Name der Alamannen taucht, wie bereits erwähnt wurde, in der antiken Überlieferung erstmals bei Cassius Dio im Zusammenhang mit der Schilderung der Ereignisse des Jahres 213 n. Chr. auf (77,13). Er bezeichnet indessen keine neue germanische Stammeseinheit, sondern vielmehr einen Verband älterer ethnischer Gruppen und Bevölkerungsteile. Dieser Verband dürfte sich mit hoher Wahrscheinlichkeit vor allem aus suebischen Elementen gebildet, daneben aber auch Gruppen von Thüringern und Hermunduren in sich aufgenommen haben. Ein weiterer Zusammenhang besteht wohl auch mit der Abwanderung der Semnonen, die einst östlich der oberen Elbe saßen und die nach 174 n. Chr. nicht mehr vorkamen. Schon im Altertum hat man diesen neuen Sammelbegriff der *Alamanni* als eine «Gesamtheit von Männern» interpretiert.

Doch nicht die Tatsache des Zusammenschlusses älterer Kräfte ist das entscheidende Moment dieser neuen Formation der *Alamanni*, sondern die Stoßkraft ihrer Bewegungen. Etwas davon klingt noch in Aurelius Victors Resumé der ersten Kämpfe mit ihnen an, wenn er sie als «einen volkreichen Stamm, welcher wunderbar zu Pferde kämpft», einführt. Es sollte die künftige Lage am obergermanischen und rätischen Limes kennzeichnen, daß dieser alamannische Verband an die Stelle der assimilierten und zum Teil halbromanisierten Grenznachbarn getreten war, ein Verband, dessen Bewegungen sich wohl auch deshalb so oft erneuerten, weil sie die umfassenden Umschichtungen der mitteleuropäischen Bevölkerungsgruppen während dieser Zeit weitertrugen.

Nach den ersten Kämpfen um 213 n. Chr. erfolgte im Jahre 233 n. Chr. ein neuer Angriff der Alamannen. Obwohl in der Zwischenzeit die Limesanlagen erheblich verstärkt worden waren, gelang ihnen ein tiefer Einbruch. Dessen Gefahren und Dimensionen gehen nicht nur aus der schriftlichen Überlieferung hervor, sondern mehr noch aus dem archäologischen Befund. So ist damals das erst 213 n. Chr. errichtete Kastell Holzhausen zerstört worden, und an den Kastellen Kapersburg, Saalburg, Feldberg und Zugmantel lassen sich unter dem Eindruck der neuen Gefahren verstärkte Aktivitäten im Ausbau der Befestigungen ablesen.

Allein die Erschütterungen dieses Jahres wirkten auch im Hinterland des Limes nach, wie insbesondere aus der Frequenz der Münzschatzfunde, die sich zu ganzen Horizonten massieren, deutlich wird. Für das Jahr 233 n. Chr. ist ein Schatzfundhorizont bis in das Alpenvorland, in Südwestdeutschland vor allem im mittleren Neckartal mit Ausläufern bis zum Bodensee und nach Oberschwaben zu verfolgen. Wenn ein solcher Horizont die Tiefe der alamannischen Einfälle auch nicht direkt bezeugen kann, so doch einwandfrei jene der Störungs- und Unruhezonen.

Für den gesamten südwestdeutschen Raum brachte das Jahr 233 n. Chr. jedenfalls eine tiefe Zäsur. Obwohl der alamannische Einfall schließlich aufgefangen und später durch eine Gegenoffensive des Maximinus Thrax bereinigt werden konnte, war das Dekumatland zwischen Limes, Rhein und Donau jetzt zum gefährdeten Kampfgebiet geworden. In wirtschaftlicher Hinsicht stellt der Alamanneneinfall des Jahres 233 n. Chr. für den südwestdeutschen Raum den Beginn des Niedergangs der römischen Herrschaft dar. Schon auf ihm liegt der Hauptakzent der noch drei Jahrzehnte andauernden Notzeit bis zur endgültigen Aufgabe dieses Gebietes.

Weitere Schatzfund- und Katastrophenhorizonte sind für den obergermanischen Raum für die Jahre 254 und 259/260 n. Chr. belegt. Im Unterschied zur Situation nach 233 n. Chr. standen nun jedoch keine ausreichenden militärischen Kräfte zu Gegenaktionen mehr zur Verfügung. Streuung und Volumen der Funde römischer Münzen dokumentieren, daß man auf römischer Seite den Dingen einfach ihren Lauf ließ. Der Limes wurde weder planmäßig geräumt, noch gab es eine Siedlungskontinuität der römischen Grenztruppen. Die Kette der alamannischen Einfälle hatte vielmehr einen sich über Jahrzehnte hinziehenden Paralysierungsprozeß ausgelöst, der hier schneller, dort langsamer zum Erlöschen der römischen Lebensweise führte. Er spiegelt sich in der Reduktion der Geldwirtschaftsräume auf wenige Inseln deutlich wider. Aus eigener Kraft war die Region der römischen *agri decumates* nicht in der Lage, die alten Formen von Wirtschaft und Zivilisation zu bewahren, und die Mittel des Imperiums, die sie einst geschaffen hatten, begannen nun für sie zu versiegen.

Von Rom aus gesehen, mußte der Besitz des Landes zwischen Rhein und Limes als zweitrangig erscheinen. Weder militärische noch wirtschaftliche Gründe erzwangen hier einen Kampf um jeden Preis. Es kam zwar gegen Ende des 3. Jahrhunderts n. Chr., unter Probus und Diokletian, nochmals zu Versuchen, das Verlorene wiederzugewinnen, doch als wirkliche Existenzfrage ist die Inbesitznahme des Dekumatlandes durch die Alamannen nicht angesehen worden. Wenn dennoch selbst im 4. Jahrhundert n. Chr. noch römische Angriffe dorthin vorgetragen wurden, so galten sie in erster Linie der Schwächung und Zurückdrängung des neuen, starken Gegners.

Diese römische Vorstellung von den Alamannen wird nur dann verständlich, wenn man den Radius ihrer Einfälle berücksichtigt, die nicht auf das Land zwischen Rhein und Limes beschränkt blieben. So drangen sie um 260 n. Chr. bis nach Italien vor, wo sie bei Mailand von Gallienus besiegt wurden. Ihre Einfälle nach Italien und Gallien wiederholten sich, ohne daß deren Verlauf im einzelnen genau zu rekonstruieren wäre.

Bekannt sind dagegen die Folgen auf römischer Seite. Als wichtigste ist hier die Bildung eines gallischen Sonderreiches um 260 n. Chr. zu nennen, als das Ungenügen der Reichsverteidigung an dieser Grenze evident wurde und Armee wie Bevölkerung Galliens ihr Schicksal in die eigenen Hände nahmen. Auch im Süden des Dekumatlandes, auf dem Territorium der heutigen Schweiz, lösten die alamannischen Vorstöße starke Aktivitäten aus. Um 260 n. Chr. ist die Präsenz römischer Truppen bezeugt, in Vindonissa wurden die Befestigungen verstärkt, auf den Rheinhöhen Beobachtungstürme, in Schutzlagen Refugien für die Bevölkerung angelegt. Örtliche Initiativen und zentrale Weisungen ließen in diesem Raum ein Verteidigungssystem entstehen, das neue Züge trug. Es bestand nicht mehr, wie in früheren Zeiten, aus großen Lagern und entsprechenden Kastellen, sondern aus einer Vielzahl von Türmen, Warten und Kleinkastellen.

Was auf Schweizer Boden besonders stark ausgeprägt und besonders gut erforscht ist, galt für die Grenzräume des Imperiums generell: Ein tiefer Verteidigungsgürtel mit einem ganzen Netz von Stützpunkten und Schutzanlagen umsäumte nun das Imperium. In diesen Anlagen verteidigten die Soldaten nicht nur wie früher militärische Positionen, sondern in erster Linie ihre Familie, ihr Hab und Gut. Die Intensivierung der Defensive im Zuge der alamannischen Einfälle trieb dabei zu immer neuen Untergliederungen. Kleinste Einheiten waren das Gebot der Stunde, für die Armee wie für die Befestigungen und auch für die Befehlsbereiche. Für die Siedlungen wurden jetzt Schutzlagen auf Bergspornen, Halbinseln und Anhöhen charakteristisch.

Ganz ähnliche Voraussetzungen und Entwicklungen wie bei den Alamannen gelten für die Franken. Auch bei ihnen handelt es sich ursprünglich nicht um eine geschlossene neue Stammeseinheit, sondern um eine dynamische Zusammenfassung älterer Stämme, vor allem der Brukterer, Chamaven, Salier und anderer Bevölkerungsgruppen aus dem Gebiet östlich des Niederrheins. In den dreißiger Jahren des 3. Jahrhunderts n. Chr. sind auch dort erste Störungen erfolgt; um die Mitte des Jahrhunderts pflanzten sich die von den Franken verursachten Unruhen bereits bis zum Mittelrhein fort. Allein die Verstärkung der römischen Defensive in diesem Raum durch das Gallische Sonderreich verlagerte die Aktivitäten der Franken wieder in den niederrheinischen Sektor. 260 n. Chr. wurde Traiectum (Utrecht) zerstört, fränkische Siedler faßten jetzt bereits am linken Rheinufer Fuß; eine Generation später hatten die Franken auch das alte Batavergebiet der Rheininseln in Besitz genommen.

Die Kämpfe gegen die Franken zogen sich noch bis in die konstantinische Zeit hin. Mit erbarmungsloser Härte hat der junge Kaiser gegen sie Krieg geführt, und unter ihm erschienen denn auch die Personifikationen der großen äußeren Gegner an der Rheinfront, die *Francia* und die *Alamannia*, als endgültig besiegt auf den römischen Münzen. Es sind dies die letzten konkreten Unterwerfungen, welche die kaiserliche Münzprägung feiern konnte, doch war auch diesen Erfolgen keine Dauer beschieden.

Für die Rheinfront ergibt eine Zwischenbilanz, daß die territorialen Verluste des Imperiums infolge des Vordringens der Alamannen und Franken wesentlich geringer wogen als die wirtschaftlichen und substantiellen Verluste in den gallisch-germanischen Provinzen und in Italien selbst. Im Unterschied zur Preisgabe Dakiens konnte der Verlust der *agri decumates*, nach römischen Kriterien eines Landes ohne große Städte und ohne überragende wirtschaftliche Funktion, zur Not verschmerzt werden. Doch die jahrzehntelangen Wellen der Zerstörungen, die damals ganz Gallien erfaßten, ruinierten ein blühendes Kernland des Imperiums. Viele zerstörte Tempel und Foren der Städte, viele Denkmäler wurden nicht wieder erneuert. Es gibt kein vielsagenderes Zeugnis als die Tatsache, daß aus ihren Trümmern Stadtmauern erbaut wurden.

Auch im Raum der mittleren und unteren Donau veränderte sich die Lage im 3. Jahrhundert n. Chr. Zwar brachten sich die Markomannen unter Gallienus noch einmal sehr nachdrücklich in Erinnerung, als sie im Jahre 254 n. Chr. in das damals weithin von Truppen entblößte Pannonien einfielen und bis in den Raum von Ravenna vorstoßen konnten. Doch dort wurden sie zurückgeworfen und schließlich durch Konzessionen von Siedlungsland nahe der oberpannonischen Grenze zufriedengestellt. Der Vertrag wurde außerdem noch dadurch sanktioniert, daß Gallienus eine Tochter des markomannischen Königs zu seiner zweiten Frau nahm. Ähnlich war die Rolle der Quaden, Vandalen und Bastarner. Alle diese Stämme beteiligten sich immer wieder an den Einfällen in das Römische Reich, die vor allem in der zweiten Hälfte des 3. Jahrhunderts n. Chr. die Donauprovinzen heimsuchten; der entscheidende Motor der ganzen Entwicklung waren sie indessen nicht.

Als wesentlich aktiver und gefährlicher erwiesen sich die von Rom nicht unterworfenen oder aus Dakien geflüchteten Gruppen sogenannter freier dakischer Stämme, allen voran die Karpen. Seit Caracalla stießen sie immer wieder nach Dakien und Moesien vor; auch ihre Einfälle erreichten um die Jahrhundertmitte ihren Höhepunkt. Obwohl sich nicht wenige römische Kaiser mit dem Siegerbeinamen *Carpicus* schmückten, wie Philippus Arabs, oder *Carpicus maximus* wie Aurelian, oder *Dacicus maximus* wie Caracalla, Maximinus Thrax, Decius und Gallienus, endeten auch diese Einfälle erst in jenem Augenblick, als Aurelian große Teile dieser Gruppen in den frühen siebziger Jahre des 3. Jahrhunderts n. Chr. südlich der Donau siedeln ließ.

Ganz andere historische Dimensionen erlangten die Züge der Goten, die ihrerseits wiederum in die Kette von Wanderungen skandinavischer Völker einzuordnen sind. Deren Vorhut hatten schon um 120 v. Chr. die Kimbern und Teutonen gebildet. Gleichsam als zweite Welle folgten diesen noch während des 1. Jahrhunderts v. Chr. die Vandalen. Parallelen zwischen zu jener Zeit in Schlesien neu auftretenden Bodenfunden und älteren aus Nordjütland stecken ungefähr den Radius des Vandalenzuges ab. Das heißt, es läßt sich mit einiger Wahrscheinlichkeit vermuten, daß die Vandalen aus ihren ursprünglichen Sitzen in Nordjütland zunächst in das Gebiet der Oder- und Weichselmündung zogen, aus dem sie dann später von den Goten wieder vertrieben wurden. Schließlich ließen sie sich für längere Zeit im Raume von Oberschlesien nieder.

Als drittes Glied der Kette gelten dann die Rugier und Burgunder, die zunächst das Gebiet nordwestlich von den Vandalen an der Ostseeküste einnahmen. Erst die vierte Welle dieser großen Flut, doch ohne Zweifel die mächtigste und durch die von ihr ausgelösten Reaktionsketten auch die folgenschwerste, stellen die Züge der Goten dar. Ob diese Züge tatsächlich, wie alle übrigen, durch eine Klimaveränderung, verbunden mit einer Küstensenkung, ausgelöst wurden, wie dies heute meist angenommen wird, läßt sich nicht endgültig beweisen. Im Falle der Goten klangen jedenfalls um Christi Geburt die Gräberfelder in Västergötland im Unterschied zu jenen in Östergötland aus. Es hat den Anschein, als ob die mageren Moränenböden jener Landschaft damals verlassen wurden.

Die modernen Rekonstruktionsversuche der Gotenzüge stützen sich einmal auf eine meist nur bruchstückhaft erhaltene und für alle Einzelheiten in der Regel unzulängliche schriftliche Überlieferung sowie auf die Analyse der Bodenfunde. Im Mittelpunkt der literarischen Quellen stehen dabei jene Auszüge, die Jordanes 551 n. Chr. aus der zwölfbändigen Gotengeschichte Cassiodors, des Kanzlers Theoderichs, in seinen «Getica» zusammenstellte. Die Erfassung und Auswertung der Bodenfunde ist nicht weniger problematisch als die Interpretation der teilweise verklärenden, zumindest einseitigen schriftlichen Überlieferung. Immerhin ergibt der Vergleich von Keramik aus dem Gebiet der Weichselmündung und der hinterpommerschen Küste mit solcher aus Västergötland einen Anhaltspunkt für den Verlauf der ersten Phase des Gotenzuges um Christi Geburt. Für dessen weitere Wege aber lassen sich auch durch Kombinationen archäologischer Zeugnisse mit den Angaben des Jordanes nur Hypothesen vortragen.

Mit einiger Wahrscheinlichkeit folgte der Zug zunächst dem Weichsellauf nach Südosten. Nach dem Passieren der Rokitnosümpfe erreichte er die bei Jordanes genannte Landschaft Oium, bibelgotisch Aujôm (in den Auen), die mit dem ukrainischen Schwarzerdegebiet identifiziert wird. Jordanes berichtet weiter von einer Brückenkatastrophe, die zur Teilung der Goten geführt haben soll. Ob der weitere Zug dem Dniepr folgte, ist nicht so sicher, wie dies häufig dargestellt wird; im 3. Jahrhundert n. Chr. hat nicht dieser, sondern der Dniestr die Ostgoten von den Westgoten getrennt. Jedenfalls beherrschten die Westgoten damals das weite Gebiet zwischen Dniestr, Karpaten, Walachei und unterer Donau, die Ostgoten dagegen den östlich angrenzenden Raum zu beiden Seiten des Dniepr bis hin zum Asowschen Meer und zum Don im Osten. Der Radius, in dem sich einzelne Goten bewegten, reichte indessen noch viel weiter: In einem 120 km nordöstlich von Bombay gelegenen buddhistischen Tempel sind zwei Inschriften aus der Mitte des 2. Jahrhunderts n. Chr. erhalten, in denen die Goten Irila und Cita (Erila und Tidda) als Spender erwähnt werden.

Zu West- und Ostgoten kamen im Laufe des 3. Jahrhunderts n. Chr. noch weitere germanische Gruppen hinzu. Etwa um 250 n. Chr. wird die Ansiedlung der sogenannten Krimgoten auf der Halbinsel Krim angesetzt, die innerhalb des gotischen Gesamtverbandes stets eine relative Selbständigkeit bewahrten. Um 267 n. Chr. erschienen dann die Heruler als Bewohner des Raumes am Asowschen Meer. Sie blieben lange Zeit völlig unabhängig und wurden erst unter Ermanarich in das Ostgotenreich integriert. Am Karpatenrand, insbesondere im nördlichen Siebenbürgen, das heißt nördlich von den Westgoten, ließen sich dagegen um die Mitte des 3. Jahrhunderts n. Chr. die Gepiden nieder. Auch sie hatten wie die Goten einige Zeit an der unteren Weichsel zugebracht, denn noch im 6. Jahrhundert n. Chr. wurden die Inseln im Weichseldelta als Gepideninseln bezeichnet.

In ihren neuen Siedlungsräumen kamen die Goten vor allem mit sarmatischen Bevölkerungsgruppen in Berührung, neben den schon früher erwähnten Jazygen insbesondere auch mit den Alanen im Gebiet ostwärts des Don.

Von diesem nomadischen Reitervolk wurden Bewaffnung und Kampfweise der Goten erheblich beeinflußt. Jetzt erst bildete sich eine starke gotische Reiterei, die von den Alanen Lanze, Langschwert, zum Teil auch den Kettenpanzer übernahm. Dadurch und durch die vermehrte Verwendung von Wagen sollten die gotischen Einfälle ihre Dynamik wie ihre Wendigkeit erlangen.

Jordanes hat die Situation vor der Mitte des 3. Jahrhunderts n. Chr. so beschrieben: «Dieses Volk [sc. der Goten] tat sich in dem Gebiet, in dem es hauste, das heißt am Gestade des Schwarzen Meeres im Skythenlande in wunderbarer Weise hervor: es behauptete unbestritten so gewaltige Landflächen, so viele Meeresbuchten, so viele Flußläufe: unter seiner Faust lag oft der Vandale am Boden, standen [gefangene] Markomannen zum Verkauf, wurden die Häuptlinge der Quaden geknechtet. Unter der Regierung des ... Philippus [Arabs – 244–249 n. Chr.] über die Römer ... wurden die Goten, die darüber erbittert waren, daß ihnen ihre Tribute vorenthalten wurden, aus Freunden zu Feinden. Wenn sie auch unter ihren Königen für sich gesondert lebten, waren sie doch *foederati* des Römischen Reiches und empfingen alljährlich Abgaben. Kurz, Ostrogotha überschritt damals mit seinen Landsleuten die Donau und plünderte Moesien und Thrakien» («*Getica*» XVI, 89 ff. – Übersetzung von W. Capelle).

Die Einfälle der Goten und der mit ihnen verbündeten Gruppen hielten mit kürzeren Unterbrechungen jahrzehntelang an. Nach der Jahrhundertmitte bildeten sie mehr als einmal den Hauptkriegsschauplatz des Imperiums, der freilich häufig genug nur eine Front von vielen darstellte und insbesondere durch die Kämpfe gegen die Sassaniden wie gegen Usurpatoren im Reiche selbst überlagert wurde. So ungenau die Einzelheiten überliefert wurden, den Gesamteindruck, den jene Züge im römischen Geschichtsbild hinterließen, hat ein Jahrhundert später Ammianus Marcellinus folgendermaßen beschrieben: «Scharen skythischer Völker [die Goten und die mit ihnen verbündeten Stämme aus dem Schwarzmeergebiet] durchbrachen mit 2000 Schiffen den Bosporus und den Hellespont und richteten nach ihrer Überfahrt schweres Unheil zu Wasser und zu Lande an, aber als sie heimfuhren, hatten sie den größten Teil ihrer Leute verloren. Es fielen im Kampfe mit den Barbaren die Kaiser Decius, Vater und Sohn. Belagert wurden die Städte Pamphyliens, verheert mehrere Inseln, durch Brand verheert ganz Makedonien. Lange hat die Masse der Feinde Thessalonike belagert und ebenso Kyzikos. Erobert ward von ihnen Anchialos und um dieselbe Zeit Nikopolis, die Stadt, die einst Kaiser Traianus zur Erinnerung an seinen Sieg über die Daker gegründet hatte. Nach vielen blutigen Niederlagen beider Parteien wurde Philippopel von ihnen zerstört, nachdem 100000 [?] Menschen – wenn die Annalen wahr berichten – innerhalb der Stadtmauern hingemordet waren. Ohne Scheu streiften die Feinde durch Epirus, Thessalien und ganz Griechenland; aber nachdem Kaiser Claudius

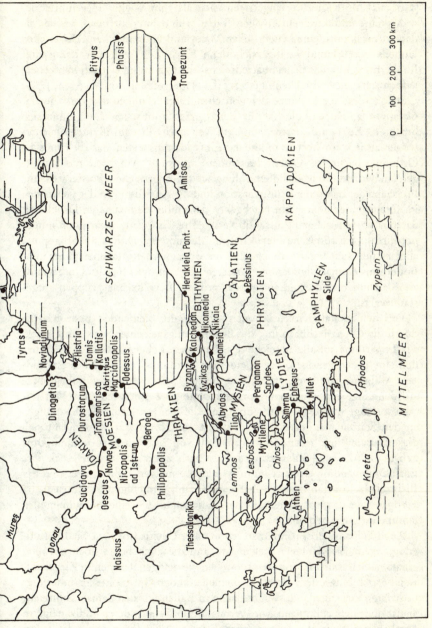

51 Goteneinfälle

[Goticus] die Regierung angetreten, sich als ruhmreicher Heerführer bewährt hatte und durch ehrenvollen Tod zu früh dahingerafft war, wurden sie durch Aurelianus, einen energischen Mann und unerbittlichen Rächer allen Unheils verjagt und hielten sich dann lange Zeit still, nur daß später Räuberhorden in das benachbarte Reichsgebiet zu ihrem eigenen Verderben, jedoch seltener, einbrachen» (31,5,15 ff. – Übersetzung von W. Arend).

Schon diese erste Skizze der gotischen Einfälle dürfte das Ausmaß der Gefahren aufzeigen, die sie für den ganzen römischen Osten mit sich brachten. Zu den Katastrophen und Verlusten, die gewiß nicht leichter wogen als jene im Westen, mußte das Eingeständnis treten, daß die römische Ordnungsmacht im Osten des Imperiums ihren Aufgaben nicht mehr gerecht wurde. Die Subsidienzahlung an die angeblichen Foederaten, die Preisgabe der dakischen Außenbastion und die Ansiedlungen der Germanen im Grenzgebiet stellten ein Nachgeben gegenüber dem äußeren Druck dar, das nur vorübergehend Aufschub verschaffte. Es gelang zwar noch immer notdürftig, die römische Herrschaft an der unteren Donau zu behaupten, aber es ließ sich bereits ahnen, daß die dynamischen Nachbarstämme des Imperiums einmal alle Dämme sprengen konnten, weil hier im Unterschied zu Alamannen und Franken weitaus größere Bevölkerungsgruppen aufgestaut waren.

Von den vielfältigen Reaktionen, welche die bleibenden Bedrohungen durch die Grenznachbarn und die Bevölkerungsverschiebungen im Umfeld des Imperiums auf alle Bereiche des römischen Lebens auslösten, sei lediglich eine hervorgehoben, der Wandel der Siedlungsweise und des Stadtbildes. Während unter dem Principat für die Städte eine fast unbegrenzte Ausdehnung, ein Wucherungsprozeß ohne jede Rücksicht auf Verteidigungsbelange die Regel war, wurde nun die Konzentration der Siedlungen an den Stätten maximaler Defensivgunst zur Norm. Im Westen läßt sich diese Entwicklung besonders klar im Falle von Straßburg beobachten. Dort kehrte die römische Stadt jetzt zu jener Basis zurück, von welcher sie ihre Entfaltung genommen hatte, zum Areal des einstigen Legionslagers auf der Ill-Insel. In konstantinischer Zeit wurde dann schließlich die Konsequenz gezogen und das alte Weichbild der Stadt zugunsten einer monumentalen Stadtbefestigung geopfert.

Auch in Rom selbst nahm man schon unter Decius eine neue Stadtbefestigung in Angriff. Unter Aurelian ist dann die auch heute noch teilweise erhaltene Schutzmauer mit den typischen viereckigen Türmen in Ziegelbauweise errichtet worden. Nicht nur in dem von den Goteneinfällen besonders bedrohten Griechenland, sondern auch in Italien wurden damals zahlreiche Städte befestigt, Pisaurum wie Verona. Kaum ein anderes Indiz zeigt so deutlich das Ende der langen Friedensära an wie dieses Ende der freien Siedlungsweise, das zugleich die Kontrolle des Lebens in den überwachten Zellen der spätantiken Städte ahnen läßt.

52 Kaiserporträt aus Niederbieber (Gordian III.?)

Das Römische Reich unter den Soldatenkaisern
(235–284 n. Chr.)

Von Maximinus Thrax bis Traianus Decius (235–251 n. Chr.)

Maximinus Thrax, der nach der Ermordung des Severus Alexander und der Iulia Mamaea im Jahre 235 n. Chr. von den für den Alamannenfeldzug bei Mainz konzentrierten Truppen zum Kaiser ausgerufen wurde, war der erste Soldatenkaiser im engeren Sinne des Wortes und zugleich ein sehr typischer Vertreter dieser neuen Species des römischen Herrschertums. Die Herkunft dieses Sohnes eines thrakischen Hirten wurde später aus durchsichtigen

53 Decius, Porträtbüste, Rom

Gründen noch weiter barbarisiert; nach der «*Historia Augusta*» wäre er das Kind eines Goten und einer Alanin gewesen, eine Angabe, die in unserem Jahrhundert dazu führte, daß in Maximinus Thrax ein römischer Kaiser germanischen Blutes gesehen werden sollte. Davon kann keine Rede sein.

Allerdings verfügte dieser erfahrene Troupier über unglaubliche Körperkräfte; das Münzbild zeigt die Härte eines naiv-brutalen Mannes, der in jeder Hinsicht als das Gegenbild seines verweichlichten, geistig überzüchteten Vorgängers erscheinen mußte. Als Kavallerist hatte sich der neue Herrscher in der Armee Stufe um Stufe hochgedient und schließlich, auf dem Wege über den Ritterstand, höchste Ämter erreicht. Zunächst Präfekt von Mesopotamien, war er im Jahre 234 n. Chr. als *praefectus tironibus* damit beauftragt worden, die in Pannonien und Illyrien für den Germanenkrieg neu ausgehobenen Truppen auszubilden. So beliebt er trotz seiner Härte in der Armee war, so fern stand er Senat und Hauptstadt. Als Kaiser hat er Rom nicht betreten.

Die erste Aufgabe, welche sich der neue Herrscher stellte, war die entschlossene Durchführung jenes Alamannenkrieges, den Severus Alexander und Iulia Mamaea im Grunde vermeiden wollten. Nach Herodians Bericht überschritt das Heer wohl in der Nähe von Mainz den Rhein und drang dann vermutlich in südöstlicher Richtung weiter vor. Der Einsatz starker Kontingente orientalischer und afrikanischer Hilfstruppen, insbesondere von Bogenschützen, Speerwerfern und Kavallerie, trug wesentlich zum Gelingen der römischen Offensive bei. Während sich die Germanen in Wälder und Sümpfe zurückzogen, brannten die Römer die Siedlungen nieder, vernichteten die Ernte, schlachteten das Vieh ab. Wo immer sich eine Gelegenheit ergab, ließ der Kaiser plündern. Doch andererseits rühmt Herodian auch die beispielhafte Tapferkeit des kaiserlichen Berufssoldaten, der furchtlos auf die Germanen eindrang. Auf riesigen Gemälden ließ er diese Kämpfe dann abbilden und die Bilder in Rom vor der Kurie aufstellen. Daß Maximinus Thrax nun den Siegerbeinamen *Germanicus maximus* annahm, besagte wenig über das Ausmaß des Erfolges, mehr schon die Tatsache, daß es ihm gelungen war, die Lage in Obergermanien für nahezu zwei Jahrzehnte zu konsolidieren.

Noch im Jahre 235 n. Chr. hatte Maximinus Thrax seinen Sohn Maximus zum Caesar erhoben; sein Winterlager schlug er bereits in Sirmium auf, und von dort aus hat er dann in den nächsten beiden Jahren durchaus erfolgreiche Kämpfe gegen Sarmaten und Daker geführt, Kämpfe, deren Verlauf im einzelnen freilich nicht bekannt ist. So imponierend die militärischen Aktionen waren, so dramatisch entwickelte sich die Lage im Innern des Imperiums. Da Maximinus Thrax zu Beginn seiner Herrschaft den Sold verdoppelt hatte und die Armee in jeder Weise materiell zufriedenstellen wollte, mußte er im ganzen Reich rücksichtslos Steuern und Sonderabgaben einziehen. Um zu Geld zu kommen, ließ er auch den Delatoren freien Lauf, und

Hemmungen kannte der Thraker vollends nicht mehr, als es zu ersten Verschwörungen gegen sein Regiment gekommen war.

Der Zeitgenosse Herodian hat die damalige Lage so beschrieben: «Täglich konnte man sehen, wie Leute, die gestern noch zu den reichsten gehörten, heute den Bettelstab nehmen mußten; so groß war die Habgier der Tyrannis, die die Notwendigkeit der ständigen Beschaffung von Geldern zur Bezahlung der Soldaten zum Vorwand nahm... Als aber Maximinus, nachdem er die meisten der vornehmen Häuser arm gemacht hatte, zu der Meinung kam, die Beute sei klein und geringfügig und genüge nicht für seine Zwecke, da machte er sich an das öffentliche Eigentum, und alles Geld, das die Städte zu Wohlfahrtszwecken und zur Verteilung unter die Bürger gesammelt hatten, oder das für Theater oder religiöse Feste bestimmt war, nahm er für sich in Anspruch, die Weihgeschenke in den Tempeln und Götterbilder und Ehrengaben für Heroen; und aller Schmuck öffentlicher Bauten und alles, was zur Verschönerung der Städte diente, und Metall, aus dem Münzen geprägt werden konnten, alles wanderte in den Schmelztiegel. Dieses Vorgehen erbitterte die Stadtbevölkerung außerordentlich... Auch die Soldaten waren nicht damit einverstanden, denn ihre Verwandten und Freunde machten ihnen bittere Vorwürfe, da Maximinus ja um ihretwillen so verfahre» (7,3 – Übersetzung von W. Arend).

Selbst wenn Herodian zu sehr verallgemeinerte und übertrieb, steht fest, daß das Regiment des Maximinus Thrax durch stärksten inneren Druck gekennzeichnet war. Ein großer Kölner Münzschatzfund zeigt beispielhaft, daß damals Tempelschätze ebenso wie privates Eigentum in beträchtlichem Ausmaß vergraben wurden, weil man sie vor der Konfiskation schützen wollte. Doch der Kaiser hatte den Bogen überspannt. Unter dem Eindruck der Erpressungen nahm die entscheidende Gegenbewegung in der Provinz *Africa* ihren Ausgang. Als dort ein Prokurator der *regio Hadrumetina* damit begann, den ohnehin schon großen fiskalischen Druck noch weiter zu erhöhen, entschlossen sich die Pächter auf den kaiserlichen Domänen, die Kolonen, sowie die jüngeren und energischeren unter den Besitzern im Raum der Stadt Thysdrus zum Widerstand. Im März des Jahres 238 n. Chr. riefen sie den amtierenden *proconsul* der Provinz *Africa*, Gordian I., einen nahezu achtzigjährigen Greis aus einer angesehenen römischen Familie, zum Kaiser aus. Es ist dies einer der ganz seltenen Fälle im 3. Jahrhundert n. Chr., daß eine Usurpation nicht von einer Heeresabteilung getragen wurde. Der Prätendent ließ sogleich auch seinen Sohn, als Gordian II., zum Augustus proklamieren.

Die Bewegung der Gordiane breitete sich sehr schnell aus, der beste Beweis dafür, wie sehr das brutale Regiment der Militärmonarchie des Thrakers inzwischen verhaßt war. Einer Gesandtschaft Gordians gelang es, auch Rom zu gewinnen, der Senat schloß sich ihm an. Der Stadtpräfekt und der anwesende Prätorianerpräfekt, die Statthalter des Maximinus Thrax in der Hauptstadt, wurden erschlagen, ebenso viele Anhänger des Soldatenkaisers. Selbst Provinzen im Osten des Imperiums stellten sich hinter die Usurpatoren. Doch in *Africa* selbst hatte sich das Blatt inzwischen gewendet. Der Statthalter des benachbarten Numidien war an der Spitze der in seiner Provinz garnisonierten Legion sowie der gefürchteten maurischen Reiterverbände in die Provinz *Africa* eingerückt. Vor den entschlossenen und gut bewaffneten regulären Truppenteilen zerstob der Widerstand der schlecht ausgerüsteten Insurgenten. Gordian II. fiel in einem aussichtslosen Kampf, seinem Vater blieb nur der Freitod.

In Italien aber hatte sich der römische Senat viel zu weit exponiert, um noch einmal zu Maximinus Thrax zurückfinden zu können. Noch zu Lebzeiten Gordians I. und II. war eine aus 20 Konsularen bestehende Kommission gebildet worden, die *vigintiviri rei publicae curandae*, eine Art von Exekutivkomitee, das die Erhebung gegen Maximinus Thrax zu organisieren und vor allem auch den Widerstand gegen den zu erwartenden Angriff der Armee des Thrakers zu leiten hatte. Auf die Nachricht vom Tode der Gordiane wurden die beiden angesehensten Mitglieder dieses Komitees, Pupienus und Balbinus, zu Kaisern ausgerufen. Pupienus war dabei alles andere als ein typischer Repräsentant der römischen Aristokratie. Aber er war ein erfahrener Offizier und tüchtiger Verwaltungsbeamter, dessen Qualifikationen in einer langen Dienstzeit hervorgetreten waren. Aus einer vornehmen und einflußreichen Familie kam dagegen sein Kollege Balbinus. Doch unmittelbar nach der Proklamation dieser beiden neuen Herrscher erzwang das römische Volk dazu noch die Übertragung der Caesarwürde an den Enkel Gordians I. als Gordian III.

Die beiden Kaiser Pupienus und Balbinus erhielten, zum erstenmal in der römischen Geschichte, völlig identische Kompetenzen und Ehren. Es war naheliegend, daß sie ihre Ergebenheit gegenüber den *patres senatus* demonstrativ betonten und auch die 20-Männerkommission beibehielten. Daneben versicherten sie sich auf den Münzen pathetisch der *caritas mutua* und des *amor mutuus*, doch die Einigkeit war, wie immer, wenn sie politisch plakatiert wurde, in Wahrheit nicht vorhanden. Zunächst überdeckten freilich die militärischen und organisatorischen Aufgaben alle Gegensätze. In militärischer Hinsicht mochte die Lage der Aufständischen hoffnungslos erscheinen. Durch ein großzügiges Donativ hatte sich Maximinus Thrax erneut die Ergebenheit seines Heeres gesichert. Zum Haß gegen das Mutterland aufgestachelt, wälzte sich die Armee, die durch starke germanische Reiterverbände verstärkt worden war, von der Donau nach Westen. Es mochte scheinen, als würde sich jetzt der Ablauf des Geschehens in *Africa* nun auch in Italien im Großen wiederholen.

Doch hier waren Emotionen und Kräfte ausgelöst worden, deren Stärke wohl niemand vorausgeahnt hatte. Die Städte und Gemeinden, das heißt vor allem die führenden Schichten der Municipalaristokratie, wußten, was sie von den herannahenden Truppen zu erwarten hatten. Geleitet von den Kommissaren der Senatskaiser, waren sie zu jedem Opfer und zu jeder Leistung bereit. Alle Lebensmittelvorräte wurden systematisch beiseitegeschafft oder vernichtet; die Armee des Maximinus Thrax fand bei ihrem Vormarsch ein ödes, verlassenes Land vor. Emona (Laibach), die erste größere Stadt, die sie berührte, war evakuiert worden; im Heer des Maximinus zeigten sich während des völlig improvisierten Zuges bald die ersten Schwierigkeiten. Die anfängliche Begeisterung war über den Strapazen bereits verflogen, als die Armee vor Aquileia anlangte.

Aquileia aber war für eine Verteidigung vorbereitet und auch entschlossen, mit vollem Einsatz zu kämpfen. Alles, was im Operationsgebiet des Belagerungsheeres hätte nützen können, war zerstört; starke Frühjahrsregen hatten den Isonzo anschwellen lassen; Witterung und Entbehrungen setzten den Truppen des Thrakers zu, und die Stimmung schlug vollends um, als ein erster Angriff mißglückte und als die Aufforderungen zur Übergabe abgewiesen wurden. Maximinus Thrax tat ein übriges, um seine Katastrophe zu beschleunigen, indem er die Schuld für alle Fehlschläge seinen Unterführern zuschob. Vor dem entschiedenen Widerstandswillen der Stadt Aquileia zerbrach in diesen inneren Spannungen der Kampfgeist des zermürbten Heeres. Maximinus und sein Sohn Maximus wurden erschlagen, die Armee leistete den Senatskaisern den Treueid.

Seit Michael Rostovtzeff seine These vom «Antagonismus zwischen Stadt und Land» als «Haupttriebfeder der sozialen Revolution des dritten Jahrhunderts» vortrug («Gesellschaft und Wirtschaft im Römischen Kaiserreich» II, Leipzig 1931, 205), wurden die Vorgänge des Jahres 238 n. Chr. in zahlreichen neueren Studien näher untersucht. So episodenhaft die Ereignisse selbst auf den ersten Blick erscheinen mögen, sie entsprechen dem «Aufschluß» der Geologen, das heißt der Freilegung der sozialen und politischen Schichtungen wie deren tektonischer Verwerfungen. In solcher Funktion erfordern sie eine nähere Betrachtung.

Die Erhebungen des Jahres 238 n. Chr. wurden von sehr verschiedenartigen oppositionellen Kräften getragen. Am heftigsten war der verständliche Widerstand aller Besitzenden, die unter dem Terror des neuen Regiments um ihr Vermögen, ihre Privilegien und ihre soziale Stellung wie ihre Aufstiegsmöglichkeiten fürchten mußten. Es ist dabei bezeichnend, daß die Interessenidentität der Besitzenden über die Schranken der alten Stände hinwegging, daß Senat und Municipalaristokratie aber zu den wichtigsten Oppositionsgruppen wurden, wobei die Haltung der Municipalaristokratie in Nordafrika sich von derjenigen in Oberitalien nicht unterschied.

Die Motive jener Senatoren, die gegen den Soldatenkaiser opponierten, lassen sich nicht präzise ermitteln. Gewiß waren einzelne von ihnen von dem neuen Regime in ihrer Karriere geschädigt worden, hatten sie Schlüsselstellungen in Armee und Verwaltung, Einfluß und Macht verloren, ob sie dem *consilium principis* des Severus Alexander angehörten oder nicht. Doch als viel gravierender erwies sich die existentielle Bedrohung dieser Schicht, deren wirtschaftliche Basis jetzt offensichtlich gefährdet war. Der Soldatenkaiser aber, der rasch immense Summen aufbringen mußte, um seinen einzigen Anhang, die Armee, zufriedenzustellen, hatte aus seiner Sicht gar keine andere Wahl, als alle Reichen zu schröpfen.

Es dauerte freilich einige Zeit, bis das ganze Ausmaß dieser Politik zu erkennen war. Dann freilich reagierten die Angehörigen der Municipalaristokratie in den Städten nicht anders als der römische Senat. In Nordafrika wie in Italien gelang es ihnen, alle von ihnen Abhängigen gegen das neue System zu mobilisieren, gegen den ‹Tyrannen› und dessen staatliche Agenten. Denn der Haß der Aufständischen konzentrierte sich nicht nur auf die Person des Maximinus Thrax, sondern fast wahllos auch auf zufällig in Reichweite befindliche Verwaltungsbeamte, Kommandeure und Richter, selbst auf einzelne Soldaten und niedere Chargen, die gewiß nicht für die Exzesse des neuen rigiden Kurses verantwortlich gemacht werden konnten. Dabei kam den nordafrikanischen Kleinpächtern in der Erhebung anfangs eine ebenso bedeutsame Rolle zu wie den *iuvenes*, der organisierten Jugend des städtischen Bürgertums.

Doch auch die Unterschichten in Stadt und Land schlossen sich der Erhebung an, auch sie sahen im Kaiser und seinem Militärapparat eine Bedrohung. Die *plebs urbana* Roms ging dabei freilich schon früh ihre eigenen Wege, aber sie war nie ein willenloses Instrument in den Händen des Senates gewesen. Für sie stand auch jetzt eine bessere Versorgung an erster Stelle, eine Versorgung, wie sie nur ein wohlhabender Kaiser garantieren konnte. So hat der Gedanke einiges für sich, daß die stadtrömische *plebs* aus sehr handgreiflichen materiellen Motiven für eine Herrschaft des jungen Gordian III. eintrat, der als ungewöhnlich reich galt und von dem sie deshalb noch am ehesten eine Befriedigung ihrer Bedürfnisse erwarten konnte.

So gering der Besitz der Angehörigen der *plebs urbana* und der *plebs rustica* Italiens war, angesichts der vorrückenden Armee, die sich aus dem Lande selbst versorgen mußte, konnten auch sie nur verlieren. Ohne diese breite Basis hätten die norditalischen Städte niemals an eine wirksame Verteidigung denken können. Ihre erfolgreiche Abwehr dokumentiert, wie vital die lokalen Kräfte noch immer waren, wenn es darum ging, Besitz und Eigentum zu schützen. Die Vorgänge des Jahres 238 n. Chr. sind so ein Testfall für die Erbitterung, mit welcher breite Schichten der Bevölkerung ihr Eigentum gegen die immer höheren Anforderungen der Armee und des Kaisers verteidigten. Sie sind indessen auch ein Testfall für die Grenzen des Soldatenkaisertums, das sich offensichtlich, auf die Armee allein gestützt, nicht halten konnte. Das Scheitern des Maximinus Thrax zeigt, daß eine Konsolidierung der Macht der Soldatenkaiser nur dann gelingen konnte, wenn sie es verstanden, sich entweder eine breitere Basis zu schaffen oder den gesamten Staatsapparat nach ihren Interessen lückenlos auszubauen. Das aber sollte erst Diokletian gelingen.

Nach dem Untergang des Maximinus Thrax zog Pupienus, der die Kapitulation des Heeres vor Aquileia entgegengenommen hatte, an der Seite seines Mitkaisers Balbinus und des Caesar Gordian III. im Triumph in Rom ein. Doch hier begingen die Kaiser den Fehler, die illyrische Garde in der Stadt zu belassen; gleichzeitig ließ man dem Spiel der Intrigen freien Lauf. Die Prätorianer aber zeigten schon bald wieder den alten Übermut; in Straßenkämpfen schlugen sie sich mit den Volksmassen herum und steckten einen Teil der Stadt in Brand. Schließlich fingen sie Pupienus und Balbinus ein und ermordeten die beiden Kaiser in ihrem Lager.

Von den Herrschern blieb so nur Gordian III. übrig, der nun als alleiniger *Augustus* nominell regieren konnte, doch läßt sich nicht mehr sicher ermitteln, wer für ihn zu Beginn der Regierung tatsächlich die Macht ausübte. Wie die Stellenbesetzungen im Imperium zeigen, hielt der Einfluß des Senats auch weiterhin an. Einer der wichtigsten Befehlshaber jener Jahre war dabei Menophilus, der die Verteidigung von Aquileia geleitet hatte und nun als Statthalter von Niedermoesien die Einfälle der Karpen und Goten zurückschlug. Aber auch andere Mitglieder des senatorischen Exekutivkomitees tauchen in den Schlüsselpositionen auf.

Während im Innern des Staates die Verwaltungsmaschinerie routinemäßig funktionierte, zeichneten sich in den Grenzräumen schon bald ernste Gefahrenherde ab. In Nordafrika hatte Gordian III. jene Legion, die den Aufstand der beiden Gordiane niedergeschlagen hatte, aufgelöst. Doch dieser verständliche Vergeltungsakt erwies sich sehr rasch als prekär. Denn als sich im Jahre 240 n. Chr. in Karthago der Usurpator Sabinianus erhob, war es nicht möglich, gegen ihn sofort eine schlagkräftige Truppe einzusetzen; die Auxiliarformationen, die an die Stelle der Legion getreten waren, verfügten nur über eine geringe Kampfkraft. Es dauerte so geraume Zeit, bis diese afrikanische Revolte erstickt werden konnte.

Den Gefahrenherd an der unteren Donau konnte Menophilus unter Kontrolle halten. Am bedrohlichsten erwies sich die Lage im Nahen Osten, wo Schapur I. schon im Jahre seines Regierungsantritts, 241 n. Chr., eine neue Offensive ausgelöst hatte, die sofortige und umfassende römische Gegenmaßnahmen erzwang. Sie wurden von Timesitheus geleitet (C. Furius Sabinus Aquila Timesitheus), einem Mann, der damals in der nächsten Umgebung Gordians III. auftauchte und fortan die Regierungsgeschäfte führen sollte.

Eine in Lyon gefundene Inschrift (ILS 1330) zeigt die erstaunliche Karriere des Timesitheus an, eine Laufbahn, die mit dem Kommando über einen Hilfstruppenteil in Spanien begann und die dann, typisch für die Mannigfaltigkeit des *cursus honorum* eines Angehörigen des Ritterstandes, über die verschiedensten Posten der Provinzialverwaltung und der kaiserlichen Dienste schließlich bis zur Prätorianerpräfektur emporführte. Timesitheus hatte sich nicht nur in Administration und Militärdienst bewährt, sondern verfügte auch über eine bemerkenswerte Bildung; vor allem aber war er Gordian III. treu ergeben, der zudem auch eine Tochter des Timesitheus zur Frau genommen hatte. Nach der Bereitstellung großer Heeresverbände, die auf ihrem Marsch in den Nahen Osten im Jahre 242 n. Chr. zunächst in Thrakien eingefallene Karpen zurückzuschlagen hatten, konnte Timesitheus 243 n. Chr. seine Gegenoffensive beginnen. In Syrien wurde die römische Herrschaft stabilisiert, Karrhae wieder eingenommen, das sassanidische Heer bei Rhesaina am Oberlauf des Chaboras geschlagen. Nach der Einnahme von Nisibis und Singara war bereits ein neuer Vorstoß auf Ktesiphon eingeleitet worden, als Timesitheus starb.

An seine Stelle als Prätorianerpräfekt und damit auch als faktischer Oberkommandierender trat nun der Araberscheich aus dem Hauran M. Iulius Philippus. Im Unterschied zu Timesitheus begnügte sich dieser nun nicht mit der Rolle des Zweiten. Versorgungsschwierigkeiten, vielleicht bewußt herbeigeführt, wurden dem jungen Kaiser zur Last gelegt. Die Armee meuterte, und nach einem würdelosen Schauspiel, in dem der junge Gordian wenigstens sein Leben zu retten versuchte, wurde der Kaiser im Frühjahr 244 n. Chr. bei Zaitha erschlagen. Philippus trat die Nachfolge an.

In Philippus Arabs war wiederum ein Orientale auf den Thron erhoben worden. Im Unterschied zum Haus Iulia Domnas stammte er freilich nicht aus einem städtischen Zentrum der alten Zivilisation, sondern aus der kargen und düsteren Landschaft des Drusengebirges. Demonstrativ hat sich der neue Kaiser stets zu seiner Heimat und zu seiner Familie bekannt. So erhob er seine Heimatgemeinde in der Nähe des modernen Shuba, nördlich von Bostra, in den Rang einer Kolonie und gab ihr den Namen Philippopolis. Ganz im Stile der Hauptstadt stattete er sie mit Bädern, einem Theater und einem Palast aus, vor allem aber mit einem monumentalen Grabtempel für den Gott Marinus, zu dem er seinen verstorbenen Vater konsekriert hatte.

Wie für die Severer so blieb auch für Philippus Arabs ein ausgesprochen dynastisches Denken charakteristisch. Es war für ihn selbstverständlich, daß er seine Frau, Otacilia Severa, sogleich zur Augusta erhob und sie einige Jahre später auch mit jenem Titel ehrte, den schon die syrischen Kaiserinnen geführt hatten, als *mater Augusti et castrorum et senatus et patriae*. Der siebenjährige, gleichnamige Sohn des Philippus wurde unmittelbar nach dem Regierungsantritt des Vaters *Caesar*, 247 n. Chr. *Augustus* und dies, wie bei Pupienus und Balbinus, ebenfalls mit der identischen Fülle der Kompetenzen, einschließlich des Oberpontifikats. Auch in der Reichsverwaltung stützte sich Philippus Arabs, wahrscheinlich auch aus Mißtrauen, in erster Linie auf seine Verwandtschaft. Seinen Bruder ernannte er zum *rector orientis*, zum Generalstatthalter der Ostprovinzen, einen Schwager zum Statthalter im Donauraum. Ohne Zweifel hat diese provozierende Ämterhäufung in der eigenen Familie später auch entschiedene Gegenkräfte hervorgerufen.

Der Kaiser selbst bemühte sich sogleich in aller Form um die Anerkennung des römischen Senates; er legte immer größten Wert darauf, im Einvernehmen mit dieser Körperschaft zu handeln. An einer Fortsetzung des Krieges gegen die Sassaniden war er dagegen nicht interessiert. Er schloß vielmehr einen Kompromißfrieden ab, der dem Imperium immerhin den Besitz von Kleinarmenien und Mesopotamien sicherte. Schon im Juli 244 n. Chr. war Philippus in Rom, wo man ihm mit großen Erwartungen, teilweise auch mit Unbehagen entgegensah.

Wie die Ratgeber Gordians III., so versuchte auch Philippus Arabs die Lage im Inneren des Imperiums zu stabilisieren. Er erließ eine Generalamnestie für alle Verbannten, regelte die kaiserliche Appellationsgerichtsbarkeit neu und hinderte den Fiscus an Übergriffen. Doch aufs Ganze gesehen, hielt der schwer lastende Druck der Steuern und Abgaben im ganzen Reich an, und gerade die Verwandten des Kaisers haben diesen Druck mit besonderer Rigorosität ausgeübt. Dafür, daß es auch Philippus Arabs nicht immer gelang, die Übergriffe von Militärs und Beamten im Imperium abzustellen, ist die Klage der kaiserlichen Kleinpächter des phrygischen Dorfes Arague das bekannteste Beispiel. Die schikanierten Menschen wandten sich mit folgenden Worten an den Herrscher und seinen Sohn: «Während in den glückseligen Zeiten eurer Herrschaft, ihr tugendhaftesten und beglücktesten aller Kaiser, die jemals gewesen sind, alle anderen sich eines friedlichen und ruhigen Lebens erfreuen, da alle Schlechtigkeit und alle Erpressungen aufgehört haben, erleiden wir allein Ungemach, das zu den glücklichen Zeiten gar nicht paßt; daher richten wir an euch die folgende Bitte: Wir sind die Bewohner eines eurer Güter, allerheiligste Kaiser, eine ganze Gemeinde, und als solche begeben wir uns hilfeflehend in den Schutz eurer Majestät. Wir werden in unerhörter Weise geplagt und ausgesogen von denen, deren Pflicht es ist, das Volk zu schützen... Diese Leute – Offiziere, Soldaten, städtische Machthaber [Magistrate] und eure Funktionäre – kommen in unser Dorf... und hindern uns an der Arbeit, und indem sie unsere Pflugochsen requirieren, nehmen sie uns fort, was ihnen gar nicht zukommt; auf diese Weise erleiden wir ungewöhnlich große Unbilden und Erpressungen» (CIL III 14191 – Übersetzung von M. Rostovtzeff/L. Wickert).

Es folgt dann die Bitte an die beiden Kaiser, hier Abhilfe zu schaffen, und offensichtlich ist dies auch geschehen. Die Inschrift ist über den konkreten Anlaß hinaus höchst aufschlußreich. Sie zeigt einmal das naive Pochen auf Rechtlichkeit im unmittelbaren Appell an die Herrscher. Doch daneben spielt sie sehr geschickt die offizielle Propaganda von der *felicitas temporum* aus. Daß es damit generell nicht zum besten stand, zeigen die Usurpationen, die ohne eine breite Unzufriedenheit der Provinzialen undenkbar wären.

Den Höhepunkt der Regierung des Philippus Arabs bildete das mit allem

Prunk begangene Fest der Tausend-Jahr-Feier Roms im April des Jahres 248 n. Chr. Den nach der Berechnung Varros ermittelten Beginn dieses Stadtjubiläums konnte man zunächst nicht feiern, weil der Kaiser Abwehrkämpfe an der unteren Donau zu leiten hatte. Doch mit den traditionellen großen Zeremonien für den Beginn eines neuen *saeculum* wurde dann dieses tausendste Jahr seit dem Bestehen der Stadt, das *Miliarium Saeculum,* abgeschlossen. Die Münzprägung feierte dabei die *Aeternitas Augustorum* ebenso wie die *Securitas Orbis,* und die beiden Kaiser sparten nicht am Aufwand und an prächtigen Festspielen sowie an großzügigen Spenden für die stadtrömische Bevölkerung. Doch gerade dieses erinnerungsschwere Fest konnte über die Disharmonie im Innern und über die Gefahren an den Grenzen nicht hinwegtäuschen.

Denn wirklicher Friede war während der ganzen Regierung des Philippus Arabs nicht eingekehrt. Von 244 bis 247 n. Chr. dauerten die Einfälle der Karpen an, der Kaiser hielt sich selbst in Dakien auf, um die Verteidigung zu leiten. 248 n. Chr. erfolgte dann der tiefe Vorstoß der Goten. Zu diesen Bedrohungen der Grenzen aber trat eine ganze Serie von Usurpationen, die des Jopatianus im kappadokisch-syrischen Raum, die rasch niedergeworfen wurde, und die des Pacatianus in Pannonien. Gegen ihn entsandte Philippus seinen Stadtpräfekten Decius als *dux Moesiae et Pannoniae.* Dort nahmen die Ereignisse bald einen dramatischen Verlauf. Als Decius an der Donau eintraf, war Pacatianus bereits erschlagen worden. Decius konnte gegen die Goten einige Erfolge erzielen. Die Legionen begeisterten sich für den neuen Befehlshaber, für einen Mann, der ihnen sehr viel näher stand als der Araber auf dem Thron. Im Sommer 249 n. Chr. zwangen sie Decius, die Krone anzunehmen. Dieser bot, offensichtlich auch weiterhin loyal, Philippus Arabs einen Kompromiß an, der freilich scheiterte. Im September 249 n. Chr. stießen die beiden Heere bei Verona aufeinander; Philippus fand im Kampf den Tod, sein Sohn wurde kurze Zeit später in Rom von den Prätorianern erschlagen.

Der siegreiche Decius zog sogleich nach Rom, wo ihm der Senat den programmatischen Ehrenbeinamen Traianus verlieh, so daß sein offizieller Name fortan C. Messius Quintus Traianus Decius lautete. Der neue Kaiser war um die Jahrhundertwende in dem Dorf Budalia bei Sirmium in Unterpannonien zur Welt gekommen. In seinem Namen wie in demjenigen seiner Frau Herennia Cupressina Etruscilla und in denen seiner beiden Söhne Herennius Etruscus und Valens Hostilianus dominieren die italisch-etruskischen Elemente neben einem illyrischen Kern, und die Verbindung beider Linien sollte denn auch die gesamte Politik dieses Kaisers bestimmen. Ganz anders als Maximinus Thrax stammte der Herrscher, den das illyrische Heer auf den Thron gehoben hatte, aus einer sehr reichen senatorischen Familie und hatte deshalb auch eine respektable senatorische Ämterlaufbahn aufzuweisen. Allerdings stand er sogleich unter stärkstem Legitimationsdruck sowohl der Armee als auch dem Senat und nicht zuletzt den neubelebten restaurativen Kräften gegenüber.

Nach den sich überstürzenden Ereignissen der Jahre zwischen 238 und 249 n. Chr., nach den Eingriffen von Armee und Prätorianern in den Staatsapparat, nach einer ganzen Reihe von Usurpationen und nach dem bereits wiederholten Phänomen einer orientalischen Dynastie mußte, wenn es noch eines besonderen Impulses bedurft hätte, gerade die Tausendjahrfeier Roms die traditionellen Kräfte erregen und zum Handeln treiben. Wie wohlmeinend und aufgeschlossen Philippus Arabs wirken wollte, er war zu fremdartig, um sich in jenem Augenblick auf dem Thron halten zu können, und andererseits doch nicht grausam und kalt genug, um seine Herrschaft auf reinen Terror zu stützen. Daran ist er unter anderem auch gescheitert.

Decius aber führte von Anfang an eine konsequente Restaurationspolitik durch. Weite Kreise der Bevölkerung, insbesondere auch der Oberschichten, dürften damals so wie er der Ansicht gewesen sein, daß alle Katastrophen und Krisen der Zeit ihren Ursprung letzten Endes in der Preisgabe und im Verkümmern der alten römischen Sitten und Werte, der alten Ordnung, der alten Tugenden, nicht zuletzt aber des alten Glaubens hätten. Überzeugungen dieser Art hatte einige Zeit vorher auch Cassius Dio dem Maecenas in den Mund gelegt: «Willst du wahrhaft unsterblich werden, so... verehre hinfort selbst die Gottheit allenthalben, ganz nach der Väter Sitte, und nötige auch die anderen, sie zu ehren. Die aber hiervon abweichen, die hasse und züchtige, und zwar nicht allein der Götter wegen – wer sie verachtet, dürfte sich auch aus nichts anderem mehr etwas machen! –, sondern auch, weil Leute, die an ihre Stelle irgendwelche neuen göttlichen Wesen setzen, viele dazu verleiten, sich eigene Gesetze zu machen, woraus dann Verschwörungen, Komplotte und Geheimbünde entstehen, was der Monarchie ganz und gar unzuträglich ist. Dulde deshalb keinen Gottlosen und keinen Gaukler!» (52,36,1 ff. – Übersetzung von A. M. Ritter).

Decius dürfte diese Auffassung geteilt haben. Seine systematische Erneuerung und Festigung der altrömischen Tradition gipfelte im Sommer des Jahres 250 n. Chr. in einem Edikt, das von sämtlichen Bewohnern des Imperiums den allgemeinen öffentlichen Vollzug von Opfern für die offiziellen Götter des römischen Staates forderte, wobei dieser Opfervollzug erstmals in der Geschichte des Reiches auch überwacht wurde. Über die Teilnahme am Opfer, das vor den Behörden oder einer Kommission erfolgen mußte, wurden von Zeugen unterschriebene Testate ausgestellt, die *libelli*. In der Form eines Gesuches um Bestätigung waren sie an die jeweilige örtliche Opferkommission zu richten, die dann die Teilnahme bestätigte. Bekannt sind sie vor allem aus Ägypten, meist aus dem Fayum, wo über 40 solcher Urkunden aus dem Zeitraum zwischen Juni und Juli 250 n. Chr. überliefert sind.

Das Formular eines solchen *libellus* hat folgenden Wortlaut: »An die Opferkommission von Aurelia Charis aus dem Dorfe Theadelpheia. Beständig habe ich in eurer Gegenwart dem Edikt gemäß Trankopfer und Blutopfer dargebracht und vom Opferfleische gekostet, und ich ersuche euch, mir dies durch Unterschrift zu bescheinigen. Gehabt euch wohl.» [Erste Handschrift:] «Im ersten Jahre des Imperator Caesar Gaius Messius Quintus Traianus Decius Pius Felix Augustus am 22. Payni» [16. 6. 250 n. Chr.], [Zweite Handschrift:] «Wir, die Aurelier Serenos und Hermas, haben dich opfern gesehen.» [Dritte Handschrift:] «Ich, Hermas, habe unterzeichnet» («*Papyri Hamburgenses*», 1.6 – Übersetzung von H. von Soden). Ein analog ausgestellter *libellus* für eine Priesterin des ägyptischen Krokodilgottes Petesouchos beweist, daß das Opferedikt des Decius tatsächlich für alle Personen ohne jede Ausnahme galt.

Das Opferedikt des Decius ist in erster Linie als religiös-politische Integrationsmaßnahme zu verstehen und nicht als Instrument einer gezielten systematischen Christenverfolgung. Auf Grund der untrennbaren Verklammerung von Religion und Staat steht dieses Edikt in der Tradition der römischen *supplicationes,* die schon zur Zeit der Republik üblich waren und in Notzeiten oder nach großen Siegen begangen wurden. Dabei handelte es sich um die Darbringung von allgemeinen Opfern in festlicher Kleidung, Akte, die unter dem Principat durch die Einbeziehung der *salus Augusti* zugleich zum politischen Loyalitätsakt für den Herrscher geworden waren. Welcher Rang den von Decius dekretierten Opfern beigemessen wurde, geht am klarsten aus der Tatsache hervor, daß der Kaiser in Rom selbst wiederholt den religiösen Zeremonien beiwohnte, in Karthago der Proconsul. Auf Grund der Steuerregister wurde die Bevölkerung vor die örtlichen Opfer- und Überwachungskommissionen vorgeladen. Wer der ersten Vorladung nicht Folge leistete, erhielt einen zweiten Termin; erschien er auch zu diesem nicht, hatte er Gefängnis, Vermögensverlust, Verbannung, zum Teil auch Folterung und in einzelnen Fällen die Todesstrafe zu gewärtigen.

Aktive Teilnahme an Opfern wurde so zum Test religiöser Überzeugungen und gemäß den altrömischen Vorstellungen gleichzeitig zum Test politischer Loyalität. Die von Trajan einst ausdrücklich gebilligte Methode des jüngeren Plinius wurde so auf alle Reichsbewohner ausgedehnt. Wer immer das Opfer verweigerte, ob Philosophen, Agnostiker, Gottlose oder Christen, stellte sich selbst außerhalb der Religions- wie der politischen Gemeinschaft des Imperiums. Die Christen aber waren in jedem Fall die zahlenmäßig größte Gruppe von Verweigerern, die damit zugleich auch politisch diskreditiert wurden. Auf diese Weise wurde das Opferedikt des Decius notwendig zum Auslöser der ersten systematischen Christenverfolgung im Imperium überhaupt.

Das Jahr 250 n. Chr. brachte gleichzeitig einen neuen Höhepunkt der Kämpfe an der unteren Donau. In Rom überschlugen sich die Hiobsbotschaften, als nacheinander die Karpen in Dakien und die Goten in Moesien einfielen. Decius mußte sich selbst in das Kampfgebiet begeben und errang auch einen Sieg über die Goten Knivas bei *Nicopolis ad Istrum*. Doch konnte er diesen Erfolg nicht ausnützen und wandte sich nach Norden, um zunächst in Dakien die Karpen zurückzuschlagen. Allem Anschein nach löste dieser Entschluß die folgenden Katastrophen aus. Denn Kniva konnte inzwischen weit nach Süden vorstoßen und das Balkangebirge überschreiten. Decius folgte ihm zwar in Eilmärschen über den Schipkapaß, doch bei Beroea wurde er überraschend angegriffen und geschlagen; unter schwersten Verlusten zogen sich die römischen Verbände nach Norden zurück.

Decius' Niederlage bei Beroea hatte noch eine weitere, schwerwiegende Konsequenz. Die Stadt Philippopel (Plovdiv) wurde bereits seit längerer Zeit von den Goten belagert. Die dort unter dem Statthalter Iulius Priscus abgeschnittenen römischen Truppen sahen sich nach der Katastrophe von Beroea in einer fast ausweglosen Lage. Bei den Eingeschlossenen überstürzten sich die Verzweiflungsschritte. Zunächst wurde Priscus zum Kaiser ausgerufen, dann kapitulierte die Stadt, wohl in der Hoffnung auf ein erträgliches Los. Doch Bewohner und Soldaten wurden zu Tausenden erschlagen, der Rest gefangen abgeführt, Priscus selbst fand in den Wirren den Tod.

Wie schwer die römische Niederlage bei Beroea war, geht schon daraus hervor, daß ein halbes Jahr verging, ehe die römische Defensive wieder Gestalt gewann. Die versprengten Gruppen der römischen Verbände hatten sich wohl im Raume von Oescus an der Donau gesammelt, doch die Goten blieben die unumstrittenen Herren im Balkangebirge. Erst im Juni 251 n. Chr. konnte Decius bei Abrittus in der Dobrudscha noch einmal eine Schlacht wagen, wobei er vermutlich in eine gotische Falle gegangen war, denn freiwillig dürfte er sich in dem Sumpfgelände kaum zum Kampf gestellt haben. Der Tag wurde zu einer der schwersten Katastrophen des Imperiums. Nach seinem Sohn Herennius Etruscus, den der Kaiser wenige Wochen zuvor zum *Augustus* erhoben hatte, fiel auch Decius selbst im Kampf.

Der Zusammenbruch der römischen Macht an der unteren Donau war damit vollständig. Es gab keine nennenswerten Einheiten mehr, welche die Goten noch aufhalten konnten. An einen geschlossenen Widerstand war überhaupt nicht zu denken. Man rief zwar Gallus, den Legaten von Niedermoesien zum Kaiser aus, doch wirkliche Macht besaß dieser Herrscher nicht. Er mußte zusehen, wie die Goten weiterhin plünderten und brandschatzten und schließlich mit all ihrer Beute und riesigen Gefangenenmassen über die Donau zogen. Überdies wurden ihnen noch hohe jährliche Tribute zugesagt, um sie nicht zu neuen Einfällen zu verlocken.

Die Regierung des Decius endete so in einer vollständigen Katastrophe. Das Kaiserporträt des Kapitolinischen Museums zeigt ein Gesicht, in dem Anspannung und Belastung des Herrschers bis zum äußersten gesteigert sind. In einer geradezu bestürzenden Weise sind in ihm Sorgen, Krisenbewußtsein und Not zusammengefaßt, selbst der Untergang scheint vorgezeichnet. Die traditionalistische Beschwörung der *Roma aeterna* auf den

Münzen, das Bekenntnis zum *Genius Illyrici* und zum *Genius exercitus Illyriciani*, die demonstrativen Abbildungen der *Pannoniae* und der *Dacia* im Münzbild, alle Appelle und Ansätze dieser umfassenden Restauration hatten sich als erfolglos erwiesen.

Das Imperium zwischen Trebonianus Gallus und Diokletian (251–284 n. Chr.)

Nach dem Untergang des Decius gestalteten sich die Verhältnisse in der Reichsspitze turbulent. In Rom war auf die Nachricht vom Tode des Herrschers dessen zweiter Sohn Hostilianus vom Senat als *Augustus* bestä-

54 Gallienus, Porträt, Rom

tigt worden, doch zur entscheidenden Gestalt wurde der von der Donauarmee auf den Thron gehobene Trebonianus Gallus. Dieser ernannte zwar sogleich seinen eigenen Sohn, Volusianus, zunächst zum *Caesar*, später zum *Augustus*, doch adoptierte er andererseits auch Hostilian, wie er überhaupt bemüht war, Decius und dessen Familie alle Ehren zu erweisen. Zu denkbaren Rivalitäten kam es nicht, weil Hostilianus schon bald an der Pest starb.

Zusammen mit seinem Sohn eilte Trebonianus Gallus nach Rom, um sich auch dort die Herrschaft zu sichern. Die Lösung der Probleme an der unteren Donau überließ er dem aus Mauretanien stammenden Aemilianus, wie sich zeigen sollte, keine schlechte, aber eine sehr gefährliche Entscheidung. Denn Aemilian konnte während des Jahres 252 n. Chr. nicht nur die Goten zurücktreiben, sondern sie im Rahmen einer Strafexpedition auch noch über die Donau verfolgen. Das aus der Katastrophe zu Siegen vorwärtsgerissene Heer antwortete wieder einmal mit der Ausrufung seines erfolgreichen Feldherrn zum Kaiser. Auch dieser trat seinen Vormarsch gegen Italien an, der Trebonianus Gallus völlig überraschte. Die von ihm alarmierten Verbände, vor allem Teile der Rheinarmee, waren noch nicht aufgebrochen, als Aemilian schon in Umbrien stand. Vor dem massiven Angriff der Donaulegionen lösten sich die unterlegenen Abteilungen des Gallus bei Interamna auf. Trebonianus Gallus und Volusianus fanden dort im Frühjahr 253 n. Chr. den Tod.

Doch die Anhänger des Trebonianus Gallus konnten gleichsam dessen posthumen Triumph feiern. Denn als die von Gallus aufgebotenen und inzwischen in Raetien versammelten Verbände der Rheinarmee von der Katastrophe erfuhren, stellten sie sich hinter ihren Befehlshaber Licinius Valerianus, der nun ebenfalls zum Kaiser proklamiert wurde und den Einfall in Italien wagte. Daß dieser Abmarsch eines Großteils der rheinischen und raetischen Truppen neue Plünderungen der Alamannen auslösen mußte, kümmerte niemanden. Die Truppen Aemilians gaben ihre Sache verloren, Aemilian wurde ermordet, im Spätsommer 253 n. Chr. zog Valerian in Rom ein.

Der aus einer angesehenen Familie stammende Valerian war ein respektierter älterer Herr im Alter von 63 Jahren, der unter Decius in der Reichsverwaltung eine hervorragende Rolle gespielt hatte und von dem man erwarten konnte, daß er sich auch weiterhin als guter Administrator bewähren würde. Doch dazu fand er keine Gelegenheit. Seit dem Abmarsch der Verbände Aemilians aus dem Donauraum hatten sich die im ganzen Osten des Imperiums nur mühsam stabilisierten Verhältnisse dramatisch verschlechtert. An der unteren Donau, in Kleinasien und im ganzen Nahen Osten mußte Rom katastrophale Rückschläge hinnehmen. Während sarmatische Invasionen und vor allem die schon besprochenen gotischen Einfälle und Raubzüge weite Teile Griechenlands und Kleinasiens terrorisierten, waren sassanidische Verbände seit 252 n. Chr. in Mesopotamien und Syrien eingefallen. 253 n. Chr. hatten sie Antiochia eingenommen, gebrandschatzt

55 Palmyra, Luftaufnahme

und sich mit ihrer Beute und zahlreichen Gefangenen nahezu ungestört wieder über den Euphrat zurückgezogen.

Angesichts dieser Lage sah sich Valerian gezwungen, den Oberbefehl im Osten persönlich zu übernehmen; sein schon vorher zum *Augustus* erhobener, damals fünfunddreißigjähriger Sohn Gallienus erhielt den Westen des Imperiums als Aufgabenbereich zugewiesen. Valerian bezog zwar 254 n. Chr. in Samosata ein Hauptquartier, doch fehlten ihm für größere militärische Gegenaktionen geraume Zeit alle Kräfte. So ging 256 n. Chr. auch

Dura-Europos, eine der wichtigsten römischen Verteidigungspositionen am mittleren Euphrat verloren. Dura, wie der ursprüngliche Name der Siedlung lautete, war vor 280 v. Chr. von Seleukos Nikator als Euphratfestung Europos ausgebaut worden, um 100 v. Chr. in parthische, 165 n. Chr. dann in römische Hand gefallen. Wahrscheinlich seit Severus Alexander war es Sitz eines *dux*, eines Befehlshabers der römischen Grenzverteidigung in diesem Raum.

Die von amerikanischen Gelehrten unter maßgebender Beteiligung von M. Rostovtzeff durchgeführten Ausgrabungen legten nicht nur das militärische Zentrum, sondern neben den Wohnbezirken auch zahlreiche Tempel und Kultbauten frei, darunter eine mit Fresken aus dem Alten Testament ausgeschmückte Synagoge und ein in eine christliche Kirche umgewandeltes Privathaus, das sich hinter einem Turm der Stadtmauer befand. Die Funde von Dura-Europos dokumentieren die Überlagerungen orientalischer, hellenistischer, römischer, jüdischer und christlicher Elemente auf eine exemplarische Weise, überraschend stark aber auch die Kontinuität der arabischen und palmyrenischen Kräfte und Formen.

Wie die Ausgrabungen zeigen, entspann sich 256 n. Chr. um die Festung ein erbitterter Kampf. Unterirdische Stollen der Sassaniden und Gegenstollen der Römer trafen aufeinander und führten zu furchtbarem Gemetzel. Dennoch gelang den Sassaniden auch hier die Einnahme der Stadt. Mochten einzelne Vorstöße der Sassaniden scheitern, einzelne römische Gegenangriffe gelingen, die römische Reichsprägung die *Victoria Parthica* feiern, die Krise erreichte ihren Höhepunkt, als Schapur I. im Jahre 260 n. Chr. auf breiter Front eine neue Offensive eröffnete, die schließlich zur schwersten Katastrophe führte, welche die Römer im Nahen Osten erlitten. Während von römischer Seite nur völlig unzulängliche Nachrichten vorliegen, ist dank den Denkmälern von Naqsch-i Rustam die offizielle sassanidische Darstellung des Geschehens bekannt.

An den Felswänden dieses nördlich von Persepolis gelegenen Platzes befindet sich ein monumentales Felsrelief, das die Unterwerfung des geschlagenen Valerian vor Schapur I. zeigt und dabei den römischen Kaiser bei einer fußfälligen Geste im Feldherrnmantel vor dem zu Pferde sitzenden Sassanidenherrscher abbildet. Die wichtigste Geschichtsquelle für diesen Bereich, die dreisprachige Inschrift der sogenannten *res gestae divi Saporis*, des Tatenberichts Schapurs I., wurde erst in den dreißiger Jahren unseres Jahrhunderts entdeckt. Diese Inschrift wird durch die volle Titulatur Schapurs eingeleitet: «Ich, der Verehrer Mazdas, der Gott Sapor, König der Könige der Iranier und Nicht-Iranier, aus dem Geschlecht der Götter, Sohn des Mazdaverehrers, des Gottes Ardaschir, des Königs der Könige der Iranier, aus dem Geschlecht der Götter, Enkel des Königs Papak – über das Reich Iran bin ich Herr.» Es folgt eine Beschreibung des Reichsumfangs und sodann ein zusammenfassender Rechenschaftsbericht über drei große Kriege gegen die Römer. Dieser Bericht greift bis zu den Kämpfen gegen Gordian III. zurück und endet mit dem Triumph über Valerian. In einem zweiten Hauptteil wird dann die religiöse Aktivität Schapurs I. geschildert, die Anlage von Feuerheiligtümern und der Vollzug von Opfern. Schließlich betont Schapur I. seine Rolle als göttliches Werkzeug, die er dem Nachfolger als Vorbild vor Augen hält.

Im Mittelpunkt der Inschrift steht die stolze Schilderung der Vorgänge des Jahres 260 n. Chr.: «Während des dritten Feldzuges, als wir Karrhae und Edessa angegriffen hatten und Karrhae und Edessa belagerten, zog Kaiser Valerian gegen uns. Bei ihm waren [Truppen] aus Germanien, Raetien, *Noricum,* Dakien, Pannonien, Mysien, Istrien, Spanien, Mauretanien, Thrakien, Bithynien, Asien, Pamphylien, Isaurien, Lykaonien, Galatien, Lykien, Kilikien, Kappadokien, Phrygien, Syrien, Phoenikien, *Iudaea,* Arabien, Mauretanien, Germanien, Lydien, Osphoene, Mesopotamien: eine Streitmacht von 70000 Mann. Und jenseits von Karrhae und Edessa hatten wir eine große Schlacht mit Kaiser Valerian. Und Kaiser Valerian nahmen wir mit eigenen Händen gefangen, und auch den *praefectus praetorio,* Senatoren und Offiziere, die jene Armee befehligten, alle haben wir sie zu Gefangenen gemacht und sie in die *Persis* verschleppt. Und Syrien, Kilikien und Kappadokien haben wir gebrandschatzt, zerstört und geplündert.»

Es folgt dann die lange Liste der 36 eingenommenen Städte sowie das Resultat: «Und die Menschen, die wir auf dem Boden des Römischen Reiches, unter den Nicht-Iraniern, gefangengenommen haben, haben wir deportiert. Und in unserem Reich Iran, in der *Persis,* in Parthien, in *Susiana* und in Assyrien und in den anderen Reichsteilen, in denen wir, unser Vater und unsere Vorfahren Grundbesitz hatten, dort haben wir sie angesiedelt» (Übersetzung von A. Maricq – C. Wassner).

Nach der Niederlage Valerians wurde der sassanidische Angriff weit nach Westen vorgetragen, Syrien überrannt, Antiochia erneut eingenommen und geplündert. Bis tief nach Kleinasien stießen sassanidische Abteilungen vor. Doch inmitten dieses Zusammenbruchs hielten sich auch Inseln des römischen Widerstandes. Vor allem Odaenathus, der Herrscher von Palmyra, Macrianus, der erfolgreich Edessa verteidigte, und Callistus, der römische Befehlshaber in Kleinasien, traten nun an die Spitze der Abwehr. Valerians Ende ist nicht bekannt, der Kaiser ist in sassanidischer Haft verschollen.

Valerians Untergang führte im Osten des Imperiums zu einem kurzlebigen Usurpationsversuch des Macrianus und Callistus, zu einer Erhebung, der sich Ägypten ebenso angeschlossen hatte wie Teile der Donaulegionen. Doch Aureolus, der Befehlshaber des zentralen römischen Kavalleriekorps, konnte die Aufständischen im Frühsommer 261 n. Chr. vernichtend schlagen; im Osten hatte Odaenathus von Palmyra ihre dortigen Positionen eingenommen. Damit war er zur wichtigsten Persönlichkeit im ganzen Osten des Imperiums geworden.

Die paradoxe Entwicklung im Nahen Osten, die schließlich zur Bildung des Sonderreiches von Palmyra führen sollte, wird nur dann verständlich, wenn die Funktion der reichen Handels- und Karawanenstadt am Rande der syrischen Wüste berücksichtigt wird. Aus einem inschriftlich überlieferten Zoll- und Steuertarif des Jahres 137 n. Chr. geht die Vielfalt der Handelsprodukte hervor, die damals in der Stadt umgeschlagen wurden: nicht nur purpurgefärbte Stoffe des Transitverkehrs zwischen Phoenikien und Persien, Parfüm, Olivenöl, Getreide, Felle, getrocknete Früchte, sondern auch Bronzeplastiken und Sklaven. Auf diesen Handel gründete sich der immense Reichtum der Stadt, von dem die Überreste der monumentalen Tempel für Bel und Baalshamin ebenso Zeugnis ablegen wie die Wälder korinthischer Säulen, die Triumphbogen, der riesige Marktplatz, eines der größten Theater des Ostens und nicht zuletzt die zum Teil bis zu 37 m hohen Grabtürme.

Die Existenz der Stadt stand und fiel mit dem Karawanenhandel zum Euphrat. Als die Sassaniden diesen Handel lahmlegten, ernteten sie deshalb auch die konsequente Feindschaft Palmyras. Odaenathus bot nicht nur arsakidischen Emigranten ein sicheres Exil, er rüstete gleichzeitig mit allen Kräften auf und schloß sich eng an die römische Zentralgewalt an. Seine Stellung festigte sich noch weiter, als er unter Berufung auf seine Treuepflicht gegenüber Gallienus die Usurpatoren bekämpft hatte. Er wurde nun zum *corrector totius orientis* ernannt. Gallienus ließ ihm völlig freie Hand. Wohl schon im Jahre 262 n. Chr. konnte Odaenathus Karrhae und Nisibis zurückerobern, im selben Jahr bis nach Ktesiphon vorstoßen und damit für kurze Zeit den Euphrathandel seiner Heimatstadt sichern. Hierin dürfte sich die Koinzidenz der palmyrenischen Interessen mit jenen des Reichsganzen am deutlichsten zeigen.

Mitten in diesen erfolgreichen Unternehmungen wurde Odaenathus, zusammen mit seinem ältesten Sohn, im Jahre 267 n. Chr. ermordet. Die Witwe des Ermordeten, Zenobia, gab die Herrschaft indessen keinen Augenblick preis. Im Namen ihres Sohnes Vaballath setzte sie vielmehr die Politik ihres Mannes konsequent fort. In ihr trat so noch einmal eine jener großen Frauengestalten aus dem syrisch-arabischen Raum, die für die Geschichte des 3. Jahrhunderts n. Chr. von so großer Bedeutung wurden, in den Mittelpunkt des Geschehens. Da die Kräfte der römischen Zentralregierung noch Jahre hindurch im Westen und an der Donau gebunden waren, konnte Zenobia auch von einer ungewöhnlich günstigen politischen und militärischen Konstellation profitieren.

Palmyrenische Verbände besetzten damals das von einer ganzen Reihe von Erhebungen und dem Gegenschlag der Zentralregierung erschütterte Ägypten ebenso wie große Teile Kleinasiens. Zenobias Einfluß erreichte bei Chalkedon selbst den Bosporus. Für einen kurzen Augenblick wuchs die Macht der reichen Handelsstadt Palmyra so in jenes weltpolitische Format hinein, das zuvor Karthago, später Venedig eingenommen haben. Doch die

Stadt mußte schließlich teuer dafür bezahlen, daß sie sich nicht damit begnügte, in römischem Auftrage zu handeln, und es vielmehr wagte, im Nahen Osten einen selbständigen Machtbereich zu organisieren. Denn sobald die römische Zentralgewalt wieder freie Hand hatte und sobald in Aurelian (270–275 n. Chr.) ein fähiger Militär die römischen Ansprüche auch durchsetzen konnte, brach das Sonderreich von Palmyra so rasch wieder zusammen, wie es gebildet worden war. Sobald sich Zenobia und Vaballath nicht mehr auf die Autorität Roms berufen konnten, waren die ägyptischen, syrischen und kleinasiatischen Städte nicht mehr bereit, die Oberhoheit Palmyras anzuerkennen. Die traditionelle Vielfalt der politischen und kulturellen Kräfte verhinderte hier die Akzeptanz einer regionalen Führungsmacht.

In zwei Feldzügen der Jahre 271 und 272 n. Chr. warf Aurelian die Aufständischen nach schweren Kämpfen nieder. Über Zenobias letzte Lebensjahre ist die historische Überlieferung widerspruchsvoll. Nach dem Bericht der *Historia Augusta* wurde sie in Aurelians großem Triumph des Jahres 274 n. Chr. in goldenen Ketten mitgeführt und soll schließlich im italischen Exil gestorben sein. Die von Aurelians Truppen ausgeplünderte Stadt Palmyra aber hat sich von den damals erlittenen Verlusten nie mehr erholt. Die für sie so charakteristischen Grabtürme und die großen unterirdischen Grabkammern der reichen Familien enden nun. Soweit die alte Führungsschicht überhaupt überlebt hatte, war sie bedeutungslos geworden.

Abul-Feda, der arabische Historiker und Geograph des frühen 14. Jahrhunderts, wußte von Palmyra nur noch dies zu berichten: «Tadmor [Palmyra] ist eine kleine Stadt in der Provinz von Emesa... Man findet dort überwältigende Denkmäler, die einer großen Vergangenheit angehören. Man erzählt, daß eine Frau diese Stadt gegründet hat und daß sie als Gefangene der Römer gestorben ist.» Durch ein Erdbeben vollends zerstört, blieb die Stätte in Europa bis in das 17. Jahrhundert hinein unbekannt. Erst englische Kaufleute aus Aleppo haben sie gegen Ende des 17. Jahrhunderts wiederentdeckt, und erst seit dem Anfang unseres Jahrhunderts setzte dann auch eine systematische archäologische Erforschung, vor allem durch französische, deutsche und polnische Gelehrte ein, die Palmyra wieder in das Bewußtsein der Altertumswissenschaft wie der Touristen rückte.

Valerian hatte seinem Sohn und Mitkaiser Gallienus alles andere als einen friedlichen Reichsteil überlassen. Aus dem Rückblick des 4. Jahrhunderts n. Chr. schildert Aurelius Victor die damalige Situation folgendermaßen: «Die Goten drangen, ohne Widerstand zu finden, nach Thrakien vor und besetzten Makedonien, *Achaia* und die benachbarten Gebiete Asiens, die Parther Mesopotamien, der Orient war in der Hand von Räubern oder unter der Herrschaft einer Frau [Zenobias]. Die Macht der Alamannen besetzte damals in ähnlicher Weise Italien, Frankenstämme plünderten Gallien und setzten sich in Spanien fest, wo sie die Stadt Tarraco [Tarragona] verwüsteten und fast völlig ausplünderten; ja ein Teil von ihnen drang auf Schiffen, die ihnen in die Hand gefallen waren, bis nach Afrika vor; verloren ging alles, was Traianus jenseits der Donau erobert hatte. So wurde wie von Stürmen, die von allen Seiten wüteten, auf dem ganzen Erdkreise alles, Kleines und Großes, Unterstes und Oberstes, durcheinandergeworfen. Zugleich drang die Pest in Rom ein...» («*De Caesaribus*» 33,3 ff. – Übersetzung von W. Arend).

So chaotisch die Lage schon in den fünfziger Jahren war, den Höhepunkt der Krise führte dann das Jahr 260 n. Chr., das Jahr von Valerians Gefangennahme, herauf. Denn durch diese Katastrophe wurde nun auch das Prestige des Gallienus aufs schwerste erschüttert. Wie die Pilze schossen jetzt die Gegenkaiser hervor; die Epoche der dreißig Tyrannen, wie sie die «*Historia Augusta*» in einer etwas großzügigen Zählweise zusammenfaßt, erreichte ihren Zenit. Wie immer es um die Existenzen der Usurpatoren und um die historische Realität jener dubiosen Überlieferung bestellt sein mag, in weiten Teilen des Imperiums herrschte jedenfalls völlige Anarchie.

Im Donauraum hatte sich im Jahre 260 n. Chr. Ingenuus, der Statthalter von Pannonien, zum Gegenkaiser ausrufen lassen und bald auch Moesien hinter sich gebracht. Doch ehe er seine Macht konsolidieren konnte, war das Kavalleriekorps des Gallienus unter Aureolus zur Stelle und warf die Verbände des Ingenuus bei Mursa, am Unterlauf der Drau, nieder. Doch kaum waren hier die Flammen des Aufstandes gelöscht, da loderten in Oberpannonien neue auf. In Carnuntum ließ sich Regalianus auf den Schild heben und für sich und seine Frau Dryantilla Münzen prägen, deren großer Seltenheitswert zugleich ein Zeichen für die Kürze dieser Regierung ist. Nach nur wenigen Wochen war auch diese Usurpation gescheitert.

Selbst an der Rheinfront, auf jenem Kriegsschauplatz, dem Gallienus seine besondere Beachtung schenkte, brach seine Herrschaft überraschend zusammen. Um die Lage zu stabilisieren, hatte Gallienus noch im Jahre 257 n. Chr. eine Reichsmünzstätte von Viminacium nach Köln verlegt und bald darauf seinen zum Caesar erhobenen Sohn Saloninus dort mit dem nominellen Oberbefehl betraut, während faktisch der loyale Befehlshaber Silvanus die Defensive leitete. Über der Frage, ob die Beute aus einem Germanensieg den beteiligten Truppen oder dem Oberkommando zustünde, kam es hier zum Konflikt zwischen Silvanus und Saloninus einerseits, dem obergermanischen Statthalter und Heerführer Postumus andererseits. Postumus schloß Köln ein, die Stadt ergab sich, Silvanus und der Kaisersohn wurden erschlagen. Postumus aber hatte nun die Konsequenzen zu ziehen und zögerte auch nicht, ein gallisches Sonderreich zu etablieren.

Im Unterschied zu den zahlreichen lokalen Usurpationen übernahm dieses Sonderreich während seines Bestehens, das heißt während eineinhalb Jahrzehnten, regionale Defensivfunktionen des Imperiums in einer ganz ähnlichen Weise, wie sie das palmyrenische Sonderreich unter Odaenathus erfüllt hatte. Offensichtlich gelang es Postumus auch im Laufe der Jahre, die verschiedensten sozialen Gruppen an sich zu binden und mit seiner Herrschaft zu identifizieren: Nicht nur das Grenzheer und dessen Offizierskorps, sondern auch die regionale Führungsschicht, den in Gallien besonders reichen Adel der Großgrundbesitzer, die Municipalaristokratie, aber auch die Masse der Bevölkerung in Stadt und Land, die diese Herrschaft lange Zeit hingenommen hat.

In der Abwehr germanischer Einfälle lag die wichtigste Legitimation des Postumus. Doch sosehr er im übrigen die gemeinsamen Interessen und Traditionen der Region mobilisierte, so eindeutig behielt er die römischen Formen der Herrschaft bei. Trier und Köln dienten als Residenzen und besaßen zugleich Münzstätten, deren künstlerisch besonders eindrucksvolle Goldprägung diejenige des Gallienus in ihrer Qualität zum Teil übertraf. *En-face*-Darstellungen mit Strahlenkrone, Verbindungen mit Sol und Herkules sind Zeugnisse einer imponierenden Herrscherrepräsentation und Selbstdarstellung, während die Rückseiten der Münzen oft genug eine *Victoria Germanica* feierten oder den Kaiser als *restitutor Galliarum* rühmten. Die Autorität des Postumus wuchs, zeitweilig haben sich ihm auch die spanischen Provinzen und Britannien unterstellt.

Da Gallienus zunächst die Hände durch Kämpfe auf der Balkanhalbinsel und in Ägypten gebunden waren und Postumus in Italien selbst nicht eingriff, wurde die Auseinandersetzung mit dem gallischen Sonderreich erst nach 263 n. Chr. konsequent eröffnet. Sie zog sich jahrelang hin und erreichte ihren Höhepunkt, als sich der Kavalleriebefehlshaber Aureolus in Mailand offen zu Postumus bekannte und für diesen dort bereits Münzen prägen ließ. Während der Belagerung Mailands im Jahre 268 n. Chr. wurde Gallienus dann das Opfer eines Komplotts seiner Kommandeure, aber auch Aureolus fand den Tod, nachdem die Stadt kapituliert hatte. Schließlich wurde wenig später auch Postumus vor Mainz erschlagen, nachdem er sich geweigert hatte, die von dem Usurpator Laelianus besetzte und zurückeroberte Stadt von seinen Truppen plündern zu lassen.

Innerhalb weniger Jahre zerbrach nun auch das scheinbar so konsolidierte gallische Sonderreich. Die letzten Regenten, Victorinus (268–270 n. Chr.) und Tetricus (270–273 n. Chr.), waren von ihren Aufgaben überfordert. In einer Entscheidungsschlacht bei Châlons zog Aurelian den Schlußstrich unter die regionale Machtbildung, wobei das gallische Reich paradoxerweise im Verrat seines Kaisers Tetricus endete, der denn auch als hoher Zivilbeamter der Administration Italiens, als *corrector Lucaniae*, sein Leben beschließen konnte.

Gallienus hat diesen Triumph ebensowenig erlebt wie die endgültige Konsolidierung des Imperiums. Als er starb, war die Bilanz seiner äußeren Politik düster genug. Und doch hat gerade dieser Kaiser gleichzeitig in seiner

Verwaltungs- und Militärpolitik Maßnahmen getroffen, die durchaus realistisch waren und auch in Zukunft beibehalten wurden. Obwohl er selbst der sozialen Oberschicht entstammte, brachte gerade seine Regierung den weitgehenden Ausschluß der Senatoren aus der Leitung der Reichsverwaltung und der militärischen Führungspositionen. Bis in die Zeit des Gallienus waren die Legionslegaten in der Regel noch immer Senatoren gewesen. Künftig trat jedoch an die Stelle des senatorischen *legatus legionis* ein dem Ritterstand angehörender Präfekt. Auch in der Provinzialverwaltung konnten die Senatoren in Zukunft jene Provinzen, in welchen Truppen standen, nicht mehr übernehmen. Das Berufssoldatentum, dessen Spitzen dem Ritterstand angehörten, gewann damit noch größeren Einfluß.

Allein die Ausschaltung der Senatoren aus der militärischen und administrativen Führungsebene hatte für die Angehörigen dieses Standes auch positive Auswirkungen. Sie konnten sich nun in erster Linie auf die Bewirtschaftung ihres Großgrundbesitzes konzentrieren und diesen zum Teil durch alle Krisen des 3. Jahrhunderts n. Chr. retten. Kleinere Gruppen unter ihnen wandten sich der Pflege der antiken Literatur und der Künste zu. Wenn es im 4. Jahrhundert n. Chr. im Kreis um Symmachus noch einmal eine Renaissance der traditionellen römischen Literatur gab, so lagen die Voraussetzungen dafür auch hierin begründet.

Im militärischen Bereich dagegen erwies sich die Formierung eines zentralen Kavalleriekorps als äußerst folgenschwer. Diese neugeschaffene, mobile und sehr schlagkräftige Eingreifreserve erübrigte zwar in vielen Fällen die bisherigen Improvisationen von Fall zu Fall, als Kampfgruppen, *vexillationes*, der Legionen zusammengezogen wurden, um Einbrüche abzuriegeln, Gegenoffensiven durchzuführen oder Usurpationen zu bereinigen. Gleichzeitig eröffnete jedoch diese militärische Konzentration den Befehlshabern des Kavalleriekorps Möglichkeiten, wie sie einst die Prätorianerpräfekten besaßen. Es ist kein Zufall, daß Aureolus, Aurelian und Probus von dieser Stellung aus zum Kaisertum aufstiegen.

In anderen Bereichen der inneren Politik wird die Regierung des Gallienus vor allem durch die bewußte Distanzierung vom Vater, von Valerian, gekennzeichnet. Wie weit zwischen den beiden Kaisern schon vor der Katastrophe Valerians eine Entfremdung eingetreten war, läßt sich schwer abschätzen. Nach der Gefangennahme des Vaters ließ das Verhalten des Sohnes jedenfalls an Deutlichkeit nichts zu wünschen übrig. Gallienus hat niemals einen Versuch unternommen, seinen Vater, sei es durch Verhandlungen, sei es durch andere Mittel freizubekommen. Er hat sich im Gegenteil auf jede nur denkbare Weise von ihm getrennt: Der Name Valerianus wurde in der Familie getilgt, die unter den Auspizien des Vaters errungenen Siege nicht mehr mitgezählt, in Ägypten dazu eine neu Ära eröffnet. In der Behandlung des Christentums wurde die Politik des Vaters nicht mehr fortgesetzt.

Der persönliche Stil des Gallienus wird vor allem in den Bereichen der Kunst und der Kultur in der Regel mit dem Schlagwort der «gallienischen Renaissance» charakterisiert. Tatsächlich ist das bewußte Bekenntnis dieses Herrschers zu den verschiedensten Elementen des Hellenentums typisch für seine geistige Welt. So besuchte er zwischen den Feldzügen Athen, ließ sich dort zum Archon wählen und sich insbesondere auch in die eleusinischen Mysterien einweihen. Dem Kult der Demeter von Eleusis fühlte er sich fortan besonders verbunden. Er ließ Münzen prägen, die ihn selbst als Demeter mit einer Kornähre im Haar abbilden, in einzelnen Fällen auch die auffallende Legende *«Gallienae Augustae»* tragen. Wie immer diese zu deuten ist, Gallienus beanspruchte Demeter für sich, indem er ihr seine eigenen Gesichtszüge aufprägen ließ.

Wenn freilich aus solchen Phänomenen darauf geschlossen wurde, daß Gallienus die Absicht verfolgte, die eleusinischen Mysterien in eine Art von Reichskult umzuwandeln, so gibt es dafür keinerlei schlüssige Beweise. Wie alle übrigen Mysterienreligionen, so erfreuten sich gewiß auch die eleusinischen Mysterien im 3. Jahrhundert n. Chr. großer Beliebtheit. Aber es handelte sich bei ihnen nun einmal in erster Linie um einen lokalen, exklusiven Kult, dessen Vorstellungswelt und dessen Formen nicht geeignet waren, um eine Massenreligion im ganzen Reich zu bilden.

Auch Gallienus' Verbindung zu Plotin und vielleicht auch zu Porphyrios sollte man nicht überschätzen. Mehr als eine generelle Wertschätzung hellenischer Kräfte und Formen dokumentiert dies alles nicht. Am eindrucksvollsten sind die Formen dieser Renaissance in den Kunstwerken der Zeit, vor allem auch in den Kaiserporträts, zu fassen. Im typischen Kontrast der Locken- und Bartmassen zu den auffallend weichen Gesichtern, in ihrer starken Plastizität und in ihrer Akzentuierung der Empfindsamkeit markieren sie eine entschiedene Reaktion gegen jene Stilrichtungen, die sich dann in der Spätantike voll entfalteten. Bei den Zeitgenossen fand die gallienische Renaissance insgesamt freilich alles andere als einhellige Zustimmung. Weite Kreise waren offensichtlich der Meinung, daß es inmitten der Grenzkriege und Usurpationen dringendere Probleme gäbe als die Manifestation hellenischer Kultur.

Es kam hinzu, daß Leben und Auftreten dieses Kaisers auch sonst genügend Angriffsflächen boten. Gallienus' Mutter war etruskischer Abstammung, und mit dieser Herkunft verband man häufig die Freude des Kaisers an Spielen aller Art sowie eine ausgeprägte Lebenslust, die den Reizen der Tafel ebenso zugetan war wie denen der Frauen. So wurde er in der *«Historia Augusta»* als *sordidissimus feminarum omnium* apostrophiert, und auch die Kompendienliteratur des 4. Jahrhunderts n. Chr. schildert ähnliche Züge, die schließlich zu dem Bild eines verweiblichten und verweichlichten Kaisers führten. In der modernen Forschung blieb die Bewertung des Gallienus umstritten: Während Mommsen ihn als «nicht die unfähigste, aber doch wohl die unwürdigste Figur in der langen Reihe monarchischer Caricaturen» bezeichnete, Neumann ihn als «Typus des Neurasthenikers» abtat, führte ein moderner Ehrenrettungsversuch von A. Alföldi nicht zum Ziel. Obwohl Gallienus, diese so widerspruchsvolle Natur, nicht geringe positive Maßnahmen ergriff, liegt auf seiner Regierung der Schatten der Erfolglosigkeit, den auch moderne Sympathien nicht wegwischen können.

Die Regierungen der Herrscher zwischen Gallienus und Diokletian, zwischen 268 und 284 n. Chr., bilden die letzte Phase der Epoche der Soldatenkaiser und leiten insgesamt von der Zersplitterung der Reichsgewalt über in eine neue Struktur des Imperiums. Militärisch und außenpolitisch gelang damals endlich die dauernde Behauptung; die großen Siege dieser Kaiser brachen für geraume Zeit den Anprall der Invasionen. Auch im Innern des Imperiums wurden nun die regionalen, verselbständigten Organismen zerschlagen und dem Gesamtverband wieder angeschlossen. Endlich verstärkten sich auf religiösem Gebiet Tendenzen zu neuen, allumgreifenden Kulten, vor allem in jenem des *Sol invictus*, der gleichsam die Vorstufe einer christlichen Reichsreligion bilden sollte.

Der Tiefpunkt der Krise wurde bereits unter dem ersten der Herrscher dieser Kaisergruppe, unter Claudius Goticus (268–270 n. Chr.), überwunden. Die Bedeutung seines kurzen Regiments liegt darin, daß nun ein realistischer, äußerst aktiver Kurs eingeschlagen wurde, den auch die folgenden Herrscher konsequent weiterverfolgten, und daß vor allem eindeutige militärische Erfolge erzielt wurden. Der etwa fünfzigjährige Kaiser stammte aus Illyrien und hatte sich in der Armee hochgedient. Durch das Mailänder Komplott der Befehlshaber des Gallienus war er auf den Thron gelangt. Die Niederwerfung des Aureolus, ein Sieg über die Alamannen am Gardasee (268 n. Chr.), die Bildung eines Brückenkopfes im Raume von Grenoble gegen das gallische Sonderreich waren seine ersten militärischen Erfolge, ein entscheidender Sieg über die Goten im mittleren Moravatal, der ihm den Siegerbeinamen des *Goticus maximus* einbrachte (269 n. Chr.), der wichtigste. Doch schon zu Anfang des Jahres 270 n. Chr. starb Claudius Goticus in Sirmium an der Pest.

Auf die Nachricht vom Tode des allseits respektierten Kaisers handelte der römische Senat diesmal unverzüglich und ernannte Quintillus, den Bruder des Claudius Goticus, zum Nachfolger. Doch wie bemüht, maßvoll, nach allen Seiten entgegenkommend Quintillus auch immer war, ein Mann nach dem Herzen der Truppe war er nicht, und dies allein zählte in jenem Augenblick. So rief die Donauarmee im April 270 n. Chr. den ihr vertrauten Kommandeur des Kavalleriekorps, Aurelian, zum Kaiser aus. Auch Aurelian war wie Claudius Goticus als Berufssoldat aufgestiegen und hatte sich vor allem immer wieder als Reiterführer bewährt. Schon die Nachricht von seiner Ausrufung und von seinem Anrücken genügte, um die Truppen des vom Senat berufenen Kaisers Quintillus zum Abfall zu veranlassen und den legalen Herrscher zum Selbstmord zu treiben.

Aurelian aber fand in den nächsten zwei Jahren keine Zeit, um eigene Initiativen zu entwickeln, denn fast pausenlos brachen nun noch einmal Invasionen und innere Wirren über das Reich herein. Mit der Defensive gegen diese Einfälle und der Behauptung der Macht im Innern hatte der Herrscher zunächst alle Hände voll zu tun. Die erste Welle dieser neuen Flut bildeten die Iuthungen, ein suebischer Teilstamm, der im Jahre 270 n. Chr. durch Raetien vorstieß und in Italien einfiel. Die Iuthungen verfügten über eine starke Reiterei, die ihren Plünderungszug fast unberechenbar machte. Ein erster Sieg Aurelians über die mit Beute beladenen Reiterscharen an der Donau, weitere Abwehrerfolge gegen die Sarmaten und Vandalen in Pannonien zeitigten nur kurzfristige Wirkung; schon im Frühjahr 271 n. Chr. drangen Iuthungen und Alamannen erneut in Italien ein, und diese Invasion sollte sich zu einer ernsten Gefahr für die ganze Apenninhalbinsel entwickeln.

Nach einer Katastrophe der römischen Armee im Raume von Placentia sowie weiteren Niederlagen brandschatzten die Iuthungen bis in Umbrien. In Rom selbst kam es zu Unruhen, auch im übrigen von Aurelian beherrschten Teil des Imperiums brachen Aufstände aus, so in Dalmatien und in der *Narbonensis*. Für Aurelian schien alles verloren, die Situation hoffnungslos. Daß sich der einfache Kavallerieführer, der Aurelian auch als Kaiser stets geblieben ist, aus einem solch vollständigen Zusammenbruch aufraffen und in weniger als drei Jahren Kohärenz und Sicherheit des gesamten Imperiums gewährleisten konnte, ist eine der größten Leistungen, die je ein römischer Kaiser vollbrachte.

In Italien konnte Aurelian davon profitieren, daß sich Iuthungen und Alamannen in kleinere Abteilungen verzettelten, um in allen Himmelsrichtungen plündern zu können. In drei größeren Gefechten, am Metaurus, bei Fano und bei Ticinum, rieb Aurelian ihre Verbände auf. Die Apenninhalbinsel hat nach diesen Erfolgen bis zum Zug Alarichs im Jahre 401 n. Chr. keine germanischen Einfälle mehr erlebt. In Rom mußte danach im sogenannten *bellum monetariorum* eine Revolte der Münzarbeiter niedergeworfen werden, die offensichtlich gegen Aurelians Reformmaßnahmen rebellierten. In erbitterten Straßenschlachten um den Mons Caelius, in denen angeblich 7000 Soldaten fielen, wurde dieser Aufstand unterdrückt. Auch Ansätze einer senatorischen Opposition wurden damals in Blut erstickt.

Der Konsolidierung seiner Macht und der Sicherheit der Hauptstadt galten freilich auch andere Maßnahmen Aurelians. Da einerseits vorauszusehen war, daß der Kaiser mit dem Heer jahrelang abwesend sein würde, andererseits neue Germaneneinfälle immerhin denkbar waren, wurde die Neubefestigung der Hauptstadt angeordnet. Diese Befestigung Roms mußte dabei in erster Linie von den römischen Bürgern selbst ausgeführt werden, denn die Truppen brachen bald zu den großen Feldzügen auf. So haben denn die Genossenschaften der Handwerker, die Kollegien, die große Aurelianische Stadtmauer errichtet. Mit einem Gesamtumfang von 18,8 km umspannte sie die Stadt, und erreichte eine Normalhöhe von 6 m und eine Breite von 3,60 m. 18 große Stadttore waren in sie eingelassen, 381 Befestigungstürme flankierend vorgesetzt, insgesamt wurde eine Fläche von 1372,5 ha umschlossen. Während *correctores* die Regionalverteidigung der einzelnen italischen Landschaften überwachten, wurde gleichzeitig auch in anderen italischen Städten mit dem Ausbau oder der Wiederherstellung der Stadtmauern begonnen.

Nach dieser umfassenden Sicherung der Hauptstadt und Italiens und der inzwischen erfolgten Niederschlagung der Revolten in Dalmatien und im Westen konnte sich Aurelian endlich der Lösung der größeren außen- und innenpolitischen Aufgaben zuwenden. Am prekärsten war hiervon erneut die Lage im Donauraum geworden, wo im Sommer des Jahres 271 n. Chr. Goten und Alanen selbst in Thrakien und Illyrien einfielen. An der Spitze aller verfügbaren mobilen Kräfte konnte Aurelian die Invasoren im Herbst 271 n. Chr. schlagen und über die Donau zurückwerfen. Der eindrucksvolle Erfolg hätte es Aurelian gewiß erlaubt, die Dinge auf sich beruhen zu lassen, doch dieser Kaiser war entschlossen, die großen Probleme der Reichsverteidigung auf Dauer zu lösen.

Die dakische Bastion des Imperiums war seit zwei Jahrzehnten zu einem umstrittenen Vorfeld nördlich der Donau geworden. Nahezu Jahr um Jahr fielen dort Goten, Alanen und Sarmaten ein; angesichts des unaufhaltsamen und immer weiter anwachsenden Druckes konnten die römischen Gegenangriffe keine dauernde Abhilfe schaffen. Land und Siedlungen waren bereits weithin zerstört und ausgeplündert, lediglich in einzelnen Stützpunkten und Festungen hielten sich noch römische Verbände, die jedoch viel zu schwach waren, um die Verteidigung der dakischen Provinzen zu gewährleisten. Aurelian konnte deshalb nur den Schlußstrich ziehen und durch eine freiwillige Räumung der alten dakischen Provinzen wenigstens das noch retten, was andernfalls auf längere Sicht verloren war. Zwar sind die Einzelheiten der Räumung Dakiens und die Etappen der Durchführung nicht bekannt, die Sprache der Fakten ist indessen klar genug.

Nach dem Sieg des Jahres 271 n. Chr. wurde der Großteil der Bevölkerung aus den Gebieten nördlich der Donau umgesiedelt, der Rest der noch in Dakien stehenden römischen Garnisonen abgezogen. Diesseits der Donau, im Raum zwischen Ober- und Niedermoesien schuf Aurelian zwei neue Kleinprovinzen, die wenigstens den Namen eines römischen Dakien weiter bewahrten: An der Donau selbst entstand die Provinz *Dacia Ripensis* mit Legionslagern in Ratiaria und Oescus, im Landesinnern *Dacia Mediterrania* mit der Hauptstadt Serdica, an der Stelle des modernen Sofia. Umsiedlung und Neuordnung gelangen offensichtlich ohne äußere Störungen.

Die Räumung Dakiens wurde in der modernen Forschung sehr intensiv erörtert, das Problem römischer Kontinuität dabei immer wieder auch unter nationalen und politischen Ambitionen behandelt, wobei vor allem ungarische und rumänische Interessen aufeinanderstießen. Wie die archäologischen Zeugnisse lehren, dürfte jedenfalls der weitaus größte Teil der römischen und stark romanisierten Bevölkerung Dakiens, das heißt insbesondere alle jene Bevölkerungsschichten, welchen die römische Kultur etwas bedeutete, das Land zusammen mit den Legionen verlassen haben. Doch wie alle modernen Erfahrungen zeigen, blieben andererseits die weniger assimilierten, in erster Linie an ihrem Grund und Boden interessierten Siedler im Land zurück. Von den ehemaligen dakischen Provinzen aber nahmen nun jene Stämme Besitz, die dieses Gebiet so lange Zeit durchstürmt hatten, in erster Linie die Westgoten, neben ihnen Gepiden, Vandalen und Karpen.

Aurelians Donaufeldzug leitete unmittelbar in die Auseinandersetzung mit Palmyra über, wobei zwischen jenen schon besprochenen beiden Feldzügen auch noch die Karpen an der unteren Donau zurückzuschlagen waren. Wurde Aurelian nach seinen ersten Siegen, dem Tenor der Zeit gemäß, zum *Germanicus maximus* und *Goticus maximus* ausgerufen, so nach denjenigen über die Hilfstruppen der Zenobia zum *Parthicus maximus* und endlich zum *Carpicus maximus*. In der offiziellen Titulatur dieses Kaisers erschienen so die Siege über die gefährlichsten äußeren Gegner der Zeit vereinigt. Nach der endgültigen Niederwerfung Palmyras erwartete Aurelian die nächste Aufgabe in Ägypten. Dort hatte sich Firmus, ein reicher Großkaufmann, inmitten der östlichen Wirren einige Zeit als Usurpator halten können. Doch vor Aurelians konzentriertem Angriff lösten sich die Verbände des Firmus auf; ihm selbst blieb nur der Freitod. Als *restitutor orientis*, als der Herrscher, der die römische Macht im ganzen römischen Osten neu gefestigt hatte, konnte sich Aurelian nun dem Westen zuwenden und dort 273 oder Anfang 274 n. Chr. auch das gallische Sonderreich beseitigen.

Das Jahr 274 n. Chr. brachte einen der glänzendsten Triumphe, die Rom in jenen Jahrzehnten erlebte. Gefangene von allen Grenzen des Imperiums wurden in diesem Zuge vorgeführt. Aus dem Norden Franken und Alamannen, aus dem Donauraum Goten, Alanen, Karpen und Sarmaten, vor allem aber die Herrscher der Sonderreiche, wahrscheinlich Zenobia und Tetricus. Als merkwürdigste Trophäe aber galt der von vier Hirschen gezogene Wagen des Gotenkönigs, in dem Aurelian diesen Triumph feierte. Eine bessere Manifestation seiner Leistungen als *restitutor orbis* war nicht zu denken.

Die wenigen Monate, die Aurelian nach diesem Triumph in Rom verbringen konnte, waren mit vielfältigen Reformmaßnahmen angefüllt. Antoniniane mit den Wert- oder Verhältniszeichen XX oder XXI, Zeichen, die bis heute noch nicht eindeutig geklärt sind, dokumentieren den Ansatz zu einer Währungsreform, die nicht zuletzt deshalb scheiterte, weil die erforderliche Kontinuität in der Neuordnung des Geldwesens nicht durchzuhalten war.

Andere Reformen betrafen die Neuregelung der staatlichen Lebensmittelversorgung und der Administration. Doch schon gegen Ende des Jahres 274 n. Chr. stellten sich neue militärische Aufgaben. Nach der Niederwerfung von Unruhen in Gallien und der Abwehr eines Germaneneinfalls in Vindelicien bereitete Aurelian einen neuen Krieg gegen die Sassaniden vor. Doch auf dem Vormarsch dazu wurde er zu Beginn des Jahres 275 n. Chr. in der Nähe von Perinth auf Grund einer Verschwörung von Stabsoffizieren und Höflingen erschlagen.

Damit schien wieder einmal sinnlose Willkür von Offizierscliquen und Höflingen über jeden Konsolidierungsversuch des Imperiums zu triumphieren. Doch die weitere Entwicklung zeigte den Kontrast zwischen den Folgen der Politik des Gallienus und jener Aurelians. Nach Gallienus' Ermordung waren alle Ansätze seiner hellenischen Restaurationspolitik zunichte geworden, ein Zeichen dafür, daß es sich hier lediglich um einen individuellen Ansatz gehandelt hatte. Nach der Ermordung Aurelians aber wechselten zwar die Personen an der Spitze des Imperiums, die einmal eingeschlagene Konsolidierungspolitik aber wurde weiter verfolgt und erreichte schließlich auch ihre Ziele.

Die ganze Sinnlosigkeit der Ermordung Aurelians zeigen die Vorgänge nach seinem Tode. Die Armee folgte den Verschwörern nicht; sie richtete vielmehr an den Senat die Bitte, er möge nun einen Kaiser ernennen. Den Senatoren erschien ein fünfundsiebzigjähriger Greis, Tacitus, ein angesehener alter Herr mit den besten Absichten, der geeignetste Mann zu sein, doch Tacitus war seinen Aufgaben nicht gewachsen. Er starb bereits im April des Jahres 276 n. Chr. in Tyana. Nach turbulenten Monaten setzte sich der von den syrischen Truppen favorisierte Probus durch, ein Illyrer vom Schlage Aurelians und dessen wahrer Erbe. Er war in Sirmium geboren worden und zur Zeit seiner Erhebung etwa 45 Jahre alt.

Der Gesamteindruck der Regierung des Probus (276–282 n. Chr.) ist für den modernen Betrachter auf den ersten Blick wenig anziehend. Wie Aurelian, so hatte auch dieser Kaiser unablässig Kriege gegen Usurpatoren im Innern und gegen die alten Feinde an den Grenzen zu führen. Die Stabilität der so mühsam errungenen Einheit des Imperiums schien erneut in Frage gestellt. Alles, was Aurelian erreicht hatte, mußte erneut gesichert werden. Dabei lag der Schwerpunkt der Kämpfe zunächst im Westen. Alamannen und Franken hatten dort die Gelegenheit benutzt, um erneut in Gallien einzufallen. Gegen beide Stämme und die mit diesen verbündeten Gruppen hatte Probus in den ersten Jahren seiner Regierung schwere Kämpfe zu bestehen.

277 n. Chr. tauchten deshalb auf Inschriften und Münzen neue Kumulationen von Siegesbeinamen auf, epigraphisch im Jahre 280 n. Chr. (ILS 597), aber auch die sehr bezeichnende Formel des *verus Goticus verusque Germanicus ac victoriarum omnium inlustris* (der wahrhaftige Gotensieger und der

wahrhaftige Germanensieger und der durch alle Siege Ausgezeichnete). Diese Formulierung dokumentiert die Inhaltlosigkeit der alten Siegerbeinamen. Hatten diese einst, zum Beispiel bei Scipio Africanus zur Zeit der Römischen Republik, aber selbst noch im Dacicus-Beinamen Trajans unter dem Principat, entscheidende militärische Erfolge gefeiert, so waren sie nun verbraucht. Die unaufhörlichen Iterationen und Potenzierungen hatten ihren Gehalt völlig entleert. Denn weder der fünffache Germanensieger Gallienus noch der fünffache, größte Germanensieger Postumus waren Sieger in jenem alten Sinne.

Zugleich weist der zweite Teil jener Formulierung, das *victoriarum omnium inlustris*, auf die zukünftige Entwicklung voraus. Hier beginnt sich bereits jene mächtige, universalistische Tendenz abzuzeichnen, die nicht mehr den konkreten militärischen Erfolg feiert, sondern die umfassende und allgemeine Siegerqualität des spätantiken Kaisers. Parallel dazu deutet sich bereits unter Aurelian und Probus die Distanzierung und Überhöhung des Herrschers an. Das nun schon vereinzelt auftauchende *deus et dominus* der Titulatur wäre früher undenkbar gewesen.

In Wirklichkeit wurde die Herrschaft des Probus fort und fort in Frage gestellt. Im Donauraum, in Kleinasien, Syrien und Ägypten hatte sich dieser Herrscher ebenso zu behaupten wie gegenüber Usurpationen im Westen. Allein Probus' Wirken erschöpfte sich nicht in diesen militärischen Aktivitäten. Er hat seine Truppen immer wieder auch zur Landeskultivierung eingesetzt und offensichtlich noch weitergehende Ansichten geäußert, freilich mit fatalen Folgen: In der Probusvita der «*Historia Augusta*» wird behauptet, daß dieser Kaiser, als er «in Vorbereitung eines Perserkrieges durch *Illyricum* marschierte, ... von seinen Soldaten heimtückisch ermordet [wurde]. Die Mordtat hatte folgende Ursachen: zunächst einmal seine Entschlossenheit, die Soldaten niemals müßiggehen zu lassen, ließ er doch viele Anlagen durch Soldatenhände ausführen mit der Begründung, der Soldat dürfe sein Brot nicht ohne Gegenleistung verzehren. Dazu kam sein Ausspruch, der ihnen schwer erträglich war, der aber, wenn er sich je verwirklichen lassen sollte, für den Staat heilsam wäre: in Kürze würden die Soldaten entbehrlich sein. Mit welchen Entwürfen trug sich der Mann, der eine solche Äußerung tat? Hatte er nicht alle Barbarenvölker unterworfen, hatte er nicht bereits die ganze Welt römisch gemacht? ‹In Kürze›, sagte er, ‹werden wir keine Soldaten mehr brauchen.› Was heißt das anderes als: Es wird keinen römischen Soldaten mehr geben? Künftig wird der gesicherte römische Staat überall gebieten, über alles verfügen; die Welt wird keine Waffen mehr anfertigen, keinen Proviant mehr liefern; Rinder wird man für den Pflug halten, Pferde für friedliche Zwecke züchten; es wird keine Kriege mehr geben und keine Kriegsgefangenschaft; überall wird Freude herrschen, überall werden die römischen Gesetze gelten, überall werden unsere Beamten walten» (c. 20 – Übersetzung von E. Hohl).

Natürlich ist die Friedensvision des Probus in der Gegenwart nicht mehr präsent. Wie Friedrich von Logaus 92. Sinngedicht seines ersten Hunderts zeigt, ein Gedicht, das 1638 gedruckt wurde, war sie es zur Zeit des Dreißigjährigen Krieges durchaus:

> «Kayser Probus wollte schaffen
> Daß man durffte keiner Waffen,
> O wo ist bey vnsren Tagen
> Kayser Probus zu erfragen?»

Auch der in Raetien ausgerufene Nachfolger des Probus, Kaiser Carus, der bald im ganzen Reich anerkannt wurde, gehörte dem Kreis der illyrischen Soldatenherrscher an. Da er zwei Söhne hatte, Carinus und Numerianus, schien die Regierung dieser Dynastie Kontinuität zu verbürgen; in Wirklichkeit sollte sie kaum zwei Jahre dauern. Carinus, der ältere Sohn, wurde zum Befehlshaber im Westen erhoben und mit der Defensive der Rheingrenze beauftragt, Carus selbst ging daran, den geplanten Sassanidenkrieg durchzuführen. Er konnte 283 n. Chr. auch über den Euphrat vorstoßen, die Truppen Bahrams II. zurückwerfen und Ktesiphon einnehmen. Doch in der Nähe der Stadt fand der Herrscher unter mysteriösen Umständen den Tod. Das Mißtrauen der Armee richtete sich wohl nicht ohne Grund gegen den Prätorianerpräfekten Aper, doch zunächst ohne Konsequenzen.

Die Söhne des Carus folgten in der Herrschaft nach. Im Osten führte nun nominell Numerian, ein junger Mann, der sich bisher vor allem als Redner und Dichter betätigt hatte, in Wirklichkeit aber Aper, der die Kämpfe gegen die Sassaniden auch zu einem gewissen Abschluß brachte. Die Armee trat den Rückmarsch an und hatte bereits den Raum von Nikomedia erreicht, als die Ermordung Numerians festgestellt wurde. Allem Anschein nach hatte der Prätorianerpräfekt gehofft, jetzt den Thron selbst einnehmen zu können, doch die Armee stellte sich hinter Diokles, den Befehlshaber der Leibwache. Dieser erschlug Aper vor versammelter Mannschaft, hatte damit jedoch die Herrschaft noch lange nicht gewonnen. Denn während das Heer des Diokles den Marsch nach Westen fortsetzte, ging Carinus, der legitime Kaiser, gegen diese Armee vor. Im Frühjahr 285 n. Chr. kam es im Raume von Belgrad zur Entscheidungsschlacht. Diokles wurde geschlagen, doch im Augenblick seines Triumphes wurde auch Carinus von einem seiner Offiziere aus privaten Gründen ermordet. Die nun führerlose Armee des Westens schloß sich Diokles an, mit dessen Regierung eine neue Epoche beginnen sollte.

Das Christentum im 3. Jahrhundert n. Chr. – Religion und geistige Entwicklungen der Epoche

Trotz der bereits geschilderten Ablehnung des Christentums durch weite Kreise der altgläubigen Bevölkerung hatte sich der römische Staat zunächst mit Repressionsmaßnahmen zurückgehalten. Vom Ende des 2. Jahrhunderts bis zur Mitte des 3. Jahrhunderts n. Chr. wurde die Lage des Christentums allenfalls durch drei offizielle Weisungen beeinträchtigt. Die erste war ein Befehl M. Aurels an die Statthalter, religiöse Umtriebe und religiöse Anlässe zu Unruhen schärfer zu überwachen. Diese Anordnung hatte Sanktionen in Gallien und Kleinasien zur Folge. Die zweite Weisung, ein Verbot des Septimius Severus aus dem Jahre 202 n. Chr., zum Christentum überzutreten, ist in ihrer Authentizität umstritten. Bei der dritten Anordnung in dieser Reihe, einem Befehl des Maximinus Thrax, die Kleriker hinzurichten, handelte es sich um eine politisch bedingte Maßnahme, die außerhalb Roms nicht befolgt wurde. Sie war eindeutig gegen den Anhang des Severus Alexander gerichtet, in dessen näherer Umgebung unter den zahlreichen Orientalen auch viele Christen vermutet wurden.

Eine ähnliche Großzügigkeit gegenüber dem Christentum wie bei Severus Alexander zeigte sich dann auch bei Philippus Arabs, der indessen, entgegen einem zeitgenössischen Gerücht, kein Christ war. Auch in seinem Falle mußte die politische Reaktion des folgenden Kaisers auf den orientalischen Vorgänger das Christentum treffen, dem gerade die Donaulegionen verständnislos gegenüberstanden. Es ist möglich, jedoch nicht eindeutig gesichert, daß Decius schon zu Beginn seiner Regierung gegen Angehörige des höheren Klerus und gegen Christen in exponierten Stellungen vorging; Papst Fabian erlitt jedenfalls schon am 20. 1. 250 n. Chr. das Martyrium. Doch erst das Opferedikt vom gleichen Jahre traf die Christen insgesamt.

Wie sich das Edikt auf eine große christliche Gemeinde auswirkte, berichtet Dionysios, der Bischof von Alexandria in einem in Eusebs Kirchengeschichte überlieferten Brief an Fabius, den Bischof von Antiochia: «Schon war auch das Verfolgungsedikt erschienen... Alle waren bestürzt. Von den Vornehmeren fanden sich auf der Stelle viele aus Furcht ein, während die Beamten von ihrer beruflichen Tätigkeit weggeholt wurden; andere von ihnen ließen sich von ihren Freunden hinzerren. Namentlich aufgerufen, traten sie zu den unreinen und unheiligen Opfern, die einen allerdings bleich und zitternd, gerade als wollten sie nicht opfern, sondern als sollten sie selbst den Götzen geopfert und geschlachtet werden, so daß sie von der umherstehenden Menge verspottet wurden und ihre Feigheit sowohl zum Sterben als zum Opfern offen an den Tag trat. Andere gingen bereitwilliger zu den Altären und behaupteten verwegen, sie seien früher gar nicht Christen gewesen... Von den übrigen folgten die einen diesen, die anderen jenen. Andere aber flohen. Wieder andere wurden verhaftet... Die starken und heiligen Säulen des Herrn dagegen wurden, da der Herr sie stärkte und da sie eine Kraft und Ausdauer erhielten, die ihrem starken Glauben geziemend entsprachen, bewundernswerte Zeugen seines Reiches» (Euseb, «Kirchengeschichte» 6,41, 10ff. – Übersetzung von Ph. Häuser/H. A. Gärtner).

Die nach einer langen Ruheperiode schlagartig über alle Christen hereinbrechende Bewährungsprobe hatte tiefgreifende Folgen. Denn nur eine Minderheit der zum Teil großen christlichen Gemeinde bekannte sich nun auch offen zu ihrem Glauben. Sie wurden als die *stantes* bezeichnet und, wenn sie um des christlichen Glaubens willen gefoltert wurden, als die *martyres*. Unvergleichlich größer jedoch war die Zahl derer, die abfielen, die *lapsi*. Selbst Bischöfe erschienen vor den Opferkommisssionen und vor allem in den großen Städten opferten nun die römischen Beamten. Andererseits aber fehlte es auch nicht an Bekennern. In Nordafrika wurde eine ganze Anzahl von Christen verbrannt oder gesteinigt, und auch in Palästina, Syrien sowie in Ägypten haben nicht wenige Priester und Laien ihr Leben gegeben, wie etwa die Bischöfe von Antiochia und Jerusalem und wohl auch Origenes, der damals vermutlich an den Folgen seiner Haft und der Folter starb.

Die Aufsplitterung der christlichen Gemeinschaft in die drei großen Gruppen der *martyres, stantes* und *lapsi* belastete die folgende Entwicklung der Kirche schwer. Die Frage, in welcher Weise die Abgefallenen nach dem Ende der Verfolgung zu behandeln seien, löste langanhaltende Diskussionen aus. So berichtet Euseb in der Kirchengeschichte über die Anfänge der Sekte des Rigoristen Novatianus, die bis in das 5. Jahrhundert n. Chr. bestand: «Novatianus, ein Presbyter der römischen Kirche, hatte sich hochmütig gegen diese [die *lapsi*] erhoben, so, als bestünde für sie gar keine Hoffnung auf Rettung mehr, selbst wenn sie alles leisteten, was zu echter Umkehr und ungeheuchelter Buße gehört, und wurde so zum Urheber einer eigenen Sekte: derer, die sich in geistiger Aufgeblasenheit die ‹Reinen› nannten. Daraufhin versammelte sich in Rom eine stattliche Synode von 60 Bischöfen und einer noch weit größeren Anzahl von Presbytern und Diakonen; auch berieten sich in den Provinzen die Bischöfe der verschiedenen Gegenden in gesonderten Zusammenkünften über das, was zu tun sei. Sie alle faßten den Beschluß, Novatianus samt denen, die... sich seiner lieblosen und ganz und gar unmenschlichen Ansicht beizupflichten entschieden, aus der Kirche auszuschließen, die ins Unglück gestürzten Brüder dagegen mit den Heilmitteln der Buße zu heilen und zu pflegen» (6,43,1 f. – Übersetzung von A. M. Ritter).

Mit den Vorgängen unter Decius, der als einer der größten und gefährlichsten Christenverfolger galt, wurden immer neue Martyrien verbunden, dasjenige von Saint Denis in Paris wie jenes von Saint Saturnin in Toulouse. «*Sub Decio*» sind auch nicht wenige derjenigen Glaubenszeugen eingeordnet worden, deren chronologischen Ansatz man später nicht mehr genau feststellen konnte.

Auch Valerian (253–260 n. Chr.) entschloß sich gegen Ende seiner Regierung zu drastischen Maßnahmen gegen die Christen. Es gibt mehrere Gründe, die sein Vorgehen erklären können. Einmal war Valerian ein enger

Vertrauter und hoher Würdenträger des Traianus Decius gewesen und dürfte dessen Politik auch aus Überzeugung fortgesetzt haben. Zum anderen mußte das Fortbestehen dieser nonkonformistischen religiösen Gruppe, die gleichsam als religiöse Opposition bewertet wurde, inmitten der Anspannung aller konservativen Kräfte geradezu provozierend wirken. Es ist so nicht erforderlich, finanzpolitische Absichten oder ein Ablenkungsmanöver angesichts der katastrophalen Lage im Osten zu unterstellen.

257 n. Chr. eröffnete Valerian die Verfolgung der christlichen Kirche. Sein erstes Edikt forderte von den Leitern und den wichtigsten Gliedern der christlichen Gemeinden, den Bischöfen, Presbytern und Diakonen, den Vollzug der Opfer für die Staatsgottheiten und es untersagte zugleich, bei Androhung der Todesstrafe, alle christlichen Gemeinschaftsgottesdienste und den Besuch der Friedhöfe. Für Valerians zweites Edikt vom Sommer 258 n. Chr. ist vor allem Cyprians Brief an den Bischof Successus grundlegend, in dem es heißt: «Valerian hat dem Senat ein Reskript zugeleitet, des Inhalts, daß Bischöfe, Presbyter und Diakone standrechtlich zum Tode zu verurteilen seien; Senatoren aber, *egregii viri* und römische Ritter sollten ihrer Würde und ihrer Güter beraubt und, falls sie nach Entzug ihres Vermögens immer noch bei ihrem Christsein beharrten, gleichfalls mit dem Tode bestraft werden; christliche Matronen seien unter Vermögenseinzug zu verbannen, während alle kaiserlichen Beamten, gleichgültig, ob sie bereits früher ein Geständnis abgelegt hätten oder es erst jetzt ablegten, mit der Konfiskation ihres Vermögens bestraft und alsdann, auf die verschiedenen kaiserlichen Besitzungen verteilt, in Fesseln verschickt werden sollten» («*Epistulae*» 80,1 – Übersetzung von A. M. Ritter).

Im Unterschied zum Opfererlaß des Decius waren die Anordnungen Valerians gezielt gegen zwei christliche Personengruppen gerichtet: einmal gegen den Klerus, zweitens gegen christliche Angehörige der Führungsschichten und der kaiserlichen Beamtenschaft. Darüber hinaus suchten diese Edikte das öffentliche Praktizieren christlicher Religion sowohl in den Gottesdiensten als auch beim Gebet an den Gräbern zu unterbinden. Offensichtlich glaubte Valerian, das Christentum auf diese Weise wirkungsvoller treffen zu können als durch indirekte, die Masse der Bevölkerung erfassende Anordnungen im Stile des Decius. Damit zeigte er für die Religionspolitik des Imperiums eine Alternative auf, die erst durch die Ausbreitung des Christentums sowie durch die Hierarchisierung der christlichen Kirche im 3. Jahrhundert n. Chr. möglich geworden war: den gezielten Angriff auf die Organisation und auf die Institutionen des Christentums, einen Angriff, der Schule machen sollte. Gleichzeitig dokumentiert jedoch gerade das Edikt des Jahres 258 n. Chr., daß das Christentum inzwischen bereits in die Führungsschichten des Imperiums und in die kaiserliche Beamtenschaft eingedrungen war. Die Verfolgung Valerians hat den christlichen Klerus ohne Zweifel schwer getroffen. Doch dieser war seit Decius innerlich auf ein solches Vorgehen des römischen Staates vorbereitet und hielt nun stand. Mehrere Bischöfe, Xystus von Rom, Cyprian von Karthago, Fructuosus von Tarraco, aber auch viele Priester starben den Tod des Märtyrers.

«Gleichwie die Wolke unter Strahlen der Sonne hinzieht und diese auf einige Zeit verdeckt und verdunkelt und an ihrer Stelle erscheint, dann aber, wenn die Wolke vorbeigezogen ist und sich aufgelöst hat, die Sonne, die schon zuvor aufgegangen, von neuem aufgeht und scheint» – so erschien dem ägyptischen Bischof Dionysios in den bei Euseb («Kirchengeschichte» VII,23,2 – Übersetzung von Ph. Häuser) überlieferten Worten jene Friedenszeit, die für die Christen danach unter Gallienus anbrach. Sogleich nach Beginn seiner Alleinherrschaft im Jahre 260 n. Chr. hatte Gallienus das Ende der Maßnahmen gegen die Christen dekretiert und selbst die Rückgabe der beschlagnahmten Objekte angeordnet.

Sieht man von allen weitergehenden Erklärungsversuchen ab, so mußte für Gallienus gerade zu Beginn seiner Alleinherrschaft alles darauf ankommen, weitere innere Belastungen zu vermeiden. Und, wie immer man die Auswirkung der christlichen Religion auf die geschichtliche Entwicklung des Imperiums interpretieren wollte, nach der Gefangennahme Valerians mußte auch einem altgläubigen Fanatiker klargeworden sein, daß es keinen Kausalzusammenhang zwischen den äußeren Katastrophen und der Existenz der christlichen Religion gab, war doch der entschiedene Christenverfolger Valerian trotz seiner extrem konservativen Religionspolitik gescheitert. Vereinfacht man die Entwicklungslinien der Politik des römischen Staates gegenüber dem Christentum, so zeigen sich zwei konträre Haltungen. Konservative Religionspolitik, wie im Falle des Decius, Valerians und später Diokletians, mußte notwendig zum Vorgehen gegen die Christen nötigen. Dagegen führte von der Hinnahme des Christentums bei Gallienus ein Weg zum Toleranzedikt des Galerius und schließlich zur Privilegierung des Christentums durch Konstantin.

Parallel zu den geschilderten Vorgängen brachte das 3. Jahrhundert n. Chr. aber auch die ganz neue geistige Legitimation des Christentums. Dabei verlagerten sich die entscheidenden Zentren offensichtlich aus dem kleinasiatischen in den ägyptisch-syrischen Raum. Mittelpunkt der hellenistischen Kultur und Wissenschaft war auch noch im 3. Jahrhundert n. Chr. Alexandria. So ist es nicht zufällig, daß gerade dort die Auseinandersetzung des Christentums mit der griechischen Philosophie erfolgte und ein bleibender Beitrag zur christlichen Theologie geleistet wurde. In Alexandria entstand gegen Ende des 2. Jahrhunderts n. Chr. eine christliche Katechetenschule, die man wegen ihrer umfassenden Spannweite auch als eine Art von christlicher Universität bezeichnet hat. Um das Jahr 200 n. Chr. trat T. Flavius Clemens, oder Clemens von Alexandria, an ihre Spitze. Wahrscheinlich ein gebürtiger Athener, hochgebildet, hatte er sich nach weiten Reisen schließlich in der ägyptischen Hauptstadt niedergelassen. Während der Regierung des Septimius Severus ist er jedoch von dort vertrieben worden und um 215 n. Chr. verstorben.

Clemens hat wie kaum ein anderer christlicher Lehrer zuvor die Leistung der griechischen Philosophie gewürdigt und ihre Bedeutung für die Entfaltung des christlichen Glaubens herausgestellt. Der Inhalt der griechischen Philosophie war für ihn geradezu zur Voraussetzung für das Erringen christlicher Vollkommenheit geworden. Bei ihm erst findet sich die Forderung, den Glauben zum Wissen zu erheben. Seine Vorstellung spiegelt sich dabei am reinsten in seiner Vorstellung des Logos. Ganz in der Tradition Platons und der Stoa stehend, versteht er darunter die Entfaltung der Vernunft im All und die zeitlose Offenbarung Gottes. Stärkster stoischer Einfluß aber durchdrang Clemens' ethische Forderungen, so in der Betonung des Strebens nach Tugend, in dem Appell zur Bändigung der Leidenschaften und in der primär sittlichen Einordnung und Bewertung aller materiellen Dinge.

Diese für Clemens charakteristischen Bestrebungen dokumentieren Titel und Inhalt der wenigen, oft nur teilweise erhaltenen Werke. Sein *«Protreptikòs pròs Héllenas»*, seine Ermahnung an die Griechen, suchte die Überlegenheit des Christentums im Vergleich mit den Vorstellungen der traditionellen griechischen Religion und Philosophie aufzuweisen. Sein *«Paidagogós»* entfaltete ein umfassendes christliches Bild der Moral. Ungefähr die gleichen Intentionen dürfte die einem speziellen Problem gewidmete Schrift *«Tís ho sozómenos ploúsios»* («Welcher Reiche wird gerettet») erfüllt haben. Denn auch hier schlug Clemens gleichsam eine goldene Brücke für eine ganz neue Schicht christlicher Aspiranten, indem er den Reichtum nicht in Bausch und Bogen verdammte, sondern lediglich seinen rechten Gebrauch und die innere Distanz forderte. Das umfangreichste Werk des Clemens bilden die *«Stromateís»*, die «Teppiche», eine unsystematische Sammlung von Äußerungen zum Verhältnis zwischen griechischer Philosophie und Christentum. Es ist evident, daß eine solche Bemühung, trotz all ihrer apologetischen Elemente, auch auf die gebildeten Griechen Eindruck machen und deren Hinwendung zum christlichen Glauben erleichtern mußte.

Nachfolger von Clemens als Leiter der alexandrinischen Katechetenschule wurde Origenes, der im Gegensatz zu Clemens, um 185 n. Chr., bereits als Kind christlicher Eltern zur Welt kam. Er hat die Verfolgung unter Decius noch erlebt, wurde in ihr gefoltert und ist kurz darauf gestorben. Origenes' nur wenig auffallender Lebensgang steht völlig im Schatten eines außerordentlich breiten Werkes. Wie Clemens, so hielt auch Origenes engsten Kontakt zur griechischen Philosophie und hörte längere Zeit Ammonios Sakkas, eine der stärksten geistigen Potenzen seiner Zeit, den Lehrer auch Plotins. Doch im Mittelpunkt von Origenes' Schaffen stand eine durchaus philologische und wissenschaftliche Bemühung um die Bibel, die in der

«*Hexapla*» gipfelte, der Parallelisierung von sechs verschiedenen Textformen des Alten Testaments, einer hebräischen und fünf griechischen. Neben anderen Werken aus diesem textkritischen Bereich steht ein ganzes Corpus von exegetischen Schriften, Kommentare zu einem großen Teil des Alten wie des Neuen Testaments.

Hervorzuheben ist dann vor allem die Schrift «*Contra Celsum*», jene große Apologie der christlichen Religion, die am Vorabend der Verfolgung des Decius publiziert wurde. Sie gibt eine so eingehende Auseinandersetzung mit dem heute verlorenen Werk des Celsus, dem «*Lógos alethés*», daß diese Herausforderung nahezu wörtlich rekonstruiert werden konnte. Dabei begnügt sich Origenes' geistige Antwort nicht mit billiger Polemik, sondern nimmt die gegnerische Position durchaus ernst. Gegenüber Celsus' Empfehlung, bei der «Annahme von Lehren» lediglich «der Vernunft und einem vernünftigen Führer zu folgen», stellt Origenes fest: «Wenn es möglich wäre, daß alle Menschen sich von den Geschäften des Lebens freimachten und ihre ganze Zeit auf das Philosophieren verwendeten, dann dürfte keiner einen anderen Weg einschlagen als diesen allein. Denn im Christentum wird sich, wie ich ohne Übertreibung sagen darf, keine geringere Prüfung dessen, was geglaubt wird, keine weniger tiefgründige Auslegung rätselhafter Stellen in den Propheten, der Gleichnisse in den Evangelien und zahlloser anderer Ereignisse und Gesetzesbestimmungen mit einer symbolischen Bedeutung finden lassen. Wenn aber dies nicht möglich ist, wenn wegen der Sorgen und Mühen, die das Leben mit sich bringt, oder der menschlichen Schwäche zufolge sich nur wenige der Wissenschaft widmen, welcher andere Weg, um der großen Masse zu helfen, ließe sich dann wohl finden, der besser wäre als jener, den Jesus den Völkern gewiesen?» («*Contra Celsum*» I,9 – Übersetzung von A.M. Ritter).

Von den neuen Kernräumen der christlichen Literatur des 3. Jahrhunderts n. Chr. sind die Leistungen des syrischen im weiteren Sinne weniger bekannt. Den historischen Bereich berühren dabei vor allem die Werke des S. Iulius Africanus. Dieser aus Jerusalem stammende Autor schloß in seinen fünf Büchern «*Chronographíai*» die jüdische, christliche und die profane Geschichte zu einer großen, bis 221 n. Chr. sich erstreckenden Weltgeschichte zusammen. S. Iulius Africanus errechnete eine Gesamtdauer der Weltgeschichte von 6000 Jahren und wies davon einen Zeitraum von 5500 Jahren dem Geschehen von der Erschaffung der Welt bis zu Christi Geburt zu. Durch seinen Einfluß auf Euseb und die späteren Chroniken sollte dieses nur indirekt und fragmentarisch überlieferte Werk gleichwohl sehr bedeutsam werden.

Im syrischen Raum entstand auch Tatians Evangelienharmonie, das sogenannte «*Diatessaron*», dessen ursprüngliche Abfassungssprache – syrisch oder griechisch – strittig ist. Im benachbarten iranischen Raum entfaltete sich um die Mitte des 3. Jahrhunderts n. Chr. die Lehre Manis, der Manichäismus. Mani verband in ihr in einer sehr persönlichen Weise jüdischchristliche und altiranische Vorstellungen; er schlug in seiner Religion eine – allerdings schmale – Brücke zwischen Christus und Zarathustra. Dabei lagen auch bei Mani zwei Prinzipien, Licht und Dunkel, das Gute und das Böse, im Streit, in einem Streit, der durch die drei Phasen der Vergangenheit, Gegenwart und Zukunft verläuft. Nach der ursprünglichen polaren Trennung der beiden Prinzipien wird die Gegenwart durch eine teilweise Überlagerung des Lichtes vom Dunkel bestimmt, diese jedoch in der Zukunft aufgehoben und überwunden.

Ihren Ausgangspunkt hatte die Lehre ursprünglich um 240 n. Chr. im sassanidischen Reich. Schapur I. duldete und schützte sie, doch nach dessen Tode fiel Mani einer Reaktion orthodoxer Kreise zum Opfer. Die engen Beziehungen zum Christentum sind schon dadurch evident, daß Mani seine Briefe mit den Worten begann: «Mani, der Apostel Jesu Christi...» Der Manichäismus fand rasch eine denkbar weite Verbreitung. Seine Spuren lassen sich bis nach China im Osten und nach Spanien im Westen verfolgen. Auch Augustin war in seiner Jugend Manichäer, und noch bis in das 13. Jahrhundert n. Chr. hinein konnten sich Zellen dieser Religion halten, obwohl sie wegen ihrer rationalen Form niemals von breiten Massen der Bevölkerung rezipiert wurde.

Über die Anfänge des Christentums in Nordafrika ist nur wenig bekannt; das älteste literarische Zeugnis sind hier die sogenannten scilitanischen Märtyrerakten des Jahres 180 n. Chr. Etwa zwei Jahrzehnte danach sah die christlich-nordafrikanische Literatur dann ihren Höhepunkt in Tertullian, dem größten Apologeten und zugleich dem größten Häretiker jener Region. Tertullian (um 160–225 n. Chr.) entstammte einer altgläubigen Familie und erhielt eine intensive rhetorische Ausbildung. Vermutlich praktizierte er einige Zeit als Rechtsanwalt in Karthago, bis er ungefähr um 195 n. Chr. zum Christentum übertrat. Rhetorisches Pathos, eine konsequente juristische Argumentation und eine leidenschaftliche Natur haben Überzeugungen, Leben und Stil dieses Mannes geprägt, von dem Eduard Norden zu Recht sagte: «Kaum ein anderer Fanatiker hat so zu hassen verstanden wie er, Töne der Liebe, dieser schönsten Frucht des Christentums, werden fast niemals angeschlagen» («Die römische Literatur», Leipzig 1961[6], 119).

Durch die Radikalität und Konsequenz seiner Forderungen war Tertullians Weg vorgezeichnet. Auch die christliche Kirche hielt ihn auf die Dauer nicht, ihre Gemeinschaft erschien ihm zu lau und inkonsequent. So wandte er sich zu Beginn des 3. Jahrhunderts n. Chr. der Sekte der Montanisten zu, einer fanatischen Gruppe von Asketen, die von dem Phryger Montanus begründet worden war. Doch auch hier fand Tertullian keine Befriedigung. Gegen Ende seines Lebens bildete er schließlich eine eigene Gemeinschaft, die Tertullianisten, die erst zwei Jahrhunderte später von Augustin wieder mit der katholischen Kirche vereinigt wurden.

Im Mittelpunkt der Werke Tertullians stehen nicht nur zentrale Fragen des Glaubens, geht es nicht nur um Gebet, Taufe oder Götzenkult, sondern immer wieder auch um die Lebensführung der Christen. So wurde in *«De spectaculis»* Christen der Besuch von Spielen jeder Art untersagt, in *«De cultu feminarum»* und *«De virginibus velandis»* in drastischer Weise das provozierende Auftreten von Frauen in der Öffentlichkeit gerügt. Auch in den Fragen des Kriegsdienstes der Christen gab es für Tertullian keinerlei Kompromiß. In *«De idololatria»* hielt er unmißverständlich fest: «Jetzt indes geht es um die Frage, ob ein Christ sich dem Kriegsdienst zuwenden dürfe, ob Kriegsleute zum Glauben zugelassen werden können, und seien es auch nur einfache Soldaten oder niedere Chargen, die nicht selbst zu opfern brauchen und mit Todesurteilen nichts zu schaffen haben. Göttlicher und menschlicher Fahneneid, Feldzeichen Christi und das des Satans, das Lager des Lichts und das der Finsternis sind unverträglich; ein und dieselbe Seele kann nicht zweien verpflichtet sein: Gott und dem Kaiser» (19,1 f. – Übersetzung von A. M. Ritter).

Im Unterschied zu Clemens und Origenes waren die Leistungen der griechischen Philosophie für Tertullian irrelevant, wie seine oft zitierten Worte belegen: «Was ... [aber] hat Athen mit Jerusalem zu schaffen? Was die Akademie mit der Kirche, was die Häretiker mit den Christen? Unsere Lehre stammt aus der ‹Säulenhalle› [Stoa] Salomos, welcher selbst gelehrt hatte, daß der Herr in Herzenseinfalt zu suchen sei. Hüte man sich vor solchen, die ein stoisches, platonisches und dialektisches Christentum erfunden haben! Wir bedürfen seit Christus Jesus des Forschens nicht länger, noch des Untersuchens, seit wir das Evangelium besitzen. So wir glauben, verlangen wir über den Glauben hinaus nichts mehr. Denn das ist unser oberster Glaubensartikel: daß da nichts sei, was wir über den Glauben hinaus noch zu glauben hätten» (*«De praescriptione haereticorum»* 7,9 ff. – Übersetzung von A. M. Ritter).

Tertullians wohl bedeutsamste Schrift aber ist sein schon zitiertes *«Apologeticum»* des Jahres 197 n. Chr., die Verteidigungsrede des christlichen Glaubens vor den Statthaltern. Für eine solche Rechtfertigung des Christentums gab es zwar bereits Vorstufen im griechischen Bereich, die Tertullian benutzen konnte, doch niemals zuvor war das Christentum mit solcher Leidenschaft und Vitalität, so logisch und zugleich so mitreißend verteidigt worden.

Auch Cyprian, die nächste große Gestalt des nordafrikanischen Christentums, stammte wie Tertullian aus einer altgläubigen Familie Karthagos und erhielt wie jener eine gute rhetorische Ausbildung. Möglicherweise hat er auch ein Staatsamt bekleidet. In Cyprian, der zwischen 248 und 258 n. Chr. Bischof von Karthago war, erstand ein völlig neuer Bischofstyp, der Typus eines Seelenhirten, der seinen geistlichen Aufgabenbereich im Grunde als eine Art von Magistratur begriff. In der modernen Forschung wurde Cyprian als wichtigstes *exemplum* der Hierarchisierung der christlichen Kirche im 3. Jahrhundert n. Chr. gesehen und eine Entwicklung aufgezeigt, die vom Bischofsmagistrat zum «Kirchenfürsten» führen sollte. Mögen solche Zusammenhänge auch überspannt sein, so ist doch die neue Ausprägung der Autorität des Bischofs unverkennbar. Dabei darf freilich nicht übersehen werden, daß die stark angewachsenen christlichen Gemeinden jener Epoche angesichts der Probleme der Verfolgungen und der Häresien die Ausbildung einer solchen Autorität nahelegten.

Cyprian hat stets den engen Zusammenhang zwischen christlichem Glauben, Bischofsamt und Kirche betont: «Es gibt nur einen Episkopat, an dem jeder einzelne Bischof in seinem Bereich solidarisch teilhat. Es gibt nur eine Kirche, wie sehr sie sich auch durch fruchtbares Wachstum vervielfältigen und ausbreiten mag...: vom Licht des Herrn durchflossen, sendet sie über die ganze Welt hin ihre Strahlen aus und ist doch nur ein Licht, das sie allenthalben hinsendet, und die Einheit ihres Leibes duldet keine Teilung; ... es gibt nur eine Quelle, einen Ursprung, eine Mutter, reich an Nachkommenschaft, Geschlecht um Geschlecht: aus ihrem Schoß werden wir geboren, mit ihrer Milch ernährt, durch ihren Geist belebt» (*«De ecclesiae catholicae unitate»* 5 – Übersetzung von A. M. Ritter).

Cyprians Schriften, von denen zahlreiche Traktate und viele Briefe erhalten sind, führen vielfach die Gedanken und Betrebungen Tertullians fort. Daneben werden sie oft als Quelle des Zeitgefühls interpretiert, obwohl sie immer wieder auch alte Topoi variieren. Dies gilt auch für die häufig zitierte Passage aus *«Ad Demetrianum»*: «Nicht mehr reicht im Winter des Regens Fülle aus, um die Samen zu ernähren, nicht mehr stellt sich im Sommer die gewohnte Hitze ein... Weniger wird aus den durchwühlten und erschöpften Bergen an Marmorplatten gewonnen, weniger Schätze an Silber und Gold liefern die bereits ausgebeuteten Bergwerke... Mehr und mehr erlahmt und ermattet auf den Fluren der Landmann, auf dem Meere der Schiffer, im Felde der Soldat; es schwindet die Uneigennützigkeit auf dem Markte, die Gerechtigkeit vor Gericht, in der Freundschaft die Eintracht, in den Künsten die Fertigkeit, in den Sitten die Zucht...

Grauköpfe sehen wir schon unter den Knaben; die Haare fallen aus, bevor sie noch wachsen, und das Leben endet nicht mehr mit dem Greisenalter, sondern fängt gleich mit ihm an. So eilt alles, was geboren wird, noch in seinem Entstehen bereits dem Ende zu, so entartet alles, was jetzt ins Leben tritt, infolge des Alters der Welt selbst, und niemand darf sich darüber wundern, wenn das einzelne in der Welt dahinzuschwinden begonnen hat, nachdem bereits die Welt selbst als Ganzes in Verfall und Untergang begriffen ist» (c. 3 f. – Übersetzung von J. Baer).

Selbst diese knappe Skizze dürfte gezeigt haben, daß das Christentum im 3. Jahrhundert nicht nur zahlenmäßig wuchs, sondern zugleich von vielfältigem neuem Leben erfüllt wurde und gerade dadurch an Anziehungskraft gewann. Zugleich veränderte sich das Profil der leitenden Männer. In den Vordergrund der Gemeinden traten künftig nicht mehr wie früher so häufig Besessene und Wundermänner, sondern die gebildeten Bischöfe, Gelehrte und Theologen. Dazu kam das Vorbild der Märtyrer und die Erfolglosigkeit der staatlichen Verfolgungen. Nicht zu unterschätzen ist jedoch auch die Geborgenheit und Lebenserfüllung, welche die christlichen Gemeinschaften boten. Die für die Christen selbstverständliche Pflicht, für die Schwachen und Armen, die Witwen und Waisen, die Gefangenen und die Kinder zu sorgen, die christliche Diakonie insgesamt, trug nicht wenig zur Festigung und zur weiteren Verbreitung des Christentums bei.

So bedeutsam die innere Entwicklung des Christentums im 3. Jahrhundert n. Chr. sowie die verschiedenen Phasen und Ziele der römischen Religionspolitik in jener Epoche waren, innerhalb der Dimensionen des Imperiums handelte es sich dabei nach wie vor gleichsam um Minderheitenprobleme, die zwar Aufsehen erregten, aber lediglich Randgruppen der Gesellschaft betrafen. Selbst in den Gebieten besonders erfolgreicher christlicher Mission dürften damals nach den modernen Schätzungen allenfalls etwa 5 % der Gesamtbevölkerung Christen gewesen sein. Für die Gesellschaft des *Imperium Romanum* insgesamt aber waren im 3. Jahrhundert n. Chr. andere religiöse und geistige Entwicklungen bezeichnend.

Vor allem gewannen zunächst die schon früher beschriebenen neuen religiösen Kräfte und Erscheinungen weiter an Boden. Die Ausbreitung der orientalischen Mysterienreligionen hielt ebenso an wie die Hinwendung zu Magie und Astrologie, auch der Synkretismus behauptete sich inmitten aller Restaurationsversuche der traditionellen griechisch-römischen Kulte. Die geistige Welt des 3. Jahrhunderts n. Chr. aber wurde vor allem durch die Auseinandersetzung mit Gnosis und Neuplatonismus erregt.

Während sich die Erforschung der Gnosis oder des Gnostizismus bis gegen Ende des 19. Jahrhunderts vor allem auf die Stellungnahmen der Kirchenväter angewiesen sah, die sich von Iustinus im 2. bis zu Johannes von Damaskus im 8. Jahrhundert n. Chr. in ihren Berichten über die großen Häresien und in ihren Angriffen gegen die «Ketzer» mit den verschiedensten gnostischen Sekten auseinandersetzten, hat sich die Situation im 20. Jahrhundert völlig verändert. Durch bedeutende Handschriftenfunde, insbesondere jene von Turfan in Turkestan (1902–1914) und Nag Hammadi in Oberägypten (1945–1948) wurden originale gnostische und manichäische Texte erschlossen, die nun gleichsam von innen her einen Zugang zur Vorstellungswelt dieser außerordentlich vielfältigen und in ihren geistigen wie religiösen Traditionen auch besonders heterogenen Religion eröffneten.

Einer der führenden Erforscher der Gnosis, der «Religion der Erkenntnis» oder «des Wissens», versteht unter dieser weitgefächerten Bewegung «eine aus mehreren Schulen und Richtungen bestehende Religion..., die zu Welt und damaliger Gesellschaft in einer betont ablehnenden Haltung stand und eine Befreiung («Erlösung») des Menschen eben aus den Zwängen des irdischen Seins durch die «Einsicht» in seine – zeitweise verschüttete – wesenhafte Bindung, sei es als «Seele» oder «Geist», an ein überirdisches Reich der Freiheit und der Ruhe verkündet hat. Ihre zeitliche und räumliche Ausbreitung von Beginn unserer Zeitrechnung an im westlichen Vorderasien (Syrien, Palästina, Ägypten, Kleinasien) bis nach Inner- und Ostasien und das mittelalterliche Europa (14. Jahrhundert) läßt erahnen, welche Rolle ihr, auch in verwandelter und angepaßter Form, für die Religionsgeschichte zukommt, abgesehen davon, daß noch heute ein eigenständiger Rest in Gestalt der Mandäer im Irak und Iran existiert» (K. Rudolph, «Die Gnosis», Göttingen 1980², 7).

Zum Wesen der Gnosis gehört von Anfang an ihre Vielfalt. Schon Clemens von Alexandria wies darauf hin, daß sich ihre verschiedenen Gruppen zum Teil nach den Schulgründern benannten, wie im Falle des Valentinos, des Marcion und des Basilides (sämtliche erste Hälfte des 2. Jahrhunderts n. Chr.), zum Teil nach Orten oder ethnischen Einheiten, zum Teil auch nach spezifischen Verhaltensweisen, Lehren oder sonstigen Überzeugungen, die sich in der praktischen Ethik in den denkbar vielfältigsten Verhaltensweisen niederschlugen und die strenge Askese ebenso ermöglichten wie die provozierende Bindungslosigkeit. Die gnostische Vorstellungswelt wurde aus den verschiedensten Quellen geformt: Einzelne Elemente platonischer Lehren, altiranische, dualistische Vorstellungen wie solche des Manichäismus, jüdische Apokalyptik, Bestandteile des Mithraskultes, vor allem aber solche des Christentums durchdrangen sich in der Gnosis in einer so mannigfaltigen und nicht selten auch widerspruchsvollen Weise, daß es schwerfällt, wenigstens einige gemeinsame Grundlinien dieser heterogenen und schillernden Vorstellungswelt aufzuzeigen.

In seinen *«Excerpta ex Theodoto»*, einer Sammlung von Aussagen verschiedener gnostischer Autoren der Sekte der Valentinianer, läßt Clemens von Alexandria einige Grundfragen der Gnosis erkennen: «Nicht allein das [Tauf-]Bad ist's, das befreit, sondern auch die Gnosis [‹Erkenntnis›]: Wer waren wir, was sind wir geworden? Wo waren wir, wohinein sind wir geworden? Wohin eilen wir, wovon werden wir erlöst? Was ist Geburt, was Wiedergeburt?» (78,2 – Übersetzung von A. M. Ritter). Eine andere fundamentale Überzeugung ist in dem sogenannten *«Evangelium veritatis»*, einem besonders wichtigen Text des *«Codex» I* von Nag Hammadi, so gefaßt: «So wie sich jemandes Unwissenheit dann, wenn er erkennt, auflöst, nämlich seine Unwissenheit wie die Finsternis schwindet, wenn das Licht erscheint, so löst sich auch der Mangel in der Vollkommenheit auf. Die äußere Erscheinung ist nun von diesem Zeitpunkt an nicht mehr sichtbar, sondern sie wird sich auflösen in der Verbindung mit der Einheit; denn jetzt sind ihre Werke gleich, in der Zeit, in der die Einheit die Räume vollenden wird. Durch die Einheit wird jeder einzelne sich empfangen. In Erkenntnis wird er sich reinigen aus einer Artenvielheit zu einer Einheit, wenn er die Materie in sich verzehrt wie ein Feuer und die Finsternis durch Licht, den Tod durch Leben» (24,33 f. – Übersetzung von M. Krause).

Ganz allgemein umrissen, ist für die Gnosis die enge Verbindung der Kosmogonie, der Weltschöpfung, mit der Situation des Menschen in der Welt typisch. Das Leben des Menschen in dieser Welt aber ist schicksalbestimmt, durch Geburt und Tod geprägt, steht indessen dennoch in einer, wenn auch noch so schwachen, Verbindung mit dem Göttlichen. Denn durch den im Menschen befindlichen göttlichen Funken, der häufig als *pneuma* (Geist) bezeichnet wird, kann dieser durch einen Erwecker wieder erlöst werden und damit der Welt der Finsternis entfliehen. In solchem Zusammenhang aber tritt dann Jesus als Erlöser auf, so wie dies anschaulich der Hymnus der gnostischen Sekte der Naassener, die sich nach ihrem Symbol (der Schlange) bezeichnete, darstellt:

> «Allgemeines Gesetz des Alls war der erstgeborene Geist;
> das Zweite aber war des Erstgeborenen ausgegossenes Chaos.
> Als Dritte empfing die Seele in Mühsal das Gesetz.
> Deshalb hat sie angezogen eine flüchtige Gestalt
> und quält sich bei ihrem Treiben, vom Tode beherrscht.
> Bald hat sie die Herrschaft und schaut das Licht,
> bald weint sie ins Elend gestoßen,
> bald wird sie beweint und freut sich,
> bald weint sie und wird gerichtet,
> bald wird sie gerichtet und stirbt,
> bald weiß sie keinen Ausweg mehr, unglücklich über das Böse,
> umherirrend gerät sie in's Labyrinth.
> Da sprach Jesus: Siehe her, Vater!
> Diese Sucht nach Bösem auf der Erde
> entfernt sich von deinem Geiste.
> Sie aber sucht dem bittern Chaos zu entfliehen
> und weiß nicht, wie sie hindurchkommen soll.
> Deshalb sende mich, Vater!
> Mit den Siegeln in der Hand will ich hinabsteigen,
> alle Äonen will ich durchwandern,
> alle Mysterien will ich erschließen,
> die Gestalten der Götter will ich zeigen,
> und den verborgenen, heiligen Weg,
> der Gnosis heißet, tu' ich kund»

(Hippolytos, «*Elenchos*» 5,10,2 – Übersetzung von H. Leisegang).

Die gnostischen Schriften umfassen die verschiedensten literarischen Gattungen und Formen. Sie enthalten subtile theosophische Konstruktionen, geheimnisvolle, gleichnishafte Bilder, welche die unterschiedlichsten Interpretationen erlauben, neben nur schwer verständlichen kosmologischen Beschreibungen. Besonders komplex ist jedoch der Bereich des populären Schrifttums, zu dem man eine ganze Anzahl von gnostischen Evangelien, Apokalypsen, aber auch die Johannes- und die Thomasakten rechnen kann. Gelegentlich lassen die Texte freilich auch starke Emotionen erkennen, so wie dies zum Beispiel in den Hymnen der sogenannten *«Pistis Sophia»* der Fall ist, einem in koptischer Sprache überlieferten gnostischen Werk:

> «Ich ward befreit aus meinen Banden
> und bin zu dir, mein Gott, entkommen.
> Denn du wurdest mir zur Rechten,
> die mich erlöste und mir half.
> Du hieltest meine Widersacher zurück,
> so daß sie sich nicht mehr zeigten.
> Denn deine Person war mit mir,
> die rettete mich in deiner Gnade...
> Ich wurde bedeckt mit der Decke deines Geistes
> und tat von mir ab die Kleider aus Fell...»
>
> («*Pistis Sophia*» 69 – Übersetzung von H. Gressmann).

Nicht zuletzt war die Gnosis die große Herausforderung des frühen Christentums. Sie kannte weder eine Dogmatisierung ihrer Lehren noch eine Hierarchisierung ihrer Gemeinden. Sie besaß weder einen Kanon zentraler Schriften noch die Institution einer «Kirche». Von wenigen gemeinsamen Grundüberzeugungen abgesehen, die jedoch lediglich einen gewissen Rahmen für die individuellen Auffassungen bildeten, bot sie ein Höchstmaß theosophischer Entfaltungsmöglichkeiten. Während im christlichen Bereich die Bemühungen um ein einheitliches Glaubensbekenntnis, um die verbindliche Ordnung der Heiligen Schrift und um die Einheit der christlichen Kirche immer größere Bedeutung erlangten, blieb die bewußt synkretistische Gnosis in allem und jedem der große offene Widerpart.

Hatten sich schon in der Gnosis vielfach religiöse und philosophische Phänomene überlagert, so gilt dies auch für die von Plotin (etwa 204–269 n.Chr.) begründete, wichtigste philosophische Bewegung des 3.Jahrhunderts n.Chr., den Neuplatonismus. Der wahrscheinlich in Ägypten geborene Plotin schloß sich wie Origenes dem Platoniker Ammonios Sakkas an. Vermutlich um die iranische und indische Philosophie näher kennenzulernen, beteiligte er sich am Feldzug Gordians III. gegen die Sassaniden und ließ sich danach, wohl im Gefolge reicher Gönner und Freunde, in Rom nieder. Angehörigen der Oberschicht diente er dort als Berater und Lehrer; schließlich schenkten ihm auch Gallienus und die Kaiserin Salonina ihr besonderes Vertrauen. Plotin mag damals mit dem Gedanken gespielt haben, ein Platonopolis, eine spezielle Philosophensiedlung in Kampanien zu gründen, doch realisiert wurde das Projekt nicht.

Plotins außerordentliches Ansehen und seine große Resonanz beruhten freilich nicht etwa auf der Faszination seiner Philosophie, sondern wohl in erster Linie auf seiner vorbildlichen und allgemein imponierenden Lebensführung, nicht zuletzt aber auf der Tatsache, daß man ihm okkulte Fähigkeiten nachsagte. Aus dem Schülerkreis, den Plotin um sich versammelt hatte, sollte ein Syrer, Porphyrios, zur wichtigsten Gestalt und zum Vermittler von Plotins Werken werden. Nach Plotins Tod hat er die «Enneaden» publiziert, Plotins in sechs Neunergruppen geordnete philosophische Traktate. Obwohl diese ziemlich unsystematisch strukturiert waren, Logik und Psychologie nicht weniger behandelten als Physik und Ethik, vermittelten sie das Gesamtbild eines platonischen Systems in einer veränderten Umwelt.

Plotins System ging von verschiedenen Stufen des Seinsgehaltes aus: Körper und Seele haben danach lediglich Anteil am Seienden, während der Geist das Seiende selbst ist. Dem entsprechend gibt es eine weitere Stufung, welche von den Vielheiten der konkreten Welt, der Körper und der Seelen über die relative Vielheit des Geistes zu einer letzten großen Einheit führt, die mit der höchsten Gottheit identisch ist.

Klarer als Plotins Bemühung um das monistische Prinzip, um die Erfassung der Hypostasen, um den Aufstieg zum Einen, um ein Leben vor allem, das «Abscheiden von allem andern, was hienieden ist, ein Leben, das nicht nach dem Irdischen gelüstet, ein Leben, das mit der Flucht des Einsamen zum Einsamen» (6,9,11,79) identisch ist, dürfte ein Abschnitt aus seinem Traktat gegen die Gnostiker verständlich machen, warum seine Lehren damals auch den Angehörigen der Oberschichten zusagen konnten: «Wenn man aber über das Vorhandensein von Reichtum und Armut und die ungleiche Verteilung all solcher Güter schelten wollte, so verkennt man erstens, daß dem Weisen an der Gleichheit solcher Güter nichts liegt; er betrachtet den Reichtum nicht als einen Vorteil, noch hält er die politisch Mächtigen für bevorzugt vor den Privatleuten, sondern ein solches Trachten überläßt er den anderen. Er hat die Einsicht erlangt, daß es auf Erden zweierlei Leben gibt, eines für die Weisen und eines für die Masse der Menschen; das Leben des Weisen ist auf das höchste Gut, nach oben gerichtet; das der gewöhnlichen Menschen ist wiederum ein zweifaches; das höhere gedenkt der Tugend und hat Zugang zu gewissen Werten, der gemeine Haufe aber ist sozusagen nur zum Handlanger der notwendigen Bedürfnisse für die Edleren da» (2,9,76f. – Übersetzung von R. Harder).

In ihrer Relativierung des Irdischen, der Gesellschaft wie des Staates, trafen Christentum, Gnosis und Neuplatonismus zusammen; in der Verteidigung der eigenen Positionen wandten sie sich dagegen mit aller Schärfe gegen die rivalisierenden Auffassungen. So bekämpften Plotin und Porphyrios nicht nur die Gnosis, sondern insbesondere Porphyrios (um 234–301/305 n. Chr.) in seiner einst 15 Bücher umfassenden Kampfschrift «Wider die Christen» auch das Christentum: «Was sind sie [sc. die Christen] anderes als

Gottesfeinde? Welche Nachsicht verdienen diejenigen, die sich von dem, was von der Gottheit seit unvordenklichen Zeiten bei allen, Griechen wie Barbaren, in den Städten und auf dem Lande, in vielfältigen Kulten, Weihungen und Mysterien einmütig von allen Königen, Gesetzgebern und Philosophen gelehrt wurde, abgekehrt und dem zugewandt haben, was unfromm und gottlos ist unter den Menschen? Welchen Strafen sind nicht mit vollem Recht die zu unterziehen, die das Vätererbe im Stich gelassen haben und statt dessen den fremdländischen, überall verachteten Fabeleien der Juden nacheifern? Ist es nicht Beweis äußerster Nichtswürdigkeit und Leichtfertigkeit, unbekümmert vom Eigenen abzufallen und in unvernünftigem und unüberprüfbarem Glauben der Sache unfromer und bei allen Völkern verhaßter Menschen anzuhangen, ja sich dabei nicht einmal an den von den Juden verehrten Gott entsprechend den bei jenen geltenden Satzungen zu halten, sondern sich eine neue, isolierte, ausweglose Lehre zurechtzuzimmern, welche weder den Überlieferungen der Griechen noch jenen der Juden die Treue bewahrt?» («Fragmente» 1,80 – Übersetzung von A. M. Ritter).

Im Bereich der alten Kulte, die hier so leidenschaftlich verteidigt wurden, aber sollte der Kult des Sonnengottes noch einmal eine ungewöhnlich starke Belebung erfahren. Als im Jahre 272 n. Chr., während des ersten Feldzuges gegen Palmyra, das Treffen bei Emesa lange Zeit kritisch stand, bis es schließlich mit einem vollen Siege der Römer endete, glaubte Aurelian, daß ihm der Sonnengott seine Hilfe geschenkt hätte. Er verehrte deshalb nicht nur wenig später den speziellen Sonnengott von Emesa, sondern bekannte sich in seinen letzten Regierungsjahren auch demonstrativ zum generellen *Sol dominus imperi Romani*. Dieser wurde unter die offiziellen römischen Staatskulte aufgenommen, erhielt ein neues großes Heiligtum in Rom sowie ein eigenes Priesterkollegium, die *pontifices solis*, die fortan den ersten Rang in der Reihe dieser Kollegien einnahmen. Der 25. Dezember wurde zum Feiertag des Sonnengottes erklärt; alle vier Jahre sollten im *agon solis* besondere Festspiele zu Ehren des Sonnengottes stattfinden.

Der Sonnengott, den Aurelian auf seinen Münzbildern darstellen ließ, war eine durch und durch hellenisierte Gestalt, ein nackter Jüngling mit wehendem Mantel, oft mit erhobener Rechter oder eine Peitsche und die Weltkugel in seinen Händen haltend. Auf dem Haupt trug er stets eine Strahlenkrone. In dieser Gestalt wurde er bis in die Zeit Konstantins eine der zentralen Gottheiten des römischen Pantheons. Es ist bezeichnend, daß Porphyrios auch dieser Gottheit eine eigene, heute verlorene Schrift widmete. Wenn eine moderne Rekonstruktion richtig ist, wurde dort die Auffassung vertreten, daß im Grunde alle Götter wesenseins mit der Sonne und von ihren Potenzen erfüllt seien und deshalb auch auf sie zurückgeführt werden müßten. Ganz im Sinne des neuplatonischen Systems sollte Helios zwar über alle traditionellen Göttervorstellungen erhoben, dennoch aber nicht die höchste Gottheit selbst sein. Er war vielmehr lediglich der Mittler zwischen dem ganz geistig gedachten Gottesbegriff der Neuplatoniker und den speziellen Göttern.

Die Epoche der Soldatenkaiser
Strukturen und Problematik

Die Soldatenkaiser, die die Geschichte des *Imperium Romanum* im 3. Jahrhundert n. Chr. prägten, verkörperten in der Regel einen neuen Herrschertypus. Zum großen Teil aus Illyrien, Pannonien oder anderen Regionen der Balkanhalbinsel sowie den Grenzprovinzen des Reiches stammend, waren sie nicht auf Grund ihrer Herkunft oder ihrer Verbindungen innerhalb der imperialen Führungsschicht zu ihrer Stellung gelangt, sondern vor allem wegen ihrer militärischen Qualifikationen, ihrer Härte und ihres Durchsetzungsvermögens. In ihren Anfängen häufig Vertreter partialer Interessen, der Interessen einzelner Heeresgruppen oder Regionen, hatten sie nach ihrer Anerkennung gleichwohl die Belange des Gesamtreichs zu wahren und sich dabei oft genug auch gegenüber ihrer eigenen Machtbasis zu behaupten.

Die Soldatenkaiser waren so alles andere als bloße Kreaturen der römischen Armee. Obwohl ihr ganz verhaftet, haben Männer wie Aurelian, Postumus oder Probus disziplinarische Verstöße nicht geduldet, den Stimmungen der Truppen nicht mehr nachgegeben, sondern um der Interessen des Ganzen willen auch Unpopularität in Kauf genommen. Immer wieder mußten Soldatenkaiser eine solche Gesinnung mit ihrem Leben bezahlen. Wenn in der Epoche zwischen 235 und 285 n. Chr. von 26 römischen Kaisern, die diesen Namen verdienen, lediglich ein einziger, Tacitus, einen natürlichen Tod fand, so dürfte diese Tatsache zeigen, wie gefährdet die römischen Herrscher in jenen Jahrzehnten waren. Gerade diese Gefährdung der Soldatenkaiser trug im übrigen mit zur Überhöhung und Distanzierung des spätantiken Kaisertums bei.

Gleichzeitig hatten sich die politischen Entscheidungszentren unter den Soldatenkaisern sowohl in neue Gremien als auch in neue Räume, überwiegend an die Peripherie des Imperiums, verlagert. Die wichtigeren politischen, administrativen und juristischen Entscheidungen fielen jetzt nicht mehr im Kaiserpalast zu Rom, nicht mehr im römischen Senat und auch nicht mehr im Prätorianerlager. Sie fielen in den Residenzen und Hauptquartieren der Herrscher in Frontnähe, nicht zuletzt in den militärischen Stäben. Diese aber hielten immer wieder nach neuen, geeigneten Kandidaten ihres Vertrauens Ausschau, nach Männern, von denen sie nicht zuletzt die Wahrung ihrer eigenen Interessen und auch entsprechende Belohnungen erhofften.

Die Schwäche des Soldatenkaisertums lag besonders in der fehlenden Kontinuität an der Reichsspitze. Natürlich gab es auch jetzt noch immer wieder neue Anläufe zur Bildung von Dynastien, die eine Kontinuität der Herrschaft zu versprechen schienen: unter den Severern wie unter Maximinus Thrax, unter Philippus Arabs wie unter Decius. Doch in der Regel scheiterten diese Ansätze, bis Diokletian einen ganz neuen Weg zur Gewährleistung der Kontinuität des Kaisertums einschlug.

Die Prioritäten der Soldatenkaiser lagen erstens in der Behauptung ihrer Herrschaft durch erfolgreiche Defensiven in den Grenzräumen, zweitens in der Sicherung der Einheit des Imperiums durch die Niederwerfung von Usurpatoren und durch den Wiederanschluß von Reichsteilen, die sich verselbständigt hatten, drittens in der rücksichtslosen und umfassenden Mobilisierung des römischen Potentials, dies nicht nur auf militärischem und finanziellem, sondern schließlich auch auf religiösem Gebiet. Aus diesen drei Prioritäten folgt, daß alle Eingriffe der Soldatenkaiser in die Bereiche von Gesellschaft und Wirtschaft den militärischen Erfordernissen ebenso wie dem Druck der Armeen auf großzügige Besoldung, Versorgung und Abfindung untergeordnet waren. Dies läßt sich noch an Diokletians Höchstpreisedikt vom Jahre 301 n. Chr. zeigen (siehe S. 719ff.).

Die tiefgreifenden sozialen und wirtschaftlichen Veränderungen während der Epoche der Soldatenkaiser werden bei einem Vergleich mit den Strukturen zur Zeit des Principats besonders deutlich. Am einschneidensten war der Wandel dabei für die imperiale Führungsschicht, das heißt für jene gesellschaftlichen Gruppen, welche während des Principats der ersten beiden Jahrhunderte n. Chr. aktive Leitungsfunktionen im Rahmen des Imperiums ausgeübt hatten. Der Einfluß von Angehörigen alter Oberschichten war nun nicht weniger stark reduziert als derjenige der Sklaven und Freigelassenen der *familia Caesaris*. Die imperiale Führungsschicht war jetzt durch und durch militärisch überformt, die häufigen Wechsel in der Führungsspitze nicht selten mit der Ablösung oder physischen Vernichtung der verantwortlichen Ratgeber identisch. Lediglich die Tatsache, daß nicht wenige Mitglieder der neuen Führungsgruppe Angehörige derselben militärischen wie regionalen Provenienz waren, schuf eine relative Gemeinsamkeit.

Innerhalb der alten Oberschichten wurden vor allem die Senatoren von der Neuordnung der Gesellschaft betroffen. Im 3. Jahrhundert n. Chr. stammte noch rund ein Drittel aller Senatoren aus Italien, während der Anteil derjenigen aus den Provinzen, insbesondere aus Nordafrika und aus dem griechischen Osten erheblich zugenommen hatte. Das Sozialprestige dieser in der Regel noch immer weithin aus reichen Grundbesitzern bestehenden Gruppe blieb im allgemeinen gewahrt; der *vir clarissimus*, wie der Senator nun bezeichnet wurde, hatte freilich keinerlei wesentlichen politischen Einfluß mehr.

In dem Jahrhundert zwischen Septimius Severus und Diokletian hat der römische Senat nur viermal aktiv an Kaisererhebungen mitgewirkt: 193 n. Chr. im Falle des Pertinax, 238 n. Chr. bei der Ausrufung der «Senatskaiser» Pupienus und Balbinus, 253 n. Chr. bei der Nominierung des so rasch gescheiterten Quintillus und endlich 275 n. Chr. bei jener des Tacitus. Es ist kein Zufall, daß alle diese Kaiser nur kurze Zeit regieren konnten. Im übrigen war die Ära der senatorischen Amateurgenerale nun ebenso vorüber wie diejenige der großen Juristen aus dem Senatorenstand; in beiden Fällen wurden Ritter die Nutznießer der Entwicklung. Das letzte wirklich wichtige Amt, das neben dem Konsulat in senatorischer Hand blieb, war das Amt des römischen Stadtpräfekten, des *praefectus urbi*, ein Amt, das noch im 6. Jahrhundert n. Chr. bezeugt ist.

Man hat das 3. Jahrhundert n. Chr. zu Recht «die große Zeit des römischen Ritterstandes» genannt (G. Alföldy). Diese Wertung ist allein schon dadurch zu belegen, daß eine ganze Reihe der Kaiser dieser Epoche – Macrinus, Maximinus Thrax, Philippus Arabs, Claudius Goticus, Aurelian, Probus und Carus – unmittelbar von ritterlichen Funktionen, zumeist von militärischen Kommandostellen wie dem Posten des *praefectus praetorio*, aus zum Kaisertum gelangt sind. Ebenso gehörten auch die angesehensten Juristen jener Zeit, wie Papinian, Ulpian und Paulus, ebenfalls dem Ritterstand an. Den Zugang zum Ritterstand hatte dabei schon Septimius Severus für alle Aufsteiger aus dem militärischen Bereich weit geöffnet. Auch im Ritterstand, dem nun immerhin Zehntausende von Personen angehörten, wuchs der Anteil von Nicht-Italikern, insbesondere von Männern aus dem Donauraum, dem Nahen Osten und Nordafrika. Gleichzeitig wurden die Stellen, die Ritter in Heer und Verwaltung einnehmen konnten, bedeutend vermehrt: Aus den 20 Prokuratorenstellen unter Augustus waren um die Mitte des 3. Jahrhunderts n. Chr. bereits mehr als 180 geworden.

Freilich gehörten nicht alle Ritter den militärischen, administrativen oder juristischen Leitungsgruppen an. Nach wie vor gab es eine große Zahl römischer Ritter, die lediglich lokal oder regional begrenzten Einfluß besaßen und deren Existenz vom Ertrag ihrer oft nur mittelgroßen Güter oder von den Erfolgen ihrer sonstigen wirtschaftlichen Aktivitäten abhing. Auch das 3. Jahrhundert n. Chr. kennt wie schon das 1. den verarmten Ritter, der «zwischen Kraut und Rüben» dahinvegetierte und der längst allen Glanz seines Standes verloren hatte, vor allem jedoch den Ritter, der zusammen mit der städtischen Führungsschicht sein Vermögen und sein soziales Ansehen einbüßte.

Im wirtschaftlichen Bereich scheinen sich die antiken Quellen für das 3. Jahrhundert n. Chr. häufig zu widersprechen; insbesondere gilt dies für den zentralen Sektor der Landwirtschaft. Doch wenn vom Niedergang von Betrieben die Rede ist, von der Verschuldung von Besitzern oder ihrem sozialen Absinken, von der Verödung des Landes und vom Rückgang von Handwerk und Handel, so gelten solche Feststellungen in erster Linie für die mit der Stadt verbundenen Villenwirtschaften. Gerade die zunehmende Belastung der Städte als wichtigster staatlicher Verwaltungszellen und die daraus resultierende Belastung der municipalen Führungsschicht mußten zum Ruin der Villenbesitzer führen.

Ganz anders verlief die Entwicklung in den selbständigen Großbetrieben vom Typ des sogenannten *saltus eximius*. Diese konnten sich auf Grund ihrer privilegierten Stellung nicht nur behaupten, sondern sich immer weiter arrondieren und dabei immer neue Gruppen von abgesunkenen Schuldnern absorbieren. In den *saltūs* entstanden so neue Mittelpunkte des Wirtschaftslebens, die von der Stadtflucht und vom Niedergang der Villen profitierten. Den entscheidenden Entwicklungszug hat Max Weber schon Ende des letzten Jahrhunderts konstatiert: «Die großen Güter lösen sich vom Markte der Stadt. Die Masse der mittleren und kleineren Städte büßen damit ihren wirtschaftlichen Nährboden: den stadtwirtschaftlichen Arbeits- und Güter-AUSTAUSCH mit dem umliegenden Lande, immer mehr ein. Sichtbar für uns, selbst durch das trübe, zerbrochene Glas der spätkaiserlichen Rechtsquellen, verfallen daher die Städte. Stets von neuem eifern die Kaiser gegen die Flucht aus der Stadt, dagegen insbesondere, daß die POSSESSOREN ihre Behausungen in der Stadt aufgeben und abreißen, Getäfel und Einrichtung auf ihre Landsitze übertragen» («Die sozialen Gründe des Untergangs der antiken Kultur» (1896), in: «Gesammelte Aufsätze zur Sozial- und Wirtschaftsgeschichte», Tübingen 1924, 304).

Schon Weber hatte auch auf die weitreichenden Folgen dieser «Exkommunalisierungstendenz» für Wirtschaft, Gesellschaft und Staat hingewiesen. In seiner idealtypischen Methode schien ihm der von J. K. Rodbertus eingeführte Begriff des *«Oikos»* besonders geeignet, um die fortan dominierende Zelle im wirtschaftlichen, insbesondere im agrarwirtschaftlichen Sektor zu benennen. Er definierte ihn so: «Ein *«Oikos»* im technischen Sinne ist nicht etwa einfach jede «große» Hausgemeinschaft oder jede solche, die mannigfache Produkte, z. B. gewerbliche neben landwirtschaftlichen, in Eigenproduktion herstellt, sondern er ist der autoritär geleitete Großhaushalt eines Fürsten, Grundherrn, Patriziers, dessen letztes Leitmotiv nicht kapitalistischer GELDERWERB, sondern organisierte naturale DECKUNG DES BEDARFS DES HERRN ist. Dazu kann er sich aller Mittel, auch des Tauschs nach außen, in größtem Maßstab bedienen. Entscheidend bleibt: daß das formende Prinzip für ihn «Vermögensnutzung» und nicht «Kapitalverwertung» ist» («Wirtschaft und Gesellschaft», Tübingen 1976^5, 230). Die archäologischen Ausgrabungen haben Webers Konzeption, insbesondere in den Untersuchungen der landwirtschaftlichen Zentren der Führungsschicht im Westen des Imperiums, eindeutig bestätigt.

Ein weiterer Hauptfaktor der wirtschaftlichen Entwicklung des 3. Jahrhunderts n. Chr. liegt im anhaltenden Verfall der Währung durch eine nie gebrochene, chronische Inflation, die schließlich zum völligen Niedergang der Geldwirtschaft führen mußte. Ein Papyrus aus Oxyrhynchos in Ägypten belegt für das Jahr 260 n. Chr., daß sich die Geldwechsler damals weigerten, die in Feingehalt und Gewicht immer weiter abgesunkenen, massenhaft produzierten, dabei auch im Rahmen kurzlebiger Usurpationen ausgegebenen Münzen überhaupt anzunehmen:

«Aurelios Ptolemaios, auch Nemesianos genannt, Stratege des Oxyrhynchos-Gaues. Nachdem die Beamten zusammengetreten sind und Beschwerde geführt haben, daß die Geldwechsler der Wechslertische diese geschlossen haben und die geheiligte Münze der Augusti nicht mehr annehmen wollen, hat sich die Notwendigkeit ergeben, allen, die Wechslertische besitzen, durch einen Erlaß zu gebieten, diese wieder aufzumachen und alle Münzen anzunehmen und in kleinere Geldsorten umzutauschen, mit Ausnahme von offensichtlichen Fehlprägungen und Fälschungen; das soll gelten nicht allein für diese, sondern für alle, die irgendwie Warenumsatz betreiben; und sie sollen sich darüber klar sein, daß sie im Falle des Ungehorsams gegen diesen Erlaß die Strafen erleiden werden, die die Hoheit des Präfekten schon früher für sie angeordnet hat...» («The Oxyrhynchus Papyri» 1411 – Übersetzung von W. Arend).

Im 3. Jahrhundert n. Chr. läßt sich die innere Entwicklung des *Imperium Romanum* gewiß nicht verallgemeinern. Neben Grenzräumen, die Invasionen, Aufstände, Plünderungen durch alle nur denkbaren Gruppen, Not und Elend in Permanenz erlebten, stehen Binnenlandschaften, die nur gelegentlich von diesen Katastrophen direkt berührt wurden, und schließlich weite Gebiete an der Peripherie des militärischen und politischen Geschehens – wie Nordafrika und Spanien –, in denen die konsolidierten Verhältnisse früherer Jahrzehnte fortdauerten. Freilich mußte sich der staatliche Druck, insbesondere die Steuerbelastung, auch in solchen ruhigeren Provinzen erhöhen, um die Ausfälle in den Unruhezonen zu kompensieren.

Auch differenzierende Betrachtungsweisen müssen freilich zu dem Resultat führen, daß das *Imperium Romanum* im 3. Jahrhundert n. Chr. wesentliche Elemente seiner Legitimation, zumindest während längerer Zeiträume, verlor: Es konnte weder überzeugende militärische Erfolge gegenüber den Invasoren, insbesondere gegenüber den Sassaniden, aufweisen noch die innere Stabilität und Kohärenz des Reichsverbandes gewährleisten, noch die Voraussetzungen für wirtschaftliche Prosperität, nicht zuletzt durch das Versagen des Währungssystems, bieten. Durch die Rückschläge und Erschütterungen, durch die hohen Substanzverluste wie durch die Verelendung weiter Kreise der Bevölkerung verlor die politische Formation des *Imperium Romanum* insgesamt deutlich an Prestige.

Die Auswirkungen sind nicht zu übersehen: Die Identifikation des einzelnen mit Gesellschaft und Staat wurde immer schwächer; die innere Distanz zum politischen System wuchs. Nicht nur die Christen, sondern auch die Mitglieder gnostischer Sekten und die Anhänger neuplatonischer Überzeugungen billigten Staat und Gesellschaft ihrer Zeit allenfalls noch eine relative Bedeutung zu. Jenes Phänomen, das Jacob Burckhardt einst als «Apolitie» bezeichnet hatte, die bewußte Abwendung von allen politischen Bindungen und einst selbstverständlichen Pflichten gegenüber der Gesellschaft und dem Staat, breitete sich immer weiter aus.

Charakteristisch ist für die Epoche sodann die Zunahme der regionalistischen Tendenzen. War das Imperium unter dem Principat durch ein ausgewogenes Verhältnis und durch eine effiziente, von allen Partnern geteilte Kooperation lokaler, regionaler und zentraler Organe gekennzeichnet, so wurde diese letzte Interessenidentität nun nachhaltig gestört. Das Versagen der Zentralorgane gegenüber ihren wichtigsten Aufgaben trug dazu nicht weniger bei als die Überforderung der lokalen und regionalen Zellen durch Belastungen, denen sie auf Dauer nicht gewachsen waren. Die konsequent vertretene Priorität der Regionalinteressen entfaltete sich dabei in nicht wenigen Usurpationen ebenso wie in den Sonderreichen. Wenn indessen nicht einmal diese Sonderreiche die dauernde Verselbständigung und die Trennung vom Reichsverband erreichen konnten, so zeigt sich darin die historisch gewachsene Beharrungskraft des Imperiums trotz aller Niederlagen und Katastrophen am deutlichsten. Obwohl die Funktion der Stadt Rom längst ebenso geschwächt war wie diejenige ihrer traditionellen Organe und Führungsschichten, behauptete sich die Idee des Imperiums inmitten aller Krisen.

Die Epoche der Soldatenkaiser war insgesamt identisch mit einer kaum vorstellbaren Belastungsprobe des Imperiums. Diese konnte nur bestanden werden durch die Mobilisierung neuer, vitaler Kräfte des Reiches, durch den Einsatz der Militärs aus dem Donauraum, Illyrien sowie den verschiedensten Grenzräumen des Imperiums. Ganz gewiß ist dies eine faszinierende Erscheinung, zugleich auch ein Erfolg der Romanisierung wie der politischen Integration.

Andererseits ist nicht zu verkennen, daß hier Kräfte dominierten, welche alle Strukturen von Staat, Administration und Gesellschaft rücksichtslos ihren Interessen unterordneten und nach diesen formten. Sie waren fixiert auf Macht und Potential, die rigide Durchsetzung aller staatlichen Forderungen, die Aufbietung der letzten Kräfte und Mittel. Daß dabei Bürgerfreiheit und Stadtautonomie immer weiter eingeschränkt wurden, Dirigismus und Zwänge aller Art dagegen zunahmen, mußte wohl angesichts der Vielzahl von Katastrophen in Kauf genommen werden. Fatal blieb indessen, daß diese sich allmählich ausbildende «Notstandsverfassung der Alten Welt» (J. Vogt) auch auf Dauer bestehen sollte.

Während von den Verteidigern des Imperiums fort und fort die alten Traditionen dieses Reiches beschworen wurden, erweiterte sich der Kontrast zwischen diesen restaurativen Zielen und der politischen und gesellschaftlichen Realität immer stärker. Von der an den Grenzen wie im Innern des

Imperiums völlig veränderten Gesamtlage wurden Maßnahmen, Belastungen und Eingriffe erzwungen, die mit den Idealen und Normen des Principats unvereinbar waren. Nicht zuletzt aber hatten sich Stil und Methoden des Vorgehens der staatlichen Organe grundlegend verändert. Härte und Brutalität der militärischen Verbände und der militarisierten Verwaltungen eskalierten, je größer die Not und je geringer die noch greifbaren Mittel waren. So wurden den reinen Machtfragen elementare Traditionsbestandteile geopfert, in dem Zeitalter der Katastrophen, des Elends und der Angst die Bevölkerung ähnlich aufgewühlt wie in den Tagen der späten Römischen Republik. So wie damals war sie auch jetzt bereit, jede Autorität und jede politische Lösung hinzunehmen, wenn diese nur Stabilität und Sicherheit versprach.

Die Tetrarchie Diokletians

Der unter dem Namen Diokletian bekannt gewordene Kaiser hatte ursprünglich den Namen Diokles (der Zeusberühmte) geführt, einen Namen, der auch in Sklaven- und Freigelassenenkreisen relativ häufig vorkam. Doch lautet Diokletians Familienname Valerius, und deshalb führen die Spekulationen über die Diokleskomponente seines Namens nicht weiter. Andererseits war er nach Eutrop *obscurissime natus*, und damit dürfte es zusammenhängen, daß über die erste Hälfte seines Lebens, auch über die ersten Stufen seiner Karriere kaum etwas bekannt ist. Mit einiger Wahrscheinlichkeit lag Diokletians Heimat in Dalmatien, in der Nähe von Salonae. Unter Aurelian, Probus und Carus hatte er seine militärischen Erfahrungen gesammelt und zuletzt den Posten eines Befehlshabers der *protectores domestici* bekleidet.

Nachdem Diokletian im Sommer 285 n. Chr. die Alleinherrschaft zugefallen war, stellte sich ihm sogleich eine Vielzahl von militärischen Aufgaben: Während des Carusfeldzuges gegen die Sassaniden waren im gesamten Westen des Imperiums, an den Grenzen wie im Innern, neue Kämpfe und Unruhen ausgebrochen. Am Niederrhein wie an der Nordseeküste, in Obergermanien und Raetien wie im Innern Galliens, lagen jene großen Aufgaben, die Diokletian neben der Defensive an der unteren Donau und neben der Sicherung der syrischen Grenze allein nicht bewältigen konnte.

Die Vielfalt dieser Verpflichtungen erforderte eine Aufgabenteilung, und diese erklärt auch hinreichend, warum Diokletian noch im Jahre 285 n. Chr. seinen alten Kriegskameraden Maximianus zum Caesar erhob und ihn mit der Leitung der Kämpfe auf dem gallisch-germanischen Kriegsschauplatz betraute. Mit dieser Caesarerhebung wandte Diokletian im Grunde ein Präventivmittel gegen potentielle Usurpationen regionaler Befehlshaber an; im Falle des Maximianus, eines treuen Haudegens, war sie indessen nicht zu

56 Tetrarchengruppe, Venedig

befürchten. Schon am 1.4. 286 n. Chr. wurde Maximianus dann auf Grund seiner Erfolge von Diokletian zum Augustus, zum Mitkaiser erhoben.

In den folgenden Jahren, bis zum 1. März 293 n. Chr., besaß das Imperium so wieder einmal zwei Kaiser. Theoretisch waren beide als «Brüder», so wurde ihr Verhältnis zueinander offiziell bestimmt, nahezu gleichberechtigt. In Wirklichkeit behielt sich Diokletian nach wie vor den höchsten Rang und die Richtlinienkompetenz für das gesamte Imperium vor. Besonders anschaulich drückt sich diese graduelle Abstufung an der Reichsspitze in jenen beiden Beinamen aus, welche sich die Herrscher damals zulegten: Diokletian nannte sich künftig Iovius, Maximianus aber Herculius. Diese beiden Namen besagen mehr als ein besonders enges Verhältnis zu Juppiter und Herkules: Sie sind zugleich die Grundpfeiler einer politischen Theologie und die sinnfälligsten Zeugnisse jener spezifischen Verbindung von Rationalität und Religiosität, die für das neue System charakteristisch werden sollte.

So groß die Erfolge waren, die Diokletian und Maximianus Herculius in den nächsten Jahren errangen, die Zahl der Krisenherde verringerte sich nicht. So wird verständlich, daß Diokletian den von ihm einmal eingeschlagenen Weg in der ihm eigenen Konsequenz weiterging. Am 1.3. 293 n. Chr. ernannte er zwei *Caesares;* jedem der *Augusti* wurde jeweils einer beigeordnet. Für Diokletian war dies Galerius, für Maximianus Herculius im Westen Constantius Chlorus, der Vater Konstantins des Großen. Zugleich wurden die *Caesares* von ihrem jeweiligen *Augustus* adoptiert. Galerius ist so in die Familie der Valerier aufgenommen worden; er erhielt auch den Beinamen seines *Augustus*, Iovius. Der Preis der Macht war die Trennung von seiner Frau; ganz ähnlich wie einst Tiberius hatte er sich von ihr zu scheiden und Valeria, die Tochter Diokletians, zu heiraten. Constantius Chlorus, der *Caesar* des Westens, war bereits einige Jahre vorher Schwiegersohn des Maximianus Herculius geworden. Auch er hatte sich dazu von seiner bisherigen Gefährtin, von Helena, der Mutter Konstantins, getrennt.

Das System der Tetrarchie, der gemeinsamen Herrschaft der Vier, verknüpfte in sich die Elemente einer rationalen Konstruktion mit solchen einer dynastischen Politik. Die beiden *Caesares* waren zwar fortan Inhaber eines eigenen Imperiums und eigener Auspizien, doch waren sie rangmäßig von den *Augusti* eindeutig unterschieden. In der antiken Überlieferung werden sie häufig mit dem Begriff *apparitores* bezeichnet, der Bezeichnung für die Amtsgehilfen. Eben dies waren sie, gleichsam auf höchster Ebene, für ihren jeweiligen Augustus primär, obwohl sich bald eine regionale Aufgabenteilung herauszubilden begann: Während sich Maximianus Herculius im Westen die Aufsicht über Italien, Spanien und *Africa* vorbehielt, wurden Gallien und Britannien Constantius Chlorus zugewiesen. Diokletians Aufgabenbereich umfaßte dagegen vor allem den Nahen Osten, während Galerius insbesondere den Donauraum von *Noricum* bis zur Donaumündung

57 *Galeriusbogen, Thessalonike*

samt dem ganzen Hinterland zu betreuen hatte. Dennoch war diese Aufgabenteilung keine definitive Reichsteilung, denn wiederholt griffen beide *Augusti* auch in die Kompetenzräume ihrer *Caesares* ein. Das Herrschaftssystem konnte im übrigen nur deshalb bestehen, weil Diokletian als die dominierende und zentrale Figur von seinem Kollegen Maximianus Herculius ebenso eindeutig anerkannt war wie von den beiden *Caesares*.

Durch die auf den ersten Blick so abstrakt anmutende Konstruktion der Tetrarchie war einerseits die fundamentale Einheit des Imperiums garantiert, andererseits die organisatorische Konsequenz aus der Vielzahl bleibender Aufgaben für die Reichsspitze gezogen, Aufgaben, die sämtlich langfristig die Präsenz eines Inhabers der obersten Gewalt erforderten. Die Einheit dieser Herrschaft der Vier kam dadurch zum Ausdruck, daß jeder von ihnen im gesamten Reich anerkannt war, Gesetze und Erlasse in ihrer aller Namen ergingen, beim Kaiseropfer die Bildnisse aller vier Herrscher aufgestellt wurden, Münzen in jedem Reichsteil für alle vier Herrscher geprägt wurden.

Allerdings konnte sich dieses neue System des Kaisertums nur dann bewähren, wenn alle Tetrarchen ihre persönlichen Interessen den Normen des Systems bedingungslos unterordneten, wie dies die imperiale Repräsentation dieser Epoche stilisiert. Die Porphyrgruppe der vier Tetrarchen von San Marco und die ebenfalls aus Porphyr gearbeitete Tetrarchendarstellung der Vaticanischen Bibliothek lassen die Individualität des einzelnen Herrschers ebenso zurücktreten wie die Münzbilder, die alle vier Kaiser beim gemeinsamen Opfer zeigen. Ideologisch aber war dieses Herrschertum weit von der allgemein menschlichen Sphäre abgehoben. Man mag über die Bedeutung der Nuancen in Formulierungen und Widmungen streiten, für die Untertanen waren die Herrscher so eng wie nur irgend denkbar den Göttern angenähert.

Insignien, Tracht der Herrscher und Zeremoniell haben die Distanz vertieft. Schon Diokletian wird gelegentlich mit dem Nimbus, der strahlenden Lichtscheibe um den Kopf, abgebildet; Szepter und Globus gehörten zum feststehenden Kaiserornat. Längst war alles, was mit dem Kaiser zusammenhing, heilig. Nun aber wurde der Herrscher inmitten des *sacrum palatium* unzugänglich. Von allen, die ihm dort nahen durften, wurde die Proskynese gefordert, der Kniefall und das Küssen eines Zipfels des Kaiserornates, eines mit Edelsteinen übersäten Ornates, dem Konstantin der Große später auch noch das Diadem hinzufügte.

Ein so verstandenes Kaisertum benötigte auch neue Rahmen der Repräsentation, neue Großbauten als Ausdruck des Systems. Sie schmückten nun nicht nur Rom, sondern in gleicher Weise die neuen Residenzen: Nikomedia, Thessaloniki, Mailand und Trier. Die Diokletiansthermen, der Neubau für den Senat am Forum, das Denkmal für die Tetrarchen in Rom, in Trier die große Basilica und die kaiserliche Palastanlage unter dem Dom, in Thessaloniki Palast, Galeriusbogen und Mausoleum, in Piazza Armerina auf

Sizilien die erst nach dem Zweiten Weltkrieg freigelegte Villenanlage mit Thermen und riesigen Mosaikfluchten, in Split der in Kastellform angelegte Alterssitz Diokletians mit Podientempel, Mausoleum und dem über 150 m langen Bogengang zum Meer hin – dies sind die bedeutendsten Großbauten der Epoche, die noch heute die ungeheure Willensanspannung Diokletians und seiner Mitregenten dokumentieren.

Die Entstehung der Tetrarchie Diokletians erfolgte unter dem Diktat der Unruhen an den Grenzen wie in einzelnen Binnenregionen. Die Priorität dieser Aufgaben blieb auch noch geraume Zeit bestehen. Die folgende Skizze der Entwicklung muß sich dabei zunächst auf die Aktivitäten Diokletians konzentrieren. Nach Kämpfen gegen germanische und sarmatische Stämme im Jahre 285 n. Chr. und der Übergabe des Kommandos im Westen an Maximianus konnte sich Diokletian der Reorganisation der römischen Grenzsicherung in Syrien und Palästina zuwenden. 287 n. Chr. wurden Verhandlungen mit einer Gesandtschaft des sassanidischen Großkönigs Bahram II. geführt, der offensichtlich eine neue römische Offensive befürchtete. Im Zuge der aktiven römischen Ostpolitik ist Tiridates III., der zuvor in das Imperium geflüchtet war, zur Rückkehr auf den armenischen Thron veranlaßt worden. Die Zuspitzung der militärischen und politischen Situation im Westen erzwang dann 288 n. Chr. Diokletians persönliche Anwesenheit im obergermanisch-raetischen Raum. Im Gebiet der oberen Donau konnte er einen Sieg über die Alamannen erringen, an einem nicht eindeutig zu bestimmenden Ort, in Augsburg oder Mainz, mit Maximianus neue Dispositionen treffen. Vielleicht gehört das in Lyon gefundene Bleimedaillon in diesen Zusammenhang, das die beiden Kaiser über der vereinfachten Darstellung der Rheinbrücke zwischen Mainz und Kastel zusammen thronend darstellt, während sie die Umsiedlung rechtsrheinischer Bevölkerungsgruppen in römisches Gebiet erlaubten.

289 n. Chr. stand Diokletian dann wieder an der unteren Donau gegen Sarmaten im Felde; 290 n. Chr. brach er aus seiner zeitweiligen Residenz Sirmium auf, um einen Einfall von Arabern in den syrischen Raum zurückzuschlagen. Doch die große Auseinandersetzung mit den Sassaniden wurde zunächst aufgeschoben, im Januar 291 n. Chr. konferierte Diokletian erneut mit Maximianus in Mailand. Auch in diesem und im folgenden Jahr stand die Verteidigung der Grenze an der unteren Donau im Vordergrund.

293 n. Chr. brach dann unvermutet ein neuer Krisenherd in Ägypten auf. In einem erbitterten Aufstand, in den wohl auch die Blemmyer im Süden der Provinz eingriffen, wurden die Städte Koptos und Busiris zerstört. Wie ernst die Dinge damals von römischer Seite genommen wurden, geht wohl am besten daraus hervor, daß Kampfgruppen von 18 Legionen nach Ägypten entsandt wurden.

Diokletian hatte im selben Jahr seinen Caesar Galerius in dessen Aufgabengebiet an der unteren Donau eingeführt. Galerius bewährte sich dort in den folgenden Jahren immer wieder von neuem. So siegte er 294 n. Chr. über die Sarmaten, 295 n. Chr. gegen die Karpen. Diokletian selbst hatte nach längerem Aufenthalt in den Balkanprovinzen die Decennalien, sein zehnjähriges Regierungsjubiläum, in Nikomedia, seiner eigentlichen Residenz, gefeiert und war 296 n. Chr. nach Syrien gezogen. Da brach in Ägypten jene Erhebung, die man schon längst ausgelöscht glaubte, noch einmal los und erfaßte nun das ganze Land. Als die Verstärkungen der römischen Garnison Ägypten wieder verlassen hatten, hielt der Usurpator L. Domitius Domitianus seine Stunde für gekommen. Es gelang ihm, sich selbst in Alexandria durchzusetzen und das ganze Land hinter sich zu bringen.

Diokletian eilte 297 n. Chr. persönlich herbei, Alexandria wurde eingeschlossen, doch die Stadt fiel erst, als die Nilwasserleitung abgegraben worden war. Es folgte ein brutales Strafgericht. Im Land selbst, das der Kaiser bis Ende 298 n. Chr. bereiste, wurde die gesamte Verwaltung, insbesondere auch die Steuererfassung und -einziehung neu geregelt, die Münzstätte von Alexandria, deren Gepräge bis weit nach Mitteleuropa und auch nach Indien verbreitet waren, geschlossen. Die Südgrenze des römischen Gebiets wurde jetzt bis auf die Höhe der Insel Philae beim ersten Katarakt zurückgenommen, damit freilich auch dem Druck der aggressiven Blemmyer nachgegeben.

Während Kämpfe und Neuordnung in Ägypten noch andauerten, war im Norden der römischen Ostgrenze ein Angriff der Sassaniden erfolgt. Narseh, seit 293 n. Chr. der Nachfolger Bahrams II. auf dem sassanidischen Thron, hatte bei seinem massiven Vorstoß als erstes Tiridates III., den Schützling Diokletians, wieder aus Armenien vertrieben. Erneut war so jenes Gebirgsland zum Zankapfel zwischen den beiden Großreichen geworden, für die es nun schon seit Jahrhunderten ein Gebot des Prestiges war, dort einen abhängigen Klienten als König etabliert zu sehen. Diokletian dürfte Galerius wohl den Auftrag erteilt haben, zunächst einen mehr hinhaltenden Widerstand zu leisten, bis weitere Verstärkungen herbeigeholt waren. Doch Galerius ließ sich zu Beginn des Jahres 297 n. Chr. zwischen Carrhae und Callinicum in eine Schlacht ein, in der er große Verluste erlitt und völlig besiegt wurde. Die Kämpfe gegen die Sassaniden konnten danach erst im Frühjahr 298 n. Chr. wiederaufgenommen werden, nachdem vor allem von den Garnisonen an der Donau neue Kräfte herangeführt worden waren. Durch Armenien vordringend, stieß Galerius entlang des Tigris bis nach Ktesiphon vor und kehrte danach längs des Euphrat wieder zurück. Im Frühjahr 299 n. Chr. traf er mit Diokletian in dem wiedergewonnenen Nisibis zusammen, jener so oft umstrittenen Grenzstadt, die nun 65 Jahre lang, bis zu Jovian, ununterbrochen in römischem Besitz blieb.

Unter dem Eindruck dieser Erfolge konnten Diokletian und Galerius die Friedensbedingungen diktieren. Während die alte römische Provinz *Mesopotamia* wiederhergestellt wurde, lagen die wichtigsten territorialen Veränderungen im Gebiet nördlich davon. Hier wurde die römische Grenze jetzt bis zur Arsaniaslinie, dem östlichen Quellarm des Euphrat, vorgeschoben. Auch Armenien erhielt territoriale Abrundungen, vor allem aber wurde Nisibis als einziger Platz für den gesamten Durchgangsverkehr in das Reich der Sassaniden bestimmt. Gegen die Annahme dieser Forderungen erhielt Narseh die gefangenen Angehörigen seines Hauses zurück.

Insgesamt gesehen, wurde dieser Friedensschluß von römischer Seite aus weniger durch imperialistische Ziele bestimmt als durch den Willen, die ganze römische Ostgrenze systematisch und auf Dauer neu zu ordnen. Im Norden waren die Sassaniden nun planmäßig von ihrer alten Einfallspforte nach Armenien, dem Araxestal, zurückgedrängt, in ganz ähnlicher Weise aber auch vom Kaukasus ferngehalten, wo nun allein römischer Einfluß gelten sollte. Gleichzeitig wurde diese ganze römische Ostgrenze neu befestigt. Im Frühjahr 299 n. Chr. konnten Diokletian und Galerius in Antiochia einen triumphalen Einzug halten; als monumentales Denkmal dieser Siege aber zeugt noch heute der Galeriusbogen von Thessaloniki von einem der größten römischen Triumphe im Nahen Osten.

Für Maximianus Herculius, den *Augustus* des Westens, war die Niederwerfung des Aufstandes der Bagauden zur Bewährungsprobe geworden (der Name *Bagaudae* ist keltischen Ursprungs, seine eigentliche Bedeutung kontrovers; meist wird er in pejorativem Sinne gebraucht und mit Rebellen oder Landstreichern gleichgesetzt). Die Anfänge der Erhebung reichen jedenfalls noch in das Jahr 283 n. Chr. zurück; ihren Kern bildeten gallische Bauern und Hirten, die allen Grund für ihre Unzufriedenheit hatten: In Gallien wurde seit Jahrzehnten ringsum geplündert und gebrandschatzt, nicht nur von den eingedrungenen Germanen, sondern in gleicher Weise von den Truppen der Usurpatoren und den imperialen Befreiern. Von dem Geschehen wurden stets diejenigen betroffen, die seßhaft blieben, deren Habe zuerst weggenommen wurde und von denen dann später Herrscher des Sonderreichs wie der Zentralregierung die Mittel erpreßten, um ihre Ordnung aufzurichten und zu behaupten. Diese seit Jahrzehnten überforderten Bevölkerungsgruppen schlugen nun mit elementarer Gewalt gegen jede Autorität zurück. Angeblich bildeten die Bauern das Fußvolk, die Hirten die Reiterei; Aelianus und Amandus wurden als die Anführer der Bewegung respektiert, faktisch herrschte in Gallien Anarchie.

In einer ganzen Serie von Gefechten wurde Maximianus der Bewegung der Bagauden wenigstens oberflächlich Herr, doch in der Form von Räuberbanden und Guerillaeinheiten kämpften die Aufständischen weiter; sie blieben in den folgenden beiden Jahrhunderten im gesamten gallisch-spanischen Bereich ein latenter Unruheherd. Auch weitere Einfälle von Germanen konnte Maximianus, zum Teil in Gegenstößen über den Rhein, zurückschlagen; zum gefährlichsten Krisenherd sollte eine ganz andere Entwicklung werden. Gegen die immer weiter ausgreifenden Züge von Seeräubern an der Nordseeküste war eine starke Flotte am Kanal konzentriert worden, die in jenen Jahren von dem Menapier Carausius befehligt wurde. Als dieser der Beuteunterschlagung und eines Komplotts mit den Gegnern bezichtigt wurde, sammelte Carausius alles, was zu ihm hielt, und segelte Ende 286 n. Chr. nach Britannien. Er scheint im Nordwesten der Insel gelandet zu sein, paktierte mit den Stämmen des Grenzraums und zog dann nach Süden. Vor Eburacum (York) wurden die regulären römischen Verbände aufgerieben, jetzt auch Londinium (London) besetzt und damit ein britannisches Sonderreich konsolidiert.

Auch Carausius behielt in der Stilisierung seiner Herrschaft und in der Struktur der Administration die traditionellen römischen Formen bei. Die Legalisierung der Macht, die ihm Maximianus und Diokletian versagten, usurpierte er. Ein berühmtes Münzbild zeigt ihn gemeinsam mit Maximianus und mit Diokletian und trägt die Legende: «*Carausius et fratres sui.*» Das Streben nach Legalisierung, die Konsolidierung der eigenen Kräfte und die weitere Entwicklung der britannischen Wirtschaft waren die Hauptlinien der Politik des Carausius, der dabei wesentlich von der Geschlossenheit und der insularen Lage seines Machtbereichs profitierte.

Maximianus dachte nicht daran, diese Entwicklung einfach hinzunehmen. Schon während des Jahres 288 n. Chr. betrieb er intensiv den Bau und die Ausrüstung einer neuen Flotte. Während Diokletian im selben Jahr in Raetien stand, stießen die Truppen des Maximianus in Kämpfen gegen die Franken bis zur Nordsee vor. 289 n. Chr. wagte Maximianus dann den Kampf gegen den britannischen Usurpator. Allein seine improvisierte und nur wenig geübte Flotte wurde von den überlegen geführten Schiffen des Carausius vernichtet; Carausius konnte sogar um Gesoriacum (Boulogne) einen Brückenkopf behaupten. Diokletian und Maximianus hatten nun keine andere Wahl, als den *status quo* hinzunehmen; Carausius aber fingierte weiterhin seine Anerkennung als legitimer Mitherrscher und ließ sogar für die usurpierten Kollegen Münzen prägen. Sein Prestige wuchs; seine Herrschaft war offensichtlich auch in einem großen Teil Nordwestgalliens anerkannt.

Die endgültige Niederwerfung des britannischen Sonderreiches glückte erst Constantius Chlorus. Er konnte noch im Jahr seiner Erhebung zum *Caesar,* 293 n. Chr., Gesoriacum einnehmen, die Verbände des Carausius aus dem Nordwesten Galliens vertreiben und drei Jahre später schließlich eine erfolgreiche Invasion Britanniens durchführen. Allectus, der Nachfolger des inzwischen ermordeten Carausius, wurde geschlagen; als *redditor lucis aeternae,* wie ihn ein berühmtes Medaillon feiert, zog Constantius Chlorus in Londinium ein.

In dieser ganzen Zeitspanne ruhten indessen auch die Kämpfe an den verschiedenen Abschnitten der Rheingrenze nicht. Für das Jahr 292 n. Chr. konnte ein Panegyriker die Zerstörung des Landes zwischen dem oberen

Rhein und der oberen Donau melden, doch rissen bis 305 n. Chr. jene Kämpfe an der germanischen Front nicht ab, die vor allem Constantius Chlorus zu bestehen hatte, da Maximianus Herculius inzwischen durch Unruhen und Grenzkämpfe in Nordafrika gebunden war. Wie stets, so löste auch 297/298 n. Chr. die Anwesenheit des Maximianus Herculius in Karthago eine intensive Bautätigkeit aus.

Mit den Feldzügen des Maximianus Herculius im Nordwesten des Imperiums verbindet die christliche Überlieferung das Martyrium der Thebaischen Legion, dessen die katholische Kirche alljährlich am 22. September gedenkt. Quellenmäßig begründet ist dieses Martyrium durch die *passio Acaunensium martyrum* des Bischofs Eucher von Lyon aus der ersten Hälfte des 5. Jahrhunderts n. Chr. Die *passio* berichtet, daß Maximianus die Christen ausrotten wollte. Eine *legio militum, qui Thebaei appellabantur*, sei aus dem Osten in Marsch gesetzt worden, um im Westen gegen die Christen vorzugehen. Allein diese Soldaten hätten den Gehorsam verweigert. Die Legion sei deshalb in der Nähe von Octodurus (Martigny) zunächst zweimal dezimiert, schließlich bis auf den letzten Mann hingerichtet worden. Unter den Anführern der Thebaischen Legion wird dabei jener Mauricius genannt, dem die 515 n. Chr. gegründete Abtei Saint Maurice d'Agaune im oberen Rhônetal geweiht ist. Die *passio* beruft sich dann auf Theodorus, den späteren Bischof von Octodurus, der die Gebeine der Soldaten der Thebaischen Legion entdeckt habe. Von jenem Augenblick an ist die Verehrung der Wunder bewirkenden Reliquien bekannt. Die Thebaische Legion wurde zum Inbegriff der Standhaftigkeit christlicher Soldaten und Märtyrer; in der Schweiz, am Niederrhein und auch in Italien wurde mit ihr eine ganze Reihe von Heiligen verbunden. Durch die Mauricius-Verehrung strahlte das Geschehen jahrhundertelang weithin aus.

Nach den quellenkritischen Studien der modernen Geschichtswissenschaft (D. van Berchem) ist die Historizität der Vorgänge auf Grund einer ganzen Reihe von Anachronismen und anderen Anstößen der *passio* umstritten. Es könnte durchaus sein, daß die Entdeckung der Reliquien durch den späteren Bischof Theodorus in einen engen Zusammenhang mit der seit Ambrosius forcierten Reliquienverehrung im Westen gehört. Doch wie immer Inhalt und Form der *passio* zu bewerten sind, für das europäische Mittelalter war das Martyrium der Thebaischen Legion eine geglaubte Wahrheit, die selbstverständlich auch ganz wesentlich mit zur Diskreditierung des Maximianus Herculius beitrug.

Eine Bilanz der militärischen Operationen der ersten Tetrarchie ergibt, daß nirgendwo imperialistische Offensiven versucht wurden. Selbst dort, wo Diokletian Kräfte massieren ließ und eine starke Aktivität entfaltete, wie gegenüber den Sassaniden, an der unteren Donau, an den Grenzen der germanischen Provinzen gegenüber Alamannen und Franken, wurde lediglich eine endgültige Stabilisierung der Reichsgrenze angestrebt. Stabilisierung mit allen Mitteln war das Gebot der Stunde, mit Gegenangriffen, Befestigungen, dem Ausbau des Straßennetzes und der Verbindungswege in den Grenzzonen, der Verstärkung der Garnisonen und der Grenztruppen.

Ein auch nur flüchtiger Blick auf die Kette der militärischen Einsätze und der politischen Ereignisgeschichte der Tetrarchie Diokletians läßt die Priorität des militärischen Sektors erkennen. Noch immer kam der Armee die Schlüsselstellung im Staate zu, noch immer waren militärische Qualifikationen der Herrscher ausschlaggebend, noch immer konnte das System selbst, trotz vorübergehender Rückschläge und Verluste, am Ende durch die militärischen Erfolge im Innern wie an den Grenzen behauptet werden. In dieser Hinsicht ist die enge Verbindung mit der Ära der Soldatenkaiser evident. Wenn sich Diokletians Tetrarchie dennoch wesentlich von jener vorausgehenden Epoche unterscheidet und im Rahmen des Stabilisierungsprozesses des Imperiums einen besonderen Rang einnimmt, so liegt dies an dem ganzen Komplex von Reformen, die inmitten der nicht abreißenden militärischen Aufgaben durchgeführt wurden.

Die Reformen der Tetrarchie Diokletians erfassen wie jene des Augustus nahezu alle Bereiche von Staat und Gesellschaft. Da auch sie einen langen Zeitraum hindurch letzten Endes von einem sehr konsequenten Herrscher durchgesetzt wurden, dessen Persönlichkeit, Methoden und Formen sich dabei freilich von denen des Augustus diametral unterschieden, weisen sie eine imponierende innere Geschlossenheit auf. Diese erklärt es auch, daß die Reformen Diokletians für die sich abzeichnende neue Epoche der Spätantike eine ähnlich fundamentale Bedeutung erlangten wie einst jene des Augustus für die Epoche des Principats.

Die Reformmaßnahmen insgesamt erreichen eine so ungewöhnliche Dichte und gegenseitige Verklammerung, daß sie tatsächlich die völlige Neuordnung von Staat und Gesellschaft bewirkten. Ehe sie im folgenden für die einzelnen Teilbereiche dargestellt werden, sind jedoch einige allgemeine Vorbemerkungen erforderlich: Erstens ist angesichts der sich hier anbietenden strukturgeschichtlichen Perspektiven der Hinweis erforderlich, daß die Strukturen der Tetrarchie ebensowenig in einem Zuge als in sich geschlossenes Reformmodell von Staat und Gesellschaft durchgesetzt wurden wie jene des Principats. Auch hier sind sie vielmehr das Ergebnis eines mittelfristigen Veränderungsprozesses, dessen Chronologie im übrigen angesichts einer unbefriedigenden Quellenlage wesentlich unsicherer ist als im Falle des Augustus. Noch immer ist selbst in zentralen Bereichen nicht schlüssig geklärt, ob bestimmte Regelungen schon unter den letzten Soldatenkaisern praktiziert, von Diokletian erstmals dekretiert oder erst von Konstantin dem Großen veranlaßt wurden.

Zweitens haben immer wieder erst einzelne Ereignisse, konkrete Krisenherde und spezielle regionale Aufgaben zu oft weitreichenden Reaktionen geführt, die dann jedoch wesentliche Elemente des Reformbündels darstellten, so daß schließlich der Gesamteindruck der Neuordnung eine sehr viel höhere Konsistenz vermuten läßt, als dies in Wirklichkeit der Fall war. Die systematische Befestigung und Reorganisation der Ostgrenze erfolgte als Reaktion auf die Einfälle von Arabern und Sassaniden; die umfassende Neuordnung Ägyptens als Reaktion auf die inneren Erhebungen und die Angriffe der Blemmyer; die Christenverfolgungen wurden erstaunlich spät als Reaktion auf Diokletians Erlebnisse in Nikomedia ausgelöst; das Höchstpreisedikt ist ohne Zweifel eine Reaktion auf Proteste und Unzufriedenheit in der Armee. So sind auch die Reformen der Tetrarchie insgesamt nicht als einseitige Realisierung monokratischer Konzeptionen zu verstehen, vielmehr sind auch sie ein Resultat der äußeren wie inneren Dialektik dieses Systems.

Drittens wird sehr häufig die unbestreitbare Intensivierung des staatlichen Einflusses zur Zeit der Tetrarchie mit einer systematischen inneren Nivellierung gleichgesetzt. Der bewußt herbeigeführte Ausgleich der Belastungen auf den verschiedensten Gebieten, die durchgehende Rationalisierung in vielen Einzelbereichen sowie ein allgemeiner Grundzug zur Normierung und Reglementierung scheinen dafür zu sprechen. Allein eine totale Nivellierung des Imperiums ist auch unter Diokletian nicht erfolgt. Neuere Forschungen haben vielmehr den Nachweis geführt, daß selbst im Bereich der Besteuerungsreformen mit erheblichen regionalen Unterschieden und mit der Kontinuität regionaler Traditionen zu rechnen ist.

Die Tetrarchie brachte eine ganz erhebliche Heeresvermehrung. Gegenüber der Epoche der Severer hatte sich die Gesamtstärke der Armee auf nun rund 500 000 Mann nahezu verdoppelt. Die rund 60 Legionen wiesen dabei freilich nur noch eine Stärke von 1000 bis 2000 Mann auf, während der Anteil der verschiedensten Hilfstruppenformationen an der Gesamtstärke immer mehr zunahm. Die Ergänzung der regulären Heeresformationen war schon unter Diokletian problematisch. Die Legionen griffen dafür meist auf die Kinder von Soldatenfamilien zurück, in denen die Dienstpflicht erblich geworden war, sowie auf jene Rekruten, die ihnen im Bedarfsfall von Gutsbesitzern gestellt werden mußten. Größere Teile der Bevölkerung, wie vor allem Spezialisten und Angehörige bestimmter Korporationen, waren dagegen in der Regel von der Dienstpflicht befreit. Dasselbe galt prinzipiell auch für die fest ansässigen Bauern und Kolonen, konnte jedoch angesichts der Ergänzungsprobleme nicht eingehalten werden.

Zwei bereits seit Gallienus erkennbare Grundtendenzen des Heerwesens setzten sich unter Diokletian fort: Einmal die endgültige Trennung zwischen Zivil- und Militärkommando, zum anderen die Strukturierung der Armee in die stationären Grenztruppen einerseits und die mobile Feld- oder Eingreifarmee andererseits. In beiden Fällen wurden diese Entwicklungen freilich erst von Konstantin dem Großen zum organisatorischen Abschluß geführt. Nach älteren Auffassungen hätte schon unter Diokletian in den Grenzprovinzen jeweils ein *dux* als Militärbefehlshaber das Kommando über die in der Regel zwei Legionen einer solchen Provinz übernommen. Neuere Untersuchungen haben nun ergeben, daß diese Lösung unter Diokletian so noch nicht schematisch durchgeführt war, die Grenzen des Kommandobereichs der einzelnen *duces* im Gegenteil immer wieder über die Provinzgrenzen hinausgriffen, so daß die militärischen Befehlsbereiche die Einheiten der zivilen Administration wiederholt überlappten.

Ähnlich liegen die Dinge bei der Formierung der mobilen Feldarmee, des *comitatus* der konstantinischen Zeit. In seinem Kern war dieser Heeresteil wohl schon unter Diokletian vorhanden, doch umfaßte er zunächst lediglich eine relativ kleine Anzahl von Kavallerie- und Eliteeinheiten, Gardeformationen wie die *protectores* und andere mehr. Die Expeditionskorps für die Feldzüge wurden dagegen wie im Zeitalter der Soldatenkaiser noch immer von Fall zu Fall durch *vexillationes* gebildet, das heißt durch Abkommandierungen von Kampfgruppen aus den verschiedensten Truppenteilen, nicht zuletzt auch aus Kavallerieeinheiten. Zum straff organisierten militärischen Großverband ist der *comitatus* jedenfalls erst unter Konstantin dem Großen geworden.

Die gewiß auffallendsten Veränderungen innerhalb der Administration des Imperiums erfolgten unter der Tetrarchie im Bereich der Provinzialverwaltung. Tendenzen zur Verkleinerung der alten, großen provinzialen Verwaltungseinheiten waren schon seit geraumer Zeit im Gange. Doch während das Imperium zu Beginn von Diokletians Herrschaft etwa 50 Provinzen aufwies, zählte es im Jahre 297 n. Chr., wie aus dem *«Laterculus Veronensis»* bekannt ist, dem Provinzverzeichnis von Verona, schon an die 100. Auch hier waren die alten historischen Verwaltungseinheiten in einem längeren Teilungsprozeß zerlegt worden. Gallien und die Rheinlande wurden beispielsweise in 15 neue Provinzen aufgeteilt, die alte Provinz *Asia* in sieben, Thrakien in vier, die *Narbonensis, Africa, Cappadocia* und Ägypten in je drei; über 20 alte Provinzen wurden halbiert.

Die Unterscheidung zwischen kaiserlichen und senatorischen Provinzen, jene traditionelle Fiktion einer senatorischen Verwaltungshoheit, entfiel; faktisch wurde auch die Apenninhalbinsel auf den Provinzialstatus herabgedrückt, wenn auch die Bezeichnung *provincia* hier noch nicht angewandt wurde. Aber die *correctores*, die fortan die italischen Sprengel verwalteten, unterschieden sich kaum von regulären Statthaltern. Eine letzte Ausnahme bildeten noch die Hauptstadt und das Gebiet bis zum 100. Meilenstein, die dem *praefectus urbi* unterstanden.

Ziel der Aufsplitterung der bisherigen administrativen Einheiten war es, die Verwaltungsintensität zu erhöhen, speziell aber die Rechtspflege und die Finanzverwaltung zu straffen, jene beiden Bereiche, die fortan im Mittelpunkt der Tätigkeit der Provinzialstatthalter standen. Daneben hatten diese Rekrutierungen und Requisitionen durchzuführen sowie die öffentlichen

Arbeiten zu überwachen. Statthalter senatorischer Herkunft, *proconsules*, gab es künftig lediglich noch in den jetzt stark verkleinerten, ehemaligen Senatsprovinzen *Asia* und *Africa*. Als *correctores*, als Statthalter gleichsam niederen Ranges, konnten Senatoren auch noch im italischen Bereich sowie in Sizilien und in *Achaia* fungieren. In allen übrigen Provinzen standen dagegen künftig Ritter als *praesides* an der Spitze der Verwaltung.

Die Aufsplitterung der Provinzen erzwang nun ihrerseits die Errichtung neuer Mittelinstanzen, da es für die zentralen Verwaltungen unmöglich war, die Vielzahl der provinzialen Behörden zu überwachen. So wurden im ganzen Reichsgebiet zwölf Dioezesen eingerichtet, im Osten *Oriens*, *Pontus* und *Asiana*, auf der Balkanhalbinsel und im Donauraum *Thraciae*, *Moesiae* und *Pannoniae*, im Zentrum *Italia*, im Westen *Viennensis*, *Galliae*, *Hispaniae* und *Britanniae*, im Süden schließlich *Africa*. Geleitet wurden diese Dioezesen von den Stellvertretern der Prätorianerpräfekten, den *vicarii*, die selbst über einen ziemlich großen Stab zur Bewältigung ihrer Aufgaben verfügten. Die personale Stärke dieser Stäbe ist zwar für die Zeit Diokletians nicht exakt bekannt, doch am Ende des 4. Jahrhunderts n. Chr. verfügte ein *vicarius* immerhin über rund 300, ein Provinzialstatthalter dagegen über rund 100 Verwaltungsangehörige. Neben der Kontrolle der Provinzialverwaltung in ihrer Dioezese fungierten die *vicarii* zugleich als juristische Berufungsinstanz. Sie gehörten sämtlich dem Ritterstand an, der damit neue Spitzenstellungen gewonnen hatte. Eine Ausnahmeregelung wurde für Italien getroffen: Hier verwaltete der *vicarius Italiae* lediglich den Raum nördlich des Apennins, während der südliche Teil dieser zentralen Dioezese von einem eigenen *vicarius in urbe Roma* kontrolliert wurde.

Zu den wichtigsten Verwaltungsbehörden waren indessen die Stäbe der Prätorianerpräfekten geworden, zu den wichtigsten Reichsbeamten die Prätorianerpräfekten selbst. Im Zuge der Militarisierung der wesentlichen Verwaltungszweige waren die Prätorianerpräfekten, die ja längst nicht mehr nur Gardekommandanten, sondern eine Art Generalstabschefs waren, für die Ergänzung der Armee insgesamt ebenso verantwortlich wie für die gesamte Versorgung und den Nachschub. Sie waren jetzt aber auch den *vicarii* der Dioezesen und den Provinzialstatthaltern im Sektor der allgemeinen Verwaltung übergeordnet, und sie verfügten dazu auch noch über einen weiteren Kompetenzbereich in der Jurisdiktion, sei es als Vertreter des Kaisers, sei es als eigene Appellationsinstanz.

Neben dem Prätorianerpräfekten waren der *rationalis rei summae*, der für Geldsteuern und die Münzprägung zuständige Funktionär, sowie der *magister rei privatae*, an den die Abgaben aus dem kaiserlichen Kronland und Besitz flossen, die einflußreichsten Verwaltungschefs der zentralen Organe. Nach den *scrinia*, ihren Aktenbehältern, wurden die verschiedenen Sektionen der kaiserlichen Kanzlei unterschieden, die von *magistri* geleitet wurden: Der *magister epistolarum* war dabei für den Schriftwechsel zuständig, der *magister libellorum* für die Bittschriftenabteilung, der *magister cognitionum* für die Rechtsabteilung. An der Seite dieser zentralen Verwaltungsstäbe stand eine funktional außerordentlich differenzierte Hofdienerschaft, die *castrensiani*, eine Spezialistengruppe, die ebenso *cubicularii* umfaßte, die Verantwortlichen für das kaiserliche Schlafgemach, wie *velarii*, die Höflinge, welche die Vorhänge im kaiserlichen Audienzraum zu bedienen hatten.

Die bedeutende Vermehrung des Heeres, die intensive Bautätigkeit und nicht zuletzt die Aufblähung des gesamten Staatsapparates mußten die Finanzen des Imperiums aufs schwerste belasten. Da das Steuersystem, das Diokletian antraf, ebenso unwirksam wie korrumpiert war und da das gesamte Geldwesen trotz Aurelians Reformversuch bereits wieder von einer neuen Inflation bedroht wurde, blieb nur eine systematische Neuordnung als Ausweg. Diktiert wurde sie letzten Endes von den Forderungen der Armee, aber auch sie wurde nicht in einem Zuge durchgeführt, sonden allem Anschein nach in mehreren Etappen. Allerdings erwecken die bleibenden Resultate den Eindruck, als wäre alles aus einem Guß geformt.

Im Laufe des 3. Jahrhunderts n. Chr. hatte sich lediglich die *annona*, eine unregelmäßig von Fall zu Fall erhobene Naturalsteuer bewährt. Diokletian systematisierte diese Erhebung, indem er das, was zuvor periodisch und regional in verschiedener Höhe beigetrieben wurde, nun allgemein und gleichmäßig erheben ließ, wobei vom gesamten landwirtschaftlich nutzbaren Grundbesitz des Imperiums ausgegangen wurde. Selbst der nördliche Teil Italiens wurde jetzt veranlagt, während der südliche, die *regio suburbicaria*, statt dessen die Versorgung Roms mit Vieh, Wein und Baumaterial zu sichern hatte. Den zweiten Ansatzpunkt des neuen diokletianischen Steuersystems bildete die *capitatio*, eine bislang in Geld eingezogene Kopfsteuer.

Diokletians System der *capitatio-iugatio* war auf zwei Elementen aufgebaut, einmal auf der Basis des *iugum*, das heißt eines Grundstücks fruchtbaren Bodens in jenem Umfang und in jener Qualität, daß sie dem zweiten Element, dem *caput*, das heißt einer Person, als ausreichender Lebensunterhalt dienen und gleichzeitig von dieser auch allein genutzt werden konnte. Die Veranlagungseinheit bestand somit aus einer Verbindung von Grundstück und Arbeitskraft, wobei Frauen lediglich als halbes *caput* zählten.

Im einzelnen war das System stark differenziert; in seinen verschiedenen Staffelungen mutet es geradezu modern an. So schwanken die Ansätze etwa in Syrien, wo die Verhältnisse aus einem syrischen Rechtsbuch genauer bekannt sind, für ein *iugum* je nach der Qualität des Landes zwischen 20 und 60 Morgen Ackerfeld. Damit wurden fünf Morgen Weinberg oder 225 – im Gebirge aber 450 – Ölbäume gleichgesetzt. Koordiniert wurden damit auch ältere Ansätze, wie etwa die *capitatio animalium*, eine Stücksteuer beim Vieh.

Von der *capitatio-iugatio* wurden wahrscheinlich alle männlichen Reichsbewohner im Alter zwischen 12 und 65 Jahren, die weiblichen im Alter zwischen 14 und 65 Jahren erfaßt. Ein systematischer Reichs-*census*, der erstmals 297 n. Chr., danach alle fünf Jahre, seit 312 n. Chr. schließlich alle 15 Jahre stattfand, setzte die Zahlen der Steuereinheiten fest. Diese *indictio*, die zu vielen Beanstandungen Anlaß gab und jeweils erheblichen Unmut auslöste, war einer der einschneidensten materiellen Vorgänge im Leben jedes einzelnen. Als chronologischer Terminus war der Begriff daher noch dem europäischen Mittelalter geläufig.

Im Unterschied zu vielen modernen Staatshaushalten war der Haushalt des *Imperium Romanum* in der Spätantike seit Diokletian nicht mehr von dem wechselnden Steuereingang abhängig. Es ist für das politische System vielmehr bezeichnend, daß der staatliche Bedarf, und hier wiederum vor allem derjenige des Heeres, absolut gesetzt und mit Hilfe des Grundrasters der *capitatio-iugatio* einfach umgelegt wurde.

Während das System der *capitatio-iugatio* von nicht wenigen modernen Betrachtern auf Grund seiner Effizienz durchaus positiv bewertet wurde, schildert Laktanz die Auswirkungen zu Beginn des 4. Jahrhunderts in sehr düsteren Farben. Obwohl bei ihm die negative Einstellung gegenüber den Herrschern der ersten Tetrarchie und auch sein Streben nach rhetorischen Übertreibungen zu berücksichtigen sind, dürfte seine Darstellung wenigstens teilweise die Konsequenzen der Neuordnung sichtbar machen und vor einer allzu optimistischen Einschätzung der Realität bewahren: «Indes wurden das Unglück und der Jammer erst allgemein durch die neue Steuerveranlagung, die gleichzeitig für alle Provinzen und Gemeinden angeordnet wurde... Die Menge der Steuerbeamten ergoß sich überallhin und brachte alles in Aufruhr. Es waren Bilder des Schreckens wie beim Einfall von Feinden und Wegführen von Gefangenen. Die Äcker wurden schollenweise abgemessen, Weinstöcke und Bäume gezählt, jede Art von Haustieren verzeichnet, die Kopfzahl der Bewohner vermerkt. In den Städten wurde städtische und ländliche Bevölkerung zusammengedrängt; alle Plätze waren mit Scharen von Gesinde überfüllt. Jeglicher war mit Kindern und Sklaven zur Stelle. Foltern und Schläge hallten wider, Söhne brachte man auf wider die Väter, die treuesten Sklaven wurden gegen die Herren, Gattinnen wider die Gatten gefoltert. Wenn alles erfolglos war, so folterte man die Besitzer gegen sich selbst, und wenn der Schmerz die Oberhand behielt, so schrieb man als Eigentum zu, was nicht vorhanden war. Nicht Alter, nicht Gebrechlichkeit fand Nachsicht... Kindern fügte man Jahre hinzu, Greisen nahm man sie weg... Von da ab mußte man also Steuern für den Kopf entrichten und Kaufpreis für das Leben zahlen. Man traute nicht einmal den gleichen Einschätzern, nein immer andere wurden geschickt, als ob sie noch mehr aufspüren könnten; und immer wurden die Ansätze verdoppelt... Mittlerweile verminderte sich die Zahl der Tiere, Menschen starben weg, trotzdem mußten auch für die Verstorbenen die Abgaben entrichtet werden. Kurz, umsonst konnte man nicht mehr leben und nicht einmal mehr sterben. Nur die Bettler waren noch übrig, von denen man nichts eintreiben konnte» (Laktanz, *«De mortibus persecutorum»* 23 – Übersetzung nach A. Hartl).

Während sich Diokletians neues Steuersystem aus staatlicher Sicht bewährte, scheiterten seine Eingriffe in Wirtschaft und Währung weitgehend. Nachdem sich Aurelians Versuch als wirkungslos erwiesen hatte, setzte Diokletian zweimal, 294 und 301 n. Chr., zu Währungsreformen an, die vor allem das Ziel verfolgten, den längst verfallenen Wert der Silbermünzen wieder aufzubessern und zu stabilisieren. Auch nach dem Neufund einer Inschrift aus Aphrodisias, die wichtige Einzelheiten über die Reform vom 1. 9. 301 n. Chr. überliefert, sind die speziellen numismatischen Probleme der Reformen noch nicht gelöst. Vor allem aber konnten sich die neuen Relationen und Tarifierungen der diokletianischen Ära nicht behaupten. Mit einem schwachen Silbersud überzogene Kupfermünzen, die meist als *folles* bezeichnet werden, treten in den Funden massenhaft zutage; sie sanken in Gewicht und Feingehalt rasch ebenso ab wie frühere Nominale und vergrößerten schließlich den Unterschied zwischen dem staatlich festgesetzten Geldwert einerseits und der wirklichen Kaufkraft andererseits immer mehr.

Lediglich die organisatorische Reform der gesamten Münzprägung hatte Bestand. An die Stelle des kombinierten Systems von Lokal-, Regional- und Reichsprägungen setzte Diokletian ein neues von über 15 Reichsmünzstätten, in denen künftig im wesentlichen einheitliche Münztypen geprägt wurden. Nur in den Münzstättenzeichen des Abschnitts (zum Beispiel PTR = die erste Offizin der Münzstätte Trier oder SIS = Siscia) sowie im Stil der Darstellungen und in den zahlenmäßig zurücktretenden regionalen Sondertypen unterschieden sich in Zukunft die Gepräge in den einzelnen Reichsteilen. Die zentralen Emissionen, wie etwa jene mit den Legenden *GENIO POPULI ROMANI* und *IOVI CONSERVATORI*, aber wurden jetzt in allen Reichsmünzstätten hergestellt, von denen diejenigen von Trier, London, Rom, Lugdunum und Arelate, aber auch Siscia für den germanischen Grenzraum am bedeutsamsten wurden.

Der zweite Anlauf von Diokletians Währungsreform steht in denkbar engem Zusammenhang mit dem Höchstpreisedikt des Jahres 301 n. Chr. Offensichtlich sollten die Neuordnung des Münzwesens und die Fixierung der Höchstpreise ineinandergreifen, um einerseits die inflationären Entwicklungen zu beenden, andererseits für ein ausreichendes Warenangebot zu angemessenen Preisen zu sorgen. Daß alle Eingriffe in das Geldsystem in Wirklichkeit zu anderen Konsequenzen führten, bezeugt ein Papyrus vom Ende des 3. Jahrhunderts n. Chr., in dem ein Beamter seinem Agenten die folgende Weisung erteilt: «Das göttliche Schicksal unserer Herren hat angeordnet, daß das italische Geld reduziert wird auf die Hälfte eines Nummus. Beeile dich deshalb, alles italische Geld, das du hast, auszugeben und für mich alle Arten von Waren zu kaufen, zu welchem Preise auch immer du sie auftreiben kannst» («*Catalogue of the Greek Papyri in the J. Rylands Library at Manchester*», 607 – Übersetzung von W. Arend).

Auch andere Entwicklungen hatten die Spannungen zwischen Geldwert und Sachwert verschärft und schließlich zu jener ernsten Krise geführt, die das Höchstpreisedikt des Jahres 301 n. Chr. beheben sollte, ein Verzweiflungsschritt und «gouvernementaler Unsinn», wie Mommsen meinte, in jedem Falle der umfassendste Versuch staatlicher Wirtschaftslenkung, der aus der Antike überhaupt bekannt ist. Das Edikt beginnt mit der vollständigen offiziellen Titulatur aller vier Herrscher, einer Titulatur, die nicht weniger als jeweils acht zum Teil potenzierte Siegerbeinamen enthält. Die weitausholende, umständliche und schwülstige *praefatio*, die den Zwang zum Handeln begründet, die Maßnahmen aufführt und erläutert sowie die Strafen dekretiert, erinnert zunächst an die glücklich geführten Kriege und an den unter so großen Anstrengungen wiederhergestellten Frieden. Als aktuelle Pflicht der Herrscher wird bestimmt, «den auf ewig begründeten Frieden mit dem gebührenden Schutz der Gerechtigkeit [zu] umgeben». Dabei erscheinen die alten und neuen Elemente der Ideologie des spätantiken Kaisertums: *pax, iustitia, tranquillitas, quies*.

In denkbar schärfstem Kontrast folgt dem die Beschreibung der Realität, der Hinweis auf die rasende Habgier *(avaritia desaeviens)* jener Skrupellosen und Maßlosen, die auf die Allgemeinheit keine Rücksicht nehmen und die nun endlich die «Väter des Menschengeschlechtes» *(parentes generis humani)* zum Handeln zwingen. Dabei wird eingeräumt, daß diese Vorsorge *(providentia)* der Herrscher fast schon zu spät kommt und die bisherige Zurückhaltung damit begründet, daß die Kaiser hofften, daß sich die Menschheit von selbst bessere. Diese, wie sich inzwischen erwies, nicht nur ergebnislose, sondern geradezu fatale Zurückhaltung wird dabei noch als Ausdruck der Mäßigung stilisiert. Erst nach diesen Allgemeinplätzen wird das Edikt konkret:

«Denn wer ist so verstockten Herzens und so jedes Sinnes für Menschlichkeit bar, daß er nicht wissen könnte, ja sogar nicht gespürt hätte, wie bei den Waren, die auf den Märkten vertrieben oder im täglichen Handelsverkehr der Städte umgesetzt werden, die Willkür der Preise sich ausgebreitet hat, daß die entfesselte Raubgier weder durch die Fülle der Waren noch durch die reichlichen Ernteerträge der einzelnen Jahre gemildert wird?; so daß zweifelsohne gerade solche Menschen, die in diesen Beschäftigungen geübt sind, ständig in ihrem Innern erwägen, sogar nach dem Lauf der Gestirne Wind und Wetter selbst ermitteln, und es in ihrer ungerechten Einstellung nicht ertragen können, wenn die glücklichen Fluren mit himmlischen Regengüssen getränkt werden und künftige Früchte erhoffen lassen;

so daß manche es für ihren persönlichen Schaden halten, wenn durch die Gunst eben des Himmels ein Überfluß an Waren entsteht. Diese Leute, die immer nur danach trachten, sogar aus den göttlichen Wohltaten ein Geschäft zu machen, den Überfluß am öffentlichen Wohlstand zu beschneiden und andererseits in einem Jahr des Mißwuchses mit dem, was die Ernte eingebracht hat, und mit den Diensten der Händler ihren Schacher zu treiben, diese Leute, von denen jeder einzelne im größten Reichtum schwimmt, der sogar ganze Völker hätte sättigen können, und die gleichwohl nur ihrem Vermögen nachjagen und auf aussaugende Wucherzinsen aus sind – deren Habgier eine Grenze zu setzen, Bewohner unserer Provinzen, das ist es, was die allgemeine Rücksicht auf die Menschheit von uns fordert...

Wer also wüßte nicht, daß dem gemeinen Nutzen die hinterhältig lauernde Frechheit, wohin auch immer das gemeinsame Wohl Aller unsere Heere zu lenken erfordert, nicht nur in Dörfern oder Städten, sondern überall auf dem Marsche mit Wuchergeist entgegentritt und die Preise der Waren nicht um das vier- und achtfache, sondern so sehr hinaufschraubt, daß das Vermögen der menschlichen Sprache die Benennung der Wertrelation und der Handlungsweise auszudrücken nicht vermag, und schließlich daß der Soldat bisweilen durch den Kauf eines einzigen Gegenstandes seines Donativs und seines Soldes beraubt wird, und der gesamte Steuerertrag des ganzen Reiches zum Unterhalt der Heere dem verabscheuungswürdigen Erwerb der Räuber anheimfällt, so daß unsere Soldaten eigenhändig die Hoffnung ihres Militärdienstes und die durchstandenen Mühen denen, die mit allem wuchern, hinzubringen scheinen, mit dem Ergebnis, daß die Ausplünderer sogar des Staates von Tag zu Tag so viel zusammenraffen, wie sie gar nicht überblicken können.

Durch all das oben Geschilderte mit Fug und Recht bewogen, haben wir, weil es schon die bloße Menschlichkeit zu erbitten scheint, geglaubt, für die Waren nicht etwa Preise festsetzen zu müssen – denn das könnte nicht als gerechtfertigt erscheinen, da unterdessen viele Provinzen sich des Glücks der ersehnten, niedrigen Preise und sozusagen des Privilegs des Überflusses erfreuen dürfen –, sondern ein Höchstmaß [Höchstpreise], damit, wenn sich einmal irgendein Sturm der Teuerung erheben sollte – was die Götter verhüten mögen! – die Habgier, die wie auf Feldern, die in gewisser Unermeßlichkeit sich ausdehnen, nicht eingehegt werden konnte, durch die Grenzen unserer Verordnung oder die Schranken eines regulierenden Gesetzes eingeengt wird.

Wir bestimmen deshalb, daß die Preise, die in dem angefügten Verzeichnis angeführt sind, in unserem ganzen Reich so eingehalten werden, daß alle einsehen, daß ihnen die Willkür ihrer Überschreitung genommen ist, ohne daß aber da, wo Überfluß an Waren sichtbar wird, der Segen billiger Preise gestört wird, wofür man gerade am besten sorgt, wenn man die vorher beschriebene Habgier in Fesseln legt. Zwischen den Verkäufern aber und den Käufern, die Häfen anzulaufen und fremde Provinzen zu bereisen pflegen, wird diese Mäßigung im gemeinsamen Geschäftsverkehr miteinander gelten müssen, daß, weil sie auch selbst wissen, daß bei der Notlage einer Teuerung die für die Waren festgesetzten Preise nicht überschritten werden können, für die Zeit des Verkaufs Ort und Transport und überhaupt das ganze Geschäft so berechnet wird, daß daraus hervorgeht: Es ist zu Recht bestimmt worden, daß diejenigen, die Waren transportieren, sie nirgends teurer verkaufen dürfen.

Weil es nun auch bei unseren Vorfahren beim Erlaß von Gesetzen üblich war, durch Androhung von Strafen den Frevelmut in Fesseln zu halten – da es ja höchst selten ist, daß man eine menschliche Situation antrifft, die von selbst Gutes tut, und immer der Lehrmeister Furcht der gerechteste Lenker der Pflichten ist –, so wird angeordnet, daß, wenn einer sich gegen die Bestimmungen dieser Verordnung auflehnt, seine Dreistigkeit der Todesstrafe unterworfen werde. Und niemand möge die Härte der Verordnung beklagen, weil es in jedermanns Hand liegt, durch Beachtung der Mäßigung die drohende Gefahr zu meiden. Derselben Gefahr soll auch der unterworfen sein, der aus Gewinnsucht entgegen den Vorschriften gemeinsame Sache mit der Habgier des Verkäufers macht. Von der gleichen Schuld soll aber auch derjenige nicht frei sein, der Waren besitzt, die für die Ernährung und den Gebrauch notwendig sind, und es nach Erlaß dieser gerechten Regelung für richtig hält, sie dem Markte zu entziehen, während doch sogar die Strafe für den, der den Mangel herbeigeführt, noch größer sein müßte als für den, der gegen die Bestimmungen verstößt.

Wir ermahnen also alle zum Gehorsam, das zum Nutzen der Allgemeinheit Verordnete mit wohlwollender Rücksicht und schuldiger Ehrfurcht einzuhalten, ganz besonders, weil durch eine solche Verordnung nicht nur einzelnen Städten, Völkern und Provinzen, sondern dem ganzen Reich offensichtlich gedient wird, zu dessen Verderben nur ganz wenige, wie wir wissen, gewütet haben, deren Habsucht weder die Länge der Zeit noch der Reichtum, dem man sie nachjagen sieht, haben mäßigen oder sättigen können» (S. Lauffer, «Diokletians Preisedikt», Berlin 1971, 90 ff. – Übersetzung von H. Bausch).

Es folgen dann lange Listen der Höchstpreise, der Arbeitslöhne, Fuhrlöhne und der Transportkosten. Aus diesen rund 1000 Positionen seien im folgenden einige Beispiele genannt, wobei die Recheneinheit des Denars, die hier zugrundeliegt, kontrovers ist, jedenfalls nicht exakt ermittelt werden kann, somit lediglich eine rechnerische Einheit darstellt. Maßeinheit für die festen Waren ist der «Lagerscheffel» (*castrensis modius* = 17,5 l), für Flüssigkeiten der italische Sextar (0,547 l). Das ebenfalls verwendete italische Pfund entspricht 327 g.

Getreide	100	Roggen	60
Linsen	100	Leinsamen	150
Wein aus Picenum	30	Falerner	30
Landwein	8	Gerstenbier	2
Olivenöl, 1. Qualität	40	Honig, 1. Qualität	40
Schweinefleisch	12	Rindfleisch	8
Pökelfisch	6	Trockenkäse	12
Oliven aus Tarsos, 20 Stück	4	frischer Käse	8

Arbeitslöhne:
ein Tagelöhner auf dem Land mit Verpflegung pro Tag	25
ein Zimmermann mit Verpflegung pro Tag	50
ein Mosaikarbeiter für Wände mit Verpflegung pro Tag	60
ein Maultiertreiber mit Verpflegung pro Tag	25
ein Friseur pro Kunde	2
ein Lehrer für Lesen und Schreiben pro Schüler monatlich	50
ein Sprachlehrer für Griechisch oder Latein und ein Geometrielehrer pro Schüler monatlich	200

weiße Seide	1	Pfund	12 000
dunkelpurpurgefärbte Seide	1	Pfund	150 000
Sklave im Alter von 16 bis 40 Jahren			30 000
Sklavin im gleichen Alter			25 000
Fahrgeld mit Reisewagen für eine Person je Meile			2
Fuhrlohn für gewöhnliche Ladung je Meile			12

Transportkosten:
von Alexandria nach Rom pro 1 Lagerscheffel	26
von Alexandria nach Ephesus pro 1 Lagerscheffel	8
von Afrika nach Gallien pro 1 Lagerscheffel	4

Über die rein wirtschaftshistorischen Einzelheiten hinaus, die sich aus dem Vergleich der Preise, Löhne und Transportkosten ergeben, ist das ganze Edikt eine typische Manifestation von Diokletians Haltung und Politik. Das Verantwortungsbewußtsein des Vaters des Menschengeschlechtes, die Berufung auf die altrömische Tradition, die Entschlossenheit, nach langer Zurückhaltung endlich doch das Notwendige zu tun, der Appell an die Einsicht und das Drängen auf Ehrfurcht, nicht zuletzt aber die Durchsetzung von Maßnahmen, die vor allem im Interesse der Soldaten liegen mußten – hier ist die Eigenart des Systems im konkreten Fall verdichtet. Fragmente aus vielen Teilen des Imperiums belegen, daß das Edikt tatsächlich allgemeingültig sein sollte; in Wirklichkeit ist es schon bald gescheitert.

Ähnlich starke Aktivitäten wie im Bereich der Währungs- und der Wirtschaftspolitik entfaltete Diokletian auch im Sektor des Rechts. Aus seiner Regierung sind rund 1200 Konstitutionen bekannt, die sich zwar nicht auf einen Nenner pressen lassen, insgesamt jedoch ein entschiedenes Festhalten an den Normen des klassischen römischen Rechts dokumentieren. Typisch ist dabei insbesondere Diokletians Versuch, das altrömische Eherecht durch besonders strenge Strafen für Bigamie und Ehebruch, aber auch durch das

Verbot der Verwandtenehen wieder zu verschärfen. Humanitäre Tendenzen zeigen sich daneben in der Einschränkung der Folterungen. Die Begründung von Diokletians Ehegesetz aus dem Jahre 295 n. Chr. dokumentiert die altrömische Identität von Recht, Religion und Moral, die dem allem zugrunde liegt:

«Weil unserem frommen und gottesfürchtigen Sinn das, was durch die römischen Gesetze als rein und heilig bestimmt ist, besonders verehrenswert und durch ewige Gottesfurcht *(religio)* zu bewahren erscheint, darum glauben wir das nicht unbeachtet lassen zu dürfen, was von gewissen Leuten in der Vergangenheit gottlos und schändlich begangen worden ist. Wenn es etwas zu verhindern oder zu strafen gibt, mahnt uns die Zucht unseres Zeitalters einzuschreiten. Zweifellos werden nur dann die unsterblichen Götter selbst, wie schon immer, so auch in Zukunft dem römischen Namen günstig und gnädig gesinnt sein, wenn wir uns davon überzeugt haben werden, daß alle Menschen unter unserer Herrschaft ein frommes, gottesfürchtiges, ruhiges und reines Leben in allem nach der Sitte der Ahnen führen. Wir meinten darum vor allem auch dafür sorgen zu müssen, daß durch gottesfürchtig und gesetzmäßig nach der Zucht des alten Rechtes geschlossene Ehen sowohl für die Ehrbarkeit derer, die die Ehen schließen, als auch für die, die daraus geboren werden, unter Bewahrung der Gottesfurcht von vornherein gesorgt werde und daß durch ehrbare Geburt auch die Nachkommenschaft selbst gereinigt sei. So wird es nämlich dahin kommen, daß in Zukunft niemand wagen wird, zügellosen Leidenschaften nachzugeben, wenn man erst weiß, daß die früheren Täter derartiger Verbrechen die Gnade insoweit verloren haben, als sie an der Erbfolge des unerlaubt gezeugten Kindes verhindert werden, wie sie nach altem Brauch von den römischen Gesetzen verweigert wird» (*«Excerpta Vaticana»*, p. 157 Krüger – Übersetzung von H. Doerries).

So wird hier das Recht als Ausfluß der Religion gesehen; das konservative Festhalten der römischen Traditionen und Werte kennzeichnet deshalb auch Diokletians Religionspolitik. Die Steigerung der Juppiter- und Herkulesverehrung schloß dabei die Kontinuität der Solverehrung nicht aus, und nichts wäre irriger, als sich für Diokletian eine Art von Juppiter-Monotheismus vorzustellen. Seine Religion ist ganz im Gegenteil ein entschiedenes Bekenntnis zur Pluralität der Staatsgottheiten der polytheistischen römischen Vorstellungswelt, wobei in der besonderen Betonung von allem Römischem, dem *Hercules Romanus* wie dem *Genius Populi Romani*, ein typisch spätantiker Zug begegnet.

Stehen so die positiven Vorzeichen, so entspricht dem andererseits die entschiedene Wendung gegen alle diesen Werten fremden und feindlichen Kräfte. Als deshalb die Verbreitung der Lehre Manis vor allem in Nordafrika Unruhen ausgelöst hatte, ließ Diokletian die Manichäer unnachsichtig verfolgen. Das Manichäeredikt des Jahres 297 n. Chr. zeigt die Zusammenhänge besonders deutlich:

«... Die alte Religion darf nicht von einer neuen getadelt werden... Es ist das größte Verbrechen, zu widerrufen, was einmal von den Alten bestimmt und festgesetzt ist und einen sichern Gang innehält... Darum sind wir eifrig darauf bedacht, die böswillige Hartnäckigkeit schlechter Menschen zu bestrafen, die neue und unerhörte Sekten den alten Götterdiensten entgegensetzen, um nach ihrer schändlichen Willkür zunichte zu machen, was uns einst von den Göttern gewährt wurde... Es ist zu fürchten, sie [sc. die Manichäer] könnten im Laufe der Zeit durch ruchlose Bräuche und verkehrte Gesetze der Perser Menschen unschuldiger Natur, das bescheidene und ruhige römische Volk, und unsern ganzen Erdkreis mit ihren üblen Gifttränken gleichsam anstecken... Daher befehlen wir, daß die Begründer und Häupter zusammen mit ihren abscheulichen Schriften strengster Bestrafung – der Verbrennung im Feuer – unterworfen werden; ihre Anhänger, vor allem die Fanatiker, sollen mit dem Tode bestraft werden, ihr Besitz zugunsten des Fiskus eingezogen werden... Die Seuche dieser Bosheit soll mit der Wurzel ausgerottet werden aus unserm glücklichen Zeitalter» («*Excerpta Vaticana*», p. 187 Krüger – Übersetzung von H. Doerries).

Es war ganz unausbleiblich, daß eine solche Haltung schließlich auch zu einer neuen Christenverfolgung führen mußte. Zunächst hatte Diokletian freilich den Christen gegenüber eine betonte Zurückhaltung geübt, zunächst wurden sie ganz bewußt einfach übersehen, wie schwierig das auch war, denn in Nikomedia etwa stand eine christliche Kirche bereits in unmittelbarer Nähe des Kaiserpalastes. Das Jahr 299 n. Chr. brachte dann die erste, strikt antichristliche Wendung. Ihr aktueller Anlaß war eine mißglückte Eingeweideschau, die in Gegenwart des Kaisers stattfand, und für deren Mißlingen anwesende Christen verantwortlich gemacht wurden. Die erste Reaktion des Kaisers war deshalb ein Opferbefehl für alle Palastangestellten, später auch ein allgemeiner Opferzwang für das gesamte Heer und die Beamtenschaft. Diejenigen, die sich weigerten, wurden aus dem Dienst entlassen.

Für eine prinzipielle Regelung des Christenproblems ließ sich Diokletian Zeit. Er versicherte sich nicht nur der Zustimmung seiner Ratgeber im Staatsrat, sondern durch eine Anfrage beim milesischen Apolloorakel auch der Ansicht der Götter selbst. Erst nach diesen Erkundigungen gingen seit dem Jahre 303 n. Chr. die Edikte seiner Christenverfolgungen in rascher Abfolge durch das Reich. Am 23. Februar 303 n. Chr., am Fest des Gottes Terminus, setzten sie ein. Ihren Auftakt bildete die Zerstörung der christlichen Kirche in Nikomedia. Nach dem ersten Verfolgungsedikt sollten, ähnlich wie im Falle der Manichäer, alle christlichen Kirchen zerstört, die Schriften vernichtet und die Gottesdienste verboten werden. Die Mitglieder der höheren Stände verloren bei Zugehörigkeit zum christlichen Glauben ihre Ränge, Würden und Standesprivilegien. Kaiserliche Freigelassene, die auf ihrem christlichen Bekenntnis beharrten, wurden in den Sklavenstand zurückversetzt, den Christen in Heer und Verwaltung Freiheitsstrafen angedroht, allen Christen die Rechtsfähigkeit abgesprochen, doch wurden Todes- und Körperstrafen nicht verhängt.

Die so einmal in Gang gekommene Verfolgung, die sich über das ganze Reich erstrecken sollte, erfuhr bald eine weitere Verschärfung, als im kaiserlichen Palast in Nikomedia rasch hintereinander zwei Brände ausbrachen, deren Urheberschaft umstritten ist. Daraufhin starben nicht nur der Bischof von Nikomedia und mehrere Kleriker, sondern auch nicht wenige Christen in der Stadt den Märtyrertod. Durch ein zweites Edikt wurde jetzt auch die Gefangennahme der gesamten christlichen Priesterschaft angeordnet. Ein kurz darauf folgender Erlaß befahl dann diesen Gefangenen das Opfer, wobei derjenige die Freiheit erhielt, der opferte, während den Opferverweigerern Folter und Todesstrafe drohten.

Die Eskalation der Edikte gipfelte schließlich 304 n. Chr. in einem allgemeinen Opfererlaß, der für die Verweigerer Zwangsarbeit in Bergwerken oder die Todesstrafe vorsah. Dieses vierte Edikt, das die Bevölkerung des ganzen Imperiums erregen mußte, ist jedoch in den einzelnen Reichsteilen mit erheblichen Unterschieden durchgeführt worden. Während Galerius die Verordnung mit besonderer Schärfe exekutierte, Maximianus Herculius sie formell respektierte, hielt sich Constantius Chlorus völlig zurück. Im ganzen Osten des Imperiums dauerten die Verfolgungen indessen bis zum Jahre 311 n. Chr. an.

Vergleicht man die Maßnahmen Diokletians mit den vorausgehenden systematischen Verfolgungen des Christentums, so überwiegen auf den ersten Blick die Unterschiede zwischen Decius einerseits, Valerian und Diokletian andererseits. Das allgemeine Opfergebot des Decius findet seine Entsprechung erst im vierten Edikt Diokletians; im übrigen richten sich die Edikte Valerians und Diokletians in erster Linie gegen Klerus und Kultus, gegen die Organisation der christlichen Kirche. Die bürokratische Perfektion des Decius wird offensichtlich nicht einmal im 4. Edikt Diokletians angestrebt, obwohl inzwischen ein sehr viel engmaschigerer Staatsapparat zur Verfügung stand.

Bei einer isolierten Betrachtungsweise ist kaum zu erklären, warum Diokletian das Christenproblem nach einer rund vierzigjährigen Duldungsphase wiederaufgriff, dies einerseits im Rahmen seiner Herrschaft relativ spät, andererseits mit großer Konsequenz. Das Problem der Sicherung von Loyalität in Hof und Armee bestand für ihn von Anfang an. Demonstrative Provokationen einzelner Christen sind zwar nicht auszuschließen, die Eskalation der Edikte können sie indessen ebensowenig erklären wie die schon in der Antike vermuteten Initiativen des Galerius. Auch als Ablenkungsmanöver nach dem Scheitern des Höchstpreisediktes oder als Folge seines Willens, bei dem geplanten Herrscherwechsel innerhalb der Tetrarchie in jeder Hinsicht geordnete Verhältnisse zu hinterlassen, dürften die Maßnahmen Diokletians nicht überzeugend zu erklären sein.

Wird dagegen eine weitere Perspektive gewählt, so werden die entscheidenden Zusammenhänge sichtbar. Zunächst mußte die neue «Theologie des Kaisertums», die sakrale Überhöhung der Herrscher und die damit verbundene Forcierung der Verehrung der Kaiser in religiöser Form, früher oder später zum Zusammenstoß mit dem Christentum führen. Parallel dazu ist seit der Mitte der neunziger Jahre bei Diokletian eine ganz eindeutige Verschärfung seines «altrömischen» Restaurationskurses festzustellen. Das Eheedikt von 295 n. Chr., das Manichäeredikt von 297 n. Chr. und die Christenedikte von 303/304 n. Chr. sind Konsequenzen derselben Grundhaltung. Diokletian war von der Überzeugung besessen, daß die Verstöße gegen die altrömische Moral und Religion die letzte Ursache der Krisen und damit gleichzeitig der fehlenden Hilfe der Götter wären. Die Unfähigkeit, trotz des exzessiven Ausbaus der staatlichen Organe die entscheidenden inneren Probleme des Imperiums zu lösen, mußte zu immer extremeren Maßnahmen gegen alle jene Institutionen und Personengruppen führen, die an seiner Restauration nicht konstruktiv mitwirkten.

Diokletians Reformen insgesamt und damit zugleich das System der ersten Tetrarchie wurden schon in der Antike völlig konträr beurteilt. Während die nun zu immer größerer Bedeutung gelangenden offiziellen Festredner selbst inmitten aller Krisen und Gefahren in ihrer Panegyrik Herrscher und System in den Himmel hoben, gab Aurelius Victor um 360 n. Chr. in seinen *Caesares* ein ziemlich ausgewogenes, nicht unkritisches Gesamtbild, das vor allem auch die späteren Konsequenzen der Reformen sowie die inneren Probleme der Tetrarchie gut erkennen ließ. Am kritischsten und einseitigsten äußerte sich auch hier Laktanz, der jedoch die Ansatzpunkte der Mißstände und der Fehlentwicklungen aufgezeigt hat:

«Diokletian, groß in der Erfindung von Verbrechen und im Anstiften von Unheil, konnte bei dem allgemeinen Verderben, das er verbreitete, auch von Gott die Hand nicht zurückhalten. Er verdarb den Erdkreis zugleich durch seine Habsucht und Furchtsamkeit. Drei Mitregenten erhob er, teilte das Reich in vier gleiche Teile und vervielfältigte die Heere, weil jeder von ihnen eine bei weitem größere Anzahl von Soldaten zu haben trachtete, als früher die Herrscher besessen hatten, die doch das Reich allein regierten. Die Zahl der Nehmenden begann die Zahl der Gebenden so sehr zu übersteigen, daß durch die Maßlosigkeit der Steuern die Kräfte der Kolonen erschöpft wurden, sie ihre Felder verließen und die Äcker sich in Wald verwandelten. Und um alles mit Schrecken zu erfüllen, teilte er auch die Provinzen in kleine Teile. Viele Statthalter und noch mehr Behörden wurden jeder Landschaft und schon fast jeder Stadt aufgezwungen, dazu kamen zahlreiche Steuerbeamte, Behördenchefs und Vertreter der Reichsverwaltung, die alle selten bürgerliche Rechtsverhandlungen leiteten, um so häufiger Verurteilungen und Verbannungen, Ablieferung unzähliger Dinge nicht oft, vielmehr ununterbrochen durchführten, und bei diesen Ablieferungen kam es zu unerträglichen Gewaltakten. Man hätte das noch aushalten können, soweit es zum Unterhalt der Soldaten notwendig war. Aber in seiner unersättlichen Habgier wollte er nie den Staatsschatz verkleinern, sondern trieb immer wieder außerordentliche Abgaben und ‹Geschenke› ein, um völlig unversehrt zu erhalten, was er aufgestapelt hatte. Da er nun durch seine vielfachen Ungerechtigkeiten eine riesige Teuerung hervorgerufen hatte, versuchte er die Preise aller verkäuflichen Dinge gesetzlich festzulegen. Da wurde wegen geringfügiger und wertloser Dinge viel Blut vergossen, aus Furcht wurde nichts mehr öffentlich zum Verkauf angeboten, bis das Gesetz nach dem Tode vieler von der Notwendigkeit selbst aufgehoben wurde. Dazu kam eine grenzenlose Baulust und ein nicht geringerer Zwang, für die Provinzen Arbeiter, Baumeister, Fuhrwerke und alles für die Fertigstellung von Bauten Erforderliche zu stellen. Hier wurden Gerichtshallen, dort ein Zirkus, hier eine Münzstätte, hier ein Haus für seine Frau, da eins für seine Tochter, errichtet... Solch einen Wahnsinn betrieb er ständig, weil er Nikomedien der Hauptstadt Rom gleichmachen wollte» («*De mortibus persecutorum*» 7 – Übersetzung nach A. Hartl).

Seit in der neueren Forschung auf Grund der Studien von W. Seston die Auffassung dominiert, daß Diokletians Reformbündel insgesamt nicht als das Resultat bürokratischer Planungssucht und auch nicht als das Ergebnis einer in sich geschlossenen, systematischen Restaurationspolitik, sondern in erster Linie als Niederschlag von Maßnahmen zu verstehen ist, die von ganz konkreten Erfordernissen und Aufgaben diktiert wurden, dürfte manchen alten und neuen Vorwürfen gegen das System der Tetrarchie der Boden entzogen sein. Doch so imponierend die Konsequenz und die Rigorosität erscheinen, mit denen Diokletian Mißstände zu beheben und die staatlichen Organe zu aktivieren suchte, die tiefen inneren Widersprüche der Tetrarchie sind nicht zu übersehen, und diese Widersprüche spiegeln diejenigen seiner eigenen Persönlichkeit wider.

Diokletians Bekenntnis zum Altrömischen war nicht, wie Gibbon einst glaubte, reine Heuchelei, sondern ehrliche Überzeugung. Auch Diokletian ging seiner Auffassung nach gegen einen «Sittenverfall» vor, mögen die Begründungen und Stilisierungen seiner Politik auch sehr viel primitiver und elementarer wirken als dies einst bei Augustus der Fall war. Doch diese in ihrem Kern religiös fundierte, konservativ-römische Grundhaltung stand im Kontrast zu einer rationalen Grunddisposition, die in allen Bereichen staatliche Regulierungen bis zum Exzeß durchzusetzen suchte und dabei in ihren Mitteln gegen alle römischen Traditionen verstieß.

Es ist unrealistisch, wenn man in der Konstruktion der Tetrarchie Prinzipien der römischen Obermagistratur erkennen will, für die einst Kollegialität in der Staatsleitung und begrenzte Dauer der Amtsvollmacht feste Normen waren. In ihrem Grundgehalt und in ihrem Geist kann man die neue Ordnung nur als unrömisch bezeichnen, was schon allein daraus

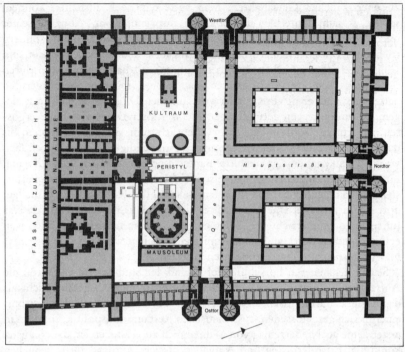

58 Diokletianpalast, Split, Grundriß

hervorgeht, daß Rom selbst seine alten Funktionen in der Tetrarchie ebenso verlor wie der römische Senat. Wenn man die Kriterien der alten Republik oder diejenigen des Principats anwendet, so hat es seine volle Berechtigung, wenn Ernst Meyer etwa die Verbindlichkeit römischer Staatsgedanken hier nicht mehr wirksam sieht oder wenn Jacob Burckhardt das ganze System primär als das Ergebnis «einer durchgehenden, alle diese Verhältnisse beherrschenden religiösen Superstition» betrachtet.

Noch im November 303 n. Chr. feierte Diokletian in prunkvoller Weise das Fest seiner Vicennalien, des zwanzigjährigen Regierungsjubiläums, in Rom, zugleich auch den so lange Zeit aufgeschobenen Triumph über die Sassaniden. Ein Triumph, in welchem 13 Elefanten und die reiche persische Beute der Hauptstadt wieder einmal ein eindrucksvolles Schauspiel boten. Ein eigener neuer Triumphbogen war für diesen Akt erbaut worden, von dem heute nur noch geringe Reste erhalten sind. Obwohl es so nicht an Glanz und Ehren fehlte, brach Diokletian mitten im Winter auf, er selbst war von dem Aufenthalt in Rom wenig erbaut. Doch auf der Reise erkrankte der Kaiser schwer, und bald darauf erlitt er in Nikomedia einen Rückfall, so daß man im Reich schon sein Ende nahen sah. Höchstwahrscheinlich hat

Diokletian bereits während seines römischen Aufenthaltes seine Abdankung ins Auge gefaßt und auch Maximianus Herculius zu einem parallelen Schritt verpflichtet. Wenn es noch einer Bestärkung in seinem Entschluß bedurfte, so gab ihn die Krankheit, aber in erster Linie war es doch wohl die Treue gegenüber seiner eigenen Konzeption, die ihn dann am 1. Mai 305 n. Chr. zur Abdikation trieb.

An derselben Stelle bei Nikomedia, wo ein Juppiterbild an den Ort seiner einstigen Kaiserproklamation erinnerte, bildeten die Truppen in Paradeformation den schlichten Rahmen für die letzte Amtshandlung des Kaisers. Er erhob die beiden *Caesares* des Reiches, Galerius im Osten und Constantius Chlorus im Westen zu den neuen *Augusti* und ernannte an ihrer Stelle als neue *Caesares* für den Westen Severus, für den Osten den Neffen des Galerius, Maximinus Daia. Dann legte der Kaiser sein Amt nieder mit der Begründung, daß er alt, krank und ruhebedürftig sei und daß die Leitung des Reiches jüngere Kräfte erfordere. Der unvereinbare Widerspruch zwischen einer jahrzehntelangen Überhöhung zum Iovius und dem Rückzug in ein Privatleben kümmerte ihn nicht. Als Privatmann reiste er ab und zog sich in seinen großen, festungsartig ausgebauten Palast bei Salonae zurück.

Mit der Abdankung Diokletians läßt sich im Rahmen der römischen Geschichte nur diejenige Sullas entfernt vergleichen; im Grunde gibt es keinen Parallelfall für einen so vollständigen Verzicht auf die unumschränkte Macht. So hat dieser Schritt immer wieder Rätsel aufgegeben oder tiefe Bewunderung erregt. Wie W. Kaegi zeigte, ist es nicht zufällig, daß bei Voltaire, der im übrigen die Persönlichkeit Konstantins des Großen ganz entscheidend degradiert hat, gerade Diokletian zu der Idealgestalt einer skeptischen Humanität wird, und daß am Ende von Voltaires Diokletianartikel im «*Dictionaire philosophique*» die berühmten Schlußworte des Candide aufleuchten: «Er sagte, daß er erst am Tag seiner Abdankung begonnen habe zu leben, und als man ihn drängte, auf den Thron zurückzukehren, antwortete er, daß der Thron die Ruhe seines Lebens nicht wert sei und daß er mehr Freude daran habe, seinen Garten zu pflegen, als er beim Regieren der ganzen Welt je gehabt hätte...»

Das Zeitalter Konstantins des Großen

Von der zweiten Tetrarchie zur Alleinherrschaft Konstantins des Großen

Wie bei den meisten Soldatenkaisern so sind auch bei Konstantin dem Großen die Anfänge seines Lebens in Dunkel gehüllt. Auf Grund einer Reihe von Rückschlüssen läßt sich lediglich vermuten, daß er an einem 27. Februar zu Beginn der siebziger Jahre des 3. Jahrhunderts n. Chr. in Naissus (Nisch) als ein illegitimes Kind des Flavius Constantius Chlorus und dessen damaliger Gefährtin Helena, angeblich einer ehemaligen Gastwirtin, geboren wurde. Konstantin wuchs zunächst bei seiner Mutter auf, und vermutlich resultierte daraus jene Anhänglichkeit und Verehrung, die er ihr sein ganzes Leben lang bewahrte. In den neunziger Jahren diente er unter Diokletian und Galerius im Nahen Osten und an der unteren Donau; in den letzten Regierungsjahren Diokletians lebte er an dessen Hof in Nikomedia.

Der junge Konstantin wurde schon früh zum Instrument der Politik. Sein Aufenthalt im Osten war auch ein Unterpfand der Treue seines Vaters; bereits um 300 n. Chr. wurde er mit Fausta, der Tochter des Maximianus Herculius verlobt. Gleichwohl lebte er damals mit Minervina zusammen, die ihm um 305 n. Chr. seinen ersten Sohn, Crispus, schenkte. Die Jahre im Osten dürften für Konstantin wohl auch die ersten Beobachtungen des Christentums gebracht haben; die Verfolgungen Diokletians hat er aus nächster Nähe erlebt.

Für den so schon früh herausgehobenen jungen Mann, der am Kaiserhof lebte, mit einer Kaisertochter verlobt war, der sich zudem auch militärisch bewährt hatte, mußte es eine tiefe Enttäuschung sein, als er bei der Neuregelung des Jahres 305 n. Chr., bei der Formierung der zweiten Tetrarchie, völlig übergangen wurde. Die Tatsache, daß es dem Sohn des Maximianus Herculius, Maxentius, im Westen nicht besser erging, konnte Konstantin nicht versöhnen. Jacob Burckhardts Feststellung trifft zu, daß Diokletians System die Konsequenz nicht zog, daß man die Kaisersöhne entweder befördern oder hinrichten mußte.

Für Konstantin kam zunächst alles darauf an, den Machtbereich des Galerius zu verlassen. Dies glückte; er erreichte seinen Vater in Gesoriacum mitten im Aufbruch zu einem neuen Krieg gegen die Picten. Doch nicht lange nach der Eröffnung dieses Feldzuges in Britannien starb Constantius Chlorus in Eburacum, wo das Heer am 25. Juli 306 n. Chr. Konstantin zum Kaiser ausrief. Mit dem Tode des Constantius Chlorus war die zweite

59 Konstantinsbogen, Rom

Tetrarchie auch schon beendet, mit der Proklamation Konstantins das ganze System in Frage gestellt. Doch Konstantin versuchte wenigstens nachträglich die Zustimmung des Galerius zu dem *fait accompli* zu erhalten. Galerius willigte jedoch nur in einen Kompromiß ein, die für den Augenblick bequemste, für die Zukunft, wie sich erweisen sollte, bedenklichste Lösung. Konstantin wurde lediglich als *Caesar* anerkannt, Severus dagegen, der Italien, Afrika und Spanien verwaltete, jetzt zum *Augustus* des Westens erhoben. Galerius hatte die große Gelegenheit vertan, Konstantin entweder als *Augustus* anzuerkennen und damit dessen volle Unterstützung zu erhalten, oder ihn von Anfang an konsequent zu bekämpfen.

Konstantins Beispiel mußte zudem auch Maxentius herausfordern, bei der nächsten Gelegenheit seine Interessen zu wahren, und diese Gelegenheit bot sich sehr rasch. Denn Severus, der neue *Augustus* des Westens, verkannte seine Macht und Autorität völlig, als er Italien durch Steuern schwer belastete und zudem die Absicht äußerte, die Prätorianer Roms zu entlassen. Dieser Plan löste sehr weitreichende Reaktionen aus: Die römische Garde rief jetzt Maxentius zum Kaiser aus; die Sympathien für den alten Maximianus Herculius wurden nun auf den Sohn übertragen; weite Teile Italiens und Afrikas fielen von Severus ab.

Maxentius mag zunächst auch für sich die Anerkennung des Galerius erhofft haben, jedenfalls wählte er zuerst die außerhalb der tetrarchischen Stufenfolge liegende Amtsbezeichnung *princeps* – doch in diesem Falle war Galerius nicht zu Konzessionen bereit. Er gab seinem in Mailand weilenden Kollegen Severus die Weisung zum Angriff auf Rom; Maxentius wiederum appellierte an seinen Vater, der nun aus seinem lukanischen Zwangs-*otium* herbeieilte und nach kurzer Zeit seine alte Kaiserwürde wiederaufnahm. Vor Rom aber konnten Maximian und Maxentius die Lage für sich entscheiden. Die von ihnen geschickt umworbenen Truppen des legitimen *Augustus* Severus gingen zu ihnen über, Severus mußte sich nach Ravenna zurückziehen, dort kapitulieren und abdanken. Damit beherrschten Maxentius, der jetzt den *Augustus*-Titel annahm, und sein Vater, der *senior Augustus* Maximianus Herculius, ganz Italien und die südwestliche Reichshälfte.

Es war vorauszusehen, daß Galerius diese Entwicklung nicht hinnehmen konnte. Für die bevorstehende Auseinandersetzung mußten Maximianus Herculius und Maxentius ihre Beziehungen zu Konstantin aktivieren, um diesen für eine militärische Unterstützung oder zumindest für eine wohlwollende Neutralität zu gewinnen. Maximianus Herculius reiste deshalb nach Gallien und erreichte von Konstantin dadurch seine erneute Anerkennung als *Augustus*, daß er diesen nun seinerseits, mit welchem Recht auch immer, zum *Augustus* erhob. Die wechselseitige Anerkennung wurde überdies noch sanktioniert und vertieft, da jetzt die Hochzeit Konstantins mit Fausta gefeiert wurde. Gleichwohl hielt sich Konstantin zurück. Für ihn gab es in der Abwehr der Franken näherliegende Aufgaben als das Eingreifen in den bevorstehenden Machtkampf.

Die antiken Nachrichten über die Kämpfe Konstantins an der Rheingrenze enthalten nur sehr wenige konkrete Angaben. Es steht lediglich fest, daß sie in den Jahren 306, 310, 313 und 320 n. Chr. überwiegend gegen die Franken geführt wurden. Dabei stimmen die Angaben für die ersten beiden Daten darin überein, daß schon bald nach dem Regierungsantritt eine Vergeltungsaktion gegen die Franken stattfand, ferner, daß fränkische Könige gefangen und hingerichtet und daß die Kämpfe mit großer Erbitterung geführt wurden. Im Zusammenhang mit der Sicherung der Rheingrenze wurden damals am Niederrhein Kastelle angelegt, bei Köln eine rund 420 m breite Rheinbrücke errichtet, welche die Stadt mit dem ebenfalls 310 n. Chr. angelegten Kastell Deutz verband. Von dieser rund 140 × 140 m großen Anlage, die hier einen rechtsrheinischen Brückenkopf sicherte, ist die Gründungsurkunde noch erhalten: «Nachdem durch die Tapferkeit unseres Herrn Konstantin, des Großen, Frommen, überaus Glücklichen und Unbesiegbaren Kaisers, die Franken vollkommen besiegt waren, haben in deren Gebiet die Soldaten der XXII. Legion das Kastell Deutz in Anwesenheit des Kaisers mit Gelübden für sein Wohl errichtet» (CIL XIII 8502 – Übersetzung nach Fr. Fremersdorf).

Konstantin hat diese ersten militärischen Erfolge seiner Herrschaft, die Siege über Franken und Alamannen, in großen Goldserien feiern lassen, mit Münzen, welche die Legende *Alamannia et Francia – Gaudium Romanorum* ins ganze Reich trugen. Diese Siege waren die militärische und außenpolitische Legitimation Konstantins während des ersten Jahrzehnts seiner Regierung; mit ihnen rühmte er zugleich die Schlagkraft des gallischen Heeres, jenes Heeres, das dann später an der Milvischen Brücke den für seine Herrschaft im Westen entscheidenden Sieg errang.

In Italien hatten sich indessen die Ereignisse überstürzt. Galerius war es im Herbst 307 n. Chr. wohl gelungen, bis in die Umgebung von Rom vorzustoßen, doch dann wiederholte sich das Drama des Severus. Wieder gingen starke Verbände zu Maxentius über, Galerius zog sich in Eilmärschen zurück. Das Ansehen des Maxentius war so gefestigter denn je, als sein Vater eintraf und den Sohn zu verdrängen suchte. Als der alte Kaiser dem Sohn vor einer Heeresversammlung in einem Kraftakt den Kaiserornat herunterreißen wollte, scheiterte diese Überrumpelung völlig, und Maximianus Herculius konnte sich nur durch eine überstürzte Flucht zu Konstantin retten.

Galerius, der sich im Grunde als einziger gänzlich mit Diokletians System identifiziert hatte, mußte so dessen völligen Zusammenbruch hinnehmen. Er sah nun seine letzte Hoffnung in einem Appell an Diokletian, der inmitten all dieser Wirren unbeirrt in seinem Palast in Salonae geblieben war. Aber obwohl Diokletians Erwartung, daß sein System sich selbst tragen und seine persönliche Autorität entbehren könne, so offensichtlich widerlegt war, gelang es Galerius nicht, den Begründer der Tetrarchien noch einmal zur Rückkehr an die Macht zu bewegen. Das einzige, wozu sich Diokletian bereitfand, war zu raten. So kam es im November des Jahres 308 n. Chr. zur sogenannten Konferenz von Carnuntum, einem Zusammentreffen von Diokletian, Galerius und Maximianus Herculius.

Allein Diokletian hielt dort kompromißlos an seinem längst zum Phantom gewordenen System fest. Da er die Kaiserwürde nicht mehr übernehmen wollte, mußte auch Maximianus Herculius erneut abdanken. Relativ einfach lagen die Dinge im Osten, wo im Grunde alles beim alten bleiben konnte, Galerius nach wie vor als *Augustus* neben Maximinus Daia als dessen *Caesar* wirkte. Die inzwischen im Westen eingetretenen Veränderungen wollte Diokletian nicht zur Kenntnis nehmen. Der Herrschaftsbereich des Maxentius wurde zusammen mit Pannonien dem Licinius zugeschlagen, einem weiteren Repräsentanten des illyrischen Soldatentums, der auch sogleich zum *Augustus* erhoben und damit an die Stelle des gescheiterten Severus gerückt wurde.

Konstantin aber wurde zum *Caesar* degradiert. Als dieser und Maximinus Daia gegen die Bevorzugung des Licinius protestierten, räumte ihnen Galerius schließlich den Titel eines *filius Augusti* ein, doch fanden sich die beiden Übergangenen damit nicht ab und usurpierten jetzt den *Augustus*-Titel. Neben diesem Streit um die Ränge innerhalb des Systems aber zeichneten sich neue Auseinandersetzungen ab, denn auch die in Carnuntum dekretierte Ordnung war nur mit Waffengewalt durchzusetzen. Einerseits dachte Maxentius nicht daran, zu kapitulieren, andererseits bröckelten bereits jetzt Teile seines Machtbereichs ab. Vor allem in Afrika trennte man sich nun wieder von Maxentius, schloß sich aber keineswegs Licinius an, sondern rief, um die Wirren noch weiter zu komplizieren, den Leiter der Dioezese *Africa*, L. Domitius Alexander, zum Kaiser aus.

Maximianus Herculius hatte keine andere Wahl, als in den Herrschaftsbereich Konstantins zurückzukehren. Dort wurde ihm in Südgallien, vermutlich in Arles, ein *otium cum dignitate* zugewiesen. Doch dafür war der Herculius nicht geschaffen. Als Konstantin im Frühjahr 310 n. Chr. gegen die Franken kämpfte, ließ sich Maximianus erneut zum Kaiser ausrufen. Doch in Eilmärschen war Konstantin zur Stelle, Arelate und Massilia, wohin sich Herculius zuletzt geflüchtet hatte, fielen, der Usurpator wurde gefangen und bald darauf in den Tod getrieben. Zugleich wurde er mit der *damnatio memoriae* belegt.

Für Konstantins Stellung mußten diese Vorgänge schwerwiegende Folgen haben. Mit Maximianus Herculius war nicht nur eine ständige Belastung beseitigt worden, sondern auch die Quelle von Konstantins Legitimation. Die noch kurz zuvor so eindringlich gefeierte Zugehörigkeit zum Haus der Herculii war jetzt nicht mehr in Anspruch zu nehmen; erst recht mußten die Beziehungen zu Maxentius prekär bleiben. Konstantin stand an einem Wendepunkt seiner Politik. Dabei zeigt sich schon hier, daß für ihn Legitimationsansprüche, Ideologie, politische Gestaltung und Religion in all ihren Bekundungen und Formen stets ein Ganzes bildeten, in einer in sich so geschlossenen Weise, wie dies vor ihm vielleicht nur noch bei Augustus der Fall gewesen ist. Wie Augustus so verwandte auch Konstantin große Mühe, um die ihm richtig erscheinenden Stilisierungen zu finden, aber auch, um sein geschichtliches Handeln schon zu Lebzeiten nach seinen Vorstellungen vermitteln zu lassen. Dazu gehört insbesondere, daß Konstantin für alle Fragen der Religion besonders aufgeschlossen war und gerade hierin seine ganz persönlichen Wege ging.

Konstantin hatte sich von Anfang an nie völlig in die politische Theologie des Iovier- und Herculier-Systems eingefügt. Auf seinen Münzen, die für diese Zusammenhänge die wichtigste Quelle darstellen, hatte er schon in den ersten Jahren seiner Herrschaft eine in seinem Machtbereich besonders stark verehrte Gottheit, Mars, deutlich herausgestellt. Nach der Beseitigung des Maximianus Herculius trat nun Herkules völlig zurück, an seiner Stelle wurde demonstrativ *Sol invictus* in großen Massenserien geprägt.

In dieser neuen, persönlich ausgewählten Gottesvorstellung konnten mehrere traditionelle Leitbilder vereinigt werden: einmal der in Gallien stark verbreitete Apollo, sodann aber auch die von Aurelian begünstigte neue Reichsgottheit, endlich selbst Mithras und der im Balkanraum verehrte Sonnengott. Diese merkwürdige Mehrdeutigkeit ist für das Zeitalter des religiösen Synkretismus bezeichnend, aber auch für Konstantins Vermeidung einer Festlegung auf eine völlig eindeutige, gleichsam monotheistische Identifikation. Wenn er sich indessen neben seinem alten Schutz- und Geleitgott *Mars Conservator* demonstrativ zu einer umfassenden *Sol-invictus*-Vorstellung bekannte, so schloß dieses Bekenntnis sehr weitgehende Ansprüche in sich ein. Mit der Berufung gerade auf diesen Gott stellte sich Konstantin außerhalb der tetrarchischen Göttergenealogie und meldete gleichsam universale Ansprüche an.

Auch andere Indizien weisen in diese Richtung. In einer Festrede des Jahres 310 n. Chr. feierte der Panegyriker bezeichnenderweise eine neue dynastische Legitimation Konstantins, indem er seine Abstammung von Claudius Goticus behauptete. Sodann erwähnte er eine Begebenheit in einem gallischen Apolloheiligtum. Dort seien dem Kaiser Apollo und Victoria erschienen und hätten ihm je einen Lorbeerkranz mit der Zahl XXX gereicht; Konstantin aber habe sich in den Zügen dieses Apollo-Sol als zukünftigen Weltherrscher erkannt. In der Festrede wurde das Geschehen so als Ankündigung einer langen und räumlich universalen Herrschaft gedeutet, doch zugleich zeigt diese sogenannte heidnische Vision Konstantins, daß dieser Kaiser für religiöse Erregungen und Visionen geradezu prädisponiert war.

Die Schlüsselfigur des politischen Geschehens der Zeit blieb indessen nach wie vor Galerius. Seit 310 n. Chr. durch eine schwere Krankheit niedergeworfen, erließ er am 30. April 311 n. Chr. ein Toleranzedikt für die Christen, das einem vollständigen Kurswechsel in der Religionspolitik der Tetrarchie gleichkam: «Unter den übrigen Anordnungen, die wir im Interesse steten Wohlergehens und Nutzens des Staates erlassen, waren wir bisher entschlossen, alles entsprechend den alten Gesetzen und der öffentlichen Ordnung der Römer einzurichten und dafür Sorge zu tragen, daß auch die Christen, die die Lebensweise ihrer Vorfahren verlassen haben, wieder zur Vernunft kämen. Aus irgendeinem Grunde nämlich hatte sie solcher Eigenwille erfaßt und solche Torheit befallen, daß sie nicht mehr den Einrichtungen der Alten folgten, welche vielleicht sogar ihre eigenen Vorfahren eingeführt hatten, sondern nach eigenem Gutdünken und so, wie ein jeder wollte, sich selbst Gesetze zur Befolgung machten und da und dort [Angehörige] verschiedene[r] Völker zu einer Gemeinschaft vereinigten. Nachdem wir in diesem Sinne eine Anordnung hatten ergehen lassen, mit der ihnen befohlen ward, zu den Gebräuchen der Vorfahren zurückzukehren, wurden viele in einen Prozeß verwickelt, viele auch beiseite geschafft. Als trotzdem die meisten bei ihrem Vorsatz beharrten und wir feststellen mußten, daß sie weder den Göttern den Kult und die Verehrung zollten, die ihnen gebühren, noch den Kult des Christengottes ausübten, haben wir mit Rücksicht auf unsere unendliche Milde und Gnade und im Hinblick auf unsere ständige Gewohnheit, nach der wir allen Menschen gegenüber Nachsicht walten zu lassen pflegten, auch auf diese und zwar unverzüglich unser Entgegenkommen ausdehnen zu sollen geglaubt. Sie dürfen also wieder Christen sein und ihre Versammlungsstätten wieder herrichten, unter der Bedingung allerdings, daß sie in keiner Weise gegen die Ordnung handeln. In einem weiteren Schreiben werden wir den Provinzgouverneuren Anweisung geben, was sie zu beachten haben. Aus dem allen folgt: Gemäß diesem unserem Gnadenerlaß ist es ihre Pflicht, zu ihrem Gott für unser Heil, für das des Staates und für ihr eigenes zu beten, damit das Staatswesen in jeder Hinsicht unversehrt bleibt und sie sicher in ihren Wohnsitzen leben können» (Laktanz, «*De mortibus persecutorum*» 34 – Übersetzung von A. M. Ritter).

Nach all dem, was vorausgegangen war, nach dem Jahrzehnt der gerade von Galerius so rigoros durchgeführten Verfolgungen, war dies zweifellos ein überraschendes Dokument, das inhaltlich viel weiter ging, als vorher je ein römischer Kaiser zu gehen gewagt hatte. Das Entscheidende ist die implizit ausgesprochene Anerkennung des Christentums als *religio licita* innerhalb des Imperiums, und dies war weit mehr als das passive Übersehen, die Hinnahme oder die Gleichgültigkeit, die dem Christentum zuvor von offizieller römischer Seite bestenfalls zuteilgeworden waren. So hat das Toleranzedikt des Galerius für die Geschichte der christlichen Kirche einschneidenden Charakter. Die Epoche der systematischen Verfolgungen des Christentums durch den römischen Staat näherte sich ihrem Ende; für die ganze weitere Entwicklung war der Boden vorbereitet. Galerius freilich erlebte die Auswirkungen nicht mehr. Er ist Anfang Mai 311 n. Chr. seiner Krankheit erlegen.

Hatten sich die Herrscher der verschiedenen Reichsteile zu Lebzeiten des Galerius noch zurückgehalten, so kamen jetzt neue Bewegungen in Gang. Im Osten suchten Maximinus Daia und Licinius um die Wette aus dem bisherigen Machtbereich des Galerius an sich zu reißen, was sie nur konnten. Daia, zu dem nun auch Diokletians Frau und Tochter, die Witwe des

Galerius, geflüchtet waren, besetzte von Osten her ganz Kleinasien bis zum Bosporus, während für Licinius endlich die Stunde gekommen war, um seine schmale Basis in Pannonien zu erweitern. Er schloß die gesamten Donau- und Balkangebiete an seinen Herrschaftsbereich an. Am Bosporus standen sich somit die beiden rivalisierenden Kaiser des Ostens gegenüber, die nun darangingen, ihre neuen Machträume zu konsolidieren.

Die politischen Gegensätze vertieften sich im Osten bald auch auf religiösem Gebiet. Während Licinius das Toleranzedikt des Galerius verwirklichte, kehrte Maximinus Daia nach kurzem Schwanken wieder zu einer im Prinzip antichristlichen Politik zurück. Sie lag in seinem Herrschaftsbereich nahe, weil dort die alten religiösen Zentren in Syrien und Kleinasien in ihrer Existenz bedroht waren, wenn das Christentum weiter um sich griff. Die Glaubensentscheidungen waren hier mit sehr handfesten ökonomischen Interessen verquickt. Daia aber bemühte sich gewiß aus Überzeugung, die altgläubigen Kräfte zu festigen, wo er nur konnte. Ähnlich wie später Julian Apostata suchte er die Organisation der alten Kulte und Priesterschaften zu verbessern, zu reinigen und zu straffen. In seinen antichristlichen Maßnahmen aber dekretierte er nicht einfach, sondern entsprach vielmehr regelmäßig den Petitionen der Städte, wenn die Vertreibung der Christen aus den betreffenden Stadtgebieten gefordert wurde. Hand in Hand damit ging eine sehr massive antichristliche Propaganda, die auch vor Fälschungen und Entstellungen nicht zurückschreckte. Die Kluft zwischen den Parteien wurde so im Osten immer tiefer.

Nicht weniger galt dies für den Westen. Dort hatte Maxentius den Fehdehandschuh aufgenommen, indem er seinen Vater nun konsekrieren, sich selbst als *filius divi Maximiani* bezeichnen ließ. Im übrigen entwickelte sich die Lage im zentralen Herrschaftsbereich des Maxentius sehr zwiespältig. Nachdem eine erste Hungersnot in Rom die Dringlichkeit der Versorgungsprobleme ins Bewußtsein geführt hatte, gelang es im Jahre 311 n. Chr., Afrika wieder zu besetzen und damit auch die Getreideversorgung Italiens zu garantieren. In der Hauptstadt aber verschlechterte sich die zunächst durchaus positive Stimmung zusehends, denn auf die Senatoren, die Bürger Roms und auf die Bevölkerung Italiens wurden die immensen Belastungen der Truppenbesoldungen, der Rüstungen, aber auch der Großbauten abgewälzt. In religiöser Hinsicht war der Gegensatz zu Konstantin nicht so groß, wie dies später behauptet wurde: Die Christenverfolgung hatte Maxentius sogleich eingestellt, der römischen Kirche auch ihren Grundbesitz zurückerstattet. Maxentius sah sich dagegen mit beträchtlichen Wirren und zum Teil blutigen Kämpfen innerhalb der Christengemeinden Roms konfrontiert und deshalb gezwungen, die Bischöfe Marcellus und Eusebius zu verbannen.

Im übrigen bekannte sich der später von seinen Gegnern zum Tyrannen stilisierte Maxentius demonstrativ zur Tradition der Stadt Rom. In seiner künstlerisch auffallend qualitätvollen Münzprägung, die den Kaiser auf einzelnen Exemplaren in eindrucksvollen Frontalporträts abbildet, ließ er sich als *conservator urbis suae* feiern, häufig Darstellungen der Roma und der römischen Wölfin aufnehmen oder Mars als Erweiterer seines Reiches beschwören. Mit diesem Appell an die stadtrömische Tradition verband Maxentius die Bemühung um die Gunst der römischen Bevölkerung, die auch von seinen Großbauten, vor allem der Maxentiusbasilika und dem Zirkus an der *Via Appia*, profitieren sollte.

Der Ausbruch der Feindseligkeiten war im Osten wie im Westen lediglich zu einer Frage der Zeit und des Anlasses geworden; die einzelnen Parteien waren dabei darauf angewiesen, auch im jeweils anderen Reichsteil Unterstützung zu suchen. Im Westen war Konstantin darin besonders aktiv. Rasch kam er mit Licinius zu einem Einvernehmen, das durch die Verlobung seiner Schwester Constantia mit Licinius noch verstärkt wurde. Der gemeinsame Versuch des Licinius und Konstantins, die Neutralität des Maximinus Daia zu sichern, scheiterte dagegen, dieser strebte vielmehr ein Bündnis mit Maxentius an, als Konstantin im Frühjahr 312 n. Chr. den Kampf eröffnete.

Nach Lage der Dinge mußte für Konstantin alles darauf ankommen, sich in einem zügigen Vormarsch Roms zu bemächtigen; nur so war für ihn eine schnelle Entscheidung zu erhoffen. Allein eine solch konzentrierte Offensive barg ein nicht geringes Risiko, da die Lage an der Rheinfront keineswegs endgültig stabilisiert war und Konstantin die Grenze angesichts der latenten fränkischen Gefahren nicht völlig entblößen konnte. Wie stark seine Stoßarmee war, ist umstritten; nach einem gewiß untertreibenden Panegyriker soll sie lediglich ein Viertel von Konstantins gesamtem Heer, das heißt etwa 40 000 Mann, umfaßt haben. Ausschlaggebend war indessen, daß dieses zahlenmäßig weit unterlegene Heer Konstantins aus Eliteformationen bestand, die seit Jahrzehnten in den Germanenkämpfen erprobt waren und den Gegner zumindest in ihrer Kampfkraft weit übertrafen. Starke britannische und germanische Verbände waren in dieses *exercitus Galliarum* eingegliedert, wie die Reliefs des Konstantinbogens zeigen; durch ungewöhnlich starke Kavallerieformationen verfügte es auch über einen äußerst dynamischen Kern.

Maxentius hatte seine Truppen dagegen vor Rom versammelt; in die Poebene war lediglich der Prätorianerpräfekt Ruricius Pompeianus vorgeschoben, der seine Verbände um Segusio, Turin und Verona bereitgestellt hatte. Trotz dieser unvermeidbaren Aufsplitterung leistete Ruricius einen erbitterten Widerstand, als Konstantins Heer die Alpen, vermutlich über den Mont Genèvre, passiert hatte. Segusio fiel zwar durch einen Handstreich, doch schon bei Turin versteifte sich die Abwehr. Nachdem Turin und Mailand in schweren Kämpfen eingenommen waren, konnte Konstantin gegen den Raum von Verona vorgehen, wo sich Ruricius erneut hartnäckig verteidigte. Auch hier verliefen die Operationen so lange wechselvoll, bis Ruricius in einem Nachtgefecht den Tod fand. Damit erlosch der Widerstand der Truppen des Maxentius in Oberitalien fast schlagartig. Verona, Modena und Aquileia öffneten Konstantin jetzt ihre Tore, das gallische Heer konnte nun nahezu unbehindert nach Süden ziehen, die Apenninen passieren und bis in die Umgebung von Rom vorstoßen.

Maxentius hatte den Vormarsch der Truppen Konstantins in der Hauptstadt abgewartet und in dieser Taktik konsequent auch die Milvische Brücke, die wichtigste Straßenbrücke nach Norden, abbrechen lassen. Da jedoch die Bevölkerung der Hauptstadt nicht geneigt war, eine förmliche Belagerung hinzunehmen, hatte sich Maxentius schließlich für eine Feldschlacht vor den Toren der Stadt entschieden. Um das Heer über den Tiber zu führen, mußte nun oberhalb der Milvischen Brücke eine Schiffsbrücke errichtet werden, die jedoch so konstruiert war, daß ihr Mittelteil rasch aufgelöst werden konnte, um die Verfolger bei einem eventuellen Rückzug aufzuhalten. Angesichts der bevorstehenden Entscheidungsschlacht war Maxentius darauf bedacht, im Einklang mit den alten römischen Staatsgottheiten zu stehen und alle traditionellen Riten zu wahren. Er hatte deshalb auch die Meinung der Opferbeschauer und der sibyllinischen Bücher eingeholt und auf die vieldeutige Antwort, daß der Feind der Römer am 28. Oktober, dem Tag des Regierungsantritts des Maxentius, vernichtet würde, den Mut zur Entscheidung gefunden.

Die Situation der beiden Heere war an jenem 28. Oktober 312 n. Chr. völlig verschieden. Die Armee des Maxentius hatte sich in dem Raum zwischen Saxa Rubra und der Milvischen Brücke versammelt, um den Übergang über den Tiber zu sperren. Sie bot die Schlacht damit in einem Gelände an, das ihr die volle Entfaltung ihrer zahlenmäßigen Überlegenheit gar nicht erlaubte und durch die Barriere des Flusses in ihrem Rücken ihre Manövrierfähigkeit entscheidend einschränkte. Für die Truppen Konstantins dagegen hätten die Dinge nicht besser stehen können. Die Siege im Norden hatten sie enthusiasmiert; zum Greifen nahe lag jetzt die alte Hauptstadt, das Ziel der langen Märsche und ihres Einsatzes. Ohne eine lange Belagerung mußte sie in ihre Hand fallen, wenn ihnen jetzt der Angriff gelang.

Schon der erste Vorstoß der Armee Konstantins trieb starke Truppenteile des Maxentius in die Flucht, allein die Garde leistete inmitten des Anpralls einen vergeblichen Widerstand. Maxentius selbst stürzte beim Einbruch der Schiffsbrücke in den Tiber und ertrank wie viele andere Soldaten während dieser Katastrophe. In Panik und Verrat endete die Schlacht; schon am folgenden Tage hielt Konstantin an der Spitze des Heeres seinen triumphalen Einzug in Rom.

Zunächst brachte die Schlacht an der Milvischen Brücke lediglich eine Entscheidung im Machtkampf um den Westen des Imperiums, damit zweifellos eine erste große Schwergewichtsverlagerung und durch die Ausdehnung von Konstantins Machtbereich auch eine endgültige Zerstörung des relativen Gleichgewichts innerhalb der letzten Tetrarchie. Ihre volle Bedeutung gewann die Schlacht dann jedoch erst aus der späteren Rückschau über die Epoche Konstantins insgesamt. In ihrem Rahmen wurde sie zur Basis für die Alleinherrschaft Konstantins im Reich. Sodann aber wurden, ebenfalls aus der Rückschau, das Geschehen am Vorabend der Schlacht und nicht zuletzt dessen Bestätigung durch den Verlauf der Schlacht als die entscheidende «Wende in der Glaubenshaltung und Religionspolitik» (J. Vogt) Konstantins interpretiert.

Für das Geschehen vor der Schlacht liegen aus dem christlichen Bereich zwei beträchtlich voneinander abweichende Quellen vor, Laktanz und Euseb. Laktanz berichtet im 44. Kapitel seiner zwischen 316 und 321 n. Chr. abgefaßten Schrift *«De mortibus persecutorum»* kurz davon, daß Konstantin vor der Entscheidungsschlacht im Traum aufgefordert wurde, ein himmlisches Zeichen Gottes auf die Schilde setzen zu lassen. Er habe diese Ermahnung befolgt, indem er ein sogenanntes monogrammatisches Kreuz auf die Schilde seiner Truppen aufmalen ließ, und zwar durch ein quergestelltes x, dessen oberste Spitze umgebogen wurde: ⚜.

Der Bischof Euseb von Caesarea, der nach 325 n. Chr. in ein enges persönliches Verhältnis zu Konstantin trat, berichtet dagegen in seiner *«Vita Constantini»* (1,27 ff.) in umständlicher und weitschweifiger Weise etwas ganz anderes: Euseb beruft sich dabei ausdrücklich auf einen persönlichen Bericht des Kaisers, wonach dieser während der Rüstungen zum Kriege an einem Nachmittag zum Gott seines Vaters gebetet hätte, daß er sich ihm offenbare und ihn im kommenden Feldzug unterstütze. Daraufhin habe sich für den Kaiser ebenso sichtbar wie für das ganze Heer am Himmel über der Sonne ein Kreuz aus Lichtstrahlen gebildet mit der Schrift τούτῳ νίκα (Hierdurch siege). In der folgenden Nacht sei Konstantin dann Christus selbst mit dem gleichen Zeichen erschienen und habe ihn aufgefordert, es zu kopieren und es als Schutzmittel gegen seine Feinde zu gebrauchen. Daraufhin habe Konstantin eine Fahne mit dem Zeichen herstellen lassen und den Kampf gegen Maxentius begonnen.

Eusebs Schilderung ist eine spätere Ausschmückung und Reprojektion der folgenden Entwicklung, möglicherweise auf Grund von Konstantins persönlicher, rückschauend verklärender Stilisierung. Im Mittelpunkt von beiden Berichten steht indessen ein gemeinsamer Kern: die Offenbarung eines christlichen Symbols, dessen Bezug auf Christus als den helfenden, allmächtigen Gott, endlich der Gebrauch dieses Zeichens, sei es durch Anbringen auf den Schilden, sei es in Form einer Standarte. Wenn man will, mag man bei Laktanz und Euseb einen Erlebniskern Konstantins aus zwei verschiedenen zeitlichen Perspektiven gestaltet sehen, doch wie dieser Kern in Wahrheit beschaffen war, wird sich nie klären lassen. Die Kraft der Legende, das τούτῳ νίκα oder das *hoc signo victor eris*, blieb aufs engste mit der missionarischen Dynamik der christlichen Kirche verbunden.

Die Folgen von Konstantins Hinwendung zu Christus wurden bald sichtbar, allerdings in sorgfältig stilisierter Weise. Euseb berichtet in seiner Kirchengeschichte, daß Konstantin anordnete, eine auf dem Forum zu seinen Ehren aufgestellte Statue mit dem Zeichen des Erlöserleidens, also dem Kreuz, zu versehen und außerdem die folgende Inschrift anzubringen: «Durch dieses heilbringende Zeichen, den Beweis der wahren Kraft, habe ich eure Stadt vom Joch des Tyrannen befreit, auch Senat und Volk von Rom den alten Glanz und Ruhm zurückgegeben.»

Dem an die Seite zu stellen ist das Zeugnis des 315 n. Chr. geweihten Konstantinbogens. Während dessen Bildschmuck in der Darstellung der Entscheidungskämpfe noch die Beziehung Konstantins zu *Sol invictus* dokumentiert, sieht die Dedikationsinschrift Konstantins Leistung in der Eingebung der Gottheit *(instinctu divinitatis)* sowie in der Geistesgröße des Herrschers *(mentis magnitudine)* verankert: «Dem Imperator Caesar Flavius Constantinus, dem größten, frommen, glückhaften Augustus haben Senat und Volk von Rom, weil er durch Eingebung der Gottheit und durch seine Geistesgröße zusammen mit seinem Heere ebenso an dem Tyrannen wie an dessen ganzer Clique in ein und demselben Augenblick in gerechtem Kampf den Staat gerächt hat, den durch seinen Triumph ausgezeichneten Bogen geweiht.»

In beiden Inschriften wurden so bewußt Formulierungen gewählt, die weder Altgläubige provozierten noch eine Deutung in christlichem Sinne ausschlossen. In eine ähnliche Richtung weisen auch ein 313 n. Chr. in Trier vorgetragener Panegyricus und schließlich die Entwicklung der Bilder und Legenden der römischen Münzprägung. Erst 315 n. Chr. taucht am Federkamm des Kaiserhelms eines Silbermedaillons aus Ticinum ein kleines Christusmonogramm auf; erst 317/318 n. Chr. begegnet das Monogramm auch auf Münzbildnissen der Münzstätte Siscia; erst 320 n. Chr. erscheint ein Vexillum mit daneben angebrachtem Christusmonogramm; erst seit 326 n. Chr. erscheint das von Euseb beschriebene Labarum. Dem korrespondiert, daß die alten Götterdarstellungen noch bis 321/322 n. Chr. die konstantinischen Münzen schmückten. Vor allem aber blieb Konstantin trotz seines neuen Bundes mit Christus weiterhin *pontifex maximus* und ließ auch die traditionelle Form des Kaiserkultes bestehen.

Begünstigt wurde das Christentum freilich gleichzeitig durch konkrete Maßnahmen: Jetzt begann der Bau der Lateranbasilika; der Bischof von Rom erhielt die sogenannte *domus Faustae* zum Geschenk. Konstantin, der vom römischen Senat zum rangältesten *Augustus* erhoben worden war, erteilte in dieser Eigenschaft Maximinus Daia die Weisung, die Christenverfolgung in seinem Reichsteil einzustellen; das Toleranzedikt des Galerius kam nun überall zur Anwendung. Vor allem in Nordafrika wurde jetzt konfisziertes christliches Eigentum zurückerstattet, wurden die Kleriker begünstigt, die Kirche auch materiell unterstützt.

Konstantins religionspolitische Intentionen sind daneben aber auch in dem Mailänder Programm formuliert, auf das er sich bei einem Zusammentreffen mit Licinius im Februar 313 n. Chr. geeinigt hatte: «Als wir, ich, Constantinus Augustus, wie auch ich, Licinius Augustus, uns glücklich zu Mailand eingefunden hatten, um alles, was mit der öffentlichen Wohlfahrt und Sicherheit zu tun hat, zu erörtern, glaubten wir, es sei unter den Fragen, von denen wir uns einen Nutzen für die Mehrheit versprachen, vor allem die der Gottesverehrung einer Neuregelung bedürftig, das heißt wir sollten allen, den Christen wie allen übrigen, die Freiheit und Möglichkeit geben, derjenigen Religion zu folgen, die ein jeder wünscht, auf daß, was an Göttlichem auf himmlischem Sitze thront, uns und allen Reichsangehörigen gnädig und gewogen sein möge. Daher hielten wir es für heilsam und ganz und gar angemessen, diesen Entschluß zu fassen, daß es schlechterdings niemandem unmöglich gemacht werden dürfe, sich der Religionsausübung der Christen oder der ihm sonst am ehesten zusagenden Religion zu ergeben, damit die höchste Gottheit, deren Religionsdienst wir in freier Hingabe nachleben, uns in allem ihre gewohnte Gunst und Gnade erzeigen könnte» (Laktanz, *«De mortibus persecutorum»* 48,2 f. – Übersetzung von A. M. Ritter). Daneben stand in Mailand die Festigung des politischen Bündnisses zwischen Konstantin und Licinius im Vordergrund. Jetzt wurde die Hochzeit von Licinius und Constantia gefeiert. Wenn Konstantin dabei seine Schwester veranlaßte, ein illegitimes Kind des Licinius zu adoptieren, so verschloß er sich andererseits konsequent allen territorialen Wünschen des Bündnispartners und verwies diesen auf den Osten des Imperiums.

Dort eskalierte der Konflikt sehr rasch. Maximinus Daia sah sich politisch ausmanövriert und eröffnete zu Beginn des Jahres 313 n. Chr. die Offensive gegen Licinius. In schnellem Vormarsch ging er über die Meerengen, nahm Byzanz ein und stieß bis nach Thrakien vor. Licinius wurde von der Initiative des Gegners völlig überrumpelt und konnte diesem erst im Raum von Adrianopel, bei Tzirallum, entgegentreten. Dort freilich brachte er der Armee des Maximinus Daia eine vernichtende Niederlage bei. Daia konnte sich nur mit versprengten Gruppen nach Kleinasien zurückziehen; im Sommer 313 n. Chr. wählte er in Tarsos den Freitod. Licinius löschte im Osten jede Erinnerung an den Gegner aus: Dieser verfiel der *damnatio memoriae*, und auch die Gattin sowie die Tochter Diokletians wurden getötet. Diokletian selbst hielt sich bis zuletzt in seinem Palast in Salonae auf. Wann und auf welche Weise er starb, war schon in der Antike umstritten. Das völlige Scheitern seines Systems hat er jedenfalls noch erlebt.

Für die christliche Kirche waren die Siege des Konstantin und Licinius über Maxentius und Maximinus Daia die Stunde ihres großen Triumphes. Wie sie diesen Augenblick verstand, geht aus dem Prooemium des Laktanz zu *«De mortibus persecutorum»* hervor, das in jenen Jahren geschrieben wurde: «...nachdem im Weltkreis die Ruhe wiederhergestellt ist, erhebt sich wiederum die Kirche, die jüngst zu Boden geschlagen war. Mit höherem Ruhme wird Gottes Tempel, der von den Ungläubigen gestürzt worden war, durch des Herren Mitleid aufgebaut. Gott nämlich hat Fürsten erweckt, die der Tyrannen schändliches und grausames Regiment brachen und für das Menschengeschlecht sorgten, so daß schon, nachdem gleichsam der vergangenen Zeit Nebel zerstreut war, aller Sinn erfreulicher und heiterer Friede ergötzt. Nach solchen Sturmes heftigem Wehen erglänzen nun wieder ruhige Luft und ersehntes Licht. Gott ist besänftigt durch seiner Diener Gebete und hat jetzt die Liegenden und Bedrückten durch himmlische Hilfe aufgerichtet. Jetzt hat er die Verschwörung der Gottlosen unterdrückt und die Tränen der Trauernden getrocknet. Die Gott sich widersetzt hatten, die liegen am Boden. Die seine heiligen Tempel gestürzt hatten, sind unter größerem Einsturz gefallen. Die die Gerechten zu Tode gemartert hatten, haben unter himmlischen Plagen und verdienten Peinigungen die schuldigen Seelen vergossen. Recht lange zwar, aber schwer und würdig hatte Gott ihre Bestrafung aufgeschoben, um an ihnen ein großes und wunderbares Beispiel aufzurichten, an dem die Nachwelt lernen soll, daß es nur einen Gott gibt und daß dieser den Tod in verdienter Rache über die Hochmütigen und die Gottlosen und die Verfolger verhängt» (23 f. – Übersetzung von F. Taeger).

Nach den Ereignissen der Jahre 312 und 313 n. Chr. wurde der Kampf um die alleinige Macht über das Reich zum dominierenden Thema der folgenden elf Jahre. Zunächst wurden freilich beide Herrscher davon abgehalten, sich zu intensiv mit ihren gegenseitigen Beziehungen zu beschäftigen. Konstantin war schon unmittelbar nach dem Treffen in Mailand gezwungen, die Kämpfe an der Rheinfront wieder aufzunehmen; Licinius hatte zuerst die Übernahme der Verwaltung in den neubesetzten Ostgebieten zu regeln. Wohl noch im Jahre 315 n. Chr. ventilierte Konstantin das Projekt eines Zwischenreiches zwischen den beiden großen Blöcken in Ost und West, insgeheim in der Absicht, damit seine eigene Einflußsphäre weiter nach Osten auszudehnen. An die Spitze der Konstruktion wollte Konstantin Bassianus stellen, der auch zu Licinius gute Beziehungen besaß. Durch eine Heirat mit Konstantins Stiefschwester Anastasia sollte Bassianus noch enger an Konstantin gebunden werden.

Doch Licinius, der an dem Projekt nie Gefallen gefunden hatte, ergriff nun seinerseits Schritte, um den *status quo* zu ändern. Bassianus wurde durch seinen Licinius ergebenen Bruder Senecio veranlaßt, eine militärische Erhebung gegen Konstantin zu organisieren und den Kaiser zu stürzen. Aber dieses Komplott wurde entdeckt, Bassianus hingerichtet, von Licinius die Auslieferung des Senecio gefordert. Als Licinius das verweigerte, eröffnete Konstantin noch im Herbst des Jahres 316 n. Chr. den Krieg.

Der überraschende Ausbruch des wohl von beiden Seiten für unvermeidlich angesehenen Konfliktes erfolgte jedoch zu einem Zeitpunkt, da die beiden Kriegsparteien für größere Operationen noch keineswegs gerüstet waren. Konstantin soll lediglich über etwa 20 000 Mann, sein Gegner über die doppelte Stärke verfügt haben. Dennoch drang Konstantin in den pannonischen Herrschaftsbereich des Licinius ein und stieß schließlich Anfang Oktober 316 n. Chr. bei Cibalae im Raume des großen Donauknies auf die feindlichen Streitkräfte. Nach einem verlustreichen Kampf mußte sich Licinius nach Thrakien zurückziehen, doch gab er seine Sache keineswegs verloren. Er erklärte im Gegenteil Konstantin für abgesetzt und nominierte einen seiner Kommandeure, Valerius Valens, als dessen Nachfolger.

Auf dem nicht sicher zu lokalisierenden *Campus Mardiensis*, in der Nähe von Adrianopel, kam es dann zu einem neuen Treffen, das in einer Art von strategischem Patt endete. Während es Licinius gelang, seine Truppen an das Balkangebirge heranzuführen und von dort aus Konstantins Verbindungslinien zu bedrohen, konnte dieser zwar weiter nach Osten vordringen, hatte indessen nicht die Kräfte, um Belagerungen durchzuführen oder neue Gefechte durchzustehen. In dieser Situation kam es zu einem letzten Ausgleich zwischen den beiden *Augusti*. Licinius mußte seine Besitzungen im Donau- und Balkanraum mit Ausnahme der Dioezese Thrakien abtreten und auch seine Zustimmung zur Hinrichtung des Valens geben. Konstantin verzichtete dagegen partiell auf die auf seiner Stellung als *maximus Augustus* beruhenden Rechte. Es gab künftig keine einheitliche Rechtsprechung in den beiden Reichsteilen mehr; die verbindenden Elemente wurden immer schwächer, der Graben immer tiefer. Das Abkommen zwischen Konstantin und Licinius zeitigte dann noch ein sehr bezeichnendes Resultat, die Anerkennung und Stärkung der dynastischen Kräfte: Konstantins Söhne Crispus und Konstantin II., aber auch der Sohn des Licinius, Licinius II., wurden nun zu *Caesares* erhoben.

Während der junge Crispus in den nächsten Jahren wenigstens nominell die römische Verteidigung an der Rheingrenze leitete, hielt sich Konstantin selbst überwiegend im Donauraum auf. Dort kamen die Grenzkämpfe mit Sarmaten und Goten nicht zur Ruhe. Als ständige Belastung ziehen sie sich mit kurzen Unterbrechungen durch Konstantins ganze Regierungszeit hin, ohne daß es zunächst gelungen wäre, hier wirklich durchgreifende Erfolge zu erringen. Aus ihnen ist dann auch jene Grenzverletzung erwachsen, die schließlich den Entscheidungskampf zwischen Konstantin und Licinius auslöste. Bei der Abwehr eines Goteneinfalles im Jahre 323 n. Chr. hatten Grenztruppen Konstantins die Hoheitsrechte des Licinius nicht beachtet und ihre militärischen Operationen auch auf dessen Gebiet ausgedehnt. Da beide Parteien die relativ untergeordnete Frage nicht gütlich regeln wollten, brach darüber jene Auseinandersetzung aus, die diesmal beide Seiten schon seit Jahren vorbereitet hatten.

Beide Herrscher sollen jetzt ein Maximum an Truppen und Kriegsmaterial eingesetzt haben. Für Konstantin wird ein Heer von 120 000 Mann Fußvolk und 10 000 Reitern, ferner eine Flotte von 200 Kampf- und 2000 Transporteinheiten genannt, für Licinius werden noch höhere Werte angegeben. Längst hatten sich die *Augusti* aber auch auf religiösem Gebiet auseinandergelebt. Licinius drängte den christlichen Einfluß zurück, wo er nur konnte, verbot Bischofssynoden und ließ untergeordneten Instanzen bei deren Vorgehen gegen Christen freie Hand. Während er sich zum Protagonisten der alten Götter stilisierte, führte Konstantin den Machtkampf unter christlichem Feldzeichen und zog sich vor dem Kampf in sein Gebetszelt zurück.

Auch diesmal stand zunächst der Raum um Adrianopel im Brennpunkt der Kämpfe. Im Juli 324 n. Chr. konnte Licinius dort die Offensive Konstantins nicht aufhalten. Er räumte die thrakischen Besitzungen, während sich die Operationen an die Meerengen verlagerten. Crispus, der Konstantins Flotte befehligte, hatte die Seestreitkräfte des Licinius am Eingang des Hellespont besiegt und mit der Belagerung von Byzanz begonnen. Es nützte wenig, daß Licinius nun den bei Byzanz kommandierenden Martinianus zum *Augustus* erhob und selbst nach Chalkedon übersetzte. Konstantin hatte den Bosporus im Norden überquert und danach seinen Vormarsch fortgesetzt. Am 18. September 324 n. Chr. wurde Licinius bei Chrysopolis vernichtend geschlagen, seine Armee löste sich auf, die eingeschlossenen Städte kapitulierten. Konstantin belagerte den geschlagenen Gegner in Nikomedia, als dieser Constantia, die Schwester Konstantins, zu ihrem Bruder sandte, um zu retten, was noch zu retten war.

Das war nun freilich nicht mehr als das Leben für Licinius und den *Augustus* Martinianus. Im übrigen erhielt der abgesetzte Kaiser einen Zwangsaufenthalt in Thessaloniki zugewiesen; seine Gesetze und Amtshandlungen wurden für nichtig erklärt. Doch ähnlich wie Maximianus Herculius war auch Licinius nicht für ein *otium cum dignitate* geschaffen und bildete, solange er lebte, für Konstantin eine potentielle Gefahr. Im Jahre 325 n. Chr. soll Licinius angeblich mit Grenzstämmen an der Donau Verhandlungen geführt haben, um erneut an die Macht zu kommen. Konstantin führte jedenfalls einen Urteilsspruch des Senates herbei, Licinius wurde hingerichtet, ebenso Martinianus, während der junge Licinius als Sklave endete.

Mit dem Untergang des Licinius war die Einheit des Imperiums wiederhergestellt, waren die Komplexe der Tetrarchien und der Reichsteile der zurückliegenden Jahrzehnte erneut zusammengeschlossen. Wenn Licinius durch seine *Augustus*-Erhebung und durch seine letzten religionspolitischen Maßnahmen zum System Diokletians zurückkehren wollte, so war er recht eigentlich zum Verfechter des Alten geworden. Die Ansätze und Kräfte, die Konstantin vertrat, konnten sich dagegen erst jetzt ungehindert innerhalb des ganzen Imperiums entfalten. Diese Folgen heben den Kampf zwischen Konstantin und Licinius weit über die Ebene eines rein persönlichen Machtkampfes hinaus, und diese Bedeutung ist auch den Zeitgenossen bewußt gewesen.

Das Schlußkapitel von Eusebs Kirchengeschichte endet mit folgenden Sätzen: «So lag Licinius niedergeschmettert am Boden. Konstantin aber, der mächtigste Sieger, ausgezeichnet durch jegliche Tugend der Gottesfurcht, nahm mit seinem Sohne Crispus, dem gottgeliebtesten *Caesar,* der dem Vater in allem ähnlich war, den ihm zugehörenden Osten in Besitz und schuf so wieder nach alter Weise ein einziges und einheitliches Reich der Römer, in dem sie ringsum alle Lande des Erdkreises vom Aufgange der Sonne bis zum äußersten Westen samt dem Norden und Süden ihrem friedlichen Szepter unterwarfen. Genommen war nun von den Menschen jede Furcht vor denen, die sie einst bedrängt. In Glanz und Prunk begingen sie festliche Tage. Alles war von Licht erfüllt. Und die zuvor niedergeschlagen einander anblickten, sahen sich an mit freudelächelndem Antlitz und strahlenden Auges. In Reigen und Liedern gaben sie in Städten wie auf dem Lande vor allem Gott, dem König der Könige, die Ehre, wie sie gelehrt wurden, sodann dem frommen Kaiser mit seinen gottgeliebten Söhnen. Die alten Leiden waren vergessen, und begraben jede Erinnerung an Gottlosigkeit. Man freute sich der gegenwärtigen Güter und harrte dazu der künftigen. Und an jeglichem Orte wurden Erlasse des siegreichen Kaisers, voll von Menschenfreundlichkeit, angeschlagen und Gesetze, die da Zeugnis gaben von seiner Freigebigkeit und echten Gottesfurcht.

Da so alle Tyrannei beseitigt war, verblieb Konstantin und seinen Söhnen allein, fest und unangefochten das Reich, das ihnen gehörte. Und diese tilgten zu allererst den Gotteshaß aus dem Leben und zeigten, eingedenk des Guten, das sie von Gott erfahren, ihre Liebe zur Tugend und zu Gott und ihre Frömmigkeit und Dankbarkeit gegen die Gottheit durch Taten, die sie offen vor den Augen aller Menschen vollbrachten» (X,9,6–9 – Übersetzung von Ph. Häuser und H. A. Gärtner).

Konstantin selbst aber schrieb damals an die Bewohner der östlichen Provinzen: «Allmächtiger Gott, ich rufe dich an. Sei mild und gnädig deinen Bewohnern des Ostens, verleihe durch deinen Diener Heilung den Deinen in allen Provinzen, die von langer Trübsal bedrückt waren. Nicht unbillig erbitte ich das, Herr aller Dinge, heiliger Gott, denn unter deiner Führung habe ich die heilbringenden Taten unternommen und durchgeführt. Ich habe mein siegreiches Heer geführt, indem ich dein Siegel überall vorangetragen habe. Und wenn die Not des Staates wieder ruft, werde ich demselben Zeichen deiner Macht folgen und wieder gegen die Feinde ausrücken. Darum habe ich Dir meine Seele geweiht, in der Liebe und Furcht rein sich mischen. Ich liebe wahrhaft deinen Namen und verehre deine Macht, die du durch viele Zeichen bewiesen und dadurch meinen Glauben gestärkt hast. So treibt es mich jetzt auch Hand ans Werk zu legen, um dir das hochheilige Haus wiederherzustellen, das jene abscheulichen und verbrecherischen Menschen durch gottlose Verwüstung geschändet haben» (Euseb, *«Vita Constantini»* II,55 – Übersetzung von H. Kraft).

Das Imperium unter Konstantin dem Großen

Der Kaiser, der die Alleinherrschaft über das Imperium erst in langwierigen und schweren Kämpfen erringen mußte, nahm die Macht in vollem Umfange für sich in Anspruch und übte seine Monokratie auch auf allen Gebieten in einer so direkten und entschiedenen Weise aus wie nur wenige Herrscher vor ihm und nach ihm. Sein absoluter Herrschaftsanspruch schlug sich auch in einem neuen Selbstverständnis und in einem neuen Kaiserbild nieder, die aus den verschiedenartigsten Elementen geformt wurden. Die von Diokletian begründete Stilisierung der Tetrarchen und die Überhöhung des Kaisertums insgesamt wurden unter geringfügigen Modifikationen noch weiter gesteigert, die Distanz zum augusteischen Principat damit noch weiter vergrößert. Zugleich übernahm Konstantin Elemente der Herrschaftssymbolik und Repräsentation, die sowohl der orientalischen und hellenistischen als auch der christlichen Vorstellungswelt entstammten. Widersprüche kümmerten Konstantin dabei nicht. Eine harmonische Synthese dieser verschiedenartigen Traditionsbestandteile konnte nicht gelingen. Insgesamt gesehen, sind sie stärker mit dem folgenden byzantinischen Kaisertum als mit den Formen des Principats und der Ära der Soldatenkaiser verbunden.

Forciert wurde diese ganze Entwicklung zweifellos durch die unverkennbare Sucht Konstantins, seine Stellung schon rein äußerlich durch Pracht und Prunk sowie durch den überwältigenden Glanz des eigenen Auftretens, durch ein kaum mehr zu überbietendes Imponiergehabe zu demonstrieren. Der Kaiser trug nun nicht mehr die alte römische Toga, sondern eine reich geschmückte Tunica. Er trug auch nicht mehr den einfachen Panzer der Soldatenkaiser, sondern war mit reinen Prunkwaffen ausgestattet, wenn er ins Feld zog mit einem goldenen Panzer und entsprechend prächtig geschmücktem Helm. Seit seinen Vicennalien, dem zwanzigjährigen Regierungsjubiläum des Jahres 326 n. Chr., war er zudem mit dem Diadem geschmückt, jener Binde, welche als Herrschaftszeichen der hellenistischen Monarchen für Rom immer als Sinnbild absoluter Königsmacht gegolten hatte.

Der Überhöhung im Auftreten entsprach jene in den Darstellungen, in den Posen der nun bezeichnenderweise oft alle Normen sprengenden monumentalen Kaiserbildnisse, in den Legenden und Darstellungen der Medaillen und Münzen. Auch hierbei ist das Nebeneinander von Elementen verschiedenster Herkunft charakteristisch. Die Annäherung des Porträts an den Vater, an Augustus und Alexander den Großen fällt hier ebenso auf wie die Umrahmung des Hauptes durch die strahlende Lichtscheibe des Nimbus. Die Einbeziehung des Herrschers in die *aeternitas*-Symbolik fehlt ebensowenig wie die Inanspruchnahme universaler Dimensionen. Der *rector totius orbis* wurde zugleich als *victor omnium gentium* gefeiert. Neben der demonstrativen Propaganda von Erfolgen über Franken, Alamannen, Sarmaten und Goten sollte die Betonung der universalen, abstrakten Siegerqualifikation immer mehr an Bedeutung gewinnen. Bezeichnenderweise wurde in der Kaisertitulatur das Element *invictus*, das den Herrscher zu eng an *Sol invictus* heranrückte, durch das aktivere *victor* ersetzt. In der Titulatur findet sich auch eine gewisse Zurücknahme aus religiösen Gründen, so wenn Konstantin die Attribute des *divus* oder *divinus* im allgemeinen nicht gebrauchen ließ.

Die größten Schwierigkeiten mußten sich für Konstantin im Kaiserkult ergeben. Einerseits wollte er auf diese traditionelle Form religiös fundierter Loyalitätsakte altgläubiger Reichsbewohner nicht verzichten, andererseits waren gerade hier Anstöße aus christlicher Sicht unvermeidbar. Die zwischen 333 und 335 n. Chr. entstandene Inschrift aus Hispellum in Umbrien zeigt beispielhaft, zu welchen Kompromissen Konstantin hier bereit war. Er genehmigte dort die Errichtung eines Tempels für das Flavische Geschlecht, das heißt für sein Haus, eines Tempels, der mit «einer großartigen Kunstfertigkeit gemäß der Würde seiner Bestimmung» vollendet werden sollte, und schrieb lediglich vor, daß dieses Gebäude «nicht durch die betrügerischen Verbrechen irgendeines verderblichen Aberglaubens» befleckt werden dürfe (ILS 705). Er genehmigte zugleich die regelmäßige Aufführung von Theater- und Gladiatorenspielen.

Seite an Seite mit solchen Stilisierungen entwickelte sich ein christliches Kaiserbild, das vor allem von Euseb gestaltet wurde und in dessen Tricennalienrede, der Festrede anläßlich von Konstantins dreißigjährigem Regierungsjubiläum im Jahre 335 n. Chr., seinen ersten Höhepunkt erreichte. Hier wurde Konstantins Stellung gleichsam transzendental legitimiert, ihm gleichzeitig in christlichen Perspektiven Funktionen völlig neuer Art zugewiesen. Die freie, aber den Sinn präzise erfassende Übertragung F. Taegers dürfte die Gedankenwelt in einem zentralen Abschnitt besonders gut vergegenwärtigen: «... Der Retter des Alls [der Logos] gestaltet den ganzen Himmel, den Kosmos und das Reich dort oben seinem Vater wohlgefällig. Sein Freund [der Kaiser] führt dem eingeborenen und heilbringenden Logos von den Menschen dieser Erde die, die ihm untertan sind, zu und macht sie geeignet für sein Reich. Und der gemeinsame Heiland des Alls hält die abgefallenen Mächte, die einst in diesem Luftraum über der Erde sich tummelten und in den Seelen der Menschen sich einnisteten, mit unsichtbarer und göttlicher Kraft wie wilde Tiere von seiner Herde nach Art eines guten Hirten fern. Sein Freund aber wird von oben von ihm mit den Siegen über seine Feinde ausgestattet und führt die offenen Feinde der Wahrheit, nach Kriegsrecht sie bezwingend, zur Vernunft. Und der Logos, der vor dieser Welt da ist und Heiland des Alls ist, gibt seinen Genossen logosartige und heilbringende Keime ein und macht sie einsichtig und fähig, das Reich seines Vaters zu begreifen. Sein Freund aber ruft gleichsam als ein heiliger Sprecher von Gottes Wort das ganze Menschengeschlecht zur Erkenntnis des Besseren auf, indem er allen Ohren zuruft und mit lauter Stimme allen Menschen auf Erden die wahren Gesetze der Frömmigkeit verkündet. Und der Heiland des Alls öffnet die himmlischen Tore von seines Vaters Reich denen, die von hier dorthin umsiedeln. Dieser aber reinigt aus Verlangen nach dem Besseren sein irdisches Reich von dem Schmutz gottlosen Irrtums und ruft Scharen von frommen und heiligen Männern in seinen Palast, bemüht, die ganze Schar seiner Untertanen Mann für Mann zu retten» (Euseb, «*Eis Konstantinon Triakontaeterikos*» II – Übersetzung von F. Taeger).

Die Überhöhung des Kaisertums war von Anfang an mit der Überhöhung des ganzen kaiserlichen Hauses, der neuen Flavischen Dynastie, identisch. Die Bedeutung dynastischer Kräfte hatte Konstantin von Jugend auf erfahren; er setzte sie konsequent ein; fast alle seine innenpolitischen Abmachungen wurden durch dynastische Verbindungen besiegelt. So früh es irgend ging, erhöhte er auch seine Söhne, Crispus, den Sohn Minervinas, Konstantin II., Constantius und Constans, die Söhne der Fausta. Crispus und Konstantin II. wurden bereits 317 n. Chr. zu *Caesares* ernannt, Constantius erhielt diesen Rang wohl 324 n. Chr., Constans 333 n. Chr.

Aber auch die Stiefbrüder Konstantins, die legitimen Söhne des Constantius Chlorus und der Theodora, sind später mit Auszeichnungen überhäuft worden: Dalmatius wurde Konsul und Censor, und auch Julius Constantius erhielt das Konsulat. Noch weitgehender indessen und ganz planmäßig wurden deren Nachkommen als Seitenlinie des konstantinischen Hauses wieder mit dem Hauptstamm verknüpft und geehrt. Der Sohn des Dalmatius, Hannibalianus, hatte eine Tochter Konstantins, Constantia, zu heiraten, parallel dazu der zweitälteste Sohn Konstantins aus der Ehe mit Fausta, Constantius, eine Tochter seines Stiefbruders Julius Constantius. Es war gewiß das erklärte Ziel dieser Verflechtung der beiden Linien, gerade in der Generation der Enkel des Constantius Chlorus die Geschlossenheit des herrschenden Hauses zu sichern, denn auch der junge Dalmatius wurde 335 n. Chr. noch zum *Caesar* ernannt, dessen Bruder und Konstantins Neffe Hannibalianus ungefähr gleichzeitig zum König von Armenien erhoben.

Die Erhöhung der Mitglieder des Hauses erstreckte sich auch auf die Frauen, von denen Helena, die Mutter des Kaisers, offensichtlich den größten Einfluß hatte. Seit 324 n. Chr. besaß sie die offizielle Stellung einer *Augusta*, darüber hinaus aber auch das Privileg, über den Schatz des Kaisers verfügen zu können, ohne darüber Rechenschaft geben zu müssen. Es ist verständlich, daß Helena zunächst die Stiefbrüder Konstantins zurückdrängte; ungewiß ist die Rolle, die sie bei der Katastrophe der Kaiserin Fausta im Jahre 326 n. Chr. spielte. Wegen ihres Ehebruchs wurden damals Crispus wie Fausta getötet; Helena aber trat ihre aufsehenerregende Wallfahrt ins Heilige Land an. Daß die *Augusta* Helena damals eine unvergleichliche Großzügigkeit entfalten konnte, die sich in zahllosen Spenden an Bedürftige niederschlug, und daß sie in Bethlehem und auf dem Ölberg

Kirchen errichten ließ, steht fest, doch mit ihrer Reise verband sich bald auch die Legende der Kreuzauffindung, die schließlich eine immer stärkere Ausschmückung erfuhr. Helena starb kurz nach ihrer Rückkehr aus dem Osten, 327 n. Chr., im Beisein ihres Sohnes in Rom. Die katholische Kirche hat sie in die Reihe ihrer Heiligen aufgenommen.

Konstantins Herrschaftsanspruch und seine entschiedene Ausübung der Macht diktierten seine vielfältigen Eingriffe in Gesetzgebung und Rechtsprechung, deren selbstherrlicher Stil schon im Altertum kritisiert wurde; so bezeichnete ihn später Julian Apostata als «Neuerer und Verwirrer der früheren Gesetze und der von Alters her überlieferten Sitte» (Ammianus Marcellinus XXI,10,8). Mit einer Entscheidung aus dem Jahre 318 n. Chr. räumte Konstantin den kaiserlichen Reskripten eine Rechtsqualität ein, die sie auch über die Normen des bestehenden Rechtes erhob. Im übrigen sind Tenor, Stil und Inhalt von Konstantins Rechtsprechung nicht einheitlich. Äußerste Brutalität und ungezügelte emotionale Ausbrüche finden sich neben humanitären Tendenzen, Respekt vor traditionellen Rechtsnormen und -auffassungen neben tiefen individuellen Eingriffen und echten Neuerungen.

Drastische Strafen sollten offensichtlich in vielen Bereichen eine grausame Abschreckung erzielen. Kinder- und Viehdiebe, Vatermörder und Entführer sollten zusammen mit Schlangen in einen Sack genäht und ins Meer oder in einen Abgrund gestürzt werden. Nach einem Gesetz des Jahres 326 n. Chr. war bei Ehebruch über den schuldigen Teil grundsätzlich die Todesstrafe zu verhängen. Nach wie vor wurden Ehen zwischen Freien und Sklaven untersagt, der Verkehr einer Frau mit ihrem Sklaven mit der Todesstrafe geahndet. Dagegen hieß es in einem 315/316 n. Chr. ergangenen Erlaß: «Wenn jemand zu den Spielen oder zum Bergwerk verurteilt ist, ... soll er nicht am Gesicht gebrandmarkt werden, ... denn das nach dem Gleichnis der himmlischen Schönheit gebildete Antlitz darf nicht geschändet werden» («*Codex Theodosianus*» 9,40,2 – Übersetzung von H. Dörries). Und in die gleiche Reihe gehört endlich auch jenes Gesetz, von dem A. Piganiol sagte, daß es ewiger Ehre würdig sei und das schönste von Konstantins Gesetzen überhaupt darstelle, das Gesetz, das anordnete, daß jeder Gefangene das Recht habe, einmal am Tage das Licht der Sonne zu sehen. An der Institution der Sklaverei hat auch Konstantin nicht gerüttelt, sich lediglich für eine angemessene Behandlung der Sklaven und für eine Einschränkung ihrer Bestrafung eingesetzt. So sollten zum Beispiel die in familienähnlichen Beziehungen lebenden Sklaven beim Verkauf nicht getrennt werden. Im sozialen Bereich wirkte sich die entschiedene Verbesserung und Kontrolle des Vormundschaftswesens positiv aus, ebenso die Maßnahmen zugunsten von ausgesetzten Kindern.

Wiederholt wurde versucht, Konstantins Rechtsprechung als Beleg für die Auswirkung christlicher Einflüsse in der Gestaltung des Staates zu werten.

Aus solcher Sicht lassen sich gewiß einige Maßnahmen wie das Verbot der Kreuzigung, die Unantastbarkeit des menschlichen Gesichts, die Versuche, die Gladiatorenkämpfe auf Leben und Tod zu unterbinden, und anderes mehr auf christliche Anschauungen zurückführen. Doch «einen Ansatz zur Christianisierung des öffentlichen Lebens» (J. Vogt) bedeutet das alles nicht. Viel eher ist die gegenteilige Feststellung zutreffend, daß Konstantin nicht versuchte, gleichsam auf dem Rechtswege eine christliche Lebensgestaltung zu erzwingen, und daß das römische Recht nicht insgesamt durch christliche Normen ersetzt wurde, sondern daß es auch hier bei einem bezeichnenden Nebeneinander alter und neuer Auffassungen blieb.

Auch in den Bereichen von Hof und Verwaltung steht die Beibehaltung von Reformen Diokletians neben einschneidenden Veränderungen. In der Spitzengruppe der Hofbeamten ist seit etwa 320 n. Chr. der *magister officiorum* belegt, der mächtigste und einflußreichste Mann der Zentralverwaltung unter Konstantin. Er war der Dienstvorgesetzte der verschiedenen *scholae*, der nun militärisch organisierten Verwaltungssektionen, zugleich aber auch Kommandeur der *scholae palatinae*, der neuen Formationen der Palastgarde, die an die Stelle der Prätorianer getreten war, und nicht zuletzt der *agentes in rebus*, der Kuriere, die zugleich aber auch die Geheimpolizisten des Regimes waren. Neben dem *magister officiorum* trat in der Organisation der Zentralbehörden vor allem der *quaestor sacri palatii* hervor, zu dessen Kompetenzen insbesondere die Ausfertigung der kaiserlichen Gesetze und aller Verordnungen gehörte.

Die Struktur der zentralen Finanzverwaltung wurde dagegen nicht verändert, hier tauchen lediglich neue Amtsbezeichnungen auf. So leitete der *comes sacrarum largitionum* jetzt das Schatzamt, in das alle Steuern flossen, und war zugleich für die beträchtlichen kaiserlichen Spenden verantwortlich. Dem *comes rerum privatarum* hingegen unterstanden Krongut und Privatvermögen des Herrschers. Schon hier werden somit Angehörige der Gruppe der *comites* erwähnt, besonders ausgewählter Vertrauensmänner des Kaisers, die auch in den Funktionen von Kommissaren oder Sonderbevollmächtigten erscheinen und die von Fall zu Fall mit der Regelung von dringenden Regierungsaufgaben betraut wurden. Zusammen mit anderen Spitzenbeamten bildeten sie das *sacrum consistorium*, ein Beratungskollegium, das die Grundsatzentscheidungen in Politik, Verwaltung, Rechtsprechung und Kriegführung vorzubereiten und zu erörtern hatte.

So zweckmäßig die neue Struktur der Hof- und Zentralverwaltung erscheinen mag, für die innere Qualität der Verwaltung selbst besagt sie wenig. Hier muß zu denken geben, daß Konstantin im Jahre 325 n. Chr. das folgende Gesetz erließ: «Wer, woher, wes Standes und Ranges einer sei, der gegen einen meiner *iudices*, Großbeamten, Freunde oder Hofleute etwas Ungerades oder Ungerechtes mit Wahrheit zu beweisen sich getraut, der komme furchtlos und wende sich an mich; ich will in Person alles anhören und erkunden, und wenn es erwiesen ist, werde ich mich selber rächen...; rächen will ich mich an dem, der bis jetzt mit erheuchelter Unschuld mich betrogen. Denjenigen aber, welcher Anzeige und Beweis leistet, will ich durch Würden und Gut belohnen. Und dies, so wahr mir die höchste Gottheit immer gnädig sei und mich erhalten möge zum Glück und zur Blüte des Staates» («*Codex Theodosianus*» 9,1,4 – Übersetzung von J. Burckhardt).

Auf der Verwaltungsebene der Dioezesen und Provinzen blieben Diokletians Regelungen im wesentlichen bestehen. Die wichtigste Veränderung betraf hier den Prätorianerpräfekten, wobei die Einzelheiten der Neuordnung nicht eindeutig sind. Wahrscheinlich hat die Beauftragung des Crispus mit dem Oberbefehl an der Rheingrenze dazu geführt, daß ihm ein Prätorianerpräfekt beigegeben wurde. Personale Zuordnungen der Prätorianerpräfekten an die *Caesares* und späteren *Augusti* überwiegen noch geraume Zeit; unter Konstantin wurde das Imperium jedenfalls nicht in ein System von regionalen Prätorianerpräfekturen umgewandelt, obwohl es etwa für *Africa* seit 332/333 n. Chr. eine eigene Präfektur gab. Bezeichnender für die konstantinische Lösung ist die Tatsache, daß zwischen 335 und 337 n. Chr. jeweils ein Prätorianerpräfekt Konstantin selbst, Konstantin II., Constantius, Constans, Dalmatius zugeordnet, ein weiterer für die Präfektur in *Africa* verantwortlich war. Erst als dieses System scheiterte, bildeten sich gegen Ende des 4. Jahrhunderts n. Chr. dann die regionalen Prätorianerpräfekturen als wichtigste administrative Oberbehörden heraus.

Auch in der Heeresstruktur behielt Konstantin die Neuansätze Diokletians bei und zog aus ihnen lediglich die unumgänglichen Konsequenzen. So wurde in organisatorischer Hinsicht vor allem die endgültige Trennung zwischen dem stationären Grenzheer, den *limitanei*, und der mobilen Feldarmee, den *comitatenses*, vollzogen. Ausdrücklich bezeugt sind die *comitatenses* bisher erstmals in einem Erlaß des Jahres 325 n. Chr., der ihnen größere Privilegien zusicherte als den Angehörigen der übrigen Truppenteile. Es ist indessen eine ansprechende moderne Vermutung, daß sie schon früher, im Jahre 312 n. Chr., vor dem Kampf gegen Maxentius, formiert wurden. Zur Feldarmee gehörten in der Regel auch die neuen Garderegimenter, die *palatini*.

Sieht man von weiteren Einzelheiten ab, so liegen die entscheidenden Neuerungen der Zeit Konstantins einmal in der Umbildung des Oberkommandos über die Truppen, sodann in der verstärkten Heranziehung von Germanen und anderen Angehörigen von Nachbarstämmen des Imperiums in das römische Heer. Nachdem die alten Gardepräfekten zu Spitzenfunktionären der Administration und Justiz geworden waren, schuf Konstantin die Stellen der Heermeister, und zwar zunächst, nach Waffengattungen getrennt, die Posten eines *magister equitum* und eines *magister militum*. Aus diesen Ämtern der Kavallerie- und Infanteriebefehlshaber wurden in einer längeren Entwicklung die wichtigsten militärischen Kommandopositionen der Spätantike. Ihre Inhaber befehligten schließlich die Heeresgruppen des spätrömischen Reiches. Nicht selten handelte es sich dabei um Germanen wie im Falle des Arbogast, Stilicho und Aëtius.

Die Entwicklung in der Heeresleitung spiegelt den wachsenden Anteil fremder Hilfstruppen und insbesondere germanischer Kontingente innerhalb der römischen Armee wider. Konstantin war von Anfang an auf solche Formationen angewiesen: Der Alamannenkönig Erocus war schon an seiner Ausrufung zum Nachfolger des Vaters in Britannien im Jahre 306 n. Chr. beteiligt; sechs Jahre später kämpften britannische und germanische Verbände an der Milvischen Brücke mit; noch 332 n. Chr. wurden die Rheinlande als große Rekrutierungsbasis des Imperiums gefeiert. Es ist indessen fraglich, ob Konstantin mit dem Rückgriff auf dieses militärische Potential eine bestimmte Konzeption verfolgte, und wohl sehr viel wahrscheinlicher, daß die zunehmende Bindung größerer Bevölkerungsgruppen an Wohnsitz, Arbeitsplatz oder Funktion die Heranziehung «barbarischer» Elemente zur Verstärkung des römischen Heeres erzwang. Prinzipiell handelte es sich dabei zunächst lediglich um die Ausweitung traditioneller römischer Maximen. Nicht vorausgesehen wurde das Ausmaß, das diese Entwicklung schließlich annahm, deren Konsequenzen gegen Ende der Spätantike nicht mehr zu kontrollieren waren. Davon war man in konstantinischer Zeit freilich noch weit entfernt.

Die Heeresreform Konstantins hat sich zunächst bewährt; jedenfalls wurde die Armee den ihr nach 325 n. Chr. im Rahmen der konstantinischen Grenz- und Außenpolitik gestellten Aufgaben durchaus gerecht. Die Leitung der Operationen wurde dabei meist Konstantins Söhnen übertragen, wobei sich der Kaiser freilich bei besonders gefährlichen Lagen, wie zum Beispiel an der unteren Donau, persönlich in der Nähe der Brennpunkte des Geschehens aufhielt, um notfalls auch selbst eingreifen zu können. Expansionistische Züge sind hier nicht zu erkennen. Eine entschiedene Defensive, lediglich begrenzte Gegenangriffe, ein planmäßiger Ausbau der Befestigungsanlagen und diplomatische Mittel, wie der Abschluß von Verträgen mit den Nachbarstämmen, sollten in erster Linie die Lage an der Peripherie des Imperiums stabilisieren.

So befehligte Konstantin II. 328 n. Chr. die Abwehr gegen die Alamannen, 332 n. Chr. auch diejenige gegen die Goten an der unteren Donau. Dort war nach einem Angriff der Goten auf die Sarmaten geraume Zeit eine ziemlich prekäre Lage entstanden, die indessen nach einem erfolgreichen römischen Gegenangriff gemeistert werden konnte. Konstantin erreichte den Abschluß eines *foedus* mit den Goten, die künftig nicht nur die Donaugrenze schützten, sondern darüber hinaus auch Hilfstruppen stellten, so daß die Gotengefahr für nahezu ein halbes Jahrhundert gebannt war. Als es dann 334 n. Chr. bei den von diesen Vorgängen mitbetroffenen Sarmaten zu Auseinandersetzungen kam, die auch auf römisches Gebiet übergriffen, konnten Constantius und Konstantin die Lage taktisch sehr geschickt meistern und eine Eskalation dieser Kämpfe vermeiden.

Ganz anders entwickelte sich die Situation an der Ostgrenze des Imperiums. Nachdem sich dort der sassanidische Herrscher Schapur II. zunächst sehr zurückgehalten hatte, ergriff er zu Beginn der dreißiger Jahre überraschend Initiativen, die schließlich eine militärische Auseinandersetzung mit dem Römischen Reich unvermeidlich machten. Als König Tiran von Armenien im Jahre 334 n. Chr. von den Sassaniden deportiert und geblendet worden war, wandten sich dessen Anhänger und die armenischen Parteigänger der Römer an Konstantin um Hilfe. Dieser beauftragte 335 n. Chr. Constantius mit der Leitung der Kämpfe an der armenischen Grenze, ließ das Land besetzen und mit umfangreichen Rüstungen für einen großen Feldzug gegen das Nachbarreich beginnen. In diesem Zusammenhang steht die Ernennung des Hannibalianus, eines Neffen Konstantins, zum König von Armenien. Die hier drohenden Gefahren waren somit durchaus erkannt, wie ein Brief Konstantins an Schapur II. zeigt, der Kaiser auch als Schutzherr der Christen tangiert, die Probleme selbst indessen zu Lebzeiten Konstantins nicht mehr zu lösen.

Auch im Bereich der Währung konnte Konstantin auf den Stabilisierungsversuchen der Vorgänger aufbauen; im Gegensatz zu Diokletian war seine Währungsreform großenteils erfolgreich. Dies gilt vor allem für den Bereich der Goldprägung, wo ein neues Nominal, der Solidus, eingeführt wurde. Während die Goldmünzen der diokletianischen Zeit gewichtsmäßig noch 1/60 des römischen Pfundes entsprachen, ging Konstantin von der bereits im 3. Jahrhundert üblich gewordenen Rechnungseinheit von 1/72 dieses alten römischen Pfundes aus, das heißt einem Gewicht von 4,48 g. Die seit 324 n. Chr. im ganzen Reich hergestellte Goldeinheit behauptete sich noch Jahrhunderte hindurch und blieb auch im Byzantinischen Reich die Basis der Goldwährung. Während der Solidus häufig vorkam, ist die neue Silbereinheit, die Siliqua, die in ihrem Wert 1/24 des Solidus gleichgestellt wurde, offensichtlich nur in einem geringeren Volumen ausgeprägt worden. Ganz anders dagegen die Einheiten der Kupferprägung, die zumeist als Follis bezeichnet werden und ursprünglich einen Silberüberzug in Höhe von 2% des Gewichtes aufwiesen. Bei diesen massenhaft hergestellten Prägungen kam es bald schon zu neuen Gewichtsreduktionen und, wie Papyri zumindest für Ägypten belegen, bereits auch wieder zu neuen inflationären Entwicklungen.

Die Maßnahmen im Sektor der Finanz- und Steuerpolitik wurden durch den immensen Geldbedarf des Kaisers für die Armee, Hofstaat und Verwaltung, Großbauten aller Art, luxuriösen Aufwand wie großzügige Schenkungen diktiert. Nach wie vor bildete hier die *capitatio-iugatio* die wichtigste Einnahmequelle. Dazu traten nun gezielt angesetzte Sondersteuern und

Abgaben für leistungsfähige Personengruppen. So wurden alle Senatoren mit der *collatio glebalis* bedacht, einer Steuer, die je nach dem Umfang des betreffenden Grundbesitzes gestaffelt in drei verschiedenen Sätzen eingezogen wurde. Die städtischen Oberschichten hatten alle fünf Jahre zu den Regierungsjubiläen ein *aurum coronarium* in Form von Goldkränzen oder Goldmünzen zu entrichten, und schließlich wurden auch die Gewerbetreibenden und Händler im Abstand von fünf Jahren durch die *auri lustralis collatio* erfaßt, eine in Gold zu leistende Vermögens- und Umsatzsteuer.

Bezeichnenderweise suchte Konstantin immer wieder Einzelfälle an sich zu ziehen und dabei gelegentlich auch bedrückten Angehörigen der Unterschichten zu helfen. So hieß es in einem Erlaß des Jahres 313 n. Chr.: «Sollte jemand von einem Steuereintreiber unserer persönlichen Steuereinkünfte oder einem Prokurator mißhandelt worden sein, so soll er ohne Bedenken Klage einreichen über dessen Schikanen oder Räuberei. Sollte sich diese Klage als den Tatsachen entsprechend erweisen, so verordnen wir, daß der Beamte, der sich herausgenommen hat, gegen einen Provinzialen etwas [Derartiges] zu unternehmen, öffentlich verbrannt wird» («*Codex Theodosianus*» 10,4,1 – Übersetzung von W. Arend). Aus der Vielzahl von Fallentscheidungen ergab sich gleichwohl eine Veränderung der Gesellschaftsstruktur, die in wesentlichen Bereichen für die ganze Spätantike bestimmend blieb.

Die längst verlorenen politischen Kompetenzen erhielt der römische Senat auch von Konstantin nicht zurück, aber der Kaiser bemühte sich wenigstens zunächst um einen *modus vivendi* und um die äußerliche Respektierung des Standes. Einerseits wurde jetzt die Gesamtzahl der Senatoren wesentlich erhöht, nach modernen Schätzungen sogar verdreifacht. Andererseits wurde die kleine Gruppe des Hochadels der *patricii* formiert, die in enger Verbindung mit dem Kaiserhaus stand und die neben den höchsten Würdenträgern der Administration und neben den Oberbefehlshabern im ganzen Reich das höchste Ansehen genoß.

Von der Erweiterung des Senats waren Angehörige aller Provinzen betroffen, so daß ein Panegyriker diese Entwicklung im Jahre 321 n. Chr. so rühmen konnte: «Endlich hast du gefühlt, Rom, daß du die Führerin aller Nationen und die Königin der Welt bist, als du die edelsten Bürger aller Provinzen deiner Kurie verbunden hast, damit der Senat die Steigerung seines Ansehens weniger seinem Namen als der Wirklichkeit verdankt, da er von nun an die Elite der gesamten Welt umfaßt» («*Panegyrici Latini*» X(4),35,2 – Übersetzung von H. Hausen). Vielleicht waren Konstantins Motive wesentlich pragmatischer; wahrscheinlich dürfte er bemüht gewesen sein, vor dem sich abzeichnenden Machtkampf mit Licinius die Führungsschicht aus den Provinzen an sich heranzuziehen. In jedem Falle mußten die Ernennungen als eindeutige Gunstbeweise des Herrschers gelten.

Die Ergänzung des Senates erfolgte zu Lasten des Ritterstandes, indem nun die ranghöchsten ritterlichen Funktionäre und Offiziere in den Senatorenstand erhoben wurden, der dadurch seine alte Homogenität wenigstens teilweise verlor. Insgesamt gesehen, waren die Senatoren indessen immer noch eine Gruppe privilegierter Großgrundbesitzer, deren traditionelle Vorrechte auch Konstantin nicht angetastet hat. Von den Belastungen der Municipalaristokratie blieben sie ebenso ausgenommen wie von der Härte der üblichen römischen Strafverfahren. In vielen Fällen konnten sie ihre Vermögen während des 4. Jahrhunderts n. Chr. bewahren und ihren ohnehin schon beträchtlichen Grundbesitz zum Teil noch erheblich vergrößern.

Entscheidend blieb jedoch die Tatsache, daß Existenz, Einfluß und Sozialprestige des einzelnen Senators nicht von seiner Standeszugehörigkeit, sondern mehr denn je von seiner Stellung im konstantinischen System und damit nicht zuletzt von der Gunst des Kaisers abhingen. Nachdem es 326 n. Chr. aus religiösen Gründen zu einer schweren Verstimmung zwischen dem römischen Senat und Konstantin, nach der Gründung Konstantinopels dann auch noch zur Bildung eines weiteren, dem Kaiser völlig ergebenen Senats im Osten gekommen war, verlor die römische Körperschaft für lange Zeit an Ansehen und Bedeutung.

Der wichtigste stadtrömische Beamte, der dem Kreis der Senatoren angehörte, und in vielfacher Hinsicht deren profiliertester Exponent war der *praefectus urbi*. Noch immer unterstand ihm die Verwaltung und Jurisdiktion in der Hauptstadt; er leitete zugleich die Standesgerichtsbarkeit über die Senatoren und profitierte insbesondere von der häufigen Abwesenheit des Kaisers. Der Inhaber dieses Amtes wurde so zum höchsten Repräsentanten staatlicher Souveränität in Rom, immer mehr aber auch zum Verteidiger der konservativ-römischen Kräfte und Traditionen.

Die Neuformierung der senatorischen Oberschicht hatte den römischen Ritterstand ausgehöhlt. Dieser hatte nun gerade seine leistungsfähigsten Mitglieder verloren und in den in ihn aufsteigenden Angehörigen der subalternen Bürokratie nur einen unzulänglichen Ersatz gefunden. So büßte er sein altes Prestige ebenso ein wie die alten Funktionen; nicht selten war der Einfluß von *officiales,* den Spitzenfunktionären der Hofverwaltung, größer als derjenige des klassischen Standes der sozialen Aufsteiger. Sozialer Aufstieg war in Zukunft auch außerhalb der *cursus honorum* von Rittern und Senatoren möglich. Der germanische Heermeister etwa erhielt selbstverständlich sogleich auch die Würde des Senators.

Durch die Erweiterung des Hofpersonals des Kaisers und der *Caesares,* die Aufblähung des Beamtentums in den Prätorianerpräfekturen, Diozesen, Provinz- und Steuerverwaltungen waren die Aufstiegsmöglichkeiten für die Angehörigen der bisher erwähnten Gruppen außerordentlich günstig. Einerseits wurden dabei auch bewährte Kräfte der Konstantingegner übernommen, andererseits gab es innerhalb dieses staatlichen Rahmens eine echte soziale Mobilität. Ganz anders lagen die Dinge dagegen bei den Mitgliedern der alten Municipalaristokratie, die jetzt zumeist als Kurialen bezeichnet wurden, und den Angehörigen spezieller Berufe und Gruppen in den Mittel- und Unterschichten. Denn so engmaschig und perfekt der Staat Diokletians und Konstantins auf den ersten Blick anmuten, sein Instrumentarium und seine Maßnahmen konnten nur dann einigermaßen greifen, wenn sich an der gesellschaftlichen und wirtschaftlichen Struktur möglichst wenig änderte und wenn vor allem die entscheidenden Organe und Korporationen möglichst identisch blieben. Diese politisch gewollte Erstarrung war ohne eine weitere Einschränkung der Freiheit der städtischen Oberschichten, der Angehörigen von Schlüsselberufen der Transport- und Versorgungsgewerbe sowie spezieller handwerklicher Berufe und endlich der *coloni* als der wichtigsten landwirtschaftlichen Produzentengruppe nicht möglich.

Besonders hart betroffen wurden von dieser Politik die Kurialen, wobei sich der Kaiser vorübergehende Entlastungen selbst vorbehielt: «Keiner, der richterliche Gewalt hat, soll versuchen, irgendein Ratsmitglied *(curialis)* von seinen Pflichten gegenüber der Gemeinde freizustellen oder jemanden nach eigenem Ermessen von der Zugehörigkeit zum Stadtrate *(curia)* zu befreien. Sollte nämlich jemand derart durch unglückliche Umstände finanziell ruiniert sein, daß er unterstützt werden muß, so gehört es sich, dies zu unserer Kenntnis zu bringen, auf daß ihm für eine gewisse Zeit Befreiung von seinen Pflichten der Gemeinde gegenüber gewährt werde» («*Codex Theodosianus*» 12,1,1 – Übersetzung von W. Arend). Die Anordnung Konstantins bezeugt, daß es bei der Überforderung der Municipalaristokratie blieb. Deren Angehörige suchten sich auf jede nur denkbare Weise ihren ruinösen Belastungen zu entziehen. Wie die zahlreichen dagegen erlassenen Verordnungen zeigen, konnte dies nur schwer verhindert werden.

Ähnliche Regulierungen trafen die Transportschiffer und Kolonen, um nur zwei Beispiele zu nennen. Eine Anordnung des Jahres 314 n. Chr. dekretierte: «Wenn einer, der von Geburtsstand Transportschiffer ist, Kapitän eines Leichters werden sollte, soll er gleichwohl in dem gleichen Stande verbleiben, dem offensichtlich auch seine Eltern angehört haben» («*Codex Theodosianus*» 13,5,1 – Übersetzung von W. Arend). Im Hinblick auf die Kolonen aber wurde 332 n. Chr. folgendes festgesetzt: «Bei wem auch immer ein Kolone, der einem anderen gehört, aufgefunden wird, der soll diesen nicht nur an seinen alten Platz, woher er stammt, zurückbringen, sondern soll auch für ihn die Kopfsteuer für die entsprechende Zeit erstatten. Die Kolonen selbst, die auf Flucht sinnen, soll man, wie es Sklaven zukommt, mit eisernen Fesseln binden, damit sie gezwungen werden, die Pflichten, die ihnen als Freien zukommen, infolge ihrer Verurteilung zum Sklavenstande zu erfüllen» («*Codex Theodosianus*» 5,17,1 – Übersetzung von W. Arend).

Das Gesamtbild der römischen Gesellschaft in konstantinischer Zeit wird so durch eine sich immer schärfer ausprägende Dichotomie gekennzeichnet.

Soweit sich angesichts der zahlreichen regionalen Sonderentwicklungen und der Verschiedenartigkeit der Strukturen in den einzelnen Provinzen allgemeine Tendenzen feststellen lassen, wurde die Kluft zwischen den beiden großen Hauptgruppen der Gesellschaft immer tiefer. Der Konzentration von Reichtum und Vermögen hier stand dort die Verelendung breiter Kreise der Bevölkerung entgegen. Die alten bürgerlichen Mittelschichten aber waren offensichtlich durch die anhaltenden staatlichen Belastungen paralysiert worden.

Zu den privilegierten Gruppen der Oberschichten gehörten im übrigen auch die Kleriker, unter ihnen besonders die Bischöfe, die Konstantin immer enger an sich heranzog. In der zunächst noch kleinen Zahl konsequenter christlicher Einsiedler aber, einer Bewegung, die freilich rasch anwachsen und schließlich auch die Institution des Mönchtums hervorbringen sollte, formierte sich bereits der Protest gegen die Verweltlichung und Anpassung des Christentums an Staat und Gesellschaft. Die Auswirkung des Christentums auf die Gesellschaftsordnung des *Imperium Romanum* insgesamt ist dagegen nur schwer zu ermitteln. Eine grundsätzliche Veränderung der Sozialstruktur hat das Christentum jedenfalls auch in konstantinischer Zeit nicht erstrebt. Das Christentum wirkte, aufs Ganze gesehen, im Rahmen der konstantinischen Gesellschaft stabilisierend. Die Tatsache, daß «die christliche Gesinnung der breiten Schichten der Bevölkerung die Unterordnung unter die Bürokratie und die Hinnahme der von oben verordneten Verarmung begünstigt hat» (J. Vogt, «Constantin der Große und sein Jahrhundert», München 1960², 229), wurde oft genug betont. Nicht immer ist dagegen mit dem notwendigen Nachdruck darauf hingewiesen worden, daß die völlige Unzulänglichkeit der staatlichen Sozialleistungen und das starke Engagement der christlichen Kirche in diesem Bereich die Attraktivität des Christentums auch aus rein materiellen Gründen erhöhten.

Konstantin bemühte sich, seine Person, sein Haus und seine Ära auf jede nur denkbare Weise durch Künstler, Prunkredner, Literaten, Architekten, Bildhauer und Kunsthandwerker aller Art feiern zu lassen. Dafür schien ihm nichts übertrieben, kein Pathos zu hoch, keine Dimension zu gigantisch. Vor allem drängte er auf schnelle Resultate, so daß ausgereifte Neuschöpfungen für seine Epoche weniger charakteristisch sind als zügig errichtete Kompilationen. Ob bei dem rasch hochgezogenen römischen Konstantinsbogen, der Umwandlung der Maxentiusbasilika, erst recht bei der Anlage von Konstantinopel, immer ließ Konstantin qualitätvolle Bauelemente und Kunstwerke zu seinen Ehren in neue Objekte einfügen. Die geradezu gewaltsame Aneignung von Traditionselementen und das Zerbrechen organischer Zusammenhänge nahm er hin, wenn die neuen Effekte nur seinem Ruhm zu dienen schienen. Daß angesichts einer solchen Disposition weder in der Literatur noch in den Künsten ein neuer Stil heranreifen konnte, versteht sich von selbst.

Zwei stadtrömische Werke zeigen die Eigenart der konstantinischen Kunst besonders deutlich: der zwischen 312 und 315 n. Chr. errichtete Konstantinsbogen, der größte Triumphbogen Roms überhaupt, und der Kopf der Kolossalstatue aus der von Konstantin umgestalteten Maxentiusbasilika. In den Konstantinsbogen wurden unbedenklich «Spolien», Skulpturen und Reliefs aus der Ära der Adoptivkaiser des 2. Jahrhunderts n. Chr., eingefügt. Sie bilden den denkbar stärksten künstlerischen Kontrast zu jenen neugeschaffenen Reliefs, welche die Ereignisse des Feldzuges gegen Maxentius, Konstantins Einzug in Rom sowie eine Ansprache des Kaisers und die Verteilung von Geldgeschenken abbilden. Diese zeitgenössischen Reliefs sind in einem auffallend herben Stil gestaltet, den man neuerdings mit den Traditionen plebejischer Kunst in Verbindung gebracht hat. Bemerkenswert ist daneben die Zunahme der rein repräsentativen Elemente sowie die differenzierte Größe der Figuren, die jeweils nach ihrem Rang abgestuft wurden.

Die heute im Hof des Konservatorenpalastes auf dem Kapitol deponierten Fragmente der Kolossalstatue Konstantins sprengen die Dimensionen der früheren monumentalen Plastik. Die Höhe des Kopfes beträgt vom Hals an 2,60 m, so daß die Gesamthöhe der einst thronend dargestellten Herrschergestalt auf rund 10 m geschätzt wird. R. Bianchi Bandinelli hat die Eigenart dieses starren Bildnisses so beschrieben: «Es war ein neuer Typus der Kaiserstatue, die den Herrscher weit über die gewöhnlichen Sterblichen hinaushob: beinahe war es ein Kultbild. Aus weitgespannten, harten, leblosen Flächen aufgebaut, erhält das Antlitz Leben nur durch die riesigen Augen, aus denen die magische Gewalt des Blicks und die Vergeistigung sprechen, die man der Figur aufprägen wollte» («Rom. Das Ende der Antike», München 1971, 83).

Die Dominanz einer reinen Hofkunst ist offensichtlich. Neben den Reden der Panegyriker manifestiert sie sich in den Deckengemälden des Trierer Kaiserpalastes ebenso wie in den Figurengedichten des Optatianus Porfyrius. Deren poetischer Wert ist im allgemeinen völlig unerheblich, doch stellen sie zweifellos ein *non plus ultra* der Buchstabenakrobatik dar. Einzelne von ihnen weisen zum Beispiel 35 Verse mit jeweils 35 Buchstaben auf, und diese Buchstaben waren nun wiederum so gewählt, daß einige, die in der Originalhandschrift durch eine besondere Farbe hervorgehoben waren, entweder mehr oder weniger sinnvolle Worte und Verse bildeten, oder aber als optischen Effekt ein Ornament, ein Monogramm oder ein einfaches Bild darstellten. Porfyrius war so wohl eher ein «literarischer Hofjuwelier» (J. Vogt) als ein Dichter; Konstantin freilich war von seinen Produkten fasziniert.

Im Bereich der Architektur entstanden eindrucksvolle Bauten, wie zahlreiche Kaiserpaläste, Basiliken und Kirchen, die in ihren Dimensionen durchaus Vergleiche mit anderen Epochen bestehen. Euseb nennt in einer gewiß unvollständigen Übersicht als Neubauten Konstantins die folgenden Kirchen: die Grabes- und Auferstehungskirche in Jerusalem, die Geburtskirche in Bethlehem, Basiliken auf dem Ölberg und an der Mamreeiche sowie weitere Kirchen in Nikomedia, Antiochien und Heliopolis. Von den Impulsen dieser Bautätigkeit profitierte dabei besonders auch Trier: «Ich sehe einen *Circus Maximus*, der mit dem römischen wettzueifern scheint, ich sehe Basiliken und ein Forum, königliche Bauwerke, und den Sitz der Gerechtigkeit sich zu solcher Höhe erheben, daß sie schier den Sternen und dem Himmel nahe und ihrer würdig zu sein verheißen. Dies alles sind gewiß Geschenke, die wir Deiner Gegenwart verdanken» («*Panegyrici Latini*» VII(6),22 – Übersetzung von W. Arend).

Die für die ganze Geschichte des Reichs wie für die Zukunft bedeutsamste Entscheidung Konstantins aber liegt in der Anlage von Konstantinopel an der Stelle des alten Byzanz. In der Auseinandersetzung mit Licinius hatte Konstantin die strategische und verkehrspolitische Bedeutung von Byzanz persönlich erlebt. Noch im Jahre 324 n. Chr. setzten deshalb in der Stadt erste Bau- und Wiederherstellungsarbeiten ein, und wenig später, wohl 326 n. Chr., begann hier eine kaiserliche Münzstätte ihre Tätigkeit. Der wichtigste Impuls sollte freilich erst danach erfolgen. Im Jahr 326 n. Chr. hatte Konstantin einige Monate in Rom verbracht, um dort die Feiern zu seinem zwanzigjährigen Regierungsjubiläum festlich mitzubegehen. Allein dieses Fest endete mit einem Mißklang. Als sich der Kaiser weigerte, an der feierlichen Prozession zum Kapitol und damit zu den traditionellen Gottheiten der Stadt Rom teilzunehmen, löste sein Verhalten beim Senat wie bei der Bevölkerung, die darin einen offenen Affront erblicken mußten, lebhaften Unwillen aus, und Konstantin wurde dabei wohl deutlich, daß er selbst in Rom nie heimisch werden würde. Zosimos verlegt deshalb den Entschluß des Kaisers, eine neue Hauptstadt als Rivalin Roms zu schaffen, in diesen Zusammenhang.

Jedenfalls wurde nun für Konstantinopel ein erheblich erweiterter Mauerring geplant, der jetzt eine Fläche umspannte, die viermal so groß war wie die seitherige, auf Septimius Severus zurückgehende Stadtanlage. Eine christliche Legende, die bei Philostorg, einem Fortsetzer der Kirchengeschichte des Euseb, überliefert ist, hat das für die Zeitgenossen und die Nachwelt an ein Wunder grenzende Abstecken jener gewaltigen Dimensionen verdichtet. Als der Kaiser, so wird dort erzählt, mit der Lanze in der Hand die neue Stadtgrenze abschritt und dabei immer weiter und weiter ging, soll er einem seiner Begleiter, der ihn schließlich fragte: «Wie weit willst Du denn noch gehen, Herr?» geantwortet haben: «Bis derjenige hält, der vor mir geht.»

Wenn auch in dieser Legende eine sehr sinnfällige christliche Umbildung der antiken Vorstellung vorliegt, daß eine Gottheit den richtigen Platz für eine Stadtgründung zu bestimmen oder zu billigen habe, so wurden doch gleichzeitig auch die herkömmlichen Riten der Konsekration und der Einweihung der neuen Stadt beachtet. Im Jahre 328 n. Chr. wurde der Platz zum Gut der Götter erklärt; altgläubige Priester und Sternkundige führten die Zeremonie durch, an der auch der Neuplatoniker Sopatros teilnahm. Die feierliche Einweihung erfolgte dann am 11. Mai 330 n. Chr., dem auch in Zukunft stets festlich begangenen Gründungsdatum der Stadt.

Das Projekt der Konstantinsstadt stand Jahre hindurch im Mittelpunkt der Bautätigkeit der Region wie des Reichs. Umgestaltungen und Neubauten wechselten in rascher Folge. Aus dem ganzen Hinterland, aber selbst aus Rom und Athen sind Denkmäler herangeführt, in den kleinasiatischen Städten Tempel geplündert und Metalldächer eingeschmolzen worden, damit der neuen Hauptstadt des Ostens möglichst rasch der gebührende Glanz verliehen wurde. Statuen von Phidias und Lysipp wurden in die Neugründung transportiert und dort aufgestellt, auch die bronzenen Pferde, die heute vor San Marco stehen. J. Burckhardt bezeichnete diese Praxis als «den schändlichsten und massenhaftesten Kunstraub der ganzen Geschichte».

An dem alten großen Markt der severischen Stadtanlage errichtete man zwei neue Tempel für Rhea, die Schutzgöttin Konstantinopels, sowie für die Tyche Roms. Zwischen diesem nun als Augusteion bezeichneten Zentrum und dem Marmarameer erhob sich der Kaiserpalast. Im Westen der Stadt wurde ein rundes Konstantinsforum angelegt, in dessen Mitte eine Porphyrsäule stand, die eine mächtige, teilweise vergoldete Bronzefigur des Kaisers mit einer Strahlenkrone trug. In die Basis der Säule waren christliche Reliquien eingeschlossen. Im Rahmen dieser konzentrierten Bautätigkeit wurden auch christliche Kirchen erweitert, wie die Irenenkirche beim Augusteion, oder neu geplant, wie die Sophienkirche beim Kaiserpalast; insgesamt ist für die Gründungsphase von Konstantinopel gerade das Nebeneinander von Tempeln für die Altgläubigen und Kirchen für die Christen bezeichnend.

Wie durch die Bauten, so wollte Konstantin seine neue Hauptstadt auch durch ihre innere Struktur Rom gleichrangig machen. Auch in Konstantinopel konnte man wie in Rom sieben Hügel zählen, auch Konstantinopel wie Rom in vierzehn Stadtbezirke einteilen. In verwaltungsrechtlicher Hinsicht war die Privilegierung besonders auffallend: Konstantinopel wurde mit seinem ganzen städtischen Territorium aus Dioezese und Provinz ausgegliedert und von allen Steuern befreit. Der Kaiser erhob den Archon der Stadt zum *proconsul* und damit in den gleichen Rang, den die Statthalter der benachbarten Provinzen besaßen.

Es genügte Konstantin nicht, daß die neue Stadt seit 330 n. Chr. als Regierungszentrum und administrativer Mittelpunkt des Imperiums ohnehin eine große Zahl von Beamten und Funktionären des Systems in ihre Mauern zog. Es war ein Politikum ersten Ranges, daß der Kaiser hier auch einen neuen Senat von zunächst rund 300 Mitgliedern vorsah und daß er

Personen, auf deren Anwesenheit er besonderen Wert legte, mit allen Mitteln nach Konstantinopel zu locken versuchte. Für sie wurden zum Teil Häuser gebaut; der Nachweis eines Hauses in Konstantinopel war zudem fortan für jeden Voraussetzung, der sich im Osten des Imperiums um die Pacht von Domänen aus kaiserlichem Besitz bewarb. Durch die Anlage einer großen Bibliothek und die Gründung einer Universität sollte die Stadt auch zu einem geistigen Mittelpunkt des Ostens werden. Endlich erhielten die Einwohner der Stadt, wie die Römer, eine kostenlose Getreideversorgung.

Konstantinopel wurde auf diese Weise zu einem neuen, zweiten Rom gestaltet. Aber diese *deutéra Róme* war ein Rom ohne republikanische Tradition und ihrem Wesen nach lediglich ein neurömischer Rahmen für die erstrebte Synthese hellenistischer, spätantiker und christlicher Elemente. Die demonstrative Selbstbezeichnung der Einwohner von Konstantinopel als *Romaioi* kann nicht darüber hinwegtäuschen, daß es für die neue Rivalin Roms langfristig keine Annäherung, sondern nur eine Distanz zur alten Hauptstadt geben konnte. Konstantinopel war in jeder Hinsicht als historische Antithese zu Rom geschaffen worden und als «die stärkste Negation des römischen Wesens» (Jacob Burckhardt). Je mehr Energien sich mit dem zweiten Rom verbanden, desto mehr mußte das erste verfallen und sich mit dem Glanz der großen Tradition begnügen. Die Zukunft gehörte Konstantinopel.

Konstantin und das Christentum

«Die ewige und unvorstellbar heilige Frömmigkeit unsres Gottes läßt das Menschengeschlecht keineswegs noch länger in der Finsternis irren und gibt auch nicht zu, daß die verhaßte Böswilligkeit mancher Menschen derart überhand nehme, daß sie nicht mit ihren strahlenden Lichtern den Heilsweg wieder neu erhelle und ihnen Gelegenheit gebe, sich zur Regel der Gerechtigkeit zu bekehren. So habe ich es aus vielen Beispielen erkannt, und ebenso habe ich es an mir selbst erfahren. Denn früher gab es in mir Dinge, denen die Gerechtigkeit fehlte, und ich dachte, die oberste Macht sehe nicht, was ich heimlich in meinem Herzen bewegte. Was für ein Ende hätte das, wovon ich sprach, nehmen müssen? Doch eins, das reich war an Übeln. Aber der allmächtige Gott, der in der Höhe des Himmels wohnt, schenkte, was ich nicht verdient hatte. Gewiß läßt sich nicht sagen, noch aufzählen, was er in seiner himmlischen Gnade mir, seinem Knecht, gegeben hat» (Optatus von Mileve, «Wider den Donatisten Parmenian», Anhang 5 – Übersetzung von H. Kraft). So hat Konstantin im August des Jahres 314 n. Chr. in einem Brief an die in Arles zur Regelung des Donatistenstreites versammelten katholischen Bischöfe sein religiöses Verständnis und seine religiöse Entwicklung

60 Kolossalstatue Konstantins (Fragment), Rom

beschrieben, eine Entwicklung, die ihn auf der Suche nach dem stärksten Helfer und mächtigsten Gott schließlich zu Christus geführt hatte.

Im Falle Konstantins wurde die Entwicklung der religiösen Überzeugungen eines Menschen einerseits durch eine ungewöhnliche religionspolitische Situation mitbestimmt und immer wieder auch durch den Wandel der politischen Rahmenbedingungen wie durch das Erstreben politischer Ziele mitgeformt, andererseits von denkbar folgenschwerer und weitreichender Auswirkung auf die Geschichte des *Imperium Romanum* insgesamt. Die im römischen Bereich stets enge Verbindung von Religion und Politik, die im System der Tetrarchie Diokletians noch einmal vertieft worden war, erhielt nun eine völlig neue Dimension. Überraschende Wendungen in den religionspolitischen Entscheidungen Konstantins erklären sich durch diesen im einzelnen unauflösbaren Zusammenhang.

Konstantins Hinwendung zum Christentum war keine «Bekehrung» im paulinischen Sinne, das Erleben vor der Schlacht an der Milvischen Brücke für den Kaiser kein «Damaskus». Zu jener Konsequenz im religiösen Bereich, die von einem gläubigen Christen erwartet werden konnte, war der Politiker Konstantin nicht bereit. Ein antiker Betrachter des Silbermedaillons aus Ticinum vom Jahre 315 n. Chr. mochte weniger das unauffällige kleine Christusmonogramm am Kaiserhelm sehen als die traditionelle Wölfin mit den Zwillingen auf dem großen Schild des Herrschers und damit das demonstrative Bekenntnis zur Kontinuität des römischen Mythos. Auch der Konstantinsbogen wies bezeichnenderweise kein einziges christliches Symbol auf, dagegen nicht wenige Elemente der herkömmlichen Mythologie und Religion.

Trotz solch eindeutiger Zurückhaltung, trotz einer – vereinfacht gesagt – pluralistischen Religionspolitik, welche die Förderung des Christentums mit der Toleranz gegenüber unanstößigen, gleichsam gereinigten Erscheinungsformen der alten Kulte verbinden wollte, hat Konstantin immer wieder seine persönliche Gemeinschaft mit dem Christentum betont, sich dabei freilich oft genug über die Leiter der christlichen Gemeinden gestellt. Es kommt hinzu, daß dieser bedenkenlose Machtpolitiker von Anfang an gezwungen war, alle Faktoren des dynamischen politischen Kräftefeldes zu berücksichtigen, seinen Kampf um die Alleinherrschaft auch ideologisch zu drapieren und religionspolitisch zu akzentuieren. Gleichzeitig ließ er sich von christlicher Seite immer wieder in die inneren Konflikte der Kirche hineinziehen und war nur allzuoft bereit, sein Verhalten in solchen Auseinandersetzungen an der politischen Opportunität zu orientieren. Dies zeigte sich mit großer Deutlichkeit schon im ersten innerkirchlichen Konflikt, mit dem er konfrontiert wurde, im Donatistenstreit.

Im Donatistenstreit hatten sich von Anfang an persönliche Rivalitäten um eine Bischofswahl mit tiefen Gegensätzen in den Gemeinden Nordafrikas über die Behandlung der *traditores,* das heißt derjenigen, die während der Christenverfolgungen kirchliche Geräte und christliches Schrifttum ausgeliefert hatten, verquickt. Damit verbunden war zugleich die Frage, ob die Gültigkeit einer kirchlichen Amtshandlung und das Spenden eines Sakraments von der Reinheit und Unantastbarkeit des betreffenden Bischofs oder Priesters abhängig sei, und schließlich vermengten sich damit auch noch die Ansprüche der zahlreichen numidischen Bischöfe, bei der Wahl des Bischofs von Karthago mitzuwirken. Hinter all dem aber stand der unaufhebbare Gegensatz zwischen einer reinen, kompromißlosen und teilweise fanatischen Märtyrerkirche und der in der Behandlung aller *lapsi,* aller lauen oder sogar abgefallenen Christen großzügigeren, damals als «katholische» Kirche bezeichneten Großkirche.

Als im Jahre 311 n. Chr. der Diakon Caecilian zum Bischof von Karthago ordiniert worden war, kam es zu einem rasch eskalierenden Konflikt. Seine Gegner bezichtigten ihn wie den Bischof Felix von Aptongus, der Caecilian gleichsam im Eilverfahren ordiniert hatte, der *traditio* und zogen vor allem auch die numidischen Bischöfe in die Auseinandersetzung hinein. Nach vergeblichen Verhandlungen ordinierten diese ihrerseits den Lektor Maiorinus zum Bischof von Karthago; die Spaltung breitete sich rasch aus und ergriff viele Gemeinden Nordafrikas. Wie die beiden Lager je wieder zusammengeführt werden konnten, war angesichts der Kompromißlosigkeit der Gegner Caecilians nicht abzusehen. So lagen die Dinge, als Konstantin den Reichsteil des Maxentius übernahm.

Offensichtlich hat sich der Kaiser sogleich für die Seite Caecilians entschieden. Die Konsequenzen der Märtyrertradition der nordafrikanischen Kirche und damit auch der Donatisten stand von Anfang an im Widerspruch zu seinen Integrationsbestrebungen, die von Kompromissen lebten. In einem Schreiben an Caecilian wies er diesem nicht nur Gelder zur Auszahlung an die «Diener der rechtmäßigen und hochheiligen katholischen Religion» an, sondern nahm schon hier zu den innerkirchlichen Auseinandersetzungen eindeutig Stellung: «Da ich erfahren habe, daß einige unruhige Geister das Volk der katholischen Kirche mit bösartigen Täuschungen verführen, so wisse, daß ich dem *proconsul* Anullinus und dem Vikar Patricius mündlich befohlen habe, der Angelegenheit entsprechende Aufmerksamkeit zu widmen und solche Vorkommnisse keinesfalls zu übersehen. Wenn du also siehst, daß jemand von diesen Personen bei seinem Wahnsinn beharrt, so tritt ohne Bedenken an die genannten Beamten heran und erstatte diesbezüglich Anzeige, damit sie diese Leute gemäß meinem mündlichen Auftrag zur Ordnung bringen» (Euseb, «Kirchengeschichte» X,7,1–2 – Übersetzung von H. Kraft).

Auf die eindeutige Stellungnahme Konstantins für Caecilian antworteten die Anhänger des Gegenbischofs Maiorinus mit einem scheinbar geschickten, in Wirklichkeit sehr problematischen Schachzug. Sie ließen am 15.4. 313 n. Chr. den Kaiser um eine Entscheidung des Streits durch gallische Bischöfe bitten. Eduard Schwartz hat die Bedeutung dieses Schrittes betont: «Zum ersten Male in der Kirchengeschichte erscheint die vom Kaiser zu berufende Synode als oberste Instanz: es ist das Vorspiel des nicaenischen Konzils, ja der oekumenischen überhaupt» («Kaiser Constantin und die christliche Kirche», Leipzig 1936², 78). Konstantin entsprach dieser Bitte und übertrug die Vorbereitung der Beratungen dem Bischof von Rom, Miltiades. Synoden in Rom (Oktober 313 n.Chr.) und Arles (August 314 n.Chr.) hatten sich deshalb mit dem Konflikt zu befassen. Zu einer Einigung konnte es nicht kommen, weil die gallischen und italischen Bischöfe eindeutig für Caecilian Partei ergriffen und den Nachfolger des Maiorinus, Donatus, der mehr und mehr in den Vordergrund getreten war, wegen dessen Behandlung der *lapsi* aus ihrer Gemeinschaft ausschlossen.

Der Konflikt spitzte sich dann vor allem deswegen zu, weil die Gegner Caecilians in Donatus über einen passionierten Agitator und konsequenten Anführer verfügten, der die Positionen seiner Anhänger durch eine vielseitige literarische Produktion klärte und vertiefte. Nach Donatus, der die theologischen Auffassungen Cyprians weithin teilte, wurden die Parteigänger dieses Schismas als *Donatiani* oder *Donatistae* bezeichnet, die ihrerseits alle übrigen Christen als Ketzer einstuften. Auch persönliche Vermittlungsversuche Konstantins, an den die Donatisten nach den für sie enttäuschenden Resultaten der Synode von Arles persönlich appelliert hatten, fruchteten nichts. In einem Schreiben an den *Vicarius* von *Africa,* Celsus, drohte Konstantin zu Anfang des Jahres 316 n. Chr. seine persönliche Intervention in Afrika an: «Dann werde ich dem Caecilian und seinen Gegnern durch ein ganz deutliches Urteil zeigen, welche und was für eine Verehrung der höchsten Gottheit zukommt und welche Art Gottesdienst ihr Freude macht. Auch werde ich durch sorgfältige Untersuchung vollständig erfahren und ans Licht bringen, was jetzt diese törichten, unwissenden Menschen verbergen zu können meinen. Die Leute aber, die diese Dinge ins Werk setzen und bewirken, daß dem höchsten Gott nicht mit der ihm gebührenden Verehrung gedient wird, werde ich vernichten und zerschmettern.

Es ist ja vollständig klar, daß niemand die Märtyrerseligkeit auf eine Weise verdienen kann, die der religiösen Wahrheit fremd und unangemessen ist. Daher werde ich diejenigen unverzüglich den Lohn für ihren Wahnsinn und ihre freche Halsstarrigkeit finden lassen, in denen ich Gegner des göttlichen Rechts und der Religion selbst erkenne und die ich der Schuld des Religionsfrevels überführe. Ich werde dafür sorgen, daß sie wissen, was sie zum vollständigen Glauben haben müssen, und rufe das Heil als Zeugen an, daß ich über Volk und Kleriker, die die ersten sind, genauestens die Untersuchung führen und so richten will, wie es als wahrhaftig und fromm offenbar ist, und ich werde diesen Menschen zeigen, welcher und was für ein Kult der Gottheit darzubringen ist. Denn ich glaube, mich mit der schwersten Schuld zu beladen, wenn ich Unrecht für übersehbar halte. Was habe ich denn nach meinem Principat Wichtigeres zu tun, als alle Irrtümer zu zerstören, alle Verwegenheiten zu beseitigen und dafür zu sorgen, daß alle die wahre Religion, einträchtige Einfalt und gebührende Ehrung dem allmächtigen Gott darbringen?» (Optatus von Mileve, «Wider den Donatisten Parmenian», Anhang 7 – Übersetzung nach H. Kraft).

Konstantins Brief an Celsus weist erstaunliche Elemente auf. Der Kaiser beansprucht hier nichts Geringeres, als Glaubensautorität zu sein, die *vera religio* bestimmen sowie die richtigen Formen der *veneratio* und des *cultus* feststellen zu können. Mit seinem Vorgehen gegen *insania* und *obstinatio*, Vorwürfen, die einst zur Zeit der Christenprozesse gegen die Christen insgesamt erhoben wurden, greift er altrömische Traditionen und Vorstellungen auf; im Grunde teilt er die prinzipiellen Auffassungen Diokletians, gewandelt hatte sich lediglich die Bestimmung dessen, was die wahre Religion sei. Zugleich hatte Konstantin den Konflikt auf die Spitze getrieben. Angesichts der innenpolitischen Entwicklung auf dem Balkan konnte er zwar nicht nach Afrika reisen, doch die römischen Behörden Nordafrikas setzten nun ihre Machtmittel gegen die Donatisten ein, nachdem es zu weiteren Tumulten gekommen war. Donatistische Kirchen wurden geschlossen, Bischöfe verbannt, Gruppen von donatistischen Gläubigen durch Militär auseinandergetrieben, Märtyrer geschaffen, die der Bewegung neuen Auftrieb gaben. Zum erstenmal wurde hier das Instrument der Verfolgung von Seiten des römischen Staates im Namen der katholischen Kirche angewandt – im übrigen ohne jeden Erfolg.

Konstantins Kurswechsel wurde im Jahre 321 n. Chr. durch den bevorstehenden Entscheidungskampf mit Licinius erzwungen. Unvermittelt entschloß er sich zur Toleranz gegenüber der donatistischen Kirche und selbst dazu, die verbannten Bischöfe zurückkehren zu lassen. In einem Schreiben an alle Bischöfe Afrikas und an das Volk der katholischen Kirche wurde der neue Kurs so begründet: «Was Glaube schuldete, was Klugheit vermochte und Reinheit konnte, das habe ich, wie ihr wohl wißt, in all meinem Dienst an der Menschlichkeit und Mäßigung versucht. Dadurch sollte nach den Lehren unseres Gesetzes der Friede heiligster Brüderlichkeit, dessen Gnade der höchste Gott in die Herzen seiner Knechte gegeben hat, beständig durch die Eintracht [aller] gewahrt bleiben. Aber weil unsre Absicht nicht die Kraft des in einiger Köpfe eingedrungenen und zäh haftenden Verbrechens bezwingen konnte, die ihre Bosheit bis jetzt mit Erfolg verteidigten und sich durchaus nicht entwinden ließen, worin sie mit Freuden sündigten, müssen wir, da die ganze Sache nur auf wenigen beruht, auf das Volk achten, daß es durch die Barmherzigkeit des allmächtigen Gottes davon abgebracht werde. Denn von ihm müssen wir darum Heilung erhoffen, weil alle guten Wünsche und Taten vergolten werden.

Derweil aber die himmlische Heilung voranschreitet, müssen wir all unsere Pläne danach einrichten, daß wir Geduld üben und all das mit der Tugend der Ruhe ertragen, was ihr Übermut, ihrer gewohnten Zügellosigkeit entsprechend, versucht oder anstellt. Kein Unrecht soll erwidert werden; Toren nehmen die Rache, die wir für Gott aufheben müssen, mit ihren eigenen Händen, zumal unser Glaube darauf vertrauen kann, daß mit dem Wert des Martyriums bei Gott gilt, was von der Wut dieser Menschen erduldet wird. Denn was heißt sonst in dieser Welt im Namen Gottes siegen, als die zügellosen Angriffe der Menschen, die das Volk des ruhigen Gesetzes herausfordern, mit standhaftem Herzen zu ertragen. Wenn eure Reinheit das beachtet, so werdet ihr bald durch die Gnade der höchsten Gottheit erkennen, daß deren Einrichtungen und Sitten erschlaffen, die sich zu Bannerträgern des erbärmlichen Streites machen. Alle sollen wissen, daß sie nicht durch die Verführung weniger zu ewigem Tod verderben müssen, statt durch die Gnade der Buße ihre Fehler zu bessern, und stets zum ewigen Leben eingehen können» (Optatus von Mileve, a. O., Anhang 9 – Übersetzung von H. Kraft).

Allein die Einrichtung und Sitten der Donatisten erschlafften keineswegs. Noch im Jahre 330 n. Chr. mußte Konstantin es hinnehmen, daß die Donatisten die von ihm selbst gestiftete Basilika in Constantina, der Hauptstadt Numidiens, in Besitz genommen hatten, und die katholischen Bischöfe Numidiens damit trösten, daß er ihnen eine noch prächtigere neue Basilika erbauen lassen wolle. Aus ihrem Triumph über ihre Gegner wie über den römischen Staat gewannen die Donatisten eine lange nicht versiegende Tradition. Es ist kein Zufall, daß später gerade in ihren Reihen die Eingriffe des Kaisers in die kirchlichen Fragen am schroffsten abgelehnt wurden, so wie dies in der stolzen Frage des Donatus verdichtet wurde: «Was hat der Kaiser mit der Kirche zu schaffen?» Die Bewegung der Donatisten hielt sich nicht zuletzt aber auch deshalb, weil in sie alte nordafrikanische Traditionen eingeflossen waren und weil sich später mit ihr auch die radikalen sozialrevolutionären Gruppen der Circumcellionen verbanden. Es gelang auch Augustin nicht, die Bewegung wieder zu integrieren; der Donatismus überlebte selbst die Verfolgung der Vandalen und erlosch erst nach der Eroberung Nordafrikas durch den Islam.

Weniger spektakulär als die Eingriffe in den Donatistenstreit war eine ganze Reihe von Einzelmaßnahmen, durch die Konstantin die christliche Kirche förderte und stärkte. So erkannte er beispielsweise die in der Praxis seit langem bestehende Schiedsgerichtsbarkeit der Bischöfe an und erlaubte testamentarische Verfügungen zugunsten der Kirche. Die Freilassung von Sklaven in Form der *manumissio* erklärte er auch dann für rechtens, wenn sie in der Gegenwart eines Bischofs in einer Kirche stattfand. Diese christenfreundliche Politik Konstantins wurde schließlich in der Auseinandersetzung mit Licinius neu belebt. Ohne Zweifel sah der Kaiser im Ausgang des Kampfes ein Gottesgericht.

Den geistigen und religiösen Hintergrund von Konstantins innerer Entwicklung lassen vor allem die damals publizierten Werke von Laktanz und Euseb erkennen. L. Caelius Firmianus Lactantius war um 260 n. Chr. in Nordafrika geboren und etwa 30 Jahre später von Diokletian als Rhetor nach Nikomedia geholt worden, wo er möglicherweise auch mit Konstantin in Berührung kam. Zu Beginn des 4. Jahrhunderts n. Chr. zum Christentum übergetreten, gab Laktanz seine Funktion als Rhetor auf, um sich einer ausgedehnten literarischen Produktion widmen zu können, aus der er um 313 n. Chr. zum Erzieher des ältesten Konstantinssohnes Crispus nach Trier berufen wurde. Auf Grund seiner hohen stilistischen Qualitäten später als *Cicero christianus* bezeichnet, verstand es Laktanz, altrömische und spätantike, teilweise von der philosophischen Gnosis beeinflußte Vorstellungen mit genuin christlichen, aber auch alttestamentarischen Wertungen zu verbinden.

In der berühmten, um 316 n. Chr. verfaßten Monographie über die Todesarten der Verfolger («*De mortibus persecutorum*») stellte er die Geschichte der Christenverfolgungen unter dem Aspekt des Gottesgerichtes über die Verfolger dar, ein «Tractat von ganz unheimlichem Fanatismus», wie Jacob Burckhardt befand. Das schon vorher entstandene und Konstantin gewidmete, theologische Hauptwerk des Laktanz, die sieben Bücher der *«Divinae Institutiones»*, wollte dagegen den gebildeten Römern in apologetischer Form Lehre und moralische Qualitäten des Christentums vermitteln.

Euseb (um 260–340 n. Chr.) hatte seine Jugend in Palästina zugebracht, die stärksten geistigen und religiösen Eindrücke von dem Presbyter Pamphilos in Caesarea erhalten, zwischen 303 und 311 n. Chr. dann die Christenverfolgungen in Caesarea, Tyros und in Ägypten, insbesondere in der Thebais, als Augenzeuge miterlebt. Dieses erste Jahrzehnt des 4. Jahrhunderts n. Chr. wurde zugleich zur Zeit seiner wichtigsten literarischen Tätigkeit. Damals verfaßte er sowohl seine Weltchronik als auch seine Kirchengeschichte. Die zunächst in griechischer Sprache geschriebene Weltchronik setzte mit Abraham (2016/2015 v. Chr. datiert) ein und erstreckte sich schließlich bis zum Jahr 325 n. Chr. Neben der vollständig erhaltenen armenischen Fassung steht eine lateinische, die von Hieronymus bis zum Jahr 378 n. Chr. ergänzt und damit zur Grundlage der mittelalterlichen Chroniken wurde.

Für seine «Kirchengeschichte» hatte Euseb schon zur Zeit der diokletianischen Verfolgung Materialien gesammelt, eine erste Fassung wohl bereits 303 n. Chr. fertiggestellt, die endgültige dann jedoch erst 324 n. Chr. abgeschlossen. In diesem Werk faßte Euseb die Entwicklung der einzelnen christlichen Gruppen zu einer neuen historischen Formation zusammen und schuf durch die Integration vieler Primärquellen, wie Briefe, Erlasse und andere Dokumente, zugleich die spezifische neue Methode der Kirchengeschichtsschreibung. Trat hier die Rhetorik zurück, so sollte sie in der nach dem Tode Konstantins gestalteten *«Vita Constantini»* den Kaiser in geradezu exzessiver Weise idealisieren und nach christlichem Geschichtsverständnis selbst in das Heilsgeschehen einordnen.

Im Zuge seiner Hinwendung zum Christentum wurde Konstantin im übrigen auch zum ersten römischen Kaiser, der die antijüdische Einstellung des Christentums aus religiöser Überzeugung teilte und der daraus Konsequenzen zog: Das zuletzt nur lässig gehandhabte Verbot, das den Juden das Betreten Jerusalems – mit Ausnahme eines Tages im Jahr – untersagte, wurde von Konstantin erneut eingeschärft. Vor allem aber wollte der Kaiser die Sklaverei in den jüdischen Haushalten neu ordnen. Ein von Juden beschnittener Sklave, gleichgültig ob Christ oder Altgläubiger, war freizulassen. Den Juden wurde generell verboten, Christen als Sklaven zu halten, weil es nicht recht wäre, «daß die Prophetenmörder und Herrentöter die vom Erlöser Geretteten im Joch der Knechtschaft halten» (Euseb, *«Vita Constantini»* 4,27 – Übersetzung von J. Vogt). Andererseits blieb das Judentum jedoch nach wie vor eine *religio licita*; nach vorübergehender Einschränkung wurden die Vorsteher der Synagogen und die jüdischen Kultusbeamten erneut privilegiert.

Die Einbeziehung des ganzen Ostens in seinen Machtbereich brachte für Konstantin eine Fülle neuer Probleme, denn gerade im Ostteil des Imperiums wirkte die Kirche in jenen Jahren uneinheitlicher denn je. Die Bischofsgemeinden waren dort relativ unabhängig, und die Mutterkirchen schufen in den von ihnen gegründeten Zellen ein sich vielfältig überlagerndes Netz, in das die großen traditionellen Metropolen Alexandria und Antiochia nun ihrerseits wieder eingriffen. Vor allem aber waren im Osten seit Jahrzehnten intensive Bemühungen im Gange, eine an griechischer Philosophie geschulte, christliche Theologie zu begründen, und gerade von dieser Seite her sollten die stärksten Reibungen entstehen.

Wie in Nordafrika im Donatistenstreit, so hatte auch in Ägypten das Problem der *lapsi* zu einer Sektenbildung, jener der Melitianer, geführt, doch für die Rangordnung der Probleme im Osten ist es bezeichnend, daß diese Frage hinter der theologisch schwerwiegenderen des Logosproblems völlig zurücktrat. Für die Kirche ging es dabei, stark verallgemeinert und vereinfacht, um die Aufgabe, einerseits den christlichen Monotheismus zu bewahren und andererseits die Verschiedenheit von Gott Vater und Sohn befriedigend und allgemeinverbindlich zu erklären. Dieser ganze Fragenkreis wurde in Alexandria nach dem Tode des Origenes ebenso lebhaft erörtert wie in Antiochia und hatte dabei in den beiden großen christlichen Schulen des Nahen Ostens eine völlig verschiedene Auslegung gefunden. Während die alexandrinische Schule, wiederum stark vereinfacht, Gott Vater und Sohn relativ eng aneinandergerückt hatte – Vater und Sohn unterschieden sich nach dieser Auffassung lediglich dadurch, daß der Sohn vom Vater gezeugt war –, vertrat der Presbyter Arius unter dem Einfluß von Anregungen aus Antiochia die Auffassung, daß Vater und Sohn erheblich voneinander verschieden seien. Nach Arius war Gott Vater, und eben nur er, ein ewiger und allumfassender, unendlich überlegener Gott, ein Gott, der so beschaffen gar nicht in Berührung mit dem Irdischen kommen konnte. Als sein Werkzeug sowohl zur Erschaffung als auch zur Erlösung der Welt, als Schöpfungsmittler, habe er darum den Sohn geschaffen, und erst dieser habe deshalb auch Mensch werden können. Konsequent zu Ende gedacht, war dieser Sohn daher ein erst gewordener und nur abgeleiteter Gott.

Nach Lage der Dinge mußte Arius gerade in Alexandria den stärksten Widerspruch finden. Er wurde bald von Alexander, dem Bischof der Stadt, exkommuniziert. Eine in Alexandria tagende Synode der ägyptischen Bischöfe bekräftigte dieses Urteil, Arius wandte sich daraufhin nach Norden, wo er bei befreundeten Bischöfen, insbesondere bei Euseb von Nikomedia und Euseb von Caesarea, dem Kirchenhistoriker, Zustimmung fand. Die Auseinandersetzung ergriff nun den ganzen Osten des Imperiums. Als Licinius niedergeworfen war, schaltete sich Konstantin auch in diesen Streit ein. In zwei Briefen wandte er sich an die beiden führenden Persönlichkeiten der Parteien, an Arius und Alexander, und war überzeugt, den Konflikt durch seinen persönlichen Appell beenden zu können. Ziel seines Eingreifens war die Einheit der christlichen Kirche, denn nach Konstantins Auffassung wäre diese Einheit auch von Vorteil für die Gestaltung des Römischen Reiches.

Konstantins Brief an Arius und Alexander ist teilweise von einer entwaffnenden Naivität. Nach der Beschreibung seiner Absichten und seines Verhaltens im Donatistenstreit trug er vor, wie sich der Konflikt im Osten in seiner Sicht ausnahm: «Wie ich erfahre, hatte die gegenwärtige Frage folgende Entstehung: Du, Alexander, hast deine Presbyter gefragt, was jeder von ihnen über eine im Gesetz geschriebene Stelle, vielmehr über eine überflüssige Seite einer gewissen Frage, denke. Darauf hast Du, Arius, unüberlegt etwas geantwortet, was Dir entweder von Anfang an nicht hätte in den Kopf kommen dürfen, oder, wenn geschehen, durch Schweigen hätte übergangen werden müssen. Infolgedessen wurde unter euch die Zwietracht erweckt, die Gemeinschaft verleugnet, das heilige Volk in zwei Teile gespalten und aus der Eintracht des gemeinsamen Leibes herausgerissen. Darum soll jeder von Euch in gleicher Weise dem andern Verzeihung gewähren und das tun, was euer Mitknecht mit vollem Recht rät. Was ist das aber?

Man hätte von Anfang an weder über solche Dinge Fragen stellen, noch auf die Fragen Antwort geben sollen. Denn diese Fragen schreibt nicht der Zwang irgendeines Gesetzes vor, sondern die Streitsucht wirft sie aus unnützer Faulheit auf. Wenn sie auch der philosophischen Übung wegen gestellt werden dürfen, so müssen wir sie doch in unsern Verstand einschließen und sie nicht leichtsinnig in die öffentlichen Versammlungen tragen oder den Ohren des Volkes anvertrauen. Denn wie wenige gibt es, die imstande sind, die Tragweite so bedeutender und überaus schwerer Fragen genau zu übersehen und sie auf angemessene Weise auszulegen. Und wenn man wirklich von einem glauben könnte, er bringe das leicht fertig – wie klein ist der Teil des Volkes, den er überzeugen kann! Und wer könnte sich mit der Genauigkeit solcher Fragen auseinandersetzen, ohne in die Gefahr zu kommen, auszugleiten. Man soll also bei solchen Gelegenheiten die Geschwätzigkeit in Zaum halten, sei es, weil wir aus Unfähigkeit unserer Natur den aufgestellten Satz nicht auslegen können, sei es, weil die geringere Fassungskraft unserer Zuhörer nicht zu einem genauen Verständnis unserer Worte gelangt, und aus beiden Gründen dann das Volk notwendig sich spaltet oder lästert.

Darum sollen die unbedachte Frage und die unüberlegte Antwort einander gegenseitig verzeihen. Denn der Anlaß, aus dem der Streit entbrannt ist, betrifft ja nicht die Hauptsache dessen, was im Gesetz geboten ist. Es hat auch keiner eine neue Irrlehre eingeführt. Nein, ihr habt einunddieselbe Überzeugung und könntet daher auch wieder zu einträchtiger Gesinnung zusammenfinden. Denn es ist für unrecht und ungehörig zu halten, daß durch euern Streit über eine ganz unbedeutende Kleinigkeit das Volk Gottes in Uneinigkeit gerät, das unter eurer Leitung zur Ordnung angehalten werden sollte.» Der Kaiser verweist dann auf das Beispiel der Philosophen, die sich trotz dissentierender Ansichten im Einzelnen in einer Lehre vereinigen und er schließt dann seinen Appell zur Gemeinschaft folgendermaßen ab:

«Das sage ich nicht, um euch zu zwingen, in dieser einfältigen Frage – wie immer sie lauten mag – stets derselben Meinung zu sein. Die kostbare Gemeinsamkeit unter Euch kann ohne Falsch erhalten und die Gemeinschaft in jeder Hinsicht bewahrt bleiben, wenn auch eine – ja höchstens nur teilweise – Meinungsverschiedenheit über ganz geringfügige Dinge entsteht. Wir wollen nun einmal nicht alle in allem dasselbe, noch herrscht in uns eine Natur oder Ansicht. Über die göttliche Vorsehung aber soll ein Glaube, eine Auffassung, eine gemeinsame Anschauung von Gott unter euch herrschen. Was ihr aber über diese unbedeutenden Fragen untereinander ausklügelt, das muß, auch wenn ihr darin nicht zu einer Ansicht kommt, innerhalb eures Geistes bleiben, verwahrt im Geheimnis des Denkens. Jedoch das Gut der gemeinsamen Freundschaft, der Glaube an die Wahrheit und die Ehrfurcht vor der Religion Gottes und des Gesetzes sollen bei Euch unerschütterlich feststehen. Kehrt zurück zu gegenseitiger Freundschaft und Liebe, zeigt dem gesamten Volk eure herzliche Umarmung wieder, erkennt einander wieder an, nachdem ihr eure Seelen gleichsam gereinigt habt. Oft wird die Freundschaft noch süßer, wenn sie die Versöhnung nach Beseitigung der Feindschaft wieder zustande bringt.

Gebt mir die heitern Tage und die sorglosen Nächte wieder, daß auch für mich die Freude an der Reinheit des Lichts und das Glück eines ruhigen Lebens erhalten bleibt...» (Euseb, *«Vita Constantini»* 2,69 ff. – Übersetzung von H. Kraft).

Doch alle diese beschwörenden Appelle waren vergebens. Nachdem in der Sache selbst der erste Einigungsversuch Konstantins gescheitert war und eine weitere Synode in Antiochia sich auf die Seite Alexanders gestellt hatte, griff der Kaiser erneut ein und ließ für den Sommer 325 n. Chr. eine Synode von Bischöfen des ganzen Reiches einberufen. Als Tagungsort wurde Nicaea gewählt, das Konstantin von seiner damaligen Residenz Nikomedia aus leicht erreichen konnte, und im kaiserlichen Palast von Nicaea kamen so im Mai 325 n. Chr. etwa 250 Bischöfe aus allen Provinzen des Reiches, die Mehrzahl aus dem Osten, zusammen. Der Kaiser selbst eröffnete die Synode in feierlicher Form, er führte zwar nicht den Vorsitz, griff jedoch immer wieder in die Diskussionen ein; nach Eusebs Aussage hat er auch die Bischöfe zur Annahme des entscheidenden Wortes veranlaßt.

Während man sich auf der Synode von Nicaea in der Ablehnung der Auffassungen des Arius verhältnismäßig rasch einigen konnte, mündete die Formulierung eines gemeinsamen Glaubensbekenntnisses, des Symbolums, zunächst in erheblichen Schwierigkeiten der Definition. Da man jeden Gedanken an eine Auflösung der eindeutig monotheistischen Konzeption des Christentums verhindern wollte, definierte man das Verhältnis des Sohnes zum Vater so, daß der Sohn «aus dem Wesen des Vaters kommend, gezeugt, nicht geschaffen und wesenseins mit dem Vater» sei. Das entscheidende Wort ist damit das mit wesenseins übersetzte ὁμοούσιος *(homooúsios)*, das im Westen des Römischen Reiches als *consubstantialis* geläufig war. Der Begriff des ὁμοούσιος war nun, darin lag seine Bedeutung, für die Anhänger Alexanders gerade noch eindeutig genug, für nicht wenige der anderen Bischöfe aber immer noch so dehnbar, daß man sich auf ihn einigen konnte. So etwa auch für Euseb von Caesarea, der damit konform ging, nicht jedoch für Arius und zwei weitere Bischöfe. Diese wurden exkommuniziert und verbannt.

Das Glaubensbekenntnis von Nicaea, die Formel, auf die man sich einigte, hatte im Zusammenhang den folgenden Wortlaut: «Wir glauben an einen Gott, den allmächtigen Vater, den Schöpfer alles Sichtbaren und Unsichtbaren, und an einen Herrn Jesum Christum, den Sohn Gottes, der geboren ist aus dem Vater als der Eingeborene, das heißt aus dem Wesen des Vaters, Gott aus Gott, Licht aus Licht, wahrhaftiger Gott vom wahrhaftigen Gott, geboren, nicht geschaffen, wesenseins mit dem Vater, durch den alles geschaffen ist, was im Himmel und auf Erden ist, der um unser, der Menschen, und um unseres Heiles willen herabkam und Fleisch und Mensch wurde, litt und am dritten Tage auferstand, gen Himmel fuhr und kommen wird, zu richten Lebende und Tote, und an den Heiligen Geist.

Die aber, welche sagen, ‹Es gab eine Zeit, da er nicht war›, und ‹Bevor er erzeugt wurde, war er nicht›, und ‹Aus Nichtseiendem wurde er geschaffen› und die behaupten, entweder ‹aus einer andern Wesenheit› oder ‹geschaffen› oder ‹wandelbar› oder ‹veränderlich› sei der Sohn Gottes – die verwirft die katholische Kirche.»

Der Streit um Arius war nicht das einzige Tractandum dieser Synode. Sie hat daneben auch feste Grundzüge für eine neue innerkirchliche Organisation entwickelt. An die Stelle der alten sich überlagernden Netze von Mutterkirchen und Neugründungen trat nun ein Aufbau, der sich eng an die politischen Einheiten der Provinzen anschloß. Die Synode der Bischöfe einer Provinz hatte fortan das Recht, Bischöfe zu wählen und bischöfliche Urteile zu überprüfen. Besonders herausgehoben wurde die Position des Bischofs der Hauptstadt der Provinz. Er erhielt die Befugnis, eine Bischofswahl zu bestätigen oder abzulehnen. Ausnahmen von dieser Neuordnung bildeten nur die Bischöfe von Alexandria, Antiochia und Rom, die ihre alten Sonderrechte und ihren historischen Einfluß innerhalb der betreffenden Länder behielten.

Als weiterer Punkt ist die Fixierung des Osterfestes zu nennen, das bis zu diesem Zeitpunkt noch nach verschiedenen Berechnungen gefeiert wurde.

Hier folgte man dem in Alexandria und Rom gewohnten Termin. Auch beim Abschluß der Synode wurde die enge Verflechtung weltlicher Macht und kirchlicher Autorität, die für Nicaea so typisch ist, erneut offenbar. Konstantin lud die Bischöfe zum Beginn seines zwanzigjährigen Regierungsjubiläums ein; er selbst – der nicht Getaufte – schloß die Synode mit einer väterlichen Ermahnung, und er überließ die Verbreitung der erzielten Resultate nicht nur dem kirchlichen Instanzenweg, sondern teilte in eigenen Schreiben an die Gemeinden, besonders des Ostens, die ihm am wichtigsten erscheinenden Punkte mit.

Der Streit mit Arius selbst nahm nach Nicaea einen wechselvollen und überraschenden Verlauf. Wiederum lösten Härte und Nachgiebigkeit einander ab. Noch im Jahre 326 n. Chr. wurden Bischöfe, die Anhänger des Arius bei sich aufnahmen, abgesetzt und verbannt und im sogenannten Häretikeredikt ein Versammlungsverbot für die Arianer erlassen und die Konfiskation ihrer Güter dekretiert: «Erkennt nun durch dieses Gesetz, ihr Novatianer, Valentinianer, Markioniten, Paulianer, ihr, die ihr nach den Phrygern zubenannt seid, kurz alle, die durch ihre besonderen Versammlungen die Sekten bilden, in welche Lügen eure Torheit sich verstrickt hat und mit welch tödlichem Gift eure Lehre durchtränkt ist, so daß durch euch die Gesunden zur Krankheit, die Lebenden zum ewigen Tod gebracht werden... Doch was soll ich einzelnes aufzählen, da weder die Kürze der Zeit noch unsere Geschäfte es uns erlauben, nur irgend angemessen über eure Frevel zu reden?... Was sollen wir also länger solche Frevel dulden? Unsere lange Nachsicht bewirkt ja nur, daß auch die Gesunden wie von einer pestartigen Krankheit befallen werden. Warum also nicht durch öffentlich bewiesene Strenge so rasch wie möglich dieses große Übel sozusagen mit den Wurzeln ausrotten?

In diesem Sinne schreiben wir durch dieses Gesetz vor, daß keiner von euch hinfort wage, Zusammenkünfte zu veranstalten. Darum haben wir auch Befehl gegeben, alle eure Häuser, in denen ihr diese Zusammenkünfte veranstaltet, zu beschlagnahmen; ja, unsere Sorge geht so weit, daß nicht nur nicht öffentlich, sondern auch nicht einmal in einem Privathaus oder an Privatorten Versammlungen eures abergläubischen Wahns abgehalten werden dürfen... Gänzlich verbannt sei aus den glücklichen Zeiten unserer Regierung der Trug eurer verkehrten Lehre, ich meine die fluchwürdige und verderbliche Zwietracht der Häretiker und Schismatiker» (Euseb, «*Vita Constantini*» 3,64f. – Übersetzung von A. M. Ritter).

Das Häretikeredikt des Jahres 326 n. Chr. dokumentiert, daß die römischen Kaiser, die in die theologischen Streitfragen verstrickt wurden, schon jetzt ihre Einigungsbemühungen mit dem energischen und künftig immer weiter eskalierenden Vorgehen gegen die Häretiker verbanden. Dieser Weg mußte notwendig zum vollen Einsatz staatlicher Gewalt unter Theodosius dem Großen führen.

Konstantin wandte sich 326 n. Chr. nochmals in einem Brief an Arius, und schon ein Jahr später wurde eine Versöhnung mit Arius zustande gebracht. Man hat vermutet, daß dieser offensichtliche Wandel in der Gesinnung des Kaisers durch den Einfluß seiner Umgebung, insbesondere seiner Schwester Constantia, vor allem jedoch durch den Einfluß des in dieser Phase zu immer größerer Bedeutung aufsteigenden Hofbischofs Euseb von Nikomedia zu erklären ist. Denn auch dieses Phänomen wurde nun für die Funktion des Kaiserhofs bedeutsam, daß auch die geistliche Umgebung des Herrschers in starkem Maße auf die Kirchenpolitik einwirkte, und gerade um das Jahr 326/327 n. Chr. vollzog sich ein sehr wichtiger Wechsel: Der seitherige Berater Konstantins in Glaubensfragen, der Bischof Ossius von Córdoba, trat in den Hintergrund, im folgenden Jahrzehnt dominierte der Einfluß des Euseb von Nikomedia.

Mit der Unterwerfung des Arius begannen sich die Fronten zu verschieben. Waren bisher die Arianer die Störenfriede der kirchlichen Ordnung, so wurde es in Zukunft der große geistige Opponent des Arius, Athanasius, der 328 n. Chr., nach dem Tode des Bischofs Alexander von Alexandria, dessen Nachfolger wurde. Die Dinge spitzten sich hier deswegen so rasch zu, weil nach der Versöhnung des Arius mit Konstantin der Kaiser konsequenterweise auch dessen Wiedereinsetzung in Alexandria gestatten mußte. Für die Gegenpartei, speziell für Athanasius, verbanden sich mit den abstrakten theologischen Streitpunkten sehr realistische lokale Prestigefragen. Wenn es hier nicht mehr zu Kompromissen kommen konnte, so lag dies in erster Linie an der Gestalt des Athanasius selbst, eines Mannes, den J. Burckhardt sehr treffend als den ersten ganz konsequent durchgebildeten von den Hierarchencharakteren der mittelalterlichen Kirche bezeichnet hat.

Im Alter von etwa 35 Jahren zum Metropoliten von Alexandria gewählt, war Athanasius eine faszinierende Gestalt, ein Mann, der auf seine Gemeinde und seine Anhänger ebenso großen Einfluß hatte wie auf die damals in Erscheinung tretenden ersten Einsiedler und Mönche. Als «wissenschaftlich hervorragenden Menschen, der gelegentlich auch das Zukünftige vorausgesagt haben soll,» charakterisierte ihn der jenseits der Parteien stehende Ammianus Marcellinus. Aber dieser asketische und temperamentvolle Mann, der seine Sache mit Vehemenz und Starrheit zugleich verteidigte, provozierte immer wieder Unruhen und war Zeit seines Lebens Mittelpunkt von Wirren und Auseinandersetzungen, die schließlich das ganze Reich erfüllten. Denn sein Kampf für die Orthodoxie war identisch mit jenem für seine Macht, und der durch Konstantin bewirkte enge Kontakt zwischen Kirche und Staat hatte zur Folge, daß die theologischen Streitigkeiten zu einer Angelegenheit der inneren Politik des Reiches wurden.

Athanasius ist auch aus einem anderen Grunde bedeutsam geworden. Nach der Mitte des Jahrhunderts verfaßte er eine Biographie des großen Einsiedlers und Heiligen Antonius, die zum Vorbild der griechischen und lateinischen Hagiographie werden sollte. In ihr vereinigte Athanasius in der Weiterentwicklung eines antiken *genos* die mit starken und drastischen volkstümlichen Bildern durchsetzte Gestaltung eines weltabgewandten Philosophen und Heiligen mit den christlichen Geboten. Die bald ins Lateinische übersetzte Vita hat den Einfluß des Athanasius auf die Mönche, aber auch andere Kreise entscheidend verstärkt und vor allem im Westen bedeutend erweitert. Nach A. von Harnack trägt sie freilich auch die Hauptschuld «an dem Einzug der Dämonen, Mirakel und alles Spukes in die Kirche».

In theologischer Hinsicht wurde die Auseinandersetzung mit Arius von dem von Haus aus keineswegs philosophisch interessierten und disponierten Athanasius weiter verfestigt und vertieft. Gegenüber den stärker abstufenden Vorstellungen des Arius hielt Athanasius gerade an der gemeinsamen göttlichen Wesenheit von Gott Vater und Sohn fest.

Rein äußerlich hat Athanasius kompromißlos den Inhalt des Nicaenum verteidigt, durch ihn gewann der Begriff des *homooúsios* als Bezeichnung für die Identität der göttlichen Substanz seinen eindeutigen Gehalt. Man muß dazu Athanasius selbst hören: «Die Dreiheit ist nicht geworden, sondern eine ewige und einzige Gottheit ist in der Dreiheit, und nur Eine Herrlichkeit der heiligen Dreiheit gibt es. Und ihr erkühnt euch, sie in verschiedene Naturen zu spalten. Während der Vater ewig ist, sagt Ihr von dem, der neben ihm sitzt, vom Wort, daß einmal eine Zeit war, da es nicht war, und während der Sohn neben dem Vater sitzt, nehmt Ihr euch den Mut, ihn vom Vater zu trennen. Die Dreiheit ist bildend und schaffend tätig, und Ihr nehmt keinen Anstand, sie zu den Dingen aus dem Nichts herabzuwürdigen; ihr schämt euch nicht, den Sklavenstand dem Adel der Dreiheit gleichzusetzen und den König, den Herrn der Heerscharen, den Untertanen an die Seite zu stellen... Wer den Sohn entehrt, entehrt den Vater. Der Christen Glaube aber kennt nur eine unveränderliche, vollkommene und immer sich gleichbleibende selige Dreiheit und setzt dieser weder ein Mehr hinzu, noch auch nimmt er an, daß sie jemals mangelhaft gewesen sei. Beides nämlich ist gottlos. Deshalb erkennt er auch, daß sie sich mit den gewordenen Dingen nicht vermischt habe, und betet die untrennbare Einheit ihrer Gottheit an, an der er festhält, flieht die Lästerungen der Arianer und bekennt und weiß, daß der Sohn ewig ist. Denn er ist ewig wie der Vater, dessen ewiges Wort er auch ist...» (1. Rede gegen die Arianer, c. 18 – Übersetzung von A. Stegmann).

Zunächst freilich ging es in den Kämpfen des Athanasius um ganz andere Dinge, zunächst stand die Klärung der Front gegen die Arianer noch im Hintergrund. Athanasius hatte sich zuerst gegen Beschuldigungen der Sekte der Melitianer zu wehren und konnte sich hierbei überzeugend durchsetzen. Schon in jenen Jahren unmittelbar nach der Synode von Nicaea wurden jedoch die Eingriffe des Kaisers in innerkirchliche Belange immer fühlbarer, etwa in der Frage der Besetzung von Bischofsstühlen. Aber auch die

Repräsentanten der Kirche, die sahen, daß sie beim Kaiser stets ein offenes Ohr für ihre Probleme fanden, gingen in immer größerem Ausmaß dazu über, ihn in innerkirchliche Reibungen hineinzuziehen, in so ungewöhnlicher Weise, daß eine in Antiochia tagende Synode diese Methode ausdrücklich untersagte.

Gegen Ende der Regierung Konstantins begannen sich die Vorwürfe der arianischen Partei gegen Athanasius zu verdichten. 334 n. Chr. weigerte sich der Bischof von Alexandria, auf einer Synode in Caesarea zu erscheinen, ein Jahr später, 335 n. Chr., kam es auf der Synode von Tyrus zum Bruch. Als Athanasius dort feststellen mußte, daß er sich bei der Mehrheit der anwesenden Bischöfe nicht durchsetzen konnte, reiste er ab, ging nach Konstantinopel, um dort an den Kaiser selbst zu appellieren. Auf die Dauer konnte er sich jedoch nicht halten, die Synode von Tyrus setzte Athanasius ab, und als dann schließlich gegen ihn noch der Vorwurf erhoben wurde, er wolle die Getreideausfuhr aus Ägypten unterbinden, verbannte ihn Konstantin nach Trier. Durch diese Maßnahme wurde auch der ganze Westen des Reiches von der Auseinandersetzung erfaßt, die nun immer größere Kreise zog. Im Osten kam es nun jedoch zu einem scheinbar harmonischen Abschluß. Auf Einladung des Kaisers begab sich die Synode aus Tyrus nach Jerusalem, um dort an der festlichen Einweihung der Grabeskirche teilzunehmen. Zugleich wurde Arius nun auch von dieser Synode in vollem Umfange rehabilitiert.

Beigelegt war der Konflikt freilich nicht; in der Folgezeit wechselten jedoch die bestimmenden Personen ebenso wie die besonders umstrittenen theologischen Probleme. Nach dem Tode des Arius im Jahre 335 n. Chr. wurde zunächst Euseb von Nikomedia der Anführer der «Arianer». Dabei ist zu berücksichtigen, daß mit diesem Begriff während des 4. Jahrhunderts n. Chr. die denkbar verschiedensten Glaubensgruppen bedacht wurden. Eusebs Wirken wurde deshalb so folgenschwer, weil er im Jahre 341 n. Chr. Ulfilas, den ersten Bischof der Goten, ordinierte, so daß dessen Mission beträchtlich zur Ausweitung des Arianismus beitrug.

Später wurden dann Aetius und Eunomius die wichtigsten Gestalten der sogenannten Neuarianer. Nicht weniger entscheidend als die personellen und theologischen Veränderungen sollten während des 4. Jahrhunderts n. Chr. die wiederholten staatlichen Eingriffe in die Glaubensfragen werden, die dann unter Theodosius dem Großen ihren Höhepunkt erreichten. Nachdem das 2. ökumenische Konzil von Konstantinopel im Jahre 381 n. Chr. erneut das Glaubensbekenntnis von Nicaea im Sinne der Orthodoxie für allgemeinverbindlich erklärt hatte, war das Arianertum im *Imperium Romanum* zum Untergang verurteilt. Es hielt sich indessen noch lange Zeit bei den germanischen Stämmen, bei den Langobarden selbst noch im 7. Jahrhundert n. Chr.

Schon dieser flüchtige Ausblick auf die weitere Entwicklung zeigt jene Gefahren auf, die Konstantins Versuch, eine schwerwiegende theologische

Frage durch einen im Wege der Überrumpelung aufgezwungenen, schillernden Begriff aus der Welt zu schaffen, für die Kirche ebenso herauffführte wie für das *Imperium Romanum*. Aus seiner Sicht durfte Konstantin nach Tyrus tatsächlich hoffen, am Ziele zu sein. So bildeten die Feiern aus Anlaß seines dreißigjährigen Regierungsjubiläums, in deren weiteren Rahmen auch die Einweihung der Grabeskirche in Jerusalem gehört, einen Höhepunkt seines Lebens. Dies ist zugleich die Stunde, in der Euseb seine panegyrische Tricennalienrede hielt.

Die Taufe kurz vor dem Tode und die Art und Weise der Beisetzung waren dann die letzten Etappen der eigenwilligen religiösen Entwicklung dieses Kaisers. In der späten Taufe – sie erfolgte in Nikomedia, als Konstantin schwer erkrankt war – drückt sich noch einmal Konstantins sehr persönliches Verhalten gegenüber der christlichen Religion aus. Die Methode, die Taufe möglichst bis an das Lebensende aufzuschieben, war im 4. Jahrhundert n. Chr. bei weiten Kreisen üblich. Sie wurzelt in der Vorstellung, daß durch den Akt dieser Taufe mit Sicherheit alle vorher begangenen Sünden gewissermaßen bereinigt würden. Zu einem Zeitpunkt, da die Bußlehre der christlichen Kirche noch keineswegs voll ausgebildet war, mußte in vielen Gläubigen in einer Art von naiver Schläue das Bedürfnis entstehen, dieses nur ein einzigesmal anwendbare Mittel erst am Ende des Lebens zu gebrauchen. Bei Konstantin kam noch hinzu, daß er als Kaiser immer noch in viele altgläubige Belange verstrickt blieb.

Nachdem Konstantin nur wenige Tage nach seiner Taufe, noch in den weißen Gewändern des Neugetauften, am 22. Mai 337 n. Chr. verstorben war, wurde er nach Konstantinopel überführt und dort in dem bereits vorbereiteten Mausoleum bei der Apostelkirche beigesetzt. Ähnlich wie Augustus hatte auch Konstantin die Art seiner Beisetzung vorherbestimmt. Nach der Beschreibung des Euseb stellte er in dem Mausoleum «als heilige Säulen zwölf Grabmäler auf, der Schar der Apostel zu Ehren und zum Gedächtnis. In die Mitte ließ er seinen eigenen Sarg stellen, auf dessen beiden Seiten je sechs Apostel waren.» Es handelte sich hier demnach zunächst um Gedenkstelen, nicht um Gräber der Apostel selbst, und erst der Sohn des Kaisers, Constantius II., hat dann später einzelne Reliquien von Aposteln und Apostelschülern unter dem Altar der Basilika einfügen lassen. Mit dieser Art der Beisetzung erreichte Konstantin zwei Ziele: Wenn er in der Folgezeit innerhalb der christlichen Kirche den Aposteln gleichgestellt und als «Apostelgleicher» verehrt wurde, so war dies mit eine der konkreten Folgen dieser Bestattung. Zum andern hatte der tote Kaiser teil an den Gebeten und Kultakten für die Apostel selbst.

Innerhalb der christlichen Kirche hatte die Gestalt Konstantins ein sehr verschiedenartiges Schicksal. Nicht nur seine Leistungen für die Kirche, sondern auch die Tatsache, daß er, als eine besondere Gnade, noch im Taufgewand verstorben war, sicherten ihm im Osten des Imperiums die

Anerkennung und Verehrung als Heiliger. Die Kirchen gedachten Konstantins, zusammen mit Helena, alljährlich am 21. Mai. Konstantins Bildnis schmückte das Eingangstor der Hagia Sophia und fand in vielen Ikonen und Altären weiteste Verbreitung. Seit Kaiser Marcian auf dem Konzil von Chalkedon 451 n. Chr. als «Neuer Konstantin» begrüßt wurde, klang die Formel des «Neuer Konstantin» den byzantinischen Herrschern entgegen, war Konstantin für immer mit der Ideologie des byzantinischen Kaisertums verbunden.

Im Westen ist Konstantin dagegen nie in den offiziellen Heiligenkalender der römischen Kirche aufgenommen worden. Nur vereinzelt, dort wo lokale Traditionen an sein Werk anknüpften, fand er kultische Verehrung, in relativ größerem Rahmen in England, wo im Mittelalter die Legende verbreitet war, Konstantin sei als Kind einer einheimischen Adligen zur Welt gekommen. Wesentlich größere Bedeutung sollten im Westen die Vorstellungen von der «Silvestertaufe» und der «Konstantinischen Schenkung» erlangen, Fiktionen, welche die Machtansprüche des mittelalterlichen Papsttums begründen mußten, aber lange Zeit für wahr gehalten wurden. Doch auch im Westen blieb Konstantins Bild präsent, und auch im Westen griff das Kaisertum immer wieder auf das konstantinische Vorbild zurück. Konstantinstatuen erhoben sich vor romanischen Kirchen, im Reiterstandbild Mark Aurels auf dem Kapitol sah man Konstantin dargestellt, auch Karl der Große wurde als «Neuer Konstantin» verehrt, noch Otto III. von einer idealisierten konstantinischen Tradition fasziniert.

Idealisierte Konstantinbilder wurden auch in der europäischen Geschichtsschreibung bis in die Zeit der Aufklärung verbreitet. Dann setzte mit Voltaire eine wesentlich kritischere, primär rational fundierte Bewertungsphase ein, die in J. Burckhardt ihren Höhepunkt erreichte, in einer wichtigen Variante aber auch von Eduard Schwartz vertreten wurde. Seither blieb die Persönlichkeit Konstantins ebenso umstritten wie insbesondere die Frage nach seiner Religion, seinem Christentum und nicht zuletzt nach den Folgen der «Konstantinischen Wende» für Staat und Christentum.

Religion und Politik, persönliche Überzeugungen und Staatsräson waren für die römischen Kaiser des 3. und 4. Jahrhunderts in der Regel identisch, auch für Konstantin. Von einer monotheistischen Grunddisposition aus, über die Hinwendung zu Apollo und Sol, über das Zwischenstadium von auch christlich interpretierbaren Abstracta, wie «das Göttliche», «die Gottheit», «das Allmächtige» oder «die Vorsehung», näherte sich Konstantin immer mehr dem christlichen Gottesbegriff. Gleichzeitig verstand er sich selbst als Diener des Höchsten und Allmächtigen und pochte voll Stolz darauf, daß Gott gerade seinen Dienst in Anspruch genommen und ihn für geeignet gehalten habe, sein Werk zu erfüllen. Als sein großes Ziel sah er die Erneuerung der Welt durch eine religiöse Erneuerung an, die freilich die Einheit und Geschlossenheit des christlichen Glaubens voraussetzte.

Konstantin war von Anfang an von der Kraft und Macht der christlichen Kirche beeindruckt. Er anerkannte die Kirche als religiöse Potenz und als Organisation in vollem Umfang. Er hielt sie zunächst für notwendig für die christliche Religion selbst, so wie ihm die Legende das Wort zuschreibt: «Stell eine Leiter an und klettre allein in den Himmel!» Aber notwendig hielt er sie zugleich für das *Imperium Romanum*: «Constantins staatsmännischer Blick erkannte in der straffen Organisation der Kirche ein bereit daliegendes Werkzeug, das nur ergriffen zu werden brauchte, um seiner Monarchie Untertanen und Helfer zu liefern, die dem Kaiser dienten als dem Mann des göttlichen Ratschlusses» (E. Schwartz, (1904), in: H. Kraft (Hrsg.), «Konstantin der Große», Darmstadt 1974, 131).

Sein Ziel einer Erneuerung des Imperiums durch eine religiöse Erneuerung mit Hilfe der christlichen Kirche hat Konstantin nicht erreicht. Es ist freilich ein Anachronismus, wenn in der Gegenwart dem konstantinischen Christentum die Aufgabe einer Veränderung der Sozialordnung des Imperiums gestellt wird. Dafür waren lediglich schwache Ansätze vorhanden, die Kirche begann beispielsweise erst später die Freilassung von Sklaven zu empfehlen, weil nach ihren Prioritäten die Stellung im Glauben wichtiger war als jene im Leben. In einem zentralen Punkt erwies sich Konstantins Beurteilung des Faktors der christlichen Kirche zudem als völlig falsch. Wenn er in ihr ein Element der Stabilisierung seiner Herrschaft wie des *Imperium Romanum* sah, wenn er die Möglichkeiten, welche die Kirche dem römischen Staat bieten konnte, in vollem Umfange ausschöpfen wollte, so ahnte er jene Belastungen nicht, die für den römischen Staat aus der Zerrissenheit dieser Kirche und aus den nicht endenden theologischen Konflikten erwachsen sollten. Er sah ebensowenig, daß sich die christliche Kirche auf die Dauer mit Konstantins eigenwilliger pluralistischer Lösung nicht zufriedengeben konnte.

Gerade die entschiedensten Anhänger und Repräsentanten des Christentums mußten je länger, desto stärker die Gefahren erkennen, die der Kirche aus der engen Anlehnung an den Kaiser und den römischen Staat erwuchsen. Sie mußten erleben, wie ein Kaiser, der theologisch nicht qualifiziert war, sich die Sprache der Kleriker aber geschickt angeeignet hatte, sich mit einer seltenen Mischung von Naivität und theologischer Halbbildung zur höchsten Autorität in Fragen des christlichen Glaubens aufschwang. Sie erlebten weiter, daß dieser Herrscher theologische Kontroversen fast stets personal und nicht sachlich sah und daß er nicht selten politische Opportunität über die Konsequenz von Glaubensfragen stellte. Wenn schließlich von der Bindung des Christentums an den römischen Staat gesprochen wird, sollte nie vergessen werden, daß dieser Staat in konstantinischer Zeit der Staat des Steuerdrucks, der Beamtenkorruption, der Ausbeutung der Bürger wie der Einschränkung ihrer Freiheit war, dies alles bei einem gleichzeitigen Maximum von luxuriöser Repräsentation am Kaiserhof.

Man mag Konstantins Vorgehensweise wie Konstantins Haltung mit als eine Folge seiner militärischen und politischen Erfahrungen zu verstehen suchen. Wer im Trümmerfeld der Tetrarchie Diokletians und inmitten der rasch wechselnden politischen und militärischen Konstellationen nicht nur überleben, sondern dazu noch eine Alleinherrschaft über das Imperium erringen wollte, der konnte dies nur unter Verzicht auf voreilige prinzipielle Entscheidungen, nur unter voller Anerkennung aller Realitäten und unter sorgfältigster Stilisierung der eigenen Herrschaft wie der eigenen Ziele erreichen. Bei Konstantin stehen so neben geduldigem und behutsamem Vorgehen impulsive und härteste Reaktionen, neben der brutalen Tötung von gefangenen fränkischen Anführern, den Verwandtenmorden und der Hinrichtung politischer Gegner, Ansätze zu einer betont humanitären Gesetzgebung, neben emotionalen Kraftworten inmitten einer korrumpierten Welt des Mißtrauens salbungsvolle Begründungen der Verketzerung von Christen.

Eine menschlich imponierende oder charakterlich überzeugende Gestalt ist Konstantin ebensowenig gewesen wie andere römische Kaiser oder erfolgreiche moderne Politiker. Aber seine Entscheidungen wurden nicht nur für die Geschichte der Spätantike, sondern auch für diejenige des mittelalterlichen Europa und des Byzantinischen Reiches grundlegend. Für das *Imperium Romanum* ließ sich Konstantins Schritt auf die Dauer nie mehr rückgängig machen, doch auch die christliche Kirche trägt an der Last der «Konstantinischen Wende» bis auf den heutigen Tag.

Rückblick und Ausblick

Ein Rückblick auf die dargestellte Epoche der Römischen Geschichte geht zweckmäßig von einem Vergleich der Regierungen des Augustus und Konstantins aus, wobei in beiden Fällen weniger die Persönlichkeiten dieser beiden Herrscher als die Eigenart ihrer Herrschaft sowie die Strukturen des von ihnen begründeten politischen Systems im Vordergrund stehen sollen. Zu den auffallenden Gemeinsamkeiten, die Augustus und Konstantin verbinden, zählt zunächst die Tatsache, daß beide langfristig neue Entwicklungen der römischen Geschichte einleiteten, welche die Strukturen des Imperiums fundamental veränderten. Bis zur Erringung ihrer Alleinherrschaft hatten beide einen erbitterten Machtkampf zu führen, beide dabei auch ehemalige Partner und Verbündete skrupellos niederzuwerfen.

Um ihre Ziele zu erreichen, waren sowohl Augustus als auch Konstantin gezwungen, zunächst Kompromisse zu schließen, sich in bestehende Machtkonstellationen und politische Gruppierungen einzufügen, um diese dann Schritt für Schritt zu verändern und schließlich ihren umfassenden Herrschaftsanspruch durchzusetzen. Beide bemühten sich dabei von Anfang an nicht nur um die Konzentration eines überlegenen militärischen Potentials, sondern ebenso um die sorgfältige Stilisierung ihrer Legitimation wie ihrer Leistungen, ihres Anspruchs wie ihrer Ziele, wobei sie sich einer planmäßigen propagandistischen Herabsetzung ihrer jeweiligen Gegner bedienten.

In beiden Fällen erweckt die ungewöhnlich lange Dauer der Herrschaft den Anschein eines weit höheren Grades von innerer Geschlossenheit, Systematik und Konsequenz der Regierungen, als dies in Wirklichkeit der Fall war. Denn beide Herrscher ließen sich nicht durch Prinzipien fesseln oder durch frühere Stellungnahmen und Absichten binden; beide reagierten oft genug rein pragmatisch von Fall zu Fall, ließen Fragen offen, Entwicklungen ausreifen; beide konnten immer wieder den richtigen Zeitpunkt für entschiedenes Handeln abwarten, wobei diese Dialektik der Entscheidungen bei Konstantin selbst für Glaubensfragen galt.

Augustus wie Konstantin haben ihre politische Konzeption absolut gesetzt, das Schicksal ihrer Familien wie ihrer Verwandten den Machtfragen untergeordnet. Beide mußten dafür mit Katastrophen in ihrer nächsten Umgebung bezahlen. Die Stilisierung und Überhöhung der eigenen Herrschaft erfaßten bei Augustus wie bei Konstantin alle verfügbaren Medien und erfolgten in den weitesten Dimensionen. Dabei sollten Leistung und Wirkung der beiden Herrscher in imponierender Weise nicht nur die jeweilige Gegenwart, sondern auch noch die Zukunft beeinflussen. Die Mausoleen, die sie schon zu ihren Lebzeiten errichten ließen, waren jeweils zugleich eine letzte Demonstration ihres persönlichen Gestaltungswillens und ihres Selbstverständnisses. In beiden Fällen wurde die Idealisierung der Herrscher erreicht.

Diesen Gemeinsamkeiten und Parallelen steht nun freilich eine sehr viel größere Zahl von Kontrasten gegenüber, die das ganze Ausmaß der zwischen dem Principat des Augustus und dem Kaisertum Konstantins eingetretenen Veränderungen sichtbar macht. Diese beginnen bereits bei den Grundlagen der Macht, in der Heeresstruktur. Unter Augustus war die Heeresklientel zunächst noch identisch mit einer Bürgerklientel und damit einer politischen Klientel, die nun großenteils in ein stehendes Heer, das an den Reichsgrenzen garnisoniert war, umgewandelt wurde. Konstantin hat, wie schon seine Vorgänger, die zahlenmäßige Stärke dieser Armee nahezu verdoppelt, die Festlegung erheblicher Teile des Heeres in den Grenzzonen beibehalten, eine mobile Feldarmee ausgeschieden, vor allem aber den Anteil von Hilfstruppen, nicht zuletzt germanischer Herkunft, bedeutend erhöht. Gewiß ist es problematisch, hier von einer beginnenden «Barbarisierung» des römischen Heeres zu sprechen, doch die zunehmende Bedeutung von Soldaten fremder Provenienz zeichnet sich in der Armee Konstantins bereits ab.

Noch eklatanter ist die Veränderung bei den Funktionen der traditionellen Organe des römischen Senates und des römischen Volkes. Hatte Augustus größten Wert auf den Anschein eines harmonischen Zusammenwirkens von *princeps*, Senat und Volksversammlung gelegt, in Wirklichkeit aber die Entpolitisierung der alten Gremien eingeleitet, so verbanden sich für Konstantin mit den alten Organen allenfalls historische Reminiszenzen. Römische Volksversammlungen fanden schon längst nicht mehr statt, der Senat war lediglich ein Repräsentationsforum und eine Akklamationsinstanz, deshalb für den neuen Regierungssitz auch unschwer zu kopieren. Im übrigen interessierten Konstantin persönlich Synoden stärker als Senatssitzungen.

Ähnlich gravierend sind die Veränderungen in der Reichsstruktur. Hatte Augustus, schon um seinen Kampf gegen Antonius und Kleopatra ideologisch zu stilisieren, den Primat Roms neu gestärkt, die Privilegierung Italiens gesichert und die Kohärenz des Imperiums durch den effizienten Zusammenschluß der großen traditionellen wie der neu erworbenen Reichsteile erreicht, so traf Konstantin völlig andere Voraussetzungen an. Die Verlagerung der Residenzen an die Peripherie des Imperiums war längst ebenso üblich wie die rechtliche Nivellierung der Reichsteile im Zuge der möglichst gleichmäßigen Belastung aller Glieder der großen politischen Formation. Die Anlage von Konstantinopel war daher auch ein Endpunkt in einem schon seit langem eingeleiteten Verlagerungsprozeß der traditionellen

Funktionen Roms und doch zugleich ein demonstrativer persönlicher Willensakt Konstantins mit denkbar schwerwiegenden Konsequenzen.

Die Anlage Konstantinopels ist freilich auch ein Symbol für die veränderten Beziehungen zwischen Staat und Gesellschaft. Hatte Augustus die staatlichen Eingriffe auf ein Minimum beschränkt, ein Höchstmaß an Freizügigkeit, Eigeninitiative und Selbstverwaltung ermöglicht, schon auf Grund des sehr bescheidenen personellen Rahmens primär das Zusammenwirken lokaler, regionaler und zentraler Organe koordiniert, so war Konstantins Zugriff sehr viel intensiver und direkter. Die Perfektion des inzwischen voll ausgebauten, zentral gelenkten und hierarchisch gegliederten Erfassungsstaates zog ein Maximum von Reglementierung nach sich, eine beständige Zunahme von Zwangsmaßnahmen und Eingriffen in den gesellschaftlichen wie in den wirtschaftlichen Bereich, die Bindung von wichtigen Leistungsträgern und Spezialisten in ihre Korporationen und Funktionen, kurzum die völlige Verlagerung der Prioritäten des Staates wie der Existenz des Einzelnen.

Die Veränderungen im staatlichen Bereich zeigen sich besonders deutlich im Felde der Administration. Hatten Augustus und die Herrscher des frühen Principats bei der Bewältigung von Verwaltungsaufgaben in weitem Umfange auf qualifizierte und zuverlässige Kräfte der *domus principis* zurückgegriffen, auf Sklaven und Freigelassene ihres eigenen Haushaltes, und damit wichtige Ressorts der zentralen Verwaltung des Imperiums gleichsam mit ihren persönlichen Vertrauten und mit privaten Mitteln organisiert, so war unter Konstantin längst die völlige Verbeamtung der staatlichen Administration erfolgt. Diese Verbeamtung vollzog sich dabei nicht in der Form der republikanischen, stets kurzfristigen und durch Aufgabenwechsel gekennzeichneten Magistratur, sondern in der Gestalt einer spezialisierten und hierarchisch gegliederten, auf Kontinuität bedachten Bürokratie.

Hand in Hand damit ging der grundlegende Wandel der Gesellschaftsstruktur. Augustus hatte die alten Stände und Führungsschichten im Interesse des neuen politischen Systems formiert, sie lediglich in ihrer personellen Zusammensetzung verändert, die Institution der Klientel entpolitisiert, den Aufstieg von Rittern begünstigt und die zentrale Bedeutung der Municipalaristokratie gestärkt. Er hatte, insgesamt gesehen, die Grundstrukturen der Gesellschaft jedoch nicht verändert, Sklaven und Freigelassene lediglich besser kontrolliert. Alle Möglichkeiten zu sozialer Mobilität, so beschränkt sie nach modernen Kriterien waren, kamen dem Principat zugute.

Ganz anders die Lage unter Konstantin. Zwar existierte nach wie vor eine Gruppe von Großgrundbesitzern, neureichen Funktionären und Spitzenbeamten als leistungsfähige Oberschicht des Imperiums, doch erwiesen sich die übrigen Veränderungen als wichtiger: die Aufblähung von Bürokratie und höfischem Personal, die Paralysierung der alten Mittelschichten, die

Begünstigung von Bischöfen und Klerikern. Nicht die auf den ersten Blick geradezu verwirrende Vielfalt neuer Titel und Posten am Hof wie in der Administration ist das wesentliche Phänomen der spätantiken Gesellschaft, sondern die Polarisierung zwischen einer relativ kleinen Oberschicht und den verelendeten Massen. Dagegen hat sich die Stellung der Frau in der römischen Gesellschaft zwischen Augustus und Konstantin, insgesamt gesehen, kaum geändert.

Das oft erbärmliche Los der Unterschichten konnte durch das bemerkenswerte Ausmaß kirchlicher Sozialleistungen, die weithin an die Stelle der einstigen städtischen Stiftungen und Aufwendungen getreten waren, lediglich gemildert werden. Ein neues Element der gesellschaftlichen Entwicklung war unter Konstantin erst in einigen Ansätzen im Osten des Imperiums zu erkennen, sollte indessen bald immer größere Bedeutung erlangen: die bewußte Abwendung von Einsiedlern und Mönchen von der Gesellschaft ihrer Gegenwart, eine Abwendung, welche gleichzeitig auch einer Geringschätzung dieser sozialen Wirklichkeit entsprach.

Im Bereich der Wirtschaft blieb die Priorität der landwirtschaftlichen Produktion auch unter Konstantin bestehen. Allerdings war dabei an die Stelle der unter dem Principat dominierenden, mit den Städten eng verbundenen Villenwirtschaft inzwischen jene neue Wirtschaftsweise der Großgrundbesitzer getreten, welche den gesamten Bedarf der Großgüter mehr und mehr durch Eigenproduktion deckte. Parallel dazu ging auch die Rolle der Sklaven in der Agrarwirtschaft stark zurück, wurde die wenigstens relative Freiheit der Kolonen eingeschränkt, so daß sich deren Existenz immer mehr jener der Sklaven annäherte. Trotz dieser fühlbaren Veränderungen konnten sich handwerkliche Klein- und Mittelbetriebe noch immer halten, und dies, obwohl die Belastung aller Produzenten durch Steuern und Abgaben unter Konstantin weitaus größer war als einst unter Augustus.

Insgesamt gesehen, hatte die Zahl der staatlichen Eingriffe in das Wirtschaftsleben unter Konstantin erheblich zugenommen, wenngleich zunächst nur wenige staatliche Manufakturen für den Rüstungs- und Repräsentationsbedarf existierten. Wesentliche Fortschritte in Technik, handwerklicher und agrarischer Produktion waren zwischen Augustus und Konstantin wohl auch deshalb nicht erzielt worden, weil in der Regel genügend Arbeitskräfte zur Verfügung standen. Stärkere wirtschaftliche Impulse lösten beide Herrscher, wenn auch an sehr verschiedenen Orten und in einer sehr verschiedenen Weise, in den Bereichen der Großbauten und des anspruchsvolleren Kunsthandwerks aus.

Besonders kraß sind die Gegensätze zwischen der augusteischen und der konstantinischen Epoche auf kulturellem Gebiet. Die augusteische Klassik markiert den absoluten Höhepunkt der römischen Literatur und Kunst auf den denkbar verschiedensten Sektoren, der konstantinische Klassizismus setzt den modernen Betrachter dagegen in Verlegenheit. Beeindrucken die augusteischen Werke primär durch die Ausgewogenheit ihrer Komposition und die künstlerische Qualität ihrer Ausführung, so wirken die konstantinischen fast ausschließlich durch ihre überwältigenden Dimensionen, die Verbindung des Kolossalen mit monumentaler Repräsentation, in anderen Fällen durch eine ausgesprochen höfische Attitüde. Handelt es sich bei den Werken der augusteischen Zeit um schöpferische Aneignungen griechischer wie römischer Vorbilder, die in durchaus selbständiger Weise verarbeitet wurden, so bei jenen der konstantinischen Epoche nicht selten einzig um Einfügungen älterer Elemente in neue Rahmen und Zusammenhänge, um gewaltsame Willens- und Gestaltungsakte statt um eigenständige künstlerische Produktionen. Lediglich in der christlichen Literatur kam es unter Konstantin zu originellen Leistungen in neuen Formen.

Am schärfsten ist der Kontrast indessen auf dem Gebiet der Religion. Grundsätzlich zeigen sowohl Augustus als auch Konstantin die spezifisch römische, traditionelle Verflechtung von Religion und Politik. Nach den Erschütterungen der Bürgerkriege sah Augustus seine Aufgabe in einer systematischen religiösen Restauration; *pietas* wurde zu einem zentralen Element seiner Qualifikation und Selbstdarstellung, die Erneuerung der verfallenen Tempel und Heiligtümer, die Reorganisation der Priesterschaften, die Belebung alter Kulte wie die Errichtung neuer religiöser Bauten – all dies war für ihn auch innerhalb politischer Perspektiven Ausdruck der Kontinuität im Rahmen der neuen Staatsform. Daß eine echte Regeneration der traditionellen römischen Kulte auf längere Sicht nicht mehr gelingen konnte, wurde – wenn überhaupt gesehen – verdrängt. Für den Augenblick aber war die äußerliche und formale Wiederbelebung der alten Religion gelungen. Besonnene Zurückhaltung zeigte Augustus bei der Übernahme des Herrscherkultes und gegenüber den vielen, regional wie schichtenspezifisch verschiedenen Verehrungsweisen des *princeps* in religiöser Form, einer Verehrung, die immer stärker auch zum Ausdruck politischer Loyalität werden sollte. Im übrigen wurde von Augustus die traditionelle römische Toleranz gegenüber den fremden Kulten beibehalten.

Diese Toleranz führte dann letzten Endes zum Pluralismus der Anfänge Konstantins, dessen Hinwendung zur christlichen Kirche freilich auch zu deren immer stärkerer Privilegierung, sowie zu den direkten Eingriffen des Kaisers in Glaubensfragen. Nach über zweieinhalb Jahrhunderten von Verfolgungen und allenfalls zeitweiliger Nichtbeachtung des Christentums durch den römischen Staat kam es nun zur denkbar engen Verbindung jenes Staates, der die Hinrichtung Jesu durchgeführt und der die Christen so lange Zeit lediglich auf Grund ihres Christseins mit dem Tode bestraft hatte, mit der Institution der christlichen Kirche. Für Kaiser wie für Imperium aber war die christliche Kirche der konstantinischen Zeit keineswegs nur ein stabilisierendes Element; infolge ihrer inneren Konflikte mußte sie im Gegenteil zu einer Belastung für das spätrömische Reich werden.

Legitimation und Behauptung der Herrschaft erfolgten bei Augustus und bei Konstantin auf völlig verschiedene Weise. War Augustus zunächst als Erbe und Rächer Caesars angetreten, so beanspruchte er nach dem Ende des Machtkampfes lediglich die Stellung eines *princeps* und gab vor, seinen alle überragenden Einfluß allein seiner *auctoritas* zu verdanken, jener *auctoritas*, welche ihm wegen seiner unvergleichlichen Leistungen für die *res publica* Roms zuteilgeworden war. Sein Bemühen um immer neue Legalisierungen seiner Macht wie der Anschein lediglich befristeter und mit den Normen der späten Republik vereinbarer Herrschaftsdauer verhüllten den grundlegenden Wandel der Staatsform. Die Nachfolge konnte deshalb auch nur verdeckt vorbereitet werden; garantieren ließ sich die Kontinuität des neuen Systems auf diese Weise zunächst noch nicht.

Auch Konstantin verdankte seine Erhebung dem Prestige des Vaters, auch er mußte sich zunächst in ein vorgegebenes politisches Kräftefeld einfügen. Doch mit der Hinwendung zum Christentum und erst recht nach seinem Triumph über Licinius erreichte er eine transzendentale Überhöhung des Kaisertums. In den Bahnen christlicher Perspektiven konnte er nun eine göttliche Mission behaupten, so wie er dies in seinem Schreiben an die Orientalen formulierte: «Meinen Dienst hat Gott gefordert und hat ihn für geeignet gehalten, seinen Willen durchzuführen. So habe ich am britannischen Meer begonnen in den Ländern, wo die Sonne nach Naturgesetzen untergeht. Von göttlicher Kraft getrieben habe ich die Schrecknisse zerstreut, die auf allen lasteten, damit das Menschengeschlecht, belehrt durch meinen Dienst, zurückkehre zum Gehorsam gegen das ehrwürdige Gesetz und zugleich der Glaube unter der Leitung Gottes sich ausbreite» (Euseb, «Vita Constantini» II,28,2 – Übersetzung von H. Kraft).

Ein solches Selbstverständnis mußte Distanz erzwingen, es legte die Erstarrung des Herrschers in einer «symbolischen Maske» (H. P. L'Orange) nahe, es beinhaltete aber auch den Verzicht auf jene konkrete Individualität des *princeps,* die einst die Identifikation mit Augustus und dessen Nachfolgern ermöglicht hatte. Das Werkzeug Gottes konnte niemand hindern, die Nachfolge vorzubereiten, und selbst die provozierende Lösung, die Konstantin wählte, die Aufteilung des Imperiums in Machtsphären der Söhne und anderer Angehöriger der Dynastie, war durch seine Stellung sanktioniert.

Durch den wenigstens skizzierten Vergleich der augusteischen und konstantinischen Strukturen des *Imperium Romanum* dürfte sich dessen Eigenart herausgeschält haben. Dieses Imperium war zur Zeit seiner vollen Ausbildung während des 1. und 2. Jahrhunderts n. Chr. eine außerordentlich differenzierte politische Formation, differenziert sowohl im Hinblick auf die Vielfalt ihrer Glieder als auch im Hinblick auf die rechtliche Stellung und die gesellschaftliche Schichtung ihrer Angehörigen. Eine systematische innere Nivellierung wurde in der Blütezeit des Römischen Reiches nicht angestrebt; nicht die völlige Vereinheitlichung, sondern im Gegenteil die Koordination der gewachsenen Elemente und Organismen blieb das vorrangige Ziel der imperialen Machthaber.

Als Machtmittel dieses Imperiums bildeten die Legionen, die Flotte und die Auxiliarformationen gleichsam die *ultima ratio*. Dieses relativ bescheidene militärische Potential erfüllte seine Aufgabe in konsolidierten Verhältnissen ebenso wie die verhältnismäßig kleinen Verwaltungsstäbe in den Provinzen. Das Reich konnte sich darüber hinaus vor allem auf die Verankerung in den lokalen Führungsschichten verlassen, auf die Interessensidentität, die keineswegs nur auf schmale Oberschichten begrenzt war, sondern die vielen sozialen Aufsteiger, die aktiven Kreise in Wirtschaft und Handel ebenso umfaßte wie die Angehörigen der Hilfstruppen. Vor allem die Identifikation der alten städtischen Selbstverwaltungseinheiten mit dem Imperium erlaubte es, die staatliche Macht der zentralen Behörden des *princeps* auf wenige Hauptsektoren zu konzentrieren: auf das Militärwesen, die Garantie der inneren Ordnung, auf die Besteuerung und die Rechtsprechung, und sich damit von vielen Einzelproblemen zu entlasten.

Die Mobilisierung und Zusammenfassung des regionalen Potentials gelang vor allem deshalb so erfolgreich, weil das Imperium von Anfang an einerseits lokalen Rechten, Religionen und Traditionen ein sehr großes Maß von Toleranz gewährte, andererseits schon früh mit einer intensiven ideologischen Beeinflussung der Reichsangehörigen begonnen hatte, die schließlich bei weiten Kreisen zum konstruktiven Einsatz für diese politische Formation führte. Die Akzeptanz des Imperiums war so im 1. und 2. Jahrhundert n. Chr. tief fundiert; sie überdauerte unfähige Herrscher wie gefährliche Usurpationen und bestand am Ende selbst die großen Bewährungsproben der Sonderreiche des 3. Jahrhunderts n. Chr.

Die Negativbilanz des Imperiums wurde hier nicht unterdrückt: Auch das Römische Reich des 1. und 2. Jahrhunderts n. Chr. erfuhr militärische und politische Gewaltakte, sah das prophylaktische Zerschlagen von nicht zu kontrollierenden Machtkernen innerhalb und außerhalb der Grenzen, erlebte die hemmungslose Grausamkeit bei der Unterdrückung von Aufständen und Revolten. Ebenso sollten die vielen unerfreulichen, teilweise abstoßenden Züge der römischen Zivilisation gegenwärtig sein. Es gibt indessen auch eine völlig sinnlose Kritik der Gegenwart: Man mag konstatieren, daß das Imperium die Sklaverei nicht aufhob, den Frauen nicht zur Emanzipation verhalf, modernen Wirtschafts- und Sozialtheorien ebensowenig folgte wie ökologischen Konzepten. Mit all dem und anderen anachronistischen Forderungen wird jedoch lediglich die eigene Bewußtseinslage absolut gesetzt, diejenige der Zeitgenossen dagegen völlig verkannt.

Gegenüber den bekannten Schwächen und Angriffspunkten darf die Leistung des Imperiums nicht übersehen werden. Es war nichts Geringes, daß das Römische Reich unter dem Principat Generationen hindurch, selbst in Spannungsgebieten, den inneren Frieden zu sichern suchte. Ob die Ordnungsmacht Rom zum Beispiel im Nahen Osten erfolgloser war als die dort engagierten Großmächte der Neuzeit, ist keineswegs entschieden. Von den Verteidigungsanstrengungen des Imperiums profitierten jedenfalls die Randlandschaften und Grenzprovinzen stärker als Rom und Italien. Wenn auch Binnenprovinzen während des 1. und 2. Jahrhunderts n. Chr. in seltenen Fällen in römische Bürgerkriege verstrickt wurden, so litten sie darunter in der Regel weniger als unter den Folgen der früheren regionalen Machtkämpfe.

Nicht zu unterschätzen ist daneben die positive Auswirkung der innerhalb des Imperiums garantierten wirtschaftlichen Stabilität und Verkehrssicherheit, der Schutz von Eigentum und Vermögen durch die konsolidierten Rahmenbedingungen, die relativ lange Zeit auch eine stabile Währung einschlossen. In der römischen Rationalität liegt es begründet, daß sich die imperialen Initiativen nicht in erster Linie in Monumenten politischen und religiösen Wahns niederschlugen wie in anderen Großreichen, sondern in Nutzbauten verschiedenster Art, in Wasserleitungen, Häfen, Brücken, Straßen, die die Lebensqualität weiter Bevölkerungskreise erhöhten.

Der praktische Nutzen, die *salus publica* des Imperiums, kam gewiß vor allem Römern und Italikern zugute. Die Bürger Roms und Italiens profitierten in erster Linie von der immensen Kriegsbeute aus Ägypten, dem Nahen Osten und aus Dakien, von den Großbauten, Spenden und Spielen. Den Preis für die Beschwichtigung, Entpolitisierung, ja die Unterhaltung dieser Schichten beglichen, zugespitzt formuliert, die Gegner und die Unterworfenen Roms. Aber das Imperium war unter dem Principat kein statisches Gebilde; die Eigenart des politischen Systems führte vielmehr zu gravierenden inneren Veränderungen, zu denen der Wechsel in der Zusammensetzung der Führungsschicht, zu Lasten Italiens, ebenso zählt wie die bürgerrechtliche Gleichstellung nahezu aller freien Reichsangehörigen zu Anfang des 3. Jahrhunderts n. Chr. Daß darüber hinaus die römisch-republikanische Tradition insgesamt dem neuen System geopfert wurde, ist evident.

Aber die Entwicklung des Imperiums zeitigte noch andere Resultate. Auf den Druck der wachsenden äußeren wie inneren Bedrohungen und Krisen reagierte das Römische Reich, wie wohl jeder überforderte Großstaat, mit der Überspannung der staatlichen Zugriffe und mit der Einengung der einstigen Toleranz- und Freiheitsräume. Diese neuen Maximen wurden dabei von altgläubigen wie von christlichen Herrschern praktiziert; ihre konsequente Anwendung veränderte das Wesen des Imperiums völlig – mochten auch Name wie Anspruch noch lange Zeit bestehen bleiben.

Blicken wir auf die weitere Entwicklung der politischen Formation des *Imperium Romanum* in der nachkonstantinischen Zeit, so kann diese nur als ein lang anhaltender Prozeß der Erosion und des Machtverfalls bewertet werden. Im Rahmen der Völkerwanderung ging die politische Suprematie eindeutig an die Germanen über. Dabei erfolgten die schwersten Einbrüche der verschiedenen Wellen dieser weiträumigen Bewegungen nicht am Rhein. Dort war es im Gegenteil dem Konstantinssohn Constans, Julian Apostata und schließlich Valentinian I. (364–375 n. Chr.), einem neuen kraftvollen Herrscher vom Typus der Soldatenkaiser, zunächst gelungen, die römische Herrschaft wieder zu sichern. Die Anlage eines vielgliedrigen Befestigungssystems, konzentrierte, wenn auch in den Radien begrenzte Gegenangriffe in das rechtsrheinische Vorfeld und nicht zuletzt die kontrollierte Ansiedlung von germanischen Foederaten trugen wesentlich zur Stabilisierung der römischen Positionen im Westen bei.

Größere Rückschläge mußte das Imperium dagegen an der Ostgrenze hinnehmen. Die Angriffe der Sassaniden gingen dort auch unter Constantius II. weiter. Während sich der römische Eckpfeiler der Verteidigung, Nisibis, zunächst behaupten konnte, wurde Amida 359 n. Chr. von den Sassaniden eingenommen, die Offensive Julians 363 n. Chr. vor Ktesiphon abgeschlagen. Dessen Nachfolger, Jovian, mußte auf den größten Teil Mesopotamiens samt Nisibis verzichten, in den achtziger Jahren des 4. Jahrhunderts n. Chr. ging der östliche Teil Armeniens an die Sassaniden verloren. Wenn es danach zu einer Entlastung Ostroms an dieser Grenze kam, so verdankten dies die Herrscher von Konstantinopel in erster Linie den anhaltenden Bedrohungen des Sassanidenreiches in dessen Norden, Osten und Süden.

Zum eigentlichen Brennpunkt der römischen Reichsverteidigung wurde der Raum an der unteren Donau. Nach dem Untergang des Kaisers Valens und der Masse des römischen Ostheeres in der Schlacht von Adrianopel (378 n. Chr.) wurde dort die Vormacht der tief in das Reichsgebiet eingedrungenen Germanen nie mehr gebrochen. Friedensschlüsse, wie derjenige Theodosius' des Großen vom Jahr 382 n. Chr., suchten lediglich noch die veränderte Lage in den Grenzzonen zu verrechtlichen und durch die Leistung hoher Tribute an die hunnischen, sarmatischen und germanischen Invasoren wenigstens den Anschein römischer Souveränität aufrechtzuerhalten.

Die Einheit des Imperiums insgesamt konnte jedoch noch jahrzehntelang bewahrt werden. Sie wurde erst entscheidend gelockert, als es nach dem Tode Theodosius' des Großen (395 n. Chr.) zu einer Aufgliederung des Reiches in zwei Herrschaftshälften kam. Zwar war auch dieser Schritt keineswegs als endgültige Reichsteilung gedacht, doch entwickelten sich danach die Partialinteressen, vor allem im Osten, immer stärker. Gerade die erfolgreiche Verteidigung der östlichen Reichshälfte, die über die weitaus besseren strategischen Voraussetzungen und auch über das größere personelle wie materielle Potential verfügte, lenkte die aus Osten und Norden vordringenden Stämme in das Westreich ab, das unter dem Druck dieser unaufhörlichen Vorstöße zwar noch einzelne bedeutende Abwehrerfolge erzielte, wie den Sieg über die Hunnen auf den Katalaunischen Feldern (451 n. Chr.), langfristig gesehen, jedoch die Ausbildung der Germanenreiche auf dem Territorium des alten Imperiums nicht verhindern konnte.

Unter den nahezu gleichzeitigen Vorstößen der Goten, Alanen, Vandalen, Quaden und anderer Gruppen brach die römische Reichsverteidigung an Rhein und Donau zu Beginn des 5. Jahrhunderts n. Chr. zusammen. Nach der Einnahme Roms unter Alarich (24. 8. 410 n. Chr.) kam es zur Ansiedlung der Westgoten in Aquitanien (418 n. Chr.), zur Bildung des Vandalenreiches in Nordafrika (429–533 n. Chr.), des Burgunderreiches an der Rhône (443–534 n. Chr.), zur Herrschaft der Ostgoten in Italien (493–553 n. Chr.), der Westgoten in Spanien (507–711 n. Chr.).

Ereignisse wie die erneute Plünderung Roms durch die Vandalen unter Geiserich (455 n. Chr.) und schließlich die Absetzung des letzten weströmischen Kaisers Romulus Augustulus im Jahre 476 n. Chr. markierten weitere Tiefpunkte in diesem so lange dauernden Erosionsprozeß römischer Macht. Am Gesamtverlauf der Entwicklung konnte auch der energische Versuch Justinians (527–565 n. Chr.), die Reichseinheit durch massive oströmische Interventionen in Italien wie in den alten Westprovinzen wiederherzustellen, nichts mehr ändern. Mit dem Eindringen der Langobarden in Italien (568 n. Chr.) setzten sich die germanischen Invasionen fort. Im Westen war die Herrschaft des *Imperium Romanum* schon lange untergegangen.

Während dieser weiten Zeitspanne militärischer und politischer Katastrophen war das Römische Reich der Spätantike im Innern zusehends erstarrt. Dabei dominierten elementare Polarisierungen, die das Bewußtsein der Reichsbewohner immer stärker durchdrangen. In dem Augenblick, in dem das Imperium auf den Einsatz «barbarischer» Kräfte zur Verteidigung seiner Grenzen nicht mehr verzichten konnte, wurde die bedrohte römische Tradition erneut überhöht und der latente Römer-Barbaren-Gegensatz weiter vertieft.

Zu den besonders auffallenden Phänomenen der Lebenswirklichkeit im spätantiken *Imperium Romanum* zählt die Tatsache, daß, abgesehen von der notdürftigen Sicherung der persönlichen Existenz, die Gewinnung und Behauptung des «richtigen» Glaubens auch weiterhin das Denken der Menschen beherrschte. Welches immer ihre Überzeugungen waren, in dem einen Punkt waren sie sich alle einig, daß die Wahl und die Verteidigung der «richtigen» Religion für ihr persönliches Schicksal wie für dasjenige des Reiches insgesamt Priorität besitze. Auf Seiten der Altgläubigen wie der Christen kamen daher die fanatisierenden Anführer ebenso vor wie die treuen Verteidiger alten Glaubens, die exaltierten Protestgestalten wie die zurückgezogen lebenden Beter und Spiritualisten, die alle zusammen die Macht der Transzendenz bezeugten.

Zwar scheiterten letzte Restaurationsversuche von altgläubigen Herrschern und Usurpatoren wie Magnentius (350–353 n. Chr.), Julian Apostata (361–363 n. Chr.) und Eugenius (392–394 n. Chr.), doch hielten sich Zellen altgläubiger Kulte und altgläubiger Kultur bis an das Ende des 4. Jahrhunderts. Indessen war nicht allein die Kontinuität solcher Relikte des Alten für das 4. Jahrhundert n. Chr. charakteristisch, sondern nicht weniger die beständige Eskalation im Vorgehen gegen die alten Kulte. Intoleranz und Gewalt wurden dabei auf beiden Seiten praktiziert, der Religionskampf schließlich mit allen Mitteln entschieden.

Wie sehr dabei Persönlichkeitsstruktur, Herrscherauffassung und Religiosität die Maßnahmen der einzelnen Kaiser bedingten, sei am Beispiel des Konstantinssohnes Constantius II. skizziert. Dieser nach strengen christlichen Normen erzogene, von einem tiefen Sünderbewußtsein erfüllte, immer unsichere und sich vor jeder Form von Magie und Zukunftserkundung ängstigende Kaiser war gleichwohl bereit, die Überhöhung des Herrschertums noch weiter hinaufzuschrauben. Alte Elemente der Herrscherideologie wurden dazu ebenso herangezogen wie neue christliche Vorstellungen. Auf den Münzen Constantius' II. erscheinen neben dem Kreuz und dem Labarum, der spätantiken Kaiserstandarte, noch immer die alten Abstraktionen der *Victoria*, *Virtus* und *Liberalitas*. Legenden feiern den Kaiser als *liberator* und *restitutor libertatis*, die traditionellen Gelübde *(vota)* gelten seinem Heil. In frontaler Sicht thront er auf dem Triumphwagen, wie es der alten Konzeption des Weltherrschers entsprach, Porträts zeigen ihn mit in den Himmel gerichtetem Blick, andere Bildtypen stellen eine aus einer Wolke kommende Gotteshand dar, die den Herrscher mit dem Diadem krönt. Formulierungen wie das *dominus totius orbis* oder *aeternitas mea* sind typisch für die nun kaum mehr zu steigernde, dabei immer stärker abstrahierte und distanzierte Stilisierung dieses christlichen Kaisertums. Da Constantius II. gleichzeitig von der Überzeugung durchdrungen war, «daß unser Staat in stärkerem Maße durch die Gottesverehrung als durch Dienstleistungen und körperliche Anstrengung aufrechterhalten wird», betrieb er eine äußerst aktive Religionspolitik und ordnete schon im Jahre 356 n. Chr. an, die Tempel zu schließen und den Zugang zu ihnen zu verhindern.

Sein Nachfolger Julian Apostata suchte dagegen die altgläubige Religion von Grund auf zu restaurieren. Auch er kannte dabei keine Kompromisse. So schränkte er in einem Gesetz des Jahres 362 n. Chr. die Lehrfreiheit ein und erließ das erste bekannte Berufsverbot aus religiösen Gründen, das insbesondere die christlichen Erzieher treffen sollte. Als «eine kleine Wolke, die sich rasch verziehen wird», hatte der wieder einmal verbannte Athanasius den Fanatismus Julians bezeichnet und damit recht behalten.

Eine neue Verschärfung der religiösen Auseinandersetzungen trat dann nach der militärischen Katastrophe des Kaisers Valens bei Adrianopel (378 n. Chr.) ein. In einer ähnlichen Konsequenz wie einst die altgläubigen Kaiser gingen jetzt die christlichen Herrscher gegen alle jene vor, die nicht den richtigen Glauben besaßen, gegen Arianer und andere Häretiker wie gegen die letzten Zellen der alten Kulte. Der neue Kurs zeigte sich schon daran, daß Theodosius der Große als erster römischer Kaiser im Jahre 379 n. Chr. den Titel eines *pontifex maximus* nicht mehr übernahm. Durch ein 380

n. Chr. erlassenes Gesetz dekretierte er die Allgemeinverbindlichkeit des Glaubens der Orthodoxie: «Alle Völker, welche die Mäßigung unserer Milde regiert, sollen, so wollen wir, zu solcher Religion sich bekennen, die der selige Apostel Petrus selbst den Römern übermittelt hat, wie die von ihm selbst eingegebene Religion bis jetzt lehrt, und zu der sich leuchtend der Papst Damasus und Petrus, der Bischof von Alexandrien, ein Mann von apostolischer Heiligkeit, bekennen. Das heißt, daß wir gemäß der apostolischen Unterweisung und der evangelischen Lehre an die eine Gottheit des Vaters, des Sohnes und des Heiligen Geistes bei gleicher Majestät und frommer Dreieinigkeit glauben. Dieses Gesetz befolgend, befehlen wir den Namen ‹Allgemeine Christen› zu ergreifen. Die übrigen erachten wir aber als wahnsinnig und wahnwitzig und lassen sie die Schande ketzerischen Glaubens erleiden, die zuerst durch göttliche Strafe, dann auch durch die Rache unseres Eingriffes, den wir durch himmlischen Entschluß empfangen haben, zu treffen sind» («*Codex Theodosianus*» 16, 1,2 – Übersetzung von F. Taeger).

Die Kursverschärfung gegenüber dem alten Glauben führte in Rom im Jahre 382 n. Chr. zur Entfernung des Victoria-Altars aus dem römischen Senat, zu einem Schritt, der nun seinerseits eindrucksvolle Demarchen der altgläubigen Senatoren, vor allem des Symmachus auslöste. In seiner 3. *Relatio* an Valentinian II. vom Jahre 384 n. Chr. fand er die schönen Worte für die Verteidigung seiner pluralistischen Überzeugungen: «Billigerweise hält man für Eines jenes Unbekannte, das alle verehren. Es sind die gleichen Sterne, zu denen wir aufschauen, gemeinsam ist der Himmel, eine und dieselbe Welt hüllt uns ein; welchen Unterschied macht es, mit welcher Denkart jeder die Wahrheit sucht? Auf einem einzigen Weg kann man nicht zu diesem großen Geheimnis gelangen...» (Übersetzung von F. Klingner). In der Sache selbst konnte Symmachus freilich nichts erreichen.

Um die gleiche Zeit erlebte Trier in dem Prozeß gegen Priscillian den ersten von Bischöfen angestrengten Ketzer- und Zaubereiprozeß, der mit Todesurteilen endete. Die theologischen Einzelheiten sind heute nicht mehr faßbar. Vermutlich trug die ganze Form jener religiösen Existenz, welche die Anhänger des Priscillian gewählt hatten, zu den Verdächtigungen bei: Sie führten ein betont armseliges Leben, waren nur notdürftig bekleidet und kamen häufig, auch bei Nacht und im Morgengrauen, zu religiösen Feiern zusammen. In einer Epoche, in der überall Dämonen, Magie, astrologische und manichäische Akte gewittert wurden, mußten sie suspekt werden, obwohl sich die Priscillianisten keineswegs als Häretiker verstanden.

Dennoch blieb es den Bischöfen Hydatius von Emerita, Ithacius von Ossonoba, Rufus von Metz und Britto von Trier vorbehalten, auf einen Prozeß zu drängen, der nur mit der Todesstrafe enden konnte. Auch die entschiedene Distanzierung des Ambrosius von Mailand und des Martin von Tours änderten an diesem Ergebnis nichts. Priscillian, zwei Kleriker, ein Dichter und die Witwe eines Rhetorikprofessors wurden Anfang 385 n. Chr.

in Trier gefoltert und von dem Prätorianerpräfekten Evodius zum Tode verurteilt. Weitere Prozesse folgten, der Priscillianismus aber lebte in Spanien und Portugal noch lange fort, die Gebeine Priscillians wurden geraubt und nach Spanien verbracht.

Konnte sich Ambrosius hier nicht durchsetzen, so erzwang er doch im Jahre 390 n. Chr. die völlige Unterwerfung des Theodosius. Als dessen Truppen nach der Ermordung eines Heermeisters in Thessaloniki dort auf den Befehl des Kaisers ein Blutbad angerichtet hatten, forderte Ambrosius die öffentliche Kirchenbuße des Herrschers. Und wie er in seiner Gedenkrede auf den verstorbenen Kaiser berichtet, legte dieser «allen königlichen Schmuck ab, den er zu tragen pflegte, beweinte öffentlich in der Kirche seine Sünde, die ihn auf das trügerische Zureden anderer übermannt hatte, und flehte unter Seufzen und Tränen um Vergebung. Wessen gewöhnliche Leute sich schämen, dessen schämte sich der Kaiser nicht: öffentlich Buße zu tun.» Es kann danach nicht überraschen, daß Theodosius 391/392 n. Chr. schließlich alle Arten von Opfern der Altgläubigen verbot, Eingeweideschau zum Majestätsverbrechen erklärte und die altgläubigen Kultplätze beschlagnahmte. 393 n. Chr. wurden die Olympischen Spiele eingestellt, drei Jahre später auch die Eleusinischen Mysterien.

Sowohl die Klärung der theologischen Positionen im Dogmenstreit, der Kampf gegen die Häretiker als auch die Beseitigung der letzten Institutionen der alten Kulte hatten das Zusammenwirken der christlichen Kirche und des römischen Staates im 4. Jahrhundert n. Chr. vertieft. Doch gegen die immer engere Bindung der Kirche an die Welt setzten schon jetzt deutliche Reaktionen ein. Diese kulminierten im Donatistenstreit, in der Bewegung der Einsiedler und der Mönche, aber auch in Augustins klassischem Werk *«De civitate dei»*.

Askese, die Einübung der Tugend durch Fasten und geschlechtliche Enthaltsamkeit, wurde von griechischen Philosophen und im Judentum ebenso praktiziert wie in den Mysterienreligionen. Auch innerhalb des Christentums gab es von Anfang an Gruppen, die sich mit Hilfe der Askese auf den vermeintlich nahen Untergang der Welt vorbereiten oder sich von den allzu verweltlichenden Praktiken der übrigen Christen trennen wollten. Doch waren diese radikalen Christen zunächst stets innerhalb ihrer Gemeinden geblieben. Seit etwa 300 n. Chr. kam es nun zunächst in Ägypten zum Rückzug einzelner in die Wüste, zur kategorischen Trennung von den Gemeinden und zur Isolierung aus Glaubensgründen. Die erste hier faßbare Gestalt ist Antonius (gestorben 356 n. Chr.), der zum großen Vorbild für zahlreiche andere Einsiedler wurde und zugleich zum heiligen Wundertäter. In den *«Apophtegmata patrum»* wird Antonius folgender Ausspruch in den Mund gelegt: «Wer in der Wüste in seiner Zelle sitzt, ist von drei Anfechtungen befreit, der des Hörens, der des Redens und der des Sehens; nur ein Kampf bleibt ihm, der gegen die eigene Sinnlichkeit.»

Typisch für Antonius wie die seinem Vorbild Folgenden war zunächst das Individuelle dieser Lebensführung, obwohl es bald auch lockere Gruppen solcher Einsiedler in der Wüste gab. Doch primär war «Monachos» der für sich allein Lebende; zum «Mönch» in der heute geläufigen Vorstellung kam es erst unter Pachomios. Vermutlich hat er als erster in der ersten Hälfte des 4. Jahrhunderts ein kloster-ähnliches Leben organisiert. Auch Pachomios hatte wie Antonius als Einsiedler begonnen; er war bald zum Mittelpunkt einer kleinen Gemeinschaft geworden, die sich eng an ihn anschloß. Diese Gemeinschaft trennte schließlich ihren Lebensbezirk durch eine Mauer von der Umwelt ab, und Pachomios ging daran, das Zusammenleben zu organisieren. Askese, Armut, Gebet und Arbeit bildeten die Grundpfeiler für das Leben jedes einzelnen in diesem Mikrokosmos. Hinzu kam der Gehorsam gegenüber dem Vater, wie der Leiter der Gemeinschaft zunächst bezeichnet wurde, bald auch ein streng geregelter Tageslauf und im Äußerlichen schließlich eine Uniformierung der Kleidung mit einfachen Kutten und Kapuzen.

Von Pachomios stammt auch die erste, ursprünglich in koptischer Sprache abgefaßte Mönchsregel, die später ins Griechische übersetzt und 404 n. Chr. von Hieronymus ins Lateinische übertragen wurde. Der Eintritt in das Kloster zum Beispiel war von Pachomios so geregelt: «Wenn sich jemand zur Pforte des Klosters begibt mit dem Wunsch, der Welt zu entsagen und sich der Schar der Brüder beizugesellen, so soll es ihm nicht erlaubt sein, einzutreten; vielmehr muß der Vater des Klosters zunächst unterrichtet werden. Dann soll er einige Tage vor dem Tor stehen bleiben, und man soll ihn das Vaterunser und so viele Psalmen lehren, wie er lernen kann; und er soll mit Fleiß Proben geben: daß er nichts Falsches getan und nicht in zeitlicher Sorge geflohen ist, daß er sich nicht in jemandes Gewalt befindet, seinen Eltern entsagen und seinen Besitz verachten kann. Und sehen sie dann, daß er zu allem taugt, so soll er in den übrigen Ordnungen des Klosters unterwiesen werden – was er zu tun, wem er zu dienen habe, sei es in der Versammlung aller Brüder, sei es in dem Haus, dem er zu übergeben ist, sei es in der Ordnung bei Tisch: so unterwiesen und vollendet in jeglichem guten Werk soll er dann den Brüdern beigesellt werden. Sodann wird man ihn seine weltliche Kleidung ablegen lassen und ihm das Mönchsgewand anlegen...» (Hieronymus, *«Regula Pachomii»*, 49 – Übersetzung von A. M. Ritter).

Die Klöster breiteten sich rasch aus, in Ägypten zählte man bald Tausende von Mönchen; Frauenklöster entstanden, deren erstes eine Schwester des Pachomios leitete. Rasch erfaßte die Bewegung Syrien und Palästina, mit ausgesprochenen Ballungsräumen um Bethlehem und Jerusalem, schließlich auch Kleinasien. In den Westen hatte vor allem Athanasius die neue Lebensform vermittelt, doch blieb die Resonanz dort vorerst gering. Lediglich einzelne folgten dem neuen Ideal, wobei in den weiteren Umkreis solcher Ansätze und Tendenzen der zweiten Hälfte des 4. Jahrhunderts n. Chr. auch der heilige Martin von Tours gehört. Die ersten bedeutsamen Klöster des Westens entstanden jedoch erst zu Beginn des 5. Jahrhunderts n. Chr. in Lérins, vor Cannes, und in Marseille, das wichtigste 529 n. Chr. durch die Anlage des Benediktinerklosters auf dem Monte Cassino, dessen Regel die Grundlage des mittelalterlichen Mönchtums in Europa bildete.

Die bedeutsamste geistige Überwindung dieser Welt liegt dagegen in Augustins «*De civitate dei*» vor. Augustin hat sein geschichtsphilosophisches Werk zwischen 412 und 426 n. Chr. abgefaßt, nach der Einnahme Roms durch Alarich und mitten im Zusammenbruch der Herrschaft des *Imperium Romanum* im Westen. Gerade die christlichen Römer waren durch diese Katastrophe schwer erschüttert worden, hatten sie sich doch zuletzt völlig mit der politischen Formation Roms identifiziert, mit der erneut überhöhten *Roma aeterna*, die nun zum ewigen christlichen Rom geworden war. Es war naheliegend, daß die Altgläubigen dagegen im Abfall der Christen wie der Staatsführung von den alten Göttern, in der Asebie, die letzte Ursache der Katastrophe sahen. Scheinbar blieb den Christen nur jene Möglichkeit, die Orosius in seinem Geschichtswerk ausführte, die Katastrophe gleichsam zu relativieren.

Augustin wollte statt dessen die Gläubigen aus ihren Bindungen an Rom lösen und den Fall Roms als eine Prüfung in der Zeit interpretieren, der Zeit, die für den Christen stets irrelevant zu sein hat gegenüber seiner Beziehung zu Gott. Neben solchen Intentionen steht als Antithese zur altgläubigen Geschichts- und Zeitauffassung von der periodischen Kreisbewegung der Zyklen jener «gerade Weg», den Christus gezeigt hatte. Geschichte wurde demnach konsequent vom christlichen Glauben her gesehen, in apologetischer Tendenz die Bürgerschaft Gottes gegen diejenigen verteidigt, welche nach wie vor an den alten Göttern und Werten festhielten.

Zum fundamentalen Ordnungsprinzip der Geschichte aber bestimmte Augustin den metaphysischen Gegensatz zwischen der Bürgerschaft Gottes (*civitas dei*) und der Bürgerschaft dieser Welt (*civitas terrena*): «Obwohl darum auf dem Erdkreis so viele und große Völker mit mannigfachen Sitten und Bräuchen leben und sich durch eine Vielfalt von Sprachen, Waffen und Kleidern unterscheiden, gibt es doch nicht mehr als nur zwei Arten menschlicher Gemeinschaft, die wir mit unserer Heiligen Schrift sehr wohl zwei Staaten nennen können. Der eine besteht aus den Menschen, die nach dem Fleisch, der andere aus denen, die nach dem Geist leben wollen...» Jeder dieser Staaten erstrebt dabei auch eine völlig verschiedene Art von Frieden: «Während also dieser himmlische Staat auf Erden pilgert, beruft er aus allen Völkern seine Bürger und sammelt aus allen Zungen seine Pilgergemeinde. Er fragt nichts nach Unterschieden in Sitten, Gesetzen und Einrichtungen, wodurch der irdische Friede begründet oder aufrechterhalten wird, lehnt oder schafft nichts davon ab, bewahrt und befolgt es vielmehr, mag es auch in den verschiedenen Völkern verschieden sein, da alles ein und demselben

Ziele irdischen Friedens dient. Nur darf es die Religion, die den einen und höchsten und wahren Gott zu verehren lehrt, nicht hindern.»

Indessen besitzt dieser irdische Frieden nur begrenzten und relativen Wert; entscheidend ist der himmlische Friede: «Da also das höchste Gut des Gottesstaates der ewige und vollkommene Friede ist, kein Friede, wie ihn die Sterblichen zwischen Geburt und Tod durchschreiten, sondern wie ihn die Unsterblichen, befreit von aller Plage, dauernd genießen – wer könnte da leugnen, daß dies Leben das glückseligste ist, wer bestreiten, daß verglichen mit ihm das Leben, welches wir hier führen, und wäre es überreich an Gütern der Seele, des Leibes und äußerer Habe, nichts als jämmerliches Elend ist? Doch kann man den, der von seinem gegenwärtigen Leben rechten Gebrauch macht und es auf das Ziel jenes Lebens einstellt, das er glühend liebt und in festem Glauben erhofft, auch jetzt schon sinnvoll glückselig nennen, freilich mehr in Hoffnung auf das Jenseits als im Besitz des Diesseits.»

Aus einer solchen Gesamtsicht ergab sich auch das spezifische Herrscherideal Augustins: «Denn wir preisen manche christlichen Kaiser nicht darum glücklich, weil sie länger regierten oder eines sanften Todes starben und ihren Söhnen die Herrschaft hinterließen, oder weil sie die Feinde des Staates niedergeworfen und bösartige Bürgeraufstände entweder verhütet oder unterdrückt haben. Solche und andere Gnadengaben und Tröstungen dieses sorgenvollen Lebens konnten auch Dämonenverehrer empfangen, die am Himmelreich keinen Anteil haben wie sie; und zwar ist es Gottes Barmherzigkeit, die das so fügt, damit die an ihn Glaubenden dergleichen Erdengüter nicht als Höchstes von ihm begehren. Sondern glücklich nennen wir sie, wenn sie gerecht herrschen, wenn sie trotz aller schmeichlerisch verhimmelnden und kriecherisch unterwürfigen Reden sich nicht überheben und nicht vergessen, daß sie Menschen sind, wenn sie ihre Macht in den Dienst seiner Majestät stellen und die Gottesverehrung so weit wie möglich ausbreiten, wenn sie Gott fürchten, lieben und verehren, wenn sie jenes Reich am meisten lieben, in dem sie keine Mitregenten zu fürchten brauchen... Solche christlichen Kaiser nennen wir glücklich, einstweilen nur in Hoffnung, künftig aber voll und ganz, wenn eingetroffen ist, was wir erwarten» (Augustin, *«De civitate dei»* 14; 19; 5 – Übersetzung von W. Thimme).

Auf diese Weise war durch Augustin alle profane Geschichte im Grunde abgewertet, der Heilsprozeß zwischen Schöpfung und Jüngstem Gericht von der Bindung an den einen konkreten Staat des *Imperium Romanum* getrennt, das Christentum von Roms Schicksal völlig gelöst, die zunächst kaum überschaubare Entwicklung nach 410 n. Chr. relativiert. Indem er die Christen gleichsam historisch neu orientierte, stärkte er ihr Bewußtsein für eine Existenz, die sich über die Zeit ebenso erheben konnte wie über alle irdische Macht.

Parallel zu diesen Entwicklungen im christlichen Bereich kam es im altgläubigen bezeichnenderweise zu einer neuen Idealisierung der Stadt

Rom. Gerade in jenen Jahrzehnten, in denen die Macht des Imperiums mehr und mehr zerfiel, als dessen Aufgaben nur noch im Osten in vollem Umfange bewältigt werden konnten und als sich die imperialen Funktionen von Rom abzulösen begannen, fanden die Tradition der Stadt und die Idee Rom in schriftstellerischer wie in dichterischer Form ihren glänzendsten Ausdruck. Diese Würdigungen setzten schon im Geschichtswerk des ehemaligen griechischen Stabsoffiziers Ammianus Marcellinus ein, das einige Zeit nach 378 n. Chr. entstand: «Und schon dem Greisenalter sich zuneigend und nur in Worten noch bisweilen siegend, zog sie [Rom] sich in ein geruhsameres Leben zurück. Daher gab die ehrwürdige Stadt, nachdem sie die übermütigen Staaten wilder Völker gebeugt, und Gesetze, ewige Grundlagen und Stützen der Freiheit, gegeben hatte, wie ein sparsamer, kluger und reicher Hausvater den Kaisern gleichsam als ihren Kindern als eine Art von Erbe das Recht zu regieren. Und sind auch längst die Tribus müßig, die Centurien befriedet, besteht kein Stimmkampf mehr, sondern ist die Sicherheit der Tage Numas zurückgekehrt, so wird sie doch in allen Teilen der Welt als Herrin und Königin aufgenommen, überall ist ehrwürdig und achtunggebietend das graue Haar der Senatoren und hochangesehen der Name des *populus Romanus*» (Ammianus Marcellinus XIV 6,4f. – Übersetzung von F. Taeger).

Ausgerechnet in ein Preislied auf Stilicho, der als Reichsfeldherr nach dem Tode Theodosius' des Großen dessen Politik fortführen wollte, hat dann Claudian, eine der größten dichterischen Begabungen der Epoche, im Jahre 400 n. Chr. seine rühmenden Verse auf die Stadt Rom eingefügt:

«Sie ist's, die allein in ihren Schoß die Unterworfenen aufnahm
und das Menschengeschlecht mit gemeinsamem Namen beglückte
nach der Mutter, nicht nach der Herrscherin Art; zu Bürgern berief sie,
die sie unterworfen, und mit dem Bande der Neigung hat sie sich weit
   entfernte Lande verbunden.
Ihren friedenstiftenden Sitten verdanken wir alle, daß wie heimatlich
Land empfindet jede Region selbst der Fremdling,
daß seinen Sitz beliebig zu wechseln erlaubt ist; daß zu besichtigen
   Thule
nur Spiel wie auch zu durchstreifen einstmals schreckenerregende
   Winkel;
daß wir allgemein trinken der Rhône Strom, daß wir schlürfen die
Wasser des Flusses Orontes;
daß wir alle bilden ein einziges Volk! Nie wird es jemals ein Ende
römischer Herrschaft geben, denn alle die übrigen Reiche
brachte der Luxus mit seinen Lastern und durch den Haß der Hochmut
   zu Fall»
(Claudius Claudianus, *«De consulatu Stilichonis»*,
                150 ff. – Übersetzung von B. Kytzler).

61 J. von Sandrart, Vorstellung der Stadt Rom

Und selbst nach dem Fall Roms, im Jahre 410 n. Chr., wurde die lange Reihe der *laudes Romae* fortgesetzt. Der altgläubige Rutilius Namatianus, der 414 n. Chr. das Amt des *praefectus urbi* bekleidet hatte, schilderte in elegischen Versen seine Reise von Rom nach Gallien und feierte in diesem Zusammenhang noch einmal die ewige, sich aus jeder Katastrophe neu erhebende Stadt:

> «Was nicht untergehn kann, das ersteht aufs neue in größerer Kraft
> und schnellt höher empor, auftauchend aus untersten Tiefen.
> So wie neue Kräfte die niedergebeugte Fackel wiedergewinnt,
> so erreichst du strahlender noch nach niederem Lose die Höhen.
> Gib, die da leben durch römische Jahrhunderte, die Gesetze;
> du allein brauchst nicht zu fürchten des Schicksals Spindeln,
> obgleich nach sechzehn mal zehn und tausend vergangenen Jahren
> nun dir das neunte Jahr schon dahingeht.
> Was an Zeit dir bleibt, das ist untertan keinerlei Schranken,
> solange stehn wird die Erde, solange der Himmel die Sterne wird tragen.
> Das stellt wieder dich her, was andere Reiche vernichtet:
> Wesen deiner Wiedergeburt ist es, wachsen zu können durch Unglück!»
>
> (Rutilius Namatianus, «De reditu suo», 129ff. –
> Übersetzung von B. Kytzler).

Doch nicht das Rom der Konsuln, der *principes* und der Kaiser, sondern jenes der Apostel und der Päpste sollte die folgenden Jahrhunderte faszinieren, so wie es der einst zu Ehren der Apostelfürsten und der Märtyrer geschaffene, bekannteste frühmittelalterliche Rom-Hymnus eines unbekannten Autors formulierte, mit dessen Versen dieses Werk beschlossen sei:

> «O hohes Rom, des Erdkreises Herrin,
> du aller Städte herrlichste,
> von der Märtyrer rosenfarbenem Blute gerötet,
> von der Jungfrauen weißen Lilien hell erstrahlend,
> Gruß sagen wir dir durch alle Zeit,
> wir preisen dich in Ewigkeit»
>
> (Übersetzung von B. Kytzler).

O Roma nobilis, orbis et domina,
cunctarum urbium excellentissima,
roseo martyrum sanguine rubea,
albis et virginum liliis candida:
salutem dicimus tibi per omnia,
te benedicimus: salve per saecula.

Anhang

Literaturhinweise

Vorbemerkung

Die folgenden Angaben wurden auf die grundlegenden sowie auf die wichtigsten neueren Beiträge konzentriert. Aufgeführt sind lediglich größere Werke und Monographien, zunächst zum Gesamtgebiet, danach parallel zum Aufbau des Werks und zur Disposition der einzelnen Kapitel. Dabei waren Überschneidungen nicht zu vermeiden; es ist deshalb empfehlenswert, auch die Titel der jeweils benachbarten Teilbereiche zu berücksichtigen.

Für umfassendere bibliographische Hinweise sei verwiesen auf: Römische Geschichte. Eine Bibliographie. Unter Mitwirkung von R. Anders, M. Gaul und B. Kreck bearbeitet von K. Christ, Darmstadt 1976; Christ, K.: Römische Geschichte. Einführung, Quellenkunde, Bibliographie, Darmstadt 1980³ (mehrere Nachdrucke); Christ, K.: Römische Geschichte und deutsche Geschichtswissenschaft, München 1982; sowie auf die Forschungsberichte zahlreicher Spezialisten in dem von H. Temporini und W. Haase herausgegebenen internationalen Sammelwerk: Aufstieg und Niedergang der Römischen Welt, Berlin 1972 ff. (noch nicht abgeschlossen).

Allgemeiner Teil

Gesamtdarstellungen der römischen Geschichte, Sammelwerke

The Cambridge Ancient History, Vol. VII–XII, ed. Cook, S. A. u. a. Cambridge 1928–1939 (viele Nachdrucke; Neubearbeitung in Vorbereitung)
Christ, K.: Das Römische Weltreich, München 1980³
Dieter, H. – Günther, R.: Römische Geschichte bis 476, Berlin 1981²
dtv-Geschichte der Antike, hrsg. von Murray, O., Bde. 4–6, München 1983 f.
Fischer Weltgeschichte, hrsg. von Grimal, P. u. a., Bde. 6–9, Frankfurt 1965 ff.
Gesche, H.: Rom – Welteroberer und Weltorganisator, München 1981
Heuß, A.: Römische Geschichte, Braunschweig 1983⁵
Kornemann, E.: Römische Geschichte, 2 Bde., hrsg. von Bengtson, H., Stuttgart 1977⁷
Mommsen, Th.: Römische Geschichte, (Bd. 1–3 1854–1856; Bd. 4 nicht erschienen; Bd. 5 1885), Berlin 1–3 1933¹⁴, 5 1933¹¹ (Taschenbuchausgabe in 8 Bdn., München 1976 (mehrere Nachdrucke))
Piganiol, A.: Histoire de Rome, Paris 1962⁵
Propyläen Weltgeschichte, 4. Rom. Die römische Welt, hrsg. von Heuß, A., Berlin 1963 (auch in Taschenbüchern)
Rostovtzeff, M.: Rom, Bremen 1970⁵ (Ders.: Geschichte der Alten Welt 2)
Wacher, J. (Hrsg.): The Roman World, 2 Bde., London 1987
Weltgeschichte, hrsg. von der Akademie der Wissenschaften der UdSSR, Bd. 2, Redaktion Uttschenko, S. L., Berlin 1963²
Weltgeschichte bis zur Herausbildung des Feudalismus, hrsg. von Sellnow, I., Berlin 1977

Handbücher, Hilfsmittel, Karten,
Quellen-Übersetzungen

Arend, W.: Altertum, München 1975² (Geschichte in Quellen I)
Atlante aerofotografico delle sedi umane in Italia, 2 Bde., Florenz 1970
Badian, E. – Sherk, R. K.: Translated Documents of Greece and Rome, Cambridge 1983 ff.
Bengtson, H.: Grundriß der Römischen Geschichte mit Quellenkunde. I. Republik und Kaiserzeit bis 284 n. Chr., München 1982³ (Handbuch der Altertumswissenschaft III,5)
Bengtson, H. u. a. (Hrsg.): Großer Historischer Weltatlas, München 1978⁶
Carta archeologica di Roma, 1:2500, 2 Teile, Rom 1962–1964
Castagnoli, F. (Hrsg.): Forma Italiae, Rom 1967 ff.
Christ, K.: Die Römer. Eine Einführung in ihre Geschichte und Zivilisation, München 1984²
Collection Nouvelle Clio, Bde. 7–12 (Bearbeitet von Heurgon, J., Nicolet, C. u. a.), Paris 1964 ff.
Cornell, T. – Matthews, J.: Rom (Weltatlas der alten Kulturen), München 1982
Cunliffe, B.: Rom und sein Weltreich, Bergisch Gladbach 1979
Finley, M. I. (Hrsg.): Atlas der Klassischen Archäologie, München 1979
Freis, H.: Historische Inschriften zur römischen Kaiserzeit von Augustus bis Konstantin, Darmstadt 1984
Heinen, H. (Hrsg.): Die Geschichte des Altertums im Spiegel der sowjetischen Forschung, Darmstadt 1980
Jones, A. H. M.: A History of Rome through the Fifth Century, 2 Bde., London 1968–1970
Kytzler, B. (Hrsg.): Roma aeterna. Lateinische und griechische Romdichtung von der Antike bis in die Gegenwart, Zürich 1972
Lewis, N. – Reinhold, M.: Roman Civilization, 2 Bde., New York 1966²
Lexikon der Alten Welt, hrsg. von Andresen, C. u. a., Zürich 1965
Nash, E.: Bildlexikon zur Topographie des antiken Rom, 2 Bde., Tübingen 1961–1962
Ritter, A. M.: Alte Kirche, Neukirchen 1985³ (Kirchen- und Theologiegeschichte in Quellen I)
Stillwell, R. (Hrsg.): The Princeton Encyclopedia of Classical Sites, Princeton 1976
Tabula Imperii Romani, 1:1 000 000 (Internationales Gemeinschaftswerk, noch nicht abgeschlossen)
Till, R. (Hrsg.): Res Publica. Texte zur Krise der frühRömischen Tradition, Zürich 1976
Tübinger Atlas des Vorderen Orients (TAVO) – im Erscheinen.
Volkmann, H.: Grundzüge der römischen Geschichte, Darmstadt 1982⁸

Spezieller Teil

Einleitung

Badian, E.: Römischer Imperialismus in der Späten Republik, Stuttgart 1980
Bleicken, J.: Prinzipat und Dominat, Wiesbaden 1978
Bolgar, R. R. (Hrsg.): Classical Influences on European Culture A. D. 1500–1700, Cambridge 1976
Bolgar, R. R. (Hrsg.): Classical Influences on Western Thought A. D. 1650–1870, Cambridge 1979
Büchner, K. (Hrsg.): Latein und Europa, Stuttgart 1978

Christ, K. – Momigliano, A. (Hrsg.): Die Antike im 19. Jahrhundert, Trient (im Satz)
Christ, K.: Römische Geschichte und Wissenschaftsgeschichte 3, Darmstadt 1983
Christ, K.: Von Gibbon zu Rostovtzeff, Darmstadt 1979²
Curtius, E. R.: Europäische Literatur und lateinisches Mittelalter, Bern 1948
Ducrey, P. (Hrsg.): Gibbon et Rome à la lumière de l'historiographie moderne, Genf 1977
Freitag, G.: Leopold von Ranke und die Römische Geschichte, Diss. Marburg 1966
Garnsey, P. D. A. – Whittaker, C. R. (Hrsg.): Imperialism in the Ancient World, Cambridge 1978
Hatschek, J.: Britisches und Römisches Weltreich, München 1921
Heuß, A.: B. G. Niebuhrs wissenschaftliche Anfänge, Göttingen 1981
Heuß, A.: Theodor Mommsen und das 19. Jahrhundert, Kiel 1956
Kaegi, W.: Jacob Burckhardt. Eine Biographie, 7 Bde., Basel 1947–1982
Koebner, R.: Empire, Cambridge 1961
Mazzarino, S.: Storia romana e storiografia moderna, Neapel 1954
Momigliano, A.: Contributi alla storia degli studi classici e del mondo antico, 8 Teile in 11 Bdn., Rom 1955–1987
Momigliano, A.: La formazione della moderna storiografia sull' impero romano, Turin 1938
Neveu, B.: Un Historien à l'École de Port-Royal. S. Le Nain de Tillemont, La Haye 1966
Pfeiffer, R.: Die Klassische Philologie von Petrarca bis Mommsen, München 1982
Salmon, E. T.: The Nemesis of Empire, Oxford 1974
Schneider, F.: Rom und Romgedanke im Mittelalter, München 1926
Wickert, L.: Theodor Mommsen. Eine Biographie, 4 Bde., Frankfurt 1959–1980

Die Römische Republik und ihr Imperium

Allgemeines, «Ursachen der Größe Roms»
Bleicken, J.: Geschichte der Römischen Republik, München 1982²
De Sanctis, G.: Storia dei Romani I–IV, 3, Turin – Florenz 1907–1964, 1967–1968²
Fritz, K. von: The Theory of the Mixed Constitution in Antiquity, New York 1954
Guarino, A.: La democrazia a Roma, Neapel 1979
Heinz, R.: Vom Geist des Römertums, hrsg. von Burck, E., Darmstadt 1972⁴
Knoche, U.: Vom Selbstverständnis der Römer, Heidelberg 1962
Montesquieu, Ch.: Betrachtungen über die Ursachen von Größe und Niedergang der Römer, übers. und hrsg. von Schuckert, L., Bremen o. J.
Oppermann, H. (Hrsg.): Römertum, Darmstadt 1984⁵
Oppermann, H. (Hrsg.): Römische Wertbegriffe, Darmstadt 1983³
Vogt, J.: Die römische Republik, München 1973⁶

Verfassung
Bleicken, J.: Die Verfassung der römischen Republik, Paderborn 1985⁴
Bleicken, J.: Lex publica, Berlin 1975
Bleicken, J.: Das Volkstribunat der klassischen Republik, München 1968²
De Martino, F.: Storia della costituzione romana, 6 Bde., Neapel 1958–1972²
Kunkel, W.: Römische Rechtsgeschichte, Köln 1983¹⁰
Meyer, E.: Römischer Staat und Staatsgedanke, Zürich 1975⁴
Mommsen, Th.: Römisches Staatsrecht, 3 Teile in 5 Bdn., Leipzig 1887–1888³; NDr. 1963;
  Dazu: Stellenregister von Malitz, J. München 1979
Nicolet, C.: Le métier de citoyen dans la Rome républicaine, Paris 1976
Staveley, E. S.: Greek and Roman Voting and Elections, London 1972
Taylor, L. R.: Roman Voting Assemblies, Ann Arbor 1966
Taylor, L. R.: The Voting Districts of the Roman Republic, Rom 1960

Sozialstruktur

Alföldy, G.: Römische Sozialgeschichte, Wiesbaden 1984³
Bauman, R. A.: Lawyers in Roman Republican Politics. A study of the Roman jurists in their political setting, 316–82 B. C., München 1983
Brunt, P. A.: Social Conflicts in the Roman Republic, London 1971
Gelzer, M.: Die Nobilität der römischen Republik, Leipzig 1912 (= Ders.: Kleine Schriften I, Wiesbaden 1962, 17–135)
Hölkeskamp, K.-J.: Die Entstehung der Nobilität. Studien zur sozialen und politischen Geschichte der Römischen Republik im 4. Jhdt. v. Chr., Stuttgart 1987
Münzer, F.: Römische Adelsparteien und Adelsfamilien, Stuttgart 1920; NDr. 1963
Nicolet, C.: L'ordre équestre à l'époque républicaine (312–43 avant J.-C.), 2 Bde., Paris 1964–1974
Rouland, N.: Pouvoir politique et dépendance personelle dans l'Antiquité romaine. Genèse et rôle des rapports de clientèle, Brüssel 1979

Herrschaftsstruktur und Expansion

Badian, E.: Foreign Clientelae (264–70 B. C.), Oxford 1958
Christ, K. (Hrsg.): Hannibal, Darmstadt 1974
Dahlheim, W.: Gewalt und Herrschaft. Das provinziale Herrschaftssystem der römischen Republik, Berlin 1977
Dahlheim, W.: Struktur und Entwicklung des römischen Völkerrechts im dritten und zweiten Jahrhundert v. Chr., München 1968
Deininger, J.: Der politische Widerstand gegen Rom in Griechenland 217–86 v. Chr., Berlin 1971
Eckstein, A. M.: Senate and General. Individual Decision Making and Roman Foreign Relations, 264–194 B. C., Berkeley 1987
Errington, R. M.: The Dawn of Empire, London 1971
Galsterer, H.: Herrschaft und Verwaltung im republikanischen Italien, München 1976
Gruen, E. S.: The Hellenistic World and the Coming of Rome, 2 Bde., Berkeley 1984
Hantos, Th.: Das römische Bundesgenossensystem in Italien, München 1983
Harris, W. V.: War and Imperialism in Republican Rome, 327–70 B. C., Oxford 1979
Huß, W.: Geschichte der Karthager, München 1985
Piganiol, A.: La conquête romaine, Paris 1967⁵
Salmon, E. T.: The Making of Roman Italy, London 1982
Salmon, E. T.: Samnium and the Samnites, Cambridge 1967
Salmon, E. T.: Roman Colonization under the Republic, London 1960

Der Niedergang der Römischen Republik
Die Epoche der Bürgerkriege

Allgemeines

Brunt, P. A.: The Fall of the Roman Republic (in Vorbereitung)
Christ, K.: Krise und Untergang der Römischen Republik, Darmstadt 1984²
Epstein, D. F.: Political and Personal Enmity in the Roman Republic, London 1987
Keaveney, A.: Rome and the Unification of Italy, Beckenham 1987
Rossi, R. F.: Dai Gracchi a Silla, Bologna 1980 (Storia di Roma IV)
Schneider, H.: Die Entstehung der römischen Militärdiktatur, Köln 1977
Scullard, H. H.: From the Gracchi to Nero, London 1982⁵
Seager, R. (Hrsg.): The Crisis of the Roman Republic, Cambridge 1969
Smith, R. E.: The Failure of the Roman Republic, Cambridge 1955
Syme, R.: The Roman Revolution, Oxford 1939 (Zahlreiche Nachdrucke)
La Rivoluzione Romana. Inchiesta tra gli Antichisti, hrsg. von Guarino, A., Neapel 1982

Wirtschaftliche und gesellschaftliche Veränderungen

Badian, E.: Publicans and Sinners. Private Enterprise in the Service of the Roman Republic, Oxford 1972
Les «bourgeoisies» municipales italiennes aux 2e et 1er siècles av. J.-C., Paris 1983
Brockmeyer, N.: Arbeitsorganisation und ökonomisches Denken in der Gutswirtschaft des römischen Reiches, Bochum 1968
Brunt, P. A.: Italian Manpower 225 B. C. – A. D. 14, Oxford 1987[2]
Capogrossi Colognesi, L. (Hrsg.): L'Agricoltura Romana. Guide storica e critica, Rom 1982
Cimma, M. R.: Ricerche sulle società di publicani, Mailand 1981
De Martino, F.: Wirtschaftsgeschichte des alten Rom, München 1985
De Sanctis, G.: La guerra sociale, hrsg. von Polverini, L., Florenz 1976
Dohr, H.: Die italischen Gutshöfe nach den Schriften Catos und Varros, Köln 1965
Gabba, E. – Pasquinucci, M.: Strutture agrarie e allevamento transumante nell' Italia romana, Pisa 1979
Gabba, E.: Republican Rome, the Army and the Allies, Oxford 1976
Gabba, E.: Le rivolte militari romane dal IV secolo a. C. ad Augusto, Florenz 1975
Hackl, U.: Senat und Magistratur in Rom von der Mitte des 2. Jahrhunderts v. Chr. bis zur Diktatur Sullas, Kallmünz 1982
Hantos, Th.: Res publica constituta. Die Verfassung des Diktators Sulla, Stuttgart 1987
Hinard, F.: Les Proscriptions de la Rome républicaine, Rom 1985
Johne-Köhn-Weber: Die Kolonen in Italien und den westlichen Provinzen des Römischen Reiches, Berlin 1983
Kaltenstadler, W.: Arbeitsorganisation und Führungssystem bei den römischen Agrarschriftstellern (Cato, Varro, Columella) Stuttgart 1978
Kampen, N.: Image and Status. Roman Working Women in Ostia, Berlin 1981
Keppie, L.: Colonisation and Veteran Settlement in Italy, 47–14 B. C., London 1983
Kolendo, J.: L'agricoltura nell' Italia romana, Rom 1980
Kreck, B.: Untersuchungen zur politischen und sozialen Rolle der Frau in der späten römischen Republik, Diss. Marburg 1975
Lintott, A. W.: Violence in Republican Rome, Oxford 1968
Meier, Chr.: Res publica amissa, Frankfurt 1980[2]
Nicolet, C. (Hrsg.): Des ordres à Rome, Paris 1984
Rinkewitz, W.: Pastio villatica. Untersuchungen zur intensiven Hoftierhaltung in der römischen Landwirtschaft, Frankfurt 1984
Schneider, H. (Hrsg.): Zur Sozial- und Wirtschaftsgeschichte der späten Römischen Republik, Darmstadt 1976
Schneider, H.: Wirtschaft und Gesellschaft, Erlangen 1974
Shatzman, I.: Senatorial Wealth and Roman Politics, Brüssel 1975
Toynbee, A.: Hannibal's Legacy, 2 Bde., Oxford 1965
Triebel, Ch. A. M.: Ackergesetze und politische Reformen, Bonn 1980
Veyne, P.: Le pain et le cirque. Sociologie historique d'un pluralisme politique, Paris 1976
Weber, M.: Die römische Agrargeschichte in ihrer Bedeutung für das Staats- und Privatrecht, 1891, hrsg. von Deininger, J. (Max Weber Gesamtausgabe I,2), Tübingen 1986
White, K. D.: Roman Farming, London 1970
Zimmer, G.: Römische Berufsdarstellungen, Berlin 1982

Sklaven und Freigelassene

Bömer, F.: Untersuchungen über die Religion der Sklaven in Griechenland und Rom. I. Die wichtigsten Kulte und Religionen in Rom und im lateinischen Westen, Wiesbaden 1981[2]
Fabre, G.: Libertus. Recherches sur les rapports patron-affranchi à la fin de la république romaine, Paris 1981

Finley, M. I.: Die Sklaverei in der Antike, München 1981
Giardina, A. - Schiavone, A. (Hrsg.): Società Romana e Produzione Schiavistica, 3 Bde., Bari 1981
Guarino, A.: Spartakus. Analyse eines Mythos, München 1980
Herrmann-Otto, E. (Bearb.): Bibliographie zur antiken Sklaverei, 2 Teile, Bochum 1983
Hopkins, K.: Conquerors and Slaves, Cambridge 1978
Kudlien, F.: Die Stellung des Arztes in der römischen Gesellschaft, Stuttgart 1986
Prachner, G.: Die Sklaven und Freigelassenen im arretinischen Sigillatagewerbe, Wiesbaden 1980
Staerman, E.: Die Blütezeit der Sklavenwirtschaft in der Römischen Republik, Wiesbaden 1969
Treggiari, S.: Roman Freedmen during the Late Republic, London 1969
Vogt, J.: Sklaverei und Humanität, Wiesbaden 1972^2; Ergänzungsheft 1983

Kultur und Religion

Bailey, C.: Lucretius, 3 Bde., Oxford 1947
Flach, D.: Einführung in die römische Geschichtsschreibung, Darmstadt 1985
Frank, T.: Life and Literature in the Roman Republic, Berkeley 1930
Fuhrmann, M. (Hrsg.): Römische Literatur, Frankfurt 1974
Gros, G.: Architecture et Société à Rome et en Italie centroméridionale aux deux derniers siècles de la République, Brüssel 1978
Haffter, H.: Römische Politik und römische Politiker, Heidelberg 1967
Hülsemann, M.: Theater, Kult und bürgerlicher Widerstand im antiken Rom, Frankfurt 1987
Jal, P.: La guerre civile à Rome. Étude littéraire et morale, Paris 1963
Klingner, F.: Römische Geisteswelt, München 1961^4
Kroll, W.: Die Kultur der ciceronischen Zeit, 2 Bde., Leipzig 1933; NDr. 1975
Latte, K.: Römische Religionsgeschichte, München 1967^2
Manuwald, B.: Der Aufbau der lukrezischen Kulturentstehungslehre, Wiesbaden 1980
Mellor, R.: Thea Rome, Göttingen 1975
Minyard, J. D.: Lucretius and the Late Republic, Leiden 1985
Müller, R. (Hrsg.): Rom, Berlin 1978 (Kulturgeschichte der Antike 2)
Nilsson, M. P.: The Dionysiac Mysteries of the Hellenistic and Roman Age, Lund 1957
Quinn, K.: Catullus, London 1972
Scullard, H. H.: Festivals and Ceremonies of the Roman Republic, London 1981
Suerbaum, W.: Untersuchungen zur Selbstdarstellung älterer römischer Dichter: Livius Andronicus, Naevius, Ennius, Hildesheim 1968
Ulf, Ch.: Das römische Lupercalienfest, Darmstadt 1982
Weinreich, O.: Catull, Zürich 1969
Wissowa, G.: Religion und Kultus der Römer, München 1912^2; NDr. 1971
Zazagi, N.: Tradition and Originality in Plautus, Göttingen 1980

Außenpolitik

Benabou, M.: La résistance africaine à la romanisation, Paris 1976
Bernhardt, R.: Polis und römische Herrschaft in der späten Republik (149–31 v. Chr.), Berlin 1985
Chevallier, R.: La romanisation de la Celtique du Po, Paris 1980
Dobesch, G.: Die Kelten in Österreich nach den ältesten Berichten der Antike. Das norische Königreich und seine Beziehungen zu Rom im 2. Jahrhundert v. Chr., Wien 1980
Ebel, Ch.: Transalpine Gaul. The Emergence of a Roman Province, Leiden 1976
Lassère, J.-M.: Ubique Populus. Peuplement et mouvements de population dans l'Afrique romaine de la chute de Carthage à la fin de la dynastie des Sévères (146 a. C. – 235 p. C.), Paris 1977

Magie, D.: Roman Rule in Asia Minor, 2 Bde., Princeton 1950
Momigliano, A.: Hochkulturen im Hellenismus, München 1979
Ritter, H. W.: Rom und Numidien, Lüneburg 1987
Sherwin-White, A. N.: Roman Foreign Policy in the East, 168 B.C. to A.D. 1, London 1984
Will, E.: Histoire politique du Monde hellénistique (323–30 av. J.C.), 2 Bde., Nancy 1979–1982²

Die «kolossalen Individualitäten»
Astin, A. E.: Cato the Censor, Oxford 1978
Astin, A. E.: Scipio Aemilianus, Oxford 1967
Bengtson, H.: Marcus Antonius. Triumvir und Herrscher des Orients, München 1977
Boren, H. C.: The Gracchi, New York 1968
Carney, T. F.: A Biography of C. Marius, Chicago 1970²
Clarke, M. L.: The noblest Roman. Marcus Brutus and his reputation, Ithaca, N.Y. 1981
Drumann, W. – Groebe, P.: Geschichte Roms in seinem Übergange von der republikanischen zur monarchischen Verfassung oder Pompeius, Cicero, Caesar und ihre Zeitgenossen, 6 Bde., Berlin 1899–1929²; NDr. 1964
Earl, D. C.: Tiberius Gracchus. A Study in Politics, Brüssel 1963
Fehrle, R.: Cato Uticensis, Darmstadt 1983
Gelzer, M.: Cicero, Wiesbaden 1969; NDr. 1983
Gelzer, M.: Pompeius, München 1959²; NDr. hrsg. von Herrmann-Otto, E., Stuttgart 1984
Gruen, E. S.: The Last Generation of the Roman Republic, Berkeley 1974
Guarino, A.: La coerenza di Publio Mucio, Neapel 1981
Hegel, G. W. F.: Vorlesungen über die Philosophie der Geschichte, ed. Stuttgart 1961
Huzar, E. G.: Mark Antony, Minneapolis 1978
Keaveney, A.: Sulla. The last republican, London 1982
Kienast, D.: Cato der Zensor, Darmstadt 1979²
Marshall, B. A.: Crassus. A political biography, Amsterdam 1976
Ooteghem, J. van: Caius Marius, Brüssel 1964
Scullard, H. H.: Scipio Africanus: Soldier and Politician, London 1970
Seager, R.: Pompey, Oxford 1979
Stockton, D.: The Gracchi, Oxford 1979
Volkmann, H.: Sullas Marsch auf Rom, München 1958; NDr. 1969
Ward, A. M.: Marcus Crassus and the Late Roman Republic, Missouri 1977

Caesar
Alföldi, A.: Caesar in 44 v. Chr., 2 Bde., Bonn 1974–1985
Bruhns, H.: Caesar und die römische Oberschicht in den Jahren 49–44 v. Chr., Göttingen 1978
Gelzer, M.: Caesar, Wiesbaden 1960⁶; NDr. 1983
Gesche, H.: Caesar, Darmstadt 1976
Gesche, H.: Die Vergottung Caesars, Kallmünz 1968
Jehne, M.: Der Staat des Dictators Caesar, Köln 1987
Meier, Chr.: Caesar, Berlin 1982; TB. München 1986
Raaflaub, K.: Dignitatis contentio, München 1974
Rasmussen, D. (Hrsg.): Caesar, Darmstadt 1980³
Strasburger, H.: Caesar im Urteil seiner Zeitgenossen, Darmstadt 1968²
Taylor, L. R.: Party Politics in the Age of Caesar, Berkeley 1966
Weinstock, St.: Divus Iulius, Oxford 1971
Yavetz, Z.: Caesar in der öffentlichen Meinung, Düsseldorf 1979

Octavians Aufstieg zur Alleinherrschaft

Alföldi, A.: Oktavians Aufstieg zur Macht, Bonn 1976
Becher, J.: Das Bild der Kleopatra in der griechischen und lateinischen Literatur, Berlin 1966
Bengtson, H.: Kleine Schriften, München 1974
Botermann, H.: Die Soldaten und die römische Politik in der Zeit von Caesars Tod bis zur Begründung des zweiten Triumvirats, München 1968
Buchheim, H.: Die Orientpolitik des Triumvirn M. Antonius, Heidelberg 1960
Carter, J. M.: Die Schlacht bei Aktium, Wiesbaden 1972
Frisch, H.: Cicero's Fight for the Republic, Kopenhagen 1946
Herrmann, P.: Der römische Kaisereid, Göttingen 1968
Hoben, W.: Untersuchungen zur Stellung kleinasiatischer Dynasten in den Machtkämpfen der ausgehenden römischen Republik, Mainz 1969
Levi, M. A.: Ottaviano Capoparte, 2 Bde., Florenz 1933
Premerstein, A. von: Vom Werden und Wesen des Prinzipats, München 1937
Rossi, R. F.: Marco Antonio nella lotta politica della tarda repubblica romana, Triest 1959
Schalit, A.: König Herodes, Berlin 1969
Schmitthenner, W.: Octavian und das Testament Caesars, München 1973²
Schmitthenner, W.: The Armies of the Triumviral Period, Thesis Oxford 1958
Tarn, W. W. – Charlesworth, M. P.: Octavian, Antonius und Kleopatra, München 1967
Volkmann, H.: Kleopatra. Politik und Propaganda, München 1953
Wirszubski, C.: Libertas als politische Idee im Rom der späten Republik und des frühen Prinzipats, Darmstadt 1967

Der Principat des Augustus

Allgemeines

Augustus, Studi in occasione del bimillenario augusteo, Rom 1938
Bengtson, H.: Kaiser Augustus. Sein Leben und seine Zeit, München 1981
Binder, G. (Hrsg.): Saeculum Augustum, 3 Bde., Darmstadt 1987ff.
Braunert, H.: Politik, Recht und Gesellschaft in der griechisch-römischen Antike, Stuttgart 1980
Earl, D.: Augustus und seine Zeit, Wiesbaden 1969
Gardthausen, V.: Augustus und seine Zeit, 3 Bde. in 6 Teilen, Leipzig 1891–1904; NDr. 1964
Hönn, K.: Augustus im Wandel zweier Jahrtausende, Leipzig 1938
Jones, A. H. M.: Augustus, London 1970
Jones, A. H. M.: Studies in Roman Government and Law, Oxford 1968
Kienast, D.: Augustus. Prinzeps und Monarch, Darmstadt 1982
Lefèvre, E. (Hrsg.): Monumentum Chiloniense. Studien zur augusteischen Zeit, Amsterdam 1975
Levi, A. M.: Augusto e il suo tempo, Mailand 1986
Malcovati, H.: Imperatoris Caesaris Augusti Operum Fragmenta, Turin 1969⁵
Millar, F. – Segal, E. (Hrsg.): Caesar Augustus. Seven Aspects, Oxford 1984
Rice Holmes, T.: The Architect of the Roman Empire, 2 Bde., Oxford 1928–1931
Schmitthenner, W. (Hrsg.): Augustus, Darmstadt 1985²
Stahlmann, I.: Imperator Caesar Augustus. Studien zur Geschichte des Principatsverständnisses in der deutschen Altertumswissenschaft, Darmstadt 1988
Stier, H. E.: Kleine Schriften, Meisenheim am Glan 1979
Syme, R.: Roman Papers, 3 Bde., Oxford 1979–1984

Vittinghoff, F.: Kaiser Augustus, Göttingen 1959
Weber, W.: Princeps I, Stuttgart 1936
Wilcken, U.: Berliner Akademieschriften zur Alten Geschichte und Papyruskunde, 2 Bde., Leipzig 1970
Willrich, H.: Livia, Leipzig 1911

Die Verrechtlichung der Macht und der Ausbau des politischen Systems

Grundzüge der innenpolitischen Entwicklung und der staatsrechtlichen Absicherung des Principats
Castritius, H.: Der römische Prinzipat als Republik, Husum 1982
Fadinger, V.: Die Begründung des Prinzipats, Berlin 1969
Grant, M.: From Imperium to Auctoritas, Cambridge 1946; NDr. 1969
Grenade, P.: Essai sur les origines du principat, Paris 1961
Hammond, M.: The Augustan Principate in theory and practice during the Julio-Claudian period, New York 1968^2
Kromayer, J.: Die rechtliche Begründung des Prinzipats, Marburg 1888
Magdelain, A.: Auctoritas Principis, Paris 1967
Sattler, P.: Augustus und der Senat, Göttingen 1960
Sirago, V. A.: Il Principato di Augusto. Concentrazione di proprietà e di poteri nelle mani dell' imperatore, Bari 1978
Tibiletti, G.: Principe e magistrati repubblicani, Rom 1953

Die Formierung der Gesellschaft
De Laet, S. J.: Aspects de la vie sociale et économique sous Auguste et Tibère, Brüssel 1944
Gilbert, R.: Die Beziehungen zwischen Prinzeps und stadtrömischer Plebs im frühen Principat, Bochum 1976
Pani, M.: Principato e Società a Roma dai Giulio Claudi ai Flavi, Bari 1983
Pfister, G.: Die Erneuerung der römischen iuventus durch Augustus, Bochum 1977
Pistor, H. H.: Princeps und Patriziat in der Zeit von Augustus bis Commodus, Diss. Freiburg 1965
Syme, R.: The Augustan Aristocracy, Oxford 1986
Wiseman, T. P.: New Men in the Roman Senate 139 B. C. – A. D. 14, Oxford 1971
Yavetz, Z.: Plebs and Princeps, London 1969

Die Neuordnung der Administration und des Heeres
Bellen, H.: Die germanische Leibwache der römischen Kaiser des julisch-claudischen Hauses, Mainz 1981
Corbier, M.: L'Aerarium Saturni et l'Aerarium Militare, Rom 1974
Eck, W.: Die staatliche Organisation Italiens in der hohen Kaiserzeit, München 1979
Frei-Stolba, R.: Untersuchungen zu den Wahlen in der römischen Kaiserzeit, Diss. Zürich 1967
Srankiewicz, R.: Les gouverneurs de province à l'époque augustéenne, 2 Bde., Paris 1975 f.

Rechtsprechung
Csillag, P.: The Augustan Laws on Family Relations, Budapest 1976
De Visscher, F.: Les édits d'Auguste découverts à Cyrène, Löwen 1940
Gualandi, G.: Legislazione imperiale e giurisprudenza, 2 Bde., Mailand 1963
Honoré, T.: Emperors and lawyers, London 1981
Kelly, J. H.: Princeps iudex, Weimar 1957
Kunkel, W.: Kleine Schriften. Zum römischen Strafverfahren und zur römischen Verfassungsgeschichte, Weimar 1974
Stroux, J. – Wenger, L.: Die Augustus-Inschrift auf dem Marktplatz von Kyrene, München 1928

Volkmann, H.: Zur Rechtsprechung im Principat des Augustus, München 1935
Wirtschaftsstruktur – siehe S. 821 f.

Grenz- und Außenpolitik

Brancati, A.: Augusto e la guerra di Spagna, Urbino 1963
Christ, K.: Römische Geschichte und Wissenschaftsgeschichte 1, Darmstadt 1982
Christ, K.: Drusus und Germanicus, Paderborn 1956
Ciudades Augusteas de Hispania, 2 Bde., Saragossa 1976
Meyer, H. D.: Die Außenpolitik des Augustus und die augusteische Dichtung, Köln 1961
Pani, M.: Roma e i re d'Oriente da Augusto a Tiberio (Cappadocia, Armenia, Media Atropatene), Bari 1972
Romer, F. E.: G. and L. Caesar in the East, Diss. Stanford 1974
Schön, F.: Der Beginn der römischen Herrschaft in Rätien, Sigmaringen 1986
Syme, R.: Danubian Papers, Bukarest 1971
Timpe, D.: Arminius-Studien, Bonn 1971
Wissemann, M.: Die Parther in der augusteischen Dichtung, Diss. Düsseldorf 1980
Ziegler, K. H.: Die Beziehungen zwischen Rom und dem Partherreich, Wiesbaden 1964

Die Kultur der augusteischen Zeit

Allgemeines
Bowersock, G. W.: Augustus and the Greek World, Oxford 1965
Heinze, R.: Die augusteische Kultur, Darmstadt 1983[4]
Klio 67, 1985, Heft 1: «Die Kultur der Augusteischen Zeit»

Literatur
Albrecht, M. von – Zinn, E. (Hrsg.): Ovid, Darmstadt 1982[2]
Becker, C.: Das Spätwerk des Horaz, Göttingen 1963
Burck, E. (Hrsg.): Wege zu Livius, Darmstadt 1987[3]
Burck, E. (Hrsg.): Das römische Epos, Darmstadt 1979
Eisenhut, W. (Hrsg.): Properz, Darmstadt 1975
Fraenkel, E.: Horaz, Darmstadt 1983[6]
Klingner, F.: Virgil, Zürich 1967
Norden, E.: P. Vergilius Maro. Aeneis, Buch VI, Darmstadt 1984[8]
Oppermann, H. (Hrsg.): Wege zu Horaz, Darmstadt 1980[2]
Oppermann, H. (Hrsg.): Wege zu Vergil, Darmstadt 1976[2]
Sullivan, J. P.: Propertius. A Critical Introduction, Cambridge 1976
Syme, R.: History in Ovid, Oxford 1978
Wimmel, W.: Der frühe Tibull, München 1968
Wimmel, W.: Tibull und Delia, Wiesbaden 1976

Kunst
Buchner, E.: Die Sonnenuhr des Augustus, Mainz 1982
Carettoni, G.: Das Haus des Augustus auf dem Palatin, Mainz 1983
Massner, A.-K.: Bildnisangleichung. Untersuchungen zur Entstehung und Wirkungsgeschichte des Augustusporträts, Berlin 1982
Moretti, G.: Ara Pacis Augustae, 2 Bde., Rom 1948
Rodenwaldt, G.: Kunst um Augustus, Berlin 1943[2]
Simon, E.: Augustus. Kunst und Leben in Rom um die Zeitenwende, München 1986
Vierneisel, K. – Zanker, P.: Die Bildnisse des Augustus. Herrscherbild und Politik im kaiserlichen Rom, München 1979
Zanker, P.: Augustus und die Macht der Bilder, München 1987

Religiöse Entwicklungen

Albert, R.: Das Bild des Augustus auf den frühen Reichsprägungen. Studien zur Vergöttlichung des ersten Princeps, Speyer 1981
Alföldi, A.: Die zwei Lorbeerbäume des Augustus, Bonn 1973
Le Culte des Souverains dans l'Empire Romain, Vandoeuvres 1973
Deininger, J.: Die Provinziallandtage der römischen Kaiserzeit von Augustus bis zum Ende des 3. Jahrhunderts n. Chr., München 1965
Gros, P.: Aurea Templa. Recherches sur l'architecture religieuse de Rome à l'époque d'Auguste, Rom 1976
Hänlein-Schäfer, H.: Veneratio Augusti. Eine Studie zu den Tempeln des ersten römischen Kaisers, Rom 1985
Nock, A. D.: Essays on Religion and the Ancient World, 2 Bde., Oxford 1972
Ogilvie, R. M.: ... und bauten die Tempel wieder auf. Religion und Staat im Zeitalter des Augustus, Stuttgart 1982; Taschenbuchausgabe München 1984
Schilling, R.: Rites, cultes, dieux de Rome, Paris 1979
Wlosok, A. (Hrsg.): Römischer Kaiserkult, Darmstadt 1978

Ideologie und Verfassungswirklichkeit

Alföldi, A.: Der Vater des Vaterlandes im römischen Denken, Darmstadt 1971
Béranger, J.: Principatus. Etudes de notions et d'histoire politiques dans l'Antiquité gréco-romaine, Genf 1973
Béranger, J.: Recherches sur l'aspect idéologique du principat, Basel 1953
Instinsky, H. U.: Die Siegel des Augustus, Baden-Baden 1962
Klein, R. (Hrsg.): Prinzipat und Freiheit, Darmstadt 1969
Kornemann, E.: Mausoleum und Tatenbericht des Augustus, Leipzig 1921
Sutherland, C. H. V.: The Emperor and the Coinage, London 1976
Sutherland, C. H. V.: Coinage in Roman Imperial Policy, 31 B. C. – A. D. 68, London 1951; NDr. 1971
Treves, P.: Il Mito di Alessandro e la Roma d'Augusto, Mailand 1953

Das Römische Reich im 1. Jahrhundert n. Chr.

Die Konsolidierung des Principats unter Tiberius (14–37 n. Chr.)

Akveld, W. F.: Germanicus, Groningen 1961
Hennig, D.: L. Aelius Seianus, München 1975
Kornemann, E.: Tiberius, Stuttgart 1960
Levick, B.: Tiberius the Politician, London 1976
Schrömbges, P.: Tiberius und die Res publica Romana, Bonn 1986
Seager, R.: Tiberius, London 1972
Thiel, J. H.: Kaiser Tiberius, Darmstadt 1970
Timpe, D.: Der Triumph des Germanicus, Bonn 1968
Timpe, D.: Untersuchungen zur Kontinuität des frühen Prinzipats, Wiesbaden 1962

Das Römische Reich unter Caligula, Claudius und Nero (37–68 n. Chr.)

Balsdon, J. P. V. D.: The Emperor Gaius (Caligula), Oxford 1934; NDr. 1964
Bellen, H.: Beiträge zur Rechtsprechung der stadtrömischen Gerichte unter dem Prinzipat des Gaius und des Claudius, Diss. Köln 1955
Bishop, J.: Nero, the man and the legend, London 1964

Cizek, E.: Néron, Paris 1982
Cizek, E.: L'époque de Néron et ses controverses idéologiques, Leiden 1971
Griffin, M.: Nero: The End of a Dynasty, London 1984
Momigliano, A.: Claudius. The emperor and his achievement, Cambridge 1961²
Premerstein, A. von: Alexandrinische Geronten vor Kaiser Gaius, Gießen 1939
Quidde, L.: Caligula. Eine Studie über den Cäsarenwahnsinn, Leipzig 1894
Schumann, G.: Hellenistische und griechische Elemente in der Regierung Neros, Diss. Leipzig 1930
Schur, W.: Die Orientpolitik des Kaisers Nero, Leipzig 1923; NDr. 1963
Scramuzza, V. M.: The Emperor Claudius, Cambridge, Mass. 1940; NDr. 1971
Warmington, B. H.: Nero. Reality and legend, London 1969

Die Krise des Vierkaiserjahres und die Epoche der Flavier (68–96 n. Chr.)

Bengtson, H.: Die Flavier, München 1979
Burr, V.: Tiberius Iulius Alexander, Bonn 1955
Fortina, M.: L'imperatore Tito, Turin 1955
Fuchs, H.: Das Klagelied der Sulpicia über die Gewaltherrschaft des Kaisers Domitian, Basel 1968
Grassl, H.: Untersuchungen zum Vierkaiserjahr 68/69 n. Chr., Wien 1973
Greenhalgh, P.: The Year of the Four Emperors, London 1975
Gsell, St.: Essai sur le règne de l'empereur Domitien, Paris 1894; NDr. 1967
Henderson, B. W.: Five Roman Emperors (Vespasian to Trajan), New York 1927; NDr. 1969
Homo, L.: Vespasien. L'empereur du bon sens (69–79 apr. J.-C.), Paris 1949
Jones, B. W.: The Emperor Titus, London 1984
Kreissig, H.: Die sozialen Zusammenhänge des Judäischen Krieges, Berlin 1970
Lucrezi, F.: Leges super principem. La ‹Monarchia Costituzionale› di Vespasiano, Neapel 1982
Nicols, J.: Vespasian and the Partes Flavianae, Wiesbaden 1978
Patsch, C.: Der Kampf um den Donauraum unter Domitian und Trajan, Wien 1937
Simon, G.: Historische Interpretationen zur Reichsprägung der Kaiser Vespasian und Titus, Diss. Marburg 1952
Urban, R.: Der «Bataveraufstand» und die Erhebung des Iulius Classicus, Trier 1985
Weber, W.: Josephus und Vespasian, Berlin 1921. NDr. 1973
Wellesley, K.: The long year A. D. 69, Boulder, Col. 1976

Das Römische Reich im 2. Jahrhundert n. Chr.

Das Adoptivkaisertum – Ideologie und Verfassungswirklichkeit

Garzetti, A.: Nerva, Rom 1950
Homo, L.: Le siècle d'or de l'empire romain (96–192 ap. J.-C.), ed. Piétri, Ch., Paris 1969
Paribeni, R.: Nerva, Rom 1947
Strack, P. L.: Untersuchungen zur römischen Reichsprägung des 2. Jahrhunderts, 3 Bde., Stuttgart 1931–1937
Weber, W.: Rom, Herrschertum und Reich im 2. Jahrhundert, Stuttgart 1937

Die Regierung Trajans (98–117 n. Chr.)

Cizek, E.: L'époque de Traian, Paris 1983
Les Empereurs Romains d'Espagne, Paris 1965

Frankfort, Th.: Études sur les guerres orientales de Trajan, Brüssel 1955
Guey, J.: Essai sur la guerre parthique de Traian (114–117), Bukarest 1937
Harris, B. F.: Bithynia under Trajan, o. O. 1964
Lepper, F. A.: Trajan's Parthian War, London 1948
Paribeni, R.: Optimus princeps, 2 Bde., Messina 1926–1927; NDr. 1975
Pucci, M.: La rivolta ebraica al tempo di Traiano, Pisa 1981
Strobel, K.: Untersuchungen zu den Dakerkriegen Trajans, Bonn 1984
Temporini, H.: Die Frauen am Hofe Trajans, Berlin 1978

Das Römische Reich unter Hadrian (117–138 n. Chr.) und Antoninus Pius (138–161 n. Chr.)

Carrata-Thomes, F.: Gli Alani nella politica orientale di Antonino Pio, Turin 1958
Hammond, M.: The Antonine Monarchy, Rom 1959
Henderson, W.: The life and principate of the emperor Hadrian. A. D. 76–138, London 1923; NDr. 1968
Hüttl, W.: Antoninus Pius, 2 Bde., Prag 1933–1936
D'Orgeval, B.: L'empereur Hadrien. Oeuvre législative et administrative, Paris 1950
Perowne, S.: Hadrian. Sein Leben und seine Zeit, München 1977²
Schäfer, P.: Der Bar Kokhba-Aufstand, Tübingen 1981
Weber, W.: Untersuchungen zur Geschichte des Kaisers Hadrian, Leipzig 1907; NDr. 1973
Yourcenar, M.: Ich zähmte die Wölfin, Stuttgart 1954

Das Römische Reich unter M. Aurel (161–180 n. Chr.) und Commodus (180–192 n. Chr.)

Birley, A.: Mark Aurel, München 1977²
Farquharson, A. S. L.: M. Aurelius, Oxford 1952²
Gherardini, M.: Studien zur Geschichte des Kaisers Commodus, Wien 1974
Grosso, F.: La lotta politica al tempo di Commodo, Turin 1964
Klein, R. (Hrsg.): Marc Aurel, Darmstadt 1979 (Wege der Forschung 550)
Oliver, J. H.: Marcus Aurelius. Aspects of civic and cultural policy in the East, Princeton 1970

Die gesellschaftliche Struktur des Imperium Romanum

Allgemeines

Alföldy, G.: Die römische Gesellschaft. Ausgewählte Beiträge, Stuttgart 1986
Balsdon, D.: Die Frau in der römischen Antike, München 1979
Dill, S.: Roman Society from Nero to Marcus Aurelius, London 1905²
Gagé, J.: Les classes sociales dans l'Empire romain, Paris 1964
Garnsey, P. – Saller, R.: The Roman Empire. Economy, Society and Culture, London 1987
Garnsey, P.: Social Status and Legal Privilege in the Roman Empire, Oxford 1970
Graßl, H.: Sozialökonomische Vorstellungen in der kaiserzeitlichen griechischen Literatur (1.–3. Jahrhundert n. Chr.), Wiesbaden 1982
Hallet, J. P.: Fathers and Daughters in Roman Society: Women and the Elite Family, Princeton 1984
MacMullen, R.: Roman Social Relations 50 B. C. to A. D. 284, New Haven 1974
Rawson, B. M. (Hrsg.): The Family in Ancient Rome: New Perspectives, Ithaca, N. Y. 1986

Saller, R.: Personal Patronage under the Early Empire, Cambridge 1982
Strasburger, H.: Zum antiken Gesellschaftsideal, Heidelberg 1976

Sklaven und Freigelassene

Barrow, R. H.: Slavery in the Roman Empire, London 1928; NDr. 1968
Bellen, H.: Studien zur Sklavenflucht im römischen Kaiserreich, Wiesbaden 1971
Boulvert, G.: Domestique et fonctionaire sous le Haut-Empire romain: la condition de l'affranchi et de l'esclave du prince, Neapel 1974
Boulvert, G.: Esclaves et affranchis impériaux sous le Haut-Empire romain: rôle politique et administratif, Neapel 1970
Bradley, K. R.: Slaves and Masters in the Roman Empire: a study in social control, Brüssel 1984
Buckland, W. W.: The Roman Law of Slavery. The condition of the slave in private law from Augustus to Justinian, Cambridge 1908, NDr. 1970
Chantraine, H.: Freigelassene und Sklaven im Dienst der römischen Kaiser. Studien zu ihrer Nomenklatur, Wiesbaden 1967
Christes, J.: Sklaven und Freigelassene als Grammatiker und Philologen im antiken Rom, Wiesbaden 1979
Duff, A. M.: Freedmen in the Early Roman Empire, Cambridge 1958²
Grant, M.: Die Gladiatoren, Stuttgart 1970
Kiechle, F.: Sklavenarbeit und technischer Fortschritt im römischen Reich, Wiesbaden 1969
Staerman, E. M. – Trofimova, M. K.: La schiavitù nell'Italia imperiale, Rom 1975
Waldstein, W.: Operae Libertorum, Stuttgart 1986
Weaver, P. R. C.: Familia Caesaris. A social study of the emperor's freedmen and slaves, Cambridge 1972
Wolf, M.: Untersuchungen zur Stellung der kaiserlichen Freigelassenen und Sklaven in Italien und den Westprovinzen, Diss. Münster 1965

Die Provinzialen

Balsdon, P. V. D.: Romans and Aliens, London 1979
Haarhoff, T. J.: The Stranger at the Gate, Oxford 1948²
Pippidi, D. M. (Hrsg.): Assimilation et Résistance dans le Monde Ancien, Paris – Bukarest 1976
Sherwin-White, A. N.: Racial Prejudice in Imperial Rome, Cambridge 1967
Sherwin-White, A. N.: Roman Society and Roman Law in the New Testament, Oxford 1963

Die römischen Bürger

Abbott, F. F.: The Common People of Ancient Rome, London 1912
Berchem, D. van: Les distributions de blé et d'argent à la plèbe romaine sous l'Empire, Genf 1939
Huttunen, P.: The social Strata in the Imperial City of Rome, Oulu 1974
Sherwin-White, A. N.: The Roman Citizenship, Oxford 1973²
Wolff, H.: Civitas Romana. Die römische Bürgerrechtspolitik vom Bundesgenossenkrieg bis zur Constitutio Antoniniana, Habil.-Schrift Köln 1977

Die Municipalaristokratie

Bowman, A. K.: The Town Councils of Roman Egypt, Toronto 1971
Castrén, P.: Ordo populusque Pompeianus, Rom 1975
Ladage, D.: Städtische Priester- und Kultämter im lateinischen Westen des Imperium Romanum der Kaiserzeit, Diss. Köln 1971
Langhammer, W.: Die rechtliche und soziale Stellung der Magistratus municipales und der Decuriones in der Übergangsphase der Städte von sich selbstverwaltenden Gemeinden zu Vollzugsorganen des spätantiken Zwangsstaates (2.–4. Jahrhundert der römischen Kaiserzeit), Wiesbaden 1973
Rupprecht, G.: Untersuchungen zum Dekurionenstand in den nordwestlichen Provinzen des Römischen Reiches, Kallmünz 1975
Torrent, A.: La ‹Iurisdictio› de los magistrados municipales, Salamanca 1970

Die Ritter

Devijver, H.: Prosopographia Militiarum Equestrium quae fuerunt ab Augusto ad Gallienum, 3 Bde., Löwen 1976–1980
Pflaum, H.-G.: Les carrières procuratoriennes équestres sous le Haut-Empire Romain, 4 Bde., Paris 1960–1961; Supplément 1982
Stein, A.: Der römische Ritterstand, München 1927

Die Senatoren

Alföldy, G.: Konsulat und Senatorenstand unter den Antoninen, Bonn 1977
Bergener, A.: Die führende Senatorenschicht im frühen Prinzipat (14–68), Diss. Bonn 1965
Bleicken, J.: Senatsgericht und Kaisergericht, Göttingen 1962
Eck, W.: Senatoren von Vespasian bis Hadrian, München 1970 (Ergänzungen in Chiron 12f., 1982f.)
Epigrafia e ordine senatorio, Rom 1983 (Tituli 4.5)
Grenzheuser, B.: Kaiser und Senat in der Zeit von Nero bis Nerva, Diss. Münster 1964
Halfmann, H.: Die Senatoren aus dem östlichen Teil des Imperium Romanum bis zum Ende des 2. Jahrhunderts n. Chr., Göttingen 1979
Hoffmann-Lewis, M. W.: The Official Priests of Rome under the Julio-Claudians. A Study of the Nobility from 44 B. C. to 68 A. D., Rom 1955
Kunkel, W.: Über die Entstehung des Senatsgerichts, München 1969
Laet, S. J. De: De Samenstelling van den Romeinschen Senaat... (28 v.–68 n. Chr.), Antwerpen 1941
Lambrechts, P.: La composition du sénat romain de l'accession au trône d'Hadrien à la mort de Commode (117–192), Antwerpen 1936
Talbert, A. J. A.: The Senate of imperial Rome, Princeton 1984
Vogel-Weidemann, U.: Die Statthalter von Africa und Asia in den Jahren 14–68 n. Chr., Bonn 1982
Wiegels, R.: Die römischen Senatoren und Ritter aus den hispanischen Provinzen, Diss. Freiburg 1971

Die Armee

Alföldy, G.: Römische Heeresgeschichte, Amsterdam 1987
Birley, E.: Roman Britain and the Roman Army, Kendal 1961²
Dobson, B.: Die Primipilares. Entwicklung und Bedeutung, Laufbahnen und Persönlichkeiten des römischen Offiziersranges, Bonn 1976
Domaszewski, A. von – Dobson, B.: Die Rangordnung des römischen Heeres, Köln 1967²

Durry, M.: Les Cohortes Prétoriennes, Paris 1968²
Eck, W. – Wolff, H. (Hrsg.): Heer und Integrationspolitik, Köln 1986
Forni, G.: Il reclutamento delle legioni da Augusto a Diocleziano, Mailand 1953
Gabba, E.: Per la storia dell' esercito romana in età imperiale, Bologna 1974
Holder, P. A.: The Auxilia from Augustus to Trajan, Oxford 1980
Keppie, L.: The Making of the Roman Army, from Republic to Empire, London 1984
Kienast, D.: Untersuchungen zu den Kriegsflotten der römischen Kaiserzeit, Bonn 1966
Kraft, K.: Zur Rekrutierung der Alen und Kohorten an Rhein und Donau, Bern 1952
Mann, J. C.: Legionary Recruitment and Veteran Settlement during the Principate, London 1983
Richmond, I.: Trajan's Army on Trajan's Column, London 1982
Speidel, M. P.: Roman Army Studies, Amsterdam 1984
Starr, C. G.: The Roman Imperial Navy 31 B. C. – A. D. 324, Cambridge 1960²
Viereck, H. D. L.: Die römische Flotte, Herford 1975
Watson, G. R.: The Roman Soldier, London 1969
Webster, G.: The Roman Imperial Army of the first and second centuries, London 1969
Zwicky, H.: Zur Verwendung des Militärs in der Verwaltung der römischen Kaiserzeit, Diss. Zürich 1944

Princeps und domus principis

Amarelli, F.: Consilia principum, Neapel 1983
Bauman, R. A.: Impietas in Principem. A study of treason against the Roman emperor with special reference to the 1st c. A. C., München 1974
Campbell, J. B.: The Emperor and the Roman Army, 31 B. C. – A. D. 235, Oxford 1984
Crook, J.: Consilium principis, Cambridge 1955
Halfmann, H.: Itinera principum: Geschichte und Typologie der Kaiserreisen im Römischen Reich, Stuttgart 1986
Millar, F.: The Emperor in the Roman World (31 B. C. – 337), London 1977
Parsi, B.: Désignation et investiture de l'empereur romain (Ier–IIe siècle apr. J.-C.), Paris 1963

Die Ideologie des Principats

Adam, T.: Clementia principis. Der Einfluß hellenistischer Fürstenspiegel auf den Versuch einer rechtlichen Fundierung des Principats durch Seneca, Stuttgart 1970
Alföldi, A.: Die monarchische Repräsentation im römischen Kaiserreich, Darmstadt 1980³
Barini, C.: Triumphalia. Imprese ed onori militari durante l'impero romano, Turin 1952
Berlinger, L.: Beiträge zur inoffiziellen Titulatur der römischen Kaiser, Diss. Breslau 1935
Bureth, P.: Les titulatures impériales dans les papyrus, les ostraca et les inscriptions d'Égypte (30 a. C. – 284 p. C.), Brüssel 1964
Fears, J. R.: Princeps a diis electus. The Divine Election of the Emperor as a Political Concept at Rome, Rom 1977
Häfele, U.: Historische Interpretationen zum Panegyricus des jüngeren Plinius, Diss. Freiburg 1959
Hölscher, T.: Victoria Romana, Mainz 1967
Instinsky, H. U.: Sicherheit als politisches Problem des römischen Kaisertums, Baden-Baden 1952
Kloft, H.: Liberalitas Principis, Köln 1970
Kneißl, P.: Die Siegestitulatur der römischen Kaiser, Göttingen 1969
Pekáry, T.: Das römische Kaiserbildnis in Staat, Kult und Gesellschaft, dargestellt anhand der Schriftquellen, Berlin 1985
Taylor, L. R.: The Divinity of the Roman Emperor, Middletown 1931; NDr. 1975

Ziele und Mittel imperialer Politik

Die Problematik imperialer Politik unter dem Principat

Arnold, W. T.: The Roman System of Provincial Administration to the Accession of Constantine the Great, Oxford 1914³; NDr. 1968
Burn, A. R.: The Government of the Roman Empire from Augustus to the Antonines, London 1952
Crawford, M. H. (Hrsg.): L'Impero Romano e le strutture economiche e sociali delle province, Como 1986
Stevenson, G. H.: Roman Provincial Administration till the Age of the Antonines, Oxford 1949²
Streng, M.: Agricola. Das Vorbild römischer Statthalterschaft nach dem Urteil des Tacitus, Bonn 1970

Die Administration des Imperiums

De Laet, S. J.: Portorium. Étude sur l'organisation douanière chez les Romains, surtout à l'époque du Haut-Empire, Brügge 1949
D'Escurac, P.: La préfecture de l'annone, service administratif impérial d'Auguste à Constantin, Paris 1976
Hirschfeld, O.: Die kaiserlichen Verwaltungsbeamten bis auf Diocletian, Berlin 1905²; NDr. 1963
Marquardt, J.: Römische Staatsverwaltung, 3 Bde., Darmstadt 1957³
Pflaum, H.-G.: Essai sur le cursus publicus sous le Haut-Empire Romain, Paris 1940
Vitucci, G.: Ricerche sulla Praefectura Urbi in Età Imperiale, Rom 1956

Der Haushalt des Imperiums

Chantraine, H.: Ausgabenpolitik, Defizite und Sanierung des Staatshaushaltes in den beiden ersten Jahrhunderten der römischen Kaiserzeit, in: Gesellschaft und Universität. Festschrift zur 75-Jahrfeier der Universität Mannheim, Mannheim 1982, 207–242
Neesen, L.: Untersuchungen zu den direkten Staatsabgaben der römischen Kaiserzeit (27 v. Chr. – 284 n. Chr.), Bonn 1980

Die Urbanisierung

Clavel, M. – Lévêque, P.: Villes et structures urbaines dans l'Occident romain, Paris 1984²
Galsterer, H.: Untersuchungen zum römischen Städtewesen auf der iberischen Halbinsel, Berlin 1971
Gascou, J.: La politique municipale de l'Empire romain en Afrique proconsulaire de Trajan à Septime-Sévère, Paris 1972
Hammond, M.: The City in the Ancient World, Cambridge, Mass. 1972
Jacques, F.: Le privilège de liberté: politique impériale et autonomie municipale dans les cités de l'Occident romain, Paris 1984
Jones, A. H. M.: The Cities of the Eastern Roman Provinces, Oxford 1971²
Jones, A. H. M.: The Greek City from Alexander to Justinian, Oxford 1940
Kolb, F.: Die Stadt im Altertum, München 1984
Lepelley, C.: Les Cités de l'Afrique romaine 1, Paris 1979
Levick, B. M.: Roman Colonies in Southern Asia Minor, Oxford 1967
Mazzolini, L. S.: The Idea of the City in Roman Thought, London 1970
Nörr, D.: Imperium und Polis in der hohen Prinzipatszeit, München 1969²
Robert, L.: Villes d'Asie Mineure, Paris 1962²

Rodwell, W. – Rowley, T. (Hrsg.): Small Towns of Roman Britain, Oxford 1975
Stahl, M.: Imperiale Herrschaft und provinziale Stadt, Göttingen 1978
Teutsch, L.: Das römische Städtewesen in Nordafrika in der Zeit von C. Gracchus bis zum Tode des Kaisers Augustus, Berlin 1962
Vittinghoff, F. (Hrsg.): Stadt und Herrschaft, München 1982
Wacher, J. S.: The Towns of Roman Britain, London 1975
Ziegler, R.: Städtisches Prestige und kaiserliche Politik, Düsseldorf 1985

Die Bürgerrechtspolitik – Die Problematik der Romanisierung (Siehe auch: Die römischen Bürger)

Broughton, T. R. S.: The Romanisation of Africa Proconsularis, Baltimore 1929
Mócsy, A.: Gesellschaft und Romanisation in der römischen Provinz Moesia Superior, Amsterdam 1970
Vittinghoff, F.: Römische Kolonisation und Bürgerrechtspolitik unter Caesar und Augustus, Mainz 1952

Grenzzone und Vorfeld des Imperium

Baatz, D. – Herrmann, F. R.: Die Römer in Hessen, Stuttgart 1982
Baradez, J.: Fossatum Africae, Paris 1949
Bechert, T.: Römisches Germanien zwischen Rhein und Maas, München 1982
Berthier, A.: La Numidie, Rome et le Maghreb, Paris 1981
Bogaers, J. E. – Rüger, C. B.: Der niedergermanische Limes, Köln 1974
Bowersock, G. W.: Roman Arabia, Cambridge, Mass. 1983
Braund, D.: Rome and the Friendly King, London 1983
Breeze, D. J. (Hrsg.): The Frontiers of the Roman Empire, London 1986
Breeze, D. J.: The Northern Frontiers of Roman Britain, London 1982
Dillemann, L.: Haute-Mésopotamie Orientale et Pays Adjacents, Paris 1962
Dussaud, R.: La Pénétration des Arabes en Syrie avant l'Islam, Paris 1955
Dyson, St. L.: The Creation of the Roman Frontier, Princeton 1985
Fentress, E. W. B.: Numidia and the Roman Army: Social, Military and Economic Aspects of the Frontier Zone, Oxford 1979
Filtzinger, P. u. a. (Hrsg.): Die Römer in Baden Württemberg, Stuttgart 1986³
Günther, R. – Köpstein, H. (Hrsg.): Die Römer an Rhein und Donau, Berlin 1985³
Hable-Selassie, S.: Beziehungen Äthiopiens zur griechisch-römischen Welt, Bonn 1964
Hanson, W. S. – Maxwell, G. S.: Rome's North-West Frontier: The Antonine Wall, Edinburgh 1983
Horn, H. G. – Rüger, Ch.: Die Numider, Bonn 1979
Junghans, S.: Sweben, Alamannen und Rom, Stuttgart 1986
Kellner, H. J.: Die Römer in Bayern, Stuttgart 1971
Kennedy, D. L.: Archaeological Explorations on the Roman Frontier in North East Jordan, Oxford 1982
Klose, J.: Roms Klientelrandstaaten am Rhein und an der Donau, Breslau 1934
Le Bohec, Y.: Archéologie militaire de l'Afrique du Nord. Bibliographie analytique 1913–1977: Armée Romaine et Provinces II, Paris 1979
Lengyel, A. – Radan, G. (Hrsg.): The Archaeology of Roman Pannonia, Kentucky – Budapest 1980
Limes-Kongresse (The Proceedings of the International Congress of Roman Studies), 1952 ff.
Meyer, E.: Die Schweiz im Altertum, Bern 1984²
Mitchell, S. (Hrsg.): Armies and Frontiers in Roman and Byzantine Anatolia, Oxford 1983

Mócsy, A.: Pannonia and Upper Moesia, London 1974
Mouterde, R. – Poidebard, A.: Le Limes de Chalcis, Paris 1945
Die Nabatäer, Bonn 1981
Nash-Williams, V. E.: The Roman Frontier in Wales, Cardiff 1969[2]
Petrikovits, H. von: Die Rheinlande in römischer Zeit, 2 Bde., Düsseldorf 1980
Poidebard, A.: La Trace de Rome dans le désert de Syrie, Paris 1934
Radnóti, A.: Die germanischen Verbündeten der Römer, Frankfurt 1967
Raven, S.: Rome in Africa, London 1984[2]
Le Rayonnement des civilisations grecque et romaine sur les cultures périphériques, 2 Bde., Paris 1965
Salway, P.: The Frontier People of Roman Britain, Cambridge 1965
Trousset, P.: Recherches sur le Limes Tripolitanus, Paris 1974
Wightman, E.: Gallia Belgica, London 1985

Die wirtschaftliche Entwicklung

Rahmenbedingungen und zentrale Faktoren, Allgemeines

Bolin, St.: State and Currency in the Roman Empire to A. D. 300, Stockholm 1958
Duncan-Jones, R. P.: The Economy of the Roman Empire, Cambridge 1982[2]
Finley, M. I.: Die antike Wirtschaft, München 1977
Frank, T. (Hrsg.): An Economic Survey of Ancient Rome, 6 Bde., Baltimore 1933–1940; NDr. 1959
Grant, M.: Roman Imperial Money, London 1954; NDr. 1972
Jones, A. H. M.: The Roman Economy. Studies in Ancient Economic and Administrative History, ed. Brunt, P. A., Oxford 1974
Mickwitz, G.: Geld und Wirtschaft im römischen Reich, Helsingfors 1932
West, L. C.: Gold and Silver Coin Standard in the Roman Empire, New York 1941
Wierschowski, L.: Heer und Wirtschaft. Das römische Heer der Prinzipatszeit als Wirtschaftsfaktor, Bonn 1984

Agrarwirtschaft

Agache, R.: La Somme pré-romaine et romaine, Amiens 1978
Branigan, K.: The Roman Villa in South-West England, Bradford-on-Avon 1976
Buck, R. J.: Agriculture and agricultural practice in Roman law, Wiesbaden 1983
Fernandez Castro, M. C.: Villas Romanas en Espana, Madrid 1982
Frier, B. W.: Landlords and tenants in imperial Rome, Princeton 1980
Gorges, J.-G.: Les Villas hispano-romaines, Paris 1979
Heitland, W. E.: Agricola: a study in ancient agriculture from the view of labour, Cambridge 1921
Kahrstedt, U.: Das wirtschaftliche Gesicht Griechenlands in der Kaiserzeit, Bern 1954
Luff, R.-M.: A Zooarchaeological Study of the Roman North-West Provinces, Oxford 1982
Mielsch, H.: Die römische Villa, München 1987
Morris, P.: Agricultural Buildings in Roman Britain, Oxford 1979
Painter, K. (Hrsg.): Roman Villas in Italy, London 1980
Percival, J.: The Roman Villa: A Historical Introduction, London 1976
Rees, S.: Agricultural Implements in Prehistoric and Roman Britain, Oxford 1979
Rivet, A. L. F. (Hrsg.): The Roman Villa in Britain, London 1969
Rivet, A. L. F.: Town and Country in Roman Britain, London 1964[2]
Rossiter, J. J.: Roman Farm Buildings in Italy, Oxford 1978

Sirago, V.: L'Italia agraria sotto Traiano, Löwen 1958
Tchernia, A.: Le vin de l'Italie romaine: essai d'histoire économique d'après les amphores, Paris 1986
Thomas, E. B.: Römische Villen in Pannonien, Budapest 1964
White, K. D.: Farm Equipment of the Roman World, Cambridge 1975

Gewerbe und Handel

Burford, A.: Künstler und Handwerker in Griechenland und Rom, Mainz 1985
Charlesworth, M. P.: Trade-routes and commerce of the Roman Empire, Cambridge 1924; NDr. 1961
D'Arms, J. H.: Commerce and Social Standing in Ancient Rome, Cambridge, Mass. 1981
D'Arms, J. H. – Kopff, E. C. (Hrsg.): Roman Seaborne Commerce, Rom 1980
Davies, O.: Roman Mines in Europe, Oxford 1935
Garnsey, P. D. A. u. a. (Hrsg.): Trade in the Ancient Economy, London 1983
Gnoli, R.: Marmora Romana, Rom 1971
Gren, E.: Kleinasien und der Ostbalkan in der wirtschaftlichen Entwicklung der römischen Kaiserzeit, Uppsala 1941
Groom, N.: Franchicense and Myrrh. A Study of the Arabian Incense Trade, London 1981
Healy, J. F.: Mining and Metallurgy in the Greek and Roman World, London 1978
Kneißl, P.: Die Berufsangaben auf den Inschriften der gallischen und germanischen Provinzen, Habil.-Schr. Marburg 1977
Miller, I. J.: The Spice Trade of the Roman Empire, 29 B. C. – A. D. 641, Oxford 1969
Kunow, J.: Negotiator et Vectura. Händler und Transport im freien Germanien, Marburg 1980
Meiggs, R.: Trees and Timber in the Ancient Mediterranean World, Oxford 1982
Nollé, J.: Nundinas instituere et habere. Epigraphische Zeugnisse zur Einrichtung und Gestaltung von ländlichen Märkten in Afrika und in der Provinz Asia, Hildesheim 1982
Ponsich, M. – Tarradell, M.: Garum et industries antiques de salaison dans la Méditerranée occidentale, Paris 1965
Rickman, G. E.: The Corn Supply of Ancient Rome, Oxford 1980
Rickman, G. E.: Roman Granaries and Store Buildings, Cambridge 1971
Roseumek, P.: Technischer Fortschritt und Rationalisierung im antiken Bergbau, Bonn 1982
Rougé, J.: Recherches sur l'organisation du Commerce maritime en Méditerranée sous l'Empire romain, Paris 1966
Taeckholm, U.: Studien über den Bergbau der römischen Kaiserzeit, Uppsala 1937
Warmington, B. H.: The Commerce between the Roman Empire and India, Cambridge 1928; NDr. 1974
Wheeler, M.: Der Fernhandel des Römischen Reiches in Europa, Afrika und Asien, München 1965
Wild, J. P.: Textile Manufacture in the Northern Roman Provinces, Cambridge 1970

*Zivilisation und Kultur im
Imperium Romanum*

Allgemeines

Aymard, A. – Auboyer, J.: Rome et son Empire, Paris 1959^3 (Histoire générale des Civilisations II)
Bracher, K. D.: Verfall und Fortschritt im Denken der frühen Römischen Kaiserzeit, Wien 1987

Friedländer, L.: Darstellungen aus der Sittengeschichte Roms in der Zeit von Augustus bis zum Ausgang der Antonine, bearbeitet von Wissowa, G., 4 Bde., Leipzig 1921–1922^{10}
Grimal, P.: Römische Kulturgeschichte, München 1960
Kahrstedt, U.: Kulturgeschichte der römischen Kaiserzeit, Bern 1954^2
Wotschitzky, A.: Die Kultur der Römer, Wiesbaden 1979

Wissenschaft und Technik

Allgemeines
Farrington, F.: Science in Antiquity, Oxford 1969^2
Histoire générale des Sciences, hrsg. von Taton, R. 1. La Science antique et médiévale, Paris 1966^2
Neugebauer, O.: The exact Sciences in Antiquity, Providence 1957^2
Stahl, W. H.: Roman Science. Origins, development and influence in the later middle ages, Madison 1962

Rechtswissenschaft
Arangio-Ruiz, V. u. a.: Il Diritto Romano, Rom 1980
Crook, J.: Law and Life of Rome, London 1967
Guarino, A.: Storia del Diritto Romano, Napel 1981^6
Guarino, A.: Diritto Privato Romano, Neapel 1981^6
Honoré, T.: Emperors and Lawyers, London 1981
Jolowitz, H. F. – Nicholas, B.: Historical Introduction to Roman Law, Oxford 1973^2
Kaser, M.: Das Römische Privatrecht, 2 Bde., München 1971–1975^2
Söllner, A.: Einführung in die römische Rechtsgeschichte, München 1980^2
Schulz, F.: Geschichte der römischen Rechtswissenschaft, Weimar 1961

Rhetorik
Champlin, E.: Fronto and Antonine Rome, Cambridge, Mass. 1980
Fuhrmann, M.: Die antike Rhetorik: Eine Einführung, Zürich 1984
Kennedy, G.: The Art of Rhetoric in the Roman World, Princeton 1972
Leeman, A. D.: Orationis Ratio: The Stylistic Theories and Practice of the Roman Orators, Historians and Philosophers, 2 Bde., Amsterdam 1963
Rahn, H. (Hrsg.): M. Fabius Quintilianus, Ausbildung des Redners, 2 Bde., Darmstadt 1972–1975
Seel, O.: Quintilian oder die Kunst des Redens und Schweigens, München 1987^2

Naturwissenschaften, Medizin, Technik
Ashby, Th.: The Aqueducts of Ancient Rome, London 1935
Forbes, R. J.: Studies in Ancient Technology, 9 Bde., Leiden 1964–1972^2
Drachmann, A. G.: The Mechanical Technology of Greek and Roman Antiquity, Kopenhagen 1963
Heiberg, J. L.: Geschichte der Mathematik und der Naturwissenschaften im Altertum, München 1925; NDr. 1960
Kretschmer, F.: Bilddokumente römischer Technik, Düsseldorf 1978^4
Lamprecht, H.-O.: Opus caementitium. Bautechnik der Römer, Düsseldorf 1985^2
Landels, J. G.: Die Technik in der antiken Welt, München 1983^3
Sambursky, S.: Das physikalische Weltbild der Antike, Zürich 1965
Scarborough, J.: Roman Medicine, London 1969
Singer, Ch. (Hrsg.): A History of Technology, I–V, London 1954–1958
Thomson, J. O.: History of Ancient Geography, Cambridge 1948; NDr. 1965
Die Wasserversorgung antiker Städte, hrsg. von der Frontinusgesellschaft, Mainz 1987
Wasserversorgung im antiken Rom, hrsg. von der Frontinusgesellschaft, München 1982

White, K. D.: Greek and Roman Technology, London 1984
Wikander, Ö.: Exploitation of Water-Power or Technological Stagnation?, Lund 1984

Literatur und Kunst

Lateinische Literatur, Allgemeines
Bardon, H.: Les empereurs et les lettres latines d'Auguste à Hadrien, Paris 1968²
Büchner, K.: Römische Literaturgeschichte, Stuttgart 1970⁴
Dorey, T. A. (Hrsg.): Empire and aftermath. Silver Latin, London 1975²
Fuhrmann, M. (Hrsg.): Römische Literatur, Frankfurt 1974
Norden, E.: Die römische Literatur, bearbeitet von H. Fuchs, Leipzig 1961⁶
Paratore, E.: La Letteratura dell' età imperiale, Mailand 1970

Zu den einzelnen Autoren
Fairweather, J.: Seneca the Elder, Cambridge 1981
Flach, D.: Tacitus in der Tradition der antiken Geschichtsschreibung, Göttingen 1973
Gérard, J.: Juvenal et la réalité contemporaine, Paris 1976
Griffin, M. T.: Seneca. A Philosopher in Politics, Oxford 1976
Grimal, P.: Seneca, Darmstadt 1978
Hardie, A.: Statius and the Silvae: Poets, Patrons and Epideixis in the Graeco-Roman World, Liverpool 1983
Highet, G.: Juvenal the Satirist, Oxford 1954
Lebek, W. D.: Lucans Pharsalia, Göttingen 1976
Schetter, W.: Untersuchungen zur epischen Kunst des Statius, Wiesbaden 1960
Sherwin-White, A. N.: The Letters of Pliny, Oxford 1966
Steidle, W.: Sueton und die antike Biographie, Wiesbaden 1963²
Syme, R.: Tacitus, 2 Bde., Oxford 1958
Tatum, J.: Apuleius and the Golden Ass, Ithaca 1979
Wallace-Hadrill, A.: Suetonius: The Scholar and his Caesars, London 1983
Walsh, P. G.: The Roman Novel. The ‹Satyricon› of Petronius and the ‹Metamorphoses› of Apuleius, London 1970
Winkler, J. J.: Auctor and Actor: a narratological reading of Apuleius, The Golden Ass, Berkeley 1985

Griechische Literatur, Allgemeines
Forte, B.: Rome and the Romans as the Greeks saw Them, Rom 1972
Palm, J.: Rom, Römertum und Imperium in der griechischen Literatur der Kaiserzeit, Lund 1959
Vogt, E. (Hrsg.): Griechische Literatur, Wiesbaden 1981

Zu den einzelnen Autoren
Ameling, W.: Herodes Atticus, 2 Bde., Hildesheim 1983
Arnim, H. von: Leben und Werke des Dio von Prusa, Berlin 1898
Barrow, R. H.: Plutarch and his times, London 1967
Bleicken, J.: Der Preis des Aelius Aristides auf das römische Weltreich, Göttingen 1966
Brodersen, K. (Hrsg.): Appian, Römische Geschichte I, dt. v. Veh, O., Stuttgart 1987
Feldmann, L. H.: Josephus and Modern Scholarship (1937–1980), Berlin 1984
Gabba, E.: Appiano e la storia delle guerre civili, Florenz 1956
Habicht, Ch.: Pausanias und seine «Beschreibung Griechenlands», München 1985
Jones, C. P.: Culture and Society in Lucian, Cambridge, Mass. 1986
Jones, C. P.: The Roman World of Dio Chrysostom, Cambridge, Mass. 1978
Jones, C. P.: Plutarch and Rome, Oxford 1971
Klein, R.: Die Romrede des Aelius Aristides, 2 Bde., Darmstadt 1981–1983
Meyer, E.: Pausanias. Beschreibung Griechenlands, Zürich 1954
Miscellanea Plutarchea, hrsg. von Brenk, E. und Gallo, I., Ferrara 1986

Oliver, J. H.: The Civilising Power, Philadelphia 1968
Oliver, J. H.: The Ruling Power, Philadelphia 1953
Pohlenz, M.: Die Stoa, 2 Bde., Göttingen 1978–1980[5]
Rajak, T.: Josephus, London 1984
Scardigli, B.: Die Römerbiographien Plutarchs, München 1979
Schwartz, J.: Biographie de Lucien de Samosate, Brüssel 1965

Kunst
Andreae, B.: Römische Kunst, Freiburg 1974
Bianchi Bandinelli, R.: Rom. Das Zentrum der Macht, München 1970
Blake, M. E. – Bishop, D. T.: Roman Construction in Italy from Nerva through the Antonines, Philadelphia 1973
Blake, M. E.: Roman Construction in Italy from Tiberius through the Flavians, New York 1959; NDr. 1968
Breglia, L.: L'arte romana nelle monete dell' età imperiale, Mailand 1968
Charles-Picard, G. – Butler, Y.: Imperium Romanum, (Weltkulturen und Baukunst), München 1966
Crema, L.: L'architettura romana, Turin 1959
Gauer, W.: Untersuchungen zur Trajanssäule, Berlin 1977
Heintze, H. von: Römische Porträtplastik aus sieben Jahrhunderten, Stuttgart 1961
Heintze, H. von: Römische Porträts, Darmstadt 1974
Kähler, H.: Rom und seine Welt, 2 Bde., München 1958–1960
Kaschnitz-Weinberg, G. von: Die Baukunst im Kaiserreich, Reinbek 1963
Kent, J. P. u. a.: Die römische Münze, München 1973
Koch, G. – Sichtermann, H.: Römische Sarkophage, München 1982
Kraus, Th. (Hrsg.): Das römische Weltreich, Berlin 1967
La Baume, P.: Römisches Kunstgewerbe zwischen Christi Geburt und 400, Braunschweig 1964
L'Orange, H. P. – Nordhagen, P. J.: Mosaik, München 1960
Maiuri, A.: La peinture romaine, Genf 1953
Sutherland, C. H. V.: Roman History and Coinage 44 B. C. – A. D. 69, Oxford 1987
Toynbee, J. M. C.: Roman Historical Portraits, London 1978
Toynbee, J. M. C.: The Hadrianic School, Cambridge 1934
Vermeule, C. C.: Roman Imperial Art in Greece and Asia Minor, Cambridge, Mass. 1968
Wegner, M. – Gross, W. H. (Hrsg.): Das römische Herrscherbild, Berlin 1939 ff.

Die religiöse Entwicklung

Bayet, J.: Histoire politique et psychologique de la religion romaine, Paris 1969[2]
Beaujeu, J.: La religion romaine à l'apogée de l'empire. I. La politique religieuse des Antonins (96–192), Paris 1955
Cumont, F.: Die orientalischen Religionen im römischen Heidentum, Darmstadt 1981[8]
Cumont, F.: Die Mysterien des Mithra, Darmstadt 1981[5]
Debord, P.: Aspects sociaux et économiques de la vie religieuse dans l'Anatolie Gréco-Romaine, Leiden 1982
Études préliminaires aux religions orientales dans l'Empire romain, hrsg. von Vermaseren, M. J., Leiden 1961 ff.
Ferguson, J.: The Religions of the Roman Empire, London 1982
Liebeschuetz, J. H. W. G.: Continuity and Change in Roman Religion, Oxford 1979
MacMullen, R.: Paganism in the Roman Empire, New Haven 1981
Merkelbach, R.: Mithras, Königstein/Ts. 1984
Pikhaus, D.: Levensbeschouwing en milieu in de latijnse metrische Inscripties, Brüssel 1978

Reitzenstein, R.: Die hellenistischen Mysterienreligionen nach ihren Grundgedanken und ihren Wirkungen, Leipzig 1927³; NDr. 1977
Schillinger, K.: Untersuchungen zur Entwicklung des Magna Mater-Kultes im Westen des römischen Kaiserreiches, Diss. Konstanz 1979
Les Syncrétismes dans les religions grecque et romaine, Paris 1973
Vermaseren, M. J.: Corpus inscriptionum et monumentorum religionis Mithriacae, Den Haag 1956–1960
Vermaseren, M. J.: Cybele and Attis. Their Myth and their Cult, London 1977
Vidman, L.: Isis und Sarapis bei den Griechen und Römern, Berlin 1970

Judentum und Christentum im Römischen Reich

Allgemeines
Dodds, E. R.: Heiden und Christen in einem Zeitalter der Angst, Frankfurt 1985
Guterman, S. L.: Religious Toleration and Persecution in Ancient Rome, London 1951
Nock, A. D.: Conversion, Oxford 1933
Wendland, P.: Die hellenistisch-römische Kultur in ihren Beziehungen zum Judentum und Christentum, Tübingen 1972⁴

Judentum
Ben-Sasson, H. H. (Hrsg.): Geschichte des jüdischen Volkes. I. Von den Anfängen bis zum 7. Jahrhundert, München 1981²
Goodman, M.: State and Society in Roman Galilee, A. D. 132–212, Totowa, New Jersey 1983
Grant, M.: The Jews in the Roman World, London 1973
Juster, J.: Les Juifs dans l'Empire romain, Paris 1914; NDr. 1969
Leon, H. J.: The Jews of Ancient Rome, Philadelphia 1960
Maier, J.: Grundzüge der Geschichte des Judentums im Altertum, Darmstadt 1981
Schürer, E.: The History of the Jewish People in the Age of Jesus Christ (175 B. C. – A. D. 135), 3 Bde. in 4, Rev. Ed. Edinburgh 1973–1987
Sevenster, J. N.: The Roots of Pagan Anti-Semitism in the Ancient World, Leiden 1975
Smallwood, E. M.: The Jews under Roman Rule, 2 Bde., Leiden 1976
Stemberger, G.: Die römische Herrschaft im Urteil der Juden, Darmstadt 1983
Walzer, R.: Galen on Jews and Christians, Oxford 1949

Christentum
Altaner, B. – Stuiber, A.: Patrologie. Leben, Schriften und Lehre der Väter, Freiburg 1980⁹
Brown, P.: The Cult of the Saints, London 1983²
Brox, N.: Zeuge und Märtyrer, München 1961
Campenhausen, H. von: Die Idee des Martyriums in der alten Kirche, Göttingen 1964²
Chadwick, H.: Die Kirche in der antiken Welt, Berlin 1972
Christensen, T.: Christus oder Jupiter, Göttingen 1981
Coleman-Norton, P. R.: Roman State and Christian Church: a collection of legal documents to A. D. 535, 3 Bde., London 1966
Cullmann, O.: Der Staat im Neuen Testament, Tübingen 1961²
Daniélou, J. – Marrou, H. I. (Hrsg.): Geschichte der Kirche I, Zürich 1963
Frend, W. H. C.: Martyrdom and Persecution in the Early Church, Oxford 1965
Frend, W. H. C.: The Rise of Christianity, London 1984
Freudenberger, R.: Das Verhalten der römischen Behörden gegen die Christen im 2. und 3. Jahrhundert, München 1969²
Grant, R. M.: Christen als Bürger im Römischen Reich, Göttingen 1981
Grimm, B.: Untersuchungen zur sozialen Stellung der frühen Christen in der römischen Gesellschaft, Diss. München 1975
Guelzow, H.: Christentum und Sklaverei in den ersten drei Jahrhunderten, Bonn 1969

Harnack, A. von: Mission und Ausbreitung des Christentums in den ersten drei Jahrhunderten, 2 Bde., Leipzig 1924[4]
Jedin, H. (Hrsg.): Handbuch der Kirchengeschichte I, Freiburg 1978[4]
Jedin, H. u. a. (Hrsg.): Atlas zur Kirchengeschichte, Freiburg 1970
Kee, H. C.: Das frühe Christentum in soziologischer Sicht, Göttingen 1982
Klein, R. (Hrsg.): Das frühe Christentum im römischen Staat, Darmstadt 1971
Labriolle, P. de: La réaction paienne. Étude sur la polémique antichrétienne du Ier au VIe siècle, Paris 1948[2]
Lampe, P.: Die stadtrömischen Christen in den ersten beiden Jahrhunderten, Tübingen 1986
Lietzmann, H.: Geschichte der Alten Kirche, 4 Bde., Berlin 1961[3-4]; NDr. in einem Band 1975
MacMullen, R.: Christianizing the Roman Empire (100–400), New Haven 1984
Meinhold, P.: Geschichte der kirchlichen Historiographie, 2 Bde., Freiburg 1967
Meyer, Ed.: Ursprung und Anfänge des Christentums, 3 Bde., Stuttgart 1921–1923
Molthagen, J.: Der römische Staat und die Christen im zweiten und dritten Jahrhundert, Göttingen 1975[2]
Moreau, J.: Die Christenverfolgung im römischen Reich, Berlin 1971[2]
Schäfke, W.: Frühchristlicher Widerstand, Diss. Mainz 1976
Schrage, W.: Die Christen und der Staat nach dem Neuen Testament, Gütersloh 1971
Speigl, J.: Der römische Staat und die Christen. Staat und Kirche von Domitian bis Commodus, Leiden 1970
Vielhauer, Ph.: Geschichte der urchristlichen Literatur, Berlin 1975
Wilken, R. L.: The Christians as the Romans saw them, New Haven 1984
Wlosok, A.: Rom und die Christen, Stuttgart 1970

Die Reichskrise des 3. Jahrhunderts n. Chr.

Allgemeines

Alföldi, A.: Studien zur Geschichte der Weltkrise des 3. Jahrhunderts nach Christi, Darmstadt 1980[3]
Altheim, F.: Der Niedergang der alten Welt, 2 Bde., Frankfurt/M. 1952
Bianchi Bandinelli, R.: Rom. Das Ende der Antike. Die römische Kunst in der Zeit von Septimius Severus bis Theodosius I., München 1971
Grant, M.: Das Römische Reich am Wendepunkt. Die Zeit von Mark Aurel bis Konstantin, München 1972
King, A. – Henig, M. (Hrsg.): The Roman West in the Third Century: Contributions from Archaeology and History, 2 Bde., Oxford 1981

Das Römische Reich unter den Severern (193–235 n. Chr.)

Babelon, J.: Les impératrices Syriennes, Paris 1957
Birley, A.: Septimius Severus. The African Emperor, London 1971
Ghedini, F.: Giulia Domna tra Oriente e Occidente, Rom 1984
Kettenhofen, E.: Die syrischen Augustae in der historischen Überlieferung, Bonn 1979
Soraci, R.: L'opera legislativa e amministrativa dell'imperatore Severo Alessandro, Catania 1974
Thomsen, G. R.: Elagabalus, priest-emperor of Rome, Diss. Kansas 1972

Die Umwelt des Römischen Reiches im 3. Jahrhundert n. Chr.

Entstehung und Struktur des Sassanidischen Staates
Altheim, F. - Stiehl, R.: Ein asiatischer Staat, Wiesbaden 1954
Enßlin, W.: Zu den Kriegen des Sassaniden Schapur I., München 1949
Frye, R. N.: The History of Ancient Iran, München 1984
Gagé, J.: La montée des Sassanides et l'heure de Palmyre, Paris 1964
Ghirsman, R.: Iran. Parther und Sassaniden, München 1962
Göbl, R.: Der Triumph des Sasaniden Sahpur über die Kaiser Gordianus, Philippus und Valerianus, Wien 1974
Honigmann, E. - Maricq, A.: Recherches sur les Res Gestae Divi Saporis, Brüssel 1953
Kettenhofen, E. (Bearbeiter): Östlicher Mittelmeerraum und Mesopotamien. Die Zeit der Reichskrise (235-284 n. Chr.) (Tübinger Atlas des Vorderen Orients, B V 12), Wiesbaden 1983
Kettenhofen, E. (Bearbeiter): Römer und Sasaniden in der Zeit der Reichskrise (224-284 n. Chr.), Wiesbaden 1982 (TAVO, B V 11)
Kettenhofen, E.: Die römisch-persischen Kriege des 3. Jahrhunderts n. Chr. ... (Beihefte zum TAVO, B 55), Wiesbaden 1982
Noeldeke, T.: Geschichte der Perser und Araber zur Zeit der Sassaniden aus der arabischen Chronik des Tabari, Leiden 1879
Sprengling, M.: Third Century Iran, Chicago 1953
Tyler, Ph.: The Persian Wars of the 3rd Century A. D. and Roman Imperial Monetary Policy. A. D. 253-268, Wiesbaden 1975

Die Germanen im 3. Jahrhundert n. Chr.
Capelle, W.: Die Germanen der Völkerwanderung, auf Grund der zeitgenössischen Quellen dargestellt, Stuttgart 1939
Capelle, W.: Das alte Germanien, Jena 1937
Christ, K.: Antike Münzfunde Südwestdeutschlands, 2 Bde., Heidelberg 1960
Christlein, R.: Die Alamannen, Stuttgart 1979²
Dirlmeier, C. - Gottlieb, G.: Quellen zur Geschichte der Alamannen von Cassius Dio bis Ammianus Marcellinus, Heidelberg 1976
Die Germanen, II. Die Stämme und Stammesverbände in der Zeit vom 3. Jahrhundert bis zur Herausbildung der politischen Vorherrschaft der Franken, Berlin 1983
Kuhoff, W.: Quellen zur Geschichte der Alamannen. Inschriften und Münzen, Heidelberg 1984
Scardigli, P.: Die Goten. Sprache und Kultur, München 1972
Schmidt, L.: Geschichte der deutschen Stämme bis zum Ausgang der Völkerwanderung. I. Die Ostgermanen, München 1941²; NDr. 1969; II. Die Westgermanen, München 1938²; NDr. 1970
Sevin, H.: Die Gepiden, München 1955
Uslar, R. von: Die Germanen vom 1.-4. Jahrhundert n. Chr., Stuttgart 1980
Wais, G.: Die Alamannen in ihrer Auseinandersetzung mit der römischen Welt, Berlin 1943³
Wenskus, R.: Stammesbildung und Verfassung, Köln 1961
Wolfram, H.: Geschichte der Goten, München 1980²
Zöllner, E.: Geschichte der Franken bis zur Mitte des 6. Jahrhunderts, München 1970

Das Römische Reich unter den Soldatenkaisern (235-284 n. Chr.)

Von Maximinus Thrax bis Traianus Decius (235-251 n. Chr.)
Bellezza, A.: Massimino il Trace, Genua 1964
Bersanetti, G. M.: Studi sull'imperatore Massimino il Trace, Rom 1940; NDr. 1964
Dietz, K.: Senatus contra principem, München 1978

Fitz, J.: The great age of Pannonia (A. D. 193–284), Budapest 1982
Hartmann, F.: Herrscherwechsel und Reichskrise, Frankfurt 1982
Nicoletti, A.: Sulla politica legislativa di Giordiano III., Neapel 1981
Spagnuolo Vigorita, T.: Secta Temporum Meorum. Rinnovamento politico e legislazione fiscale agli inizi del principato di Giordiano III., Neapel 1978
Wittig, K.: Kaiser Decius (249–251 n. Chr.), Diss. Marburg 1922

Das Imperium zwischen Trebonianus Gallus und Diokletian (251–284 n. Chr.)
Andreotti, R.: L'usurpatore Postumo nel regno di Gallieno, Bologna 1939
Damerau, P.: Kaiser Claudius II. Goticus, Leipzig 1934; NDr. 1963
Dazien nach dem Edikt von Aurelian (271) und die Entstehung des Rumänischen. Dacoromania 1, 1973
De Blois, L.: The Policy of the Emperor Gallienus, Leiden 1976
De Regibus, L.: La monarchia militare di Gallieno, Recco 1939; NDr. 1972
Fitz, J.: La Pannonie sous Gallien, Brüssel 1976
Fitz, J.: Ingenuus et Regalianus, Brüssel 1966
Göbl, R.: Regalianus und Dryantilla, Wien 1970
Homo, L.: Essai sur le règne de l'empereur Aurélien, Paris 1904; NDr. 1967
König, I.: Die gallischen Usurpatoren von Postumus bis Tetricus, München 1981
Manni, E.: L'impero di Gallieno, Rom 1949
Meloni, P.: Il regno di Caro, Numeriano e Carino, Cagliari 1948
Pugliese Carratelli, G.: L'età di Valeriano e Gallieno, Pisa 1951
Rosenbach, M.: Galliena Augusta, Tübingen 1950
Vitucci, G.: L'imperatore Probo, Rom 1952

Das Christentum im 3. Jahrhundert n. Chr. – Religion und geistige Entwicklungen der Epoche
Barnes, T. D.: Tertullian. A historical and literary study, Oxford 1985²
Becker, C.: Tertullians Apologeticum, München 1954
Berchem, D. van: Le martyre de la Légion Thébaine, Basel 1956
Bludau, A.: Die ägyptischen Libelli. Römische Quartalschrift, Suppl. Bd. 27, 1931
Brisson, J.-P.: Autonomisme et christianisme dans l'Afrique romaine de Septime Sévère à l'invasion vandale, Paris 1958
Dupraz, L.: Les passions de S. Maurice d'Agaune, Fribourg 1961
Fritzen, H.: Methoden der diokletianischen Christenverfolgung, Diss. Mainz 1961
Gülzow, H.: Cyprian und Novatian. Der Briefwechsel zwischen den Gemeinden in Rom und Karthago zur Zeit der Verfolgung des Kaisers Decius, Tübingen 1975
Halsberghe, G. H.: The Cult of Sol Invictus, Leiden 1972
Jonas, H.: Gnosis und spätantiker Geist, Göttingen 1 1964³, 2 1966²
Liesering, E.: Untersuchungen zur Christenverfolgung des Kaisers Decius, Diss. Würzburg 1933
Rudolph, K.: Die Gnosis, Göttingen 1980²
Saumagne, Ch.: Saint Cyprien. Évêque de Carthage, ‹Pape› d'Afrique, 248–258, Paris 1976
Schöllgen, G.: Ecclesia Sordida? Zur Frage der sozialen Schichtung frühchristlicher Gemeinden am Beispiel Karthagos zur Zeit Tertullians, Münster 1985
Stade, K.: Der Politiker Diokletian und die letzte große Christenverfolgung, Diss. Frankfurt 1926
Vogt, J.: Zur Religiosität der Christenverfolger im römischen Reich, Heidelberg 1962
Widengren, G.: Mani und der Manichäismus, Stuttgart 1961

Die Epoche der Soldatenkaiser – Strukturen und Problematik

Held, W.: Die Vertiefung der allgemeinen Krise im Westen des Römischen Reiches, Berlin 1974

MacMullen, R.: Roman Government's Response to Crisis, A.D. 235–337, New Haven 1976
Mazza, M.: Lotte sociali e restaurazione autoritaria nel 3° secolo d.C., Catania 1970
Schtajerman, E.M.: Die Krise der Sklavenhalterordnung im Westen des römischen Reiches, Berlin 1964
Vogt, J.: Der Niedergang Roms, Zürich 1965

Die Tetrarchie Diokletians

Barnes, T.D.: The New Empire of Diocletian and Constantine, Cambridge, Mass. 1982
Berchem, D. van: L'armée de Dioclétien et la réforme constantinienne, Paris 1952
Castritius, H.: Studien zu Maximinus Daia, Kallmünz 1969
Faure, E.: Étude de la capitation de Dioclétien d'après le Panégyrique VIII, Paris 1961
Giacchero, M.: Edictum Diocletiani et collegarum de pretiis rerum venalium, 2 Bde., Genua 1974
Kolb, F.: Diocletian und die erste Tetrarchie, Berlin 1987
Lauffer, S.: Diokletians Preisedikt, Berlin 1971
L'Orange, H.P.: Das spätantike Herrscherbild von Diokletian bis zu den Konstantin-Söhnen, 284–361 n.Chr., Berlin 1984
Pasqualini, A.: Massimiano Herculius, Rom 1979
Seston, W.: Dioclétien et la Tétrarchie. I. Guerres et Réformes, Paris 1946
Shiel, N.: The Episode of Carausius and Allectus: The literary and numismatic evidence, Oxford 1977

Das Zeitalter Konstantins des Großen

Allgemeines

Burckhardt, J.: Die Zeit Constantins d.Gr., Leipzig 1880²; NDr. mit einem Nachwort von Christ, K., München 1982
Dörries, H.: Konstantin der Große, Stuttgart 1958
Keresztes, P.: Constantine, Amsterdam 1981
Kraft, H. (Hrsg.): Konstantin der Große, Darmstadt 1974
MacMullen, R.: Constantine, London 1970
Piganiol, A.: L'Empire chrétien (325–395), hrsg. von Chastagnol, A., Paris 1972²
Vogt, J.: Constantin der Große und sein Jahrhundert, München 1960²
Vogt, J.: Orbis, Freiburg 1960

Von der zweiten Tetrarchie zur Alleinherrschaft Konstantins des Großen

Feld, H.: Der Kaiser Licinius, Diss. Saarbrücken 1960
Schoenebeck, H. von: Beiträge zur Religionspolitik des Maxentius und Constantin, Leipzig 1939

Das Imperium unter Konstantin dem Großen

Alföldi, M.R.: Die konstantinische Goldprägung, Mainz 1963
Barceló, P.A.: Roms auswärtige Beziehungen unter der constantinischen Dynastie (306–363), Regensburg 1981
Chastagnol, A.: L'évolution politique, sociale et économique du monde romain de Dioclétien à Julien, Paris 1982

Clauss, M.: Der magister officiorum in der Spätantike (4.–6. Jhdt.), München 1980
Dagron, G.: Naissance d'une Capitale: Constantinople et ses Institutions de 330 à 451, Paris 1974
Dupont, C.: La réglementation économique dans les Constitutions de Constantin, Lille 1963
Haehling, R. von: Die Religionszugehörigkeit der hohen Amtsträger des Römischen Reiches seit Constantins I. Alleinherrschaft bis zum Ende der Theodosianischen Dynastie (324–450 bzw. 455 n. Chr.), Bonn 1978
Heil, W.: Das konstantinische Patriziat, Basel 1966
Joannou, P. P.: La législation impériale et la christianisation de l'Empire romain (311–476), Rom 1972
Jones, A. H. M.: The later Roman Empire, 284–602. A Social, Economic and Administrative Survey, 2 Bde., Oxford 1964
Kneppe, A.: Untersuchungen zur städtischen plebs des 4. Jahrhunderts n. Chr., Diss. Münster 1979
Langenfeld, H.: Christianisierungspolitik und Sklavengesetzgebung der römischen Kaiser von Konstantin bis Theodosius II., Bonn 1977
Löhken, H.: Ordines Dignitatum, Köln 1982
Nellen, D.: Viri litterati. Gebildetes Beamtentum und spätrömisches Reich im Westen zwischen 284 und 395 n. Chr., Diss. Bochum 1977
Noethlichs, K. L.: Beamtentum und Dienstvergehen, Wiesbaden 1981
Noethlichs, K. L.: Die gesetzgeberischen Maßnahmen der christlichen Kaiser des 4. Jahrhunderts gegen Häretiker, Heiden und Juden, Diss. Köln 1971
Spagnuolo Vigorita, T.: Exsecranda pernicies: delatori e fisco nell' età di Costantino, Neapel 1984
Stallknecht, B.: Untersuchungen zur römischen Außenpolitik in der Spätantike, 306–395 n. Chr., Bonn 1969
Waas, M.: Germanen im römischen Dienst im 4. Jahrhundert n. Chr., Bonn 1965²
Weiß, P. B.: Consistorium und Comites consistoriani, Diss. Würzburg 1975

Konstantin und das Christentum

Alföldi, A.: The Conversion of Constantine and Pagan Rome, Oxford 1969²
Barnes, T.: Constantine and Eusebius, Cambridge, Mass. 1981
Baynes, N. H.: Constantine and the Christian Church, Oxford 1972²
Boularand, E.: L'hérésie d'Arius et la foi de Nicée, 2 Bde., Paris 1972
Brezzi, P.: La politica religiosa di Costantino, Neapel 1965
Calderone, S.: Constantino e il Cattolicesimo, Florenz 1962
Chitty, D. J.: The Desert a City. An Introduction to the Study of Egyptian and Palestinian Monasticism under the Roman Empire, Oxford 1966
Christensen, A. S.: Lactantius the Historian, Kopenhagen 1980
Dörries, H.: Das Selbstzeugnis Kaiser Konstantins, Göttingen 1954
Frank, K. S.: Grundzüge der Geschichte des christlichen Mönchtums, Darmstadt 1983⁴
Frank, K. S. (Hrsg.): Askese und Mönchtum in der Alten Kirche, Darmstadt 1975
Frend, W. H. C.: The Donatist Church, Oxford 1952
Girardet, K. M.: Kaisergericht und Bischofsgericht, Bonn 1975
Grasmück, E. L.: Coercitio. Staat und Kirche im Donatistenstreit, Bonn 1964
Herrmann, E.: Ecclesia in republica. Die Entwicklung der Kirche von pseudostaatlicher zu staatlich inkorporierter Existenz, Frankfurt 1980
Jones, A. H. M.: Constantine the Great and the Conversion of Europe, London 1961⁵
Kelly, J. N. D.: Altchristliche Glaubensbekenntnisse, Göttingen 1972³
Kraft, H.: Kaiser Konstantins religiöse Entwicklung, Tübingen 1955
Lietzmann, H.: Der Glaube Konstantins des Großen, Berlin 1937

Momigliano, A. (Hrsg.): The Conflict between Paganism and Christianity in the Fourth Century, Oxford 1963
Prinz, F.: Askese und Kultur, München 1980
Ritter, A. M.: Das Konzil von Konstantinopel und sein Symbol, Göttingen 1965
Ruhbach, G. (Hrsg.): Die Kirche angesichts der konstantinischen Wende, Darmstadt 1976
Schwartz, E.: Zur Geschichte des Athanasius, Berlin 1959
Schwartz, E.: Kaiser Constantin und die christliche Kirche, Berlin 1936²
Süssenbach, U.: Christuskult und kaiserliche Baupolitik bei Konstantin, Bonn 1977

Rückblick und Ausblick

Brown, P.: Die letzten Heiden, Berlin 1986
Brown, P.: Welten im Aufbruch. Die Zeit der Spätantike, Bergisch Gladbach 1980
Brown, P.: Augustinus von Hippo, Frankfurt 1982²
Cameron, A.: Claudian: Poetry and Propaganda at the Court of Honorius, Oxford 1970
Christ, K. (Hrsg.): Der Untergang des Römischen Reiches, Darmstadt 1986²
Courcelle, P.: Histoire littéraire des grands invasions germaniques, Paris 1964³
Dannenbauer, H.: Die Entstehung Europas. I. Von der Spätantike zum Mittelalter, Stuttgart 1959
Demandt, A.: Der Fall Roms, München 1984
Diesner, H.-J.: Die Völkerwanderung, Gütersloh 1980²
Döpp, S.: Zeitgeschichte in Dichtungen Claudians, Wiesbaden 1980
Fuchs, H.: Augustin und der antike Friedensgedanke, Berlin 1926
Geffcken, J.: Der Ausgang des griechisch-römischen Heidentums, Heidelberg 1929²
Goetz, H-W.: Die Geschichtstheologie des Orosius, Darmstadt 1980
Goffart, W.: Barbarians and Romans, A.D. 418–584, Princeton 1980
Kaegi, W.: Byzantium and the Decline of Rome, Princeton 1968
Klein, R.: Der Streit um den Victoriaaltar, Darmstadt 1972
Lippold, A.: Theodosius der Große und seine Zeit, München 1980²
Maier, F. G.: Augustin und das antike Rom, Stuttgart 1955
Marrou, H. I.: Saint Augustin et la fin de la culture antique, Paris 1958⁴
Martin, J.: Spätantike und Völkerwanderung, München 1987
Mazzarino, S.: Das Ende der antiken Welt, München 1961
Pabst, A.: Divisio regni: der Zerfall des Imperium Romanum in der Sicht der Zeitgenossen, Bonn 1986
Paschoud, F.: Roma aeterna, Neuchâtel 1967
Piganiol, A.: Le sac de Rome, Paris 1964
Rehm, W.: Der Untergang Roms im abendländischen Denken, (1930); NDr. Darmstadt 1987
Stein, E.: Histoire du Bas-Empire, hrsg. von Palanque, J.-R., Brügge 1 1959², 2 1949
Stroheker, K. F.: Germanentum und Spätantike, Zürich 1965
Vogt, J.: Kulturwelt und Barbaren. Zum Menschheitsbild der spätantiken Gesellschaft, Wiesbaden 1967
Wes, M. A.: Das Ende des Kaisertums im Westen des Römischen Reiches, Den Haag 1967
Wytzes, J.: Der letzte Kampf des Heidentums in Rom, Leiden 1977

Foto- und Bildquellennachweis

Alinari, Florenz 15, 19
Anderson, Rom 14
Nach: ‹Aufstieg und Niedergang der römischen Welt›, Berlin (de Gruyter) 1976, Teil II, 5,1, S. 555 35, 51
Badisches Landesmuseum Karlsruhe 46
Nach: Hermann Bengtson, ‹Grundriß der Römischen Geschichte›, München ³1982 835, 836
Nach: H. H. Ben-Sasson, ‹Geschichte des jüdischen Volkes› I, München 1978 17, 47
Alfred Beron, München 30, 31
Bildarchiv Foto Marburg 61
Nach: A. Boethius – J. B. Ward Perkins, ‹Etruscan and Roman Architecture›, London 1970 18
Centre Camille Jullian, Aix-en-Provence 4
Deutsches Archäologisches Institut, Rom (Neg. Nr. 32. 1744) 9
Éditions Gallimard – L'Univers des Formes, Paris 7, 23, 37, 48, 53, 54, 57, 60
Nach: Ph. Filtzinger, ‹Die Römer in Baden Würtemberg›, Stuttgart 1976 20
Nach: M. I. Finley, ‹Atlas der klassischen Archäologie›, München 1979 13, 33
Gabinetto fotografico nazionale, Rom 59
Nach: Gesche, ‹Rom – Welteroberer und Weltorganisator›, München 1981 12
Roman Ghirshman, Paris 50
Nach: Michael Grant, ‹Das römische Reich am Wendepunkt›, München 1972 S. 837
H. von Hesberg, Köln 8
Hirmer, Fotoarchiv 2, 22, 26
Nach: H. Kähler, ‹Rom und seine Welt›, München 1960 24, 43, 44

Nach: Ernst Kornemann, ‹Die Weltgeschichte des Mittelmeerraumes›, München 1967 25
Nach: Theodor Kraus. ‹Das Römische Weltreich› = ‹Propyläen Kunstgeschichte› II, Berlin 1967 27, 42, 49, 58
Nach: J. G. Landels, ‹Die Technik in der antiken Welt›, München 1979 41
Nach: ‹Lexikon der Alten Welt›, Zürich und Stuttgart 1965 36
Louvre, Paris 29
Museum für Abgüsse klassischer Bildwerke, München 1, 6, 16, 39
Nach: A. Poidebard, ‹La trace de Rome›, Paris 1934, Taf. 67 55
Réunion des musées nationaux, Paris 32
Rheinisches Landesmuseum Bonn 52
Scala, Florenz 56
Nach: ‹Scavi di Ostia› I, Rom 1953 38
Nach: Erika Simon, ‹Augustus›, München 1986 10, 11
Nach: L. Sprague de Camp, ‹Ingenieure der Antike›, Düsseldorf 1964 40
University of Minnesota 3
Verlagsarchiv 45
Nach: J. Wacher, ‹The Roman World, London 1987 5, 21, 28
Aus: «Wachstumsphasen der Stadt Köln», in: Deutscher Städteatlas, Lieferung II, 6, Köln 1979, nach dem Entwurf von H. Hellenkemper, G. Precht und E. M. Spiegel, Römisch-Germanisches Museum Köln 34

Verzeichnis der Abkürzungen

CIL Corpus Inscriptionum Latinarum
Diss. Dissertation
Dittenberger,
 Sylloge³ W. Dittenberger, Sylloge Inscriptionum Graecarum. Leipzig 1915³
Hrsg. Herausgeber
ILS H. Dessau, Inscriptiones Latinae Selectae. Berlin 1892–1916
NDr. Nachdruck

1. Das julisch-claudische Haus

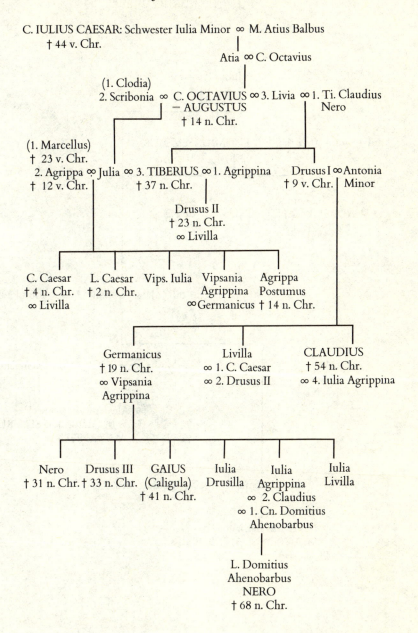

2. Das Haus der Severer

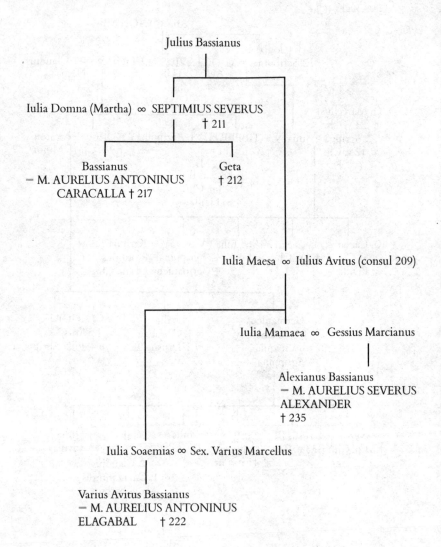

3. Das Haus Diokletians und Konstantins

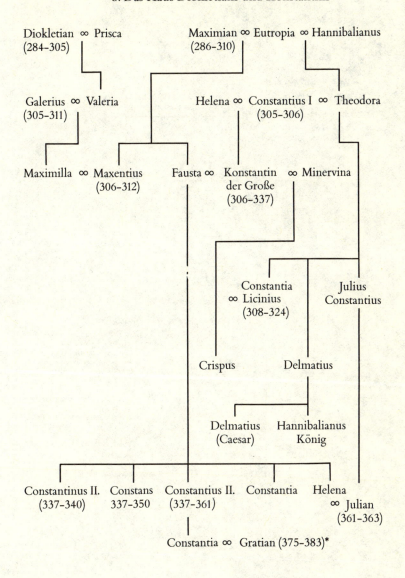

* Sohn des Valentinian I. und Stiefbruder der Frau von Theodosius I.

Register
Von Karl Christ und Kai Brodersen

ab epistulis 223, 281, 438, 542
Abrittus 662
Absolutismus 630
Abul-Feda 669
a cognitionibus 438
a commentariis 438
a libellis 223 f., 438
a memoria 438
a rationibus 223, 281, 356, 399, 438
a studiis 223, 438
Achämeniden 634 f., 638
Achaia 24, 105, 112, 191, 234, 592, 715
Ackergesetz 28
Acte, Claudia 231
actio hypothecaria 513
Actium 79, 81, 136, 150, 157, 161, 165, 254
actor 489
Adamklissi 297
Adiabene 589, 606, 624
adiutor 398
Administration 23, 25, 38 f., 43, 61, 102, 104 ff., 175, 192 f., 223 ff., 278 f., 299 f., 321 f., 330, 356, 370, 398, 403, 405 ff., 427, 434 ff., 442, 537, 615, 639, 672 f., 698, 714 f., 751 f., 774, 819
Adoption 92 f., 180 f., 184, 209, 228, 242, 246 f., 287 ff., 314, 316, 328 f., 618, 629, 705
Adoptivkaisertum 189, 285 ff., 343 ff., 560, 633, 814
Adrianopel 742 ff., 790
adsertor libertatis publicae 261
Aduatuca 454
adventus 321
advocati fisci 323
Ädil 108, 388 f., 405
Ägypten 55, 61, 79 ff., 100, 105 f., 118, 123, 154, 247 f., 303, 309, 312, 320, 325, 328, 331, 339 f., 346, 373, 418, 436, 452, 478, 602, 605, 608, 660 f., 667 f., 672, 679, 682, 708, 713 f., 769, 777, 794
Aegypto capta 81, 157

Aelia Capitolina 327, 584
Aelianus 709
Aelius Caesar 328 f.
Aemilianus 664 f.
Äneis 135 f.
aequanimitas 331
aequitas 320, 360, 513
aequitas Augusti 286
aerarium militare 111, 405, 438
aerarium Saturni 111, 405
aeternitas 260, 617 f., 624, 747
aeternitas Augustorum 659
aeternitas imperii 618
aeternitas mea 793
Äthiopien 122 f., 235, 352
Aëtius 753
Africa 24, 56, 78, 90, 105, 112, 123, 166, 192, 204 f., 249, 257, 319 f., 408, 437, 458, 478, 488, 492 f., 589, 604 ff., 652 f., 705, 714 f., 731, 734, 737, 752 – siehe auch Nordafrika
agentes in rebus 751
ager publicus 29, 379
Agrarschriftsteller 143, 357 f.
Agrarwirtschaft 18 f., 27 ff., 31, 35, 279, 306, 352 f., 357 f., 440, 486 ff., 698 f., 821 f.
Agricola 265 f.
agri decumates 269, 473, 480, 643 f.
Agrippa 50 f., 65 f., 71 f., 74, 79, 82 f., 89 ff., 97 f., 108, 122, 124 f., 131, 135 f., 143, 150, 157, 174, 178 ff., 190, 208, 268, 412, 454, 581
Agrippa Postumus 92 f., 180, 182
Agrippina die Ältere 68, 196 ff., 201, 210
Agrippina die Jüngere 197, 228, 231, 236, 425, 429, 454, 530
Ahrens, K. 490 f.
Ahriman 638
Ahuramazda 636, 638 f.
Akaba 123, 302
Akiba 327
Akklamationen, Imperatorische 222 f., 275, 412

Akragas 26
Alamannen 622, 631 ff., 641 ff., 651, 664, 669, 675, 677f., 705, 711, 733, 747f., 753f.
Alamannia 643
Alanen 205, 327, 338, 474f., 476f., 645, 676f., 791
Alarich 675, 791, 796
Albaner 308
Albanum 611, 622
Albinus, Clodius 602, 605ff., 609, 613
album decurionum 388f.
Alburnus Maior 301
Alen 114, 400, 415f.
Alesia 409
Alexander der Große 40, 172, 213, 235, 309, 446, 464, 477, 527, 547ff., 606, 622f., 635, 747
Alexander von Abonuteichos 566
Alexander, Bischof 770ff., 775
Alexander Helios 62, 64f., 80
Alexander, Tiberius Iulius 248, 250
Alexandreia Troas 113
Alexandria 65, 75, 77, 79, 100, 196, 211, 230, 247, 254, 260, 269, 309f., 340, 417, 428, 435, 449, 452, 483, 505, 519f., 544, 550, 582f., 588, 613, 623, 681, 684ff., 708, 770, 773ff.
Alföldi, A. 51, 170, 674
Alföldy, G. 341, 367, 394f., 398, 405f., 698
alimentatio 286, 319, 330, 410, 442f., 630
Allectus 710
Allegorie 156
Allmende 374ff.
Alpen 105, 125f., 132, 153, 179, 226f., 246
Alpenvorland 126
Alphabet 216
Altertümer 143
Altheim, Fr. 16f.
Aluta 273
Amandus 709
Ambrakia 79
Ambrosius 711, 803
amici principis 430
amicitia 45, 466
Amida 790
Ammianus Marcellinus 646ff., 750, 775, 798
Ammonios Sakkas 685, 693
amor mutuus 653
Ampelum 301

Amphitheater 280, 381f., 390
Amymone 66f.
Amyntas 61, 81, 122
Amyot, J. 549
Anastasia 743
Anchialos 647
ancilla Domini 361
Ancona 306
Ancyra 122
Andecaver 202
Angrivarierwall 194
Anicetus 237, 364
Annalistik 141
Annia Fausta 628
annona 106f., 304, 716
annona militaris 612, 615
Annuität 19, 86
Antichrist 240
Antinoopolis 325, 452
Antinous 320, 325
Antiochia 62, 279, 308f., 314, 449f., 483, 561, 588f., 606, 608, 614, 623, 627, 632, 664f., 667, 681f., 709, 760, 770, 772f., 777
Antiochos von Kommagene 212
Antipater, Coelius 317
Antonia 210
Antoninian 624f., 677
Antoninus Pius 3f., 105, 287, 326ff., 366, 381, 395, 405f., 409, 417, 422, 429, 441, 445, 467, 471, 473, 519, 521, 559, 576, 584, 618, 815
Antoninussäule 558
Antoninuswall 330, 471
Antonius, L. 65f., 69
Antonius, M. 32, 41, 48ff., 54f., 112, 120, 122, 144, 151, 154, 157, 165, 169, 174, 208, 244, 261, 313, 418, 469, 794f.
Antonius, Heiliger 775f.
Apamea 62
Aper 680
Aphrodisias 718
Apokalyptik 580, 691
Apolitie 200, 701
Apollo 79, 150, 156, 161, 230, 233, 239, 242, 552, 554, 560, 570, 724, 735, 779
Apollo Grannus 565
Apollodoros von Damaskus 298, 544
Apollonia 50, 57, 478
Apollonios Dyskolos 519
Apollonios Rhodios 532
Apologie 686
apparitores 705

appellatio 95, 117, 224, 428, 435
Appian 359, 547, 824
Apostel 778, 800
Apostelgeschichte 592
Apostelkonzil 587
Apuleius 543, 567f., 569ff., 604
Apulum 300f.
Aqua Iulia 74
Aqua Marcia 74, 108
Aquädukte 524f. – siehe auch Wasserversorgung
Aquileia 338, 572, 603, 654, 656, 739
Aquilia Severa 628
Aquincum 419
Ara Pacis Augustae 151ff.
Arae Flaviae 266
Araber 707, 713
Arabia adquisita 292
Arabien 100, 122f., 132, 289, 302f., 313, 319, 437, 477, 501f.
Arague 658
Araxes 476, 709
Arbeitsplätze 379
Arbela 624
Arbogast 753
Archäologie 8, 644f., 676
Archaismus 330, 519
Archelaos 61, 81
Architektur 143f., 551ff., 759ff. – siehe auch Bauten
Ardaschir 622f., 626ff., 630f., 631f., 636ff., 639ff.
Ardasher-Kvarreh 638
Arelate 374, 718, 734, 762
Arend, W. 217, 488, 502, 507, 536, 646, 652, 700, 718f., 755, 757, 760
Arentsburg 454
Ariminum 56, 109
Ariovist 468
Aristides, Aelius 145, 447, 460, 500f., 545
Aristokraten 15, 33f., 436 – siehe auch Führungsschicht, Senatoren
Arius 770ff., 777
Armee – siehe Heer
Armenien 64f., 93, 121f., 133, 179, 195f., 205f., 222, 230, 235, 307, 316, 330, 334, 466, 475ff., 632, 636, 707f., 754, 790
Armenia devicta 65
Armenia et Mesopotamia... 292
Arminius 130, 194f., 397, 473
Arretium 114, 368, 498f.
Arrian 327, 476, 546
Arsakes 205

Arsakiden 475, 636
Arsanias 708
Artabanos III. 133, 196, 205f.
Artabanos V. 623, 626, 636, 638
Artagira 121
Artaxata 196, 235
Artaxias 196, 205
Artavasdes 64
Arvalbrüder 277, 564f.
As 482f.
Asander 122
Asia 24, 60, 62, 105, 112, 165, 190, 192, 329, 408, 437, 443, 452, 505, 537, 578, 587, 595, 714
Asiana 715
Asia recepta 81
Askese 794f.
Assos 209f.
Assur 309
Assyria 309
Astrologie 33, 74, 181, 190, 227, 521, 565f., 617, 619f., 690
Astronomie 521
Asturer 124
Atargatis 569ff.
Ateius, Cn. 499
Athanasius 775ff., 792
Athen 76f., 196, 316, 320, 323f., 380, 550, 673, 761
Atia 50
Atlas 222
Atrium-Haus 555f.
Atropatene 310
Attianus 315f., 320
Attis 227, 570
Attizismus 545
Auctor ad Herennium 464
auctoritas 88f., 142, 171, 176, 178, 182, 185, 208, 344, 511f., 787
auctoritas patrum 19, 402
auctoritas principis 617
Aufanische Matronen 395
Auguren 391, 406
Augsburg 126, 468, 707
Augusta 184, 210, 289, 429, 633, 749
Augustales – siehe *seviri Augustales*
Augusta Praetoria 125
Augusta Raurica 126
Augusta Suessionum 101
Augusteion 761
Augustiani 230
Augustin 15, 143, 240, 343, 604, 687, 768, 796

Augustodunum 101, 202f.
Augustonementum 101
Augustus 3, 31, 36, 41, 44f., 83ff. passim, 185, 216, 226, 229, 243, 254, 256, 259f., 277, 284, 288, 331, 363f., 364, 379ff., 384, 397ff., 402, 408, 410, 412, 415, 417ff., 425f., 439ff., 442, 444, 454, 464f. 477, 481ff., 511f., 521, 539, 542, 551, 565, 576, 581f., 586, 599, 617f., 633, 698, 712, 727, 734, 747, 778, 782ff., 810 – siehe auch Octavian
Augustusforum 91, 155f.
Augustusmausoleum 77f., 287
Augustusname 88f.
Aurelian 629, 644, 648, 669, 672, 675ff., 695f., 698, 702, 718, 735
Aurelianische Stadtmauer 648, 676
Aurel, M. 4, 300, 314, 329, 331ff., 364, 381, 405, 412, 419, 441, 443, 460f., 468, 519, 521, 544, 559, 595, 598, 604, 606, 612, 618ff., 627, 681, 779, 815
Aurelius Victor 615, 641, 669, 726
Aureolus 667, 670ff., 674
Aureus 482, 615
auri lustralis collatio 755
aurum coronarium 330, 444, 755
Ausonius 263
Außenpolitik 22ff., 32, 120ff., 221ff.
Auxilien – siehe Hilfstruppen
Avesta 637
Ax, W. 392f.
Axidares 308
Azerbeidschan 636
Azisos 301

Baalbek 553
Baal-Hammon 616
Babylon 309, 550
Bacchanalienfrevel 32f., 578
Bäckereien 496
Baer, J. 689
Baetica 105, 124, 166, 190, 257, 278, 293, 366, 389, 399, 408, 452, 458, 604
Bagauden 709
Bahram II. 680, 707
Baktrien 636
Balbinus 653, 698, 707
Balbus, L. Cornelius 48, 51, 124
Ballomar 336
Baradez, J. 479
Barbaren 466, 791
Barbarisierungen 483f.
Barcino 395

Barkiden 22
Bar-Kochba-Aufstand 327ff., 584
Barygaza 502
Basilica Ulpia 306
Basilides 691
Bassianus 743
Bassus, Ventidius 62, 65
Bastarner 132, 644
Bataver 115, 255
Bataveraufstand 255f., 473
Bato 131
Battynäer 374f.
Bausch, H. 719ff.
Bauten 29, 45, 96, 107, 147, 149ff., 226f., 242, 258, 262f., 279, 300, 306, 313, 320, 323f., 379, 386, 422, 427, 441, 615f., 624, 630, 706, 737 – siehe auch Architektur
Bautechnik 523
Becker, C. 593ff.
Bedriacum 247
Belgica 202, 438, 448
Bell, H. I. 582f.
Bellona 568
bellum desertorum 364
bellum monetariorum 675
bellum Perusinum 66
beneficia 52
Benefiziarier 414, 562
Benevent 56, 307, 556
Berchem, D. van 711
Berenike 262, 633
Bergwerke 31, 100, 301, 354
Bernsteinstraße 502f.
Beroea 662
Berufsbezeichnungen 504f.
Berufsbindung 615
Besigheim 573
Bestattung 15
Bethlehem 599, 749, 760, 795
Beute 300, 443
Bevölkerungsstatistik 31, 99, 373
Bianchi Bandinelli, R. 759
Bibracte 101
Biennus 377
Bildung 517, 529
Bindungen 18f.
Binnenschiffer 503f.
Biographie 3, 537f., 542f., 548f., 775f.
Birley, E. 398, 400
Birley, R. 610
Bischöfe 362f., 590, 671ff., 678, 682ff., 688f., 758, 764ff., 768, 772ff., 776f., 793f.

Bithynien 62, 105, 165, 290, 307, 352, 427, 537, 592ff., 627
Blemmyer 707f., 713
Blussus 377
Bogenschützen 637f.
Bombay 645
Bonn 395, 414, 422
Bononia 55
Bosporanisches Reich 122, 222, 235, 320, 419, 435, 474
Bossuet 16
Bostra 303, 477
Boudicca 235
boukoloi 335
boulé 102, 392
Bretzenheim 632
Breuker 129
breviarium totius imperii 439
Briganten 264, 331
Britannia inferior 610
Britannia superior 610
Britannicus 220, 228, 231, 236, 262
Britannien 73, 124, 126, 132, 166, 212, 217ff., 235f., 249, 255, 262, 264, 270, 274, 320, 326, 330f., 340, 345, 370f., 412, 435, 437, 446, 448, 456, 463, 469f., 524, 537, 565, 600, 602, 609f., 620f., 671, 705, 715, 730, 753, 779
Britannisches Sonderreich 710
Brukterer 193, 643
Brundisium 69, 71, 307, 363, 505
Brunt, P. A. 99, 351, 382, 398
Brutus, D. 54
Brutus, M. 47f., 53, 55, 57f., 76, 526, 541
Bucolica 135
Buchner, E. 154
Büchner, K. 162, 282, 463, 470ff., 511, 515f., 532, 537, 543
Bürger 14f., 20, 34f., 97ff., 378ff., 412f., 423, 432, 816
Bürgerrecht 17, 24, 57, 59, 98f., 101, 114, 223, 367, 376f., 394, 416, 423, 427, 448, 457ff., 460f., 820
Bürgerrechtspolitik 226, 373, 379f.
Bürokratie 20, 223f., 756, 784
Bulla Felix 609, 614
Bundesgenossen 14, 22, 24, 32
Bundesgenossenkrieg 32, 38, 379, 448, 457
Burckhardt, J. V, 6f., 171f., 199f., 550f., 558f., 567, 597, 630, 701, 728, 730, 751f., 761, 769, 775, 779
Burebista 271
Burgunder 336, 644, 791

Burrus 208, 228f., 231, 236, 397, 401
Busiris 707
Buthrotum 112
Byzanz 196, 606, 614, 742, 745, 754, 760, 779, 781

Caecina, Aulus 246ff.
Caecilian 764ff.
Caesar 23, 28, 30f., 33, 36, 38ff., 47ff., 50f., 54f., 58, 61, 65, 67, 73, 77f., 81, 84, 86f., 89, 97, 101, 112, 122, 124f., 131, 133, 143, 149f., 155f., 159ff., 162, 164, 168, 171ff., 180, 184, 216ff., 239, 244, 271, 284, 355, 379f., 382, 384, 389, 408f., 415, 417, 434, 441, 443, 446, 457f., 464, 468f., 477, 482, 505, 521, 527, 548, 565, 581, 809
Caesar, C., Augustusenkel 91f., 121, 123, 143, 145, 178f., 180, 312
Caesar, L., Augustusenkel 91f., 143, 178f.
Caesarbild 44ff.
Caesarea 191, 419, 452, 769, 777
Cäsarenwahnsinn 213f.
Caesares 706, 729, 731, 744, 749, 752
Caesarion 61, 65, 77, 80
Caesarismus 44
Caesarmörder 47f., 53, 56ff., 67, 174
Caesonia 215
Caligula 3, 78, 105, 166, 197, 205ff., 217, 222, 225, 233, 241, 256, 276f., 346, 380, 412, 418, 442, 444, 483, 559, 576, 813f.
Callistus 362, 662
calumnia 116, 224
Cambodunum 126
Campus Mardiensis 744
Camulodunum 166, 218f., 226, 235
canabae 113, 449
candidatus Caesaris 97
Candide 729
Canninefaten 255
Cannstatt 562
Canusium 389
Capelle, W. 331f., 467, 546, 646
capitatio-iugatio 716, 754
Cappadocia 476, 714
Capri 198, 200f., 205
Capua 56
Caracalla 381, 461f., 484, 559, 606f., 620ff., 627, 632, 644
Caracallathermen 624
Caratacus 218f.

Carausius 710
Carinus 680
caritas mutua 653
carmen saeculare 136f.
Carnuntum 129, 333, 339, 390, 503, 572, 603, 670, 733
Carpicus 644
Carpicus maximus 644, 677
Carpow 610
Carrhae 41, 62, 74, 81, 624, 657, 666ff., 708
Cartimandua 220, 264
Carus 680, 698, 702
Cassiodor 645
Cassius, Avidius 334, 339f., 342, 344
Cassius, C. 47f., 53, 55, 57f., 61, 76, 359, 526, 541
Castra Regina 340
castrensiani 716
castrensis modius 721
Catilina 39
Cato Censorius 26ff., 33, 37, 317, 357, 381, 494, 510, 518, 521, 526
Cato Uticensis 39, 41f., 527
Catull 33, 68, 139f., 532
causae 542
Cautes 573
Cautopates 573
Celsus, Aulus Cornelius 523
Celsus, P. Iuventius 510f., 515
Celsus, Publilius 319
Censor 217, 283, 368
censoria potestas 277
censor perpetuus 275, 283f.
Censur 39, 225, 257, 275
Census 82, 368, 375, 717
centesima rerum venalium 110
Centumcellae 306, 417, 427
Centurionen 54, 322, 400, 414, 421, 427, 611, 621
Cerialis, Petillius 255, 264, 424f.
Chaboras 657
Chaerea, Cassius 214f.
Chaironeia 547
Chaldäer 578
Chalkedon 668, 745, 779
Chalkidike 57
Chalkis 62
Chamaven 643
Chantraine, H. 439, 499f.
Charax 309
Chatten 128, 194f., 221, 266ff., 269, 340, 473, 468

Chauken 221, 472
Cherusker 128, 222, 467
China 336, 687
Chorobates 523
Chosroes 307ff., 320
Christen 227, 232f., 239f., 244, 252, 346, 361ff., 638, 661
Christentum 5ff., 9, 575, 577ff., 672, 680ff., 694f., 762ff., 786, 826f., 829
Christenverfolgung 232f., 283, 591ff., 661, 680ff., 713, 724, 730, 736f., 769
Christiani 588
Christusmonogramm 741, 764
Chronographie 686
Chroniken 686f., 769
Chrysopolis 745
Cibalae 744
Cicero 15, 30f., 39, 46f., 51f., 54f., 57, 67f., 143, 167, 216, 276, 317, 359, 464, 488, 511, 515, 518f., 536, 578f., 596
Circumcellionen 768
Circus maximus 280
Civilis 255f.
civilitas 289
civitas 101, 377, 447f., 452
civitas dei 796
civitas foederata 374, 448
civitas libera 374, 448
civitas stipendiaria 374, 448
civitas terrena 796
Classicus 255
classis Africana Commodiana 419
classis Alexandrina 418
classis Britannica 418f.
classis Germanica 418, 422
classis Mauretanica 419
classis Moesica 419
classis Pannonica 419
classis Pontica 419
classis Syriaca 419
Claudian 798f.
Claudius 3, 111, 197, 204, 249, 256, 363, 370, 381, 385, 408ff., 412, 416ff., 425, 431, 437, 441, 444, 448, 454, 459, 467, 470, 472, 504, 521, 529f., 576, 578, 582f., 589, 813f.
Claudius Goticus 649, 674, 698, 735
Cleander 345ff.
Clemens, Flavius 283
Clemens, Cn. Pinarius Cornelius 266
Clemens von Alexandria 471, 588, 684f., 691
1. Clemensbrief 589, 598

clementia 46, 88, 189, 320
clementia Caesaris 45 f., 56, 174
Clodia 68
Clodius 30 f., 66, 380
clupeus virtutis 88, 170
cohortes urbanae 114, 184, 198, 258, 413
collatio glebalis 755
collationes 444
collegia 384 f., 611, 675
colletiones 614
Colonia Commodiana 347
colonus 163 f., 490 – siehe auch Kolonat
Colosseum 258, 533, 556
Columella 352, 355, 357 f., 360, 490 f.
comati 271
comes 407
comitas 289
comitatenses 752
comitatus 714
Commodian 240
Commodus 340, 342 ff., 355, 381, 402, 406, 412, 419, 425, 445, 461, 493, 560 f., 600, 608, 618, 628, 815
Comum 409 f.
concordia 142, 161, 190, 617, 621
concordia Augustorum 334
concordia ordinum 52
concordia senatui 261
concilium 165, 432
conductor 489, 491 ff.
congiaria 306, 380, 441
coniuratio Italiae 78
consecratio 163, 185 f., 189, 201, 287, 289, 291, 330, 348, 425 f.
consensus 91, 185, 243 f., 247
consensus universorum 171, 176
conservator urbis suae 738
consilium 18, 111, 115, 117, 142, 176, 225, 524
consilium principis 281 f., 291, 321, 341, 427 f., 431, 630, 655
Constans 749, 752, 790
Constantina 742, 745, 749 f., 775
constantia 217
Constantia 768
Constantius 749 ff., 754, 778, 790, 792
Constantius Chlorus 705, 710, 725, 729 ff., 749 ff.
Constitutio Antoniniana 378, 461 f., 622
consubstantialis 773
consul sine collega 42, 86
contubernium 351, 371
Corbulo 221, 235 f., 422, 472

Cordus, Cremutius 541
Corneille 549
Cornelia 67 f., 535
cornicularius 421
Cornutus, L. Annaeus 546
corona civica 88 f., 170, 260
corona rostrata 72
corrector totius orientis 668
correctores 714 f.
Crassus 39 ff., 46, 55, 64, 81, 122, 131, 313, 469
Cremona 247 f.
Crispus 730, 744 f., 749, 752, 768
cubicularii 716
Cumont, Fr. 629
cunei 417
Cunobelinus 218
cura annonae 106 f.
curae 106 ff., 389, 393
curatores aedium sacrarum 107
curatores aquarum 107 f., 405, 524 f.
curatores riparum 108, 405
curatores viarum 109, 405
Curia Iulia 149 f.
Curio 66
Curius Dentatus, M. 27
cursus honorum 225 f., 368, 399 ff., 403 ff., 656 f., 756
cursus publicus 109 f., 227, 286, 485
Curtius, L. 12
Cynthia 139
Cypern 62, 90, 166, 240, 309 f., 373, 587
Cyprian 683, 688 f., 766
Cyrenaica 105, 309, 373, 478

Dacia 300 ff., 327
Dacia capta 292
Dacia inferior 319
Dacia Mediterrania 676
Dacia Ripensis 676
Dacia superior 319
Dacicus 298, 679
Dacicus maximus 644
Daesidiaten 129
Dahlheim, W. 25
Daker 73, 132, 270 ff., 651
Dakerkriege 291, 294 ff.
Dakien 294 ff., 313, 331, 338, 345, 352, 354, 437, 643, 659, 661 f., 676 f.
Dalmater 81, 417
Dalmatia 105, 397
Dalmatien 72, 125, 180, 320, 456, 676
Dalmatius 749, 752

Damaskus 303, 477, 764
damnatio memoriae 284, 348, 407, 426, 540, 734, 742
Dangstetten 126
Daniel 585
Dante 595
Dea Caelestis 616
Dea Dia 564
Dea Syria 570f.
Decius 283, 592, 646, 648, 659ff., 663f., 681, 684f., 697, 725
dediticii 462, 622
Dekadenz 5, 11, 35, 533
Dekebalus 273ff., 294ff.
Dekurionen 374, 385ff., 432
Delatoren 104, 115f., 188, 201, 210, 224, 280, 651
Delia 138
Delos 550
De Martino, F. 490
Demeter 673
Denar 119, 482, 615, 624, 721f.
Dessau, H. 8
destinatio 97
Deubner, L. 167
deus et dominus 679
Deutz 733
Diadem 706, 747
Diadumenianus 627
Diakone 590, 683, 689f.
Diakonissen 594
Dialektik 84, 133, 176f.
Diana Abnoba 565
dictator perpetuo 42, 86, 173, 284
Dido 136
Didymos, Areios 546
Dieburg 573
Dierna 301
dies imperii 209, 261, 564
Digesten 351, 366, 462, 513ff.
dignitas 42, 45f., 66
Diktator 20, 38, 44, 46
Diktatur 42, 84, 90, 107, 173f., 176
Dilke, O. A. W. 373
Dio, Cassius 83, 89, 180, 185, 209, 239, 252, 273, 340, 349, 462, 605, 607, 622, 625, 631, 640, 660
Diodor 144
Dioezesen 715f., 752
Diokletian 117, 283, 477, 592, 634, 642, 656, 674, 680, 684, 697, 702ff., 733, 742, 745f., 751, 754, 757, 763, 766, 781, 830

Dion Chrysostomos 145, 282, 290, 375ff., 544f.
Dionysios von Halikarnaß 144f.
Dionysios, Bischof 681, 684
Dionysos 33, 79, 617
Disciplina Augusta 325
Diupaneus 273
Diva Faustina 330
diversitas temporum 290
divi filius 89, 161
Divus Augustus 185f., 189, 216f., 242, 244
Divus Augustus Pater 186, 189
Divus Claudius 242
Divus Iulius 159, 161, 286
Divus Nerva 291
Divus Traianus 306
Dnjepr 645
Dnjestr 645
Doerries, H. 723ff., 750
Domänen 346
Domaszewski, A. von 8f.
dominus 617
dominus et deus 276, 283, 289
dominus totius orbis 792
Domitia 278, 282, 429
Domitian 3, 214, 229, 248, 253, 255, 263ff., 313f., 337, 356, 370, 380, 407, 410, 420, 431, 437, 440ff., 473, 482, 524, 533, 535ff., 542f., 546, 558, 576, 584, 592, 814
Domitilla, Flavia 283
Domitius Alexander, L. 734
Domitius Domitianus, L. 708
domus aurea 233, 258
domus divina 617
domus Faustae 741
domus principis 68, 85, 92f., 120, 122, 145, 149, 153, 162, 165, 179, 181, 187, 190, 197, 207, 223, 228f., 249, 278, 288, 370f., 410, 424ff., 542, 562, 564, 784, 818
Don 122, 645
Donative 53, 215, 316, 420f., 440f., 600f., 625, 653
Donatistenstreit 762ff.
Donatus 765ff.
Donau 113, 132, 235, 243, 265, 307, 318f., 345, 412, 446, 467f., 622, 632, 643f., 653, 664
Donaubrücke 298
Donaulegionen 246f., 602f., 605f.
Donauraum 100, 118, 271, 294ff., 334ff.,

373, 437, 449, 460, 474f., 483, 602f.,
676f., 679, 698, 701, 705, 711, 737,
744f., 753f., 790f.
Doppelbürgerrecht 461
Dora Baltea 73
Dreikinderrecht 103, 536
Drerup, H. 524
Drobeta 298, 301
Druiden 217, 227, 576, 586
Drusilla 210, 212
Drusus der Ältere 91f., 125ff., 130f., 180,
215, 217, 268, 412, 418, 454, 471
Drusus der Jüngere 93, 182, 193, 198, 208
Dryantilla 670
ducentesima auctionum 110
Duncan-Jones, R. 386, 409
duoviri 388f.
Dupondius 482f.
Dura-Europos 666
dux 714
Dyarchie 94, 119
Dyme 112
Dynamis 122
Dynastie 75, 178, 210, 260f., 288, 429,
617ff., 633ff., 697, 749f., 787
Dyrrhachium 57

Ebro 452
Eburacum 264, 326, 710, 730
Eck, W. 403, 409
Eclectus 346, 348
Edessa 301, 312, 316, 588, 613, 632, 667
edictum perpetuum 326f., 513
Ehe 67, 103, 139, 371, 416, 723f., 726, 750
Ehlers, W. 527
Eingeweideschau 724, 794
Einhard 543
Einsiedler 758, 775f., 794f.
Eisernes Tor 273, 296f., 299
Eiwan-i Kercha 638
Eklektizismus 510
Elagabal 616, 626ff., 631
Elbe 73, 128ff., 194
Elegeia 308, 334
Elegie 138ff.
Elephantine 123
Eleusinische Mysterien 227, 324f., 673,
794
Elite, Koloniale 92, 293, 436
Elliger, W. 376f.
Emanzipation 67f.
Emesa 604, 611, 617, 620, 685
Emona 72, 603, 654

Engelsburg 323, 331
Ennion 496f.
Ennius 14f., 159, 317
eparchikoí 375
Ephesus 60, 76, 165, 283, 361, 393, 417,
427, 485f., 496, 580, 592
Epicharis 237
Epidaphne 197
Epigramm 532ff.
Epiktet 282, 545f.
Epikur 137, 159
Epirus 78f., 648
Epos 527f., 532
equites singulares 413
Erasmus 519
Erbschaftssteuer 462
Erdbeben 193, 308, 443
ergastulum 352, 491
Ermanarich 645
Erntemaschine 524
Erocus 753
Esra 585
Essener 581
Etruscilla 659
Etrusker 446
Eucher 711
Eugenius 791
Euphrat 64f., 121, 239, 307ff., 320, 334,
476, 606f., 632, 639, 666, 668, 680, 709
Eurykles 380
Eurysaces 496
Euseb von Caesarea, Kirchenhistoriker
191, 283, 309, 570, 589, 591, 595,
684ff., 740, 748f., 760, 765, 769ff.,
774, 778, 787
Euseb von Nikomedia 770, 775, 777
Eutrop 300, 330, 702
Evangelien 586f., 686
evocatus 420
Evodius 794
ex auctoritate principis 511f.
exempla 15, 141, 359, 526, 540
exsuperatorius 348

Fabel 363
Fabian 681
Fabius 681
factiones 34
Färber, H. 80, 126f., 136ff., 160
familia Caesaris 276, 356f., 697
familia principis 430, 437f.
Familie 18f., 31, 66f., 85, 103f., 360, 366,
433

Fannius Caepio 89
Fano 675
fasti 156
Fausta 730, 749
Faustina die Jüngere 334, 342
Feldarmee 714
Feldberg 641
Feldherrnprägungen 483
Feldmeßkunst 524
felicitas 37f., 347
felicitas publica 261
felicitas temporum 617f., 658
Felix von Aptongus 764
Felsreliefs 638, 666f.
Fensterbusch, C. 551f., 560
Fernhandel 122f., 477f., 501ff.
Fernstraßen 109, 118, 226, 303, 306f., 405, 484f.
Festkalender 564
Festus 519
Fetialen 78, 161, 227, 406
Feudalismus 638
Feueraltäre 636, 638, 667
Feuerwehr 108f., 385, 413
fides 466
fides exercitus 632
fides publica 261
figlinae 499f.
Figurengedichte 759
filius Augusti 734
Finanzen 105f., 110ff., 258, 286, 330, 346, 386ff., 389f., 427, 439ff.
Finanzverwaltung 223f., 714, 751
Firmus 677
Firuzabad 638
fiscus 111, 286
fiscus Caesaris 438
fiscus Iudaicus 286
Flaccus, C. Valerius 532
Flaccus, L. Valerius 578
Flaccus, M. Verrius 143, 519
Flach, D. 492f., 525f., 539
flamines 391
Flamininus, T. Quinctius 38, 164, 234
Flavier 3, 248ff. passim
Flavus 473
Florentinus 351
Florus 543
Flotte 56, 60, 70f., 79, 128f., 194, 226, 246, 248, 258, 271, 417ff., 744f.
Foederaten 646f., 790
foedus 753
folles 718, 754

Foreign Clientelae 469
forma urbis 624
Fortuna 528
Fortuna Augusti 260
Fortuna redux 564
Forum 551f., 554
fossatum Africae 479
Francia 643
Franken 643f., 669, 677f., 711f., 732f., 734, 747
Frauen 18, 66ff., 85, 207, 227f., 235, 289, 322, 341, 367, 383f., 391f., 416, 429f., 501, 535, 538, 542, 570, 590f., 633, 668, 673, 688, 716, 785, 788
Freigelassene 29, 34, 77, 96ff., 104, 109f., 112, 136, 164, 166, 171, 191, 223, 227ff., 231, 237, 239, 276, 285, 302, 304, 356, 359f., 362, 367ff., 384, 391, 398f., 410, 413, 417, 423, 430ff., 437, 495, 499f., 522, 528f., 541, 562, 590, 807f., 816
Freiheit 14, 59, 244, 516 – siehe auch *libertas*
Freilassung 98ff., 768
Freis, H. 395, 458ff., 485f., 496
Fremersdorf, Fr. 733
Friedberg 572
Friedensidee 679f., 796f. siehe auch *Ara Pacis, pax*
Friedrich der Große 519
Friesen 128, 221, 255, 471f.
Frontin 108, 264ff., 285, 287, 524f.
Fronto 515, 519, 547, 604
Fructuosus 684
frumentarii 614
frumentatio 380f., 441
Fuchs, H. 232f., 282, 585f.
Führungsschicht 19ff., 27ff., 34, 66ff., 92, 96f., 159, 457f., 697
fugitivarii 364
Fuhrmann, M. 578f.
Fulvia 65ff.
Furius Camillus, M. 204
Fuscus, Cornelius 273

Gabinius 72
Gades 397, 449
Gätuler 124
Gaetulicus 245, 422
Gärtner, H. A. 681, 746
Gaius – siehe Caligula
Gaius, Jurist 512, 515
Galatien 122, 166, 254, 361, 408, 587f.

Galba 115, 212, 238f., 244ff., 277, 288, 399, 600
Galen 522f., 580
Galerius 684, 705, 708f., 725, 729ff., 735f.
Galeriusbogen 705, 709
Galläker 124
Gallia Narbonensis 24f., 55f., 90, 109, 112, 166, 257, 408, 452, 458, 675, 714
Gallien 42f., 45f., 55f., 71, 78, 88, 91, 100f., 105, 118, 124ff., 132, 202, 216, 218, 227, 238, 264, 320, 346f., 364, 373, 409, 424, 452, 456, 499, 565, 607, 642, 678, 681, 705, 709, 714f., 732, 735, 765, 791, 798
Gallienae Augustae 673
Gallienische Renaissance 673f.
Gallienus 642f., 665f., 668ff., 678f., 684, 693, 713
Gallisches Sonderreich 642, 670f., 677
Gallus, Aelius 123, 145, 302
Gallus, Cestius 250
Gallus, Cornelius 79f., 123, 430
Gallus, Trebonianus 663f.
Galsterer, B. und H. 353
Gamaliel II. 584
Gannys 627
Garamanten 124, 205
Garden 114
garum 113
Garzetti, A. 9
Gaza 303
Gefolgschaftseid 183, 209
Geist, H. 369
Geiserich 791
Geldwirtschaft 29, 118ff., 482ff., 641
Gellius, Aulus 519, 543
Gelzer, M. 44, 49
Gemma Augustea 561
Genèvre, Mont 738
Genio Populi Romani 718
Genius 162f., 562
Genius Illyrici 663
Genius Populi Romani 723
Geographie 143, 145, 520f.
Georgica 135
Gepiden 645, 677
Gerasa 303
Gergovia 101
Gerichtshöfe 115f.
Germa 124
Germanen 6f., 217, 277, 753, 789, 828 – siehe auch die einzelnen Stämme

Germania 321
Germania capta 269f.
Germaniceia 226
Germani corporis custodes 115
Germanicus 92f., 130, 145, 180, 182, 193ff., 201f., 208, 211, 215f., 221, 228, 262, 266, 316, 412, 418, 465, 472
Germanicus maximus 622, 651, 677
Germanien 124ff., 154, 179f., 212, 221f., 274, 352, 397f., 409, 413, 437f., 454ff., 464f., 471ff., 484, 537f.
Gesandtschaften 428, 466f.
Gesang 230f.
Gesche, H. 163
Geschichtsschreibung 140ff., 216, 283, 526f., 546f.
Gesellschaft 18ff., 33ff., 93ff., 533f., 589f., 611ff., 639, 687, 784f., 806, 811, 815f.
Gesellschaftspolitik 102f.
Gesellschaftsstruktur 271, 350ff., 431ff.
Gesetzgebung 5, 34, 99, 614f., 722f., 750f.
Gesoriacum 218, 418, 454, 710, 730
Geta 608, 620f., 625
Getreide 494, 722
Getreidespenden 29, 304f.
Getreideversorgung 106f., 118, 226, 279, 346, 379f., 386, 405
Gewerbe 494ff., 822
Gewohnheitsrecht 512f.
Gibbon, E. 2, 5, 349, 630, 727
Glabrio, Acilius 283
Gladiatoren 31, 280, 282, 348, 355, 363, 381f., 522, 528, 751
Glas 496f.
Glaser-Gerhard, E. 359
Glaucia 38
Gleichheit 19, 343f., 362, 378
Glevum 220
Glykon 566
Gnosis 690ff., 768
Goethe 381f., 422f., 533, 549, 553f.
Gor 638
Gordian I. 652f.
Gordian II. 652f.
Gordian III. 401, 653, 655ff., 667, 693
Goten 336, 644ff., 656, 659, 661, 664, 669f., 674, 676f., 744, 748, 777, 791 – siehe auch Ostgoten und Westgoten
Goticus maximus 674, 677
Grabdenkmäler 552f., 558
Grabinschriften 66f., 356, 377, 382f., 406f., 422f., 576

Grabluxus 371 f.
Grabreliefs 371
Grabtürme 667
Gracchen 29, 36f., 67f., 95, 239, 518
Gracchus, C. 36, 38, 115, 359
Gracchus, Tib. 23, 28, 36, 38
grammaticus 392
gregarius 421
Gregor I. 595
Grenzpolitik 113, 120ff., 202ff., 207, 222, 255, 264ff., 267ff., 284, 294ff., 303, 325ff., 330, 339, 466ff., 610, 712, 812
Grenztruppen 714
Grenzverteidigung 611f., 642f.
Grenzzone 464ff., 612, 820f.
Gressmann, H. 693
Griechen 100, 144ff., 230, 311, 418, 428, 446
Griechenland 24, 32, 57, 60, 81, 102, 234, 258, 324f., 336, 338, 342, 352, 373, 447, 450, 587, 647f., 664
Große Mauer 479
Große Mutter – siehe *Magna Mater*
Großgrundbesitz 101, 488ff., 671f., 698f., 756
Grundbesitzer 15, 18f., 101, 375, 409f.
Gryphius 533
Gschnitzer, Fr. 374ff.
Gußformen 624
Gynäkologie 522
Gytheion 190

Habicht, Chr. 549
Hadrian 3, 105, 117, 124, 284, 294, 299, 306, 312, 314ff., 321, 343, 345, 366, 381, 412, 416, 434, 441, 443, 448, 452, 460, 469, 479, 492f., 500, 512f., 519, 542ff., 547, 556, 558, 576, 584f., 595, 604, 633, 815
Hadrianswall 326, 467, 470f., 610f., 616
Hadrumetum 452
Häduer 202
Häfen 485f., 505
Häretikeredikt 774
Häuser 553ff.
Häuser, Ph. 681, 684, 746
Hamilkar Barkas 22
Hand-Abacus 523
Handel 28f., 218, 302f., 306, 369, 374, 382f., 468, 500ff., 668, 822
Handwerk 28ff., 31, 354, 382ff., 494ff., 529
Hannibal 24, 28, 37, 535, 622

Hannibalianus 749, 754
Harder, R. 694
Harnack, A. von 589, 598f., 776
Harpokration 519
Hartl, A. 717f., 726f.
haruspices 227, 401, 566
Hasmonäer 581
Hatra 608
Hauptmann, G. 549
Hausen, H. 755
Haushalt 439ff., 819
Haussklaven 352ff.
Haustafeln 362
Heddernheim 573
Heer 110ff., 133, 170, 243, 257f., 280f., 284, 286ff., 292, 295ff., 308ff., 312f., 316ff., 325ff., 410ff., 430, 432, 611f., 618f., 625ff., 632, 651f., 655, 660, 696f., 711ff., 724, 739, 752f., 783, 788, 817f.
Heeresklientel 30f., 36, 38, 40ff., 53
Heermeister 412, 752, 756, 794
Hegel 6, 31, 37, 84, 252
Heidelberg-Neuenheim 573
Heinze, R. 16
Helbing, R. 234
Helena 704, 730, 749f., 779
Helios 560, 695
Helius 237
Hellenismus 32f., 75, 159, 164, 209f., 213, 224, 241, 277f., 324, 436f., 446, 457, 543
Helm, R. 276, 280, 290, 383, 533
Heliodor 629, 636f.
Helvetier 249, 468
Henchir Mettich 492
Hennecke, E. 362
Hephaistion 519
Herakles 290, 395
Herculaneum 262, 390f.
Hercules Romanus 723
Herculii 734f.
Herder 5f., 17
Herennius Etruscus 662
Herkules 348, 552, 565, 617, 671, 723, 735
Hermogenes von Tarsos 510
Hermunduren 129, 467f., 640
Herodes Agrippa 211f., 582
Herodes Atticus 536
Herodes der Große 61, 81, 145, 250, 581f.
Herodian 621, 640, 651f.
Herodot 567
Heron von Alexandria 523

Heruler 645
Herrscherkult 159, 164ff., 190, 714
Herrschertugenden 88f., 189
Herz, P. 420
Heuß, A. 9, 312, 403
Hexapla 686
Hierarchisierung 683, 688f.
Hierapolis 380
Hieron II. 22
Hieronymus 591, 769, 795
Hilfstruppen 114f., 226, 268, 295ff., 300, 325ff., 400, 415ff., 420, 458, 713
Hillforts 220
Himyariten 122f.
Hippokrates 522
Hippolyt 599
Hirtensklaven 31
Hirtius, A. 48, 54
Hispania citerior 23, 55, 166, 192, 238f., 395
Hispania ulterior 23, 55
Hispellum 748
Historia Augusta 325f., 330, 339, 543, 629f., 651, 670, 673, 679
hoc signo victor eris 740
Höchstpreisedikt 117, 697, 712, 719ff.
Hoffmann, C. 409, 422
Hofkunst 759
Hohl, E. 679
Holzhausen 641
homines novi 95, 238, 341, 408
homooúsios 773, 776
honestiores 116, 378
honores 387ff., 393
honos 244
Horaz 57, 80f., 91, 126, 136ff., 146, 160, 477, 520, 527
Hormizdaghan 636
Horneffer, A. 365f., 370ff., 540f.
Horologium Augusti 145
horrea 106
Hostilianus 663f.
Hüfingen 221, 266
humanitas 289, 360
humiliores 116, 378
Hunnen 790
Hydatius 793
Hyrkanien 308
Hyrkanos II. 581

Jabne 583f.
Jamnia 211
Janustempel 81, 120, 161, 236

Japuden 72
Jazygen 271, 274, 299, 338f., 645
Iberer 205, 308
Icelus 399
Iceni 220, 235
Iden des März 47f., 58
Ideologie 12, 40, 44ff., 52, 72, 74, 83f., 87f., 122, 131, 143, 147, 153, 156ff., 168ff., 175, 178, 189, 207, 217, 244ff., 260f., 320f., 616ff., 706, 719f., 735f., 764, 788, 792, 813, 818
Idistavisofeld 194
Jericho 62
Jerusalem 211, 235, 250ff., 327f., 578, 581ff., 584, 587, 592, 682, 760, 769, 777, 796
Jesus 191, 361, 586f., 692, 786
Ignatius 362, 588
Ilion 330
Illyricum 69, 587
Illyrien 72f., 129, 131ff., 605, 674, 676, 696, 701, 734
Illyrischer Aufstand 93
imaginifer 410, 421
Immae 627
immunis 421
impensa 111f.
Imperiale Führungsschicht 431f.
Imperiale Oberschicht 432
Imperialismus 11, 17, 120, 172, 296, 711f.
Imperien 30, 40f., 42, 55f., 58, 86, 174, 182
imperium 1, 21f., 45, 185
imperium consulare 90, 426
Imperium Galliarum 255
imperium proconsulare 88, 256
imperium proconsulare maius 89f., 91, 182, 185, 287, 426
Incitatus 214
Inchtuthil 265
incolae 163f., 374
indictio 717
Indien 122, 303, 307, 466, 477, 501f., 589
Individualismus 33f., 559
Indus 640
Inflation 615
ingenui 98f., 371, 374
Ingenuus 670
Inschriften 7, 369ff., 375f., 390f., 399, 406f., 410, 416, 420, 458f., 580f., 607f., 618, 666f., 748
Inschriftenstatistik 367, 374, 398
Integration 17, 35, 100, 114, 423

Interamna 664
interpretatio Romana 565
invictus 748
Invictus Hercules Romanus 348
Jochanan ben Sakkai 584
Johannes 586f.
Johannes-Apokalypse 283, 598
Johannes von Damaskus 690
Iol-Caesarea 226
Jopatianus 659
Jordanes 645 ff.
Josephus, Flavius 250f., 254f., 475, 548
Jotapata 250, 546
Jovian 708, 790
Iovi Conservatori 718
Iovius 704, 729
Iran 686, 691
Irenaeus 588
Irenenkirche 761
Irland 265
Isis 190, 211, 260, 264, 347f., 543, 552, 567ff., 576, 578
Islam 636, 768
Isonzo 654
Issos 606
Italia 715
Italica 293, 314
Italicus 222, 467
Italien 56, 61f., 65f., 68ff., 72f., 75, 77f., 109, 112, 129, 135, 163, 169, 191, 239, 243, 248, 279, 286, 306f., 331, 336, 347, 351, 363, 373, 379, 409f., 417, 436, 457, 486ff., 493f., 611, 619, 642, 648, 653ff., 664, 675f., 697, 705, 712, 714, 731ff., 737ff., 765, 791
Ithacius 793
Itinerarium Antonini Augusti 484, 624
Juba 123
Iudaea 61, 105, 191, 211, 222, 232, 249ff., 312, 327, 331, 363, 376, 435, 437, 583, 587
Iudaea capta 253, 270
Juden 100, 190f., 211, 227, 240f., 327ff., 428, 546, 577ff., 695, 769f., 826
Judenchristen 227
Jüdischer Krieg 235, 247f., 249ff.
Jugurthinischer Krieg 30
Julia, Tochter Caesars 355
Julia, Tochter des Augustus 90ff., 179f.
Julia die Jüngere 93, 140
Iulia Domna 606, 609f., 617, 620ff., 626, 657
Iulia Maesa 626ff.

Iulia Mamaea 626, 629ff., 632, 650f.
Julian Apostata 314, 362, 630, 737, 750, 790f.
Iulianus, Didius 601ff., 604f.
Iulianus, P. Salvius 327, 512f., 515
Iulia Paula 628
Iulia Soaemias 626ff.
Iulius Africanus, S. 686
Iulius Constantius 749
Iullus Antonius 92
Iunius Blaesus, Q. 204
Juno 276, 552, 554, 562
Juppiter 217, 252, 552, 554, 562f., 583f., 723, 729
Juppiter Conservator 277
Juppiter Custos 242, 263, 276
Juppiter Dolichenus 571
Juppiter Iulius 162
Juppiter Poeninus 564
iuridici 321, 405
Jurisprudenz – siehe Rechtswissenschaft
ius civile 512
ius gentium 512
ius honorum 409
ius Latium maius 448
Justinian 791
Iustinus, M. Iunianus 142
Iustinus Martyr 690
iustitia 88, 189, 286, 326, 360, 719
ius trium liberorum – siehe Dreikinderrecht
Iuthungen 675
Juvenal 199f., 369, 379, 382, 534f., 566ff.
Iuvenalia 230
iuvenes 655

Kaba-i Zerduscht 637
Kaegi, W. 729
Kaiser 83
Kaisergericht 117, 224f.
Kaisergeschichte 3f., 9, 12f.
Kaiserkult 122, 128, 158, 257, 283, 369, 391, 748 – siehe auch Herrscherkult
Kaledonier 610
Kallistos 223
Kameen 561f.
Kampanien 53
Kanäle 306, 422
Kantabrer 98, 124, 126, 179
Kapitol 248, 258, 262ff., 287, 409, 564f.
Kappadokien 195f., 205, 235, 254, 327, 334, 437, 547, 631 – siehe auch *Cappadocia*

Karder 637
Karl der Große 779
Karpen 622, 644f., 656f., 659, 661f., 677, 708
Karten 143, 804
Karthago 22f., 38, 386ff., 417, 446, 449, 452, 493, 504, 535, 572, 603, 609, 656, 661, 668, 684, 687f., 710, 764f.
Kaspisches Meer 235, 308
Kasten, H. 491
Kasuistik 513
Katakomben 580
Katalaunische Felder 791
Kataphrakten 636
kátoikoi 100, 375
Kaukasus 122, 205, 308, 709
Kautzsch, E. 239f.
Kavallerie 672, 714, 738
Keller, G. 549
Kelten 22, 217, 265
Keramik 498f.
Kilikien 62, 65, 587
Kimbern 30, 129, 644
Kinderreichtum 103
Kirche 688f., 780f.
Kirchenbau 759f.
Kirchengeschichte 4, 769
Kirchenorganisation 773
Kithara 230
Klasse 100, 168, 431
Klassenkampf 19, 35
Klein, R. 447, 460, 500f.
Kleinasien 24f., 32, 40, 57, 60f., 62, 71, 81, 100, 102, 114, 118f., 122, 193, 283, 326, 336, 339, 342, 373, 446, 450f., 456, 483, 602, 606, 655, 657f., 669f., 725, 731, 749, 785
Kleinbauern 21, 27ff., 30, 34f., 99, 488, 490
Kleinkunst 561f.
Kleinpächter 489ff., 614, 658 – siehe auch Kolonat
Kleopatra VII. 61ff., 68, 75ff., 80, 112, 114, 120, 144, 151, 157, 165, 418
Kleopatra Selene 62, 65, 80
Klibanarier 636
Klientel 18f., 23, 29ff., 41ff., 78, 85, 171, 174, 184, 367f., 382f., 433, 443, 533
Klientelherrscher 43, 61, 81, 114, 122, 212, 218f., 222, 434f., 443, 466, 470
Klientelstaaten 24, 131f., 437, 467ff.
Klingner, Fr. 135, 141, 793
Klöster 795f.

Kneißl, P. 163f., 504
Kniva 662
Köln 71, 112, 125, 128, 226, 246, 294, 353, 377, 395, 418, 425, 449, 454, 504, 652, 671, 733
Kohorten 114, 400, 415f.
koiná 102, 165, 432
Kolb, F. 449, 452
Kollegialität 19, 86, 727
Kolonat 352, 489ff.
Kolonen 101, 360, 652, 757
Kolonialismus 11, 17, 123
Kolonien 29, 122, 124, 217, 226, 294, 303, 374, 389, 446, 448f., 456f.
Kolonisation 17, 21, 24f., 112f., 302, 379, 446, 457f.
Kommagene 196, 254
Komödie 33
Kompitalkult 162, 166, 171
Konstantin der Große 363, 416, 634, 643, 684, 695, 706, 712ff., 729ff., 782ff., 830ff.
Konstantin II. 744, 749, 752f.
Konstantinbild 778f.
Konstantinbogen 738, 741, 759, 764
Konstantinische Schenkung 779
Konstantinopel 756, 759ff., 777ff., 783f.
Konsul 20f., 41, 86, 105, 185, 214f., 225, 291, 304
Konsulat 30, 55, 88f., 256, 275, 281, 294, 404ff., 431
Kontorniaten 240
Kontroversien 515f.
Konzil 765f., 777f.
Koptos 707
Korinth 112, 233, 356, 588ff., 592
Korkyra 79
Kornemann, E. 8
Korruption 408
Korsika 23, 70, 373
Kotys 203, 212, 222, 474
Kosmas Indikopleustes 589
Kostoboken 338
Kraft, H. 746, 762, 766f., 771f., 787
Krause, M. 691f.
Kreissig, H. 350f.
Kreta 105, 166
Kreuz 740, 792
Kreuzauffindung 749f.
Krimgoten 645
Krinagoras 144
Krise 11, 14, 27ff., 35, 171, 402
Kromayer, J. 78

Ktesiphon 206, 309, 334, 475, 608, 619, 657, 668, 680, 708, 790
Kühne, G. J. 525
Künstlertum 229ff., 233f., 242
Küstenkultur 445f.
Kultur 32f., 133ff., 673f., 808, 812f., 822ff.
Kunkel, W. 512ff.
Kunst 33, 134, 147ff., 229ff., 638f., 673f., 758f., 785f., 812, 825
Kunsthandwerk 562
Kunstraub 761
Kurialen 756f.
Kuriere 110
Kybele 568, 570f.
Kyniker 258f., 282, 290
Kyrenaika 79
Kyrene 65, 105, 478
Kythnos 364
Kytzler, B. 590f., 798f.
Kyzikos 606, 647

Labarum 741f., 792
Labeo 511, 514
Labienus, Q. 62
Labienus, T. 92, 210
Lachmann, K. 524
Ladenburg 573
Laelianus 671
laesa maiestas 187f.
laetitia temporum 618
Laetus 346
Laevinus, M. Valerius 25
La Graufesenque 114, 499
Lambaesis 319, 478
Lambert, A. 47, 248f., 407f.
Langobarden 338, 777, 791
Landtransport 503
Lanuvium 212
Laktanz 240, 283, 362, 604, 717f., 726f., 735f., 740, 742f., 768f.
Laodikeia 496, 606
Lappius Maximus, A. 269
lapsi 682, 764, 770
Laren 162, 562, 564
Lar vialis 564
Lateransbasilika 741
Laterculus Veronensis 714
Latifundien 352, 488f. – siehe auch Großgrundbesitz
Latini Aeliani 99
Latinisches Recht 257, 374, 394, 448, 457ff.

Latte, K. 165, 564f., 571
La Turbie 126
laudes Romae 798ff.
Lauffer, S. 719ff.
Laugaricio 340
Lazarette 522
Lebensaltergleichnis 543
Lebensgefühl 575f.
lectio senatus 82, 90, 94f., 403
Lederata 296
Legate 441
Legaten 42, 86
legati iuridici 437
legatus Augusti pro praetore 405
Legenden 240f., 761, 779
Legionen 105, 112f., 118, 124ff., 184, 258, 274, 295, 308ff., 325, 379, 381, 400, 404f., 410ff., 413f., 420, 611, 713f.
Legionsdenare 77
Legionslager 113f., 128, 220, 264, 268, 300, 339, 413, 454f.
Legionslegaten 672
Lehrgedicht 135
Leineweber 375ff.
Leisegang, H. 692
Lenain de Tillemont, S. L. 4f.
Lentulus Gaetulicus, Cn. Cornelius 192, 212
Lentulus, Cossus Cornelius 124
Lenus Mars 565
Leo, Fr. 27, 357
Lepidus, Triumvir 31f., 48, 55f., 69, 71, 74, 161
Lepidus, Aemilius 212
Leptis Magna 303, 452, 478, 604, 609
Lérins 796
Lesbia 68
Lessing 366, 533
Leuga 616
lex Aelia Sentia 99
lex de imperio Vespasiani 84, 185, 256ff., 275, 426
lex Fufia Caninia 99
lex Iulia de adulteriis coercendis 103
lex Iulia de maiestate 187
lex Iulia de maritandis ordinibus 103
lex Iulia et Papia 630
lex Iulia sumptuaria 103
lex Manciana 492
lex Papia Poppaea nuptialis 103
lex Pedia 55, 70
lex Saenia 408

lex Scantinia 275
lex Sempronia iudiciaria 115
lex Titia 55
Lezoux 114, 499
libelli 428, 438, 660f.
liberalitas 330, 441, 792
liberalitas principis 380
liberator 792
Liber Pater 552
libertas 92, 169, 174, 186, 199, 214f., 292
libertas Augusta 217
libertas Augusti 261
libertas publica 261
libertas restituta 247, 261, 285
Libyen 418
Licinisch-Sextische Gesetze 36
Licinius 734, 737f., 742f., 755, 767f.
Licinius II. 744f.
Liebeselegie 140
Ligurien 565, 586
Limes 266f., 300, 325f., 417, 437, 469, 473f., 478ff., 622, 640ff., 820f.
Limes des Inkareichs 479
limes Tripolitanus 478
limitanei 752
Lindum 220
Linfert-Reich, D. 353
Lingonen 255
Lippe 128, 193
Literatur 33, 99f., 134ff., 525ff., 823ff.
Livia 68, 92, 104, 140, 152, 161, 179, 182, 184, 190, 198, 201, 216, 429, 633
Livilla 198, 210
Livius 16, 140ff., 146f., 160, 216
Livius Drusus, M. 38
lixa 504
Lixus 226
locupletator orbis terrarum 320, 469
Löhne 721f.
Löwenstein 3
Logau 680
Logos 685, 748f., 770ff., 776
Lokalprägungen 483
Lollius-Niederlage 125, 153
Londinium 234, 446, 449, 572, 710, 718
Longinus, C. Cassius 365, 514
L'Orange, H. P. 787
Lorbeerbäume 88f., 170
Loyalitätsreligion 564, 574
Lucan 124, 237, 527f., 546
Lucilius 33
Lucilla 334, 339, 346f.
Luck, G. 139

Lucrezia 67
ludi Victoriae Caesaris 52, 161
Luftbildarchäologie 476f., 749
Lugdunum 119, 128f., 157, 166, 212, 374, 449, 483, 588, 595, 597, 607, 614, 619, 656, 707, 718
Lukas 586
Lukian 550f., 566, 571
Lukrez 159, 520
Lukuas 311
Luna 574, 617
Lupus 215
Lusitania 166, 238
Luther 519
Luxus 103, 192, 427, 501
Lycia 222
Lydia 590
Lydus, Johannes 300
Lykaonien 587
Lysander 164
Lysipp 761

Macedonia 23, 55, 69, 105, 191
MacMullen, R. 10
Macrianus 667
Macrinus, M. Opellius 625f., 698
Macro 109, 198, 208, 213
Macrobius 359
Maeaten 610
Maecenas 51, 83, 91, 97, 136, 138, 397, 546, 660
Märkte 505f.
Märtyrer 240, 595ff., 682
Märtyrerakten 597
Märtyrerlegenden 597
Magdalensberg 374
Magie 33, 74, 190, 690, 791
magister cognitionum 716
magister epistolarum 715
magister equitum 752
magister libellorum 716
magister militum 752
magister officiorum 751
magister rei privatae 715
Magistrate 186, 437
Magistraturen 19f., 34, 86, 97, 256, 387ff., 727
magistri 384
Magna Mater 568ff., 628
magnanimitas 289
Magnentius 791
Mai, A. 519
Maiden Castle 220

maiestas 186 ff.
Majestätsprozesse 187 f., 210, 213, 224, 237, 260, 305
Mailand 642, 671, 674, 706 f., 732, 743
Mailänder Programm 742
Mainz 113, 128, 221, 231, 255, 269, 370, 377, 420, 422 f., 446, 454 f., 650 f., 671, 707
Maiorinus 765
Makedonien 23 f., 112, 129, 131 f., 166, 395, 452, 587, 646
Malagbel 301
Malerei 759
Mandragoreis 505 f.
Mandäer 691
Mani 686 f., 723
Manichäer 638, 686 f., 691
Manichäeredikt 723 ff.
Manius 65, 69
Manöverkritik Hadrians 319
mansuetudo 289
Mantineia 450
Marbod 129, 195, 474
Marcellus, Eprius 259
Marcellus, M. Claudius 25
Marcellus, Schwiegersohn des Augustus 70, 89, 90, 150, 179
Marcia 346, 348
Marciana 289, 315
Marcianus, Aelius 366
Marcian 779
Marcion 691
Marcomannia 339
Maria 361
Mariba 123
Maricq, A. 667
Marinus 657
Marius 30, 36, 38, 42, 86, 173
Markomannen 128 f., 273 f., 294, 299, 338 ff., 467 f., 474, 643 f., 646
Markus 586
Markussäule 339, 558
Mars 141, 552, 562, 565, 735, 738
Mars Conservator 735
Mars Ultor 161
Mars-Ultor-Tempel 91, 155
Marser 193, 195
Marsyas 570
Martial 124, 269, 276, 280, 289 f., 382 f., 397, 457, 532 ff.
Martin von Tours 793, 796
Martinianus 745
Masada 250, 254, 328

Maschkin, A. N. 9
Massilia 734, 796
mater Augusti 631, 657
mater castrorum 606
mater patriae 201, 621, 633
Maternus 346 f., 364
Mathematik 523
Matidia 314
Matthäus 586
Mattiaker 221, 422
Mattium 194
Mauretania Caesariensis 222, 479
Mauretania Tingitana 222, 460, 479 f.
Mauretanien 113, 123, 132, 205, 222, 321, 331, 418, 435, 437, 625, 664
Mauricius 711
Mausoleum des Augustus 150 f.
Mausoleum Konstantins des Großen 778
Maxentius 732 ff., 737 ff., 742, 752, 759, 765
Maxentiusbasilika 738, 759
Maximianus Herculius 702 ff., 709 ff., 725, 729 ff., 734
Maximinus Daia 729, 734, 736 f., 741 f.
Maximinus Thrax 632, 641, 650 ff., 681, 697 f.
Maximus 651, 654
Mazzarino, S. 9
Mechanik 523
Media Atropatene 64, 205
Medizin 521 ff., 823
Megalopolis 550
Meilensteine 484
Mela, Pomponius 520
Melanchthon 519
Melitene 476
Melitianer 770, 776
Melito von Sardes 283, 598
Menander von Laodikeia 519
Menophilus 656
Mentalität 382 f., 575 f., 689 f.
mercator 504
Merkelbach, R. 572, 574
Merkur 552, 565
Mesopotamia 308, 608, 708
Mesopotamien 309, 316, 336, 606 ff., 632, 664, 790
Messalina 227 f., 234
Messalla Corvinus 138
Messana 22
Messias 585
Metaurus 675
Metellus Macedonicus, Q. 104

Metulum 72
Meutereien 193
Meyer, E. 382f., 390, 447, 550, 728
Milet 496, 724
Miliarium Saeculum 659
Militärdiplome 416
militiae equestres 400
Miltiades 765
Milvische Brücke 739f., 753, 763
Minerva 276f., 552, 554, 576, 616, 628
Minervina 730, 749
Minucius Felix 590f., 604
Mischverfassung 16
Misenum 206, 208, 226, 258, 417
Misenum, Vertrag von 70, 98
missilia 442
Mission 587ff.
Mithradates VI. 32, 38, 40, 43, 62
Mithras 563, 568f., 572ff., 691, 735
Mithrasheiligtümer 573f.
Mitteis, L. 462
Mittelschicht 432, 612
Mobilität, Soziale 200, 423
Modena 739
moderatio 189, 289, 360
modestia 289
Mönchtum 776, 795f.
Moesia inferior 297, 302
Moesia superior 274, 296, 302
Moesien 132, 191, 271ff., 315, 437, 644, 646, 661, 670
Mommsen, Th. 2, 4, 7, 16f., 21, 38, 44, 55, 78, 88, 94, 119, 181, 195, 238, 299, 354, 378, 383, 401f., 424, 489f., 544, 548, 603, 625, 673f., 719
Monarchie 20, 23, 44, 83, 88, 170, 213f.
Mons Graupius 265
Monsun 477
Montanisten 687
Monte Cassino 796
Montesquieu 5, 16, 620
mores maiorum 15, 26, 141f., 149, 578
Mosaiken 561
Moudon 390
Mouterde, R. 476
Mucianus 248f., 255, 263
Mühlen 523f.
Münzbilder 45, 58, 170, 186, 215, 260
Münzfunde 502
Münzprägung 118ff., 157f., 217f., 238, 244ff., 247, 253f., 271, 276ff., 285f., 288, 291, 326f., 670f., 718f., 733, 738, 741

Münzstätten 718, 760
muliones 503
Munatius Plancus 55, 65f.
munera 389, 393f.
Municipalaristokratie 34, 96f., 100, 380, 385ff., 399, 432, 653ff., 671, 699f., 756ff., 817
Municipalkulte 165
Municipien 217, 301, 374, 448f., 456f.
munificentia 289
Mursa 670
Musa 399, 521
Musonius Rufus, C. 546
Musik 229f.
Musulani 124
mutatio temporum 290
Mutina 54
Muttermord 232, 237, 240
Mykene 550
Mysterienfries 561
Mysterienreligionen 33, 568ff., 690f.
Mythos 153, 159, 181, 531f., 558

Naassener 692
Nabatäer 123, 302f.
Nachal Heber 328
Nachfolgefrage 90, 178f., 288, 328f., 342f., 403, 426, 429
Nachrichtenübermittlung 109f.
Nag Hammadi 691ff.
Naissus 730
Napata 123
Napoca 301
Naqsch-i Rustam 638, 665
Narbo 163f., 449
Narcissus 223, 227, 229, 236, 250, 370
Naristen 339
Narseh 709
Naturwissenschaften 520f., 823f.
nauarchus 417
Naulochos 71f.
Naumachia Augusti 157
nautae 503
navicularii 385, 504
Neapel 230
necessitas temporum 290
Neckarburken 416
nec nostri saeculi est 290
negotiator 504
Nemausus 329, 524
Nero 3, 98, 101, 197, 208, 217, 226, 228ff., 244, 246, 249, 258, 277, 285,

288, 318, 346, 363 f., 370, 373, 380 f.,
402, 417 f., 425, 431, 442, 445, 459,
478, 482, 488, 503, 518, 527, 529, 544,
558 f., 589, 592, 621, 813 f.
Neronia 230 f.
Nerva 108, 151, 282, 285 ff., 412, 425,
442, 482, 524 f., 537, 544, 620
Nerva, M. Cocceius, Jurist 514
Nesselhauf, H. 395
Neuarianer 777
Neue Isis 65
Neuer Dionysos 60 f., 76, 165
Neues Testament 686
Neuplatonismus 693 ff.
Nicaea 165, 450, 606
Nicaea, Konzil 772 f.
Niebuhr, B. G. 2, 7, 16, 515
Niger, Pescennius 602 f., 606
Nigrinus, Avidius 319
Nikanor 380
Nikolaos von Damaskus 144
Nikomedia 165, 680, 706 f., 713, 725, 728,
730, 760, 768, 772, 778
Nikopolis 450, 647
Nil 306, 325
Nimbus 706, 747
Niniveh 550
Nisibis 308, 606 f., 613, 626, 631, 657,
668, 709, 790
Nobilität 15, 19, 95, 159, 249, 408
nobilitas 347, 535
Nola 183 f.
Nollé, J. 505 f.
Nomaden 123 f., 474, 478
Nomai 452
Nordafrika 11 f., 28, 69, 101, 123 f., 226,
238, 300, 341, 352, 373, 386, 417, 437,
448 f., 452, 456, 491 f., 561, 608 f., 612,
616, 654 f., 682, 687 ff., 697 f., 711, 723,
741, 764 ff., 768, 791
Norden, E. 16 f., 687
Nordsee 194, 418, 465, 472 f., 710
Noricum 221 f., 266, 338, 397, 456, 607
Noth, M. 587
Notstandsverfassung 701
Novatianus 682
Noviodunum 101
Nubien 478
Numa 331
Numantia 38
Numen 163 f.
numeri 325, 416 f.
Numerianus 680

Numidien 123, 303, 331, 478, 489, 589,
653, 764, 768
nundinae 505 f.
Nutzbauten 74, 157, 553
Nymphidius Sabinus 239, 246
Nymwegen 294, 454

Obelisk 154
Obergermanien 221 f., 249, 255, 265 f.,
270, 287, 294, 315, 326 f., 331, 340,
345, 364, 417, 622, 641
Octavia, Schwester Octavians 69, 76 f., 91
Octavia, Tochter des Claudius 228, 231 ff.,
236
Octavian 32, 39, 46 ff., 49 ff., 458 f. –
siehe auch Augustus
Octodurus 711
Odaenatus 667 f., 671
odium humani generis 232 f., 244
Oea 478
Öl 494, 505, 615, 722
Oescus 302, 662, 676
officiales 756
officium 367
Offiziere 398, 405, 412
Oikos 699
Oium 645
olearii 505
Olympieion 323
Olympios 324
Olympische Spiele 234, 324, 794
operae 367
Opfer 564, 594, 628, 660 f., 681 ff., 724 f.,
794
Opferedikt des Decius 660 f., 681 f.
Opis 309
Opitergium 338
oppida 101, 131, 220, 271, 446
Oppius, C. 51
Opposition 11, 92, 94, 174, 188, 214,
237 f., 243, 258 f., 270, 282, 318 f., 614
Optatianus Porfyrius 759
Optatus von Mileve 762, 766 f.
Optik 521
Optimaten 34, 36
optimus 291
optimus princeps 292, 308, 312
optio 421
Oracula Sibyllina 239 f., 278, 585 f.
Orbiana 631
orbis terrarum 464
Orchomenos 550
ordo 431

ordo decurionum 96f., 385ff.
Ordovices 220, 265
Oresten 375
Origenes 588, 591, 598, 682, 685f., 693, 770
Oriens 715
ornamenta decurionalia 369
Orodes 205
Orosius 283, 796
Osiris 567
Osrhoes 334
Ossius 775
Osten, H. H. von der 637
Osterfest 773f.
Ostgoten 645, 791
Ostia 106, 225, 242, 306, 383ff., 417, 449, 495, 501, 508, 561, 572
Ostsee 644
Otacilia Severa 657
Otho 231, 246f., 412, 566
Otto III. 779
Otto, W. 535
ovatio 71
Ovid 93, 140, 143, 146, 167, 276
Oxyrhynchos 239, 700

Pacatianus 659
Pachomios 796
Pachtgesellschaften – siehe *publicani*
Pacoros 62
Padua 406
Paetus, L. Caesennius 235
pagi 101
Pakistan 640
Palaemon, Remmius 519
Palästina 61, 254, 320, 373, 584, 682, 769, 795
Palatin 149, 161, 628
palatini 752
Pallantion 330
Pallas 223f., 228, 236, 370
Palma, A. Cornelius 302, 319
Palmyra 301, 435, 477, 588, 613, 665, 667f., 677, 695
Pamphylien 587, 647
Pandekten 514f.
Panegyrik 516, 536, 726, 735, 738, 741, 755, 760
panem et circenses 107, 200, 379, 535
Panhellenien 324
Panhellenios 324
Pannonia inferior 299, 302, 315
Pannonia superior 299, 302, 595, 604

Pannonien 125, 131, 133, 179f., 193, 198, 299, 302, 320, 338, 413, 417, 632, 643f., 659, 670, 696, 734, 744
Panopeus 447
Pansa 54
Pantheon 97, 323, 556f.
Panzerreiter 634ff.
Papak 636
Papinian 612, 622, 698
Papyri 100, 196, 225, 239, 303, 420, 461f., 515, 574, 582f., 588, 661, 700, 718f., 754
parentes generis humani 719
pároikoi 100, 375
Parthamasiris 307
Parthamaspates 312
Parthenon 153
Parther 41, 61ff., 80f., 93, 120ff., 125, 133, 157, 205f., 222, 235, 298, 307ff., 313f., 334f., 466, 475ff., 607f., 623, 626, 635f., 640
Partherbogen 156
Parthia capta 292
Parthicus 308
Parthicus maximus 336, 677
passiones 597
pastio villatica 494
Patavium 397
pater familias 18, 159, 162, 430
pater patriae 91f., 156, 170f., 176, 260
Patras 78f., 113, 450
patria potestas 318, 430
patrimonium 428f., 438, 618
Patrizier 19, 34, 42, 82, 94, 97, 159, 179, 225, 257, 281, 404, 408, 755f.
patronus 18f., 42, 260, 367, 389, 436
Paulinus, Suetonius 222, 235
Paulus, Apostel 59, 240, 361f., 380, 530, 587ff., 592, 596f.
Paulus, Jurist 513, 612, 698
Pausanias 447, 544, 549ff.
pax 158, 161, 169, 260, 320, 719
Pax Americana 11
pax Augusta 72, 153f., 169, 172, 217
Pax Britannica 11
pax orbis terrarum 468
Pax Romana 10f., 375
Peculiaris, Lucceius 523
peculium 354, 360, 367
Pedanius Secundus, L. 236f.
Pedianus, Asconius 520
Pedius, Q. 55
Pedo, Albinovanus 465

peregrini 373 ff.
Perennis 345
Pergamon 24, 165, 374, 496, 522
Pergamonaltar 151
Perinth 419, 605 f., 678
Periodisierung 2
Persis 634 f.
Persius 527, 546
Pertinax, P. Helvius 338, 344, 397, 418, 600 ff., 606, 617, 620, 698
Perusia 66, 68, 175
Pest 262, 334, 674
Petesouchos 661
Petit, P. 9
Petra 303
Petrarca 518
Petron 371 f., 382, 528 f.
Petronius, C. 123
Petrus 240, 589
Pflaum, H.-G. 9, 223, 225, 312, 341, 399
Phaedrus 99, 363
Pharasmanes 205
Pharisäer 581, 588
Pharsalos 49, 527
Phasis 476
Phidias 211, 761
Philae 123, 708
Philemon 361
Philhellenentum 317, 323 ff.
Philipp V. 24, 375
Philippi 57 ff., 76, 136, 299, 590
Philippische Reden 54
Philippopel 648, 657, 662
Philippus Arabs 644, 646, 657 ff., 681, 697 f.
Philo 211
Philologie 143, 216, 519 f.
Philosophie 33, 258 f., 282, 331 f., 343 f., 477, 517, 530 f., 545 f., 588, 598, 685 ff., 693 ff., 769
Philosophengesandtschaft 33
Philostorg 760
Philostrat 545, 621
Phöniker 65, 446
Phraaspa 64, 81
Phraates IV. 121
Phraates V. 121
Phrygien 352, 370, 570, 587
Piazza Armerina 706 f.
Picten 730
pietas 15 f., 51, 75, 88, 107, 149, 153, 156, 168 f., 189, 192, 210, 291, 317, 564, 786
Piganiol, A. 750

Pilatus, Pontius 191, 232, 397, 586 f.
pilleati 271
Pirusten 302
Pisaurum 648
Pisidien 112, 587
Piso, C. Calpurnius 237
Piso, Cn. 196 f.
Piso Frugi Licinianus, L. Calpurnius 245
Pisonische Verschwörung 237
Pistis Sophia 693
Placentia 109, 675
Plancina 196 f.
Plastik 557 ff., 759 f.
Platon 685, 691 ff.
Plautianus 397, 608, 612, 621
Plautilla 608
Plautius, Aulus 218 f.
Plautius Lateranus 237
Plautus 33
Plebiszit 35
plebs 16, 19 ff., 34, 36, 90, 97 f., 171, 243, 246, 304, 313, 378
plebs rustica 34, 374, 379 f., 413, 432, 655
plebs urbana 29 f., 34, 48, 107, 112, 166, 239, 355, 374, 379 f., 382, 432, 443, 655
Plinius der Ältere 262, 472 f., 475, 488, 502 f., 507, 520, 523 f.
Plinius der Jüngere 105, 285, 287 ff., 304 f., 307, 359 f., 407 ff., 427, 440, 491, 535 ff., 592 ff., 599, 661
Plotin 673, 685, 693 f.
Plotina 289, 314 f.
Plutarch 27 ff., 145, 392 f., 547 ff.
Poblicius-Grabmal 112
Poetovio 302
Poidebard, A. 476
Pola 109
Polemo 61, 81, 122
Polemon von Laodikeia 545
Polis 102, 447, 544 – siehe auch Stadt
Polizei 614
Pollio, Asinius. 55, 65, 141, 145
Pollio, Vedius 399
Pollux 519
Polybios 16, 144
Polybius 223
Polyclitus 370
Polykarp 595 ff.
Polyklet 148
pomerium 21, 90, 469
Pompeji 262, 391, 449, 495 f., 553 ff., 561
Pompeianus, Tib. Claudius 338 f., 342, 344

Pompeius Magnus 30, 39 ff., 46, 54 f., 61, 76, 86, 144, 169, 446, 464, 469, 477, 527, 572, 578
Pompeius, Sextus 32, 51, 56 f., 59 f., 64, 68 ff., 75, 79, 98, 169, 174, 417
Pompeius Trogus 142, 475
Pomponius 512, 514
Pont du Gard 524
pontifex maximus 71, 91, 159 ff., 256, 628, 741, 792
pontifices 159 f., 391, 406
pontifices solis 695
Pontus 62, 105, 122, 235, 254, 427, 537, 592 ff., 715
Poppaea Sabina 231, 234, 246
Poppaeus Sabinus, C. 191 f., 204
Popularen 34 ff., 92
Porolissum 301
Porphyrios 673, 694 ff.
Porta Viminalis 412
Porticus Octavia 74
Porträt 33, 45, 147 ff., 249, 325, 559 ff., 619, 621, 623, 625, 662, 673, 738, 748, 759, 792
Portus 505
Poseidonios 144
Postumia Matronilla 67
Postumus 670 f., 696
Potaissa 300 f.
potestas 88, 186, 351, 366
Pozzuoli 505
Prachner, G. 498 f.
Präfekten 105, 398, 400, 418, 431
praefectus Aegypti 80, 96, 198, 399, 401
praefectus annonae 96, 106, 399, 401
praefectus castrorum 414
praefectus classis 400
praefectus frumenti dandi 106, 405
praefectus urbi 116 f., 236, 248, 321, 365 f., 405 f., 413, 652, 659, 698, 714, 756, 800
praefectus vehiculorum 110, 286
praefectus vigilum 109, 116, 198, 400, 413
praemium 420 f.
Praeneste 363
praenomen imperatoris 185
praesides 715
praetentura Italiae et Alpium 338
praetextati 389
Prätor 19 ff., 23, 105 f., 108 f., 111, 115, 187, 321, 405
Prätorianer 114, 184, 198, 215, 239, 246, 258, 284, 286 ff., 412 f., 420, 429 f., 441, 600 f., 604 ff., 619, 622, 627, 630, 656, 660, 732, 751

Prätorianerlager 215, 412
Prätorianerpräfekt 96, 109, 116, 197 ff., 208, 228, 237, 239, 246, 256, 258, 273, 282, 286 f., 315, 346, 401, 608, 612, 615, 625, 628 f., 653, 657, 667, 672, 680, 698, 715, 738, 752, 792
praetura tutelaris 341
Prasutagus 220
Presbyter 590, 683
Priesterämter 159 ff., 391, 401, 406, 564 f.
Primaportastatue 121, 149
Primipilare 322, 414, 432
Primus, Antonius 246, 248, 263, 603
princeps 42, 84 ff., 94 ff., 105 ff., 143, 147 ff., 151, 164 ff., 178 ff., 424 ff., 732, 787, 818
princeps iuventutis 91 f., 209
princeps senatus 82
principales 421, 611
Principatsidee 86, 283 f., 287 ff.
Priscillianus 793 f.
Priscus, Helvidius 246, 259, 261
Priscus, L. Javolenus 511
Priscus, Marius 537
Privilegien 394, 458 f.
Probus 642, 672, 678 ff., 696, 698, 702
Probus, Valerius 520
proconsules 715, 761
Proculiani 514
Proculus 514
procurator ad bona damnatorum 614
procurator monetae 399 f.
procurator rationis privatae 609
Produktionsverhältnisse 9, 118 f., 168, 350 f.
Produzentenhandel 354, 495
Prokuratoren 105, 110 f., 276, 278, 346, 354, 370, 398, 400, 437 f., 612, 698
Properz 81, 138 ff., 146
Propontis 113
Proselytismus 578 f.
Proskriptionen 32, 38, 56 f., 68, 112, 174 f., 359
Prostitution 355
providentia 189, 524, 719
provincia 21 f., 105, 469
Provinzen 7 f., 11, 22 ff., 105, 111, 222, 269, 278 f., 281, 299 f., 302, 307, 321, 373 ff., 436, 592, 714, 752
Provinzgeschichte 13
Provinzialen 32, 43, 100 ff., 373 ff., 415 ff., 423, 816
Provinzialflotten 418 ff.

Provinzialkulte 165 f.
Provinzialprägungen 483
Provinzialverwaltung 25, 191, 713 ff.
Provokationsrecht 379
Prusa 307, 376
Prytanen 392
Ptolemäer 80, 210
Ptolemais 478
Ptolemaios, Claudius 520f.
Ptolemaios Philadelphos 65, 80
publicani 26, 29, 110f.
Publilius Syrus 99, 363
puellae Faustinianae 330
pueri Mamaeani 630
Pufendorf, S. 17
Punier 603, 619
Punische Kriege 22 ff., 37
Pupienus 653, 656, 698
Puteoli 417, 572
Pyrrhos 27

Quaden 273 f., 299, 330, 333, 338 f., 644, 646, 791
Quadrans 482 f.
Quadratus, Ummidius 346
quaestiones 115 f., 224, 513
Quaestor 208, 388, 404f.
quaestor sacri palatii 751
quattuorviri 388
Quellen 804
Quidde, L. 213
quies 719
Quietus, Lusius 297, 312, 317, 319
quinquennales 388 f.
quinquennium Neronis 236
Quintilian 398, 517ff.
Quintillus 675, 698

Rabat 479
Rabilos 302
Raetien 338, 409, 607, 622, 664, 710
Rahn, H. 517f.
Ranke 6, 196
Raphaneae 627
Ratiaria 302, 676
rationalis rei summae 715
rationarium imperii 439
Ravenna 226, 258, 417, 603, 643, 732
Rechtsgutachten 511 f.
Rechtsprechung 95, 115 ff., 224 f., 256, 279, 305, 321 f., 341, 398, 405, 427 f., 435, 438, 607, 714, 722 f., 750 f., 811
Rechtsschulen 514

Rechtswissenschaft 510ff., 630, 823
rector totius orbis 747
recusatio 185
redditor lucis aeternae 710
Reformen 35, 286, 712ff.
Regalianus 670
Regionen 436
Regni 220
Reichsgeschichte 4, 12f.
Reichsprägung 118ff., 157f., 228, 236, 242, 277f., 292, 298, 330, 410, 461, 482f.
Reichsrecht 462 f.
Reichtum 685, 694, 758
Reisen Hadrians 318 ff.
Reliefs 152f., 557f., 573f., 759
religio licita 736, 769f.
Religion 15f., 32f., 74, 138f., 141ff., 158ff., 232f., 301, 348, 386, 391f., 562ff., 786, 791f., 808, 813, 825f.
Religionskritik 159
Religionspolitik 190f., 227, 575ff., 684, 723f., 735ff., 745, 762ff.
Reliquienverehrung 711
Renan, E. 572
Repetundenprozesse 25, 95
Resapha 477
responsa 513
Res gestae divi Augusti 45, 70, 98, 103, 107, 109, 111f., 121f., 132, 134, 151, 157, 160f., 169f., 184, 464f.
Res gestae divi Saporis 666f.
res privata 429, 618
res publica 15, 18ff., 42, 107, 143, 158f., 168, 170, 179, 184, 244, 378, 429
res publica restituta 87f., 142, 169f., 172
Restauration 38f., 94, 98, 156, 158, 169
restitutor Galliarum 671
restitutor libertatis 792
restitutor orbis 677
restitutor orbis terrarum 326, 469
restitutor orientis 677
Retter 164, 324
Revolution 2, 11, 171
rex 20
rex Armenis datus 331, 467
rex Parthis datus 292, 467
rex Quadis datus 331, 467
Reymer, R. 636f.
Rhandeia 235
Rhea 761
Rhegium 56
Rhein 73, 113, 125, 128, 130, 133, 193ff.,

220, 243, 258, 268, 294, 418, 446, 468, 632, 642f., 709ff., 732, 738, 743f., 753, 790f.
Rheinarmee 202, 212, 238, 246ff., 412, 422, 602, 607, 664
Rheinzabern 214
Rhesaina 657
Rheskuporis 203, 474
Rhetores Latini minores 519
Rhetorik 33, 510, 515ff., 544f., 823
Rhodos 91, 129, 179, 181, 190, 544
Rhoemetalkes 131, 203
Rhoemetalkes II. 203
Rhosos 458f., 461
Rigodulum 255
Ritter 29, 33f., 43, 56, 66, 80, 95ff., 105f., 109, 138, 164, 214, 225f., 229, 257, 281f., 291, 304, 321ff., 345, 356, 389, 396ff., 406, 414f., 418, 429f., 432, 437f., 521, 600, 604, 612, 620, 626, 651, 656f., 672, 683, 698, 715, 755f., 817
Ritter, A. M. 660, 682f., 686ff., 691, 694f., 735f., 742, 774, 795
Römertugenden 15f.
Rodenwaldt, G. 556f., 560f.
Roma 162, 165, 242
Roma aeterna 662, 796
Roman 528f., 543f.
Romanisierung 25, 114, 301, 416, 463
Romula 301
Romulus Augustulus 791
Rostovtzeff 2f., 8, 10, 117, 162f., 243, 385, 654, 658, 666
Roter-Turm-Pass 273
Rouen 454
Roxolanen 297, 318, 338
Rudolph, K. 690f.
Rufus, Curtius 421, 527
Rufus, Faenius 237
Rufus, Verginius 238, 537
Rufus von Ephesus 522
Rugier 644
Ruricius Pompeianus 783
Rusticus, L. Antistius 279
Rutilius Namatianus 800
Rutupiae 218

Saalburg 571, 641
Sabina 315
Sabiniani 514
Sabinianus 656
Sabinus, Flavius 248
Sabinus, Iulius 255
Sabinus, Massurius 514
Sabinus, Oppius 273
Sabratha 449, 478
sacerdos dei Solis Elagabali 628
sacratissimi 617
sacrosanctitas 72
Sacrovir, Iulius 202f.
sacrum consistorium 751
Sadduzäer 581
Saecularspiele 91, 161, 225, 277, 279f., 609
saeculum Augustum 85
Sagunt 22, 395
Saint Denis 682
Saint Saturnin 682
Salasser 73, 125
Salier 643
Sallust 141, 317, 518, 526
Salonae 692, 729, 733, 742
Saloninus 670
Salpensa 394
saltus 699
saltus Burunitanus 493
salus 277, 286
salus Augusta 190
salus Augusti 661
salus generis humani 143
salus publica 789
Salvidienus Rufus, Q. 50f., 66
Samos 76, 164
Samosata 308, 476, 665
Santra, Appius Maximus 312
Sarapis 552, 567
Sardes 193
Sardinien 23, 69f., 78, 105, 191, 373
Sarkophage 558
Sarmaten 132, 205, 318, 339, 474, 645, 651, 664, 675, 676f., 708, 744, 747f., 753, 790
Sarmizegetusa 271, 297, 299, 301
Sasan 636
Sassaniden 475, 631f., 634ff., 658, 664ff., 678, 680, 693, 700, 707f., 711f., 728, 754, 790, 828
Satala 308, 476
Satire 33, 199f., 366, 534f., 550
Satrapien 639
Saturn 616
Saturninus 36, 38, 187
Saturninus, L. Antonius 269, 294
Saturninus, C. Sentius 129
Save 72

Saxa Rubra 739
Scaevola, Q. Cervidius 513
Scapula, P. Ostorius 220
Scaurianus, D. Terentius 299
Schapur I. 637, 640, 656, 666f., 687
Schapur II. 638, 754
Scharr, E. 512f., 515
Schatzfunde 624, 641, 652
Schiller 549
Schiller, H. 7
Schipkapass 662
Schlesien 644
Schoeck, G. 530f.
scholae 611
scholae palatinae 751
Schottland 470f., 610f.
Schtajerman, E. M. 9f., 118, 396
Schuldenerlaß 319, 443
Schumacher, L. 390f.
Schuster, M. 536
Schwäbische Alb 266, 268
Schwarzes Meer 113, 122, 307f., 418, 645f.
Schwartz, Ed. 765, 780
Schweiz 642, 711
Scili 687
Scipio Aemilianus 38
Scipio Africanus 23, 30, 37f., 679
Scurranus, Musicus 356
scrinia 715
Secundus, L. Licinius 370
Secundus, Pedanius 353, 364ff.
securitas 261
securitas orbis 659
Seehandel 29
Seeräuberkrieg 40, 43
Seeschiffahrt 504f., 615
Segestes 473
Segovia 553
Segusio 738
Sejan 109, 197ff., 207f., 363, 397, 401, 412, 429, 609
Seide 497
Seidenstraße 502
Seleukia 309, 334, 417, 419
Seleukiden 24
Selinunt 312, 314
Semnonen 129, 336, 640
Senat 19f., 24, 34, 40ff., 45, 53ff., 85, 87f., 90f., 94f., 104ff., 120, 152, 155, 175, 183ff., 190, 199, 201, 208f., 211, 214ff., 225, 229, 236f., 239, 243f., 257, 275, 281f., 284, 286, 288, 291, 304, 315f., 321f., 346, 364f., 370, 372, 397, 424, 426, 437, 439, 600ff., 608f., 613, 620, 626, 652f., 656, 658, 674, 679f., 697f., 745, 755, 761f., 783
Senatoren 34, 56, 66, 76, 80, 82, 96f., 107, 117, 213, 224f., 389ff., 396ff., 401ff., 430, 432, 630, 654f., 672, 683, 697f., 755, 817
Senatsgericht 95
Senatus consultum 35
Senatus consultum Calvisianum 95
Senatus consultum Orfitianum 341
Senatus consultum Silanianum 98, 364
Seneca der Ältere 124, 515, 517
Seneca 226, 228f., 231, 236f., 239, 353, 356ff., 360ff., 459, 477, 488f., 515ff., 530f., 546, 596
Senecio 743
senior Augustus 732
Septimius Geta, P. 618
Septizonium 615f.
Serdica 302, 676
Sertorius 39
Servianus, Iulius Ursus 287, 294
servi medici 521
Sesterz 482
Setovia 72
Severus 729, 731ff.
Severus, C. Claudius 303
Severus, Iulius 328
Severus, Alexander 381, 625f., 629ff., 650f., 655, 681
Severus, Septimius 116, 332, 348, 381, 425, 445, 477, 602ff., 681, 685, 696, 698, 760, 827
Severusbild 619ff.
Severusbogen 615f.
seviri Augustales 163, 166, 369, 391
Sextar 271
Shakespeare 549
Siebenbürgen 645
Sieben-Götter 562
Siegerbeinamen 412, 618, 678f.
Siegesideologie 292
Sidonius 351
sidus Iulium 52
Sigillata – siehe *Terra sigillata*
signa recepta 74, 121, 125, 157
signifer 421
Siliqua 754
Silius, C. 192, 194f., 202f.
Silius Italicus 532
Silius Nerva, P. 125

Siluren 220, 264
Silva, L. Flavius 254
Silvanus 670
Silvestertaufe 779
Singara 308, 613, 657
Sinope 419
Sirmium 651, 674, 678, 707
Siscia 72, 131, 718, 741
Sistrum 567
Sittengesetze 103f., 140, 143
Sittenverfall 35, 141f., 144, 533f., 578, 727
Sizilien 22f., 31, 56f., 70f., 78, 106, 112, 144, 318, 320, 373, 458, 715
Skagen 129
Skandinavien 644f.
Sklaven 18f., 28f., 31f., 35, 57, 69ff., 74, 98ff., 110, 116, 166, 171, 224, 236f., 248, 252, 276, 285, 322, 338, 341f., 350ff., 372f., 381, 384, 430, 432, 458, 486ff., 495, 500, 502, 521, 528f., 546, 590, 745, 750, 757, 769, 780, 785, 788, 807, 816
Sklavenaufstände 31f., 98, 363f.
Sklavendefinition 350f.
Sklavenflucht 364
Sklavinnen 355, 358, 594
Skodra 69, 72
Skythen 132, 646
Smyrna 356, 597
Soden, H. von 661
Sol 573, 617, 626ff., 671, 695, 723, 735, 779
Sol invictus 674, 735, 741
Solarium Augusti 154
Sold 280, 420, 440, 611, 625f., 651
Soldatenkaiser 283f., 314, 559, 650ff., 696ff., 828f.
Solidus 754
Sonderreiche 701
Sontheimer, W. 424f., 538f., 580
Sopatros 761
Sophienkirche 761
Sophisten 545
Soranus 522
Sosius, C. 75f.
Sozialprestige 19, 383, 403
Spätantike 2, 284, 438, 712, 781
Spanien 22f., 26, 28, 56, 78, 88f., 98, 100f., 105, 112f., 119, 124, 132f., 152f., 257, 294, 320, 340, 345, 373, 417, 449, 452, 456, 459, 671, 687, 704, 731, 783, 791

Sparta 380
Spartacus 31, 39, 363, 366
Spenden 98, 102, 193, 286, 319, 330, 380, 396
spes 217
spes Augusta 261
Spiele 29, 52, 98, 107, 230f., 233f., 239f., 275, 279f., 300, 319, 323f., 330, 381, 386, 441, 688
Split 707
sportulae 383
Spolien 759
Sprache 525, 616
Spranger, Ed. 16
Spurinna, Vestricius 287
Staatsfeinde 614
Staatskassen 111
Staatsrecht 86ff., 424ff.
Stabiae 262
Stadt 96f., 100ff., 165, 323, 377, 385ff., 428, 434f., 437, 592, 613f., 638, 646ff., 653f., 699
Stadtgeschichte 13
Stadtrecht 389
Stadtverfassung 446
Staiger, E. 136
Stakhr 636
Ständekampf 14, 16, 98
Stand 96f., 385, 396, 639
stantes 682
Starr, Ch. G. 417
stationarii 614
Statius 269, 276, 532f.
Statthalter 25f., 164f., 191, 375, 392f., 405, 414, 431, 437, 592f.
Statussymbole 401
Stegmann, A. 776
Stephanus 587
Steuern 110f., 258, 323, 439f., 651f., 715ff., 754f.
Steuerpacht – siehe *publicani*
Stiftungen 96, 280, 341, 390, 410, 442
Stilicho 753, 798
Stoa 258f., 282, 324, 343f., 530, 544, 685
Strabo 144f., 397, 475, 502
Strack, H. L. 583
Straßburg 195, 249, 345, 648
Straßenbau 192, 294f., 303, 616, 624 – siehe auch *Via*
Straßenstationen 485
strata Diocletiana 477
strenae 444
Stromgrenzen 466

Stroux, J. 225
Sturm, Fr. 513
Suasorien 515 ff.
subcurator 398
Subsidien 648
Successus 683
Sueben 128 f., 640
Sueton 3, 10, 47, 49 f., 85, 90, 109, 179 f., 183, 185 f., 191, 207, 227, 230, 239, 248 f., 258, 278 ff., 289, 397, 589
Sugambrer 125, 128 f., 468
Suk el-Khmis 493
Sulla 30, 33, 36 ff., 40, 45, 56 f., 84, 95, 115, 173, 187, 622, 729
Sulpicia 282
summa honoraria 384, 387 f., 391, 395
supplicatio 661
Sura (Festung) 476
Sura, L. Licinius 287, 295
Syene 123, 196
Symbolum 772 f., 777
Syme, R. 73, 79, 97, 180, 293
Symmachus 672, 793
Synagogen 581, 583 f., 586, 589, 666, 770
Synkretismus 567, 690, 735
Synode 682, 745, 765 f., 772, 776 f., 783
Syrakus 22, 25
Syria Coele 610
Syria Palaestina 328
Syria Phoenice 610
Syrien 40, 55, 60 ff., 64, 81, 88, 100, 105, 112 ff., 119, 121, 166, 191 f., 196 f., 206, 239, 243, 247 f., 254, 294, 302 f., 312, 316, 318 f., 334, 339, 342, 373 f., 412, 561, 587 f., 602, 610, 657, 659, 664, 667, 679, 682, 686, 707 f., 716, 737, 795

tabernae 485, 495
Tabula Banasitana 460 f.
Tabula Hebana 197
Tacfarinas 204 f., 604
Tacitus, Historiker 10, 169, 180, 182 f., 185, 188, 190, 197, 201 f., 221, 231 ff., 239, 242, 255, 265, 270, 282 f., 288 f., 363 ff., 370 ff., 382, 397, 402, 409, 417, 422, 424 f., 429, 463, 466 ff., 470 ff., 501, 515 f., 525 f., 537 ff., 565, 580
Tacitus, Kaiser 678, 696, 698
Tadmor 669
Taeger, Fr. 208, 276, 743, 748 f., 793, 798
Tanit 616
Tapae 273, 297
Tarent 71

Tarraco 166, 370, 395, 607
Tarsos 61, 375 ff., 742
Tatenbericht – siehe *Res gestae*
Tatian 686
taurobolium 569
Taurus, T. Statilius 124
Tausendjahrfeier 659 f.
Technik 11, 507 ff., 823 f.
Tegea 450
tegularia transrhenana 473
Tempel 107, 160, 386, 551 f., 554, 562, 652, 668, 748, 761, 792
Tempelsteuer 578, 583
Tempelterritorien 100
temperantia 289
Tenkterer 468
Terenz 33, 99, 185, 520
Terpnus 230
Terra sigillata 113 f., 118, 354, 498 f.
Tertullian 318, 595 f., 604, 687 f.
Tertullianisten 687
tesserae 380
tesserarius 421
Tetrarchien 704 ff., 830
Tetricus 671, 677
Tettius Julianus 273
Teutoburger Wald 93, 130
Teutonen 30, 644
Textilien 496
Thamugadi 303, 452
Theater 33, 157
Thebaische Legion 711
Theben 550
Themetra 387
Theodora 749
Theodorus 711
Theodosius der Große 774, 777, 790, 792 ff., 798
Theokrit 135
Theologie 769 ff.
Theophanes 144
Thermen 452, 551, 630
Thessaloniki 646, 706, 709, 745, 794
Thimme, W. 796 f.
Thomas 589
Thomas von Aquin 595
Thourioi 69
Thrakien 132, 203 f., 222, 302, 352, 419, 435, 437, 452, 605, 646, 657, 676, 714 f., 742 ff.
Thrasyllos 190, 201
Thüringer 640
Thysdrus 652

Tiberbett 108
Tiberius 3, 91ff., 109, 125f., 128ff., 133, 145, 178ff., 208f., 217, 221, 223, 226, 232, 256, 263, 288, 328, 356, 363, 366, 402, 408, 412, 418, 441, 443f., 471f., 482, 501, 526, 539, 559, 576, 578, 704, 813
Tiberius Gemellus 208, 213f.
Tibiscum 296f.
Tibull 138, 140, 146, 285
Ticinum 675, 741, 764
Tierkämpfe 280, 381
Tifernum Tiberinum 410
Tigranokerta 235
Tigellinus 237, 239, 285
Tigris 309, 334, 589, 708
Till, R. 15
Timagenes 144f.
Timesitheus 401, 656
Tingis 226
Tipasa 226
Tiran 754
Tiridates 206, 235
Tiridates III. 707f.
Tiro 359
Tiryns 550
Titus 235, 247ff., 261ff., 270, 275, 277f., 412, 442, 520, 537, 584f., 633, 814
Titusbogen 253, 556
Tivoli 323, 328, 561
Togodumnus 218
Tomi 140, 325, 419
Toleranzedikt des Galerius 735ff.
Toryne 79
Totenmahlrelief 558
traditores 764
Trajan 3, 97, 124, 236, 265, 269, 281, 284, 286ff., 332, 334, 355, 359f., 376, 380f., 408f., 412, 419, 427, 437, 443, 448, 460, 467, 471, 475f., 478, 482, 500, 505, 524, 536f., 544, 576, 584, 592ff., 599, 604, 606, 620, 661, 679, 814f.
Trajansforum 306, 551
Trajanssäule 299, 306, 316, 558
Traiectum 643
tranquillitas 719
Transport 113f., 118, 722, 757
Trapezunt 419, 476
Trebellenus Rufus 203
tresviri monetales 119f., 400
tresviri rei publicae constituendae 55
Tretradkran 523
Treueid 78, 209
Treverer 202, 255, 424f.

tribuni 398
tribunicia potestas 89f., 91, 182, 185, 256, 275, 287, 426
tribunus laticlavius 404
Tribute 443f.
tributum 110, 439
Tricennalienrede 748f., 778
Tridentum 227
trierarchus 417
Trimalchio 371f., 528f.
Trier 255, 449, 454, 504, 597f., 660, 695, 707, 729f., 748, 757, 766, 782f.
Triumph 81, 90, 109, 194f., 214, 220, 252f., 269, 273f., 298, 316, 336, 343, 380, 412, 677, 728
Troja 135, 232
Tropaeum Alpium 126
Tropaion 292
Tubanten 193
Tullia 67
Turbo, Marcius 311, 318, 397
Turfan 690
Turin 738
Turonen 202
Tutela 564
tutela Augusti 260
Tutor, Iulius 255
Tyche 761
Tyrannenmord 44, 47, 58
tyrannus 20, 44, 92, 239, 263, 265, 282, 287, 290
Tyros 769, 777
Tzirallum 742

Ubier 71, 115, 125, 454, 468
Ulfilas 777
Ulpian 612, 630, 698
Umbrien 675
Umsiedlungen 468
unguentarii 505
univira 383
Universalgeschichte 142, 144
Universalismus 748
Unteroffiziere 414, 421
Unterschichten 432f., 589f., 613, 620, 655
Uranius Antoninus 632
Urbanisierung 445ff., 819f. – siehe auch Stadt
Urgemeinde 587, 589f.
Urso 389
Usipeter 128, 193
Utica 609
Uttschenko, S. L. 9

Vaballath 668
Valens 790, 792
Valens, Fabius 246f.
Valentinian I. 790
Valentinian II. 793
Valentinos 691
Valeria 704
Valerian 664ff., 672, 725, 783ff.
Valerius Maximus 359, 526
Valerius Valens 744
valetudinaria 582
Vandalen 644ff., 675, 677, 768, 791
Vannius 474
Varro Murena 89, 125
Varro, M. Terentius 143, 167, 357, 519, 579
Varus, Arrius 263
Varus, Quinctilius 93, 130, 194, 471
Varusschlacht 413, 415
velarii 716
Veiento 285
Velitrae 49
Velleius Paterculus 180, 526
Venafrum 109
Venus 552, 561, 567
Venutius 264
Verfassung 14, 16, 32, 86ff., 144, 805, 811
Verfassungsrecht 170, 288, 424ff.
Vergil 16f., 69, 81, 123, 135f., 146, 161, 317, 520, 527
Verica 218
Verismus 559
Vermaseren, M. J. 574
Vermögen 409f.
vernae 351f.
Verona 338, 356, 381f., 648, 659, 738f.
Verulamium 235
Verus, Lucius 329, 339ff., 342f., 441, 460, 467, 475, 519, 620
verus Goticus... 678
Vespasian 166, 220, 235, 247ff., 270f., 275, 277f., 412f., 417ff., 440, 444f., 459, 537, 544, 546, 560, 583, 602, 619f., 633, 814
Vesta 242
Vestalinnen 77, 159, 275
Vesuvausbruch 262
Vetera – siehe Xanten
Veteranen 40, 52f., 56, 59, 65, 75, 110ff., 301, 379, 394, 614
Vettonianus, L. Funisulanus 407
Veturia 67
vexillationes 631f., 672, 714

Via Aemilia 405
Via Appia 109, 405, 484, 552
Via Claudia Augusta 226
Via Claudia Valeria 227
Via Flaminia 109, 405
Via Iulia Augusta 109
Via Latina 109
Via Salaria 109
Via Traiana 307
vicarii 356, 500, 715
vicesima hereditatium 110
vicesima libertatis 110
vicesima quinta venalium mancipiorum 110
vici 436, 456
vici Roms 162
victoria 260, 735, 792
victoria aeterna 618
Victoria-Altar 793
Victorinus 671
victoriosus semper 618
victor omnium gentium 747
Viehzucht 28, 494
Viennensis 715
Vier-Götter 562
Vierkaiserjahr 243ff.
vigiles 109
Vigintivirat 403f.
vigintiviri rei publicae curandae 653
vilicus 357f., 491ff.
Villa Hadriana 323, 328, 561
Villa Magna 492
Villen 33f.
Villenwirtschaft 28, 99, 352, 488, 500, 699
Viminacium 296, 607, 670
Viminal 198
Vindelicien 678
Vindex, C. Iulius 238f., 243f., 246
vindex libertatis 168
Vindonissa 113, 195, 221, 642
Vinicianus, Annius 237
vinitor 491
vir clarissimus 697
Virgo Caelestis 616
Viromanduer 377
virtus 88, 189, 244, 260, 292, 535, 792
Vitellius, Aulus 246ff., 255, 258, 261, 364, 602
Vitellius, L. 191, 206
Vitruv 143f., 551f., 560
Vittinghoff, Fr. 449
Völkerwanderung 789ff.

Vogt, J. 361f., 591, 701, 740, 751, 758f., 769
Volksrecht 460ff.
Volkstribunat 39, 45, 72, 170, 379, 405 – siehe auch *tribunicia potestas*
Volksversammlungen 20, 85, 97, 382, 407f., 783
Vologaeses 235
Vologaeses II. 320
Vologaeses III. 334
Vologaeses IV. 608
Voltaire 729, 779
Volubilis 227, 479
Volusianus 664
Vormundschaft 341, 750
Vorzeichen 16, 158
vota 277, 429, 792
vota publica 564
Votadini 467

Währung 445, 482ff., 615
Währungskrise 699f.
Währungsreform 624, 677, 718f., 754
Wahlen 97, 379, 391, 407
Wales 220, 610
Wallfahrt 749
Wandmalerei 556f., 560f.
Waren 721f.
Wasserversorgung 74, 107f., 524f.
Wassner, C. 666f.
Weber, M. 351, 445, 699
Weber, W. 318, 346
Weichsel 645
Weihrauchstraße 502
Weinbau 490f., 494
Weinreich, O. 369, 371f., 459, 528f., 531, 534f., 566f., 568
Weissert, D. 461f.
Weltenstier 573
Weltherrschaft 464
Weser 128, 130
Westgoten 645, 677, 791
White, K. D. 507
Wickert, L. 658

Wieland, Chr. M. 550f.
Wiesbaden 414, 571f.
Wilamowitz-Moellendorff, U. von 344, 549f.
Wilhelm II. 214
Winckelmann, J. J. 5
Wirtschaft 27ff., 99ff., 113f., 117ff., 217, 301f., 356f., 368ff., 399, 481ff., 604, 615, 642f., 697ff., 785, 807, 821f.
Wirtschaftspolitik 481f.
Wissenschaft 507ff., 823f.
Wohltäter 164, 290, 324
Wolle 494
Wunderheilungen 260

Xanten *(Vetera)* 113, 128, 255, 294, 415, 422, 454
Xantias 353
Xenophon von Kos 522
Xystus 684

Yadin, Y. 254
York 609f.
Yourcenar, M. 318

Zanker, P. 147
Zarathustra 636f., 687
Zauberei 565f.
Zegrensen 460
Zeitbewußtsein 290, 540, 689, 796
Zeloten 254, 581
Zenobia 668f., 677
Zenon 196
Zeremoniell 706
Zeugma 334, 476
Zeus Panhellenios 324
Ziegeleien 499f.
Ziegler, K. 29, 547f.
Zölle 118, 439
Zosimos 760
Zugmantel 571, 641
Zweites Rom 762
Zwölf-Götter 562

Anzeigen

Römische Geschichte

Karl Christ
Römische Geschichte und deutsche Geschichtswissenschaft
1982. 394 Seiten. Leinen

Karl Christ
Die Römer
Eine Einführung in ihre Geschichte und Zivilisation
2., überarbeitete Auflage. 1984. 316 Seiten mit 10 Karten und 16 Abbildungen.
Leinen und Broschiert

Hermann Bengtson
Römische Geschichte
Republik und Kaiserzeit bis 284 n. Chr.
6., unveränderte Auflage. 1988. XI, 389 Seiten. Leinen.
Beck'sche Sonderausgaben

Paul Zanker
Augustus und die Macht der Bilder
1987. 369 Seiten mit 351 Abbildungen.
Leinen

Richard Krautheimer
Rom
Schicksal einer Stadt. 312–1308
Aus dem Englischen von Toni Kienlechner und Ulrich Hoffmann
1987. 424 Seiten mit 260 Abbildungen.
Leinen

Alexander Demandt
Der Fall Roms
Die Auflösung des römischen Reiches im Urteil der Nachwelt
1984. 694 Seiten. Leinen

Verlag C. H. Beck

Beck's Archäologische Bibliothek
Herausgegeben von Hans von Steuben

Peter C. Bol
Antike Bronzetechnik
Kunst und Handwerk antiker Erzbildner
1985. 212 Seiten mit 136 Abbildungen.
Broschiert

Olaf Höckmann
Antike Seefahrt
1985. 196 Seiten mit 135 Abbildungen.
Broschiert

Antje Krug
Heilkunst und Heilkult
Medizin in der Antike
1985. 244 Seiten mit 96 Abbildungen.
Broschiert

Ernst Künzl
Der römische Triumph
Siegesfeiern im antiken Rom
1988. 171 Seiten mit 100 Abbildungen.
Broschiert

Harald Mielsch
Die römische Villa
Architektur und Lebensform
1987. 181 Seiten mit 106 Abbildungen.
Broschiert

Wolfgang Müller-Wiener
Griechisches Bauwesen in der Antike
1988. 221 Seiten mit 113 Abbildungen.
Broschiert

Ingeborg Scheibler
Griechische Töpferkunst
Herstellung, Handel und Gebrauch der antiken Tongefäße
1983. 220 Seiten mit 166 Abbildungen.
Broschiert

Verlag C. H. Beck